毛晉父子校刻佛典書録

下册

胡艷傑 ◎ 編著

國家圖書館出版社

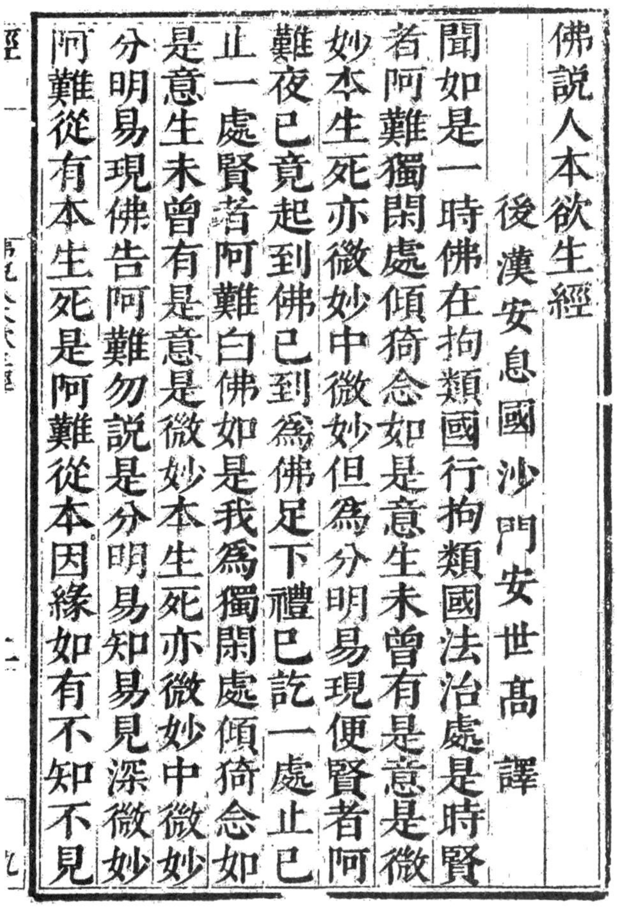
佛說人本欲生經
後漢安息國沙門安世高譯
聞如是一時佛在拘類國行拘類國法治處是時賢者阿難獨閑處傾猗念如是意生未曾有是意是微妙本生死亦微妙中微妙但爲分明易現便賢者阿難夜已竟起到佛已到爲佛足下禮已訖一處止已止一處賢者阿難白佛如是我爲獨閑處傾猗念如是意生未曾有是意是微妙本生死亦微妙中微妙分明易現佛告阿難勿說是分明易知易見深微妙阿難從有本生死是阿難從本因緣如有不知不見

168 《佛説人本欲生經》一卷

（東漢）釋安世高譯　明崇禎癸未（十六年，1643）泰和楊仁愿刻本
版框高 21.7 厘米，寬 14.6 厘米。半葉十行，行二十字，四周雙邊。
民族 065-002；臺灣 172 頁 · 551

按：《“國家圖書館”善本書志初稿 · 子部四》云“與前二書，編次相連”（臺灣 172 頁 · 551，福九），即與《佛説樓炭經》六卷、《佛爲般泥洹經》二卷相連。無華嚴閣牌記，但《孔毅目》22 條，作“《佛説人本欲生經》，毛鳳苞捐資，崇禎癸未，徐大任書，潘守誠、李如科刻”。故宫藏《嘉興藏》第 65 函光盤，福九，茲書第 17 葉卷末尾題後有音釋而無牌記，與臺灣資料相同，不知“孔毅目”此條所據是否爲蘇州西園寺目。福九。

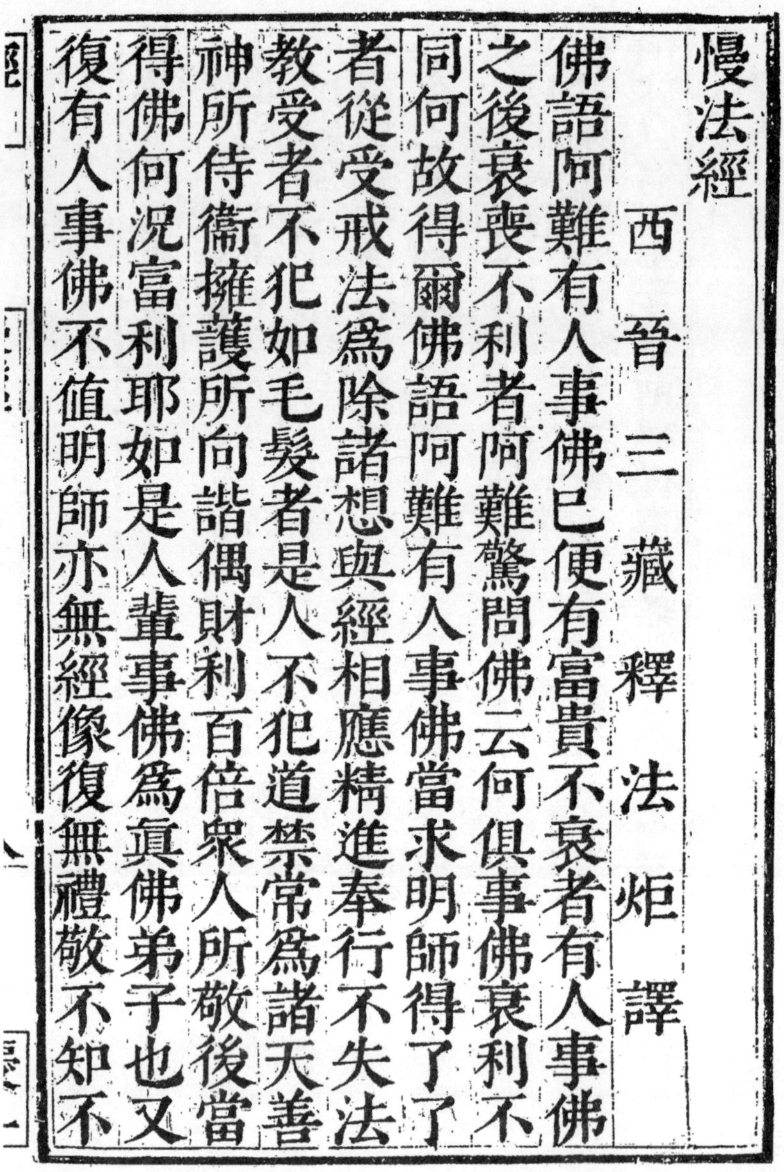
慢法經
西晉三藏釋法炬譯
佛語阿難有人事佛已便有富貴不衰者有人事佛之後衰喪不利者阿難驚問佛云何俱事佛衰利不同何故得爾佛語阿難有人事佛當求明師得了了者從受戒法爲除諸想與經相應精進奉行不失法教受者不犯如毛髮者是人不犯道禁常爲諸天善神所侍衞擁護所向諧偶財利百倍衆人所敬後當得佛何況富利耶如是人輩事佛爲眞佛弟子也又復有人事佛不值明師亦無經像復無禮敬不知不

169 《慢法經》一卷

（西晉）釋法炬譯　明崇禎癸未（十六年，1643）長洲李倫刻本

版框高 22.5 厘米，寬 14.7 厘米。半葉十行，行二十字，四周雙邊。

民族 066-001-00002；故宫 66 函

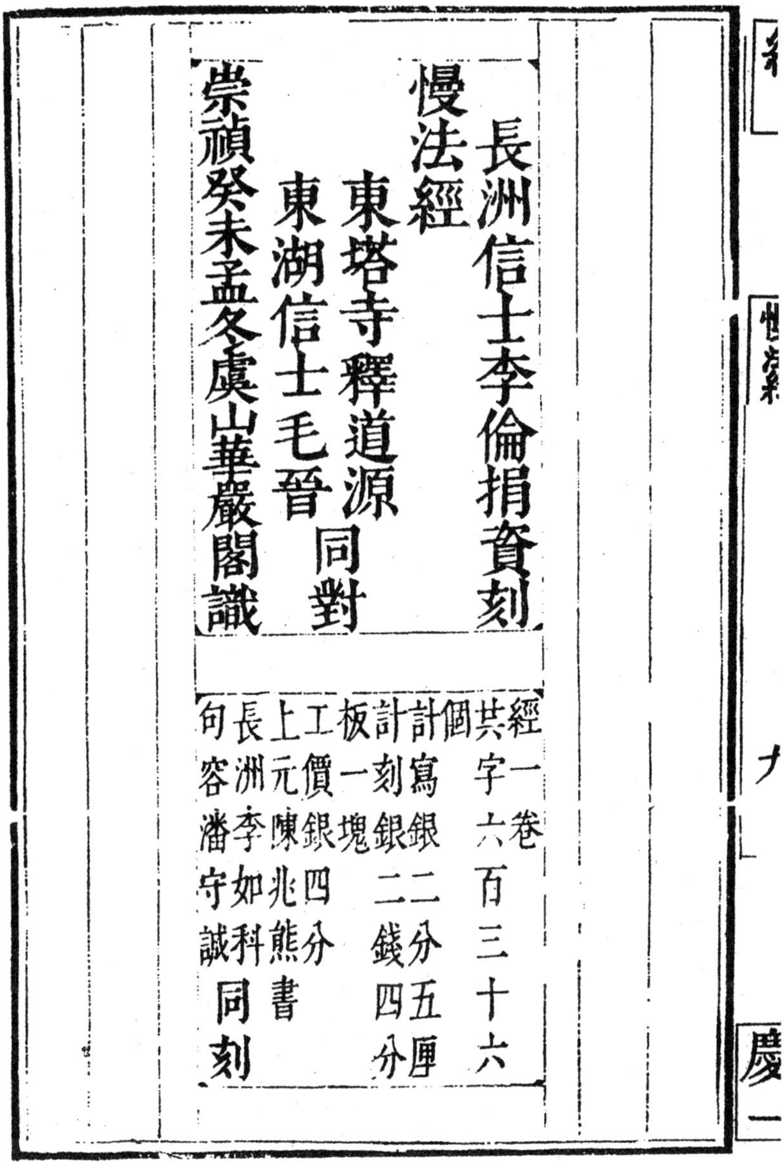
長洲信士李倫捐資刻
慢法經
東塔寺釋道源
東湖信士毛晉　同對
崇禎癸未孟冬虞山華嚴閣識

經一卷
共字六百三十六
個
計寫銀二分五厘
計刻銀二錢四分
板一塊
工價銀四分
上元陳兆熊書
長洲李如科
句容潘守誠同刻

牌記云："長洲信士李倫捐資刻《慢法經》，東塔寺釋道源、東湖信士毛晉同對，崇禎癸未孟冬虞山華嚴閣識。經一卷，共字六百三十六個，計寫銀二分五厘，計刻銀二錢四分，板一塊，工價銀四分，上元陳兆熊書，長洲李如科、句容潘守誠同刻。"慶一。

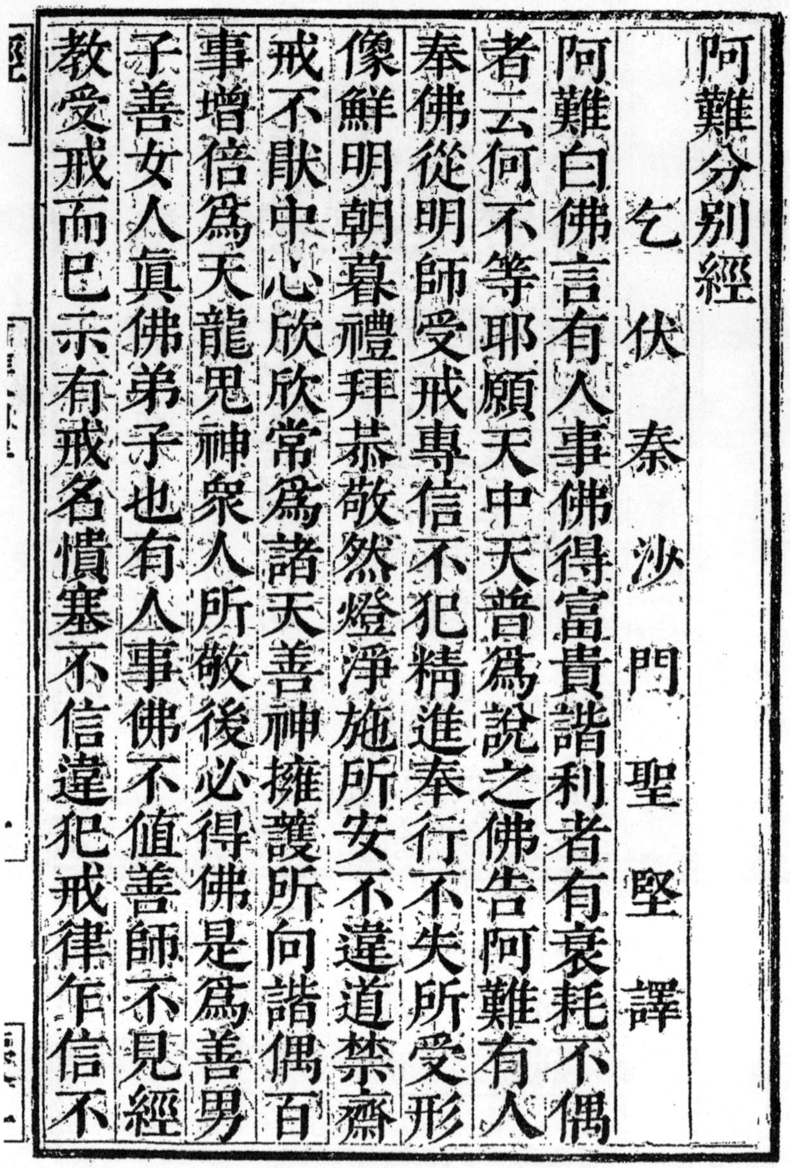
阿難分別經

乞伏秦沙門聖堅譯

阿難白佛言有人事佛得富貴諸利者有衰耗不偶者云何不等耶願天中天普爲說之佛告阿難有人奉佛從明師受戒專信不犯精進奉行不失所受形像鮮明朝暮禮拜恭敬然燈淨施所安不違道禁齋戒不猒中心欣欣常爲諸天善神擁護所向諧偶百事增倍爲天龍鬼神衆人所敬後必得佛是爲善男子善女人眞佛弟子也有人事佛不值善師不見經教受戒而已示有戒名憒塞不信違犯戒律乍信不

170 《阿難分別經》一卷

(西秦）釋聖堅譯　明崇禎癸未（十六年，1643）常熟毛鳳苞刻本

版框高 22.3 厘米，寬 14.7 厘米。半葉十行，行二十字，四周雙邊。

民族 066-001-00003；故宫 66 · 637

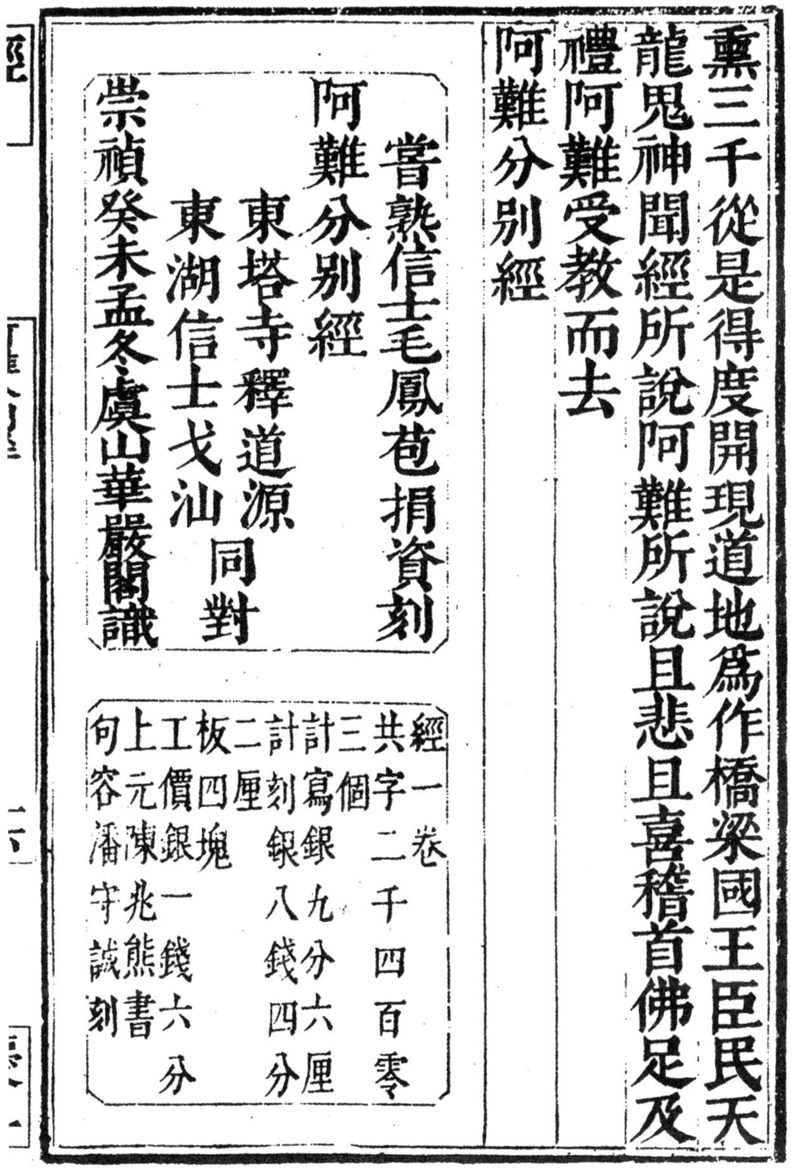

熏三千從是得度開現道地爲作橋梁國王臣民天
龍鬼神聞經所說阿難所說且悲且喜稽首佛足及
禮阿難受教而去
阿難分別經

嘗熟信士毛鳳苞捐資刻
阿難分別經
東塔寺釋道源
東湖信士戈汕 同對
崇禎癸未孟冬虞山華嚴閣識

經一卷
共字二千四百零
三個
計寫銀九分六厘
計刻銀八錢四分
二厘
板四塊
工價銀一錢六分
上元陳兆熊書
句容潘守誠刻

牌記云："嘗熟信士毛鳳苞捐資刻《阿難分别經》，東塔寺釋道源、東湖信士戈汕同對，崇禎癸未孟冬虞山華嚴閣識。經一卷，共字二千四百零三個，計寫銀九分六厘，計刻銀八錢四分二厘，板四塊，工價銀一錢六分，上元陳兆熊書，句容潘守誠刻。"慶一。

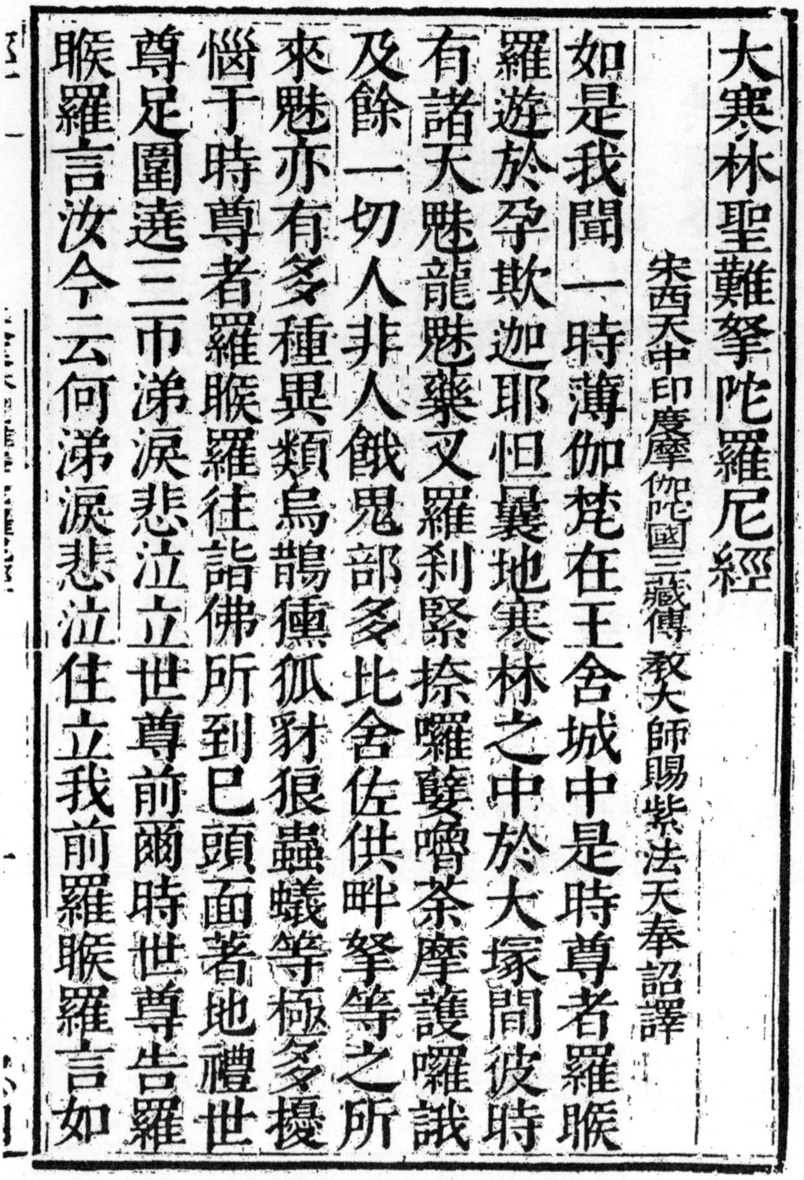

大寒林聖難拏陀羅尼經

宋西天中印度摩伽陀國三藏傳教大師賜紫法天奉詔譯

如是我聞一時薄伽梵在王舍城中是時尊者羅睺羅遊於孕欺迦耶怛曩地寒林之中於大塚間彼時有諸天魅龍魅藥叉羅刹緊捺囉莽嚕荼摩護囉誐及餘一切人非人餓鬼部多比舍佐供畔拏等之所來魅亦有多種異類烏鵲獯狐豺狼蟲蟻等極多擾惱于時尊者羅睺羅往詣佛所到已頭面著地禮世尊足圍遶三帀涕淚悲泣立世尊前爾時世尊告羅睺羅言汝今云何涕淚悲泣住立我前羅睺羅言如

171 《大寒林聖難拏陀羅尼經》一卷

(宋）釋法天譯　明崇禎癸未（十六年，1643）常熟毛衮刻本

版框高 22.7 厘米，寬 15.4 厘米。半葉十行，行二十字，四周雙邊。

民族 072-005-00004；臺灣 241 頁 · 782

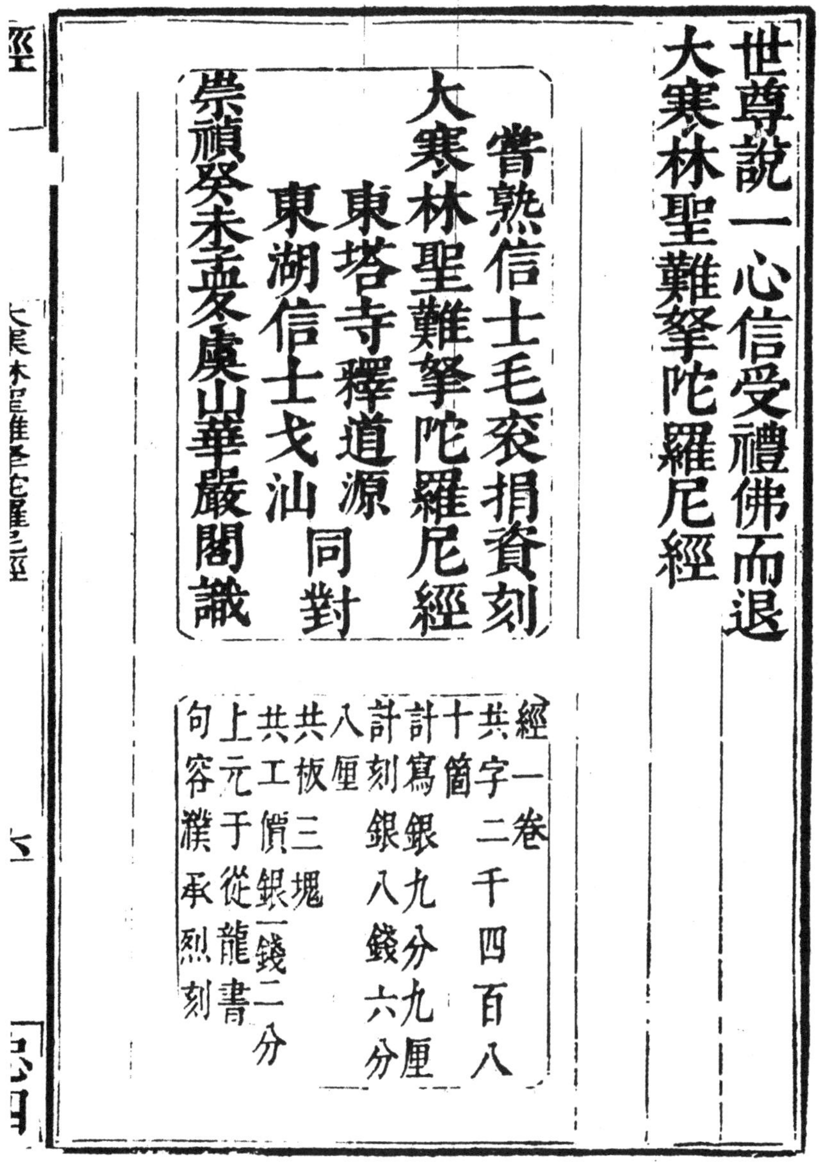
世尊說一心信受禮佛而退
大寒林聖難拏陀羅尼經

嘗熟信士毛衮捐資刻
大寒林聖難拏陀羅尼經
東塔寺釋道源
東湖信士戈汕同對
崇禎癸未孟冬虞山華嚴閣識

經一卷
共字二千四百八
十箇
計寫銀九分九厘
計刻銀八錢六分
八厘
共板三塊
共工價銀一錢二分
上元于從龍書
句容濮承烈刻

牌記云“嘗熟信士毛衮捐資刻《大寒林聖難拏陀羅尼經》，東塔寺釋道源、東湖信士戈汕同對，崇禎癸未孟冬虞山華嚴閣識。經一卷，共字二千四百八十箇，計寫銀九分九厘，計刻銀八錢六分八厘，共板三塊，共工價銀一錢二分，上元于從龍書，句容濮承烈刻。”按：故宫資料未録捐刻者。忠四。

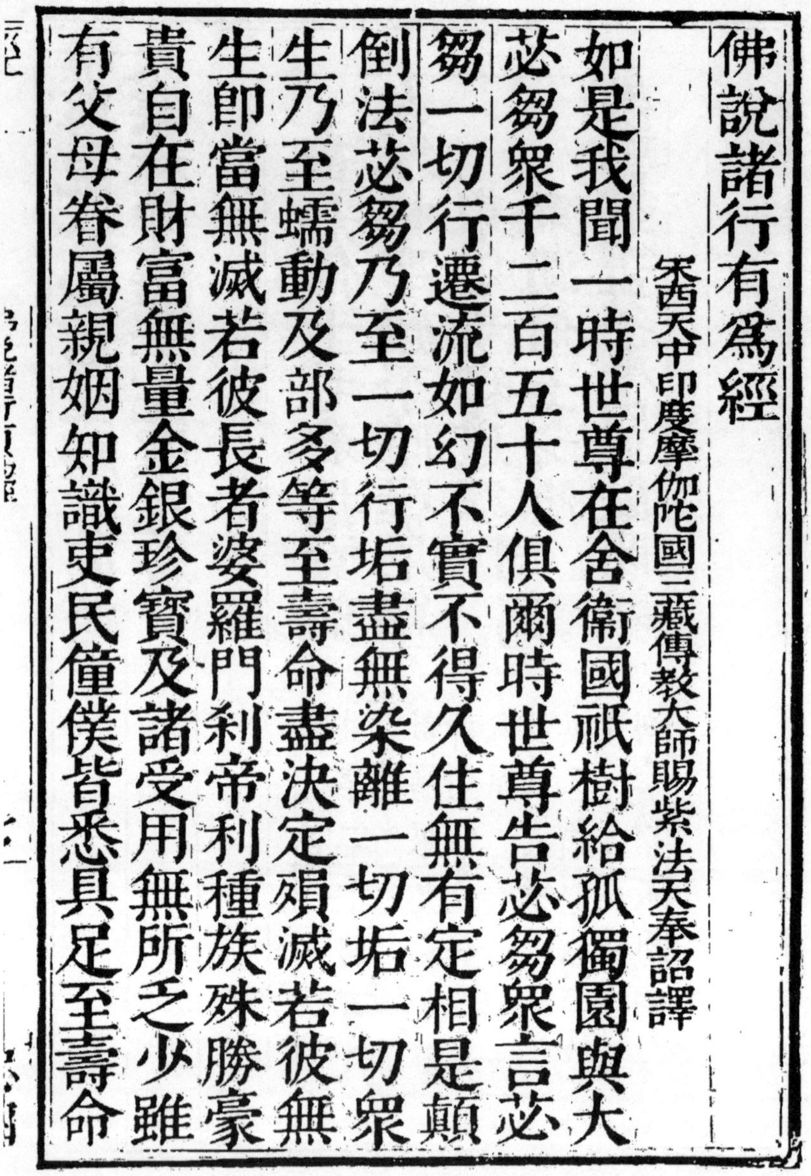
佛說諸行有爲經
西天中印度摩伽陀國三藏傳教大師賜紫法天奉詔譯
如是我聞一時世尊在舍衛國祇樹給孤獨園與大
苾芻衆千二百五十人俱爾時世尊告苾芻衆言苾
芻一切行遷流如幻不實不得久住無有定相是顛
倒法苾芻乃至一切行垢盡無染離一切垢一切衆
生乃至蠕動及部多等至壽命盡決定殞滅若彼無
生即當無滅若彼長者婆羅門刹帝利種族殊勝豪
貴自在財富無量金銀珍寶及諸受用無所乏少雖
有父母眷屬親姻知識吏民僮僕皆悉具足至壽命

172 《佛說諸行有爲經》一卷

(宋) 釋法天譯　明崇禎癸未（十六年，1643）常熟毛褒刻本

版框高 22.7 厘米，寬 15.4 厘米。半葉十行，行二十字，小字雙行同，四周雙邊。

民族 072-005-00005；臺灣 241 頁 · 783

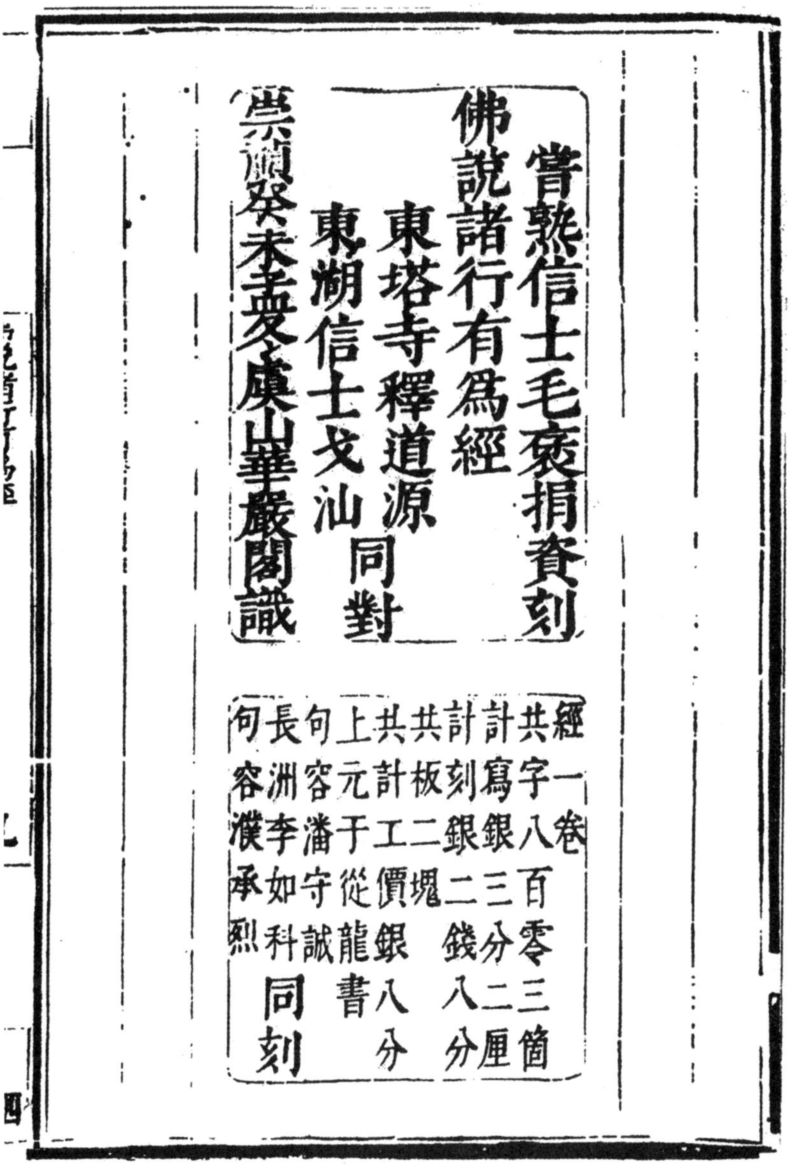

嘗熟信士毛褒捐資刻
佛說諸行有爲經
東塔寺釋道源
東湖信士戈汕同對
崇禎癸未孟冬虞山華嚴閣識

經一卷
共字八百零三箇
計寫銀三分二厘
計刻銀二錢八分
共板二塊
共計工價銀八分
上元于從龍書
句容潘守誠
長洲李如科同刻
句容濮承烈

牌記云："嘗熟信士毛褒捐資刻《佛說諸行有爲經》，東塔寺釋道源、東湖信士戈汕同對，崇禎癸未孟冬虞山華嚴閣識。經一卷，共字八百零三箇，計寫銀三分二厘，計刻銀二錢八分，共板二塊，共計工價銀八分，上元于從龍書，句容潘守誠、長洲李如科、句容濮承烈同刻。"按：故宫資料未録捐刻者。忠四。

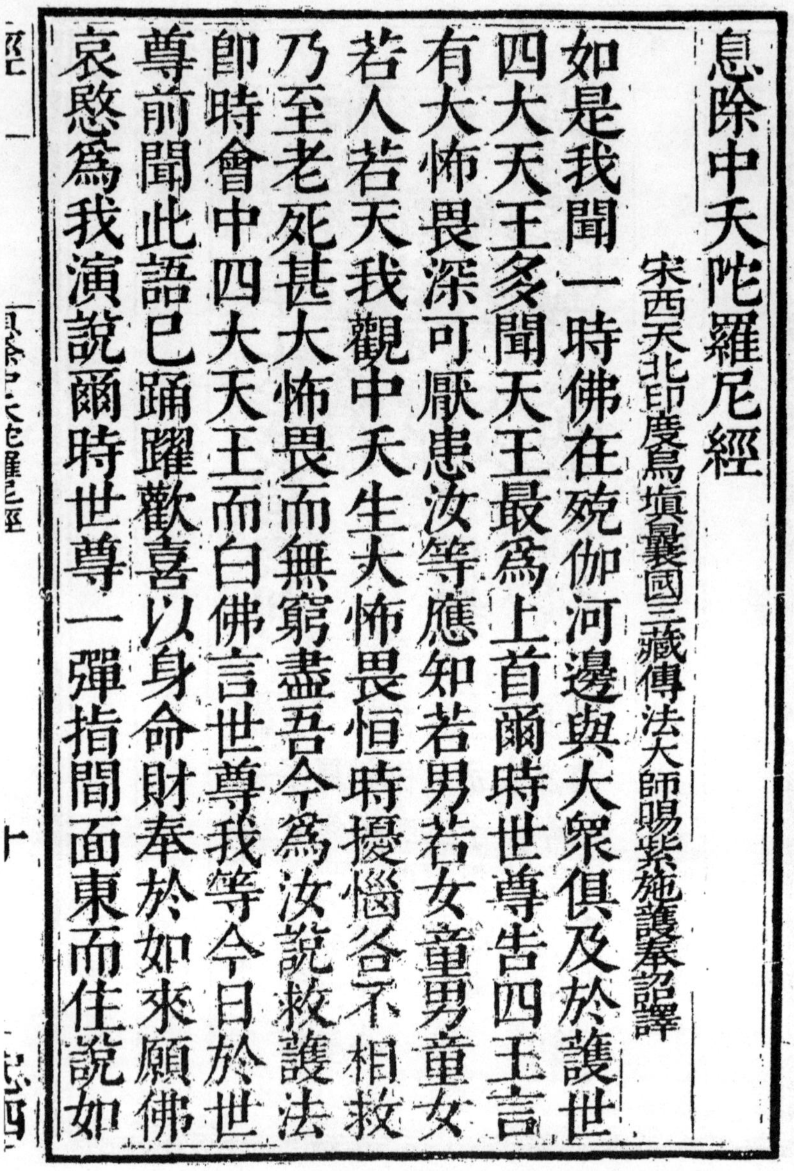
息除中天陀羅尼經
宋西天北印度烏塡曩國三藏傳法大師賜紫施護奉詔譯
如是我聞一時佛在殑伽河邊與大衆俱及於護世
四大天王多聞天王最爲上首爾時世尊告四王言
有大怖畏深可厭患汝等應知若男若女童男童女
若人若天我觀中天生大怖畏恒時擾惱各不相救
乃至老死甚大怖畏而無窮盡吾今爲汝說救護法
卽時會中四大天王而白佛言世尊我等今日於世
尊前聞此語已踊躍歡喜以身命財奉於如來願佛
哀愍爲我演說爾時世尊一彈指間面東而住說如

173 《息除中天陀羅尼經》一卷

（宋）釋施護譯　明崇禎癸未（十六年，1643）常熟毛褒刻本

版框高 22.5 厘米，寬 15.4 厘米。半葉十行，行二十字，四周雙邊。

民族 072-005-00006；臺灣 242 頁 · 784

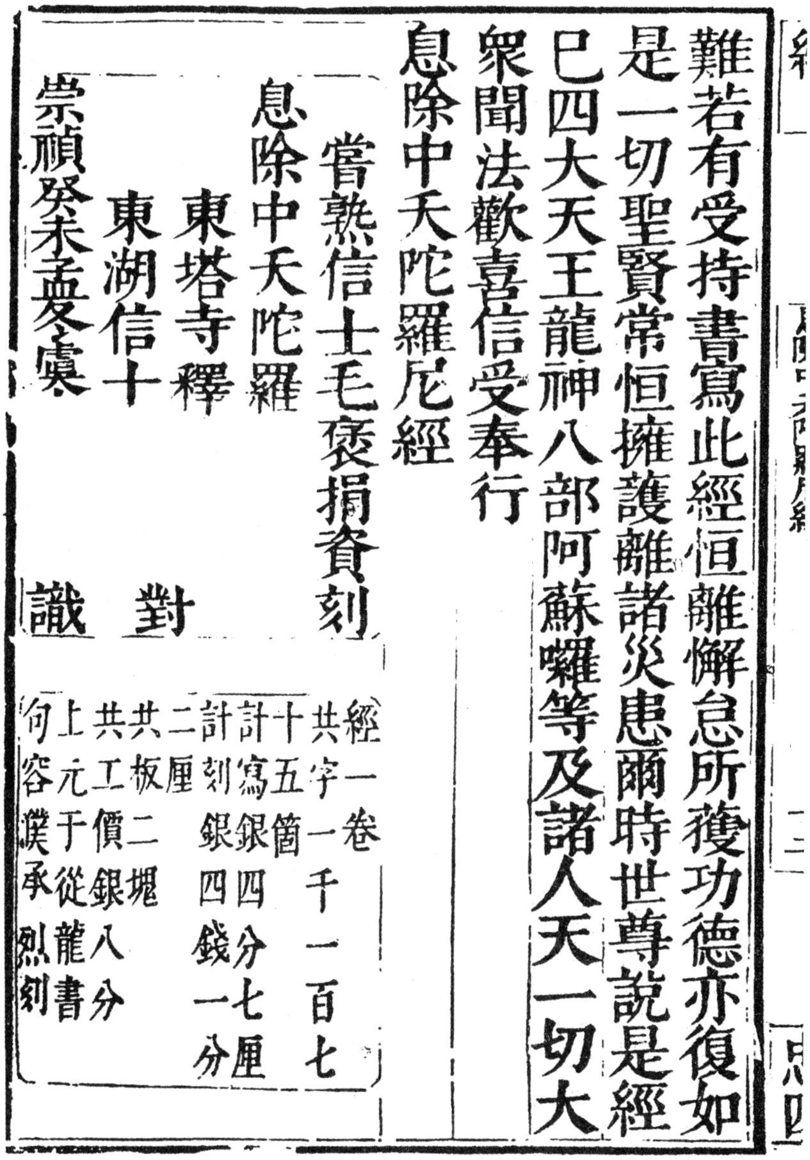

難若有受持書寫此經恒離懈怠所獲功德亦復如
是一切聖賢常恒擁護離諸災患爾時世尊說是經
已四大天王龍神八部阿蘇囉等及諸人天一切大
衆聞法歡喜信受奉行

嘗熟信士毛褒捐貲刻
息除中天陀羅
東塔寺釋　對
東湖信士
崇禎癸未孟冬虞　識
經一卷
共字一千一百七
十五箇
計寫銀四分七厘
計刻銀四錢一分
二厘
共板二塊
共工價銀八分
上元于從龍書
句容濮承烈刻

牌記云："嘗熟信士毛褒捐資刻《息除中天陀羅尼經》，東塔寺釋道源、東湖信士□□對，崇禎癸未孟冬虞口口識。經一卷，共字一千一百七十五箇，計寫銀四分七厘，計刻銀四錢一分，共板二塊，共工價銀八分，上元于從龍書，句容濮承烈刻。"忠四。

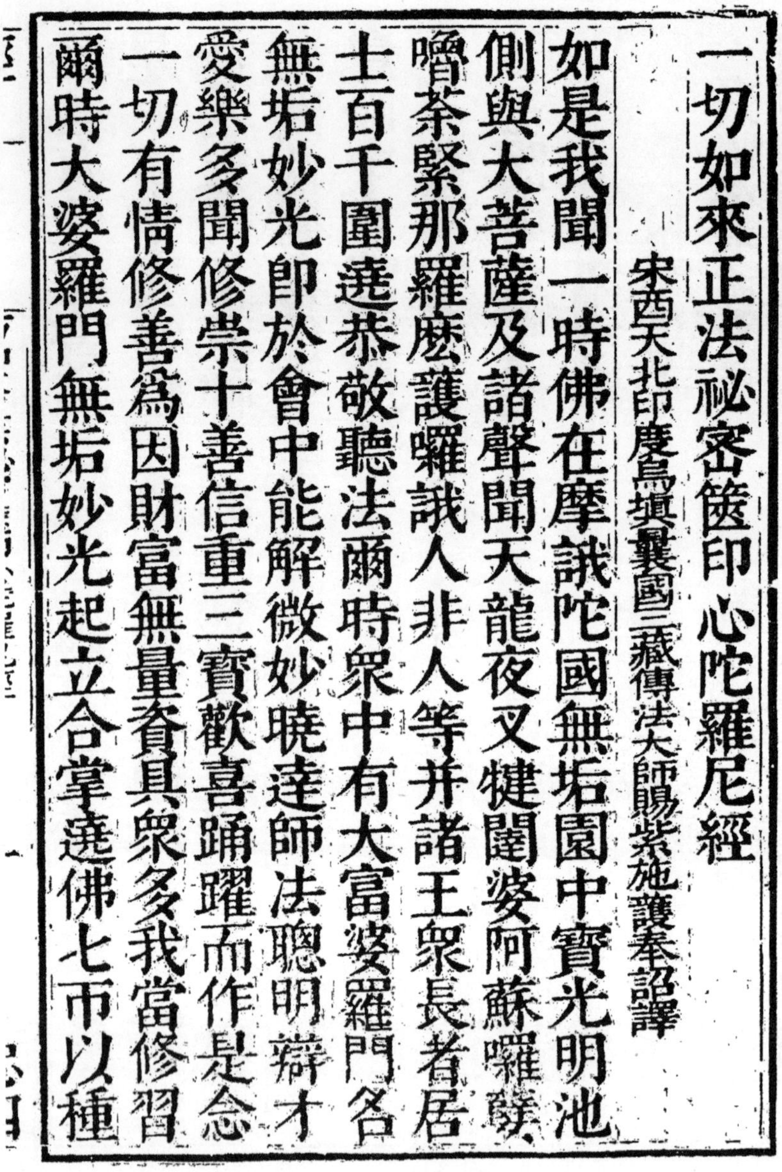

一切如來正法祕密篋印心陀羅尼經

宋西天北印度烏填曩國三藏傳法大師賜紫施護奉詔譯

如是我聞一時佛在摩誐陀國無垢園中寶光明池側與大菩薩及諸聲聞天龍夜叉健闥婆阿蘇囉蘖嚕荼緊那羅摩護囉誐人非人等并諸王衆長者居士百千圍遶恭敬聽法爾時衆中有大富婆羅門名無垢妙光即於會中能解微妙曉達師法聰明辯才愛樂多聞修崇十善信重三寶歡喜踊躍而作是念一切有情修善爲因財富無量資具衆多我當修習

爾時大婆羅門無垢妙光起立合掌遶佛七帀以種

174 《一切如來正法祕密篋印心陀羅尼經》一卷

(宋) 釋施護譯　明崇禎癸未（十六年，1643）常熟陸貽忠、陸貽恕刻本

版框高 22.8 厘米，寬 15.4 厘米。半葉十行，行二十字，四周雙邊。

民族 072-005；臺灣 242 頁 · 785

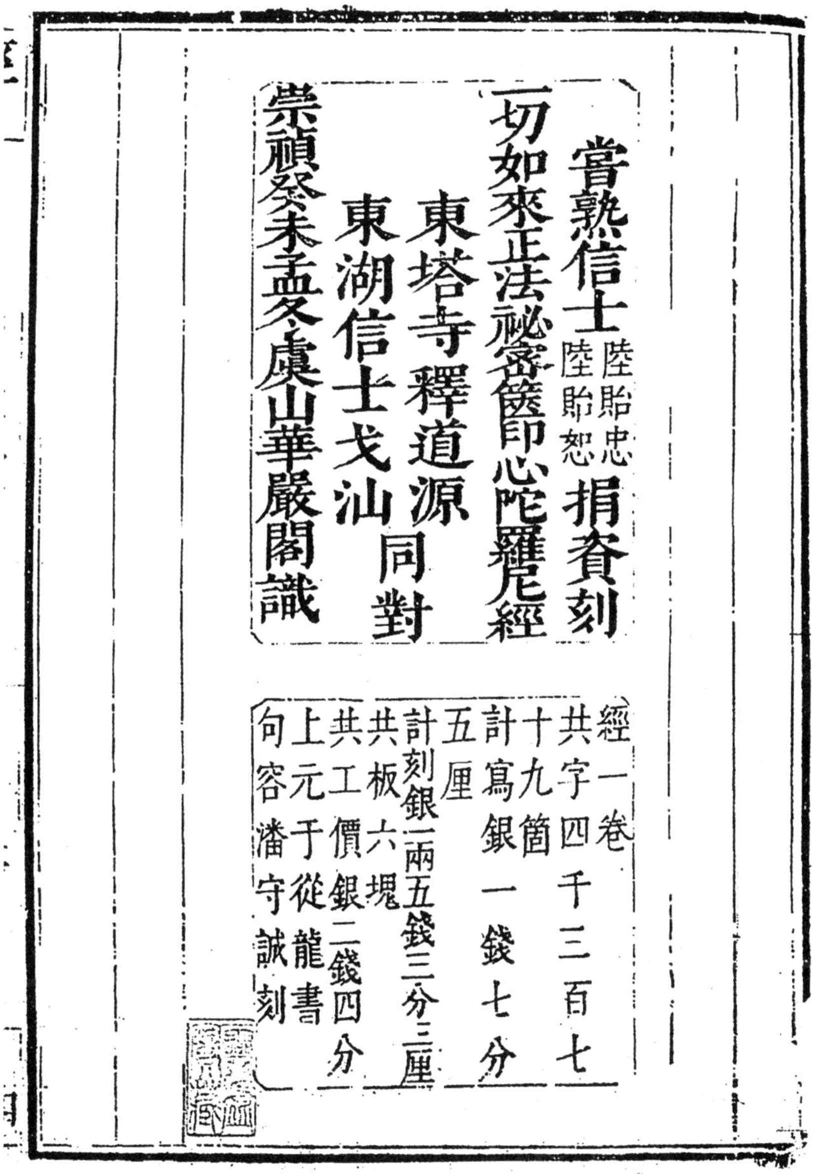

嘗熟信士陸貽忠 陸貽恕 捐資刻
一切如來正法祕密篋印心陀羅尼經
東塔寺釋道源
東湖信士戈汕 同對
崇禎癸未孟冬虞山華嚴閣識

經一卷
共字四千三百七
十九箇
計寫銀一錢七分
五厘
計刻銀一兩五錢三分三厘
共板六塊
共工價銀二錢四分
上元于從龍書
句容潘守誠刻

牌記云:"嘗熟信士陸貽忠、陸貽恕捐資刻《一切如來正法祕密篋印心陀羅尼經》,東塔寺釋道源、東湖信士戈汕同對,崇禎癸未孟冬虞山華嚴閣識。經一卷,共字四千三百七十九箇,計寫銀一錢七分五厘,計刻銀一兩五錢三分三厘,共板六塊,共工價銀二錢四分,上元于從龍書,句容潘守誠刻。"按:貽忠、貽恕當係陸貽典之兄弟輩,故宫資料亦未録。忠四。

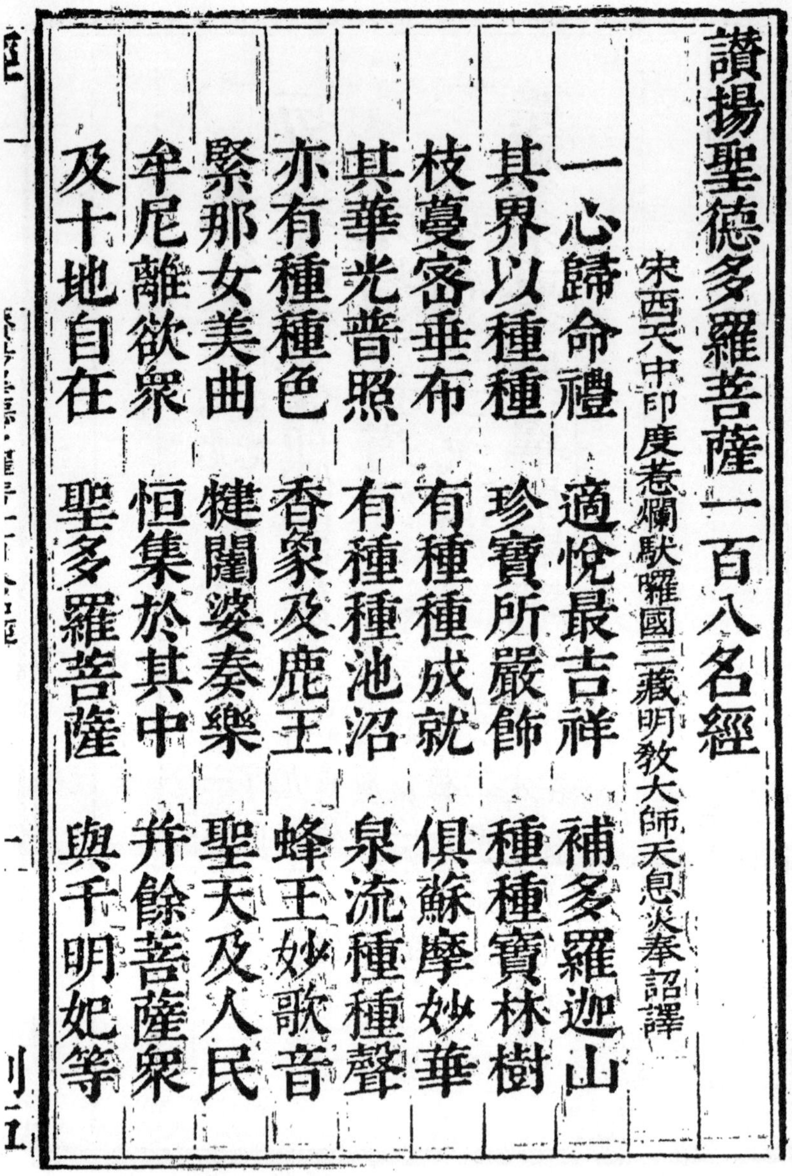

讚揚聖德多羅菩薩一百八名經

宋西天中印度惹爛駄囉國三藏明教大師天息災奉詔譯

一心歸命禮　適悅最吉祥　補多羅迦山
其界以種種　珍寶所嚴飾　種種寶林樹
枝蔓密垂布　有種種成就　俱蘇摩妙華
其華光普照　有種種池沼　泉流種種聲
亦有種種色　香象及鹿王　蜂王妙歌音
緊那女美曲　犍闥婆奏樂　聖天及人民
牟尼離欲衆　恒集於其中　并餘菩薩衆
及十地自在　聖多羅菩薩　與千明妃等

175 《讚揚聖德多羅菩薩一百八名經》一卷

（宋）釋天息災譯　明崇禎癸未（十六年，1643）泰和楊仁愿刻本

版框高 22.6 厘米，寬 15.4 厘米。半葉十行，行二十字，四周雙邊。

民族 072-007-00006；臺灣 247 頁 · 797；故宫 72 · 813

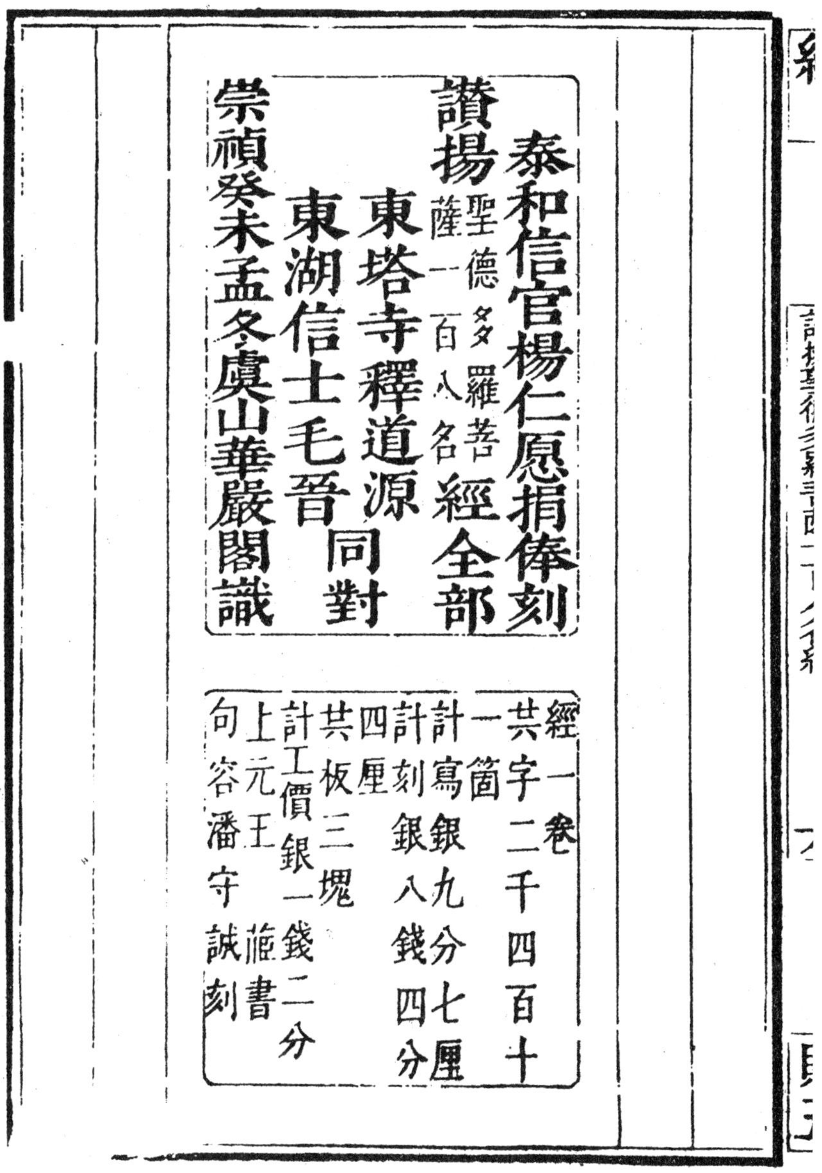

泰和信官楊仁愿捐俸刻
讚揚聖德多羅菩薩一百八名經全部
東塔寺釋道源
東湖信士毛晉同對
崇禎癸未孟冬虞山華嚴閣識

經一卷
共字二千四百十
一箇
計寫銀九分七厘
計刻銀八錢四分
四厘
共板三塊
計工價銀一錢二分
上元王蒞書
句容潘守誠刻

牌記云："泰和信官楊仁愿捐俸刻《讚揚聖德多羅菩薩一百八名經》全部，東塔寺釋道源、東湖信士毛晉同對，崇禎癸未孟冬虞山華嚴閣識。經一卷，共字二千四百十一箇，計寫銀九分七厘，計刻銀八錢四分四厘，共板三塊，計工價銀一錢二分，上元王蒞書，句容潘守誠刻。"則五。

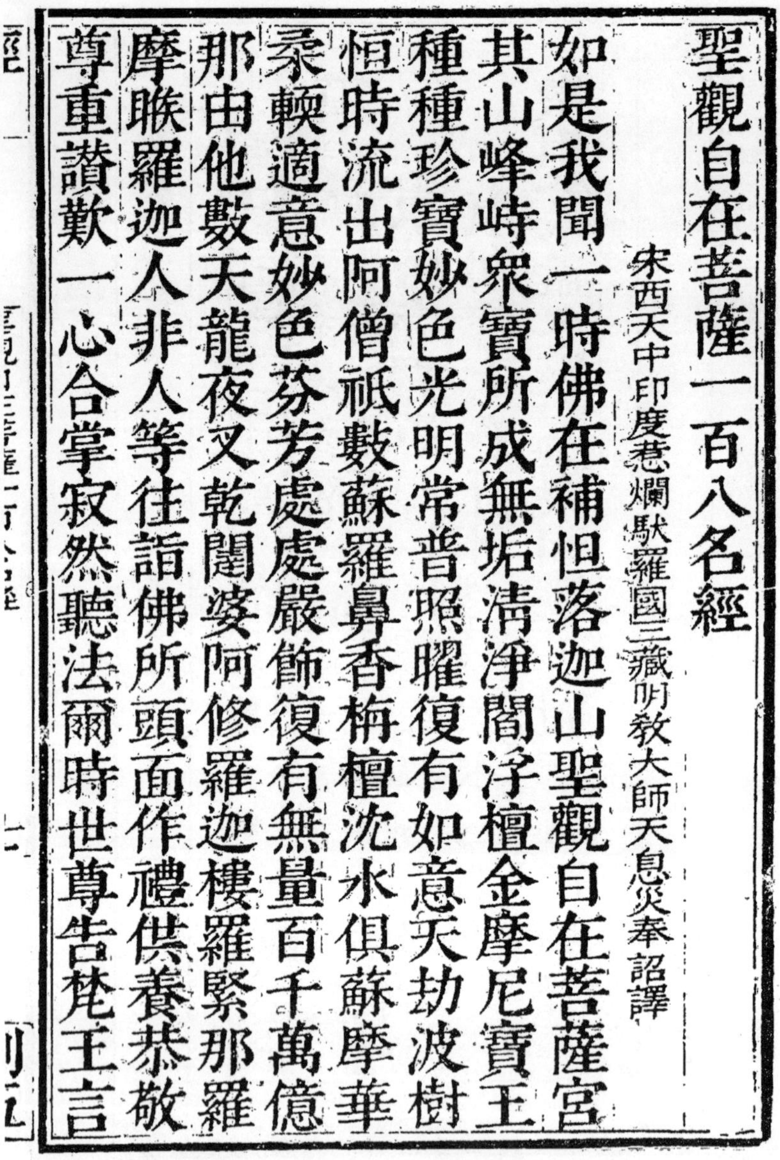

聖觀自在菩薩一百八名經

宋西天中印度惹爛馱羅國三藏明教大師天息災奉詔譯

如是我聞一時佛在補怛落迦山聖觀自在菩薩宮其山峰峙衆寶所成無垢清淨閻浮檀金摩尼寶王種種珍寶妙色光明常普照耀復有如意天劫波樹恒時流出阿僧祇數蘇羅鼻香栴檀沈水俱蘇摩華柔輭適意妙色芬芳處處嚴飾復有無量百千萬億那由他數天龍夜叉乾闥婆阿修羅迦樓羅緊那羅摩睺羅迦人非人等往詣佛所頭面作禮供養恭敬尊重讚歎一心合掌寂然聽法爾時世尊告梵王言

176 《聖觀自在菩薩一百八名經》一卷

(宋）釋天息災譯　明崇禎癸未（十六年，1643）泰和楊仁愿刻本

版框高 22.5 厘米，寬 15.4 厘米。半葉十行，行二十字，四周雙邊。

民族 072-007-00007；臺灣 247 頁・798；故宮 72・814

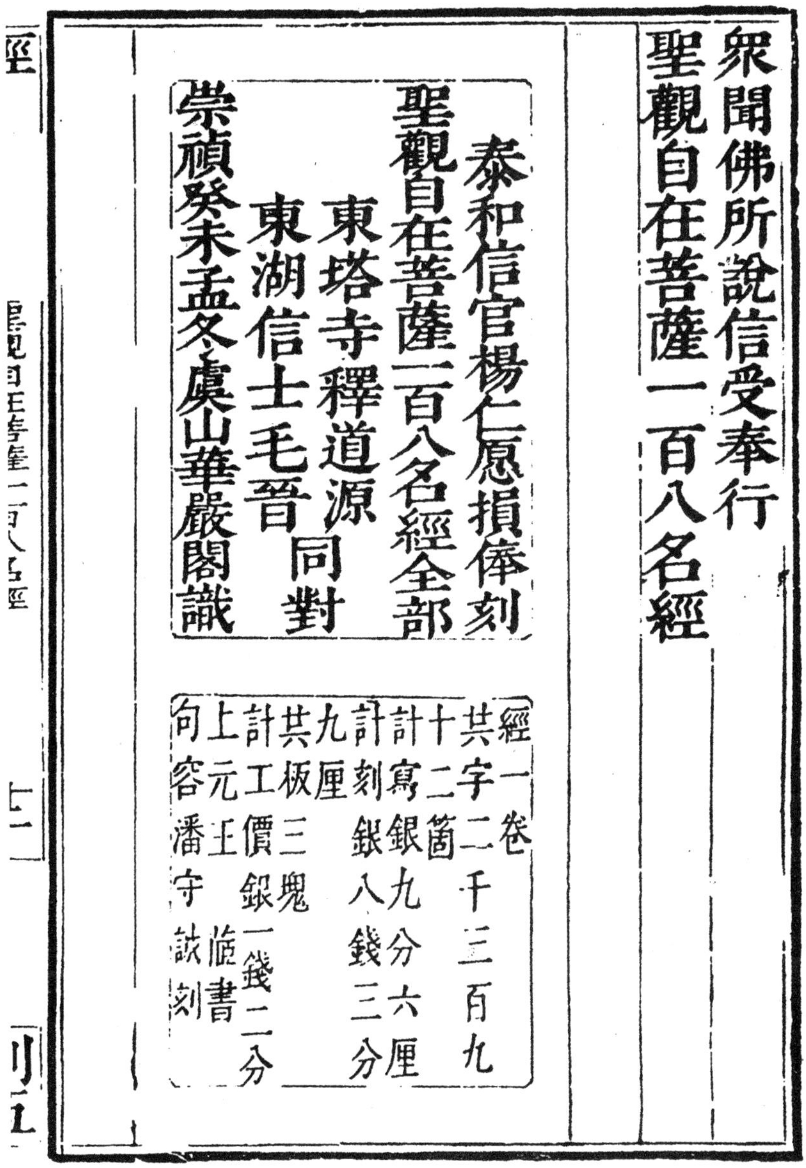
衆聞佛所說信受奉行
聖觀自在菩薩一百八名經

泰和信官楊仁愿捐俸刻
聖觀自在菩薩一百八名經全部
東塔寺釋道源
東湖信士毛晉　同對
崇禎癸未孟冬虞山華嚴閣識

經一卷
共字二千三百九
十二箇
計寫銀九分六厘
計刻銀八錢三分
九厘
共板三塊
計工價銀一錢二分
上元王蓰書
句容潘守誠刻

牌記云："泰和信官楊仁愿捐俸刻《聖觀自在菩薩一百八名經》全部，東塔寺釋道源、東湖信士毛晉同對，崇禎癸未孟冬虞山華嚴閣識。經一卷，共字二千三百九十二箇，計寫銀九分六厘，計刻銀八錢三分九厘，共板三塊，計工價銀一錢二分，上元王蓰書，句容潘守誠刻。"則五。

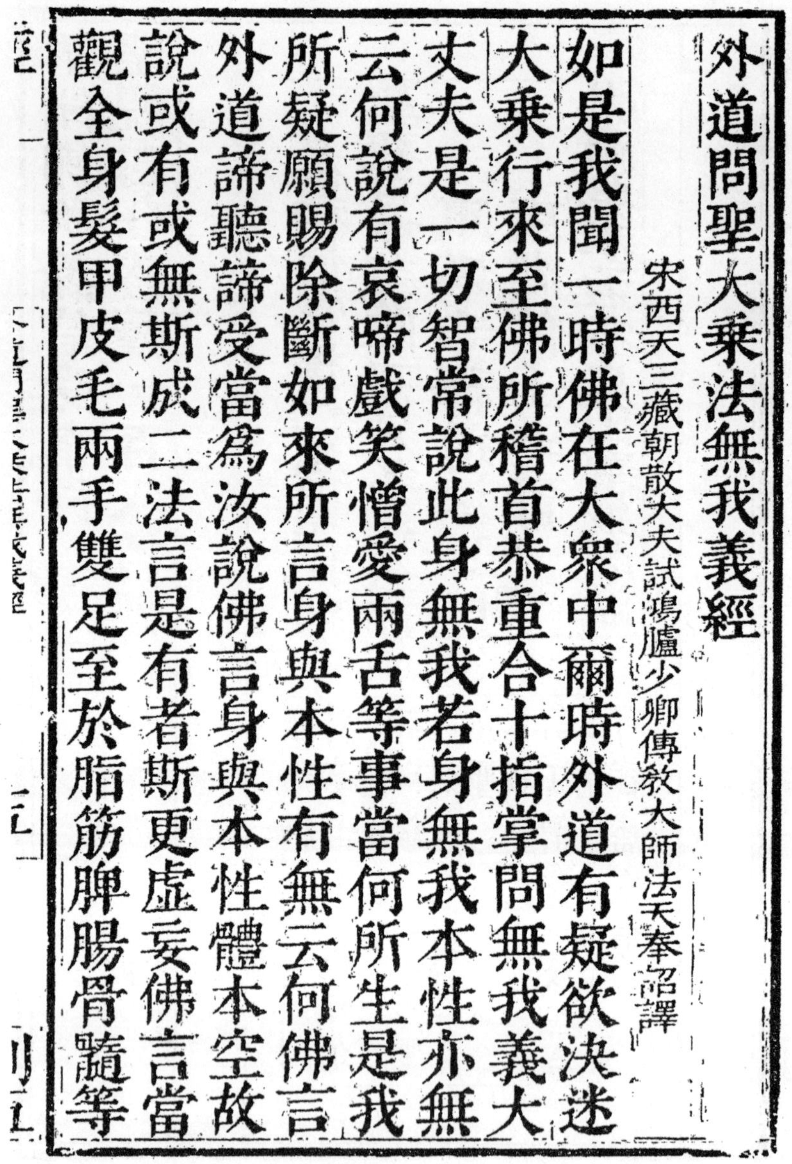
外道問聖大乘法無我義經
宋西天三藏朝散大夫試鴻臚少卿傳教大師法天奉詔譯
如是我聞一時佛在大衆中爾時外道有疑欲決迷
大乘行來至佛所稽首恭重合十指掌問無我義大
丈夫是一切智常說此身無我若身無我本性亦無
云何說有哀啼戲笑憎愛兩舌等事當何所生是我
所疑願賜除斷如來所言身與本性有無云何佛言
外道諦聽諦受當爲汝說佛言身與本性體本空故
說或有或無斯成二法言是有者斯更虛妄佛言當
觀全身髮甲皮毛兩手雙足至於脂筋脾腸骨髓等

177 《外道問聖大乘法無我義經》一卷

(宋) 釋法天譯　明崇禎癸未（十六年，1643）常熟毛鳳苞刻本

版框高 22.7 厘米，寬 15.6 厘米。半葉十行，行二十字，四周雙邊。

民族 072-007-00008；臺灣 248 頁 · 800；故宫 72 · 816

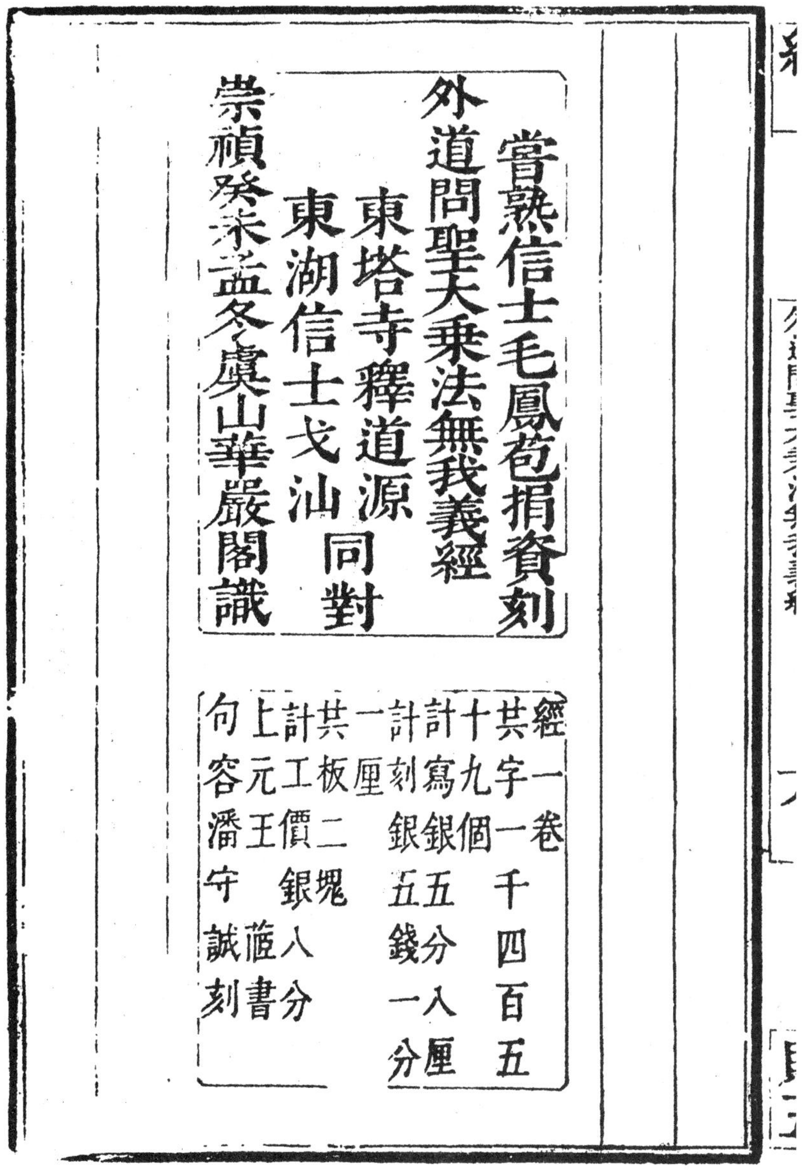
嘗熟信士毛鳳苞捐資刻
外道問聖大乘法無我義經
東塔寺釋道源
東湖信士戈汕　同對
崇禎癸未孟冬虞山華嚴閣識

經一卷
共字一千四百五
十九個
計寫銀五分八厘
計刻銀五錢一分
一厘
共板二塊
計工價銀八分
上元王蓰書
句容潘守誠刻

牌記云："嘗熟信士毛鳳苞捐資刻《外道問聖大乘法無我義經》，東塔寺釋道源、東湖信士戈汕同對，崇禎癸未孟冬虞山華嚴閣識。經一卷，共字一千四百五十九個，計寫銀五分八厘，計刻銀五錢一分一厘，共板二塊，計工價銀八分，上元王蓰書，句容潘守誠刻。"則五。

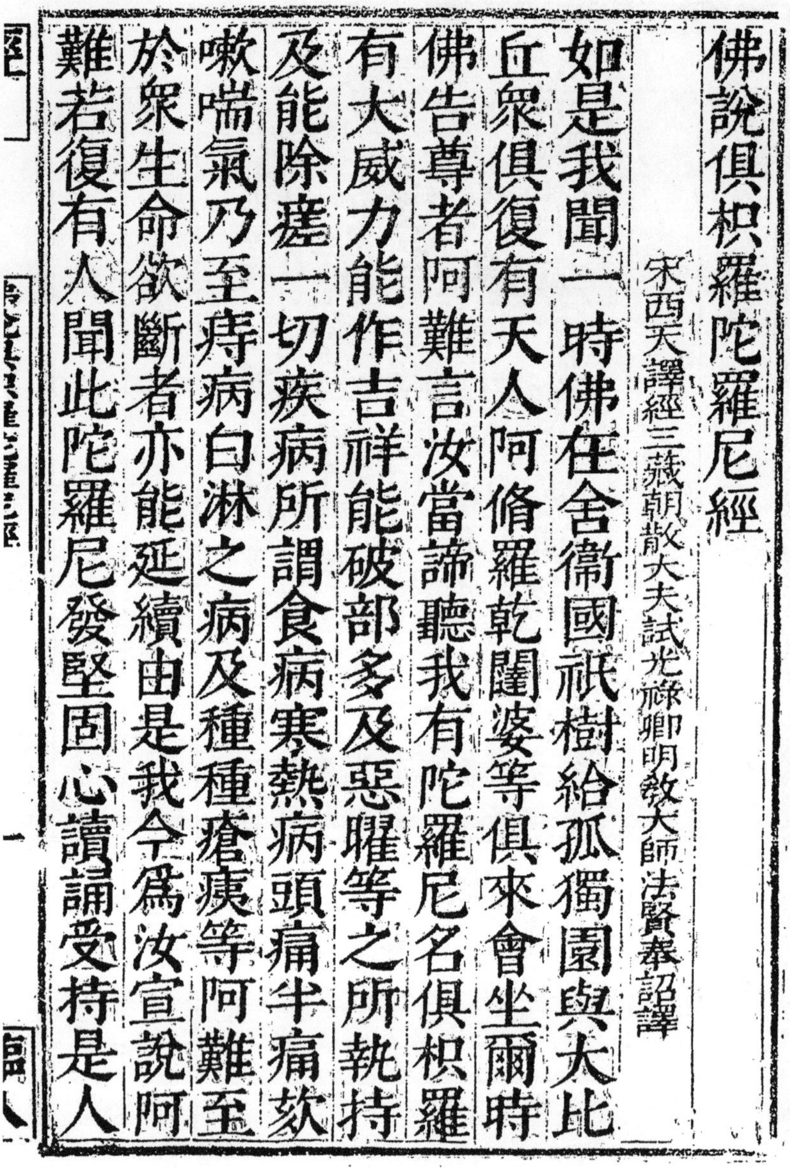
佛說俱枳羅陀羅尼經
宋西天譯經三藏朝散大夫試光祿卿明教大師法賢奉詔譯
如是我聞一時佛在舍衛國祇樹給孤獨園與大比
丘衆俱復有天人阿脩羅乾闥婆等俱來會坐爾時
佛告尊者阿難言汝當諦聽我有陀羅尼名俱枳羅
有大威力能作吉祥能破部多及惡曜等之所執持
及能除蹇一切疾病所謂食病寒熱病頭痛半痛欬
嗽喘氣乃至痔病白淋之病及種種瘡痍等阿難至
於衆生命欲斷者亦能延續由是我今爲汝宣說阿
難若復有人聞此陀羅尼發堅固心讀誦受持是人

178 《佛說俱枳羅陀羅尼經》一卷

(宋）釋法賢譯　明崇禎癸未（十六年，1643）常熟毛鳳苞刻本

版框高 22.3 厘米，寬 15.4 厘米。半葉十行，行二十字，四周雙邊。

民族 073-008-00001；臺灣 272 頁 · 866；故宮 72 · 882

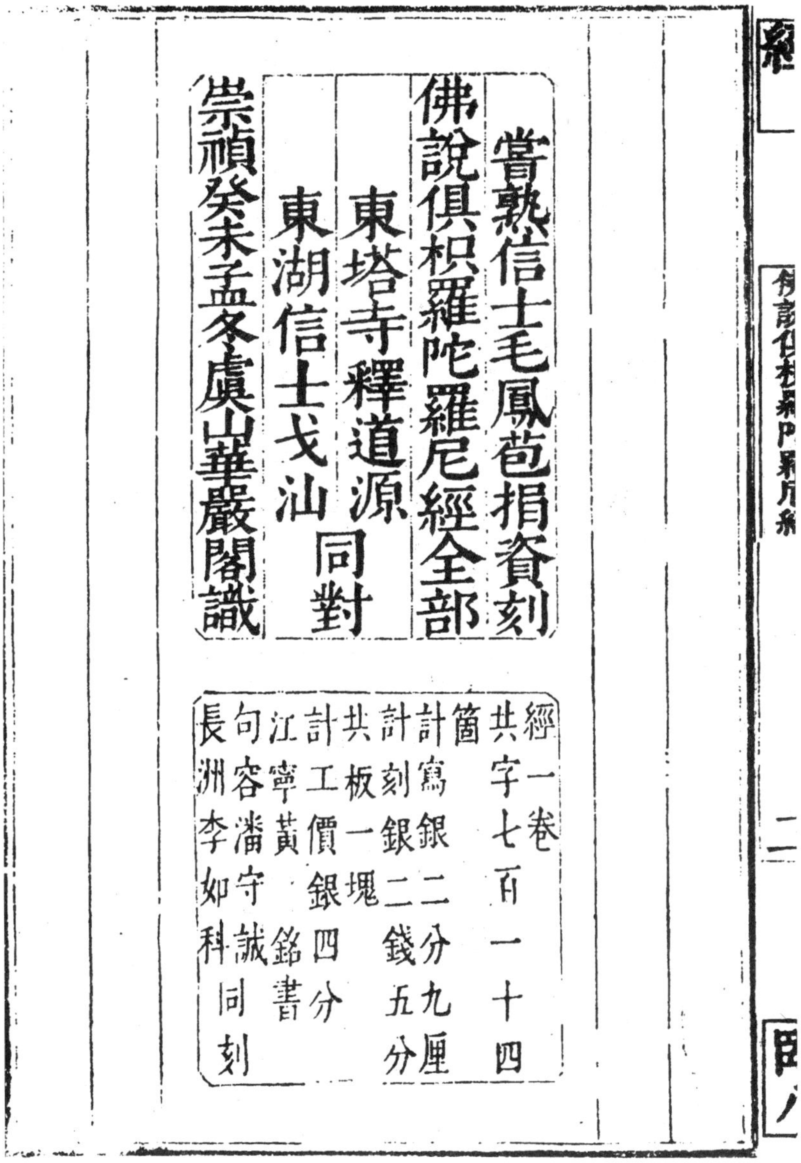
嘗熟信士毛鳳苞捐資刻
佛說俱枳羅陀羅尼經全部
東塔寺釋道源
東湖信士戈汕　同對
崇禎癸未孟冬虞山華嚴閣識

經一卷
共字七百一十四
箇
計寫銀二分九厘
計刻銀二錢五分
共板一塊
計工價銀四分
江寧黃銘書
句容潘守誠
長洲李如科同刻

牌記云："嘗熟信士毛鳳苞捐資刻《佛說俱枳羅陀羅尼經》全部，東塔寺釋道源、東湖信士戈汕同對，崇禎癸未孟冬虞山華嚴閣識。經一卷，共字七百一十四箇，計寫銀二分九厘，計刻銀二錢五分，共板一塊，計工價銀四分，江寧黃銘書，句容潘守誠、長洲李如科同刻。"臨八。

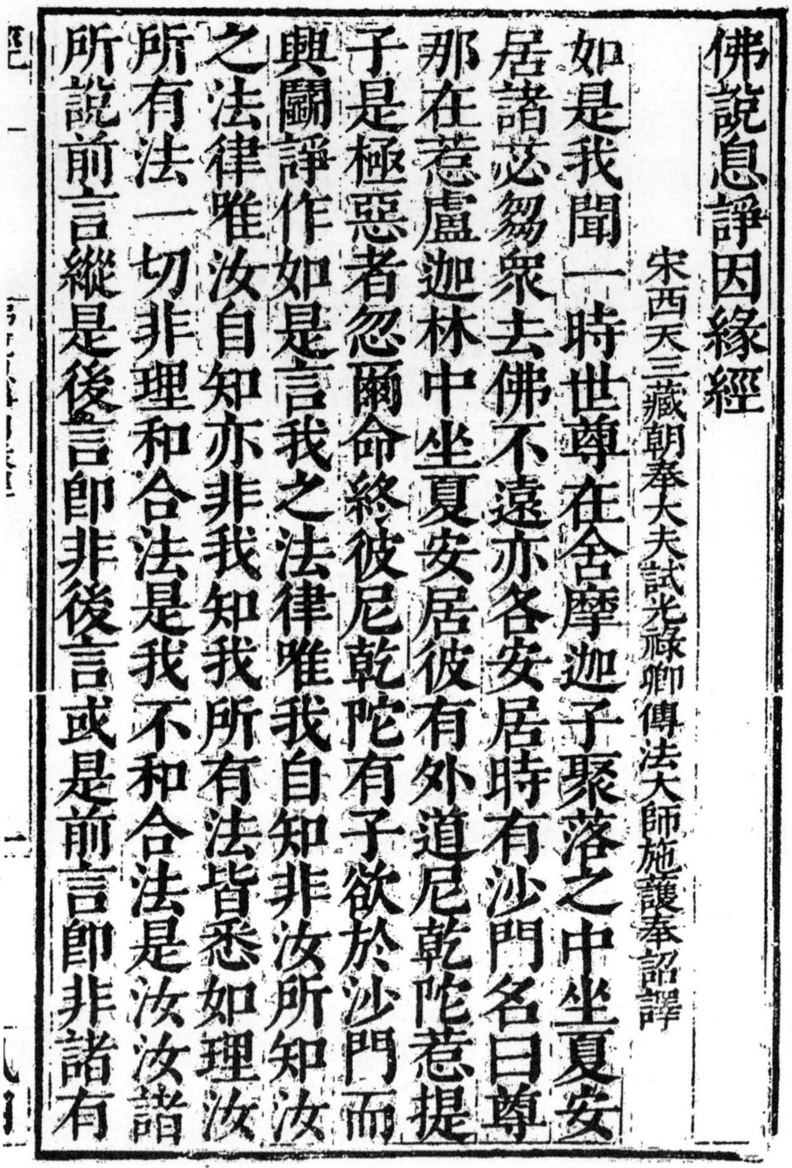

佛說息諍因緣經

宋西天三藏朝奉大夫試光祿卿傳法大師施護奉詔譯

如是我聞一時世尊在舍摩迦子聚落之中坐夏安居諸苾芻衆去佛不遠亦各安居時有沙門名曰尊那在惹盧迦林中坐夏安居彼有外道尼乾陀惹提子是極惡者忽爾命終彼尼乾陀有子欲於沙門而興鬬諍作如是言我之法律唯我自知非汝所知汝之法律唯汝自知亦非我知我所有法皆悉如理汝所有法一切非理和合法是我不和合法是汝汝諸所說前言縱是後言即非後言或是前言即非諸有

179 《佛說息諍因緣經》一卷

(宋）釋施護譯　明崇禎癸未（十六年，1643）泰和楊仁愿刻本

版框高 22.3 厘米，寬 15.4 厘米。半葉十行，行二十字，四周雙邊。

民族 075-001-00005；臺灣 293 頁 · 927；故宮 75 · 943

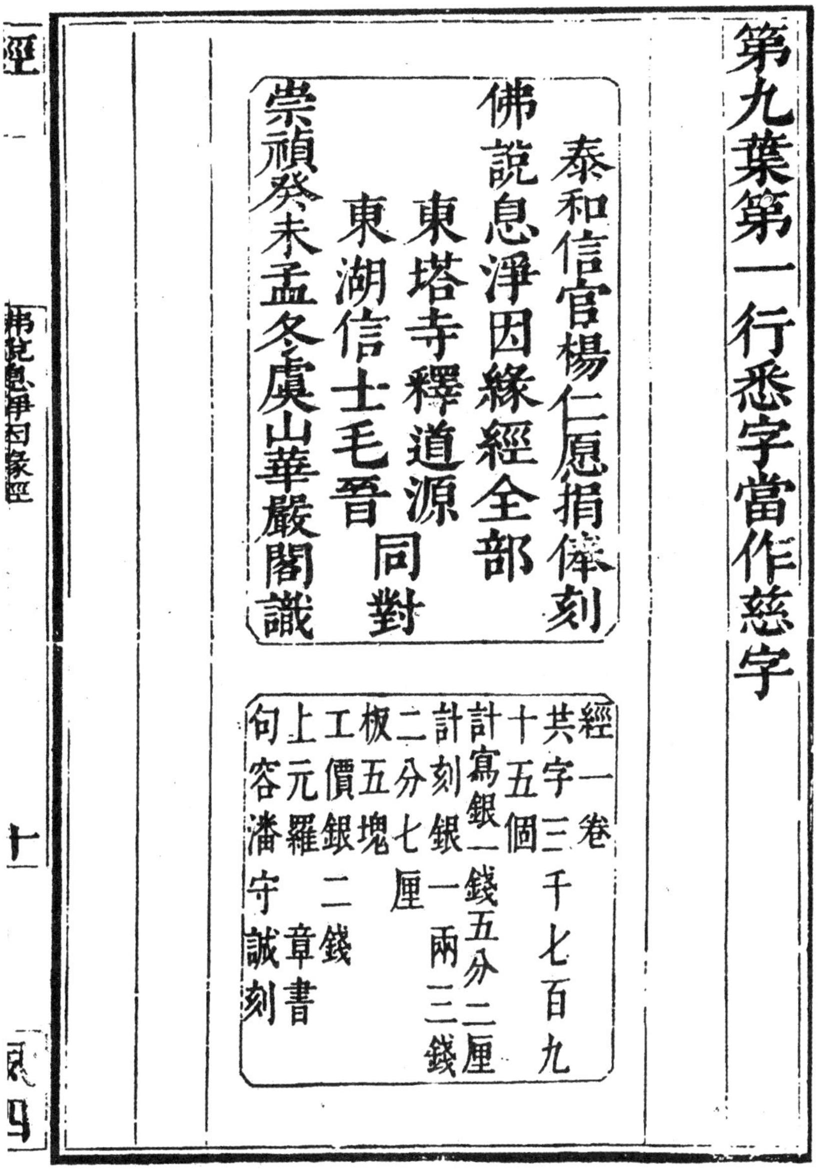
經 一　佛說息淨因緣經　十一　夙四

第九葉第一行悉字當作慈字

泰和信官楊仁愿捐俸刻
佛說息淨因緣經全部
東塔寺釋道源
東湖信士毛晉　同對
崇禎癸未孟冬虞山華嚴閣識

經一卷
共字三千七百九
十五個
計寫銀一錢五分二厘
計刻銀一兩三錢
二分七厘
板五塊
工價銀二錢
上元羅章書
句容潘守誠刻

牌記云："泰和信官楊仁愿捐俸刻《佛說息諍因緣經》全部，東塔寺釋道源、東湖信士毛晉同對，崇禎癸未孟冬虞山華嚴閣識。經一卷，共字三千七百九十五個，計寫銀一錢五分二厘，計刻銀一兩三錢二分七厘，板五塊，工價銀二錢，上元羅章書，句容潘守誠刻。"夙四。

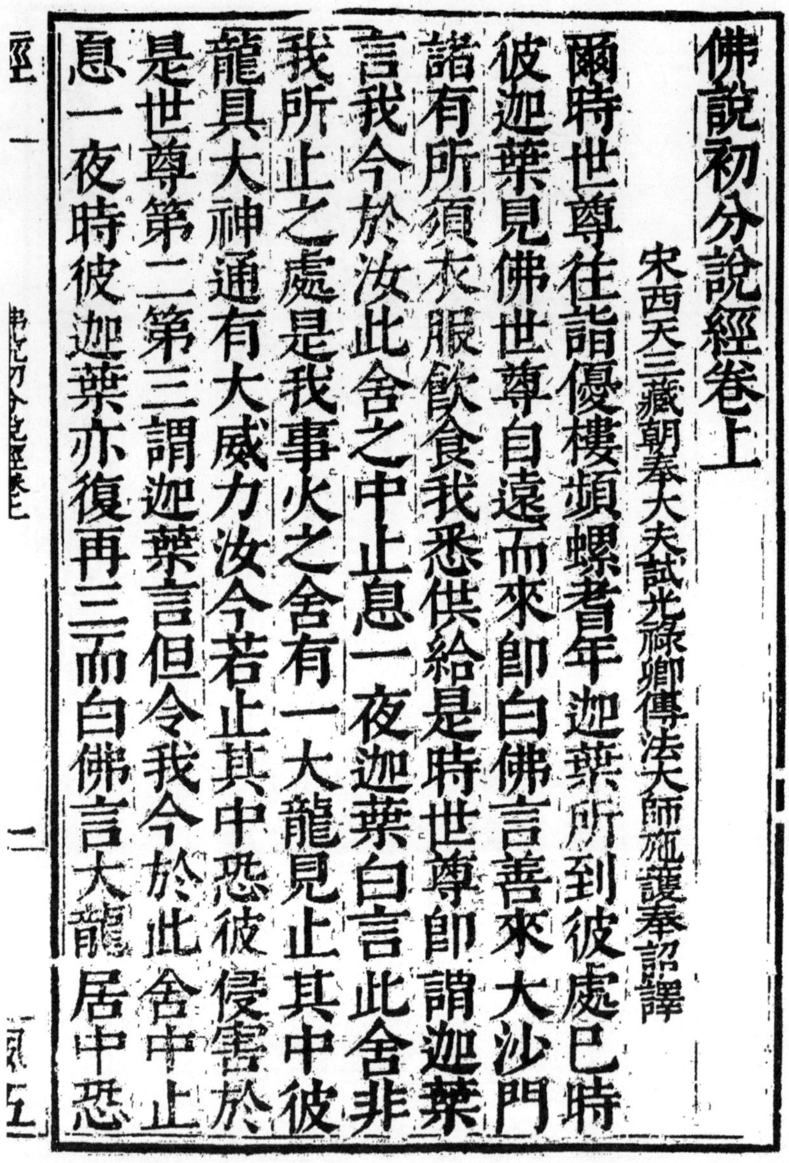
佛說初分說經卷上
宋西天三藏朝奉大夫試光祿卿傳法大師施護奉詔譯
爾時世尊往詣優樓頻螺者年迦葉所到彼處已時
彼迦葉見佛世尊自遠而來即白佛言善來大沙門
諸有所須衣服飲食我悉供給是時世尊即謂迦葉
言我今於汝此舍之中止息一夜迦葉白言此舍非
我所止之處是我事火之舍有一大龍見止其中彼
龍具大神通有大威力汝今若止其中恐彼侵害於
是世尊第二第三謂迦葉言但令我今於此舍中止
息一夜時彼迦葉亦復再三而白佛言大龍居中恐

佛說初分說經卷上　二

180 《佛說初分說經》二卷

(宋) 釋施護譯　明崇禎癸未 (十六年, 1643) 泰和楊仁愿刻本

版框高 22 厘米, 寬 15.4 厘米。半葉九行, 行二十字, 四周雙邊。

民族 075-002-00006; 臺灣 294 頁 · 928; 故宫 75 · 944

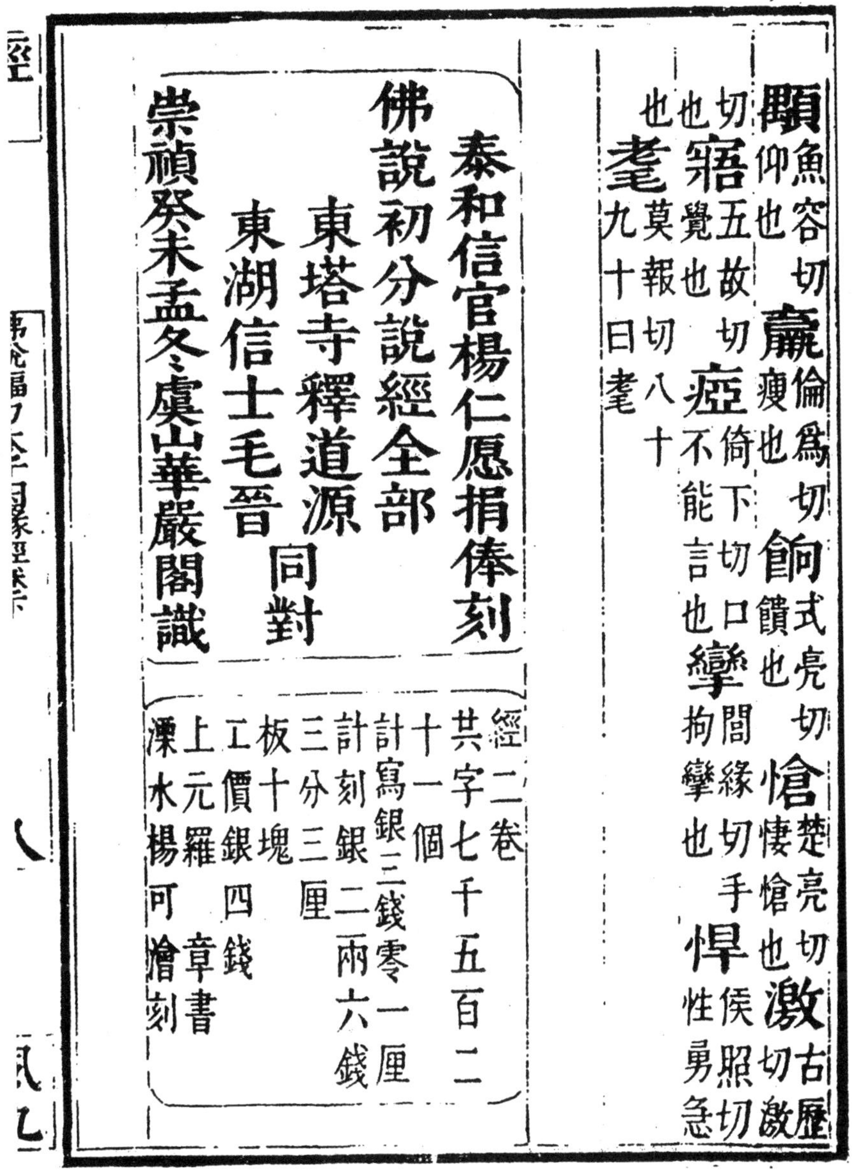

顒魚容切仰也羸倫爲切瘦也餉式亮切饋也愴楚亮切悽愴也激古歷切激切也寤五故切覺也瘂倚下切口不能言也攣閭緣切手拘攣也悍侯照切性勇急也耄莫報切八十九十曰耄

泰和信官楊仁愿捐俸刻
佛說初分說經全部
東塔寺釋道源
東湖信士毛晉 同對
崇禎癸未孟冬虞山華嚴閣識

經二卷
共字七千五百二十一個
計寫銀三錢零一厘
計刻銀二兩六錢
三分三厘
板十塊
工價銀四錢
上元羅章書
溧水楊可滄刻

牌記云："泰和信官楊仁愿捐俸刻《佛說初分說經》全部，東塔寺釋道源、東湖信士毛晉同對，崇禎癸未孟冬虞山華嚴閣識。經二卷，共字七千五百二十一個，計寫銀三錢零一厘，計刻銀二兩六錢三分三厘，板十塊，工價銀四錢，上元羅章書，溧水楊可滄刻。"夙五。

佛說灌頂王喻經

宋西天三藏朝奉大夫試光祿卿傳法大師施護奉詔譯

爾時世尊在舍衛國以因緣故告諸苾芻言汝等當知有三刹帝利王於三時中在於其方受王灌頂而彼三王乃至盡壽常所思念何等為三謂第一王年方少盛依灌頂法在於其方受王灌頂得灌頂已乃至盡壽常所思念又第二王功力漸大依灌頂法在於其方受王灌頂得灌頂已乃至盡壽常所思念又第三王有大威力戰勇最勝一切對敵而悉信伏以最勝故得勝安住依灌頂法在於其方受王灌頂得

181 《佛說灌頂王喻經》一卷

（宋）釋施護譯　明崇禎癸未（十六年，1643）常熟毛鳳苞刻本

版框高 22.5 厘米，寬 15.4 厘米。半葉十行，行二十字，四周雙邊。

民族 075-002-00004；臺灣 295 頁 · 932；故宮 75 · 948

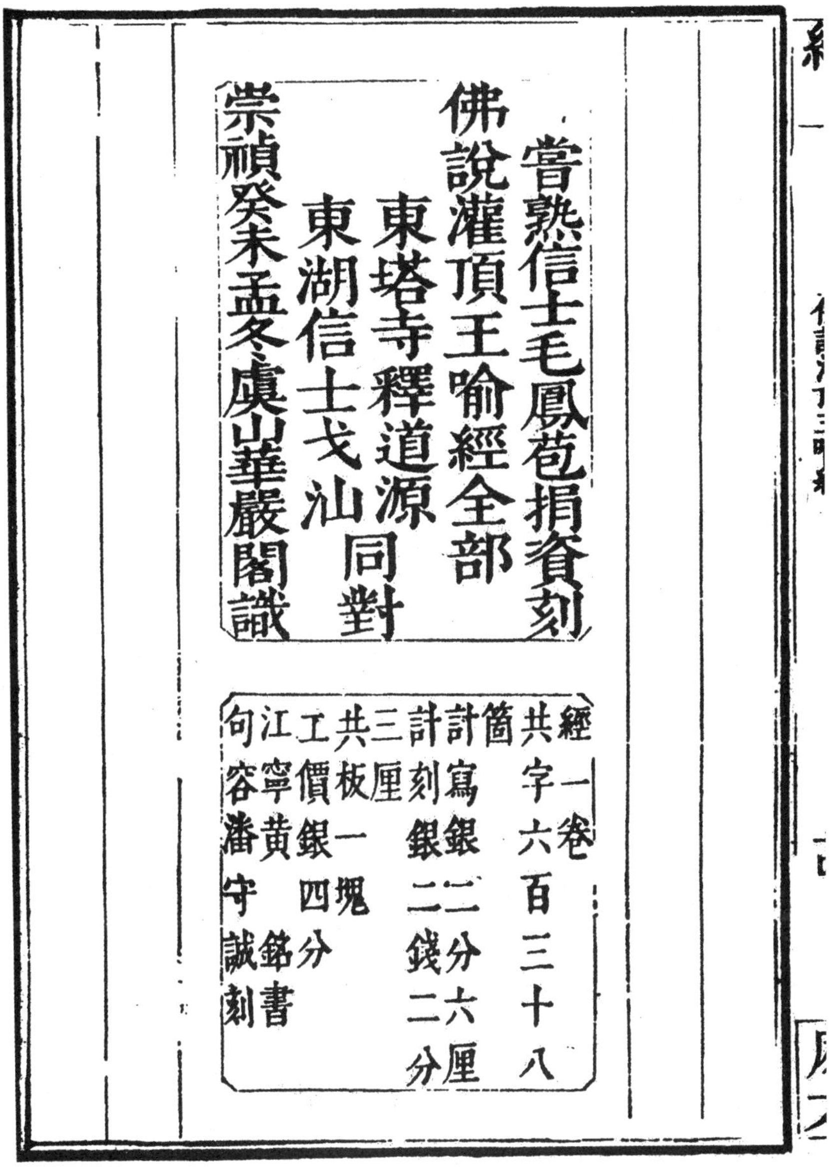
嘗熟信士毛鳳苞捐資刻
佛說灌頂王喻經全部
東塔寺釋道源
東湖信士戈汕同對
崇禎癸未孟冬虞山華嚴閣識

經一卷
共字六百三十八
箇
計寫銀二分六厘
計刻銀二錢二分
三厘
共板一塊
工價銀四分
江寧黃銘書
句容潘守誠刻

牌記云："嘗熟信士毛鳳苞捐資刻《佛說灌頂王喻經》全部，東塔寺釋道源、東湖信士戈汕同對，崇禎癸未孟冬虞山華嚴閣識。經一卷，共字六百三十八箇，計寫銀二分六厘，計刻銀二錢二分三厘，共板一塊，工價銀四分，江寧黃銘書，句容潘守誠刻。"夙六。

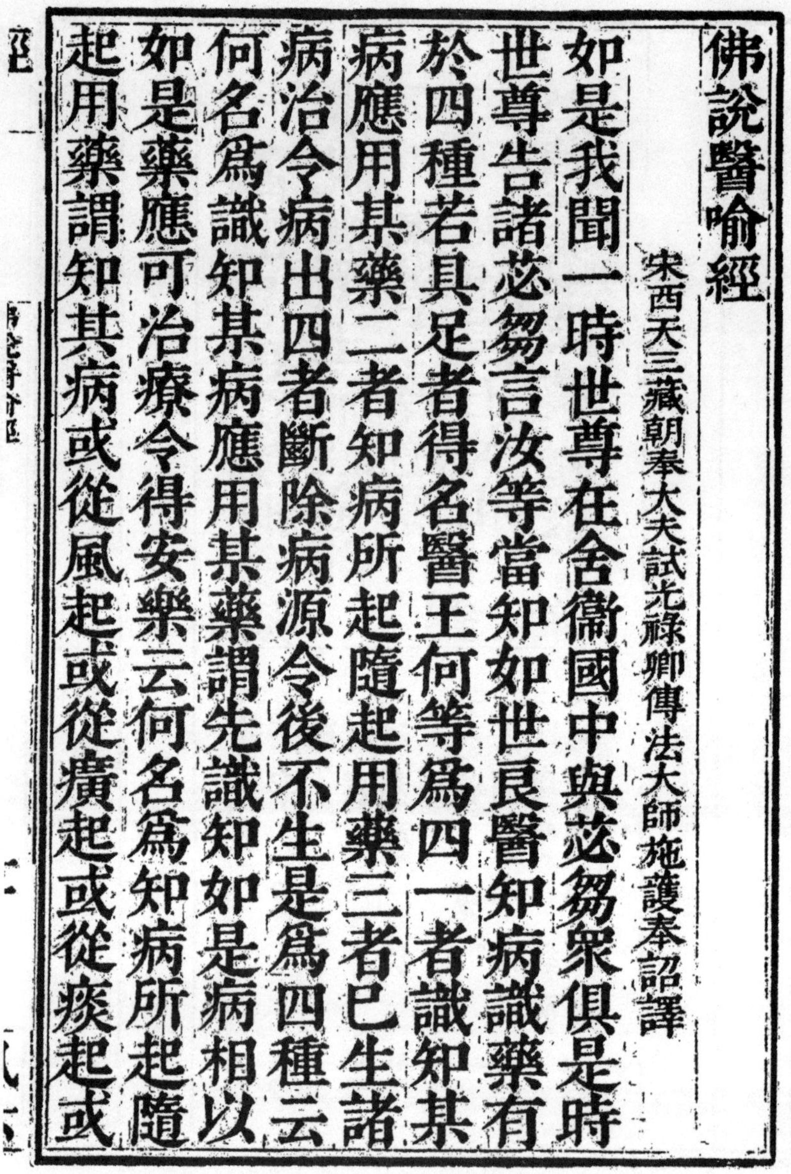

佛說醫喻經
宋西天三藏朝奉大夫試光祿卿傳法大師施護奉詔譯
如是我聞一時世尊在舍衛國中與苾芻衆俱是時
世尊告諸苾芻言汝等當知如世良醫知病識藥有
於四種若具足者得名醫王何等爲四一者識知其
病應用其藥二者知病所起隨起用藥三者已生諸
病治令病出四者斷除病源令後不生是爲四種云
何名爲識知其病應用其藥謂先識知如是病相以
如是藥應可治療令得安樂云何名爲知病所起隨
起用藥謂知其病或從風起或從癀起或從痰起或

182 《佛說醫喻經》一卷

（宋）釋施護譯　明崇禎癸未（十六年，1643）泰和楊仁愿刻本

版框高 22.5 厘米，寬 15.5 厘米。半葉十行，行二十字，四周雙邊。

民族 075-002-00003，臺灣 295 頁 · 931

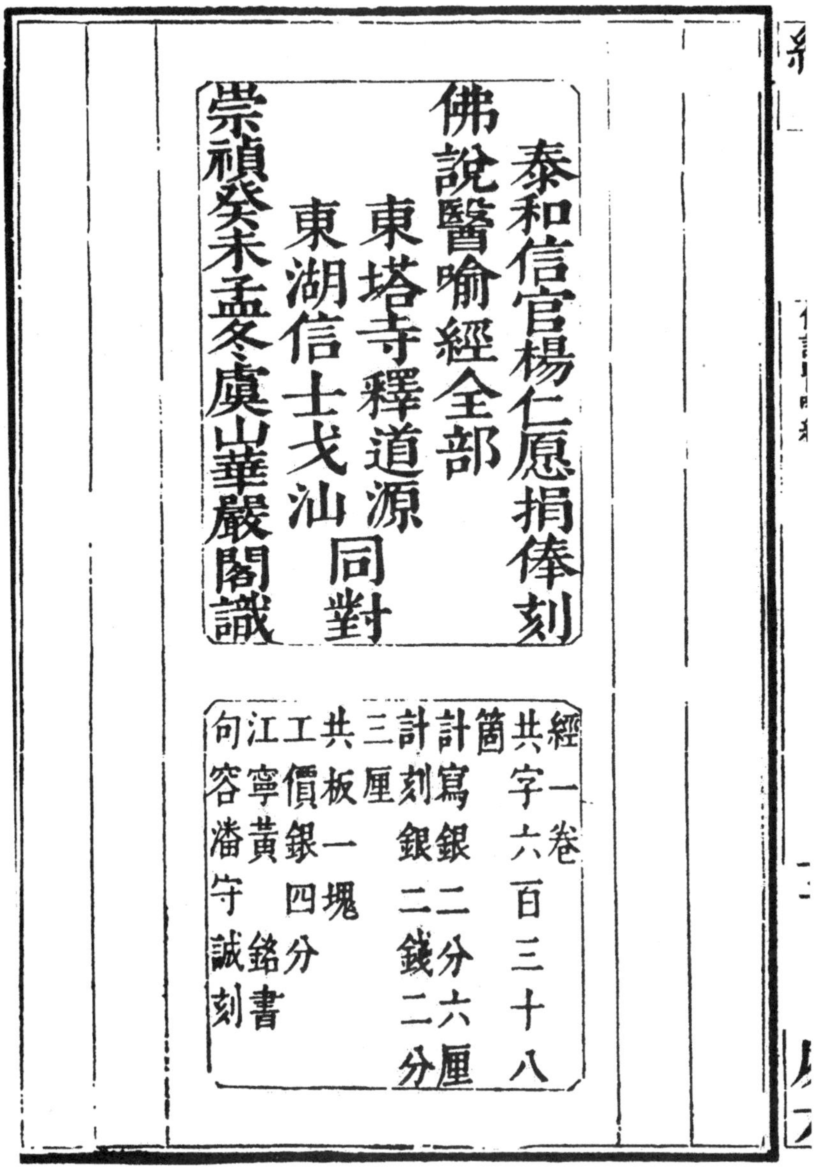

泰和信官楊仁愿捐俸刻
佛說醫喻經全部
東塔寺釋道源
東湖信士戈汕同對
崇禎癸未孟冬虞山華嚴閣識

經一卷
共字六百三十八
箇
計寫銀二分六厘
計刻銀二錢二分
三厘
共板一塊
工價銀四分
江寧黃銘書
句容潘守誠刻

牌記云:“泰和信官楊仁愿捐俸刻《佛說醫喻經》全部，東塔寺釋道源、東湖信士戈汕同對，崇禎癸未孟冬虞山華嚴閣識。經一卷，共字六百三十八箇，計寫銀二分六厘，計刻銀二錢二分三厘，共板一塊，工價銀四分，江寧黃銘書，句容潘守誠刻。”按：無故宫號碼。凤六。

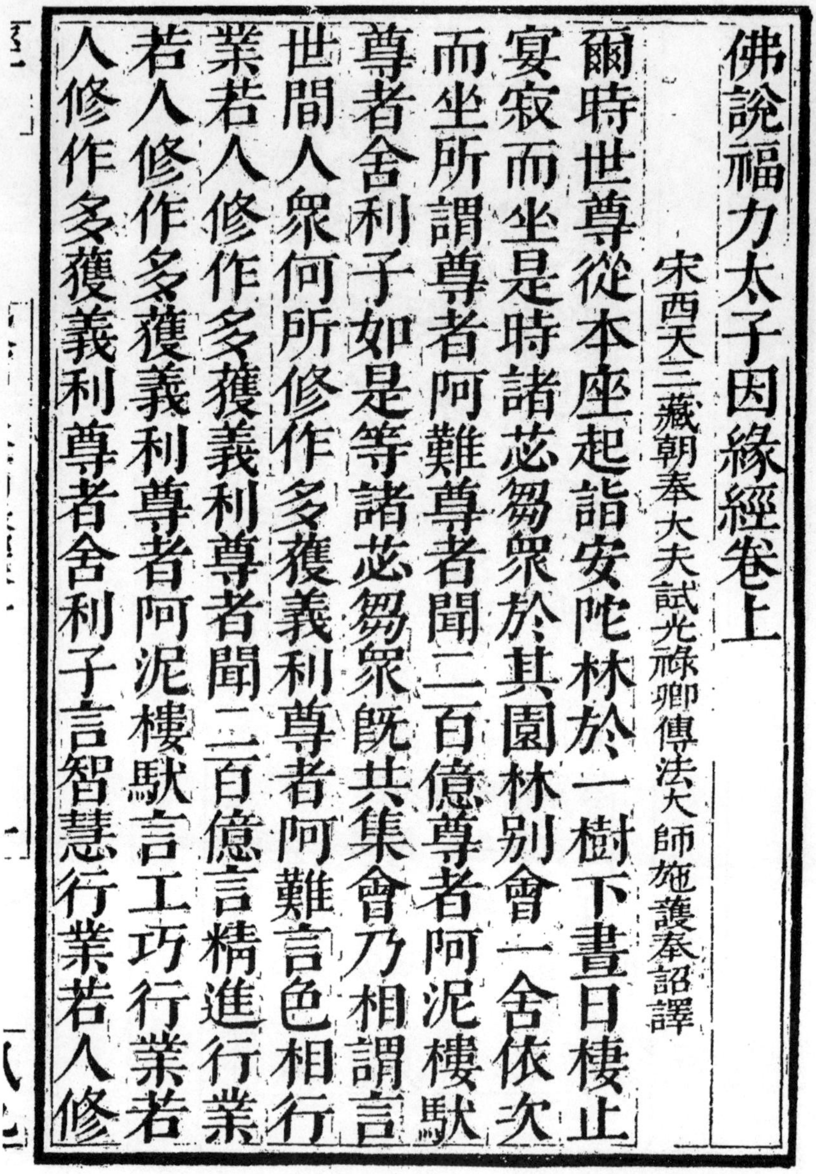

佛說福力太子因緣經卷上
宋西天三藏朝奉大夫試光祿卿傳法大師施護奉詔譯
爾時世尊從本座起詣安陀林於一樹下晝日棲止
宴寂而坐是時諸苾芻衆於其園林別會一舍依次
而坐所謂尊者阿難尊者聞二百億尊者阿泥樓馱
尊者舍利子如是等諸苾芻衆既共集會乃相謂言
世間人衆何所修作多獲義利尊者阿難言色相行
業若人修作多獲義利尊者聞二百億言精進行業
若人修作多獲義利尊者阿泥樓馱言工巧行業若
人修作多獲義利尊者舍利子言智慧行業若人修

183《佛說福力太子因緣經》三卷

(宋）釋施護譯　明崇禎癸未（十六年，1643）泰和楊仁愿刻本

版框高 22.5 厘米，寬 15.3 厘米。半葉十行，行二十字，四周雙邊。

民族 075-001-00006；臺灣 296 頁 · 935；故宮 75 · 951

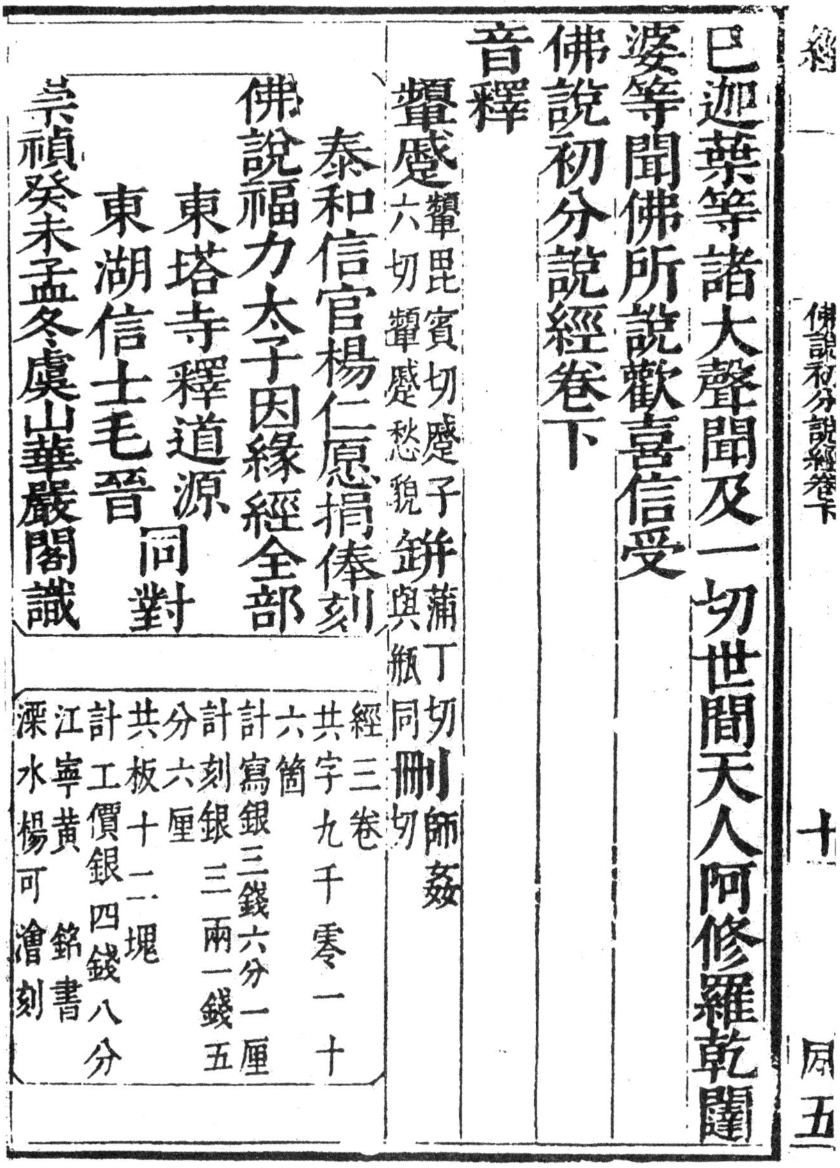
巳迦葉等諸大聲聞及一切世間天人阿修羅乾闥
婆等聞佛所說歡喜信受
佛說初分說經卷下
音釋
韇㔢韇毘賓切㔢子六切韇㔢愁貌 𨏊蒲丁切𨏊與瓶同 删所姦切

泰和信官楊仁愿捐俸刻
佛說福力太子因緣經全部
東塔寺釋道源
東湖信士毛晉　同對
崇禎癸未孟冬虞山華嚴閣識

經三卷
共字九千零一十六箇
計寫銀三錢六分一厘
計刻銀三兩一錢五分六厘
共板十二塊
計工價銀四錢八分
江寧黃銘書
溧水楊可澮刻

佛說初分說經卷下　十　凤五

牌記云:“泰和信官楊仁愿捐俸刻《佛說福力太子因緣經》全部,東塔寺釋道源、東湖信士毛晉同對,崇禎癸未孟冬虞山華嚴閣識。經三卷,共字九千零一十六箇,計寫銀三錢六分一厘,計刻銀三兩一錢五分六厘,共板十二塊,計工價銀四錢八分,江寧黃銘書,溧水楊可澮刻。”凤九。

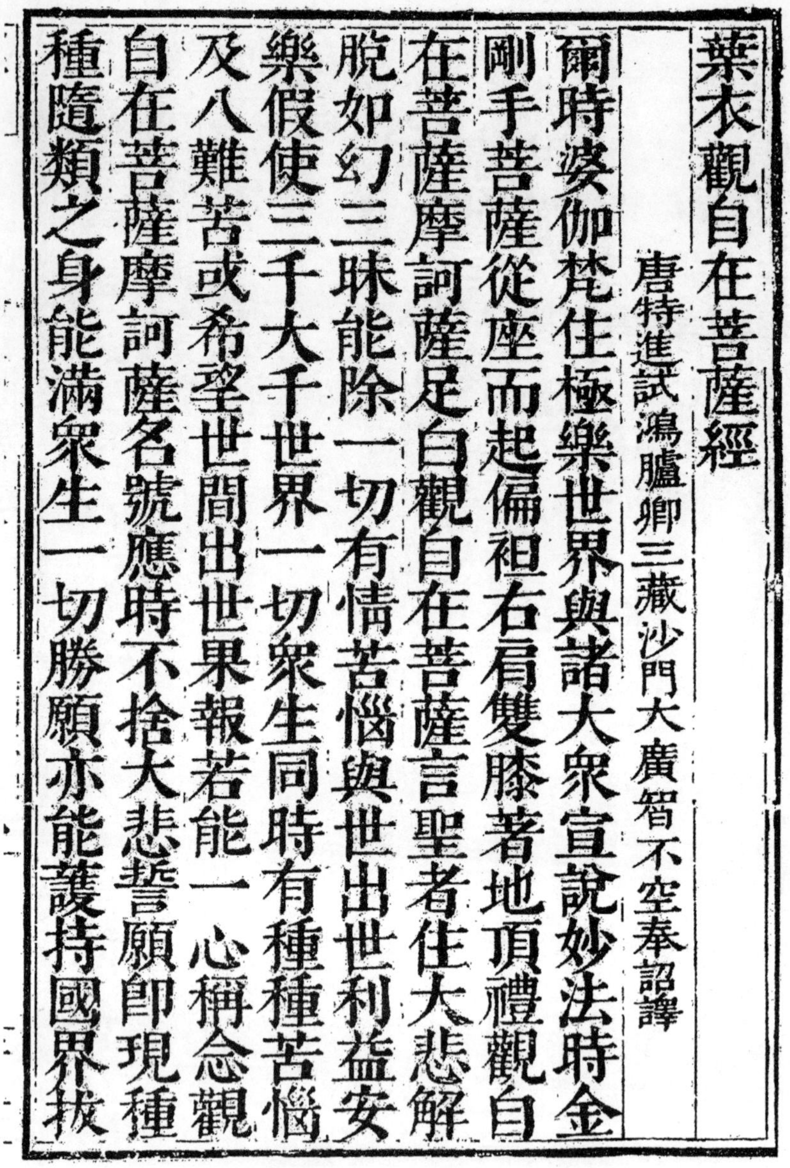

葉衣觀自在菩薩經

唐特進試鴻臚卿三藏沙門大廣智不空奉詔譯

爾時婆伽梵住極樂世界與諸大衆宣說妙法時金剛手菩薩從座而起偏袒右肩雙膝著地頂禮觀自在菩薩摩訶薩足白觀自在菩薩言聖者住大悲解脫如幻三昧能除一切有情苦惱與世出世利益安樂假使三千大千世界一切衆生同時有種種苦惱及八難苦或希望世間出世果報若能一心稱念觀自在菩薩摩訶薩名號應時不捨大悲誓願卽現種種隨類之身能滿衆生一切勝願亦能護持國界拔

184 《葉衣觀自在菩薩經》一卷

（唐）釋不空譯　明崇禎癸未（十六年，1643）泰和楊仁愿刻本

版框高 21.5 厘米，寬 14.7 厘米。半葉十行，行二十字，四周雙邊。

民族 076-002-00001；故宫 75 · 948

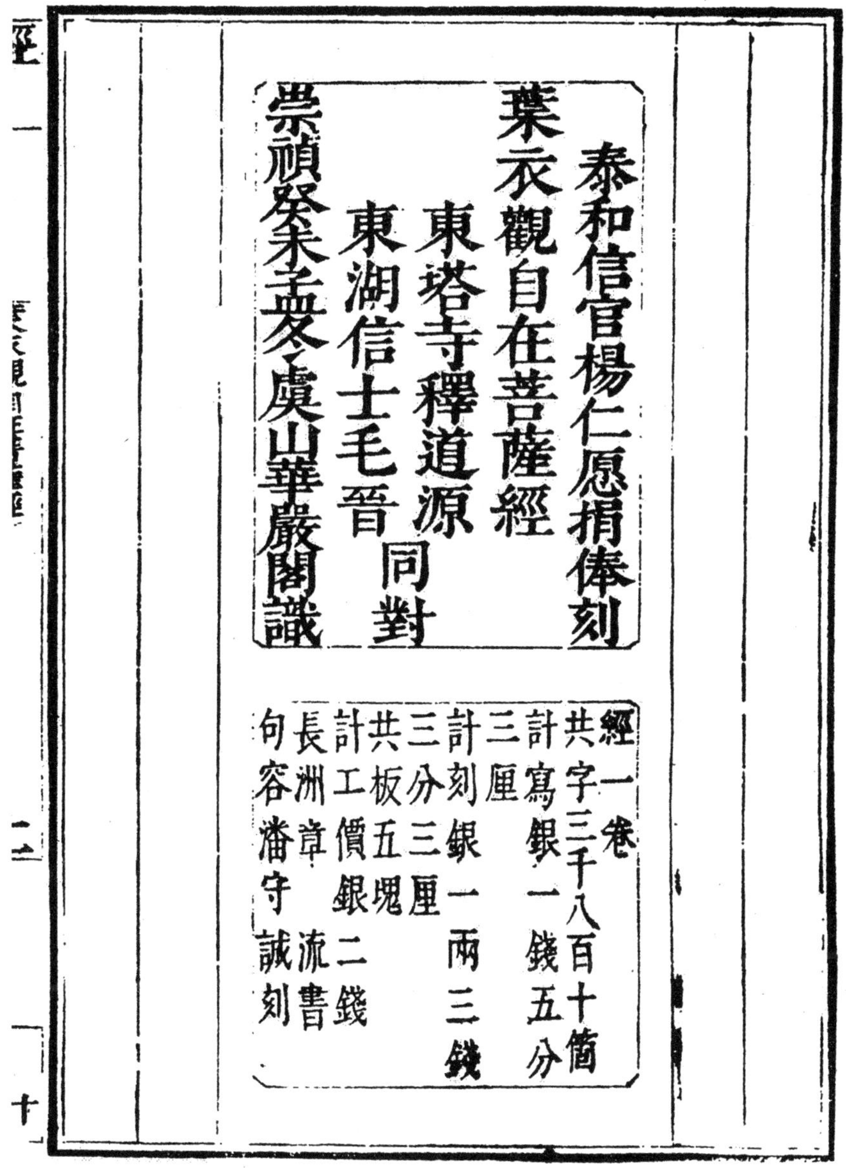

泰和信官楊仁愿捐俸刻
葉衣觀自在菩薩經
東塔寺釋道源
東湖信士毛晉　同對
崇禎癸未孟冬虞山華嚴閣識

經一卷
共字三千八百十箇
計寫銀一錢五分
三厘
計刻銀一兩三錢
三分三厘
共板五塊
計工價銀二錢
長洲章流書
句容潘守誠刻

牌記云:"泰和信官楊仁愿捐俸刻《葉衣觀自在菩薩經》,東塔寺釋道源、東湖信士毛晉同對,崇禎癸未孟冬虞山華嚴閣識。經一卷,共字三千八百十箇,計寫銀一錢五分三厘,計刻銀一兩三錢三分三厘,共板五塊,計工價銀二錢,長洲章流書,句容潘守誠刻。"按:《"國家圖書館"善本書志初稿・子部四》無茲經資料。清十。

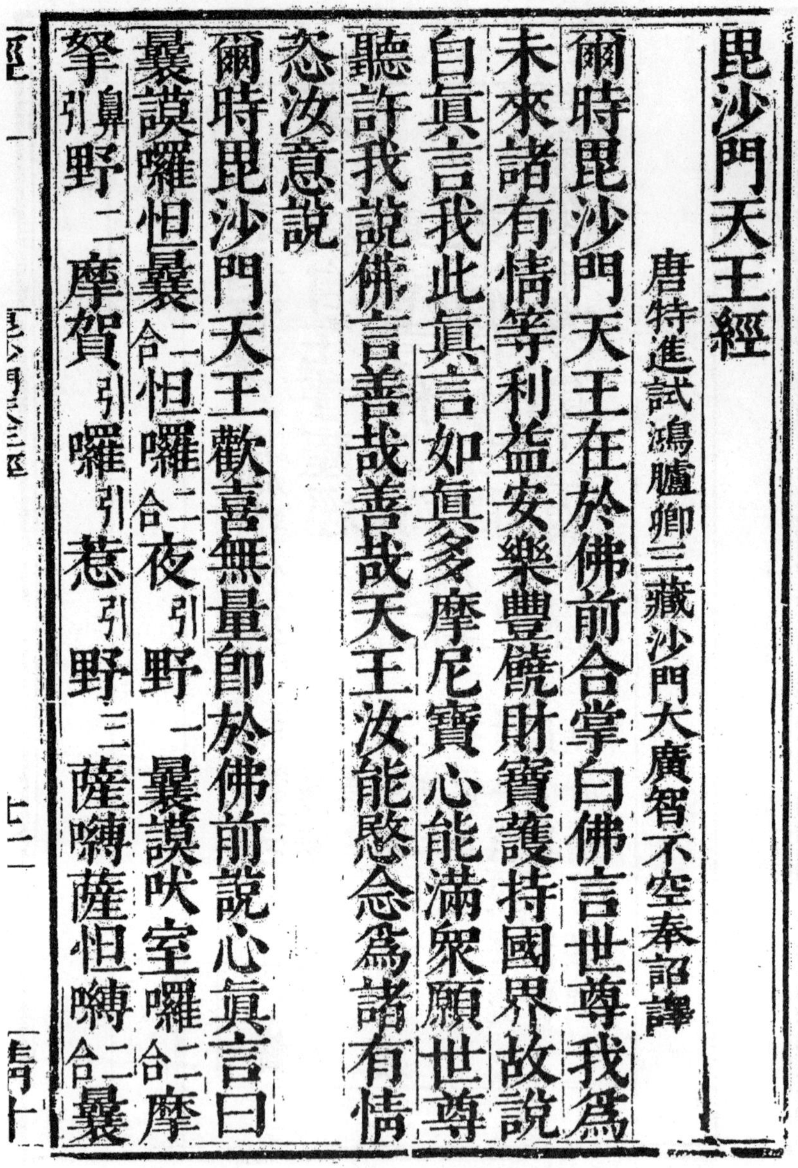
經一　毘沙門天王經　七二　壽十

毘沙門天王經

唐特進試鴻臚卿三藏沙門大廣智不空奉詔譯

爾時毘沙門天王在於佛前合掌白佛言世尊我爲未來諸有情等利益安樂豐饒財寶護持國界故說自眞言我此眞言如眞多摩尼寶心能滿衆願世尊聽許我說佛言善哉善哉天王汝能愍念爲諸有情恣汝意說

爾時毘沙門天王歡喜無量卽於佛前說心眞言曰

曩謨囉怛曩二合怛囉二合夜引野一曩謨吠室囉二合摩拏鼻引野二摩賀引囉引惹引野三薩嚩薩怛嚩二合曩

185 《毘沙門天王經》一卷

(唐) 釋不空譯　明崇禎癸未（十六年，1643）泰和楊仁愿刻本

版框高 21.2 厘米，寬 14.9 厘米。半葉十行，行二十字，四周雙邊。

民族 076-002-00002；故宮 75 · 948

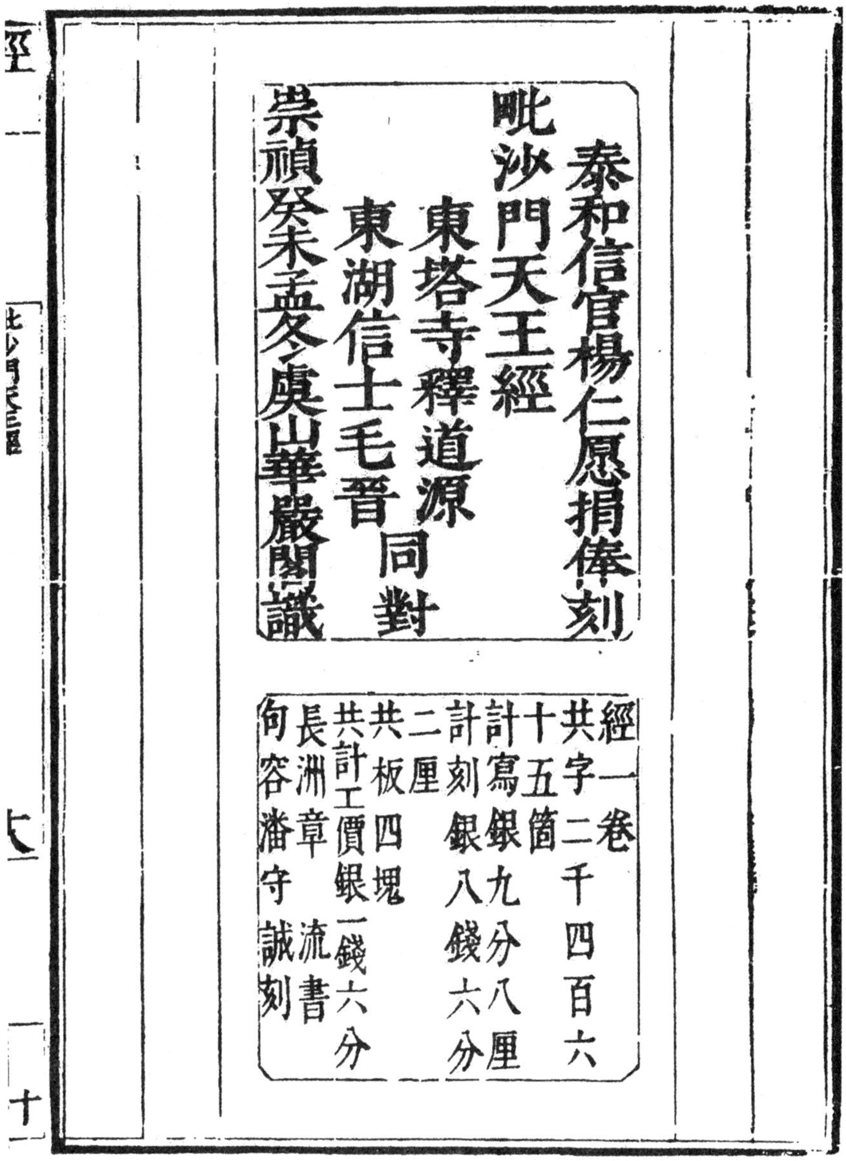
泰和信官楊仁愿捐俸刻
毗沙門天王經
東塔寺釋道源
東湖信士毛晋 同對
崇禎癸未孟冬虞山華嚴閣識

經一卷
共字二千四百六
十五箇
計寫銀九分八厘
計刻銀八錢六分
二厘
共板四塊
共計工價銀一錢六分
長洲章流書
句容潘守誠刻

牌記云:"泰和信官楊仁愿捐俸刻《毗沙門天王經》,東塔寺釋道源、東湖信士毛晉同對,崇禎癸未孟冬虞山華嚴閣識。經一卷,共字二千四百六十五箇,計寫銀九分八厘,計刻銀八錢六分二厘,共板四塊,共計工價銀一錢六分,長洲章流書,句容潘守誠刻。"按:《"國家圖書館"善本書志初稿·子部四》無兹經資料。另著録有《佛説毗沙門天王經》一卷,宋釋法天釋。詳見53條。清十。

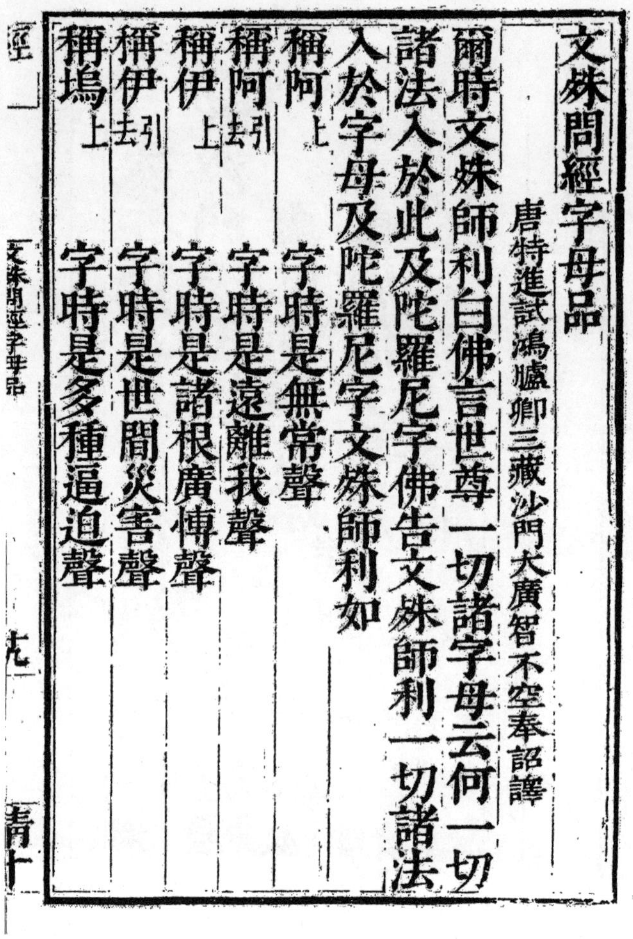

文殊問經字母品

唐特進試鴻臚卿三藏沙門大廣智不空奉詔譯

爾時文殊師利白佛言世尊一切諸字母云何一切諸法入於此及陀羅尼字佛告文殊師利一切諸法入於字母及陀羅尼字文殊師利如

稱阿上　字時是無常聲

稱阿去引　字時是遠離我聲

稱伊上　字時是諸根廣博聲

稱伊去引　字時是世間災害聲

稱塢上　字時是多種逼迫聲

經　文殊問經字母品　九　清十

186 《文殊問經字母品》一卷

(唐) 釋不空譯　明崇禎癸未（十六年，1643）泰和楊仁愿刻本

版框高 21.5 厘米，寬 14.8 厘米。半葉十行，行二十字，四周雙邊。

民族 076-002；故宫 75 · 948

牌記云："泰和信官楊仁愿捐俸刻《文殊問經字母品》，東塔寺釋道源、東湖信士毛晉同對，崇禎癸未孟冬虞山華嚴閣識。江寧章流書，句容潘守誠刻。" 按：故宫資料所列號碼有誤，不應與《佛說灌頂王喻經》《毘沙門天王經》爲同一編號，兹經應在故宫資料第 76 函。《"國家圖書館"善本書志初稿・子部四》無此經，"孔毅目" 123 條有此經，民族出版社出版《嘉興藏》收録此經，無牌記。清十。

文殊問經字母品

唐特進試鴻臚卿三藏沙門大廣智不空奉詔譯

爾時文殊師利白佛言世尊一切諸字母云何一切諸法入於此及陀羅尼字佛告文殊師利一切諸法入於字母及陀羅尼字文殊師利如

稱阿上　字時是無常聲

稱阿引去　字時是遠離我聲

稱伊上　字時是諸根廣博聲

稱伊引去　字時是世間災害聲

稱塢上　字時是多種逼迫聲

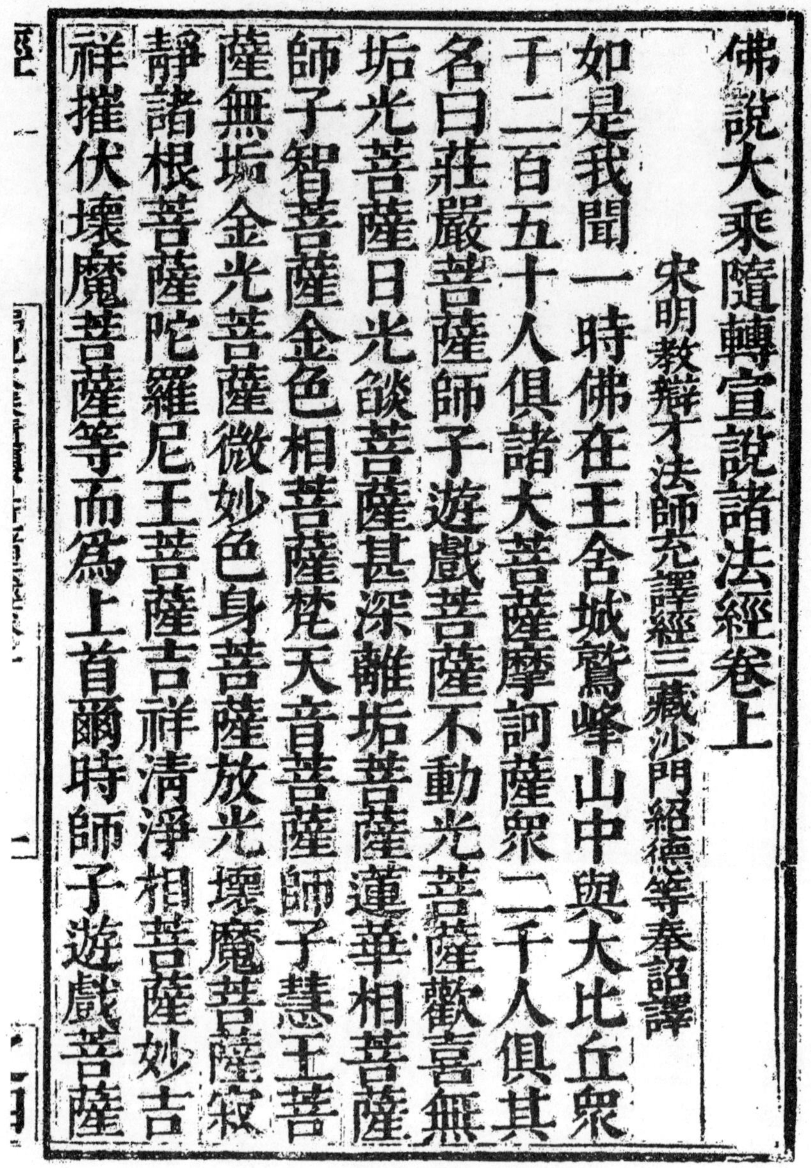
佛說大乘隨轉宣說諸法經卷上
宋明教辯才法師充譯經三藏沙門紹德等奉詔譯
如是我聞一時佛在王舍城鷲峰山中與大比丘衆千二百五十人俱諸大菩薩摩訶薩衆二千人俱其名曰莊嚴菩薩師子遊戲菩薩不動光菩薩歡喜無垢光菩薩日光燄菩薩甚深離垢菩薩蓮華相菩薩師子智菩薩金色相菩薩梵天音菩薩師子慧王菩薩無垢金光菩薩微妙色身菩薩放光壞魔菩薩寂靜諸根菩薩陀羅尼王菩薩吉祥清淨相菩薩妙吉祥摧伏壞魔菩薩等而爲上首爾時師子遊戲菩薩

187 《佛說大乘隨轉宣說諸法經》三卷

（宋）釋紹德等譯　明崇禎癸未（十六年，1643）楊仁愿刻本

版框高 22.5 厘米，寬 15.4 厘米。半葉十行，行二十字，四周雙邊。

民族 078-001-00007；臺灣 305 頁 · 958；故宫 78 · 1010

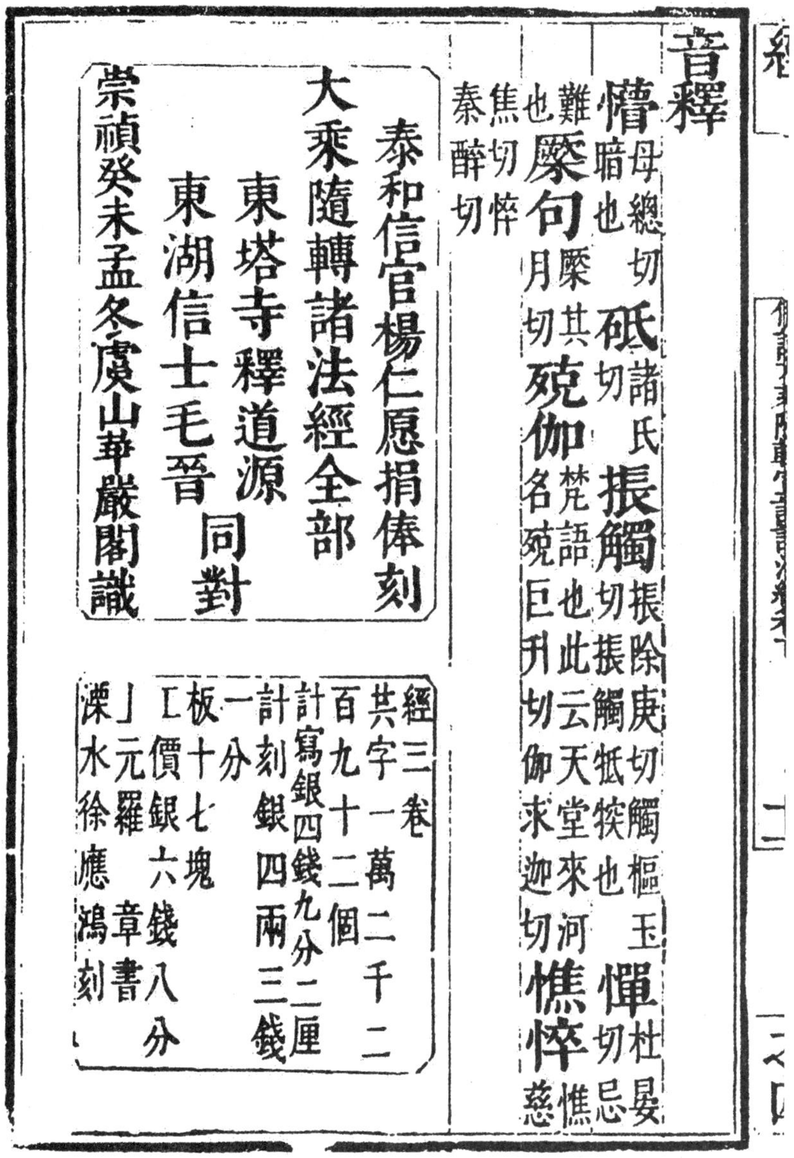

牌記云:"泰和信官楊仁愿捐俸刻《大乘隨轉諸法經》全部，東塔寺釋道源、東湖信士毛晉同對，崇禎癸未孟冬虞山華嚴閣識。經三卷，共字一萬二千二百九十二個，計寫銀四錢九分二厘，計刻銀四兩三錢一分，板十七塊，工價銀六錢八分，上元羅章書，溧水徐應鴻刻。"之四。

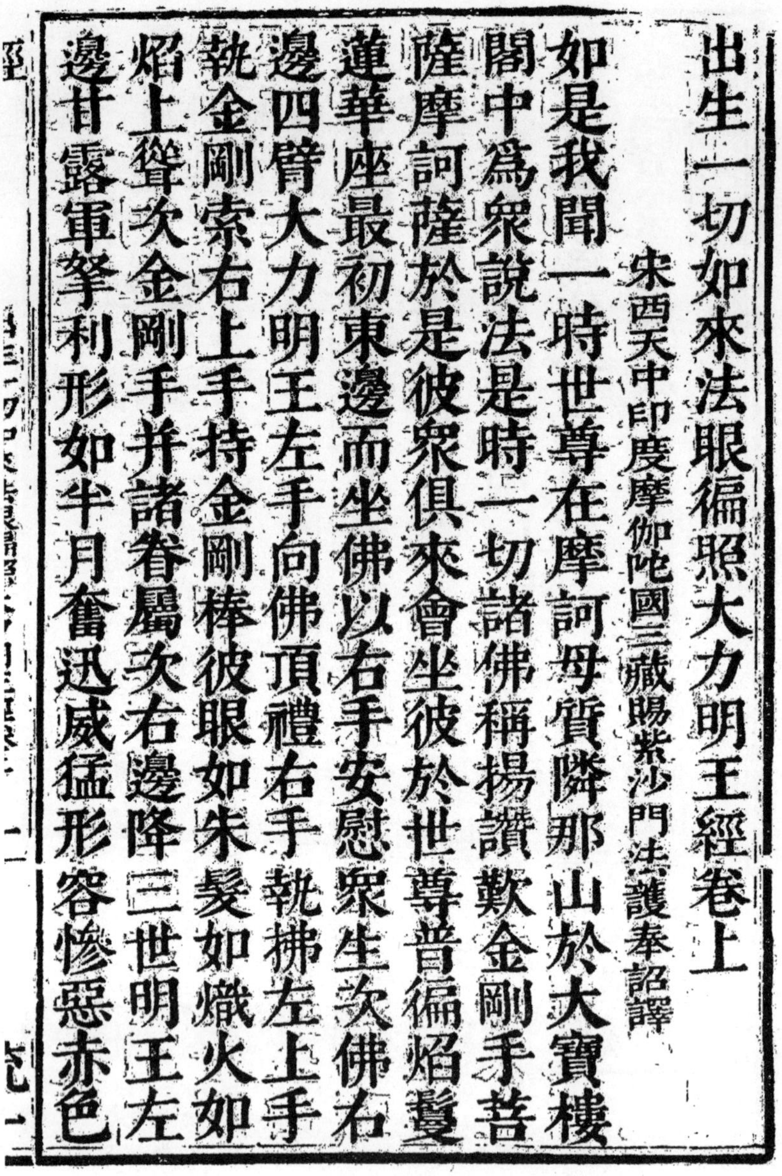
出生一切如來法眼徧照大力明王經卷上
宋西天中印度摩伽陁國三藏賜紫沙門法護奉詔譯
如是我聞一時世尊在摩訶毋質隣那山於大寶樓
閣中爲衆說法是時一切諸佛稱揚讚歎金剛手菩
薩摩訶薩於是彼衆俱來會坐彼於世尊普徧焰鬘
蓮華座最初東邊而坐佛以右手安慰衆生次佛右
邊四臂大力明王左手向佛頂禮右手執拂左上手
執金剛索右上手持金剛棒彼眼如朱髮如熾火如
焰上聳次金剛手并諸眷屬次右邊降三世明王左
邊甘露軍拏利形如半月奮迅威猛形容慘惡赤色

188 《出生一切如來法眼徧照大力明王經》二卷

(宋) 釋法護譯　明崇禎癸未（十六年，1643）泰和楊仁愿刻本

版框高 22.6 厘米，寬 15.6 厘米。半葉十行，行二十字，四周雙邊。

民族 079-001-00001；臺灣 308 頁 · 965；故宮 79 · 1017

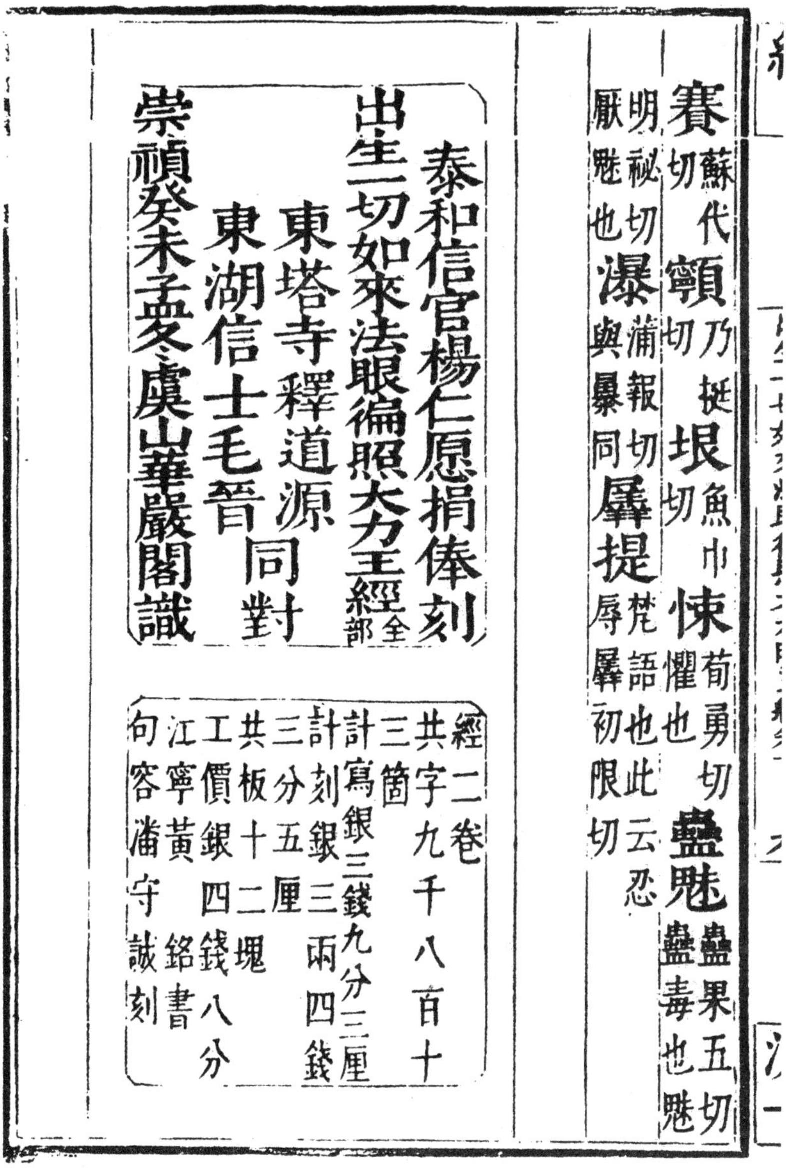
賽蘇代切 顊乃挺切 垠魚巾切 悚荀勇切 蠱魅蠱果五切蠱毒也魅明祕切 瀑蒲報切 羼提梵語也此云忍厭魅也 瀑與暴同 羼辱羼初限切

泰和信官楊仁愿捐俸刻
出生一切如來法眼徧照大力王經全部
東塔寺釋道源
東湖信士毛晉同對
崇禎癸未孟冬虞山華嚴閣識

經二卷
共字九千八百十
三箇
計寫銀三錢九分三厘
計刻銀三兩四錢
三分五厘
共板十二塊
工價銀四錢八分
江寧黃銘書
句容潘守誠刻

牌記云："泰和信官楊仁愿捐俸刻《出生一切如來法眼徧照大力王經》全部，東塔寺釋道源、東湖信士毛晉同對，崇禎癸未孟冬虞山華嚴閣識。經二卷，共字九千八百十三箇，計寫銀三錢九分三厘，計刻銀三兩四錢三分五厘，共板十二塊，工價銀四錢八分，江寧黃銘書，句容潘守誠刻。"流一。

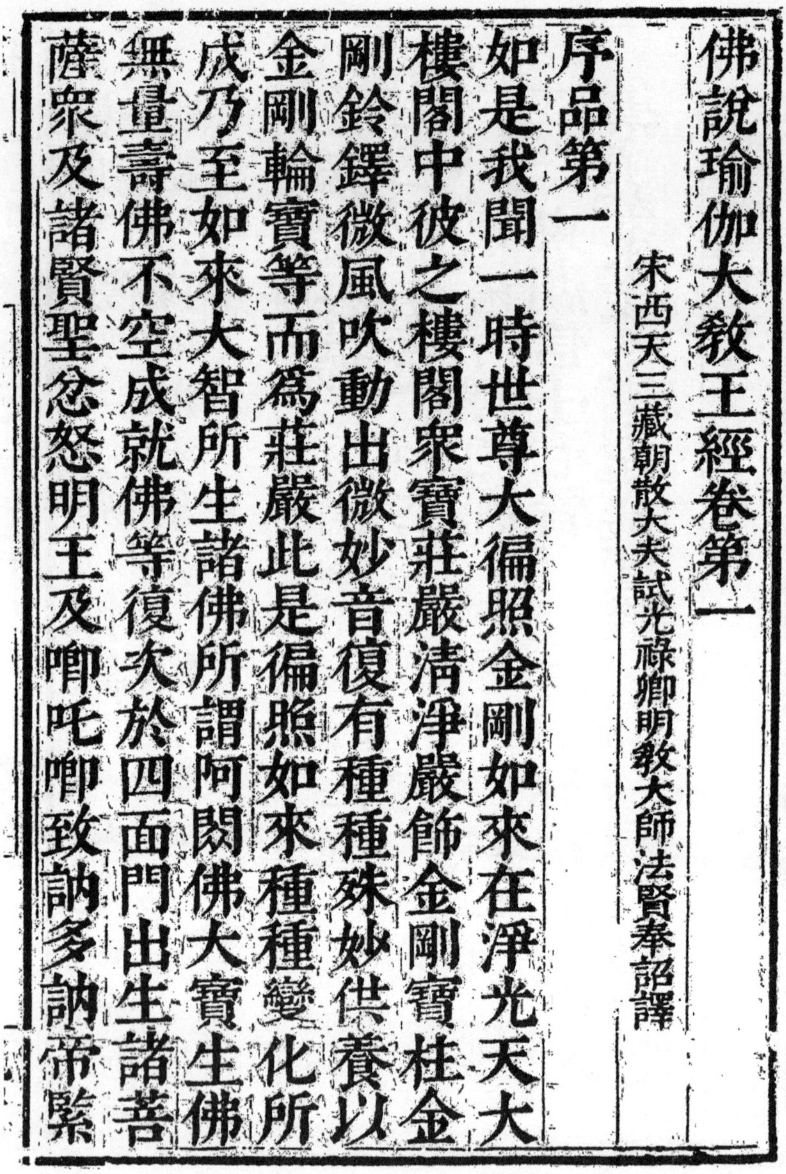

佛說瑜伽大教王經卷第一
宋西天三藏朝散大夫試光祿卿明教大師法賢奉詔譯
序品第一
如是我聞一時世尊大徧照金剛如來在淨光天大樓閣中彼之樓閣衆寶莊嚴清淨嚴飾金剛寶柱金剛鈴鐸微風吹動出微妙音復有種種殊妙供養以金剛輪寶等而爲莊嚴此是徧照如來種種變化所成乃至如來大智所生諸佛所謂阿閦佛大寶生佛無量壽佛不空成就佛等復次於四面門出生諸菩薩衆及諸賢聖忿怒明王及唧吒唧致訥多訥帝緊

189 《佛說瑜伽大教王經》五卷

(宋) 釋法賢譯　明崇禎癸未（十六年，1643）泰和楊仁愿刻本

版框高 22.6 厘米，寬 15.6 厘米。半葉十行，行二十字，四周雙邊。

民族 079-002; 臺灣 309 頁 · 968; 故宮 79 · 1020

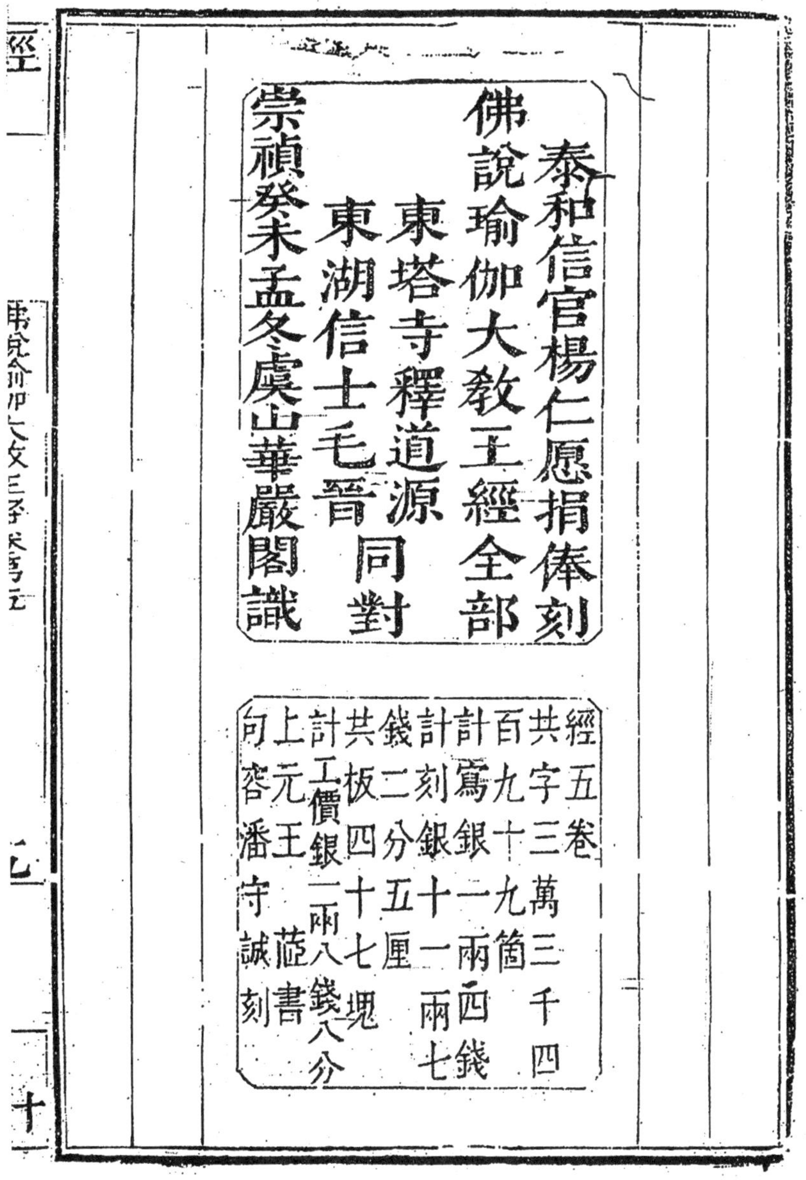
泰和信官楊仁愿捐俸刻
佛說瑜伽大教王經全部
東塔寺釋道源
東湖信士毛晉　同對
崇禎癸未孟冬虞山華嚴閣識

經五卷
共字三萬三千四
百九十九箇
計寫銀一兩四錢
計刻銀十一兩七
錢二分五厘
共板四十七塊
計工價銀一兩八錢八分
上元王蒞書
句容潘守誠刻

牌記云："泰和信官楊仁愿捐俸刻《佛說瑜珈大教王經》全部，東塔寺釋道源、東湖信士毛晉同對，崇禎癸未孟冬虞山華嚴閣識。經五卷，共字三萬三千四百九十九箇，計寫銀一兩四錢，計刻銀十一兩七錢二分五厘，共板四十七塊，計工價銀一兩八錢八分，上元王蒞書，句容潘守誠刻。"流六至十。

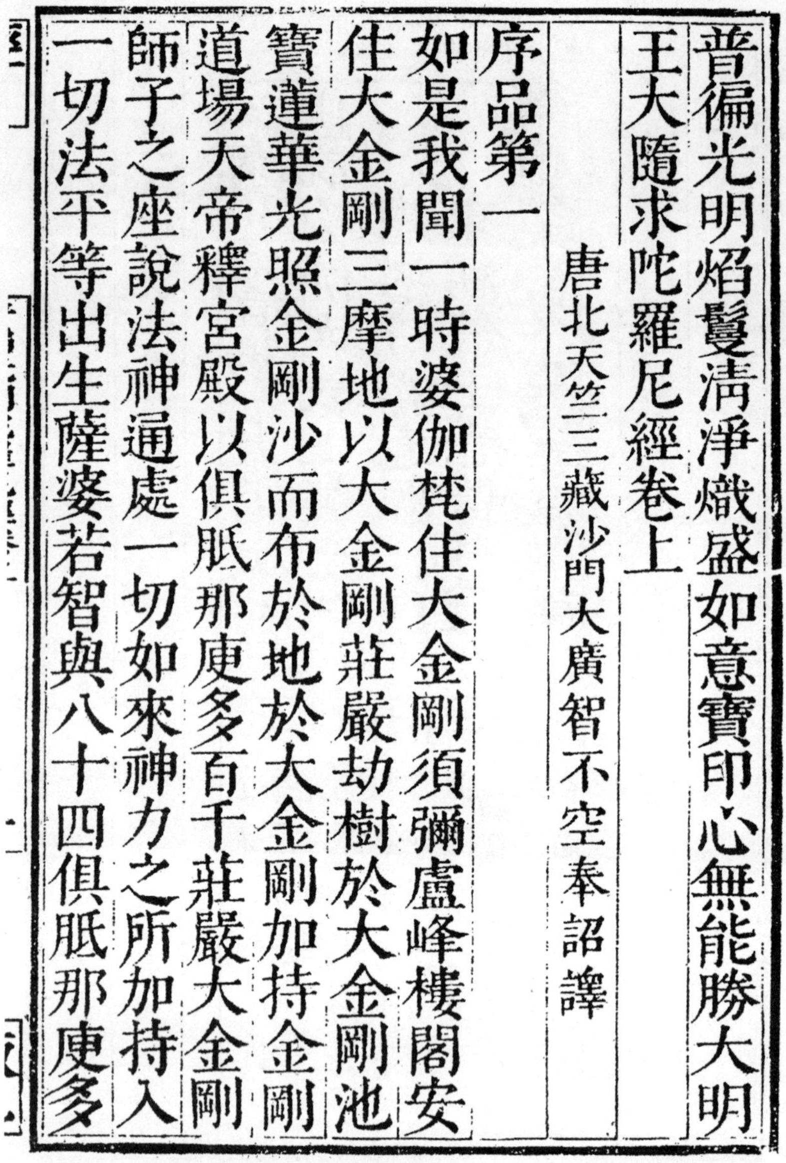

普徧光明焰鬘清淨熾盛如意寶印心無能勝大明
王大隨求陀羅尼經卷上
唐北天竺三藏沙門大廣智不空奉詔譯
序品第一
如是我聞一時婆伽梵住大金剛須彌盧峰樓閣安
住大金剛三摩地以大金剛莊嚴劫樹於大金剛池
寶蓮華光照金剛沙而布於地於大金剛加持金剛
道場天帝釋宮殿以俱胝那庾多百千莊嚴大金剛
師子之座說法神通處一切如來神力之所加持入
一切法平等出生薩婆若智與八十四俱胝那庾多

190 《普徧光明焰鬘清淨熾盛如意寶印心無能勝大明王大隨求陀羅尼經》二卷

(唐)釋不空譯　明崇禎癸未(十六年,1643)泰和楊仁愿刻本

版框高 22.7 厘米,寬 15.3 厘米。半葉十行,行二十字,四周雙邊。

民族 080-006-00002;臺灣 317 頁 · 988;故宮 80 · 1041

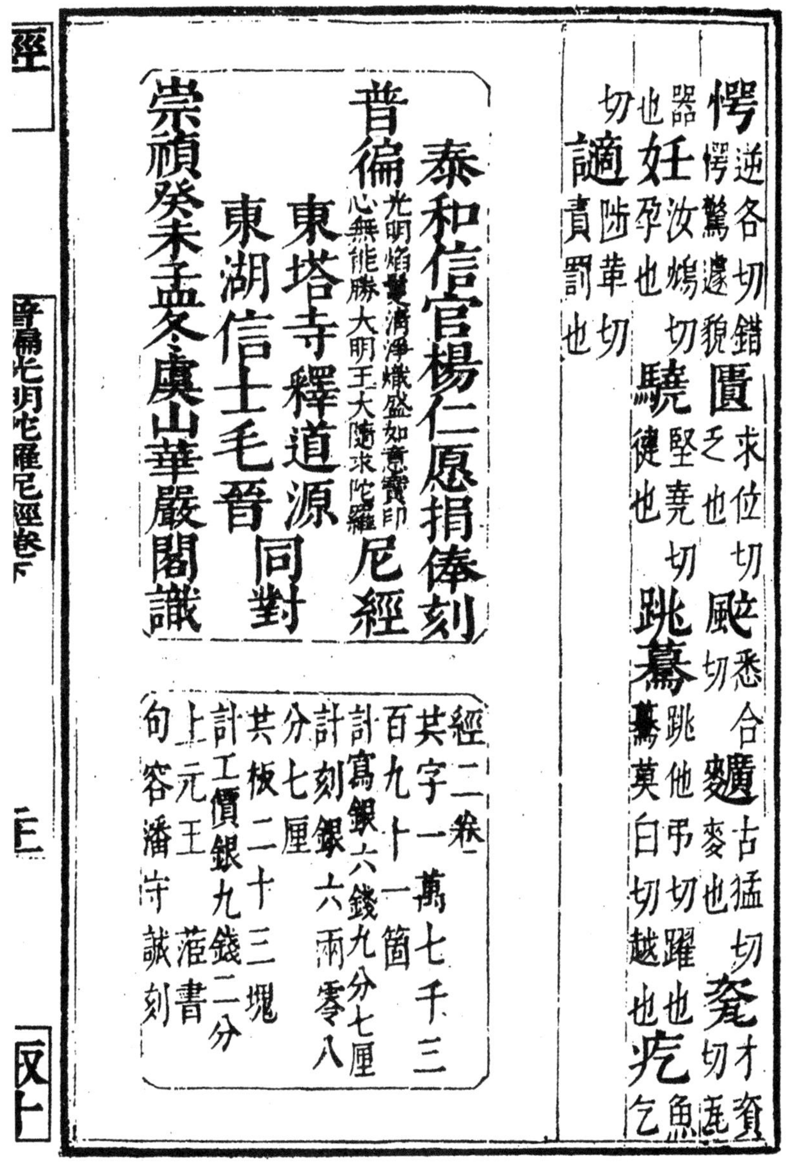
愕逆各切錯愕驚遽貌 匱求位切乏也 颯悉合切 穬古猛切麥也 瓷才資切瓷器也 妊汝鴆切孕也 驍堅堯切健也 跳驀跳他弔切躍也驀莫白切越也 疙魚乞切 適陟革切責罰也

泰和信官楊仁愿捐俸刻
普徧光明焰鬘清淨熾盛如意寶印心無能勝大明王大隨求陀羅尼經
東塔寺釋道源
東湖信士毛晉同對
崇禎癸未孟冬虞山華嚴閣識

經二卷
共字一萬七千三百九十一箇
計寫銀六錢九分七厘
計刻銀六兩零八分七厘
共板二十三塊
計工價銀九錢二分
上元王蒞書
句容潘守誠刻

經
普徧光明陀羅尼經卷下
三

牌記云："泰和信官楊仁愿捐俸刻《普徧光明焰鬘清淨熾盛如意寶印心無能勝大明王大隨求陀羅尼經》，東塔寺釋道源、東湖信士毛晉同對，崇禎癸未孟冬虞山華嚴閣識。經二卷，共字一萬七千三百九十一箇，計寫銀六錢九分七厘，計刻銀六兩零八分七厘，共板二十三塊，計工價銀九錢二分，上元王蒞書，句容潘守誠刻。"取九至十。

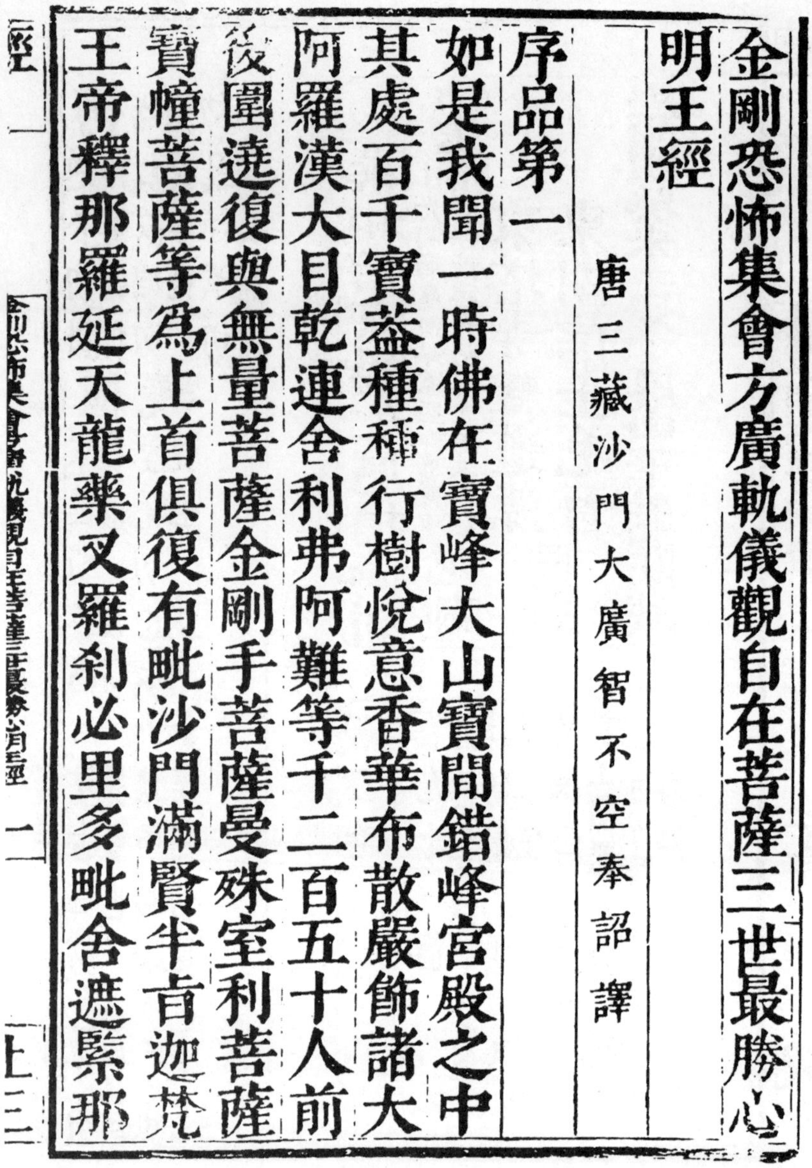
金剛恐怖集會方廣軌儀觀自在菩薩三世最勝心
明王經
唐三藏沙門大廣智不空奉詔譯
序品第一
如是我聞一時佛在寶峰大山寶間錯峰宮殿之中
其處百千寶蓋種種行樹悅意香華布散嚴飾諸大
阿羅漢大目乾連舍利弗阿難等千二百五十人前
後圍遶復與無量菩薩金剛手菩薩曼殊室利菩薩
寶幢菩薩等爲上首俱復有毗沙門滿賢半肯迦梵
王帝釋那羅延天龍藥叉羅刹必里多毗舍遮緊那
經上　金剛恐怖集會方廣軌儀觀自在菩薩三世最勝心明王經　二　上二

191 《金剛恐怖集會方廣軌儀觀自在菩薩三世最勝心明王經》一卷

(唐) 釋不空譯　明崇禎癸未（十六年，1643）泰和楊仁愿刻本

版框高 22.6 厘米，寬 15.6 厘米。半葉十行，行二十字，四周雙邊。

民族 081-005-00003；臺灣 319 頁 · 993；故宫 81 · 1046

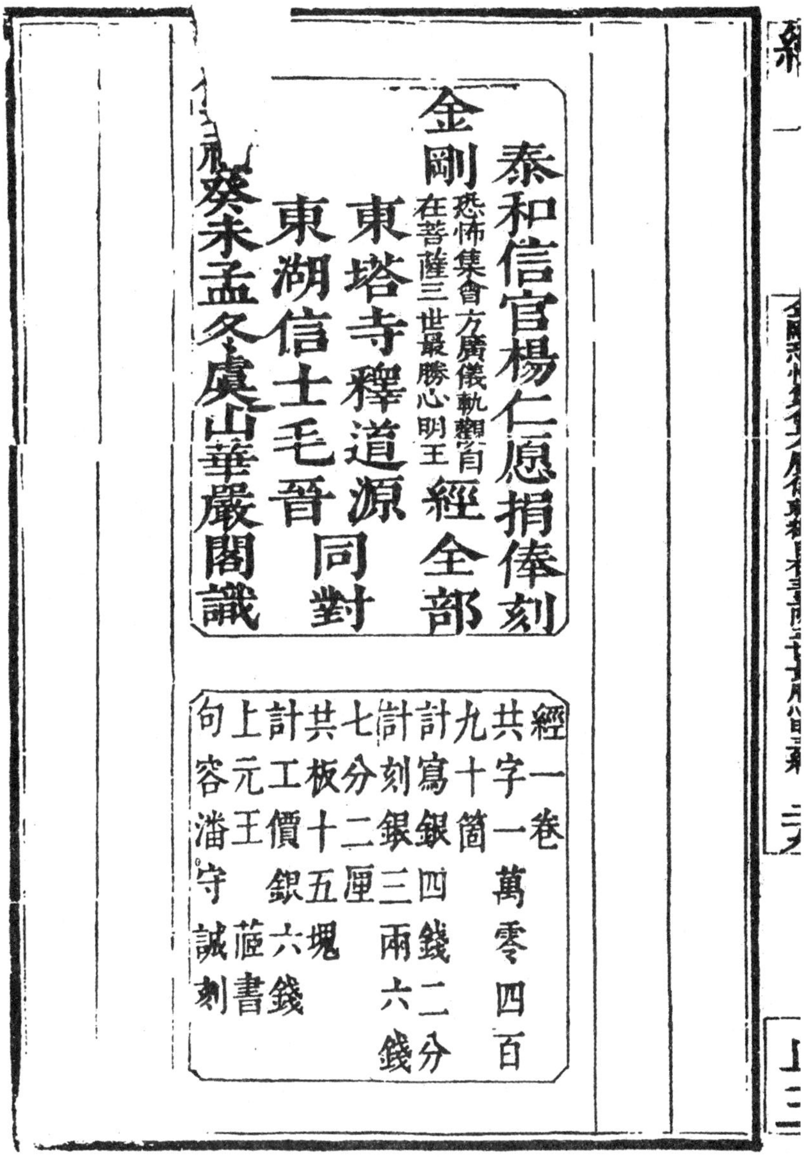
泰和信官楊仁愿捐俸刻
金剛恐怖集會方廣儀軌觀自在菩薩三世最勝心明王經全部
東塔寺釋道源
東湖信士毛晉同對
崇禎癸未孟冬虞山華嚴閣識

經一卷
共字一萬零四百
九十箇
計寫銀四錢二分
計刻銀三兩六錢
七分二厘
共板十五塊
計工價銀六錢
上元王蓖書
句容潘守誠刻

牌記云："泰和信官楊仁愿捐俸刻《金剛恐怖集會方廣儀軌觀自在菩薩三世最勝心明王經》全部，東塔寺釋道源、東湖信士毛晉同對，崇禎癸未孟冬虞山華嚴閣識。經一卷，共字一萬零四百九十箇，計寫銀四錢二分，計刻銀三兩六錢七分二厘，共板十五塊，計工價銀六錢，上元王蓖書，句容潘守誠刻。"止三。

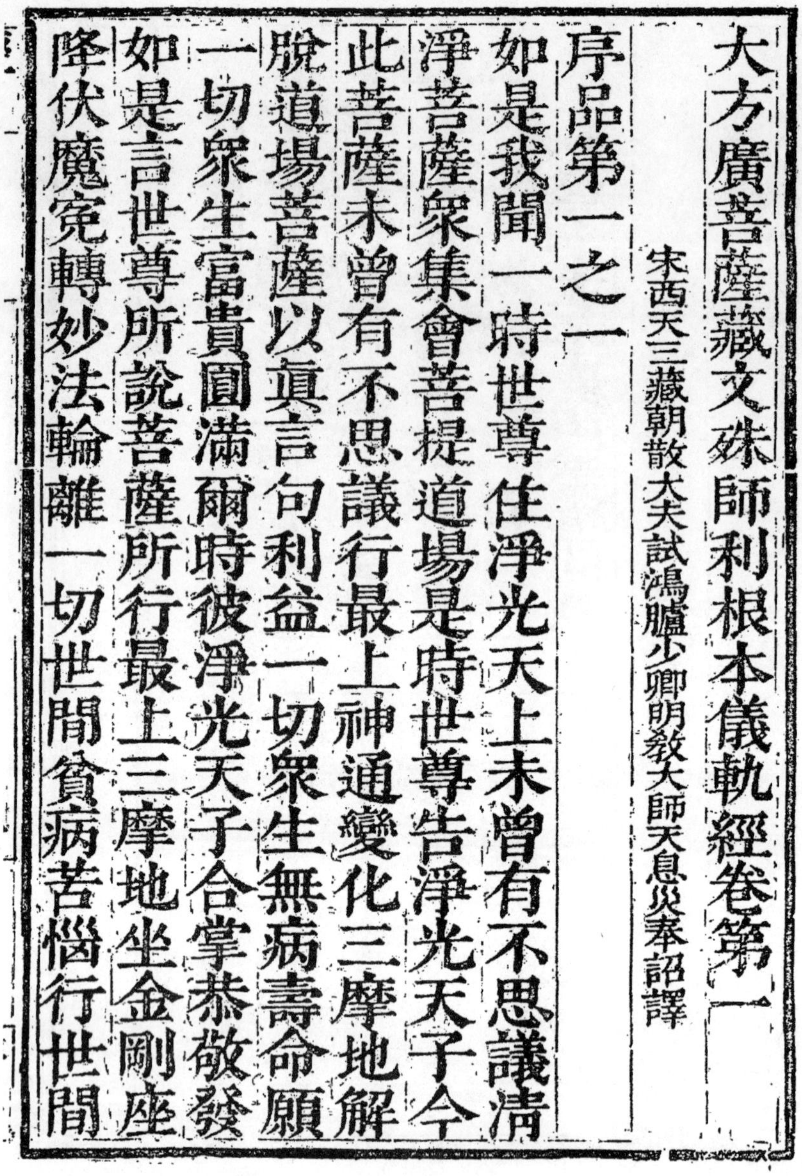
大方廣菩薩藏文殊師利根本儀軌經卷第一
宋西天三藏朝散大夫試鴻臚少卿明教大師天息災奉詔譯
序品第一之一
如是我聞一時世尊住淨光天上未曾有不思議清
淨菩薩衆集會菩提道場是時世尊告淨光天子今
此菩薩未曾有不思議行最上神通變化三摩地解
脫道場菩薩以眞言句利益一切衆生無病壽命願
一切衆生富貴圓滿爾時彼淨光天子合掌恭敬發
如是言世尊所說菩薩所行最上三摩地坐金剛座
降伏魔寃轉妙法輪離一切世間貧病苦惱行世間

192 《大方廣菩薩藏文殊師利根本儀軌經》二十卷

(宋) 釋天息災譯　明崇禎癸未（十六年，1643）泰和楊仁愿刻本

版框高 22.7 厘米，寬 15.5 厘米。半葉十行，行二十字，四周雙邊。

民族 082-002-00001；臺灣 322 頁 · 1002；故宮 82 · 1055

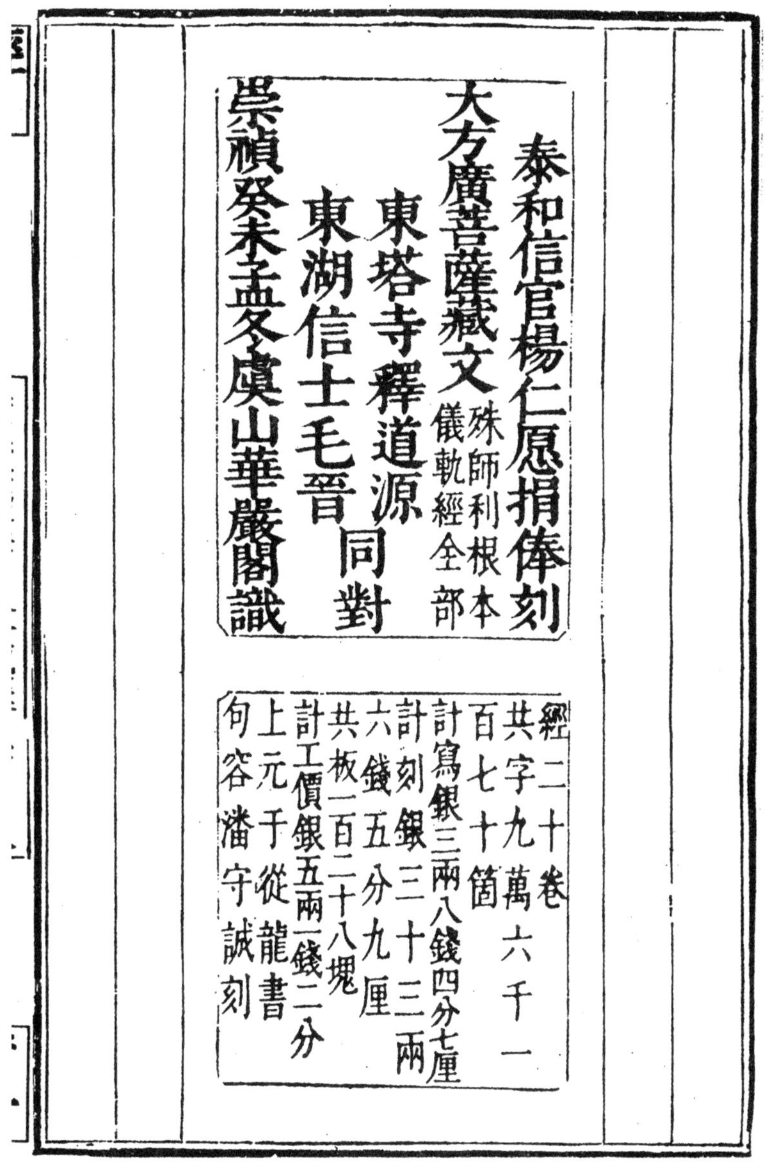

泰和信官楊仁愿捐俸刻
大方廣菩薩藏文殊師利根本儀軌經全部
東塔寺釋道源
東湖信士毛晉 同對
崇禎癸未孟冬虞山華嚴閣識

經二十卷
共字九萬六千一百七十箇
計寫銀三兩八錢四分七厘
計刻銀三十三兩六錢五分九厘
共板一百二十八塊
計工價銀五兩一錢二分
上元于從龍書
句容潘守誠刻

牌記云:“泰和信官楊仁愿捐俸刻《大方廣菩薩藏文殊師利根本儀軌經》全部，東塔寺釋道源、東湖信士毛晉同對，崇禎癸未孟冬虞山華嚴閣識。經二十卷，共字九萬六千一百七十箇，計寫銀三兩八錢四分七厘，計刻銀三十三兩六錢五分九厘，共板一百二十八塊，計工價銀五兩一錢二分，上元于從龍書，句容潘守誠刻。”若一至十。

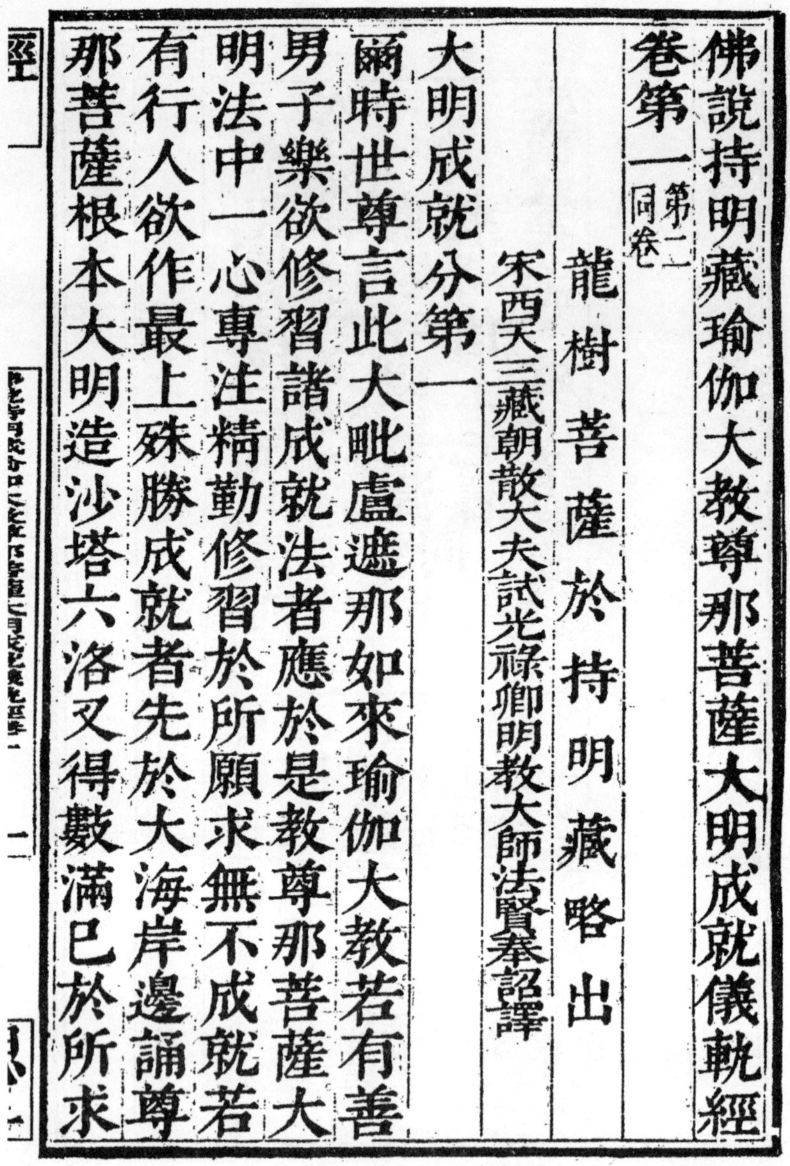
佛說持明藏瑜伽大教尊那菩薩大明成就儀軌經
卷第一 第二同卷
龍樹菩薩於持明藏略出
宋西天三藏朝散大夫試光祿卿明教大師法賢奉詔譯
大明成就分第一
爾時世尊言此大毗盧遮那如來瑜伽大教若有善男子樂欲修習諸成就法者應於是教尊那菩薩大明法中一心專注精勤修習於所願求無不成就若有行人欲作最上殊勝成就者先於大海岸邊誦尊那菩薩根本大明造沙塔六洛叉得數滿已於所求

193《佛說持明藏瑜伽大教尊那菩薩大明成就儀軌經》四卷

(宋) 釋法賢譯　明崇禎癸未（十六年，1643）泰和楊仁愿刻本

版框高 22.5 厘米，寬 15.4 厘米。半葉十行，行二十字，四周雙邊。

民族 082-003-00001；臺灣 322 頁 · 1003；故宫 82 · 1056

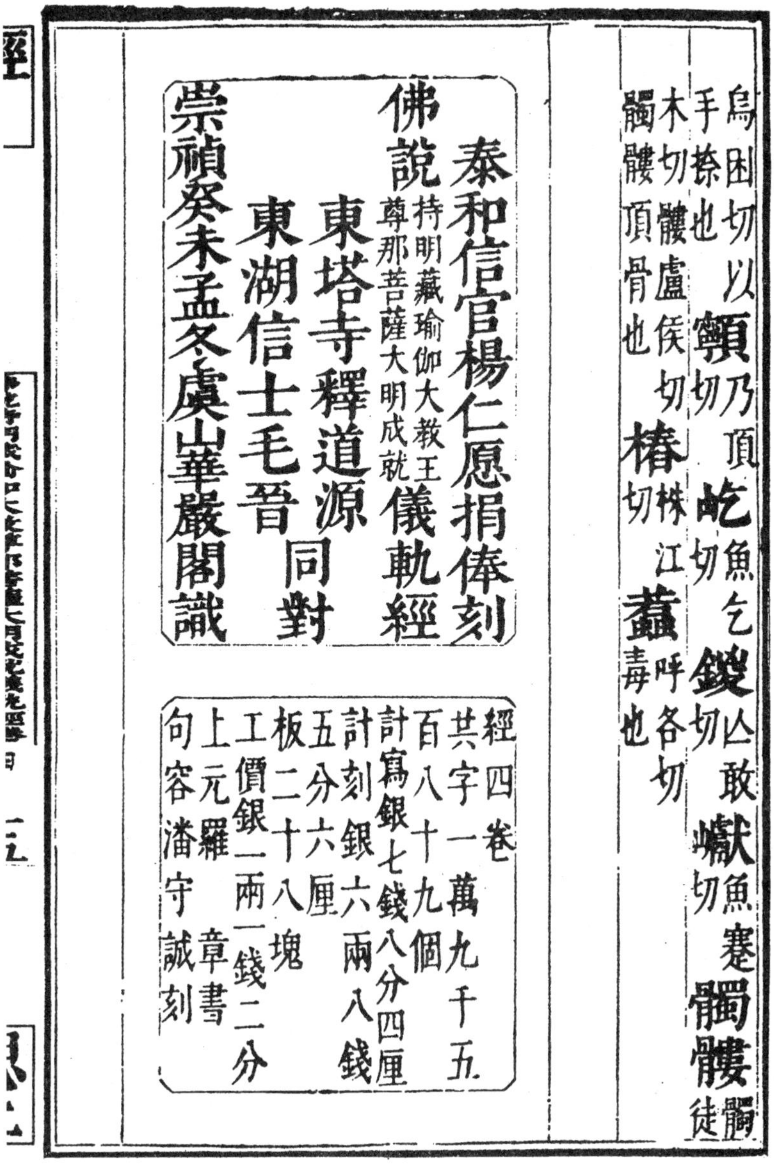

牌記云:"泰和信官楊仁愿捐俸刻《佛說持明藏瑜伽大教王尊那菩薩大明成就儀軌經》，東塔寺釋道源、東湖信士毛晉同對，崇禎癸未孟冬虞山華嚴閣識。經四卷，共字一萬九千五百八十九個，計寫銀七錢八分四厘，計刻銀六兩八錢五分六厘，板二十八塊，工價銀一兩一錢二分，上元羅章書，句容潘守誠刻。"思一至二。

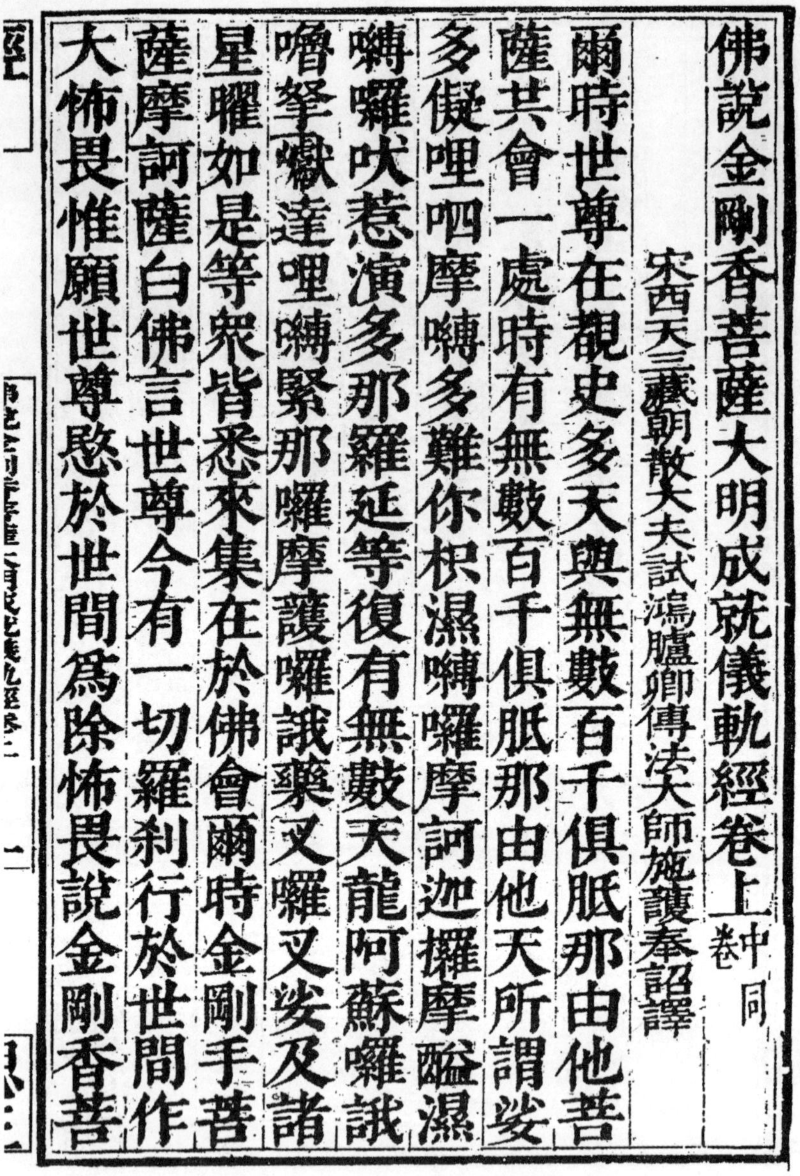
佛說金剛香菩薩大明成就儀軌經卷上卷中同
宋西天三藏朝散大夫試鴻臚卿傳法大師施護奉詔譯
爾時世尊在覩史多天與無數百千俱胝那由他菩
薩共會一處時有無數百千俱胝那由他天所謂娑
多儗哩呬摩嚩多難你枳濕嚩囉摩訶迦攞摩醯濕
嚩囉吠惹演多那羅延等復有無數天龍阿蘇囉誐
嚕拏巘達哩嚩緊那囉摩護囉誐藥叉囉叉娑及諸
星曜如是等衆皆悉來集在於佛會爾時金剛手菩
薩摩訶薩白佛言世尊今有一切羅刹行於世間作
大怖畏惟願世尊愍於世間為除怖畏說金剛香菩

194 《佛說金剛香菩薩大明成就儀軌經》三卷

(宋) 釋施護譯　明崇禎癸未（十六年，1643）泰和郭承昊刻本

版框高 22.7 厘米，寬 15.4 厘米。半葉十行，行二十字，四周雙邊。

民族 082-003-00002；臺灣 323 頁 · 1004；故宮 82 · 1057

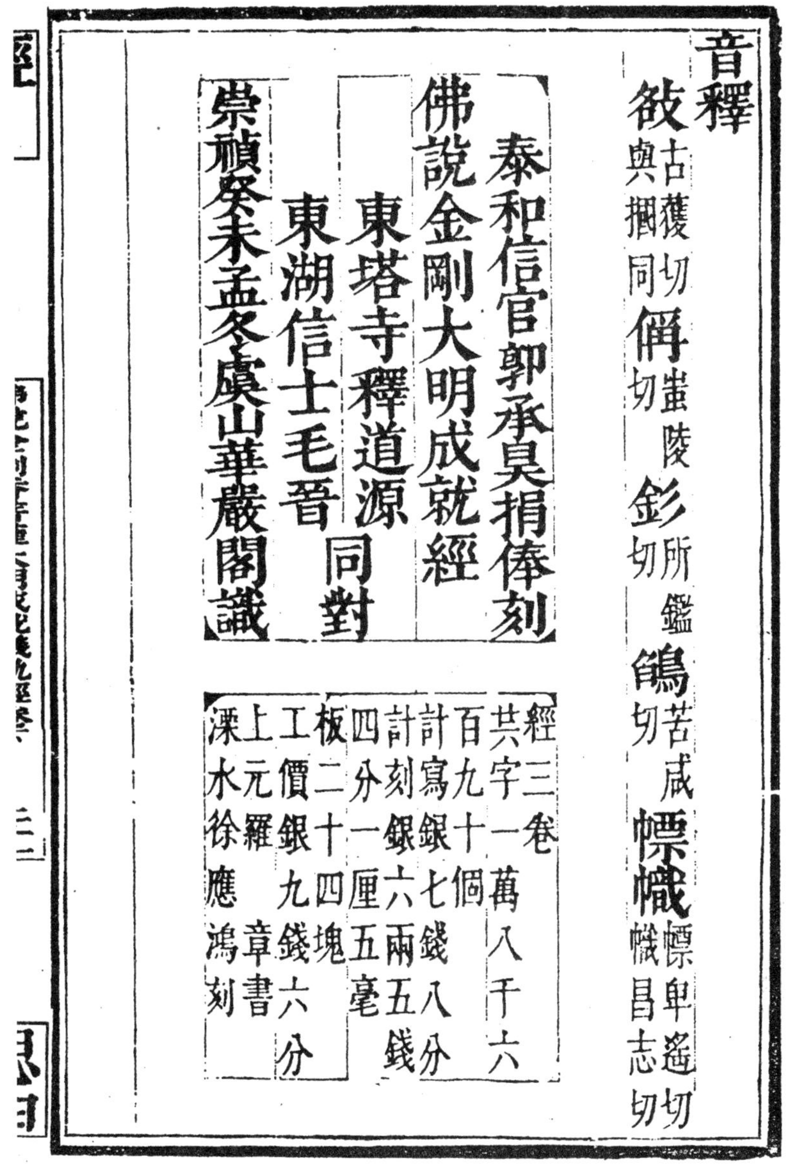
音釋
敍古獲切與摑同 偁蚩陵切 釤所鑑切 鵮苦咸切 幖幟幖卑遙切幟昌志切

泰和信官郭承昊捐俸刻
佛說金剛大明成就經
東塔寺釋道源
東湖信士毛晉 同對
崇禎癸未孟冬虞山華嚴閣識

經三卷
共字一萬八千六
百九十個
計寫銀七錢八分
計刻銀六兩五錢
四分一厘五毫
板二十四塊
工價銀九錢六分
上元羅章書
溧水徐應鴻刻

牌記云："泰和信官郭承昊捐俸刻《佛說金剛大明成就經》，東塔寺釋道源、東湖信士毛晉同對，崇禎癸未孟冬虞山華嚴閣識。經三卷，共字一萬八千六百九十個，計寫銀七錢八分，計刻銀六兩五錢四分一厘五毫，板二十四塊，工價銀九錢六分，上元羅章書，溧水徐應鴻刻。"思三至四。

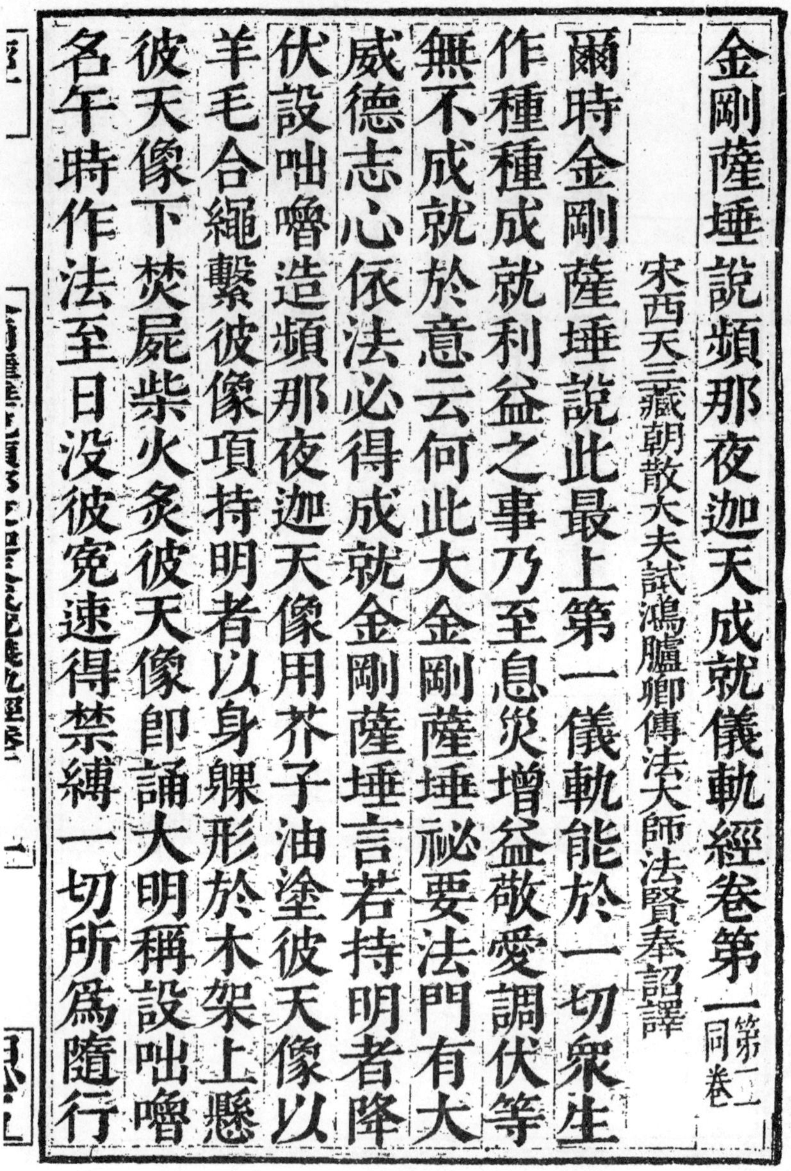
金剛薩埵說頻那夜迦天成就儀軌經卷第一第一同卷
宋西天三藏朝散大夫試鴻臚卿傳法大師法賢奉詔譯
爾時金剛薩埵說此最上第一儀軌能於一切衆生
作種種成就利益之事乃至息災增益敬愛調伏等
無不成就於意云何此大金剛薩埵祕要法門有大
威德志心依法必得成就金剛薩埵言若持明者降
伏設咄嚕造頻那夜迦天像用芥子油塗彼天像以
羊毛合繩繫彼像項持明者以身躶形於木架上懸
彼天像下焚屍柴火炙彼天像即誦大明稱設咄嚕
名午時作法至日沒彼寃速得禁縛一切所爲隨行

195 《金剛薩埵說頻那夜迦天成就儀軌經》四卷

（宋）釋法賢譯　明崇禎癸未（十六年，1643）泰和楊仁愿刻本

版框高 22.6 厘米，寬 15.4 厘米。半葉十行，行二十字，四周雙邊。

民族 082-004-00001；臺灣 323 頁 · 1005；故宮 82 · 1058

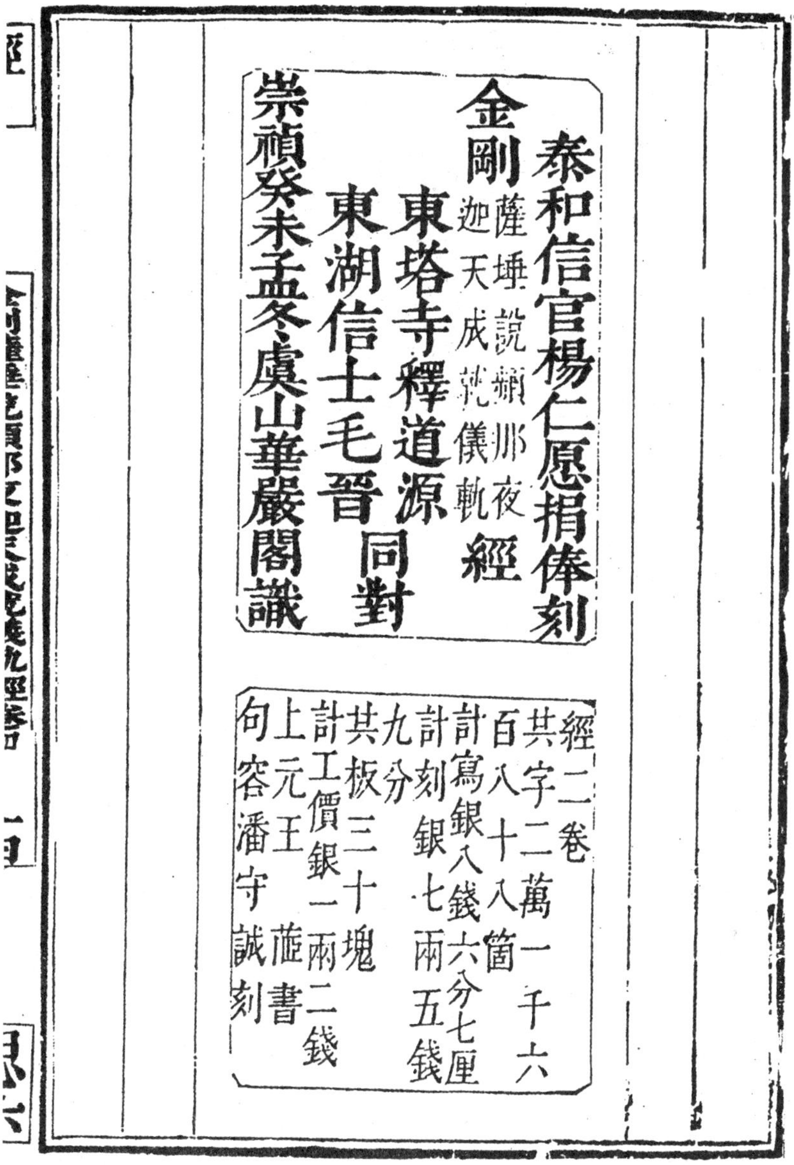
泰和信官楊仁愿捐俸刻
金剛薩埵說頻那夜迦天成就儀軌經
東塔寺釋道源
東湖信士毛晉同對
崇禎癸未孟冬虞山華嚴閣識

經二卷
共字二萬一千六百八十八箇
計寫銀八錢六分七厘
計刻銀七兩五錢九分
共板三十塊
計工價銀一兩二錢
上元王蒞書
句容潘守誠刻

牌記云："泰和信官楊仁愿捐俸刻《金剛薩埵說頻那夜迦天成就儀軌經》，東塔寺釋道源、東湖信士毛晉同對，崇禎癸未孟冬虞山華嚴閣識。經二卷，共字二萬一千六百八十八箇，計寫銀八錢六分七厘，計刻銀七兩五錢九分，共板三十塊，計工價銀一兩二錢，上元王蒞書，句容潘守誠刻。"按：卷一、卷二同卷，卷三、卷四同卷，因此牌記云"二卷"。思五至六。

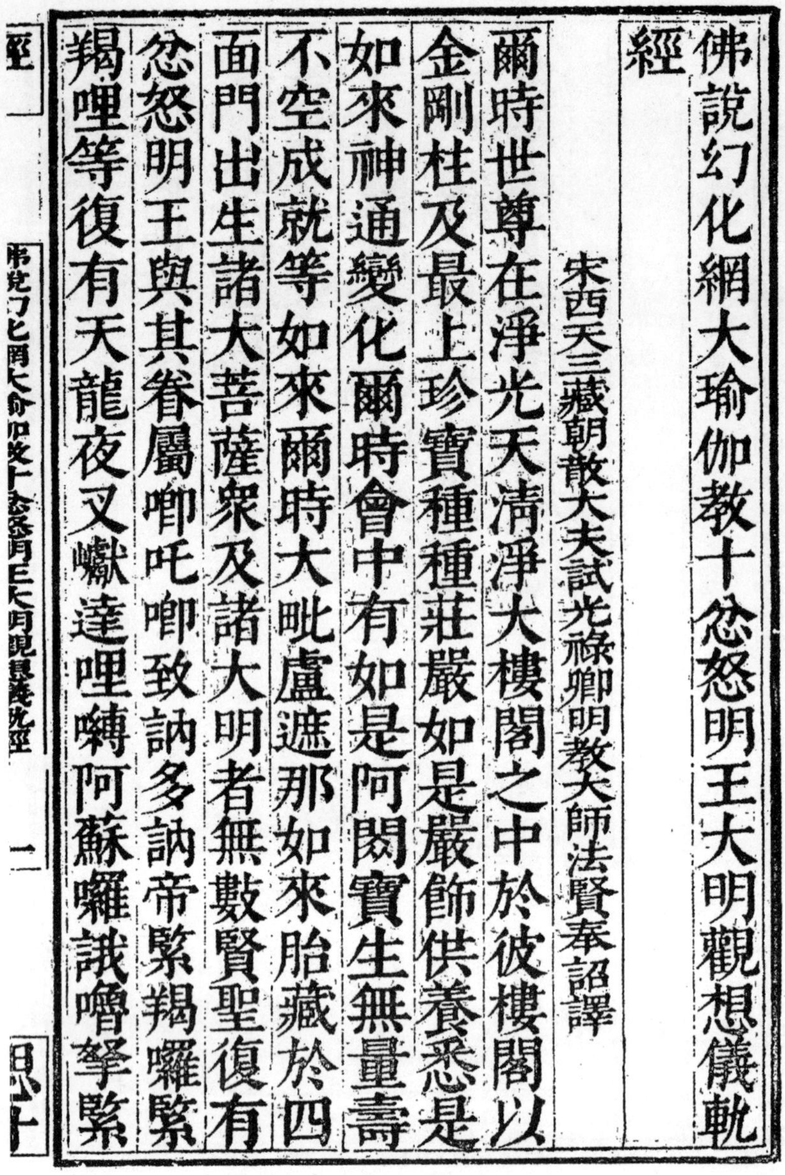
佛說幻化網大瑜伽教十忿怒明王大明觀想儀軌經
宋西天三藏朝散大夫試光祿卿明教大師法賢奉詔譯
爾時世尊在淨光天清淨大樓閣之中於彼樓閣以金剛柱及最上珍寶種種莊嚴如是嚴飾供養悉是如來神通變化爾時會中有如是阿閦寶生無量壽不空成就等如來爾時大毗盧遮那如來胎藏於四面門出生諸大菩薩衆及諸大明者無數賢聖復有忿怒明王與其眷屬唧吒唧致訥多訥帝緊羯囉緊羯哩等復有天龍夜叉巘達哩嚩阿蘇囉誐嚕拏緊

經一　佛說幻化網大瑜伽教十忿怒明王大明觀想儀軌經　二

196《佛說幻化網大瑜伽教十忿怒明王大明觀想儀軌經》一卷

(宋) 釋法賢譯　明崇禎癸未（十六年，1643）泰和楊仁愿刻本

版框高 22.6 厘米，寬 15.6 厘米。半葉十行，行二十字，四周雙邊。

民族 082-004-00003；臺灣 324 頁 · 1007；故宮 82 · 1060

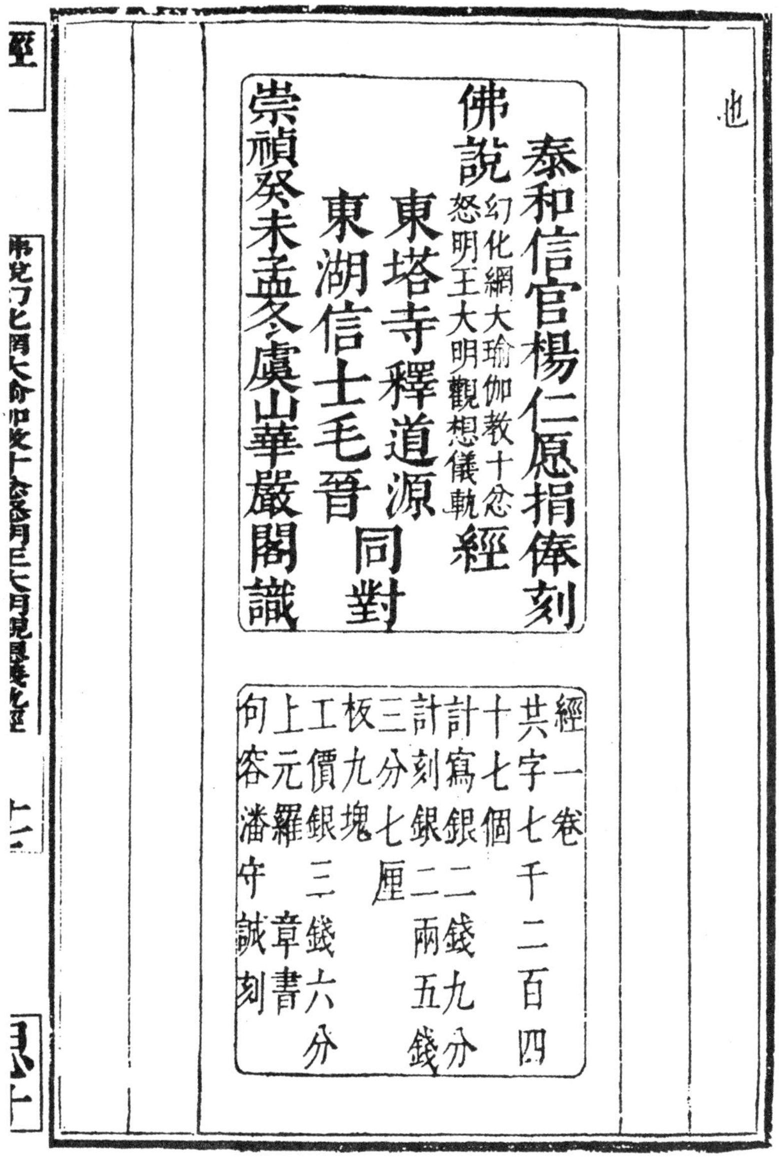

也

泰和信官楊仁愿捐俸刻
佛說幻化網大瑜伽教十忿怒明王大明觀想儀軌經
東塔寺釋道源
東湖信士毛晉　同對
崇禎癸未孟冬虞山華嚴閣識

經一卷
共字七千二百四十七個
計寫銀二錢九分
計刻銀二兩五錢
三分七厘
板九塊
工價銀三錢六分
上元羅章書
句容潘守誠刻

牌記云："泰和信官楊仁愿捐俸刻《佛說幻化網大瑜伽教十忿怒明王大明觀想儀軌經》，東塔寺釋道源、東湖信士毛晉同對，崇禎癸未孟冬虞山華嚴閣識。經一卷，共字七千二百四十七個，計寫銀二錢九分，計刻銀二兩五錢三分七厘，板九塊，工價銀三錢六分，上元羅章書，句容潘守誠刻。"思十。

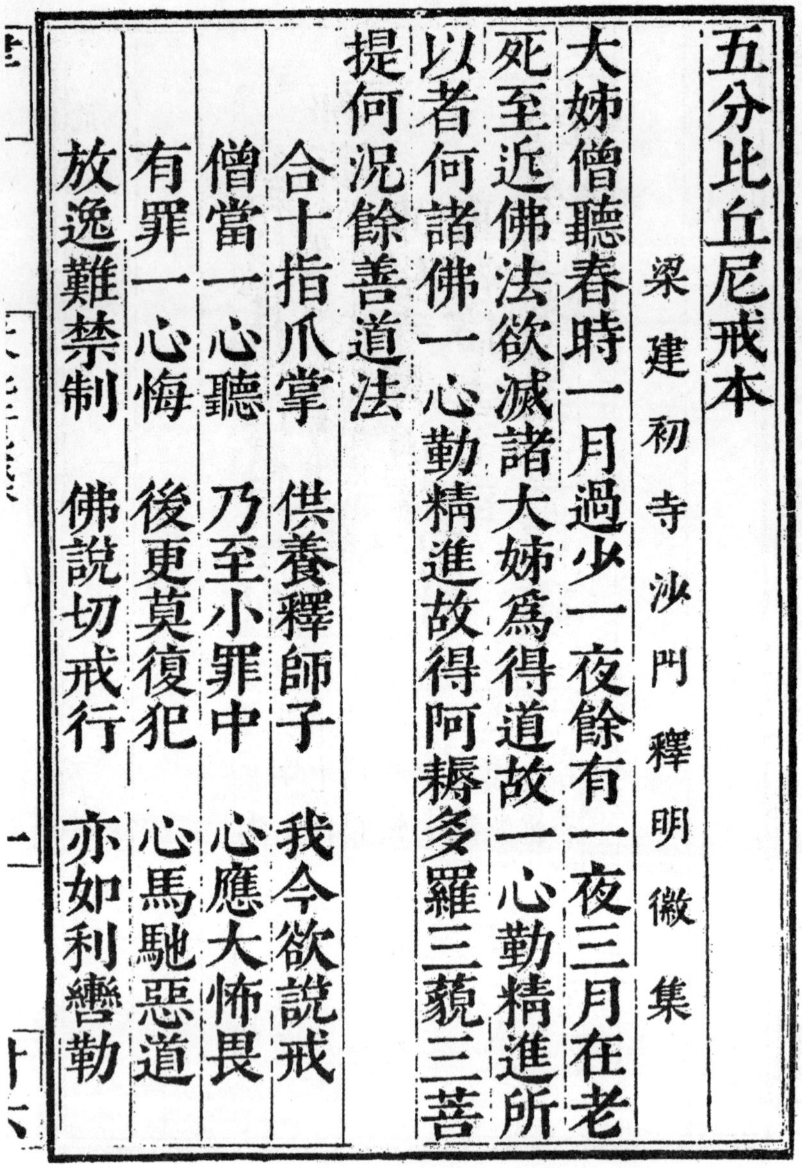

五分比丘尼戒本

梁建初寺沙門釋明徽集

大姊僧聽春時一月過少一夜餘有一夜三月在老死至近佛法欲滅諸大姊爲得道故一心勤精進所以者何諸佛一心勤精進故得阿耨多羅三藐三菩提何況餘善道法

合十指爪掌　供養釋師子　我今欲說戒
僧當一心聽　乃至小罪中　心應大怖畏
有罪一心悔　後更莫復犯　心馬馳惡道
放逸難禁制　佛說切戒行　亦如利轡勒

197 《五分比丘尼戒本》一卷

(南朝梁) 釋明徽集　明崇禎癸未（十六年，1643）泰和楊仁愿刻本

版框高 22.7 厘米，寬 15.4 厘米。半葉十行，行二十字，四周雙邊。

民族 099-003-00006；臺灣 355 頁 · 1101；故宮 99 · 1141

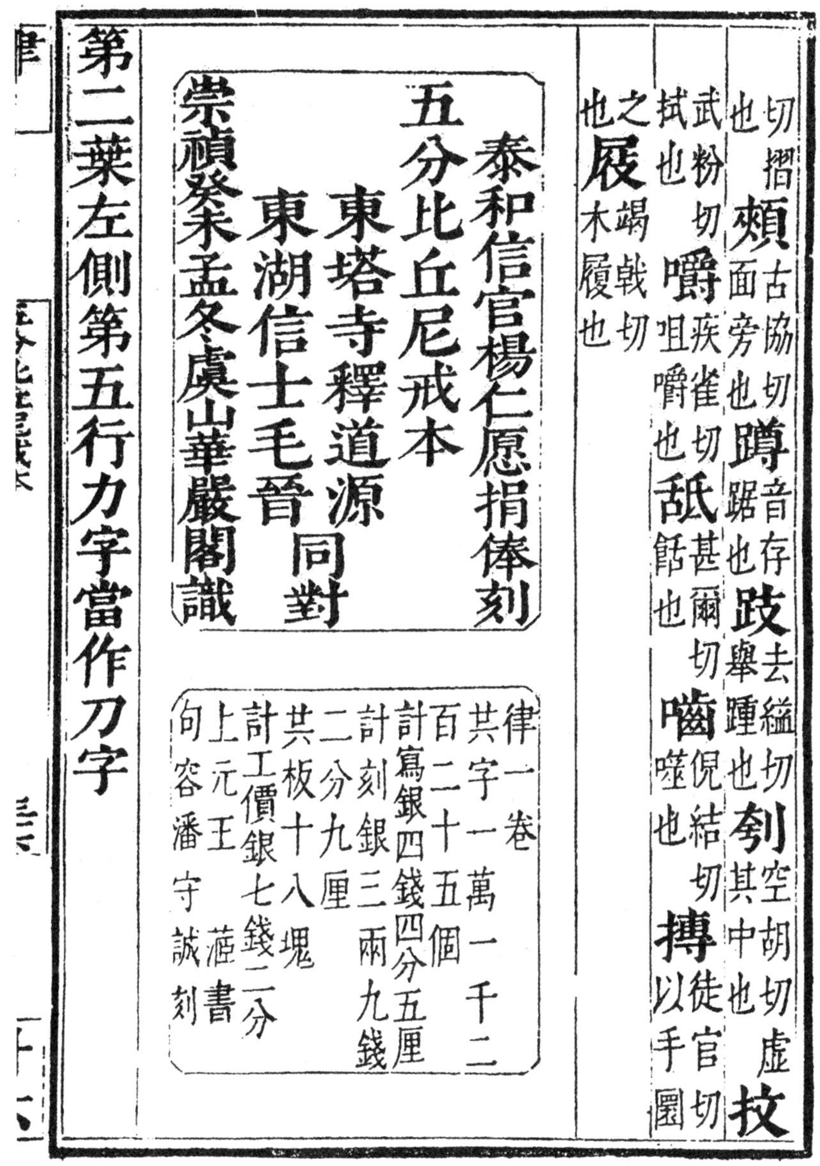
切摺也頰古協切面旁也蹲音存踞也跂去縊切舉踵也刳空胡切虛其中也扠

武粉切拭也嚼疾雀切咀嚼也舐甚爾切餂也嚙倪結切噬也摶徒官切以手圜

之也屐蝎戟切木履也

泰和信官楊仁愿捐俸刻
五分比丘尼戒本
東塔寺釋道源
東湖信士毛晉　同對
崇禎癸未孟冬虞山華嚴閣識

律一卷
共字一萬一千二
百二十五個
計寫銀四錢四分五厘
計刻銀三兩九錢
二分九厘
共板十八塊
計工價銀七錢二分
上元王蓖書
句容潘守誠刻

第二葉左側第五行力字當作刀字

牌記云:“泰和信官楊仁愿捐俸刻《五分比丘尼戒本》,東塔寺釋道源、東湖信士毛晉同對,崇禎癸未孟冬虞山華嚴閣識。律一卷,共字一萬一千二百二十五個,計寫銀四錢四分五厘,計刻銀三兩九錢二分九厘,共板十八塊,計工價銀七錢二分,上元王蓖書,句容潘守誠刻。”外六。

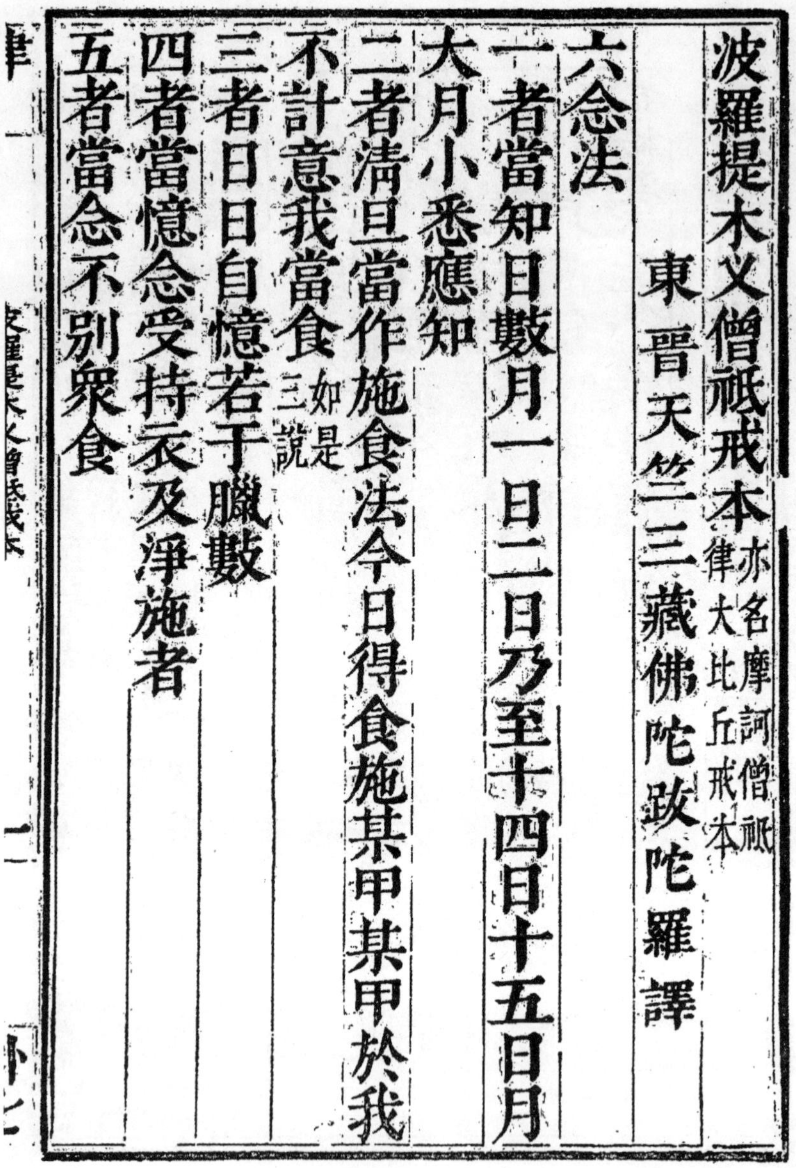

波羅提木叉僧祇戒本亦名摩訶僧祇律大比丘戒本
東晉天竺三藏佛陀跋陀羅譯
六念法
一者當知日數月一日二日乃至十四日十五日月大月小悉應知
二者淸旦當作施食法今日得食施某甲某甲於我不計意我當食如是三说
三者日日自憶若干臘數
四者當憶念受持衣及淨施者
五者當念不別衆食

198 《波羅提木叉僧祇戒本》一卷（亦名《摩訶僧祇律大比丘戒本》）

（東晉）釋佛陀跋陀羅譯　明崇禎癸未（十六年，1643）泰和楊仁愿刻本

版框高 23 厘米，寬 15.4 分。半葉十行，行二十字，四周雙邊。

民族 099-004-00001；臺灣 355 頁・1102；故宫 99・1157

子廉切 屎詩止切與屎同 衼知呂切裝綿絮也 揲防華切與傑同 刳空胡切剖也
頰古協切口輔也 摶徒官切 嗽所角切與㰱同 嚩㗱嚩補各切㗱子立切嚩㗱噍貌
蹲徂尊切踞也 趬渠堯切舉足也

泰和信官楊仁愿捐俸刻
波羅提木义僧祇戒本
東塔寺釋道源
東湖信士毛晉　同對
崇禎癸未孟冬虞山華嚴閣識

經一卷
共字八千七百六
十三個
計寫銀三錢五分
計刻銀三兩零六
分七厘
板十四塊
工價銀五錢六分
溧水孫可儉書
句容潘守誠刻

牌記云：“泰和信官楊仁愿捐俸刻《波羅提木义僧祇戒本》，東塔寺釋道源、東湖信士毛晉同對，崇禎癸未孟冬虞山華嚴閣識。經一卷，共字八千七百六十三個，計寫銀三錢五分，計刻銀三兩零六分七厘，板十四塊，工價銀五錢六分，溧水孫可儉書，句容潘守誠刻。”外七。

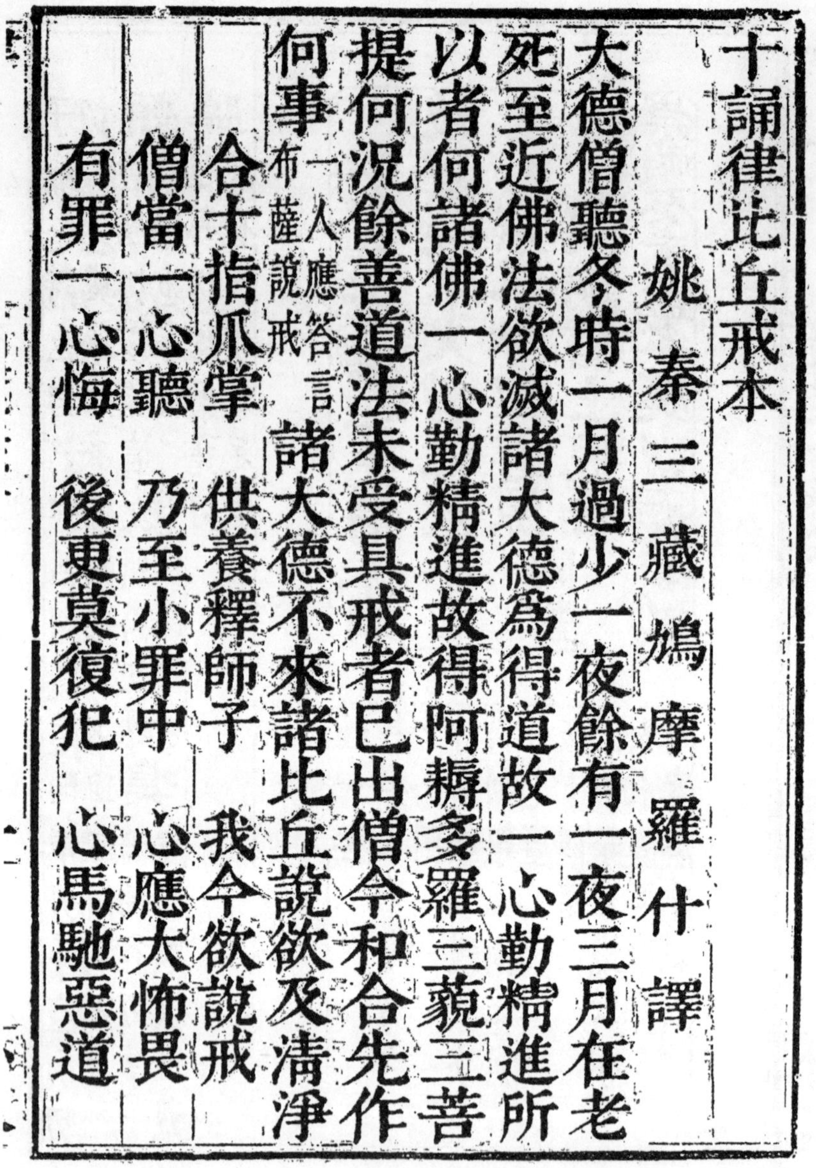

十誦律比丘戒本

姚秦三藏鳩摩羅什譯

大德僧聽冬時一月過少一夜餘有一夜三月在老死至近佛法欲滅諸大德爲得道故一心勤精進所以者何諸佛一心勤精進故得阿耨多羅三藐三菩提何況餘善道法未受具戒者已出僧今和合先作何事（一人應答言布薩說戒）諸大德不來諸比丘說欲及清淨

合十指爪掌　供養釋師子　我今欲說戒

僧當一心聽　乃至小罪中　心應大怖畏

有罪一心悔　後更莫復犯　心馬馳惡道

199 《十誦律比丘戒本》一卷

（後秦）釋鳩摩羅什譯　明崇禎癸未（十六年，1643）泰和楊仁愿刻本

版框高 22.7 厘米，寬 15.3 厘米。半葉十行，行二十字，四周雙邊。

民族 099-004-00002；臺灣 356 頁 · 1103；故宮 99 · 1158

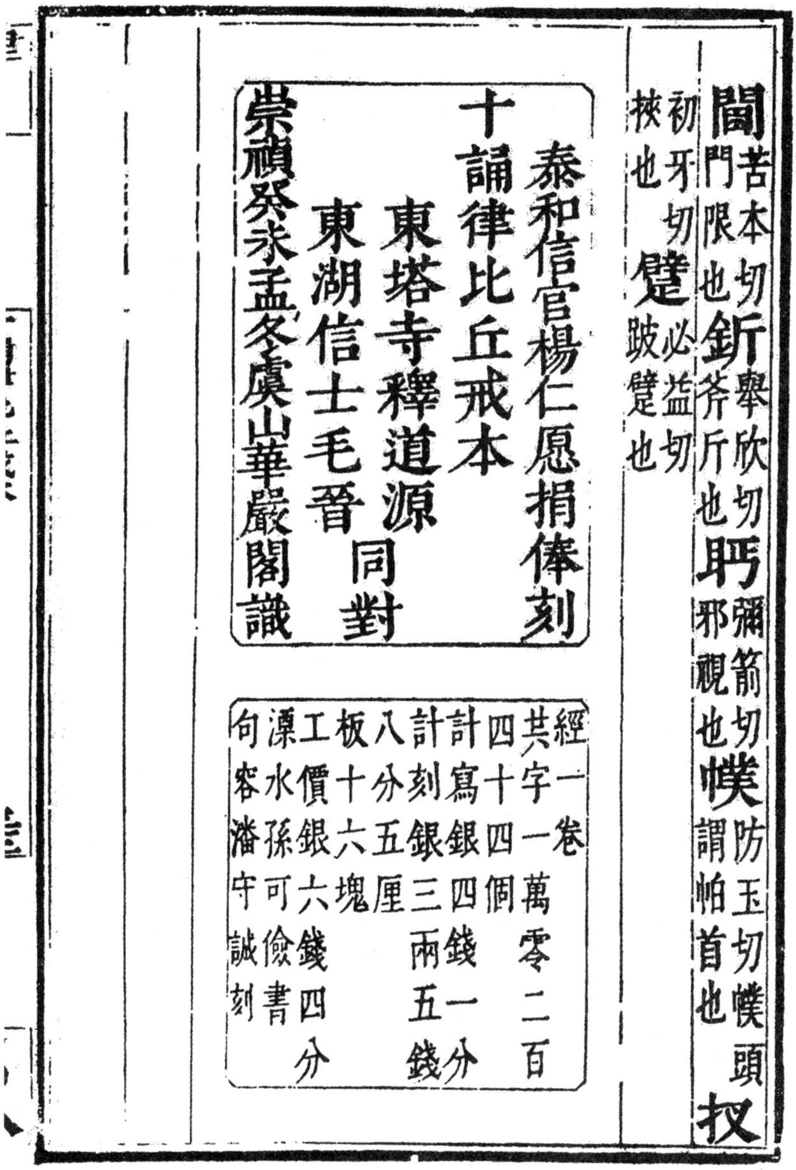

閫苦本切門限也釿舉欣切斧斤也眄彌箭切邪視也幞防玉切幞頭謂帕首也扠初牙切挾也躄必益切跛躄也

泰和信官楊仁愿捐俸刻
十誦律比丘戒本
東塔寺釋道源
東湖信士毛晉 同對
崇禎癸未孟冬虞山華嚴閣識

經一卷
共字一萬零二百
四十四個
計寫銀四錢一分
計刻銀三兩五錢
八分五厘
板十六塊
工價銀六錢四分
溧水孫可儉書
句容潘守誠刻

牌記云："泰和信官楊仁愿捐俸刻《十誦律比丘戒本》，東塔寺釋道源、東湖信士毛晉同對，崇禎癸未孟冬虞山華嚴閣識。經一卷，共字一萬零二百四十四個，計寫銀四錢一分，計刻銀三兩五錢八分五厘，板十六塊，工價銀六錢四分，溧水孫可儉書，句容潘守誠刻。"外八。

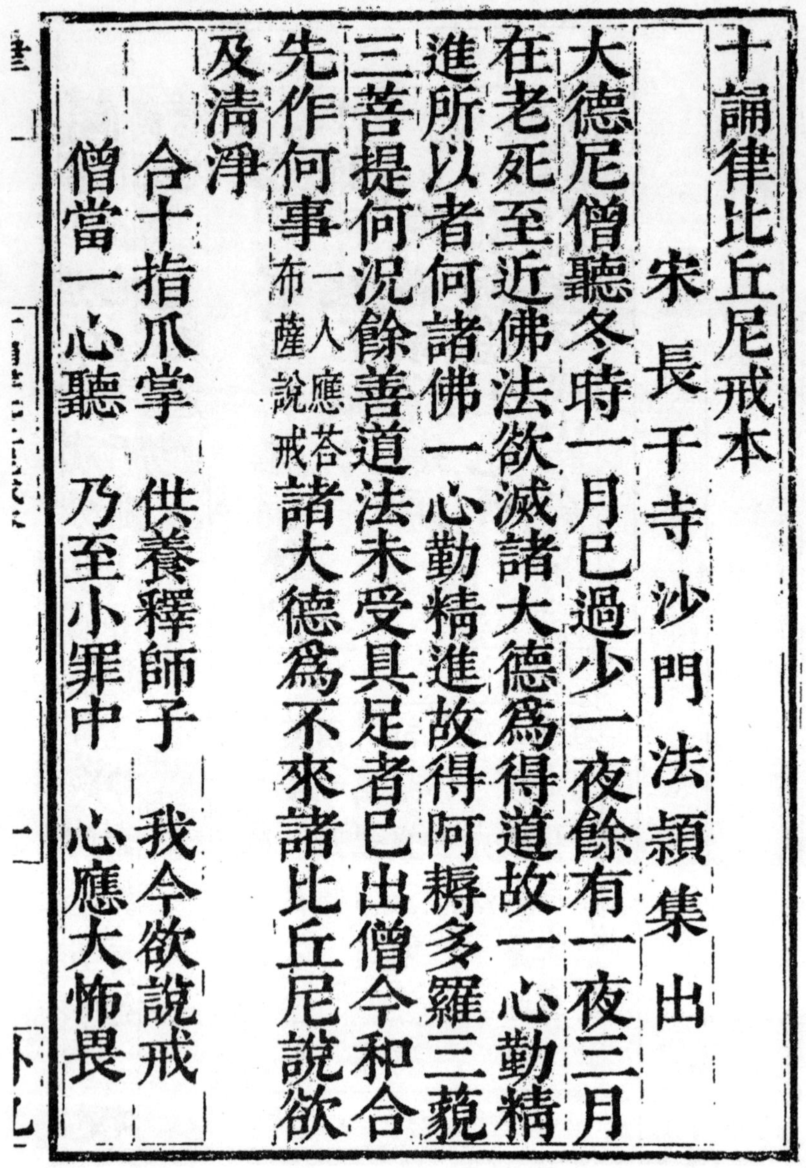
十誦律比丘尼戒本
宋 長干寺沙門法穎集出
大德尼僧聽冬時一月已過少一夜餘有一夜三月在老死至近佛法欲滅諸大德爲得道故一心勤精進所以者何諸佛一心勤精進故得阿耨多羅三藐三菩提何況餘善道法未受具足者已出僧今和合先作何事（一人應荅布薩說戒）諸大德爲不來諸比丘尼說欲及清淨
合十指爪掌 供養釋師子 我今欲說戒
僧當一心聽 乃至小罪中 心應大怖畏

200 《十誦律比丘尼戒本》一卷

（宋）釋法頴集出　明崇禎癸未（十六年，1643）泰和楊仁愿刻本

版框高 22.8 厘米，寬 15.4 厘米。半葉十行，行二十字，四周雙邊。

民族 099-004-00003；臺灣 356 頁・1104；故宫 99・1159

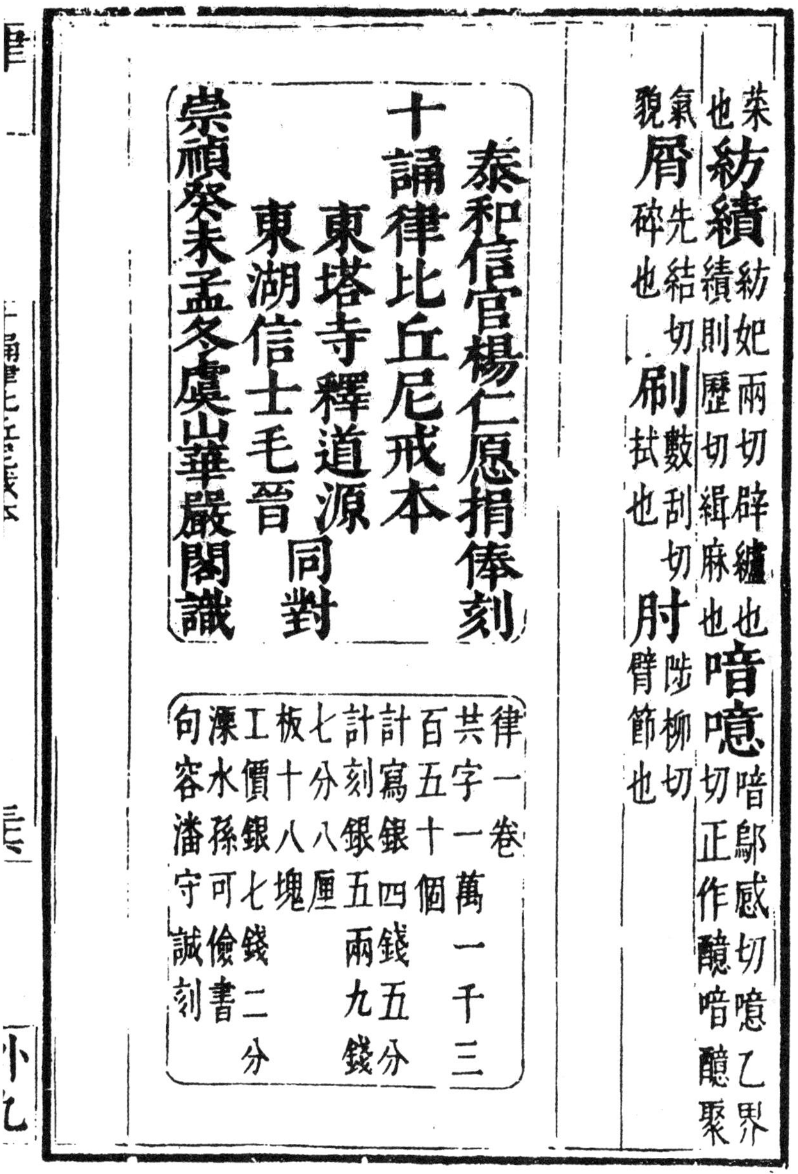
菜也紡績紡妃兩切辟纑也績則歷切緝麻也喑噫喑鄔感切噫乙界切正作醷喑醷聚
氣貌屑先結切碎也刷數刮切拭也肘陟柳切臂節也

泰和信官楊仁愿捐俸刻
十誦律比丘尼戒本
東塔寺釋道源
東湖信士毛晉　同對
崇禎癸未孟冬虞山華嚴閣識

律一卷
共字一萬一千三
百五十個
計寫銀四錢五分
計刻銀五兩九錢
七分八厘
板十八塊
工價銀七錢二分
溧水孫可儉書
句容潘守誠刻

十誦律比丘尼戒本　外九

牌記云："泰和信官楊仁愿捐俸刻《十誦律比丘尼戒本》，東塔寺釋道源、東湖信士毛晉同對，崇禎癸未孟冬虞山華嚴閣識。律一卷，共字一萬一千三百五十個，計寫銀四錢五分，計刻銀五兩九錢七分八厘，板十八塊，工價銀七錢二分，溧水孫可儉書，句容潘守誠刻。"外九。

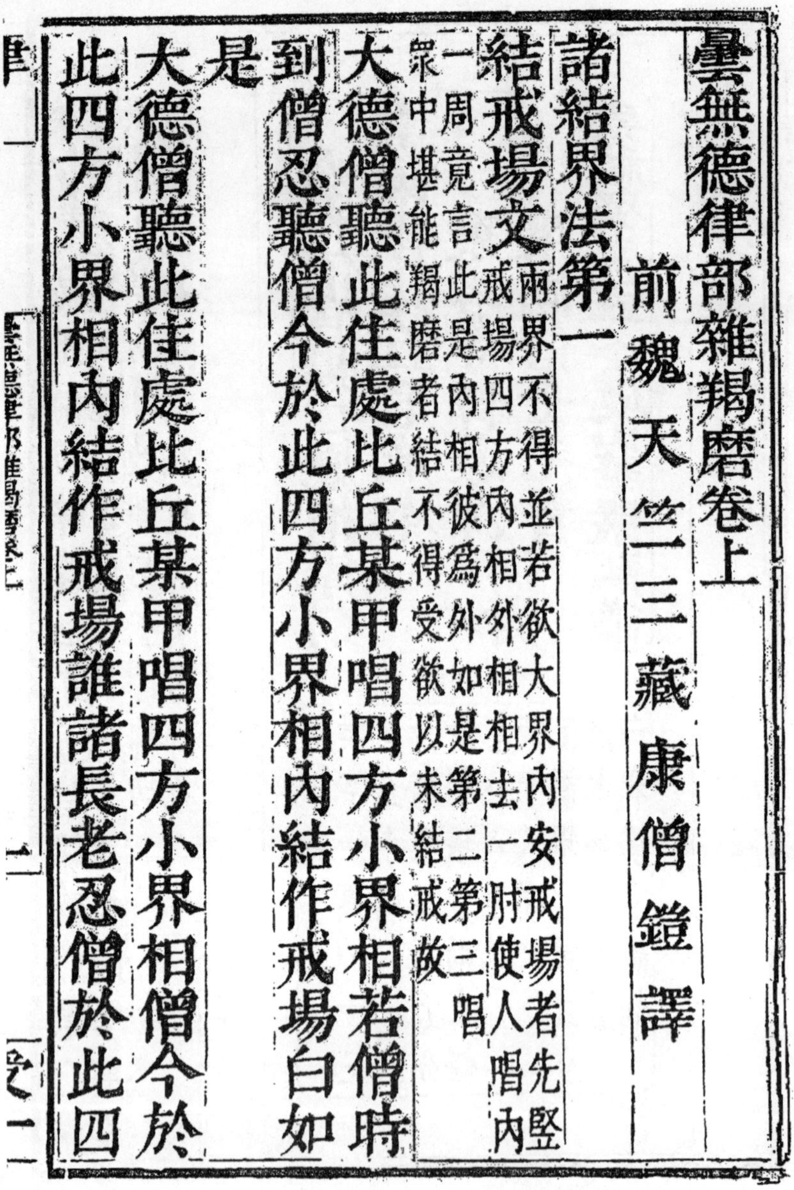
曇無德律部雜羯磨卷上
前魏天竺三藏康僧鎧譯
諸結界法第一
結戒場文兩界不得並若欲大界內安戒場者先豎戒場四方內相外相相去一肘使人唱內一周竟言此是內相彼爲外如是第二第三唱衆中堪能羯磨者結不得受欲以未結戒故
大德僧聽此住處比丘某甲唱四方小界相若僧時到僧忍聽僧今於此四方小界相內結作戒場白如是
大德僧聽此住處比丘某甲唱四方小界相僧今於此四方小界相內結作戒場誰諸長老忍僧於此四

201 《曇無德律部雜羯磨》二卷

(前魏) 釋康僧鎧譯　明崇禎癸未（十六年，1643）泰和楊仁愿刻本

版框高 22.8 厘米，寬 15.4 厘米。半葉十行，行二十字，四周雙邊。

民族 099-005-00001；臺灣 357 頁 · 1106；故宫 99 · 1161

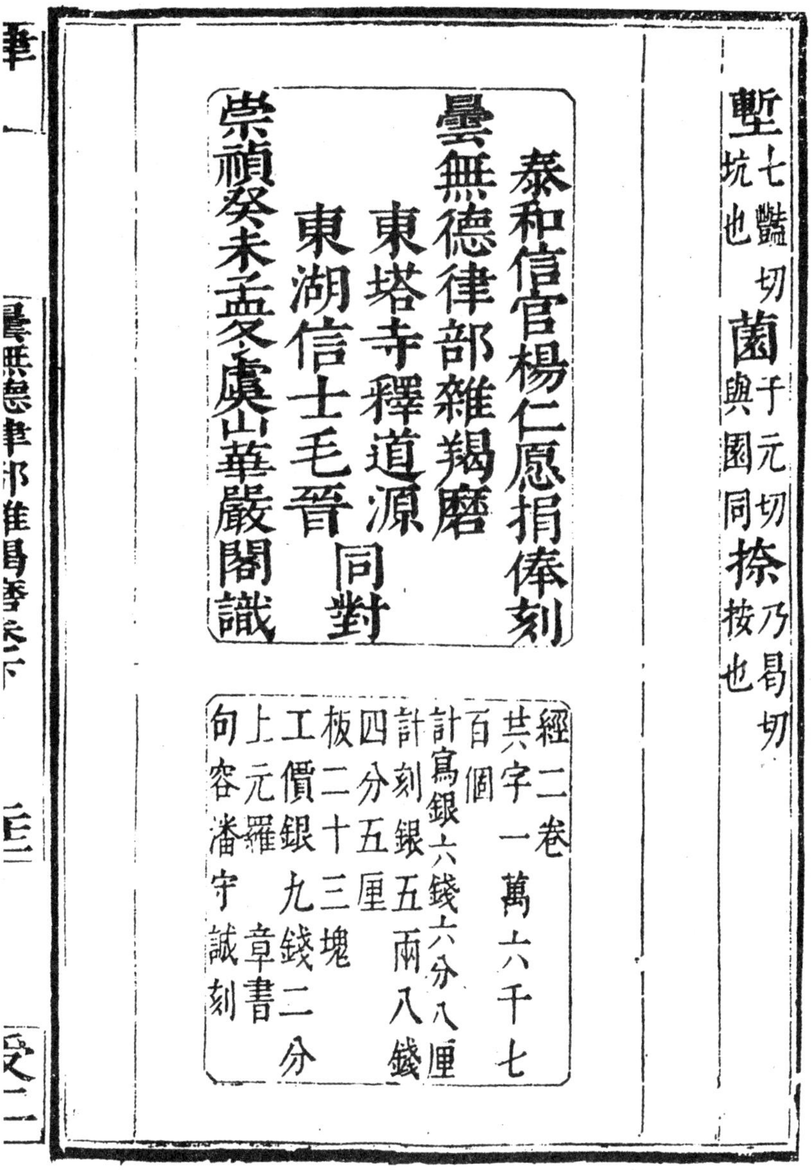

塹七豔切坑也 菌于元切與園同 捺乃曷切按也

泰和信官楊仁愿捐俸刻
曇無德律部雜羯磨
東塔寺釋道源
東湖信士毛晉同對
崇禎癸未孟冬虞山華嚴閣識

經二卷
共字一萬六千七百個
計寫銀六錢六分八厘
計刻銀五兩八錢四分五厘
板二十三塊
工價銀九錢二分
上元羅章書
句容潘守誠刻

曇無德律部雜羯磨卷下

牌記云："泰和信官楊仁愿捐俸刻《曇無德律部雜羯磨》，東塔寺釋道源、東湖信士毛晉同對，崇禎癸未孟冬虞山華嚴閣識。經二卷，共字一萬六千七百個，計寫銀六錢六分八厘，計刻銀五兩八錢四分五厘，板二十三塊，工價銀九錢二分，上元羅章書，句容潘守誠刻。"受一至二。

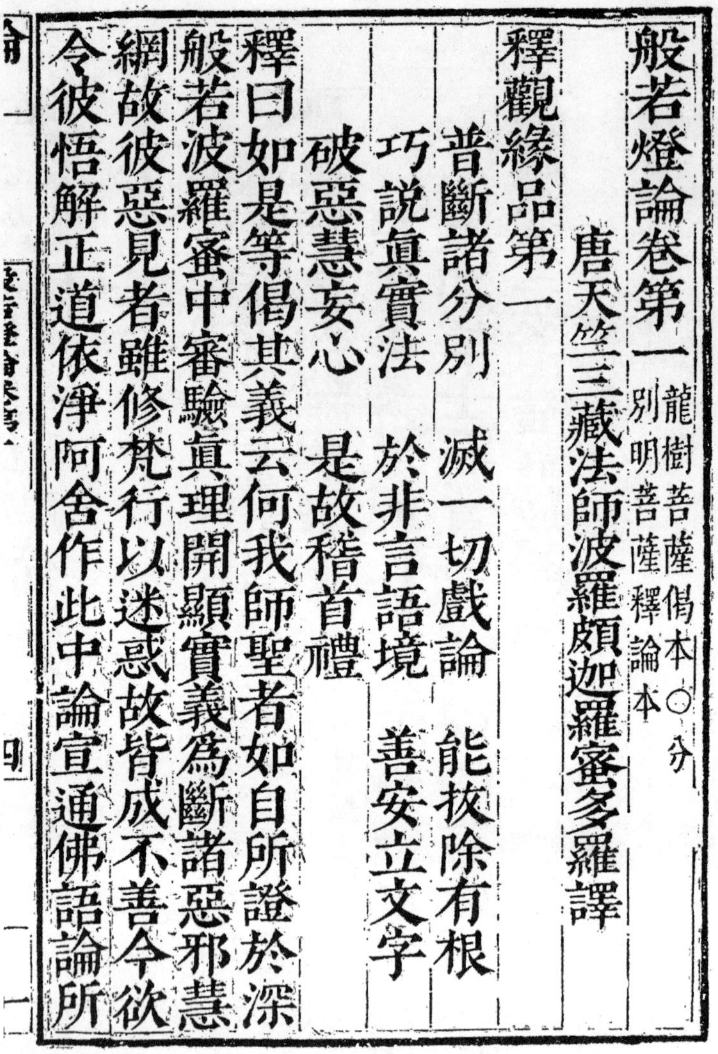

般若燈論卷第一 龍樹菩薩偈本〇分別明菩薩釋論本

唐天竺三藏法師波羅頗迦羅蜜多羅譯

釋觀緣品第一

普斷諸分別　滅一切戲論　能拔除有根

巧説眞實法　於非言語境　善安立文字

破惡慧妄心　是故稽首禮

釋曰如是等偈其義云何我師聖者如自所證於深般若波羅蜜中審驗眞理開顯實義爲斷諸惡邪慧綱故彼惡見者雖修梵行以迷惑故皆成不善今欲令彼悟解正道依淨阿含作此中論宣通佛語論所

202 《般若燈論》十五卷

(唐）釋波羅頗迦羅蜜多羅譯　明崇禎癸未（十六年，1643）泰和蕭祚胤刻本

版框高 22.4 厘米，寬 14.6 厘米。半葉十行，行二十字，四周雙邊。

民族 109-003-00001

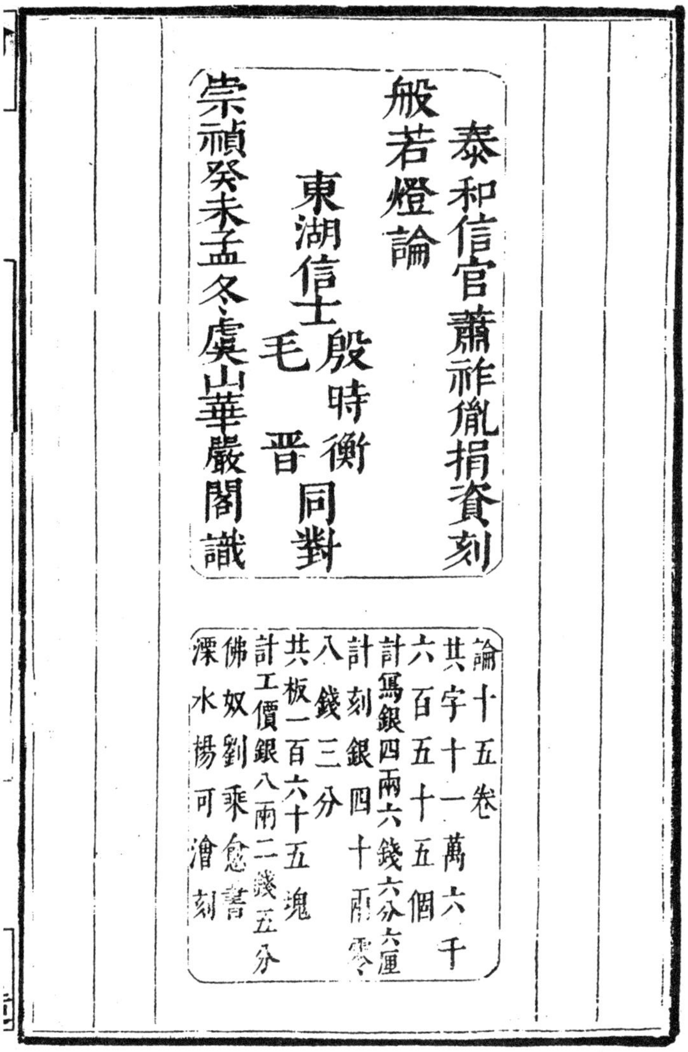
泰和信官蕭祚胤捐資刻
般若燈論
東湖信士殷時衡
毛　晋　同對
崇禎癸未孟冬虞山華嚴閣識

論十五卷
共字十一萬六千
六百五十五個
計寫銀四兩六錢六分六厘
計刻銀四十兩零
八錢三分
共板一百六十五塊
計工價銀八兩二錢五分
佛奴劉乘愈書
溧水楊可滄刻

卷十五末牌記云："泰和信官蕭祚胤捐資刻《般若燈論》，東湖信士殷時衡、毛晋同對，崇禎癸未孟冬虞山華嚴閣識。論十五卷，共字十一萬六千六百五十五個，計寫銀四兩六錢六分六厘，計刻銀四十兩零八錢三分，共板一百六十五塊，計工價銀八兩二錢五分，佛奴劉乘愈書，溧水楊可滄刻。"按：玆經卷十末有一牌記，捐資人同爲蕭祚胤，但刻經時間等不同，詳見本書第282條。《"國家圖書館"善本書志初稿・子部四》著録爲"明崇禎癸未（十六年，1643）松邃徐爾鉉等刊"，見第364頁・1128，非毛晋刻本。據故宫資料，卷十五末無牌記。惻一至造五。

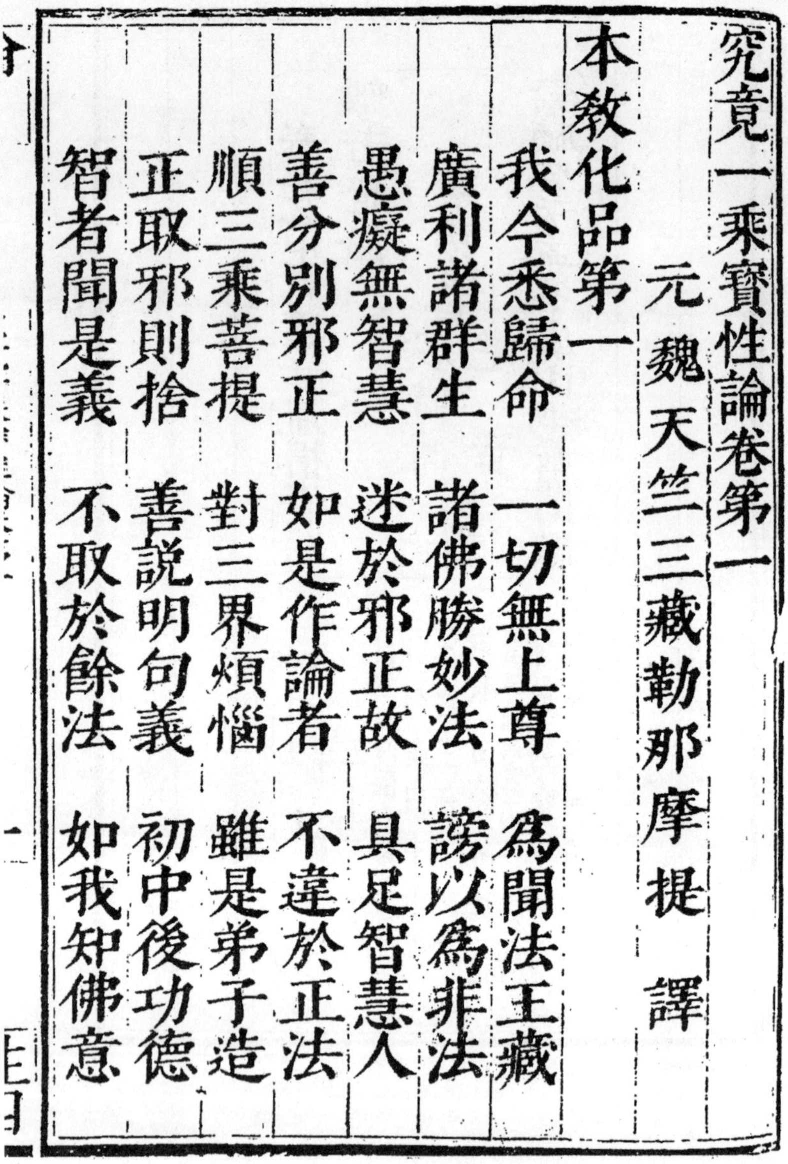

究竟一乘寶性論卷第一
元魏天竺三藏勒那摩提　譯
本教化品第一
我今悉歸命　一切無上尊　爲聞法王藏
廣利諸群生　諸佛勝妙法　謗以爲非法
愚癡無智慧　迷於邪正故　具足智慧人
善分別邪正　如是作論者　不違於正法
順三乘菩提　對三界煩惱　雖是弟子造
正取邪則捨　善說明句義　初中後功德
智者聞是義　不取於餘法　如我知佛意

203 《究竟一乘寶性論》五卷

（北魏）釋勒那摩提譯　明崇禎癸未（十六年，1643）泰和蕭士瑀刻本

版框高 22.8 厘米，寬 15.4 厘米。半葉十行，行二十字，四周雙邊。

民族 112-006-00002；臺灣 380 頁 · 1181；故宮 112 · 1236

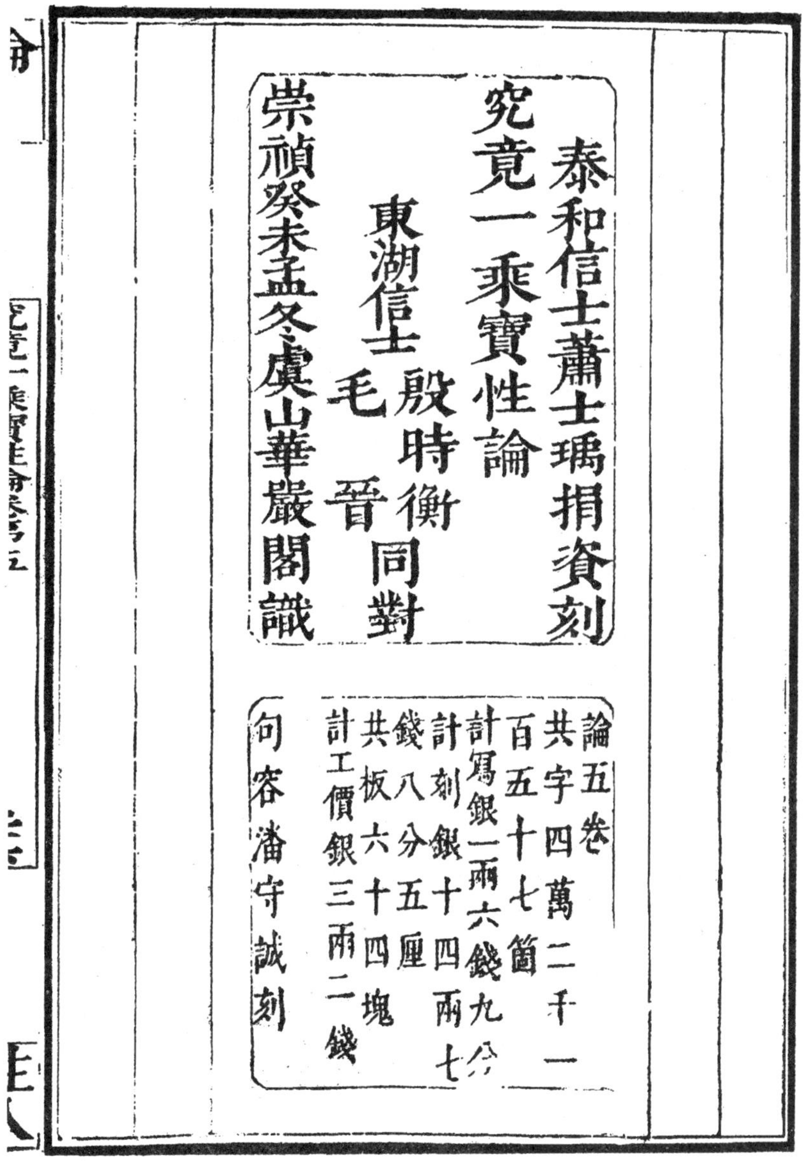
泰和信士蕭士瑪捐資刻
究竟一乘寶性論
東湖信士 殷時衡
毛　晉 同對
崇禎癸未孟冬虞山華嚴閣識

論五卷
共字四萬二千一
百五十七箇
計寫銀一兩六錢九分
計刻銀十四兩七
錢八分五厘
共板六十四塊
計工價銀三兩二錢
句容潘守誠刻

牌記云："泰和信士蕭士瑪捐資刻《究竟一乘寶性論》，東湖信士殷時衡、毛晉同對，崇禎癸未孟冬虞山華嚴閣識。論五卷，共字四萬二千一百五十七箇，計寫銀一兩六錢九分，計刻銀十四兩七錢八分五厘，共板六十四塊，計工價銀三兩二錢，句容潘守誠刻。"性四至八。

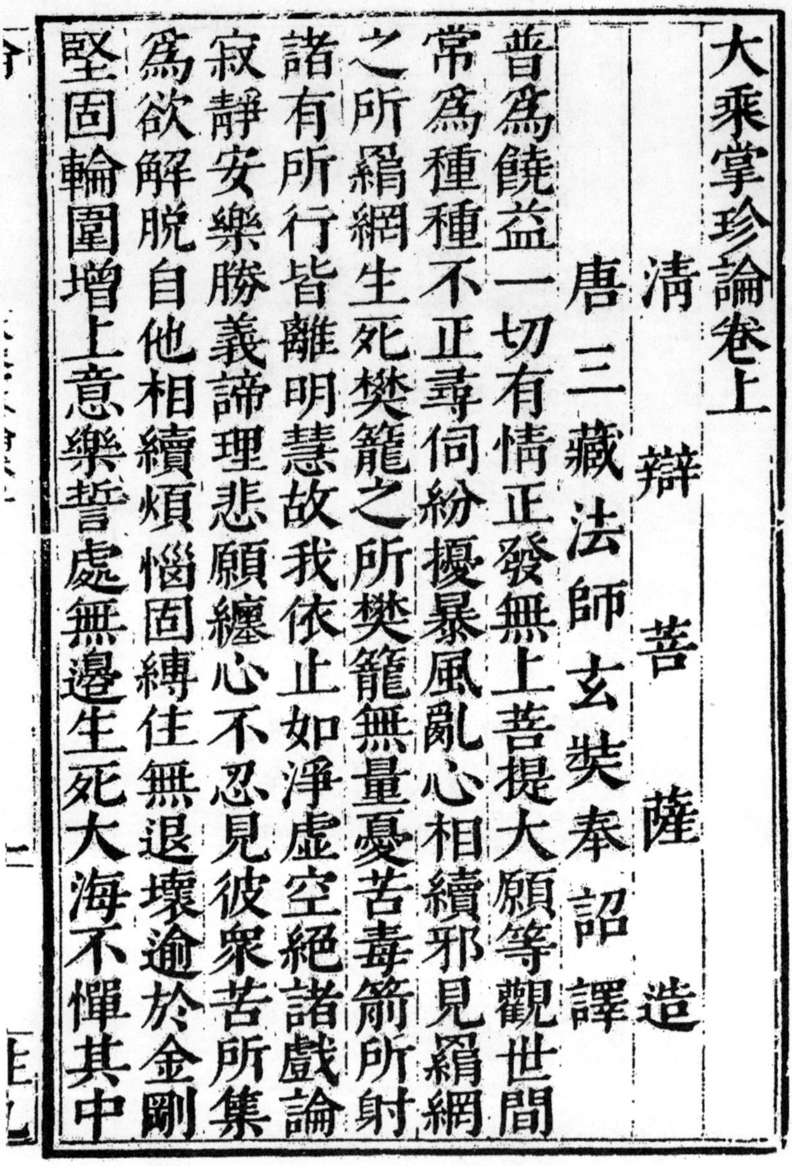
大乘掌珍論卷上
清辯菩薩造
唐三藏法師玄奘奉詔譯
昔爲饒益一切有情正發無上菩提大願等觀世間
常爲種種不正尋伺紛擾暴風亂心相續邪見羂網
之所羂網生死樊籠之所樊籠無量憂苦毒箭所射
諸有所行皆離明慧故我依止如淨虛空絕諸戲論
寂靜安樂勝義諦理悲願纏心不忍見彼衆苦所集
爲欲解脫自他相續煩惱固縛住無退壞逾於金剛
堅固輪圍增上意樂誓處無邊生死大海不憚其中

204 《大乘掌珍論》二卷

(唐) 釋玄奘譯　明崇禎癸未（十六年，1643）泰和蕭士瑀刻本

版框高 22.8 厘米，寬 15.5 厘米。半葉十行，行二十字，四周雙邊。

民族 112-007; 臺灣 380 頁 · 1180; 故宮 112 · 1235

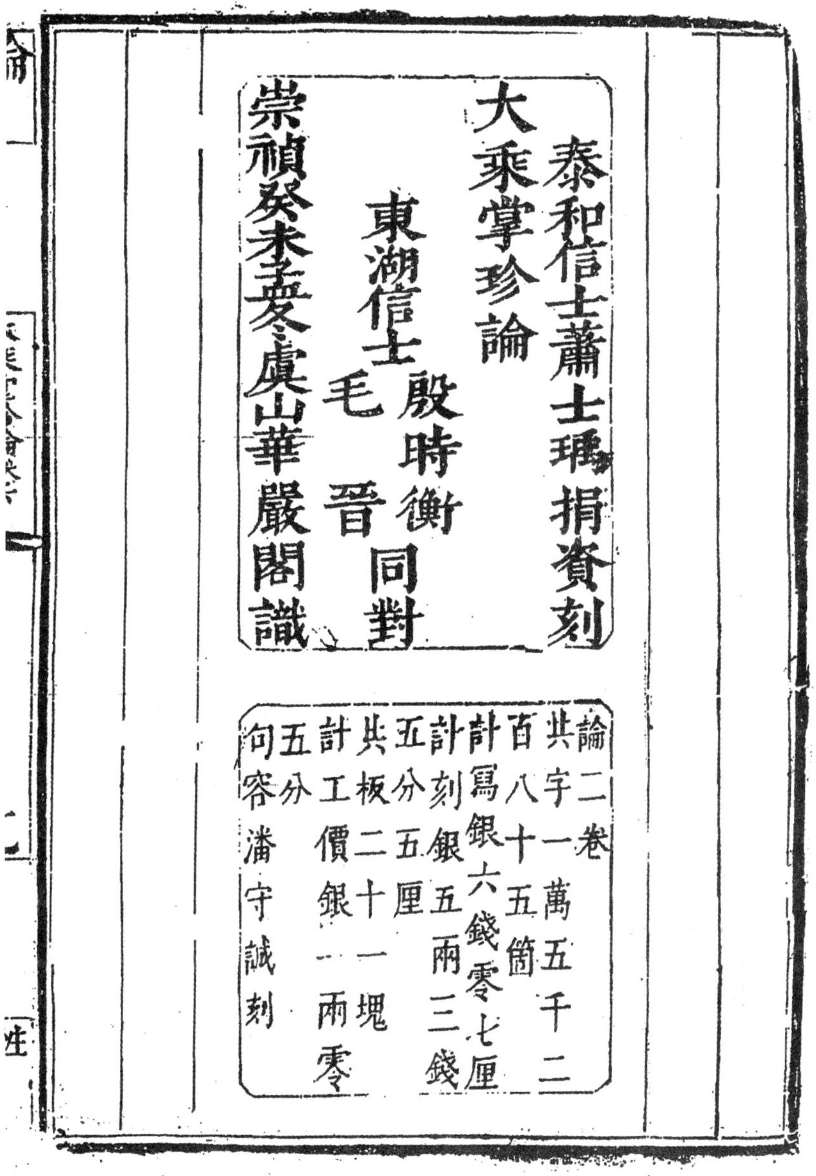
泰和信士蕭士瑀捐資刻
大乘掌珍論
東湖信士殷時衡
毛晉同對
崇禎癸未孟冬虞山華嚴閣識

論二卷
共字一萬五千二
百八十五箇
計寫銀六錢零七厘
計刻銀五兩三錢
五分五厘
共板二十一塊
計工價銀一兩零
五分
句容潘守誠刻

牌記云:"泰和信士蕭士瑀捐資刻《大乘掌珍論》，東湖信士殷時衡、毛晉同對，崇禎癸未孟冬虞山華嚴閣識。論二卷，共字一萬五千二百八十五個，計寫銀六錢零七厘，計刻銀五兩三錢五分五厘，共板二十一塊，計工價銀一兩零五分，句容潘守誠刻。"按：故宫資料兹書無牌記。性九至十。

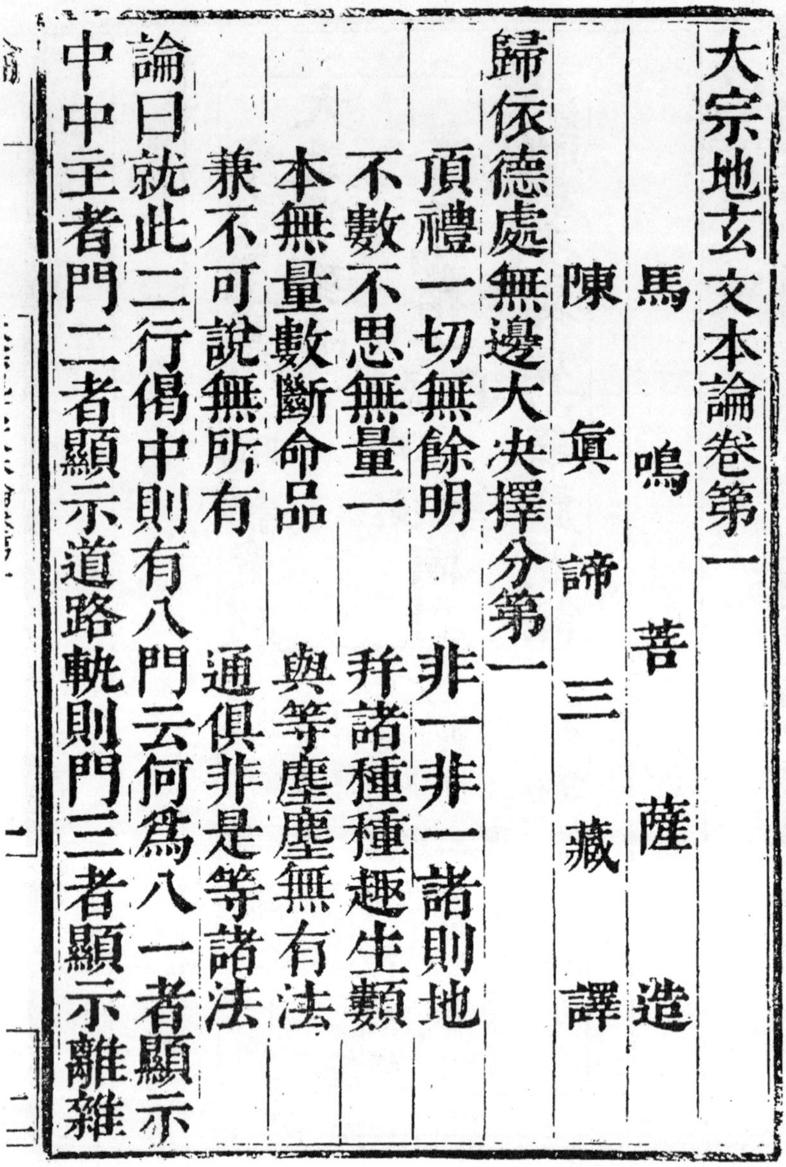

大宗地玄文本論卷第一
馬鳴菩薩造
陳眞諦三藏譯
歸依德處無邊大決擇分第一
頂禮一切無餘明　非一非一諸則地
不數不思無量一　并諸種種趣生類
本無量數斷命品　與等塵塵無有法
兼不可說無所有　通俱非是等諸法
論曰就此二行偈中則有八門云何爲八一者顯示
中中主者門二者顯示道路軌則門三者顯示離雜

205 《大宗地玄文本論》八卷

（南朝陳）釋眞諦譯　明崇楨癸未（十六年，1643）蕭士瑋刻本

版框高 22.9 厘米，寬 15.5 厘米。半葉十行，行二十字，四周雙邊。

民族 135-003-00001；臺灣 402 頁 · 1242；故宫 135 · 1297

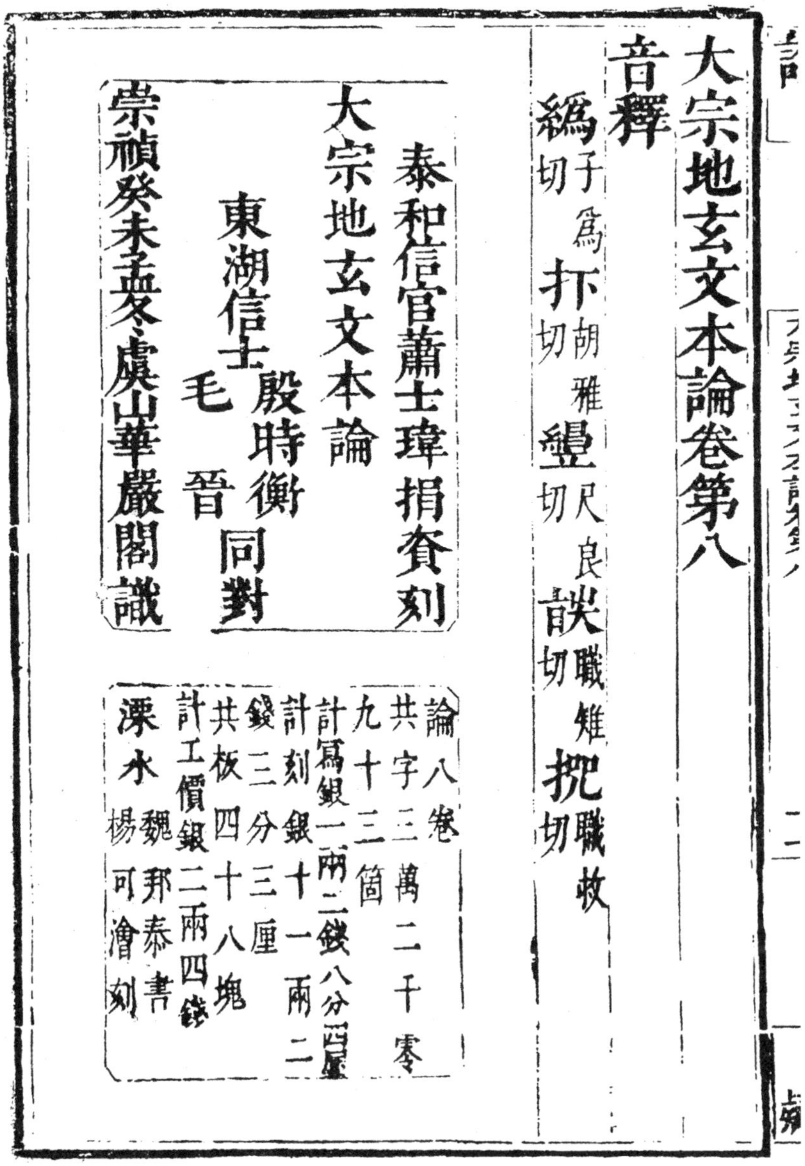
大宗地玄文本論卷第八

音釋

緺（子爲切）　抙（胡雅切）　疊（尺良切）　誒（職雉切）　把（職救切）

泰和信官蕭士瑋捐資刻

大宗地玄文本論

東湖信士　殷時衡

毛　晉　同對

崇禎癸未孟冬虞山華嚴閣識

論八卷

共字三萬二千零九十三箇

計寫銀一兩二錢八分四厘

計刻銀十一兩二錢三分三厘

共板四十八塊

計工價銀二兩四錢

溧水魏邦泰書

楊可澮刻

牌記云："泰和信官蕭士瑋捐資刻《大宗地玄文本論》，東湖信士殷時衡、毛晉同對，崇禎癸未孟冬虞山華嚴閣識。論八卷，共字三萬二千零九十三箇，計寫銀一兩二錢八分四厘，計刻銀十一兩二錢三分三厘，共板四十八塊，計工價銀二兩四錢，溧水魏邦泰書，楊可澮刻。"疑二至五。

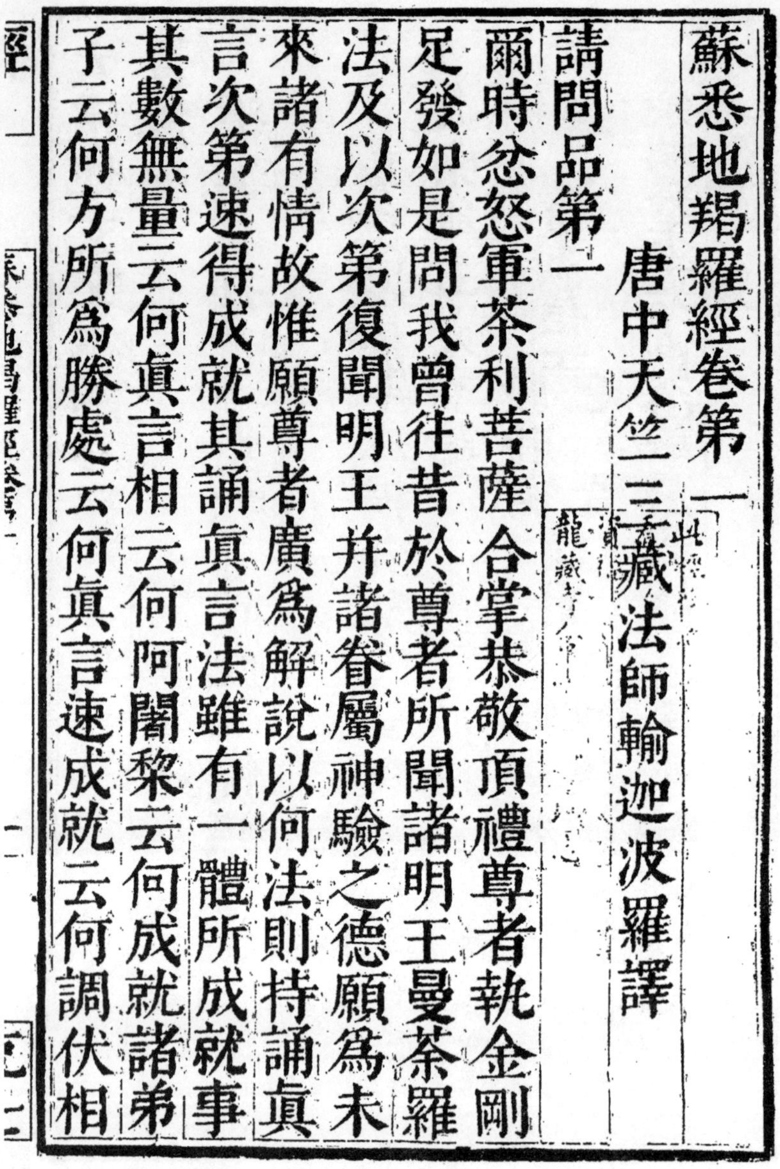

蘇悉地羯羅經卷第一
唐中天竺三藏法師輸迦波羅譯
請問品第一
爾時忿怒軍荼利菩薩合掌恭敬頂禮尊者執金剛足發如是問我曾往昔於尊者所聞諸明王曼荼羅法及以次第復聞明王并諸眷屬神驗之德願為未來諸有情故惟願尊者廣為解說以何法則持誦真言次第速得成就其誦真言法雖有一體所成就事其數無量云何真言相云何阿闍黎云何成就諸弟子云何方所為勝處云何真言速成就云何調伏相

206 《蘇悉地羯羅經》四卷

(唐) 釋輸迦波羅譯　明崇禎癸未（十六年，1643）常熟毛鳳苞刻本

版框高 22 厘米，寬 15.4 厘米。半葉十行，行二十字，四周雙邊。

民族 057-006-00001；臺灣 164 頁 · 531；故宫 56 · 533

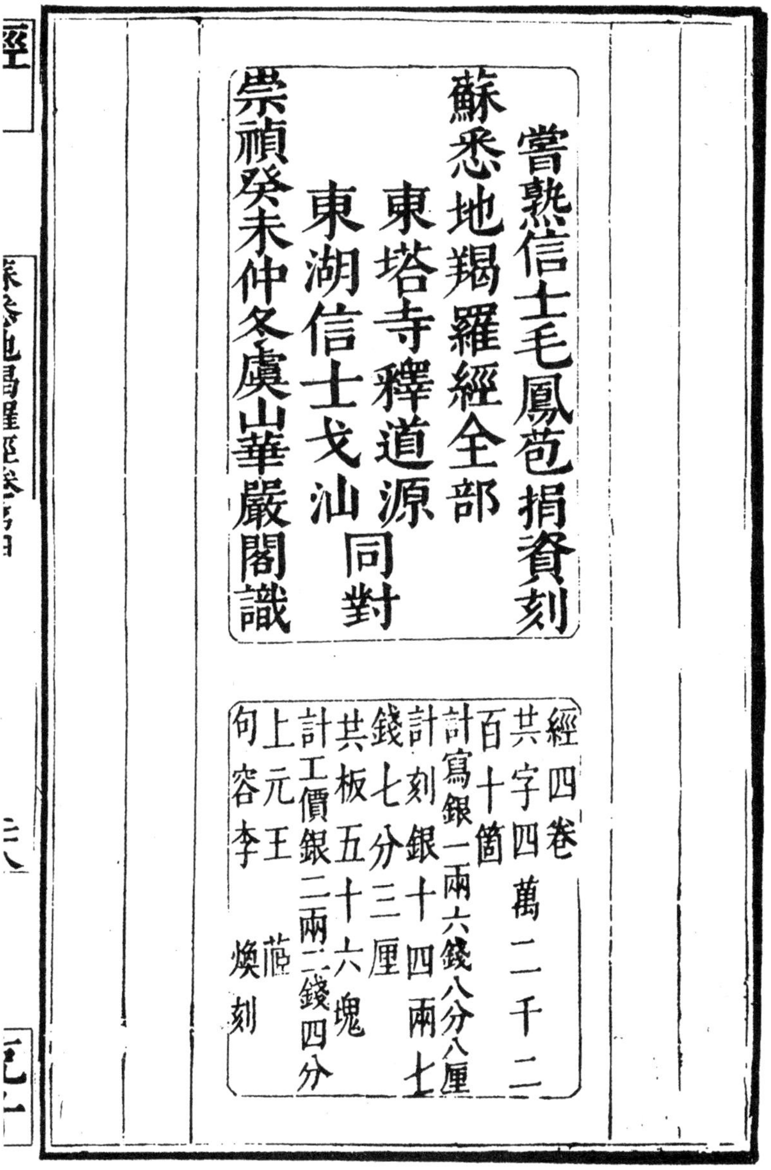
嘗熟信士毛鳳苞捐資刻
蘇悉地羯羅經全部
東塔寺釋道源
東湖信士戈汕　同對
崇禎癸未仲冬虞山華嚴閣識

經四卷
共字四萬二千二
百十箇
計寫銀一兩六錢八分八厘
計刻銀十四兩七
錢七分三厘
共板五十六塊
計工價銀二兩二錢四分
上元王　蒞
句容李　煥刻

牌記云："嘗熟信士毛鳳苞捐資刻《蘇悉地羯羅經》全部，東塔寺釋道源、東湖信士戈汕同對，崇禎癸未仲冬虞山華嚴閣識。經四卷，共字四萬二千二百十箇，計寫銀一兩六錢八分八厘，計刻銀十四兩七錢七分三厘，共板五十六塊，計工價銀二兩二錢四分，上元王蒞、句容李煥刻。"克七至十。

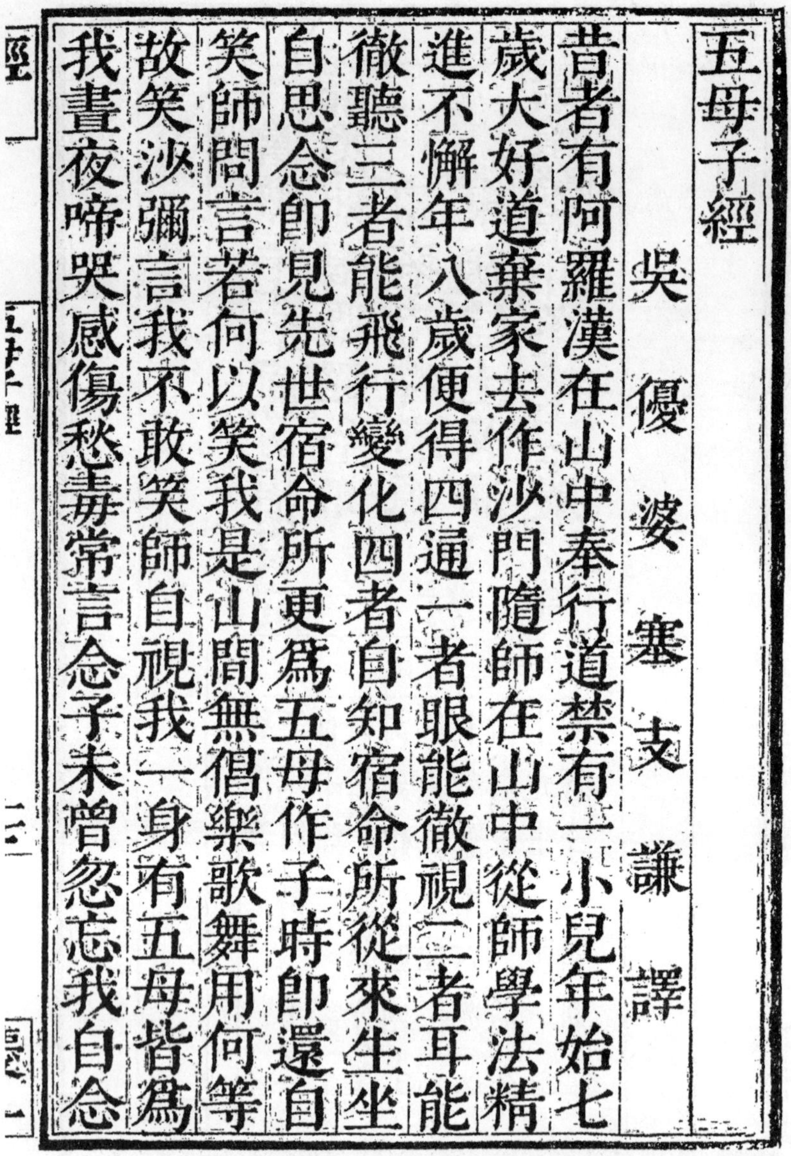
五母子經

吳優婆塞支謙譯

昔者有阿羅漢在山中奉行道禁有一小兒年始七歲大好道棄家去作沙門隨師在山中從師學法精進不懈年八歲便得四通一者眼能徹視二者耳能徹聽三者能飛行變化四者自知宿命所從來生坐自思念卽見先世宿命所更爲五母作子時卽還自笑師問言若何以笑我是山間無倡樂歌舞用何等故笑沙彌言我不敢笑師自視我一身有五母皆爲我晝夜啼哭感傷愁毒常言念子未曾忽忘我自念

207 《五母子經》一卷

(三國吴）釋支謙譯　明崇禎癸未（十六年，1643）常熟鄒駿刻本

版框高 22.2 厘米，寬 15.5 厘米。半葉十行，行二十字，四周雙邊。

民族 066-001-00004，故宫 66 · 638

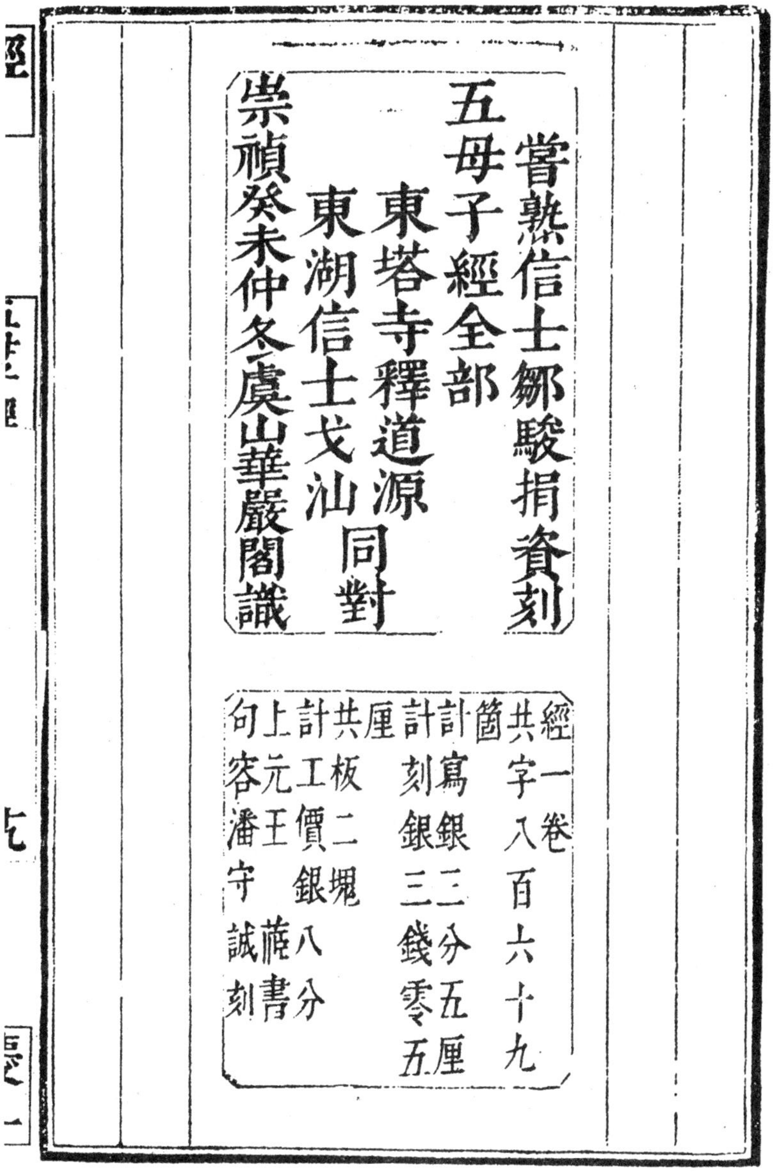
嘗熟信士鄒駿捐資刻
五母子經全部
東塔寺釋道源
東湖信士戈汕同對
崇禎癸未仲冬虞山華嚴閣識

經一卷
共字八百六十九
箇
計寫銀三分五厘
計刻銀三錢零五
厘
共板二塊
計工價銀八分
上元王蒞書
句容潘守誠刻

牌記云："嘗熟信士鄒駿捐資刻《五母子經》全部，東塔寺釋道源、東湖信士戈汕同對，崇禎癸未仲冬虞山華嚴閣識。經一卷，共字八百六十九箇，計寫銀三分五厘，計刻銀三錢零五厘，共板二塊，計工價銀八分，上元王蒞書，句容潘守誠刻。"慶一。

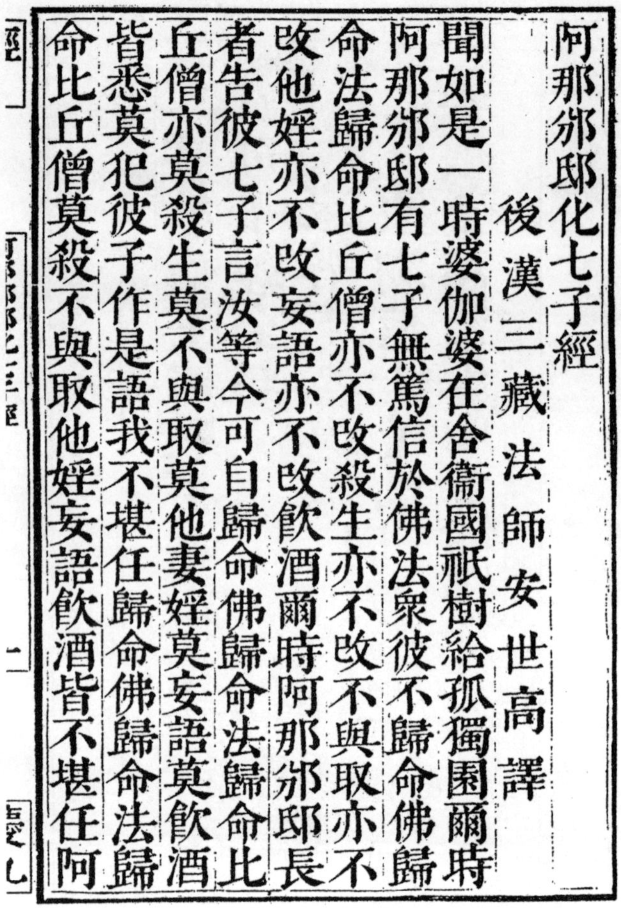

阿那邠邸化七子經
後漢三藏法師安世高譯
聞如是一時婆伽婆在舍衛國祇樹給孤獨園爾時
阿那邠邸有七子無篤信於佛法衆彼不歸命佛歸
命法歸命比丘僧亦不改殺生亦不改不與取亦不
改他婬亦不改妄語亦不改飲酒爾時阿那邠邸長
者告彼七子言汝等今可自歸命佛歸命法歸命比
丘僧亦莫殺生莫不與取莫他妻婬莫妄語莫飲酒
皆悉莫犯彼子作是語我不堪任歸命佛歸命法歸
命比丘僧莫殺不與取他婬妄語飲酒皆不堪任阿

208 《阿那邠邸化七子經》一卷

（東漢）釋安世高譯　明崇禎癸未（十六年，1643）常熟毛鳳苞刻本
版框高 22.5 厘米，寬 14.7 厘米。半葉十行，行二十字，四周雙邊。
民族 066-002；故宫 66·648

按：民族出版社《嘉興藏》此書無牌記，但與其後《佛説大愛道般涅槃經》《佛母般泥洹經》《佛説聖法印經》四經同卷，頁碼連續，千字文編號同爲“慶九”，當爲華嚴閣刻經。《“國家圖書館”善本書志初稿·子部四》缺“慶”字號，故未著録。故宫資料兹書亦無牌記，但云“明崇禎十六年嘗熟毛鳳苞刻本”。慶九。

阿那邠邸化七子經

後漢三藏法師安世高譯

聞如是一時婆伽婆在舍衛國祇樹給孤獨園爾時阿那邠邸有七子無篤信於佛法衆彼不歸命佛歸命法歸命比丘僧亦不改殺生亦不改不與取亦不改他婬亦不改妄語亦不改飲酒爾時阿那邠邸長者告彼七子言汝等今可自歸命佛歸命法歸命比丘僧亦莫殺生莫不與取莫他妻婬莫妄語莫飲酒皆悉莫犯彼子作是語我不堪任歸命佛歸命法歸命比丘僧莫殺不與取他婬妄語飲酒皆不堪任阿

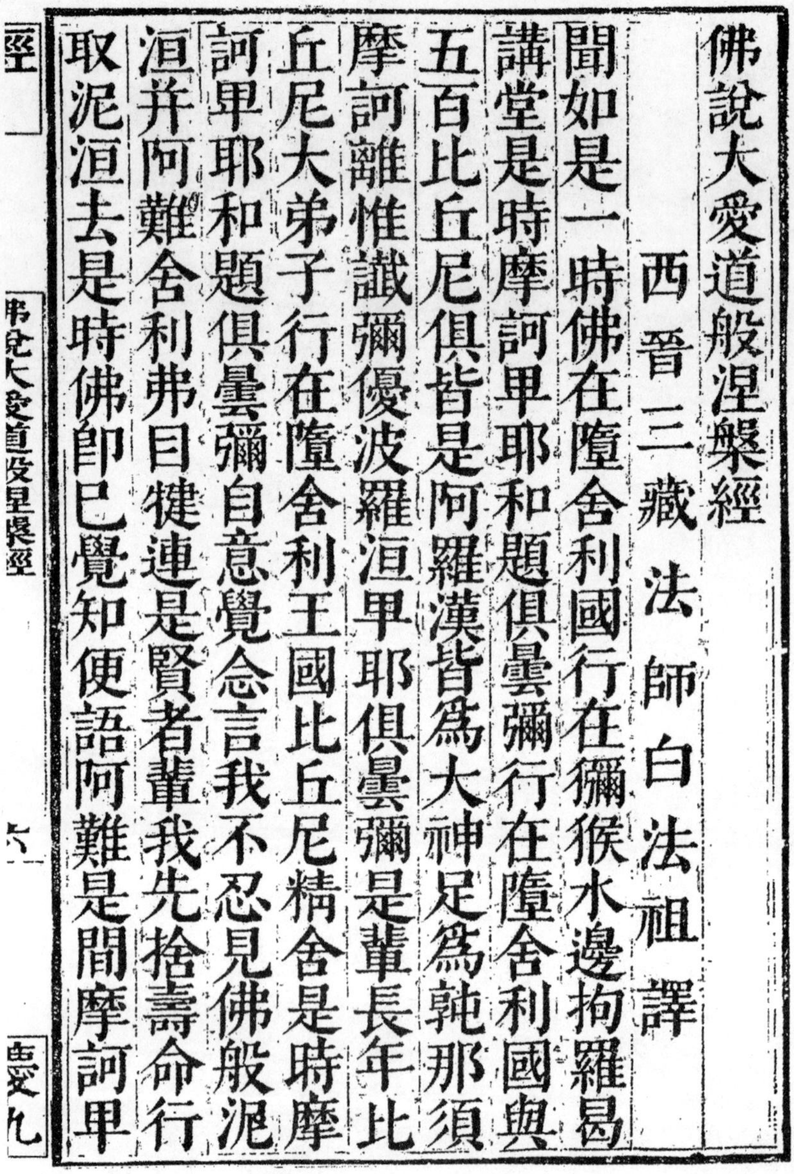
佛說大愛道般涅槃經
西晉三藏法師白法祖譯
聞如是一時佛在墮舍利國行在獼猴水邊拘羅曷
講堂是時摩訶卑耶和題俱曇彌行在墮舍利國與
五百比丘尼俱皆是阿羅漢皆爲大神足爲毗那須
摩訶離惟識彌優波羅洹卑耶俱曇彌是輩長年比
丘尼大弟子行在墮舍利王國比丘尼精舍是時摩
訶卑耶和題俱曇彌自意覺念言我不忍見佛般泥
洹并阿難舍利弗目揵連是賢者輩我先捨壽命行
取泥洹去是時佛即已覺知便語阿難是間摩訶卑
經　佛說大愛道般涅槃經　六

209 《佛說大愛道般涅槃經》一卷

(西晉) 釋白法祖譯　明崇禎癸未（十六年，1643）常熟毛鳳苞刻本

版框高 22.6 厘米，寬 14.7 厘米。半葉十行，行二十字，四周雙邊。

民族 066-002-00004；故宫 66 · 649

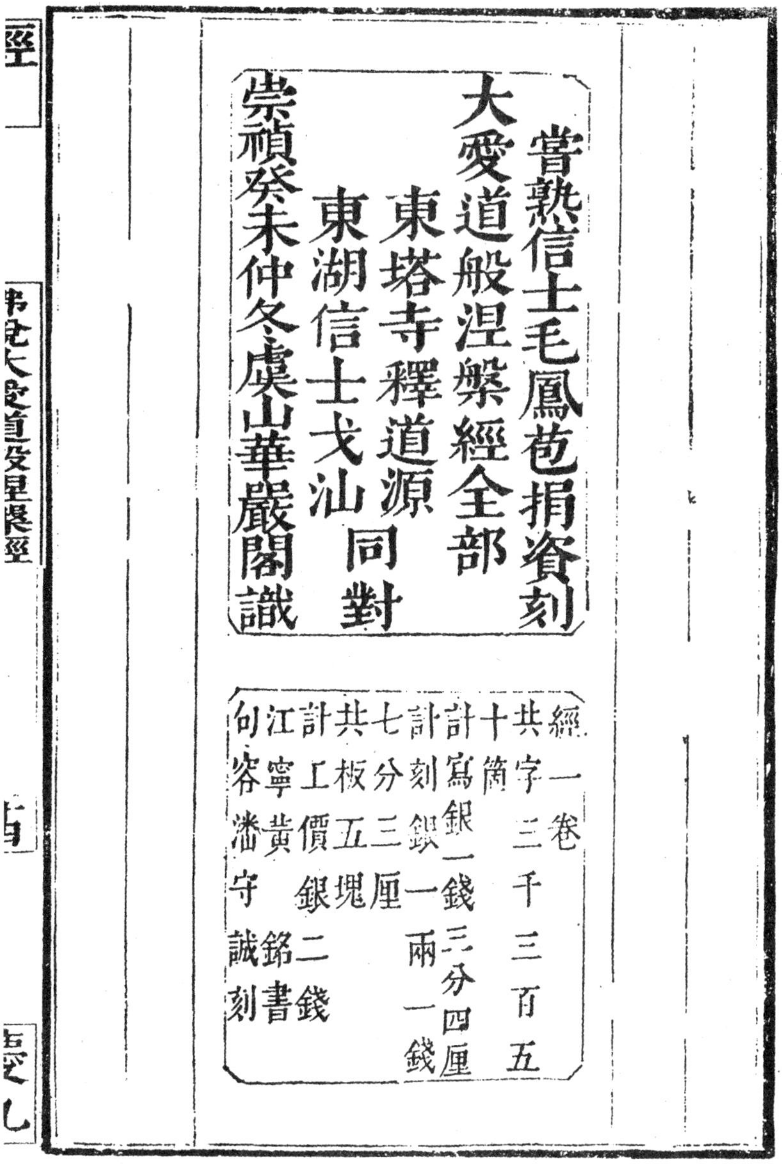

常熟信士毛鳳苞捐資刻
大愛道般涅槃經全部
東塔寺釋道源
東湖信士戈汕 同對
崇禎癸未仲冬虞山華嚴閣識

經一卷
共字三千三百五
十箇
計寫銀一錢三分四厘
計刻銀一兩一錢
七分三厘
共板五塊
計工價銀二錢
江寧黃銘書
句容潘守誠刻

牌記云："常熟信士毛鳳苞捐資刻《大愛道般涅槃經》全部，東塔寺釋道源、東湖信士戈汕同對，崇禎癸未仲冬虞山華嚴閣識。經一卷，共字三千三百五十箇，計寫銀一錢三分四厘，計刻銀一兩一錢七分三厘，共板五塊，計工價銀二錢，江寧黃銘書，句容潘守誠刻。"按：《"國家圖書館"善本書志初稿·子部四》原缺"慶"字號。慶九。

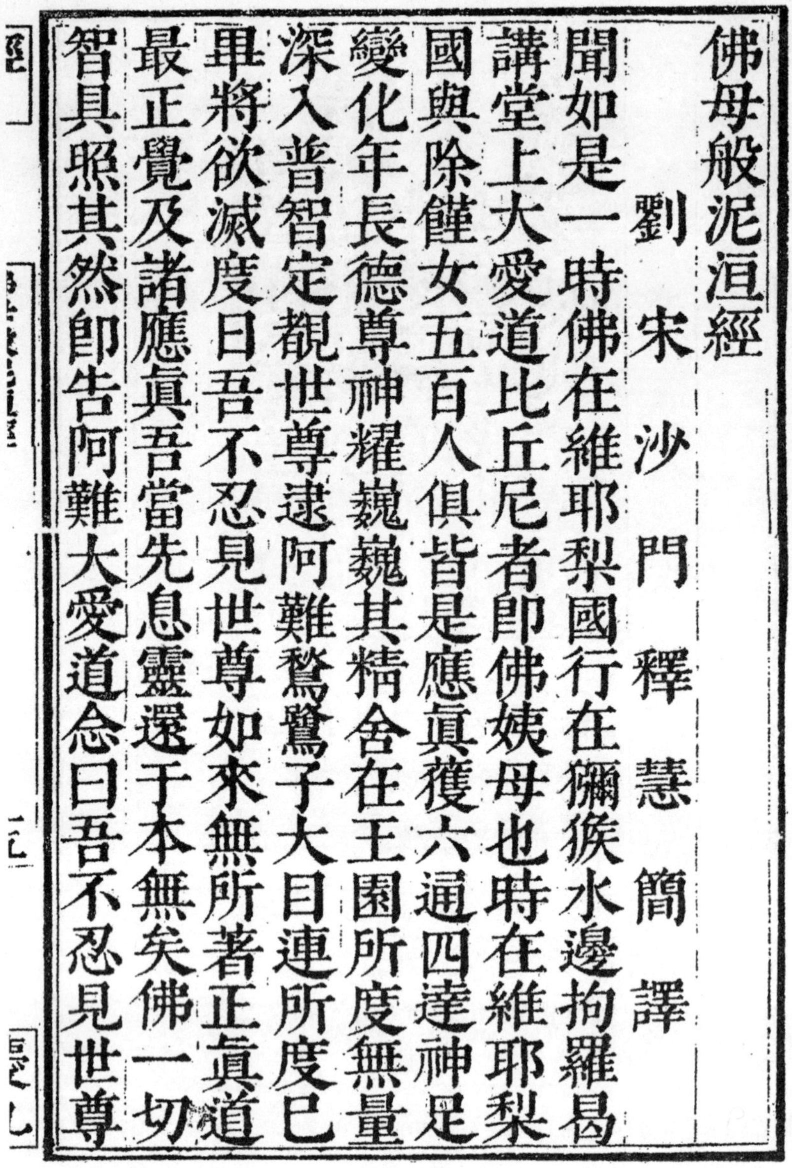
佛母般泥洹經
劉宋沙門釋慧簡譯
聞如是一時佛在維耶梨國行在獼猴水邊拘羅曷
講堂上大愛道比丘尼者即佛姨母也時在維耶梨
國與除饉女五百人俱皆是應眞獲六通四達神足
變化年長德尊神耀巍巍其精舍在王園所度無量
深入普智定覩世尊逮阿難鶖鷺子大目連所度已
畢將欲滅度曰吾不忍見世尊如來無所著正眞道
最正覺及諸應眞吾當先息靈還于本無矣佛一切
智具照其然即告阿難大愛道念曰吾不忍見世尊

210 《佛母般泥洹經》一卷

（南朝宋）釋慧簡譯　明崇禎癸未（十六年，1643）常熟毛表刻本

版框高 22.9 厘米，寬 14.9 厘米。半葉十行，行二十字，四周雙邊。

民族 066-002-00005

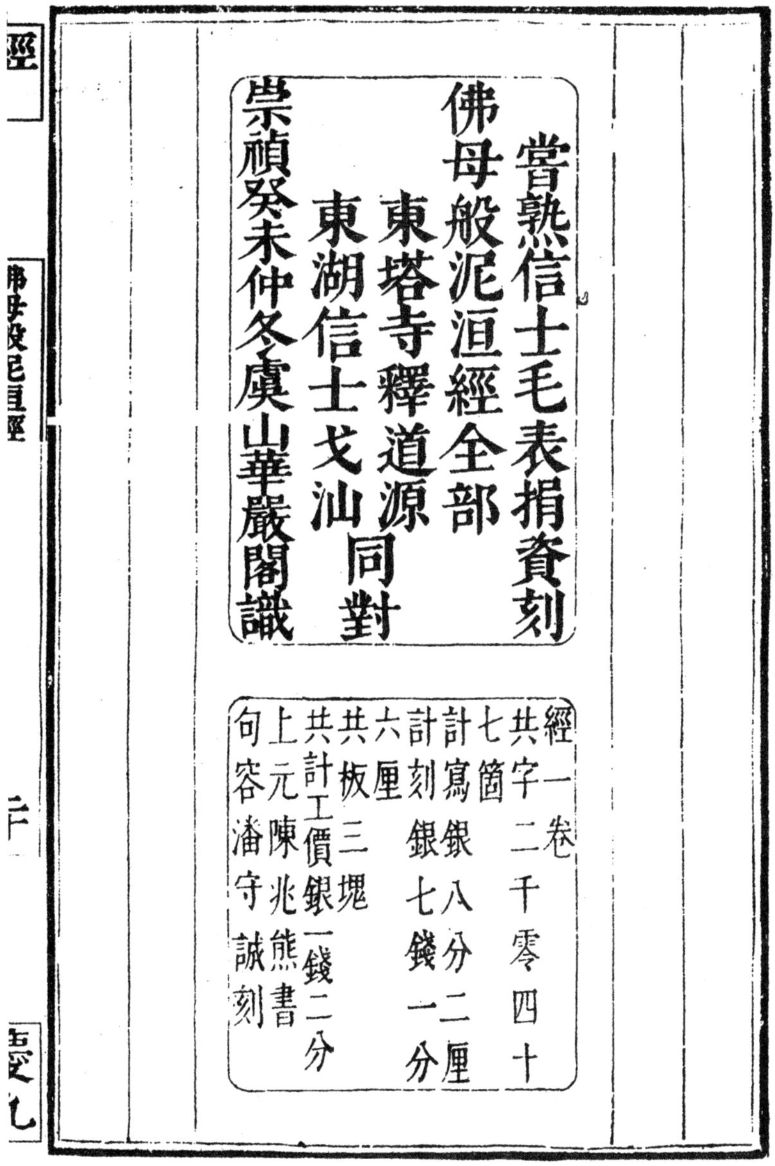
嘗熟信士毛表捐資刻
佛母般泥洹經全部
東塔寺釋道源
東湖信士戈汕同對
崇禎癸未仲冬虞山華嚴閣識

經一卷
共字二千零四十
七箇
計寫銀八分二厘
計刻銀七錢一分
六厘
共板三塊
共計工價銀一錢二分
上元陳兆熊書
句容潘守誠刻

牌記云:“嘗熟信士毛表捐資刻《佛母般泥洹經》全部，東塔寺釋道源、東湖信士戈汕同對，崇禎癸未仲冬虞山華嚴閣識。經一卷，共字二千零四十七箇，計寫銀八分二厘，計刻銀七錢一分六厘，共板三塊，共計工價銀一錢二分，上元陳兆熊書，句容潘守誠刻。”按：故宫資料未録捐刻者，《“國家圖書館”善本書志初稿・子部四》原缺“慶”字號。慶九。

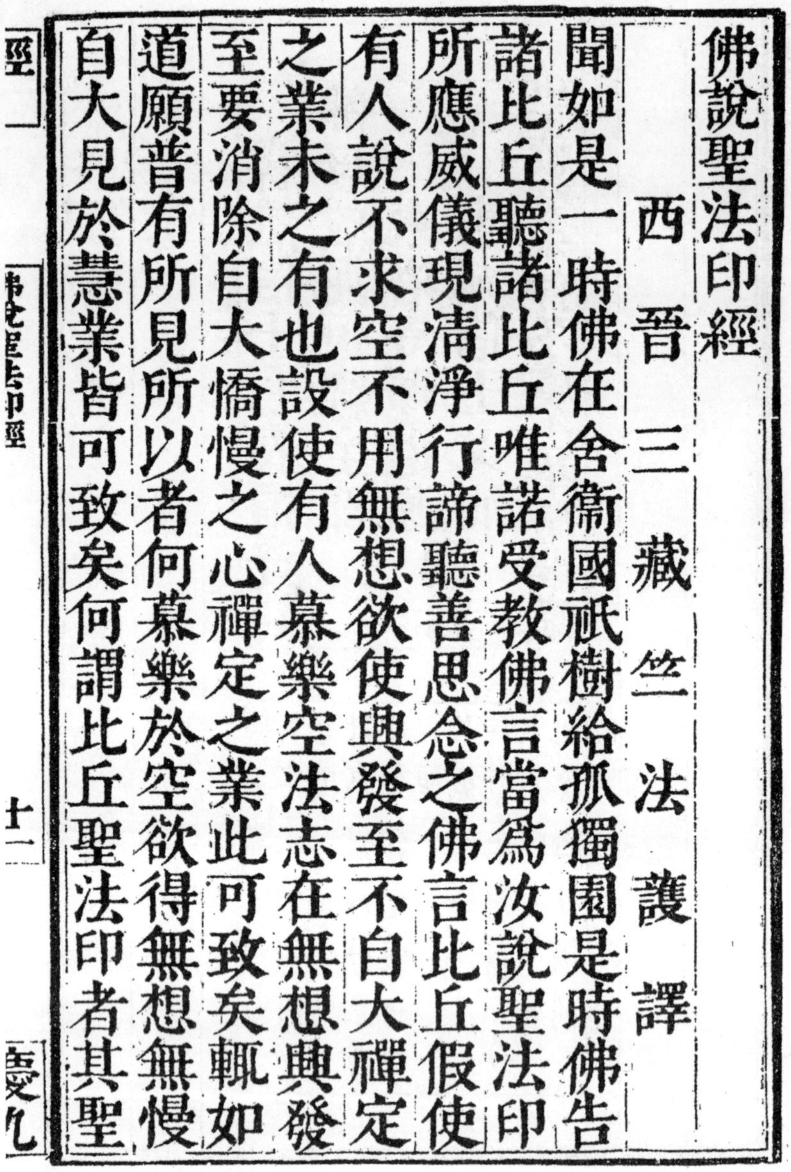
佛說聖法印經
西晉三藏竺法護譯
聞如是一時佛在舍衛國祇樹給孤獨園是時佛告
諸比丘聽諸比丘唯諾受教佛言當爲汝說聖法印
所應威儀現清淨行諦聽善思念之佛言比丘假使
有人說不求空不用無想欲使興發至不自大禪定
之業未之有也設使有人慕樂空法志在無想興發
至要消除自大憍慢之心禪定之業此可致矣輒如
道願普有所見所以者何慕樂於空欲得無想無慢
自大見於慧業皆可致矣何謂比丘聖法印者其聖
佛說聖法印經　十二

211 《佛說聖法印經》一卷

（西晉）釋竺法護譯　明崇禎癸未（十六年，1643）長洲俞天來、王咸刻本

版框高 22.8 厘米，寬 14.9 厘米。半葉十行，行二十字，四周雙邊。

民族 066-002-00006

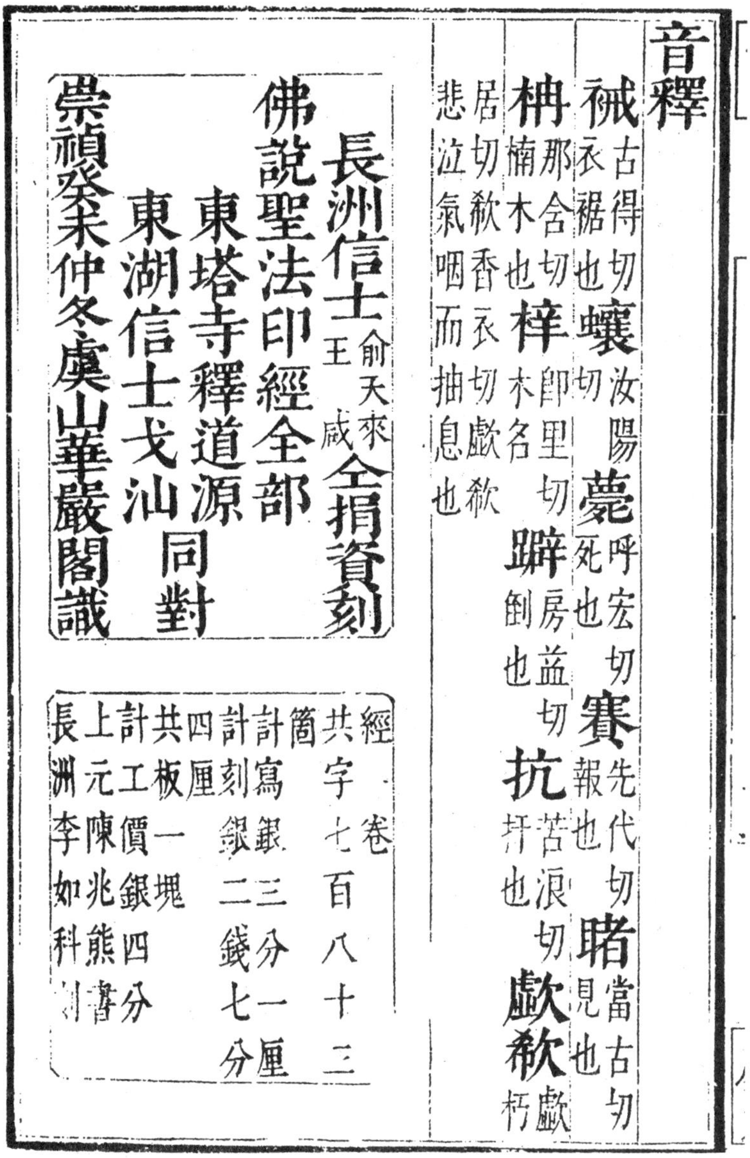

音釋

祴古得切衣裾也 蠰汝陽切 薨呼宏切死也 賽先代切報也 睹當古切見也

柟那含切楠木也 梓郎里切木名 躃房益切倒也 抗苦浪切扞也 歔欷歔朽居切欷香衣切歔欷悲泣氣咽而抽息也

長洲信士俞天來王咸仝捐資刻
佛說聖法印經全部
東塔寺釋道源
東湖信士戈汕同對
崇禎癸未仲冬虞山華嚴閣識

經一卷
共字七百八十三箇
計寫銀三分一厘
計刻銀二錢七分四厘
共板一塊
計工價銀四分
上元陳兆熊書
長洲李如科刻

牌記云："長洲信士俞天來、王咸仝捐資刻《佛說聖法印經》全部，東塔寺釋道源、東湖信士戈汕同對，崇禎癸未仲冬虞山華嚴閣識。經一卷，共字七百八十三箇，計寫銀三分一厘，計刻銀二錢七分四厘，共板一塊，計工價銀四分，上元陳兆熊書，長洲李如科刻。"按：《"國家圖書館"善本書志初稿·子部四》原缺"慶"字號，故宫資料未録兹經。慶九。

毗俱胝菩薩一百八名經

宋西天三藏朝散大夫試鴻臚少卿傳教大師法天奉詔譯

歸命一切如來應供徧知覺我今說此一切如來心真言若有天人持明僊衆歸命供養一切諸佛受持讀誦及讚說真言通達法相若稱唵字是圓滿義若稱曩字是離怖畏義亦名破魔義若稱野字是破繫縛義若稱娑字是降伏冤家障礙義若稱你字是破壞冤敵義若怖畏者以真言力遠離怖畏即說陀羅尼曰

唵引 教哩二合 俱胝怛胝吠無每切 怛胝吠怛胝吠怛胝

毗俱胝菩薩一百八名經

212 《毗俱胝菩薩一百八名經》一卷

(宋) 釋法天譯　明崇禎癸未（十六年，1643）泰和楊仁愿刻本

版框高 22.5 厘米，寬 15.6 厘米。半葉十行，行二十字，四周雙邊。

民族 072-007-00009；臺灣 249 頁 · 801；故宮 72 · 817

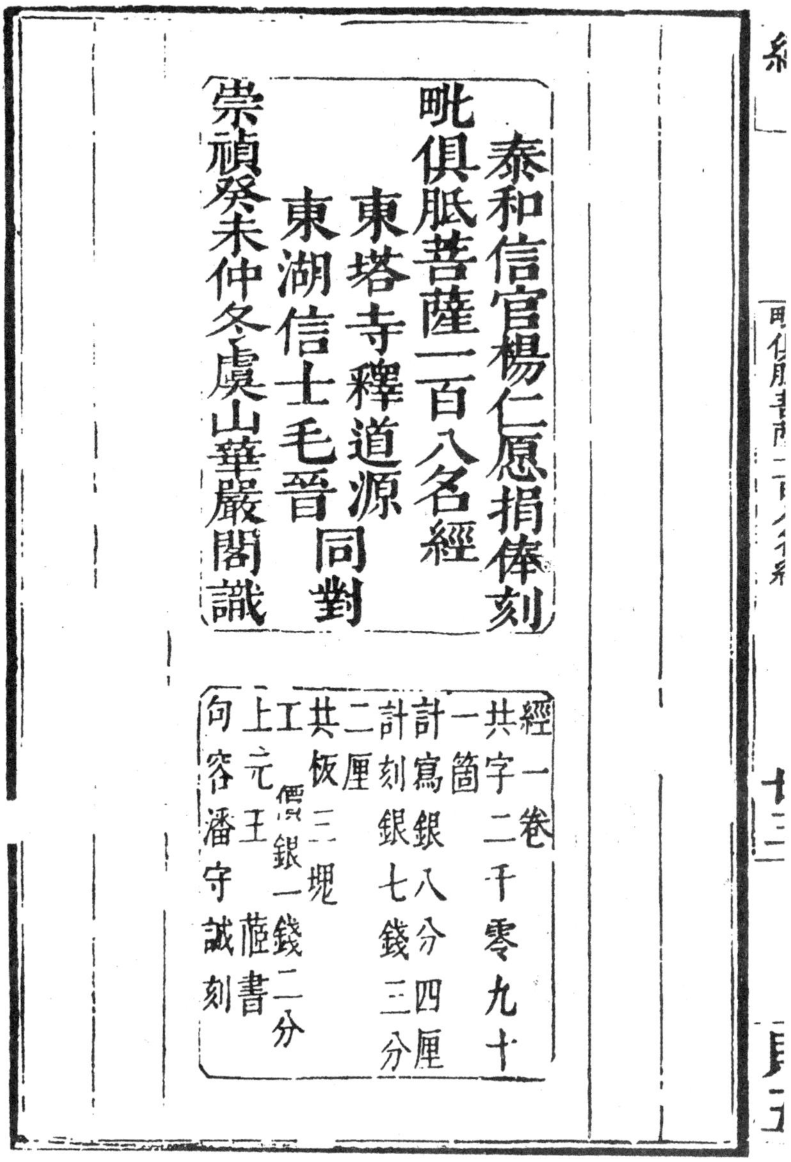
泰和信官楊仁愿捐俸刻
毗俱胝菩薩一百八名經
東塔寺釋道源
東湖信士毛晉同對
崇禎癸未仲冬虞山華嚴閣識

經一卷
共字二千零九十
一箇
計寫銀八分四厘
計刻銀七錢三分
二厘
共板三塊
工價銀一錢二分
上元王蒞書
句容潘守誠刻

牌記云："泰和信官楊仁愿捐俸刻《毗俱胝菩薩一百八名經》，東塔寺釋道源、東湖信士毛晉同對，崇禎癸未仲冬虞山華嚴閣識。經一卷，共字二千零九十一箇，計寫銀八分四厘，計刻銀七錢三分二厘，共板三塊，工價銀一錢二分，上元王蒞書，句容潘守誠刻。"則五。

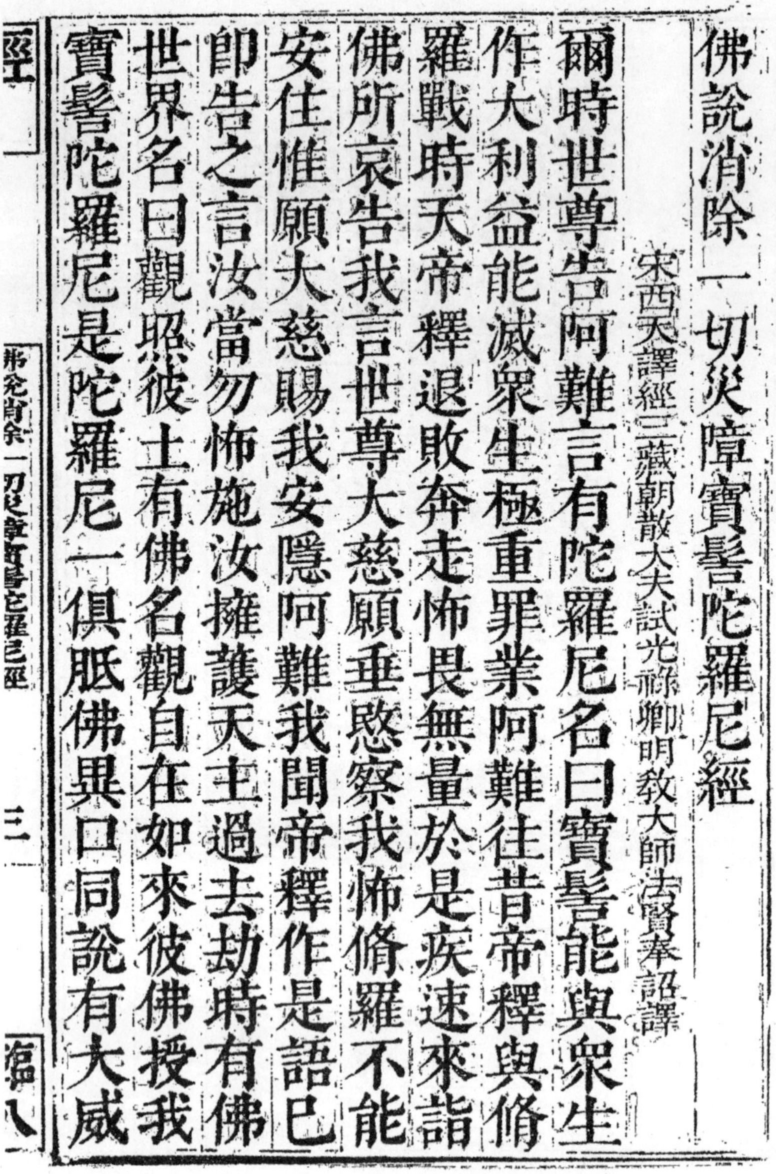
佛說消除一切災障寶髻陀羅尼經
宋西天譯經三藏朝散大夫試光祿卿明教大師法賢奉詔譯
爾時世尊告阿難言有陀羅尼名曰寶髻能與衆生
作大利益能滅衆生極重罪業阿難往昔帝釋與脩
羅戰時天帝釋退敗奔走怖畏無量於是疾速來詣
佛所哀告我言世尊大慈願垂愍察我怖脩羅不能
安住惟願大慈賜我安隱阿難我聞帝釋作是語已
卽告之言汝當勿怖施汝擁護天主過去劫時有佛
世界名曰觀照彼土有佛名觀自在如來彼佛授我
寶髻陀羅尼是陀羅尼一俱胝佛異口同說有大威

經　佛說消除一切災障寶髻陀羅尼經　三　德八

213《佛說消除一切災障寶髻陀羅尼經》一卷

(宋）釋法賢譯　明崇禎癸未（十六年，1643）常熟毛鳳苞刻本

版框高 22.2 厘米，寬 15.5 厘米。半葉十行，行二十字，四周雙邊。

民族 073-008-00002；臺灣 272 頁 · 867；故宮 73 · 883

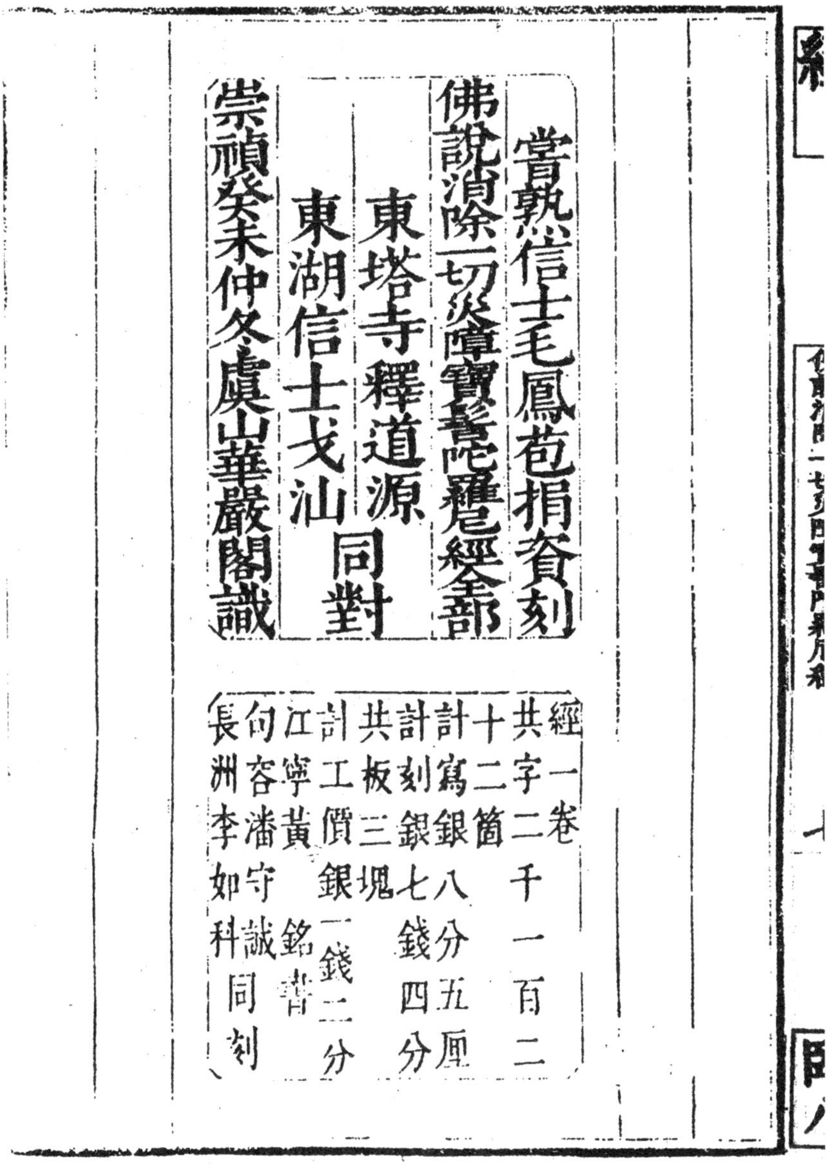

嘗熟信士毛鳳苞捐資刻
佛說消除一切災障寶髻陀羅尼經全部
東塔寺釋道源
東湖信士戈汕　同對
崇禎癸未仲冬虞山華嚴閣識

經一卷
共字二千一百二十二
十二箇
計寫銀八分五厘
計刻銀七錢四分
共板三塊
計工價銀一錢二分
江寧黃銘書
句容潘守誠同刻
長洲李如科

牌記云："嘗熟信士毛鳳苞捐資刻《佛說消除一起災障寶髻陀羅尼經》全部，東塔寺釋道源、東湖信士戈汕同對，崇禎癸未仲冬虞山華嚴閣識。經一卷，共字二千一百二十二箇，計寫銀八分五厘，計刻銀七錢四分，共板三塊，計工價銀一錢二分，江寧黃銘書，句容潘守誠、長洲李如科同刻。"臨八。

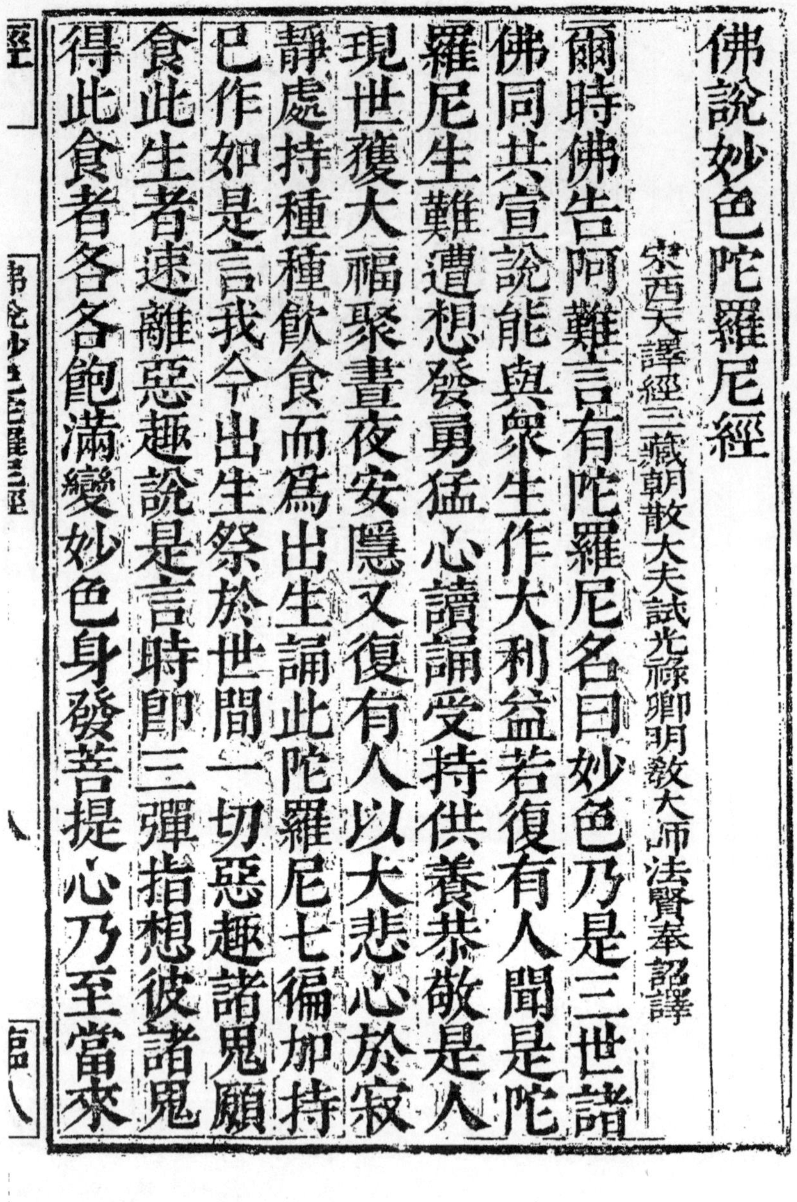
佛說妙色陀羅尼經
宋西天譯經三藏朝散大夫試光祿卿明教大師法賢奉詔譯
爾時佛告阿難言有陀羅尼名曰妙色乃是三世諸
佛同共宣說能與衆生作大利益若復有人聞是陀
羅尼生難遭想發勇猛心讀誦受持供養恭敬是人
現世獲大福聚晝夜安隱又復有人以大悲心於寂
靜處持種種飲食而爲出生誦此陀羅尼七徧加持
已作如是言我今出生祭於世間一切惡趣諸鬼顧
食此生者遠離惡趣說是言時即三彈指想彼諸鬼
得此食者各各飽滿變妙色身發菩提心乃至當來

214 《佛說妙色陀羅尼經》一卷

(宋) 釋法賢譯　明崇禎癸未（十六年，1643）江寧劉標刻本

版框高 22.3 厘米，寬 15.4 厘米。半葉十行，行二十字，四周雙邊。

民族 073-008-00003; 臺灣 272 頁 · 868

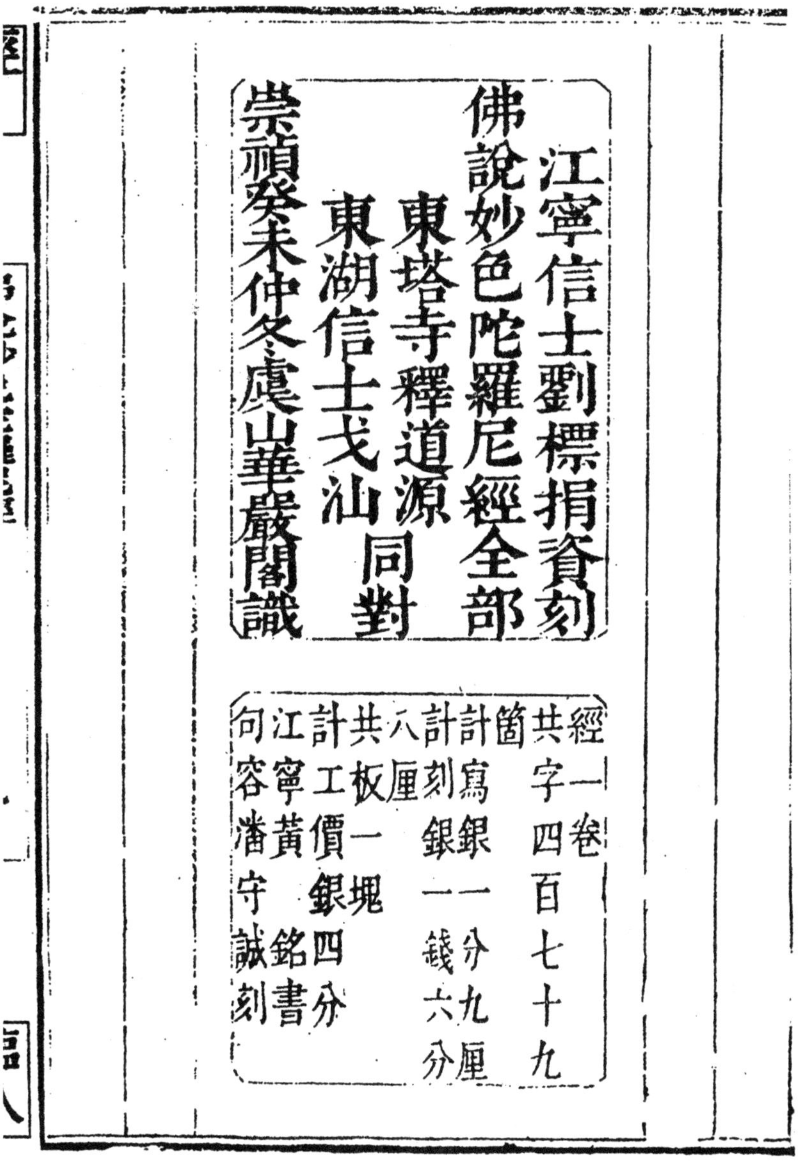

江寧信士劉標捐資刻
佛說妙色陀羅尼經全部
東塔寺釋道源
東湖信士戈汕同對
崇禎癸未仲冬虞山華嚴閣識

經一卷
共字四百七十九
箇
計寫銀一分九厘
計刻銀一錢六分
八厘
共板一塊
計工價銀四分
江寧黃銘書
句容潘守誠刻

牌記云:"江寧信士劉標捐資刻《佛說妙色陀羅尼經》全部,東塔寺釋道源、東湖信士戈汕同對,崇禎癸未仲冬虞山華嚴閣識。經一卷,共字四百七十九箇,計寫銀一分九厘,計刻銀一錢六分八厘,共板一塊,計工價銀四分,江寧黃銘書,句容潘守誠刻。"按:故宫資料未録玆經。臨八。

佛說栴檀香身陀羅尼經

宋西天譯經三藏朝散大夫試光祿卿明教大師法賢奉詔譯

爾時世尊告阿難言有陀羅尼名栴檀香身是陀羅尼有大威力能與衆生廣大福聚若復有人得此陀羅尼發至誠心讀誦受持堅固不退是人所有極重宿業悉得消滅當來獲得殊勝果報又復有人欲見觀自在菩薩者先於清淨之處持誦精熟然後擇吉祥日日初出時用白檀香塗曼拏羅於中焚栴檀香獻殊妙華即起首誦陀羅尼八千徧得數滿已即於曼拏羅前鋪吉祥草處心而臥如是經於七日即得

215 《佛說栴檀香身陀羅尼經》一卷

(宋) 釋法賢譯　明崇禎癸未（十六年，1643）常熟毛鳳苞刻本

版框高 22.4 厘米，寬 15.4 厘米。半葉十行，行二十字，四周雙邊。

民族 073-008-00004；臺灣 273 頁・869；故宮 73・885

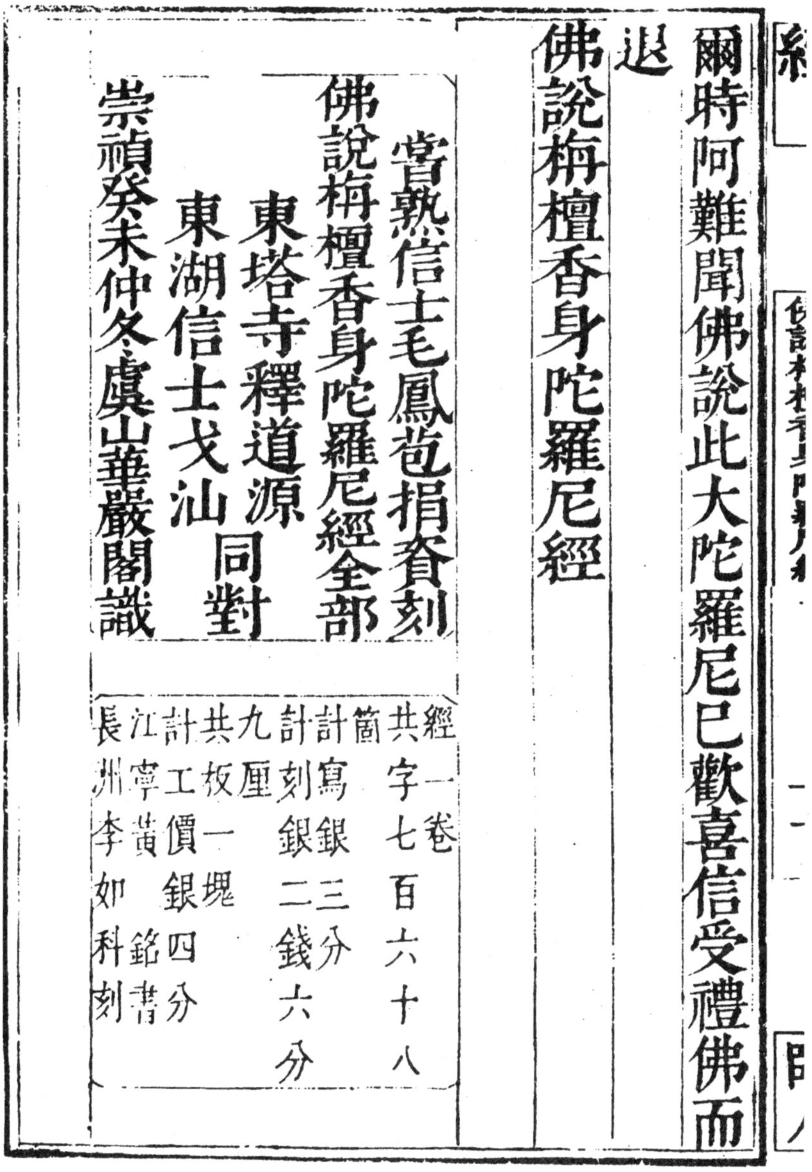
爾時阿難聞佛說此大陀羅尼已歡喜信受禮佛而
退
佛說栴檀香身陀羅尼經

嘗熟信士毛鳳苞捐資刻
佛說栴檀香身陀羅尼經全部
東塔寺釋道源
東湖信士戈汕　同對
崇禎癸未仲冬虞山華嚴閣識

經一卷
共字七百六十八
箇
計寫銀三分
計刻銀二錢六分
九厘
共板一塊
計工價銀四分
江寧黃銘書
長洲李如科刻

牌記云："嘗熟信士毛鳳苞捐資刻《佛說栴檀香身陀羅尼經》全部，東塔寺釋道源、東湖信士戈汕同對，崇禎癸未仲冬虞山華嚴閣識。經一卷，共字七百六十八箇，計寫銀三分，計刻銀二錢六分九厘，共板一塊，計工價銀四分，江寧黃銘書、長洲李如科刻。"臨八。

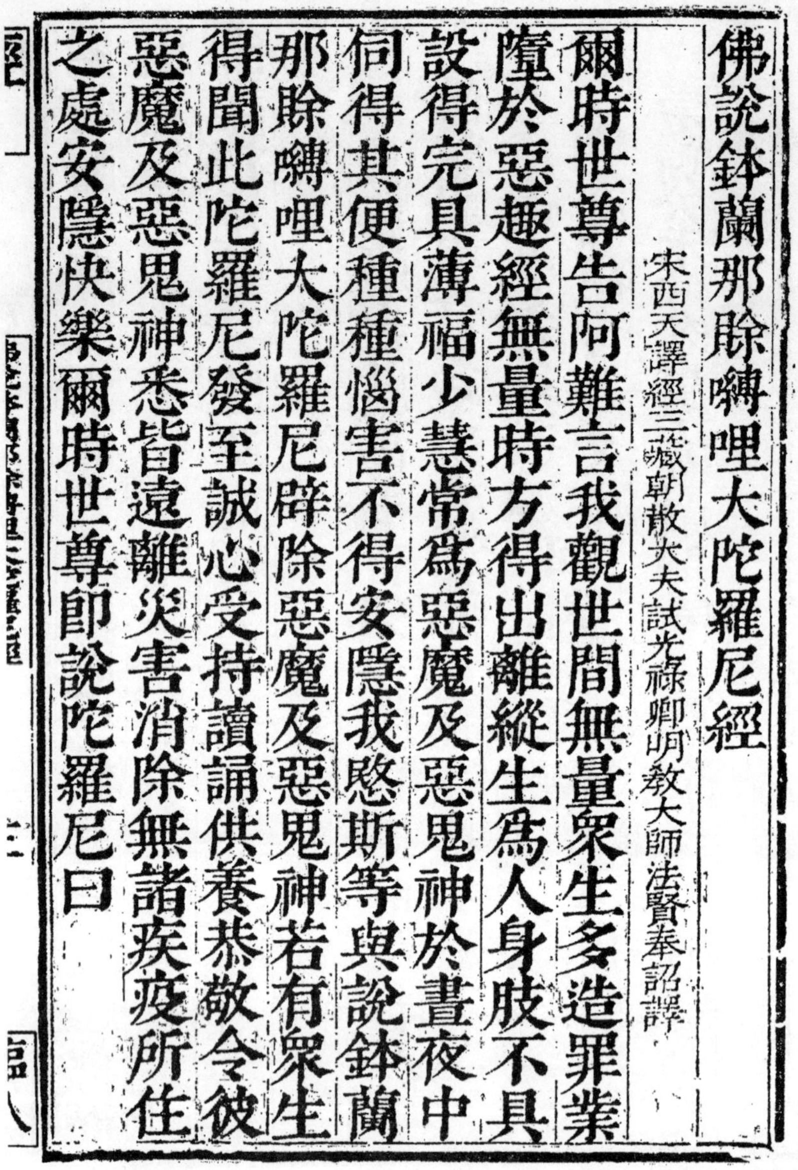
佛說鉢蘭那賒嚩哩大陀羅尼經
宋西天譯經三藏朝散大夫試光祿卿明教大師法賢奉詔譯
爾時世尊告阿難言我觀世間無量衆生多造罪業墮於惡趣經無量時方得出離縱生爲人身肢不具設得完具薄福少慧常爲惡魔及惡鬼神於晝夜中伺得其便種種惱害不得安隱我愍斯等與說鉢蘭那賒嚩哩大陀羅尼辟除惡魔及惡鬼神若有衆生得聞此陀羅尼發至誠心受持讀誦供養恭敬令彼惡魔及惡鬼神悉皆遠離災害消除無諸疾疫所往之處安隱快樂爾時世尊卽說陀羅尼曰

216 《佛說鉢蘭那賒嚩哩大陀羅尼經》一卷

(宋）釋法賢譯　明崇禎癸未（十六年，1643）常熟毛鳳苞刻本

版框高 22.3 厘米，寬 15.3 厘米。半葉十行，行二十字，四周雙邊。

民族 073-008-00005；臺灣 273 頁 · 870；故宫 73 · 886

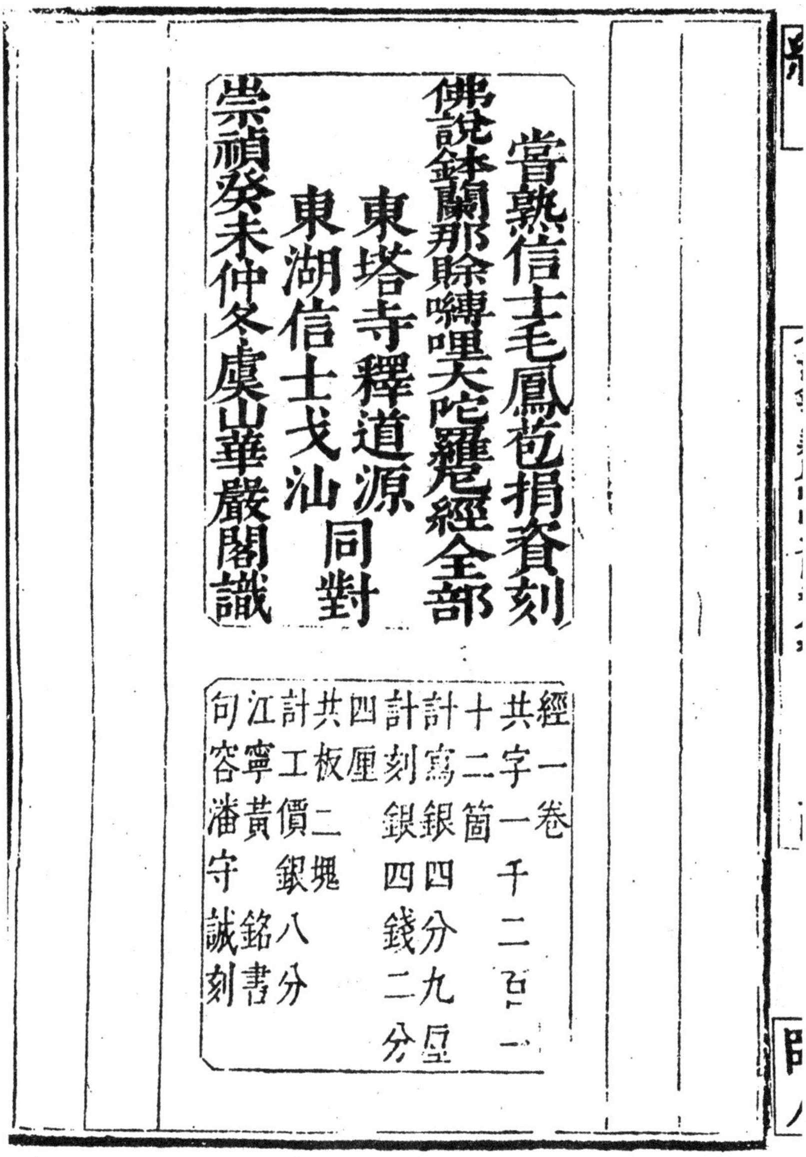
嘗熟信士毛鳳苞捐貲刻
佛說鉢蘭那賒嚩哩大陀羅尼經全部
東塔寺釋道源
東湖信士戈汕　同對
崇禎癸未仲冬虞山華嚴閣識

經一卷
共字一千二百二十
十二箇
計寫銀四分九厘
計刻銀四錢二分
四厘
共板二塊
計工價銀八分
江寧黃銘書
句容潘守誠刻

牌記云："嘗熟信士毛鳳苞捐資刻《佛說鉢蘭那賒嚩哩大陀羅尼經》全部，東塔寺釋道源、東湖信士戈汕同對，崇禎癸未仲冬虞山華嚴閣識。經一卷，共字一千二百二十二箇，計寫銀四分九厘，計刻銀四錢二分四厘，共板二塊，計工價銀八分，江寧黃銘書，句容潘守誠刻。"臨八。

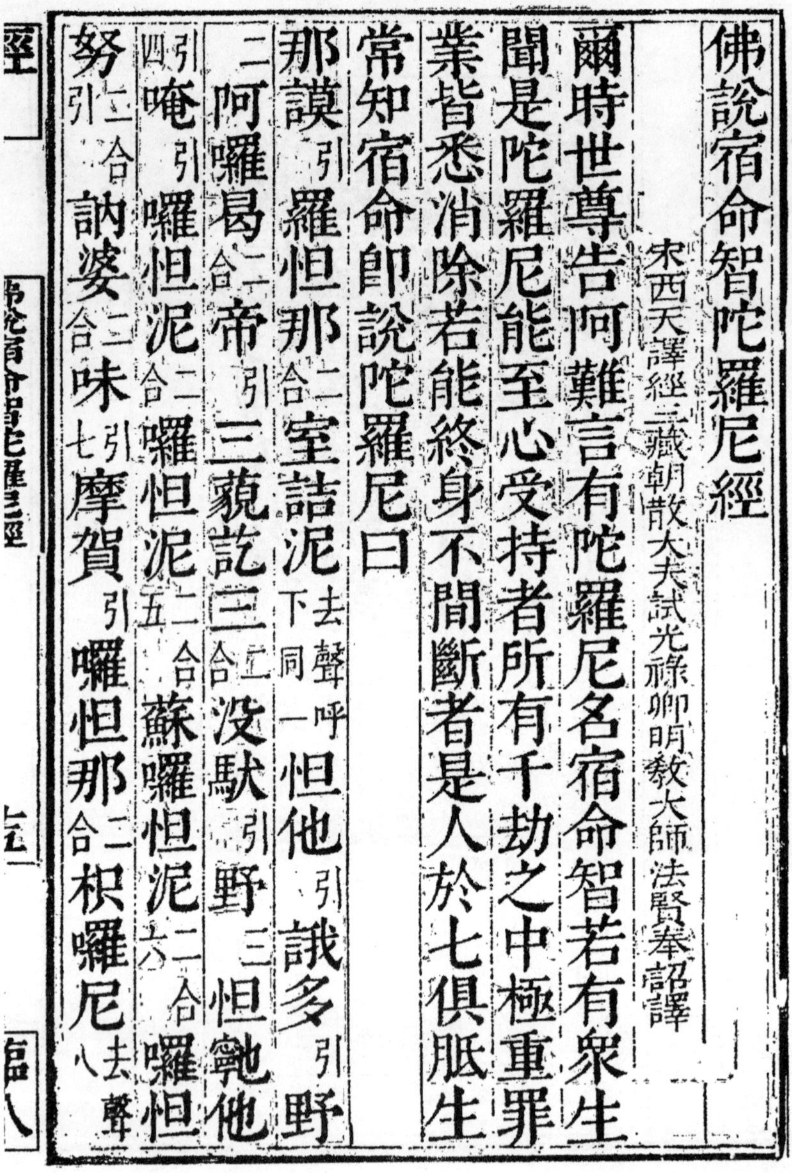
佛說宿命智陀羅尼經
宋西天譯經三藏朝散大夫試光祿卿明教大師法賢奉詔譯
爾時世尊告阿難言有陀羅尼名宿命智若有衆生聞是陀羅尼能至心受持者所有千劫之中極重罪業皆悉消除若能終身不間斷者是人於七俱胝生常知宿命卽說陀羅尼曰
那謨引羅怛那二合室詰泥去聲呼下同一怛他引誐多引野二阿囉曷二合帝引三藐訖三二合沒馱引野三怛𡫸他引四唵引囉怛泥二合囉怛泥二合五蘇囉怛泥二合六囉怛努二合引訥婆二合味引七摩賀引囉怛那二合枳囉尼去聲八

217 **《佛說宿命智陀羅尼經》一卷**

(宋) 釋法賢譯　明崇禎癸未（十六年，1643）上元于國輔刻本

版框高 22.2 厘米，寬 15.6 厘米。半葉十行，行二十字，四周雙邊。

民族 073-008-00006；臺灣 273 頁 · 871

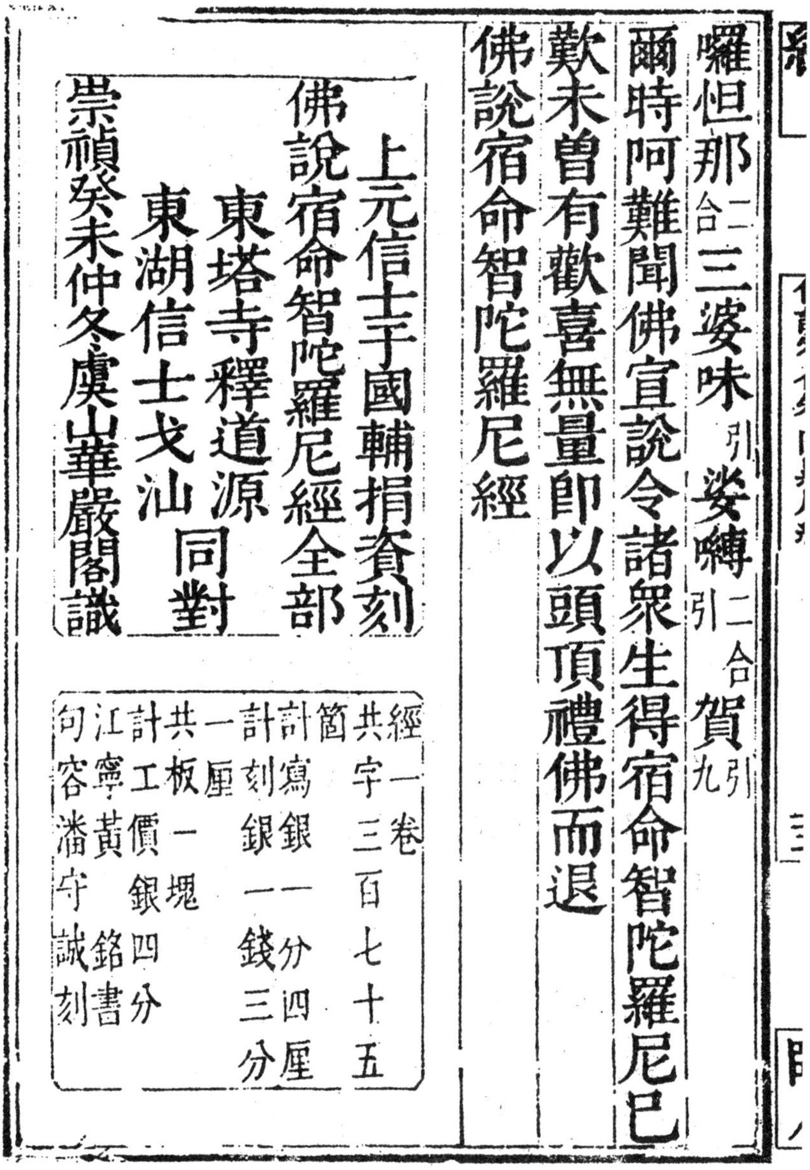
囉怛那二合三婆味引娑嚩引二合賀引九
爾時阿難聞佛宣說令諸衆生得宿命智陀羅尼已
歎未曾有歡喜無量即以頭頂禮佛而退
佛說宿命智陀羅尼經
上元信士于國輔捐資刻
佛說宿命智陀羅尼經全部
東塔寺釋道源
東湖信士戈汕　同對
崇禎癸未仲冬虞山華嚴閣識
經一卷
共字三百七十五
箇
計寫銀一分四厘
計刻銀一錢三分
一厘
共板一塊
計工價銀四分
江寧黃銘書
句容潘守誠刻

牌記云："上元信士于國輔捐資刻《佛說宿命智陀羅尼經》全部，東塔寺釋道源、東湖信士戈汕同對，崇禎癸未仲冬虞山華嚴閣識。經一卷，共字三百七十五箇，計寫銀一分四厘，計刻銀一錢三分一厘，共板一塊，計二價銀四分，江寧黃銘書，句容潘守誠刻。"按：故宫資料未録兹經。臨八。

佛說慈氏菩薩誓願陀羅尼經

宋西天譯經三藏朝散大夫試光祿卿明教大師法賢奉詔譯

爾時佛告慈氏菩薩言汝當諦聽有陀羅尼具大威神最上功德能令衆生解脫惡趣轉身當得受勝妙樂時慈氏菩薩白言世尊願爲宣說爾時世尊卽說陀羅尼曰

那謨引婆誐嚩帝一引舍引吉也二合母那曳引怛他引誐多引野二阿囉曷二合帝引三藐訖三二合没馱引野四怛[寧也]他引五阿㖠帝引六阿㖠當惹曳引七婆囉婆囉八眛怛囉二合嚩路吉帝引九哥囉哥囉十摩賀三摩野悉

218《佛說慈氏菩薩誓願陀羅尼經》一卷

(宋) 釋法賢譯　明崇禎癸未（十六年，1643）溧水高孟恕刻本

版框高 22.5 厘米，寬 15.4 厘米。半葉十行，行二十字，四周雙邊。

民族 073-008-00007；臺灣 273 頁 · 871

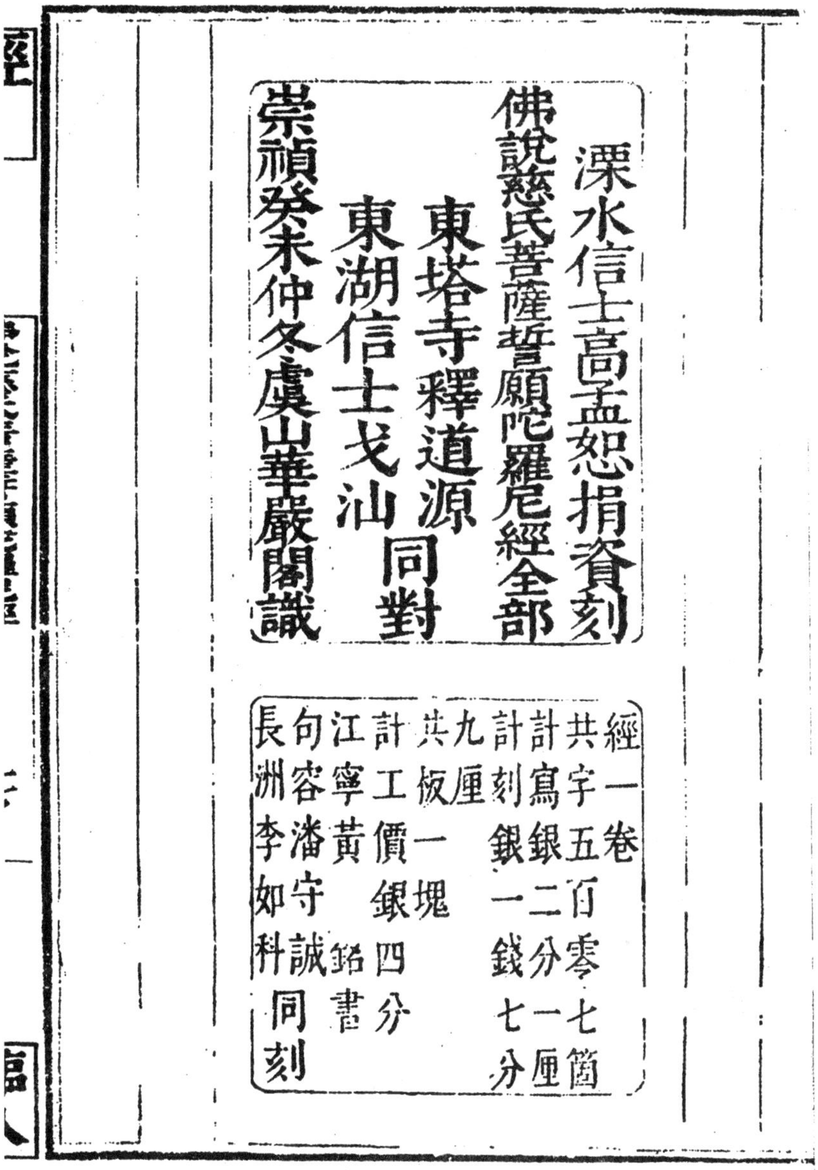
溧水信士高孟恕捐資刻
佛說慈氏菩薩誓願陀羅尼經全部
東塔寺釋道源
東湖信士戈汕　同對
崇禎癸未仲冬虞山華嚴閣識

經一卷
共字五百零七箇
計寫銀二分一厘
計刻銀一錢七分
九厘
共板一塊
計工價銀四分
江寧黃銘書
句容潘守誠
長洲李如科同刻

牌記云："溧水信士高孟恕捐資刻《佛說慈氏菩薩誓願陀羅尼經》全部，東塔寺釋道源、東湖信士戈汕同對，崇禎癸未仲冬虞山華嚴閣識。經一卷，共字五百零七箇，計寫銀二分一厘，計刻銀一錢七分九厘，共板一塊，計工價銀四分，江寧黃銘書，句容潘守誠、長洲李如科同刻。"按：故官資料未録兹經。臨八。

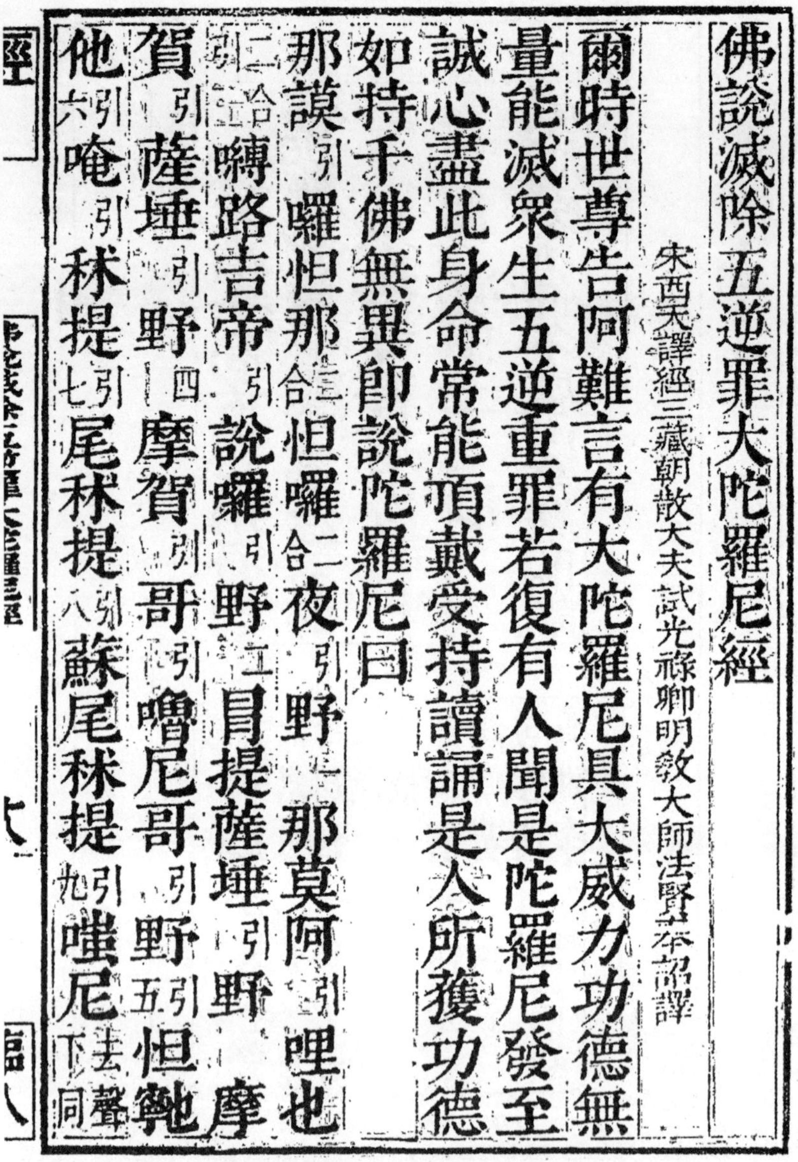
佛說滅除五逆罪大陀羅尼經
宋西天譯經三藏朝散大夫試光祿卿明教大師法賢奉　詔譯
爾時世尊告阿難言有大陀羅尼具大威力功德無量能滅衆生五逆重罪若復有人聞是陀羅尼發至誠心盡此身命常能頂戴受持讀誦是人所獲功德如持千佛無異卽說陀羅尼曰
那謨引囉怛那二合怛囉二合夜引野一那莫阿引哩也二合引二嚩路吉帝引說囉引野二冒提薩埵引野三摩賀引薩埵引野四摩賀引哥引嚕尼哥引野五引怛儞他引六唵引秫提引七尾秫提引八蘇尾秫提引九嚕尼去聲下同

219《佛說滅除五逆罪大陀羅尼經》一卷

(宋) 釋法賢譯　明崇禎癸未（十六年，1643）江寧楊遇起刻本

版框高 22.4 厘米，寬 15.4 厘米。半葉十行，行二十字，四周雙邊。

民族 073-008-00008；臺灣 274 頁 · 873

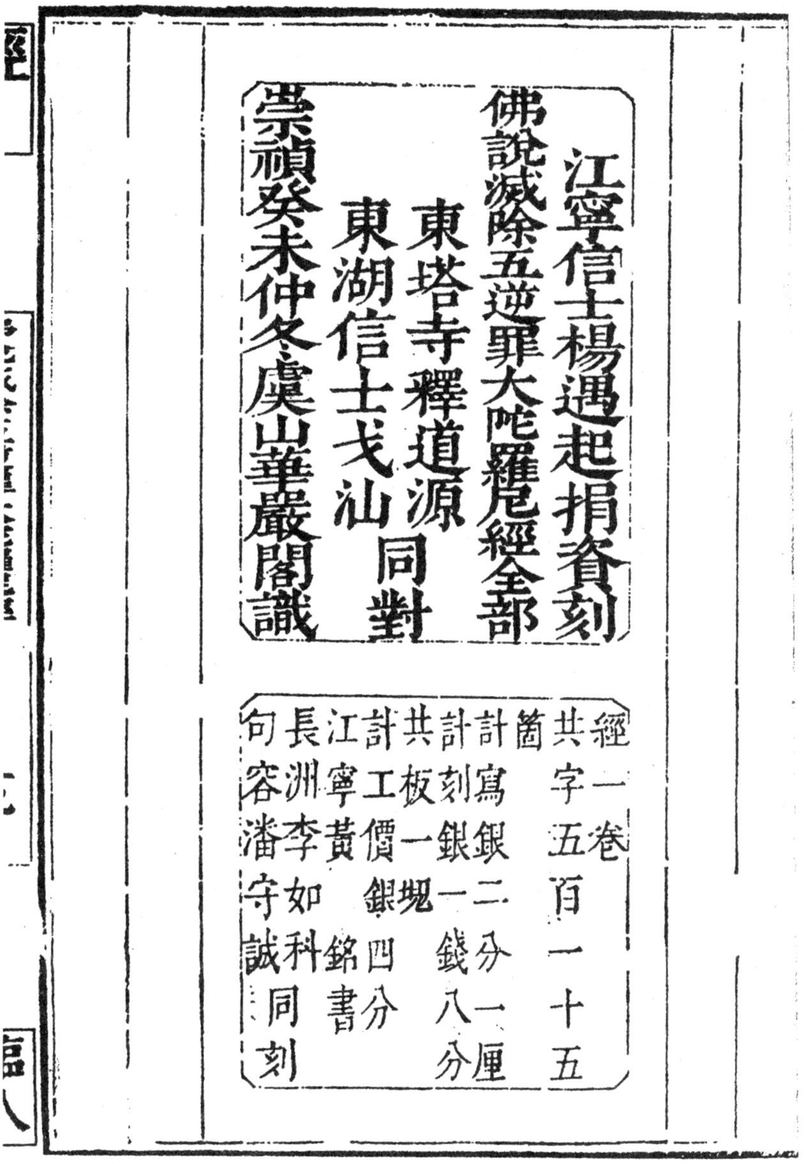
江寧信士楊遇起捐資刻
佛說滅除五逆罪大陀羅尼經全部
東塔寺釋道源
東湖信士戈汕　同對
崇禎癸未仲冬虞山華嚴閣識

經一卷
共字五百一十五
箇
計寫銀二分一厘
計刻銀一錢八分
共板一塊
計工價銀四分
江寧黃銘書
長洲李如科
句容潘守誠同刻

牌記云："江寧信士楊遇起捐資刻《佛說滅除五逆罪大陀羅尼經》全部，東塔寺釋道源、東湖信士戈汕同對，崇禎癸未仲冬虞山華嚴閣識。經一卷，共字五百一十五箇，計寫銀二分一厘，計刻銀一錢八分，共板一塊，計工價銀四分，江寧黃銘書，長洲李如科、句容潘守誠同刻。"按：故宫資料未録茲經。臨八。

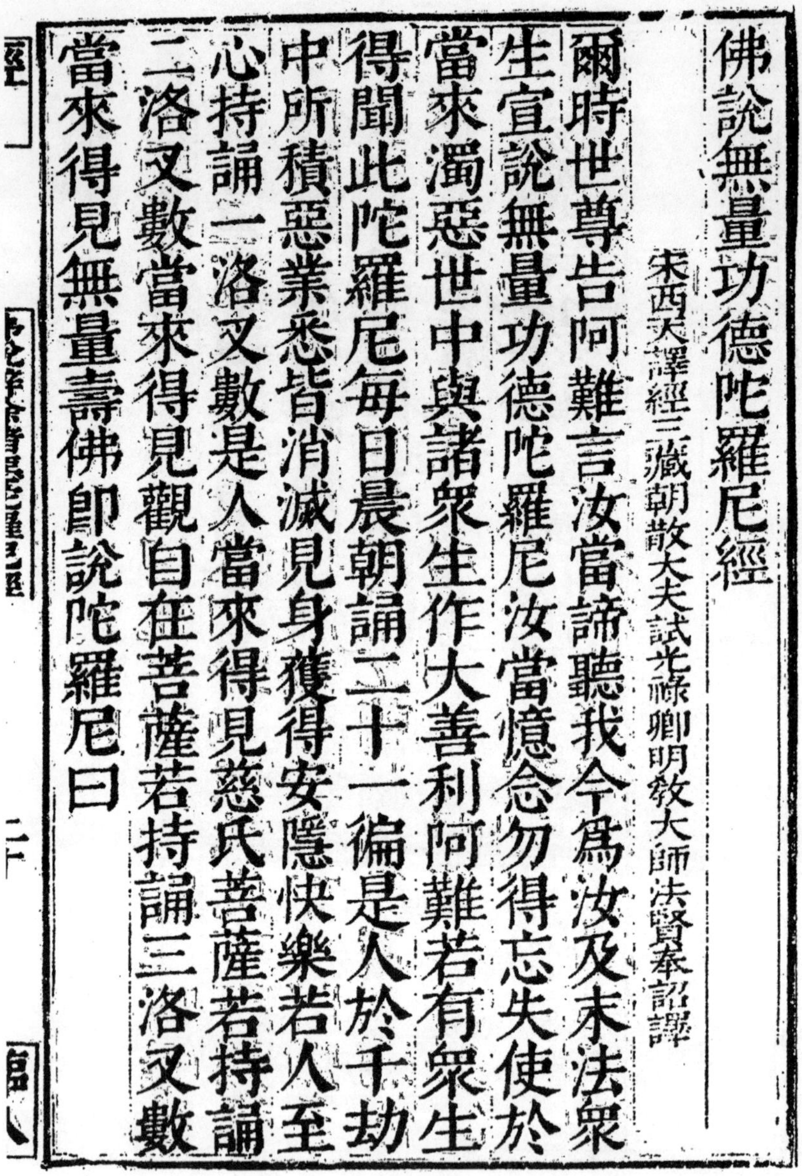

佛說無量功德陀羅尼經

宋西天譯經三藏朝散大夫試光祿卿明教大師法賢奉詔譯

爾時世尊告阿難言汝當諦聽我今爲汝及末法衆生宣說無量功德陀羅尼汝當憶念勿得忘失使於當來濁惡世中與諸衆生作大善利阿難若有衆生得聞此陀羅尼每日晨朝誦二十一徧是人於千劫中所積惡業悉皆消滅見身獲得安隱快樂若人至心持誦一洛叉數是人當來得見慈氏菩薩若持誦二洛叉數當來得見觀自在菩薩若持誦三洛叉數當來得見無量壽佛即說陀羅尼曰

220 《佛說無量功德陀羅尼經》一卷

(宋) 釋法賢譯　明崇禎癸未（十六年，1643）句容潘守誠刻本

版框高 22.4 厘米，寬 15.4 厘米。半葉十行，行二十字，四周雙邊。

民族 073-008-00009; 臺灣 274 頁 · 874

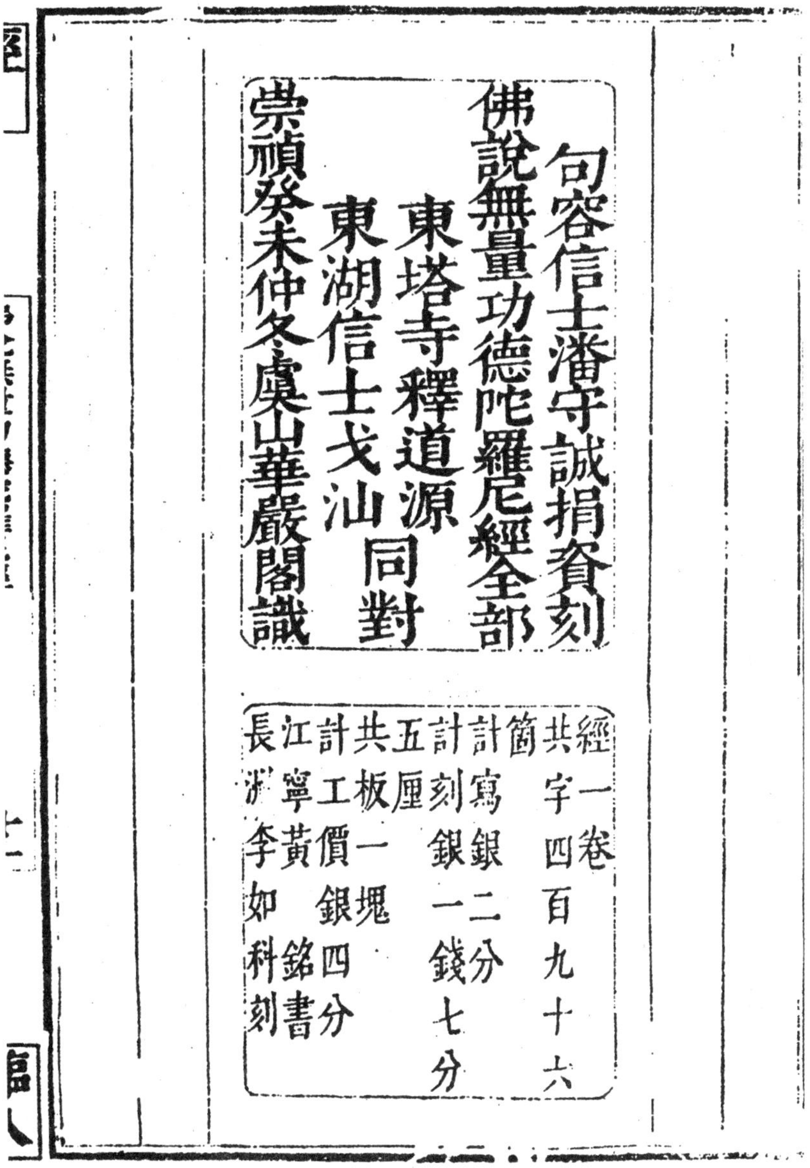
句容信士潘守誠捐資刻
佛說無量功德陀羅尼經全部
東塔寺釋道源
東湖信士戈汕　同對
崇禎癸未仲冬虞山華嚴閣識

經一卷
共字四百九十六
箇
計寫銀二分
計刻銀一錢七分
五厘
共板一塊
計工價銀四分
江寧黃銘書
長洲李如科刻

牌記云:“句容信士潘守誠捐資刻《佛說無量功德陀羅尼經》全部,東塔寺釋道源、東湖信士戈汕同對,崇禎癸未仲冬虞山華嚴閣識。經一卷,共字四百九十六箇,計寫銀二分,計刻銀一錢七分五厘,共板一塊,計工價銀四分,江寧黃銘書,長洲李如科刻。”按:故宫資料未録兹經。臨八。

佛說十八臂陀羅尼經
宋西天譯經三藏朝散大夫試光祿卿明教大師法賢奉詔譯
爾時世尊告阿難言世間衆生昧於實智輪迴三界
不知苦本忿身口意造四重罪如是之人深可憐愍
我有十八臂大陀羅尼若有衆生得此陀羅尼常持
誦者是人所作根本罪業皆悉除滅復能積集無量
功德爾時世尊即說十八臂陀羅尼曰
那謨阿彌多(引)婆(引)野(一)怛他(引)誐多(引)野(二)阿囉
曷(二合)帝三藐訖三(二)没馱(引)野(三)那莫阿(引)哩也(二合)
阿嚩路吉帝(引)說囉(引)野(四)冒地薩埵(引)野(五)摩賀

221 《佛說十八臂陀羅尼經》一卷

(宋) 釋法賢譯　明崇禎癸未（十六年，1643）長洲李如科刻本

版框高 22.4 厘米，寬 15.3 厘米。半葉十行，行二十字，四周雙邊。

民族 073-008-00010；臺灣 275 頁 · 875

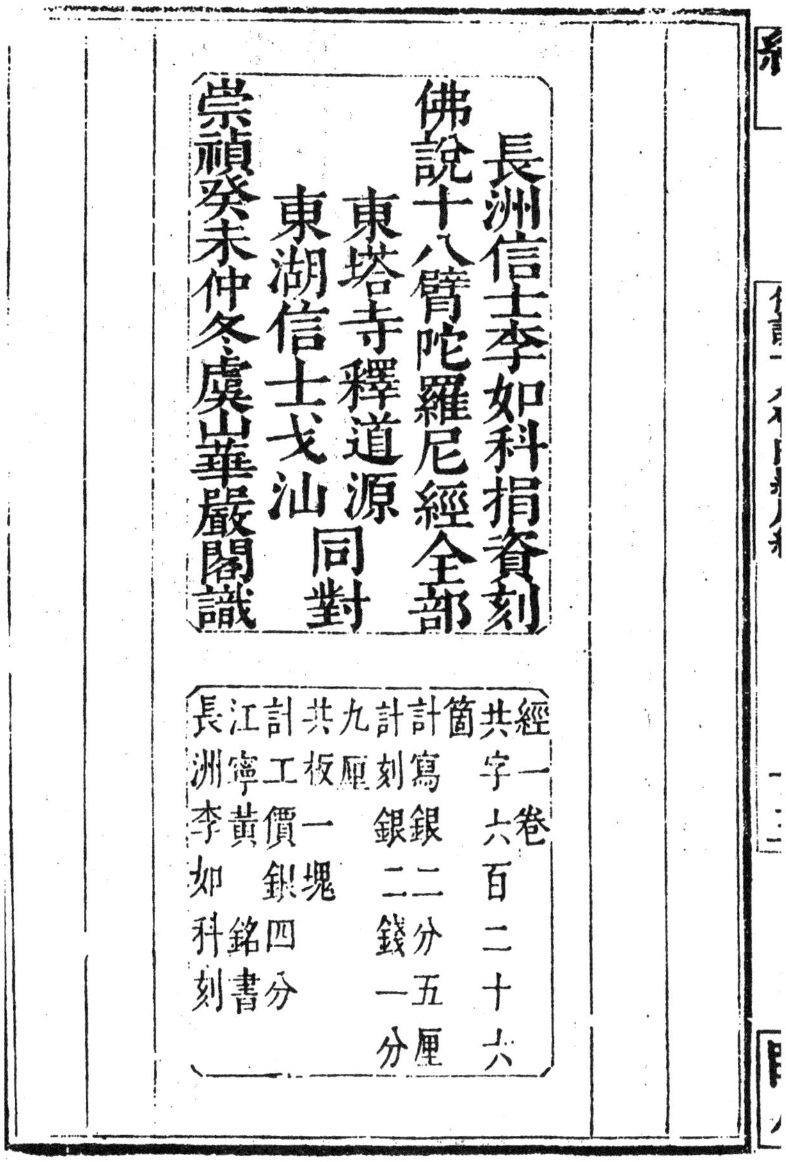

長洲信士李如科捐資刻
佛說十八臂陀羅尼經全部
東塔寺釋道源
東湖信士戈汕　同對
崇禎癸未仲冬虞山華嚴閣識

經一卷
共字六百二十六
箇
計寫銀二分五厘
計刻銀二錢一分
九厘
共板一塊
計工價銀四分
江寧黃銘書
長洲李如科刻

牌記云："長洲信士李如科捐資刻《佛說十八臂陀羅尼經》全部，東塔寺釋道源、東湖信士戈汕同對，崇禎癸未仲冬虞山華嚴閣識。經一卷，共字六百二十六箇，計寫銀二分五厘，計刻銀二錢一分九厘，共板一塊，計工價銀四分，江寧黃銘書，長洲李如科刻。"按：故宫資料未録兹經。臨八。

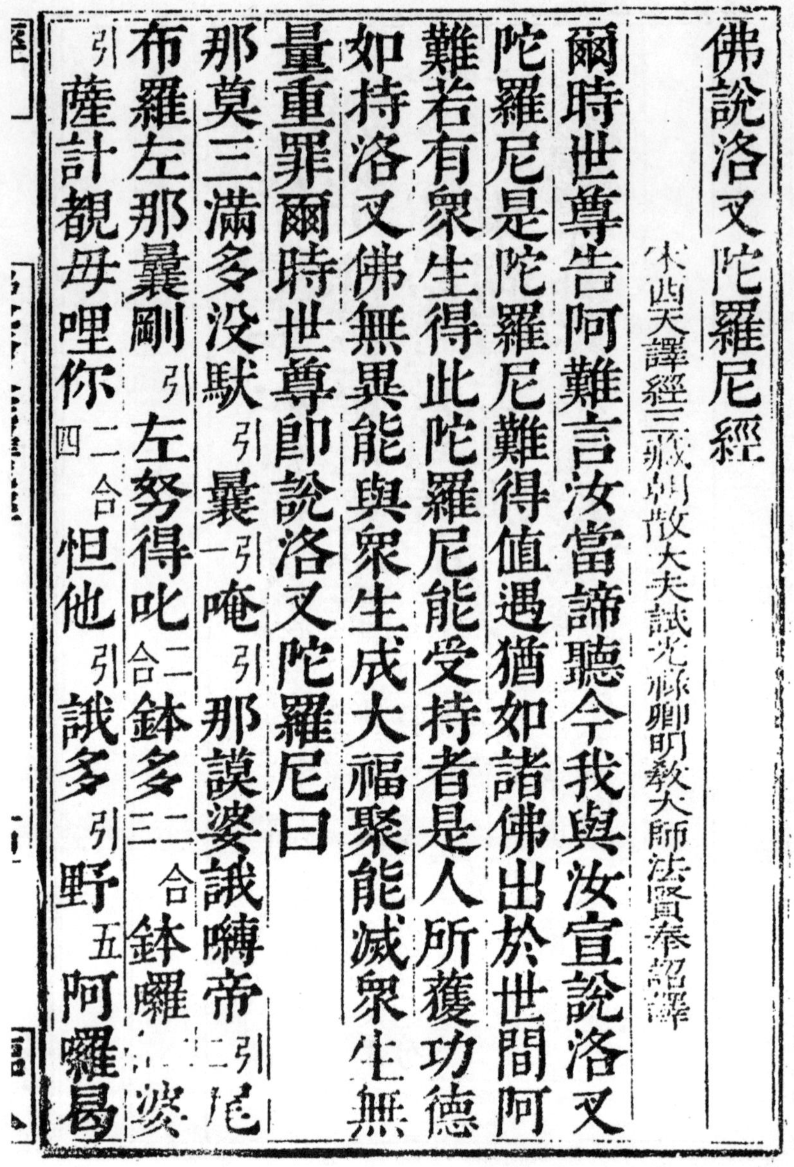
佛說洛叉陀羅尼經
宋西天譯經三藏朝散大夫試光祿卿明教大師法賢奉　詔譯
爾時世尊告阿難言汝當諦聽今我與汝宣說洛叉陀羅尼是陀羅尼難得值遇猶如諸佛出於世間阿難若有衆生得此陀羅尼能受持者是人所獲功德如持洛叉佛無異能與衆生成大福聚能滅衆生無量重罪爾時世尊卽說洛叉陀羅尼曰
那莫三滿多沒駄引曩引一唵引那謨婆誐嚩帝引二尾布羅左那曩剛引左努得叱二合鉢多二合三鉢囉[illegible]娑引薩計覩毋哩你二合四怛他引誐多引野五阿囉曷

222 《佛說洛叉陀羅尼經》一卷

(宋) 釋法賢譯　明崇禎癸未（十六年，1643）常熟毛鳳苞刻本

版框高 22.5 厘米，寬 15.4 厘米。半葉十行，行二十字，四周雙邊。

民族 073-008-00011；臺灣 275 頁 · 876；故宮 73 · 892

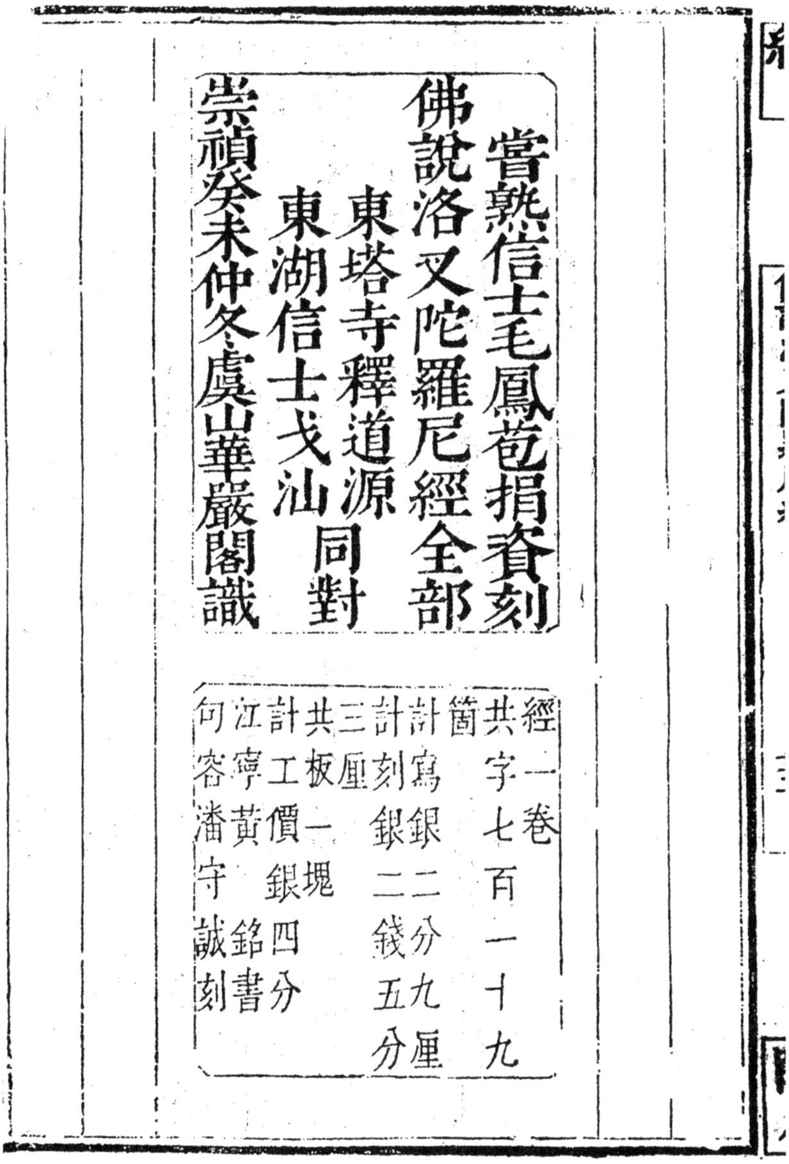
嘗熟信士毛鳳苞捐資刻
佛說洛叉陀羅尼經全部
東塔寺釋道源
東湖信士戈汕　同對
崇禎癸未仲冬虞山華嚴閣識

經一卷
共字七百一十九
箇
計寫銀二分九厘
計刻銀二錢五分
三厘
共板一塊
計工價銀四分
江寧黃銘書
句容潘守誠刻

牌記云："嘗熟信士毛鳳苞捐資刻《佛說洛叉陀羅尼經》全部，東塔寺釋道源、東湖信士戈汕同對，崇禎癸未仲冬虞山華嚴閣識。經一卷，共字七百一十九箇，計寫銀二分九厘，計刻銀二錢五分三厘，共板一塊，計工價銀四分，江寧黃銘書，句容潘守誠刻。"臨八。

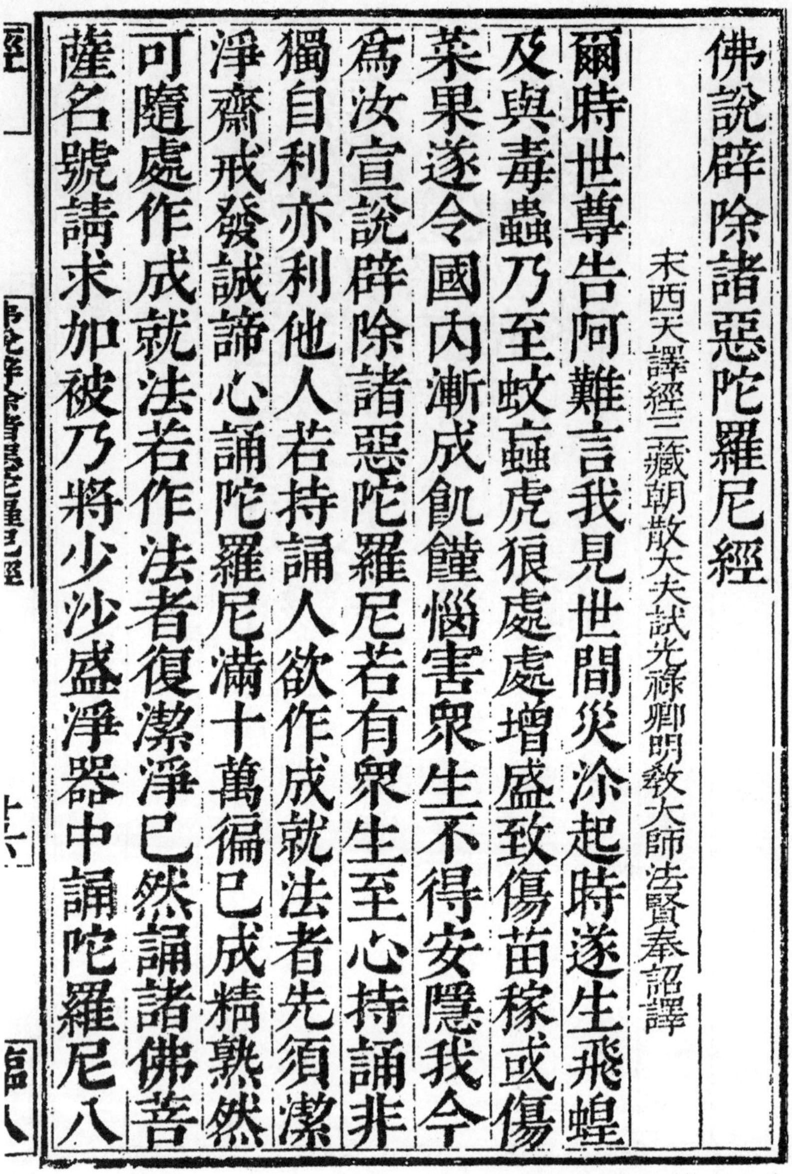
佛說辟除諸惡陀羅尼經
宋西天譯經三藏朝散大夫試光祿卿明教大師法賢奉詔譯
爾時世尊告阿難言我見世間災沴起時遂生飛蝗
及與毒蟲乃至蚊虻虎狼處處增盛致傷苗稼或傷
菜果遂令國內漸成飢饉惱害衆生不得安隱我今
爲汝宣說辟除諸惡陀羅尼若有衆生至心持誦非
獨自利亦利他人若持誦人欲作成就法者先須潔
淨齋戒發誠諦心誦陀羅尼滿十萬徧已成精熟然
可隨處作成就法若作法者復潔淨已然誦諸佛菩
薩名號請求加被乃將少沙盛淨器中誦陀羅尼八

223 《佛說辟除諸惡陀羅尼經》一卷

(宋) 釋法賢譯　明崇禎癸未（十六年，1643）常熟毛鳳苞刻本

版框高 22.4 厘米，寬 15.5 厘米。半葉十行，行二十字，四周雙邊。

民族 073-008-00012；臺灣 275 頁 · 877；故宮 73 · 893

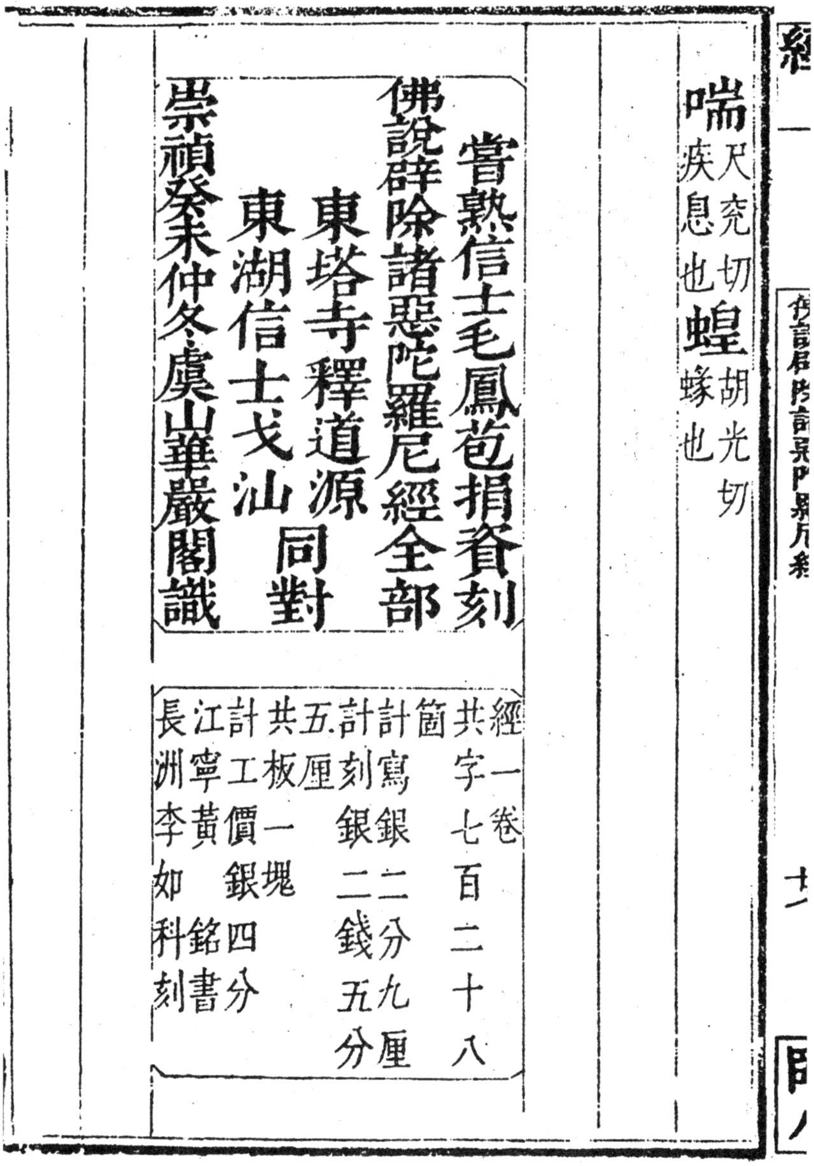
喘尺兗切疾息也蝗胡光切蝝也

嘗熟信士毛鳳苞捐資刻
佛說辟除諸惡陀羅尼經全部
東塔寺釋道源
東湖信士戈汕 同對
崇禎癸未仲冬虞山華嚴閣識

經一卷
共字七百二十八
箇
計寫銀二分九厘
計刻銀二錢五分
五厘
共板一塊
計工價銀四分
江寧黃銘書
長洲李如科刻

牌記云:“嘗熟信士毛鳳苞捐資刻《佛說辟除諸惡陀羅尼經》全部，東塔寺釋道源、東湖信士戈汕同對，崇禎癸未仲冬虞山華嚴閣識。經一卷，共字七百二十八箇，計寫銀二分九厘，計刻銀二錢五分五厘，共板一塊，計工價銀四分，江寧黃銘書，長洲李如科刻。”臨八。

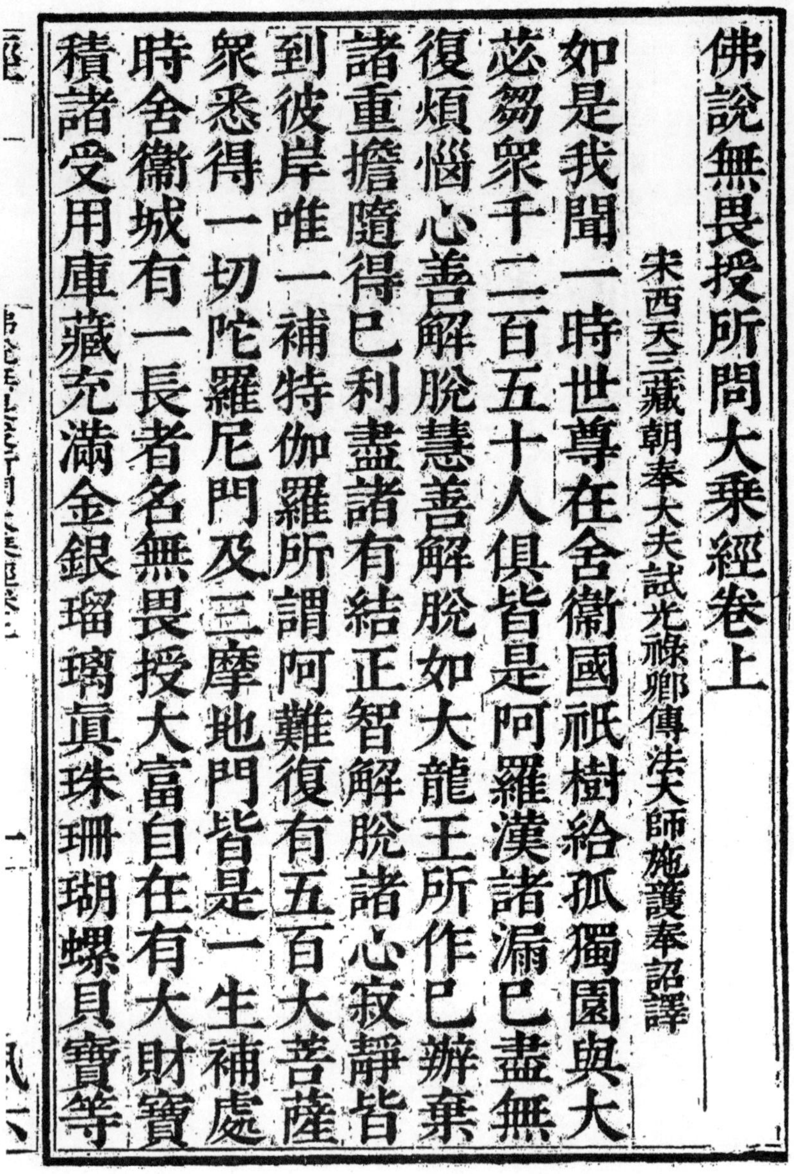
佛說無畏授所問大乘經卷上
宋西天三藏朝奉大夫試光祿卿傳法大師施護奉詔譯
如是我聞一時世尊在舍衛國祇樹給孤獨園與大
苾芻衆千二百五十人俱皆是阿羅漢諸漏已盡無
復煩惱心善解脫慧善解脫如大龍王所作已辦棄
諸重擔隨得已利盡諸有結正智解脫諸心寂靜皆
到彼岸唯一補特伽羅所謂阿難復有五百大菩薩
衆悉得一切陀羅尼門及三摩地門皆是一生補處
時舍衛城有一長者名無畏授大富自在有大財寶
積諸受用庫藏充滿金銀瑠璃眞珠珊瑚螺貝寶等

224 《佛說無畏授所問大乘經》三卷

（宋）釋施護譯　明崇禎癸未（十六年，1643）泰和楊仁愿刻本

版框高 22.6 厘米，寬 15.4 厘米。半葉十行，行二十字，四周雙邊。

民族 075-002-00001；臺灣 294 頁 · 929；故宫 75 · 945

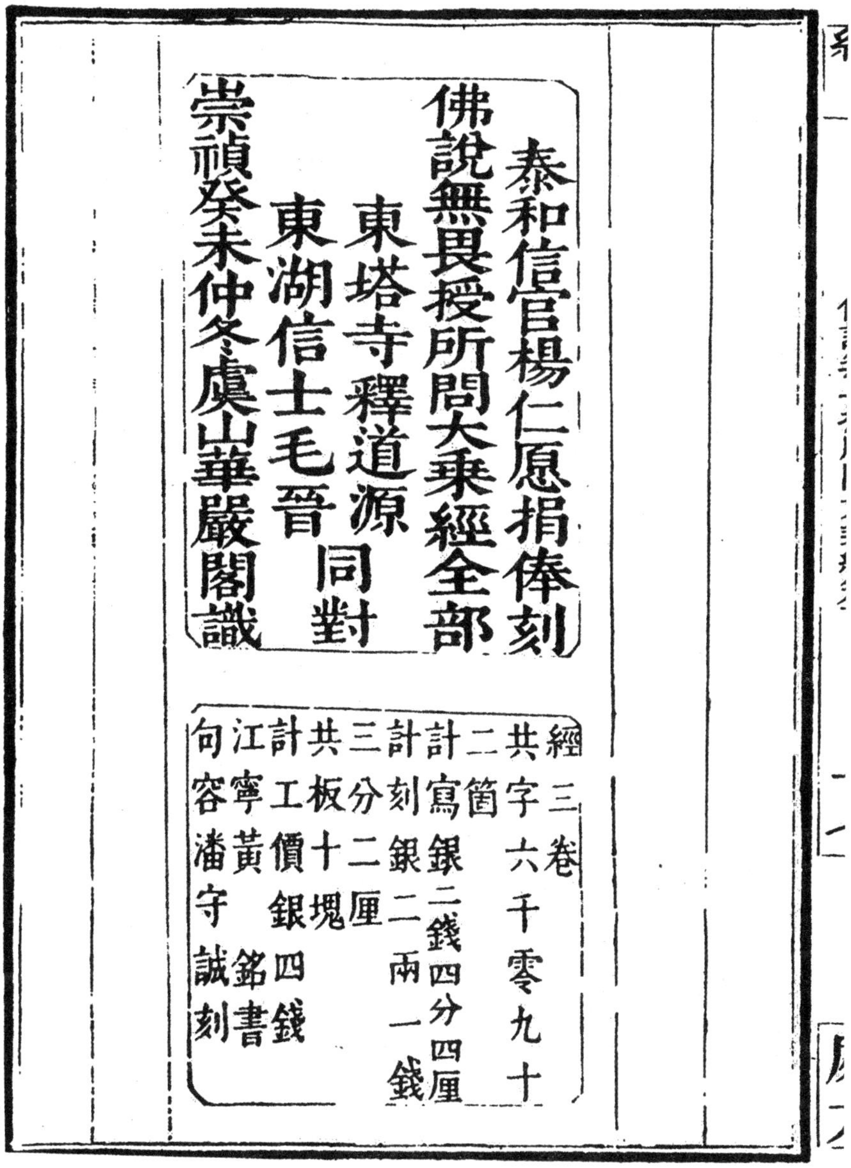
泰和信官楊仁愿捐俸刻
佛說無畏授所問大乘經全部
東塔寺釋道源
東湖信士毛晉　同對
崇禎癸未仲冬虞山華嚴閣識

經三卷
共字六千零九十
二箇
計寫銀二錢四分四厘
計刻銀二兩一錢
三分二厘
共板十塊
計工價銀四錢
江寧黃銘書
句容潘守誠刻

牌記云:“泰和信官楊仁愿捐俸刻《佛說無畏授所問大乘經》全部,東塔寺釋道源、東湖信士毛晉同對,崇禎癸未仲冬虞山華嚴閣識。經三卷,共字六千零九十二箇,計寫銀二錢四分四厘,計刻銀二兩一錢三分二厘,共板十塊,計工價銀四錢,江寧黃銘書,句容潘守誠刻。”夙六。

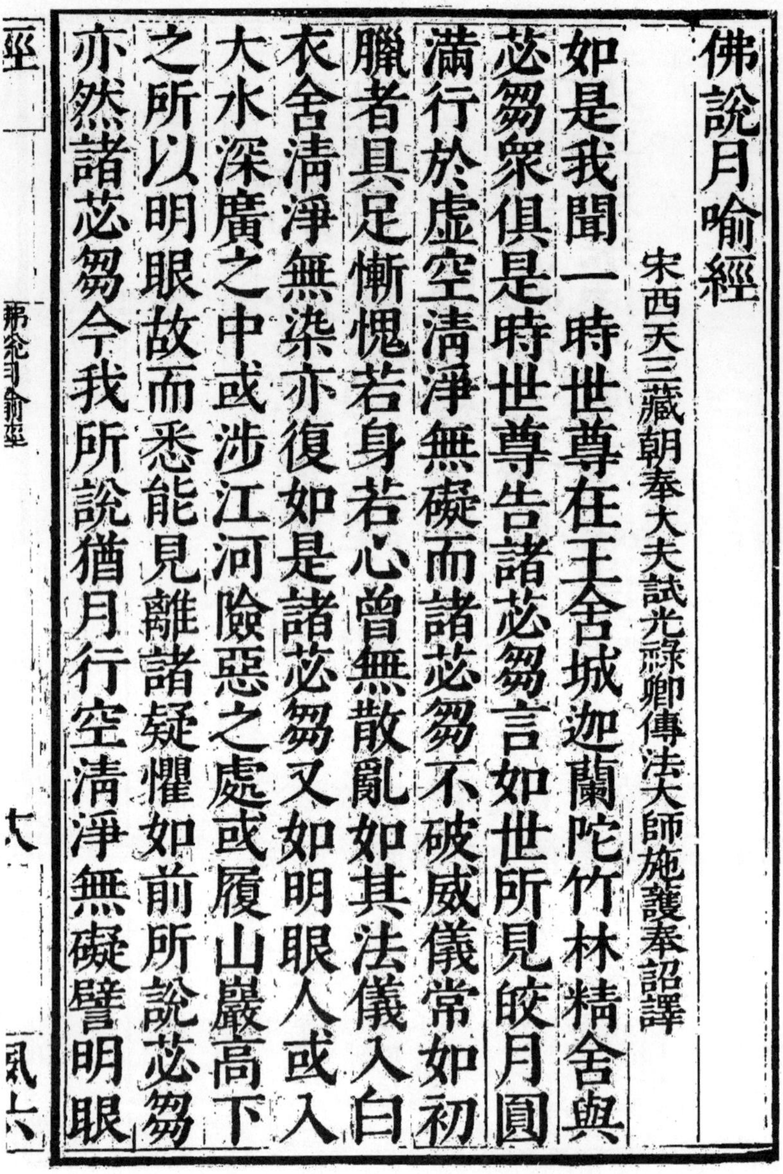
佛說月喻經
宋西天三藏朝奉大夫試光祿卿傳法大師施護奉詔譯
如是我聞一時世尊在王舍城迦蘭陀竹林精舍與苾芻衆俱是時世尊告諸苾芻言如世所見皎月圓滿行於虛空清淨無礙而諸苾芻不破威儀常如初臘者具足慚愧若身若心曾無散亂如其法儀入白衣舍清淨無染亦復如是諸苾芻又如明眼人或入大水深廣之中或涉江河險惡之處或履山巖高下之所以明眼故而悉能見離諸疑懼如前所說苾芻亦然諸苾芻今我所說猶月行空清淨無礙譬明眼
經　佛說月喻經　七

225 《佛說月喻經》一卷

(宋) 釋施護譯　明崇禎癸未（十六年，1643）常熟毛鳳苞刻本

版框高 22.3 厘米，寬 15.4 厘米。半葉十行，行二十字，四周雙邊。

民族 075-002-00002；臺灣 294 頁・930；故宮 75・946

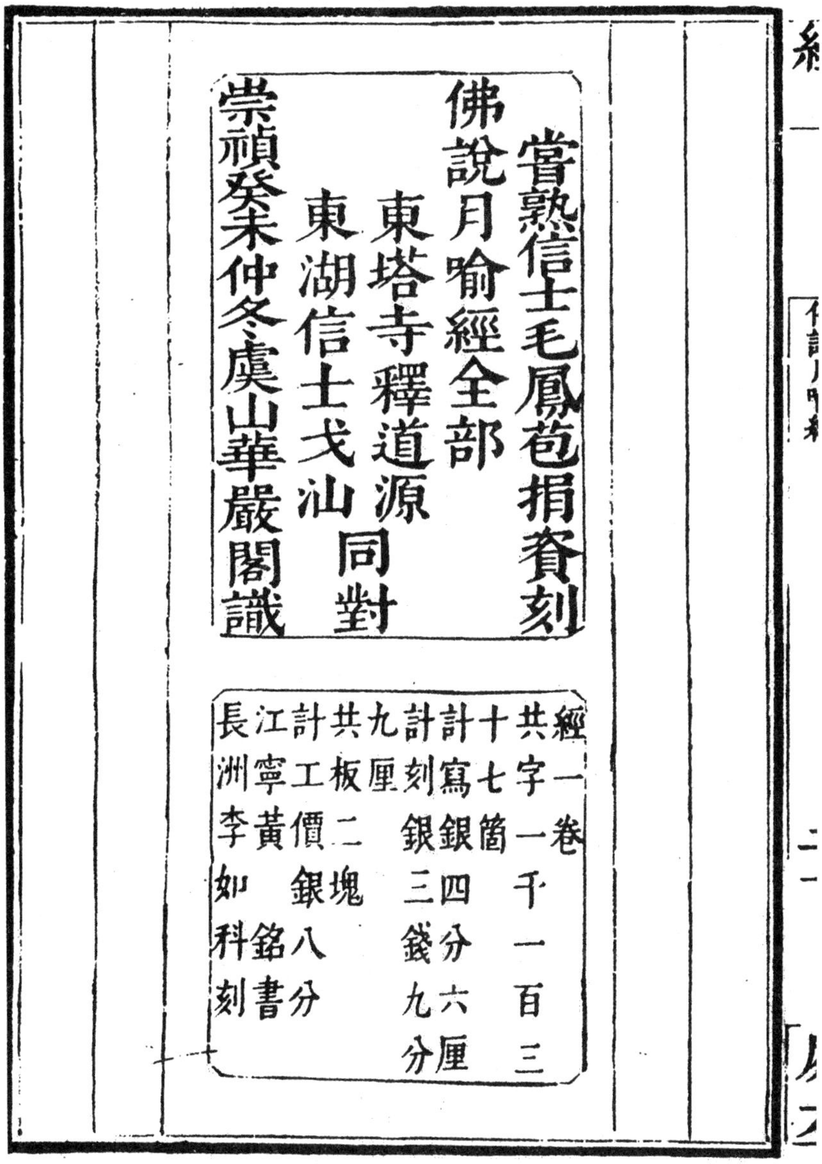

嘗熟信士毛鳯苞捐資刻
佛說月喻經全部
東塔寺釋道源
東湖信士戈汕同對
崇禎癸未仲冬虞山華嚴閣識

經一卷
共字一千一百三
十七箇
計寫銀四分六厘
計刻銀三錢九分
九厘
共板二塊
計工價銀八分
江寧黃銘書
長洲李如科刻

牌記云："嘗熟信士毛鳳苞捐資刻《佛說月喻經》全部，東塔寺釋道源、東湖信士戈汕同對，崇禎癸未仲冬虞山華嚴閣識。經一卷，共字一千一百三十七箇，計寫銀四分六厘，計刻銀三錢九分九厘，共板二塊，計工價銀八分，江寧黃銘書，長洲李如科刻。" 夙六。

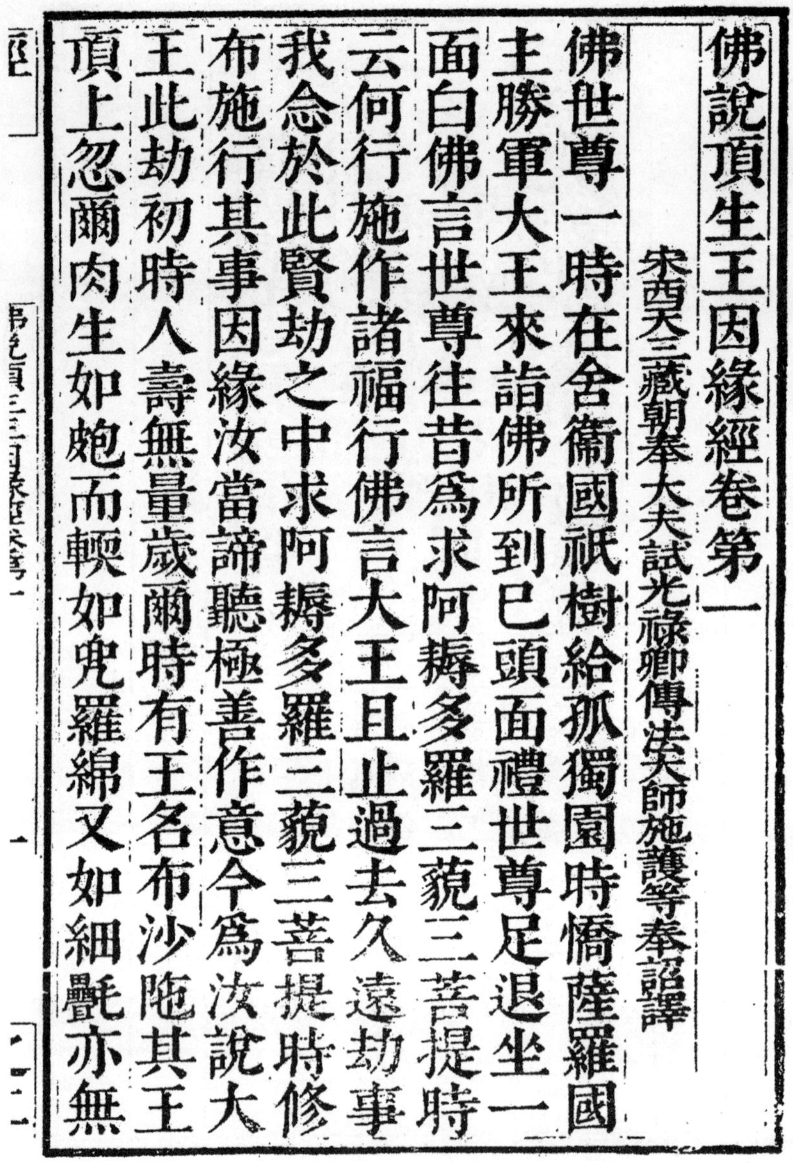
佛說頂生王因緣經卷第一
宋西天三藏朝奉大夫試光祿卿傳法大師施護等奉詔譯
佛世尊一時在舍衛國祇樹給孤獨園時憍薩羅國主勝軍大王來詣佛所到已頭面禮世尊足退坐一面白佛言世尊往昔為求阿耨多羅三藐三菩提時云何行施作諸福行佛言大王且止過去久遠劫事我念於此賢劫之中求阿耨多羅三藐三菩提時修布施行其事因緣汝當諦聽極善作意今為汝說大王此劫初時人壽無量歲爾時有王名布沙陁其王頂上忽爾肉生如皰而軟如兜羅綿又如細氎亦無

226 《佛說頂生王因緣經》六卷

(宋) 釋施護等譯　明崇禎癸未（十六年，1643）泰和楊仁愿刻本

版框高 22.7 厘米，寬 15.4 厘米。半葉十行，行二十字，四周雙邊。

民族 078-001-00006；臺灣 306 頁 · 957；故宫 78 · 1009

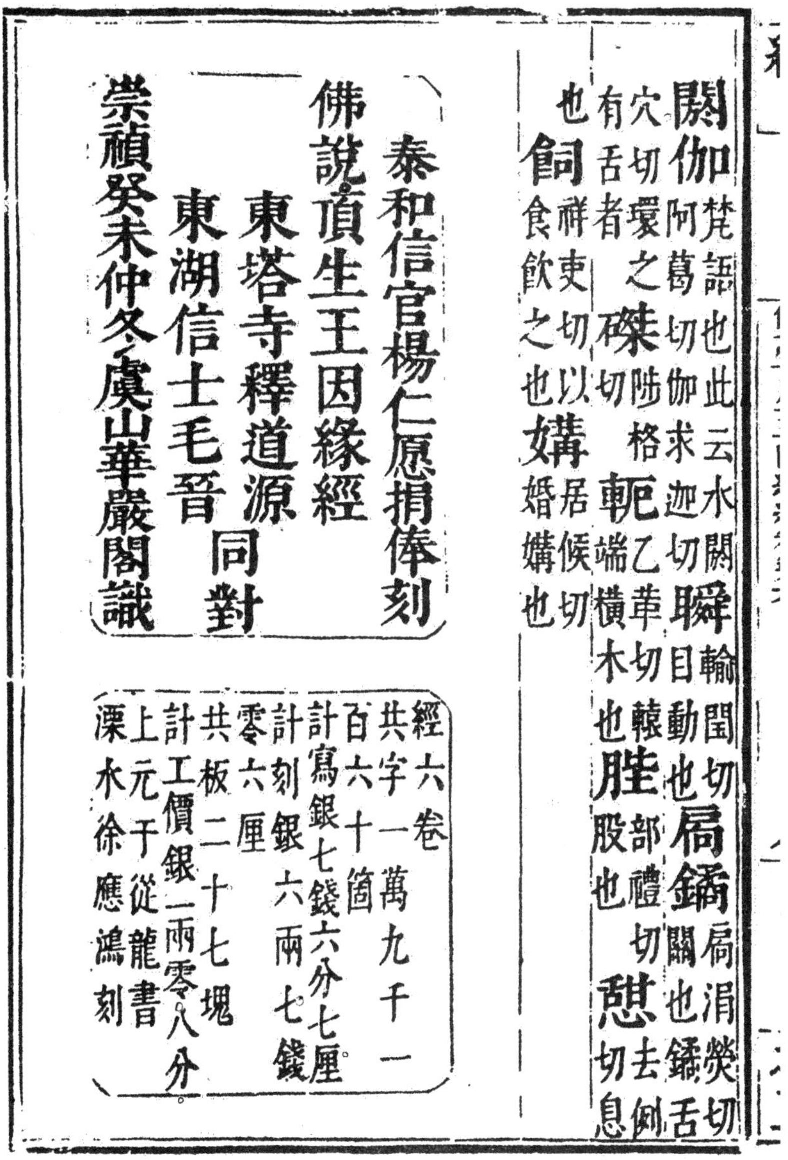
泰和信官楊仁愿捐俸刻
佛說頂生王因緣經
東塔寺釋道源
東湖信士毛晉　同對
崇禎癸未仲冬虞山華嚴閣識

經六卷
共字一萬九千一百六十十箇
計寫銀七錢六分七厘
計刻銀六兩七錢零六厘
共板二十七塊
計工價銀一兩零八分
上元于從龍書
溧水徐應鴻刻

牌記云："泰和信官楊仁愿捐俸刻《佛說頂生王因緣經》，東塔寺釋道源、東湖信士毛晉同對，崇禎癸未仲冬虞山華嚴閣識。經六卷，共字一萬九千一百六十箇，計寫銀七錢六分七厘，計刻銀六兩七錢零六厘，共板二十七塊，計工價銀一兩零八分，上元于從龍書，溧水徐應鴻刻。"之二至三。

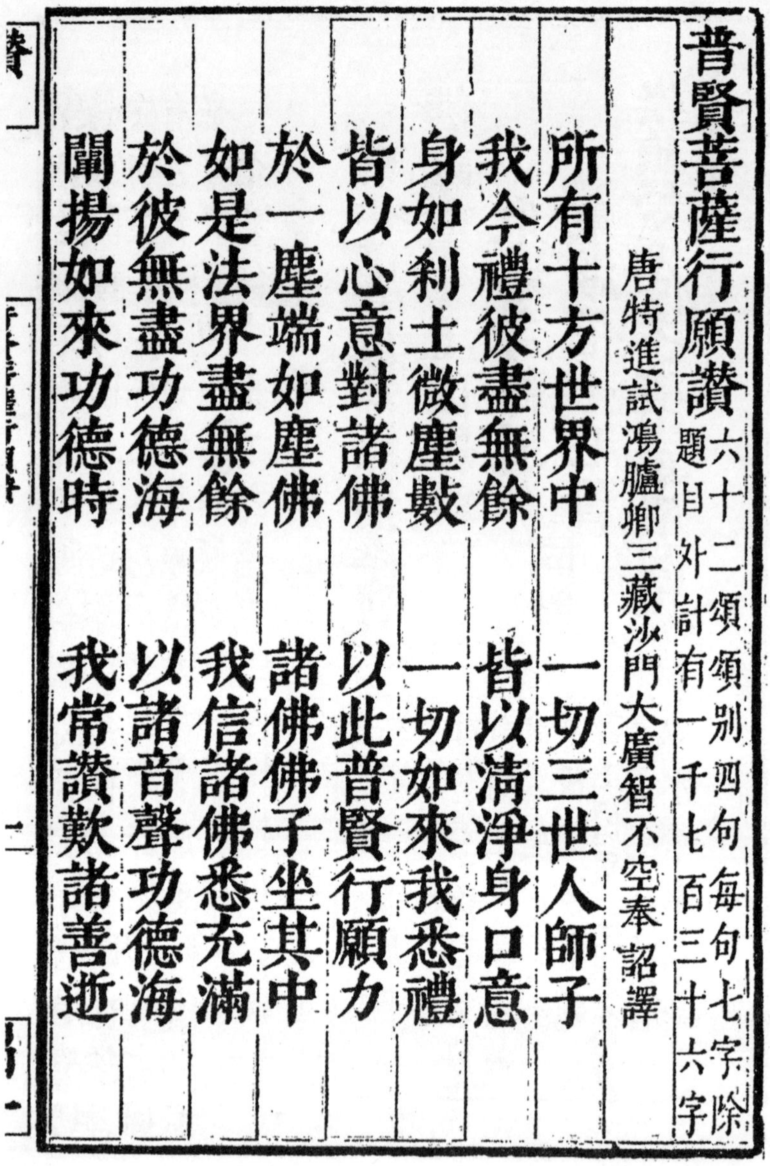
普賢菩薩行願讚 六十二頌頌別四句每句七字除題目外計有一千七百三十六字

唐特進試鴻臚卿三藏沙門大廣智不空奉 詔譯

所有十方世界中　一切三世人師子
我今禮彼盡無餘　皆以清淨身口意
身如刹土微塵數　一切如來我悉禮
皆以心意對諸佛　以此普賢行願力
於一塵端如塵佛　諸佛佛子坐其中
如是法界盡無餘　我信諸佛悉充滿
於彼無盡功德海　以諸音聲功德海
闡揚如來功德時　我常讚歎諸善逝

227 《普賢菩薩行願讚》一卷

（唐）釋不空譯　明崇禎癸未（十六年，1643）泰和楊仁愿刻本

版框高 22.8 厘米，寬 15.2 厘米。半葉十行，行二十字，四周雙邊。

民族 098-004-00003；臺灣 351 頁 · 1086；故宮 98 · 1141

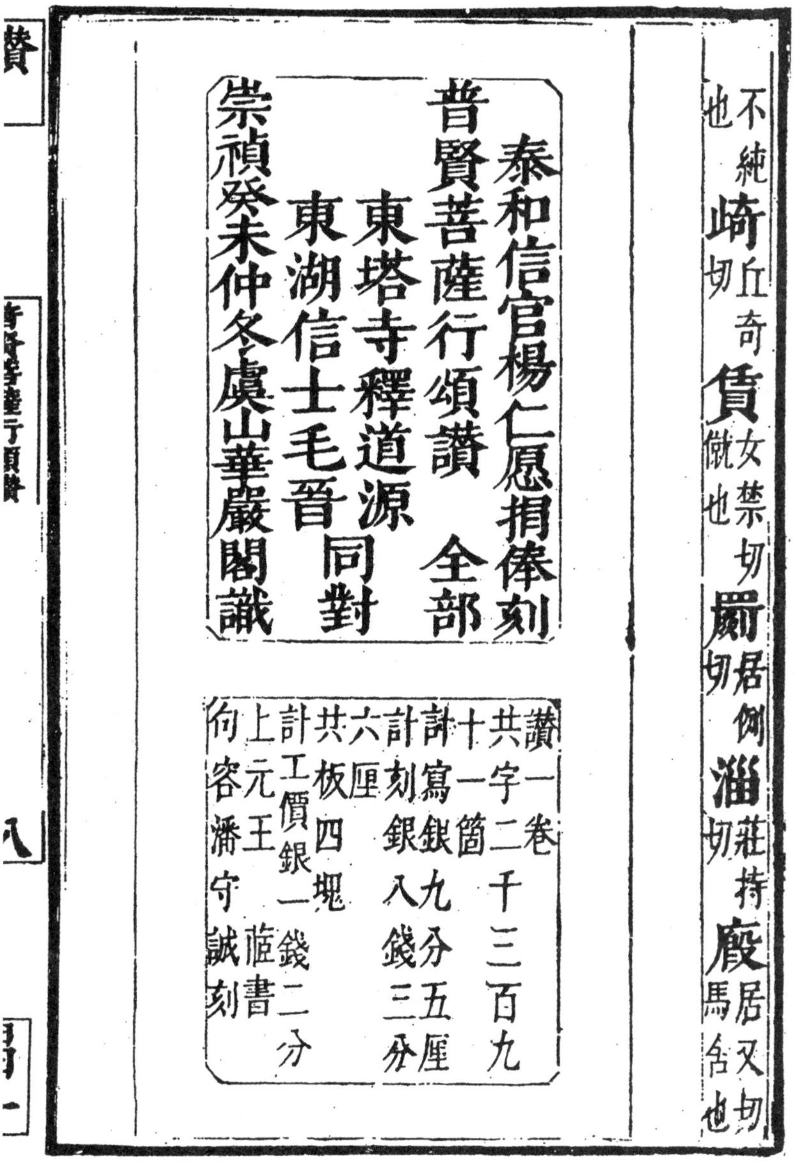
不純也 崎丘奇切 賃女禁切傭也 罽居例切 淄莊持切 廄居又切馬舍也

泰和信官楊仁愿捐俸刻
普賢菩薩行頌讃　全部
東塔寺釋道源
東湖信士毛晉　同對
崇禎癸未仲冬虞山華嚴閣識

讃一卷
共字二千三百九
十一箇
計寫銀九分五厘
計刻銀八錢三分
六厘
共板四塊
計工價銀一錢二分
上元王蒞書
句容潘守誠刻

牌記云:“泰和信官楊仁愿捐俸刻《普賢菩薩行頌(願)讃》全部,東塔寺釋道源、東湖信士毛晉同對,崇禎癸未仲冬虞山華嚴閣識。讃一卷,共字二千三百九十一箇,計寫銀九分五厘,計刻銀八錢三分六厘,共板四塊,計工價銀一錢二分,上元王蒞書,句容潘守誠刻。”唱十。

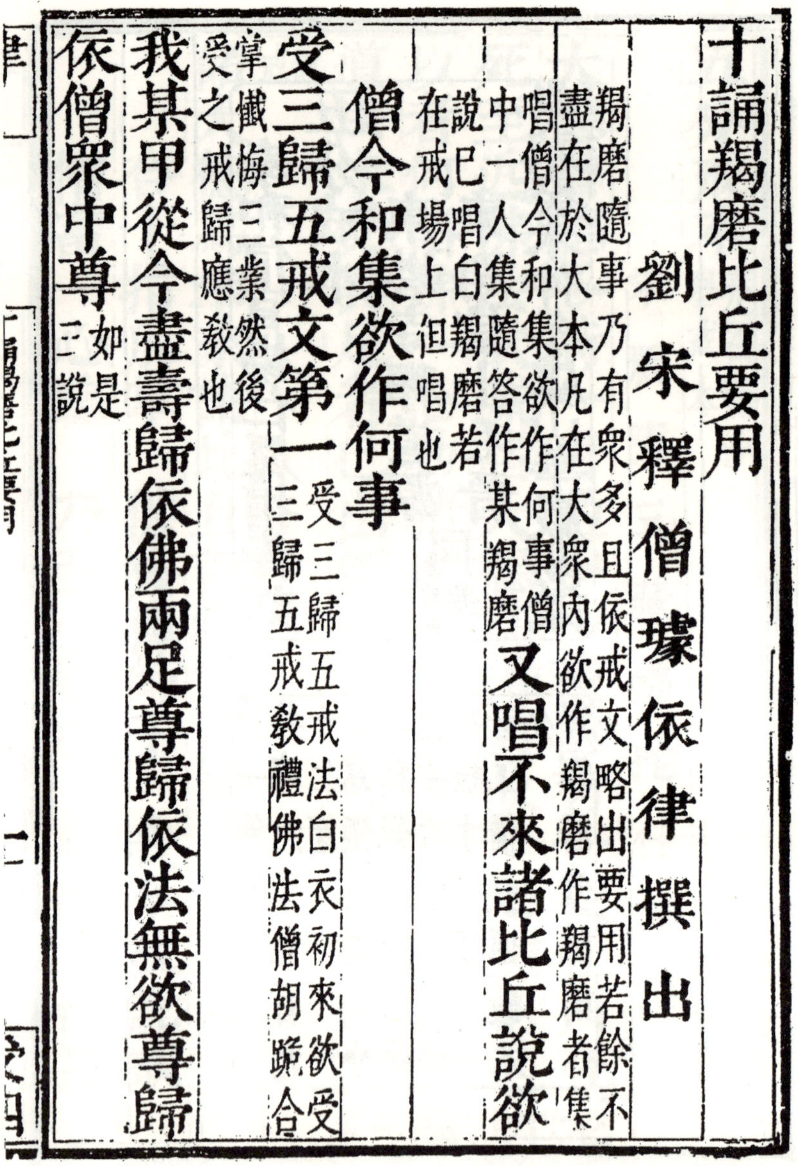
十誦羯磨比丘要用

劉宋釋僧璩依律撰出

羯磨隨事乃有衆多且依戒文略出要用若餘不盡在於大本凡在大衆內欲作羯磨作羯磨者集

唱僧今和集欲作何事僧中一人集隨荅作某羯磨又唱不來諸比丘說欲說已唱白羯磨若在戒場上但唱也

僧今和集欲作何事

受三歸五戒文第一受三歸五戒法白衣初來欲受三歸五戒敎禮佛法僧胡跪合掌懺悔三業然後受之戒歸應敎也

我某甲從今盡壽歸依佛兩足尊歸依法無欲尊歸依僧衆中尊如是三說

229《十誦羯磨比丘要用》一卷

（南朝宋）釋僧璩集　明崇楨癸未（十六年，1643）泰和楊仁愿刻本

版框高 22.8 厘米，寬 15.4 厘米。半葉十行，行二十字，四周雙邊。

民族 099-005-00004；臺灣 357 頁 · 1109；故宮 99 · 1164

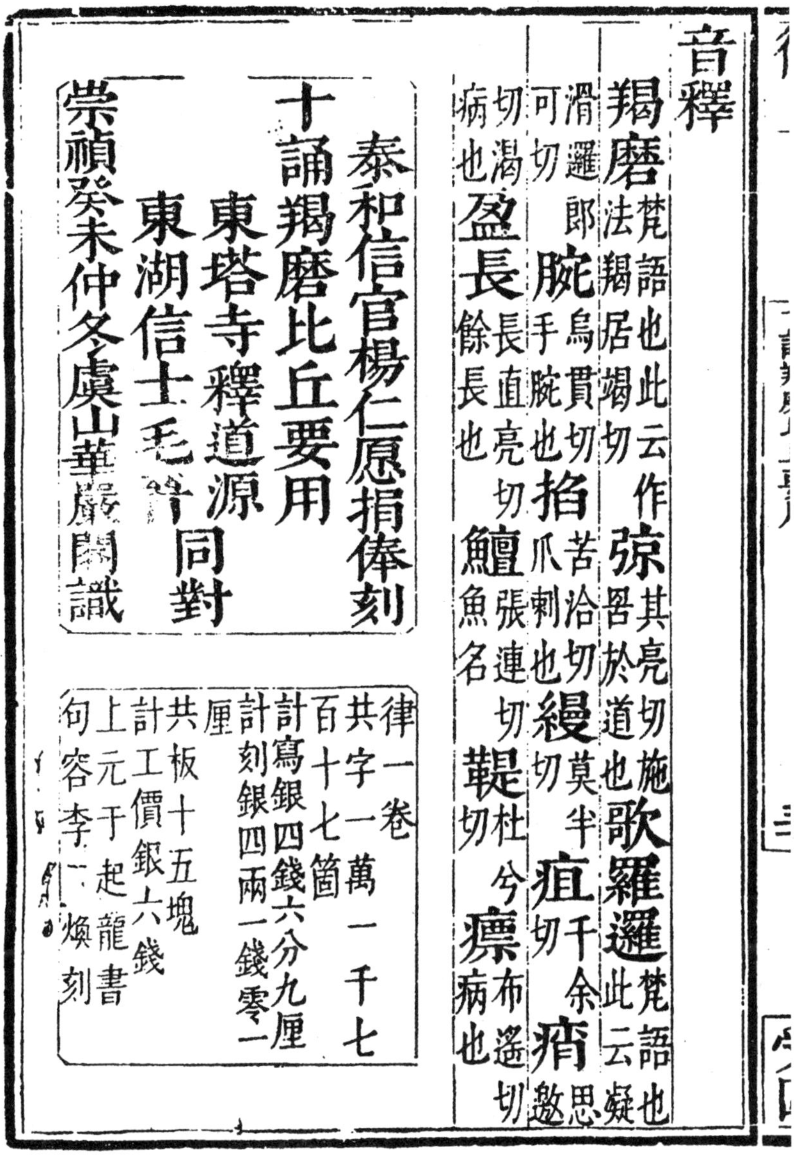

音釋

羯磨梵語也此云作法羯居竭切　弶其亮切罟於道也　施歌羅邏梵語也此云凝滑邏郎可切　腕烏貫切手腕也　掐苦洽切爪刺也　縵莫半切　疽千余切　痟思邀切渴病也　盈長長直亮切餘長也　鱣張連切魚名　鞮杜兮切　瘭布遙切病也

泰和信官楊仁愿捐俸刻
十誦羯磨比丘要用
東塔寺釋道源
東湖信士毛晉同對
崇禎癸未仲冬虞山華嚴閣識

律一卷
共字一萬一千七百十七箇
計寫銀四錢六分九厘
計刻銀四兩一錢零一厘
共板十五塊
計工價銀六錢
上元于起龍書
句容李煥刻

牌記云："泰和信官楊仁愿捐俸刻《十誦羯磨比丘要用》，東塔寺釋道源、東湖信士毛晉同對，崇禎癸未仲冬虞山華嚴閣識。律一卷，共字一萬一千七百十七箇，計寫銀四錢六分九厘，計刻銀四兩一錢零一厘，共板十五塊，計工價銀六錢，上元于起龍書，句容李煥刻。"受四。

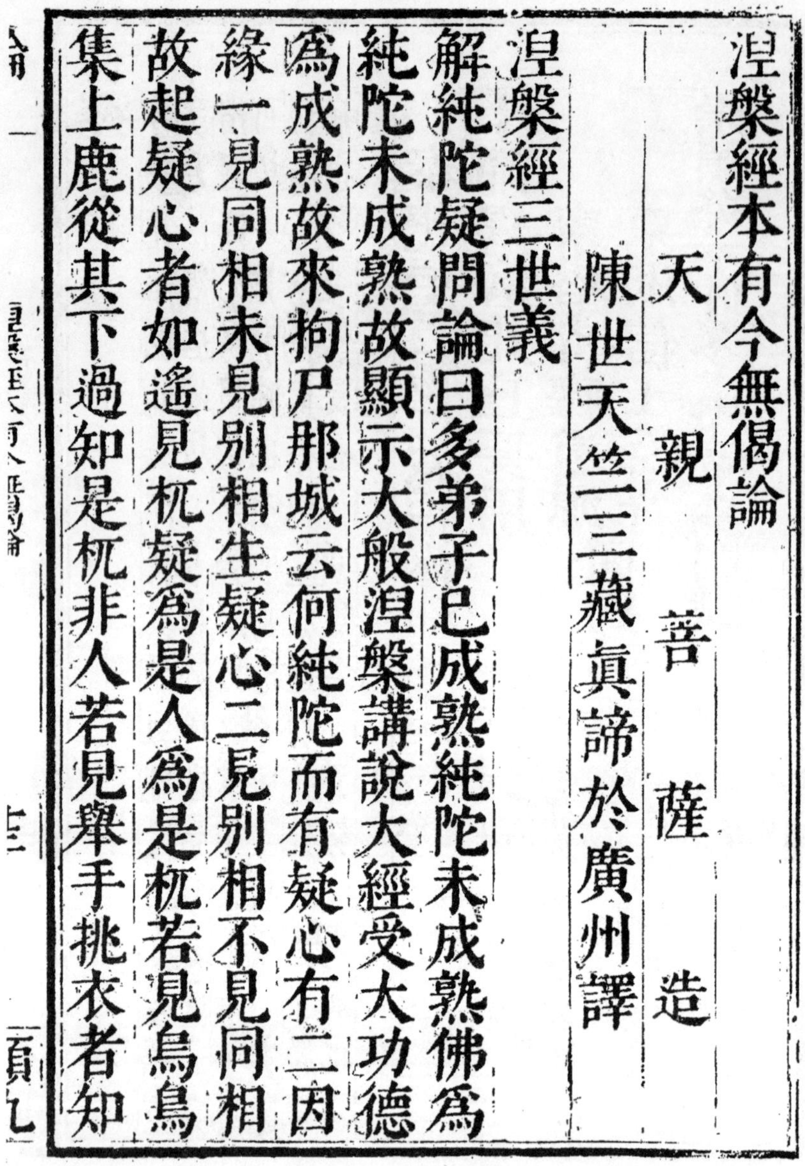

涅槃經本有今無偈論

天親菩薩造

陳世天竺三藏眞諦於廣州譯

涅槃經三世義

解純陀疑問論曰多弟子已成熟純陀未成熟佛爲純陀未成熟故顯示大般涅槃講說大經受大功德爲成熟故來拘尸那城云何純陀而有疑心有二因緣一見同相未見別相生疑心二見別相不見同相故起疑心者如遙見杌疑爲是人爲是杌若見烏烏集上鹿從其下過知是杌非人若見舉手挑衣者知

230 《涅槃經本有今無偈論》一卷

（南朝陳）釋眞諦譯　明崇禎癸未（十六年，1643）常熟毛鳳苞刻本

版框高 22.7 厘米，寬 15.4 厘米。半葉十行，行二十字，四周雙邊。

民族 111-006-00003；臺灣 371 頁 · 1150；故宫 111 · 1205

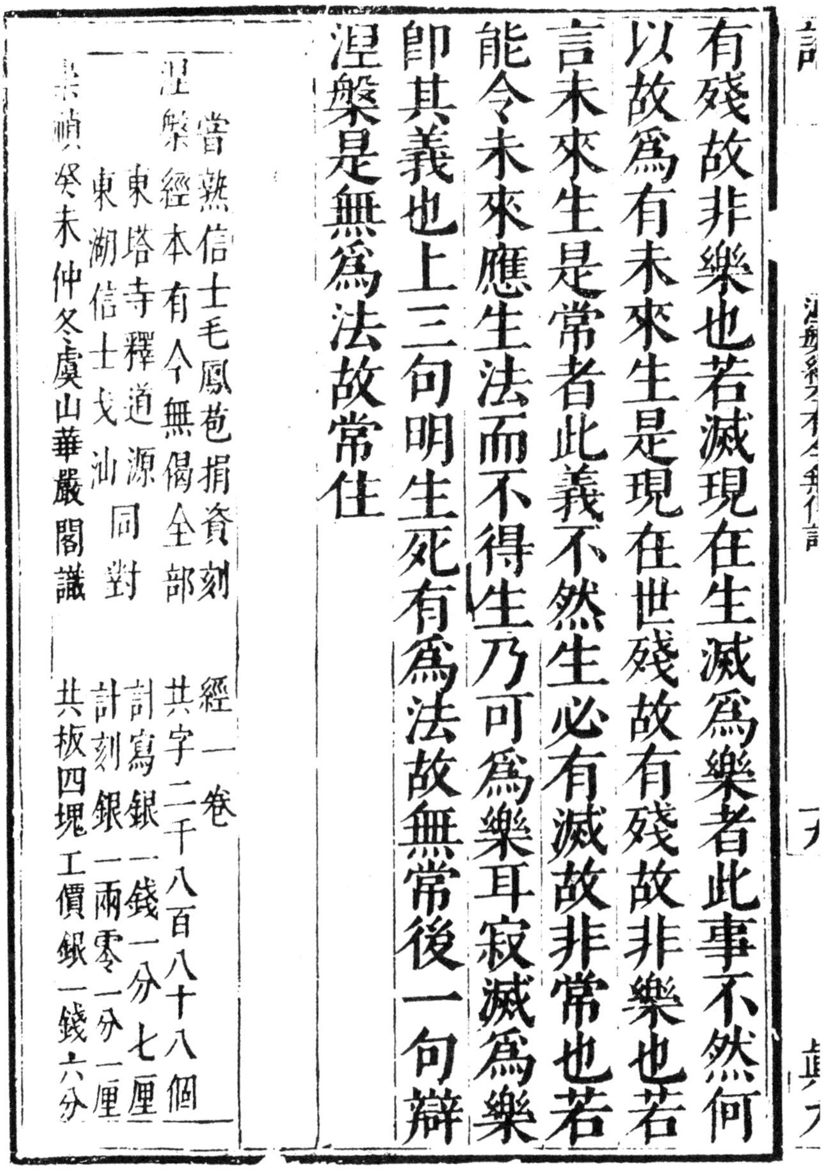

有殘故非樂也若滅現在生滅爲樂者此事不然何以故爲有未來生是現在世殘故有殘故非樂也若言未來生是常者此義不然生必有滅故非常也若能令未來應生法而不得生乃可爲樂耳寂滅爲樂卽其義也上三句明生死有爲法故無常後一句辯涅槃是無爲法故常住

常熟信士毛鳳苞捐資刻
涅槃經本有今無偈全部
東塔寺釋道源
東湖信士戈汕同對
崇禎癸未仲冬虞山華嚴閣識

經一卷
共字二千八百八十八個
計寫銀一錢一分七厘
計刻銀一兩零一分一厘
共板四塊工價銀一錢六分

牌記云："當熟信士毛鳳苞捐資刻《涅槃經本有今無偈》全部，東塔寺釋道源、東湖信士戈汕同對，崇禎癸未仲冬虞山華嚴閣識。經一卷，共字二千八百八十八箇，計寫銀一錢一分七厘，計刻銀一兩零一分一厘，共板四塊，計工價銀一錢六分。"按：此經牌記風格與《華嚴經》不同。顛九。

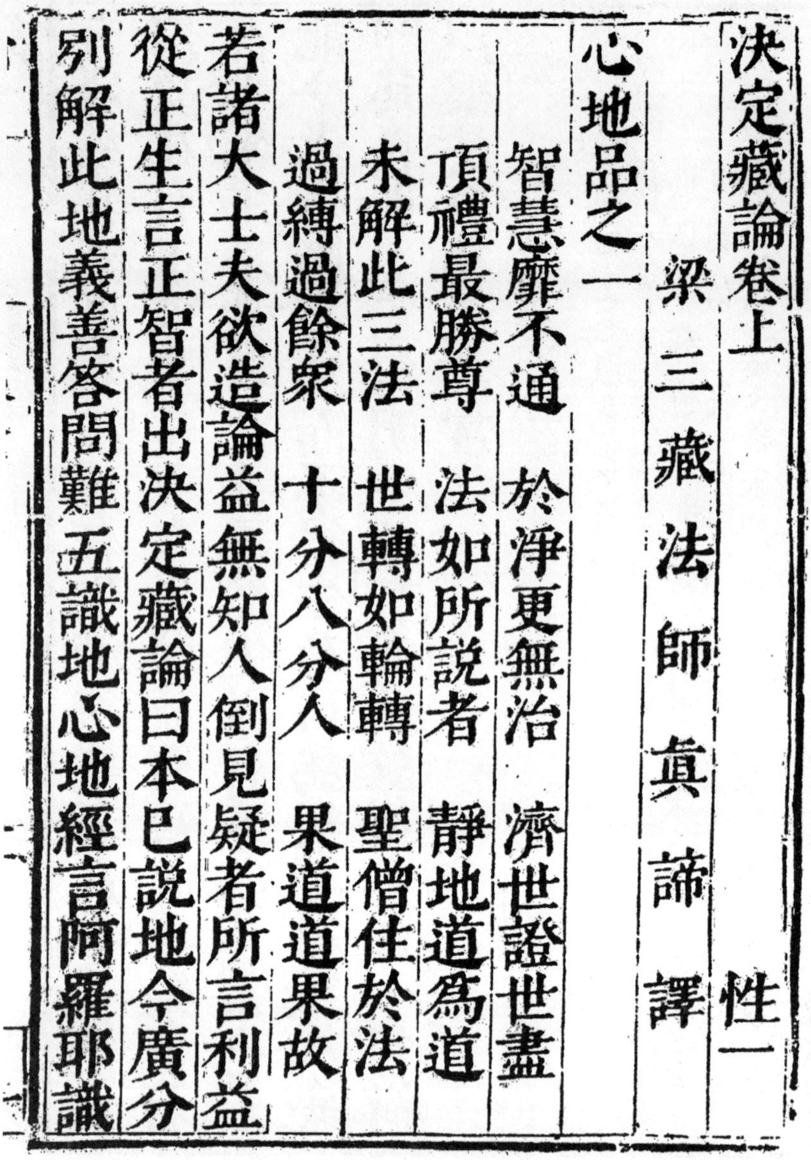

決定藏論卷上　性一
梁三藏法師眞諦譯
心地品之一
智慧靡不通　於淨更無治　濟世證世盡
頂禮最勝尊　法如所說者　靜地道爲道
未解此三法　世轉如輪轉　聖僧住於法
過縛過餘衆　十分八分人　果道道果故
若諸大士夫欲造論益無知人倒見疑者所言利益
從正生言正智者出決定藏論曰本已說地今廣分
別解此地義善答問難五識地心地經言阿羅耶識

231 《決定藏論》三卷

(南朝梁) 釋眞諦譯　明崇禎癸未 (十六年，1643) 泰和蕭士珂刻本

版框高 23 厘米，寬 15.3 厘米。半葉十行，行二十字，四周雙邊。

民族 112-006-00001; 臺灣 380 頁 · 1179; 故宮 112 · 1234

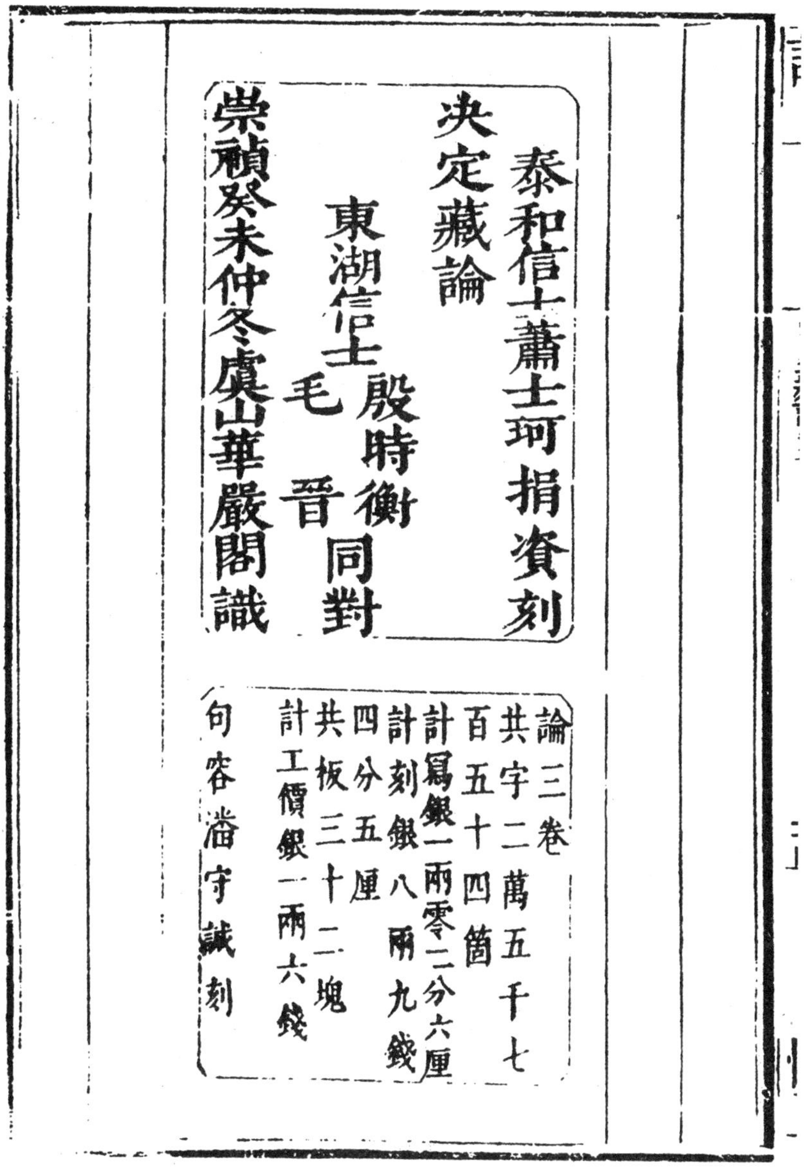

泰和信士蕭士珂捐資刻
決定藏論
東湖信士殷時衡
毛晉同對
崇禎癸未仲冬虞山華嚴閣識

論三卷
共字二萬五千七
百五十四箇
計寫銀一兩零二分六厘
計刻銀八兩九錢
四分五厘
共板三十二塊
計工價銀一兩六錢
句容潘守誠刻

牌記云:“泰和信士蕭士珂捐資刻《决定藏論》,東湖信士殷時衡、毛晉同對,崇禎癸未仲冬虞山華嚴閣識。論三卷,共字二萬五千七百五十四箇,計寫銀一兩零二分六厘,計刻銀八兩九錢四分五厘,共板三十二塊,計工價銀一兩六錢,句容潘守誠刻。”性一至三。

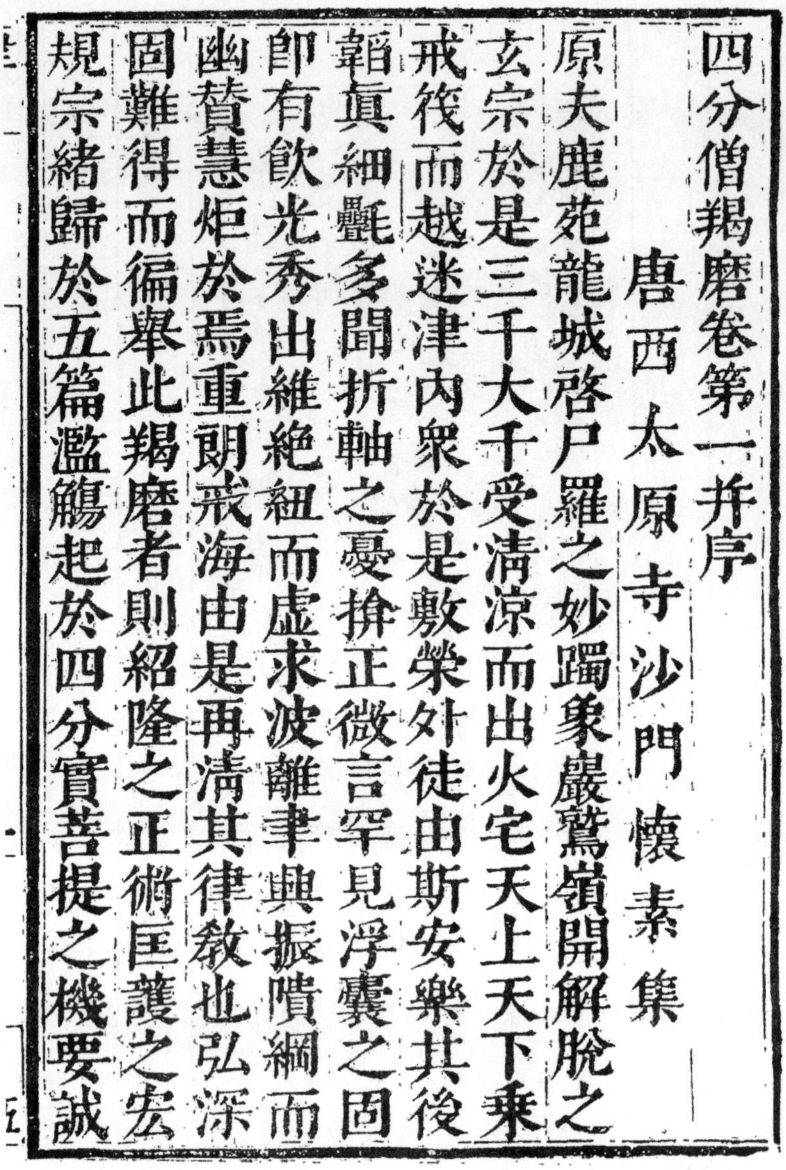
四分僧羯磨卷第一并序
唐西太原寺沙門懷素集
原夫鹿苑龍城啓尸羅之妙躅象巖鷲嶺開解脫之
玄宗於是三千大千受清涼而出火宅天上天下乘
戒筏而越迷津內衆於是敷榮外徒由斯安樂其後
韜真細氎多聞折軸之憂揜正微言罕見浮囊之固
卽有飲光秀出維絕紐而虛求波離聿興振頹綱而
幽贊慧炬於焉重朗戒海由是再清其律教也弘深
固難得而徧舉此羯磨者則紹隆之正術匡護之宏
規宗緒歸於五篇濫觴起於四分實菩提之機要誠

232 《四分僧羯磨》五卷

(唐) 釋懷素集　明崇禎癸未（十六年，1643）泰和楊仁愿刻本

版框高 22.2 厘米，寬 15.5 厘米。半葉十行，行二十字，四周雙邊。

民族 096-004-00005; 臺灣 347 頁 · 1074; 故宫 96 · 1126

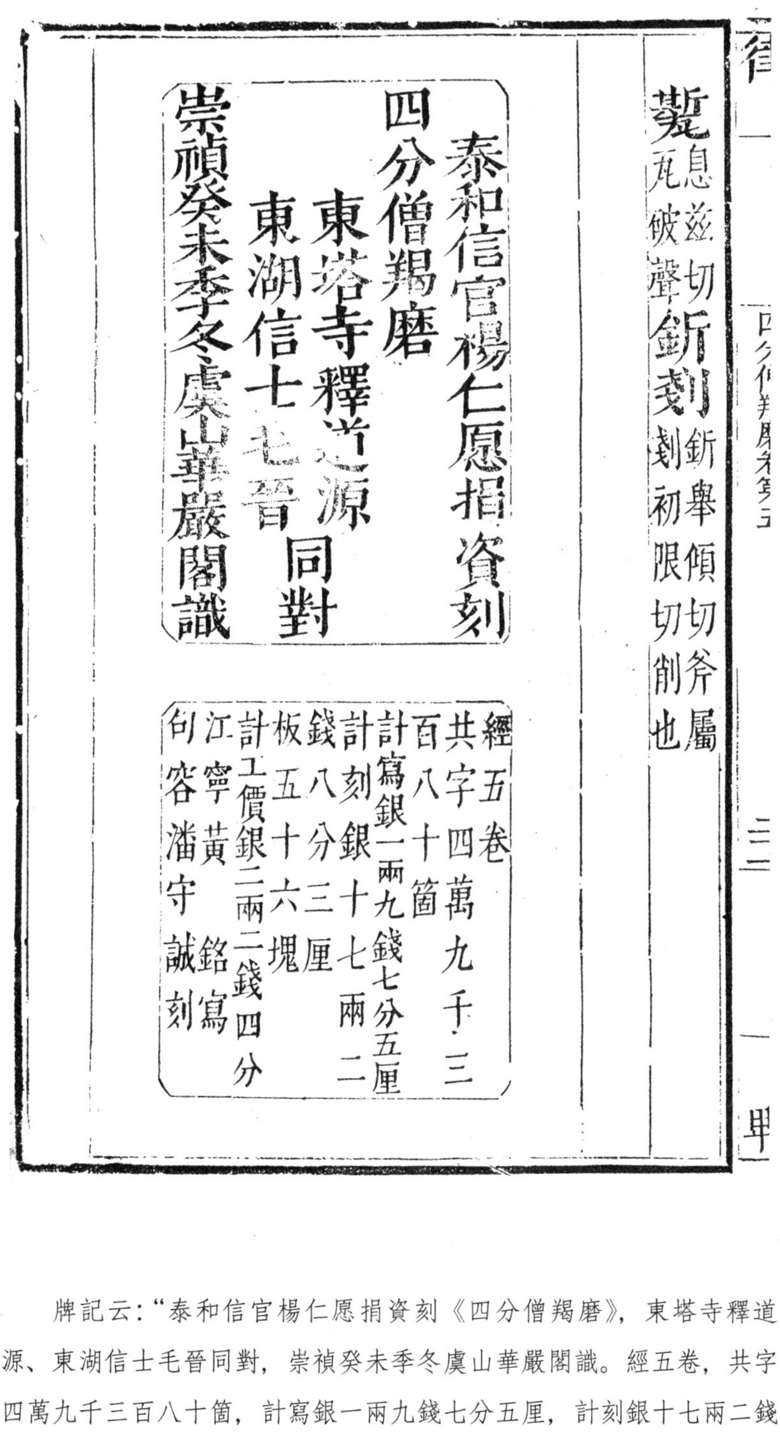

牌記云:"泰和信官楊仁愿捐資刻《四分僧羯磨》, 東塔寺釋道源、東湖信士毛晉同對, 崇禎癸未季冬虞山華嚴閣識。經五卷, 共字四萬九千三百八十箇, 計寫銀一兩九錢七分五厘, 計刻銀十七兩二錢八分三厘, 板五十六塊, 計工價銀二兩二錢四分, 江寧黃銘寫, 句容潘守誠刻。" 卑五至十。

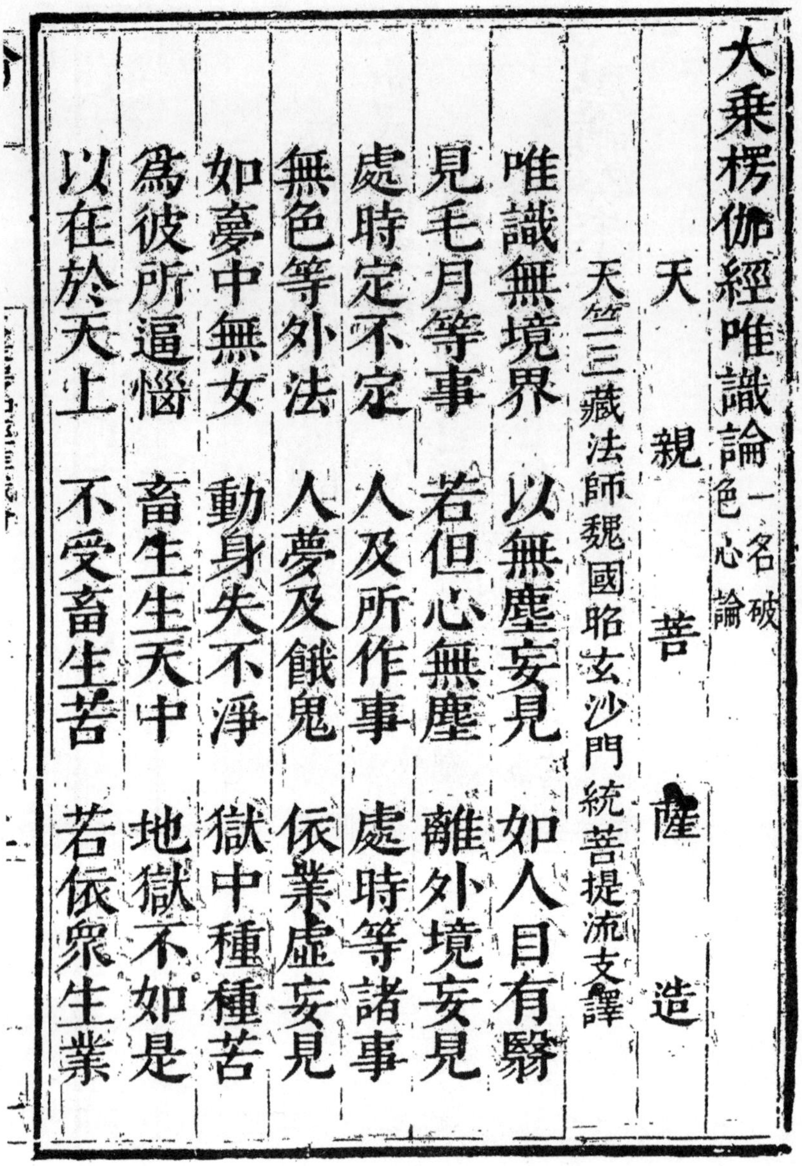

大乘楞伽經唯識論一名破色心論

天親菩薩造

天竺三藏法師魏國昭玄沙門統菩提流支譯

唯識無境界　以無塵妄見　如人目有翳
見毛月等事　若但心無塵　離外境妄見
處時定不定　人及所作事　處時等諸事
無色等外法　人夢及餓鬼　依業虛妄見
如夢中無女　動身失不淨　獄中種種苦
爲彼所逼惱　畜生生天中　地獄不如是
以在於天上　不受畜生苦　若依衆生業

233 《大乘楞伽經唯識論》一卷（一名《破色心論》）

(北魏）釋菩提流支譯　明崇禎甲申（十七年，1644）泰和蕭士瑀刻本

版框高 23 厘米，寬 15.5 厘米。半葉十行，行二十字，四周雙邊。

民族 113-001-00001；臺灣 381 頁 · 1182；故宫 113 · 1254

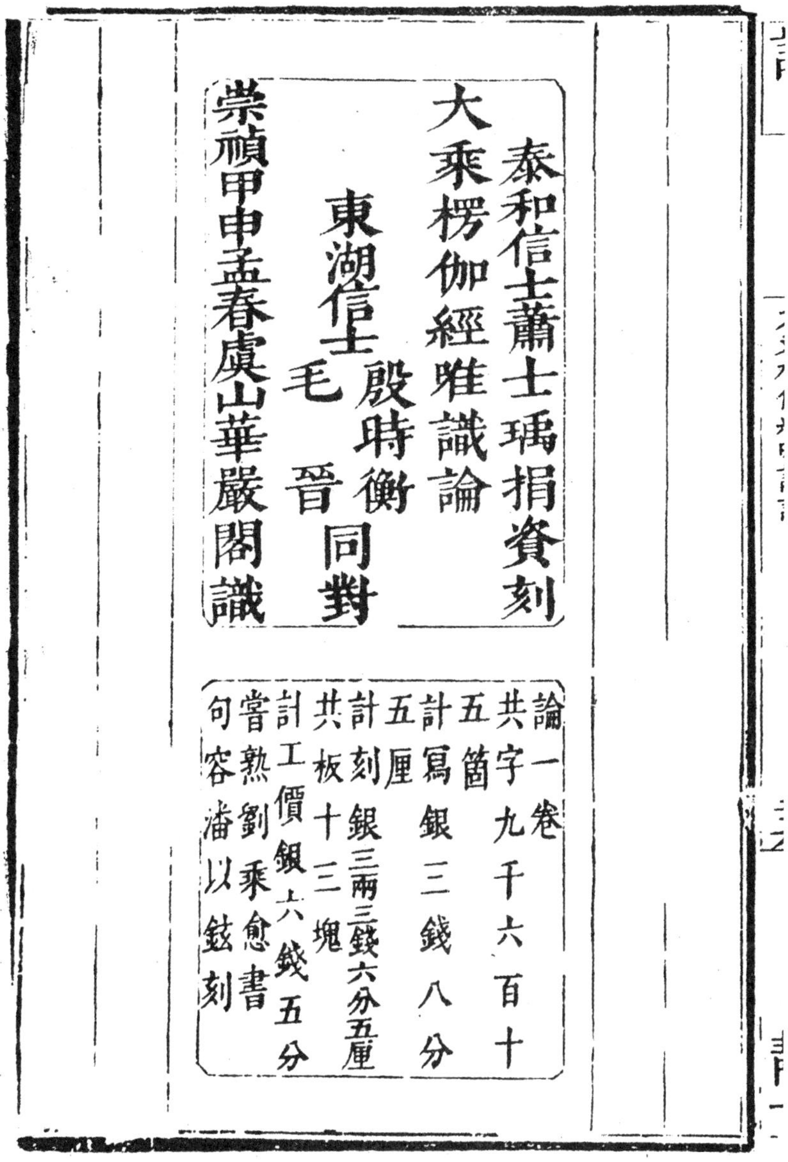
泰和信士蕭士瑀捐資刻
大乘楞伽經唯識論
東湖信士殷時衡
毛晉同對
崇禎甲申孟春虞山華嚴閣識

論一卷
共字九千六百十
五箇
計寫銀三錢八分
五厘
計刻銀三兩三錢六分五厘
共板十三塊
計工價銀六錢五分
嘗熟劉乘愈書
句容潘以鉉刻

牌記云:“泰和信士蕭士瑀捐資刻《大乘楞伽經唯識論》,東湖信士殷時衡、毛晉同對,崇禎甲申孟春虞山華嚴閣識。論一卷,共字九千六百十五箇,計寫銀三錢八分五厘,計刻銀三兩三錢六分五厘,共板十三塊,計工價銀六錢五分,嘗熟劉乘愈書,句容潘以鉉刻。”靜一。

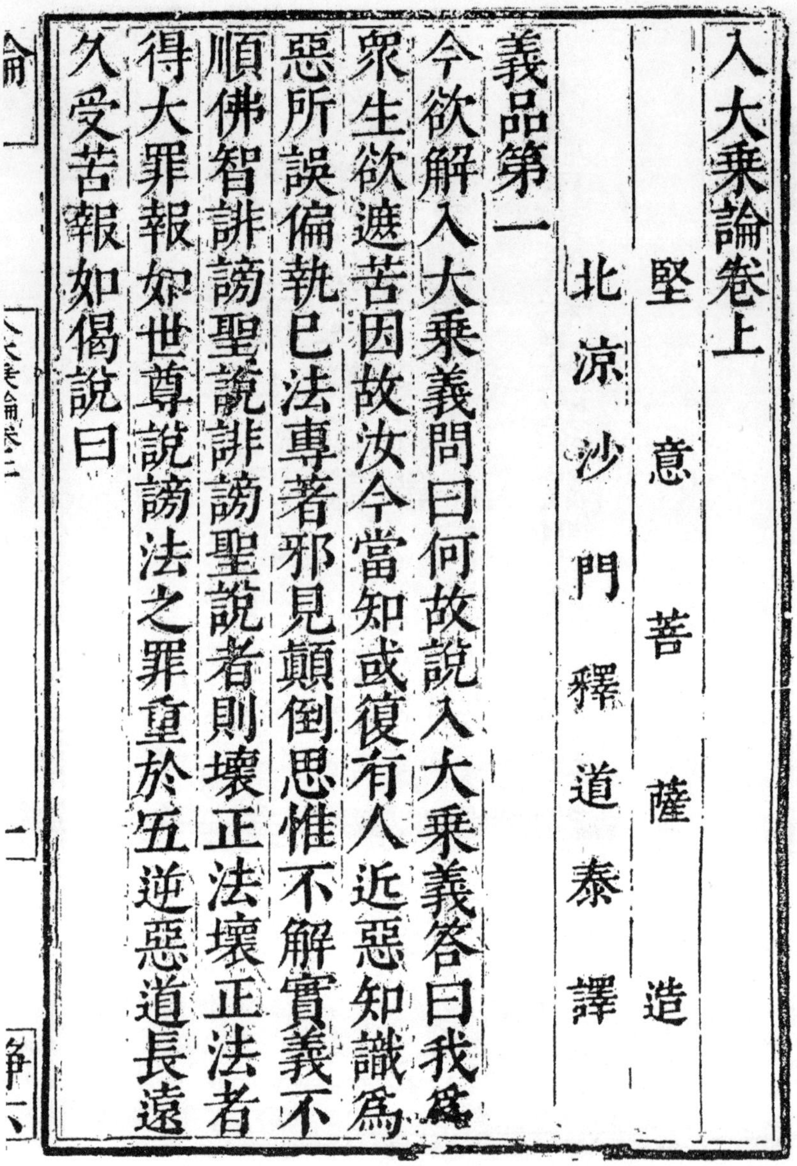

入大乘論卷上

堅意菩薩造

北涼沙門釋道泰譯

義品第一

今欲解入大乘義問曰何故說入大乘義答曰我爲衆生欲遮苦因故汝今當知或復有人近惡知識爲惡所誤偏執已法專著邪見顛倒思惟不解實義不順佛智誹謗聖說誹謗聖說者則壞正法壞正法者得大罪報如世尊說謗法之罪重於五逆惡道長遠久受苦報如偈說曰

234 《入大乘論》二卷

(北涼) 釋道泰譯　明崇禎甲申（十七年，1644）泰和蕭士瑋刻本

版框高 23.1 厘米，寬 15.6 厘米。半葉十行，行二十字，四周雙邊。

民族 113-002-00001；臺灣 382 頁 · 1187；故宮 113 · 1242

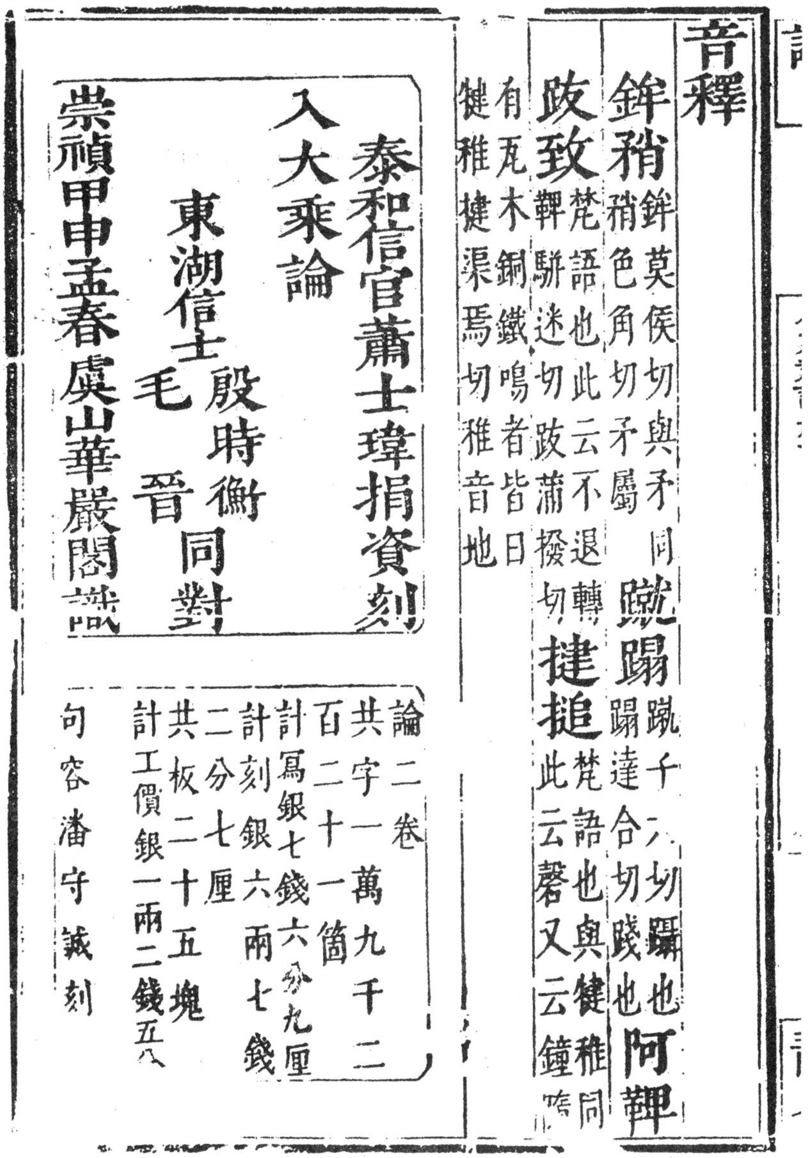

牌記云:“泰和信官蕭士瑋捐資刻《入大乘論》,東湖信士殷時衡、毛晉同對,崇禎甲申孟春虞山華嚴閣識。論二卷,共字一萬九千二百二十一箇,計寫銀七錢六分九厘,計刻銀六兩七錢二分七厘,共板二十五塊,計工價銀一兩二錢五分,句容潘守誠刻。”靜六至七。

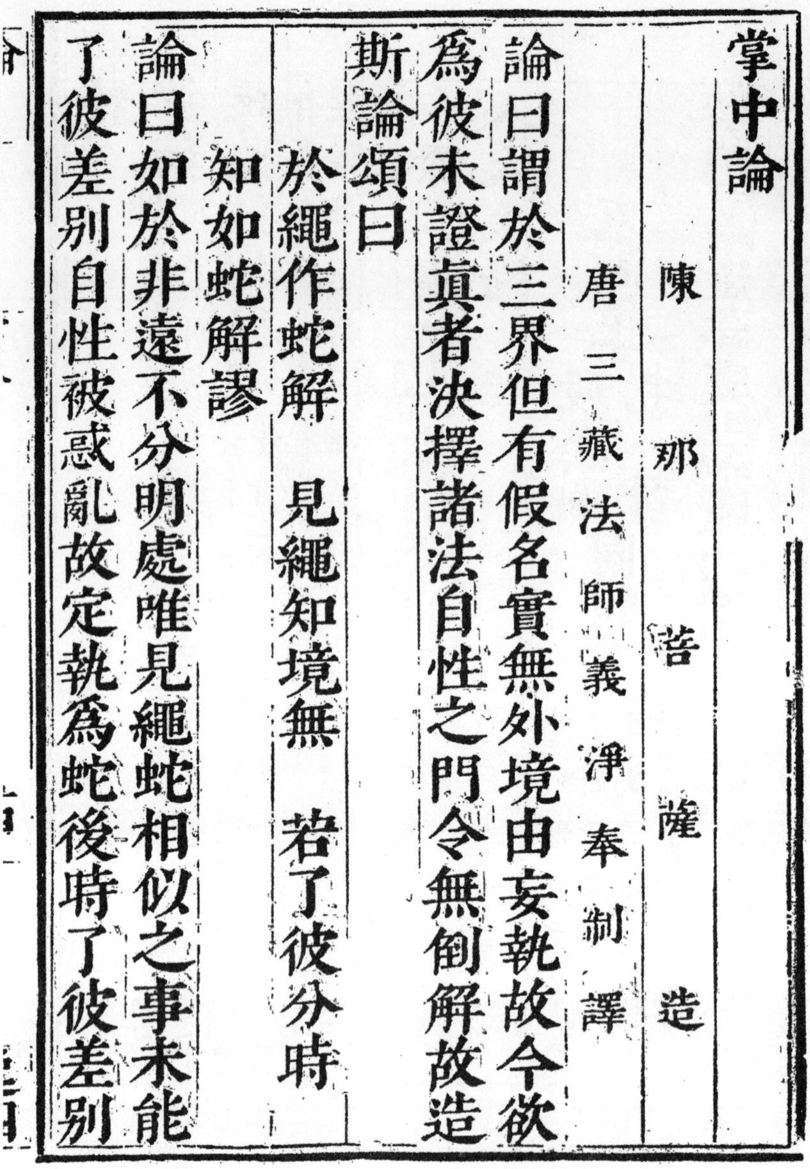
掌中論
陳那菩薩造
唐三藏法師義淨奉制譯
論曰謂於三界但有假名實無外境由妄執故今欲
爲彼未證眞者決擇諸法自性之門令無倒解故造
斯論頌曰
於繩作蛇解　見繩知境無　若了彼分時
知如蛇解謬
論曰如於非遠不分明處唯見繩蛇相似之事未能
了彼差別自性被惑亂故定執爲蛇後時了彼差別

235 《掌中論》一卷

(唐) 釋義淨譯　明崇禎甲申 (十七年，1644) 泰和蕭士珂刻本

版框高 23 厘米，寬 15.7 厘米。半葉十行，行二十字，四周雙邊。

民族 113-006-00003；臺灣 386 頁 · 1199；故宫 113 · 1254

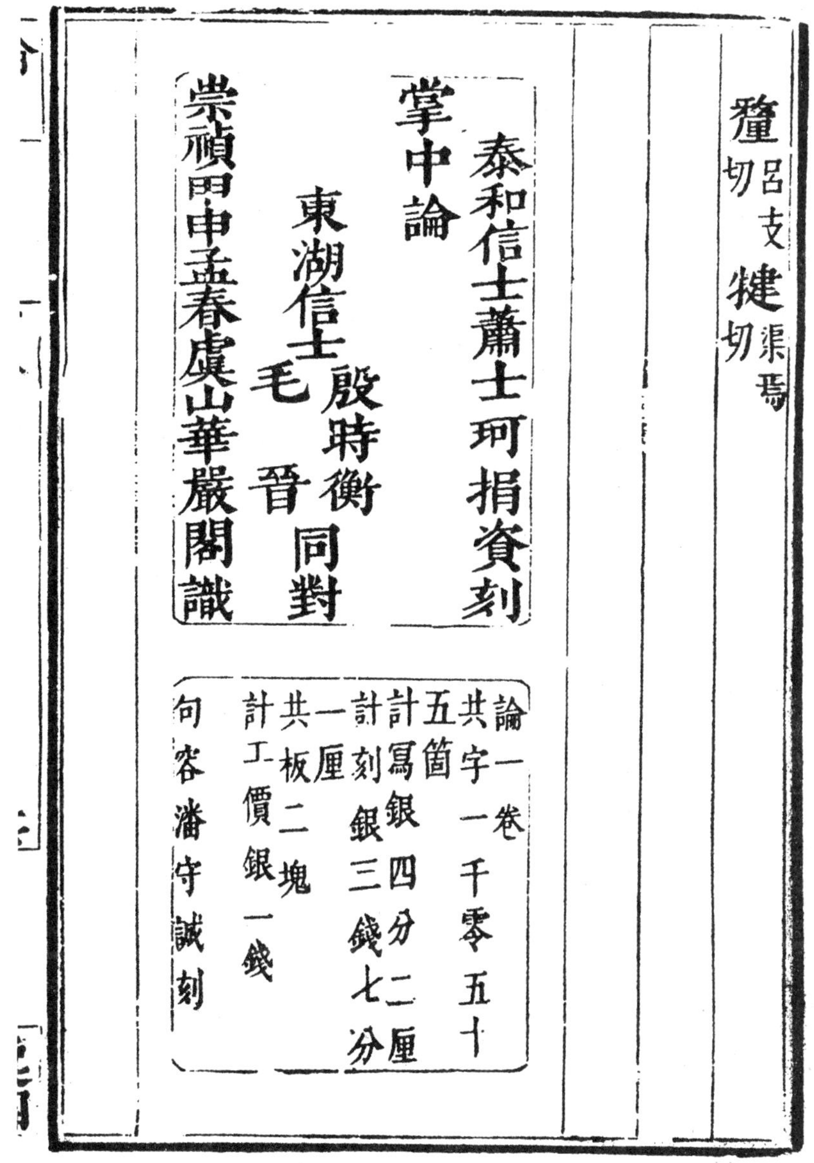
獹呂支切 犍渠焉切

泰和信士蕭士珂捐資刻
掌中論
東湖信士殷時衡
毛晉同對
崇禎甲申孟春虞山華嚴閣識

論一卷
共字一千零五十
五箇
計寫銀四分二厘
計刻銀三錢七分
一厘
共板二塊
計工價銀一錢
句容潘守誠刻

牌記云："泰和信士蕭士珂捐資刻《掌中論》，東湖信士殷時衡、毛晉同對，崇禎甲申孟春虞山華嚴閣識。論一卷，共字一千零五十五箇，計寫銀四分二厘，計刻銀三錢七分一厘，共板二塊，計工價銀一錢，句容潘守誠刻。"逸四。

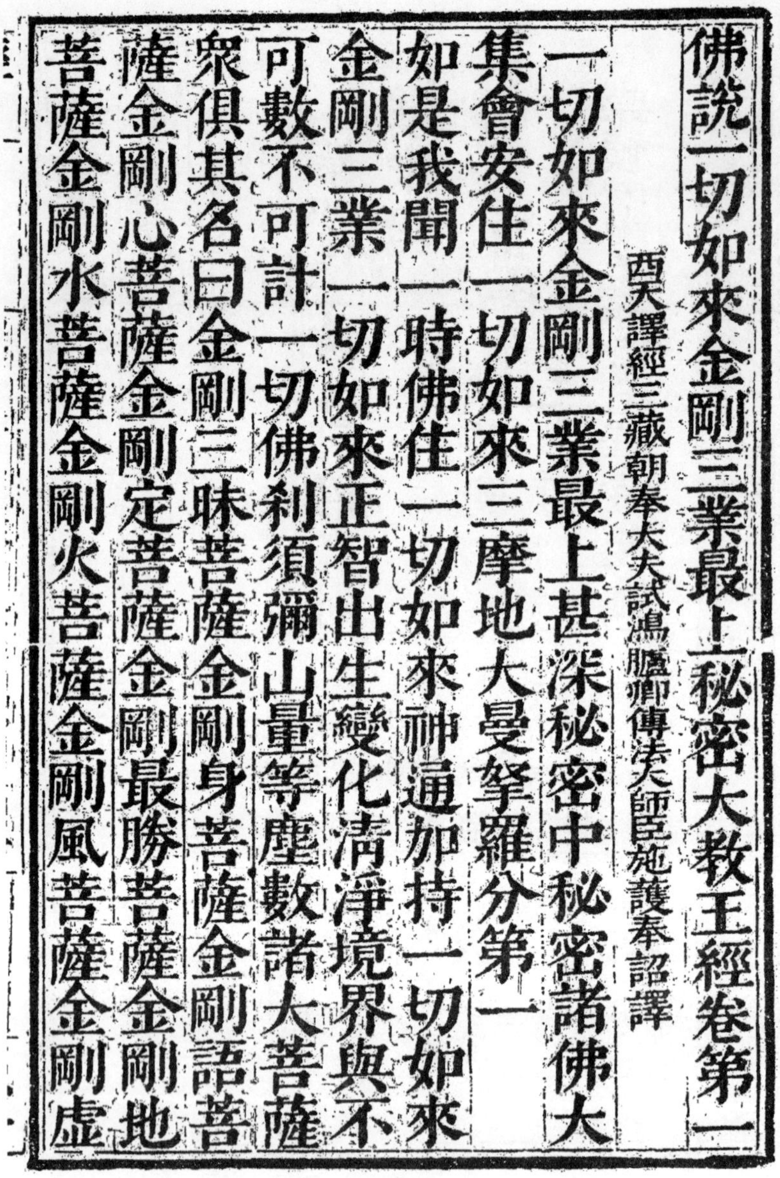

佛說一切如來金剛三業最上秘密大教王經卷第一

西天譯經三藏朝奉大夫試鴻臚卿傳法大師臣施護奉詔譯

一切如來金剛三業最上甚深秘密中秘密諸佛大
集會安住一切如來三摩地大曼拏羅分第一
如是我聞一時佛住一切如來神通加持一切如來
金剛三業一切如來正智出生變化清淨境界與不
可數不可計一切佛刹須彌山量等塵數諸大菩薩
衆俱其名曰金剛三昧菩薩金剛身菩薩金剛語菩
薩金剛心菩薩金剛定菩薩金剛最勝菩薩金剛地
菩薩金剛水菩薩金剛火菩薩金剛風菩薩金剛虛

236 《佛說一切如來金剛三業最上秘密大教王經》七卷

(宋) 釋施護譯　明崇禎甲申（十七年，1644）泰和郭承昊刻本

版框高 22.4 厘米，寬 15.3 厘米。半葉十行，行二十字，四周雙邊。

民族 079-006-00001；臺灣 311 頁 · 973；故宮 79 · 1026

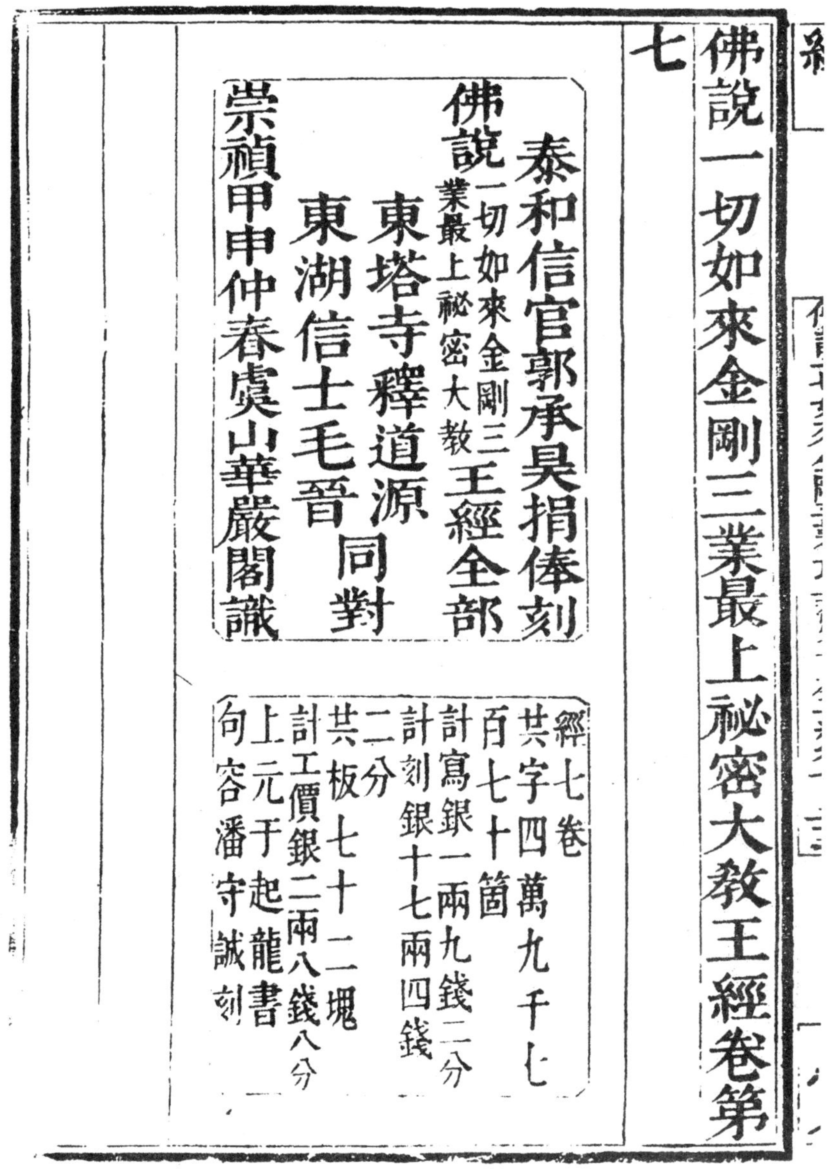
佛說一切如來金剛三業最上祕密大教王經卷第七

泰和信官郭承昊捐俸刻
佛說一切如來金剛三業最上祕密大教王經全部
東塔寺釋道源
東湖信士毛晉 同對
崇禎甲申仲春虞山華嚴閣識

經七卷
共字四萬九千七百七十箇
計寫銀一兩九錢二分
計刻銀十七兩四錢二分
共板七十二塊
計工價銀二兩八錢八分
上元于起龍書
句容潘守誠刻

牌記云:"泰和信官郭承昊捐俸刻《佛說一切如來金剛三業最上祕密大教王經》全部，東塔寺釋道源、東湖信士毛晉同對，崇禎甲申仲春虞山華嚴閣識。經七卷，共字四萬九千七百七十箇，計寫銀一兩九錢二分，計刻銀十七兩四錢二分，共板七十二塊，計工價銀二兩八錢八分，上元于起龍書，句容潘守誠刻。"息一至七。

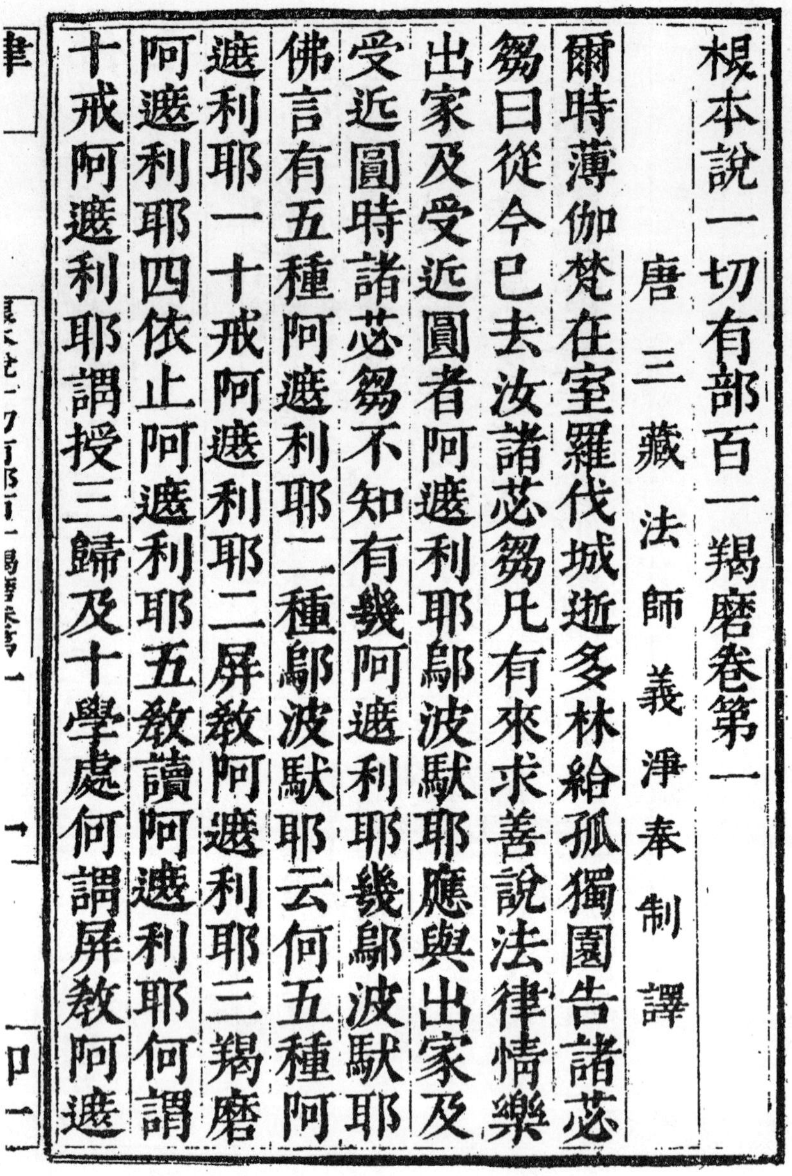
根本說一切有部百一羯磨卷第一
唐三藏法師義淨奉制譯
爾時薄伽梵在室羅伐城逝多林給孤獨園告諸苾
芻曰從今已去汝諸苾芻凡有來求善說法律情樂
出家及受近圓者阿遮利耶鄔波馱耶應與出家及
受近圓時諸苾芻不知有幾阿遮利耶幾鄔波馱耶
佛言有五種阿遮利耶二種鄔波馱耶云何五種阿
遮利耶一十戒阿遮利耶二屏教阿遮利耶三羯磨
阿遮利耶四依止阿遮利耶五教讀阿遮利耶何謂
十戒阿遮利耶謂授三歸及十學處何謂屏教阿遮

237 《根本說一切有部百一羯磨》十卷

(唐) 釋義淨譯　明崇禎甲申（十七年，1644）泰和蕭祚胤刻本

版框高 22.5 厘米，寬 15.5 厘米。半葉十行，行二十字，四周雙邊。

民族 097-002-00010; 臺灣 348 頁 · 1077; 故宫 97 · 1130

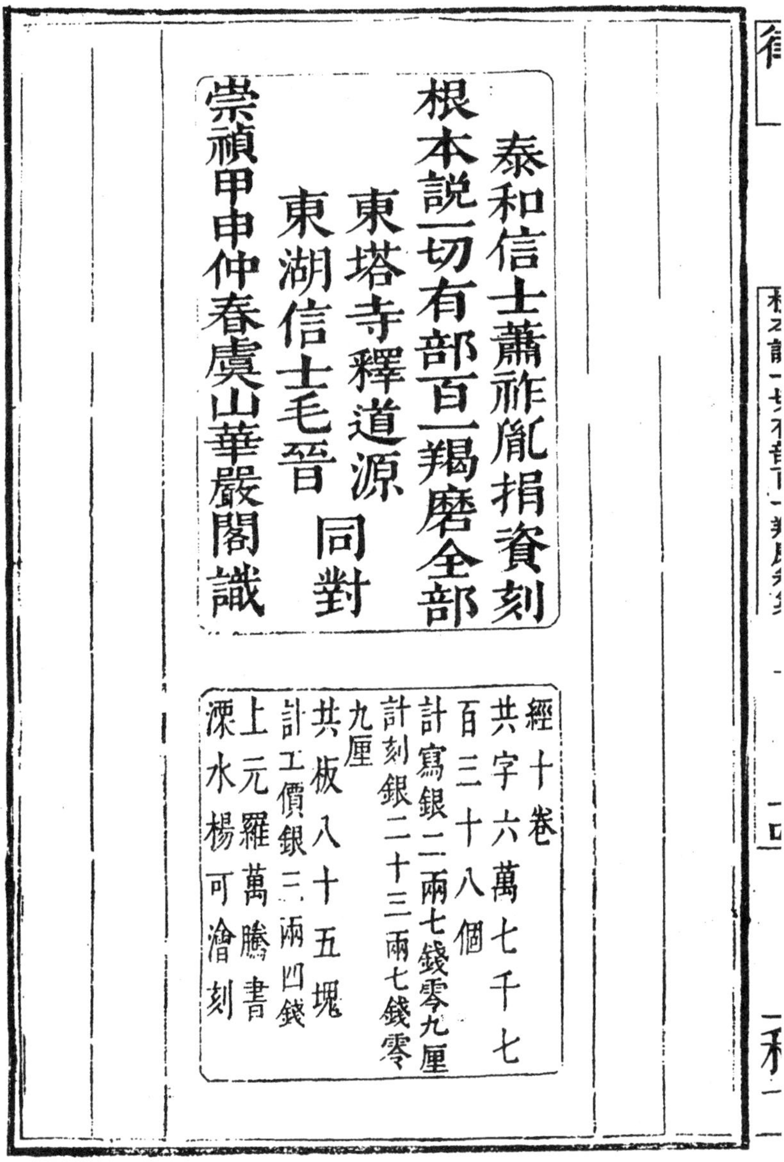
泰和信士蕭祚胤捐資刻
根本説一切有部百一羯磨全部
東塔寺釋道源
東湖信士毛晉　同對
崇禎甲申仲春虞山華嚴閣識

經十卷
共字六萬七千七百三十八個
計寫銀二兩七錢零九厘
計刻銀二十三兩七錢零九厘
共板八十五塊
計工價銀三兩四錢
上元羅萬騰書
溧水楊可澮刻

牌記云："泰和信士蕭祚胤捐資刻《根本説一切有部百一羯磨》全部，東塔寺釋道源、東湖信士毛晉同對，崇禎甲申仲春虞山華嚴閣識。經十卷，共字六萬七千七百三十八個，計寫銀二兩七錢零九厘，計刻銀二十三兩七錢零九厘，共板八十五塊，計工價銀三兩四錢，上元羅萬騰書，溧水楊可澮刻。"和一至十。

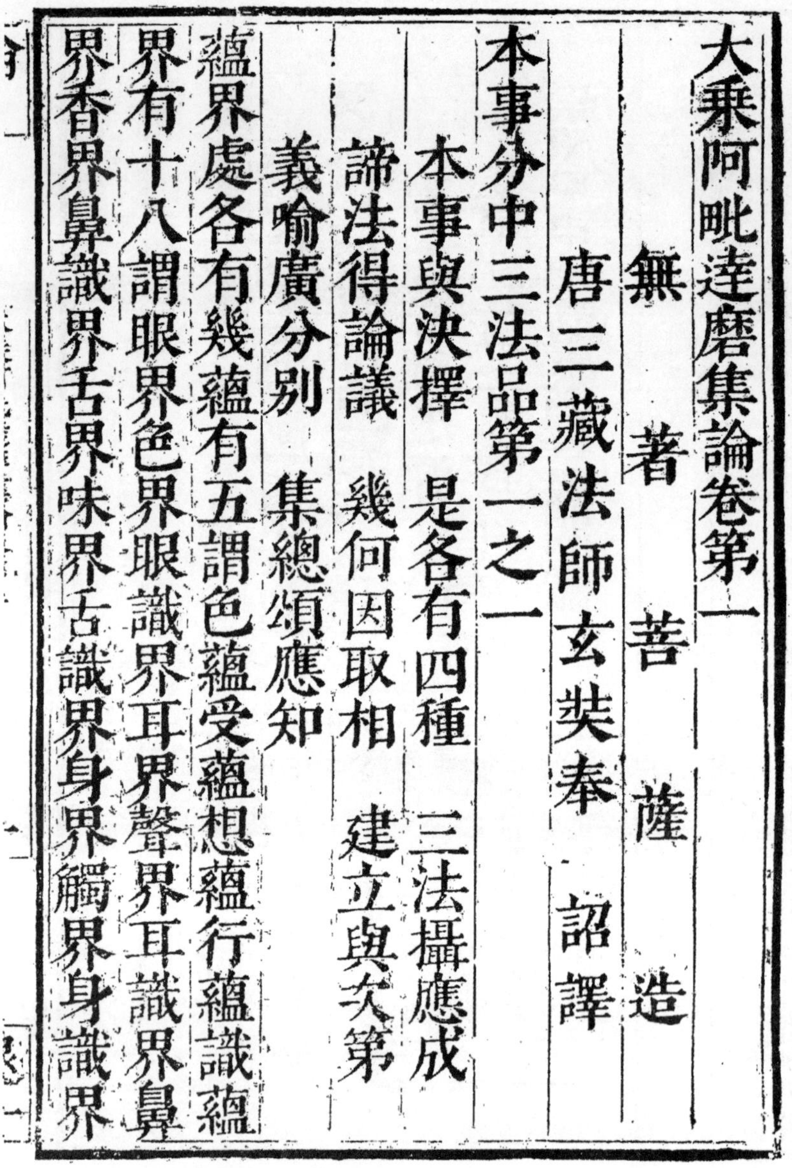
大乘阿毗達磨集論卷第一
無著菩薩造
唐三藏法師玄奘奉詔譯
本事分中三法品第一之一
本事與決擇 是各有四種 三法攝應成
諦法得論議 幾何因取相 建立與次第
義喻廣分別 集總頌應知
蘊界處各有幾蘊有五謂色蘊受蘊想蘊行蘊識蘊
界有十八謂眼界色界眼識界耳界聲界耳識界鼻
界香界鼻識界舌界味界舌識界身界觸界身識界

238 《大乘阿毗達磨集論》七卷

（唐）釋玄奘譯　明崇禎甲申（十七年，1644）泰和蕭士瑋刻本

版框高 22.7 厘米，寬 15.4 厘米。半葉十行，行二十字，四周雙邊。

民族 111-004-00001；臺灣 369 頁 · 1142；故宮 111 · 1197

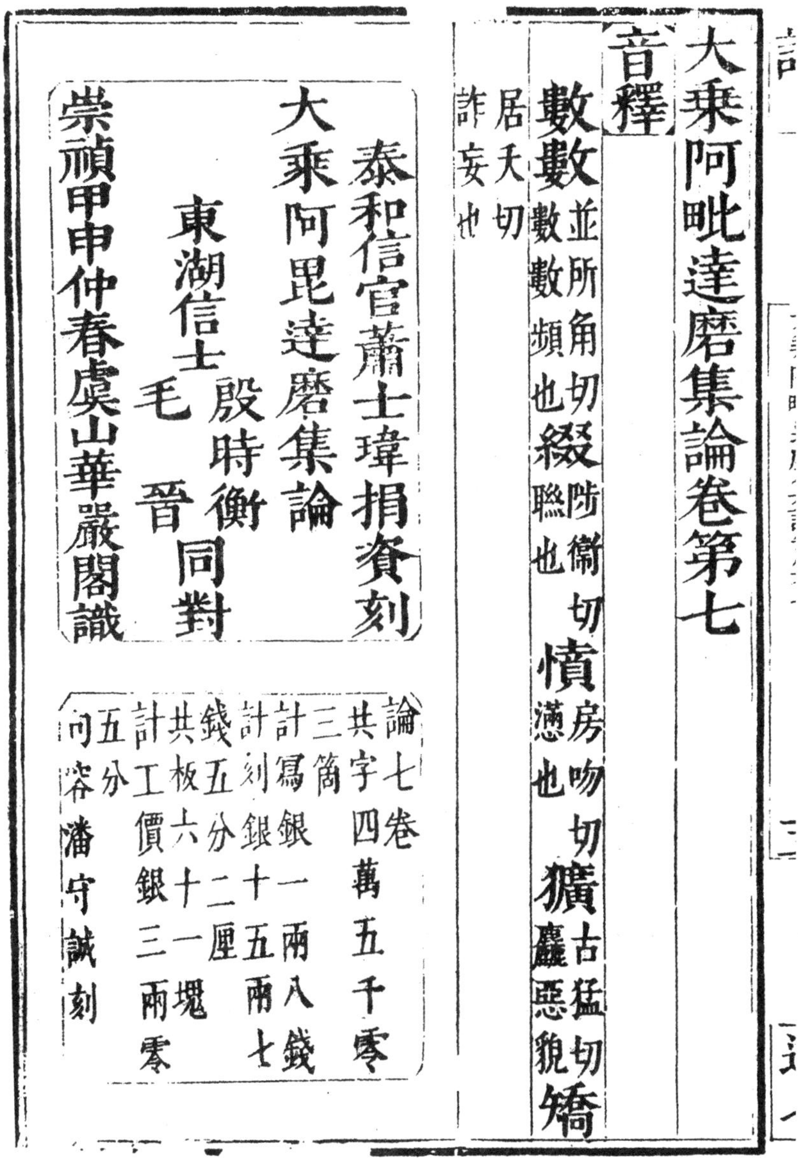
大乘阿毗達磨集論卷第七

音釋

數數並所角切數數頻也　綴陟衛切聯也　憤房吻切懣也　獷古猛切麤惡貌　矯居夭切詐妄也

泰和信官蕭士瑋捐資刻

大乘阿毘達磨集論

東湖信士　殷時衡

毛　晉　同對

崇禎甲申仲春虞山華嚴閣識

論七卷共字四萬五千零

三箇

計寫銀一兩八錢

計刻銀十五兩七

錢五分二厘

共板六十一塊

計工價銀三兩零

五分

句容潘守誠刻

牌記云："泰和信官蕭士瑋捐資刻《大乘阿毘達磨集論》，東湖信士殷時衡、毛晉同對，崇禎甲申仲春虞山華嚴閣識。論七卷，共字四萬五千零三箇，計寫銀一兩八錢，計刻銀十五兩七錢五分二厘，共板六十一塊，計工價銀三兩零五分，句容潘守誠刻。"退一至七。

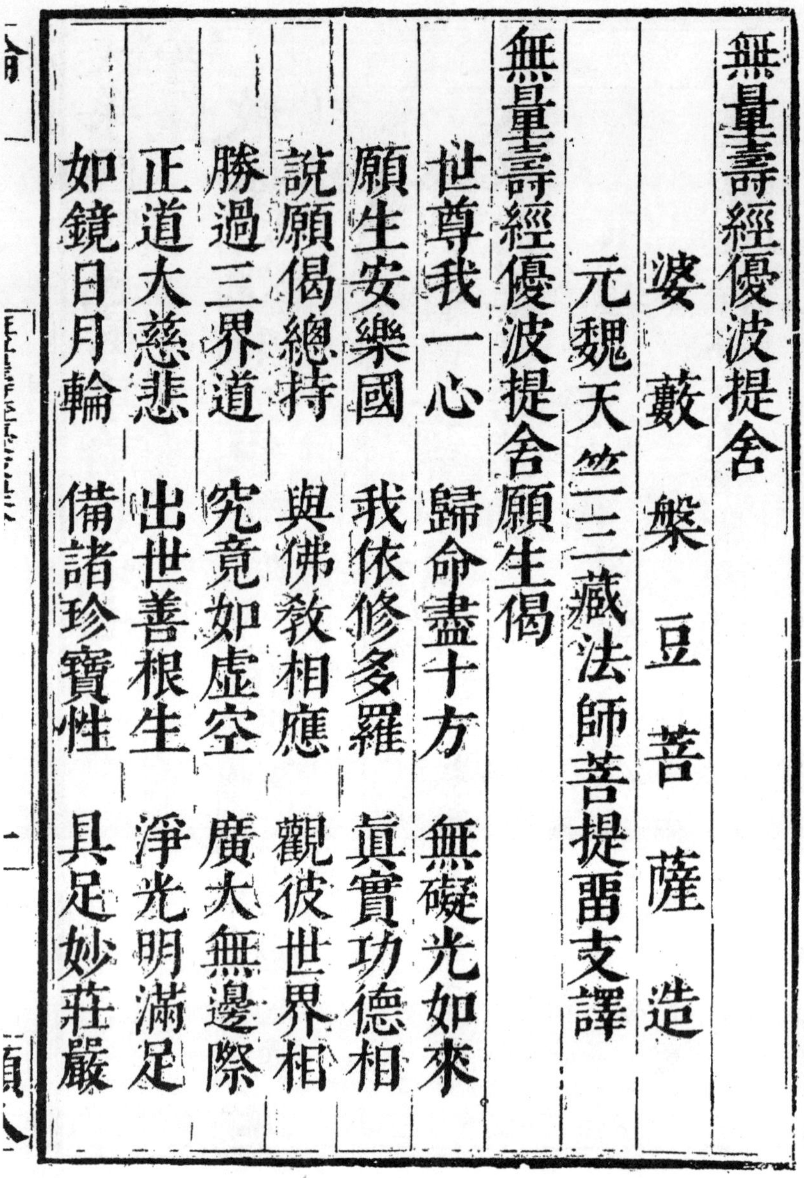
無量壽經優波提舍
婆藪槃豆菩薩造
元魏天竺三藏法師菩提畱支譯
無量壽經優波提舍願生偈
世尊我一心　歸命盡十方　無礙光如來
願生安樂國　我依修多羅　眞實功德相
說願偈總持　與佛教相應　觀彼世界相
勝過三界道　究竟如虛空　廣大無邊際
正道大慈悲　出世善根生　淨光明滿足
如鏡日月輪　備諸珍寶性　具足妙莊嚴

239《無量壽經優波提舍》一卷

（北魏）釋菩提留支譯　明崇禎甲申（十七年，1644）泰和蕭士珂刻本

版框高 22.6 厘米，寬 15.2 厘米。半葉十行，行二十字，四周雙邊。

民族 111-006-00001；臺灣 370 頁 · 1147；故宮 111 · 1202

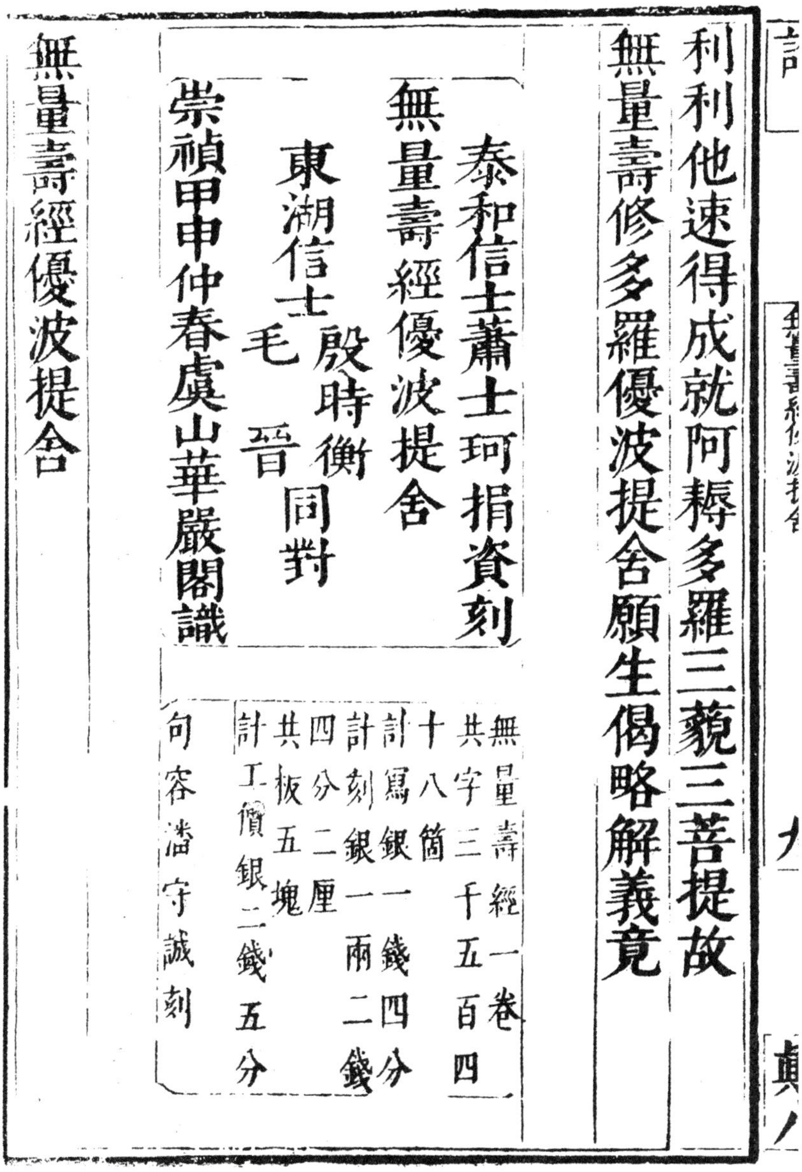
利利他速得成就阿耨多羅三藐三菩提故
無量壽修多羅優波提舍願生偈略解義竟

泰和信士蕭士珂捐資刻
無量壽經優波提舍
東湖信士 殷時衡
毛 晉 同對
崇禎甲申仲春虞山華嚴閣識

無量壽經一卷
共字三千五百四
十八箇
計寫銀一錢四分
計刻銀一兩二錢
四分二厘
共板五塊
計工價銀二錢五分
句容潘守誠刻

無量壽經優波提舍

牌記云："泰和信士蕭士珂捐資刻《無量壽經優波提舍》，東湖信士殷時衡、毛晉同對，崇禎甲申仲春虞山華嚴閣識。《無量壽經》一卷，共字三千五百四十八箇，計寫銀一錢四分，計刻銀一兩二錢四分二厘，共板五塊，計工價銀二錢五分，句容潘守誠刻。"顛八。

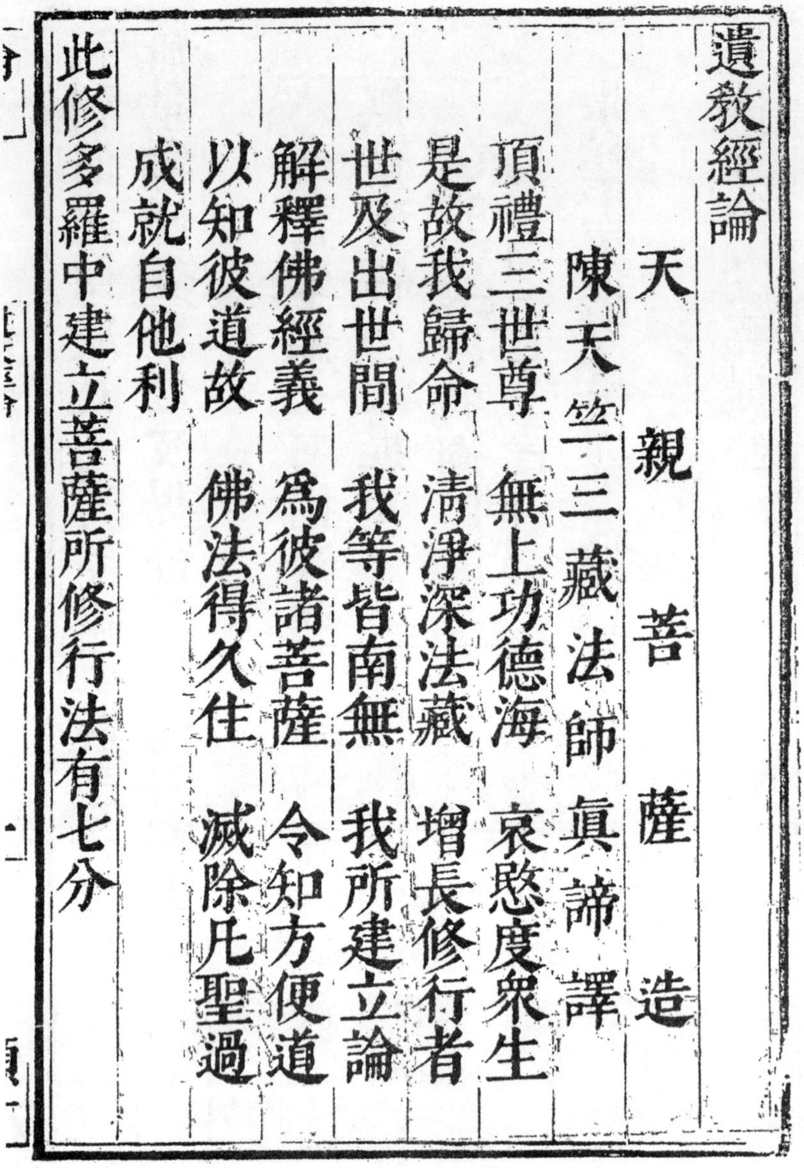

遺教經論

天親菩薩造

陳天竺三藏法師眞諦譯

頂禮三世尊 無上功德海 哀愍度衆生

是故我歸命 清淨深法藏 增長修行者

世及出世間 我等皆南無 我所建立論

解釋佛經義 爲彼諸菩薩 令知方便道

以知彼道故 佛法得久住 滅除凡聖過

成就自他利

此修多羅中建立菩薩所修行法有七分

240 《遺教經論》一卷

(南朝陳)釋眞諦譯　明崇禎甲申(十七年，1644)常熟毛晉刻本

版框高 22.8 厘米，寬 15.4 厘米。半葉十行，行二十字，四周雙邊。

臺灣 371 頁 · 1152；故宫 111 · 1207

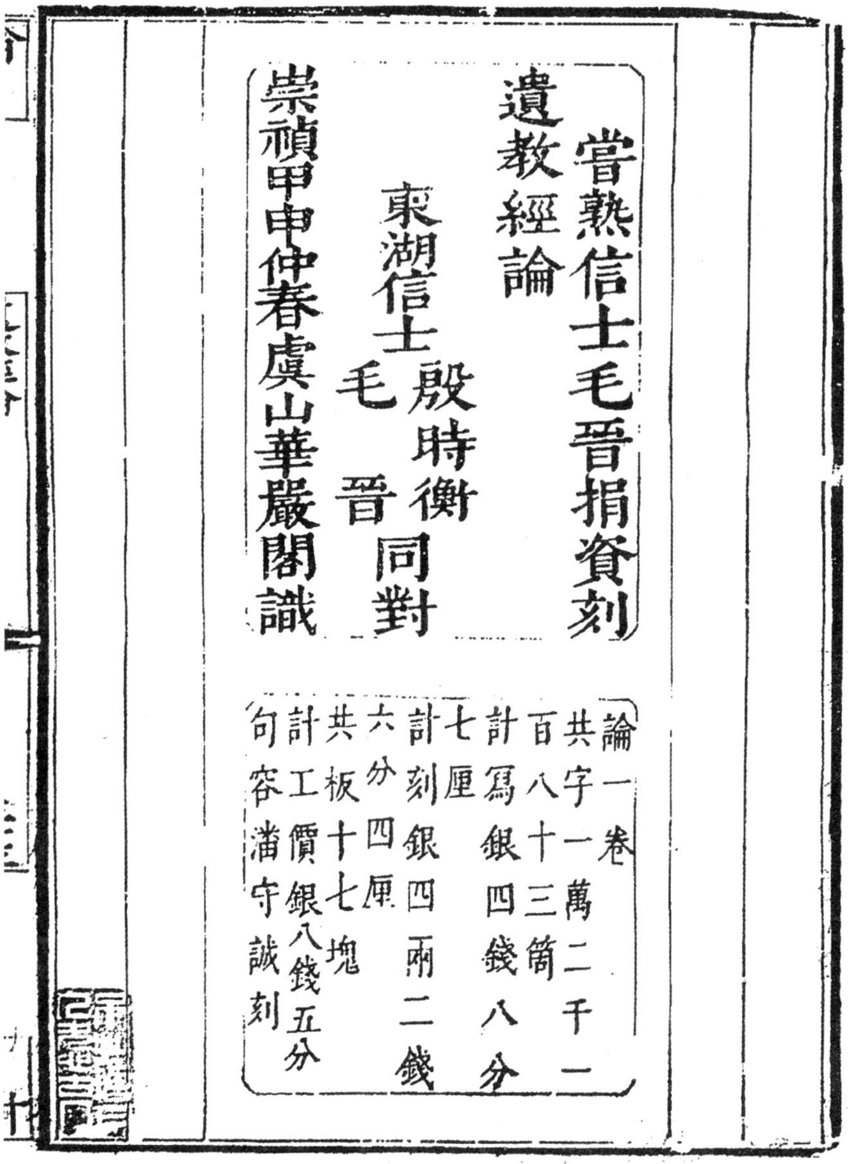

嘗熟信士毛晉捐資刻
遺教經論
東湖信士殷時衛
毛晉同對
崇禎甲申仲春虞山華嚴閣識

論一卷
共字一萬二千一百八十三箇
計寫銀四錢八分七厘
計刻銀四兩二錢六分四厘
共板十七塊
計工價銀八錢五分
句容潘守誠刻

牌記云："嘗熟信士毛晉捐資刻《遺教經論》，東湖信士殷時衛、毛晉同對，崇禎甲申仲春虞山華嚴閣識。論一卷，共字一萬二千一百八十三箇，計寫銀四錢八分七厘，計刻銀四兩二錢六分四厘，共板十七塊，計工價銀八錢五分，句容潘守誠刻。"按：在民族、故宫資料中，兹書缺牌記。顛十。

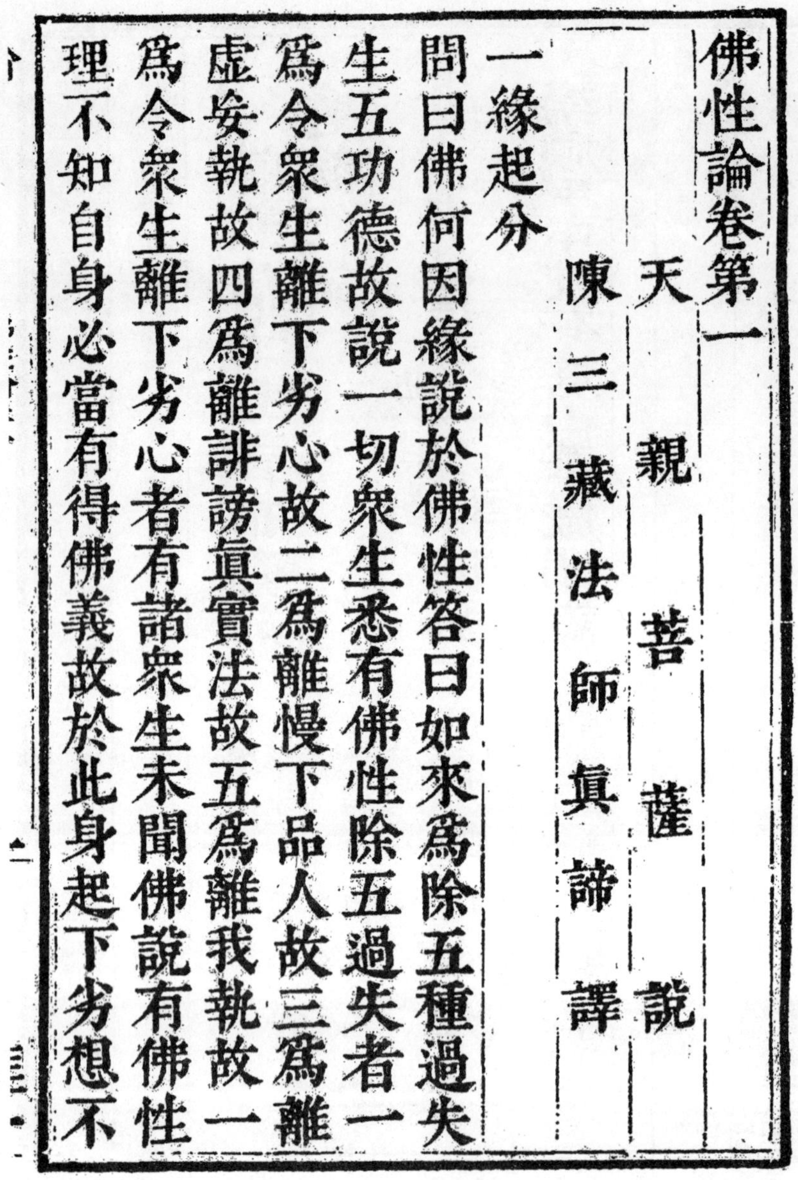

佛性論卷第一

天親菩薩說

陳三藏法師眞諦譯

一緣起分

問曰佛何因緣說於佛性答曰如來爲除五種過失生五功德故說一切衆生悉有佛性除五過失者一爲令衆生離下劣心故二爲離慢下品人故三爲離虛妄執故四爲離誹謗眞實法故五爲離我執故一爲令衆生離下劣心者有諸衆生未聞佛說有佛性理不知自身必當有得佛義故於此身起下劣想不

241 《佛性論》四卷

（南朝陳）釋眞諦譯　明崇禎甲申（十七年，1644）泰和蕭祚胤刻本

版框高 22.4 厘米，寬 15.3 厘米。半葉十行，行二十字，四周雙邊。

民族 112-001-00001；臺灣 375 頁 · 1163；故宫 112 · 1218

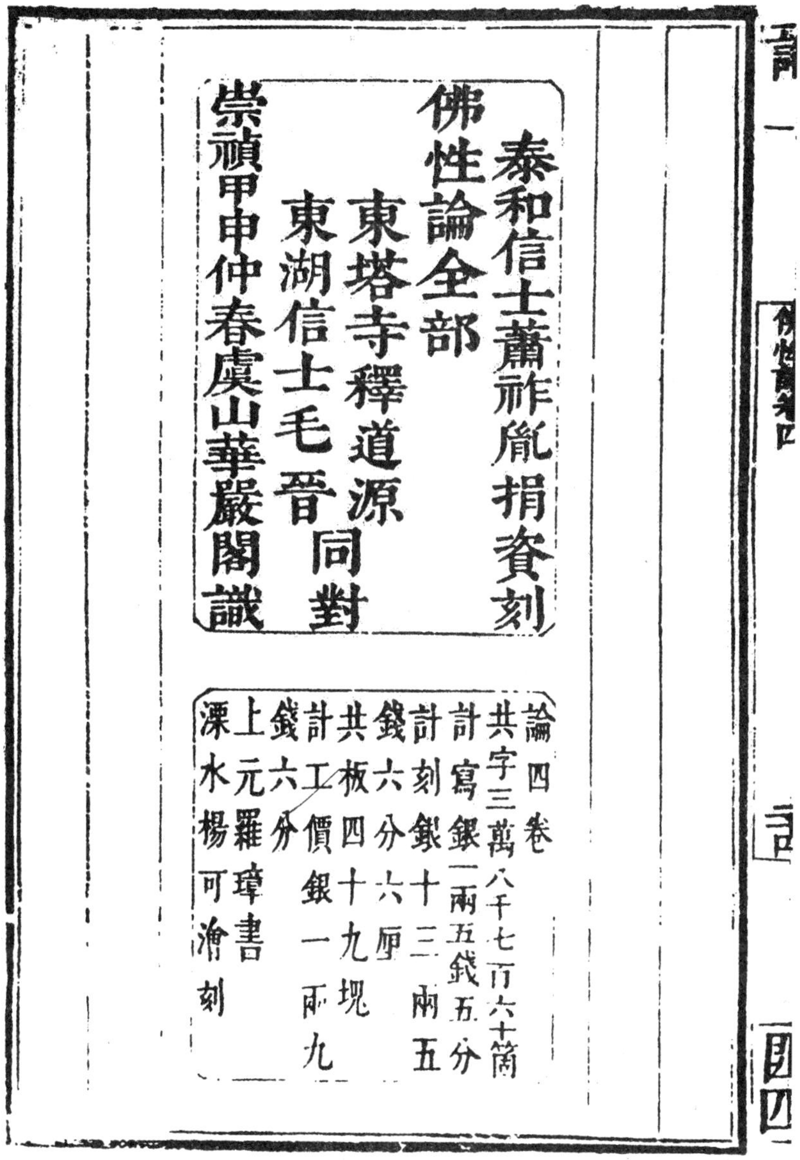
泰和信士蕭祚胤捐資刻
佛性論全部
東塔寺釋道源
東湖信士毛晉同對
崇禎甲申仲春虞山華嚴閣識

論四卷
共字三萬八千七百六十箇
計寫銀一兩五錢五分
計刻銀十三兩五
錢六分六厘
共板四十九塊
計工價銀一兩九
錢六分
上元羅璋書
溧水楊可滄刻

牌記云："泰和信士蕭祚胤捐資刻《佛性論》全部，東塔寺釋道源、東湖信士毛晉同對，崇禎甲申仲春虞山華嚴閣識。論四卷，共字三萬八千七百六十箇，計寫銀一兩五錢五分，計刻銀十三兩五錢六分六厘，共板四十九塊，計工價銀一兩九錢六分，上元羅璋書，溧水楊可滄刻。"匪一至四。

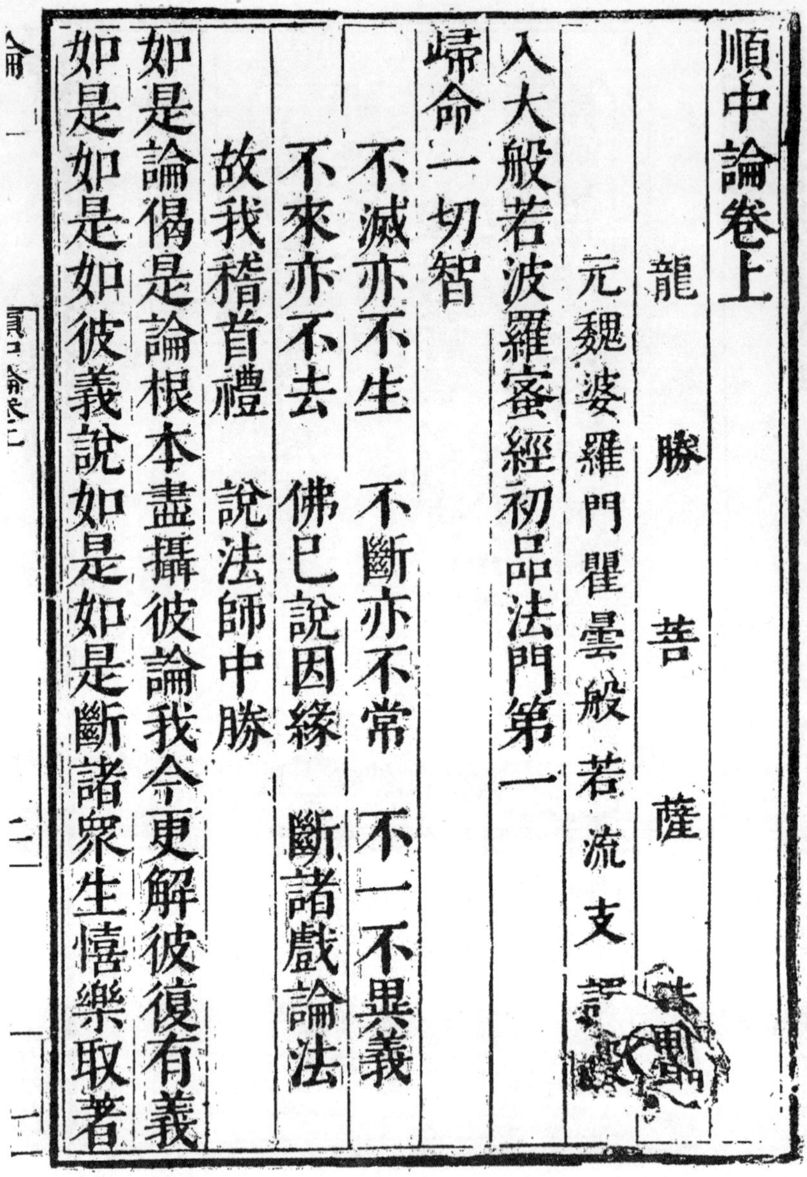
順中論卷上
龍勝菩薩造
元魏婆羅門瞿曇般若流支譯
入大般若波羅蜜經初品法門第一
歸命一切智
不滅亦不生　不斷亦不常　不一不異義
不來亦不去　佛已說因緣　斷諸戲論法
故我稽首禮　說法師中勝
如是論偈是論根本盡攝彼論我今更解彼復有義
如是如是如彼義說如是如是斷諸衆生憙樂取著

242《順中論》二卷

(北魏) 釋般若流支譯　明崇禎甲申（十七年，1644）泰和蕭士瑋刻本

版框高 22.9 厘米，寬 15.4 厘米。半葉十行，行二十字，四周雙邊。

民族 113-003-00001；臺灣 383 頁 · 1190；故宫 113 · 1245

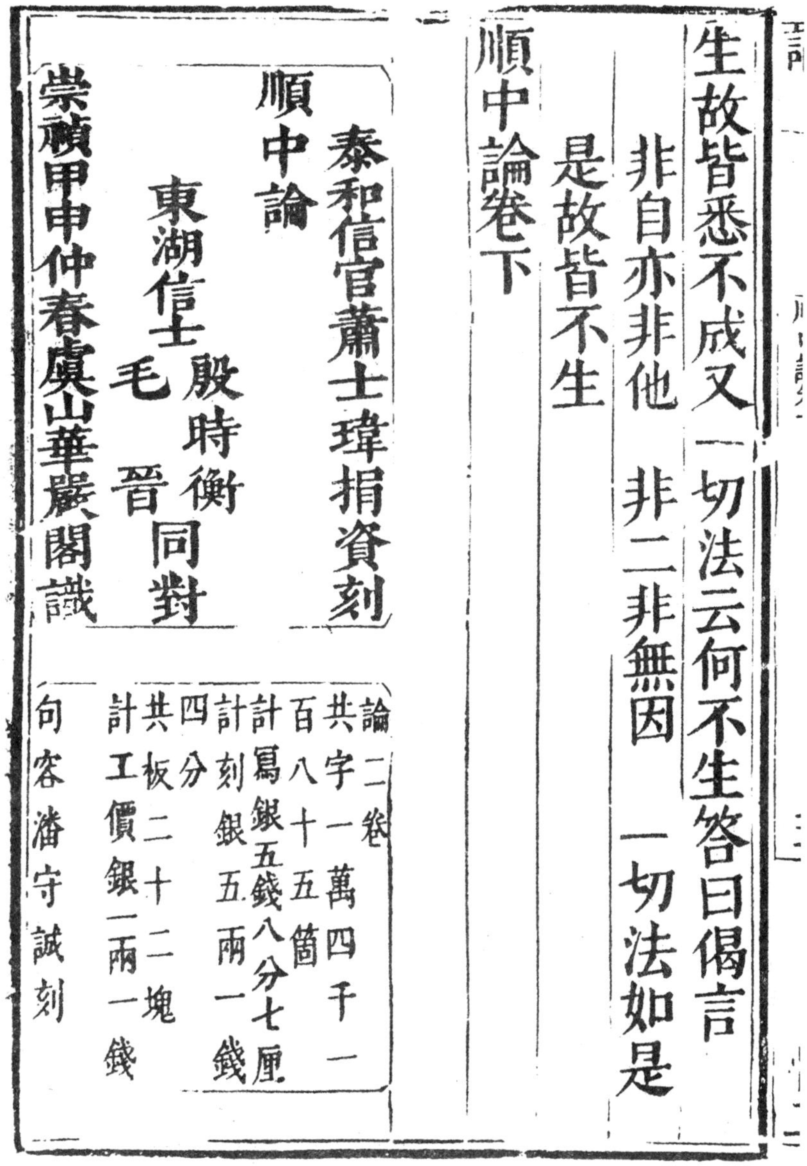
生故皆悉不成又一切法云何不生答曰偈言
非自亦非他　非二非無因　一切法如是
是故皆不生
順中論卷下

泰和信官蕭士瑋捐資刻
順中論
東湖信士　殷時衡
毛　晉　同對
崇禎甲申仲春虞山華嚴閣識

論二卷
共字一萬四千一
百八十五箇
計寫銀五錢八分七厘
計刻銀五兩一錢
四分
共板二十二塊
計工價銀一兩一錢
句容潘守誠刻

牌記云："泰和信官蕭士瑋捐資刻《順中論》，東湖信士殷時衡、毛晉同對，崇禎甲申仲春虞山華嚴閣識。論二卷，共字一萬四千一百八十五箇，計寫銀五錢八分七厘，計刻銀五兩一錢四分，共板二十二塊，計工價銀一兩一錢，句容潘守誠刻。"情一至二。

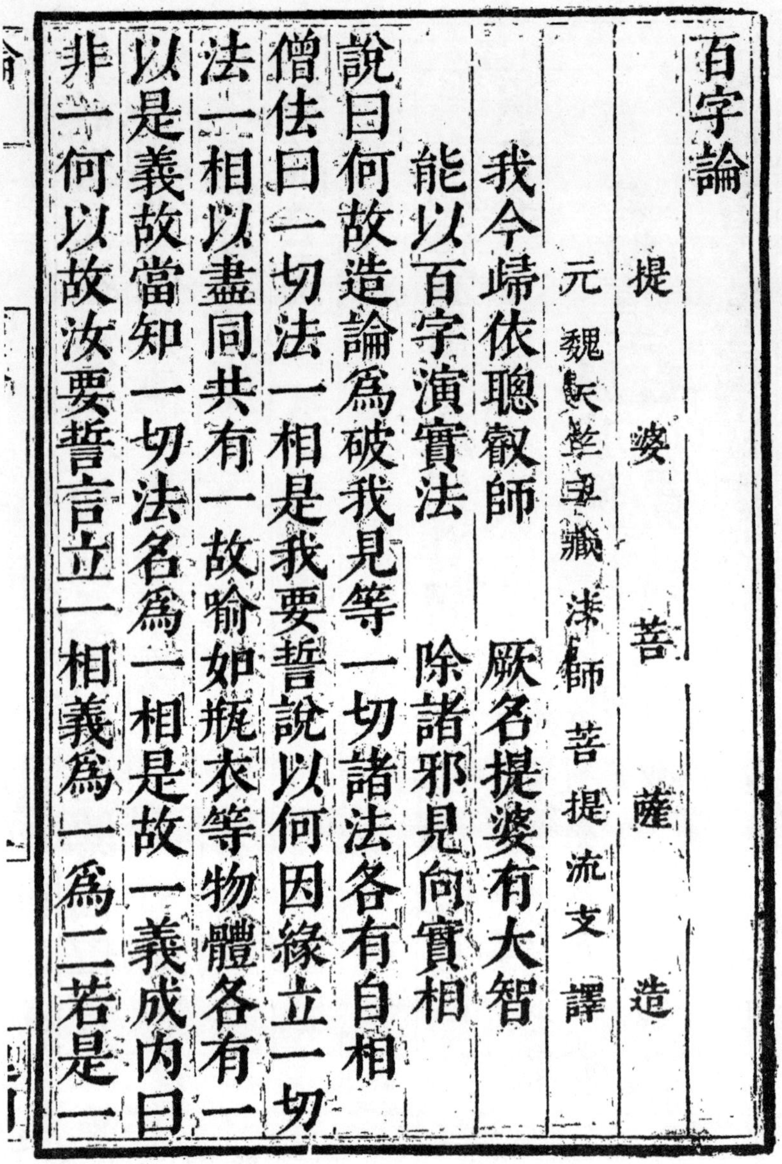

百字論
提婆菩薩造
元魏天竺三藏法師菩提流支譯
我今歸依聰叡師　厥名提婆有大智
能以百字演實法　除諸邪見向實相
說曰何故造論爲破我見等一切諸法各有自相
僧佉曰一切法一相是我要誓說以何因緣立一切
法一相以盡同共有一故瓶衣等物體各有一
以是義故當知一切法名爲一相是故一義成內曰
非一何以故汝要誓立一相義爲一爲二若是一

243 《百字論》一卷

（北魏）釋菩提流支譯　明崇禎甲申（十七年，1644）常熟毛晉刻本

版框高 23.2 厘米，寬 15.7 厘米。半葉十行，行二十字，四周雙邊。

民族 113-006-00001；臺灣 386 頁 · 1197；故宫 113 · 1252

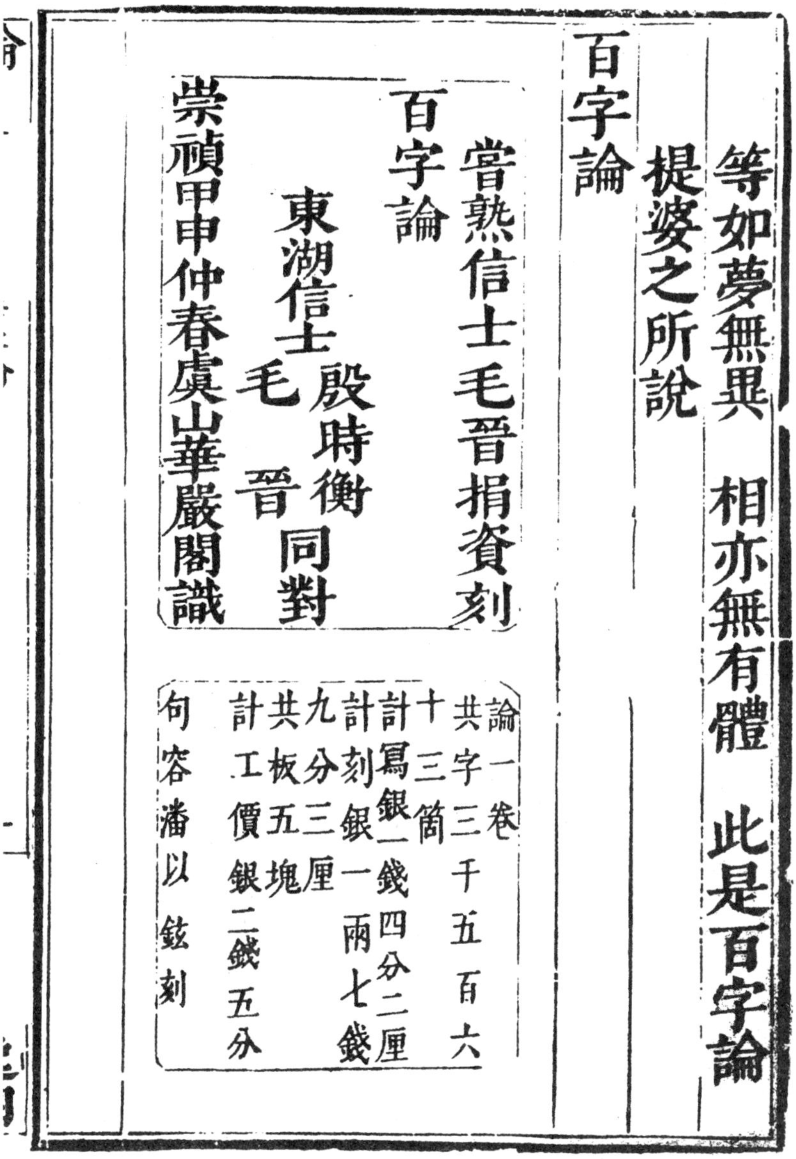

等如夢無異　相亦無有體　此是百字論

提婆之所説

百字論

常熟信士毛晉捐資刻

百字論

東湖信士　殷時衡

毛　晉　同對

崇禎甲申仲春虞山華嚴閣識

論一卷

共字三千五百六

十三箇

計寫銀一錢四分二厘

計刻銀一兩七錢

九分三厘

共板五塊

計工價銀二錢五分

句容潘以鉉刻

牌記云："嘗熟信士毛晉捐資刻《百字論》，東湖信士殷時衡、毛晉同對，崇禎甲申仲春虞山華嚴閣識。論一卷，共字三千五百六十三箇，計寫銀一錢四分二厘，計刻銀一兩七錢九分三厘，共板五塊，計工價銀二錢五分，句容潘以鉉刻。"逸四。

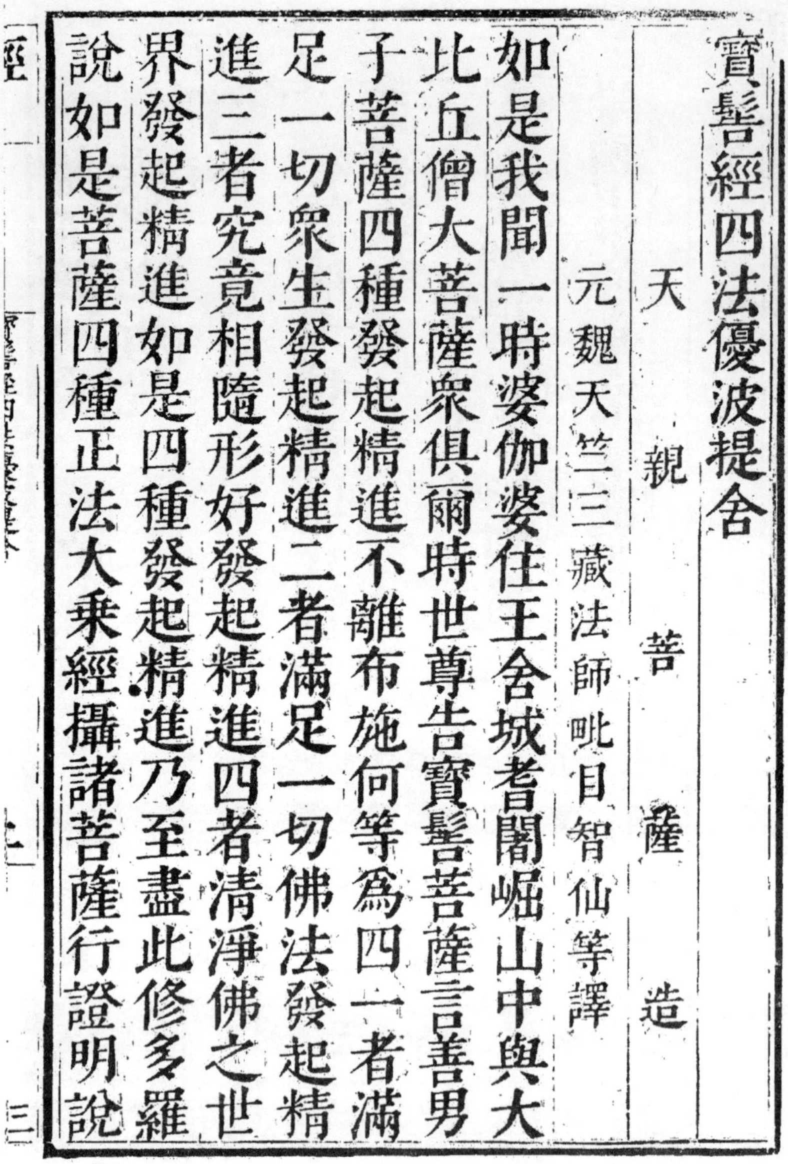
寶髻經四法優波提舍

天親菩薩造

元魏天竺三藏法師毗目智仙等譯

如是我聞一時婆伽婆住王舍城耆闍崛山中與大比丘僧大菩薩衆俱爾時世尊告寶髻菩薩言善男子菩薩四種發起精進不離布施何等爲四一者滿足一切衆生發起精進二者滿足一切佛法發起精進三者究竟相隨形好發起精進四者清淨佛之世界發起精進如是四種發起精進乃至盡此修多羅說如是菩薩四種正法大乘經攝諸菩薩行證明說

244 《寶髻經四法優波提舍》一卷

（北魏）釋毗目智仙等譯　明崇禎甲申（十七年，1644）泰和蕭士珂刻本

版框高 23 厘米，寬 15.4 厘米。半葉十行，行二十字，四周雙邊。

民族 113-001-00003；臺灣 382 頁 · 1185；故宫 113 · 1240

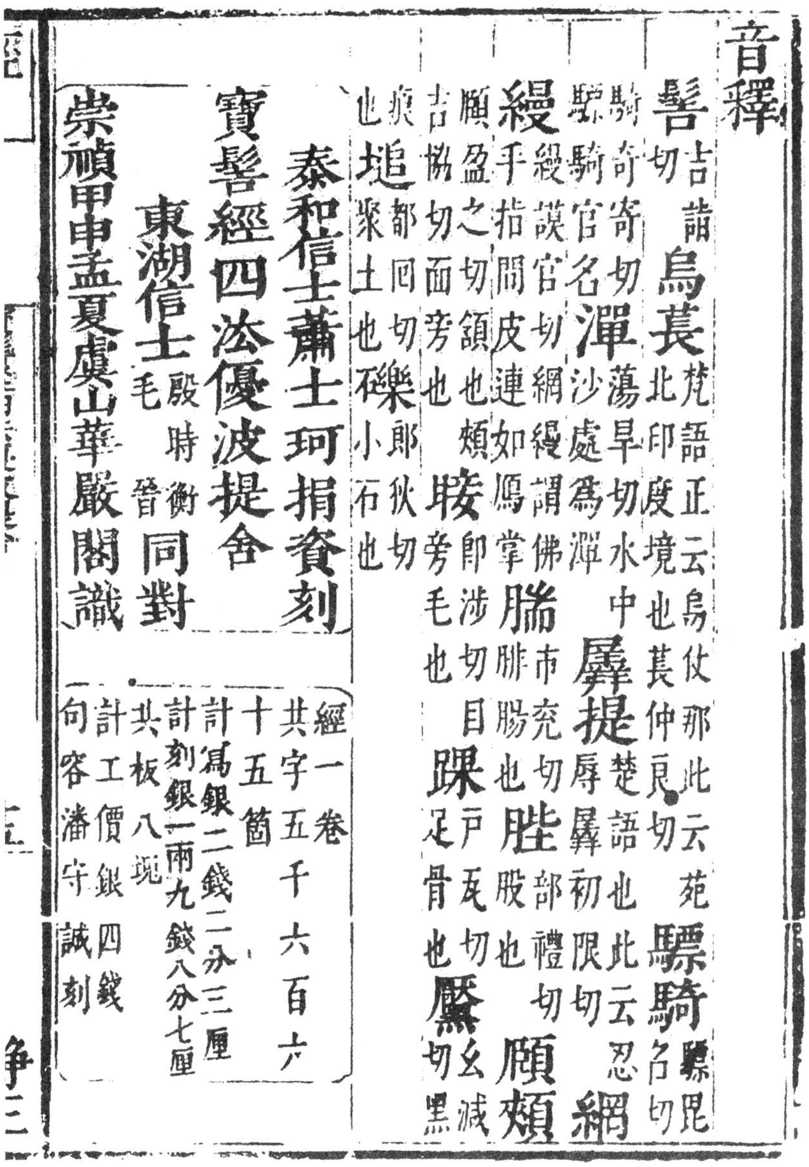
音釋

髻（吉詣切） 烏萇（梵語正云烏仗那此云苑） 驃騎（驃毗召切 騎奇寄切 驃騎官名） 潬（蕩旱切水中沙處爲潬） 羼提（楚語也此云忍 羼初限切） 網縵（縵謨官切網縵謂佛手指間皮連如鴈掌） 腨（市兗切腓腸也） 髀（部禮切股也） 頤（盈之切頷也） 頰（吉協切面旁也） 睫（即涉切目旁毛也） 踝（戶瓦切足骨也） 黶（幺減切黑瘢也） 塠（都回切聚土也） 礫（郎狄切小石也）

泰和信士蕭士珂捐資刻

寶髻經四泆優波提舍

東湖信士殷時衡毛晉同對

崇禎甲申孟夏虞山華嚴閣識

經一卷

共字五千六百六十五箇

計寫銀二錢二分三厘

計刻銀一兩九錢八分七厘

共板八塊

計工價銀四錢

句容潘守誠刻

静三

牌記云："泰和信士蕭士珂捐資刻《寶髻經四泆優波提舍》，東湖信士殷時衡、毛晉同對，崇禎甲申孟夏虞山華嚴閣識。經一卷，共字五千六百六十五箇，計寫銀二錢二分三厘，計刻銀一兩九錢八分七厘，共板八塊，計工價銀四錢，句容潘守誠刻。"静三。

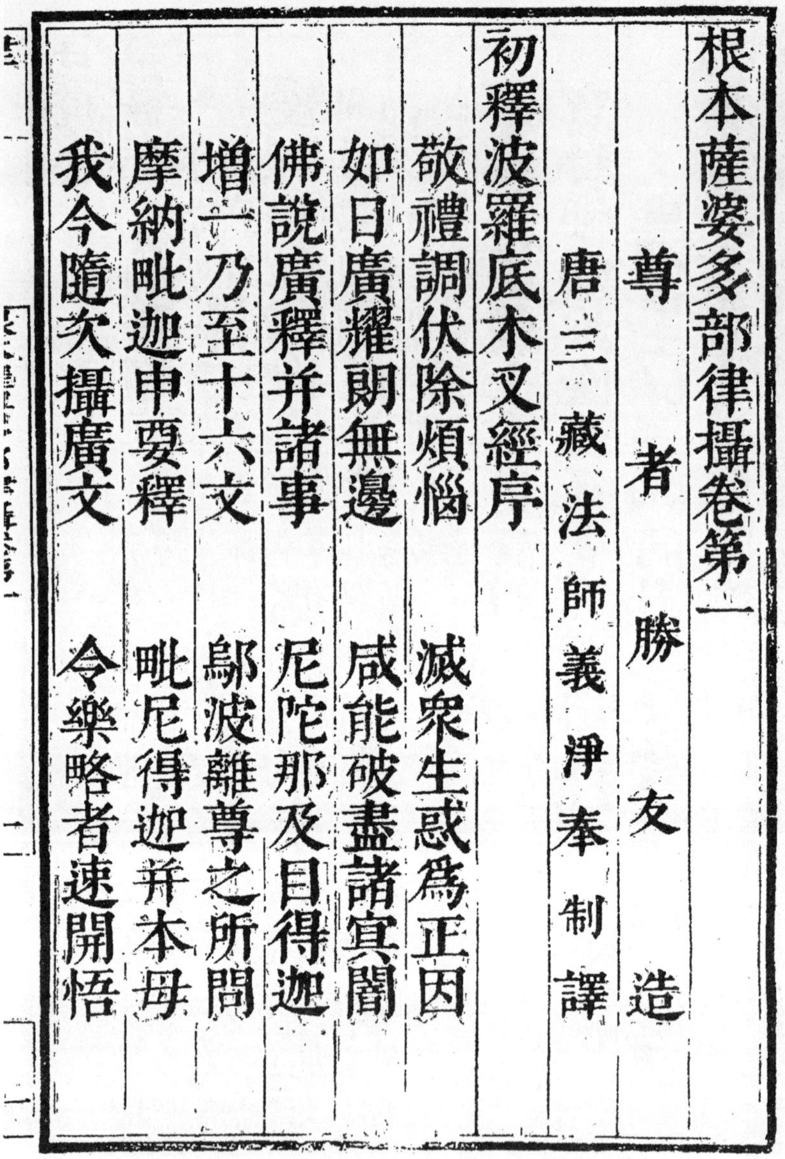

根本薩婆多部律攝卷第一

尊者勝友造

唐三藏法師義淨奉制譯

初釋波羅底木叉經序

敬禮調伏除煩惱　滅衆生惑爲正因

如日廣耀朗無邊　咸能破盡諸冥闇

佛說廣釋并諸事　尼陀那及目得迦

增一乃至十六文　鄔波離尊之所問

摩納毗迦申要釋　毗尼得迦并本母

我今隨次攝廣文　令樂略者速開悟

245《根本薩婆多部律攝》十四卷

(唐）釋義淨譯　明崇禎甲申（十七年，1644）泰和郭承昊刻本

版框高 22.3 厘米，寬 15.5 厘米。半葉十行，行二十字，四周雙邊。

民族 096-003-00014；臺灣 346 頁 · 1073；故宮 96 · 1126

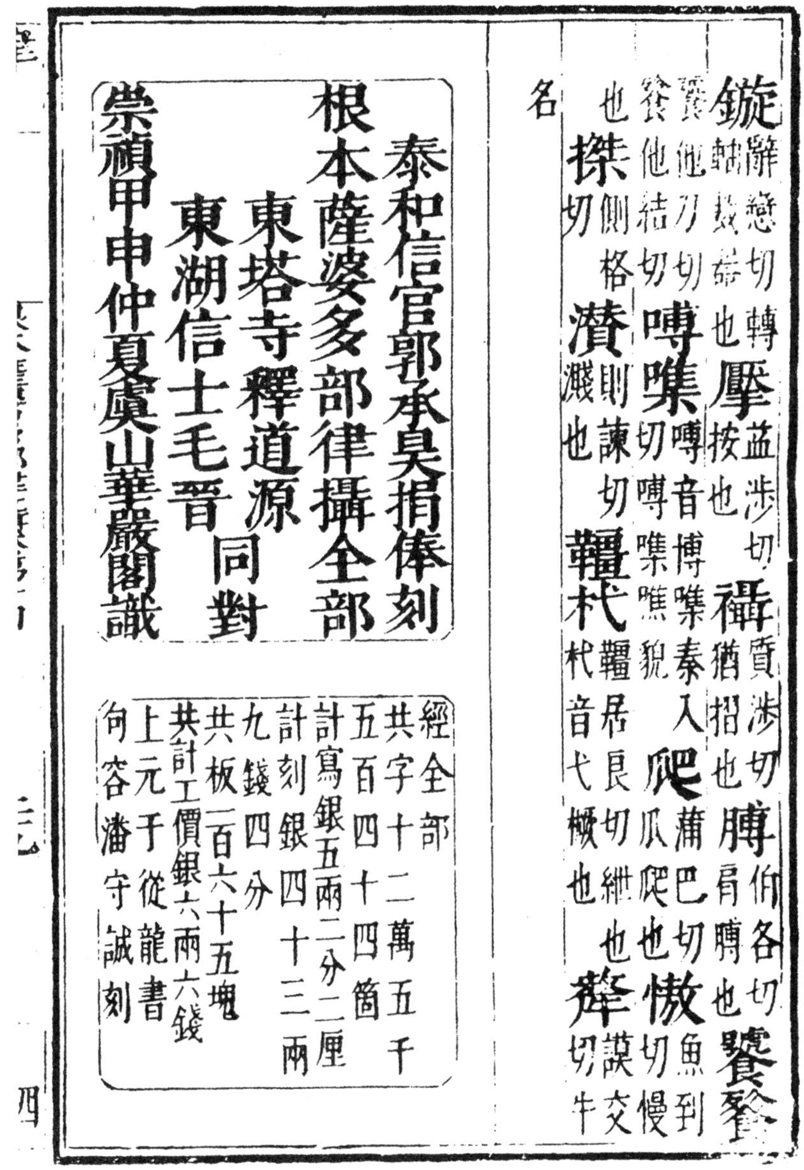

牌記云："泰和信官郭承昊捐俸刻《根本薩婆多部律攝》全部，東塔寺釋道源、東湖信士毛晉同對，崇禎甲申仲夏虞山華嚴閣識。經全部，共字十二萬五千五百四十四箇，計寫銀五兩二分二厘，計刻銀四十三兩九錢四分，共板一百六十五塊，共計工價銀六兩六錢，上元于從龍書，句容潘守誠刻。"尊一至十，卑一至四。

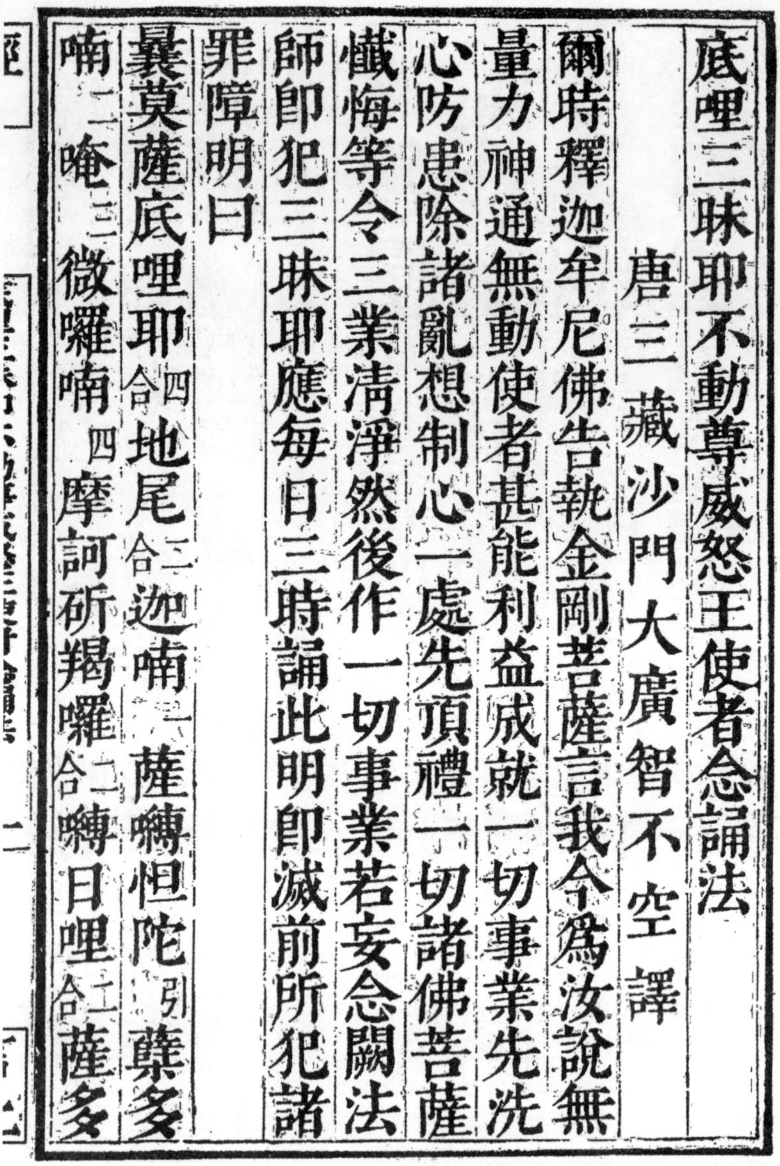
底哩三昧耶不動尊威怒王使者念誦法

唐三藏沙門大廣智不空譯

爾時釋迦牟尼佛告執金剛菩薩言我今爲汝說無量力神通無動使者甚能利益成就一切事業先洗心防患除諸亂想制心一處先頂禮一切諸佛菩薩懺悔等令三業清淨然後作一切事業若妄念闕法師即犯三昧耶應每日三時誦此明即滅前所犯諸罪障明曰

曩莫薩底哩（四）耶（二合）地尾（二合）迦喃（一）薩嚩怛陀（引）蘖多喃（二）唵（三）微囉喃（四）摩訶斫羯囉（二合）嚩日哩（二合）薩多

246 《底哩三昧耶不動尊威怒王使者念誦法》一卷

(唐) 釋不空譯　明崇禎甲申（十七年，1644）泰和蕭祚胤刻本

版框高 22.7 厘米，寬 15.5 厘米。半葉十行，行二十字，四周雙邊。

民族 082-005-00002；臺灣 325 頁 · 1009；故宮 82 · 1062

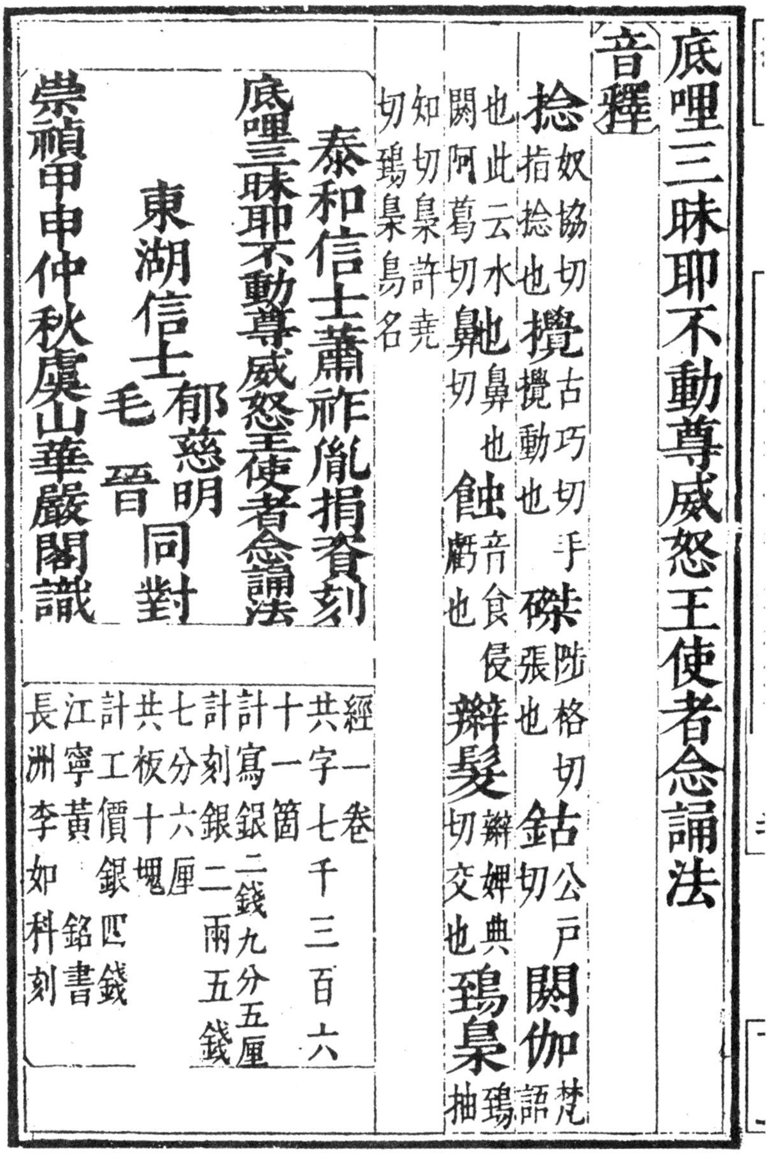
底哩三昧耶不動尊威怒王使者念誦法

音釋

捻奴協切指捻也 攪古巧切手攪動也 磔陟格切張也 鈷公戶切 閼伽梵語也此云水閼阿葛切 䶆鼻也切 蝕音食侵虧也 辮髮辮婢典切交也 鵄梟鵄抽知切梟許堯切鵄梟鳥名

泰和信士蕭祚胤捐貲刻

底哩三昧耶不動尊威怒王使者念誦法

東湖信士 郁慈明

毛晉 同對

崇禎甲申仲秋虞山華嚴閣識

經一卷

共字七千三百六

十一箇

計寫銀二錢九分五厘

計刻銀二兩五錢

七分六厘

共板十塊

計工價銀四錢

江寧黃銘書

長洲李如科刻

牌記云："泰和信官蕭士祚胤捐資刻《底哩三昧耶不動尊威怒王使者念誦法》，東湖信士郁慈明、毛晉同對，崇禎甲申仲秋虞山華嚴閣識。經一卷，共字七千三百六十一箇，計寫銀二錢九分五厘，計刻銀二兩五錢七分六厘，共板十塊，計工價銀四錢，江寧黃銘書，長洲李如科刻。"言二。

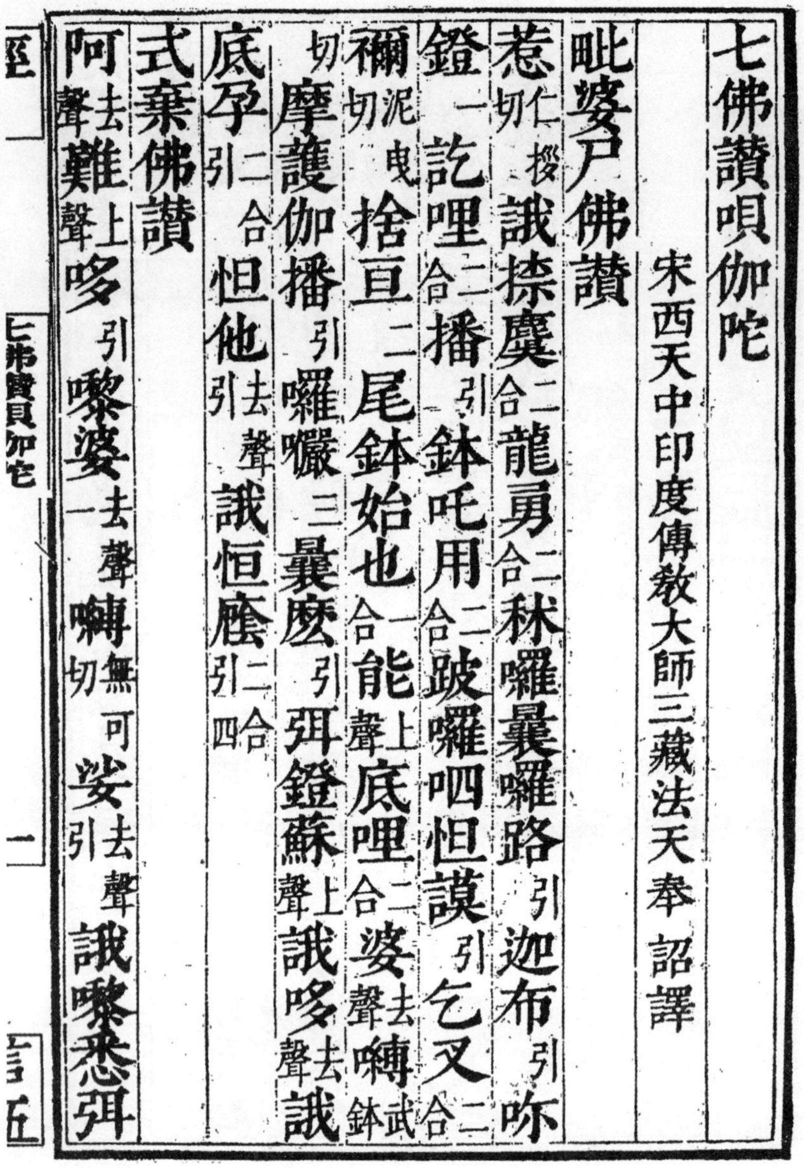

七佛讚唄伽陀

宋西天中印度傳教大師三藏法天奉　詔譯

毗婆尸佛讚

惹仁攞切誐捺麌二合龍勇二合秫囉曩囉路引迦布引吥

鑁一訖哩二合播引一鉢吒用二合跛囉呬怛謨引乞叉二合

禰泥曳切捨亘二合尾鉢始也二合能上聲底哩二合婆去聲嚩武鉢

切摩護伽播引囉嚩三曩麼引弭鐙蘇上聲誐哆去聲誐

底孕二合引怛他去聲引誐恒麼二合引四

式棄佛讚

阿去聲難上聲哆引嚟婆去聲一嚩無可切娑去聲引誐嚟悉弭

七佛讚唄伽陀　二

247 《七佛讚唄伽陀》一卷

(宋) 釋法天譯　明崇禎甲申（十七年，1644）泰和蕭祚胤刻本

版框高 22.3 厘米，寬 15.3 厘米。半葉十行，行二十字，四周雙邊。

民族 082-005-00004；臺灣 326 頁 · 1011；故宮 82 · 1064

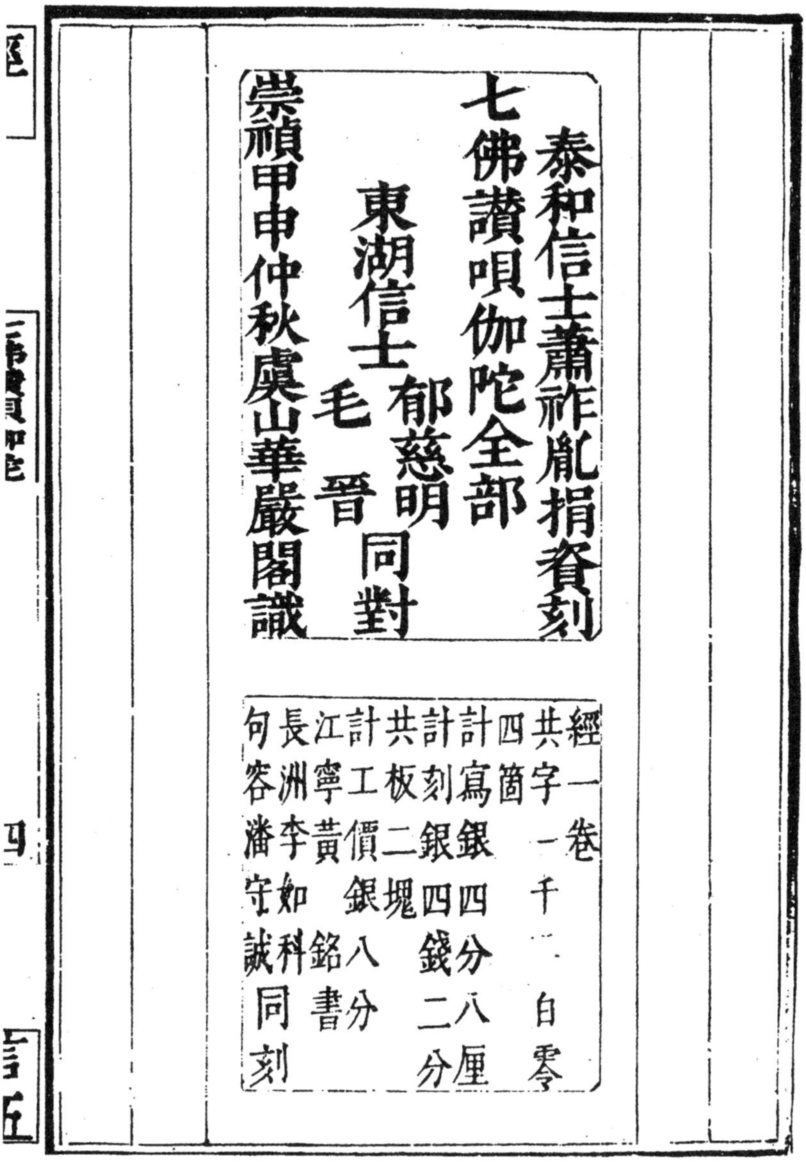
泰和信士蕭祚胤捐資刻
七佛讚唄伽陀全部
東湖信士郁慈明
毛晉同對
崇禎甲申仲秋虞山華嚴閣識

經一卷
共字一千二百零
四箇
計寫銀四分八厘
計刻銀四錢二分
共板二塊
計工價銀八分
江寧黃銘書
長洲李如科
句容潘守誠同刻

牌記云:“泰和信官蕭士祚胤捐資刻《七佛讚唄伽陀》全部，東湖信士郁慈明、毛晉同對，崇禎甲申仲秋虞山華嚴閣識。經一卷，共字一千二百零四箇，計寫銀四分八厘，計刻銀四錢二分，共板二塊，計工價銀八分，江寧黃銘書，長洲李如科、句容潘守誠同刻。”言五。

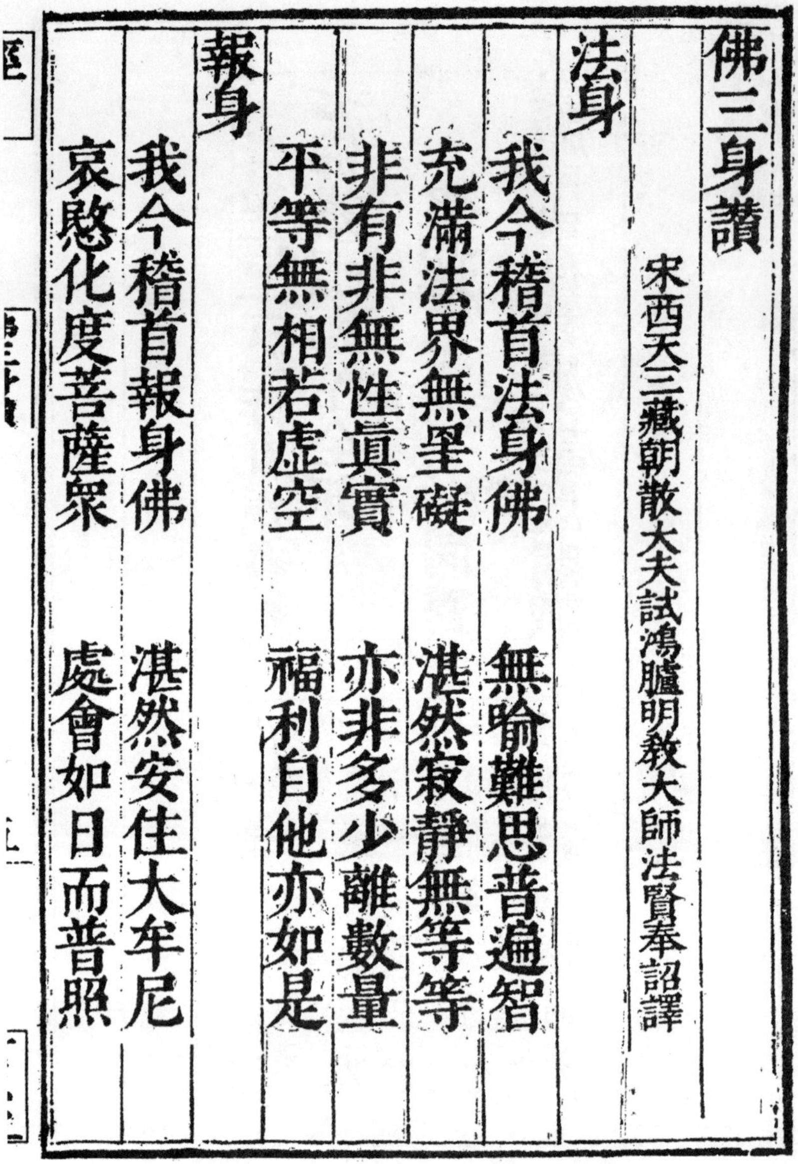

佛三身讚

宋西天三藏朝散大夫試鴻臚明教大師法賢奉詔譯

法身

我今稽首法身佛　無喻難思普遍智
充滿法界無罣礙　湛然寂靜無等等
非有非無性真實　亦非多少離數量
平等無相若虛空　福利自他亦如是

報身

我今稽首報身佛　湛然安住大牟尼
哀愍化度菩薩衆　處會如日而普照

248《佛三身讚》一卷

(宋) 釋法賢譯　明崇禎甲申（十七年，1644）常熟毛鳳苞刻本

版框高 22.4 厘米，寬 15.4 厘米。半葉十行，行二十字，四周雙邊。

民族 082-005-00005；臺灣 326 頁 · 1012；故宮 82 · 1065

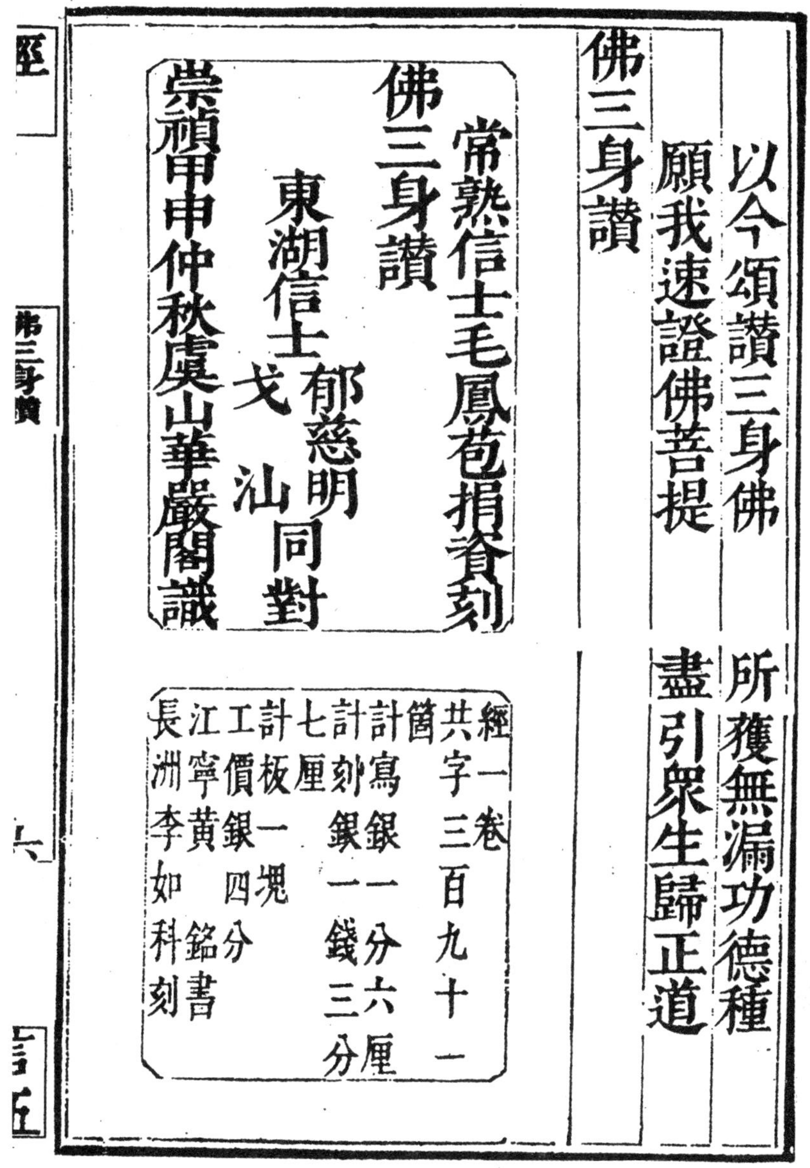
以今頌讚三身佛　所獲無漏功德種
願我速證佛菩提　盡引衆生歸正道
佛三身讚

常熟信士毛鳳苞捐資刻
佛三身讚
東湖信士郁慈明　戈汕同對
崇禎甲申仲秋虞山華嚴閣識

經一卷
共字三百九十一
箇
計寫銀一分六厘
計刻銀一錢三分
七厘
計板一塊
工價銀四分
江寧黃銘書
長洲李如科刻

牌記云："常熟信士毛鳳苞捐資刻《佛三身讚》，東湖信士郁慈明、戈汕同對，崇禎甲申仲秋虞山華嚴閣識。經一卷，共字三百九十一箇，計寫銀一分六厘，計刻銀一錢三分七厘，計板一塊，工價銀四分，江寧黃銘書，長洲李如科刻。"言五。

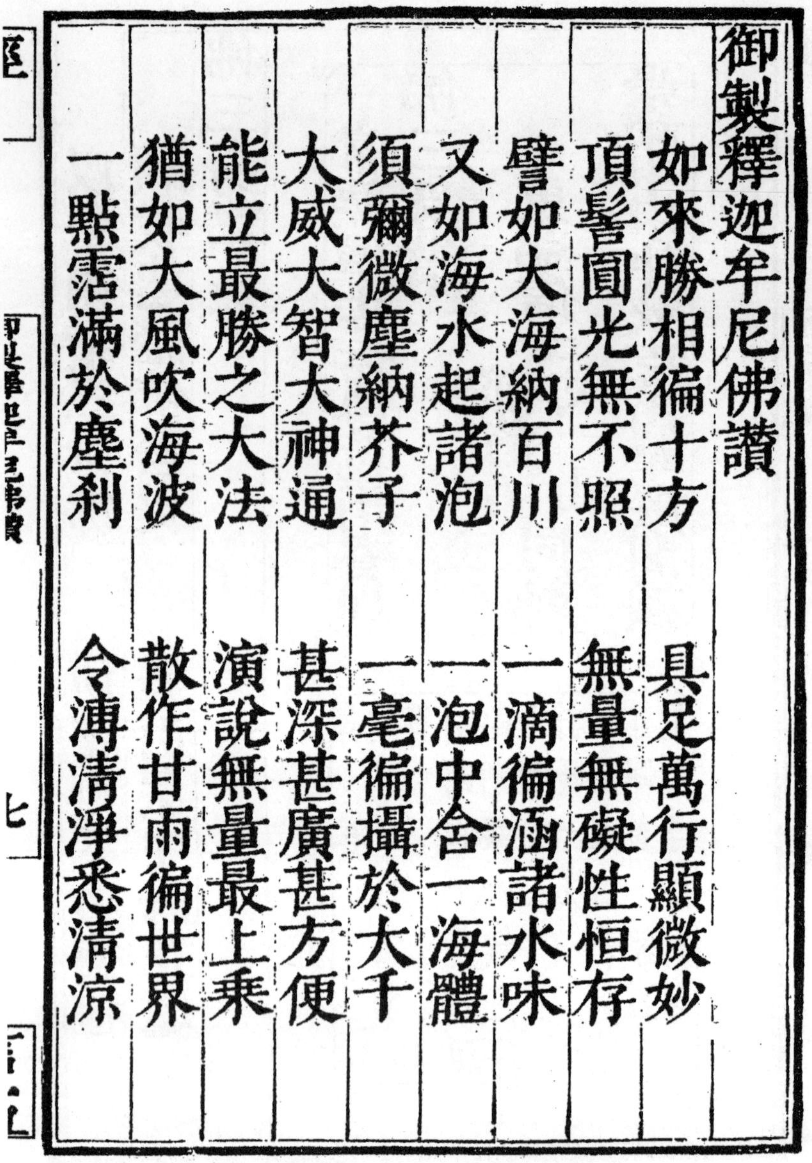

御製釋迦牟尼佛讚

如來勝相徧十方　具足萬行顯微妙
頂髻圓光無不照　無量無礙性恒存
譬如大海納百川　一滴徧涵諸水味
又如海水起諸泡　一泡中含一海體
須彌微塵納芥子　一毫徧攝於大千
大威大智大神通　甚深甚廣甚方便
能立最勝之大法　演說無量最上乘
猶如大風吹海波　散作甘雨徧世界
一點霑滿於塵刹　令溥清淨悉清涼

249 《御製釋迦牟尼佛讚》一卷

不著撰人　明崇禎甲申（十七年，1644）常熟毛鳳苞刻本

版框高 22.2 厘米，寬 15.4 厘米。半葉十行，行二十字，四周雙邊。

民族 082-005-00006；臺灣 326 頁 · 1012-1；故宫 82 · 1065

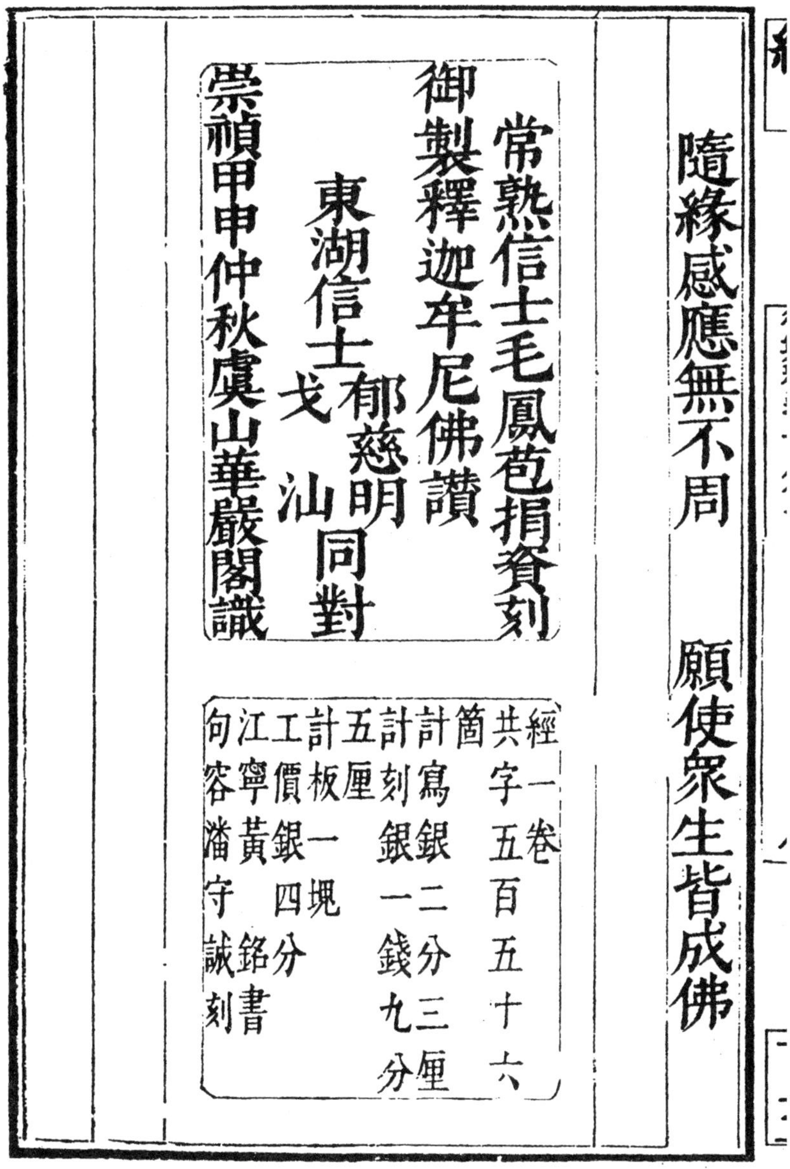
隨緣感應無不周　願使衆生皆成佛

常熟信士毛鳳苞捐資刻
御製釋迦牟尼佛讚
東湖信士郁慈明 戈汕同對
崇禎甲申仲秋虞山華嚴閣識

經一卷
共字五百五十六
箇
計寫銀二分三厘
計刻銀一錢九分
五厘
計板一塊
工價銀四分
江寧黃銘書
句容潘守誠刻

牌記云："常熟信士毛鳳苞捐資刻《御製釋迦牟尼佛讚》，東湖信士郁慈明、戈汕同對，崇禎甲申仲秋虞山華嚴閣識。經一卷，共字五百五十六箇，計寫銀二分三厘，計刻銀一錢九分五厘，計板一塊，工價銀四分，江寧黃銘書，句容潘守誠刻。"言五。

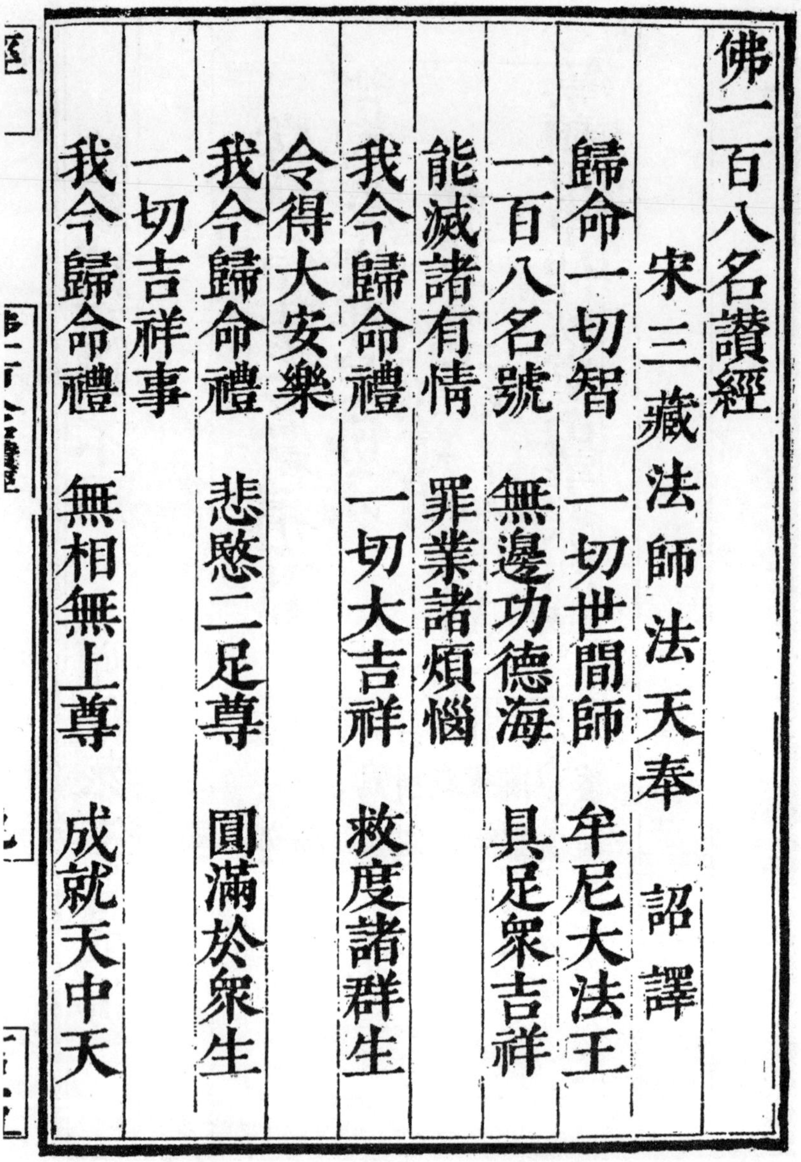

佛一百八名讃經

宋三藏法師法天奉　詔譯

歸命一切智　一切世間師　牟尼大法王

一百八名號　無邊功德海　具足衆吉祥

能滅諸有情　罪業諸煩惱

我今歸命禮　一切大吉祥　救度諸群生

令得大安樂

我今歸命禮　悲愍二足尊　圓滿於衆生

一切吉祥事

我今歸命禮　無相無上尊　成就天中天

250 《佛一百八名讃經》一卷

(宋) 釋法天譯　明崇禎甲申（十七年，1644）南沙郁慈明同室賀氏上寧刻本

版框高 22.5 厘米，寬 15.4 厘米。半葉十行，行二十字，四周雙邊。

民族 082-005-00007；臺灣 327 頁 · 1013；故宫 82 · 1066

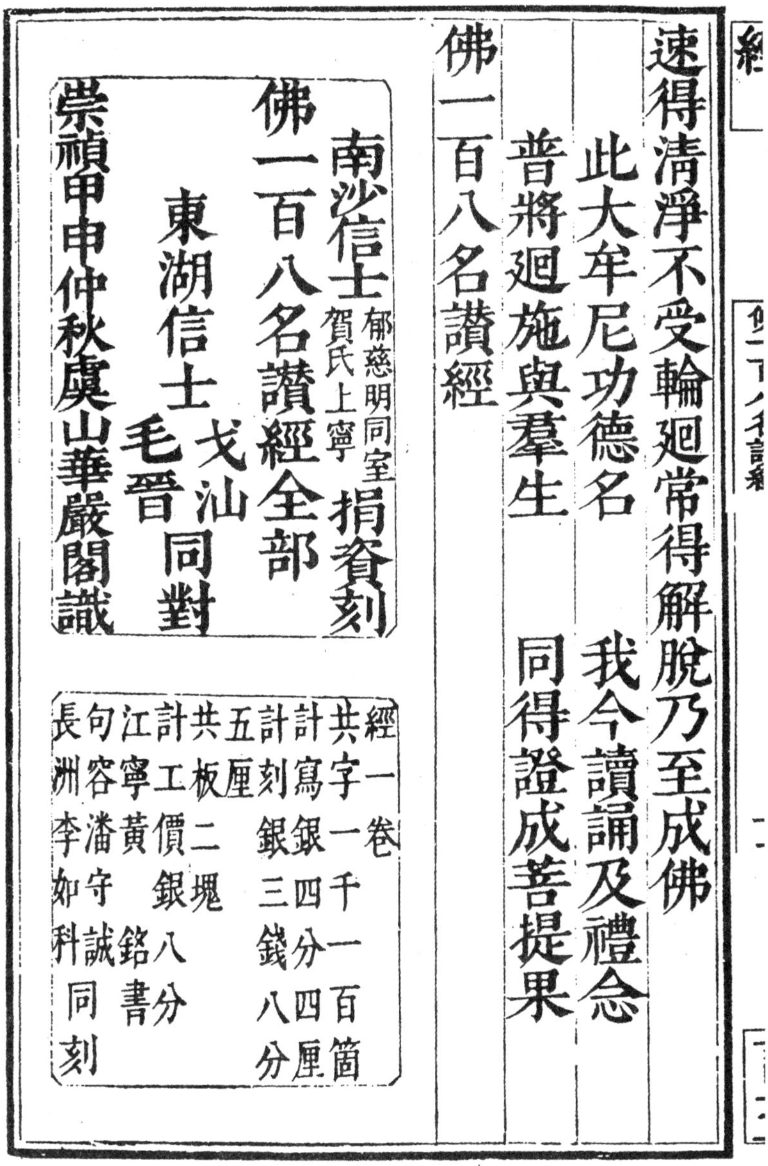
速得清淨不受輪廻常得解脫乃至成佛
此大牟尼功德名　我今讀誦及禮念
普將廻施與羣生　同得證成善提果
佛一百八名讚經
南沙信士郁慈明同室賀氏上寧捐資刻
佛一百八名讚經全部
東湖信士戈汕
毛晉同對
崇禎甲申仲秋虞山華嚴閣識
經一卷
共字一千一百箇
計寫銀四分四厘
計刻銀三錢八分
五厘
共板二塊
計工價銀八分
江寧黃銘書
句容潘守誠
長洲李如科同刻

牌記云："南沙信士郁慈明同室賀氏上寧捐資刻《佛一百八名讚經》全部，東湖信士戈汕、毛晉同對，崇禎甲申仲秋虞山華嚴閣識。經一卷，共字一千一百箇，計寫銀四分四厘，計刻銀三錢八分五厘，共板二塊，計工價銀八分，江寧黃銘書，句容潘守誠、長洲李如科同刻。"言五。

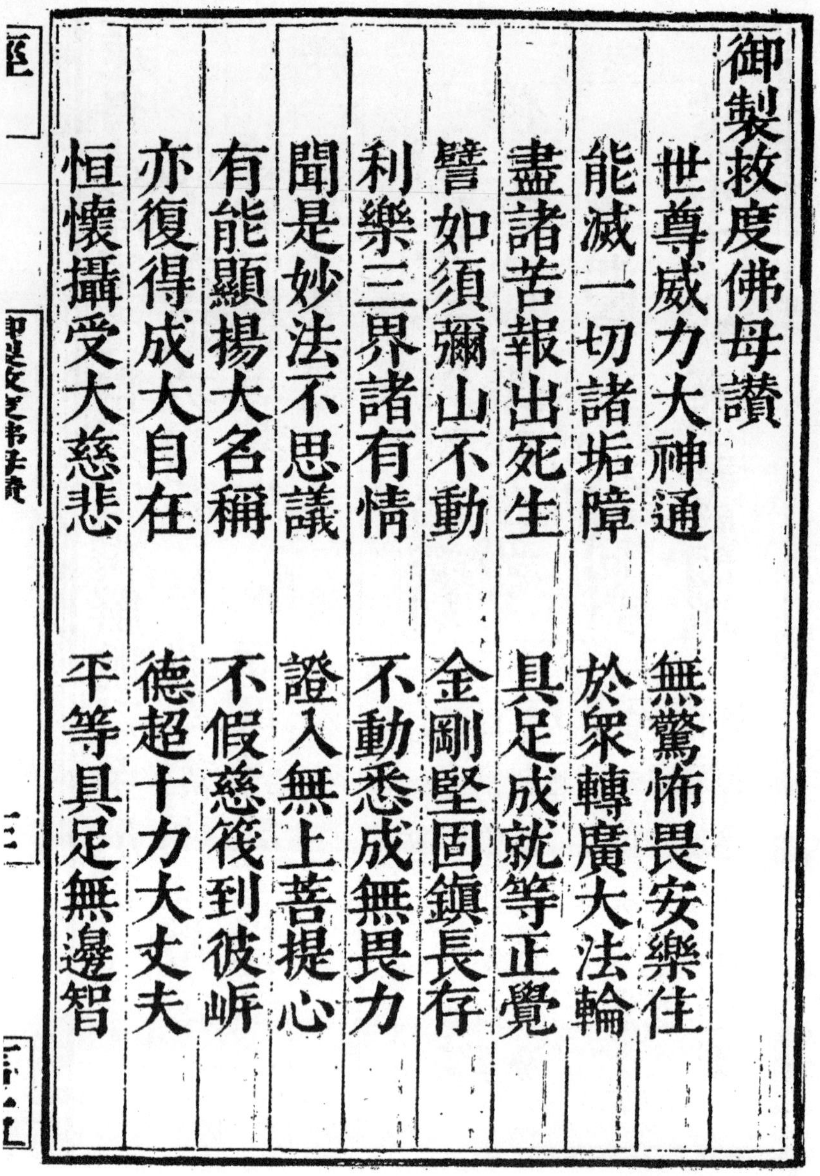
御製救度佛母讚

世尊威力大神通　無驚怖畏安樂住
能滅一切諸垢障　於衆轉廣大法輪
盡諸苦報出死生　具足成就等正覺
譬如須彌山不動　金剛堅固鎮長存
利樂三界諸有情　不動悉成無畏力
聞是妙法不思議　證入無上菩提心
有能顯揚大名稱　不假慈筏到彼岸
亦復得成大自在　德超十力大丈夫
恒懷攝受大慈悲　平等具足無邊智

251 《御製救度佛母讚》一卷

不著譯人　明崇禎甲申（十七年，1644）常熟信士毛鳳苞刻本

版框高 22.6 厘米，寬 15.6 厘米。半葉十行，行二十字，四周雙邊。

民族 082-005-00008；臺灣 327 頁 · 1013-1；故宫 82 · 1065

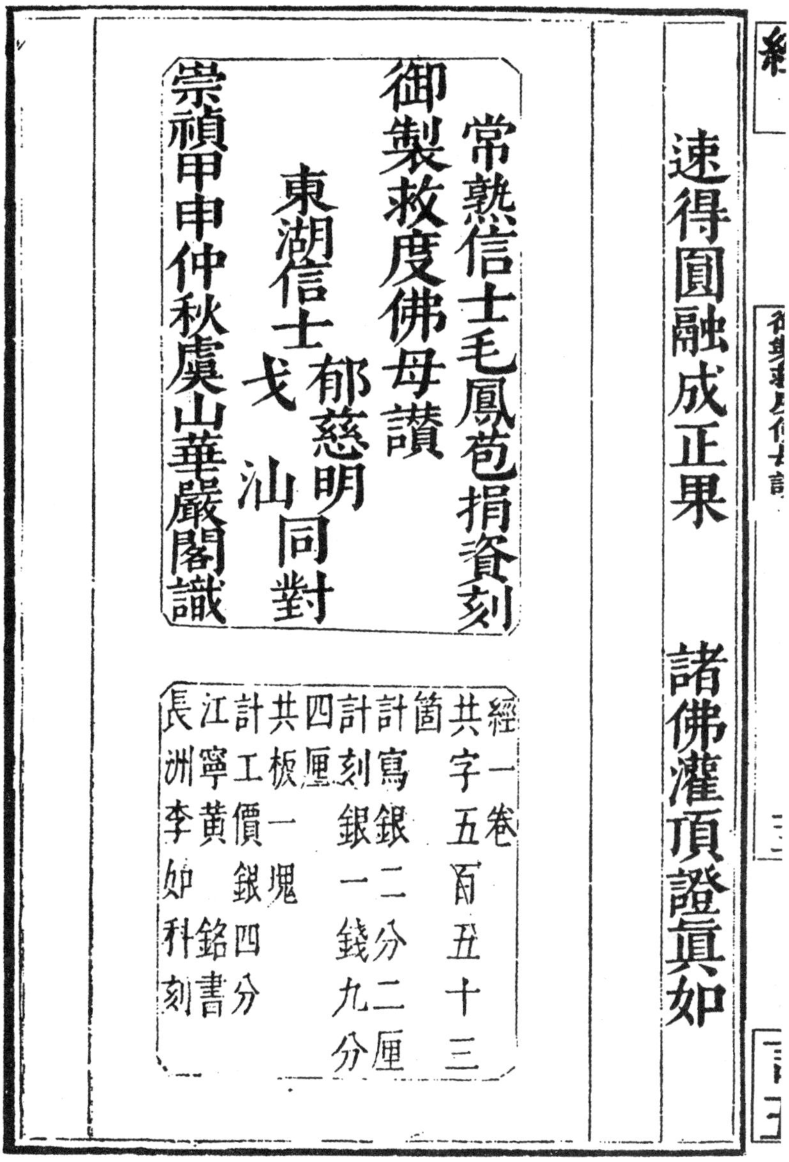

速得圓融成正果　諸佛灌頂證眞如

常熟信士毛鳳苞捐資刻
御製救度佛母讚
東湖信士郁慈明戈汕同對
崇禎甲申仲秋虞山華嚴閣識

經一卷
共字五百五十三
箇
計寫銀二分二厘
計刻銀一錢九分
四厘
共板一塊
計工價銀四分
江寧黃銘書
長洲李如科刻

牌記云："常熟信士毛鳳苞捐資刻《御製救度佛母讚》，東湖信士郁慈明、戈汕同對，崇禎甲申仲秋虞山華嚴閣識。經一卷，共字五百五十三箇，計寫銀二分二厘，計刻銀一錢九分四厘，共板一塊，計工價銀四分，江寧黃銘書，長洲李如科刻。"言五。

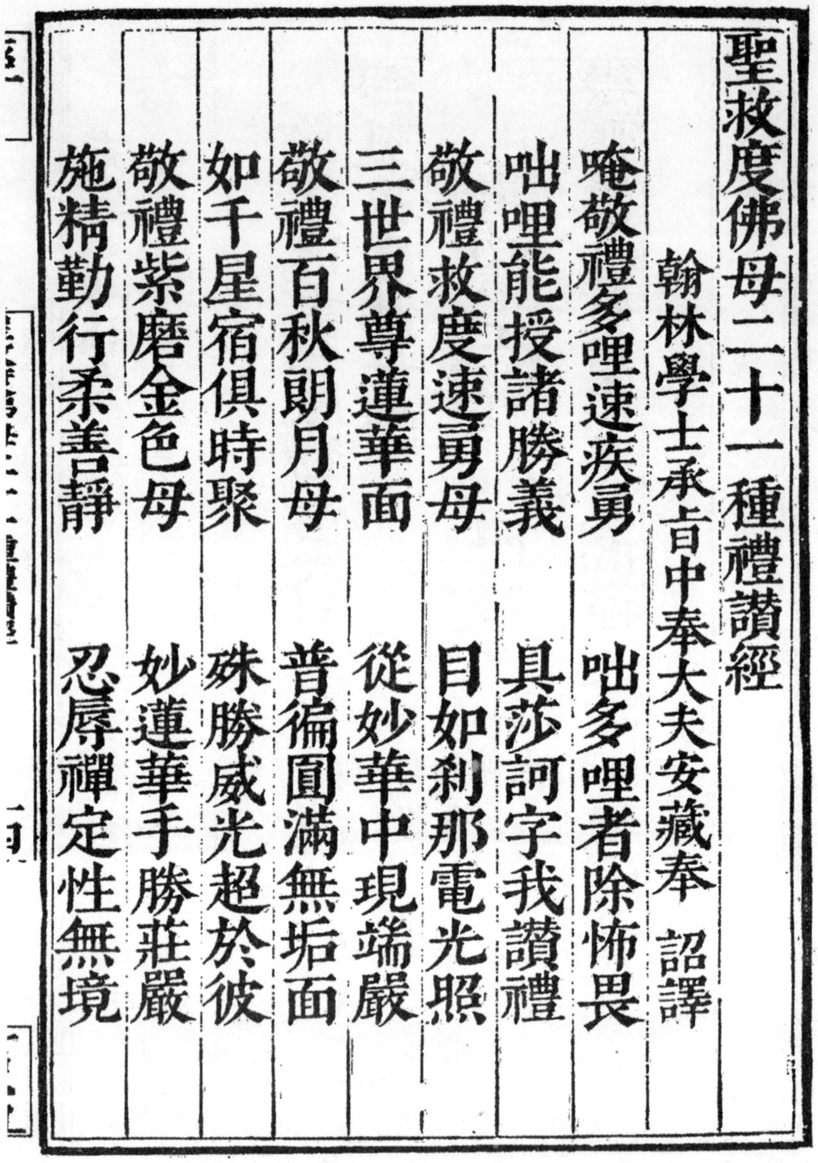

聖救度佛母二十一種禮讃經

翰林學士承旨中奉大夫安藏奉 詔譯

唵敬禮多哩速疾勇 咄多哩者除怖畏

咄哩能授諸勝義 具莎訶字我讃禮

敬禮救度速勇母 目如刹那電光照

三世界尊蓮華面 從妙華中現端嚴

敬禮百秋朗月母 普徧圓滿無垢面

如千星宿俱時聚 殊勝威光超於彼

敬禮紫磨金色母 妙蓮華手勝莊嚴

施精勤行柔善靜 忍辱禪定性無境

252 《聖救度佛母二十一種禮讃經》一卷

(元) 安藏譯　明崇禎甲申（十七年，1644）泰和蕭祚胤刻本

版框高 22.7 厘米，寬 15.4 厘米。半葉十行，行二十字，四周雙邊。

民族 082-005-00009；臺灣 327 頁 · 1014；故宫 82 · 1067

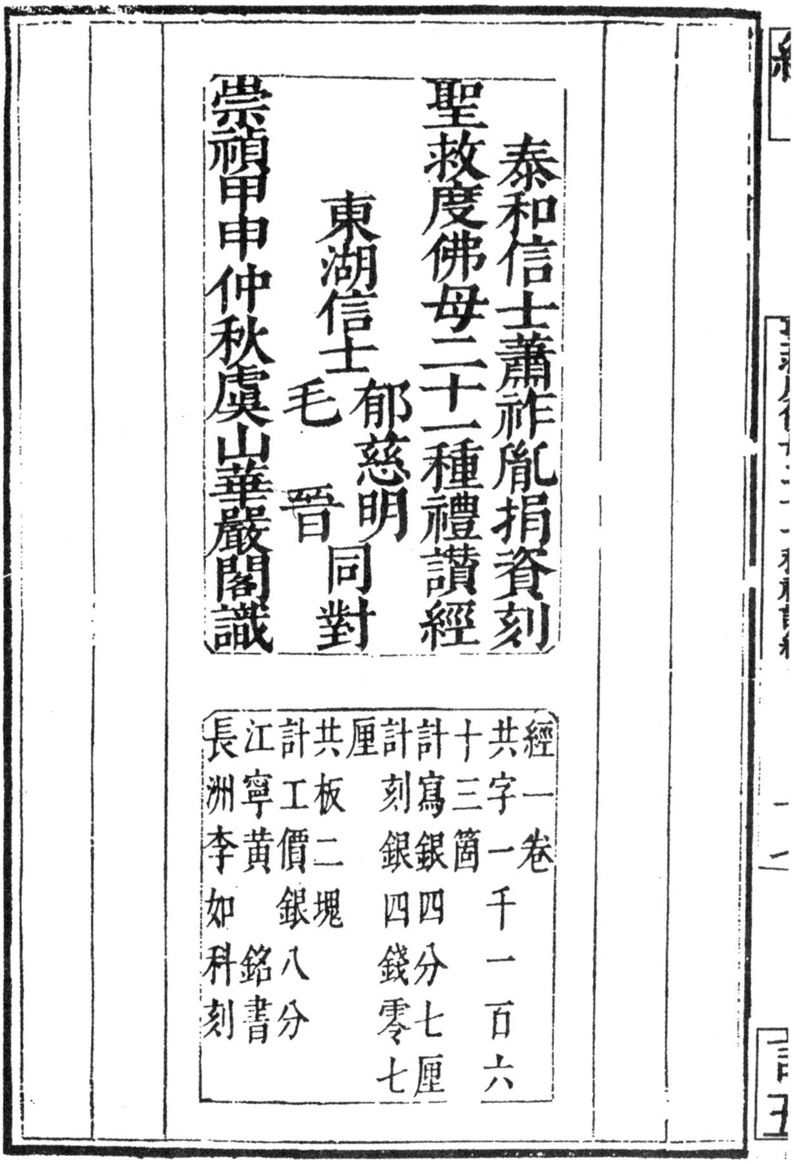

泰和信士蕭祚胤捐資刻
聖救度佛母二十一種禮讚經
東湖信士 郁慈明
毛 晉 同對
崇禎甲申仲秋虞山華嚴閣識

經一卷
共字一千一百六
十三箇
計寫銀四分七厘
計刻銀四錢零七
厘
共板二塊
計工價銀八分
江寧黃銘書
長洲李如科刻

牌記云："泰和信士蕭祚胤捐資刻《聖救度佛母二十一種禮讚經》，東湖信士郁慈明、毛晉同對，崇禎甲申仲秋虞山華嚴閣識。經一卷，共字一千一百六十三箇，計寫銀四分七厘，計刻銀四錢零七厘，共板二塊，計工價銀八分，江寧黃銘書，長洲李如科刻。"言五。

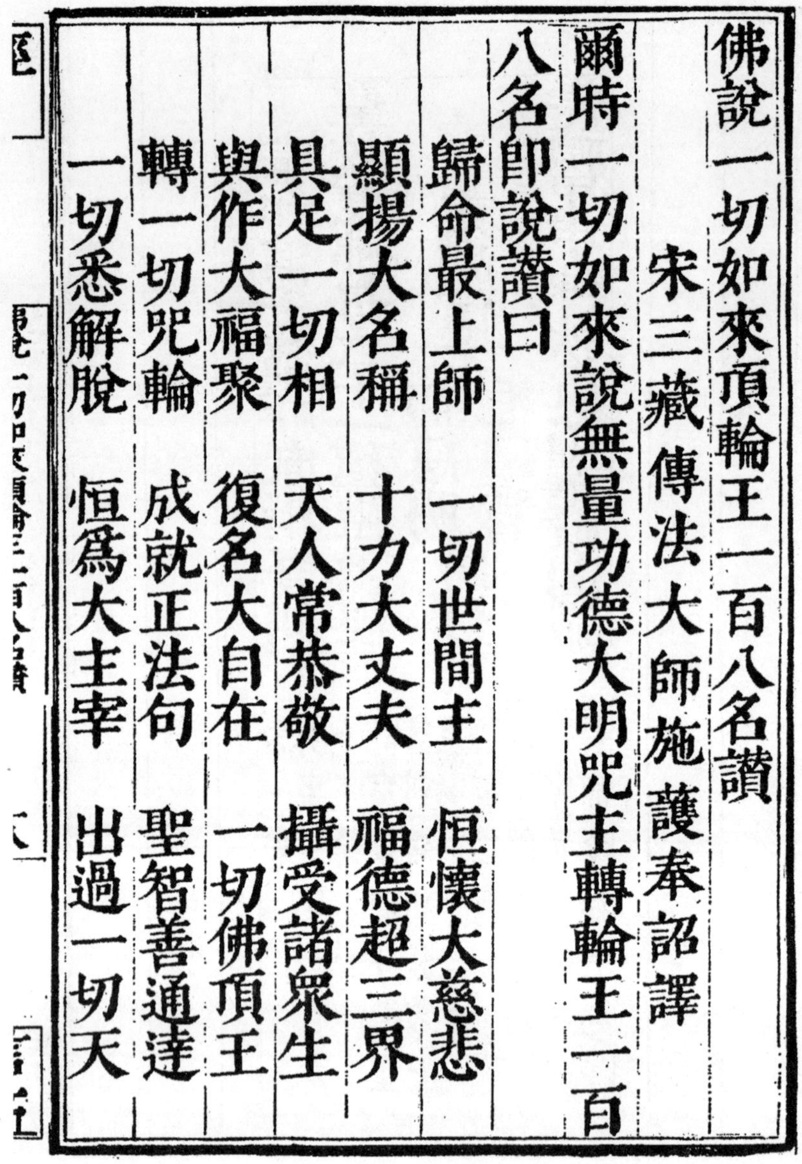
佛說一切如來頂輪王一百八名讚
宋三藏傳法大師施護奉詔譯
爾時一切如來說無量功德大明咒主轉輪王一百
八名即說讚曰
歸命最上師　一切世間主　恒懷大慈悲
顯揚大名稱　十力大丈夫　福德超三界
具足一切相　天人常恭敬　攝受諸衆生
與作大福聚　復名大自在　一切佛頂王
轉一切咒輪　成就正法句　聖智善通達
一切悉解脫　恒爲大主宰　出過一切天

佛說一切如來頂輪王一百八名讚　一

253 《佛說一切如來頂輪王一百八名讚》一卷

(宋) 釋施護譯　明崇禎甲申（十七年，1644）泰和蕭祚胤刻本

版框高 22.7 厘米，寬 15.4 厘米。半葉十行，行二十字，四周雙邊。

民族 082-005-00010；臺灣 327 頁 · 1015；故宮 82 · 1068

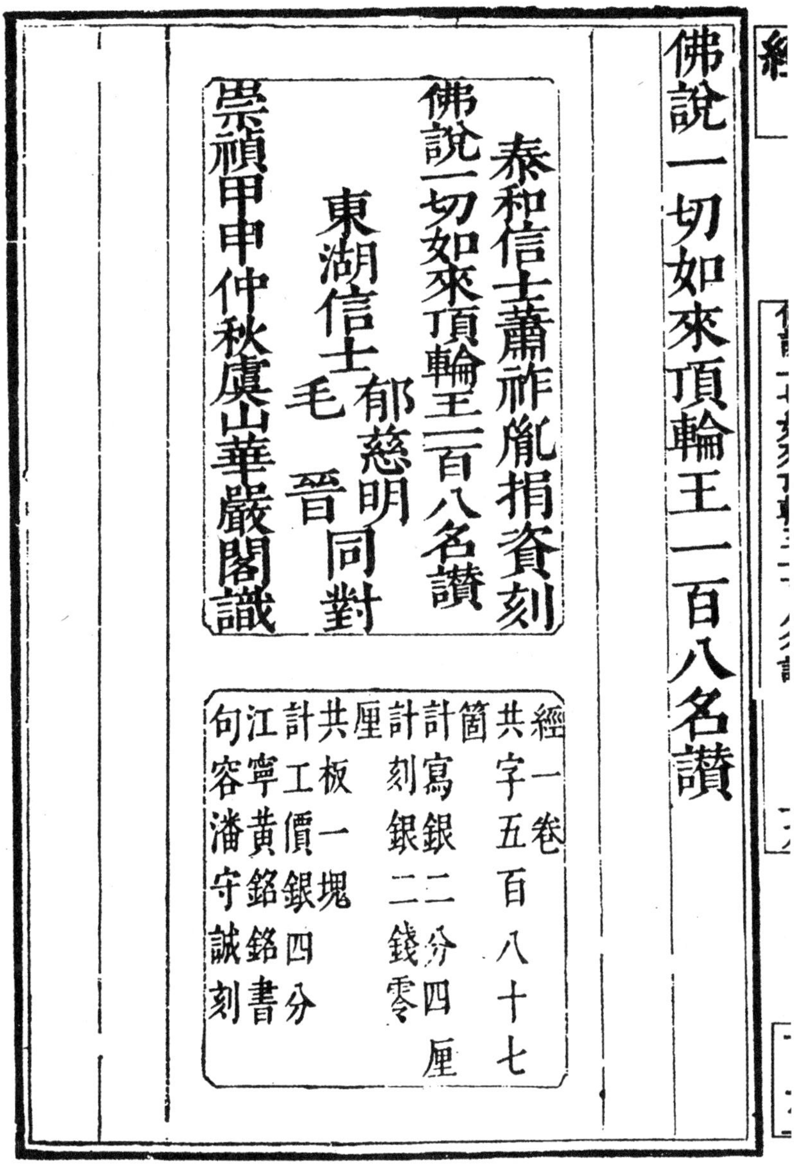
佛說一切如來頂輪王一百八名讚

泰和信士蕭祚胤捐資刻
佛說一切如來頂輪王一百八名讚
東湖信士郁慈明
毛晉同對
崇禎甲申仲秋虞山華嚴閣識

經一卷
共字五百八十七
箇
計寫銀二分四厘
計刻銀二錢零
厘
共板一塊
計工價銀四分
江寧黃銘銘書
句容潘守誠刻

牌記云:"泰和信士蕭祚胤捐資刻《佛說一切如來頂輪王一百八名讚》,東湖信士郁慈明、毛晉同對,崇禎甲申仲秋虞山華嚴閣識。經一卷,共字五百八十七箇,計寫銀二分四厘,計刻銀二錢零□厘,共板一塊,計工價銀四分,江寧黃銘銘書,句容潘守誠刻。"言五。

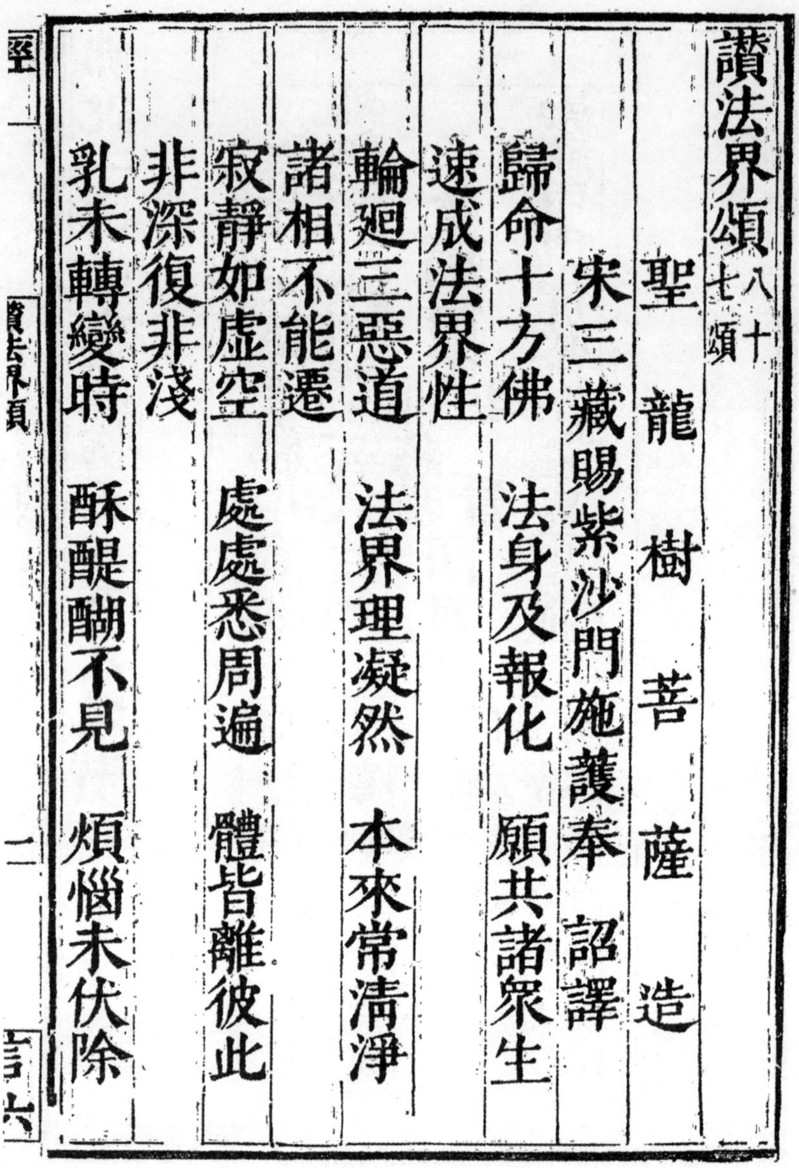
讚法界頌八十七頌
聖龍樹菩薩造
宋三藏賜紫沙門施護奉　詔譯
歸命十方佛　法身及報化　願共諸衆生
速成法界性
輪迴三惡道　法界理凝然　本來常清淨
諸相不能遷
寂靜如虛空　處處悉周遍　體皆離彼此
非深復非淺
乳未轉變時　酥醍醐不見　煩惱未伏除
讚法界頌　二

254《讚法界頌》一卷

(宋) 釋施護譯　明崇禎甲申（十七年，1644）泰和蕭祚胤刻本

版框高 22.5 厘米，寬 15.5 厘米。半葉十行，行二十字，四周雙邊。

民族 082-006-00001；臺灣 328 頁 · 1016；故宮 82 · 1069

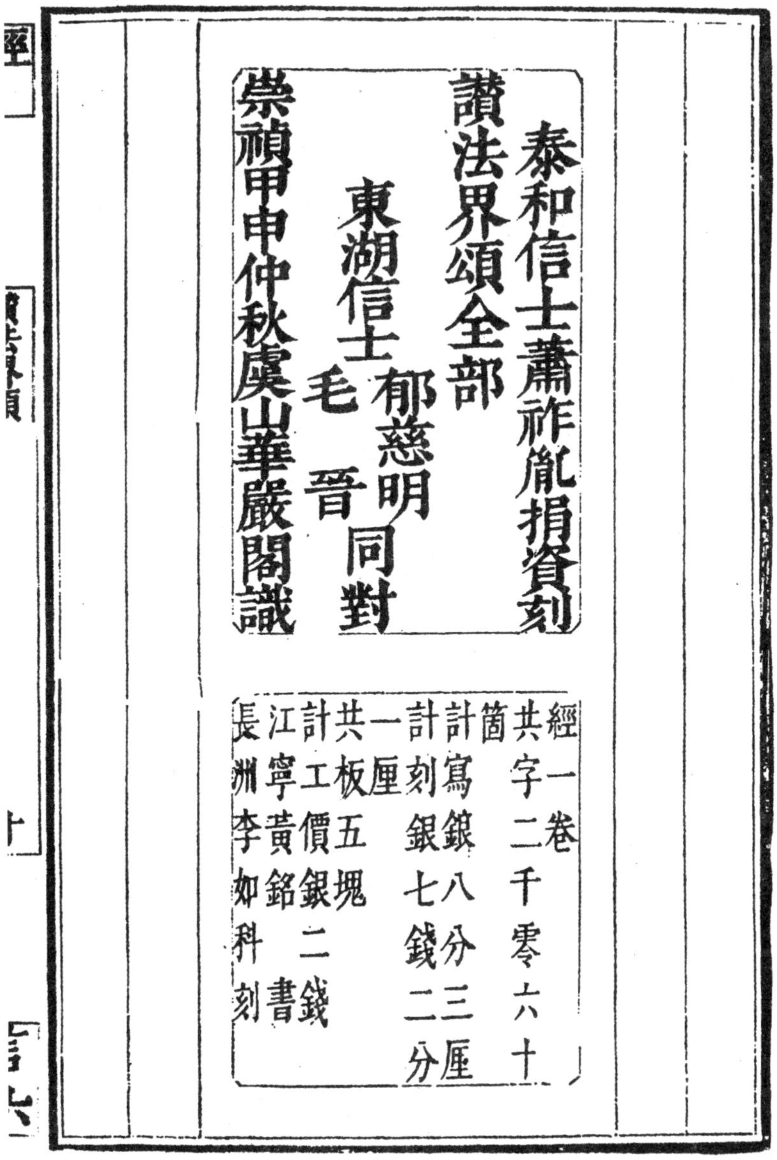
泰和信士蕭祚胤捐資刻
讚法界頌全部
東湖信士郁慈明
毛晉同對
崇禎甲申仲秋虞山華嚴閣識

經一卷
共字二千零六十
箇
計寫銀八分三厘
計刻銀七錢二分
一厘
共板五塊
計工價銀二錢
江寧黃銘書
長洲李如科刻

牌記云："泰和信士蕭祚胤捐資刻《讚法界頌》全部，東湖信士郁慈明、毛晉同對，崇禎甲申仲秋虞山華嚴閣識。經一卷，共字二千零六十箇，計寫銀八分三厘，計刻銀七錢二分一厘，共板五塊，計工價銀二錢，江寧黃銘書，長洲李如科刻。"言六。

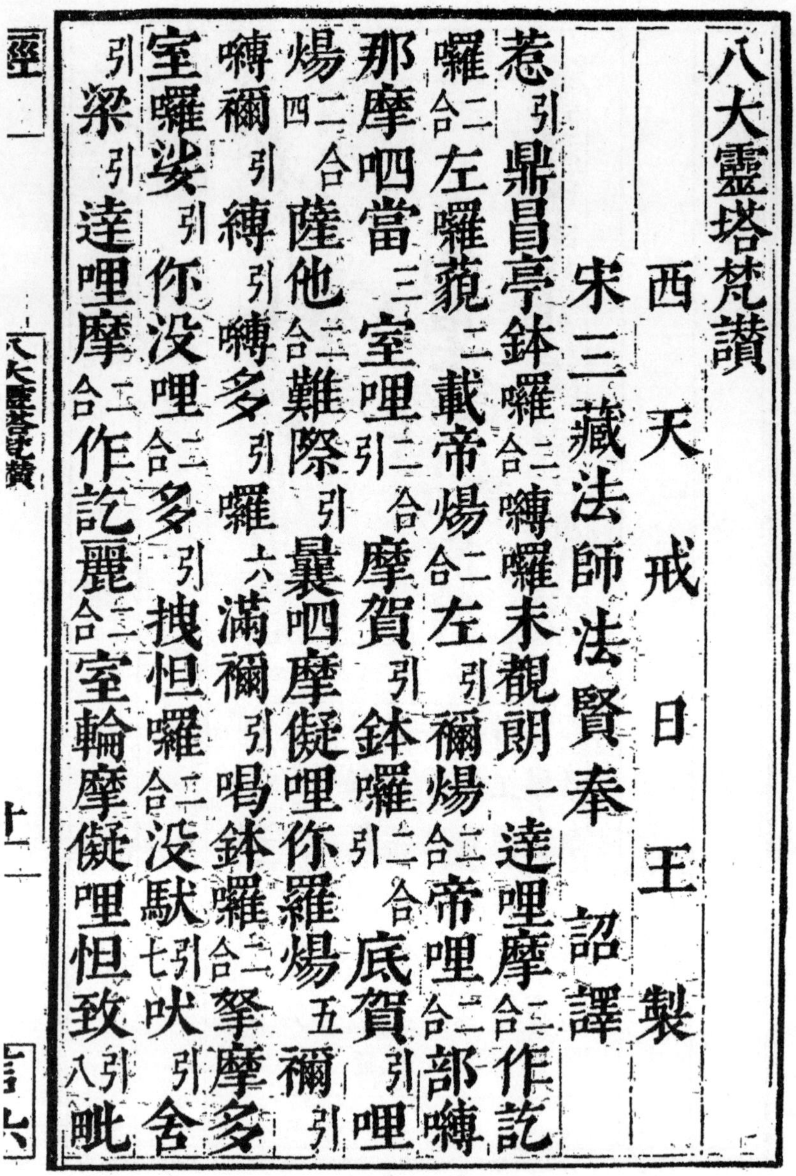

八大靈塔梵讚

西天戒日王製

宋三藏法師法賢奉　詔譯

惹引鼎昌亭鉢囉合二嚩囉未覩朗一達哩摩合二作訖囉合二左囉藐二載帝煬合二左引爾煬合二帝哩合二部嚩那摩呬當三室哩引二合摩賀引鉢囉引二合底賀引哩煬四二合薩他合二難際引曩呬摩儗哩你羅煬五爾引嚩爾引縛引嚩多引囉六滿爾引唱鉢囉合二拏摩多室囉娑引你没哩合二多引拽怛囉合二没馱七引吠引舍引粲引達哩摩合二作訖麗合二室輪摩儗哩怛致八引毗

經　八大靈塔梵讚　十二

255 《八大靈塔梵讚》一卷

（宋）釋法賢譯　明崇禎甲申（十七年，1644）泰和蕭祚胤刻本

版框高 22.5 厘米，寬 15.5 厘米。半葉十行，行二十字，四周雙邊。

民族 082-006-00002；臺灣 328 頁 · 1017；故宫 82 · 1070

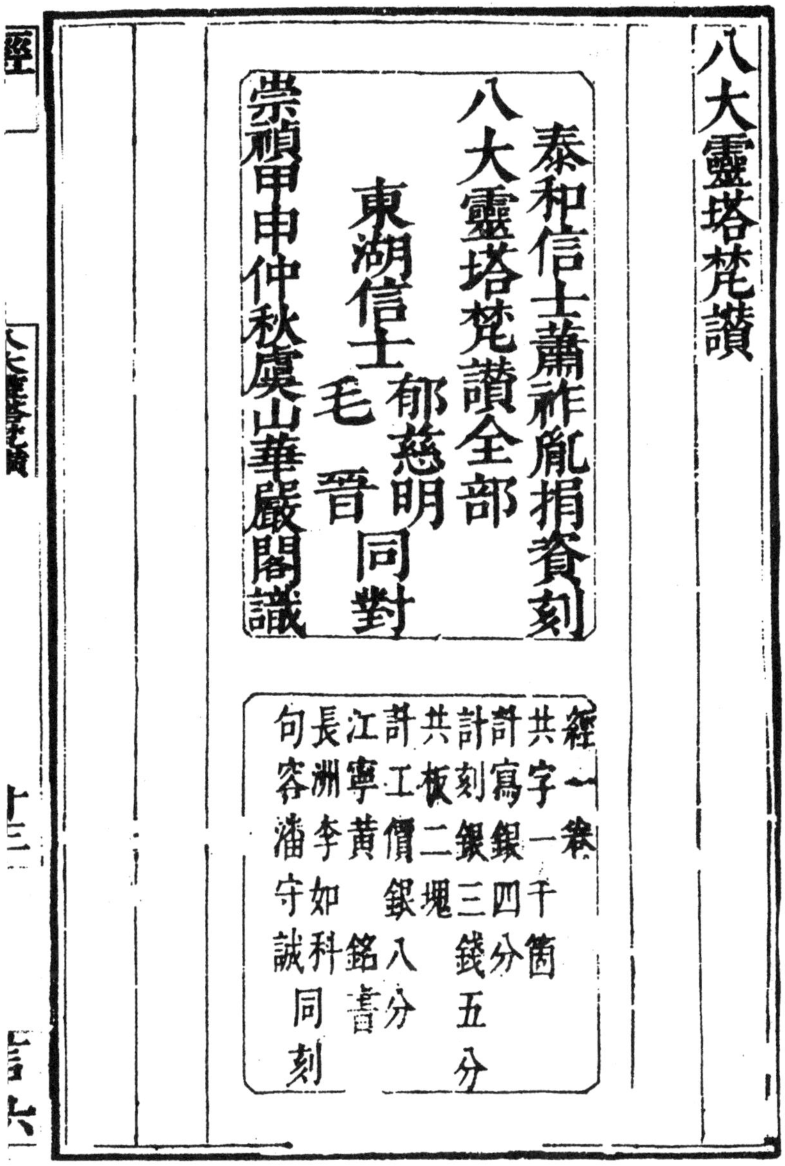
八大靈塔梵讚

泰和信士蕭祚胤捐資刻
八大靈塔梵讚全部
東湖信士　郁慈明
　　　　　毛　晉　同對
崇禎甲申仲秋虞山華嚴閣識

經一卷
共字一千箇
計寫銀四分
計刻銀三錢五分
共板二塊
計工價銀八分
江寧黃銘書
長洲李如科
句容潘守誠同刻

牌記云:"泰和信士蕭祚胤捐資刻《八大靈塔梵讚》全部，東湖信士郁慈明、毛晉同對，崇禎甲申仲秋虞山華嚴閣識。經一卷，共字一千箇，計寫銀四分，計刻銀三錢五分，共板二塊，計工價銀八分，江寧黃銘書，長洲李如科、句容潘守誠同刻。"言六。

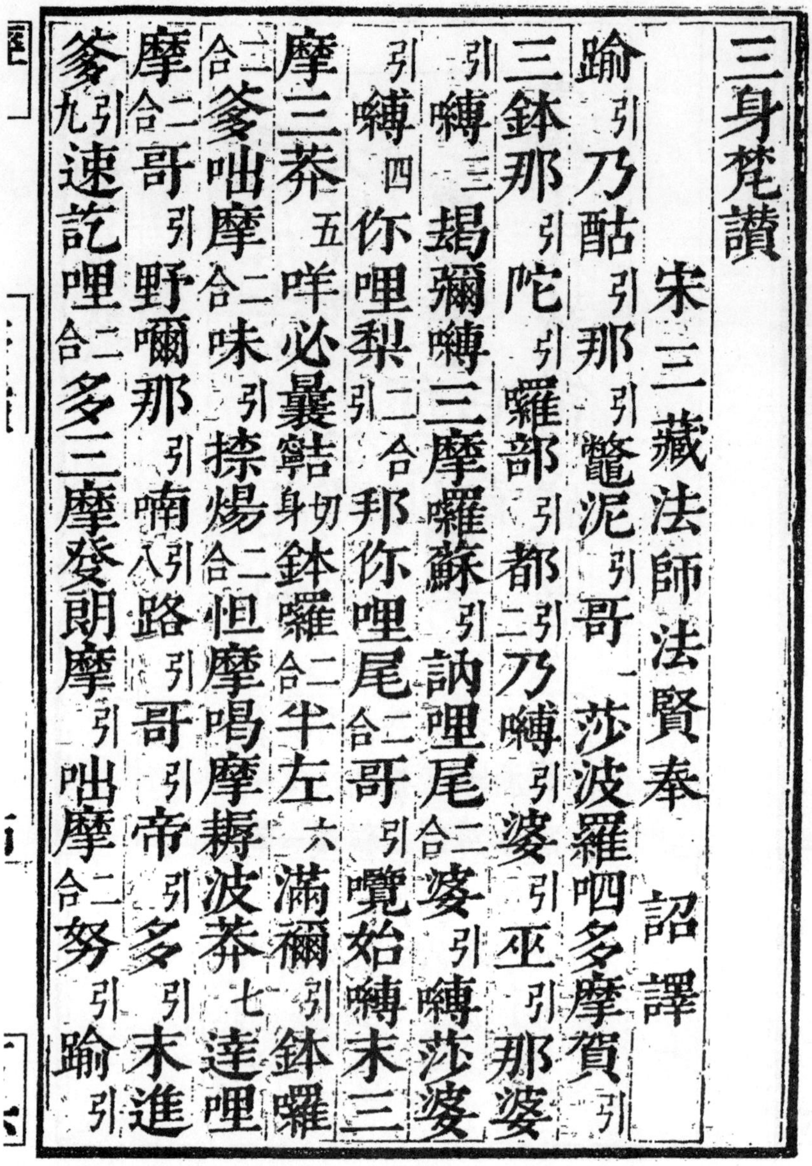
三身梵讃
宋三藏法師法賢奉　詔譯
踰引乃酤引那引鼈泥引哥一莎波羅哂多摩賀引
三鉢那引陀引羅部引都引二乃嚩引婆引巫引那婆
引嚩三揭爾嚩三摩囉蘇引訥哩尾二合婆引嚩莎婆
引嚩四你哩梨引二合邦你哩尾二合哥引覽始嚩末三
摩三莾五咩必曩鞊身切鉢囉二合半左六滿爾引鉢囉
二合苓咄摩二合味引捺煬二合怛摩喝摩耨波莾七達哩
摩二合哥引野爾那引喃引八路引哥引帝引多引末進
苓引九速訖哩二合多三摩登朗摩引咄摩二合努引踰引

256 《三身梵讃》一卷

(宋) 釋法賢譯　明崇禎甲申（十七年，1644）泰和蕭祚胤刻本

版框高 22.5 厘米，寬 15.4 厘米。半葉十行，行二十字，四周雙邊。

民族 082-006-00003；臺灣 328 頁 · 1018；故宮 82 · 1071

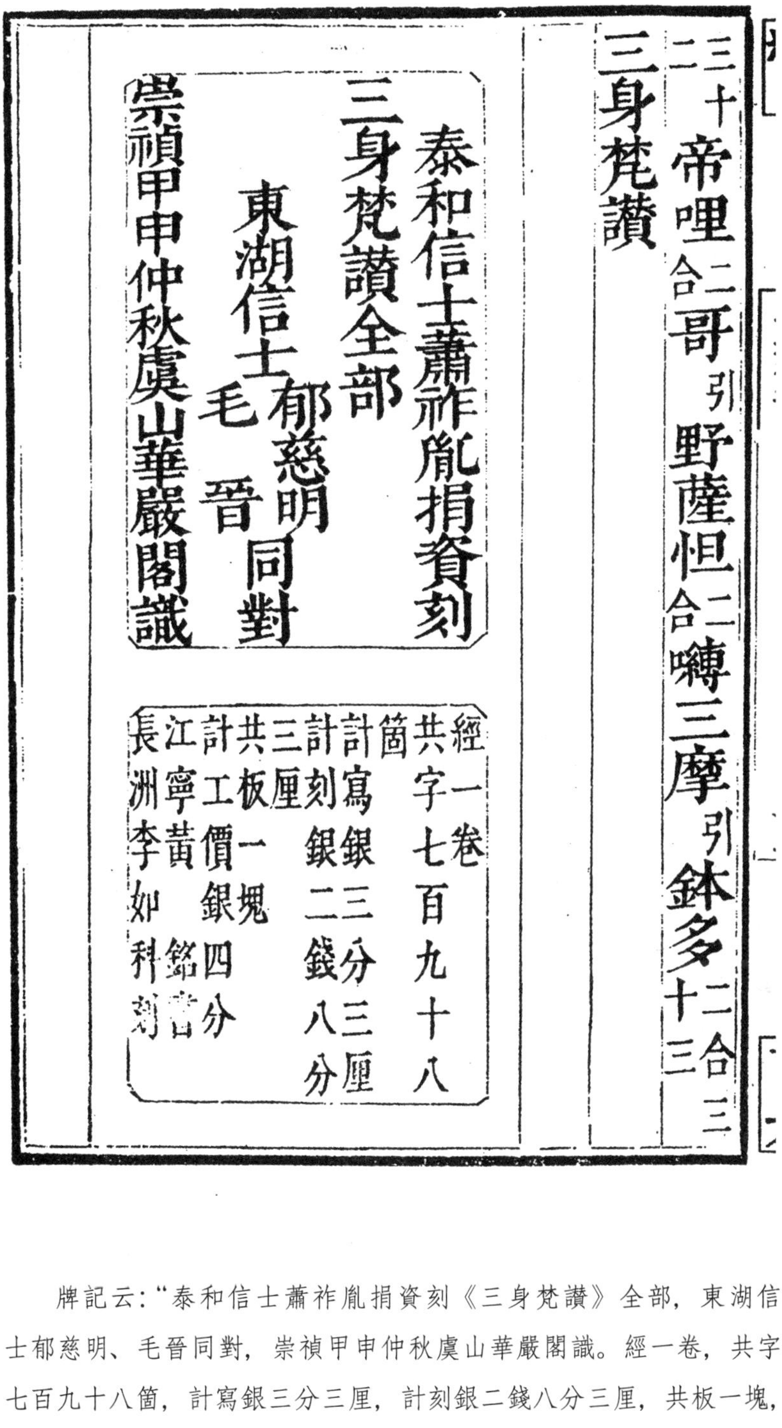

三十二 帝哩二合哥引野薩怛二合囀三摩引鉢多二合三十三

三身梵讚

泰和信士蕭祚胤捐資刻
三身梵讚全部
東湖信士郁慈明
毛　晉　同對
崇禎甲申仲秋虞山華嚴閣識

經一卷
共字七百九十八
箇
計寫銀三分三厘
計刻銀二錢八分
三厘
共板一塊
計工價銀四分
江寧黃銘書
長洲李如科刻

牌記云："泰和信士蕭祚胤捐資刻《三身梵讚》全部，東湖信士郁慈明、毛晉同對，崇禎甲申仲秋虞山華嚴閣識。經一卷，共字七百九十八箇，計寫銀三分三厘，計刻銀二錢八分三厘，共板一塊，計工價銀四分，江寧黃銘書，長洲李如科刻。"言六。

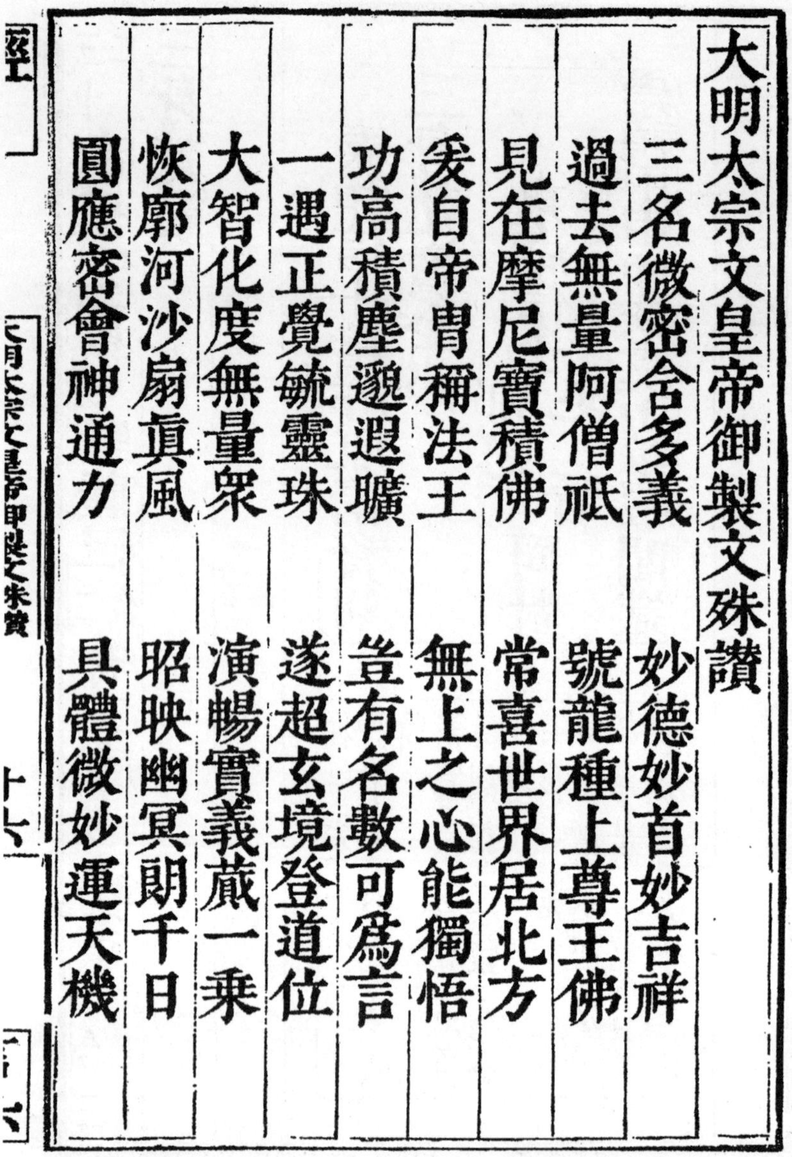

大明太宗文皇帝御製文殊讃

三名微密含多義　妙德妙首妙吉祥
過去無量阿僧祇　號龍種上尊王佛
見在摩尼寶積佛　常喜世界居北方
爰自帝胄稱法王　無上之心能獨悟
功高積塵邈遐曠　豈有名數可爲言
一遇正覺毓靈珠　遂超玄境登道位
大智化度無量衆　演暢實義蒧一乘
恢廓河沙扇眞風　昭映幽冥朗千日
圓應密會神通力　具體微妙運天機

257 《大明太宗文皇帝御製文殊讃》一卷

(明) 太宗朱棣撰　明崇禎甲申（十七年，1644）泰和蕭祚胤刻本

版框高 22.9 厘米，寬 15.5 厘米。半葉十行，行二十字，四周雙邊。

民族 082-006-00004；臺灣 329 頁 · 1018-1；故宫 82 · 1071

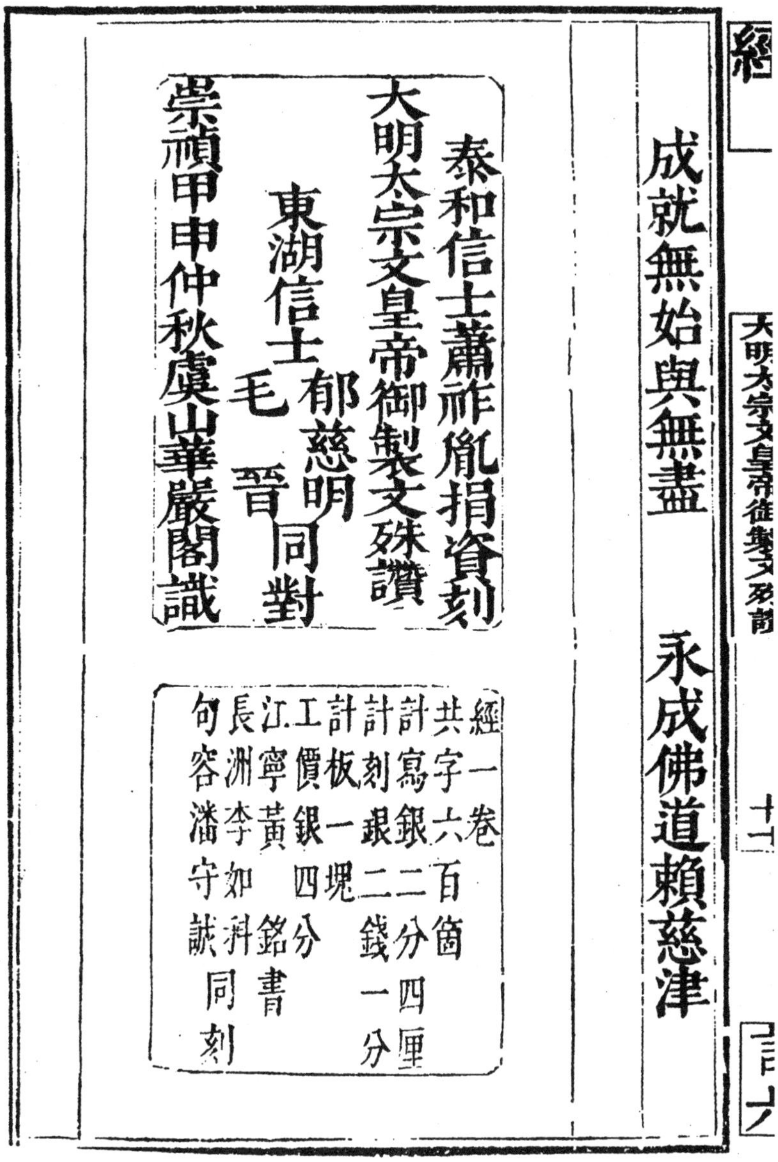
成就無始與無盡　永成佛道賴慈津

泰和信士蕭祚胤捐資刻
大明太宗文皇帝御製文殊讚
東湖信士　郁慈明
毛　晉　同對
崇禎甲申仲秋虞山華嚴閣識

經一卷
共字六百箇
計寫銀二分四厘
計刻銀二錢一分
計板一塊
工價銀四分
江寧黃銘書
長洲李如科
句容潘守誠同刻

牌記云:"泰和信士蕭祚胤捐資刻《大明太宗文皇帝御製文殊讚》，東湖信士郁慈明、毛晉同對，崇禎甲申仲秋虞山華嚴閣識。經一卷，共字六百箇，計寫銀二分四厘，計刻銀二錢一分，計板一塊，工價銀四分，江寧黃銘書，長洲李如科、句容潘守誠同刻。"言六。

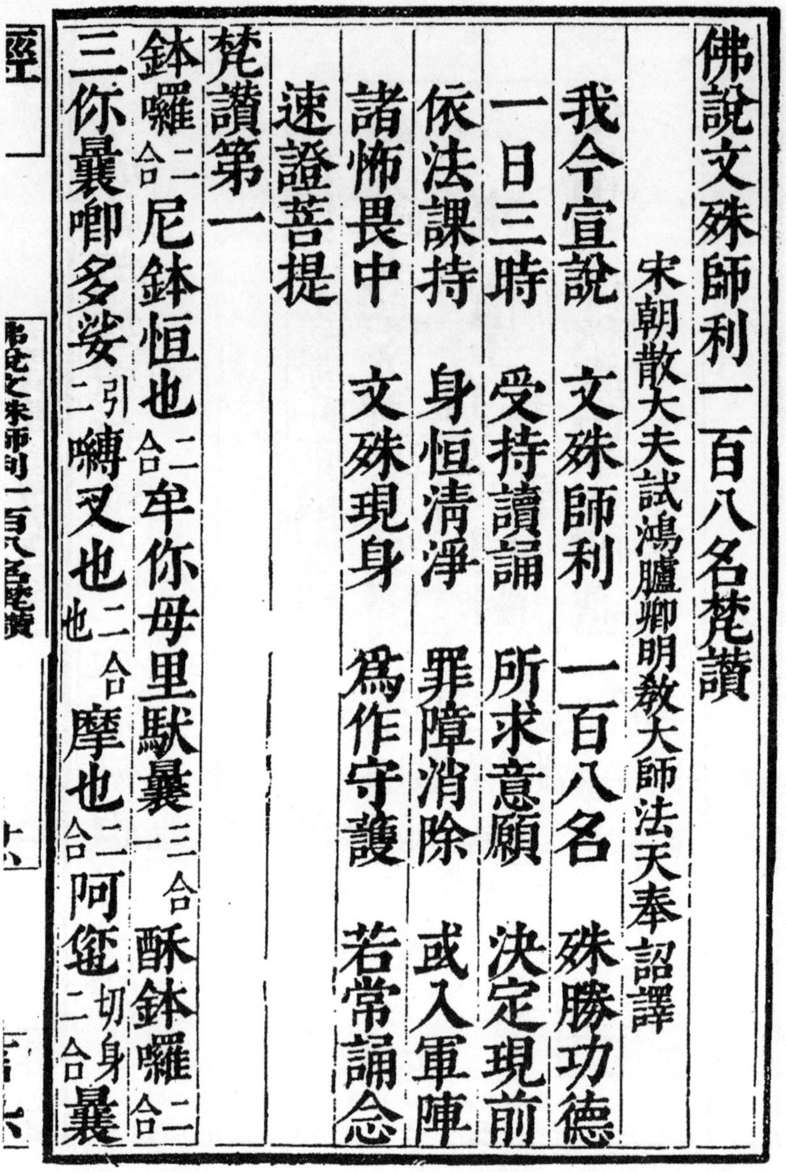
佛說文殊師利一百八名梵讚
宋朝散大夫試鴻臚卿明教大師法天奉詔譯
我今宣說　文殊師利　一百八名　殊勝功德
一日三時　受持讀誦　所求意願　決定現前
依法課持　身恒清淨　罪障消除　或入軍陣
諸怖畏中　文殊現身　爲作守護　若常誦念
速證菩提
梵讚第一
鉢囉二合尼鉢恒也二合牟你母里馱曩三合一酥鉢囉二合
三你曩卿多娑引二嚩叉也二合也摩也二合阿鋋切身二合曩

258 《佛說文殊師利一百八名梵讚》一卷

(宋) 釋法天譯　明崇禎甲申（十七年，1644）泰和蕭祚胤刻本

版框高 22.3 厘米，寬 15.5 厘米。半葉十行，行二十字，四周雙邊。

民族 082-006-00005；臺灣 329 頁 · 1019；故宮 82 · 1072

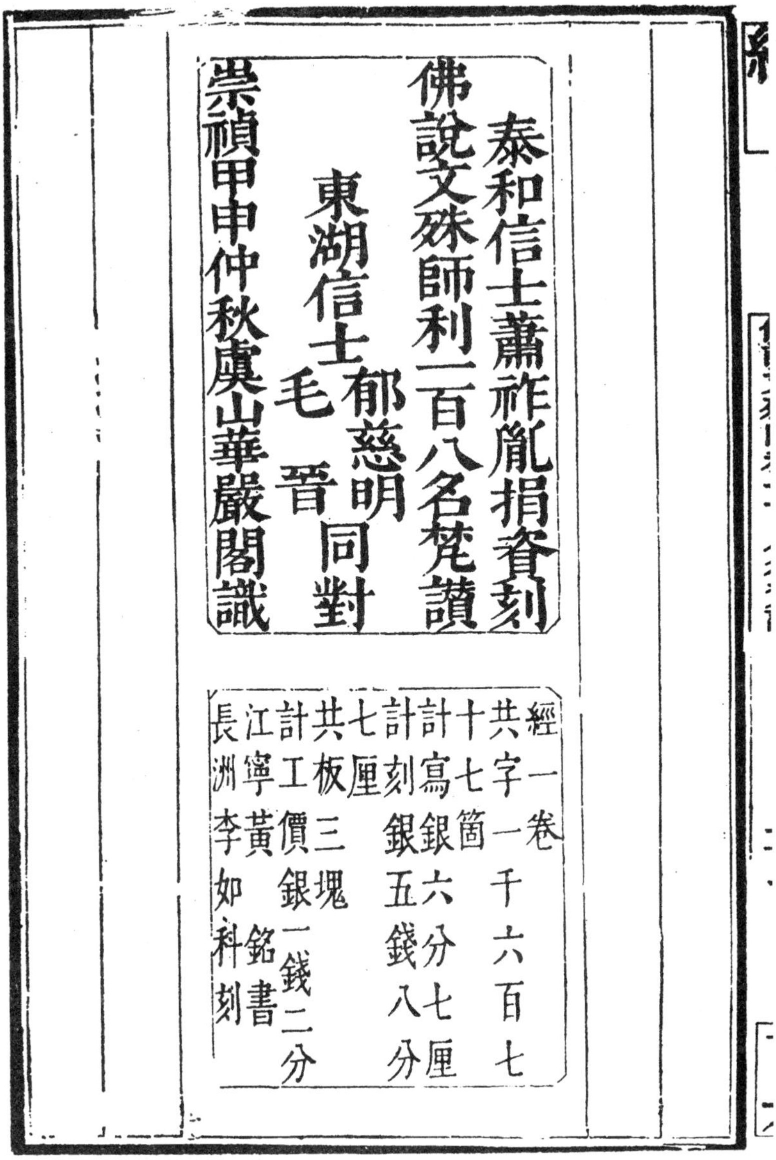
泰和信士蕭祚胤捐資刻
佛說文殊師利一百八名梵讚
東湖信士郁慈明
毛晉同對
崇禎甲申仲秋虞山華嚴閣識

經一卷
共字一千六百七
十七箇
計寫銀六分七厘
計刻銀五錢八分
七厘
共板三塊
計工價銀一錢二分
江寧黃銘書
長洲李如科刻

牌記云："泰和信士蕭祚胤捐資刻《佛說文殊師利一百八名梵讚》，東湖信士郁慈明、毛晉同對，崇禎甲申仲秋虞山華嚴閣識。經一卷，共字一千六百七十七箇，計寫銀六分七厘，計刻銀五錢八分七厘，共板三塊，計工價銀一錢二分，江寧黃銘書，長洲李如科刻。"言六。

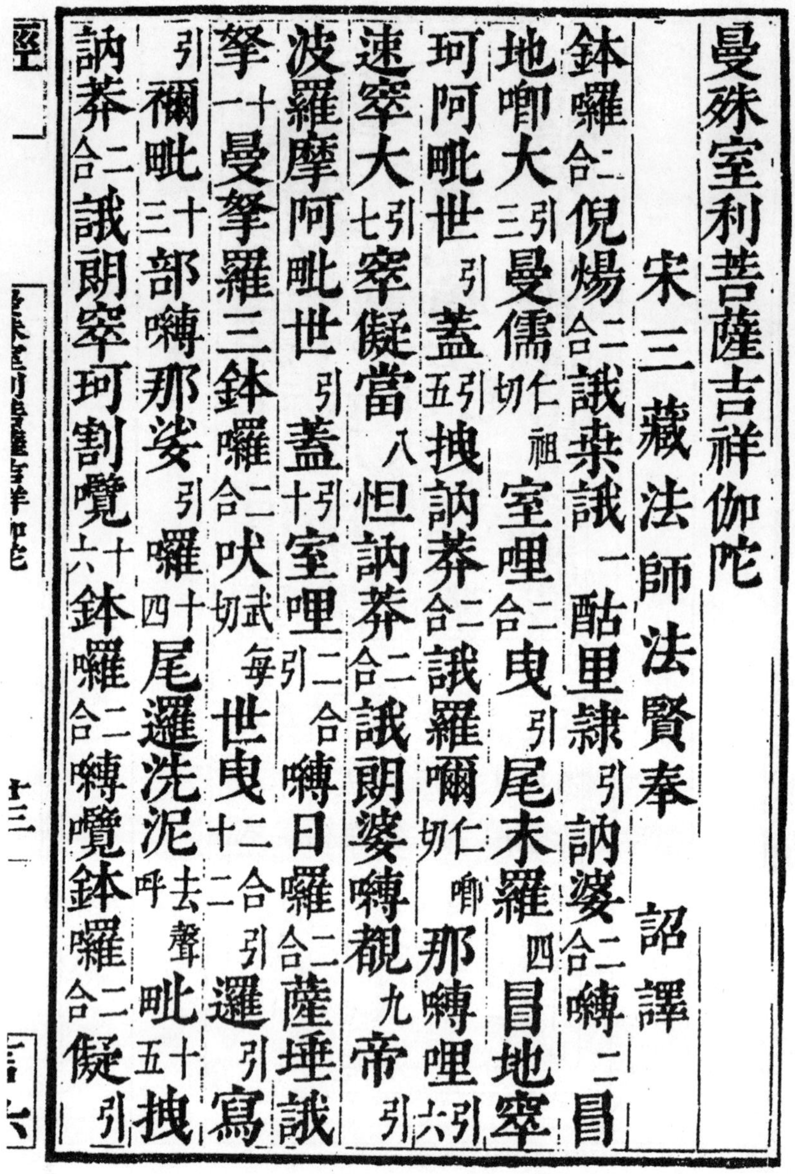

曼殊室利菩薩吉祥伽陀

宋三藏法師法賢奉　詔譯

鉢囉合二倪煬合二誐枲誐一酤里隸引訥婆合二嚩二冒地喞大三引曼儒仁祖切室哩合二曳引尾末羅四冒地窣珂阿毗世引蓋五引拽訥莽合二誐羅嚩仁卿切那嚩哩六引速窣大七引窣儗當八怛訥莽合二誐朗婆嚩覩九帝引波羅摩阿毗世引蓋十引室哩引二合嚩日囉合二薩埵誐拏十一曼拏羅三鉢囉合二吠武每切世曳十二合二引邏引寫引爾毗十三部嚩那娑引囉十四尾邏洗泥呼去聲毗十五拽訥莽合二誐朗窣珂割覽十六鉢囉合二嚩覽鉢囉合二儗引

259 《曼殊室利菩薩吉祥伽陀》一卷

(宋) 釋法賢譯　明崇禎甲申 (十七年，1644) 泰和蕭祚胤刻本

版框高 22.6 厘米，寬 15.4 厘米。半葉十行，行二十字，四周雙邊。

民族 082-006-00006；臺灣 329 頁 · 1020；故宮 82 · 1073

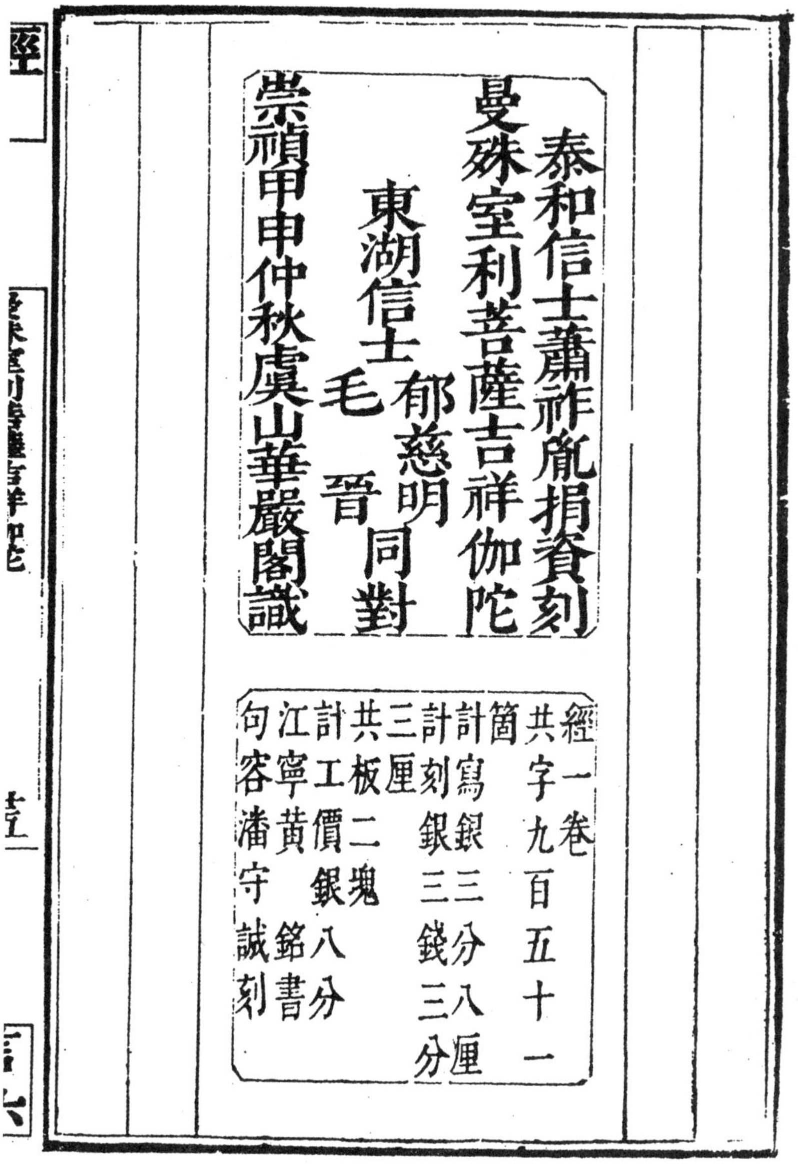
泰和信士蕭祚胤捐資刻
曼殊室利菩薩吉祥伽陀
東湖信士郁慈明、毛晉同對
崇禎甲申仲秋虞山華嚴閣識

經一卷
共字九百五十一
箇
計寫銀三分八厘
計刻銀三錢三分
三厘
共板二塊
計工價銀八分
江寧黃銘書
句容潘守誠刻

牌記云："泰和信士蕭祚胤捐資刻《曼殊室利菩薩吉祥伽陀》，東湖信士郁慈明、毛晉同對，崇禎甲申仲秋虞山華嚴閣識。經一卷，共字九百五十一箇，計寫銀三分八厘，計刻銀三錢三分三厘，共板二塊，計工價銀八分，江寧黃銘書，句容潘守誠刻。"言六。

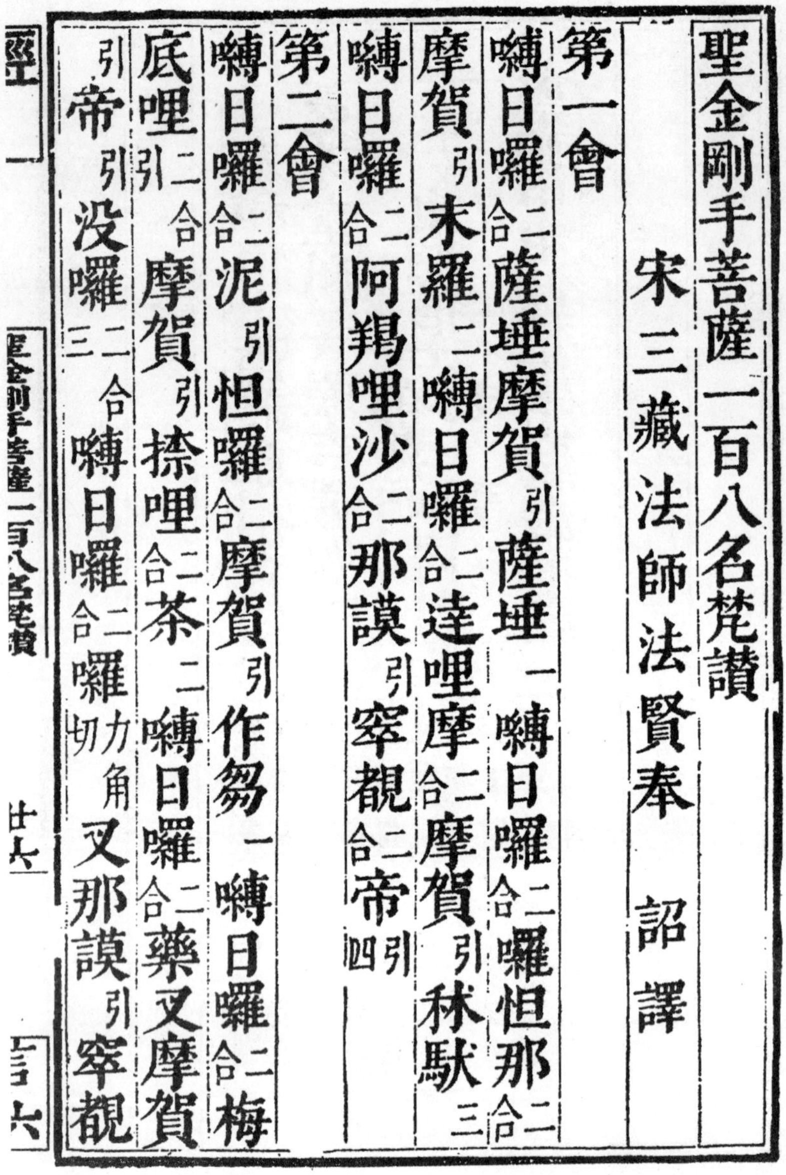
聖金剛手菩薩一百八名梵讚
宋三藏法師法賢奉　詔譯
第一會
嚩日囉二合薩埵摩賀引薩埵一嚩日囉二合囉怛那二合
摩賀引末羅二嚩日囉二合達哩摩二合摩賀引秫馱三
嚩日囉二合阿羯哩沙二合那謨引窣覩二合帝引四
第二會
嚩日囉二合泥引怛囉二合摩賀引作努一嚩日囉二合梅
底哩引二合摩賀引捺哩二合荼二嚩日囉二合藥叉摩賀
引帝引没囉二合三嚩日囉二合囉力角切叉那謨引窣覩
經　一　聖金剛手菩薩一百八名梵讚　廿六

260 《聖金剛手菩薩一百八名梵讚》一卷

(宋）釋法賢譯　明崇禎甲申（十七年，1644）泰和蕭祚胤刻本

版框高 22.7 厘米，寬 15.3 厘米。半葉十行，行二十字，四周雙邊。

民族 082-006-00007；臺灣 330 頁 · 1021；故宫 82 · 1074

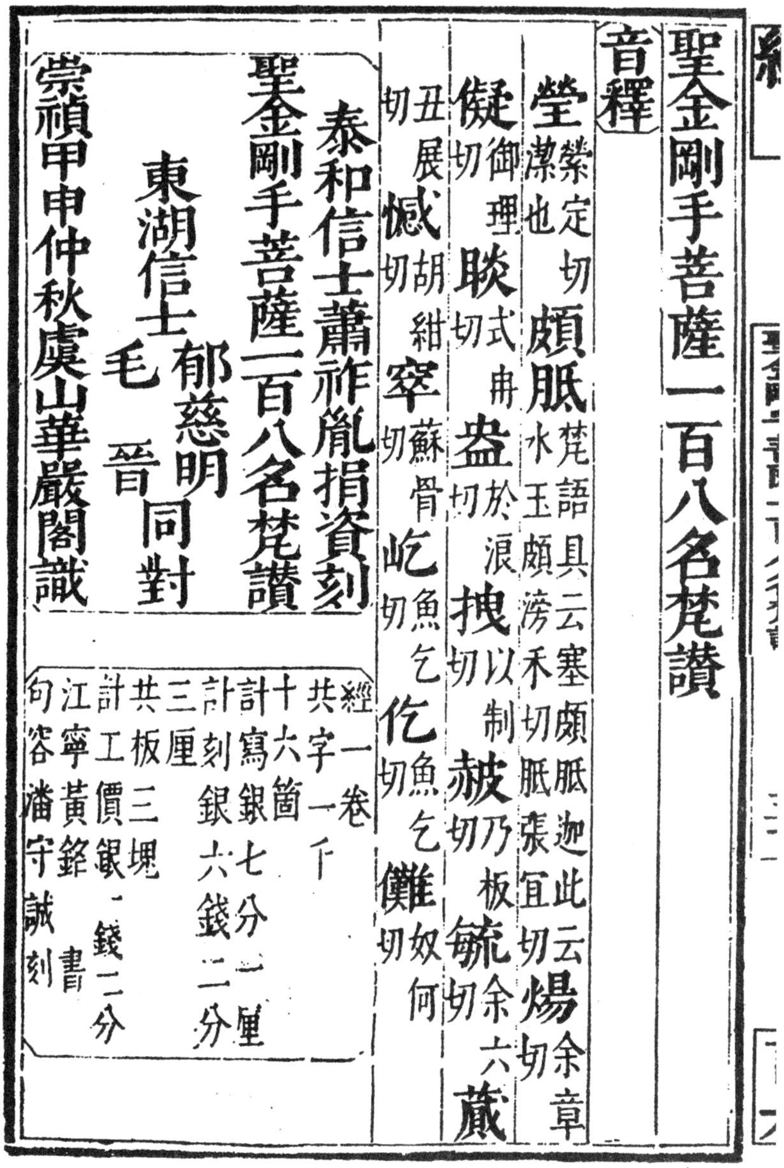
聖金剛手菩薩一百八名梵讚

音釋

瑩縈定切潔也　頗胝梵語具云塞頗胝迦此云水玉頗滂禾切胝張宜切　煬余章切　儗御理切　睒式冉切　盎於浪切　拽以制切　柀乃板切　毓余六切　蕆丑展切　憾胡紺切　窣蘇骨切　屹魚乞切　仡魚乞切　儺奴何切

泰和信士蕭祚胤捐資刻
聖金剛手菩薩一百八名梵讚
東湖信士郁慈明
毛晉同對
崇禎甲申仲秋虞山華嚴閣識

經一卷
共字一千十六箇
計寫銀七分一厘
計刻銀六錢二分三厘
共板三塊
計工價銀一錢二分
江寧黃銘書
句容潘守誠刻

牌記云："泰和信士蕭祚胤捐資刻《聖金剛手菩薩一百八名梵讚》，東湖信士郁慈明、毛晉同對，崇禎甲申仲秋虞山華嚴閣識。經一卷，共字一千十六箇，計寫銀七分一厘，計刻銀六錢二分三厘，共板三塊，計工價銀一錢二分，江寧黃銘書，句容潘守誠刻。"言六。

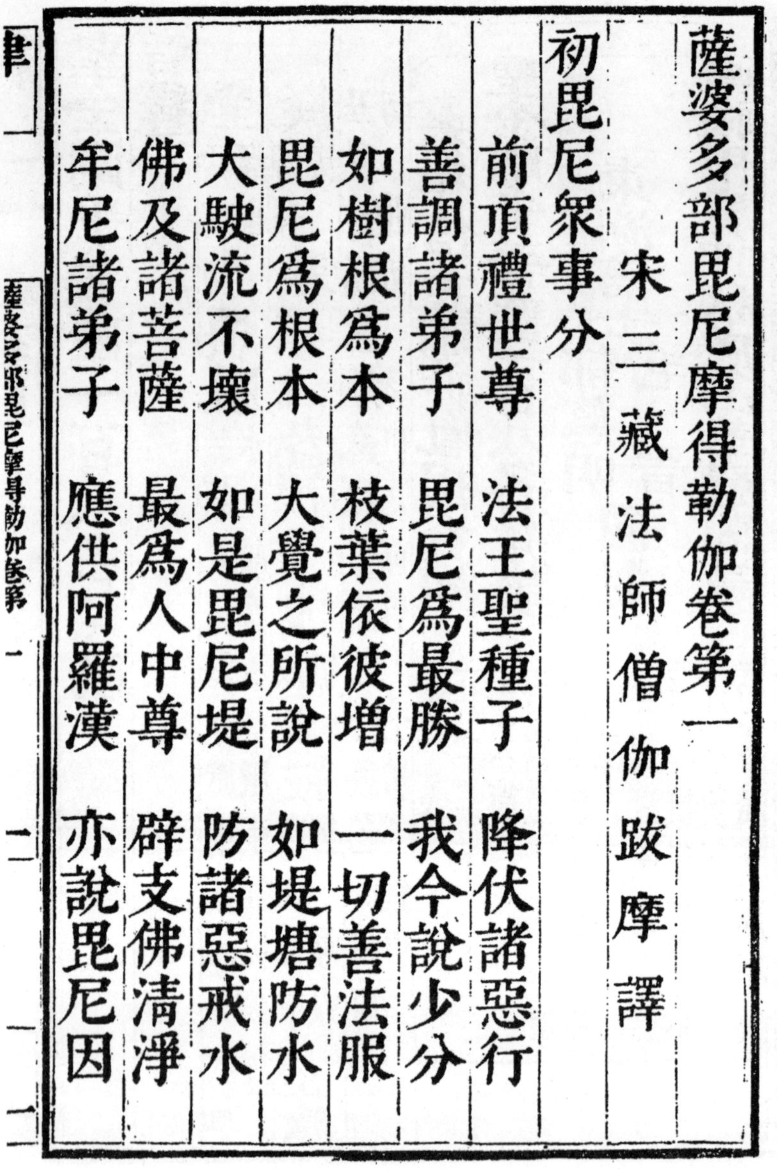

薩婆多部毘尼摩得勒伽卷第一

宋三藏法師僧伽跋摩譯

初毘尼衆事分

前頂禮世尊　法王聖種子　降伏諸惡行

善調諸弟子　毘尼爲最勝　我今說少分

如樹根爲本　枝葉依彼增　一切善法服

毘尼爲根本　大覺之所說　如堤塘防水

大駛流不壞　如是毘尼堤　防諸惡戒水

佛及諸菩薩　最爲人中尊　辟支佛淸淨

牟尼諸弟子　應供阿羅漢　亦說毘尼因

律　薩婆多部毘尼摩得勒伽卷第一

261 《薩婆多部毘尼摩得勒伽》十卷

(南朝宋）釋僧伽跋摩譯　明崇禎甲申（十七年，1644）泰和蕭海籌刻本

版框高 22.5 厘米，寬 15.4 厘米。半葉十行，行二十字，四周雙邊。

民族 097-004-00010；臺灣 348 頁 · 1078；故宮 97 · 1131

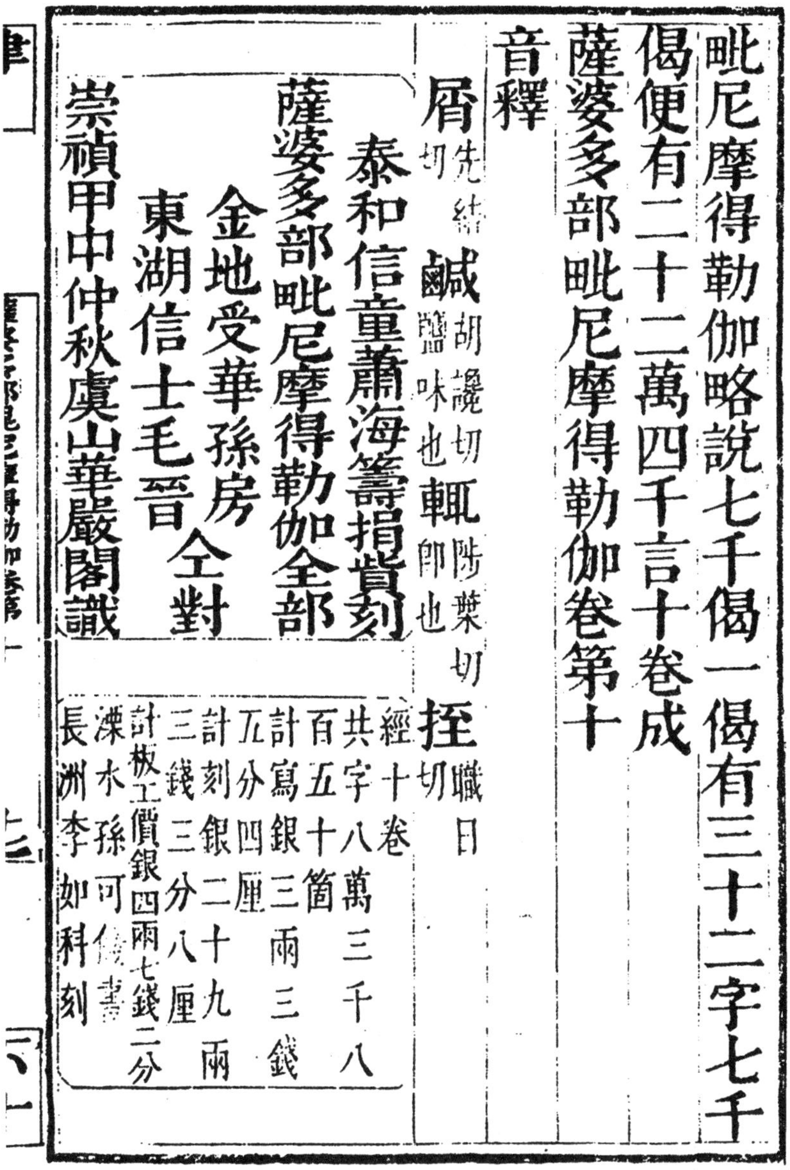

毗尼摩得勒伽略說七千偈一偈有三十二字七千偈便有二十二萬四千言十卷成

薩婆多部毗尼摩得勒伽卷第十

音釋

屑先結切　鹹胡讒切鹹鹽味也　輒陟葉切輒即也　挃職日切

泰和信童蕭海籌捐貲刻
薩婆多部毗尼摩得勒伽全部
金地受華孫房仝對
東湖信士毛晉
崇禎甲申仲秋虞山華嚴閣識

經十卷
共字八萬三千八百五十箇
計寫銀三兩三錢五分四厘
計刻銀二十九兩三錢三分八厘
計板工價銀四兩七錢二分
溧水孫可儉書
長洲李如科刻

牌記云："泰和信童蕭海籌捐貲刻《薩婆多部毗尼摩得勒伽》全部，金地受華孫房、東湖信士毛晉仝對，崇禎甲申仲秋虞山華嚴閣識。經十卷，共字八萬三千八百五十箇，計寫銀三兩三錢五分四厘，計刻銀二十九兩三錢三分八厘，計板工價銀四兩七錢二分，溧水孫可儉書，長洲李如科刻。"下一至十。

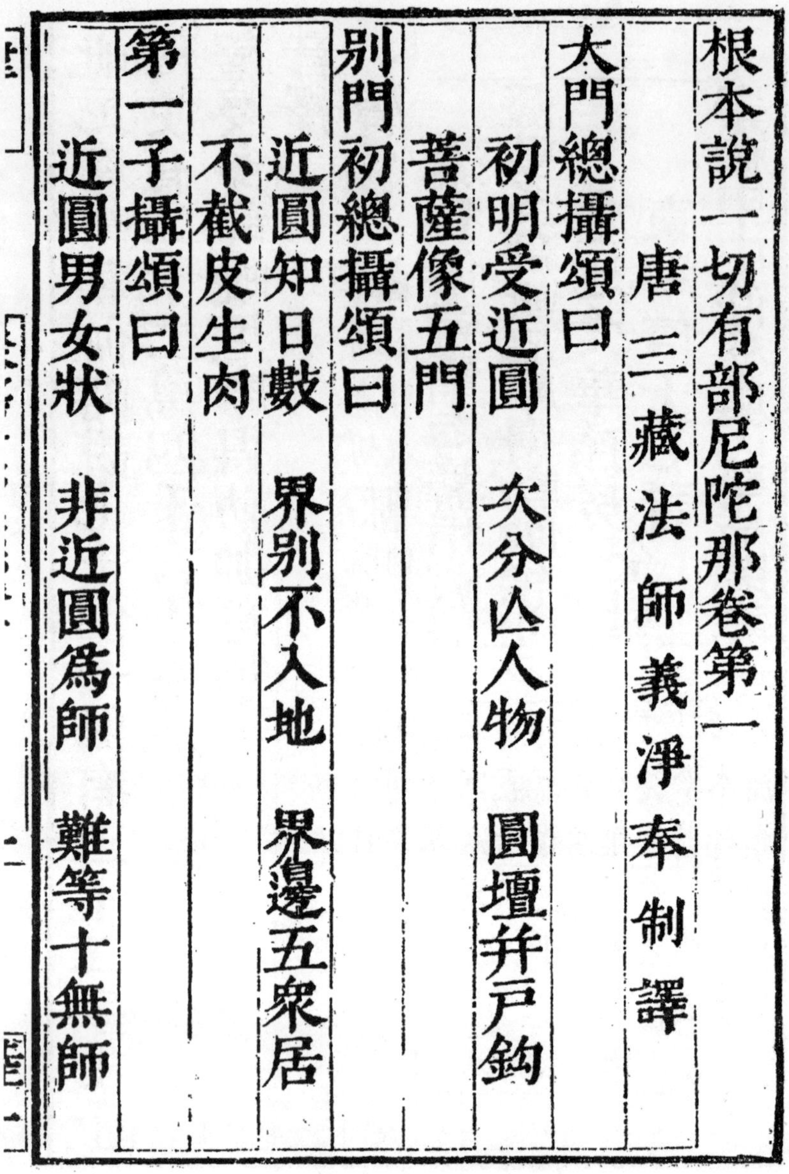
根本說一切有部尼陀那卷第一
唐三藏法師義淨奉制譯
大門總攝頌曰
初明受近圓　次分亾人物　圓壇幷戶鉤
菩薩像五門
別門初總攝頌曰
近圓知日數　界別不入地　界邊五衆居
不截皮生肉
第一子攝頌曰
近圓男女狀　非近圓爲師　難等十無師

262 《根本說一切有部尼陀那》五卷

(唐）釋義淨譯　明崇禎甲申（十七年，1644）泰和郭承昊刻本

版框高 22.7 厘米，寬 15.5 厘米。半葉十行，行二十字，四周雙邊。

臺灣 349 頁 · 1079；民族 097-005；故宮 97 · 1132

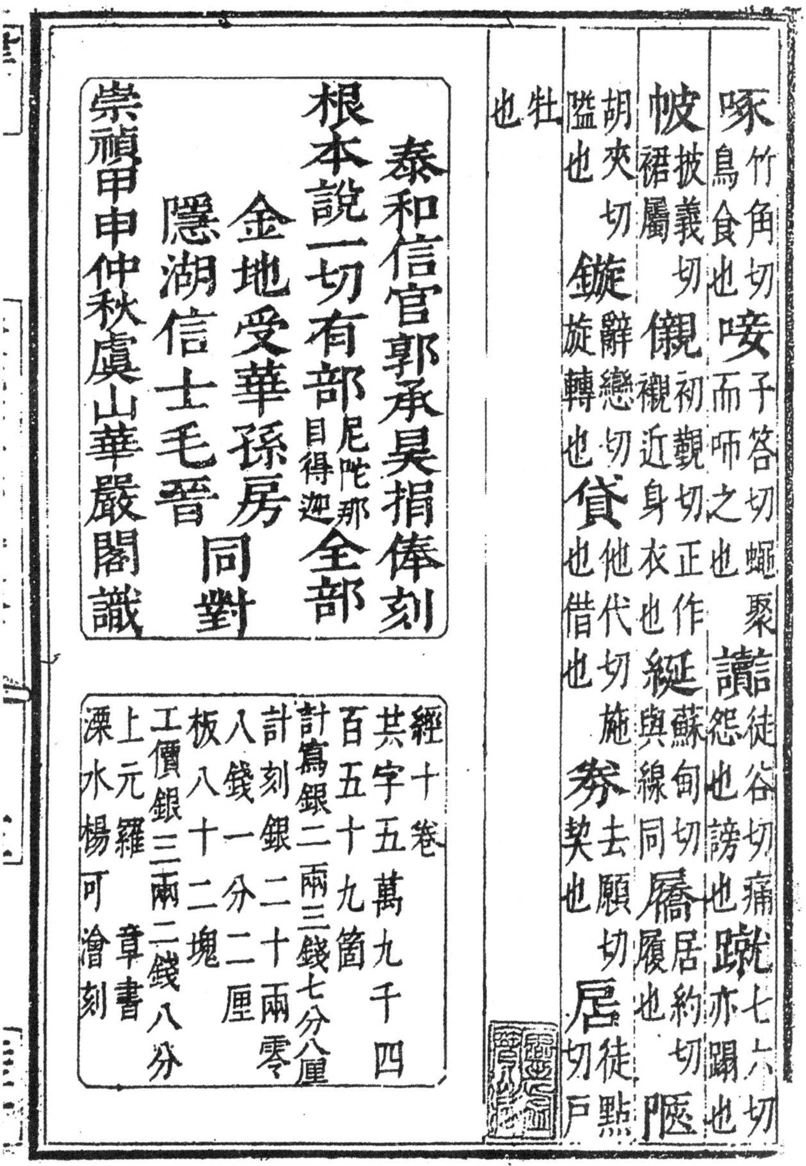

啄竹角切鳥食也 唼子答切蠅聚而咂之也 讟徒谷切痛怨也謗也 蹴七六切亦蹋也

帔披義切裙屬 儭初覲切正作襯近身衣也 綫蘇甸切與線同 屩居約切屐也 陜胡夾切隘也

鏇辭戀切旋轉也 貸他代切施也借也 券去願切契也 扂徒點切戶牡也

泰和信官郭承昊捐俸刻

根本說一切有部尼陀那目得迦全部

金地受華孫房

隱湖信士毛晉 同對

崇禎甲申仲秋虞山華嚴閣識

經十卷

共字五萬九千四

百五十九箇

計寫銀二兩三錢七分八厘

計刻銀二十兩零

八錢一分二厘

板八十二塊

工價銀三兩二錢八分

上元羅章書

溧水楊可滄刻

牌記云:"泰和信官郭承昊捐俸刻《根本說一切有部尼陀那目得迦》全部，金地受華孫房、隱湖信士毛晉同對，崇禎甲申仲秋虞山華嚴閣識。經十卷，共字五萬九千四百五十九箇，計寫銀二兩三錢七分八厘，計刻銀二十兩零八錢一分二厘，板八十二塊，工價銀三兩二錢八分，上元羅章書，溧水楊可滄刻。"按：據民族出版社《嘉興藏》，玆經卷末行有"音釋"二字，缺釋文内容，牌記亦缺。睦一至十。

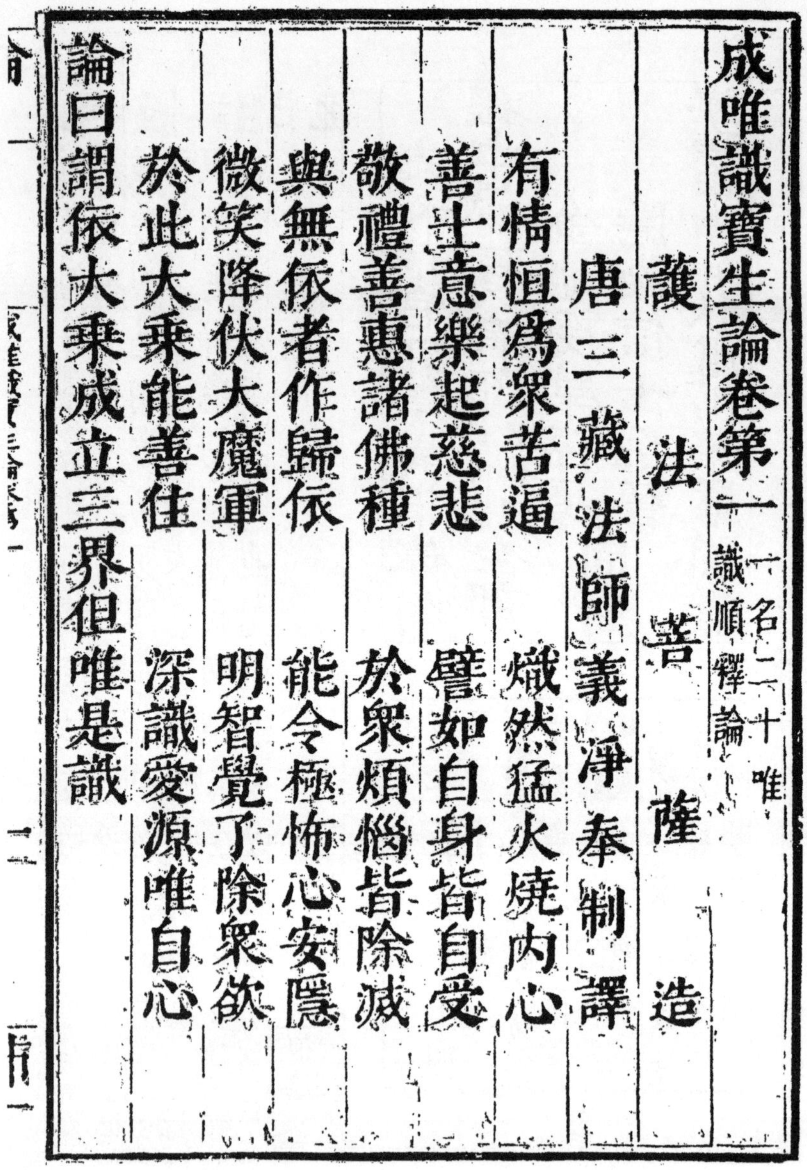
成唯識寶生論卷第一 一名二十唯識順釋論
護法菩薩造
唐三藏法師義淨奉制譯
有情恒爲衆苦逼　熾然猛火燒内心
善士意樂起慈悲　譬如自身皆自受
敬禮善惠諸佛種　於衆煩惱皆除滅
與無依者作歸依　能令極怖心安隱
微笑降伏大魔軍　明智覺了除衆欲
於此大乘能善住　深識愛源唯自心
論曰謂依大乘成立三界但唯是識

263 《成唯識寶生論》五卷（一名《二十唯識順釋論》）

（唐）釋義淨譯　明崇禎甲申（十七年，1644）泰和郭承昊刻本

版框高 22.6 厘米，寬 15.4 厘米。半葉十行，行二十字，四周雙邊。

臺灣 372 頁 · 1153；民族 111-007；故宫 111 · 1208

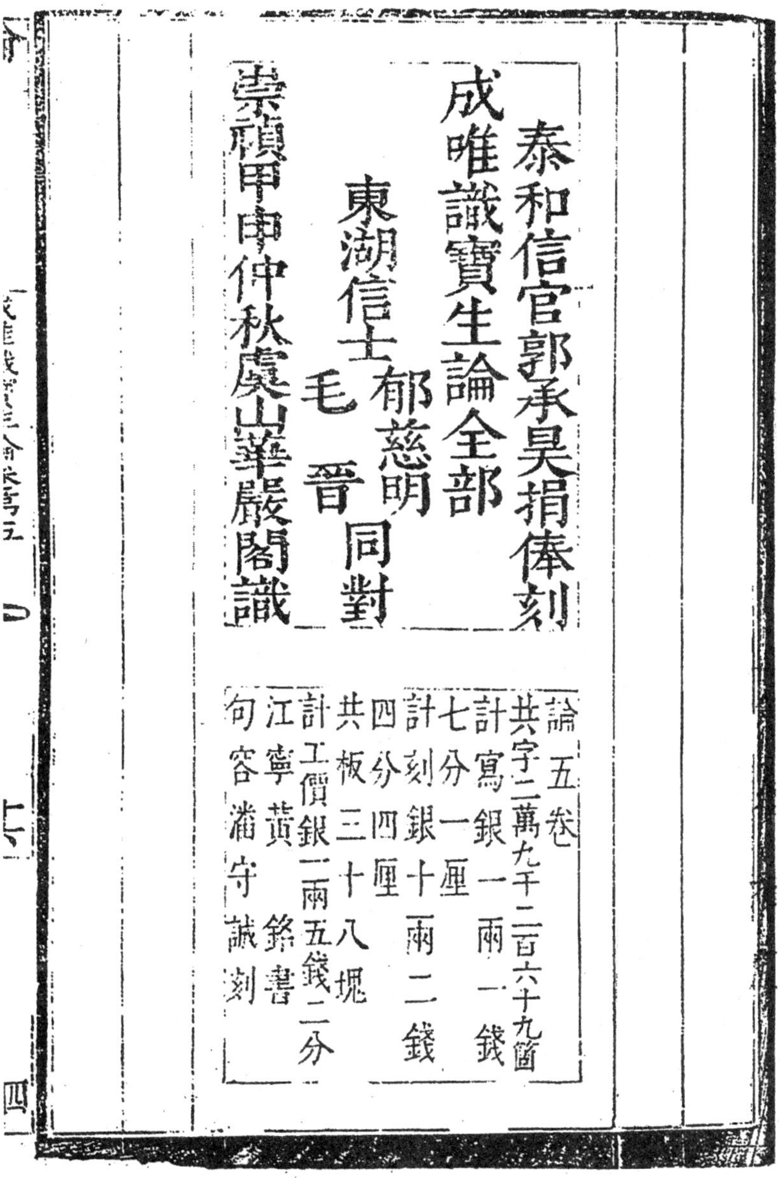
泰和信官郭承昊捐俸刻
成唯識寶生論全部
東湖信士郁慈明
毛晉同對
崇禎甲申仲秋虞山華嚴閣識

論五卷
共字二萬九千二百六十九箇
計寫銀一兩一錢
七分一厘
計刻銀十兩二錢
四分四厘
共板三十八塊
計工價銀一兩五錢二分
江寧黄銘書
句容潘守誠刻

牌記云:“泰和信官郭承昊捐俸刻《成唯識寶生論》全部，東湖信士郁慈明、毛晉同對，崇禎甲申仲秋虞山華嚴閣識。論五卷，共字二萬九千二百六十九箇，計寫銀一兩一錢七分一厘，計刻銀十兩二錢四分四厘，共板三十八塊，計工價銀一兩五錢二分，江寧黄銘書，句容潘守誠刻。”按：據民族出版社《嘉興藏》、故宫藏本，兹經無牌記。沛一至四。

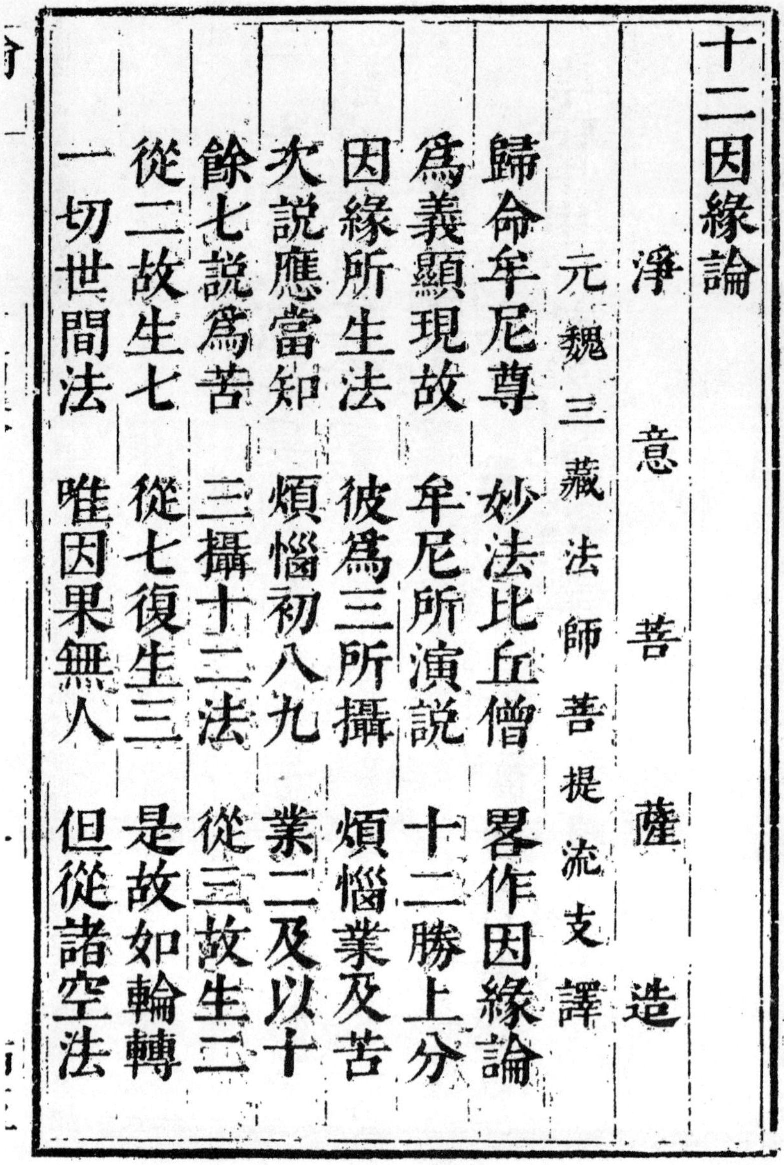

十二因緣論

淨意菩薩造

元魏三藏法師菩提流支譯

歸命牟尼尊　妙法比丘僧　畧作因緣論
爲義顯現故　牟尼所演説　十二勝上分
因緣所生法　彼爲三所攝　煩惱業及苦
次説應當知　煩惱初八九　業二及以十
餘七説爲苦　三攝十二法　從三故生二
從二故生七　從七復生三　是故如輪轉
一切世間法　唯因果無人　但從諸空法

264 《十二因緣論》一卷

（北魏）釋菩提流支譯　明崇禎甲申（十七年，1644）泰和郭承昊刻本

版框高 22.4 厘米，寬 15.5 厘米。半葉十行，行二十字，四周雙邊。

民族 111-007-00001；臺灣 372 頁 · 1154；故宮 111 · 1209

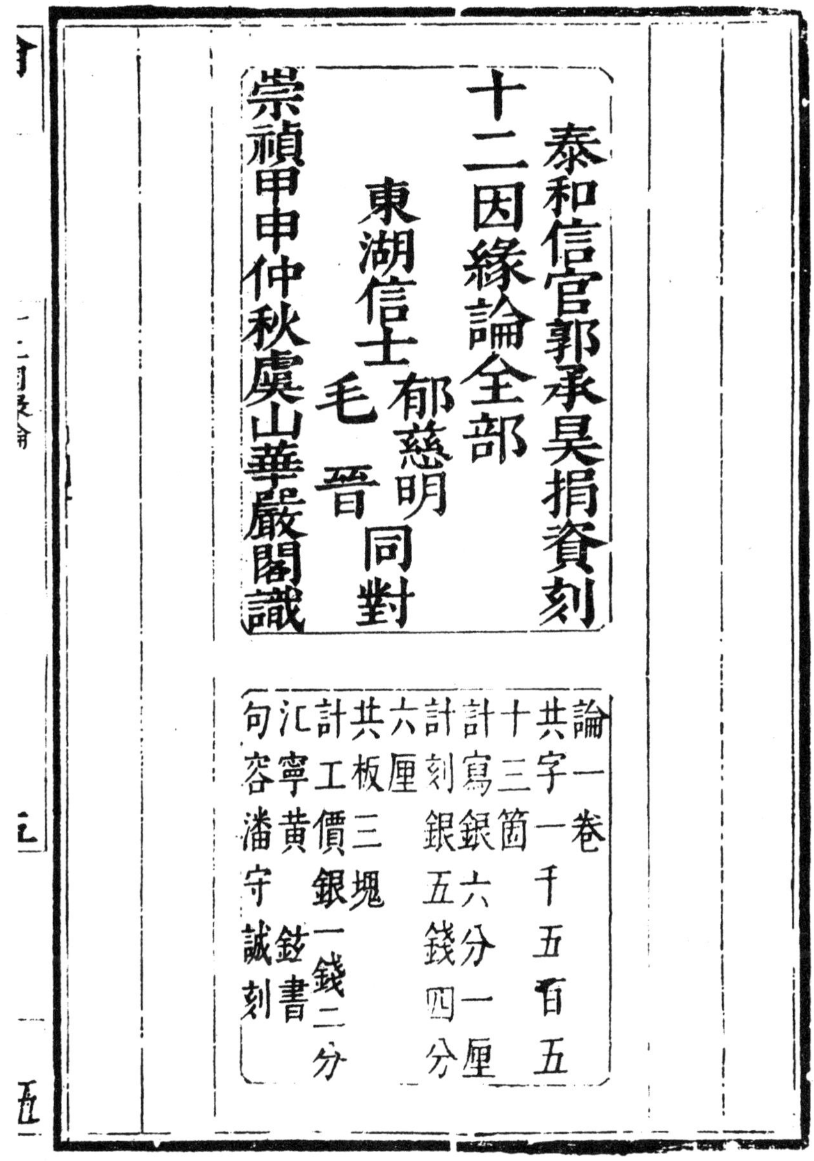
泰和信官郭承昊捐資刻
十二因緣論全部
東湖信士郁慈明
毛晉同對
崇禎甲申仲秋虞山華嚴閣識

論一卷
共字一千五百五
十三箇
計寫銀六分一厘
計刻銀五錢四分
六厘
共板三塊
計工價銀一錢二分
江寧黃鉉書
句容潘守誠刻

牌記云："泰和信官郭承昊捐資刻《十二因緣論》全部，東湖信士郁慈明、毛晉同對，崇禎甲申仲秋虞山華嚴閣識。論一卷，共字一千五百五十三箇，計寫銀六分一厘，計刻銀五錢四分六厘，共板三塊，計工價銀一錢二分，江寧黃鉉書，句容潘守誠刻。"沛五。

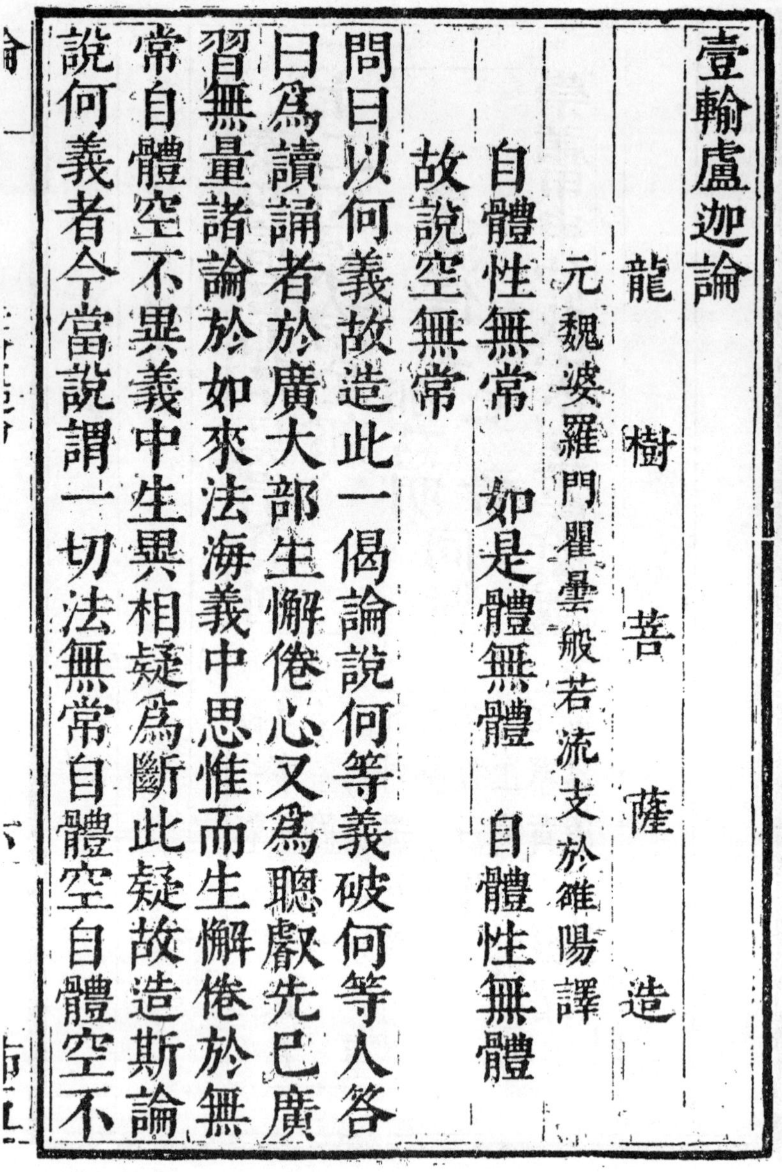

壹輪盧迦論

龍　樹　菩　薩　造

元魏婆羅門瞿曇般若流支於雒陽譯

自體性無常　如是體無體　自體性無體

故說空無常

問曰以何義故造此一偈論說何等義破何等人答曰爲讀誦者於廣大部生懈倦心又爲聽獻先巳廣習無量諸論於如來法海義中思惟而生懈倦於無常自體空不異義中生異相疑爲斷此疑故造斯論說何義者今當說謂一切法無常自體空自體空不

265 《壹輪盧迦論》一卷

（北魏）釋般若流支譯　明崇禎甲申（十七年，1644）泰和郭承昊刻本

版框高 22.3 厘米，寬 15.4 厘米。半葉十行，行二十字，四周雙邊。

民族 111-007-00002；臺灣 372 頁 · 1155；故宮 111 · 1210

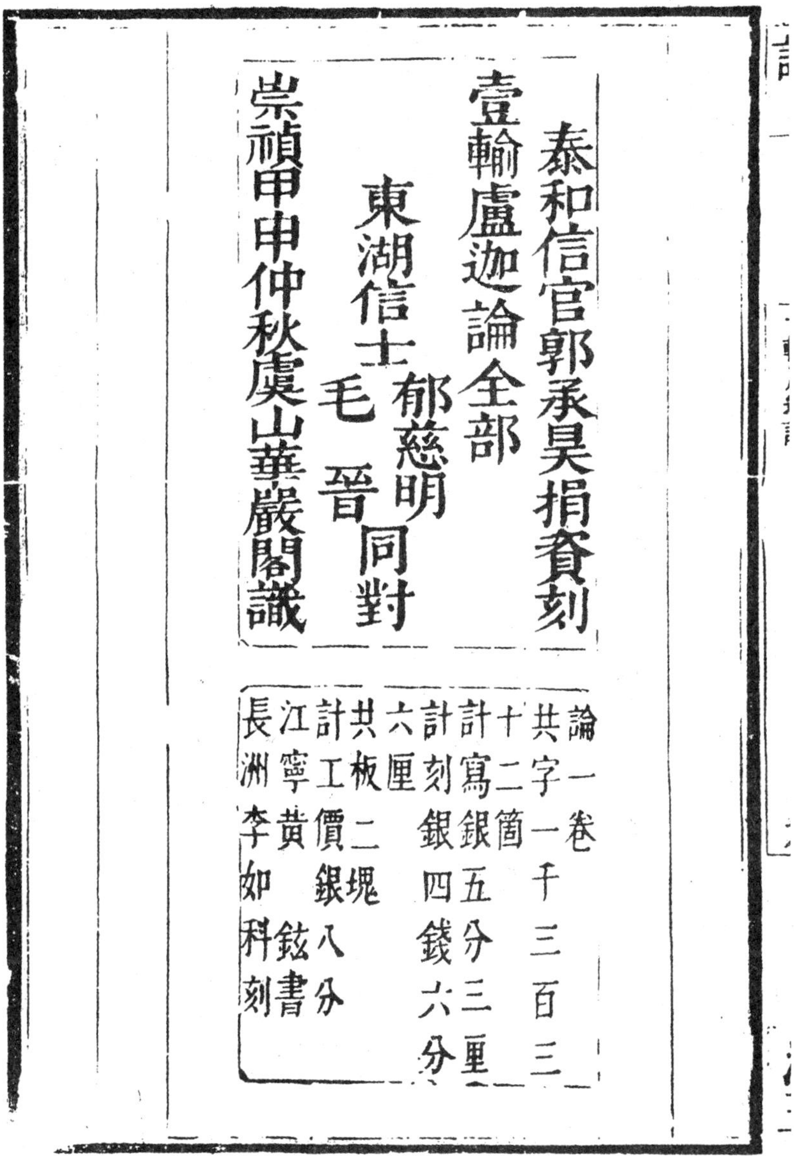
泰和信官郭承昊捐資刻
壹輸盧迦論全部
東湖信士 郁慈明
毛　晉 同對
崇禎甲申仲秋虞山華嚴閣識

論一卷
共字一千三百三
十二箇
計寫銀五分三厘
計刻銀四錢六分
六厘
共板二塊
計工價銀八分
江寧黃鉉書
長洲李如科刻

牌記云:"泰和信官郭承昊捐資刻《壹輸盧迦論》全部，東湖信士郁慈明、毛晉同對，崇禎甲申仲秋虞山華嚴閣識。論一卷，共字一千三百三十二箇，計寫銀五分三厘，計刻銀四錢六分六厘，共板二塊，計工價銀八分，江寧黃鉉書，長洲李如科刻。"沛五。

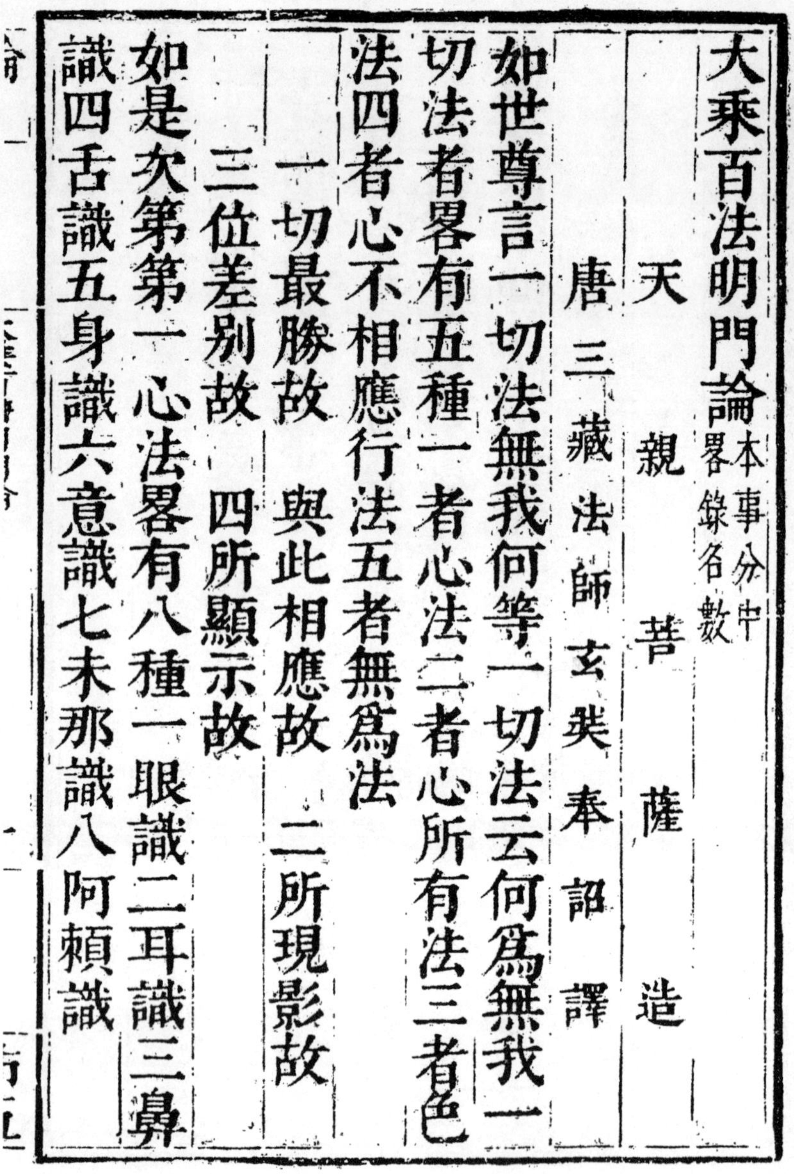
大乘百法明門論本事分中畧錄名數

天親菩薩造

唐三藏法師玄奘奉詔譯

如世尊言一切法無我何等一切法云何爲無我一切法者畧有五種一者心法二者心所有法三者色法四者心不相應行法五者無爲法

一切最勝故 與此相應故 二所現影故

三位差別故 四所顯示故

如是次第第一心法畧有八種一眼識二耳識三鼻識四舌識五身識六意識七末那識八阿賴識

266《大乘百法明門論》一卷

(唐) 釋玄奘譯　明崇禎甲申 (十七年，1644) 泰和郭承昊刻本

版框高 22.6 厘米，寬 15.3 厘米。半葉十行，行二十字，四周雙邊。

民族 111-007-00003；臺灣 373 頁 · 1156；故宮 111 · 1211

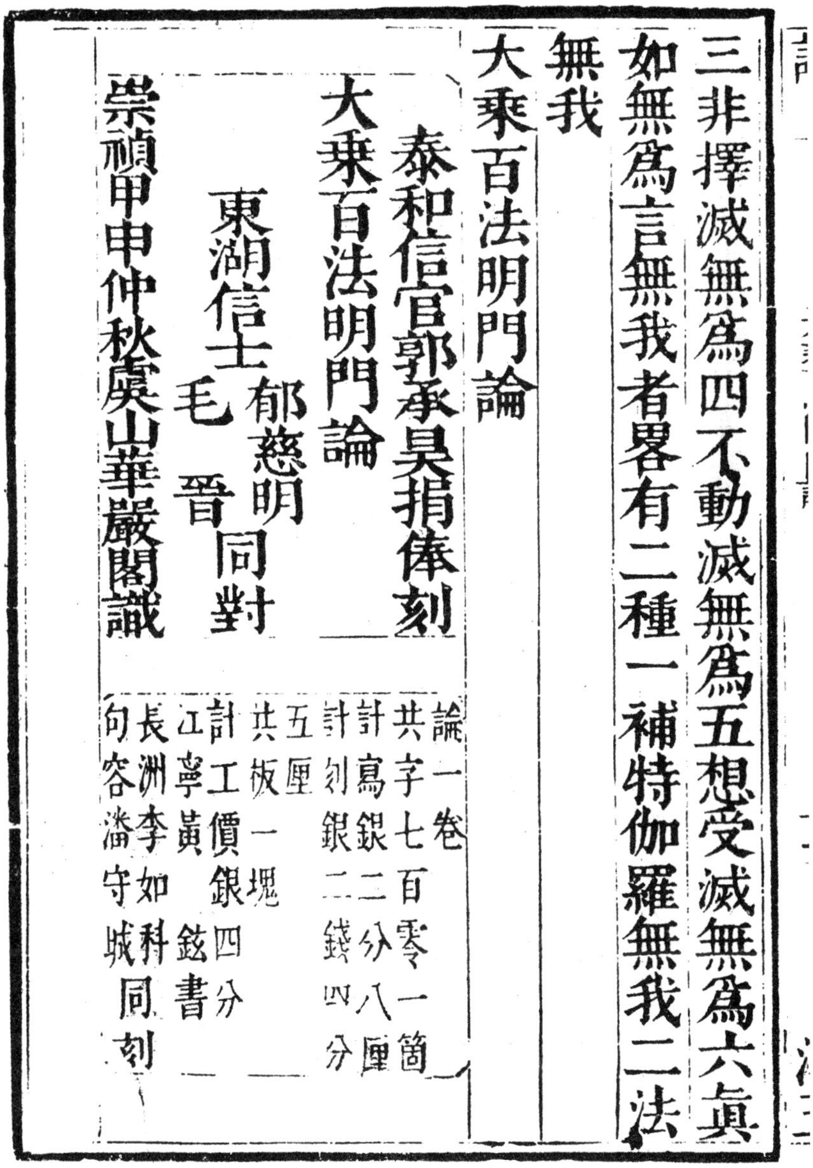

三非擇滅無爲四不動滅無爲五想受滅無爲六眞
如無爲言無我者畧有二種一補特伽羅無我二法
無我
大乘百法明門論

泰和信官郭承昊捐俸刻
大乘百法明門論
東湖信士 郁慈明 毛 晉 同對
崇禎甲申仲秋虞山華嚴閣識

論一卷
共字七百零一箇
計寫銀二分八厘
計刻銀二錢四分
五厘
共板一塊
計工價銀四分
江寧黃鉉書
長洲李如科
句容潘守城同刻

牌記云:“泰和信官郭承昊捐俸刻《大乘百法明門論》,東湖信士郁慈明、毛晉同對,崇禎甲申仲秋虞山華嚴閣識。論一卷,共字七百零一箇,計寫銀二分八厘,計刻銀二錢四分五厘,共板一塊,計工價銀四分,江寧黃鉉書,長洲李如科、句容潘守城同刻。”沛五。

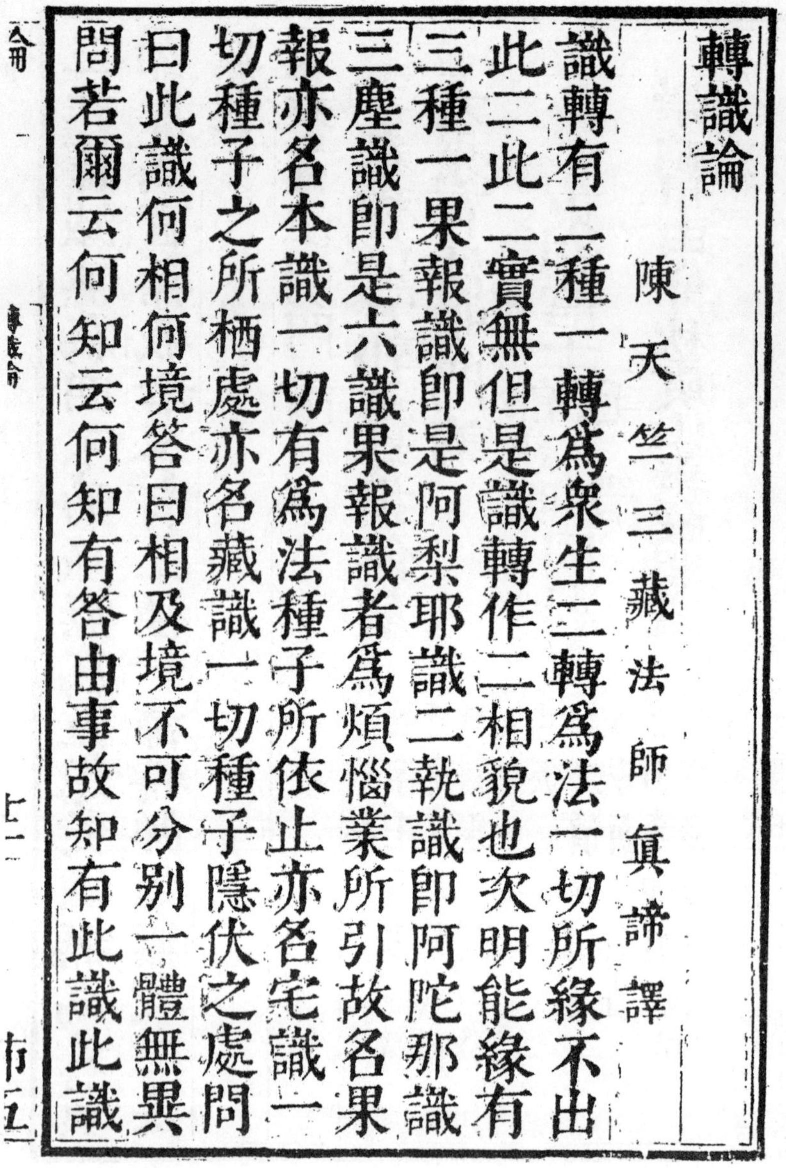
轉識論
陳天竺三藏法師眞諦譯
識轉有二種一轉爲衆生二轉爲法一切所緣不出此二此二實無但是識轉作二相貌也次明能緣有三種一果報識卽是阿梨耶識二執識卽阿陀那識三塵識卽是六識果報識者爲煩惱業所引故名果報亦名本識一切有爲法種子所依止亦名宅識一切種子之所栖處亦名藏識一切種子隱伏之處問曰此識何相何境答曰相及境不可分別一體無異問若爾云何知云何知有答由事故知有此識此識
合冊　轉識論　七二

267《轉識論》一卷

（南朝陳）釋眞諦譯　明崇禎甲申（十七年，1644）泰和郭承昊刻本

版框高 22.6 厘米，寬 15.4 厘米。半葉十行，行二十字，四周雙邊。

民族 111-007-00004；臺灣 373 頁 · 1157；故宮 111 · 1212

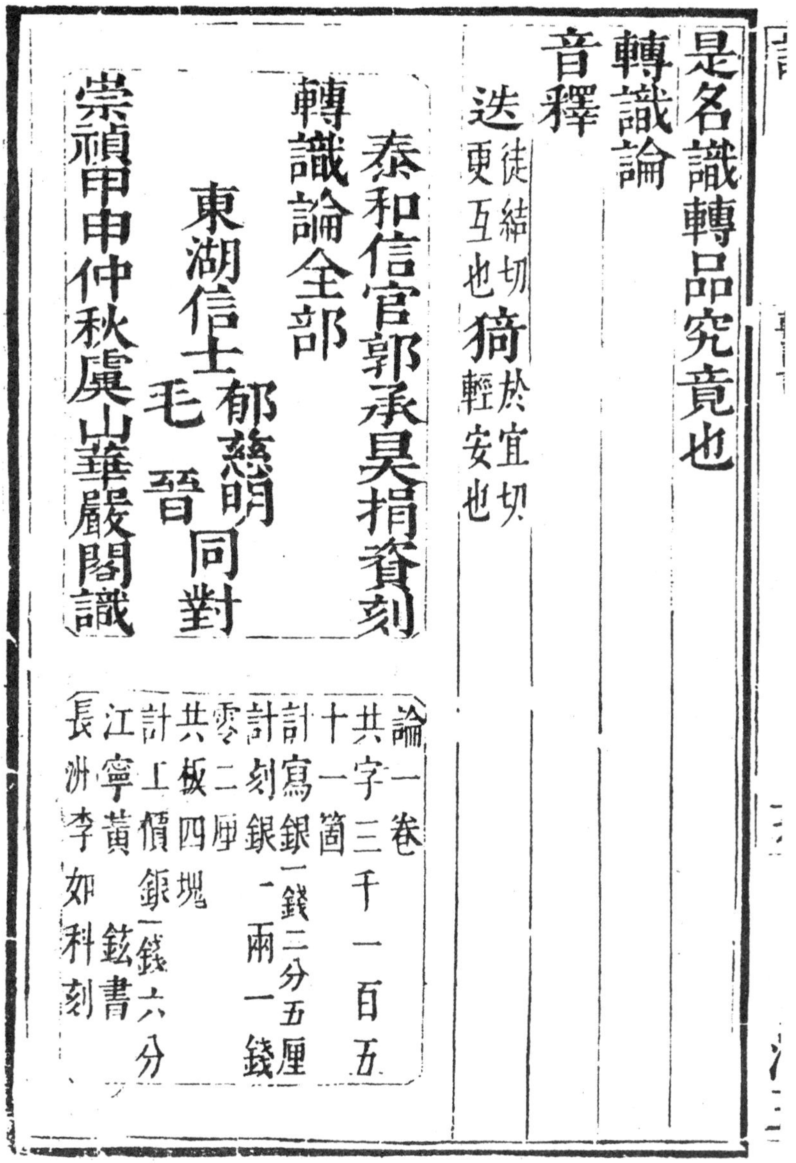
是名識轉品究竟也
轉識論
音釋
迭徒結切迭更互也猗於宜切輕安也

泰和信官郭承昊捐資刻
轉識論全部
東湖信士郁慈明
毛晉同對
崇禎甲申仲秋虞山華嚴閣識

論一卷
共字三千一百五
十一箇
計寫銀一錢二分五厘
計刻銀一兩一錢
零二厘
共板四塊
計工價銀一錢六分
江寧黃鉉書
長洲李如科刻

牌記云:"泰和信官郭承昊捐資刻《轉識論》全部,東湖信士郁慈明、毛晉同對,崇禎甲申仲秋虞山華嚴閣識。論一卷,共字三千一百五十一箇,計寫銀一錢二分五厘,計刻銀一兩一錢零二厘,共板四塊,計工價銀一錢六分,江寧黃鉉書,長洲李如科刻。"沛五。

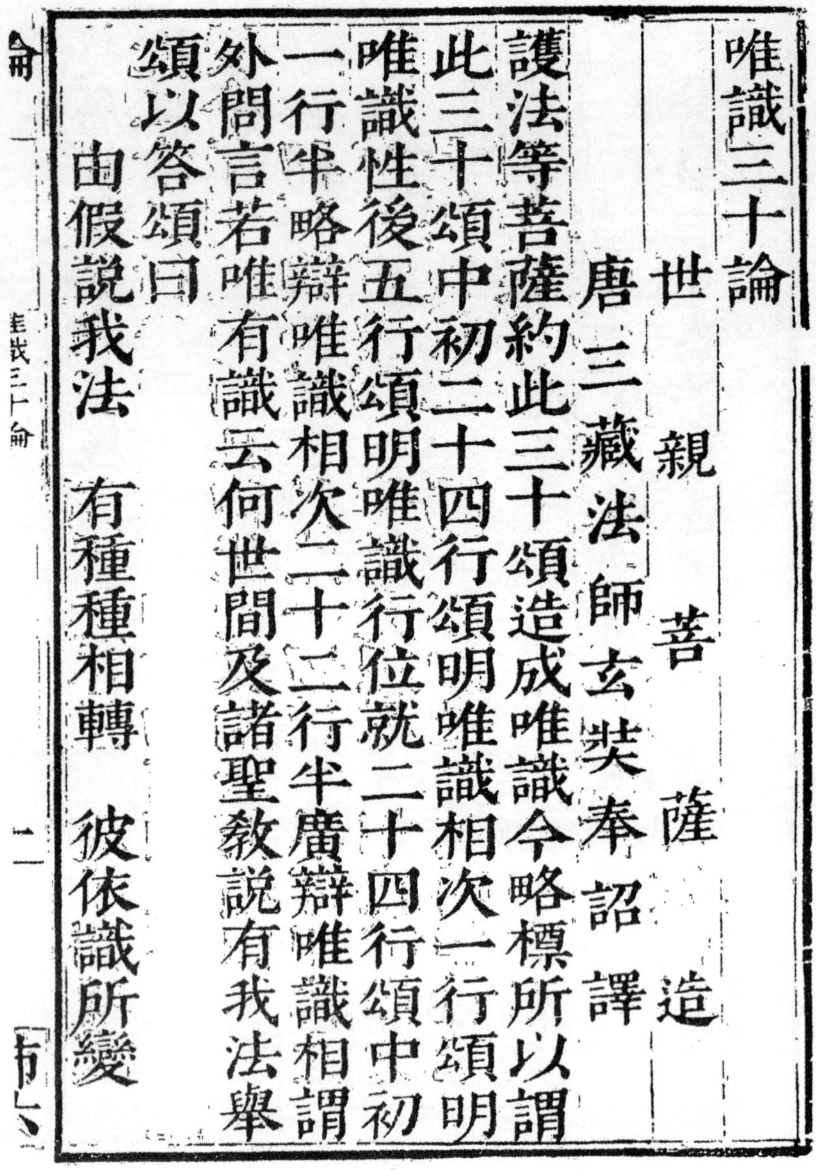

唯識三十論

世親菩薩造

唐三藏法師玄奘奉詔譯

護法等菩薩約此三十頌造成唯識今略標所以謂此三十頌中初二十四行頌明唯識相次一行頌明唯識性後五行頌明唯識行位就二十四行頌中初一行半略辯唯識相次二十二行半廣辯唯識相謂外問言若唯有識云何世間及諸聖教說有我法舉頌以答頌曰

由假說我法　有種種相轉　彼依識所變

268 《唯識三十論》一卷

(唐) 釋玄奘譯　明崇禎甲申（十七年，1644）泰和郭承昊刻本

版框高 22.6 厘米，寬 15.4 厘米。半葉十行，行二十字，四周雙邊。

民族 111-008-00001；臺灣 373 頁 · 1158；故宮 111 · 1213

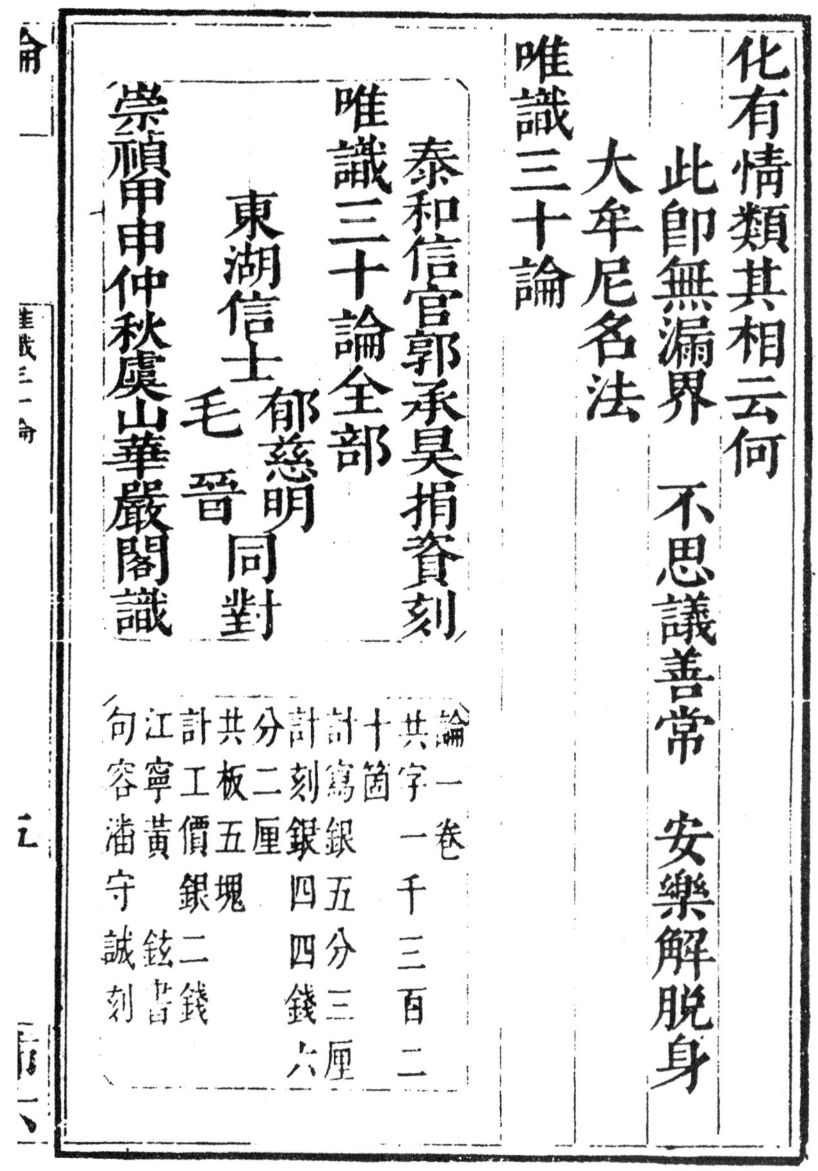

化有情類其相云何

此卽無漏界　不思議善常　安樂解脫身

大牟尼名法

唯識三十論

泰和信官郭承昊捐資刻

唯識三十論全部

東湖信士　郁慈明

毛　晉　同對

崇禎甲申仲秋虞山華嚴閣識

論一卷

共字一千三百二

十箇

計寫銀五分三厘

計刻銀四四錢六

分二厘

共板五塊

計工價銀二錢

江寧黃鉉書

句容潘守誠刻

牌記云："泰和信官郭承昊捐資刻《唯識三十論》全部，東湖信士郁慈明、毛晉同對，崇禎甲申仲秋虞山華嚴閣識。論一卷，共字一千三百二十箇，計寫銀五分三厘，計刻銀四（兩）四錢六分二厘，共板五塊，計工價銀二錢，江寧黃鉉書，句容潘守誠刻。"沛六。

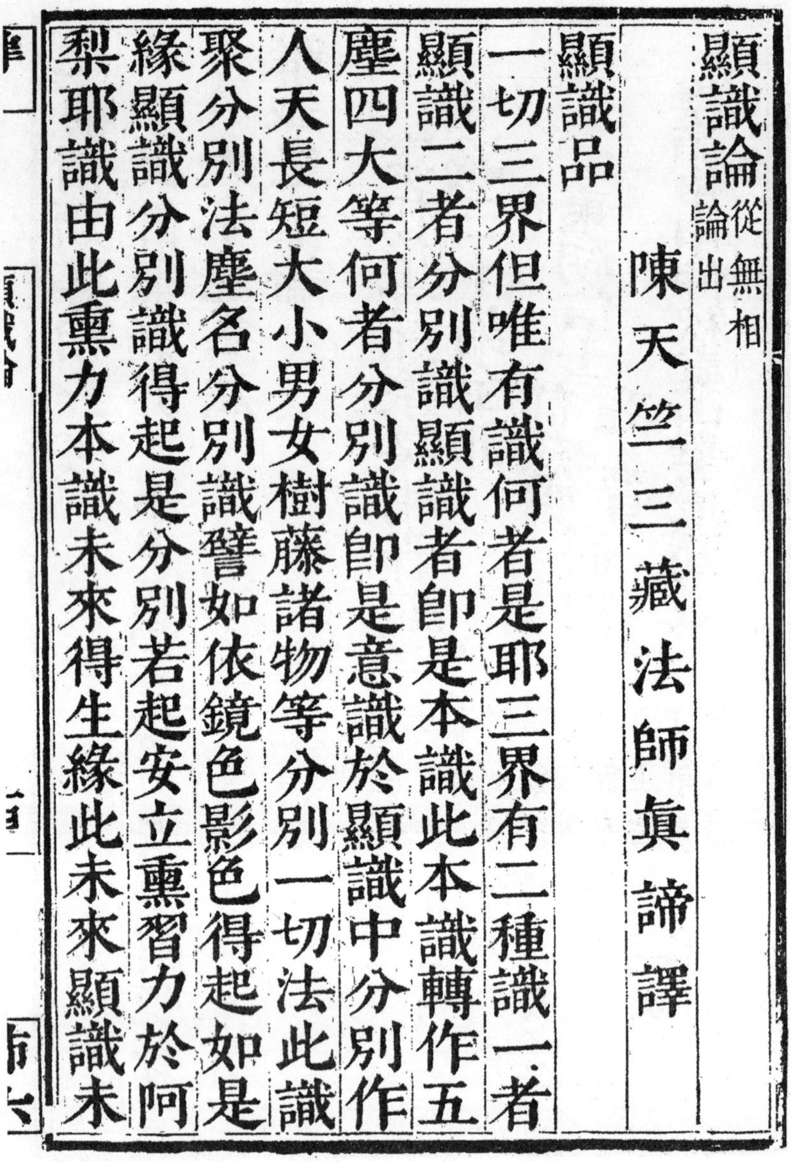
顯識論從無相論出
陳天竺三藏法師真諦譯
顯識品
一切三界但唯有識何者是耶三界有二種識一者
顯識二者分別識顯識者即是本識此本識轉作五
塵四大等何者分別識即是意識於顯識中分別作
人天長短大小男女樹藤諸物等分別一切法此識
聚分別法塵名分別識譬如依鏡色影色得起如是
緣顯識分別識得起是分別若起安立熏習力於阿
梨耶識由此熏力本識未來得生緣此未來顯識未

269 《顯識論》一卷

(南朝陳) 釋真諦譯　明崇禎甲申（十七年，1644）泰和郭承昊刻本

版框高 22.6 厘米，寬 15.5 厘米。半葉十行，行二十字，四周雙邊。

民族 111-008-00002；臺灣 374 頁 · 1160；故宮 111 · 1215

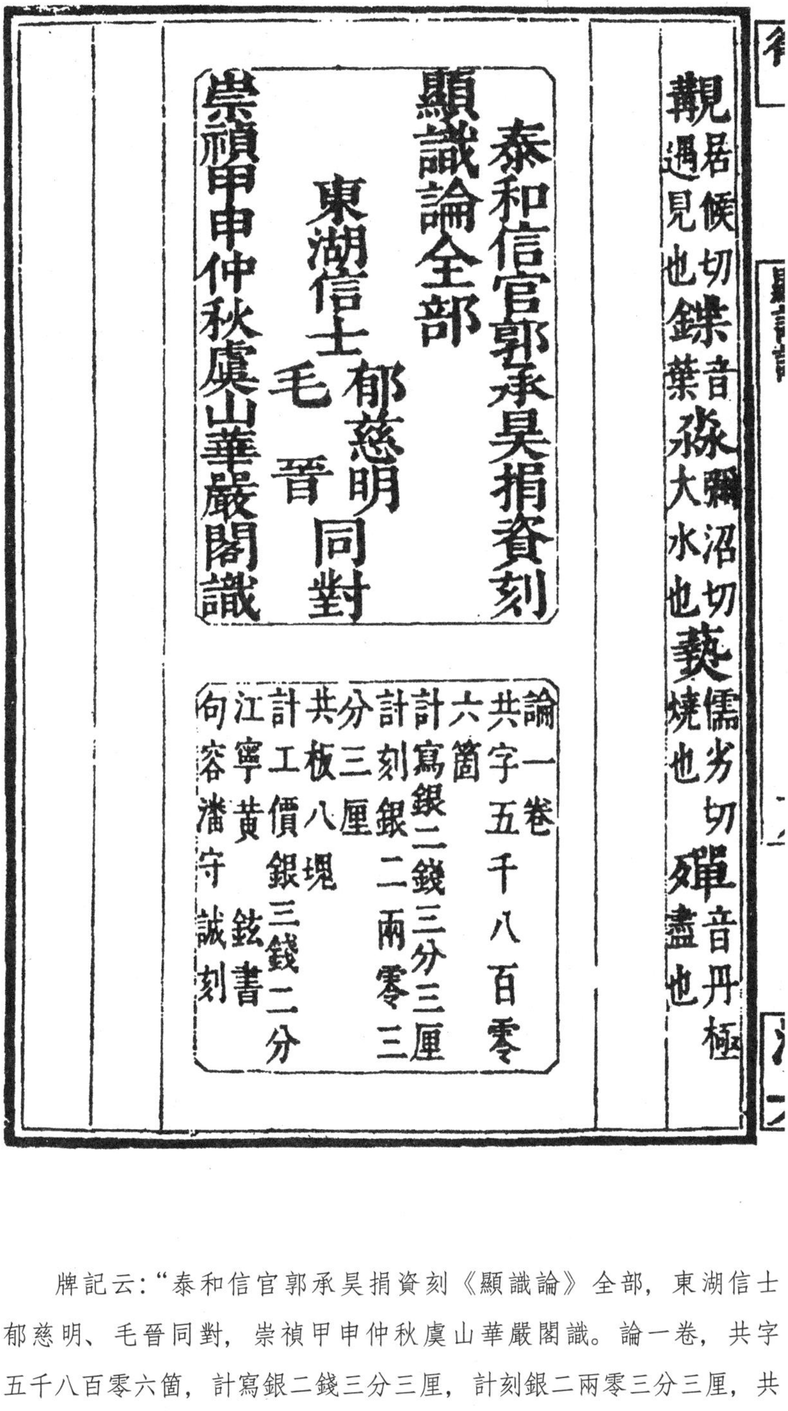

泰和信官郭承昊捐資刻

顯識論全部

東湖信士 郁慈明

毛　晉 同對

崇禎甲申仲秋虞山華嚴閣識

論一卷

共字五千八百零六箇

計寫銀二錢三分三厘

計刻銀二兩零三分三厘

共板八塊

計工價銀三錢二分

江寧黄鉉書

句容潘守誠刻

牌記云:“泰和信官郭承昊捐資刻《顯識論》全部，東湖信士郁慈明、毛晉同對，崇禎甲申仲秋虞山華嚴閣識。論一卷，共字五千八百零六箇，計寫銀二錢三分三厘，計刻銀二兩零三分三厘，共板八塊，計工價銀三錢二分，江寧黄鉉書，句容潘守誠刻。”沛六。

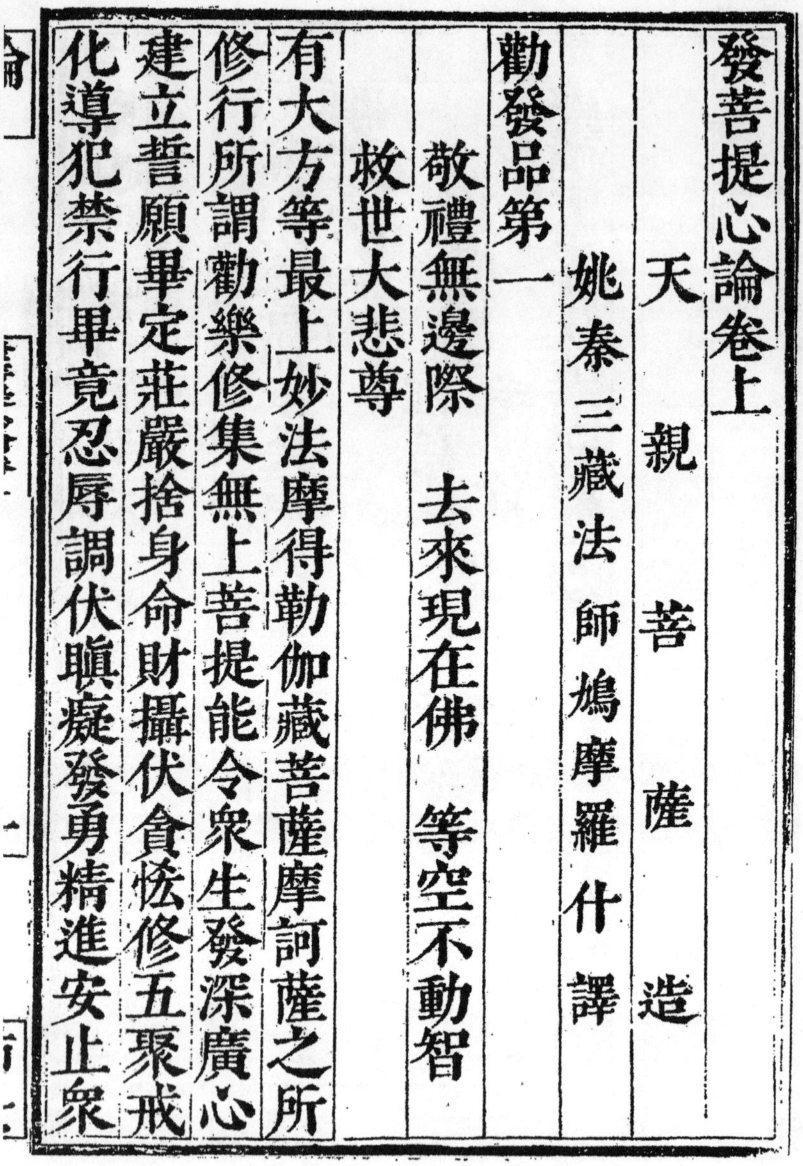

發菩提心論卷上
天親菩薩造
姚秦三藏法師鳩摩羅什譯
勸發品第一
敬禮無邊際　去來現在佛　等空不動智
救世大悲尊
有大方等最上妙法摩得勒伽藏菩薩摩訶薩之所
修行所謂勸樂修集無上菩提能令衆生發深廣心
建立誓願畢定莊嚴捨身命財攝伏貪恡修五聚戒
化導犯禁行畢竟忍辱調伏瞋癡發勇精進安止衆

270 《發菩提心論》二卷

（後秦）釋鳩摩羅什譯　明崇禎甲申（十七年，1644）泰和郭承昊刻本

版框高 22.4 厘米，寬 15.4 厘米。半葉十行，行二十字，四周雙邊。

民族 111-008-00003；臺灣 374 頁 · 1161；故宮 111 · 1216

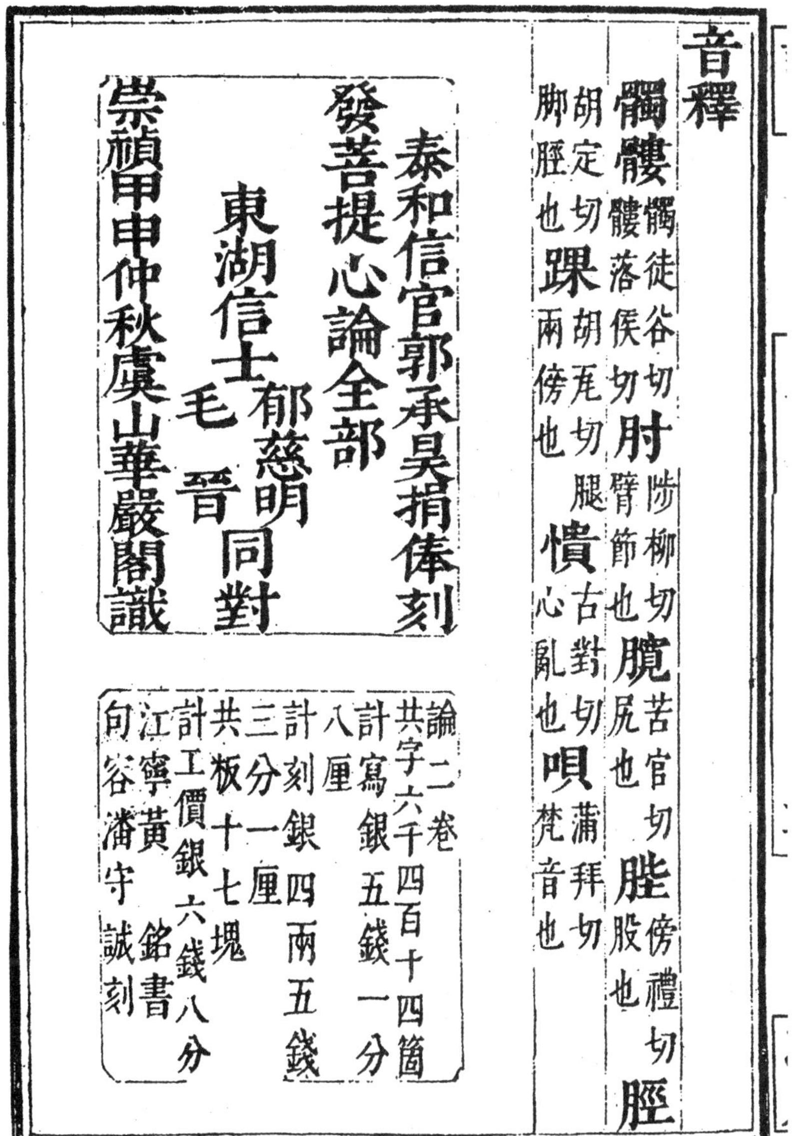

音釋

髑髏 髑徒谷切 髏落侯切 肘 陟柳切 臂節也 髖 苦官切 尻也 髀 傍禮切 股也 脛 胡定切 脚脛也 踝 胡瓦切 腿兩傍也 憒 古對切 心亂也 唄 蒲拜切 梵音也

泰和信官郭承昊捐俸刻
發菩提心論全部
東湖信士郁慈明
毛晉同對
崇禎甲申仲秋虞山華嚴閣識

論二卷
共字六千四百十四箇
計寫銀五錢一分八厘
計刻銀四兩五錢三分一厘
共板十七塊
計工價銀六錢八分
江寧黃銘書
句容潘守誠刻

牌記云："泰和信官郭承昊捐俸刻《發菩提心論》全部，東湖信士郁慈明、毛晉同對，崇禎甲申仲秋虞山華嚴閣識。論二卷，共字六千四百十四箇，計寫銀五錢一分八厘，計刻銀四兩五錢三分一厘，共板十七塊，計工價銀六錢八分，江寧黃銘書，句容潘守誠刻。"沛七至八。

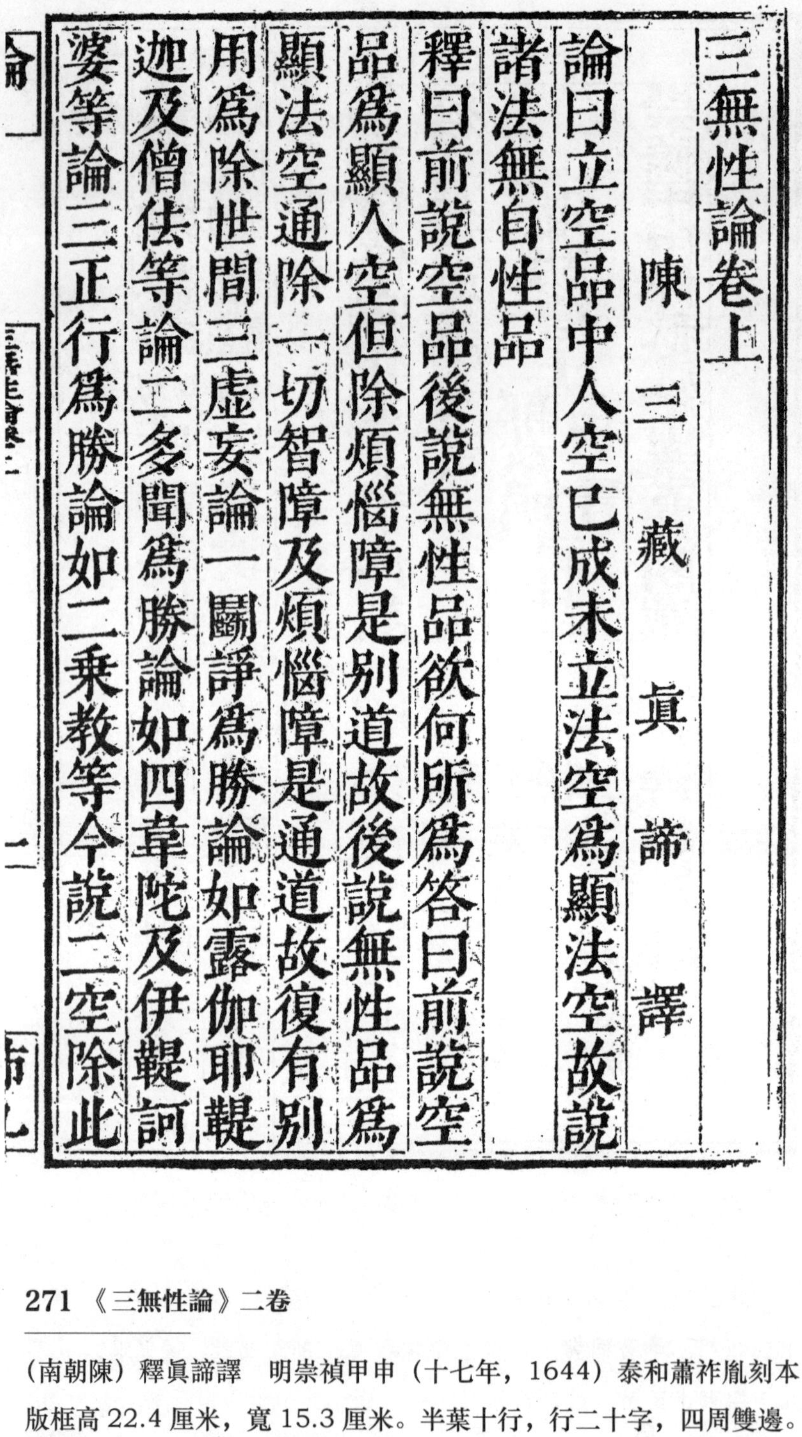
三無性論卷上
陳三藏眞諦譯
論曰立空品中人空已成未立法空爲顯法空故說
諸法無自性品
釋曰前說空品後說無性品欲何所爲答曰前說空
品爲顯人空但除煩惱障是別道故後說無性品爲
顯法空通除一切智障及煩惱障是通道故復有別
用爲除世間三虛妄論一鬬諍爲勝論如露伽耶鞮
迦及僧佉等論二多聞爲勝論如四韋陀及伊鞮訶
婆等論三正行爲勝論如二乘教等今說二空除此

271 《三無性論》二卷

（南朝陳）釋眞諦譯　明崇禎甲申（十七年，1644）泰和蕭祚胤刻本

版框高 22.4 厘米，寬 15.3 厘米。半葉十行，行二十字，四周雙邊。

民族 111-008-00004；臺灣 374 頁 · 1162；故宮 111 · 1217

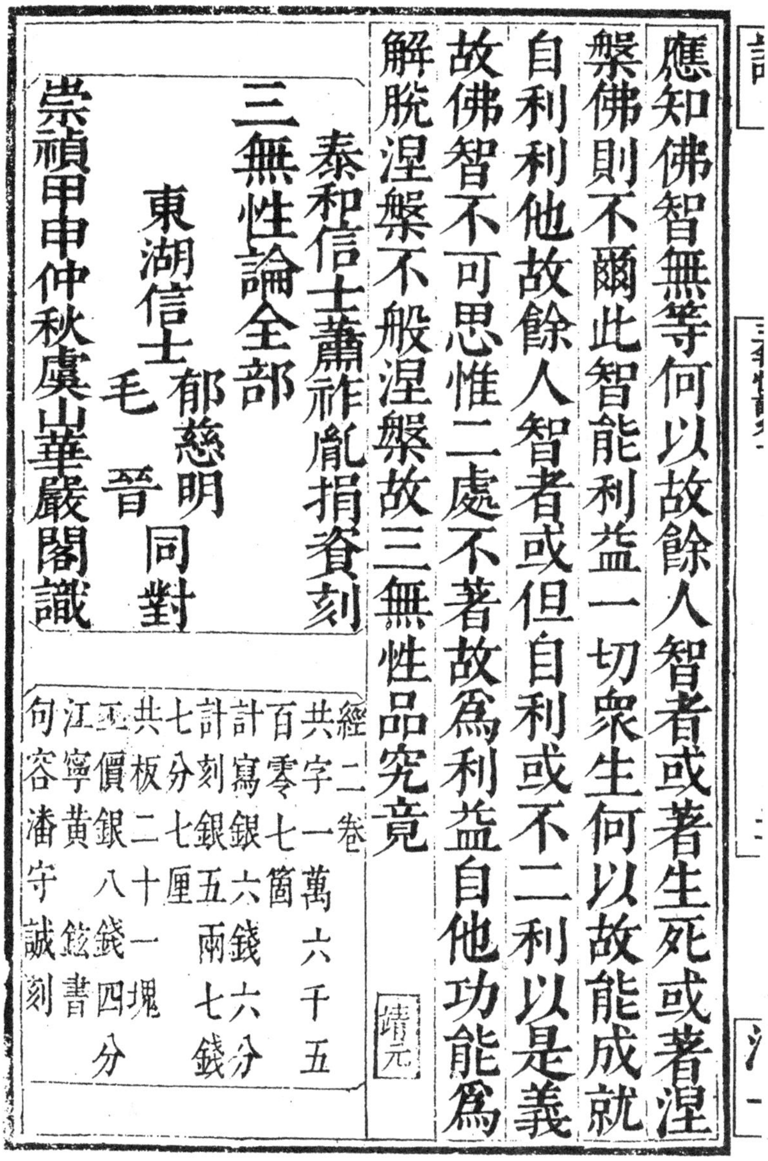
應知佛智無等何以故餘人智者或著生死或著涅
槃佛則不爾此智能利益一切衆生何以故能成就
自利利他故餘人智者或但自利或不二利以是義
故佛智不可思惟二處不著故爲利益自他功能爲
解脱涅槃不般涅槃故三無性品究竟
靖元

泰和信士蕭祚胤捐資刻
三無性論全部
東湖信士郁慈明
毛晉同對
崇禎甲申仲秋虞山華嚴閣識

經二卷
共字一萬六千五
百零七箇
計寫銀六錢六分
計刻銀五兩七錢
七分七厘
共板二十一塊
工價銀八錢四分
江寧黃鋐書
句容潘守誠刻

牌記云:“泰和信士蕭祚胤捐資刻《三無性論》全部，東湖信士郁慈明、毛晉同對，崇禎甲申仲秋虞山華嚴閣識。論二卷，共字一萬六千五百零七箇，計寫銀六錢六分，計刻銀五兩七錢七分七厘，共板二十一塊，工價銀八錢四分，江寧黃鋐書，句容潘守誠刻。”沛八至十。

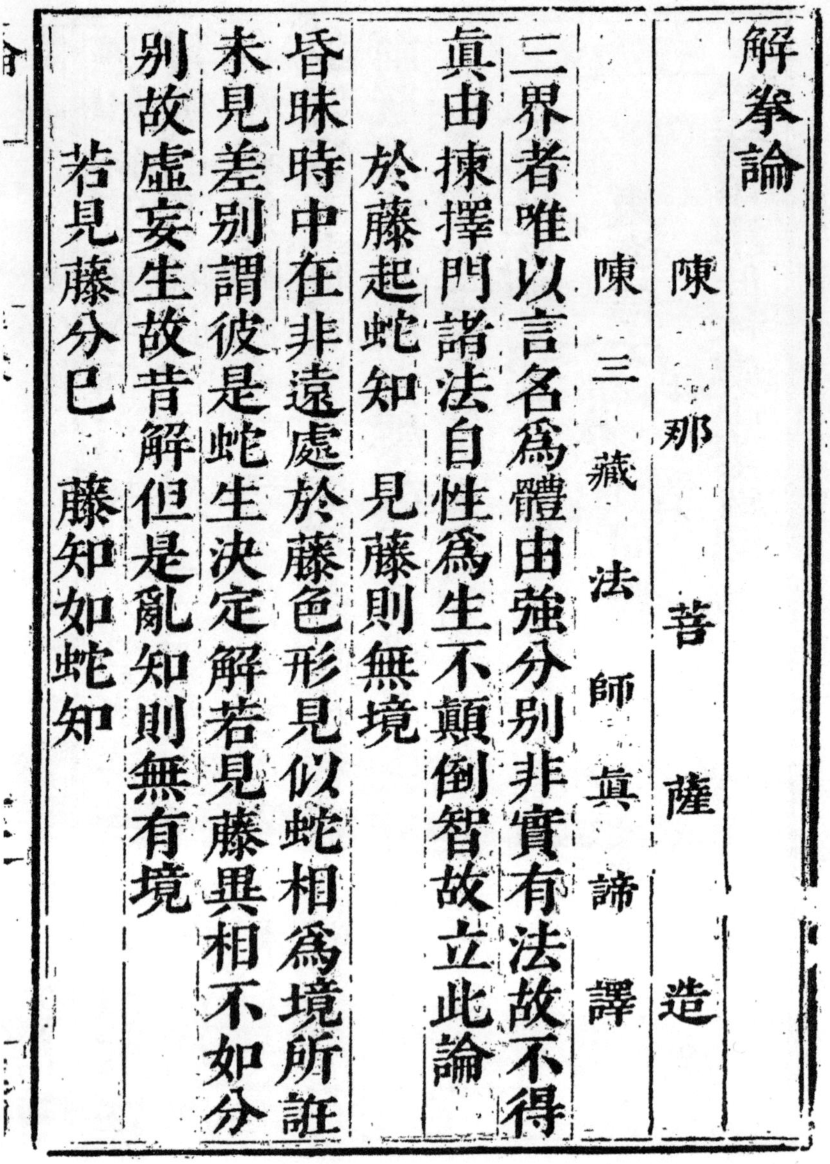

解拳論

陳那菩薩造

陳三藏法師眞諦譯

三界者唯以言名爲體由强分別非實有法故不得眞由揀擇門諸法自性爲生不顛倒智故立此論

於藤起蛇知　見藤則無境

昏昧時中在非遠處於藤色形見似蛇相爲境所誑未見差別謂彼是蛇生決定解若見藤異相不如分別故虛妄生故肯解但是亂知則無有境

若見藤分已　藤知如蛇知

272 《解拳論》一卷

(南朝陳) 釋眞諦譯　明崇禎甲申 (十七年, 1644) 常熟戈門周氏刻本

版框高 23.3 厘米, 寬 15.6 厘米。半葉十行, 行二十字, 四周雙邊。

民族 113-006-00002; 臺灣 386 頁 · 1198; 故宮 113 · 1253

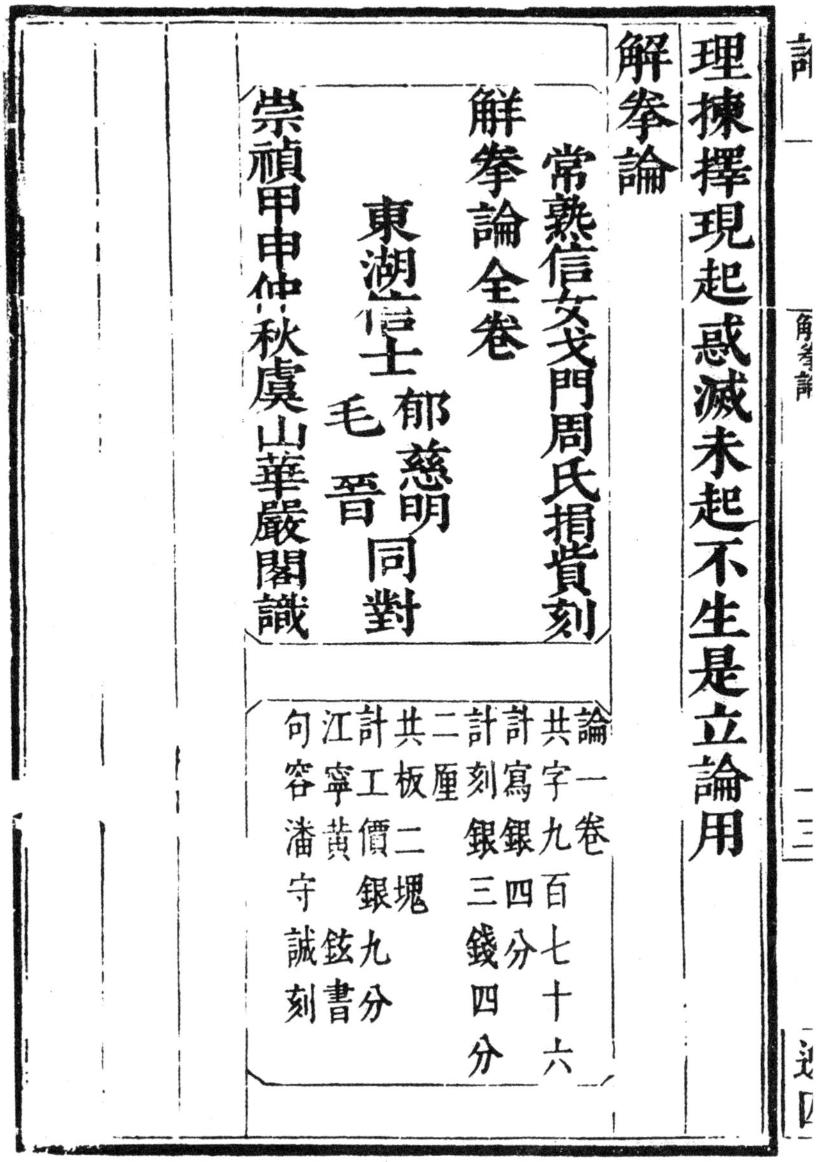

理揀擇現起惑滅未起不生是立論用

解拳論

常熟信女戈門周氏捐貲刻
解拳論全卷
東湖信士 郁慈明 毛晉 同對
崇禎甲申仲秋虞山華嚴閣識

論一卷
共字九百七十六
計寫銀四分
計刻銀三錢四分
二厘
共板二塊
計工價銀九分
江寧黃鉉書
句容潘守誠刻

牌記云：“常熟信女戈門周氏捐貲刻《解拳論》全卷，東湖信士郁慈明、毛晉同對，崇禎甲申仲秋虞山華嚴閣識。論一卷，共字九百七十六，計寫銀四分，計刻銀三錢四分二厘，共板二塊，計工價銀九分，江寧黃鉉書，句容潘守誠刻。”逸四。

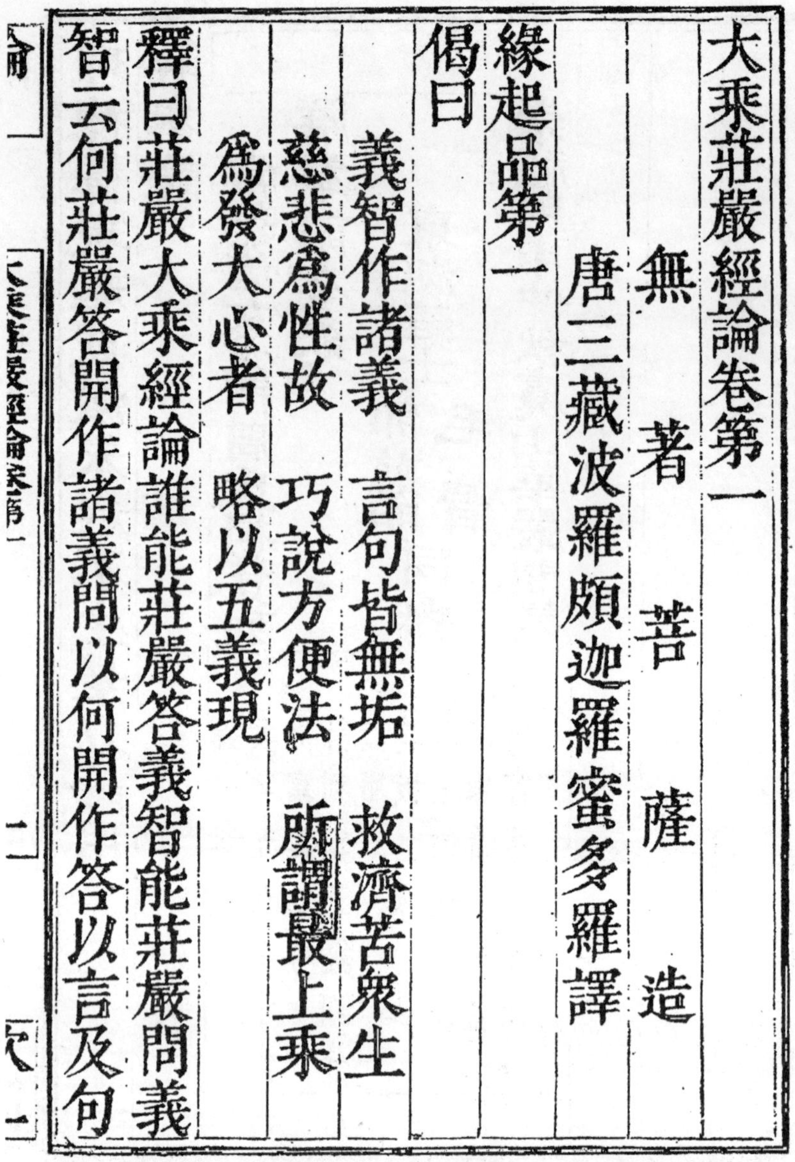

大乘莊嚴經論卷第一

無著菩薩造

唐三藏波羅頗迦羅蜜多羅譯

緣起品第一

偈曰

義智作諸義　言句皆無垢　救濟苦衆生

慈悲爲性故　巧說方便法　所謂最上乘

爲發大心者　略以五義現

釋曰莊嚴大乘經論誰能莊嚴答義智能莊嚴問義智云何莊嚴答開作諸義問以何開作答以言及句

273《大乘莊嚴經論》十三卷

(唐）釋波羅頗迦羅蜜多羅譯　明崇禎甲申（十七年，1644）泰和蕭祚胤刻本

版框高 22.4 厘米，寬 15.5 厘米。半葉十行，行二十字，四周雙邊。

民族 109-006-00001；臺灣 366 頁 · 1133；故宫 109 · 1188

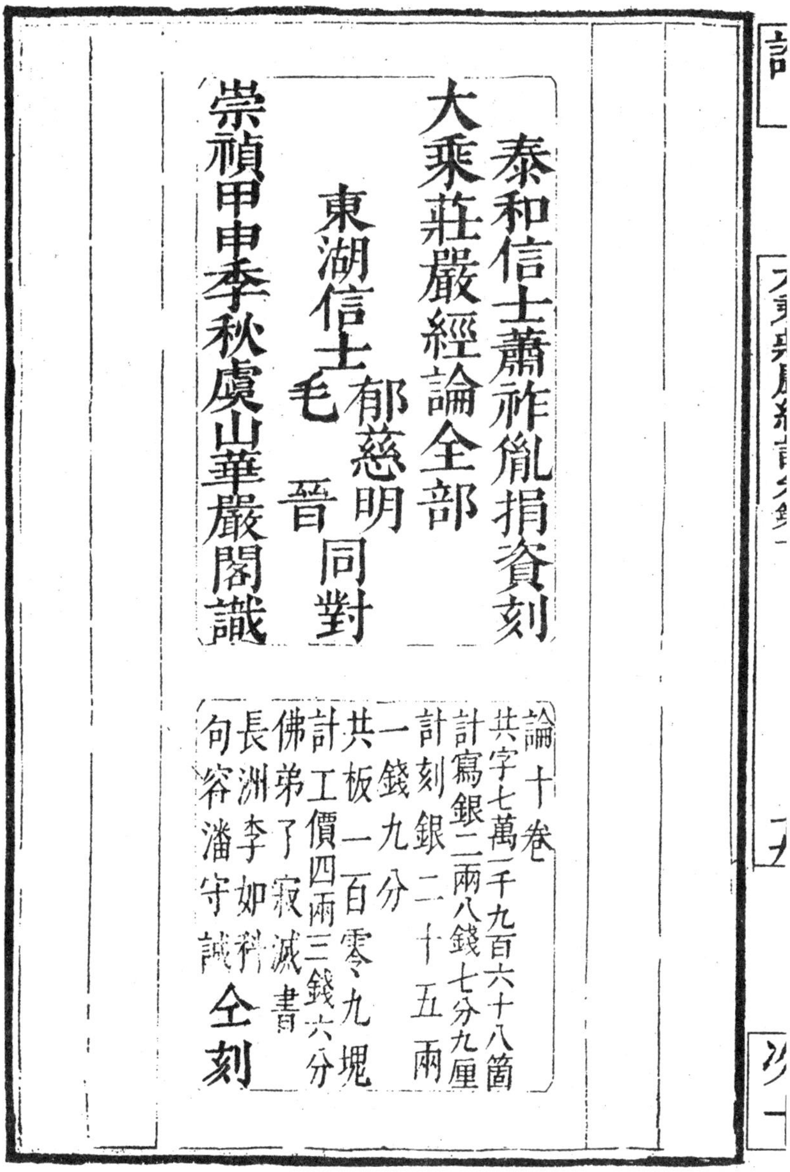
泰和信士蕭祚胤捐資刻
大乘莊嚴經論全部
東湖信士郁慈明
毛晉同對
崇禎甲申季秋虞山華嚴閣識

論十卷
共字七萬一千九百六十八箇
計寫銀二兩八錢七分九厘
計刻銀二十五兩
一錢九分
共板一百零九塊
計工價四兩三錢六分
佛弟子寂滅書
長洲李如科
句容潘守誠全刻

牌記云:"泰和信士蕭祚胤捐資刻《大乘莊嚴經論》全部,東湖信士郁慈明、毛晉同對,崇禎甲申季秋虞山華嚴閣識。論十卷,共字七萬一千九百六十八箇,計寫銀二兩八錢七分九厘,計刻銀二十五兩一錢九分,共板一百零九塊,計工價四兩三錢六分,佛弟子寂滅書,長洲李如科、句容潘守誠全刻。"次一至十,弗一至三。

王法正理論
彌勒菩薩造
唐三藏法師玄奘奉詔譯
如佛世尊爲出愛王所說經言彼王一時往詣佛所
頂禮佛足白言世尊有一沙門若婆羅門來至我所
以不眞實過失現前訶諫於我我於爾時其心不生
悔惱憂慼何以故觀此過失於我自身都不見故又
有沙門若婆羅門來至我所以不眞實功德現前讃
勸於我我於爾時心亦不生歡喜踴躍何以故觀此
功德於我自身都不見故彼諸沙門及婆羅門既退

274 《王法正理論》一卷

(唐) 釋玄奘譯　明崇禎甲申（十七年，1644）泰和郭承昊刻本

版框高 22.9 厘米，寬 15.4 厘米。半葉十行，行二十字，四周雙邊。

民族 111-004-00002；臺灣 369 頁 · 1143；故宮 111 · 1198

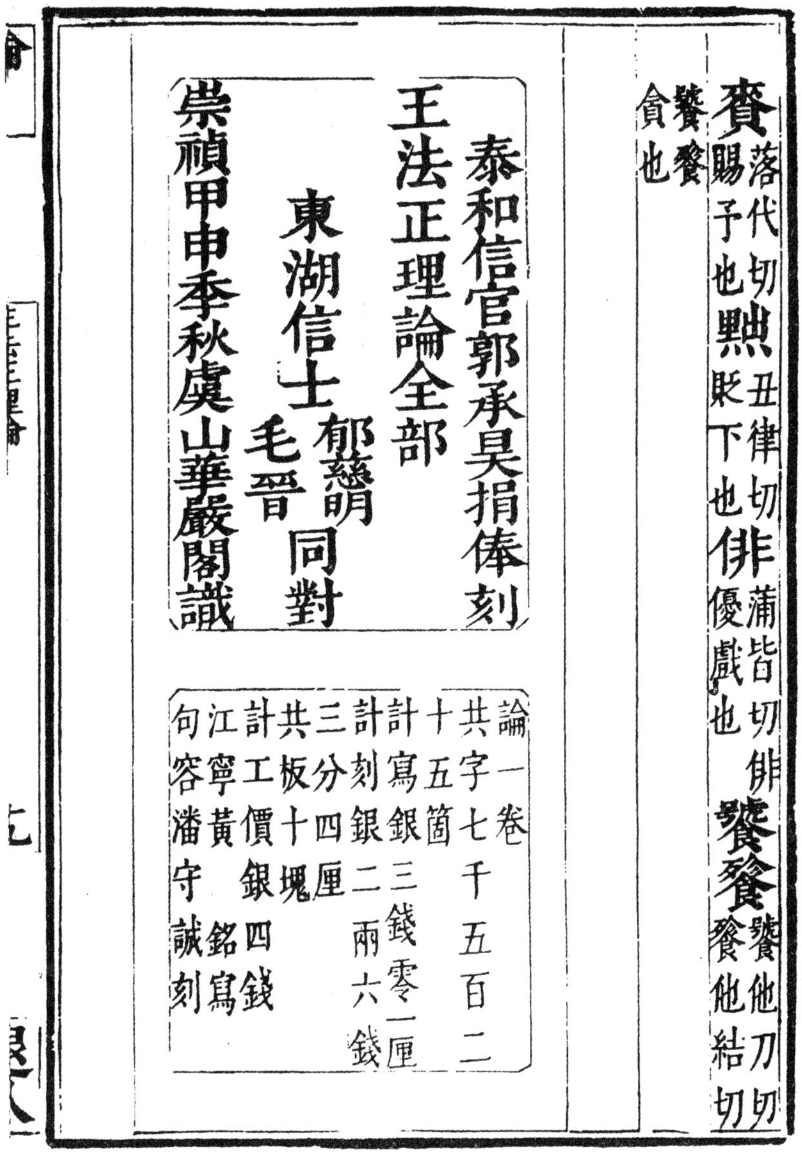

賚落代切賜予也黜丑律切貶下也俳蒲皆切俳優戲也饕餮饕他刀切餮他結切饕餮貪也

泰和信官郭承昊捐俸刻
王法正理論全部
東湖信士郁蔚明
毛晉同對
崇禎甲申季秋虞山華嚴閣識

論一卷
共字七千五百二
十五箇
計寫銀三錢零一厘
計刻銀二兩六錢
三分四厘
共板十塊
計工價銀四錢
江寧黃銘寫
句容潘守誠刻

牌記云："泰和信官郭承昊捐俸刻《王法正理論》全部，東湖信士郁慈明、毛晉同對，崇禎甲申季秋虞山華嚴閣識。論一卷，共字七千五百二十五箇，計寫銀三錢零一厘，計刻銀二兩六錢三分四厘，共板十塊，計工價銀四錢，江寧黃銘寫，句容潘守誠刻。"退八。

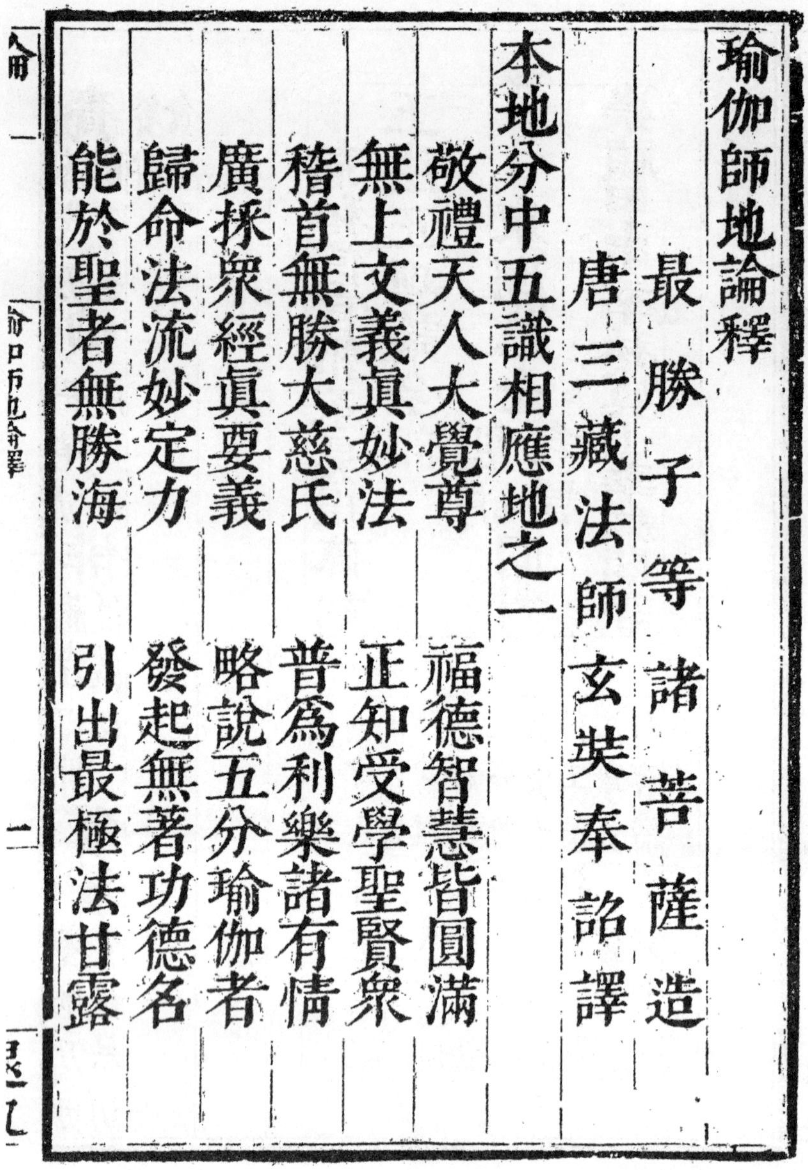

瑜伽師地論釋

最勝子等諸菩薩造

唐三藏法師玄奘奉詔譯

本地分中五識相應地之一

敬禮天人大覺尊　福德智慧皆圓滿

無上文義眞妙法　正知受學聖賢衆

稽首無勝大慈氏　普爲利樂諸有情

廣採衆經眞要義　略説五分瑜伽者

歸命法流妙定力　發起無著功德名

能於聖者無勝海　引出最極法甘露

275《瑜伽師地論釋》一卷

（唐）釋玄奘譯　明崇禎甲申（十七年，1644）泰和郭承昊刻本

版框高 22.8 厘米，寬 15.4 厘米。半葉十行，行二十字，四周雙邊。

民族 111-004-00003；臺灣 369 頁 · 1144；故宫 111 · 1199

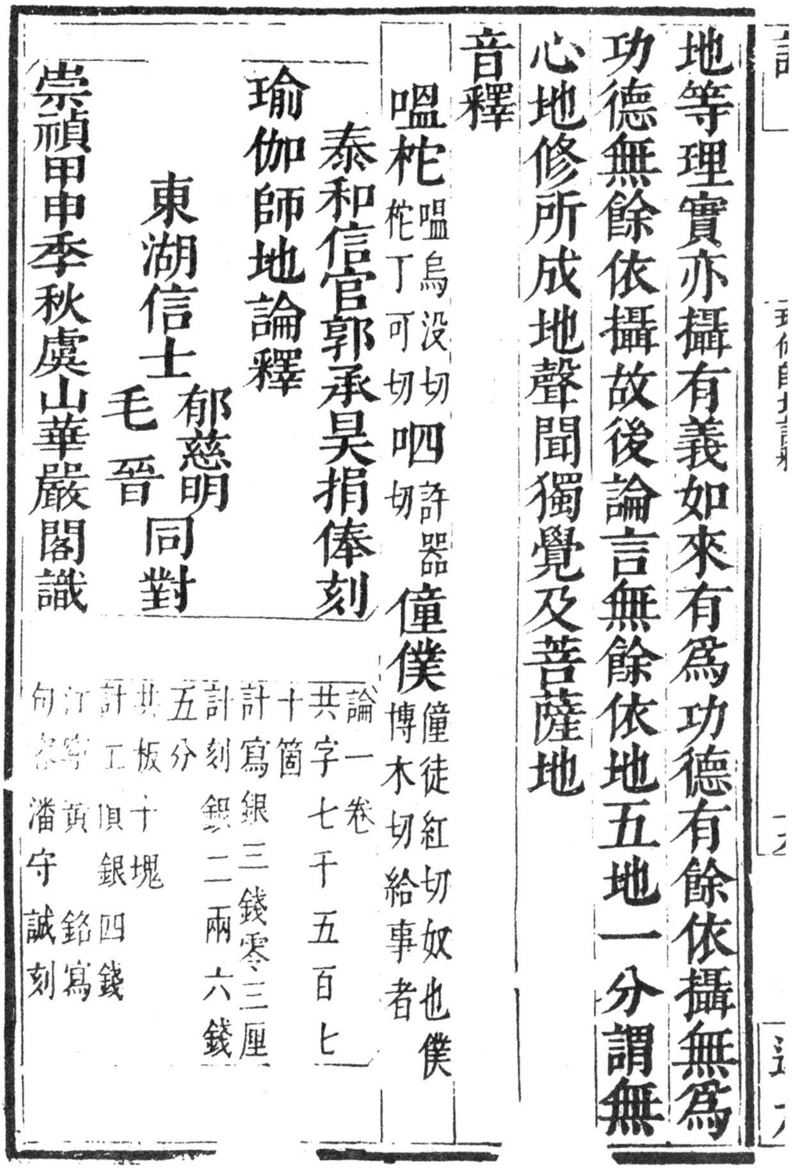
地等理實亦攝有義如來有為功德有餘依攝無為
功德無餘依攝故後論言無餘依地五地一分謂無
心地修所成地聲聞獨覺及菩薩地

音釋

嗢柁 嗢烏没切 柁丁可切 呬 許器切 僮僕 僮徒紅切奴也 僕博木切給事者

泰和信官郭承昊捐俸刻

瑜伽師地論釋

東湖信士 郁慈明 毛晉 同對

崇禎甲申季秋虞山華嚴閣識

論一卷 共字七千五百七十箇 計寫銀三錢零三厘 計刻銀二兩六錢五分 共板十塊 計工價銀四錢 江寧黃銘寫 句容潘守誠刻

牌記云:"泰和信官郭承昊捐俸刻《瑜伽師地論釋》,東湖信士郁慈明、毛晉同對,崇禎甲申季秋虞山華嚴閣識。論一卷,共字七千五百七十箇,計寫銀三錢零三厘,計刻銀二兩六錢五分,共板十塊,計工價銀四錢,江寧黃銘寫,句容潘守誠刻。"退九。

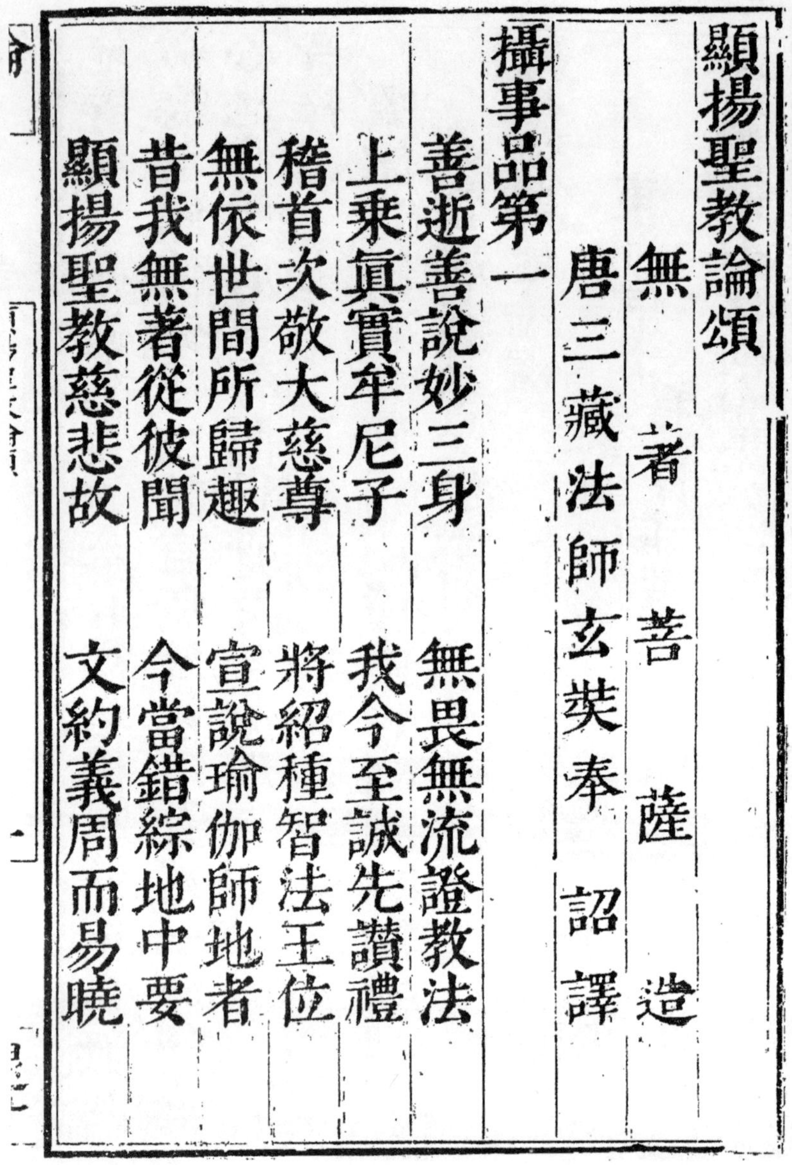
顯揚聖教論頌
無著菩薩造
唐三藏法師玄奘奉　詔譯
攝事品第一
善逝善說妙三身　無畏無流證教法
上乘眞實牟尼子　我今至誠先讚禮
稽首次敬大慈尊　將紹種智法王位
無依世間所歸趣　宣說瑜伽師地者
昔我無著從彼聞　今當錯綜地中要
顯揚聖教慈悲故　文約義周而易曉

276 《顯揚聖教論頌》一卷

(唐) 釋玄奘譯　明崇禎甲申（十七年，1644）泰和郭承昊刻本

版框高 22.6 厘米，寬 15.4 厘米。半葉十行，行二十字，四周雙邊。

民族 111-004-00004; 臺灣 369 頁 · 1145; 故宮 111 · 1200

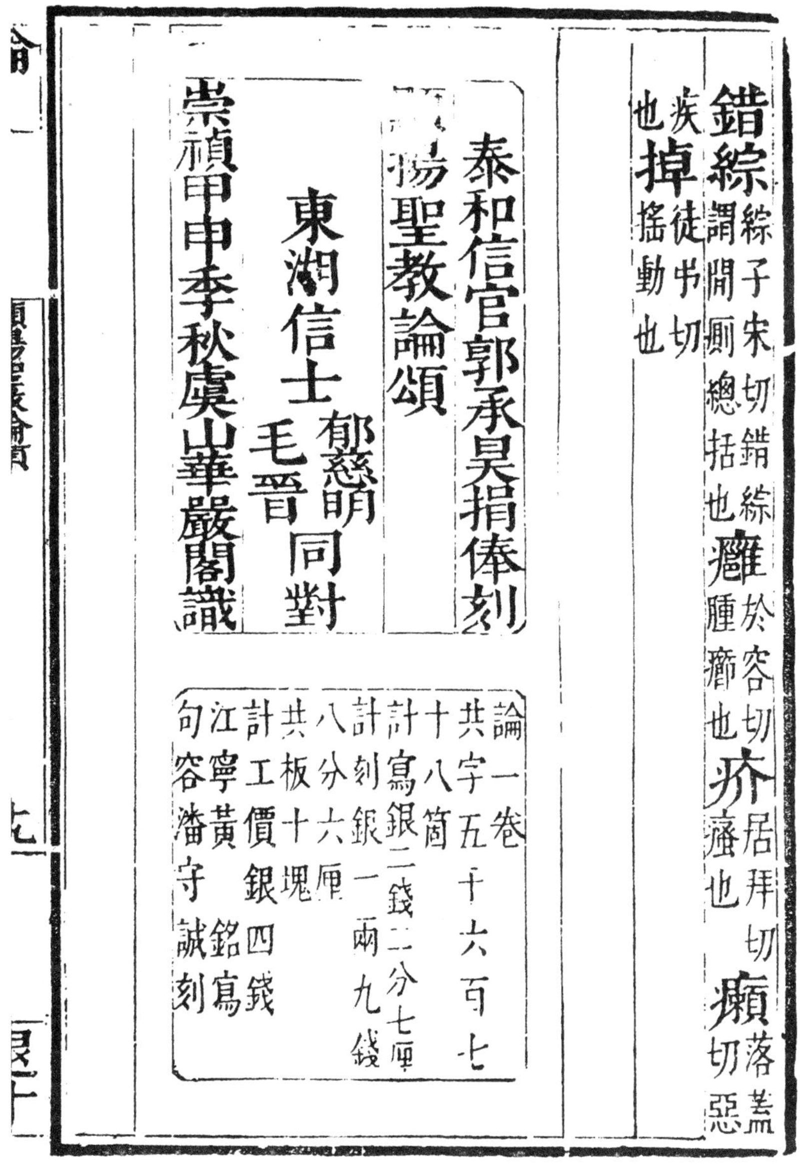

錯綜綜子宋切錯綜謂間廁總括也癰於容切癰腫瘡也疥居拜切瘙也癩落蓋切惡疾也掉徒弔切搖動也

泰和信官郭承昊捐俸刻

顯揚聖教論頌

東湖信士郁慈明毛晉同對

崇禎甲申季秋虞山華嚴閣識

論一卷

共字五千六百七十八箇

計寫銀二錢二分七厘

計刻銀一兩九錢八分六厘

共板十塊

計工價銀四錢

江寧黃銘寫

句容潘守誠刻

牌記云:"泰和信官郭承昊捐俸刻《顯揚聖教論頌》, 東湖信士郁慈明、毛晉同對, 崇禎甲申季秋虞山華嚴閣識。論一卷, 共字五千六百七十八箇, 計寫銀二錢二分七厘, 計刻銀一兩九錢八分六厘, 共板十塊, 計工價銀四錢, 江寧黃銘寫, 句容潘守誠刻。" 退十。

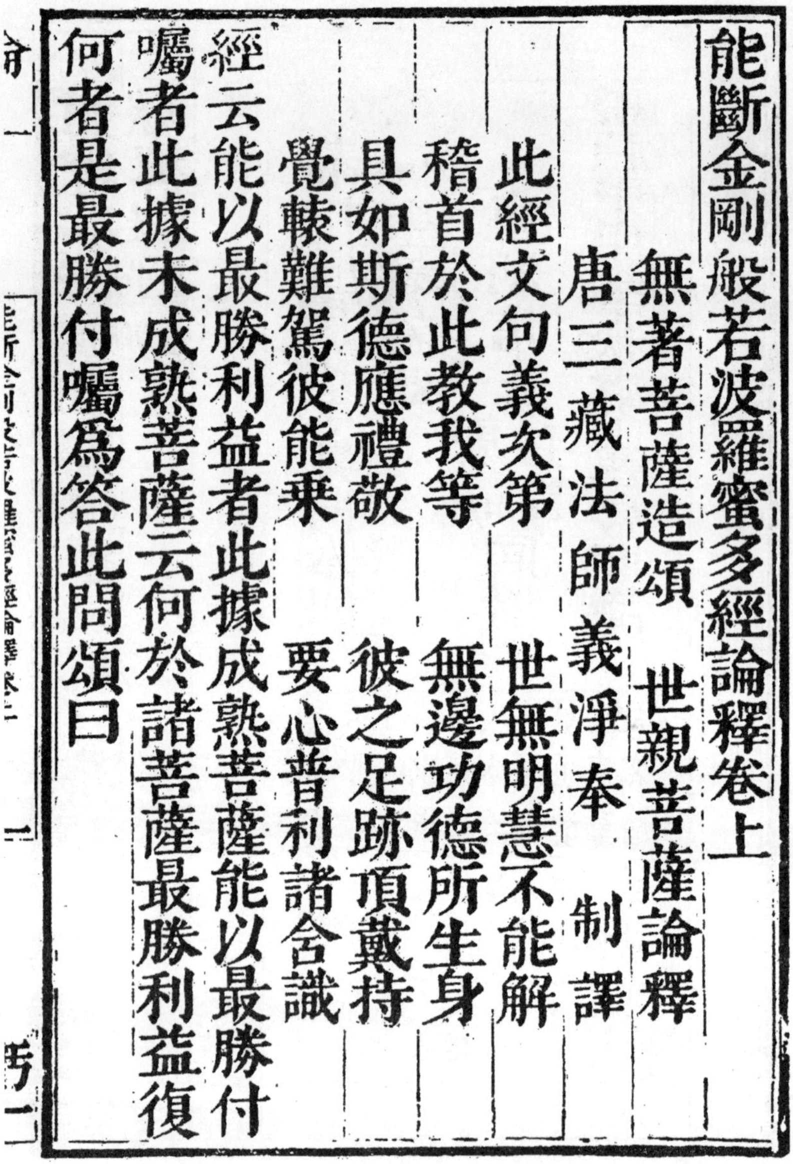
能斷金剛般若波羅蜜多經論釋卷上
無著菩薩造頌　世親菩薩論釋
唐三藏法師義淨奉　制譯
此經文句義次第　世無明慧不能解
稽首於此教我等　無邊功德所生身
具如斯德應禮敬　彼之足跡頂戴持
覺轅難駕彼能乘　要心普利諸含識
經云能以最勝利益者此據成熟菩薩能以最勝付
囑者此據未成熟菩薩云何於諸菩薩最勝利益復
何者是最勝付囑爲答此問頌曰

277 《能斷金剛般若波羅蜜多經論釋》三卷

(唐) 釋義淨譯　明崇禎甲申（十七年，1644）泰和郭承昊刻本

版框高 22.6 厘米，寬 15.2 厘米。半葉十行，行二十字，四周雙邊。

民族 112-003-00001；臺灣 378 頁 · 1174；故宮 112 · 1229

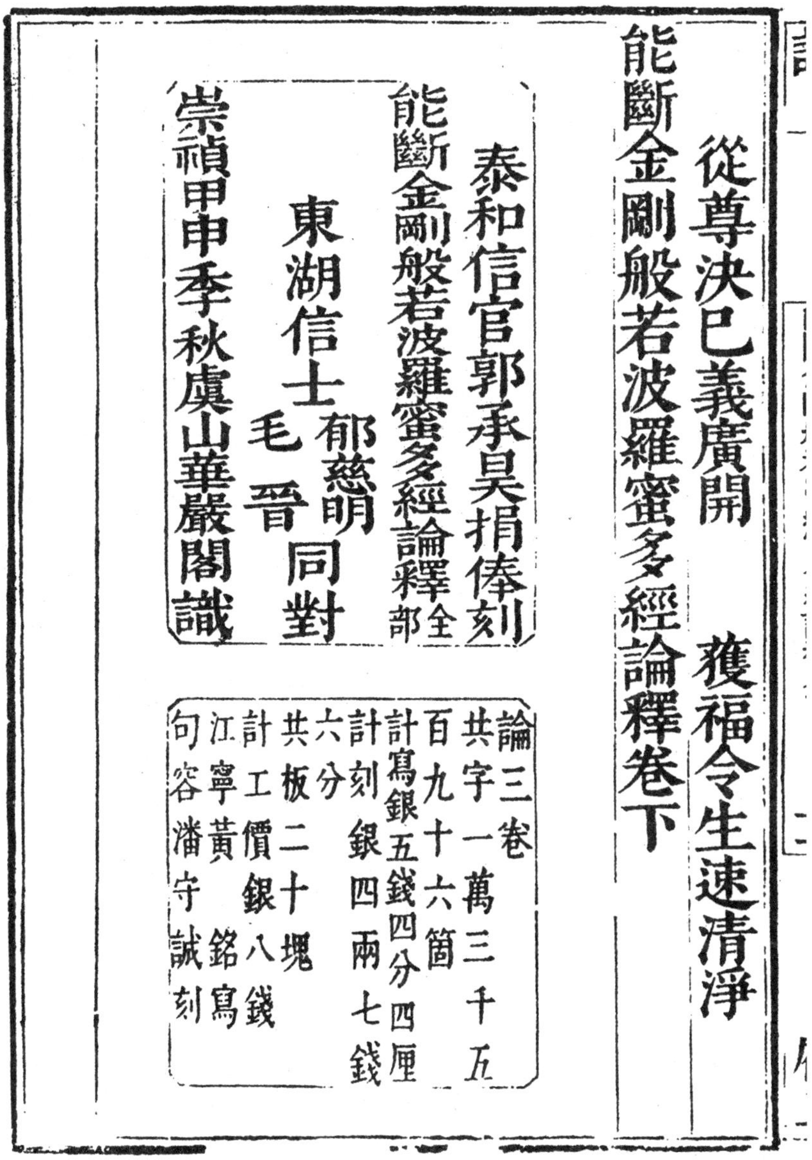

從尊決巳義廣開　獲福令生速清淨

能斷金剛般若波羅蜜多經論釋卷下

泰和信官郭承昊捐俸刻
能斷金剛般若波羅蜜多經論釋全部
東湖信士郁慈明
毛晉同對
崇禎甲申季秋虞山華嚴閣識

論三卷
共字一萬三千五
百九十六箇
計寫銀五錢四分四厘
計刻銀四兩七錢
六分
共板二十塊
計工價銀八錢
江寧黃銘寫
句容潘守誠刻

牌記云："泰和信官郭承昊捐俸刻《能斷金剛般若波羅蜜多經論釋》全部，東湖信士郁慈明、毛晉同對，崇禎甲申季秋虞山華嚴閣識。論三卷，共字一萬三千五百九十六箇，計寫銀五錢四分四厘，計刻銀四兩七錢六分，共板二十塊，計工價銀八錢，江寧黃銘寫，句容潘守誠刻。"虧一至二。

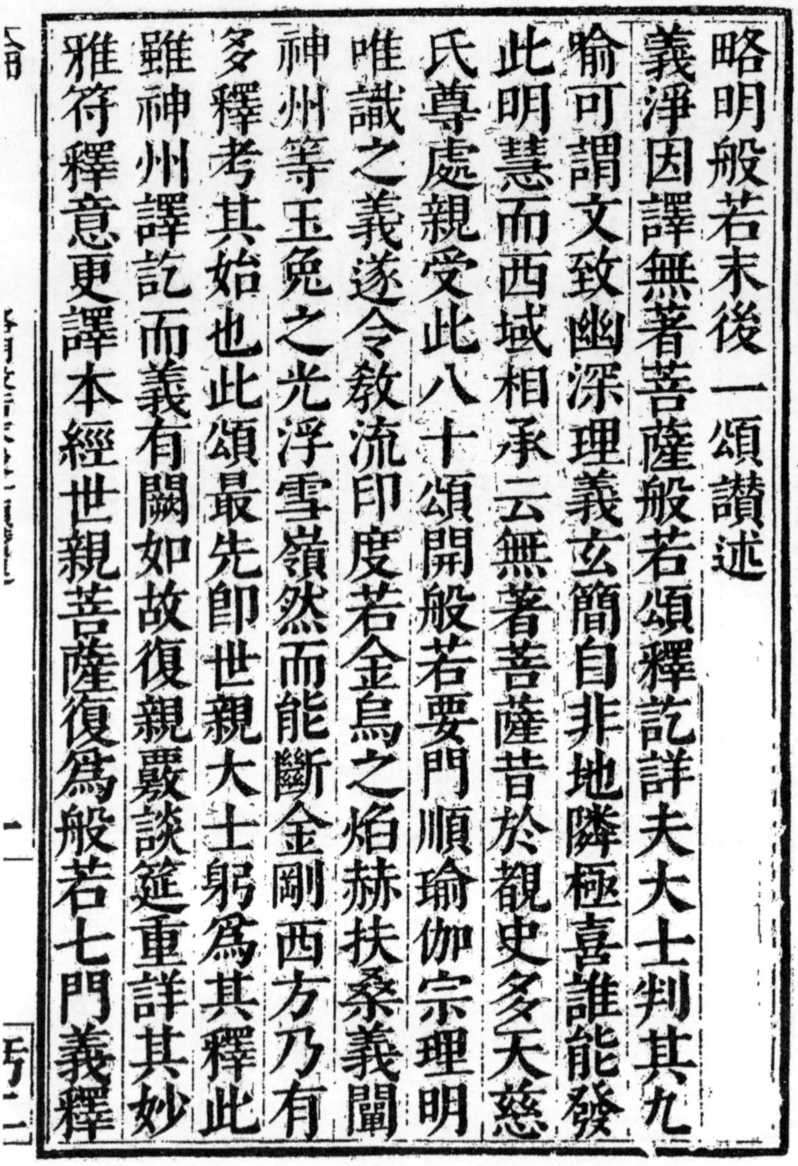

略明般若末後一頌讃述
義淨因譯無著菩薩般若頌釋訖詳夫大士判其九
瑜可謂文致幽深理義玄簡自非地隣極喜誰能發
此明慧而西域相承云無著菩薩昔於覩史多天慈
氏尊處親受此八十頌開般若要門順瑜伽宗理明
唯識之義遂令敎流印度若金烏之焰赫扶桑義闡
神州等玉兔之光浮雪嶺然而能斷金剛西方乃有
多釋考其始也此頌最先卽世親大士躬爲其釋此
雖神州譯訖而義有闕如故復親聚談筵重詳其妙
雅符釋意更譯本經世親菩薩復爲般若七門義釋

278 《略明般若末後一頌讃述》一卷

(唐) 釋義淨譯　明崇禎甲申（十七年，1644）泰和郭承昊刻本

版框高 22.5 厘米，寬 15.4 厘米。半葉十行，行二十字，四周雙邊。

民族 112-003-00002; 臺灣 378 頁 · 1175; 故宮 112 · 1230

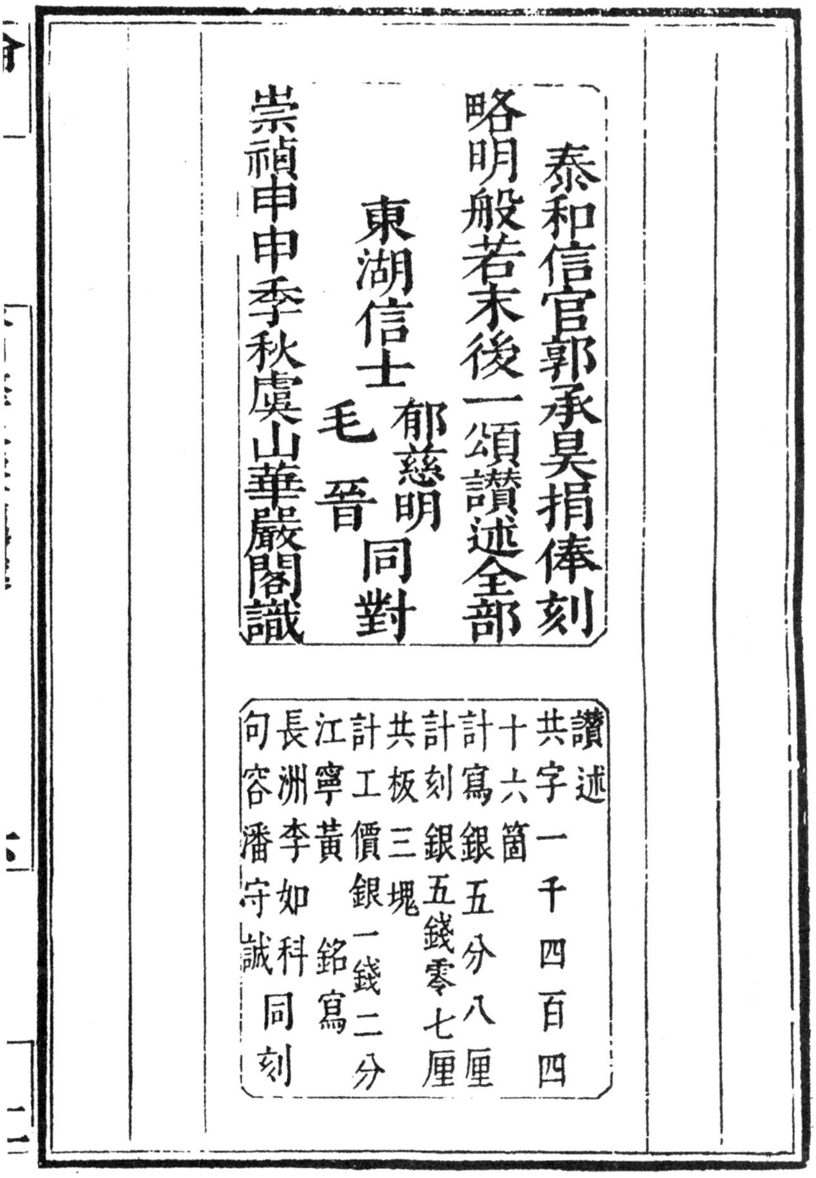
泰和信官郭承昊捐俸刻
略明般若末後一頌讃述全部
東湖信士 郁慈明 毛晉 同對
崇禎甲申季秋虞山華嚴閣識

讃述
共字一千四百四
十六箇
計寫銀五分八厘
計刻銀五錢零七厘
共板三塊
計工價銀一錢二分
江寧黃銘寫
長洲李如科
句容潘守誠 同刻

牌記云："泰和信官郭承昊捐俸刻《略明般若末後一頌讃述》全部，東湖信士郁慈明、毛晉同對，崇禎甲申季秋虞山華嚴閣識。讃述共字一千四百四十六箇，計寫銀五分八厘，計刻銀五錢零七厘，共板三塊，計工價銀一錢二分，江寧黃銘寫，長洲李如科、句容潘守誠同刻。"虧二。

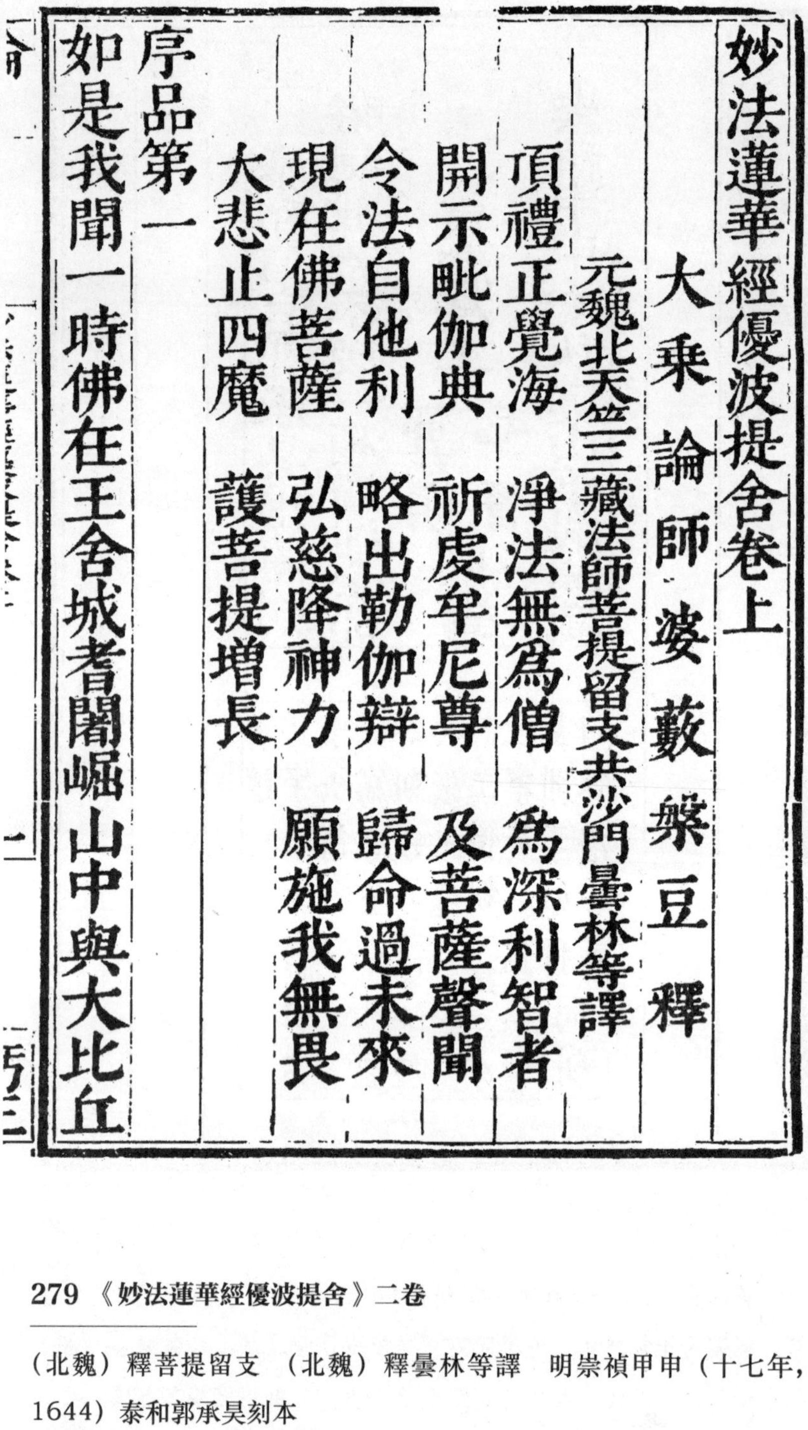

妙法蓮華經優波提舍卷上

大乘論師婆藪槃豆釋

元魏北天竺三藏法師菩提留支共沙門曇林等譯

頂禮正覺海　淨法無爲僧　爲深利智者
開示毗伽典　祈虔牟尼尊　及菩薩聲聞
令法自他利　略出勤伽辯　歸命過未來
現在佛菩薩　弘慈降神力　願施我無畏
大悲止四魔　護菩提增長

序品第一

如是我聞一時佛在王舍城耆闍崛山中與大比丘

279 《妙法蓮華經優波提舍》二卷

（北魏）釋菩提留支（北魏）釋曇林等譯　明崇禎甲申（十七年，1644）泰和郭承昊刻本

版框高 22.9 厘米，寬 15.5 厘米。半葉十行，行二十字，四周雙邊。

民族 112-004-00001；臺灣 378 頁・1176；故宫 112・1231

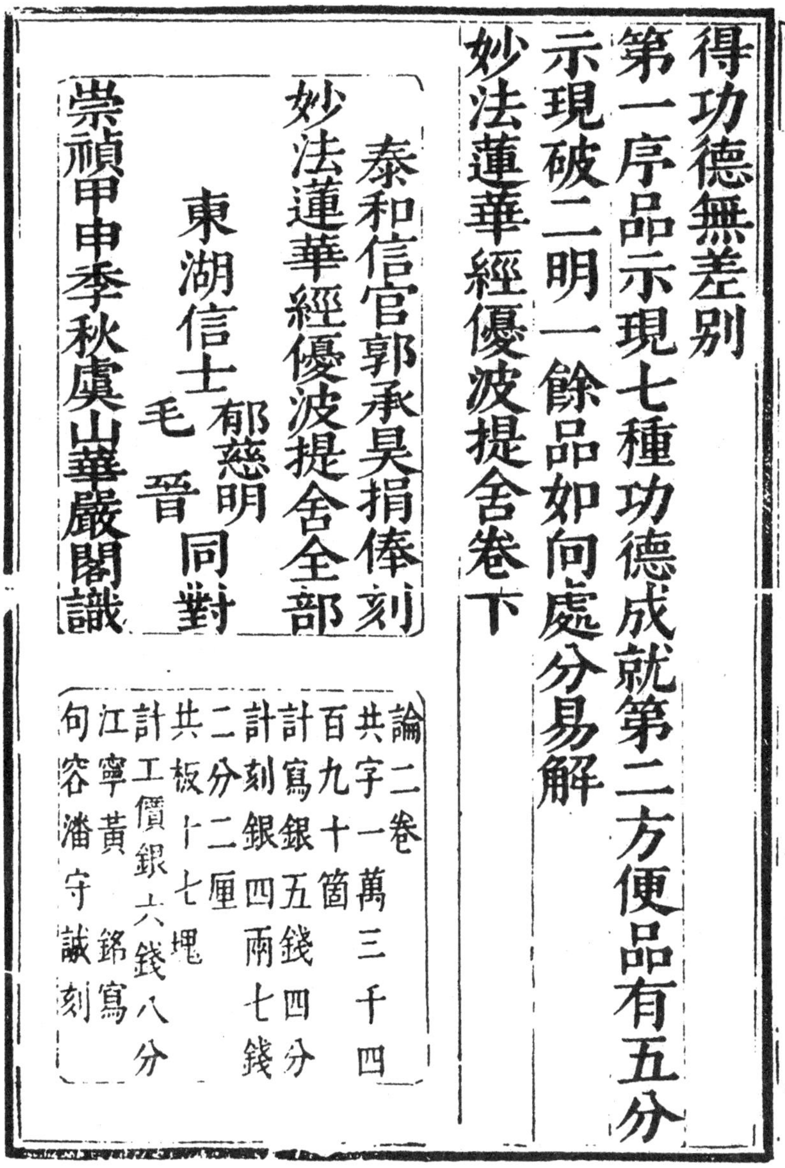
得功德無差別
第一序品示現七種功德成就第二方便品有五分
示現破二明一餘品如向處分易解
妙法蓮華經優波提舍卷下
泰和信官郭承昊捐俸刻
妙法蓮華經優波提舍全部
東湖信士郁慈明
毛晉同對
崇禎甲申季秋虞山華嚴閣識
論二卷
共字一萬三千四
百九十箇
計寫銀五錢四分
計刻銀四兩七錢
二分二厘
共板十七塊
計工價銀六錢八分
江寧黃銘寫
句容潘守誠刻

牌記云："泰和信官郭承昊捐俸刻《妙法蓮華經優波提舍》全部，東湖信士郁慈明、毛晉同對，崇禎甲申季秋虞山華嚴閣識。論二卷，共字一萬三千四百九十箇，計寫銀五錢四分，計刻銀四兩七錢二分二厘，共板十七塊，計工價銀六錢八分，江寧黃銘寫，句容潘守誠刻。"虧三至四。

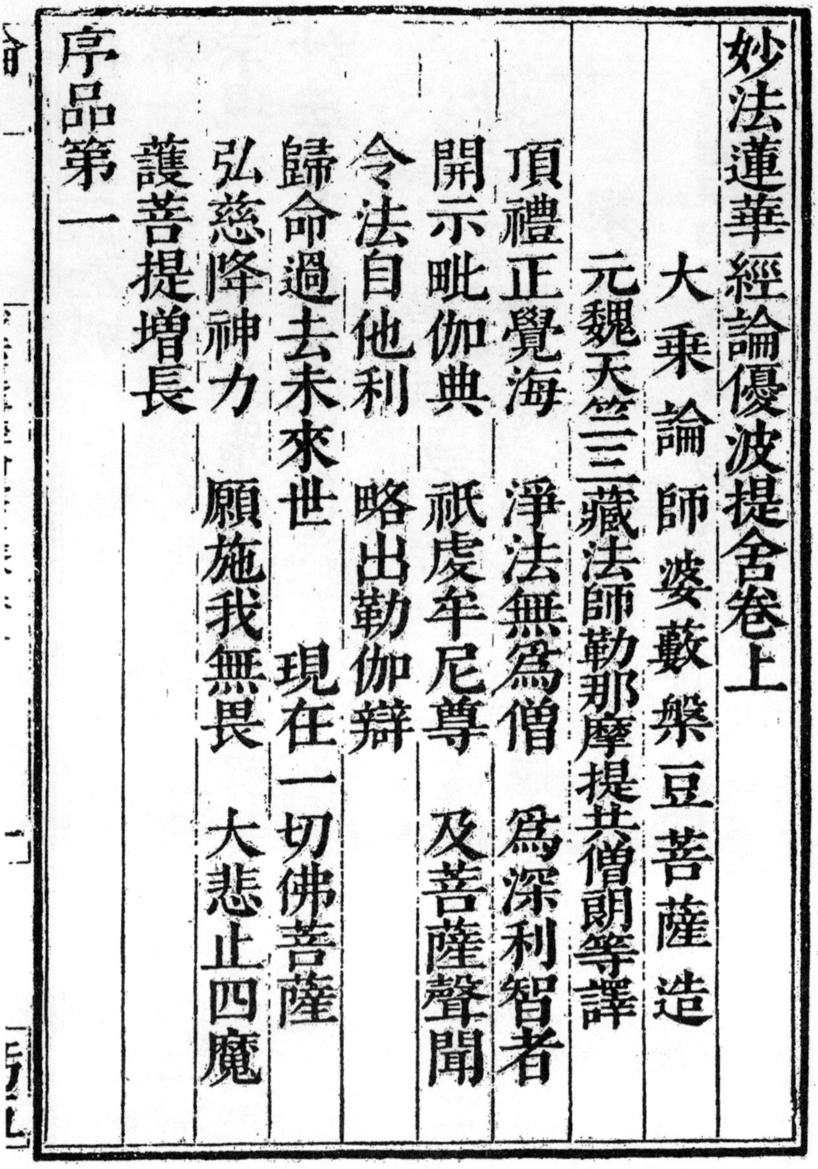

妙法蓮華經論優波提舍卷上

大乘論師婆藪槃豆菩薩造

元魏天竺三藏法師勒那摩提共僧朗等譯

頂禮正覺海　淨法無爲僧　爲深利智者

開示毗伽典　祇虔牟尼尊　及菩薩聲聞

令法自他利　略出勒伽辯

歸命過去未來世　現在一切佛菩薩

弘慈降神力　願施我無畏　大悲止四魔

護菩提增長

序品第一

280 《妙法蓮華經論優波提舍》二卷

（北魏）釋勒那摩提　（北魏）釋僧朗等譯　明崇禎甲申（十七年，1644）泰和郭承昊刻本

版框高 22.5 厘米，寬 15.5 厘米。半葉十行，行二十字，四周雙邊。

民族 112-004-00002；臺灣 379 頁 · 1177；故宫 112 · 1232

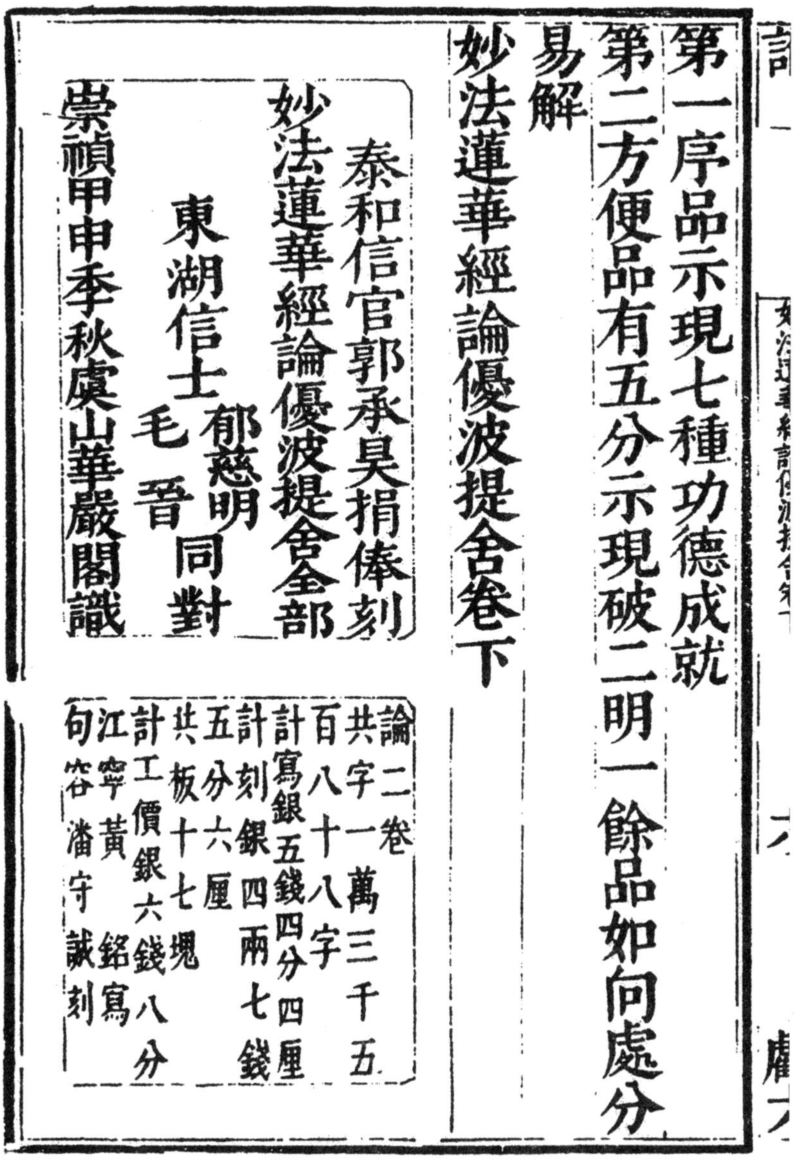

第一序品示現七種功德成就
第二方便品有五分示現破二明一餘品如向處分
易解
妙法蓮華經論優波提舍卷下

泰和信官郭承昊捐俸刻
妙法蓮華經論優波提舍全部
東湖信士 郁慈明 毛晉 同對
崇禎甲申季秋虞山華嚴閣識

論二卷
共字一萬三千五
百八十八字
計寫銀五錢四分四厘
計刻銀四兩七錢
五分六厘
共板十七塊
計工價銀六錢八分
江寧黃銘寫
句容潘守誠刻

牌記云:"泰和信官郭承昊捐俸刻《妙法蓮華經論優波提舍》全部,東湖信士郁慈明、毛晉同對,崇禎甲申季秋虞山華嚴閣識。論二卷,共字一萬三千五百八十八字,計寫銀五錢四分四厘,計刻銀四兩七錢五分六厘,共板十七塊,計工價銀六錢八分,江寧黃銘寫,句容潘守誠刻。"虧五至六。

大寶積經論卷第一

元魏天竺三藏法師菩提留支譯

歸命世間救　苦海度彼岸　大悲降魔怨

我釋寶積經　莊嚴十六種　眞實微妙義

欲令法久住　自利利他故

問曰汝欲釋寶積經應先釋此法門以何義故名爲寶積答曰大乘法寶中一切諸法差別義攝取故所有大乘法寶中諸法差別相者彼盡攝取義故名曰寶積一聚二積三陰四合和義一名異是中一切大乘法中如來爲諸菩薩十六種相差別說法何者十

281 《大寶積經論》四卷

(北魏) 釋菩提留支譯　明崇禎甲申（十七年，1644）泰和郭承昊刻本

版框高 22.6 厘米，寬 15.4 厘米。半葉十行，行二十字，四周雙邊。

民族 112-005-00001；臺灣 379 頁 · 1178；故宮 112 · 1233

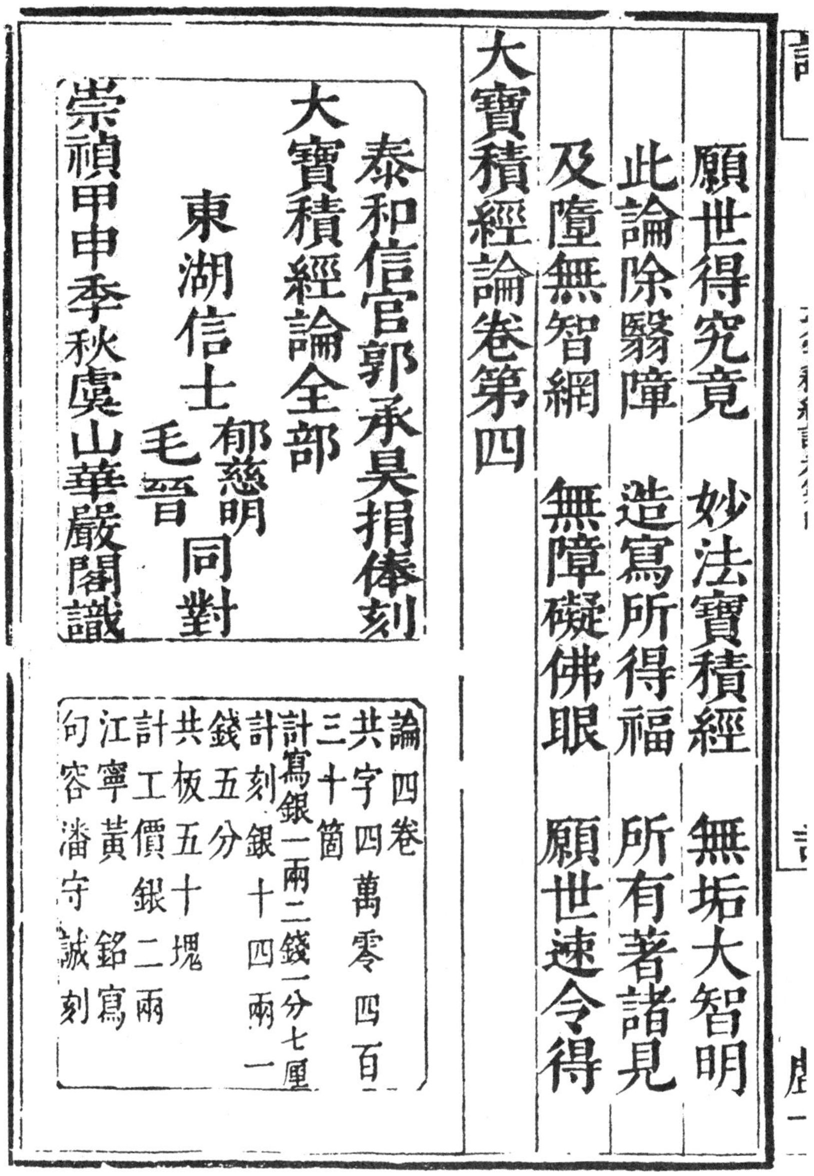

願世得究竟　妙法寶積經　無垢大智明
此論除翳障　造寫所得福　所有著諸見
及墮無智網　無障礙佛眼　願世速令得

大寶積經論卷第四

泰和信官郭承昊捐俸刻
大寶積經論全部
東湖信士郁慈明
毛晉　同對
崇禎甲申季秋虞山華嚴閣識

論四卷
共字四萬零四百
三十箇
計寫銀一兩二錢一分七厘
計刻銀十四兩一
錢五分
共板五十塊
計工價銀二兩
江寧黃銘寫
句容潘守誠刻

牌記云："泰和信官郭承昊捐俸刻《大寶積經論》全部，東湖信士郁慈明、毛晉同對，崇禎甲申季秋虞山華嚴閣識。論四卷，共字四萬零四百三十箇，計寫銀一兩二錢一分七厘，計刻銀十四兩一錢五分，共板五十塊，計工價銀二兩，江寧黃銘寫，句容潘守誠刻。"虧七至十。

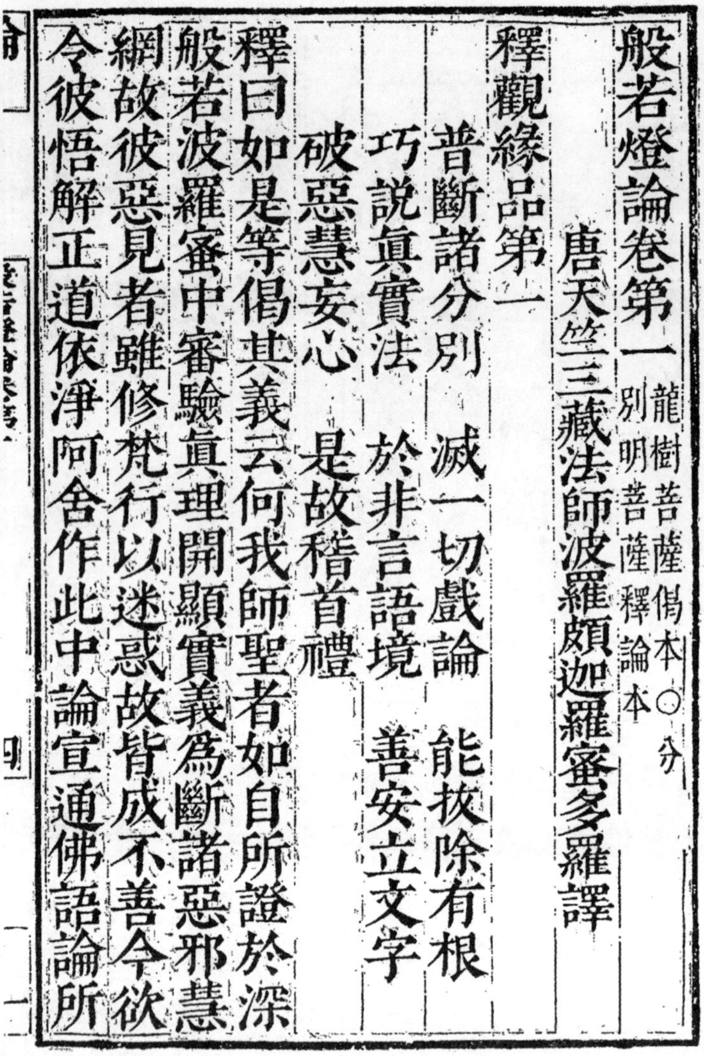

般若燈論卷第一 龍樹菩薩偈本○分別明菩薩釋論本

唐天竺三藏法師波羅頗迦羅蜜多羅譯

釋觀緣品第一

普斷諸分別　滅一切戲論　能拔除有根

巧說眞實法　於非言語境　善安立文字

破惡慧妄心　是故稽首禮

釋曰如是等偈其義云何我師聖者如自所證於深般若波羅蜜中審驗眞理開顯實義爲斷諸惡邪慧網故彼惡見者雖修梵行以迷惑故皆成不善今欲令彼悟解正道依淨阿含作此中論宣通佛語論所

282 《般若燈論》十五卷

（唐）釋波羅頗迦羅蜜多羅譯　明崇禎甲申（十七年，1644）泰和蕭祚胤刻本

版框高 22.4 厘米，寬 14.6 厘米。半葉十行，行二十字，四周雙邊。

民族 109-002-00010；故宮 109 · 1183

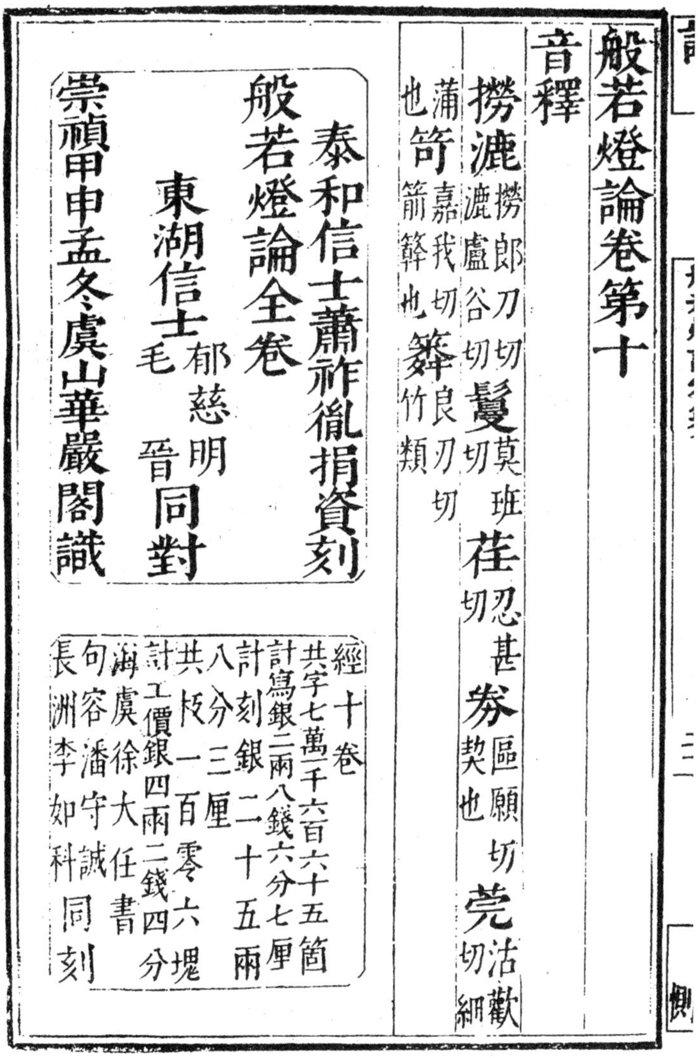

般若燈論卷第十

音釋

撈漉撈郎刀切漉盧谷切 鬘莫班切 荏忍甚切 劵區願切契也 莞沽歡切細蒲也 笴嘉我切箭簳也 簩良刃切竹類

泰和信士蕭祚胤捐資刻

般若燈論全卷

東湖信士郁慈明毛晉同對

崇禎甲申孟冬虞山華嚴閣識

經十卷

共字七萬一千六百六十五箇

計寫銀二兩八錢六分七厘

計刻銀二十五兩八分三厘

共板一百零六塊

計工價銀四兩二錢四分

海虞徐大任書

句容潘守誠

長洲李如科同刻

卷十末牌記云:“泰和信士蕭祚胤捐資刻《般若燈論》全卷，東湖信士郁慈明、毛晉同對，崇禎甲申孟冬虞山華嚴閣識。經十卷，共字七萬一千六百六十五箇，計寫銀二兩八錢六分七厘，計刻銀二十五兩八分三厘，共板一百零六塊，計工價銀四兩二錢四分，海虞徐大任書，句容潘守誠、長洲李如科同刻。”按：兹經卷十五末另有一牌記，除捐資者同爲蕭祚胤，但刻經時間不同，爲“癸未孟冬”，其他内容亦不同，詳見第 202 條。《“國家圖書館”善本書志初稿・子部四》著録兹經非毛晉刻本。惻一至造五。

佛說大悲空智金剛大教王儀軌經卷第一
大幻化普通儀軌三十一分中略出二無我法
宋西天三藏銀青光祿大夫試光祿卿普明慈覺傳梵大師法護奉詔譯
金剛部序品第一
如是我聞一時薄伽梵住一切如來身語心金剛喻
施婆倪數祕密中祕密出生妙三摩地時彼世尊從
是三摩地起讚言善哉善哉金剛藏菩薩摩訶薩奇
哉金剛薩埵大薩埵三昧耶薩埵悉從大悲空智金
剛大菩提心之所開示
爾時金剛藏菩薩聞是語已卽白佛言世尊云何金
經　佛說大悲空智金剛大教王儀軌經卷第一　二

283 《佛說大悲空智金剛大教王儀軌經》五卷

(宋) 釋法護譯　明崇禎甲申（十七年，1644）常熟楊彝同室吴氏刻本

版框高 22.6 厘米，寬 15.3 厘米。半葉十行，行二十字，四周雙邊。

民族 082-004-00002；臺灣 324 頁 · 1006；故宫 82 · 1059

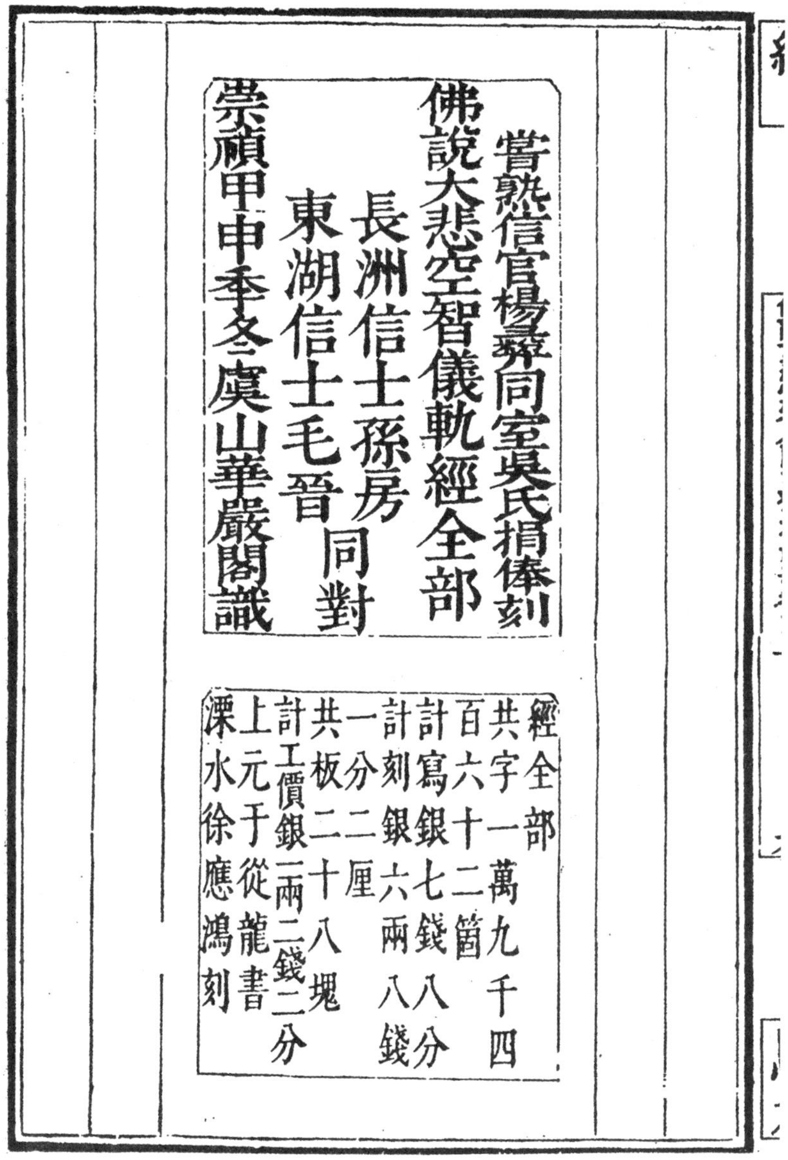
嘗熟信官楊彝同室吳氏捐俸刻
佛說大悲空智儀軌經全部
長洲信士孫房
東湖信士毛晉　同對
崇禎甲申季冬虞山華嚴閣識

經全部
共字一萬九千四
百六十二箇
計寫銀七錢八分
計刻銀六兩八錢
一分二厘
共板二十八塊
計工價銀一兩二錢二分
上元于從龍書
溧水徐應鴻刻

牌記云:“嘗熟信官楊彝同室吳氏捐俸刻《佛說大悲空智儀軌經》全部，長洲信士孫房、東湖信士毛晉同對，崇禎甲申季冬虞山華嚴閣識。經全部，共字一萬九千四百六十二箇，計寫銀七錢八分，計刻銀六兩八錢一分二厘，共板二十八塊，計工價銀一兩二錢二分，上元于從龍書，溧水徐應鴻刻。”思七至九。

聖迦柅忿怒金剛童子菩薩成就儀軌經卷上 出蘇悉地經大明王教中第六品

唐三藏沙門大廣智不空譯

爾時金剛手菩薩從座而起頂禮佛足退坐一面合掌向佛而白佛言世尊世尊哀愍加持於我已說蘇悉地諸眞言軌則律儀教法我今欲爲未來有情及末法時無福德者以於前世不修善品作諸罪業致於今生招感貧匱逢遇惡人鬭諍言訟殺害有情亦爲未來有諸國王正法治國生淸淨信尊敬三寶爲鄰國小王侵擾國界不遵正法或有外道不信因果

284 《聖迦柅忿怒金剛童子菩薩成就儀軌經》三卷

（唐）釋不空譯　明崇禎甲申（十七年，1644）常熟楊彝同室吴氏刻本

版框高 22.3 厘米，寬 15.3 厘米。半葉十行，行二十字，四周雙邊。

民族 082-005-00003；臺灣 325 頁 · 1010；故宫 82 · 1063

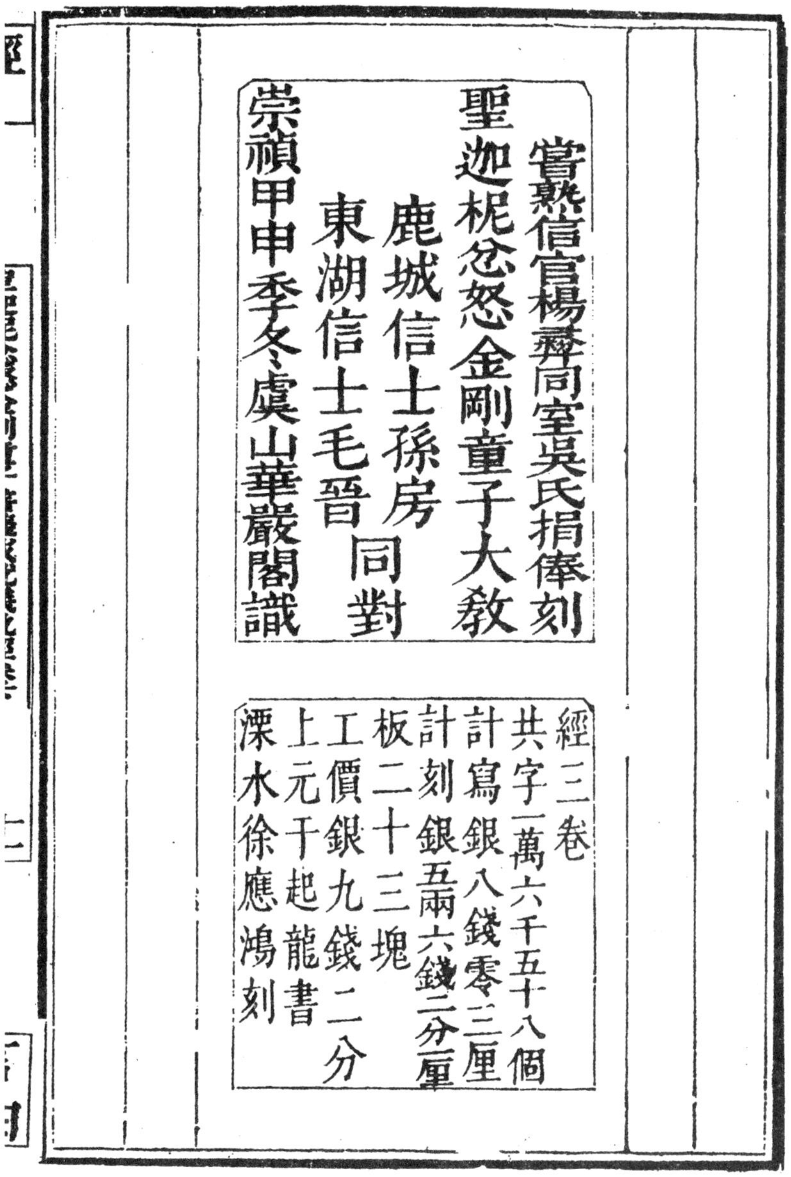

嘗熟信官楊彜同室吳氏捐俸刻
聖迦柅忿怒金剛童子大教
鹿城信士孫房
東湖信士毛晉 同對
崇禎甲申季冬虞山華嚴閣識

經三卷
共字一萬六千五十八個
計寫銀八錢零三厘
計刻銀五兩六錢二分一厘
板二十三塊
工價銀九錢二分
上元于起龍書
溧水徐應鴻刻

牌記云:“嘗熟信官楊彜同室吳氏捐俸刻《聖迦柅忿怒金剛童子大教》，鹿城信士孫房、東湖信士毛晉同對，崇禎甲申季冬虞山華嚴閣識。經三卷，共字一萬六千五十八個，計寫銀八錢零三厘，計刻銀五兩六錢二分一厘，板二十三塊，工價銀九錢二分，上元于起龍書，溧水徐應鴻刻。”言三。

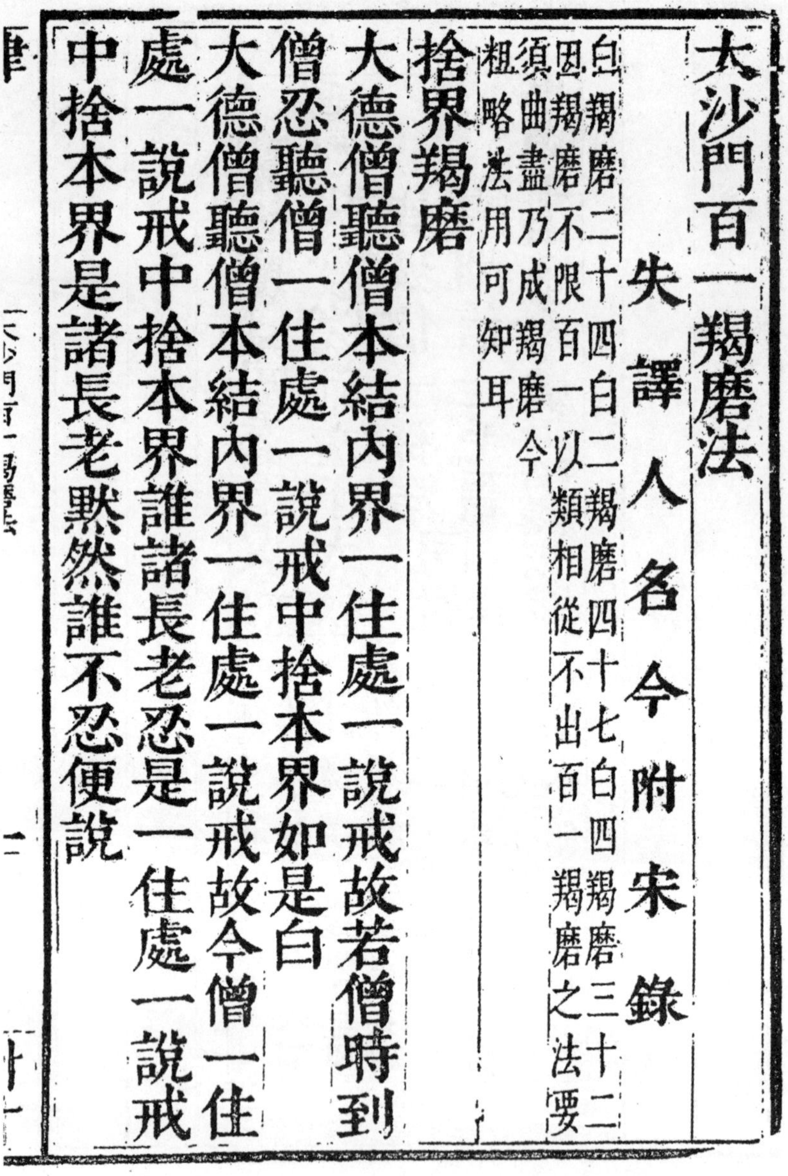

大沙門百一羯磨法

失譯人名今附宋錄

白羯磨二十四白二羯磨四十七白四羯磨三十二因羯磨不限百一以類相從不出百一羯磨之法要須曲盡乃成羯磨今粗略法用可知耳

捨界羯磨

大德僧聽僧本結內界一住處一說戒故若僧時到僧忍聽僧一住處一說戒中捨本界如是白

大德僧聽僧本結內界一住處一說戒故今僧一住處一說戒中捨本界誰諸長老忍是一住處一說戒中捨本界是諸長老默然誰不忍便說

285 《大沙門百一羯磨法》一卷

不著譯人　明崇禎甲申（十七年，1644）常熟楊彝同室吴氏刻本

版框高 22.7 厘米，寬 15.3 厘米。半葉十行，行二十字，四周雙邊。

民族 099-004-00004；臺灣 356 頁 · 1105；故宫 99 · 1060

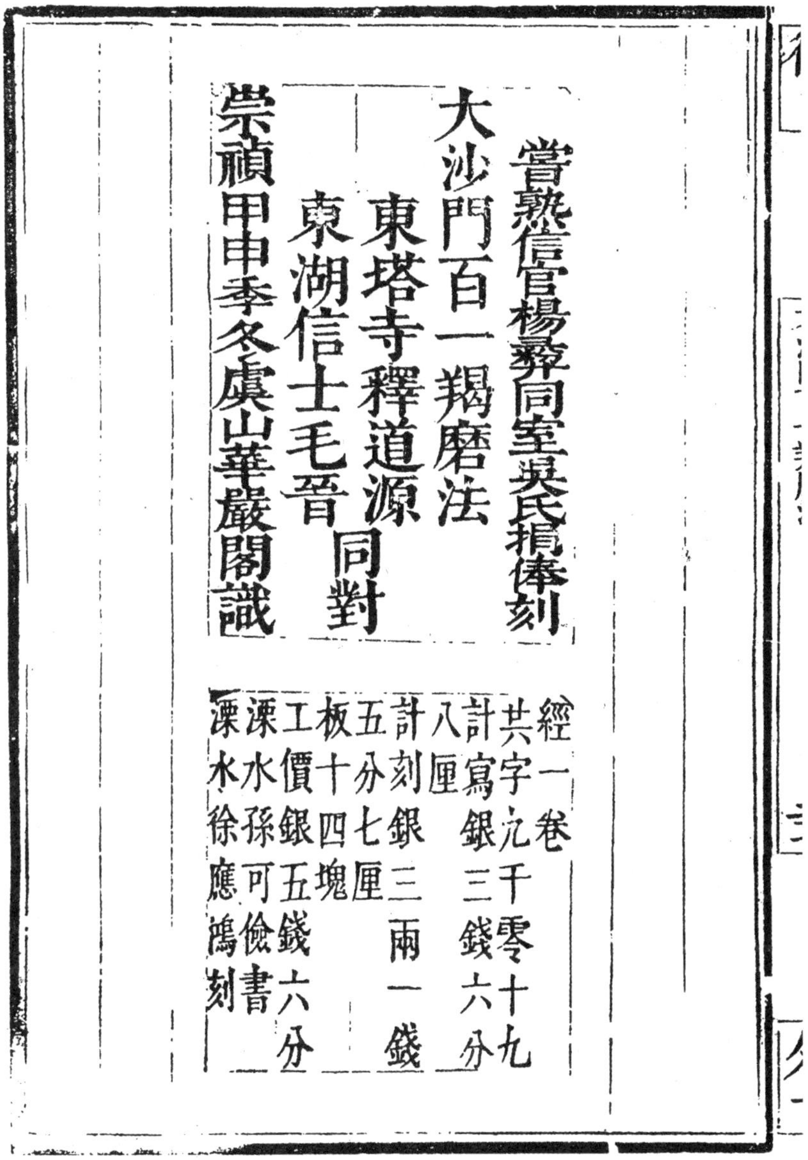

嘗熟信官楊彝同室吳氏捐俸刻
大沙門百一羯磨法
東塔寺釋道源
東湖信士毛晉 同對
崇禎甲申季冬虞山華嚴閣識

經一卷
共字九千零十九
計寫銀三錢六分
八厘
計刻銀三兩一錢
五分七厘
板十四塊
工價銀五錢六分
溧水孫可儉書
溧水徐應鴻刻

牌記云："嘗熟信官楊彝同室吳氏捐俸刻《大沙門百一羯磨法》，東塔寺釋道源、東湖信士毛晉同對，崇禎甲申季冬虞山華嚴閣識。經一卷，共字九千零十九，計寫銀三錢六分八厘，計刻銀三兩一錢五分七厘，板十四塊，工價銀五錢六分，溧水孫可儉書，溧水徐應鴻刻。"外十。

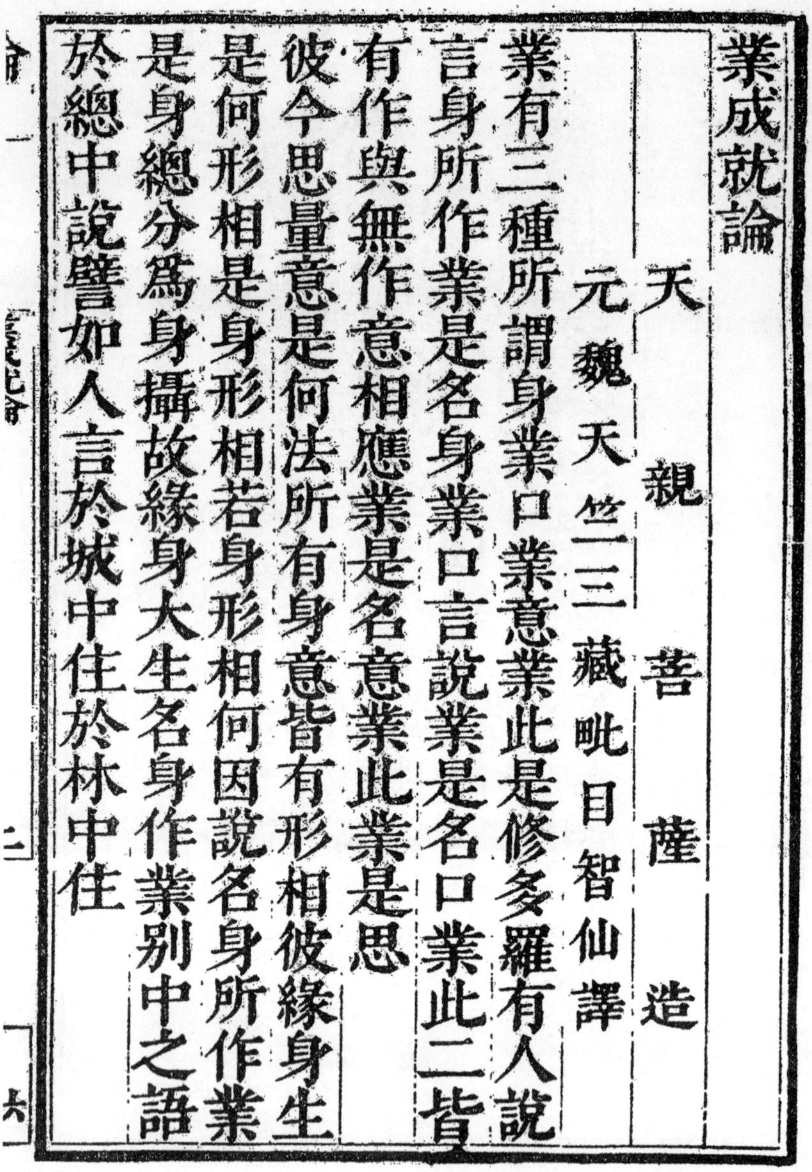
業成就論
天親菩薩造
元魏天竺三藏毗目智仙譯
業有三種所謂身業口業意業此是修多羅有人說
言身所作業是名身業口言說業是名口業此二皆
有作與無作意相應業是名意業此業是思
彼今思量意是何法所有身意皆有形相彼緣身生
是何形相是身形相若身形相何因說名身所作業
是身總分爲身攝故緣身大生名身作業別中之語
於總中說譬如人言於城中住於林中住

286 《業成就論》一卷

（北魏）釋毗目智仙譯　明崇禎甲申（十七年，1644）常熟楊彝同室吴氏刻本

版框高 22.6 厘米，寬 15.4 厘米。半葉十行，行二十字，四周雙邊。

民族 112-002；臺灣 375 頁 · 1165；故宫 112 · 1220

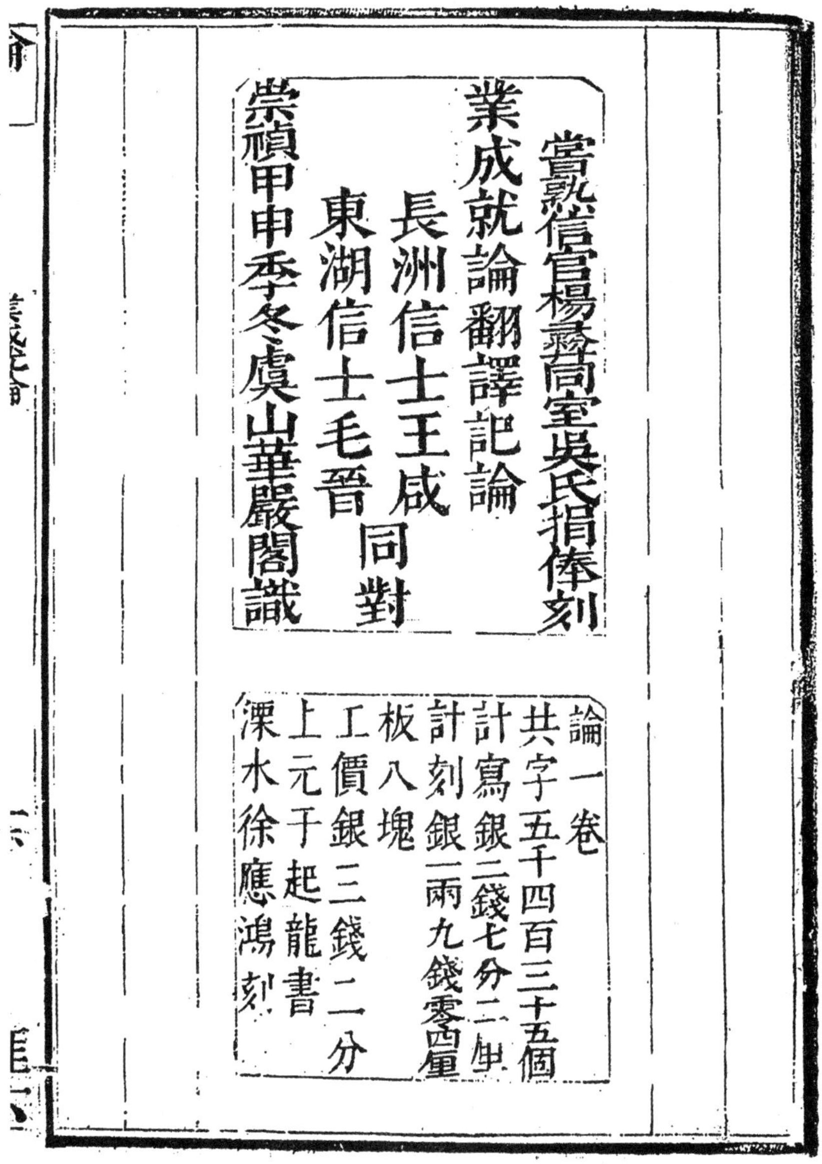

嘗熟信官楊彝同室吳氏捐俸刻
業成就論翻譯記論
長洲信士王咸
東湖信士毛晉　同對
崇禎甲申季冬虞山華嚴閣識

論一卷
共字五千四百三十五個
計寫銀二錢七分二厘
計刻銀一兩九錢零四厘
板八塊
工價銀三錢二分
上元于起龍書
溧水徐應鴻刻

牌記云："嘗熟信官楊彝同室吳氏捐俸刻《業成就論翻譯記論》，長洲信士王咸、東湖信士毛晉同對，崇禎甲申季冬虞山華嚴閣識。論一卷，共字五千四百三十五個，計寫銀二錢七分二厘，計刻銀一兩九錢零四厘，板八塊，工價銀三錢二分，上元于起龍書，溧水徐應鴻刻。"按：兹經民族出版社《嘉興藏》本、故宮藏本卷末無牌記。匪六。

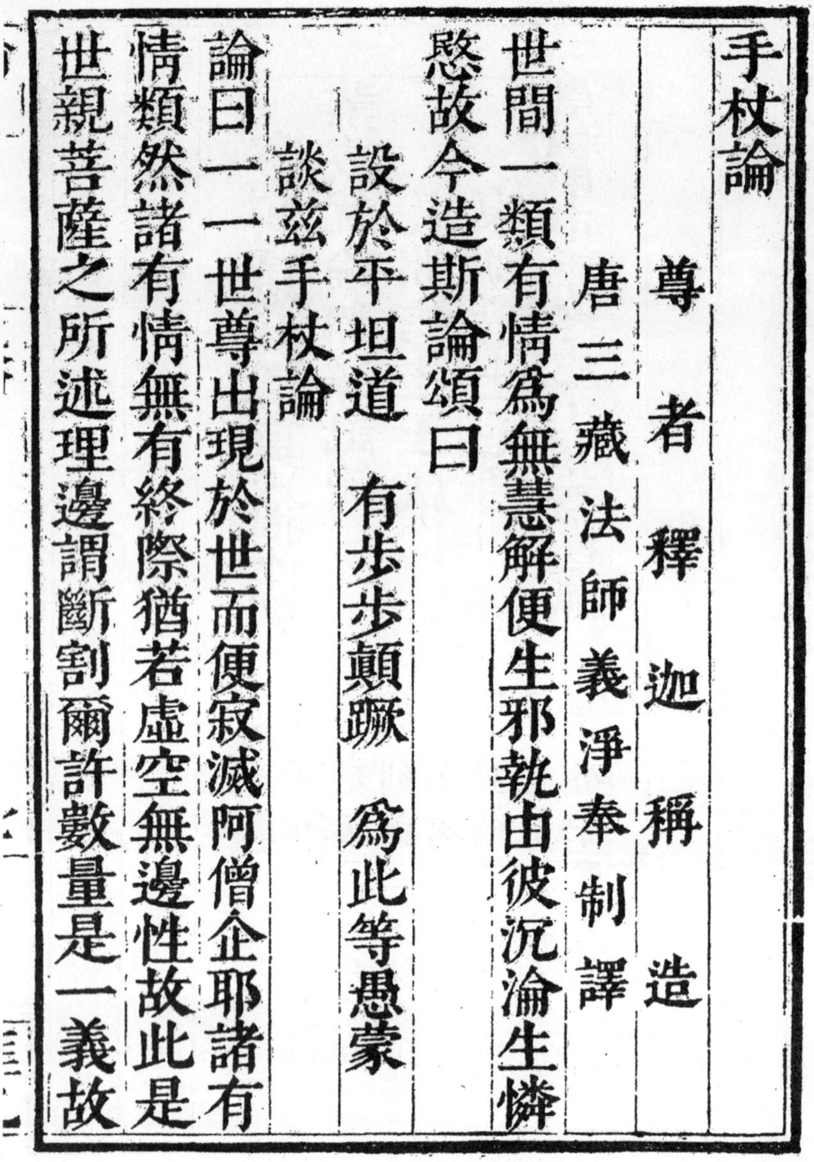

手杖論

尊者釋迦稱造

唐三藏法師義淨奉制譯

世間一類有情爲無慧解便生邪執由彼沉淪生憐愍故今造斯論頌曰

設於平坦道　有步步顛蹶　爲此等愚蒙

談茲手杖論

論曰一一世尊出現於世而便寂滅阿僧企耶諸有情類然諸有情無有終際猶若虛空無邊性故此是世親菩薩之所述理邊謂斷割爾許數量是一義故

287 《手杖論》一卷

(唐) 釋義淨譯　明崇禎甲申 (十七年，1644) 常熟楊彝同室吴氏刻本

版框高 22.5 厘米，寬 15.3 厘米。半葉十行，行二十字，四周雙邊。

民族 112-002；臺灣 376 頁 · 1169；故宮 112 · 1224

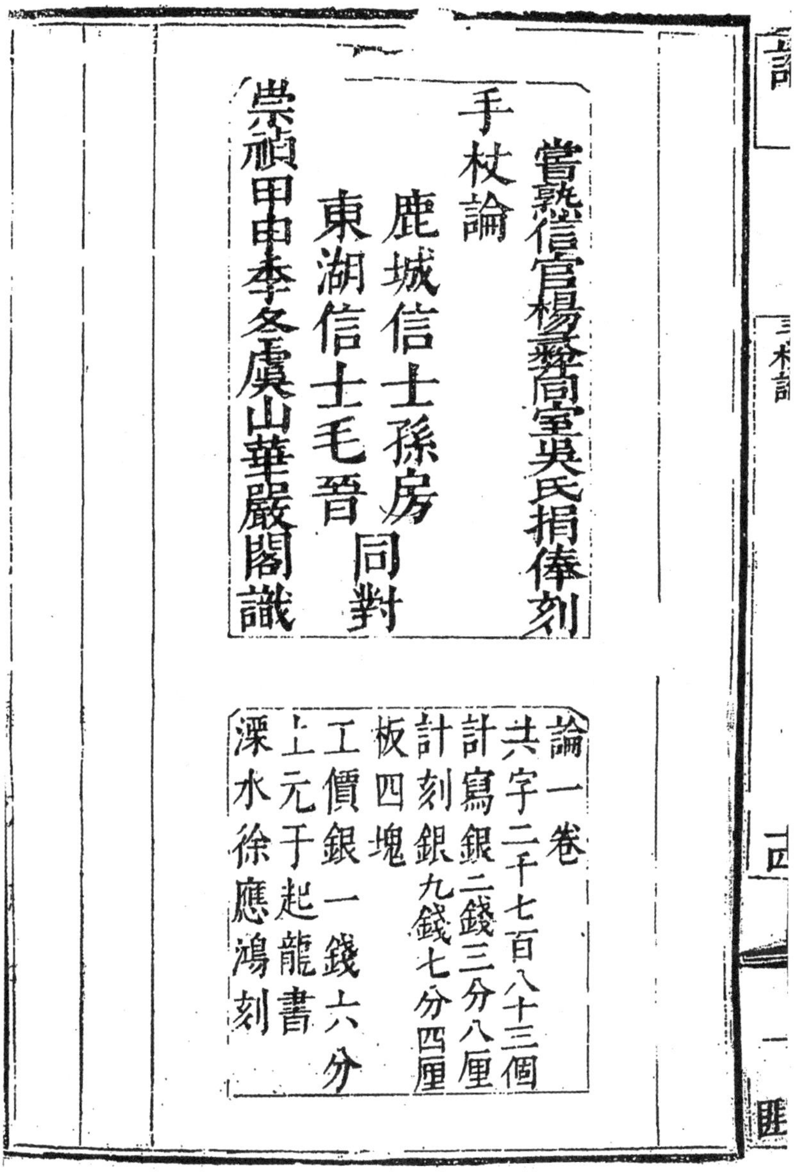

嘗熟信官楊彝同室吳氏捐俸刻
手杖論
鹿城信士孫房
東湖信士毛晉同對
崇禎甲申季冬虞山華嚴閣識

論一卷
共字二千七百八十三個
計寫銀二錢三分八厘
計刻銀九錢七分四厘
板四塊
工價銀一錢六分
上元于起龍書
溧水徐應鴻刻

牌記云："嘗熟信官楊彝同室吳氏捐俸刻《手杖論》，鹿城信士孫房、東湖信士毛晉同對，崇禎甲申季冬虞山華嚴閣識。論一卷，共字二千七百八十三個，計寫銀二錢三分八厘，計刻銀九錢七分四厘，板四塊，工價銀一錢六分，上元于起龍書，溧水徐應鴻刻。"按：兹經民族出版社《嘉興藏》本卷末無牌記。匣九。

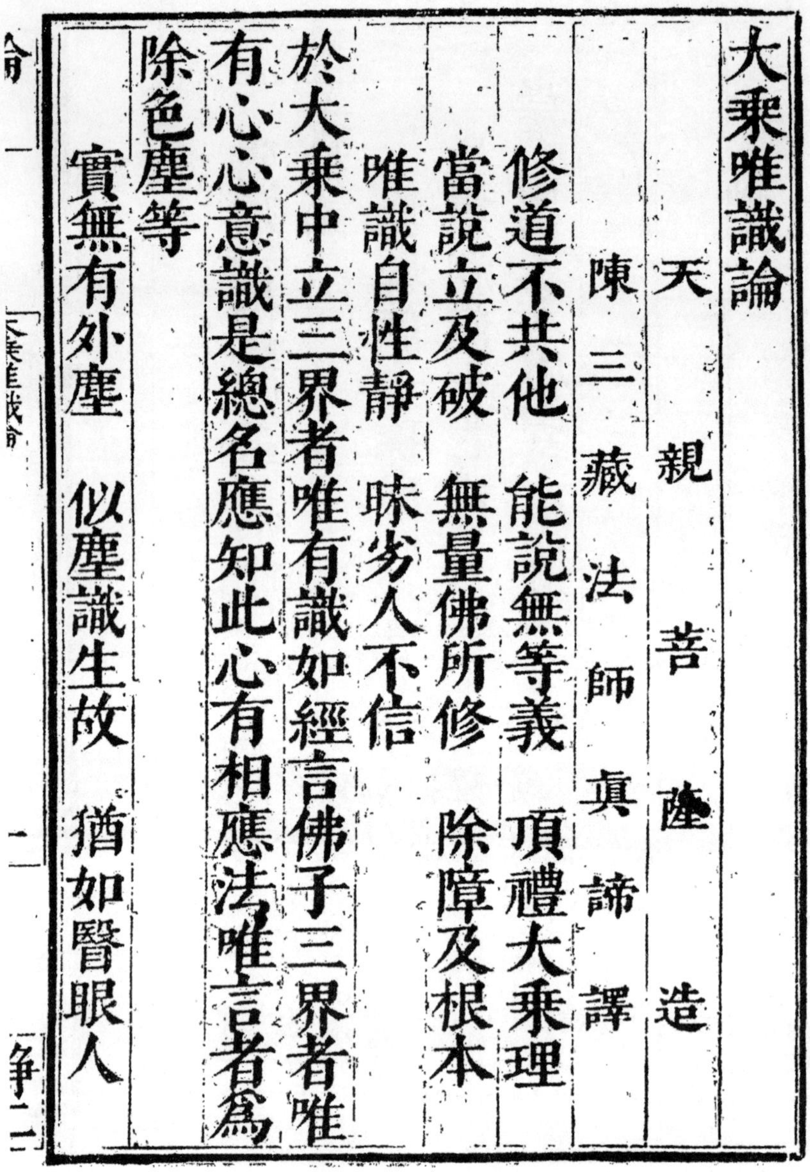

大乘唯識論

天親菩薩造

陳三藏法師眞諦譯

修道不共他　能說無等義　頂禮大乘理

當說立及破　無量佛所修　除障及根本

唯識自性靜　昧劣人不信

於大乘中立三界者唯有識如經言佛子三界者唯有心心意識是總名應知此心有相應法唯言者爲除色塵等

實無有外塵　似塵識生故　猶如瞖眼人

288 《大乘唯識論》一卷

(南朝陳) 釋眞諦譯　明崇禎甲申（十七年，1644）泰和蕭士瑋刻本

版框高 22.8 厘米，寬 15.5 厘米。半葉十行，行二十字，四周雙邊。

民族 113-001；臺灣 381 頁 · 1183

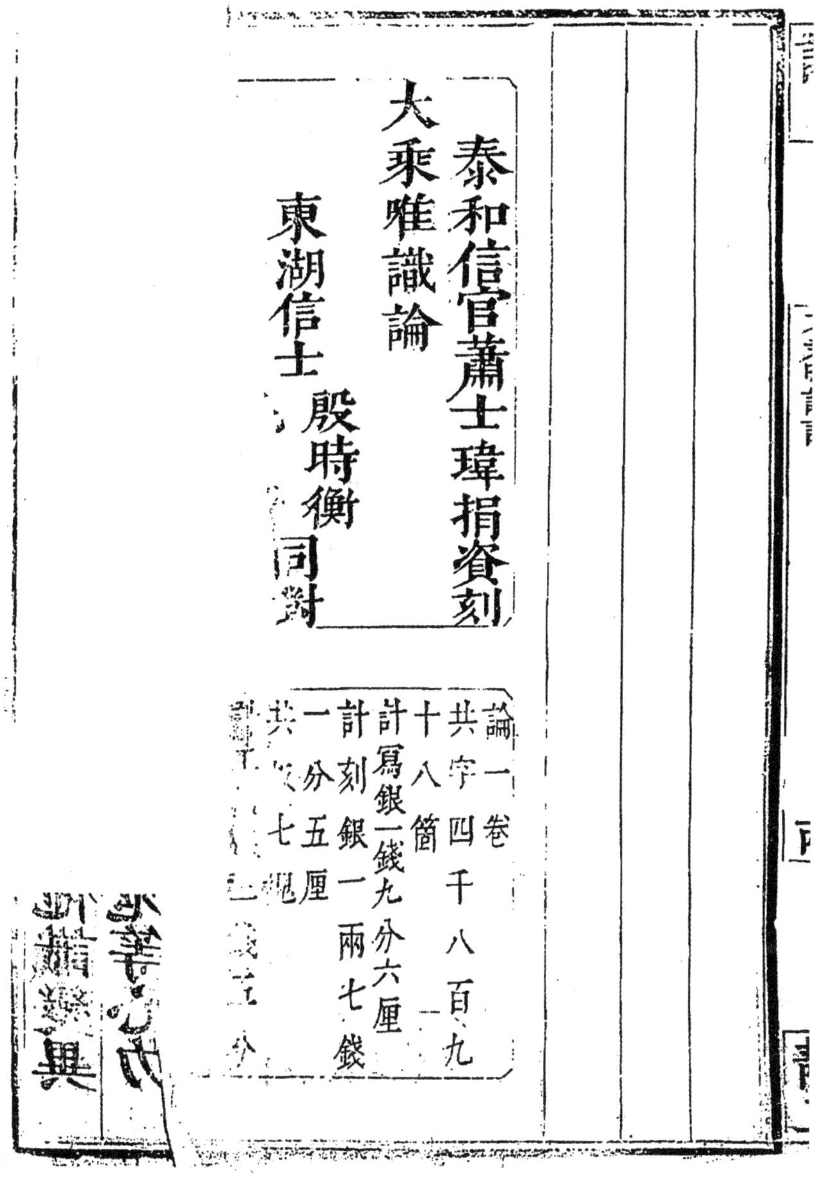
泰和信官蕭士瑋捐資刻
大乘唯識論
東湖信士殷時衡　同對
論一卷
共字四千八百九十八箇
計寫銀一錢九分六厘
計刻銀一兩七錢
一分五厘
共板七塊

牌記云："泰和信官蕭士瑋捐資刻《大乘唯識論》，東湖信士殷時衡、□□同對，□□。論一卷，共字四千八百九十八箇，計寫銀一錢九分六厘，計刻銀一兩七錢一分五厘，共板七塊，計□□錢五分。□□□□□□。"按：兹經民族出版社《嘉興藏》本卷末無牌記。故官資料未收兹書。静二。

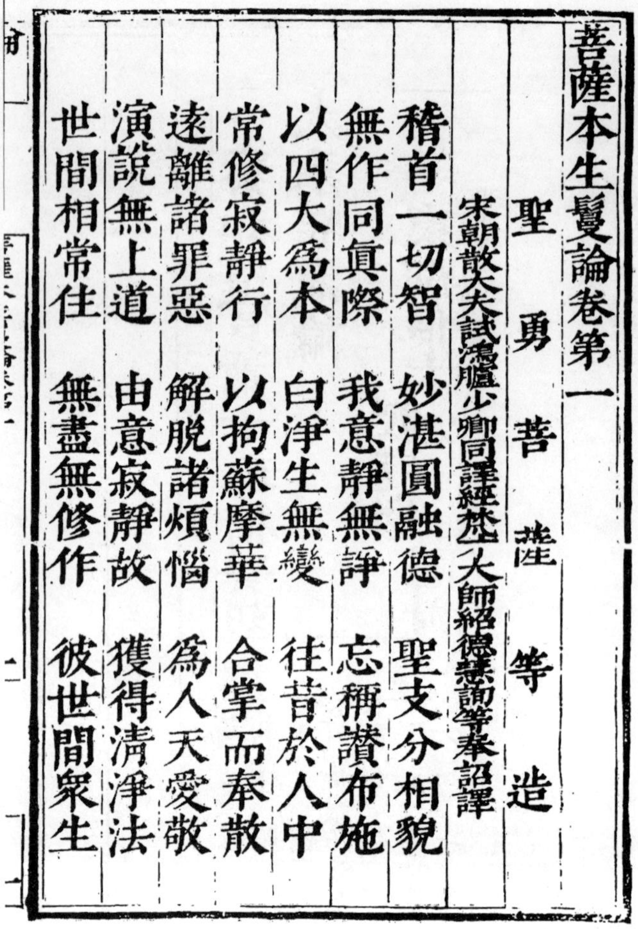
菩薩本生鬘論卷第一

聖勇菩薩等造

宋朝散大夫試鴻臚少卿同譯經梵才大師紹德慧詢等奉詔譯

稽首一切智　妙湛圓融德　聖支分相貌

無作同眞際　我意靜無諍　忘稱讚布施

以四大爲本　白淨生無變　往昔於人中

常修寂靜行　以拘蘇摩華　合掌而奉散

遠離諸罪惡　解脫諸煩惱　爲人天愛敬

演說無上道　由意寂靜故　獲得淸淨法

世間相常住　無盡無修作　彼世間衆生

289 《菩薩本生鬘論》十六卷

(宋) 釋紹德　(宋) 釋慧詢等譯　明崇禎甲申（十七年，1644）刻本

版框高 22.8 厘米，寬 15.5 厘米。半葉十行，行二十字，四周雙邊。

民族 136-001 至 002；臺灣 406 頁 · 1255；故宫 136 · 1310

按：《“國家圖書館”善本書志初稿·子部四》云：“未見施刻記録，從字體和卷端低四格來看，接近毛晉虞山華嚴閣所刊本。”兹經故宫資料，各卷末皆無牌記。右一至九。

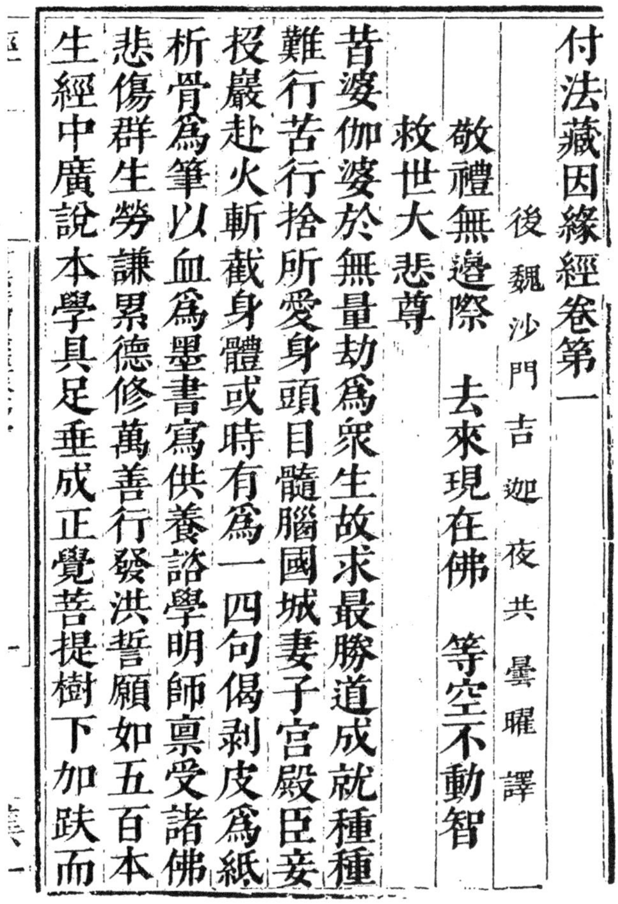
付法藏因緣經卷第一
後魏沙門吉迦夜共曇曜譯
敬禮無邊際　去來現在佛　等空不動智
救世大悲尊
昔婆伽婆於無量劫爲衆生故求最勝道成就種種
難行苦行捨所愛身頭目髓腦國城妻子宮殿臣妾
投巖赴火斬截身體或時有爲一四句偈剥皮爲紙
析骨爲筆以血爲墨書寫供養諮學明師禀受諸佛
悲傷群生勞謙累德修萬善行發洪誓願如五百本
生經中廣說本學具足垂成正覺菩提樹下加趺而

290 《付法藏因緣經》六卷

（北魏）釋吉迦夜　（北魏）釋曇曜譯　明刻本

版框高 22.7 厘米，寬 15.6 厘米。半葉十行，行二十字，四周雙邊。

民族 139-005；臺灣 414 頁 · 1281

按：《“國家圖書館”善本書志初稿·子部四》云：“未見施刻記録，字體接近虞山華嚴閣刊本。”兹經民族出版社《嘉興藏》本卷末無牌記。故宫資料未録兹書，故且存之，備考。集一至六。

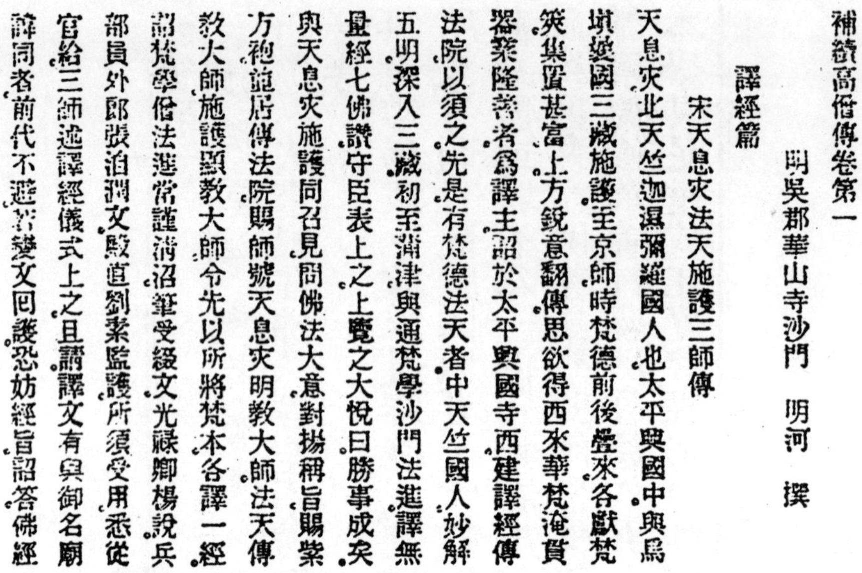
補續高僧傳卷第一
明吳郡華山寺沙門　明河　撰
譯經篇
宋天息災法天施護三師傳
天息災北天竺迦濕彌羅國人也太平興國中與烏
填曩國三藏施護至京師時梵德前後疊來各獻梵
筴集置甚富上方銳意翻傳思欲得西來華梵淹貫
器業隆著者為譯主詔於太平興國寺西建譯經傳
法院以須之先是有梵德法天者中天竺國人妙解
五明深入三藏初至蒲津與通梵學沙門法進譯無
量經七佛讚守臣表上之上覽之大悅曰勝事成矣
與天息災施護同召見問佛法大意對揚稱旨賜紫
方袍館居傳法院賜師號天息災明教大師法天傳
教大師施護顯教大師令先以所將梵本各譯一經
詔梵學僧法進常謹清沼筆受綴文光祿卿楊說兵
部員外郎張洎潤文殿直劉素監護所須受用悉從
官給三師述譯經儀式上之且請譯文有與御名廟
諱同者前代不避若變文回護恐妨經旨詔答佛經

291《補續高僧傳》二十六卷

(明)釋明河撰　清順治丁亥（四年，1647）汲古閣刻本

書影出自《續修四庫全書·子部》1283 册，原版書影未見，待訪。

按：兹書被收入《續修四庫全書》第 1283 册，有范景文、釋讀徹、周永年、毛晉、釋自扃、馬弘道等人所撰序跋。其中馬弘道序署“重光作噩夏孟佛日”，即撰於明天啓元年辛酉（1621）四月八日。釋自扃序署“彊圉大淵獻之歲重陽日”，即撰於清丁亥（1647）。可見兹書之刻，耗時長達二十餘年。毛晉跋云：“扃公以鶖子之多聞，兼茂先之博物。既銜師命，遂畢前功。捧瓊函以示余。翻貝葉而眩目。余也踴躍讚歎，得未曾有，亟鳩剞劂之工，遂付棗梨之刻……庶蓮花峰下，師徒之志照然……隱湖毛晉謹識。”兹經未見順治原刻本，故存此，備查。尹二。

補續高僧傳卷第一

明吳郡華山寺沙門　明河　撰

譯經篇

宋天息灾法天施護三師傳

天息灾北天竺迦濕彌羅國人也太平興國中與烏塡曩國三藏施護至京師時梵德前後疊來各獻梵筴集置甚富上方銳意翻傳思欲得西來華梵淹貫器業隆善者爲譯主詔於太平興國寺西建譯經傳法院以須之先是有梵德法天者中天竺國人妙解五明深入三藏初至蒲津與通梵學沙門法進譯無量經七佛讚守臣表上之上覽之大悅曰勝事成矣與天息灾施護同召見問佛法大意對揚稱旨賜紫方袍館居傳法院賜師號天息灾明教大師法天傳教大師施護顯教大師令先以所將梵本各譯一經詔梵學僧法進常謹清沼筆受綴文光祿卿楊說兵部員外郎張泊潤文殿直劉素監護所須受用悉從官給三師述譯經儀式上之且請譯文有與御名廟諱同者前代不避若變文回護恐妨經旨詔答佛經

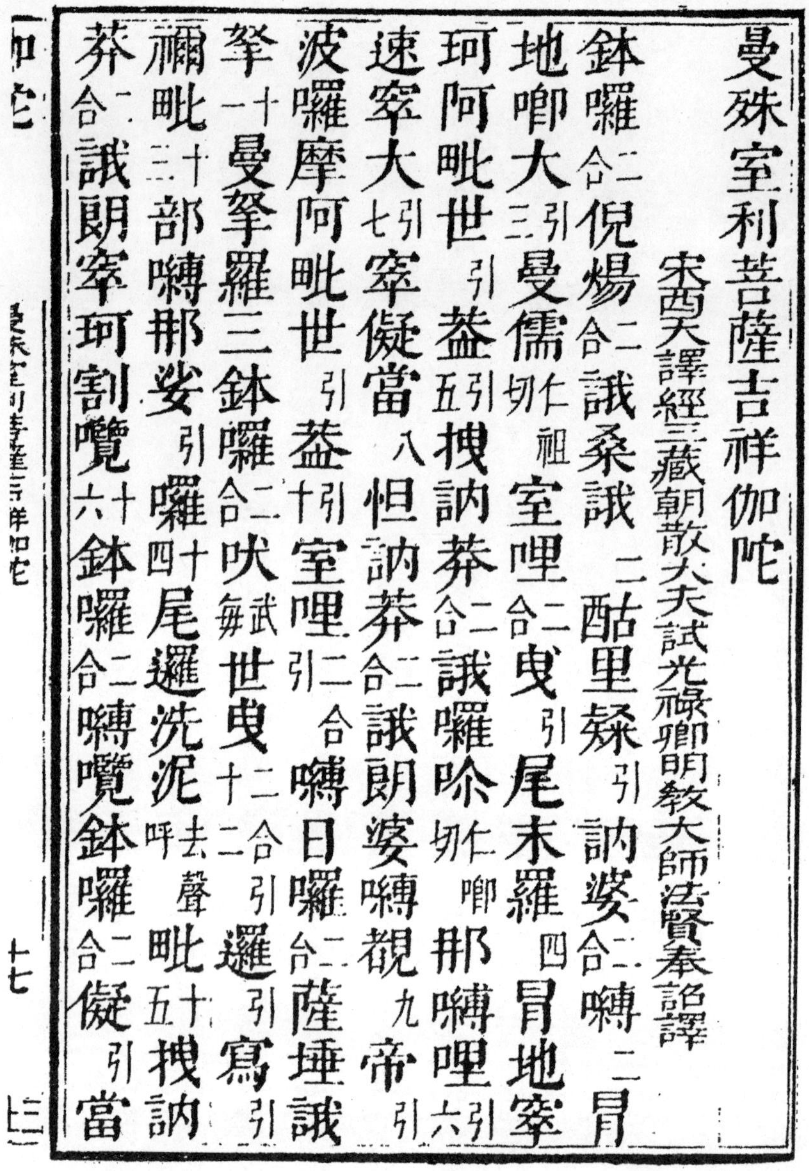
曼殊室利菩薩吉祥伽陀
宋西天譯經三藏朝散大夫試光祿卿明教大師臣法賢奉　詔譯
鉢囉(二合)倪煬(二合)誐枲誐(二)酤里𧕮(引)訥婆(二合)嚩(二)冐
地啷大(引三)曼儒(仁祖切)室哩(二合)曳(引)尾末羅(四)冐地拏
珂阿毗世(引)葢(引五)拽訥莽(二合)誐囉哈(仁卿切)那嚩哩(引六)
速窣大(引七)窣儗當(八)怛訥莽(二合)誐朗婆嚩覩(九)帝(引)
波囉摩阿毗世(引)葢(引十)室哩(引二合)嚩日囉(二合)薩埵誐
拏(十一)曼拏羅三鉢囉(二合)吠(武毋)世曳(二合十二)邏(引)寫(引)
禰毗(十三)部嚩那娑(引)囉(十四)尾邏洗泥(去聲呼)毗(十五)拽訥
莽(二合)誐朗窣珂割覽(十六)鉢囉(二合)嚩覽鉢囉(二合)儗(引)當

292 《曼殊室利菩薩吉祥伽陀》一卷

（宋）釋法賢譯　清順治辛卯（八年，1651）常熟顧門戈氏刻本

版框高 22.6 厘米，寬 15.4 厘米。半葉十行，行二十字，四周雙邊。

民族 141-007-00001；臺灣 431 · 1328；故宮 141 · 1385

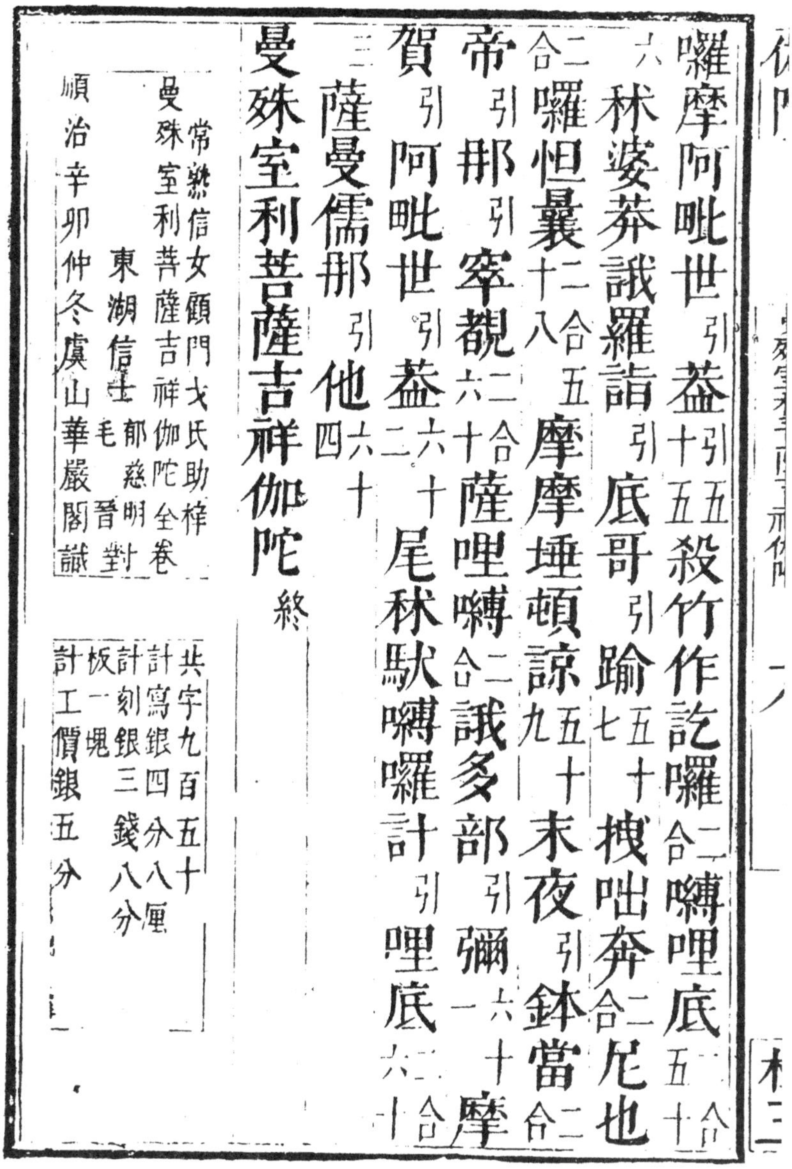
囉摩阿毗世引薟引五十五殺竹作訖囉二合嚩哩底五十一合
六秫婆莽誐羅詣引底哥引踰五十七拽咄奔二合尼也
二合囉怛曩二十八合五摩摩埵頓諒九五十末夜引鉢當二合
帝引那引窣覩二六十合薩哩嚩二合誐多部引彌六十一摩
賀引阿毗世引薟二六十尾秫馱嚩囉計引哩底六十二合
三薩曼儒那引他四六十
曼殊室利菩薩吉祥伽陀終
常熟信女顧門戈氏助梓
曼殊室利菩薩吉祥伽陀全卷
東湖信士郁慈明毛晉對
順治辛卯仲冬虞山華嚴閣識
共字九百五十
計寫銀四分八厘
計刻銀三錢八分
板一塊
計工價銀五分

牌記云："常熟信女顧門戈氏助梓《曼殊室利菩薩吉祥伽陀》全卷，東湖信士郁慈明、毛晉對，順治辛卯仲冬虞山華嚴閣識。共字九百五十，計寫銀四分八厘，計刻銀三錢八分，板一塊，計工價銀五分。"杜三。

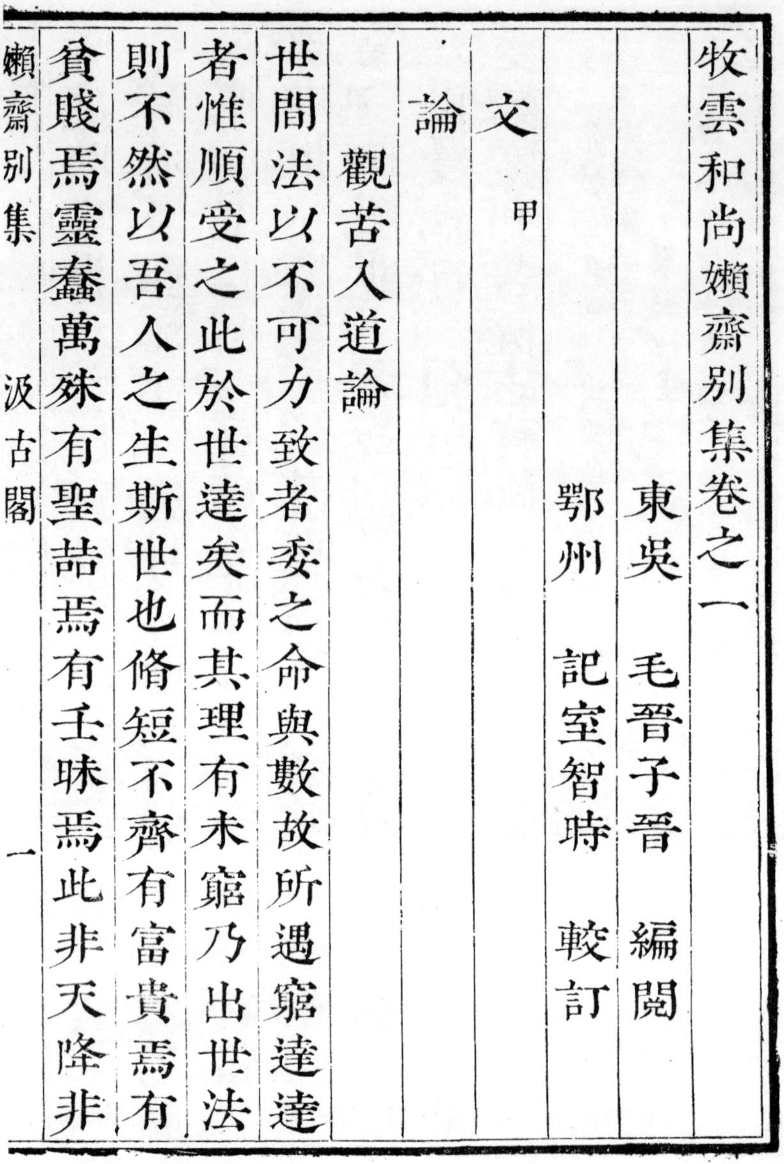

牧雲和尚嬾齋别集卷之一

東吳　毛晉子晉　編閱

鄂州　記室智時　較訂

文　甲

論

觀苦入道論

世間法以不可力致者委之命與數故所遇窮達達者惟順受之此於世達矣而其理有未窮乃出世法則不然以吾人之生斯世也脩短不齊有富貴焉有貧賤焉靈蠢萬殊有聖喆焉有壬昧焉此非天降非

嬾齋别集　汲古閣　一

293 《牧雲和尚嬾齋别集》十四卷

（明）釋通門撰　清順治丁酉（十四年，1657）刻本

版框高 21 厘米，寬 14.8 厘米。半葉十行，行二十字，四周雙邊。

天津圖書館 S5208

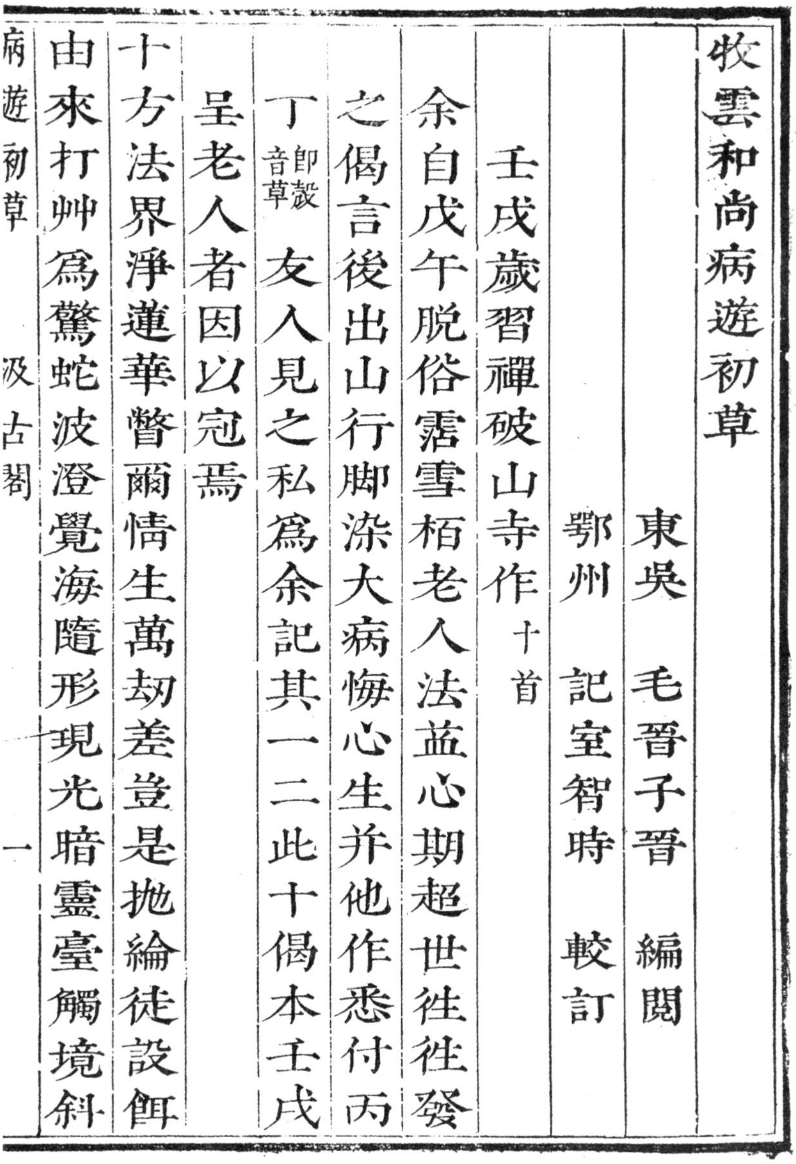
牧雲和尚病遊初草
東吳　毛晉子晉　編閱
鄂州　記室智時　較訂
壬戌歲習禪破山寺作十首
余自戊午脫俗雲棲老人法葢心期超世往往發
之偈言後出山行脚滌大病悔心生并他作悉付丙
丁即殼音草友入見之私爲余記其一二此十偈本壬戌
呈老人者因以冠焉
十方法界淨蓮華瞥爾情生萬刼差豈是拋綸徒設餌
由來打艸爲驚蛇波澄覺海隨形現光暗靈臺觸境斜
病遊初草　汲古閣　一

294《牧雲和尚病遊初草》一卷《後草》一卷

(明）釋通門撰　清順治丁酉（十四年，1657）刻本

版框高 21.1 厘米，寬 14.9 厘米。半葉十行，行二十字，四周雙邊。

上海圖書館 844189

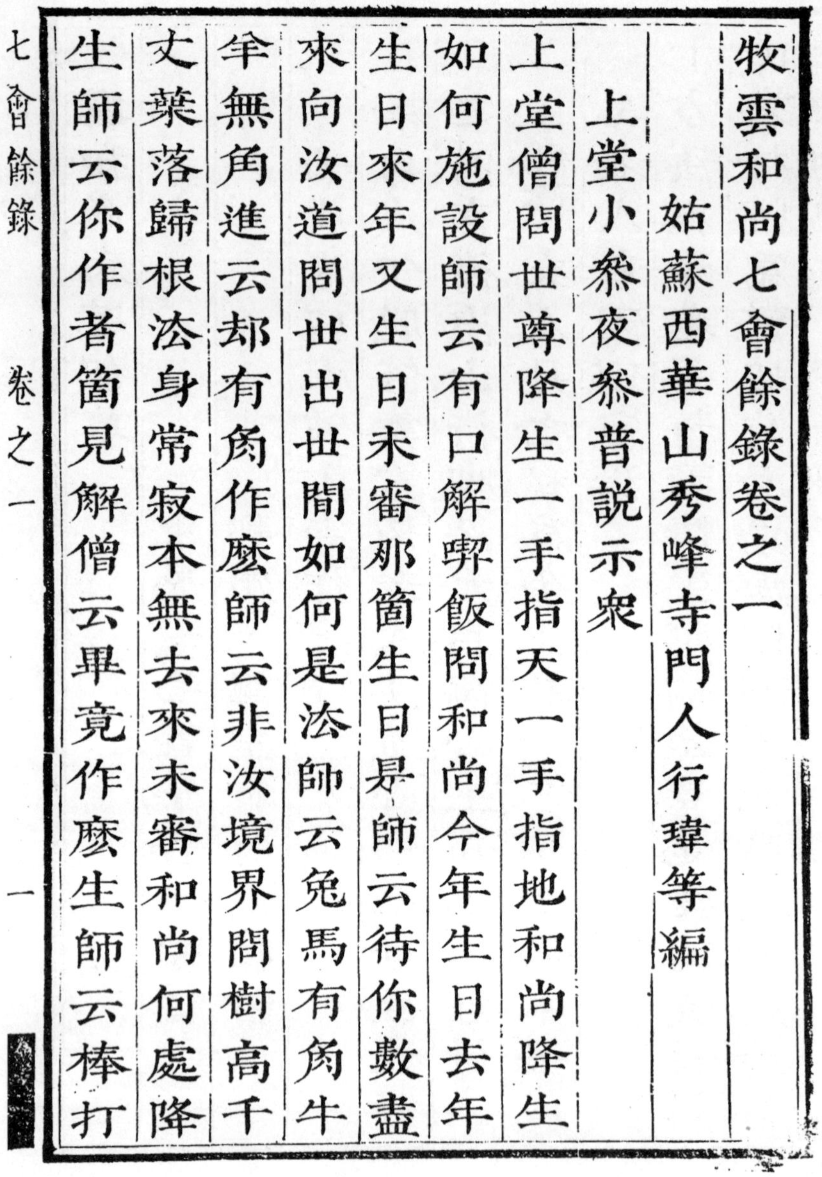
牧雲和尚七會餘錄卷之一
姑蘇西華山秀峰寺門人行瑋等編
上堂小叅夜叅普說示衆
上堂僧問世尊降生一手指天一手指地和尚降生如何施設師云有口解喫飯問和尚今年生日去年生日來年又生日未審那箇生日是師云待你數盡來向汝道問世出世間如何是法師云兎馬有角牛羊無角進云却有角作麼師云非汝境界問樹高千丈葉落歸根法身常寂本無去來未審和尚何處降生師云你作者箇見解僧云畢竟作麼生師云棒打
七會餘錄　卷之一　一

295 《牧雲和尚七會餘録》六卷

(明) 釋通門撰　清順治丁酉（十四年，1657）刻本

版框高 21.1 厘米，寬 15 厘米。半葉十行，行二十字，四周雙邊。

上海圖書館 839853-54

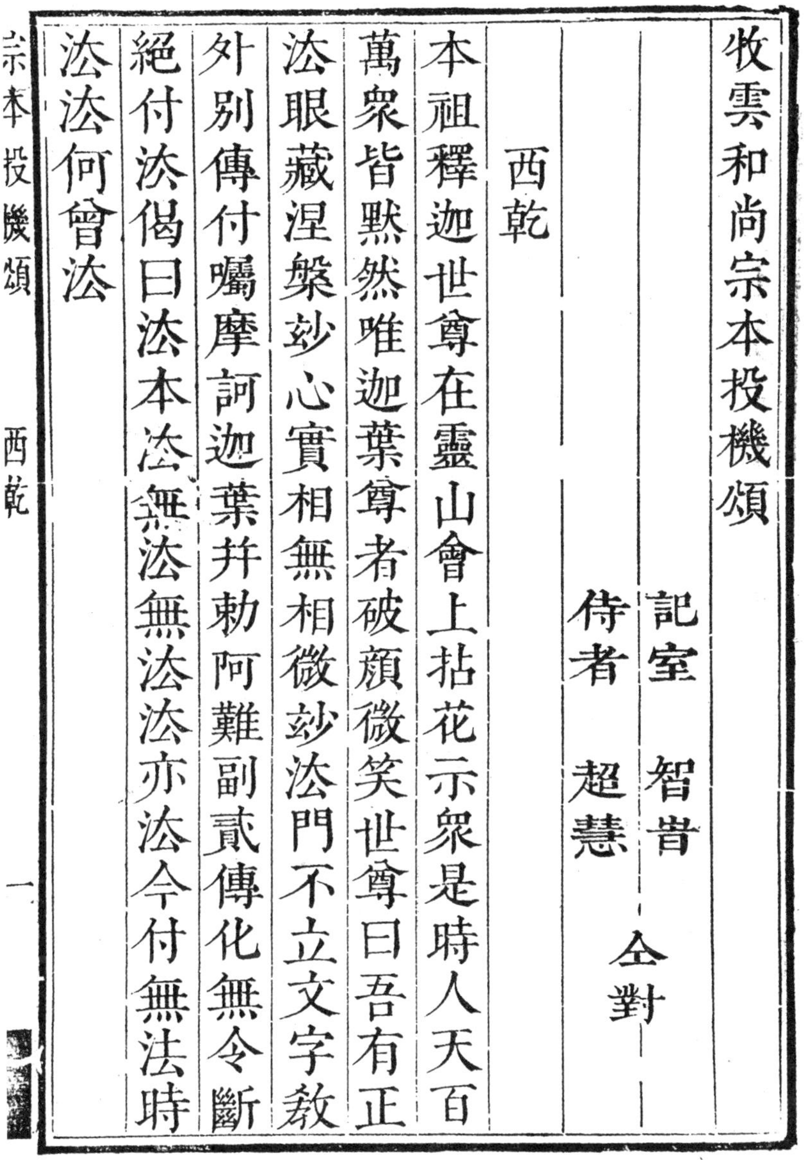
牧雲和尚宗本投機頌

記室　智旹
侍者　超慧　仝對

西乾

本祖釋迦世尊在靈山會上拈花示衆是時人天百萬衆皆默然唯迦葉尊者破顔微笑世尊曰吾有正法眼藏涅槃妙心實相無相微妙法門不立文字教外別傳付囑摩訶迦葉幷勅阿難副貳傳化無令斷絕付法偈曰法本法無法無法法亦法今付無法時法法何曾法

宗本投機頌　西乾　一

296 《牧雲和尚宗本投機頌》一卷

（明）釋通門撰　清順治丁酉（十四年 ,1657）刻本

版框高 21.1 厘米，寬 15.2 厘米。半葉十行，行二十字，四周雙邊。

上海圖書館 839852

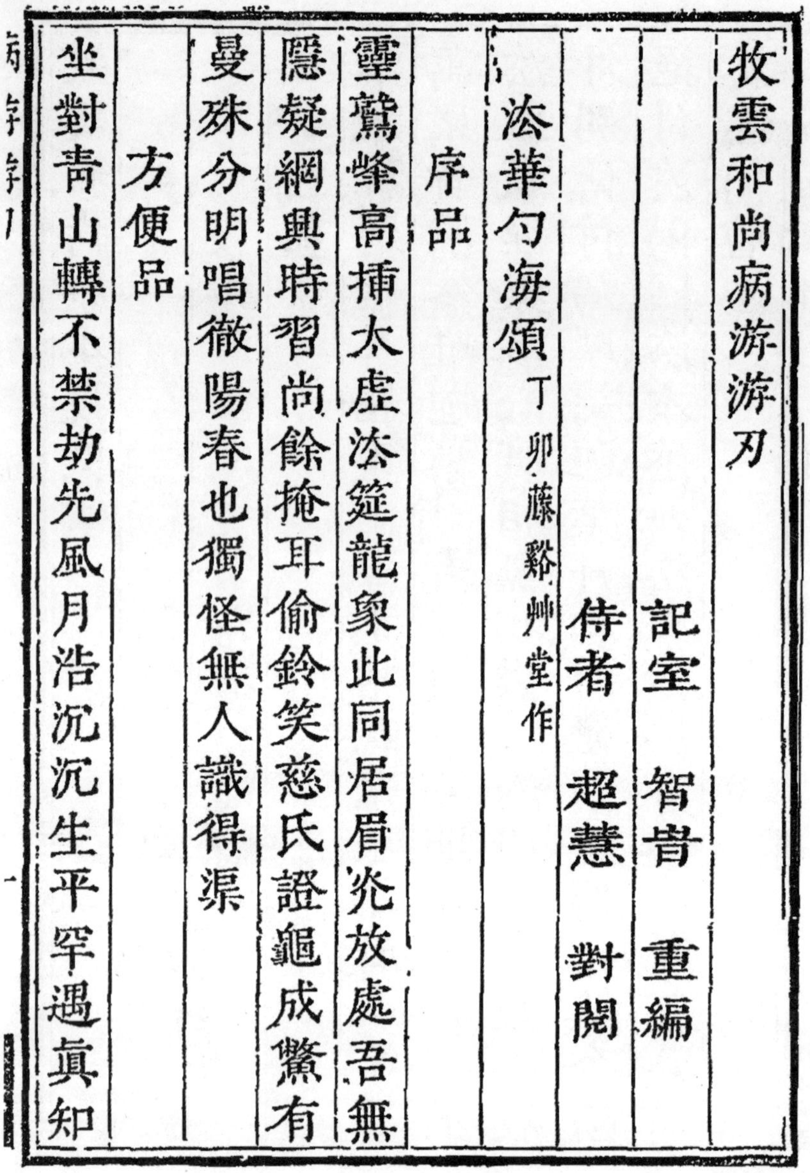
牧雲和尚病游游刃
記室　智旹　重編
侍者　超慧　對閱
法華勺海頌　丁卯藤谿艸堂作
序品
靈鷲峯高插太虛法筵龍象此同居眉光放處吾無
隱疑網與時習尚餘掩耳偷鈴笑慈氏證龜成鱉有
曼殊分明唱徹陽春也獨怪無人識得渠
方便品
坐對青山轉不禁劫先風月浩沉沉生平罕遇眞知

297 《牧雲和尚病游游刃》一卷

(明) 釋通門撰　清順治丁酉（十四年 ,1657）刻本

版框高 20.9 厘米，寬 14.4 厘米。半葉十行，行二十字，四周雙邊。

國家圖書館 142192：10

牧雲和尚病游游刃

記室　智訔　重編
侍者　超慧　對閱

法華勺海頌　丁卯藤谿艸堂作

序品

靈鷲峰高揷太虛法筵龍象此同居眉光放處吾無隱疑網興時習尚餘掩耳偷鈴笑慈氏證龜成鱉有曼殊分明唱徹陽春也獨怪無人識得渠

方便品

坐對青山轉不禁劫先風月浩沉沉生平罕遇眞知

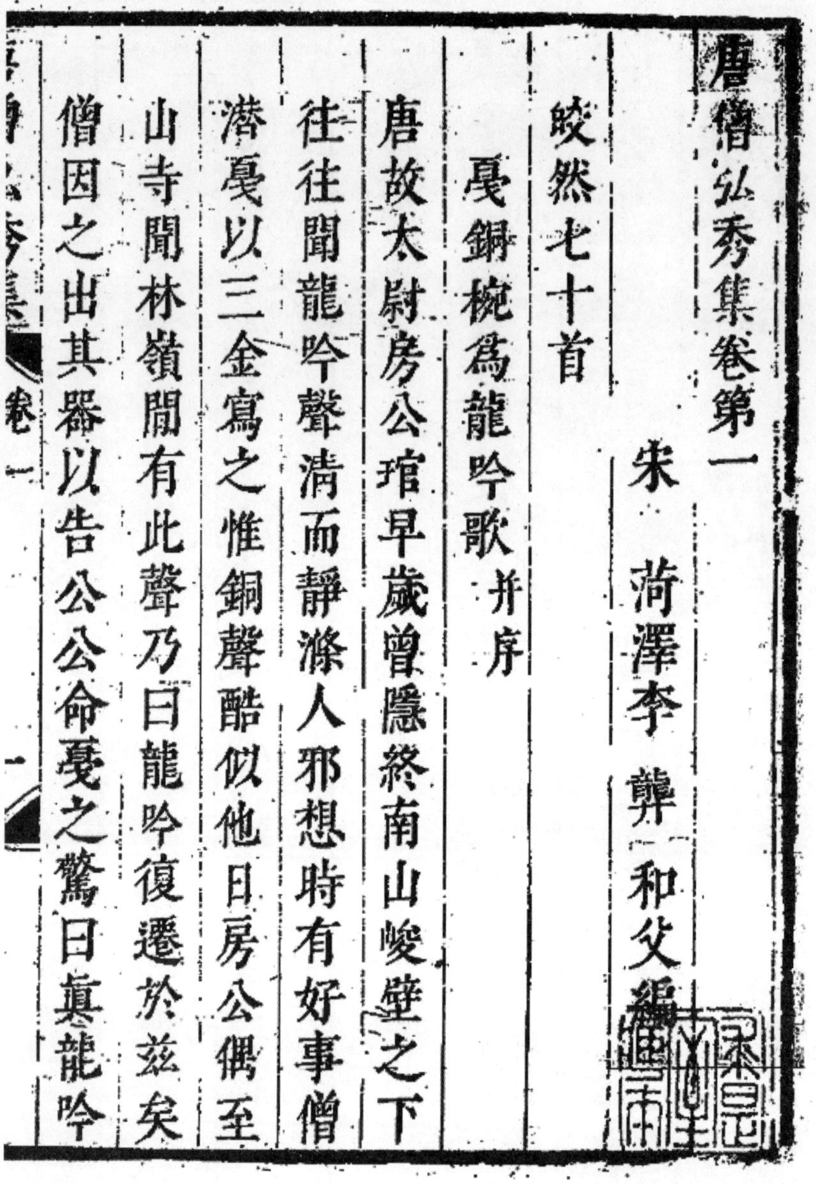
唐僧弘秀集卷第一
宋　荷澤李龏和父編
皎然七十首
戛銅椀爲龍吟歌并序
唐故太尉房公琯早歲曾隱終南山峻壁之下
往往聞龍吟聲清而静滌人邪想時有好事僧
潛戛以三金寫之惟銅聲酷似他日房公偶至
山寺聞林嶺間有此聲乃曰龍吟復遷於兹矣
僧因之出其器以告公公命戛之驚曰眞龍吟

298《唐僧弘秀集》十卷

(宋）李龏編　清刻本

版框高 19.5 厘米，寬 13.7 厘米。半葉九行，行十九字，四周雙邊。

國家圖書館 00499

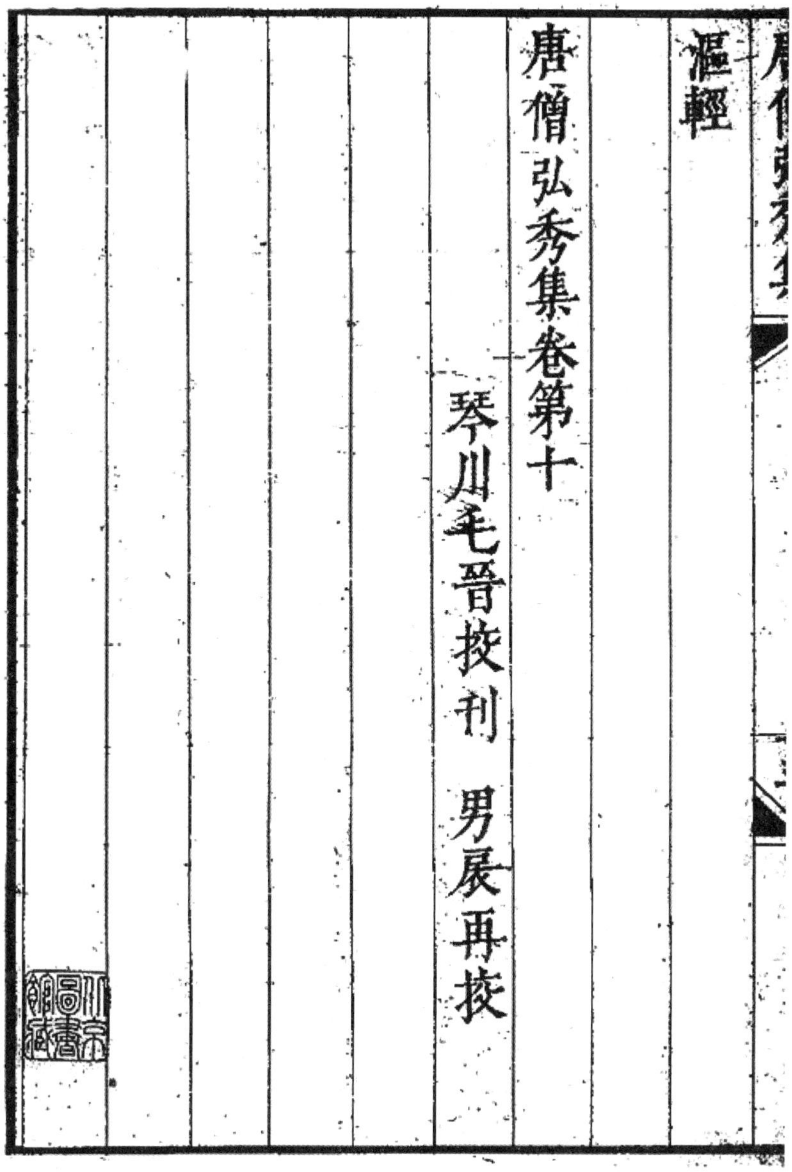
唐僧弘秀集卷第十

琴川毛晉校刊　男扆再校

按：是書爲唐釋皎然、釋貫休、釋齊己、釋清塞等五十餘位僧人之詩選集，係汲古閣刻本，卷十末鐫“琴川毛晉校刊，男扆再校”。前後無毛晉、毛扆父子題識，書口亦未鐫“汲古閣”等字。

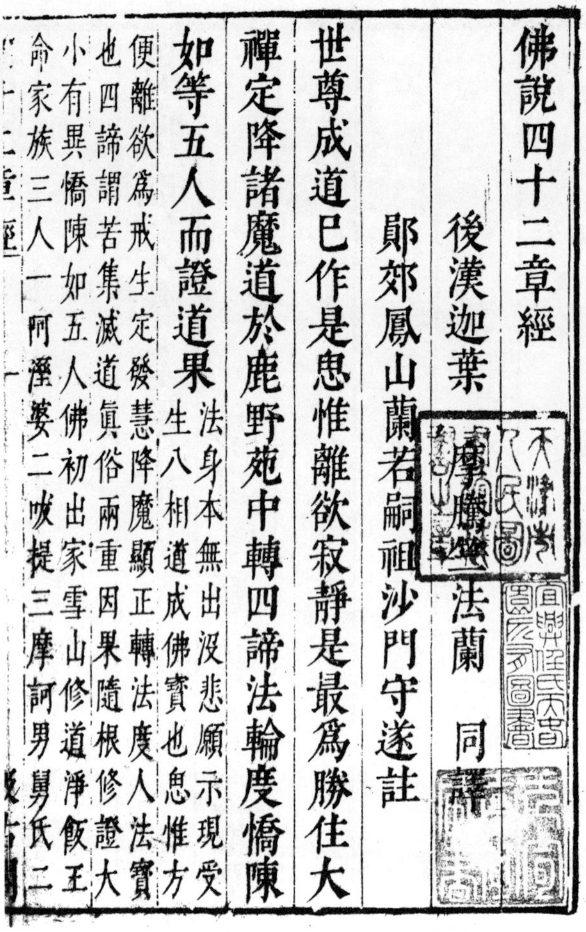

佛說四十二章經

後漢迦葉摩騰竺法蘭　同譯

鄖郊鳳山蘭若嗣祖沙門守遂註

世尊成道已作是思惟離欲寂靜是最爲勝住大禪定降諸魔道於鹿野苑中轉四諦法輪度憍陳如等五人而證道果法身本無出沒悲願示現受生八相道成佛寶也思惟方便離欲爲戒生定發慧降魔顯正轉法度人法寶也四諦謂苦集滅道眞俗兩重因果隨根修證大小有異憍陳如五人佛初出家雪山修道淨飯王命家族三人一阿溼婆二跋提三摩訶男舅氏二

299 《佛說四十二章經》一卷

（東漢）釋迦葉摩騰　（東漢）釋竺法蘭同譯　（東漢）釋守遂注

清刻《津逮秘書》本

版框高 18.1 厘米，寬 12.3 厘米。半葉八行，行十九字，四周雙邊。

天津圖書館 S1534

按：玆經收入《津逮秘書》第四集第一種，前後無序跋。查悔余云："梵筴流傳東土者，《四十二章經》一卷爲最先，厥後翻轉，多經文互异。鳳山所注，視騰、蘭初譯篇章，語句固已參差。海虞毛氏雕本，尤爲舛錯。"

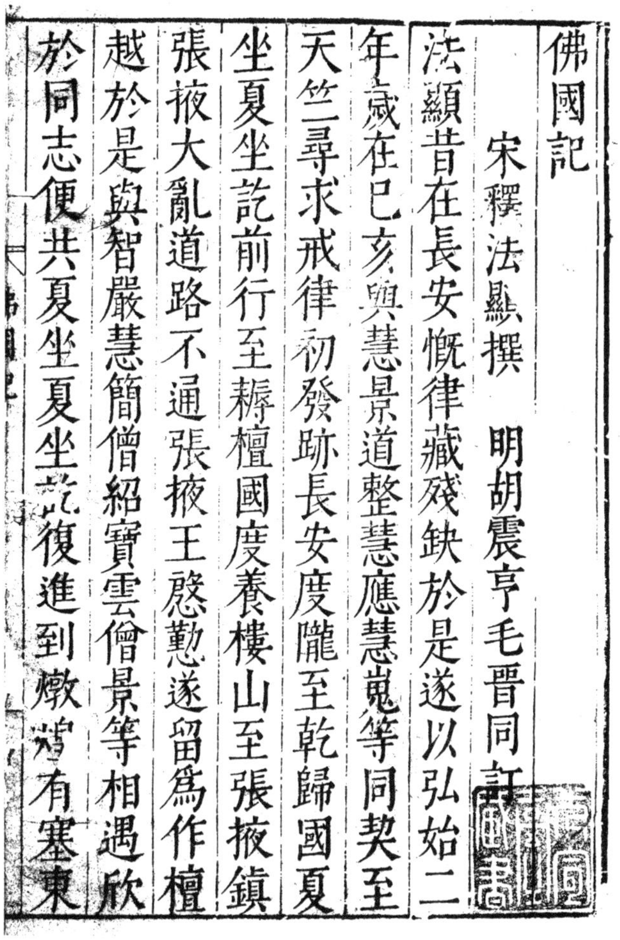

佛國記

宋釋法顯撰　明胡震亨毛晉同訂

法顯昔在長安慨律藏殘缺於是遂以弘始二年歲在己亥與慧景道整慧應慧嵬等同契至天竺尋求戒律初發跡長安度隴至乾歸國夏坐夏坐訖前行至耨檀國度養樓山至張掖鎮張掖大亂道路不通張掖王慇懃遂留爲作檀越於是與智嚴慧簡僧紹寶雲僧景等相遇欣於同志便共夏坐夏坐訖復進到燉煌有塞東

300 《佛國記》一卷

（南朝宋）釋法顯撰　清刻《津逮秘書》本

版框高 19.7 厘米，寬 13.4 厘米。半葉九行，行十八字，四周雙邊。

天津圖書館 S1534

按：玆書收入《津逮秘書》第十集第十五種，署“明胡震亨、毛晉同訂”。法顯游歷天竺凡三十六國，早於唐僧玄奘西天取經，自佛教東傳，“未有忘身求法如顯之比”。又按：玆書胡震亨已刻入《秘册彙函》第二函，後有沈士龍、胡震亨跋。後版片歸入汲古閣，毛晉收入《津逮》之中。清悔道人輯，顧湘校《汲古閣校刻書目》著録該書云：“《佛國記》全卷，四十七葉。”

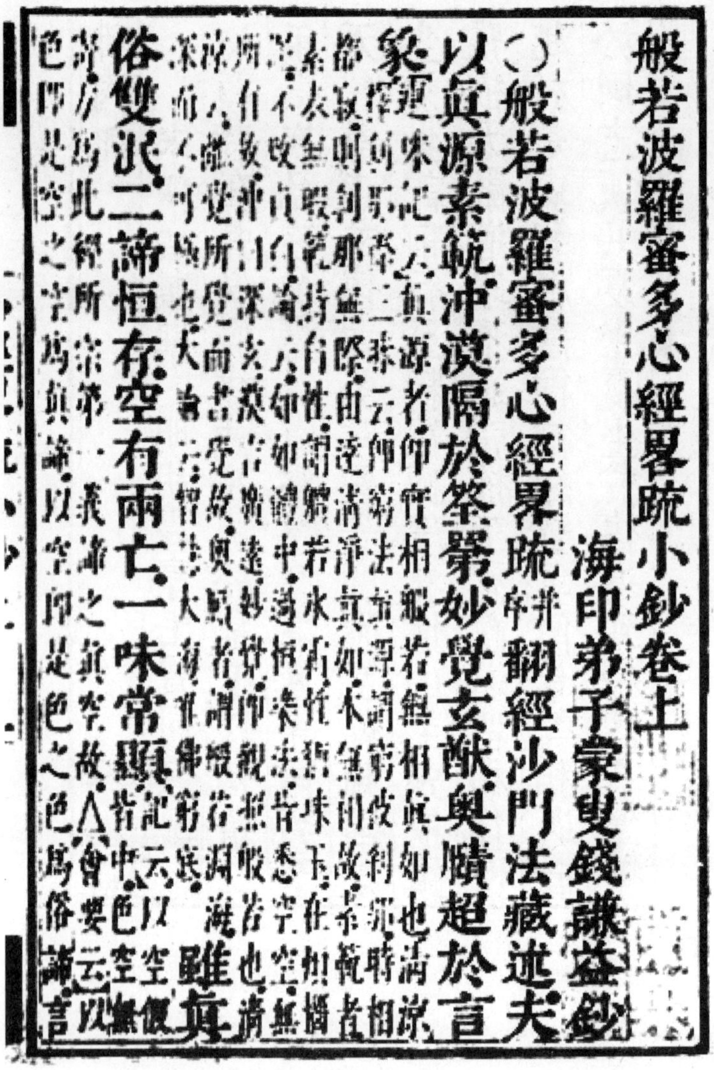
般若波羅蜜多心經畧疏小鈔卷上

海印弟子蒙叟錢謙益鈔

(一)般若波羅蜜多心經畧疏序并翻經沙門法藏述夫

以眞源素範沖漠隔於筌罤妙覺玄猷奥[illegible]超於言

象

……

雖眞俗雙泯二諦恒存空有兩亡一味常顯

301 **《般若波羅蜜多心經畧疏小鈔》二卷**

(清) 錢謙益撰　清順治丙申（十三年，1656）刻本

版框高 22.7 厘米，寬 15 厘米。半葉十行，行二十字，四周雙邊。

南京圖書館 GJ/113202

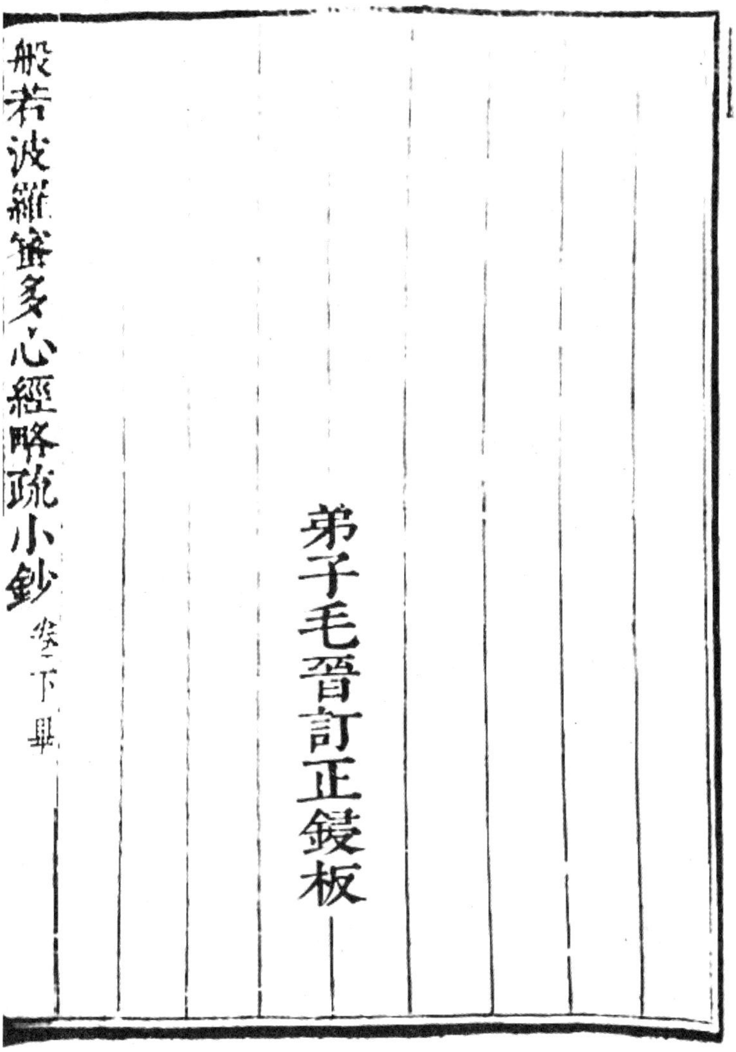
般若波羅蜜多心經略疏小鈔卷下畢

弟子毛晉訂正鋟板

卷末題："弟子毛晉訂正鋟板。"按：兹書錢氏撰自清順治十三年（1656），畢於順治十五年（1658）底。因錢氏之孫錢桂不幸夭亡，撰《桂殤》以寄托哀思。毛晉爲寬慰其師心，欲將兹書，與《桂殤》合刻爲一書發佈。後在錢氏要求下，兹書單刻傳世。錢氏在《後記》中云："毛子晉乃心法乘，屢請鏤版流通。"又在致毛晉函中提到："《心經》序刻鏤甚佳，法寶爲之增重矣。"清陳秉鑰《汲古閣所刻書目》著録爲"《心經小鈔》，七十五頁"。

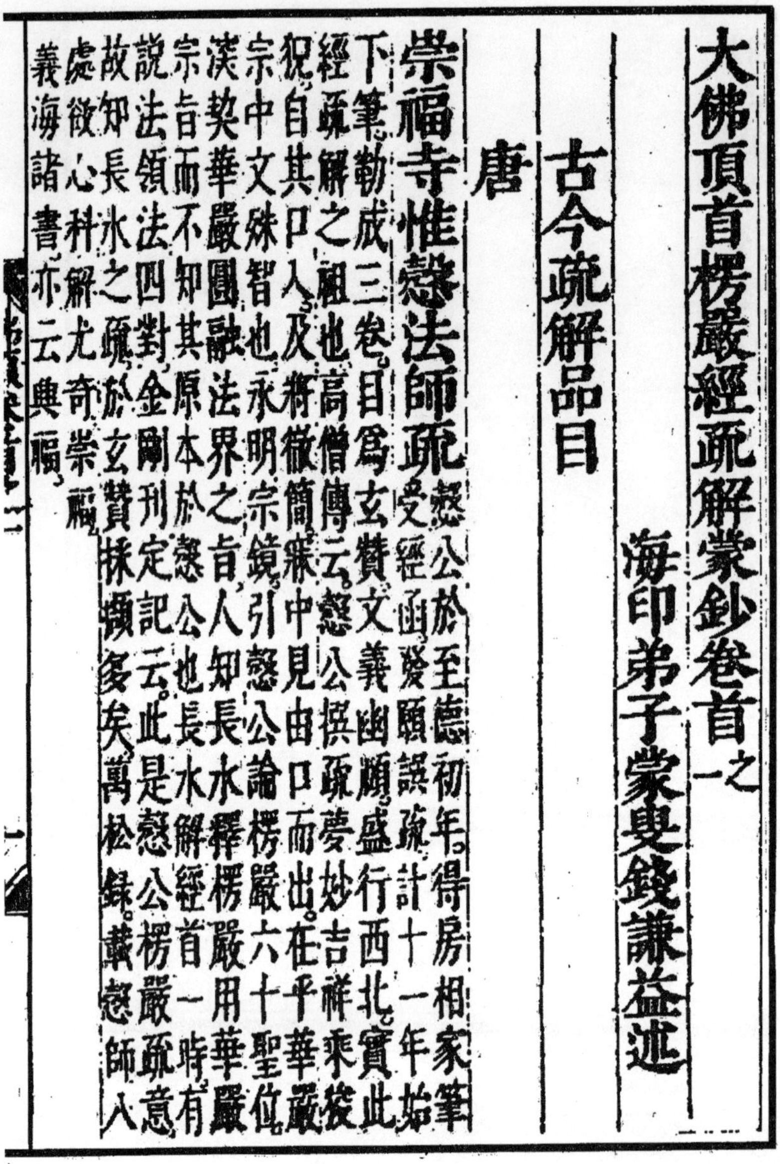

大佛頂首楞嚴經疏解蒙鈔卷首之一

海印弟子蒙叟錢謙益述

古今疏解品目

唐

崇福寺惟慤法師疏 慤公於至德初年得房相家筆受經函發願諟疏計十一年始下筆勒成三卷目爲玄贊文義幽顯盛行西北實此經疏解之祖也高僧傳云慤公撰疏夢妙吉祥乘狻猊自其口入及將徹簡衆中見由口而出在乎華嚴宗中文殊智也永明宗鏡引慤公論楞嚴六十聖位深契華嚴圓融法界之旨人知長水釋楞嚴用華嚴宗旨而不知其原本於慤公也長水解經首一時有說法領法四對金剛刊定記云此是慤公楞嚴疏意故知長水之疏於玄贊採攝多矣萬松錄載慤師八處徵心科解尤奇崇福義海諸書亦云典福

302 《大佛頂首楞嚴經疏解蒙鈔》十卷附首二卷《佛頂五録》八卷

（清）錢謙益述　清順治丁酉（十四年，1657）刻本

版框高 22.5 厘米，寬 15.7 厘米。半葉十行，行二十字，四周雙邊。

民族 240-005-00004.1；臺灣 555 頁 · 1629

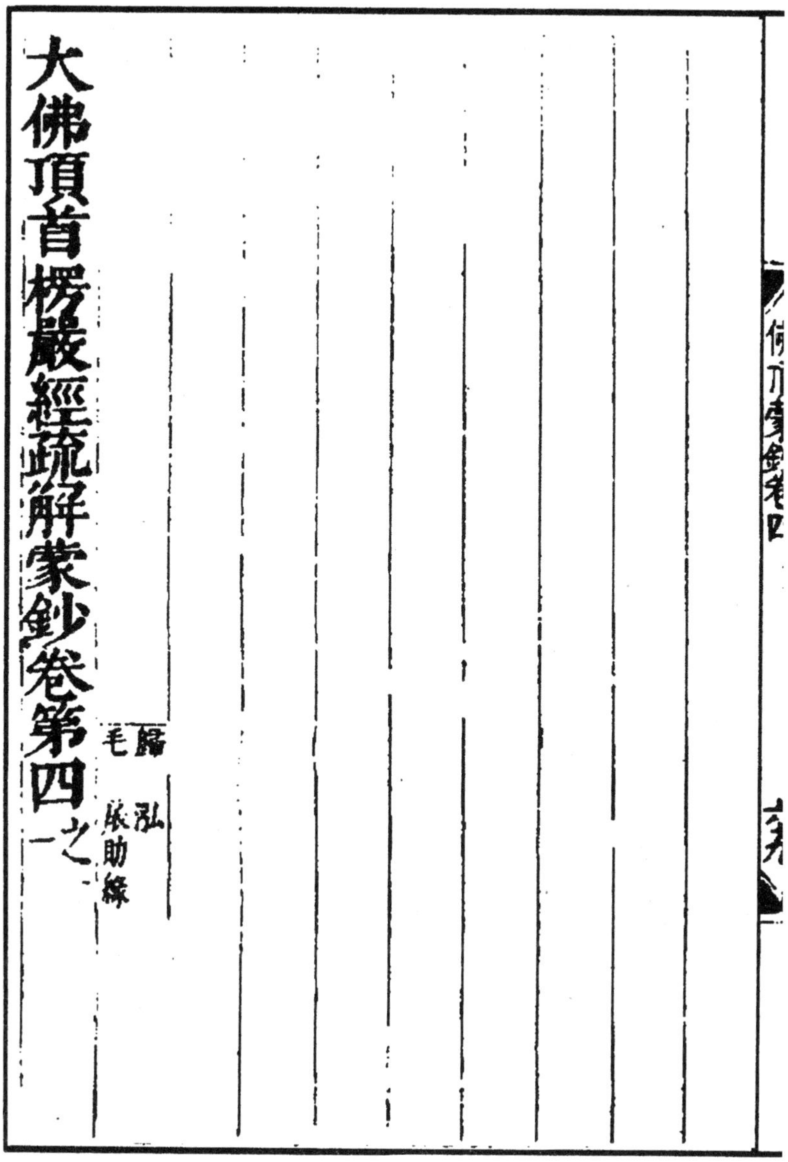
大佛頂首楞嚴經疏解蒙鈔卷第四之一

歸　弘

毛　扆助緣

按：兹書前有清順治十四年（1657）丁酉仲秋十一日《目録後記》，又有順治十七年（1660）庚子三月三日《重記》。這是毛晉欲刻，但驟逝於順治十六年（1659）七月，而未刻成。故卷首、卷末仍鐫“佛弟子虞山毛鳳苞發願流通”。其他卷末亦有鐫“佛弟子泰和蕭孟昉開板”或“蕭伯升開板”者。各卷中所列助緣者尚有陸貽典、嚴熊、王時敏、吳偉業、陳瑚、徐波、顧湄、錢鍜、毛扆等數十人。

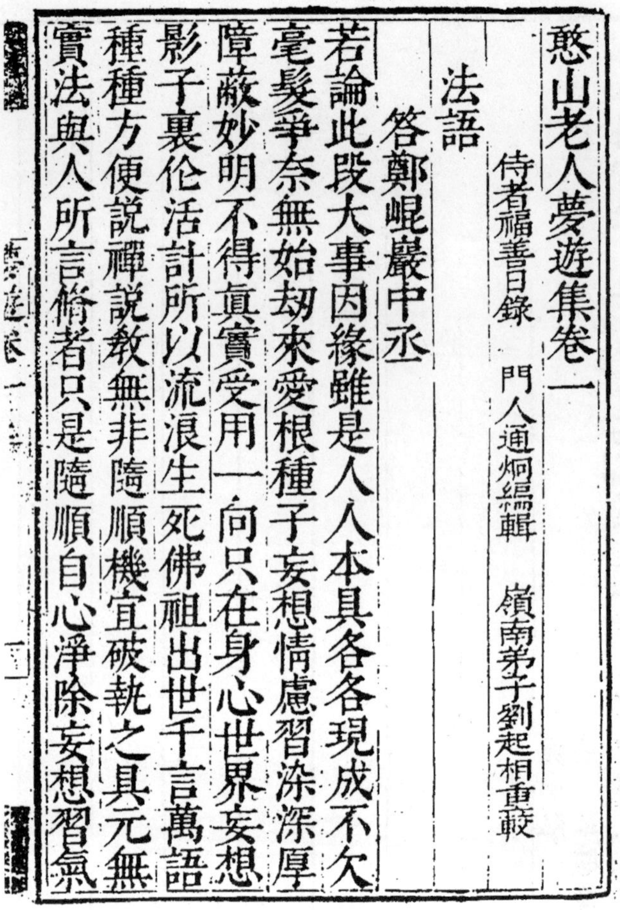

憨山老人夢遊集卷一

侍者福善日錄　門人通炯編輯　嶺南弟子劉起相重校

法語

答鄭崐巖中丞

若論此段大事因緣雖是人人本具各各現成不欠毫髮爭奈無始刧來愛根種子妄想情慮習染深厚障蔽妙明不得真實受用一向只在身心世界妄想影子裏作活計所以流浪生死佛祖出世千言萬語種種方便說禪說教無非隨順機宜破執之具元無實法與人所言脩者只是隨順自心淨除妄想習氣

夢遊卷一　一

303 《憨山老人夢遊集》四十卷目録一卷

(明) 釋德清撰　清順治庚子（十七年，1660）毛褒等刻本

半葉十行，行二十字，四周雙邊。

書影出自《續修四庫全書·集部》1377 册，原版書影未見，待訪。

按：是書有汲古閣刻本和廣東嶺南刻本兩種。關於汲古閣刻本，錢謙益有《憨山大師夢遊全集序》云："毛子子晉請獨任鏤版，以伸其私淑之願。子晉歿，三子聿追先志，遂告成事。"錢氏又撰《嶺南刻憨山大師夢遊全集序》，亦云："余校讐刊定，勒成四十卷。毛子晉請任鏤版。子晉歿，三子繼志，告成有日矣。"（均見《有學集》卷二十一）又按：廣東嶺南刻本爲五十五卷，其中卷五十五爲附録，署"虞山私淑弟子毛晉編校"，即輯録《憨山大師傳》。臺灣新文豐出版公司出版《嘉興大藏經》第 22 册收録此本。

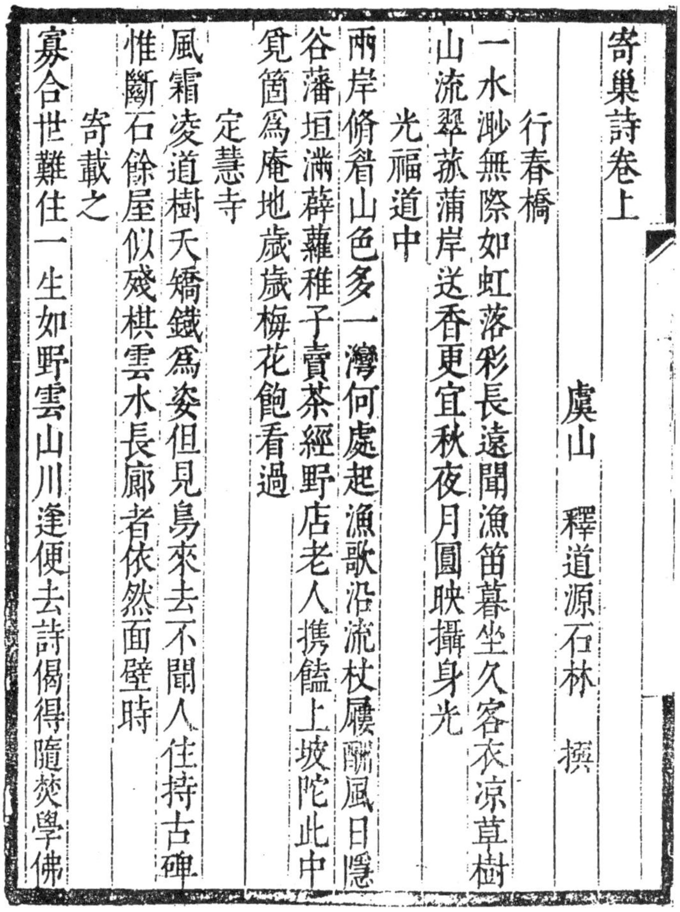
寄巢詩卷上
虞山　釋道源石林　撰
行春橋
一水渺無際如虹落彩長遠聞漁笛暮坐久客衣凉草樹
山流翠菰蒲岸送香更宜秋夜月圓映攝身光
光福道中
兩岸脩眉山色多一灣何處起漁歌沿流杖屨酬風日隱
谷藩垣滿薜蘿稚子賣茶經野店老人携榼上坡陀此中
覓箇爲庵地歲歲梅花飽看過
定慧寺
風霜凌道樹夭矯鐵爲姿但見鳥來去不聞人住持古碑
惟斷石餘屋似殘棋雲水長廊者依然面壁時
寄載之
寡合世難住一生如野雲山川逢便去詩偈得隨焚學佛

304 《寄巢詩》二卷附録一卷

(明) 釋道源撰　(明) 陸貽典輯　清順治辛丑 (十八年, 1661) 刻本
版框高 16.1 厘米, 寬 12.6 厘米。半葉十四行, 行二十二字, 四周雙邊。
國家圖書館 02018

按: 玆書前有錢謙益序、陸貽典 (毛扆之岳丈) 小引, 後有附録一卷。毛表跋云: "先君子每與高人名僧爲世外交, 吾虞石林源師其一也。師傅涉内外典, 喜爲詩……頃, 覿玄氏褒輯石師遺稿, 將付梓人, 屬余讐勘。凡與先君倡讐者居十之一。余與家孟、家季樂爲唱導, 先梓其半於家塾。"

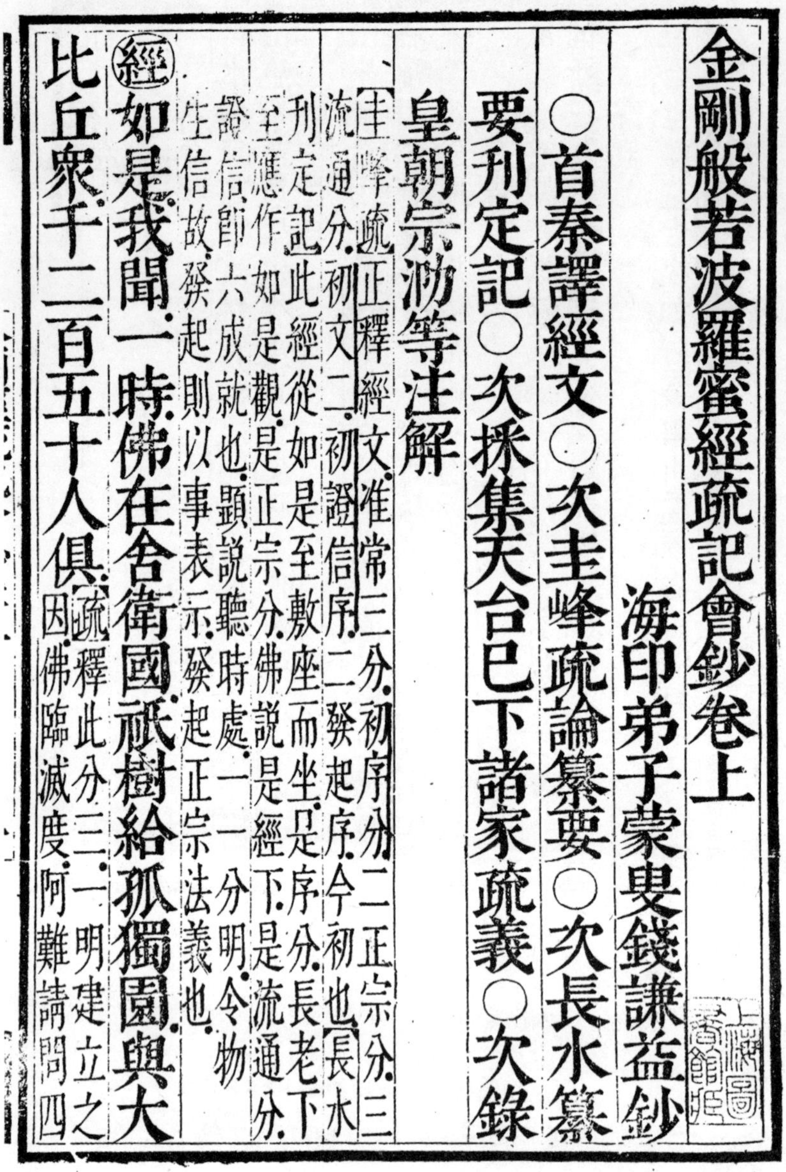
金剛般若波羅蜜經疏記會鈔卷上
海印弟子蒙叟錢謙益鈔
○首秦譯經文○次圭峰疏論纂要○次長水纂
要刊定記○次採集天台已下諸家疏義○次録
皇朝宗泐等注解
【圭峰疏】正釋經文。准常三分。初序分。二正宗分。三流通分。初文二。初證信序。二發起序。今初也。【長水刊定記】此經從如是至敷座而坐是序分。長老下至應作如是觀是正宗分。佛說是經下是流通分。證信即六成就也。顯說聽時處一一分明。令物生信故。發起則以事表示發起正宗法義也。
【經】如是我聞。一時佛在舍衛國祇樹給孤獨園。與大
比丘衆千二百五十人俱。【疏】釋此分三。一明建立之因。佛臨滅度。阿難請問四

305 《金剛般若波羅蜜經疏記會鈔》三卷附録一卷

(清) 錢謙益撰　清刻《津逮祕書》本

版框高 21.5 厘米，寬 15.1 厘米。半葉九行，行十八字，四周雙邊。

上海圖書館 842087-90；南京圖書館 GJ/113202

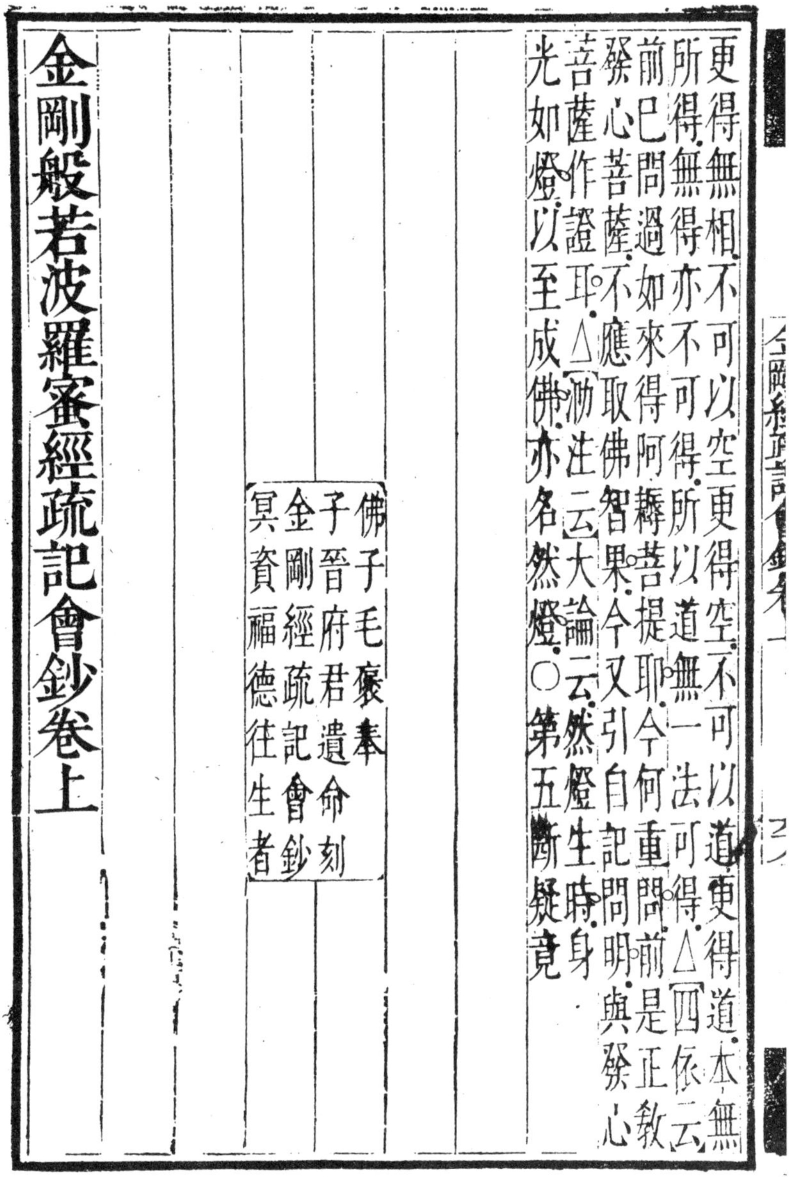

更得無相不可以空更得空不可以道更得道本無
所得無得亦不可得所以道無一法可得△四依云
前已問過如來得阿耨菩提耶今何重問前是正敎
發心菩薩不應取佛智果今又引自記問明與發心
菩薩作證耳△淅注云大論云然燈生時身
光如燈以至成佛亦名然燈○第五斷疑竟

佛子毛褒奉
子晉府君遺命刻
金剛經疏記會鈔
冥資福德往生者

金剛般若波羅蜜經疏記會鈔卷上

卷上牌記云："佛子毛褒奉子晉府君遺命刻《金剛經疏會鈔》，冥資福德往生者。"

卷中牌記云："佛子毛表奉子晉府君遺命刻《金剛經疏會鈔》，冥資福德往生者。"

卷下牌記云："佛子毛扆奉子晉府君遺命刻《金剛經疏會鈔》，冥資福德往生者。"

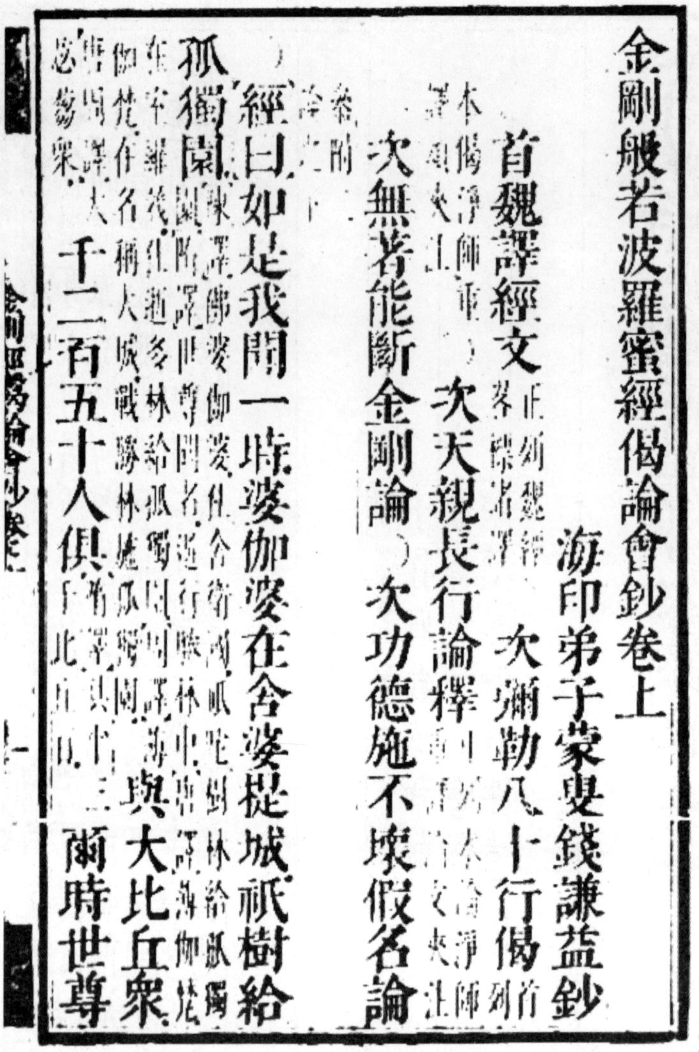

金剛般若波羅蜜經偈論會鈔卷上

海印弟子蒙叟錢謙益鈔

首魏譯經文 次彌勒八十行偈

次天親長行論釋

次無著能斷金剛論 次功德施不壞假名論

經曰如是我聞一時婆伽婆在舍婆提城祇樹給

孤獨園 與大比丘衆

千二百五十人俱 爾時世尊

306 《金剛般若波羅蜜經偈論會鈔》三卷附《金剛般若波羅蜜經較正音釋》一卷

(清)錢謙益鈔　清初汲古閣毛氏刻本

版框高 22.7 厘米，寬 15 厘米。半葉十行，行二十字，小字雙行同，四周雙邊。

南京圖書館 GJ/113202

按：南京圖書館藏本，第 306—310 條與第 305 條，同爲一藏書號，刻書風格相同，爲毛汲古閣刻本。

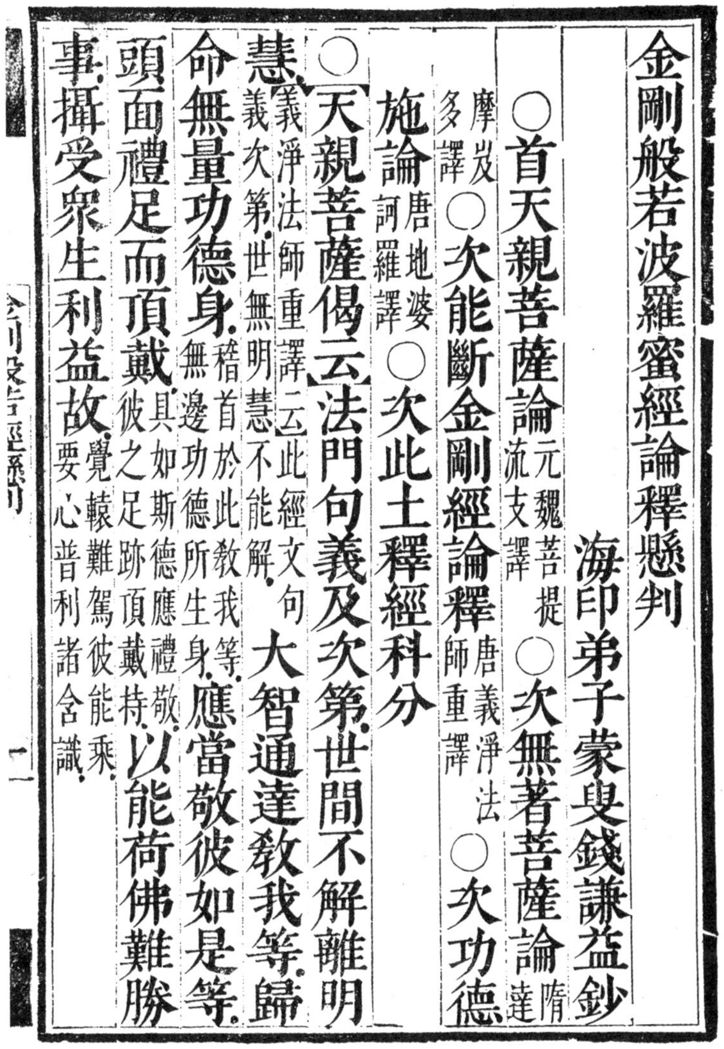
金剛般若波羅蜜經論釋懸判

海印弟子蒙叟錢謙益鈔

○首天親菩薩論元魏菩提流支譯○次無著菩薩論隋達摩笈多譯○次能斷金剛經論釋唐義淨法師重譯○次功德施論唐地婆訶羅譯○次此土釋經科分

○天親菩薩偈云：法門句義及次第，世間不解離明慧。義淨法師重譯云：此經文句義次第，世無明慧不能解。大智通達教我等，歸命無量功德身。稽首於此教我等，無邊功德所生身。應當敬彼如是等，頭面禮足而頂戴。具如斯德應禮敬，彼之足跡頂戴持。以能荷佛難勝事，攝受衆生利益故。覺轅難駕彼能乘，要心普利諸含識。

307 《金剛般若波羅蜜經論釋懸判》一卷附《金剛般若波羅蜜經教起因緣》一卷

（清）錢謙益鈔　（清）張有譽纂　清初汲古閣毛氏刻本

版框高 21.8 厘米，寬 15.3 厘米。半葉十行，行二十字，小字雙行同，四周雙邊。

上海圖書館 842087-90；南京圖書館 GJ/113202

金剛般若波羅蜜經疏記懸判

海印弟子蒙叟錢謙益鈔

○圭峰定慧禪師疏論纂要序長水大師刊定記詳釋○次

歸敬偈○次經前十門懸叙

記金剛般若經疏論纂要者此題九字從寬至狹能所六重一能所釋謂金剛等五字屬所疏論下四字屬能二能所詮謂經字屬能金剛等四字是所三能所簡有二一簡通謂經通一代時教般若唯屬當部二簡別般若猶通八部金剛但屬一經五能所喻金剛是能般若屬所六能所纂纂字屬能謂疏主也要字是所謂正義也若著并序二字復加一重二字是能上皆所攝然此七重不出教行人理謂經及疏論并序五字是教謂能詮能釋能序也般若通行謂觀照也纂字屬人疏主也金剛要字屬理金剛喻實相即真理要字是正義即道理金剛有三義謂堅利明也般若亦三義謂實

308 《金剛般若波羅蜜經疏記懸判》一卷

(清) 錢謙益鈔　清初汲古閣毛氏刻本

版框高 21.7 厘米，寬 15.3 厘米。半葉十行，行二十字，小字雙行同，四周雙邊。

上海圖書館 842087-90；南京圖書館 GJ/113202

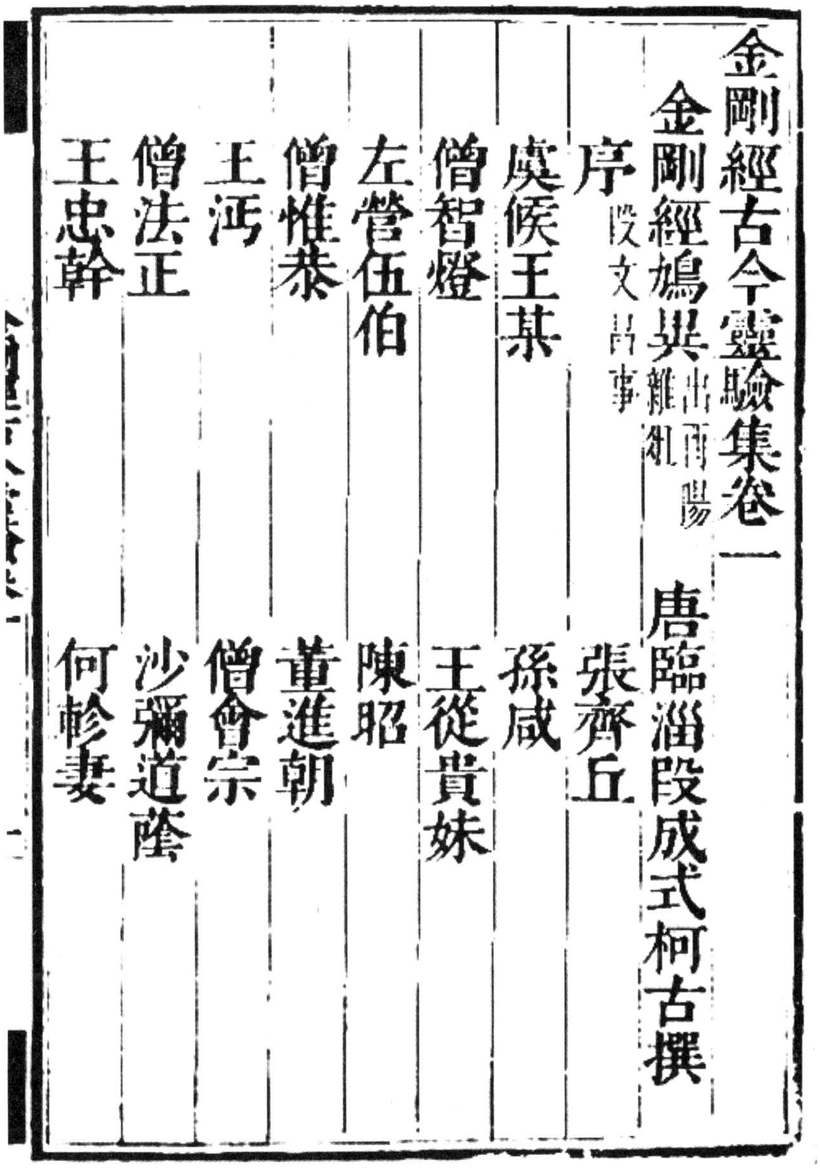
金剛經古今靈驗集卷一
金剛經鳩異 出酉陽雜俎 唐臨淄段成式柯古撰
序 段文昌事 張齊丘
虞候王其 孫咸
僧智燈 王從貴妹
左營伍伯 陳昭
僧惟恭 董進朝
王沔 僧會宗
僧法正 沙彌道蔭
王忠幹 何軫妻

309 《金剛經古今靈驗集》一卷

(唐）段成式撰　清初汲古閣毛氏刻本

版框高 22.7 厘米，寬 15 厘米。半葉十行，行二十字，小字雙行同，四周雙邊。

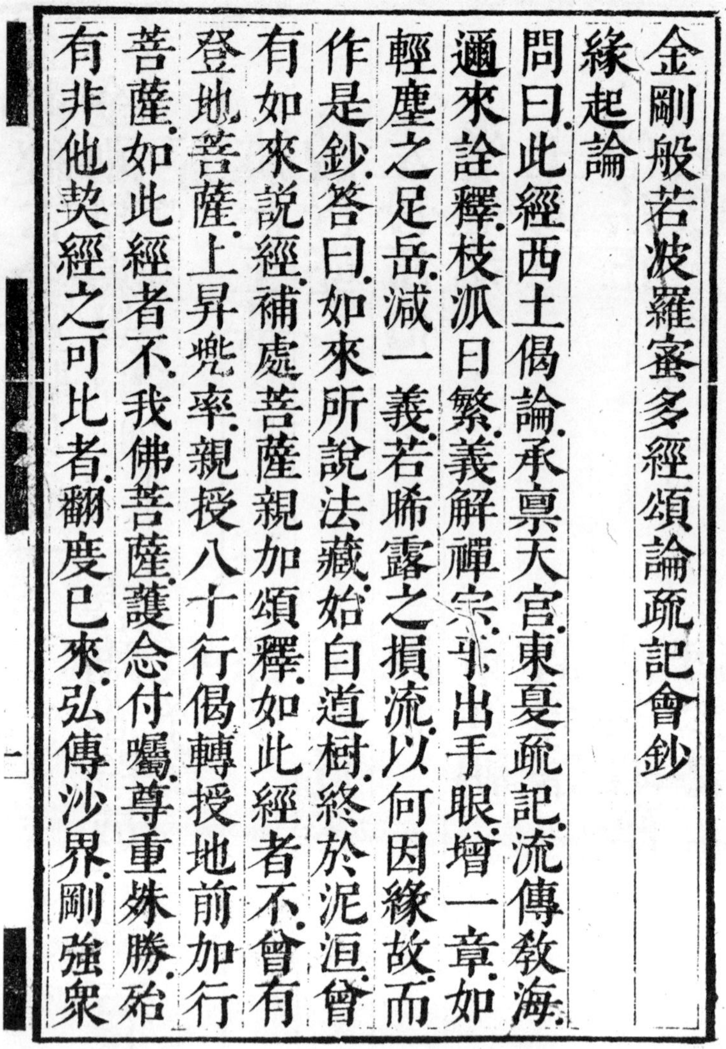
金剛般若波羅蜜多經頌論疏記會鈔
緣起論
問曰此經西土偈論承稟天宮東夏疏記流傳教海
邇來詮釋枝派日繁義解禪宗非出手眼增一章如
輕塵之足岳減一義若晞露之損流以何因緣故而
作是鈔答曰如來所說法藏始自道樹終於泥洹曾
有如來說經補處菩薩親加頌釋如此經者不曾有
登地菩薩上昇兜率親授八十行偈轉授地前加行
菩薩如此經者不我佛菩薩護念付囑尊重殊勝殆
有非他契經之可比者翻度已來弘傳沙界剛強衆

310 《金剛般若波羅蜜多經頌論疏記會鈔》八卷附録二卷

（清）錢謙益輯　清初汲古閣刻本。

版框高 21.8 厘米，寬 15.1 厘米。半葉十行，行二十字，四周雙邊。

上海圖書館 842087-90；南京圖書館 GJ/113202

按：清陳秉鑰輯《汲古閣所刻書目》著録“《金剛經疏鈔》，六百二十五頁”，蓋即兹書。

金剛般若波羅蜜多經頌論疏記會鈔

緣起論

問曰此經西土偈論承禀天宮東夏疏記流傳教海邇來詮釋枝派日繁義解禪宗事出手眼增一章如輕塵之足岳減一義若睎露之損流以何因緣故而作是鈔答曰如來所說法藏始自道樹終於泥洹曾有如來說經補處菩薩親加頌釋如此經者不曾有登地菩薩上昇兜率親授八十行偈轉授地前加行菩薩如此經者不我佛菩薩護念付囑尊重殊勝殆有非他契經之可比者翻度已來弘傳沙界剛強衆

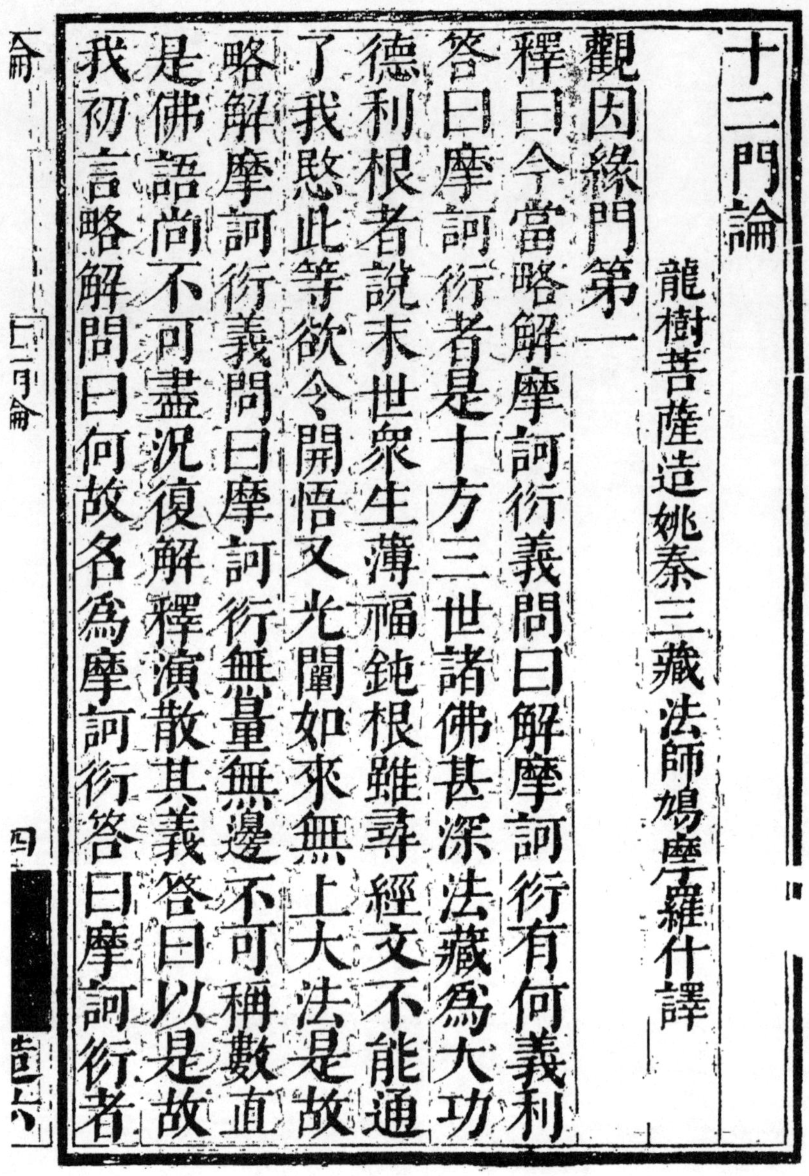

十二門論

龍樹菩薩造姚秦三藏法師鳩摩羅什譯

觀因緣門第一

釋曰今當略解摩訶衍義問曰解摩訶衍有何義利答曰摩訶衍者是十方三世諸佛甚深法藏爲大功德利根者說末世衆生薄福鈍根雖尋經文不能通了我愍此等欲令開悟又光闡如來無上大法是故略解摩訶衍義問曰摩訶衍無量無邊不可稱數直是佛語尚不可盡況復解釋演散其義答曰以是故我初言略解問曰何故名爲摩訶衍答曰摩訶衍者

十二門論　四

311 《十二門論》一卷

（後秦）釋鳩摩羅什譯　清康熙丙寅（二十五年，1686）汲古閣毛鳳苞刻本

版框高 22.4 厘米，寬 15.5 厘米。半葉十行，行二十字，四周雙邊。

民族 109-004-00001；故宮 109 · 1184

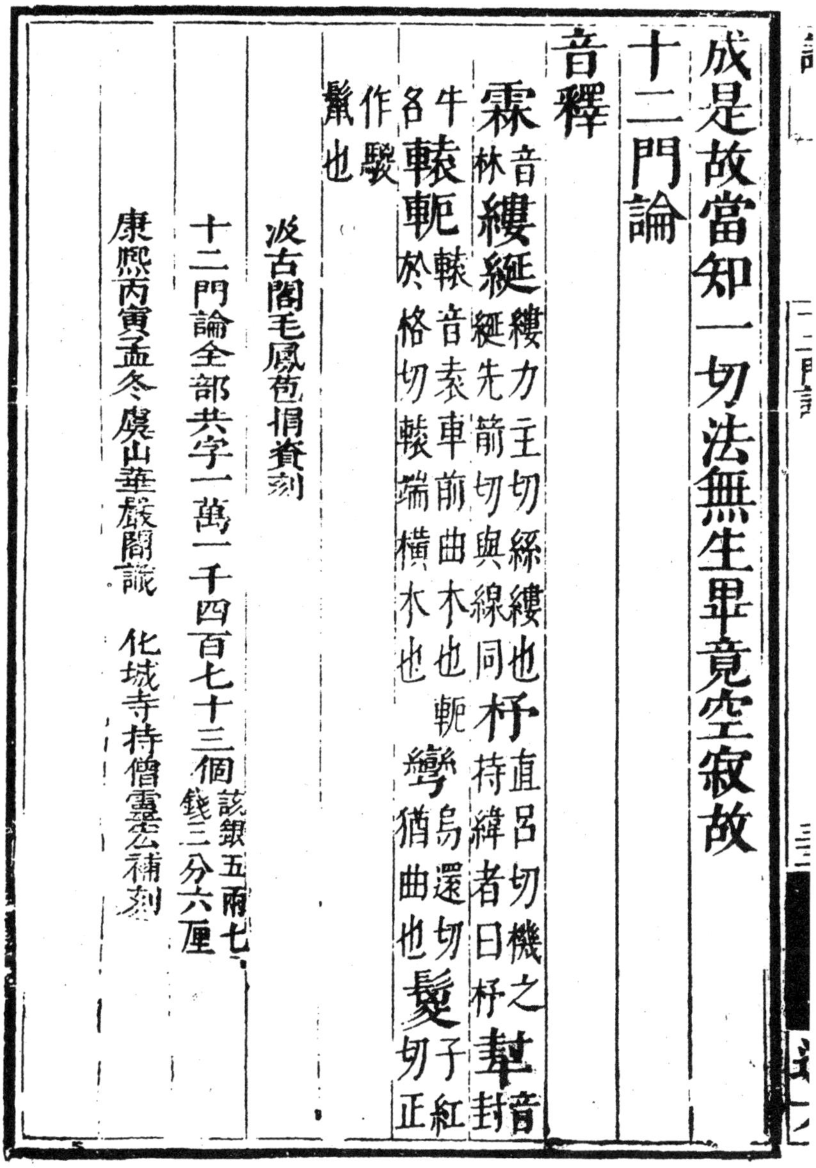

成是故當知一切法無生畢竟空寂故

十二門論

音釋

霖音林　縷綖縷力主切綫縷也綖先箭切與線同　杼直呂切機之持緯者曰杼　犎音封牛名　轅軛轅音袁車前曲木也軛於格切轅端横木也　彎烏還切猶曲也　鬉子紅切正作騣鬣也

汲古閣毛鳳苞捐資刻

十二門論全部共字一萬一千四百七十三個該銀五兩七錢三分六厘

康熙丙寅孟冬虞山華嚴閣識　化城寺持僧靈宏補刻

牌記云："汲古閣毛鳳苞捐資刻《十二門論》全部，共字一萬一千四百七十三個，該銀五兩七錢三分六厘，康熙丙寅孟冬虞山華嚴閣識。化城寺持僧靈宏補刻。"造六。

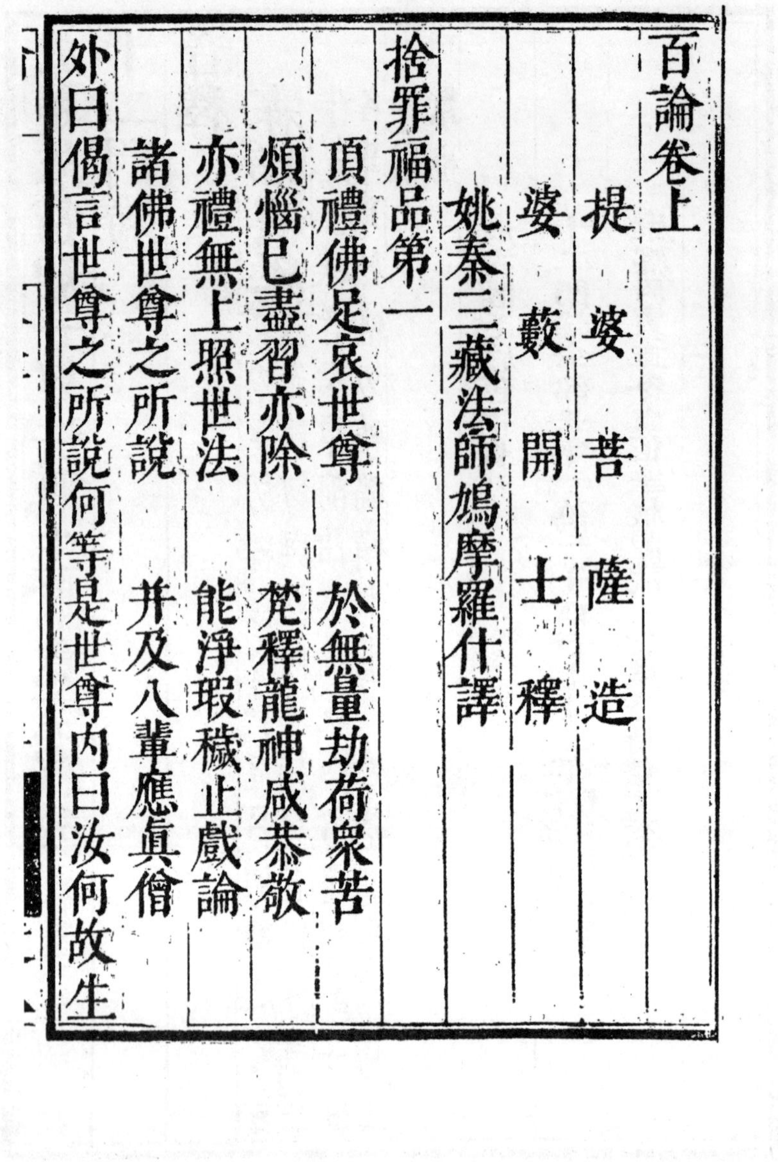
百論卷上
提婆菩薩造
婆藪開士釋
姚秦三藏法師鳩摩羅什譯
捨罪福品第一
頂禮佛足哀世尊　於無量劫荷衆苦
煩惱已盡習亦除　梵釋龍神咸恭敬
亦禮無上照世法　能淨瑕穢止戲論
諸佛世尊之所說　并及八輩應真僧
外曰偈言世尊之所說何等是世尊內曰汝何故生

312 《百論》二卷

(後秦) 釋鳩摩羅什譯　清康熙丙寅（十六年，1686）汲古閣毛鳳苞刻本

版框高 21.6 厘米，寬 14.9 厘米。半葉十行，行二十字，四周雙邊。

民族 109-004-00003；故宫 109 · 1186

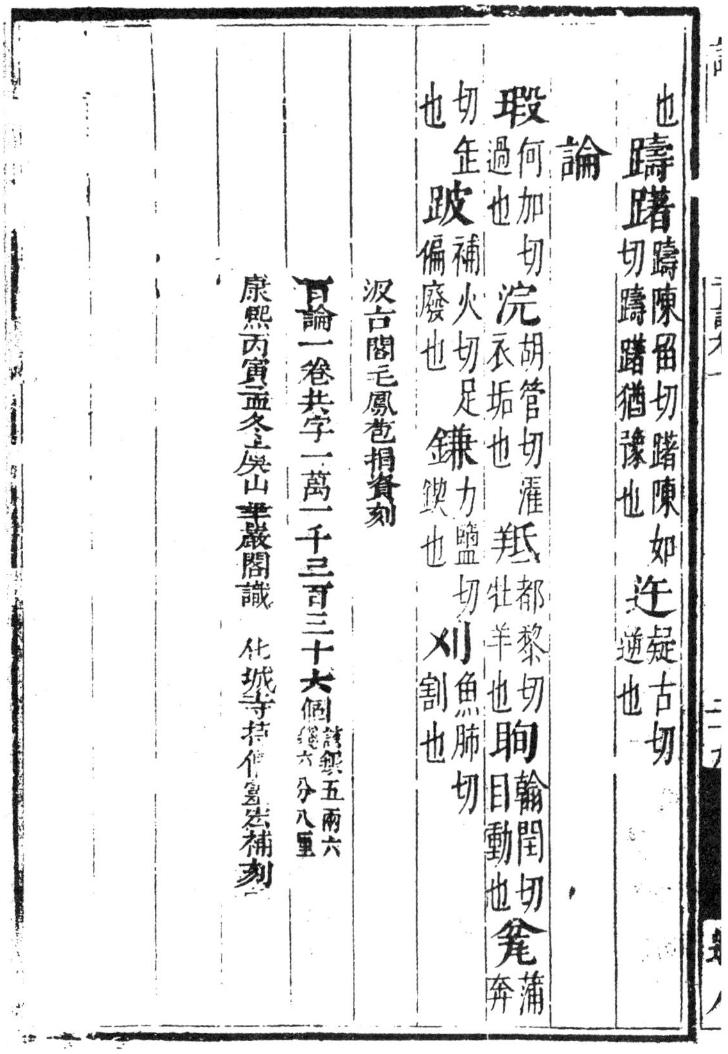

也躊躇躊陳留切躇陳如切躊躇猶豫也迮疑古切逆也

論

瑕何加切過也浣胡管切衣垢也羝都黎切牡羊也眴輸閏切目動也氉蒲奔

切乍也跛補火切偏廢也鐮力鹽切鍥也刈魚肺切割也

汲古閣毛鳳苞捐資刻

百論一卷共字一萬一千三百三十六個該銀五兩六錢六分八厘

康熙丙寅孟冬虞山華嚴閣識　化城寺持僧靈宏補刻

卷上牌記云:"汲古閣毛鳳苞捐資刻《百論》一卷，共字一萬一千三百三十六個，該銀五兩六錢六分八厘，康熙丙寅孟冬虞山華嚴閣識。化城寺持僧靈宏補刻。"造八。

卷下牌記云:"汲古閣毛鳳苞捐資刻《百論》二卷，共字九千二百七十九個，該銀四兩六錢四分，康熙丙寅孟冬虞山華嚴閣識。化城寺持僧靈宏補刻。"按:《"國家圖書館"善本書志初稿·子部四》著録《百論》二卷，爲"明萬曆辛亥（三十九年，1611）刊本"，非毛晉父子刻經。

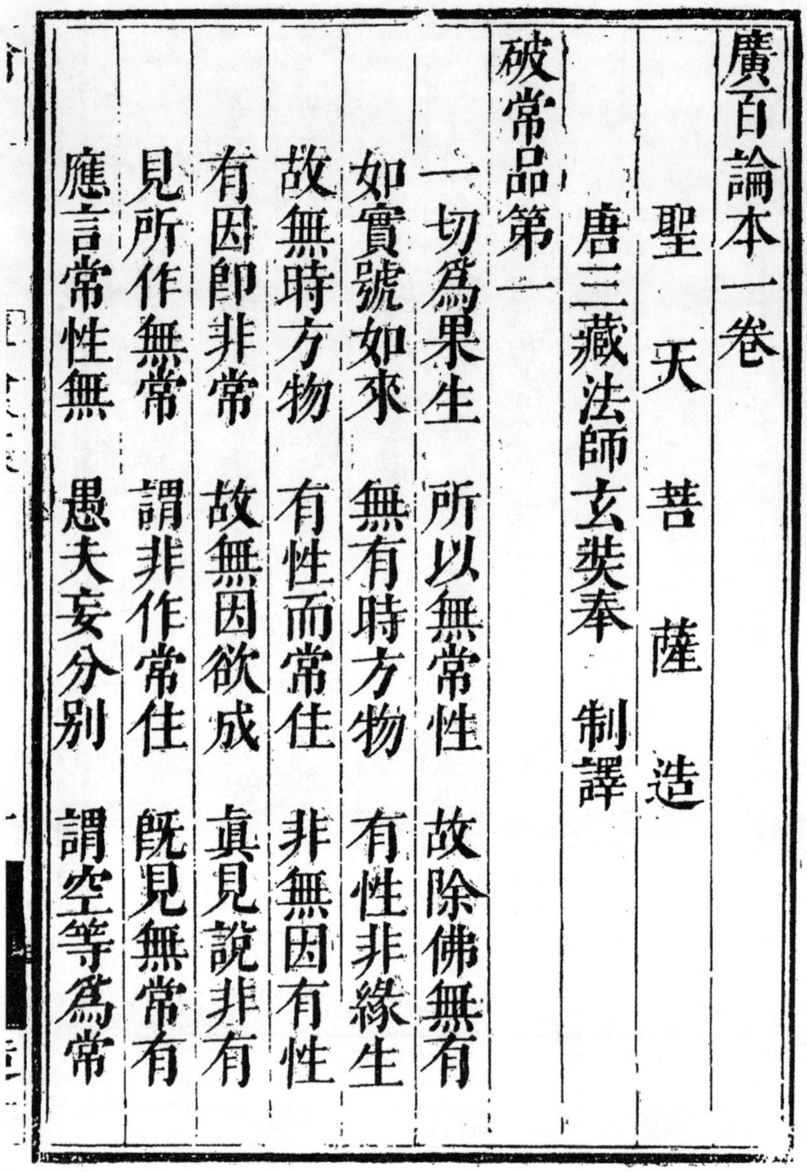
廣百論本一卷

聖天菩薩造

唐三藏法師玄奘奉　制譯

破常品第一

一切爲果生　所以無常性　故除佛無有

如實號如來　無有時方物　有性非緣生

故無時方物　有性而常住　非無因有性

有因卽非常　故無因欲成　眞見說非有

見所作無常　謂非作常住　既見無常有

應言常性無　愚夫妄分別　謂空等爲常

313 《廣百論本》一卷

（唐）釋玄奘譯　清康熙丙寅（十六年，1686）刻本

版框高 22 厘米，寬 14.8 厘米。半葉十行，行二十字，四周雙邊。

民族 109-004-00005；故宫 109 · 1187

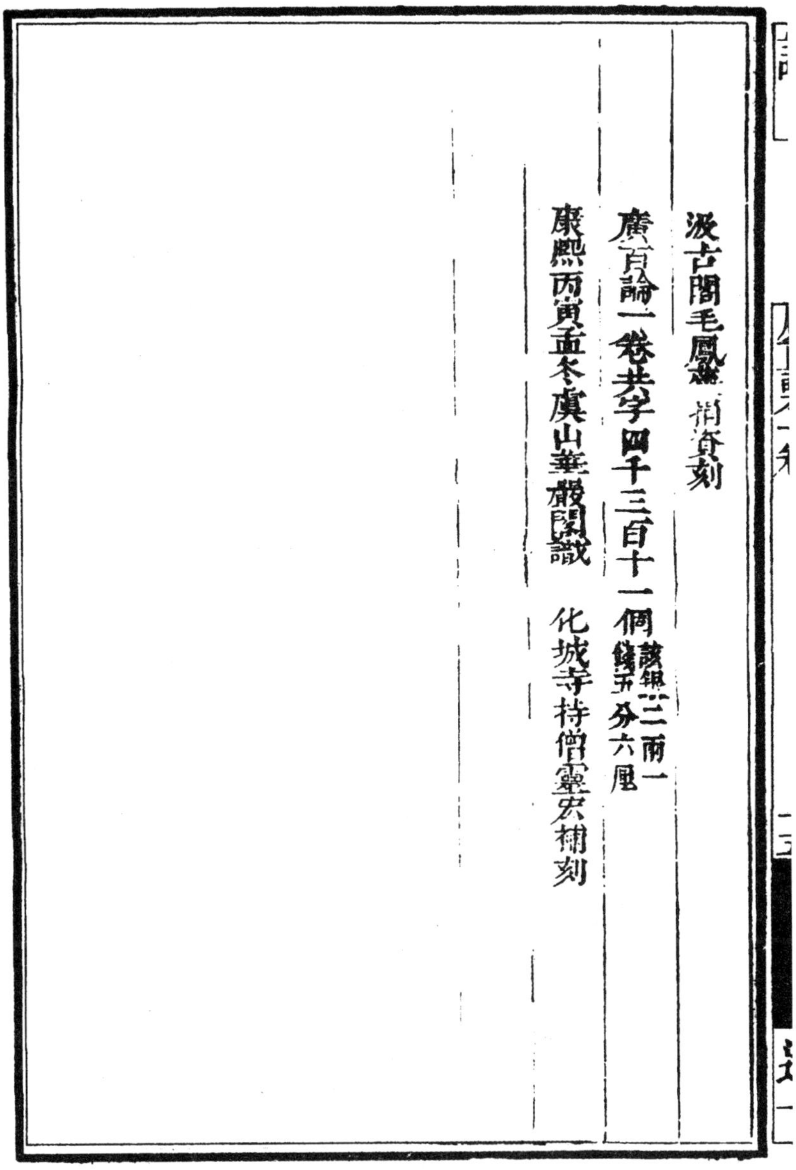
汲古閣毛鳳苞捐資刻
廣百論一卷共字四千三百十一個該銀二兩一錢五分六厘
康熙丙寅孟冬虞山華嚴閣識　化城寺持僧靈宏補刻

牌記云:“汲古閣毛鳳苞捐資刻《廣百論》一卷,共字四千三百十一個,該銀二兩一錢五分六厘,康熙丙寅孟冬虞山華嚴閣識。化城寺持僧靈宏補刻。”造十。

書名拼音索引

A

阿遬達經…………………………… 242

阿那邠邸化七子經……………… 412

阿難分别經……………………… 336

阿難問事佛吉凶經……………… 72

B

八大靈塔梵讚…………………… 506

百論……………………………… 606

百字論…………………………… 482

般若波羅蜜多心經畧疏小鈔…… 590

般若燈論………………… 400 560

寶髻經四法優波提舍…………… 484

（佛說）本相倚致經…………… 120

（佛說）苾芻迦尸迦十法經…… 142

（佛說）苾芻五法經…………… 140

病游游刃………………………… 584

波羅提木叉僧祇戒本…………… 392

（佛說）波斯匿王太后崩塵土坌身經……………………… 186

（佛說）鉢蘭那賒嚩哩大陀羅尼經……………………………… 428

不空罥索毘盧遮那佛大灌頂光眞言經…………………………… 294

補續高僧傳……………………… 576

C

差摩婆帝受記經………………… 34

禪法要解經……………………… 268

禪祕要法經……………………… 202

（佛說）長者施報經…………… 214

（佛說）長者子六過出家經…… 232

成唯識寶生論…………………… 522

（佛說）持明藏瑜伽大教尊那菩薩大明成就儀軌經………… 382

（佛說）出家功德經…………… 92

出三藏記集……………………… 256

出生一切如來法眼徧照大力明王經……………………………… 372

（佛說）初分說經……………… 356

（佛說）慈氏菩薩誓願陀羅尼經……………………………… 432

D

（佛說）大愛道般涅槃經……… 414

（佛說）大白傘蓋總持陀羅尼經……………………………… 296
大般涅槃經論……………………… 168
大寶積經論………………………… 558
（佛說）大悲空智金剛大教王儀軌經………………………… 562
大乘阿毗達磨集論………………… 472
大乘百法明門論…………………… 528
大乘寶月童子問法經……………… 146
大乘集菩薩學論…………………… 302
大乘楞伽經唯識論………………… 462
大乘破有論………………………… 266
（佛說）大乘隨轉宣說諸法經… 370
大乘唯識論………………………… 572
大乘掌珍論………………………… 404
大乘莊嚴經論……………………… 542
大方廣佛華嚴經……………………… 3
大方廣佛華嚴經海印道場十重行願常徧禮懺儀………………… 6
大方廣菩薩藏文殊師利根本儀軌經……………………………… 380
大佛頂首楞嚴經疏解蒙鈔……… 592
大寒林聖難拏陀羅尼經………… 338
大明太宗文皇帝御製文殊讚…… 510
（佛說）大摩里支菩薩經……… 212
大沙門百一羯磨法……………… 566
（佛說）大生義經……………… 162
大陀羅尼末法中一字心呪經……………………… 174 308
大丈夫論………………………… 300
大正句王經………………………… 56
大宗地玄文本論………………… 406
（佛說）當來變經………………… 42
底哩三昧耶不動尊威怒王使者念誦法…………………………… 488
（佛說）頂生王故事經………… 124
（佛說）頂生王因緣經………… 448
（佛說）兜調經………………… 180
（佛說）頞多和多耆經…………… 96

E

二十唯識順釋論………………… 522

F

發菩提心論……………………… 536
（佛說）法乘義決定經………… 166
法集名數經……………………… 206
（佛說）法滅盡經………………… 44
（佛說）法身經………………… 110
（佛說）法印經………………… 160
（佛說）梵志阿颰經……………… 68
方便心論………………………… 272
（佛說）分別布施經…………… 156
分別善惡報應經………………… 130
（佛說）分別緣生經…………… 158
佛般泥洹經……………………… 330
（佛說）佛大僧大經……………… 80
佛頂放無垢光明入普門觀察一切如來心陀羅尼經 ……………… 204

佛國記…………………………… 589
佛母般泥洹經……………………… 416
佛母寶德藏般若波羅蜜經……… 216
佛三身讚…………………………… 492
佛爲海龍王說法印經…………… 28
佛性論……………………………… 478
佛一百八名讚經………………… 496
（佛說）福力太子因緣經……… 362
付法藏因緣經…………………… 575

G

（佛說）甘露經陀羅尼………… 306
根本薩婆多部律攝……………… 486
根本說一切有部百一羯磨……… 470
根本說一切有部尼陀那………… 520
（佛說）觀想佛母般若波羅蜜多
　　菩薩經………………………… 150
觀自在如意輪菩薩瑜伽法要…… 326
觀總相論頌……………………… 318
（佛說）灌頂王喻經…………… 358
廣百論本………………………… 608
廣濟衆生神咒…………………… 24

H

（佛說）海龍王經……………… 170
憨山老人夢遊集………………… 594
（佛說）恒水經………………… 116
（佛說）護國經………………… 154
（佛說）護淨經………………… 278
（佛說）幻化網大瑜伽教十忿怒
　　明王大明觀想儀軌經……… 388

J

集諸法寶最上義論……………… 304
寄巢詩…………………………… 595
（佛說）寂志果經……………… 70
（佛說）較量壽命經…………… 98
嗟韤曩法天子受三歸依獲免惡道
　　經……………………………… 16
解拳論…………………………… 540
金剛般若波羅蜜多經頌論疏記會
　　鈔……………………………… 602
金剛般若波羅蜜經疏記會鈔…… 596
金剛般若波羅蜜經偈論會鈔…… 598
金剛般若波羅蜜經論釋懸判…… 599
金剛般若波羅蜜經疏記懸判…… 600
（佛說）金剛場莊嚴般若波羅蜜
　　多教中一分………………… 310
金剛摧碎陀羅尼………………… 292
金剛頂經曼殊室利菩薩五字心陀
　　羅尼品……………………… 324
金剛頂瑜伽中略出念誦經……… 322
金剛峯樓閣一切瑜伽瑜祇經…… 298
金剛經古今靈驗集……………… 601
金剛恐怖集會方廣軌儀觀自在菩
　　薩三世最勝心明王經……… 378
金剛薩埵說頻那夜迦天成就儀軌
　　經……………………………… 386
（佛說）金剛手菩薩降伏一切部
　　多大教王經………………… 60

（佛說）金剛香菩薩大明成就儀軌經…… 384
金剛針論…… 262
究竟一乘寶性論…… 402
（佛說）救面然餓鬼陀羅尼神呪經…… 328
（佛說）舊城喻經…… 222
（佛說）俱枳羅陀羅尼經…… 352
決定藏論…… 458
（佛說）決定義經…… 20

L

（佛說）力士移山經…… 198
（佛說）蓮華眼陀羅尼經…… 148
六道伽陀經…… 138
盧至長者因緣經…… 284
（佛說）輪轉五道罪福報應經… 76
（佛說）洛叉陀羅尼經…… 440
略明般若末後一頌讚述…… 552

M

曼殊室利菩薩吉祥伽陀…… 514
曼殊室利菩薩吉祥伽陀…… 578
慢法經…… 334
彌沙塞戒本…… 452
（佛說）秘密三昧大教王經…… 58
妙臂菩薩所問經…… 54
妙法蓮華經論優波提舍…… 556
妙法蓮華經優波提舍…… 554
妙法聖念處經…… 286
妙吉祥平等秘密最上觀門大教王經…… 314
（佛說）妙吉祥最勝根本大教經…… 312
（佛說）妙色陀羅尼經…… 424
（佛說）妙色王因緣經…… 30
（佛說）滅除五逆罪大陀羅尼經…… 434
明僧弘秀集…… 258
（佛說）摩達國王經…… 86
摩登伽經…… 134
摩登女解形中六事經…… 246
摩鄧女經…… 244
摩訶僧祇律大比丘戒本…… 392
（佛說）摩利支天陀羅尼呪經… 100
（佛說）末羅王經…… 84
牟梨曼陀羅呪經…… 172
（佛說）木槵經…… 280
牧潛集…… 4
牧雲和尚病遊初草…… 581
牧雲和尚嬾齋別集…… 580
牧雲和尚七會餘録…… 582
牧雲和尚宗本投機頌…… 583

N

能斷金剛般若波羅蜜多經論釋… 550
涅槃經本有今無偈論…… 456

P

毗俱胝菩薩一百八名經…… 420

毗婆尸佛經…………………………132
（佛說）毗沙門天王經…………102
毘沙門天王經……………………366
（佛說）辟除諸惡陀羅尼經……442
頻毗娑羅王詣佛供養經…………230
（佛說）頻婆娑羅王經…………218
（佛說）婆羅門避死經…………192
破色心論…………………………462
菩薩本生鬘論……………………574
菩提心離相論……………………264
普徧光明焰鬘清淨熾盛如意寶印心無能勝大明王大隨求陀羅尼經…………………………376
普賢菩薩行願讚…………………450

Q

（佛說）七處三觀經……………128
七佛所說神呪經…………………24
七佛讚唄伽陀……………………490
取因假設論………………………316

R

（佛說）人本欲生經……………333
（佛說）人仙經…………………220
（佛說）仁王護國般若波羅蜜經疏神寶記…………………66
仁王護國般若經疏………………22
（佛說）如意摩尼陀羅尼經……152
入大乘論…………………………464

S

薩婆多部毘尼摩得勒伽…………518
（佛說）三摩竭經………………190
（佛說）三品弟子經……………38
三身梵讚…………………………508
三無性論…………………………538
僧伽吒經…………………………26
沙彌羅經…………………………236
（佛說）舍利弗目犍連遊四衢經…………………………234
舍頭諫經…………………………248
攝大乘論本………………………270
（佛說）身毛喜豎經……………288
（佛說）甚深大迴向經…………46
勝軍化世百喻伽他經……………136
聖多羅菩薩一百八名陀羅尼經…208
（佛說）聖法印經………………418
（佛說）聖佛母般若波羅蜜多經…………………………164
聖觀自在菩薩一百八名經………348
聖迦柅忿怒金剛童子菩薩成就儀軌經…………………………564
聖金剛手菩薩一百八名梵讚……516
聖救度佛母二十一種禮讚經……500
（佛說）施色力經………………228
施食獲五福報經…………………228
師子素馱娑王斷肉經……………32
師子莊嚴王菩薩請問經…………36
（佛說）十八臂陀羅尼經………438

十八空論…………………………… 252
十二門論…………………………… 260
十二門論…………………………… 604
（佛說）十二品生死經………… 74
十二因緣論………………………… 524
十二緣生祥瑞經………………… 210
十誦羯磨比丘要用……………… 454
十誦律比丘戒本………………… 394
十誦律比丘尼戒本……………… 396
手杖論……………………………… 570
守護國界主陁羅尼經…………… 18
順中論……………………………… 480
（佛說）四輩經………………… 40
四輩學經…………………………… 40
（佛說）四諦經………………… 114
四分僧羯磨………………………… 460
（佛說）四十二章經…………… 588
（佛說）四未曾有法經………… 200
蘇悉地羯羅經…………………… 408
（佛說）宿命智陀羅尼經……… 430

T

曇無德律部雜羯磨……………… 398
唐三高僧詩集……………………… 2
唐僧弘秀集……………………… 586
天請問經…………………………… 276
天王太子辟羅經………………… 48

W

外道問聖大乘法無我義經……… 350
王法正理論………………………… 544
唯識二十論………………………… 250
唯識三十論………………………… 532
（佛說）文殊師利一百八名梵讚 ………………………………… 512
文殊問經字母品………………… 368
（佛說）文陀竭王經…………… 126
（佛說）無二平等最上瑜伽大教王經…………………………… 62
（佛說）無量功德陀羅尼經…… 436
無量壽經優波提舍……………… 474
（佛說）無上處經……………… 282
（佛說）無畏授所問大乘經…… 444
五分比丘尼戒本………………… 390
五分戒本…………………………… 452
五佛頂經…………………………… 320
五母子經…………………………… 410
（佛說）五王經………………… 90
（佛說）五無返復經…………… 78

X

（佛說）息除賊難陀羅尼經…… 108
息除中夭陀羅尼經……………… 342
（佛說）息諍因緣經…………… 354
賢首集……………………………… 5
（佛說）賢者五福德經………… 274
顯識論……………………………… 534
顯揚聖教論頌…………………… 548
（佛說）消除一切災障寶髻陀羅尼經………………………… 422

信佛功德經…………………………112
（佛說）信解智力經……………224
（佛說）宿命智陀羅尼經………430
須摩提女經………………………188

Y

（佛說）延壽妙門陀羅尼經……104
（佛說）鴦崛髻經………………196
（佛說）鴦崛摩經………………194
（佛說）耶祇經……………………82
葉衣觀自在菩薩經………………364
業成就論…………………………568
（佛說）一切如來頂輪王一百八
名讚………………………………502
（佛說）一切如來金剛三業最上
秘密大教王經……………………468
一切如來名號陀羅尼經…………106
一切如來正法祕密篋印心陀羅尼
經…………………………………344
一字佛頂輪王經…………………320
依楞嚴究竟事懺……………………8
壹輪盧迦論………………………526
（佛說）醫喻經…………………360
遺教經論…………………………476
（佛說）意經……………………182
（佛說）因緣僧護經………………52
陰持入經……………………………50
（佛說）鸚䳇經…………………178
（佛說）應法經…………………184
右遶佛塔功德經……………………14
（佛說）瑜伽大教王經…………374
瑜伽集要救阿難陀羅尼焰口軌儀
經…………………………………290
瑜伽師地論釋……………………546
玉耶經……………………………238
玉耶女經…………………………240
御製救度佛母讃…………………498
御製釋迦牟尼佛讃………………494
（佛說）緣本致經………………122
（佛說）月喻經…………………446

Z

載之詩存……………………………12
讚法界頌…………………………504
讚揚聖德多羅菩薩一百八名經…346
（佛說）栴檀樹經…………………94
（佛說）栴檀香身陀羅尼經……426
（佛說）旃陀越國王經……………88
（佛說）瞻婆比丘經……………118
掌中論……………………………466
中阿含經……………………………10
中邊分別論………………………254
諸佛心印陀羅尼經………………144
（佛說）諸行有爲經……………340
轉識論……………………………530
（佛說）最上根本大樂金剛不空三
昧大教王經………………………226
（佛說）最上祕密那拏天經………64
（佛說）尊上經…………………176

編著者拼音索引

A

（釋）安世高（東漢）

50（譯） 72（譯） 114（譯） 120（譯） 128（譯） 192（譯）
244（譯） 333（譯） 412（譯）

（釋）安藏（元）

500（譯）

B

（釋）白法祖（西晉）

274（譯） 330（譯） 414（譯）

（釋）般若（唐）

18（等譯）

（釋）般若流支（北魏）

480（譯） 526（譯）

（釋）寶思惟（唐）

174（譯） 308（譯）

（釋）波羅頗迦羅蜜多羅（唐）

400（譯） 542（譯） 560（譯）

（釋）不空（唐）

290（譯） 294（譯） 364（譯） 366（譯） 368（譯） 376（譯）
378（譯） 450（譯） 488（譯） 564（譯）

不著譯人

24　44　46　48　52　90　92　94　96　100　122　172　180　228

236　240　246　278　280　282　284　498　566

不著撰人

494

C

（釋）禪修（明）

8（撰）

（釋）慈賢（宋）

292（譯）　314（譯）

D

（釋）達磨菩提（北魏）

168（譯）

（釋）道泰（北涼）

300（譯）　464（譯）

（釋）道源（明）

595（撰）

（釋）德清（明）

594（撰）

段成式（唐）

601（撰）

F

（釋）法護（宋）

302（譯）　372（譯）　562（譯）

（釋）法炬（西晉）

116（譯）　118（譯）　124（譯）　186（譯）　230（譯）　334（譯）

（釋）法天（宋）

16（譯）　34（譯）　60（譯）　102（譯）　132（譯）　138（譯）

140（譯） 142（譯） 144（譯） 158（譯） 208（譯） 214（譯）
262（譯） 286（譯） 338（譯） 340（譯） 350（譯） 420（譯）
490（譯） 496（譯） 512（譯）

（釋）法賢（宋）

20（譯） 56（譯） 64（譯） 104（譯） 106（譯） 108（譯）
110（譯） 112（譯） 154（譯） 216（譯） 218（譯） 220（譯）
222（譯） 224（譯） 226（譯） 312（譯） 352（譯） 374（譯）
382（譯） 386（譯） 388（譯） 422（譯） 424（譯） 426（譯）
428（譯） 430（譯） 432（譯） 434（譯） 436（譯） 438（譯）
440（譯） 442（譯） 492（譯） 506（譯） 508（譯） 514（譯）
516（譯） 578（譯）

（釋）法顯（南朝宋）

589（撰）

（釋）法顗

396（集出）

（釋）佛陀跋陀羅（東晉）

392（譯）

（釋）佛陀什（南朝宋）

452（等譯）

H

（釋）懷素（唐）

460（集）

（釋）慧簡（南朝宋）

232（譯） 416（譯）

（釋）慧覺（唐）

6（録）

（釋）慧詢（宋）

574（等譯）

J

（釋）吉迦夜（北魏）

272（譯） 575（譯）

（釋）迦葉摩騰（東漢）

588（譯）

（釋）金剛智（唐）

298（譯） 322（譯） 324（譯） 326（譯）

（釋）金總持（宋）

166（等譯）

（釋）鳩摩羅什（後秦）

202（等譯） 260（譯） 268（譯） 394（譯） 536（譯） 604（譯）
606（譯）

沮渠京聲（南朝宋）

78（譯） 80（譯） 82（譯） 84（譯） 86（譯） 88（譯）

K

康孟詳（東漢）

234（譯）

（釋）康僧鎧（前魏）

398（譯）

L

（釋）勒那摩提（北魏）

402（譯） 556（等譯）

李龏（宋）

586（編）

陸貽典（明）

595（輯）

M

毛晉（明）

2（輯） 258（輯）

（釋）明徽（南朝梁）

390（集）

木增（明）

6（訂正）

N

（釋）那提（唐）

36（譯）

P

（釋）毗目智仙（北魏）

484（等譯） 568（譯）

（釋）菩提流支（北魏）

462（譯） 482（譯） 524（譯）

（釋）菩提留支（北魏）

34（譯） 474（譯） 554（等釋） 558（譯）

（釋）菩提流志（唐）

320（譯）

（釋）普瑞（宋）

6（補注）

Q

錢謙益（清）

590（撰） 592（述） 596（撰） 598（鈔） 599（鈔） 600（鈔）

602（輯）

（釋）求那跋陀羅（南朝宋）

74（譯） 76（譯） 178（譯） 242（譯）

S

（釋）僧伽跋摩（南朝宋）

518（譯）

（釋）僧伽提婆（東晉）
10（譯）
（釋）僧璩（南朝宋）
454（集）
（釋）僧祐（梁）
256（撰）
（釋）善月（宋）
66（撰）
（釋）紹德（宋）
370（等譯） 571（等譯）
（釋）聖堅（西秦）
336（譯）
（釋）施護（宋）
58（等譯） 62（譯） 146（譯） 148（譯） 152（譯） 156（譯）
160（譯） 162（譯） 164（譯） 204（譯） 206（譯） 210（譯）
264（譯） 266（譯） 304（譯） 310（譯） 342（譯） 344（譯）
354（譯） 356（譯） 358（譯） 360（譯） 362（譯） 384（譯）
444（譯） 446（譯） 448（等譯） 468（譯） 502（譯）
504（譯）
（釋）實叉難陀（唐）
3（譯） 14（譯） 306（譯） 328（譯）
（釋）守遂（東漢）
588（注）
（釋）輸迦波羅（唐）
408（譯）

T

太宗朱棣（明）
510（撰）

（釋）曇曜

272（譯） 575（譯）

（釋）曇林（北魏）

554（等譯）

（釋）曇無讖（北涼）

126（譯）

（釋）天息災（宋）

98（譯） 130（譯） 136（譯） 150（譯） 212（譯） 346（譯）

348（譯） 380（譯）

（釋）通門（明）

580（撰） 581（撰） 582（撰） 583（撰） 584（撰）

W

（釋）惟淨（宋）

288（譯）

X

（釋）賢首（明）

5（撰）

（釋）玄奘（唐）

250（譯） 270（譯） 276（譯） 404（譯） 472（譯） 528（譯）

532（譯） 544（譯） 546（譯） 548（譯） 608（譯）

Y

（釋）一行（唐）

6（録）

（釋）義淨（唐）

28（譯） 30（譯） 316（譯） 318（譯） 466（譯） 470（譯）

486（譯） 520（譯） 522（譯） 550（譯） 552（譯） 570（譯）

（釋）圓至（元）

4（撰）

（釋）月婆首那（北魏）

26（譯）

Z

（釋）載之（明）

12（撰）

（釋）眞諦（南朝陳）

252（譯） 254（譯） 406（譯） 456（譯） 458（譯） 476（譯）
478（譯） 530（譯） 534（譯） 538（譯） 540（譯） 572（譯）

（釋）眞智（元）

296（等譯）

（釋）支謙（三國吴）

38（譯） 68（譯） 134（譯） 188（譯） 410（譯）

（釋）智顗（隋）

22（説）

（釋）智嚴（唐）

32（譯）

（釋）竺法護（西晉）

40（譯） 42（譯） 170（譯） 176（譯） 182（譯） 184（譯）
194（譯） 196（譯） 198（譯） 200（譯） 248（譯） 418（譯）

（釋）竺法蘭（東漢）

588（同譯）

（釋）竺律炎（三國吴）

134（譯） 190（譯）

（釋）竺曇無蘭（東晉）

70（譯） 238（譯）

捐資者拼音索引

F

（河間）范景文

26

G

（溧水）高孟恕

432

（常熟）戈門周氏

540

（泰和）郭承昊

384　468　486　520　522　524　526　528　530　532　534　536

544　546　548　550　552　554　556　558

H

（南沙）賀氏上寧（郁慈明同室）

496

L

（長洲）李倫

334

（長洲）李如科

438

（常熟）李氏

278

（江寧）劉標

424

（常熟）陸貽忠（與陸貽恕同捐）

344

（常熟）陸貽恕（與陸貽忠同捐）

344

M

（常熟）馬宏道

282

（常熟）毛褒

340 342 594

（常熟）毛表

316 416

（常熟）毛鳳苞

22 28 40 60 68 70 82 84 86 88 90 92 94 96 104 108 110 112 120 124 126 156 168 176 202 204 206 210 214 216 228 236 238 240 242 244 246 248 284 322 336 350 353 358 408 414 422 426 428 440 442 446 456 492 494

（常熟）毛衮

338

（常熟）毛晉

256 262 476 482

（常熟）毛扆

268

P

（句容）潘守誠

436

（句容）潘以倫

276

S

（常熟）施于民

274

（長洲）孫房（與殷時衡同捐）

280

W

（長洲）王咸（與俞天來同捐）

418

（常熟）吳氏（楊彝同室）

562 564 566 568 570

X

（泰和）蕭海籌

518

（泰和）蕭士珂

252 458 466 474 484

（泰和）蕭士瑋

14 18 24 30 32 34 36 38 42 44 46 48 54 56 58 62
64 66 72 76 78 80 100 102 128 132 134 136 138
140 142 146 148 150 152 158 160 164 170 172 178
180 182 184 186 188 190 192 194 196 198 200 208
212 218 220 222 224 226 230 232 234 264 266 272
304 318 406 464 472 480 572

（泰和）蕭士瑀

254 260 302 402 404 462

（泰和）蕭祚胤

400 470 478 488 490 500 502 504 506 508 510 512
514 516 538 542 560

（常熟）徐天紳

278

Y

（常熟）嚴氏

250

（泰和）楊仁愿

166 174 286 288 292 294 296 306 308 310 312 314 320 324 326 328 330 346 348 354 356 360 362 364 366 370 372 374 376 378 380 382 386 388 390 392 394 396 398 420 444 448 450 452 454 460

（常熟）楊彝同室吴氏

562 564 566 568 570

（江寧）楊遇起

434

（長洲）殷時衡（與孫房同捐）

280

（上元）于國輔

430

（長洲）俞天來（與王咸同捐）

418

（南沙）郁慈明（與賀氏上寧同捐）

496

Z

（永豐）詹兆恒

290 298

（武進）張瑋

16 20 50 52 98 114 116 118 130 154

（常熟）鄒駿

410

校對者拼音索引

D

（東塔寺）（釋）道源

14 16 18 20 22 24 26 28 30 32 34 36 38 40 42 44
46 48 50 52 54 56 58 60 62 64 66 68 70 72 76 78
80 82 84 86 88 90 92 94 96 98 100 102 104 108
110 112 116 118 120 124 126 128 130 132 134 136
138 140 142 146 148 150 152 154 156 158 160 164
166 168 170 172 174 176 178 180 182 184 186 188
190 192 194 196 198 200 202 204 206 208 210 212
214 216 218 220 222 224 226 228 230 232 234 236
238 240 242 244 246 248 274 276 278 280 282 284
286 288 290 292 294 296 298 306 308 310 312 314
320 322 324 326 328 330 334 336 338 340 342 344
346 348 350 352 354 356 358 360 362 364 366 368
370 372 374 376 378 380 382 384 386 388 390 392
394 396 398 408 410 414 416 418 420 422 424 426
428 430 432 434 436 438 440 442 444 446 448 450
452 454 456 460 468 470 478 486 566

G

（東湖）戈汕

22 40 60 68 70 72 76 78 80 82 84 86 88 90 92 94
96 104 108 110 112 120 124 126 156 168 170 176 202
204 206 210 214 216 228 236 238 240 242 244 246
248 274 276 278 280 282 284 288 296 322 336 338
340 344 350 352 358 360 408 410 414 416 418 422
424 426 428 430 432 434 436 438 440 442 446 456
492 494 496 498

（海隅）戈汕

28

M

（東湖）毛晉

14 16 18 20 24 26 30 32 34 36 38 42 44 46 48 50
52 54 56 58 62 64 66 98 100 102 116 118 128 130
132 134 136 138 140 142 146 148 150 152 154 158
160 164 166 172 174 178 180 182 184 186 188 190
192 194 196 198 200 208 212 218 220 222 224 226
230 232 234 250 252 254 256 260 262 264 266 268
270 272 286 290 292 294 298 300 302 304 306 308
310 312 314 316 318 320 324 326 328 330 334 346
348 354 356 362 364 366 368 370 372 374 376 378
380 382 384 386 388 390 392 394 396 398 400 402
404 406 420 444 448 450 452 454 458 460 462 464
466 468 470 472 474 476 478 480 482 484 486 488
490 496 500 502 504 506 508 510 512 514 516 520
522 524 526 528 530 532 534 536 538 540 542 544
546 548 550 552 554 556 558 560 562 564 566 568
570

S

（金地）孫房

518 520

（鹿城）孫房

564 570

（長洲）孫房

562

W

（長洲）王咸

568

Y

（東湖）殷時衡

250 252 254 256 260 262 264 266 268 270 272 300 302 304 316 318 400 402 404 406 458 462 464 466 472 474 476 480 482 484 572

（東湖）郁慈明

488 490 492 494 498 500 502 504 506 508 510 512 514 516 522 524 526 528 530 532 534 536 538 540 542 544 546 548 550 552 554 556 558 560 578

書工拼音索引

C

（上元）陳兆熊

72 100 102 128 130 134 208 236 238 240 242 244 246 248 334 336 416 418

H

（上元）黄九玉

268

（江寧）黄銘

38 40 42 44 46 48 60 68 70 116 118 120 126 176 178 180 182 184 186 188 190 192 194 196 198 200 226 228 230 232 234 298 352 358 360 362 372 414 422 424 426 428 430 432 434 436 438 440 442 444 446 460 488 490 492 494 496 498 500 502 504 506 508 510 512 514 516 522 536 544 546 548 550 552 554 556 558

（江寧）黄鉉

524 526 528 530 532 534 538 540

J

（佛弟子）寂滅

542

L

（白門）李文卿

252 262 264 266

（常熟）劉乘愈

302 304 400 462

（上元）羅萬騰

470

（上元）羅章

24 26 66 132 166 170 172 174 202 206 212 214 306 308 310 312 314 322 324 326 328 354 356 370 382 384 388 398 520

（上元）羅璋

478

S

（溧水）孫可儉

392 394 396 518 566

W

（上元）王蓮

54 136 138 140 142 146 148 150 152 156 158 160 168 330 346 348 350 374 376 378 386 390 408 410 420 450

（溧水）魏邦定

316 318

（中山）魏邦泰

256 260

（溧水）魏邦泰

406

X

（長洲）徐大任

76 78 80 82 84 86 88 90 92 94 96 104 108 110 112 274 276 278 280 282 284 288 290 292 294 296

（海虞）徐大任

560

Y

（東吳）尤在一

250 254 270 272 300

（上元）于從龍

18 52 58 62 164 320 338 340 342 344 380 448 486 562

（上元）于起龍

14 20 22 28 30 32 34 36 50 64 154 204 210 286 454 468 564 568 570

Z

（吳縣）章流

16 56 98 216 218 220 222 224

（長洲）章流

364 366

刻工拼音索引

F

（江寧）范應時

188　232

L

（句容）李煥

176　408　454

（長洲）李如科

16　18　24　26　28　30　36　42　44　46　48　50　56　58　62　66　72　80　100　102　116　126　134　148　164　178　182　184　190　192　194　200　202　206　208　212　214　222　230　234　274　276　278　280　282　284　290　334　340　352　418　422　426　432　434　436　438　442　446　488　490　492　496　498　500　504　506　508　510　512　518　526　528　530　542　552　560

P

（句容）潘守成

80　274

（句容）潘守城

528

（句容）潘守誠

14 16 20 22 24 26 32 34 38 40 42 44 48 52 54 58
60 62 64 66 68 76 78 98 118 120 128 130 132 136
138 140 142 146 148 150 152 154 156 158 160 164
166 172 176 180 186 196 198 200 218 220 222 224
226 228 234 278 282 286 290 298 310 312 314 322
324 326 330 334 336 340 344 346 348 350 352 354
358 360 364 366 368 372 374 376 378 380 382 386
388 390 392 394 396 398 402 404 410 414 416 420
422 424 428 430 432 434 440 444 450 452 458 460
464 466 468 472 474 476 480 484 486 490 494 496
502 506 510 514 516 522 524 532 534 536 538 540
542 544 546 548 550 552 554 556 558 560

（句容）潘以鉉

168 462 482

（句容）濮承烈

338 340 342

X

（溧水）徐應鴻

174 288 292 294 296 306 308 328 370 384 448 562
564 566 568 570

Y

（溧水）楊可滄

70 82 84 86 88 90 92 94 96 104 108 110 112 204
210 216 236 238 240 242 244 246 248 250 252 254
256 260 262 264 266 268 270 272 300 302 304 316
318 356 362 400 470 478 520

毛晉父子校刻《嘉興藏》述略

毛晉（1599—1659），原名鳳苞，字子九，又字子晉，號潛在，常熟人。五子，襄、褒、衮、表、扆。毛襄，毛晉長子，早卒，生卒年不詳。毛褒（1631—1677），字華伯，號質庵，毛晉次子。毛衮（1633—1652），字補仲，毛晉三子。毛表（1638—1700），字奏叔，號正庵，毛晉四子。毛扆（1640—1713），字斧季，號省庵，毛晉五子，自始至終從事藏書、校書、刻書，是汲古閣的主要繼承人。

毛晉及其子所校刻佛家之典籍大略可分爲三個時期：第一時期爲明崇禎十四年（1641）以前所校刻佛典；第二個時期爲崇禎十五年至十七年（1642—1644），在這三年中，以華嚴閣名義集中校刻《嘉興藏》（又名《徑山藏》）中的大量佛典；第三個時期爲入清後於順治、康熙年間毛氏父子所校刻佛典。

自明崇禎十五年壬午四月（孟夏）至十七年甲申十二月（季冬），毛晉在“華嚴閣”名義之下，投入到大規模、集中校刻《嘉興藏》盛舉之中。正如錢謙益所云：“吾友蕭伯玉、范質公議刻《大藏方册》，子晉誓願荷擔，續佛慧命”，“子晉獨踴躍應贊，以爲希有”（清錢謙益著，清錢曾箋注，《錢牧齋全集》第五册937頁，上海古籍出版社，2003）。并在常熟隱湖（東湖）七星橋西專設刻經坊，招書手、刻工等各類人員，大量校刻佛典。關於華嚴閣刻經坊的情況，據錢謙益在致毛晉函中所云："書值八金，斷不敢領，或留貯經坊，助刻'般若'，亦是無漏功德也。"（《錢牧齋全集》第七册312頁，上海古籍出版社，2003）毛晉《華嚴閣前池中雙頭紅蓮》詩云："橋西小築未云深，半引溪流半竹林。""何日與僧成二老，拈花合座對遥岑。"可知，虞山華嚴閣，就在毛氏住地七星橋西。

在這三年（1642—1644）裏，毛晉父子所刻校佛典，共277種，有牌記者269種，共有刻書牌記271個。這些牌記具有較爲統一的雕版風格，一般分爲上、下兩欄，上欄大字，五行，記録捐資者籍貫姓名、經名、校對者、刻經時間、刻經地點；下欄小字雙行，記録經文卷數、字數、寫銀、刻銀、板數、工價、寫板者姓名、刻字者姓名，是一份較爲詳細的刻書資料。以此爲依據，可對毛晉父子校刻佛典全貌進行以下微觀統計與分析。

1. 刻經時間及數量統計

（1）崇禎壬午（十五年，1642）刻經共117種，具體如下：

四月（孟夏），5種；五月（仲夏），22種；七月（孟秋），24種；八月（仲秋），9種；九月（季秋），17種；十月（孟冬），29種；十一月（仲冬），11種。

（2）崇禎癸未（十六年，1643）刻經共104種，具體如下：

一月（孟春），1種；二月（仲春），3種；四月（孟夏），5種；五月（仲夏），2種；七月（孟秋），12種；八月（仲秋），4種；九月（季秋），7種；十月（孟冬），44種；十一月（仲冬），25種；十二月（季冬），1種。

（3）崇禎甲申（十七年，1644）共刻經56種，具體如下：

一月（孟春），3種；二月（仲春），8種；四月（孟夏），1種；五月（仲夏），1種；八月（仲秋），27種；九月（季秋），9種；十月（孟冬），1種；十二月（季冬），5種；不知月份者，1種。

2. 捐資者情況統計

（1）見於牌記的捐資者40人，捐資者及刻經數量具體如下：蕭士瑋（72種）、毛晉（59種，其中署名"常熟信士毛鳳苞"者55

種，署名“常熟信士毛晉”者4種）、楊仁愿（46種）、郭承昊（20種）、蕭祚胤（17種）、張瑋（10種）、蕭士瑀（6種）、蕭士珂（5種）、楊彝同室吴氏（5種）、毛衮（3種）、毛表（2種）、詹兆恒（2種），此外范景文、高孟恕、戈門周氏、李倫、李如科、李氏、劉標、馬宏道、毛衮、毛扆、潘守誠、潘以倫、施于民、蕭海籌、徐天紳、嚴氏、楊遇起、于國輔、鄒駿各捐1種，殷時衡與孫房、郁慈明同室賀氏上寧、俞天來與王咸、陸貽忠與陸貽恕各同捐1種。

在華嚴閣刻經捐俸、捐資最多者，一是泰和蕭士瑋（字伯玉），他與毛晉關係尤爲密切，曾爲《津逮祕書》撰總序，且爲毛母撰《毛母戈孺人墓誌銘》；二是毛晉本人；三是楊仁愿。

（2）見於牌記的捐資者籍貫有11個，具體捐資者籍貫統計如下：常熟：16人，刻經80種，包括毛鳳苞（毛晉）、毛衮、毛表、毛扆、毛褒、楊彝、吴氏、李氏、徐天紳、馬宏道、施于民、戈門周氏、嚴氏、陸貽忠、陸貽恕、鄒駿；泰和：7人，刻經167種，包括蕭士瑋、郭承昊、蕭祚胤、楊仁愿、蕭士珂、蕭士瑀、蕭海籌；長洲：6人，刻經4種，包括殷時衡、孫房、俞天來、王咸、李倫、李如科；江寧：2人，刻經2種，劉標、楊遇起；句容：2人，刻經2種，潘守誠、潘以倫；武進：1人，刻經10種，張瑋；永豐：1人，刻經2種，詹兆恒；河間：1人，刻經1種，范景文；溧水：1人，刻經1種，高孟恕；南沙：2人，刻經1種，郁慈明、賀氏上寧；上元：1人，刻經1種，于國輔。

3. 校對者統計

見於牌記的校對者共有7人，具體情況統計如下：釋道源（197種）、毛晉（187種）、戈汕（82種）、郁慈明（35種）、殷時衡（31種）、孫房（5種）、王咸（1種）。華嚴閣每刻一經均有同對二人，參加校對者釋道源、毛晉、戈汕，前者係毛晉密友，後者係其舅父。其他如殷時衡、郁慈明、孫房、王咸等，亦均係在汲古閣校書之友。毛晉、戈汕、殷時衡、郁慈明，作爲校對者其名前署地爲“東湖”（戈汕有一處署“海隅”），從一側面反映毛晉華嚴閣刻佛經處，集中於東湖。（按：此處資料據271塊牌記統計，其中《佛說四諦經》牌記模糊，缺校對者2人；《大乘唯識論》牌記模糊，缺校對者1人。)

4. 書工統計

(1) 見於牌記的書工共有18人，羅章、羅璋爲同一人。書工姓名及刻書數量如下：黄銘（76種）、羅章（29種）、徐大任（27種）、王澁（26種）、于起龍（19種）、陳兆熊（18種）、于從龍（14種）、黄鉉（8種）、章流（10種）、孫可儉（5種）、尤在一（5種）、李文卿（4種）、劉承愈（4種）、魏邦定（2種）、魏邦泰（3種）、黄九玉（1種）、寂滅（1種）、羅萬騰（1種）、羅璋（1種）。

(2) 寫工籍貫、人數及寫經數量統計：上元：7人，刻經109種，包括陳兆熊、黄九玉、羅萬騰、羅章（羅璋）、王澁、于從龍、于起龍；溧水：3人，刻經9種，包括孫可儉、魏邦定、魏邦泰；長洲：2人，刻經35種，包括徐大任、章流（另外署“海虞徐大任”“吳县章流”，詳見下文）；江寧：2人，刻經85種，包括黄銘、黄鉉；常熟：1人，劉乘愈；東吳：1人，尤在一；白門：1人，李文卿；海虞：1人，徐大任；吳縣：1人，章流；中山：1人，魏邦泰。另寂滅名字前貫以“佛弟子”，不署籍貫。（按：此處資料據255塊牌記統計，其餘16塊牌記中，3塊模糊，13塊未署寫工姓名，詳見文後。)

5. 刻工統計

(1) 見於牌記中的刻工共有8人，其中潘守誠、潘守成、潘守城當爲同一人，他也是見於牌記刻工中唯一一位曾經捐資刻經的刻工。刻工姓名及刻書數量如下：潘守誠（153種）、李如科（77種）、楊可澮（45種）、李煥（3種）、范應時（2種）、徐應鴻（16種）、潘以鉉（3種）、濮承烈（3種）、潘守成（1種）、潘守城（1種）。二至三名刻工者38處，其中二人同刻37部，均爲潘守誠、李如科；三人同刻1部，爲潘守誠、李如科、濮承烈。

(2) 刻工籍貫、人數及刻經數量統計：句容：4人，潘守誠（潘守成、潘守城）、李煥、潘以鉉、濮承烈，刻經162種。溧水：2人，徐應鴻、楊可澮，刻經62種。長洲：1人，李如科，刻經78種。江寧：1人，范應時，刻經2種。（按：此處資料據266塊牌記統計，另4塊牌記模糊，1塊牌記未署刻工資訊。)

6. 刻經費用、用板數量與字數統計

華嚴閣刻經牌記下欄詳細記録了刻書各個環節的費用，寫銀、刻銀、工價銀、用板數量、刻經字數，統計如下：

（1）寫銀：126 兩 7 錢 7 分 9 厘。

（2）刻銀：1105 兩 4 錢 6 分 4 厘 5 毫。

（3）工價銀：189 兩 9 錢 8 分。

（4）用板數量：共計四千三百七十五塊（4375）。（按：《薩婆多部毗尼摩得勒伽》牌記未記録用板數量，但云“計板工價銀四兩七錢二分”，按每塊板 4 分推算，用板數量爲 118 塊；《佛説四諦經》根據字數，用板數以 6 塊計算。）通過“華嚴閣”刻經牌記中記録的“板某塊”，與經書頁數相核對，得知華嚴閣刻經板爲雙面雕版，一塊板刻佛經兩葉，牌記不占板數。如《四分僧羯磨》五卷，牌記云用板 56 塊，據書統計：卷一 26 葉（13 塊板），卷二 24 葉（12 塊板），卷三 28 葉（14 塊），卷四 12 葉（6 塊），卷五 21 葉（11 塊），合計 56 塊，與牌記所記數量同。

（5）刻經字數：三年内，毛晉父子所組織人員刻經，共刻三百四十萬零九百零七個字（3400907 個）。

根據牌記信息統計，寫工平均每字 0.05 厘，刻工平均每字約 0.34 厘（這可與清代徐康《前塵夢影録》所記載“毛氏廣招刻工，以《十三經》《十七史》爲主，其時銀串每兩不及七百文，三分銀刻一百字，則每百字僅二十文矣”相印證），每字刻書價格約是寫書價格的 7 倍，工價銀以板塊數量爲計量單位，每塊板工價銀 4 或 5 分（多爲 4 分）。這些經濟資料，可爲研究明代江蘇地區的微觀經濟提供詳實的資料。

7. 兩塊牌記

在 269 種有牌記的佛經中，《大陀羅尼一字心呪經》《般若燈論》二種佛經，分别有兩塊牌記。

（1）《大陀羅尼一字心呪經》一卷，不著譯人。牌記内容除刻書時間一爲“崇禎壬午孟冬虞山華嚴閣識”（1642），一爲“崇禎癸未季秋虞山華嚴閣識”（1643），其餘文字全部相同。

民族出版社《嘉興藏》本《大陀羅尼一字心呪經》牌記云：“泰和信官楊仁愿捐俸刻《大陀羅尼一字心呪經》全部，東塔寺釋道源，東湖信士毛晋同對，崇禎壬午孟冬虞山華嚴閣識。經一卷，共字六千九百八十七個，計寫銀二錢八分，計刻銀二兩四錢四分，板十塊，工價銀四錢，上元羅章書，溧水徐應鴻刻。”（民族057-008-00005）

臺灣藏本與故宫藏本大陀羅尼一字心呪經牌記云：“泰和信官楊仁愿捐俸刻《大陀羅尼一字心呪經》全部，東塔寺釋道源，東湖信士毛晋同對，崇禎癸未季秋虞山華嚴閣識。經一卷，共字六千九百八十七個，計寫銀二錢八分，計刻銀二兩四錢四分，板十塊，工價銀四錢，上元羅章書，溧水徐應鴻刻。”（臺灣167頁·539；故宫57·541）

初見到《（重輯）嘉興藏》本牌記内容，以爲《“國家圖書館”善本書志初稿》和“故宫資料”在著録時或因疏忽，録錯刊刻時間，但仔細琢磨，這種可能較小。經過幾番周折，得到臺灣藏本牌記，確爲“崇禎癸未季秋虞山華嚴閣識”。進一步確認，毛晋在刊刻《大陀羅尼一字心呪經》時，有兩塊牌記。臺灣、故宫所藏底本相同，而民族出版社《嘉興藏》本所引用藏本與其不同。

（2）《般若燈論》十五卷，（唐）釋波羅頗迦羅蜜多羅譯。卷十、十五末分别有刻經牌記，内容不同。

《“國家圖書館”善本書志初稿》著録《般若燈論》爲“明崇禎癸未（十六年，1643）松江徐爾鉉等刊”，非毛晋華嚴閣刻經。“故宫資料”著録卷十末牌記全文，卷十五末無牌記。民族出版社《嘉興藏》本卷十、卷十五末分别有牌記，具體内容如下：

202條卷十五末牌記云：“泰和信官蕭祚胤捐資刻《般若燈論》，東湖信士殷時衡，毛晋同對，崇禎癸未孟冬虞山華嚴閣識。論十五卷，共字十一萬六千六百五十五個，計寫銀四兩六錢六分六厘，計刻銀四十兩零八錢三分，共板一百六十五塊，計工價銀八兩二錢五分，佛奴劉乘愈書，溧水楊可滄刻。”

282條卷十末牌記云：“泰和信士蕭祚胤捐資刻《般若燈論》全卷，東湖信士郁慈明，毛晋同對，崇禎甲申孟冬虞山華嚴閣識。經十卷，共字七萬一千六百六十五箇，計寫銀二兩八錢六分七厘，計刻銀二十五兩八分三厘，共板一百零六塊，計工價銀四兩二錢四分，海虞徐大任書，句容潘守誠，長洲李如科同刻。”

附録:

二百七十一塊牌記，本書序號、書名卷數、千字文編號及備註信息如下:

009 右遶佛塔功德經一卷

景五

010 嗟韈曩法天子受三歸依獲免惡道經一卷

則一（按：兹經二名刻工同刻）

011 守護國界主陁羅尼經十卷

蘭二

012 佛説決定義經一卷

薄五

013 仁王護國般若經疏五卷

韓一至五

014 七佛所説神呪經四卷

羊一至四（按：兹經二名刻工同刻）

015 僧伽吒經四卷

羊六至八（按：兹經二名刻工同刻）

016 佛爲海龍王説法印經一卷

景五

017 佛説妙色王因緣經一卷

景五

018 師子素馱娑王斷肉經一卷

景五

019 差摩婆帝受記經一卷

景五

020 師子莊嚴王菩薩請問經一卷

景五

021 佛説三品弟子經一卷

景十

022 佛説四輩經一卷

景十

023 佛説當來變經一卷

景十（按：兹經二名刻工同刻）

024 佛說法滅盡經一卷

景十（按：兹經二名刻工同刻）

025 佛說甚深大迴向經一卷

景十

026 天王太子辟羅經一卷

景十（按：兹經二名刻工同刻）

027 陰持入經二卷

竭四至五

028 佛說因緣僧護經一卷

竭五

029 妙臂菩薩所問經四卷

則七至八

030 大正句王經二卷

深一

031 佛說秘密三昧大教王經四卷

淵一至四（按：兹經二名刻工同刻）

032 佛說金剛手菩薩降伏一切部多大教王經三卷

淵八至十

033 佛說無二平等最上瑜伽大教王經六卷

淵五至七（按：兹經二名刻工同刻）

034 佛說最上祕密那拏天經三卷

澄十

035 佛說仁王護國般若波羅蜜經疏神寶記四卷

韓六至九（按：兹經二名刻工同刻）

036 佛說梵志阿颰經一卷

善一

037 佛說寂志果經一卷

善二

038 阿難問事佛吉凶經一卷

慶一

040 佛說輪轉五道罪福報應經一卷

當五

041 佛説五無返復經二卷

當五

042 佛説佛大僧大經一卷

當五（按：兹經二名刻工同刻）

043 佛説耶祇經一卷

當十

044 佛説末羅王經一卷

當十

045 佛説摩達國王經一卷

當十

046 佛説旃陀越國王經一卷

當十

047 佛説五王經一卷

當十

048 佛説出家功德經一卷

當十

049 佛説栴檀樹經一卷

當十

050 佛説頞多和多耆經一卷

當十

051 佛説較量壽命經一卷

則一

052 佛説摩利支天陀羅尼呪經一卷

盡八

053 佛説毗沙門天王經一卷

盡八

054 佛説延壽妙門陀羅尼經一卷

深四

056 佛説息除賊難陀羅尼經一卷

深四

057 佛説法身經一卷

深四

058 信佛功德經一卷

深四

059 佛說四諦經一卷

善四（按：兹經牌記文字模糊，不知校對者等資訊，寫銀、刻銀、工價銀、板數，爲估算值）

060 佛說恒水經一卷

善四

061 佛說瞻婆比丘經一卷

善四

062 佛說本相倚致經一卷

善四

064 佛說頂生王故事經一卷

善四（按：兹經牌記模糊，缺寫工、刻工、工價銀資訊，根據板數估計爲一錢六厘）

065 佛說文陀竭王經一卷

善四

066 佛說七處三觀經二卷

慶七至八

067 分别善惡報應經二卷

竭十至十一

068 毗婆尸佛經二卷

盡九

069 摩登伽經二卷

慶二

070 勝軍化世百喻伽他經一卷

則六

071 六道伽陀經一卷

則六

072 佛說苾芻五法經一卷

則九

073 佛說苾芻迦尸迦十法經一卷

則九

075 大乘寶月童子問法經一卷

則九

076 佛説蓮華眼陀羅尼經一卷

則九（按：兹經二名刻工同刻）

077 佛説觀想佛母般若波羅蜜多菩薩經一卷

則九

078 佛説如意摩尼陀羅尼經一卷

則九

079 佛説護國經一卷

薄五（按：兹經二名刻工同刻）

080 佛説分别布施經一卷

薄六

081 佛説分别緣生經一卷

薄六

082 佛説法印經一卷

薄六

084 佛説聖佛母般若波羅蜜多經一卷

薄七（按：兹經二名刻工同刻）

085 佛説法乘義決定經三卷

之九

086 大般涅槃經論一卷

顛九

087 佛説海龍王經四卷

景一至四

088 牟梨曼陀羅呪經二卷

念七至八

089 大陀羅尼末法中一字心呪經一卷

念十（按：兹經二塊牌記，此爲 1642 年刻本，另見 156）

090 佛説尊上經一卷

善六

091 佛説鸚鵡經一卷

善六

092 佛說兜調經一卷

善六

093 佛說意經一卷

善六

094 佛說應法經一卷

善六

095 佛說波斯匿王太后崩塵土坌身經一卷

善七

096 須摩提女經一卷

善七

097 佛說三摩竭經一卷

善八

098 佛說婆羅門避死經一卷

善八

099 佛說鴦崛摩經一卷

善八

100 佛說鴦崛髻經一卷

善九

101 佛說力士移山經一卷

善九

102 佛說四未曾有法經一卷

善九（按：玆經二名刻工同刻）

103 禪祕要法經三卷

竭一至三

104 佛頂放無垢光明入普門觀察一切如來心陀羅尼經二卷

忠一

105 法集名數經一卷

則三

106 聖多羅菩薩一百八名陀羅尼經一卷

則三

107 十二緣生祥瑞經二卷

則四

108 佛說大摩里支菩薩經七卷

盡三至六

109 佛說長者施報經一卷

盡八

110 佛母寶德藏般若波羅蜜經三卷

臨一

111 佛說頻婆娑羅王經一卷

臨十

112 佛說人仙經一卷

臨十

113 佛說舊城喻經一卷

臨十（按：兹經二名刻工同刻）

114 佛說信解智力經一卷

臨十

115 佛說最上根本大樂金剛不空三昧大教王經七卷

澄三至九

116 施食獲五福報經一卷

善八

117 頻毗娑羅王詣佛供養經一卷

善八

118 佛說長者子六過出家經一卷

善八

119 佛說舍利弗目犍連遊四衢經一卷

善九（按：兹經二名刻工同刻）

120 沙彌羅經一卷

慶二

121 玉耶經一卷

慶二

122 玉耶女經一卷

慶二

123 阿遬達經一卷

慶二

124 摩鄧女經一卷

慶二

125 摩登女解形中六事經一卷

慶二

126 舍頭諫經一卷

慶五

127 唯識二十論一卷

靜二

128 十八空論一卷

造七

129 中邊分别論二卷

情六至七

130 出三藏記集十七集

户一至十　封一至七

132 十二門論一卷

造六

133 金剛針論一卷

星二

134 菩提心離相論一卷

星二

135 大乘破有論一卷

星二

136 禪法要解經二卷

集九至十

137 攝大乘論本三卷

靜三至五

138 方便心論一卷

逸五

139 佛説賢者五福德經一卷

當七（按：兹經二名刻工同刻）

140 天請問經一卷

當七（按：兹經二名刻工同刻）

141 佛説護淨經一卷

當七（按：兹經二名刻工同刻）

142 佛説木槵經一卷

當七（按：兹經二名刻工同刻）

143 佛説無上處經一卷

當七（按：兹經二名刻工同刻）

144 盧至長者因緣經一卷

當七（按：兹經二名刻工同刻）

145 妙法聖念處經八卷

忠五至八（按：兹經二名刻工同刻）

146 佛説身毛喜豎經三卷

夙十

147 瑜伽集要救阿難陀羅尼焰口軌儀經一卷

斯二（按：兹經二名刻工同刻）

148 金剛摧碎陀羅尼一卷

斯八

149 不空罥索毘盧遮那佛大灌頂光眞言經一卷

斯八

150 佛説大白傘蓋總持陀羅尼經一卷

之十

151 金剛峯樓閣一切瑜伽瑜祇經二卷

取一至二

152 大丈夫論二卷

靜四至五

153 大乘集菩薩學論二十五卷

轉一至十，疑一

154 集諸法寶最上義論二卷

星一

155 佛說甘露經陀羅尼一卷

念十

156 大陀羅尼末法中一字心呪經一卷

念十（按：兹經二塊牌記，此爲1643年刻本，另見89）
157 佛說金剛場莊嚴般若波羅蜜多教中一分一卷
夙四
158 佛說妙吉祥最勝根本大教經三卷
取三至四
159 妙吉祥平等秘密最上觀門大教王經五卷
取五至八
160 取因假設論一卷
匪十
161 觀總相論頌一卷
匪十
162 一字佛頂輪王經六卷
克一至六
163 金剛頂瑜伽中略出念誦經四卷
念一至四
164 金剛頂經曼殊室利菩薩五字心陀羅尼品一卷
念九
165 觀自在如意輪菩薩瑜伽法要一卷
念九
166 佛說救面然餓鬼陀羅尼神呪經一卷
念十
167 佛般泥洹經二卷
福七至八
169 慢法經一卷
慶一（按：兹經二名刻工同刻）
170 阿難分别經一卷
慶一
171 大寒林聖難拏陀羅尼經一卷
忠四
172 佛說諸行有爲經一卷
忠四　（按：兹經三名刻工同刻）
173 息除中夭陀羅尼經一卷

忠四
174 一切如來正法祕密篋印心陀羅尼經一卷
忠四
175 讚揚聖德多羅菩薩一百八名經一卷
則五
176 聖觀自在菩薩一百八名經一卷
則五
177 外道問聖大乘法無我義經一卷
則五
178 佛說俱枳羅陀羅尼經一卷
臨八（按：兹經二名刻工同刻）
179 佛說息諍因緣經一卷
夙四
180 佛說初分說經二卷
夙五
181 佛說灌頂王喻經一卷
夙六
182 佛說醫喻經一卷
夙六
183 佛說福力太子因緣經三卷
夙九
184 葉衣觀自在菩薩經一卷
清十
185 毘沙門天王經一卷
清十
187 佛說大乘隨轉宣說諸法經三卷
之四
188 出生一切如來法眼徧照大力明王經二卷
流一
189 佛說瑜伽大教王經五卷
流六至十
190 普徧光明焰鬘清淨熾盛如意寶印心無能勝大明王大隨求陀羅

尼經二卷

取九至十

191 金剛恐怖集會方廣軌儀觀自在菩薩三世最勝心明王經一卷

止三

192 大方廣菩薩藏文殊師利根本儀軌經二十卷

若一至十

193 佛說持明藏瑜伽大教尊那菩薩大明成就儀軌經四卷

思一至二

194 佛說金剛香菩薩大明成就儀軌經三卷

思三至四

195 金剛薩埵說頻那夜迦天成就儀軌經四卷

思五至六

196 佛說幻化網大瑜伽教十忿怒明王大明觀想儀軌經一卷

思十

197 五分比丘尼戒本一卷

外六

198 波羅提木义僧祇戒本一卷

外七

199 十誦律比丘戒本一卷

外八

200 十誦律比丘尼戒本一卷

外九

201 曇無德律部雜羯磨二卷

受一至二

202 般若燈論十五卷

惻一至造五（按：兹經二塊牌記，此爲卷十五末牌記，另見282）

203 究竟一乘寶性論五卷

性四至八（按：牌記未署寫工姓名）

204 大乘掌珍論二卷

性九至十（按：牌記未署寫工姓名）

205 大宗地玄文本論八卷

疑二至五

206 蘇悉地羯羅經四卷

克七至十

207 五母子經一卷

慶一

209 佛說大愛道般涅槃經一卷

慶九

210 佛母般泥洹經一卷

慶九

211 佛說聖法印經一卷

慶九

212 毗俱胝菩薩一百八名經一卷

則五

213 佛說消除一切災障寶髻陀羅尼經一卷

臨八（按：兹經二名刻工同刻）

214 佛說妙色陀羅尼經

臨八

215 佛說栴檀香身陀羅尼經

臨八

216 佛說鉢蘭那賒嚩哩大陀羅尼經一卷

臨八

217 佛說宿命智陀羅尼經一卷

臨八

218 佛說慈氏菩薩誓願陀羅尼經一卷

臨八（按：兹經二名刻工同刻）

219 佛　滅除五逆罪大陀羅尼經一卷

臨八（按：兹經二名刻工同刻）

220 佛　無量功德陀羅尼經一卷

臨八

221 佛　十八臂陀羅尼經一卷

臨八

222 佛　洛叉陀羅尼經一卷

臨八

223 佛說辟除諸惡陀羅尼經一卷

臨八

224 佛說無畏授所問大乘經三卷

夙六

225 佛說月喻經一卷

夙六

226 佛說頂生王因緣經六卷

之二至三

227 普賢菩薩行願讚一卷

唱十

228 五分戒本一卷

外五

229 十誦羯磨比丘要用一卷

受四

230 涅槃經本有今無偈論一卷

顛九（按：兹經牌記未署寫工、刻工姓名）

231 決定藏論三卷

性一至三（按：兹經牌記未署寫工姓名）

232 四分僧羯磨五卷

卑五至十

233 大乘楞伽經唯識論一卷

靜一

234 入大乘論二卷

靜六至七（按：兹經牌記未署寫工姓名）

235 掌中論一卷

逸四　（按：兹經牌記未署寫工姓名）

236 佛說一切如來金剛三業最上秘密大教王經七卷

息一至七

237 根本說一切有部百一羯磨十卷

和一至十

238 大乘阿毗達磨集論七卷

退一至七（按：兹經牌記未署寫工姓名）

239 無量壽經優波提舍一卷

顛八（按：兹經牌記未署寫工姓名）

240 遺教經論一卷

顛十（按：兹經牌記未署寫工姓名）

241 佛性論四卷

匪一至四

242 順中論二卷

情一至二（按：兹經牌記未署寫工姓名）

243 百字論一卷

逸四（按：兹經牌記未署寫工姓名）

244 寶髻經四法優波提舍一卷

静三（按：兹經牌記未署寫工姓名）

245 根本薩婆多部律攝十四卷

尊一至十，卑一至四

246 底哩三昧耶不動尊威怒王使者念誦法一卷

言二

247 七佛讚唄伽陀一卷

言五（按：兹經二名刻工同刻）

248 佛三身讚一卷

言五

249 御製釋迦牟尼佛讚一卷

言五

250 佛一百八名讚經一卷

言五（按：兹經二名刻工同刻）

251 御製救度佛母讚一卷

言五

252 聖救度佛母二十一種禮讚經一卷

言五

253 佛説一切如來頂輪王一百八名讚一卷

言五

254 讚法界頌一卷

言六

255 八大靈塔梵讚一卷

言六（按：兹經二名刻工同刻）

256 三身梵讚一卷

言六

257 大明太宗文皇帝御製文殊讚一卷

言六（按：兹經二名刻工同刻）

258 佛說文殊師利一百八名梵讚一卷

言六

259 曼殊室利菩薩吉祥伽陀一卷

言六

260 聖金剛手菩薩一百八名梵讚一卷

言六

261 薩婆多部毘尼摩得勒伽十卷

下一至十

262 根本說一切有部尼陀那五卷

睦一至十

263 成唯識寶生論五卷

沛一至四

264 十二因緣論一卷

沛五

265 壹輸盧迦論一卷

沛五

266 大乘百法明門論一卷

沛五（按：兹經二名刻工同刻）

267 轉識論一卷

沛五

268 唯識三十論一卷

沛六

269 顯識論一卷

沛六

270 發菩提心論二卷

沛七至八

271 三無性論二卷

沛八至十

272 解拳論一卷

逸四

273 大乘莊嚴經論十三卷

次一至十　弗一至三（按：玆經二名刻工同刻）

274 王法正理論一卷

退八

275 瑜伽師地論釋一卷

退九

276 顯揚聖教論頌一卷

退十

277 能斷金剛般若波羅蜜多經論釋三卷

虧一至二

278 略明般若末後一頌讚述一卷

虧二（按：玆經二名刻工同刻）

279 妙法蓮華經優波提舍二卷

虧三至四

280 妙法蓮華經論優波提舍二卷

虧五至六

281 大寶積經論四卷

虧七至十

282 般若燈論十五卷

惻一至造五（按：玆經二塊牌記，此爲卷十末牌記，另見202，二名刻工同刻）

283 佛說大悲空智金剛大教王儀軌經五卷

思七至九

284 聖迦柅忿怒金剛童子菩薩成就儀軌經三卷

言三

285 大沙門百一羯磨法一卷

外十

286 業成就論一卷

匪六

287 手杖論一卷

匪九

288 大乘唯識論一卷

靜二（按：玆經牌記模糊，寫工、刻工資訊無法辨識）

後記

一書之出版，從其題目的確定、資料的搜集到成書、出版，其中有多種因素，而資料的積纍、搜集、提煉，往往需要一個漫長的過程。本書的産生、完成以及出版，是工作、是學習、是積纍、是契機，四種因素貫穿始終。

2006年到圖書館工作，在工作經驗等方面都很不成熟。幸好李國慶老師樂於爲新同事創造更多學習、實踐機會，放手讓我參與部門的古籍整理、普查等工作，在工作中鍛煉，積纍經驗。

2009年在協助李老師整理明代刻工資料時，發現《"國家圖書館"善本書志初稿·子部四》中有大量的明末藏書家、刻書家毛晉刻書牌記内容，不僅詳細記録書工、刻工信息，并且有刻銀、寫銀、工價銀、用板數量、字數、刻經時間等詳細信息，這樣積纍了本書的基本資料。

2010年，鄭偉章老師因編撰、整理《毛晉年譜》到天津圖書館查找資料、看書，李老師派我協助鄭老師查閲相關資料，這樣有了第二次機會。在與鄭老師聊天時，鄭老師提出了毛晉刻大量佛經，有明確的刻書時間，是編撰年譜的可靠資料。我隨即將手頭的毛晉刻《嘉興藏》資料交給鄭老師。2011年，與鄭老師、故宫章宏偉老師一同在《版本目録學研究》第三輯，發表了題爲《毛晉父子校刻佛典書目考》的文章。這也成爲此書編撰的又一契機。

2012年，由民族出版社出版的《嘉興藏》到館上架，這爲閲讀《嘉興藏》查閲毛晉刻佛經相關資料提供了極大的方便。《毛晉父子校刻佛典書目考》以《"國家圖書館"善本書志初稿·子部四》著録信息爲主，參考"故宫藏毛晉刻《嘉興藏》"資料，經過翻閲影印本《嘉興藏》，我發現在刻經時間上《善本書志初稿》著録與實際看到的書影不同，對《書目考》有新增、修改，每有新的發現便通過電話、郵件方式告知鄭老師。

2014年，一天下午，鄭老師打電話給我，建議我將毛晉父子校刻的佛經以書録的形式整理出版，這將是很有價值的一部著作。在鄭老師的鼓勵下，我很快完成了一稿，并郵寄給鄭老師。鄭老師認真校對初稿，并完善一些書的著録信息及出處以及國家圖書館、上海圖書館藏書索書號，便於我按圖索驥。他在信中説道圖要儘量全、蘇州西園寺也要儘量訪求，告訴我完成二稿後郵寄給他，同時爲本書撰寫了序言。

2015年3月，臺北"中央研究院"臺灣史研究專家陳宗仁老師到館查閱資料，在陪同陳老師看書時，談到正在整理編輯此本書録，部分資料無法確定，需要核對書影時，陳老師欣然應允幫忙查閱資料。臺北"國家圖書館"對於影印、複製有着嚴格的規定，複製不能超過三十二頁，用於出版資料費用較高。最後，和陳老師商定先影印、掌握資料，日後出版再申請。最終順利影印書影，得以和手中資料校對，資料的準確性得以保證。

歷經數年積纍與機緣，此書將正式出版，在此對鄭偉章、李國慶、陳宗仁等各位老師在本書編撰過程中的指導與幫助，對國家圖書館、上海圖書館、南京圖書館提供書影，以及對國家圖書館出版社宋志英、潘竹等各位老師、同行的大力支持，一并表示感謝！在古籍整理方面剛剛起步，結集成書，心中十分不安，其中錯舛，還請同仁斧正。

2016年11月8日

記於復康路天津圖書館

毛晉父子校刻佛典書録

上册

胡艷傑 ◎ 編著

國家圖書館出版社

圖書在版編目（CIP）數據

毛晉父子校刻佛典書録：全二册 / 胡艷傑編著 .— 北京：國家圖書館出版社，2019.11

ISBN 978-7-5013-5661-4

Ⅰ . ①毛…　Ⅱ . ①胡…　Ⅲ . ①佛經—圖書目録　Ⅳ . ① Z838

中國版本圖書館 CIP 數據核字 (2015) 第 199121 號

書　　名　毛晉父子校刻佛典書録（全二册）
著　　者　胡艷傑　編著
責任編輯　潘　竹
裝幀設計　文化·邱特聰

出版發行　國家圖書館出版社（北京市西城區文津街7號　100034）
（原書目文獻出版社 北京圖書館出版社）
010-66114536　63802249　nlcpress@nlc.cn（郵購）
網　　址　http://www.nlcpress.com
排　　版　京荷（北京）科技有限公司
印　　裝　河北三河弘翰印務有限公司
版次印次　2019年11月第1版　2019年11月第1次印刷

開　　本　889×1194（毫米）　1/16
印　　張　43
書　　號　ISBN 978-7-5013-5661-4
定　　價　580.00圓

四分僧羯磨卷第一并序

唐西太原寺沙門懷素集

原夫鹿苑龍城啓尸羅之妙躅象巖鷲嶺開解脫之玄宗於是三千大千受清涼而出火宅天上天下乘戒筏而越迷津內眾於是敷榮外徒由斯安樂其後韜真細氎多聞折軸之憂揜正微言罕見浮囊之固即有飲光秀出維絕紐而虛求波離聿興振墳綱而幽賛慧炬於焉重朗戒海由是再清其律教也弘深固難得而偏舉此羯磨者則紹隆之正術匡護之宏規宗緒歸於五篇濫觴起於四分實菩提之機要誠

⿱斯瓦息茲切瓦破聲　釿釿舉傾切斧屬　剗剗初限切削也

泰和信官楊仁愿捐資刻
四分僧羯磨
東塔寺釋道源
東湖信士毛晉　同對
崇禎癸未季冬虞山華嚴閣識

經五卷
共字四萬九千三
百八十箇
計寫銀一兩九錢七分五厘
計刻銀十七兩二
錢八分三厘
板五十六塊
計工價銀二兩二錢四分
江寧黃銘寫
句容潘守誠刻

根本薩婆多部律攝卷第一

尊者勝友造

唐三藏法師義淨奉制譯

初釋波羅底木叉經序

敬禮調伏除煩惱　滅衆生惑爲正因
如日廣耀朗無邊　咸能破盡諸冥闇
佛說廣釋并諸事　尼陀那及目得迦
增一乃至十六文　鄔波離尊之所問
摩納毗迦申要釋　毗尼得迦并本母
我今隨次攝廣文　令樂略者速開悟

鏇辭戀切轉軸裁器也 擪益涉切按也 㩟質涉切猶摺也 髆伯各切肩髆也 饕餮饕他刀切餮他結切 ⿰口尃⿰口集⿰口尃音博⿰口集秦入切⿰口尃⿰口集噍貌 爬蒲巴切爪爬也 傲魚到切慢也 搩側格切 濽則諫切濺也 韁杙韁居良切紲也杙音弋橛也 犛謨交切牛名

泰和信官郭承昊捐俸刻
根本薩婆多部律攝全部
東塔寺釋道源　同對
東湖信士毛晉
崇禎甲申仲夏虞山華嚴閣識

經全部
共字十二萬五千
五百四十四箇
計寫銀五兩二分二厘
計刻銀四十三兩
九錢四分
共板二百六十五塊
共計工價銀六兩六錢
上元于從龍書
句容潘守誠刻

序言

明末清初，中國歷史上偉大的藏書家、刻書家、校鈔書家毛晉，既崇儒亦敬佛。他一生刊刻書籍千餘種，主要是圍繞經、史、子、集四部之書和佛道典籍兩方面所展開。

據史料記載，早在明萬曆、天啓年間，毛晉家中就供奉佛祖如來像。明天啓六年（1626）初，毛晉即發兩大誓願："一願刊經史全部，以資後儁；二願刊《大方廣佛華嚴經》，以報四恩。"崇禎四年（1631）六月，他已開雕《十三經》《十七史》《離騷》和《陶淵明集》等大量文集。爲求得《華嚴經》善本開雕，毛晉親至蘇州開元寺石佛前"長跪懇祈"，"經一日夜"，終於感動寺院僧伽，獲得提示，"鎮山之寶"宋本《華嚴經》已被拿去質錢。毛晉驚喜而起，遂出金以贖之。汲古閣始以此宋本爲底本，校以北藏本、南藏本及新舊各本，擇善書良匠，大字開雕，七閲寒暑，於崇禎十一年（1638）十月刻成。

崇禎十三年（1640），毛晉至蘇州華山寺聽講，見到雲南麗江土知府木增的使者。經釋汰如、釋讀徹之介，毛晉答應木增的請求，於佛生日（四月八日）經始，爲之刊刻《華嚴懺儀》四十二卷。翌年二月，木增再遣使來購汲古閣所刻各書及毛晉所撰《和古人詩》《和今人詩》《野外詩》等。經一年，《華嚴懺儀》刻竣，木增將其捐入《嘉興藏》。

崇禎十五年（1642），錢謙益、蕭士瑋、范景文等議刻《大藏方册》（即《嘉興藏》），毛晉積極響應，"誓願荷擔，續佛慧命"。乃於七星橋西設華嚴閣，於十五、十六、十七年大規模刻佛典近三百種，蕭士瑋與毛晉爲捐資最多者，且與釋道源、戈汕一起幾乎校完華嚴閣所刻全部佛典。

清順治年間，汲古閣刊刻了明釋汰如撰《補續高僧傳》二十六卷、明釋通門撰《嬾齋别集》十四卷。

毛晉喜交佛界朋友，如釋道源、釋汰如、釋通門、釋讀徹、釋照渠、釋自扃、釋寂覺、釋大惺、釋照影、釋正止等人，或請他們來汲古閣參加集合、酬唱，或一起出游，或參加汲古閣、華嚴閣校刻佛典，或爲汲古閣所刻書撰寫序跋等。

毛晉殁後，三子繼承父志，於清順治十七年（1660）繼續刻完釋德清（憨山）撰《憨山夢游全集》四十一卷，又刻錢謙益撰《大佛頂首楞嚴經疏解蒙鈔》十卷附《佛頂五録》八卷、釋道源撰《寄巢詩》二卷。康熙二十五年（1686）十月，子毛表、毛扆於六百餘年後，得當年歐陽修想讀而不可得之宋本《聖宋九僧詩》一卷補遺一卷，且加影寫，於康熙五十一年（1712）三月望日鄭重撰寫跋文。

天津圖書館歷史文獻部胡艷傑女史遍考毛晉父子所刻佛典達三百餘種，并一一撰寫題跋，且多附以當年華嚴閣刻書牌記和書影。題跋之撰寫，大體依書名、卷數、著譯者時代和姓名、牌記之原文，中國臺灣《“國家圖書館”善本書志初稿·子部》第四册著録該書之頁碼及索書號，故宫博物館院圖書館所藏《嘉興藏》之函號、序次號，民族出版社2008年出版之《嘉興藏》函號、册號等，以及該書在佛家書目中千字文編號。全書大體以刻書時間之先後爲秩，且附以書名索引、編著者索引、捐資者索引、校對者索引、書工索引、刻工索引等。此書志第一次將毛氏父子自明天啓六年（1626）至清康熙五十一年（1712）所刊藏佛典薈萃爲專題書志。此書志的梓行問世，必將爲汲古閣刻書史、文獻史的研究，必將爲《嘉興藏》刊刻史、中國佛典刊刻史的研究提供一個重要參考讀物和工具書，必將受到文史學界、佛學界的重視和歡迎。

是爲序。

鄭偉章　甲申年除夕草於岳陽

乙未年正月修改於北京

凡例

一、主要資料來源

（1）《嘉興藏》（著録爲“民族 056-003”，即民族出版社出版之《嘉興藏》第 56 函第 3 册收録該經；著録爲“民族 056-003-00003”，即《嘉興藏》第 56 函第 3 册第 3 个牌記。）

（2）中國臺灣《“國家圖書館”善本書志初稿·子部四》（簡稱“善本書志”，著録爲“臺灣 509 頁·1508”，即《“國家圖書館”善本書志初稿·子部》第四册第 509 頁著録該經，索書號爲 09033.1508，省略索書號相同部分“09033”。）

（3）毛晉與《嘉興藏》資料（簡稱“故宫資料”，著録爲“故宫 176·1567”，即故宫博物院藏《嘉興藏》第 176 函 1567 號爲該經，該序號出自《故宫藏〈嘉興藏〉目録》。）

（4）《汲古閣刻書目録補正（嘉興藏部分）》（簡稱“孔毅目”，孔毅撰。）

（5）非《嘉興藏》部分，由中國國家圖書館、天津圖書館、上海圖書館、南京圖書館館藏補充。本書所收書影，第一个出處爲其來源。

二、收録範圍

本書以毛晉父子校刻佛典爲主要收録範圍，共計 313 條。其中《中阿含經》等雖非毛晉父子直接刊刻佛典，但與毛晉有着密切關係，姑且附此，以資參考。

三、排序

本書以刻經年月先後排序，刻經時間相同者按照千字文順序排序。一部佛典有多個牌記，但刻經時間不同，亦根據刻經時間先後排列。

目録

上册

序言 …… 一
凡例 …… 三

001 《唐三高僧詩集》三種四十六卷 …… 二
002 《大方廣佛華嚴經》八十一卷 …… 三
003 《牧潛集》七卷 …… 四
004 《賢首集》二卷 …… 五
005 《大方廣佛華嚴經海印道場十重行願常徧禮懺儀》四十二卷附
《華嚴海印道場九會請佛儀》一卷 …… 六
006 《依楞嚴究竟事懺》二卷 …… 八
007 《中阿含經》六十卷 …… 一〇
008 《載之詩存》不分卷 …… 一二
009 《右遶佛塔功德經》一卷 …… 一四
010 《嗟韈曩法天子受三歸依獲免惡道經》一卷 …… 一六
011 《守護國界主陁羅尼經》十卷 …… 一八
012 《佛說決定義經》一卷 …… 二〇
013 《仁王護國般若經疏》五卷 …… 二二
014 《七佛所說神呪經》四卷（一名《廣濟衆生神呪》） …… 二四
015 《僧伽吒經》四卷 …… 二六
016 《佛爲海龍王說法印經》一卷 …… 二八
017 《佛說妙色王因緣經》一卷 …… 三〇
018 《師子素馱娑王斷肉經》一卷 …… 三二
019 《差摩婆帝受記經》一卷 …… 三四
020 《師子莊嚴王菩薩請問經》一卷 …… 三六

021 《佛說三品弟子經》一卷（一名《弟子學有三輩》） …………………… 三八
022 《佛說四輩經》一卷（一名《四輩學經》） …………………… 四〇
023 《佛說當來變經》一卷 …………………… 四二
024 《佛說法滅盡經》一卷 …………………… 四四
025 《佛說甚深大迴向經》一卷 …………………… 四六
026 《天王太子辟羅經》一卷 …………………… 四八
027 《陰持入經》二卷 …………………… 五〇
028 《佛說因緣僧護經》一卷 …………………… 五二
029 《妙臂菩薩所問經》四卷 …………………… 五四
030 《大正句王經》二卷 …………………… 五六
031 《佛說秘密三昧大教王經》四卷 …………………… 五八
032 《佛說金剛手菩薩降伏一切部多大教王經》三卷 …………………… 六〇
033 《佛說無二平等最上瑜伽大教王經》六卷 …………………… 六二
034 《佛說最上祕密那拏天經》三卷 …………………… 六四
035 《佛說仁王護國般若波羅蜜經疏神寶記》四卷 …………………… 六六
036 《佛說梵志阿颰經》一卷 …………………… 六八
037 《佛說寂志果經》一卷 …………………… 七〇
038 《阿難問事佛吉凶經》一卷 …………………… 七二
039 《佛說十二品生死經》一卷 …………………… 七四
040 《佛説輪轉五道罪福報應經》一卷 …………………… 七六
041 《佛説五無返復經》二卷 …………………… 七八
042 《佛説佛大僧大經》一卷 …………………… 八〇
043 《佛説耶祇經》一卷 …………………… 八二
044 《佛説末羅王經》一卷 …………………… 八四
045 《佛説摩達國王經》一卷 …………………… 八六
046 《佛説旃陀越國王經》一卷 …………………… 八八
047 《佛説五王經》一卷 …………………… 九〇
048 《佛説出家功德經》一卷 …………………… 九二

049 《佛説栴檀樹經》一卷 …… 九四
050 《佛説頞多和多耆經》一卷 …… 九六
051 《佛說較量壽命經》一卷 …… 九八
052 《佛說摩利支天陀羅尼呪經》一卷 …… 一〇〇
053 《佛說毗沙門天王經》一卷 …… 一〇二
054 《佛説延壽妙門陀羅尼經》一卷 …… 一〇四
055 《一切如來名號陀羅尼經》一卷 …… 一〇六
056 《佛説息除賊難陀羅尼經》一卷 …… 一〇八
057 《佛説法身經》一卷 …… 一一〇
058 《信佛功德經》一卷 …… 一一二
059 《佛説四諦經》一卷 …… 一一四
060 《佛説恒水經》一卷 …… 一一六
061 《佛説瞻婆比丘經》一卷 …… 一一八
062 《佛説本相倚致經》一卷 …… 一二〇
063 《佛説緣本致經》一卷 …… 一二二
064 《佛說頂生王故事經》一卷 …… 一二四
065 《佛說文陀竭王經》一卷 …… 一二六
066 《佛說七處三觀經》二卷 …… 一二八
067 《分別善惡報應經》二卷 …… 一三〇
068 《毗婆尸佛經》二卷 …… 一三二
069 《摩登伽經》二卷 …… 一三四
070 《勝軍化世百喻伽他經》一卷 …… 一三六
071 《六道伽陀經》一卷 …… 一三八
072 《佛說苾芻五法經》一卷 …… 一四〇
073 《佛說苾芻迦尸迦十法經》一卷 …… 一四二
074 《諸佛心印陀羅尼經》一卷 …… 一四四
075 《大乘寶月童子問法經》一卷 …… 一四六
076 《佛說蓮華眼陀羅尼經》一卷 …… 一四八

077 《佛說觀想佛母般若波羅蜜多菩薩經》一卷 …… 一五〇
078 《佛說如意摩尼陀羅尼經》一卷 …… 一五二
079 《佛說護國經》一卷 …… 一五四
080 《佛說分別布施經》一卷 …… 一五六
081 《佛說分別緣生經》一卷 …… 一五八
082 《佛說法印經》一卷 …… 一六〇
083 《佛說大生義經》一卷 …… 一六二
084 《佛說聖佛母般若波羅蜜多經》一卷 …… 一六四
085 《佛說法乘義決定經》三卷 …… 一六六
086 《大般涅槃經論》一卷 …… 一六八
087 《佛說海龍王經》四卷 …… 一七〇
088 《牟梨曼陀羅呪經》二卷 …… 一七二
089 《大陀羅尼末法中一字心呪經》一卷 …… 一七四
090 《佛說尊上經》一卷 …… 一七六
091 《佛說鸚鵡經》一卷 …… 一七八
092 《佛說兜調經》一卷 …… 一八〇
093 《佛說意經》一卷 …… 一八二
094 《佛說應法經》一卷 …… 一八四
095 《佛說波斯匿王太后崩塵土坌身經》一卷 …… 一八六
096 《須摩提女經》一卷 …… 一八八
097 《佛說三摩竭經》一卷 …… 一九〇
098 《佛說婆羅門避死經》一卷 …… 一九二
099 《佛說鴦崛摩經》一卷 …… 一九四
100 《佛說鴦崛髻經》一卷 …… 一九六
101 《佛說力士移山經》一卷 …… 一九八
102 《佛說四未曾有法經》一卷 …… 二〇〇
103 《禪祕要法經》三卷 …… 二〇二
104 《佛頂放無垢光明入普門觀察一切如來心陀羅尼經》二卷 …… 二〇四

105 《法集名數經》一卷 …… 二〇六
106 《聖多羅菩薩一百八名陀羅尼經》一卷 …… 二〇八
107 《十二緣生祥瑞經》二卷 …… 二一〇
108 《佛説大摩里支菩薩經》七卷 …… 二一二
109 《佛説長者施報經》一卷 …… 二一四
110 《佛母寶德藏般若波羅蜜經》三卷 …… 二一六
111 《佛説頻婆娑羅王經》一卷 …… 二一八
112 《佛説人仙經》一卷 …… 二二〇
113 《佛説舊城喻經》一卷 …… 二二二
114 《佛説信解智力經》一卷 …… 二二四
115 《佛説最上根本大樂金剛不空三昧大教王經》七卷 …… 二二六
116 《施食獲五福報經》一卷（一名《佛説施色力經》） …… 二二八
117 《頻毗娑羅王詣佛供養經》一卷 …… 二三〇
118 《佛説長者子六過出家經》一卷 …… 二三二
119 《佛説舍利弗目犍連遊四衢經》一卷 …… 二三四
120 《沙彌羅經》一卷 …… 二三六
121 《玉耶經》一卷 …… 二三八
122 《玉耶女經》一卷 …… 二四〇
123 《阿遬達經》一卷 …… 二四二
124 《摩鄧女經》一卷 …… 二四四
125 《摩登女解形中六事經》一卷 …… 二四六
126 《舍頭諫經》一卷 …… 二四八
127 《唯識二十論》一卷 …… 二五〇
128 《十八空論》一卷 …… 二五二
129 《中邊分别論》二卷 …… 二五四
130 《出三藏記集》十七集 …… 二五六
131 《明僧弘秀集》十三卷 …… 二五八
132 《十二門論》一卷 …… 二六〇

133 《金剛針論》一卷 …… 二六二
134 《菩提心離相論》一卷 …… 二六四
135 《大乘破有論》一卷 …… 二六六
136 《禪法要解經》二卷 …… 二六八
137 《攝大乘論本》三卷 …… 二七〇
138 《方便心論》一卷 …… 二七二
139 《佛説賢者五福德經》一卷 …… 二七四
140 《天請問經》一卷 …… 二七六
141 《佛説護淨經》一卷 …… 二七八
142 《佛説木槵經》一卷 …… 二八〇
143 《佛説無上處經》一卷 …… 二八二
144 《盧至長者因緣經》一卷 …… 二八四
145 《妙法聖念處經》八卷 …… 二八六
146 《佛説身毛喜豎經》三卷 …… 二八八
147 《瑜伽集要救阿難陀羅尼焰口軌儀經》一卷 …… 二九〇
148 《金剛摧碎陀羅尼》一卷 …… 二九二
149 《不空罥索毘盧遮那佛大灌頂光眞言經》一卷 …… 二九四
150 《佛説大白傘蓋總持陀羅尼經》一卷 …… 二九六
151 《金剛峯樓閣一切瑜伽瑜祇經》二卷 …… 二九八
152 《大丈夫論》二卷 …… 三〇〇
153 《大乘集菩薩學論》二十五卷 …… 三〇二
154 《集諸法寶最上義論》二卷 …… 三〇四
155 《佛説甘露經陀羅尼》一卷 …… 三〇六
156 《大陀羅尼末法中一字心呪經》一卷 …… 三〇八
157 《佛説金剛場莊嚴般若波羅蜜多教中一分》一卷 …… 三一〇
158 《佛説妙吉祥最勝根本大教經》三卷 …… 三一二
159 《妙吉祥平等秘密最上觀門大教王經》五卷 …… 三一四
160 《取因假設論》一卷 …… 三一六

161 《觀總相論頌》一卷 …… 三一八
162 《一字佛頂輪王經》六卷（一名《五佛頂經》） …… 三二〇
163 《金剛頂瑜伽中略出念誦經》四卷 …… 三二二
164 《金剛頂經曼殊室利菩薩五字心陀羅尼品》一卷 …… 三二四
165 《觀自在如意輪菩薩瑜伽法要》一卷 …… 三二六
166 《佛說救面然餓鬼陀羅尼神呪經》一卷 …… 三二八
167 《佛般泥洹經》二卷 …… 三三〇

下　册

168 《佛説人本欲生經》一卷 …… 三三三
169 《慢法經》一卷 …… 三三四
170 《阿難分別經》一卷 …… 三三六
171 《大寒林聖難拏陀羅尼經》一卷 …… 三三八
172 《佛說諸行有爲經》一卷 …… 三四〇
173 《息除中夭陀羅尼經》一卷 …… 三四二
174 《一切如來正法祕密篋印心陀羅尼經》一卷 …… 三四四
175 《讚揚聖德多羅菩薩一百八名經》一卷 …… 三四六
176 《聖觀自在菩薩一百八名經》一卷 …… 三四八
177 《外道問聖大乘法無我義經》一卷 …… 三五〇
178 《佛說俱枳羅陀羅尼經》一卷 …… 三五二
179 《佛說息諍因緣經》一卷 …… 三五四
180 《佛說初分說經》二卷 …… 三五六
181 《佛說灌頂王喻經》一卷 …… 三五八
182 《佛說醫喻經》一卷 …… 三六〇
183 《佛說福力太子因緣經》三卷 …… 三六二
184 《葉衣觀自在菩薩經》一卷 …… 三六四
185 《毘沙門天王經》一卷 …… 三六六

186 《文殊問經字母品》一卷 …… 三六八
187 《佛説大乘隨轉宣説諸法經》三卷 …… 三七〇
188 《出生一切如來法眼徧照大力明王經》二卷 …… 三七二
189 《佛説瑜伽大教王經》五卷 …… 三七四
190 《普徧光明焰鬘清淨熾盛如意寶印心無能勝大明王大隨求陀羅尼經》二卷 …… 三七六
191 《金剛恐怖集會方廣軌儀觀自在菩薩三世最勝心明王經》一卷 … 三七八
192 《大方廣菩薩藏文殊師利根本儀軌經》二十卷 …… 三八〇
193 《佛説持明藏瑜伽大教尊那菩薩大明成就儀軌經》四卷 …… 三八二
194 《佛説金剛香菩薩大明成就儀軌經》三卷 …… 三八四
195 《金剛薩埵説頻那夜迦天成就儀軌經》四卷 …… 三八六
196 《佛説幻化網大瑜伽教十忿怒明王大明觀想儀軌經》一卷 …… 三八八
197 《五分比丘尼戒本》一卷 …… 三九〇
198 《波羅提木叉僧祇戒本》一卷（亦名《摩訶僧祇律大比丘戒本》）三九二
199 《十誦律比丘戒本》一卷 …… 三九四
200 《十誦律比丘尼戒本》一卷 …… 三九六
201 《曇無德律部雜羯磨》二卷 …… 三九八
202 《般若燈論》十五卷 …… 四〇〇
203 《究竟一乘寶性論》五卷 …… 四〇二
204 《大乘掌珍論》二卷 …… 四〇四
205 《大宗地玄文本論》八卷 …… 四〇六
206 《蘇悉地羯羅經》四卷 …… 四〇八
207 《五母子經》一卷 …… 四一〇
208 《阿那邠邸化七子經》一卷 …… 四一二
209 《佛説大愛道般涅槃經》一卷 …… 四一四
210 《佛母般泥洹經》一卷 …… 四一六
211 《佛説聖法印經》一卷 …… 四一八
212 《毗俱胝菩薩一百八名經》一卷 …… 四二〇

213 《佛說消除一切災障寶髻陀羅尼經》一卷 …………………………… 四二二
214 《佛說妙色陀羅尼經》一卷 ………………………………………… 四二四
215 《佛說栴檀香身陀羅尼經》一卷 …………………………………… 四二六
216 《佛說鉢蘭那賒嚩哩大陀羅尼經》一卷 …………………………… 四二八
217 《佛說宿命智陀羅尼經》一卷 ……………………………………… 四三〇
218 《佛說慈氏菩薩誓願陀羅尼經》一卷 ……………………………… 四三二
219 《佛說滅除五逆罪大陀羅尼經》一卷 ……………………………… 四三四
220 《佛說無量功德陀羅尼經》一卷 …………………………………… 四三六
221 《佛說十八臂陀羅尼經》一卷 ……………………………………… 四三八
222 《佛說洛叉陀羅尼經》一卷 ………………………………………… 四四〇
223 《佛說辟除諸惡陀羅尼經》一卷 …………………………………… 四四二
224 《佛說無畏授所問大乘經》三卷 …………………………………… 四四四
225 《佛說月喻經》一卷 ………………………………………………… 四四六
226 《佛說頂生王因緣經》六卷 ………………………………………… 四四八
227 《普賢菩薩行願讚》一卷 …………………………………………… 四五〇
228 《五分戒本》一卷（亦名《彌沙塞戒本》） ……………………… 四五二
229 《十誦羯磨比丘要用》一卷 ………………………………………… 四五四
230 《涅槃經本有今無偈論》一卷 ……………………………………… 四五六
231 《決定藏論》三卷 …………………………………………………… 四五八
232 《四分僧羯磨》五卷 ………………………………………………… 四六〇
233 《大乘楞伽經唯識論》一卷（一名《破色心論》） ……………… 四六二
234 《入大乘論》二卷 …………………………………………………… 四六四
235 《掌中論》一卷 ……………………………………………………… 四六六
236 《佛說一切如來金剛三業最上秘密大教王經》七卷 ……………… 四六八
237 《根本說一切有部百一羯磨》十卷 ………………………………… 四七〇
238 《大乘阿毗達磨集論》七卷 ………………………………………… 四七二
239 《無量壽經優波提舍》一卷 ………………………………………… 四七四
240 《遺教經論》一卷 …………………………………………………… 四七六

241 《佛性論》四卷 …………………………………………………… 四七八
242 《順中論》二卷 …………………………………………………… 四八〇
243 《百字論》一卷 …………………………………………………… 四八二
244 《寶髻經四法優波提舍》一卷 ……………………………………… 四八四
245 《根本薩婆多部律攝》十四卷 ……………………………………… 四八六
246 《底哩三昧耶不動尊威怒王使者念誦法》一卷 ……………………… 四八八
247 《七佛讚唄伽陀》一卷 ……………………………………………… 四九〇
248 《佛三身讚》一卷 …………………………………………………… 四九二
249 《御製釋迦牟尼佛讚》一卷 ………………………………………… 四九四
250 《佛一百八名讚經》一卷 …………………………………………… 四九六
251 《御製救度佛母讚》一卷 …………………………………………… 四九八
252 《聖救度佛母二十一種禮讚經》一卷 ……………………………… 五〇〇
253 《佛說一切如來頂輪王一百八名讚》一卷 ………………………… 五〇二
254 《讚法界頌》一卷 …………………………………………………… 五〇四
255 《八大靈塔梵讚》一卷 ……………………………………………… 五〇六
256 《三身梵讚》一卷 …………………………………………………… 五〇八
257 《大明太宗文皇帝御製文殊讚》一卷 ……………………………… 五一〇
258 《佛說文殊師利一百八名梵讚》一卷 ……………………………… 五一二
259 《曼殊室利菩薩吉祥伽陀》一卷 …………………………………… 五一四
260 《聖金剛手菩薩一百八名梵讚》一卷 ……………………………… 五一六
261 《薩婆多部毘尼摩得勒伽》十卷 …………………………………… 五一八
262 《根本說一切有部尼陀那》五卷 …………………………………… 五二〇
263 《成唯識寶生論》五卷（一名《二十唯識順釋論》） …………… 五二二
264 《十二因緣論》一卷 ………………………………………………… 五二四
265 《壹輪盧迦論》一卷 ………………………………………………… 五二六
266 《大乘百法明門論》一卷 …………………………………………… 五二八
267 《轉識論》一卷 ……………………………………………………… 五三〇
268 《唯識三十論》一卷 ………………………………………………… 五三二

269 《顯識論》一卷 …… 五三四
270 《發菩提心論》二卷 …… 五三六
271 《三無性論》二卷 …… 五三八
272 《解拳論》一卷 …… 五四〇
273 《大乘莊嚴經論》十三卷 …… 五四二
274 《王法正理論》一卷 …… 五四四
275 《瑜伽師地論釋》一卷 …… 五四六
276 《顯揚聖教論頌》一卷 …… 五四八
277 《能斷金剛般若波羅蜜多經論釋》三卷 …… 五五〇
278 《略明般若末後一頌讚述》一卷 …… 五五二
279 《妙法蓮華經優波提舍》二卷 …… 五五四
280 《妙法蓮華經論優波提舍》二卷 …… 五五六
281 《大寶積經論》四卷 …… 五五八
282 《般若燈論》十五卷 …… 五六〇
283 《佛說大悲空智金剛大教王儀軌經》五卷 …… 五六二
284 《聖迦柅忿怒金剛童子菩薩成就儀軌經》三卷 …… 五六四
285 《大沙門百一羯磨法》一卷 …… 五六六
286 《業成就論》一卷 …… 五六八
287 《手杖論》一卷 …… 五七〇
288 《大乘唯識論》一卷 …… 五七二
289 《菩薩本生鬘論》十六卷 …… 五七四
290 《付法藏因緣經》六卷 …… 五七五
291 《補續高僧傳》二十六卷 …… 五七六
292 《曼殊室利菩薩吉祥伽陀》一卷 …… 五七八
293 《牧雲和尚嬾齋別集》十四卷 …… 五八〇
294 《牧雲和尚病遊初草》一卷《後草》一卷 …… 五八一
295 《牧雲和尚七會餘録》六卷 …… 五八二
296 《牧雲和尚宗本投機頌》一卷 …… 五八三

297 《牧雲和尚病游游刃》一卷 …………………………………………… 五八四
298 《唐僧弘秀集》十卷 ………………………………………………… 五八六
299 《佛說四十二章經》一卷 …………………………………………… 五八八
300 《佛國記》一卷 ……………………………………………………… 五八九
301 《般若波羅蜜多心經畧疏小鈔》二卷 ……………………………… 五九〇
302 《大佛頂首楞嚴經疏解蒙鈔》十卷附首二卷《佛頂五録》八卷 … 五九二
303 《憨山老人夢遊集》四十卷目録一卷 ……………………………… 五九四
304 《寄巢詩》二卷附録一卷 …………………………………………… 五九五
305 《金剛般若波羅蜜經疏記會鈔》三卷附録一卷 …………………… 五九六
306 《金剛般若波羅蜜經偈論會鈔》三卷附《金剛般若波羅蜜經較正音釋》一卷
………………………………………………………………………… 五九八
307 《金剛般若波羅蜜經論釋懸判》一卷附《金剛般若波羅蜜經教起因緣》一卷
………………………………………………………………………… 五九九
308 《金剛般若波羅蜜經疏記懸判》一卷 ……………………………… 六〇〇
309 《金剛經古今靈驗集》一卷 ………………………………………… 六〇一
310 《金剛般若波羅蜜多經頌論疏記會鈔》八卷附録二卷 …………… 六〇二
311 《十二門論》一卷 …………………………………………………… 六〇四
312 《百論》二卷 ………………………………………………………… 六〇六
313 《廣百論本》一卷 …………………………………………………… 六〇八

書名拼音索引……………………………………………………………… 六一一
編著者拼音索引…………………………………………………………… 六一九
捐資者拼音索引…………………………………………………………… 六二七
校對者拼音索引…………………………………………………………… 六三一
書工拼音索引……………………………………………………………… 六三五
刻工拼音索引……………………………………………………………… 六三九
毛晉父子校刻《嘉興藏》述略…………………………………………… 六四一
後記 ………………………………………………………………………… 六六五

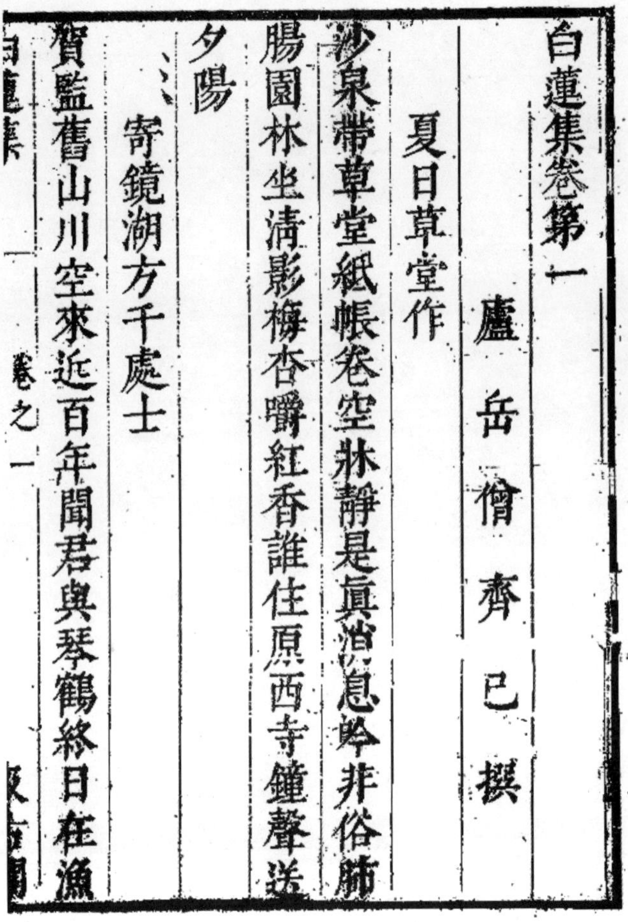
白蓮集卷第一
盧岳僧齊已撰
夏日草堂作
沙泉帶草堂紙帳卷空牀靜是眞消息吟非俗肺
腸園林坐清影梅杏嚼紅香誰住原西寺鐘聲送
夕陽
寄鏡湖方千處士
賀監舊山川空來近百年聞君與琴鶴終日在漁
白蓮集　卷之一

001 《唐三高僧詩集》三種四十六卷

(明) 毛晉輯　明毛晉汲古閣刻本

版框高 18.9 厘米，寬 13.6 厘米。半葉八行，行十九字，左右雙邊。

天津圖書館 S1873

《禪月集》二十五卷補遺一卷，唐釋貫休撰;《杼山集》十卷，唐釋皎然撰;《白蓮集》十卷，唐釋齊己撰。悔道人輯、顧湘校《汲古閣校刻書目》著録該書云:“《唐三高僧詩集》: 貫休《禪月集》二十六卷，二百七十三葉; 皎然《杼山集》十卷，二百五十六葉;《白蓮集》十卷，二百六十四葉。”

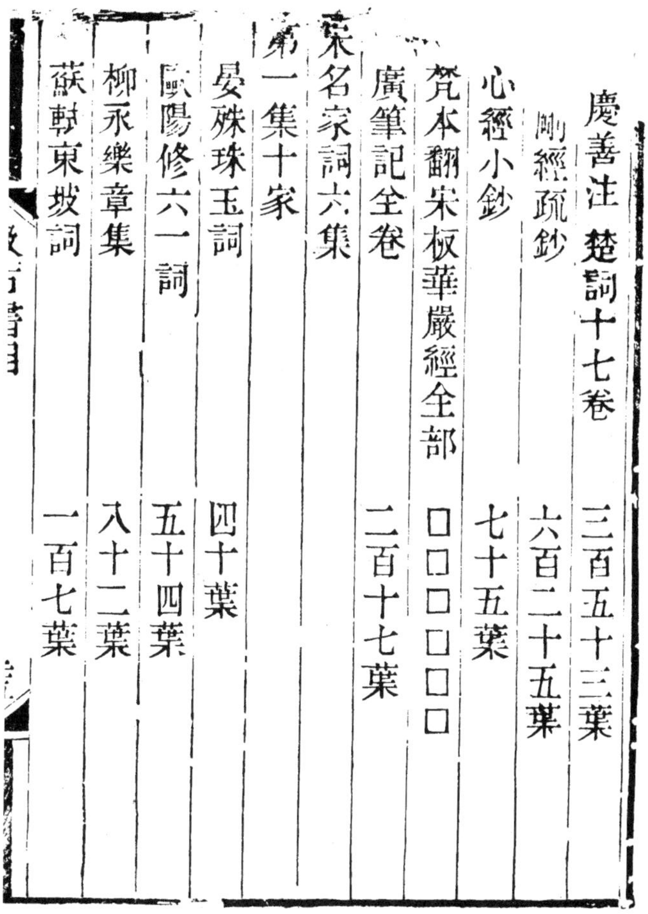
慶善注 楚詞十七卷 三百五十三葉
剛經疏鈔 六百二十五葉
心經小鈔 七十五葉
梵本翻宋板華嚴經全部 □□□□□
廣筆記全卷 二百十七葉
宋名家詞六集
第一集十家
晏殊珠玉詞 四十葉
歐陽修六一詞 五十四葉
柳永樂章集 八十二葉
蘇軾東坡詞 一百七葉

002 《大方廣佛華嚴經》八十一卷

（唐）釋實叉難陀譯　明崇禎辛未（四年，1631）刻本

《汲古閣校刻書目》，天津圖書館 P29936

按：毛晉在天啓六年（丙寅，1626）初即發“兩大願”：“一願刊經史全部，以資後雋；二願刊《大方廣佛華嚴經》，以報四恩。是日伊始，常課行善行，以祈必遂。”爲求得《華嚴經》善本開雕，他曾“長跪懇祈吳門開元寺石佛前，經一日夜”。跪到第二天黎明時，該寺僧伽深爲他的懺誠所感動，始提示他，寺中的確藏有“鎮山之寶”宋本《華嚴經》，已被拿到某所去質錢。毛晉驚喜而起，“遂出金以贖之”“敬奉以歸，取北藏本及南藏新、舊本翻復讐勘，頗多异同”。到崇禎十一年十月四日“畢工，凡七閱寒暑而告成”。毛晉花千金刻經成後，今不知捐於何處，尚待考證，姑存此待考。

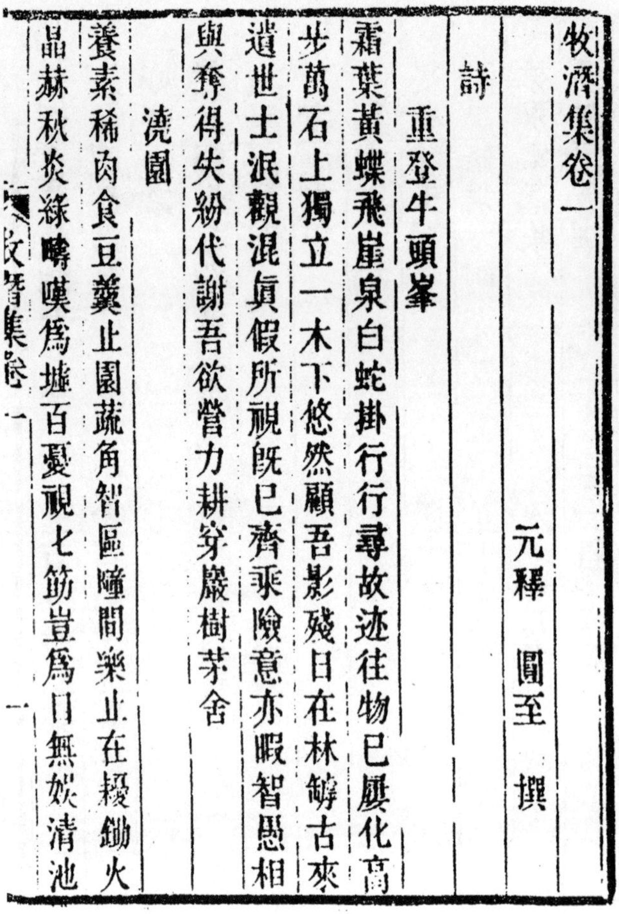
牧潛集卷一
元釋　圓至　撰
詩
重登牛頭峯
霜葉黃蝶飛崖泉白蛇掛行行尋故迹往物已屢化高
步蔦石上獨立一木下悠然顧吾影殘日在林罅古來
遺世士泯觀混眞假所視旣已齊乘險意亦暇智愚相
與齊得失紛代謝吾欲營力耕穿巖樹茅舍
澆園
養素稀肉食豆羹止園蔬角智區畦間樂止在耰鋤火
晶赫秋炎綠疇嘆爲墟百憂覩七筋豈爲目無娛清池
牧潛集卷一　一

003 《牧潛集》七卷

(元）釋圓至撰　明崇禎己卯（十二年，1639）刻本

版框高 19.2 厘米，寬 13.5 厘米。半葉十一行，行二十一字，左右雙邊。

國家圖書館 17148

明崇禎十二年（1639）夏日，毛晉赴蘇州華山寺拜訪釋汰如（字明河），得元釋圓至撰《牧潛集》七卷鈔本及元刻殘本，校而刻之。

撙前集二卷　六十一頁
詞林萬選　八十三頁
詩鈎圖譜三卷　一百二十二頁
詩餘合璧　四十九頁
南湖詩餘　十二頁
共一千零三十頁
賢前集二卷　一百七十五頁
列朝詩集
乾集上下

汲閣　家

004 《賢首集》二卷

(明) 釋賢首撰　明崇禎己卯 (十二年，1639) 刻本

《汲古閣叢書》第二册，全國圖書館文獻縮微複製中心 2012\Z422\Z，2008 年 6 月

清陳秉鑰《汲古閣所刻書目》著録“《賢前集》二卷，百七十五頁”。陳氏誤將《賢首集》鈔爲《賢前集》。另悔道人輯、顧湘校《汲古閣校刻書目補遺》著録爲“《賢首集》”。《賢首集》(一名《賢首本傳》) 之刻在《華嚴懺儀》前一年，大概在崇禎十二年。毛刻兹書，今不知藏於何處，待考。

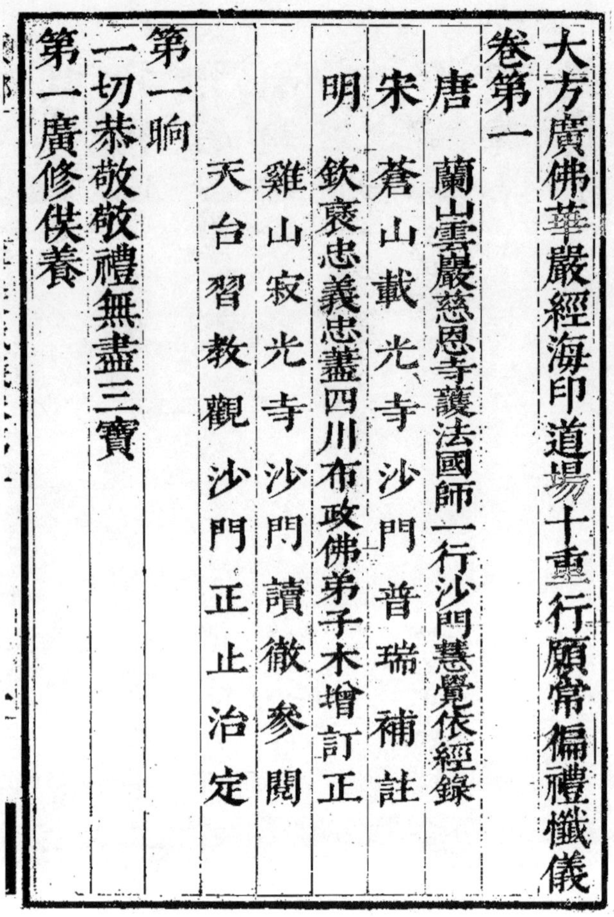

大方廣佛華嚴經海印道場十重行願常徧禮懺儀

卷第一

唐　蘭山雲巖慈恩寺護法國師一行沙門慧覺依經錄

宋　蒼山載光寺沙門普瑞補註

明　欽褒忠義忠藎四川布政佛弟子木增訂正

雞山寂光寺沙門讀徹參閱

天台習教觀沙門正止治定

第一晌

一切恭敬敬禮無盡三寶

第一廣修供養

005 《大方廣佛華嚴經海印道場十重行願常徧禮懺儀》四十二卷附《華嚴海印道場九會請佛儀》一卷

(唐）釋一行（唐）釋慧覺録　（宋）釋普瑞補注　（明）木增訂正

明崇禎辛巳（十四年，1641）毛氏汲古閣刻本

版框高 20.9 厘米，寬 14.9 厘米。半葉十行，行二十字，四周雙邊。

國家圖書館 A01549；臺灣 570 頁 · 1676

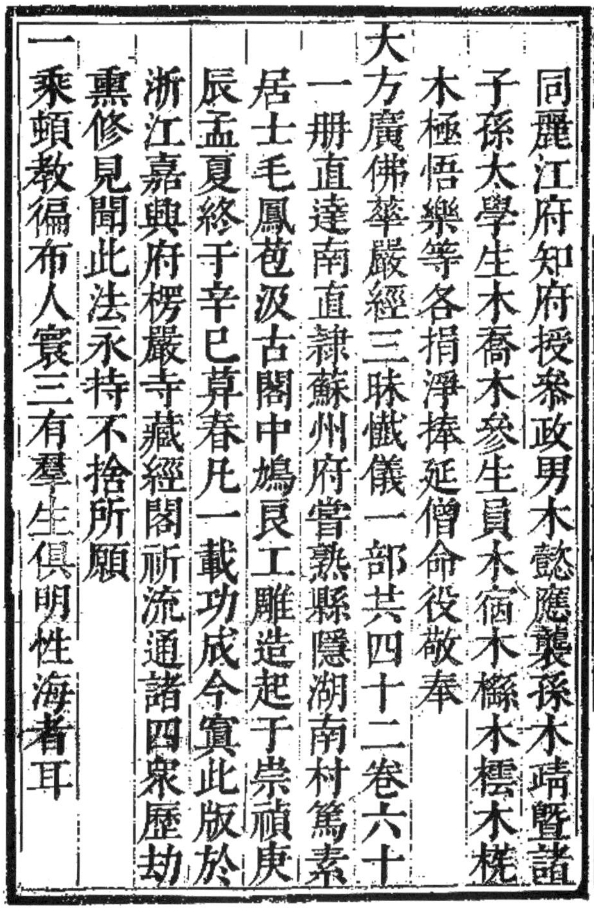

同麗江府知府授叅政男木懿應襲孫木靖暨諸
子孫太學生木喬木參生員木宿木櫾木橒木梳
木極悟樂等各捐淨捧延僧命役敬奉
大方廣佛華嚴經三昧懺儀一部共四十二卷六十
一册直達南直隸蘇州府嘗熟縣隱湖南村篤素
居士毛鳳苞汲古閣中鳩艮工雕造起于崇禎庚
辰孟夏終于辛巳莫春凡一載功成今寘此版於
浙江嘉興府楞嚴寺藏經閣祈流通諸四衆歷劫
熏修見聞此法永持不捨所願
一乘頓教徧布人寰三有羣生俱明性海者耳

卷一末和卷四十二末有牌記，云："《大方廣佛華嚴經三昧懺儀》一部，共四十二卷，六十一册，直達南直隸蘇州府嘗熟縣隱湖南村篤素居士毛鳳苞汲古閣中，鳩良工雕造，起于崇禎庚辰孟夏，終于辛巳暮春，凡一載功成。今寘此版於浙江嘉興府楞嚴寺藏經閣，祈流通諸四衆，歷劫熏修，見聞此法，永持不捨。所願一乘頓教，徧布人寰三有羣生，俱明性海者耳。"

卷一末另有牌記云："南中木道人栖志林泉，雅好淨業，每逢經懺，留意搜尋。一日，於葉榆崇聖寺中得《華嚴海印道場懺儀》四十二卷，傳自大唐一行沙門所録，但大藏中未見載入。惟據父老傳說，因大唐兵燹，有宋禪師普瑞傳來付在寺中。第其中字句間有差訛，文意間有未接。余生天末，識見不敏，不敢僭爲參訂。兹慾將《華嚴經》全部輯入其中，刊傳於世，敢以仰質高明，弘慈改正，共成濟世津梁，同證菩薩覺路。"《"國家圖書館"善本書志初稿·子部四》收入兹書。

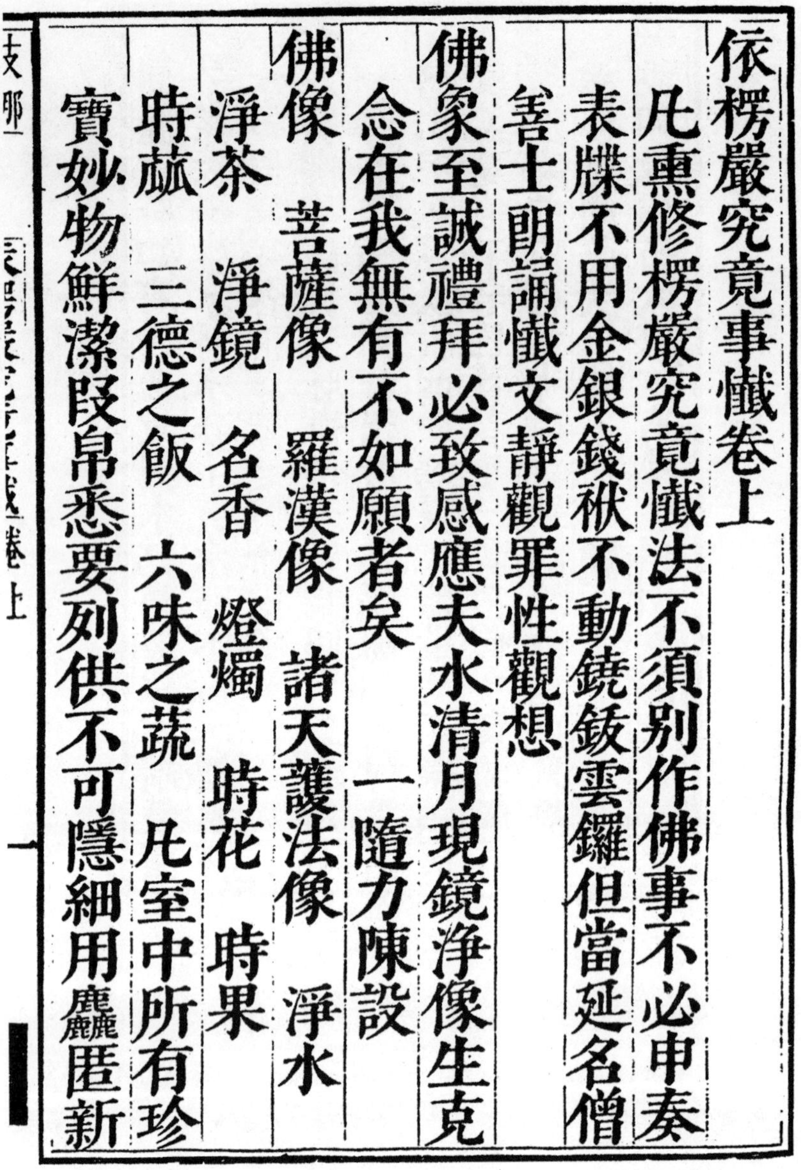
依楞嚴究竟事懺卷上
凡熏修楞嚴究竟懺法不須別作佛事不必申奏
表牒不用金銀錢袱不動鐃鈸雲鑼但當延名僧
善士朗誦懺文靜觀罪性觀想
佛象至誠禮拜必致感應夫水清月現鏡淨像生克
念在我無有不如願者矣　一隨力陳設
佛像　菩薩像　羅漢像　諸天護法像　淨水
淨茶　淨鏡　名香　燈燭　時花　時果
時蔬　三德之飯　六味之蔬　凡室中所有珍
寶妙物鮮潔叚帛悉要列供不可隱細用麤匿新
依楞嚴究竟事懺卷上　一

006 《依楞嚴究竟事懺》二卷

(明) 釋禪修撰　明末木增刻本

版框高 22 厘米，寬 15.6 厘米。半葉十行，行二十字，四周雙邊。

臺灣 569 頁 · 1673

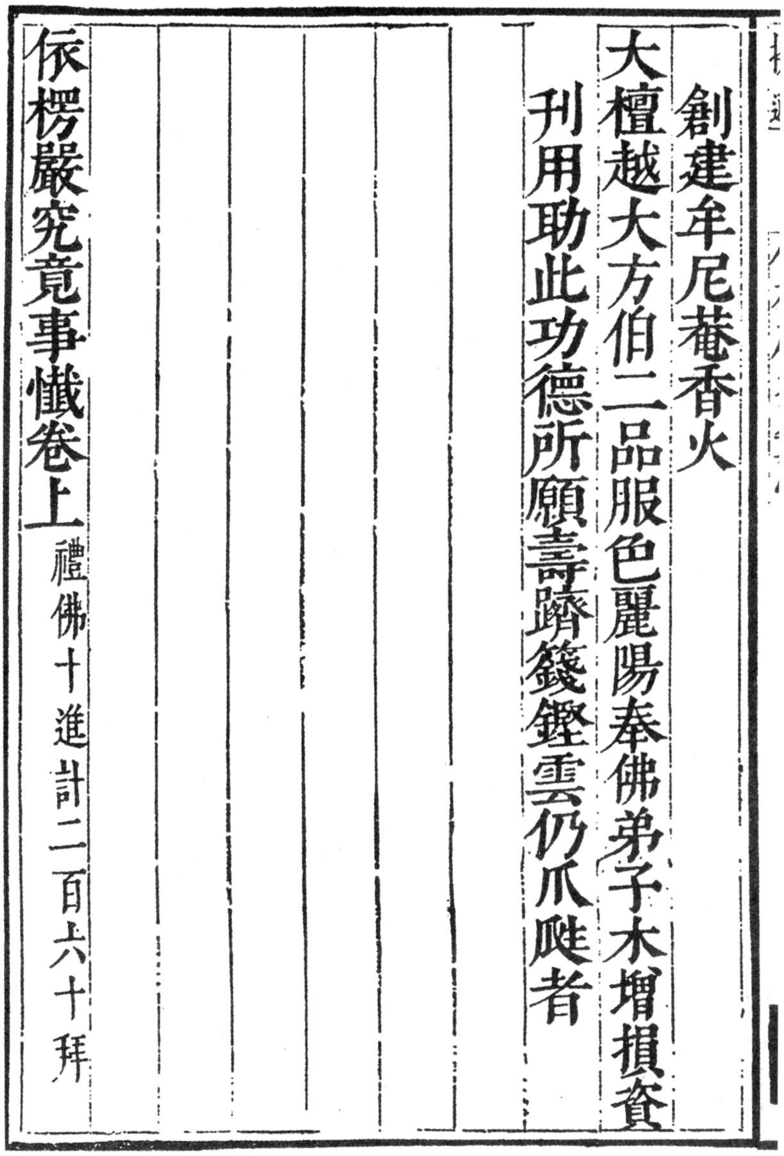

創建牟尼菴香火
大檀越大方伯二品服色麗陽奉佛弟子木增損資
刊用助此功德所願壽躋籛鏗雲仍爪瓞者

依楞嚴究竟事懺卷上　禮佛十進計二百六十拜

牌記云:“大檀越大方伯二品服色麗陽奉佛弟子木增損資刊用助此功德，所願壽躋籛鏗雲仍爪瓞者。”按：木增曾派使者到數千里之遥的常熟隱湖七星橋汲古閣請求爲其代刻《華嚴懺儀》及其先人詩文集，一時傳爲佳話。此書雖無與華嚴閣或汲古閣相涉的文字，疑亦出於毛氏之手。姑附於此以存疑。

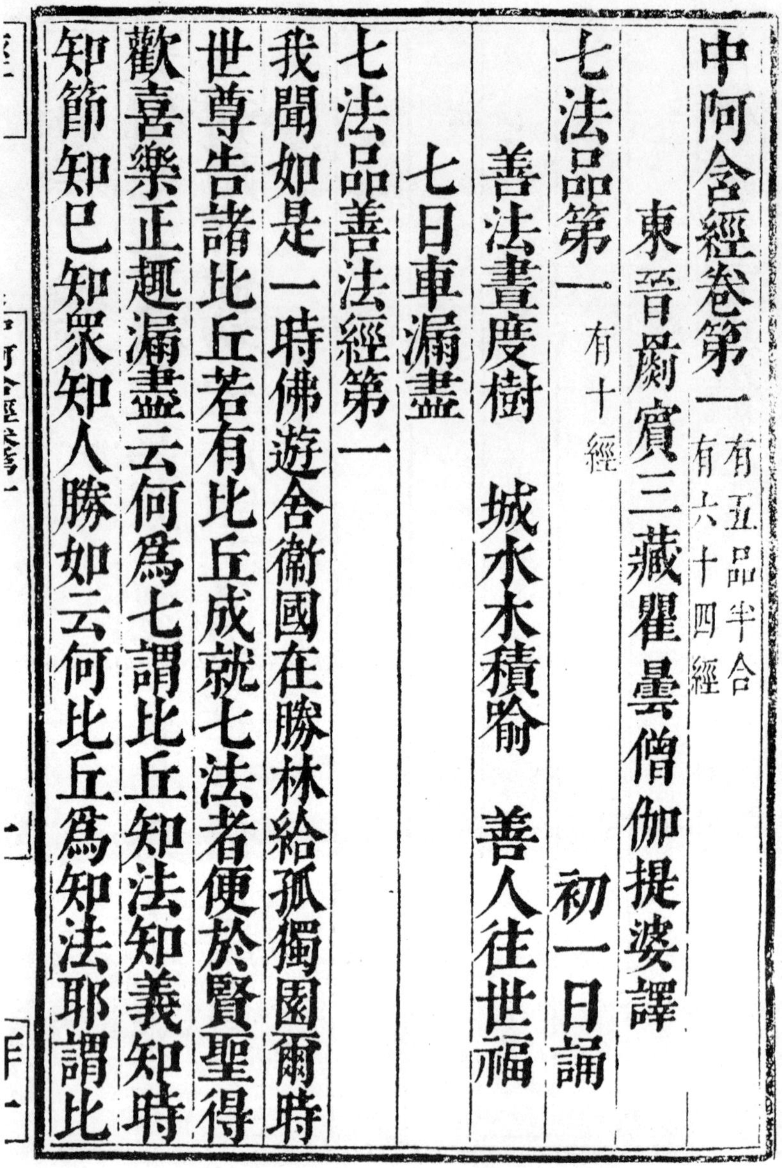
中阿含經卷第一 有五品半合 有六十四經
東晉罽賓三藏瞿曇僧伽提婆譯
七法品第一 有十經 初一日誦
善法晝度樹 城水木積喻 善人往世福
七日車漏盡
七法品善法經第一
我聞如是一時佛遊舍衛國在勝林給孤獨園爾時世尊告諸比丘若有比丘成就七法者便於賢聖得歡喜樂正趣漏盡云何爲七謂比丘知法知義知時知節知己知衆知人勝如云何比丘爲知法耶謂比

007 《中阿含經》六十卷

（東晉）釋僧伽提婆譯　明崇禎辛巳（十四年，1641）至清順治乙酉（二年，1645）刻本

版框高 22.4 厘米，寬 15.6 厘米。半葉十行，行二十字，四周雙邊。

臺灣 167 頁 · 540

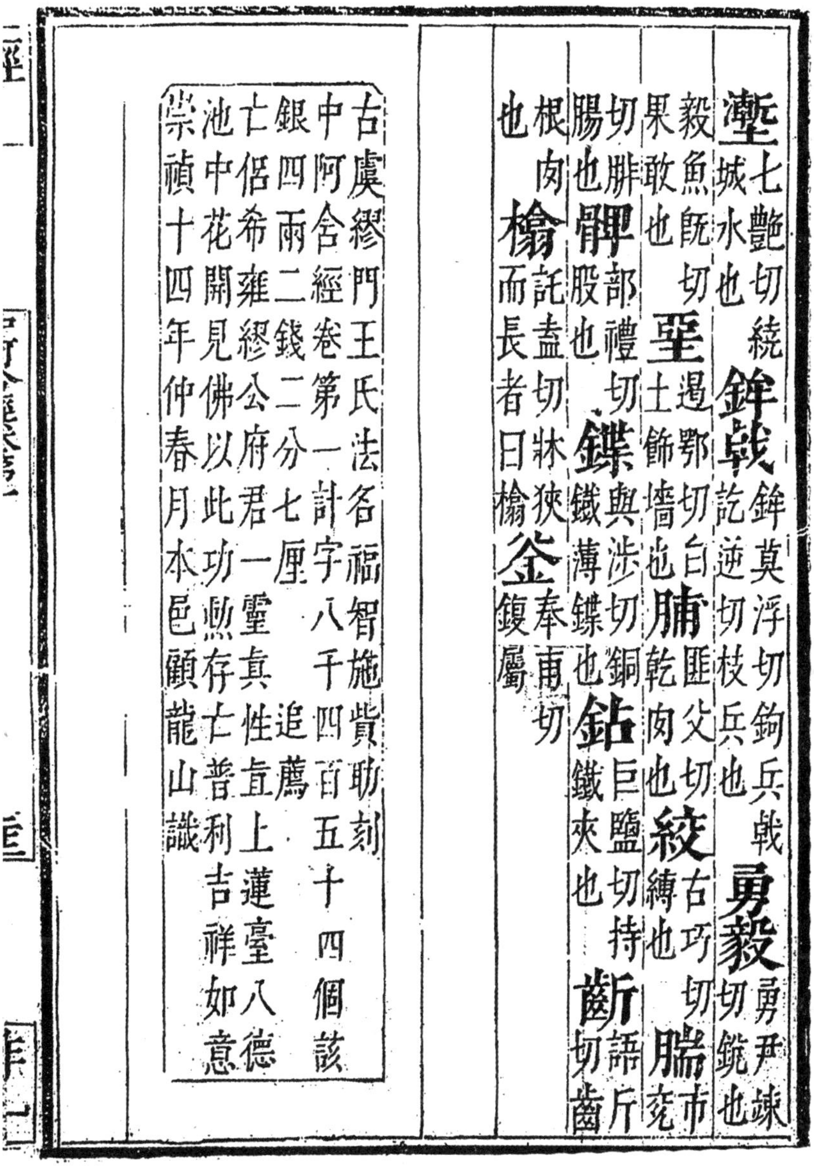
壍七艷切繞城水也鉾戟鉾莫浮切鉤兵戟訖逆切枝兵也勇毅勇尹竦切銳也
毅魚既切果敢也堊遏鄂切白土飾牆也脯匪父切乾肉也絞古巧切縛也腨市兗
切腓腸也髀部禮切股也鍱與涉切銅鐵薄鍱也鉆巨鹽切持鐵夾也齗語斤切齒
根肉也榻託盍切牀狹而長者曰榻釜奉甫切鍑屬

古虞繆門王氏法名福智施貲助刻
中阿含經卷第一計字八千四百五十四個該
銀四兩二錢二分七厘追薦
亡侶希雍繆公府君一靈真性直上蓮臺八德
池中花開見佛以此功勲存亡普利吉祥如意
崇禎十四年仲春月本邑顧龍山識

各卷卷末均鐫以牌記，如第一卷末鐫六行曰：“古虞繆門王氏，法名福智，施貲助刻《中阿含經》卷第一，計字八千四百五十四個，該銀四兩二錢二分七厘，追薦亡侶希雍繆公府君一靈眞性直上蓮臺，八德池中花開見佛，以此功勳存亡，普利吉祥如意。崇禎十四年仲春月，本邑顧龍山識。”

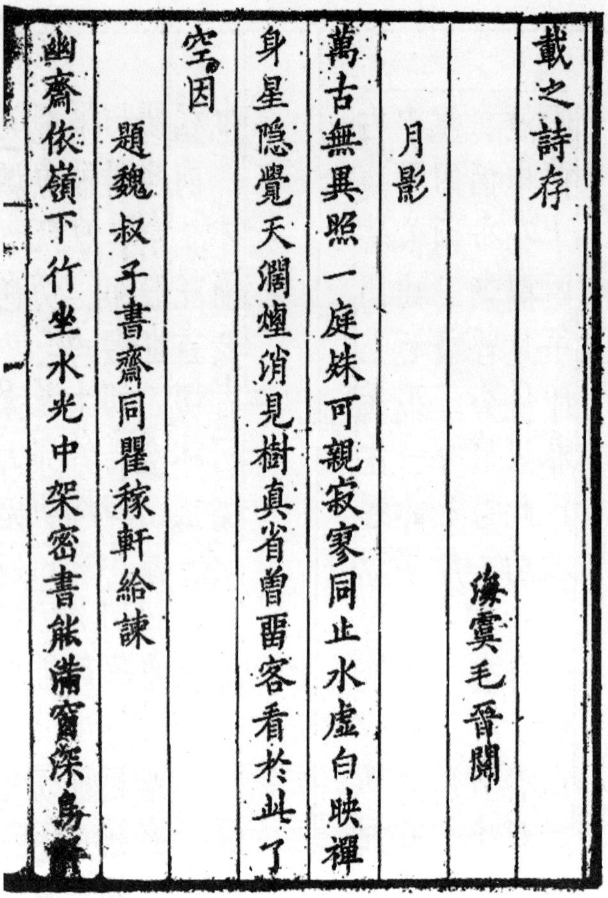
載之詩存

海虞毛晉閲

月影

萬古無異照一庭姝可親寂寥同止水虛白映禪身星隱覺天瀾燼消見樹真省曾留客看於此了空因

題魏叔子書齋同瞿稼軒給諫

幽齋依嶺下竹坐水光中架密書能滿窗深鳥猶

008 《載之詩存》不分卷

(明) 釋載之撰　明崇禎辛巳（十四年，1641）毛晉汲古閣刻本

版框高 19.1 厘米，寬 13.4 厘米。半葉八行，行十九字，左右雙邊。

國家圖書館 04901

按：兹書前有釋明河敘及毛晉《載之詩存紀略》。據《紀略》云，釋載之於崇禎十一年秋化去，世壽僅三十有奇。其《詩存》係釋道源向毛晉推薦并刊刻之。

載之詩存

海虞毛晉閲

月影

萬古無異照一庭姝可親寂寥同止水虚白映禪身星隱覺天濶煙消見樹真省曾留客看於此了空因

題魏叔子書齋同瞿稼軒給諫

幽齋依嶺下行坐水光中架密書能滿窗深鳥聲

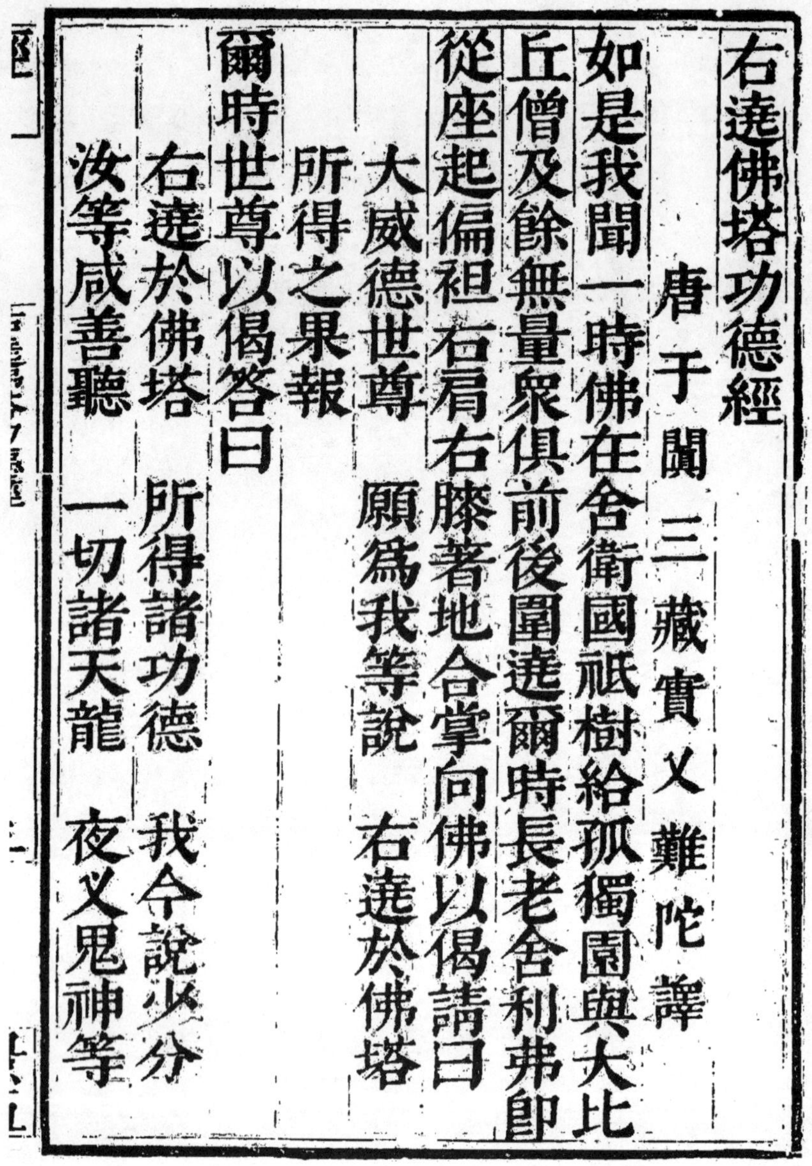

右遶佛塔功德經
唐于闐三藏實叉難陀譯
如是我聞一時佛在舍衛國祇樹給孤獨園與大比丘僧及餘無量衆俱前後圍遶爾時長老舍利弗即從座起偏袒右肩右膝著地合掌向佛以偈請曰
大威德世尊　願爲我等說　右遶於佛塔
所得之果報
爾時世尊以偈答曰
右遶於佛塔　所得諸功德　我今說少分
汝等咸善聽　一切諸天龍　夜叉鬼神等

009《右遶佛塔功德經》一卷

（唐）釋實叉難陀譯　明崇禎壬午（十五年，1642）泰和蕭士瑋刻本
版框高 22.7 厘米，寬 15.6 厘米。半葉十行，行二十字，四周雙邊。
民族 056-003-00003；臺灣 143 頁 · 456；故宮 56 · 458

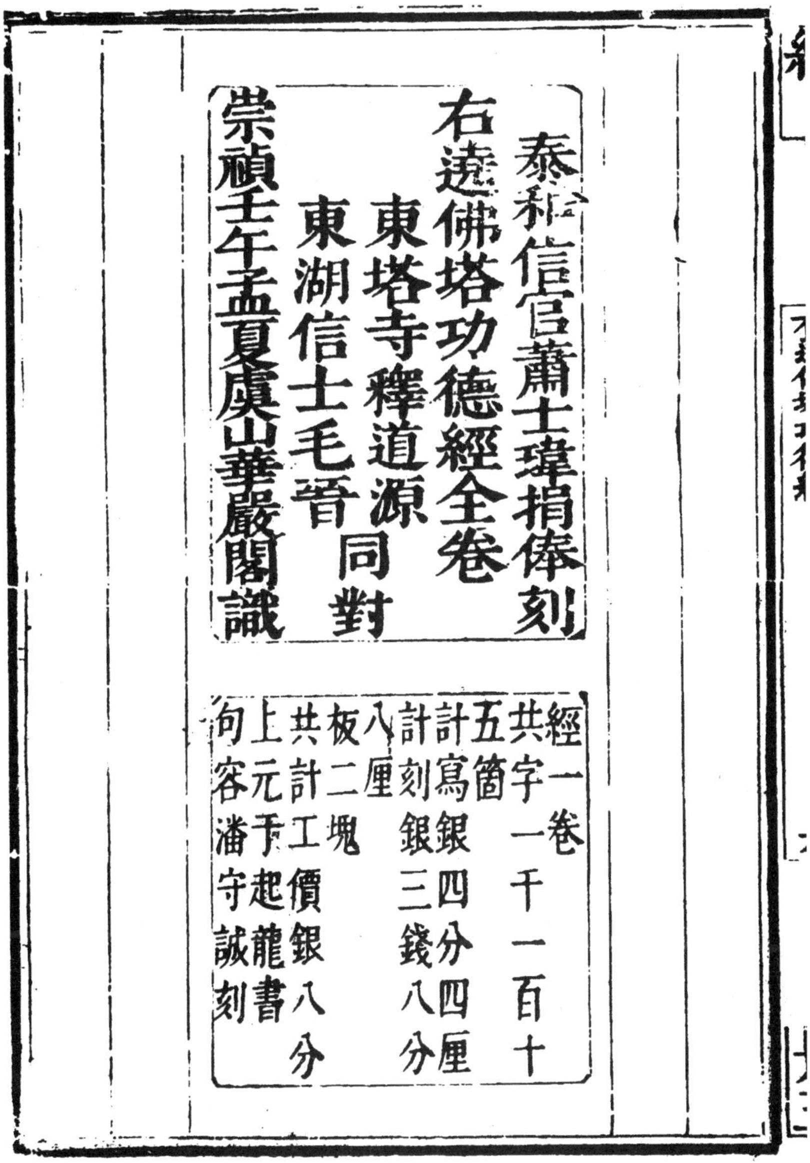

泰和信官蕭士瑋捐俸刻
右遶佛塔功德經全卷
東塔寺釋道源
東湖信士毛晉　同對
崇禎壬午孟夏虞山華嚴閣識

經一卷
共字一千一百十
五箇
計寫銀四分四厘
計刻銀三錢八分
八厘
板二塊
共計工價銀八分
上元于起龍書
句容潘守誠刻

牌記云："泰和信官蕭士瑋捐俸刻《右遶佛塔功德經》全卷，東塔寺釋道源、東湖信士毛晉同對，崇禎壬午孟夏虞山華嚴閣識。經一卷，共字一千一百十五箇，計寫銀四分四厘，計刻銀三錢八分八厘，板二塊，共計工價銀八分，上元于起龍書，句容潘守誠刻。"景五。

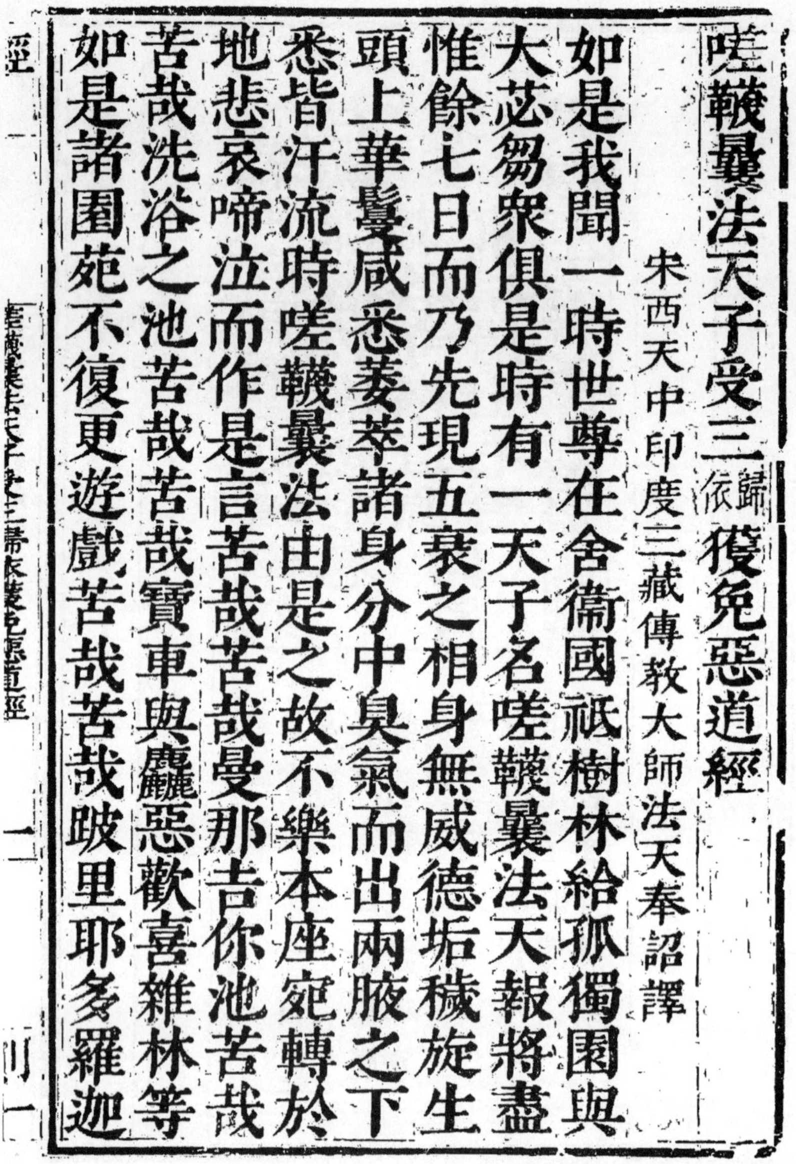
嗟韈曩法天子受三歸依獲免惡道經

宋西天中印度三藏傳教大師法天奉詔譯

如是我聞一時世尊在舍衛國祇樹林給孤獨園與大苾芻衆俱是時有一天子名嗟韈曩法天報將盡惟餘七日而乃先現五衰之相身無威德垢穢旋生頭上華鬘咸悉萎萃諸身分中臭氣而出兩腋之下悉皆汗流時嗟韈曩法由是之故不樂本座宛轉於地悲哀啼泣而作是言苦哉苦哉曼那吉你池苦哉苦哉洗浴之池苦哉苦哉寶車與麤惡歡喜雜林等如是諸園苑不復更遊戲苦哉苦哉跛里耶多羅迦

經　嗟韈曩法天子受三歸依獲免惡道經　一

010 《嗟韈曩法天子受三歸依獲免惡道經》一卷

(宋) 釋法天譯　明崇禎壬午（十五年，1642）武進張瑋刻本

版框高 22.8 厘米，寬 15.6 厘米。半葉十行，行二十字，四周雙邊。

民族 072-007-00001；臺灣 244 頁 · 788；故宫 72 · 804

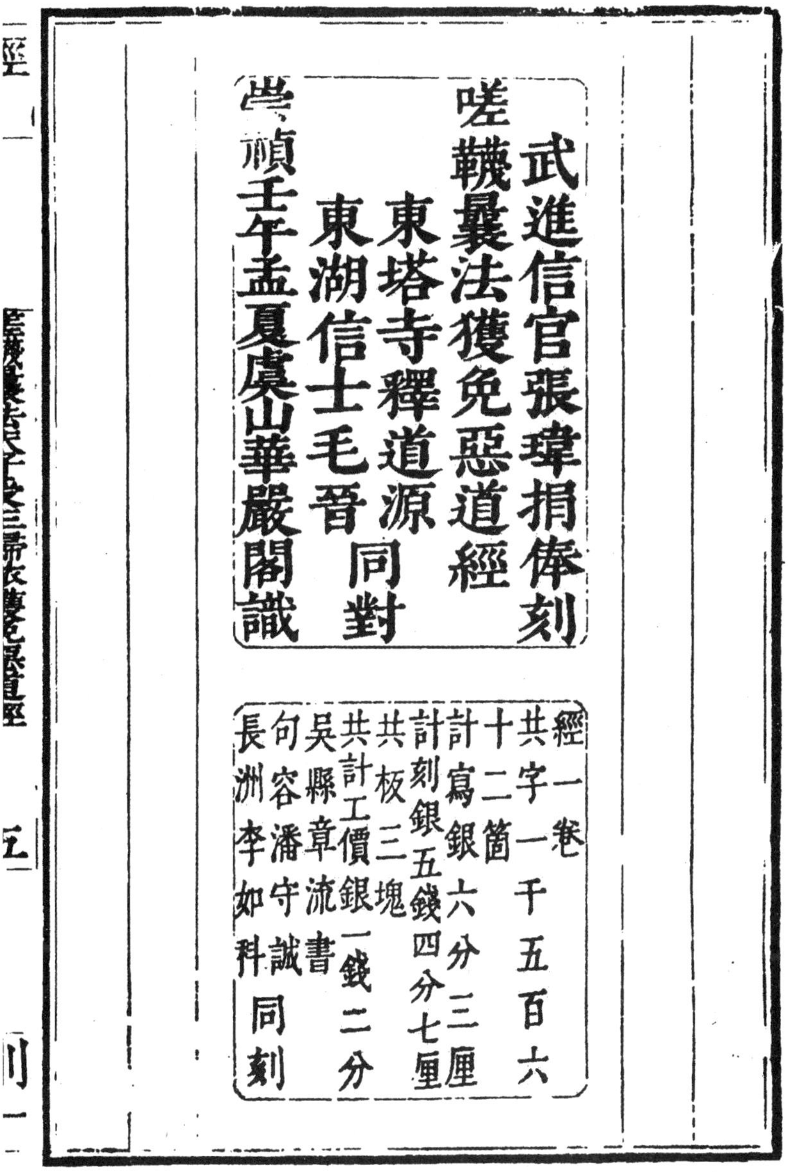
武進信官張瑋捐俸刻
嗟韈囊法獲免惡道經
東塔寺釋道源
東湖信士毛晉　同對
崇禎壬午孟夏虞山華嚴閣識

經一卷
共字一千五百六
十二箇
計寫銀六分三厘
計刻銀五錢四分七厘
共板三塊
共計工價銀一錢二分
吳縣章流書
句容潘守誠
長洲李如科同刻

牌記云:“武進信官張瑋捐俸刻《嗟韈囊法獲免惡道經》,東塔寺釋道源、東湖信士毛晉同對,崇禎壬午孟夏虞山華嚴閣識。經一卷,共字一千五百六十二箇,計寫銀六分三厘,計刻銀五錢四分七厘,共板三塊,共計工價銀一錢二分,吳縣章流書,句容潘守誠、長洲李如科同刻。”則一。

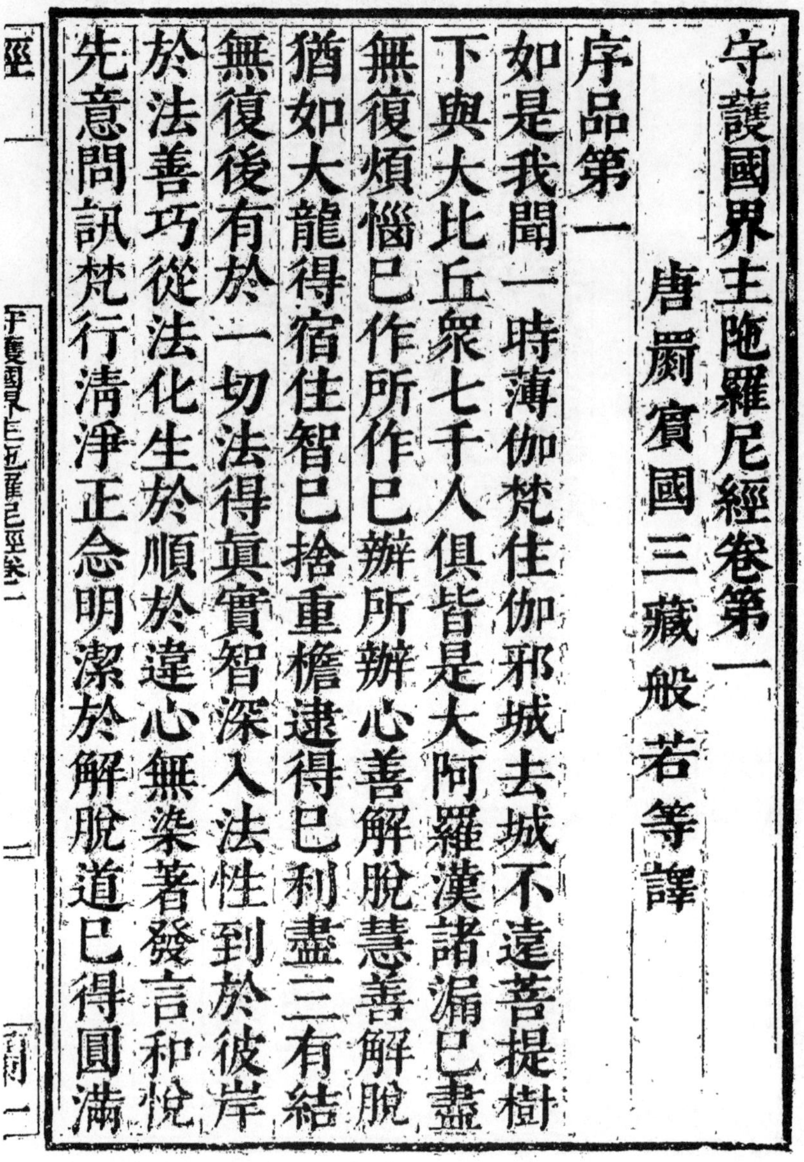
守護國界主陁羅尼經卷第一
唐罽賓國三藏般若等譯
序品第一
如是我聞一時薄伽梵住伽邪城去城不遠菩提樹下與大比丘衆七千人俱皆是大阿羅漢諸漏已盡無復煩惱已作所作已辦所辦心善解脫慧善解脫猶如大龍得宿住智已捨重檐逮得已利盡三有結無復後有於一切法得眞實智深入法性到於彼岸於法善巧從法化生於順於違心無染著發言和悅先意問訊梵行清淨正念明潔於解脫道已得圓滿

經　守護國界主陁羅尼經卷一

011 《守護國界主陁羅尼經》十卷

（唐）釋般若等譯　明崇禎壬午（十五年，1642）泰和蕭士瑋刻本

版框高 21.6 厘米，寬 14.9 厘米。半葉十行，行二十字，四周雙邊。

民族 076-006-00001；故宫 75 · 948

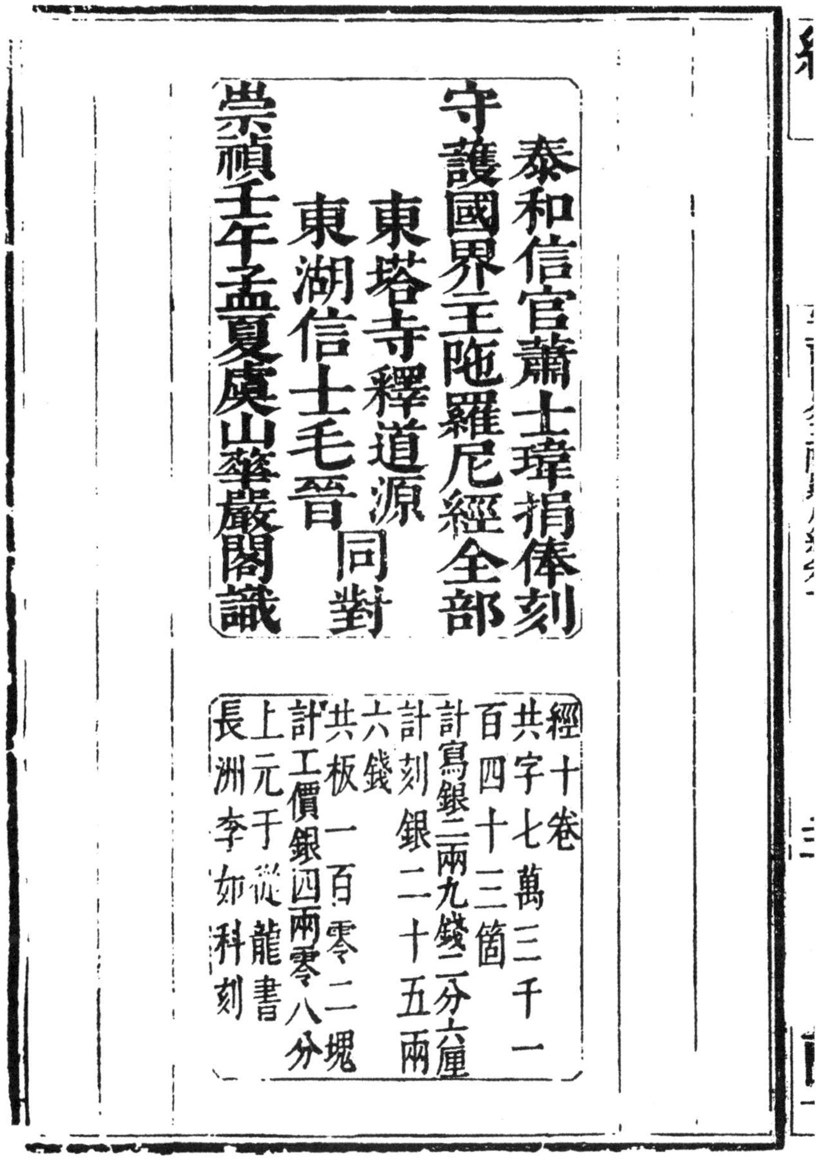
泰和信官蕭士瑋捐俸刻
守護國界主陁羅尼經全部
東塔寺釋道源
東湖信士毛晉　同對
崇禎壬午孟夏虞山華嚴閣識

經十卷
共字七萬三千一
百四十三箇
計寫銀二兩九錢二分六釐
計刻銀二十五兩
六錢
共板一百零二塊
計工價銀四兩零八分
上元于從龍書
長洲李如科刻

牌記云："泰和信官蕭士瑋捐俸刻《守護國界主陁羅尼經》全部，東塔寺釋道源、東湖信士毛晉同對，崇禎壬午孟夏虞山華嚴閣識。經十卷，共字七萬三千一百四十三箇，計寫銀二兩九錢二分六厘，計刻銀二十五兩六錢，共板一百零二塊，計工價銀四兩零八分，上元于從龍書，長洲李如科刻。"按：臺灣 301 頁 · 948 著録爲鈔本。蘭二。

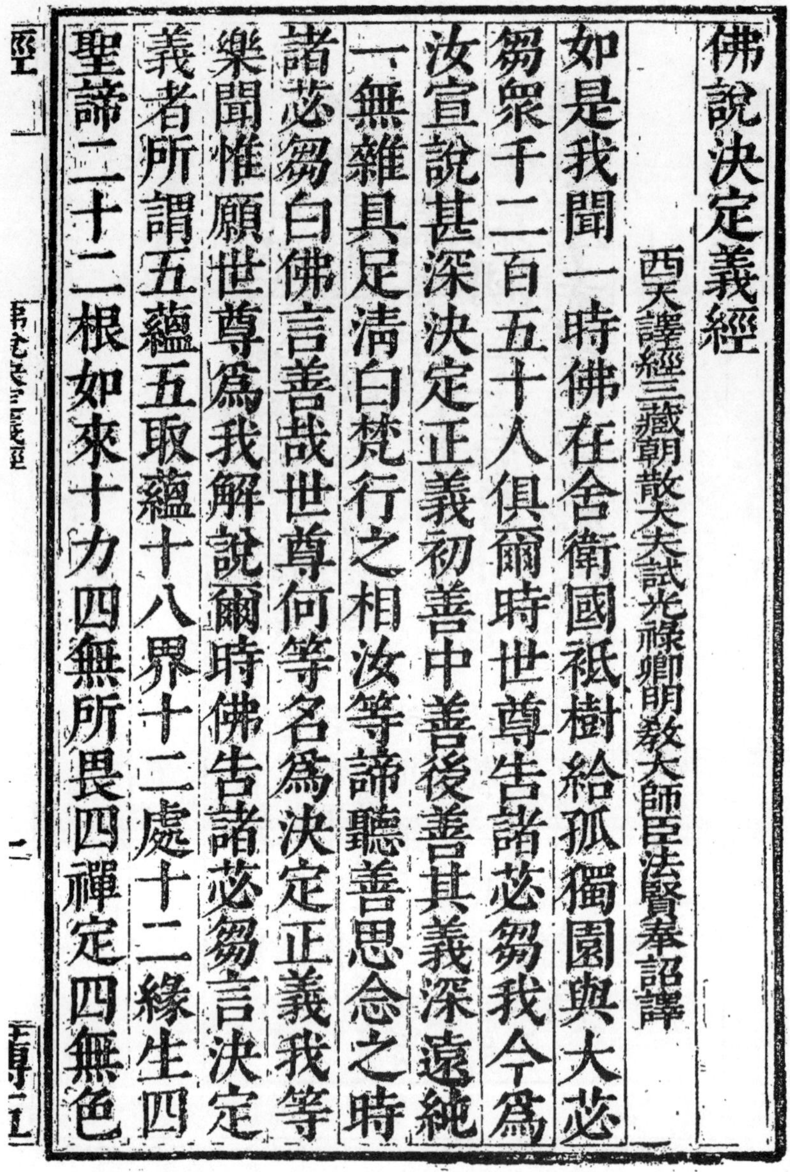
佛說決定義經
西天譯經三藏朝散大夫試光祿卿明教大師臣法賢奉詔譯
如是我聞一時佛在舍衛國祇樹給孤獨園與大苾
芻衆千二百五十人俱爾時世尊告諸苾芻我今爲
汝宣說甚深決定正義初善中善後善其義深遠純
一無雜具足清白梵行之相汝等諦聽善思念之時
諸苾芻白佛言善哉世尊何等名爲決定正義我等
樂聞惟願世尊爲我解說爾時佛告諸苾芻言決定
義者所謂五蘊五取蘊十八界十二處十二緣生四
聖諦二十二根如來十力四無所畏四禪定四無色

012 《佛說決定義經》一卷

(宋）釋法賢譯　明崇禎壬午（十五年，1642）武進張瑋刻本

版框高 22.2 厘米，寬 15.4 厘米。半葉十行，行二十字，四周雙邊。

民族 074-006；臺灣 288 頁 · 910；故宮 74 · 926

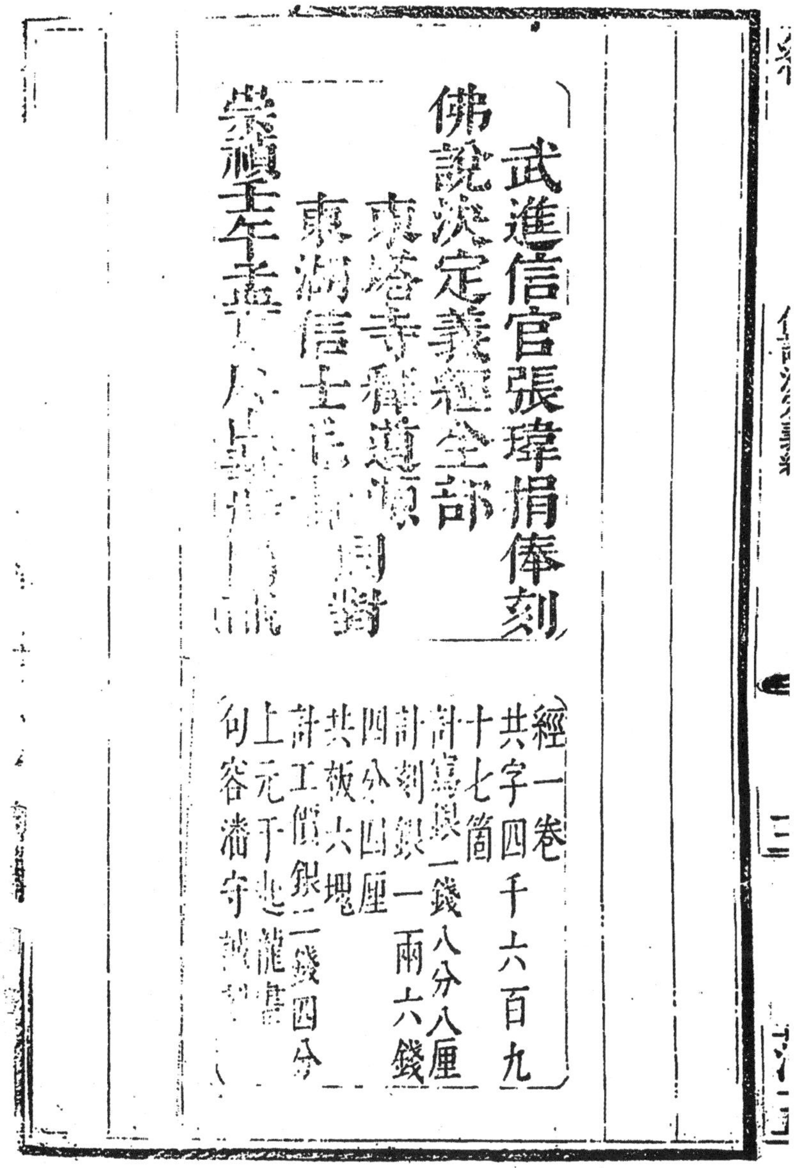
武進信官張瑋捐俸刻
佛說決定義經全部
東塔寺釋道源
東湖信士毛晉同對
崇禎壬午孟夏虞山華嚴閣識
經一卷
共字四千六百九
十七箇
計寫銀一錢八分八厘
計刻銀一兩六錢
四分四厘
共板六塊
計工價銀二錢四分
上元于起龍書
句容潘守誠刻

牌記云:“武進信官張瑋捐俸刻《佛說決定義經》全部，東塔寺釋道源、東湖信士毛晉同對，崇禎壬午孟夏虞山華嚴閣識。經一卷，共字四千六百九十七箇，計寫銀一錢八分八厘，計刻銀一兩六錢四分四厘，共板六塊，計工價銀二錢四分，上元于起龍書，句容潘守誠刻。”薄五。

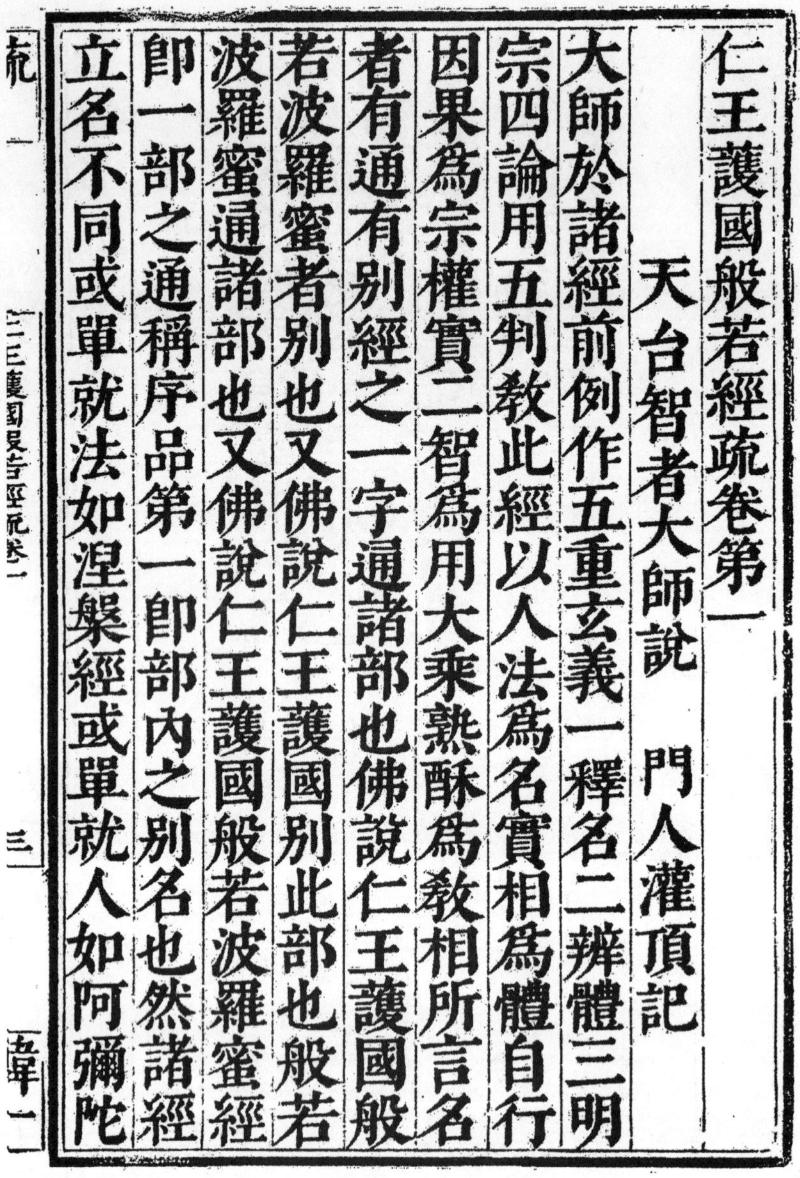

仁王護國般若經疏卷一　三

仁王護國般若經疏卷第一
天台智者大師說　門人灌頂記
大師於諸經前例作五重玄義一釋名二辨體三明
宗四論用五判教此經以人法爲名實相爲體自行
因果爲宗權實二智爲用大乘熟酥爲教相所言名
者有通有別經之一字通諸部也佛說仁王護國般
若波羅蜜者別也又佛說仁王護國別此部也般若
波羅蜜通諸部也又佛說仁王護國般若波羅蜜經
卽一部之通稱序品第一卽部內之別名也然諸經
立名不同或單就法如涅槃經或單就人如阿彌陀

013 《仁王護國般若經疏》五卷

（隋）釋智顗說　（隋）釋灌頂記　明崇禎壬午（十五年，1642）常熟毛鳳苞刻本

版框高 22.4 厘米，寬 15.3 厘米。半葉十行，行二十字，四周雙邊。

民族 176-007-00001；臺灣 509 頁 · 1508；故宮 176 · 1567

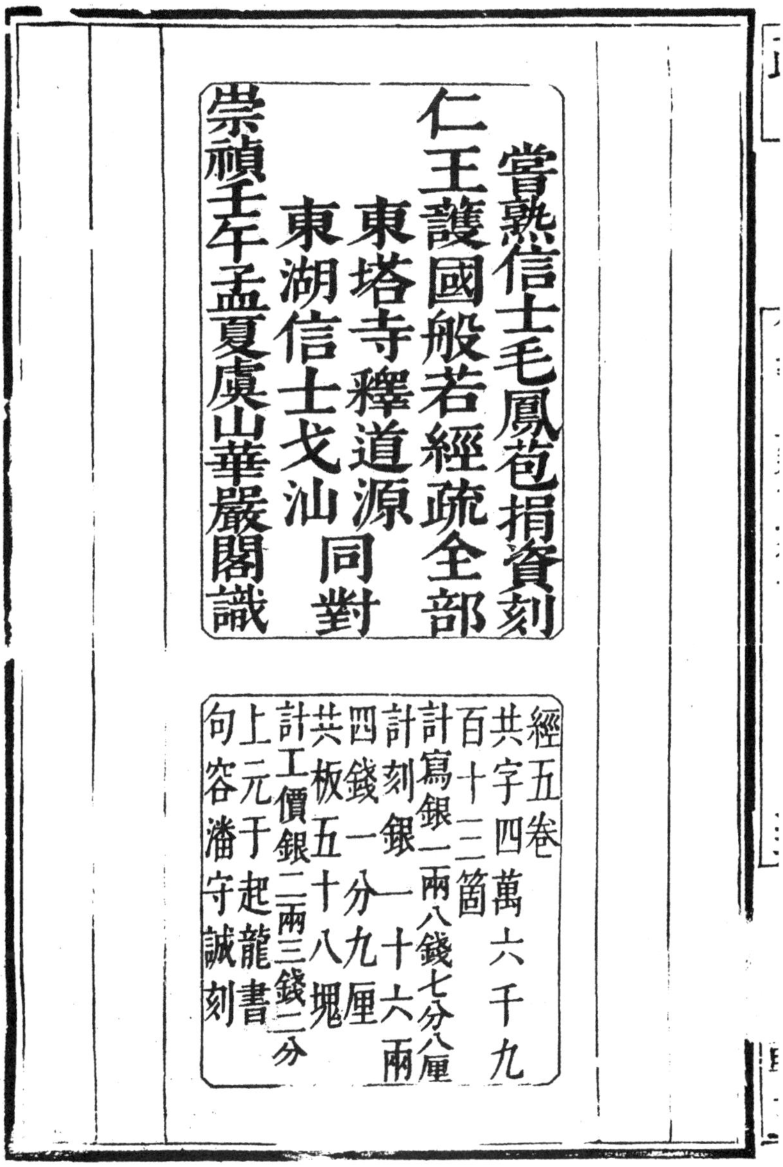
嘗熟信士毛鳳苞捐資刻
仁王護國般若經疏全部
東塔寺釋道源
東湖信士戈汕同對
崇禎壬午孟夏虞山華嚴閣識

經五卷
共字四萬六千九
百十三箇
計寫銀一兩八錢七分八厘
計刻銀一十六兩
四錢一分九厘
共板五十八塊
計工價銀二兩三錢二分
上元于起龍書
句容潘守誠刻

牌記云:"嘗熟信士毛鳳苞捐資刻《仁王護國般若經疏》全部,東塔寺釋道源、東湖信士戈汕同對,崇禎壬午孟夏虞山華嚴閣識。經五卷,共字四萬六千九百十三箇,計寫銀一兩八錢七分八厘,計刻銀一十六兩四錢一分九厘,共板五十八塊,計工價銀二兩三錢二分,上元于起龍書,句容潘守誠刻。"韓一至五。

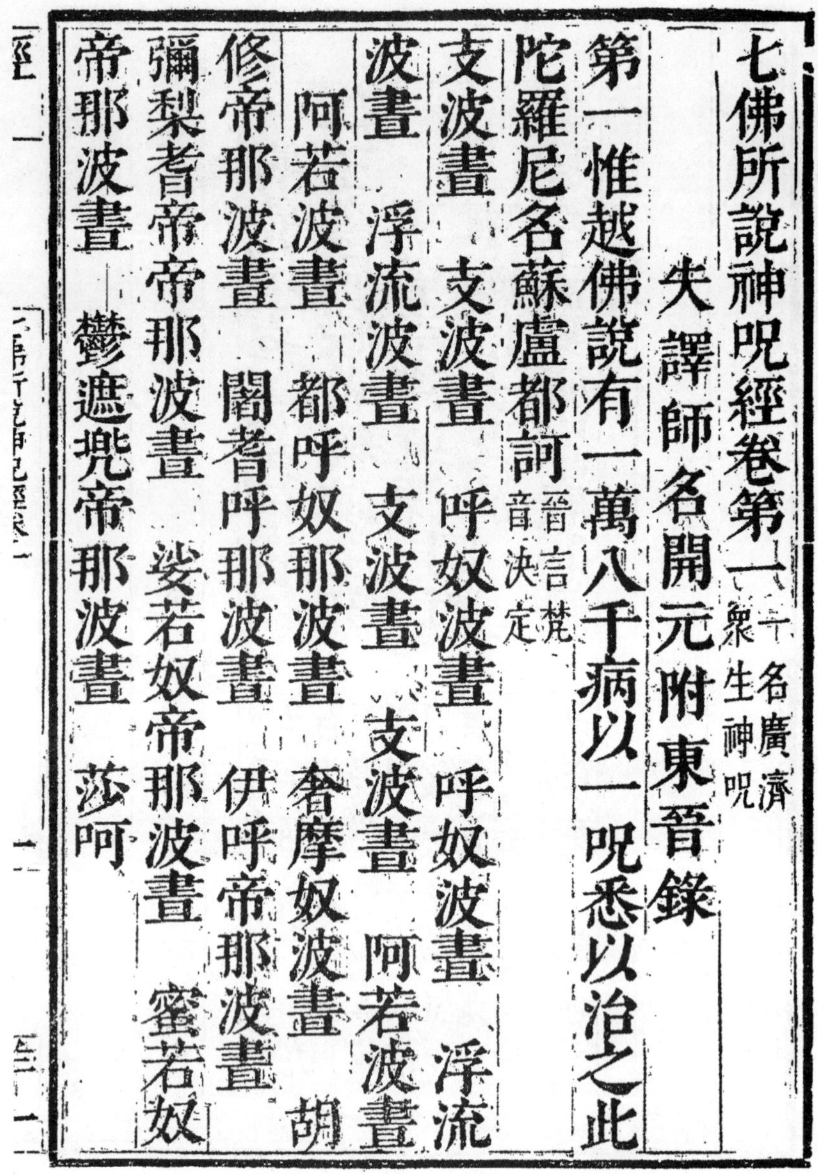
七佛所說神呪經卷第一一名廣濟衆生神呪
失譯師名開元附東晉錄
第一惟越佛說有一萬八千病以一呪悉以治之此
陀羅尼名蘇盧都訶晉言梵音決定
支波晝　支波晝　呼奴波晝　呼奴波晝　浮流
波晝　浮流波晝　支波晝　支波晝　阿若波晝
阿若波晝　都呼奴那波晝　奢摩奴波晝　胡
修帝那波晝　闍耆呼那波晝　伊呼帝那波晝
彌梨耆帝帝那波晝　娑若奴帝那波晝　蜜若奴
帝那波晝　鬱遮兠帝那波晝　莎呵

014 《七佛所說神呪經》四卷（一名《廣濟衆生神呪》）

不著譯人　明崇禎壬午（十五年，1642）泰和蕭士瑋刻本

版框高 22.5 厘米，寬 15.5 厘米。半葉十行，行二十字，四周雙邊。

民族 056-001-00001；臺灣 140 頁 · 445；故宮 56 · 447

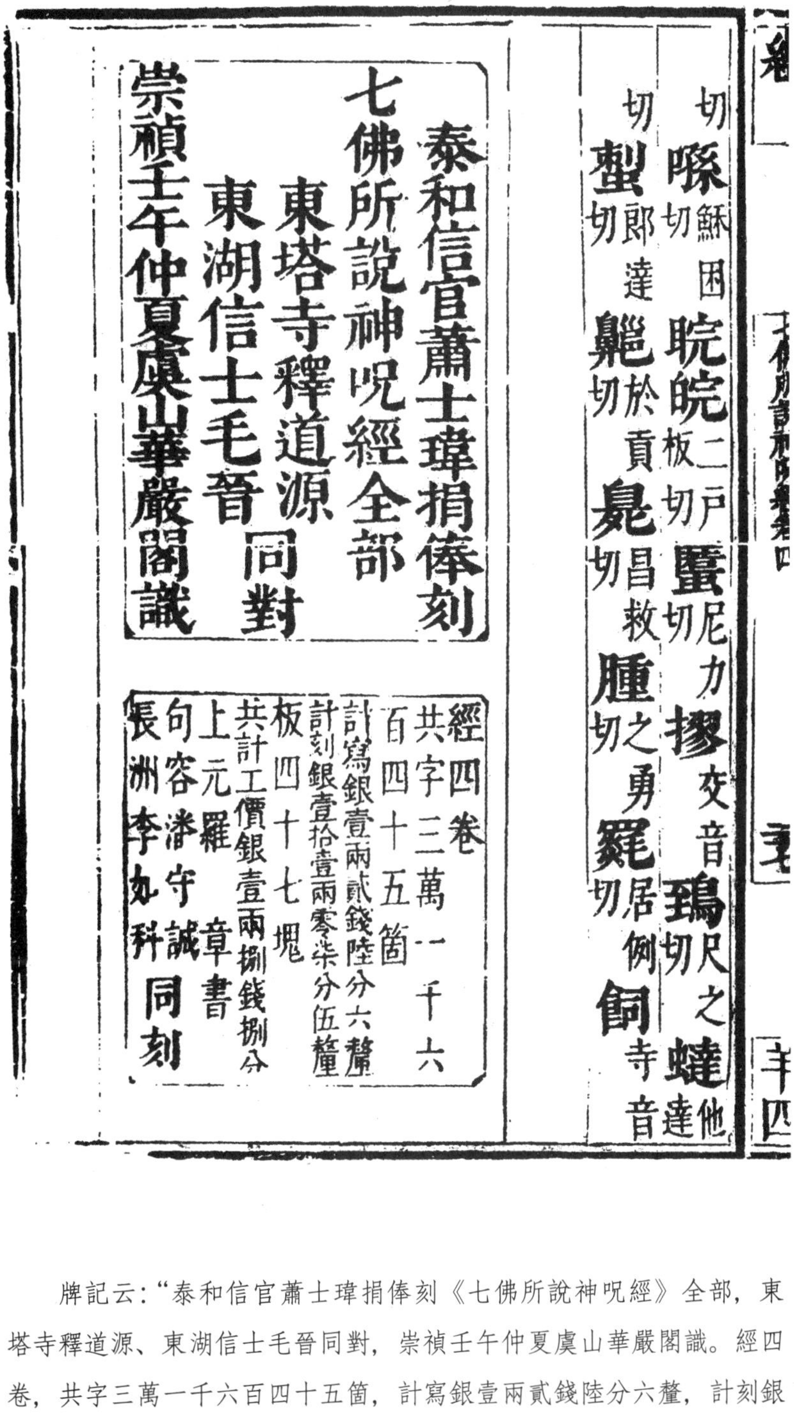
泰和信官蕭士瑋捐俸刻
七佛所說神呪經全部
東塔寺釋道源
東湖信士毛晉　同對
崇禎壬午仲夏虞山華嚴閣識

經四卷
共字三萬一千六百四十五箇
計寫銀壹兩貳錢陸分六釐
計刻銀壹拾壹兩零柒分伍釐
板四十七塊
共計工價銀壹兩捌錢捌分
上元羅　章書
句容潘守誠
長洲李如科　同刻

牌記云："泰和信官蕭士瑋捐俸刻《七佛所説神呪經》全部，東塔寺釋道源、東湖信士毛晉同對，崇禎壬午仲夏虞山華嚴閣識。經四卷，共字三萬一千六百四十五箇，計寫銀壹兩貳錢陸分六釐，計刻銀壹拾壹兩零柒分伍釐，板四十七塊，共計工價銀壹兩捌錢捌分，上元羅章書，句容潘守誠、長洲李如科同刻。"羊一至四。

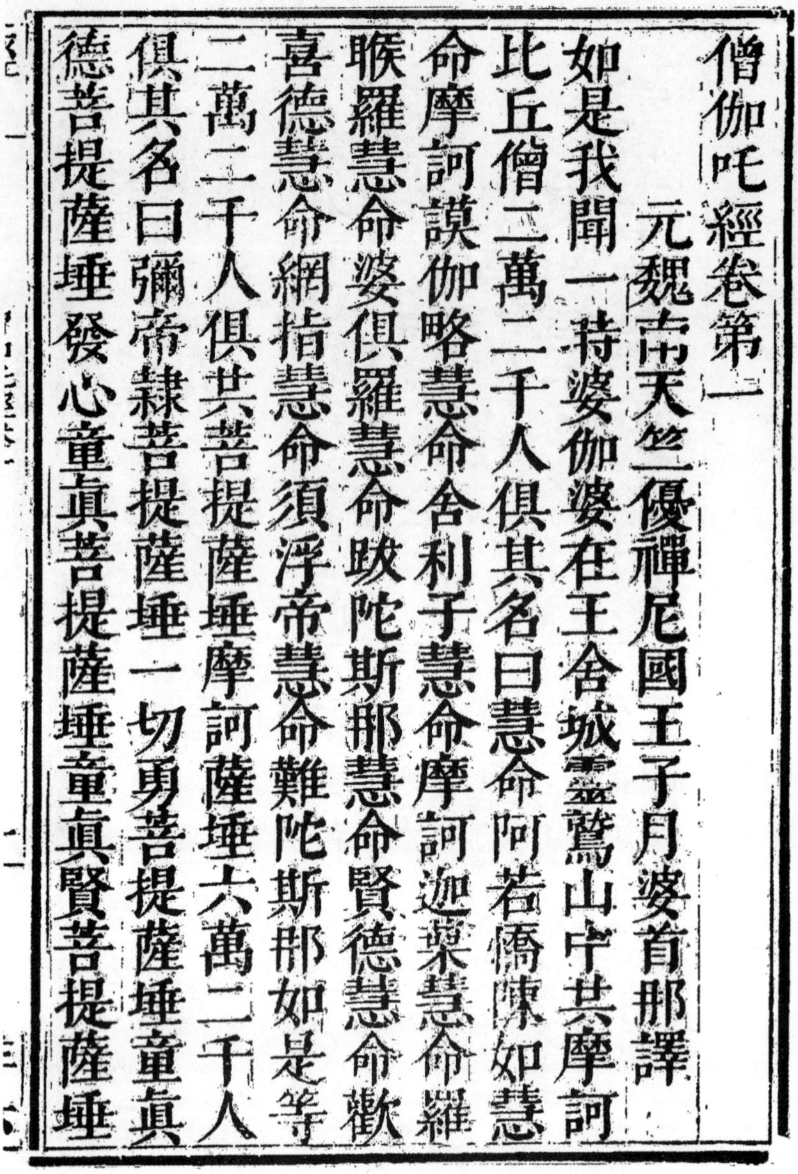
僧伽吒經卷第一
元魏南天竺優禪尼國王子月婆首那譯
如是我聞一時婆伽婆在王舍城靈鷲山中共摩訶
比丘僧二萬二千人俱其名曰慧命阿若憍陳如慧
命摩訶謨伽略慧命舍利子慧命摩訶迦葉慧命羅
睺羅慧命婆俱羅慧命跋陀斯那慧命賢德慧命歡
喜德慧命網指慧命須浮帝慧命難陀斯那如是等
二萬二千人俱共菩提薩埵摩訶薩埵六萬二千人
俱其名曰彌帝隸菩提薩埵一切勇菩提薩埵童真
德菩提薩埵發心童真菩提薩埵童真賢菩提薩埵

015 《僧伽吒經》四卷

（北魏）釋月婆首那譯　明崇禎壬午（十五年，1642）河間范景文刻本

版框高 22.4 厘米，寬 15.5 厘米。半葉十行，行二十字，四周雙邊。

民族 056-002-00002；臺灣 142 頁・447；故宫 56・449

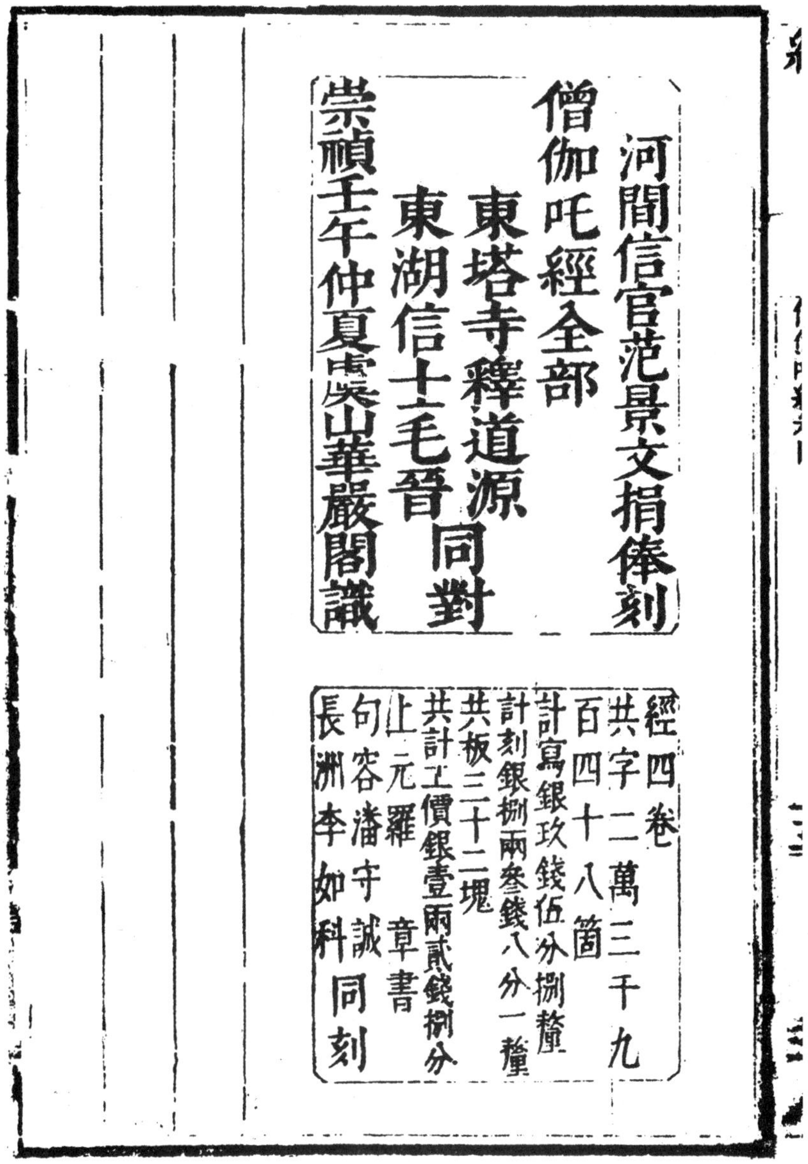

河間信官范景文捐俸刻
僧伽吒經全部
東塔寺釋道源
東湖信士毛晉　同對
崇禎壬午仲夏虞山華嚴閣識

經四卷
共字二萬三千九
百四十八箇
計寫銀玖錢伍分捌釐
計刻銀捌兩叁錢八分一釐
共板三十二塊
共計工價銀壹兩貳錢捌分
上元羅　章書
句容潘守誠
長洲李如科同刻

牌記云:"河間信官范景文捐俸刻《僧伽吒經》全部，東塔寺釋道源、東湖信士毛晉同對，崇禎壬午仲夏虞山華嚴閣識。經四卷，共字二萬三千九百四十八箇，計寫銀玖錢伍分捌釐，計刻銀捌兩叁錢八分一釐，共板三十二塊，共計工價銀壹兩貳錢捌分，上元羅章書，句容潘守誠、長洲李如科同刻。"羊六至八。

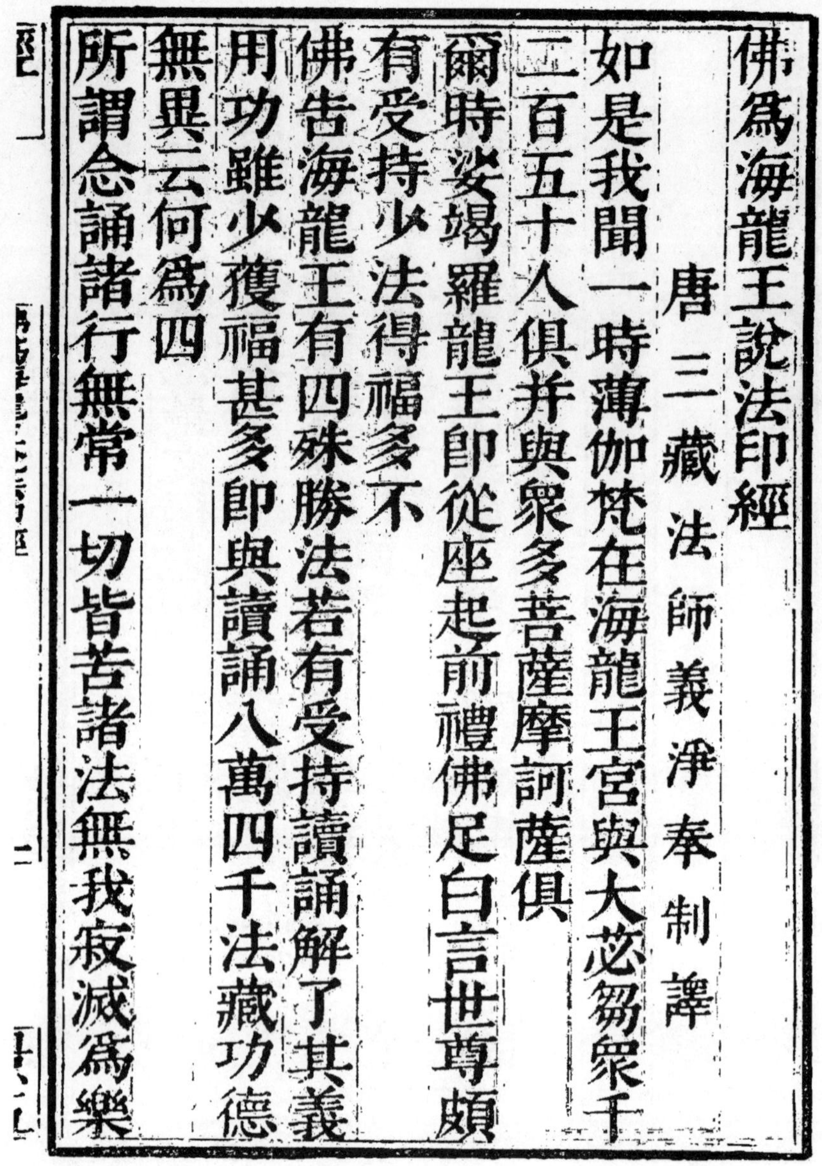
佛爲海龍王說法印經
唐三藏法師義淨奉制譯
如是我聞一時薄伽梵在海龍王宮與大苾芻衆千二百五十人俱并與衆多菩薩摩訶薩俱
爾時娑竭羅龍王即從座起前禮佛足白言世尊頗有受持少法得福多不
佛告海龍王有四殊勝法若有受持讀誦解了其義用功雖少獲福甚多即與讀誦八萬四千法藏功德無異云何爲四
所謂念誦諸行無常一切皆苦諸法無我寂滅爲樂

016《佛爲海龍王說法印經》一卷

（唐）釋義淨譯　明崇禎壬午（十五年，1642）常熟毛鳳苞刻本

版框高 22.7 厘米，寬 15.6 厘米。半葉十行，行二十字，四周雙邊。

民族 056-003-00002；臺灣 143 頁 · 455；故宮 56 · 457

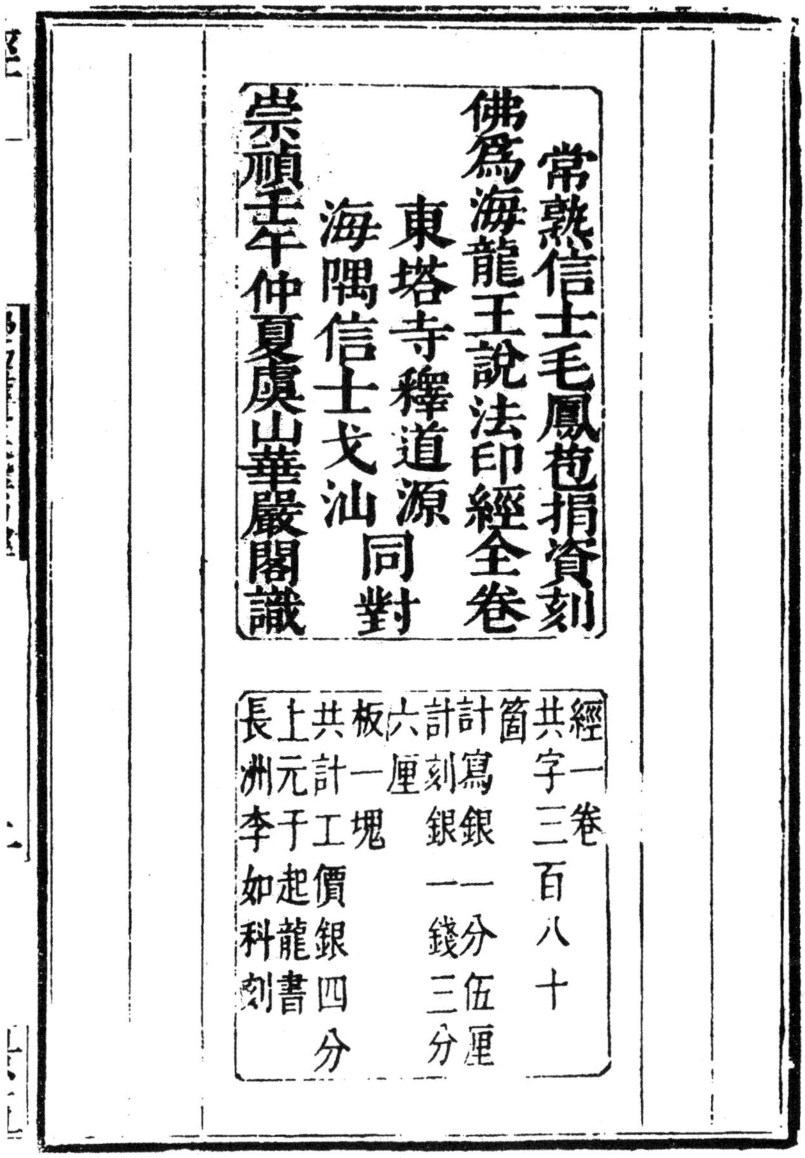

常熟信士毛鳳苞捐資刻
佛爲海龍王説法印經全卷
東塔寺釋道源
海隅信士戈汕同對
崇禎壬午仲夏虞山華嚴閣識

經一卷
共字三百八十
箇
計寫銀一分伍厘
計刻銀一錢三分
六厘
板一塊
共計工價銀四分
上元于起龍書
長洲李如科刻

牌記云:“常熟信士毛鳳苞捐資刻《佛爲海龍王説法印經》全卷,東塔寺釋道源、海隅信士戈汕同對,崇禎壬午仲夏虞山華嚴閣識。經一卷,共字三百八十箇,計寫銀一分伍厘,計刻銀一錢三分六厘,板一塊,共計工價銀四分,上元于起龍書,長洲李如科刻。”景五。

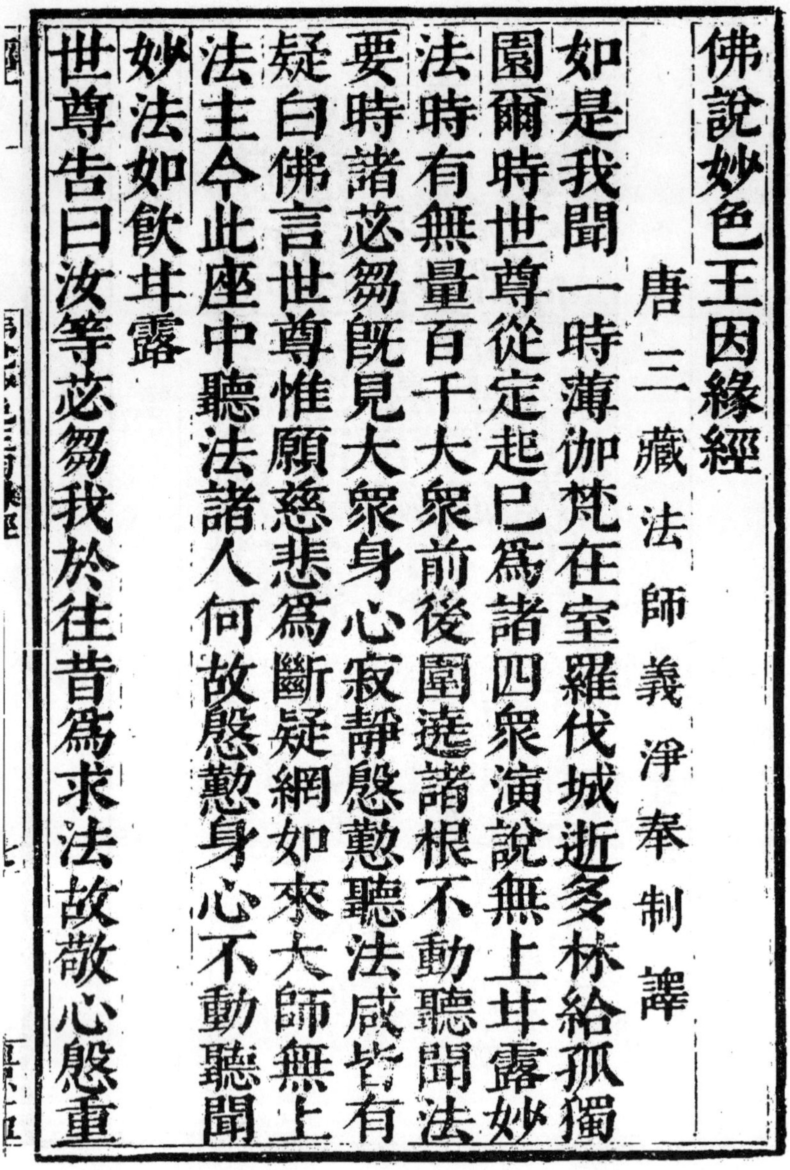

佛說妙色王因緣經

唐三藏法師義淨奉制譯

如是我聞一時薄伽梵在室羅伐城逝多林給孤獨園爾時世尊從定起已爲諸四衆演說無上甘露妙法時有無量百千大衆前後圍遶諸根不動聽聞法要時諸苾芻既見大衆身心寂靜慇懃聽法咸皆有疑白佛言世尊惟願慈悲爲斷疑網如來大師無上法主今此座中聽法諸人何故慇懃身心不動聽聞妙法如飲甘露

世尊告曰汝等苾芻我於往昔爲求法故敬心慇重

017 《佛說妙色王因緣經》一卷

（唐）釋義淨譯　明崇禎壬午（十五年，1642）泰和蕭士瑋刻本

版框高 22.8 厘米，寬 15.2 厘米。半葉十行，行二十字，四周雙邊。

民族 056-003-00004；臺灣 144 頁 · 457；故宮 56 · 459

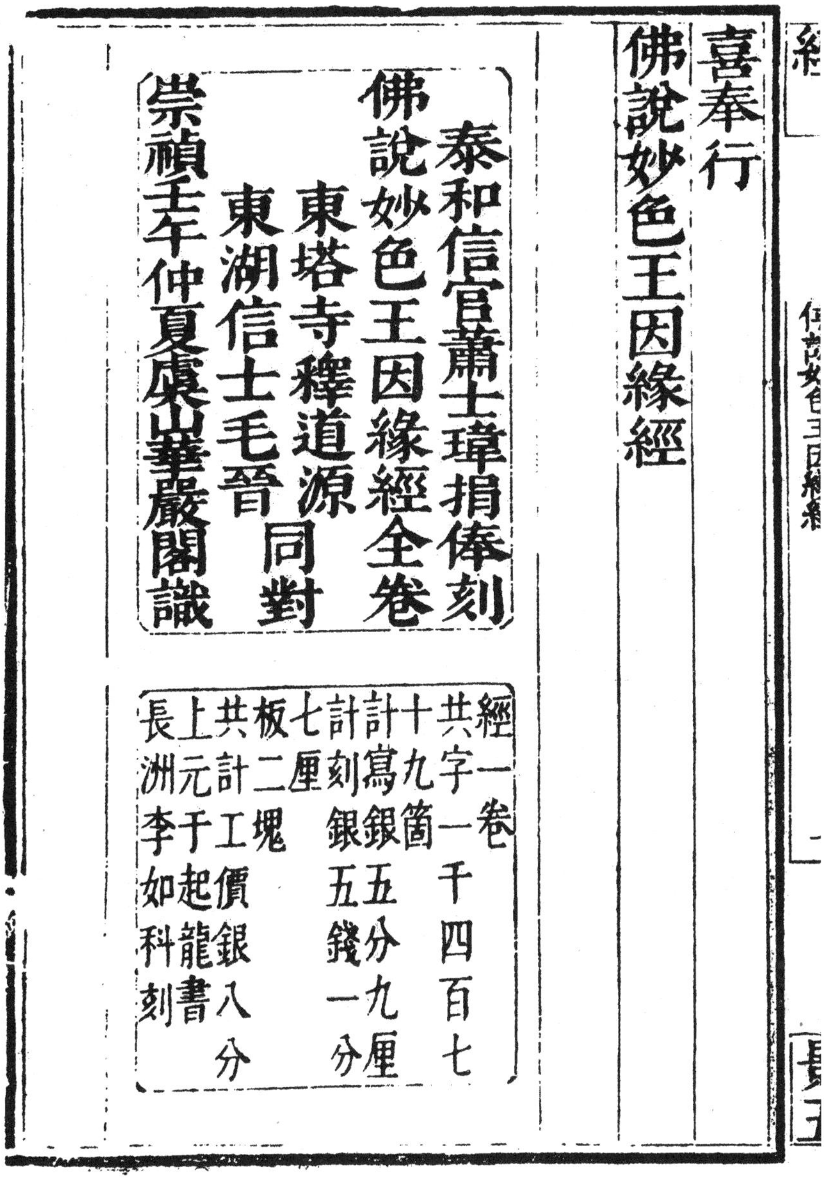
喜奉行
佛說妙色王因緣經
泰和信官蕭士瑋捐俸刻
佛說妙色王因緣經全卷
東塔寺釋道源
東湖信士毛晉　同對
崇禎壬午仲夏虞山華嚴閣識
經一卷
共字一千四百七
十九箇
計寫銀五分九厘
計刻銀五錢一分
七厘
板二塊
共計工價銀八分
上元于起龍書
長洲李如科刻

牌記云："泰和信官蕭士瑋捐俸刻《佛説妙色王因緣經》全卷，東塔寺釋道源、東湖信士毛晉同對，崇禎壬午仲夏虞山華嚴閣識。經一卷，共字一千四百七十九箇，計寫銀五分九厘，計刻銀五錢一分七厘，板二塊，共計工價銀八分，上元于起龍書，長洲李如科刻。"景五。

師子素馱娑王斷肉經

唐至相寺沙門智嚴譯

我憶過去無量劫　有王名曰素馱娑
其王一時出遊山　群臣部從獵蟲獸
忽逢雷雹惡風起　諸人分散悉驚惶
王獨走入深山林　臨河蘇息無人伴
牝母師子在山藪　見王獨坐逼王身
衆生惡業宿緣在　轉種地獄苦無量
王與師子夙因緣　欲情俱起共交會
多劫食肉殺生者　宿習故入師子胎

018 《師子素馱娑王斷肉經》一卷

(唐）釋智嚴譯　明崇禎壬午（十五年，1642）泰和蕭士瑋刻本

版框高 22.9 厘米，寬 15.6 厘米。半葉十行，行二十字，四周雙邊。

民族 056-003-00005；臺灣 144 頁 · 458；故宮 56 · 460

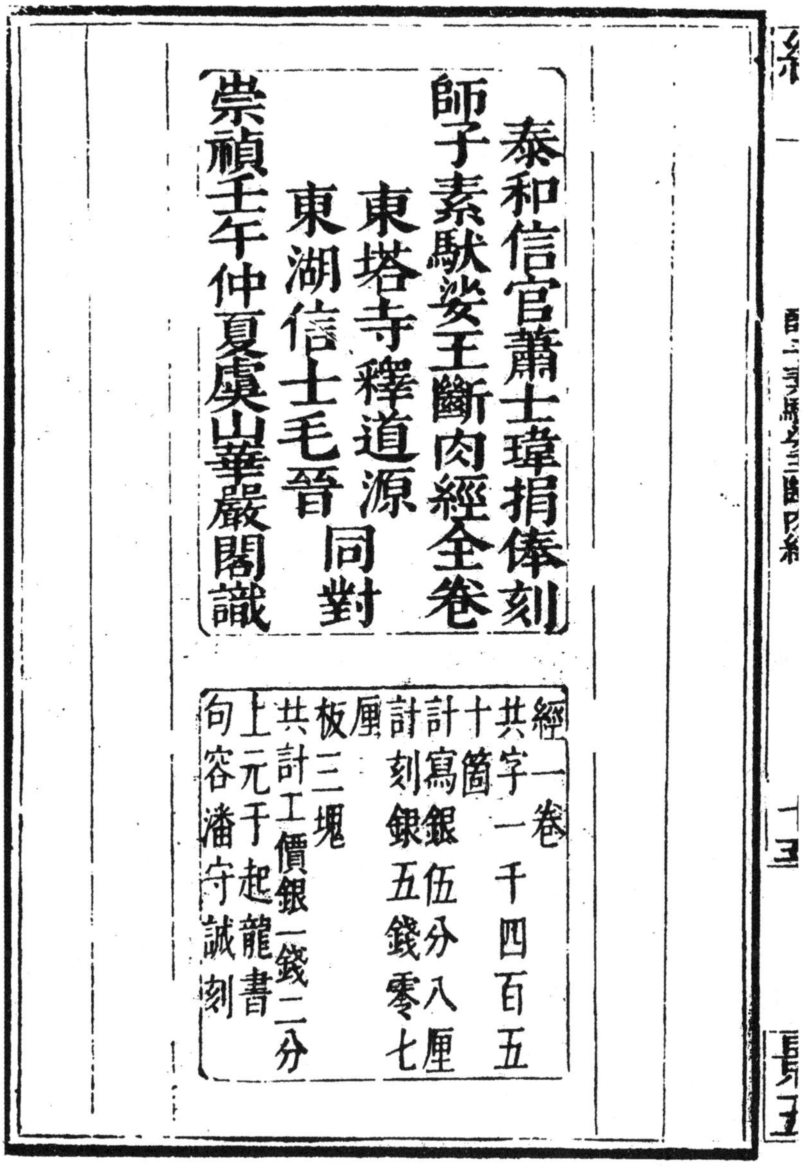
泰和信官蕭士璋捐俸刻
師子素馱娑王斷肉經全卷
東塔寺釋道源
東湖信士毛晉　同對
崇禎壬午仲夏虞山華嚴閣識

經一卷
共字一千四百五
十箇
計寫銀伍分八厘
計刻銀五錢零七
厘
板三塊
共計工價銀一錢二分
上元于起龍書
句容潘守誠刻

牌記云:“泰和信官蕭士璋捐俸刻《師子素馱娑王斷肉經》全卷,東塔寺釋道源、東湖信士毛晉同對,崇禎壬午仲夏虞山華嚴閣識。經一卷,共字一千四百五十箇,計寫銀伍分八厘,計刻銀五錢零七厘,板三塊,共計工價銀一錢二分,上元于起龍書,句容潘守誠刻。”景五。

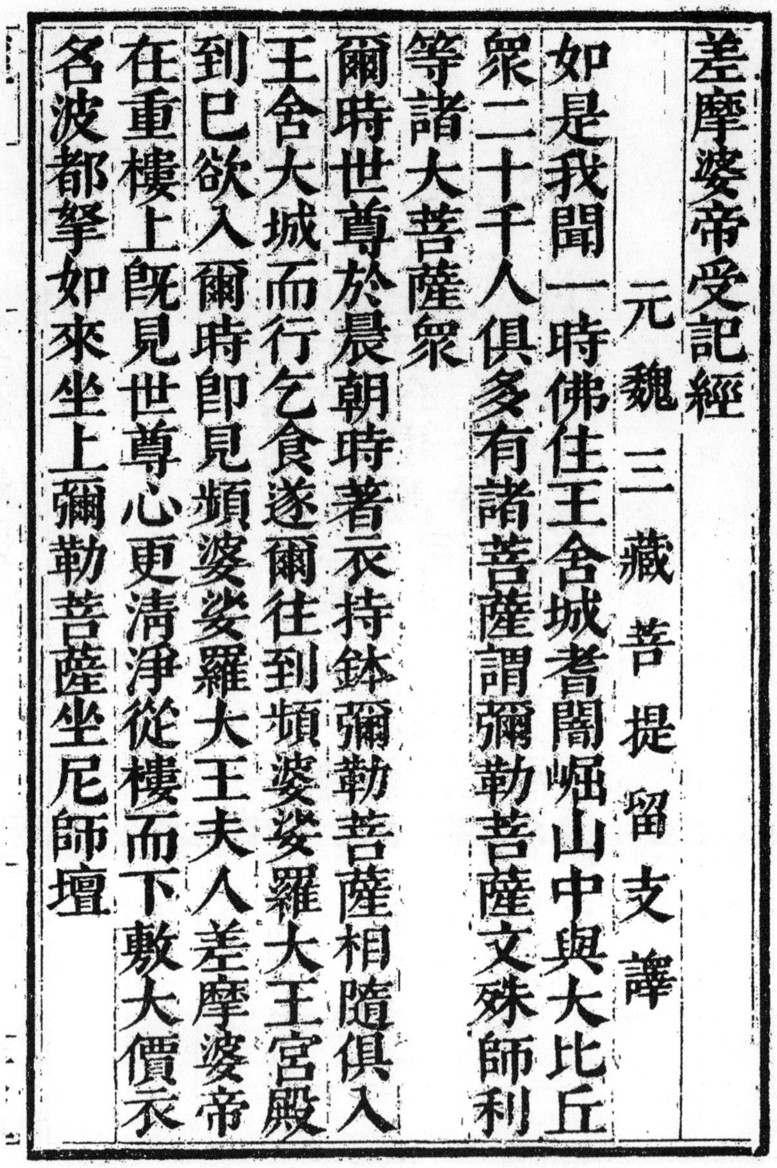
差摩婆帝受記經
元魏三藏菩提留支譯
如是我聞一時佛住王舍城耆闍崛山中與大比丘
衆二十千人俱多有諸菩薩謂彌勒菩薩文殊師利
等諸大菩薩衆
爾時世尊於晨朝時著衣持鉢彌勒菩薩相隨俱入
王舍大城而行乞食遂爾往到頻婆娑羅大王宮殿
到已欲入爾時卽見頻婆娑羅大王夫人差摩婆帝
在重樓上旣見世尊心更清淨從樓而下敷大價衣
各波都挐如來坐上彌勒菩薩坐尼師壇

019 《差摩婆帝受記經》一卷

（北魏）釋菩提留支譯　明崇禎壬午（十五年，1642）泰和蕭士瑋刻本

版框高 22.7 厘米，寬 15.6 厘米。半葉十行，行二十字，四周雙邊。

民族 056-003-00006；臺灣 144 頁・459；故宮 56・461

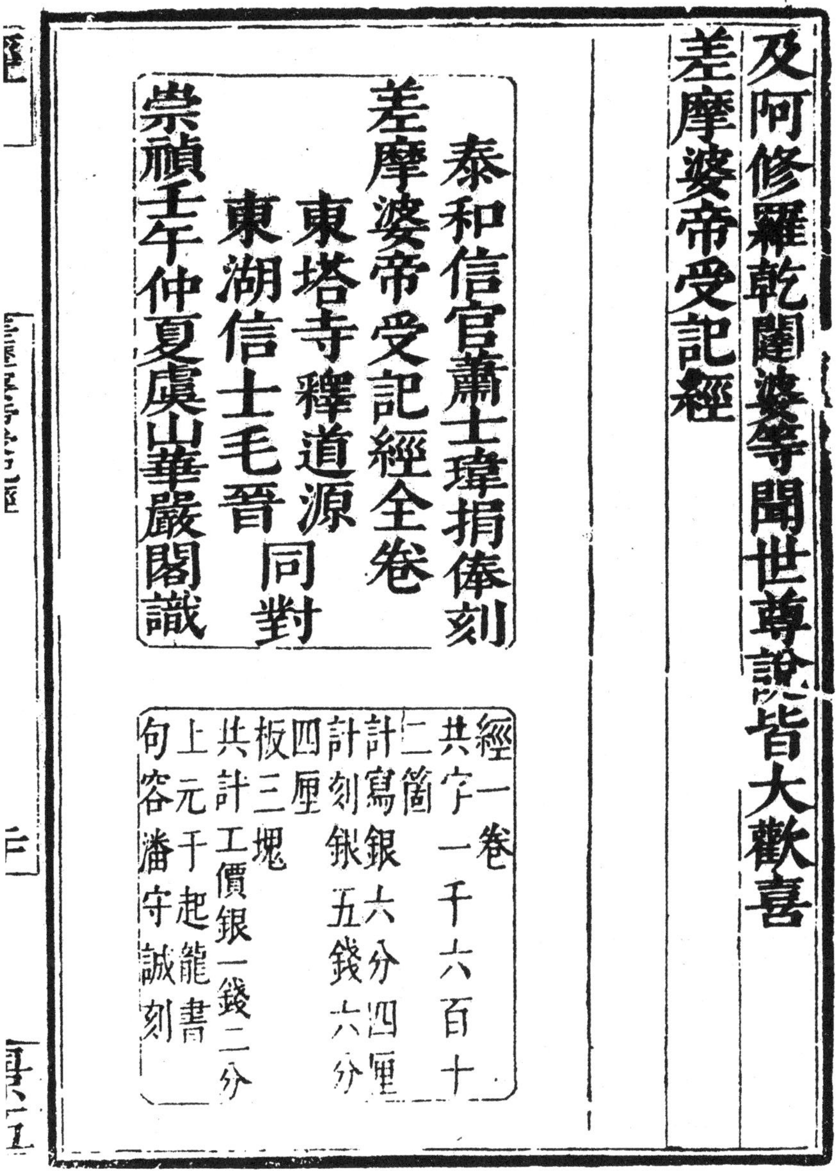
及阿修羅乾闥婆等聞世尊說皆大歡喜

差摩婆帝受記經

泰和信官蕭士瑋捐俸刻
差摩婆帝受記經全卷
東塔寺釋道源
東湖信士毛晉　同對
崇禎壬午仲夏虞山華嚴閣識

經一卷
共字一千六百十
二箇
計寫銀六分四厘
計刻銀五錢六分
四厘
板三塊
共計工價銀一錢二分
上元于起龍書
句容潘守誠刻

牌記云："泰和信官蕭士瑋捐俸刻《差摩婆帝受記經》全卷，東塔寺釋道源、東湖信士毛晉同對，崇禎壬午仲夏虞山華嚴閣識。經一卷，共字一千六百十二箇，計寫銀六分四厘，計刻銀五錢六分四厘，板三塊，共計工價銀一錢二分，上元于起龍書，句容潘守誠刻。"景五。

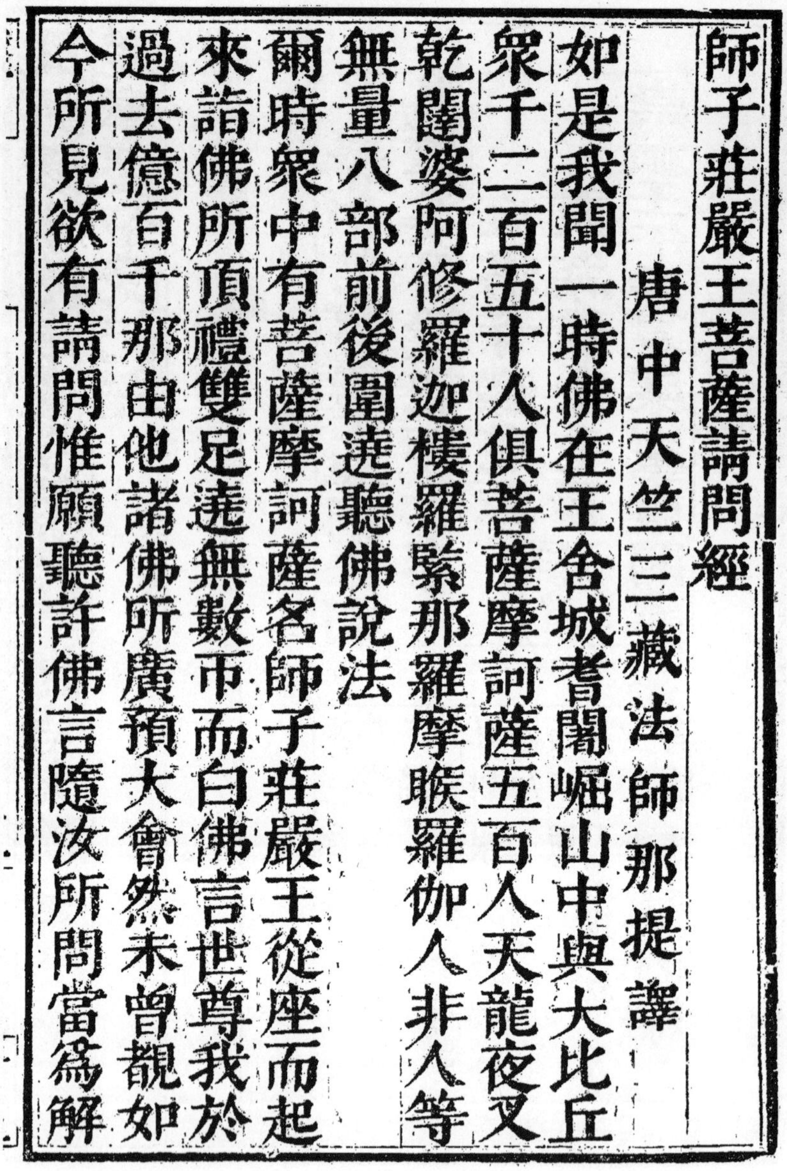
師子莊嚴王菩薩請問經
唐中天竺三藏法師那提譯
如是我聞一時佛在王舍城耆闍崛山中與大比丘
衆千二百五十人俱菩薩摩訶薩五百人天龍夜叉
乾闥婆阿修羅迦樓羅緊那羅摩睺羅伽人非人等
無量八部前後圍遶聽佛說法
爾時衆中有菩薩摩訶薩名師子莊嚴王從座而起
來詣佛所頂禮雙足遶無數帀而白佛言世尊我於
過去億百千那由他諸佛所廣預大會然未曾覩如
今所見欲有請問惟願聽許佛言隨汝所問當爲解

020 《師子莊嚴王菩薩請問經》一卷

(唐) 釋那提譯　明崇禎壬午（十五年，1642）泰和蕭士瑋刻本

版框高 22.6 厘米，寬 15.5 厘米。半葉十行，行二十字，四周雙邊。

民族 056-003-00007；臺灣 145 頁 · 460；故宮 56 · 462

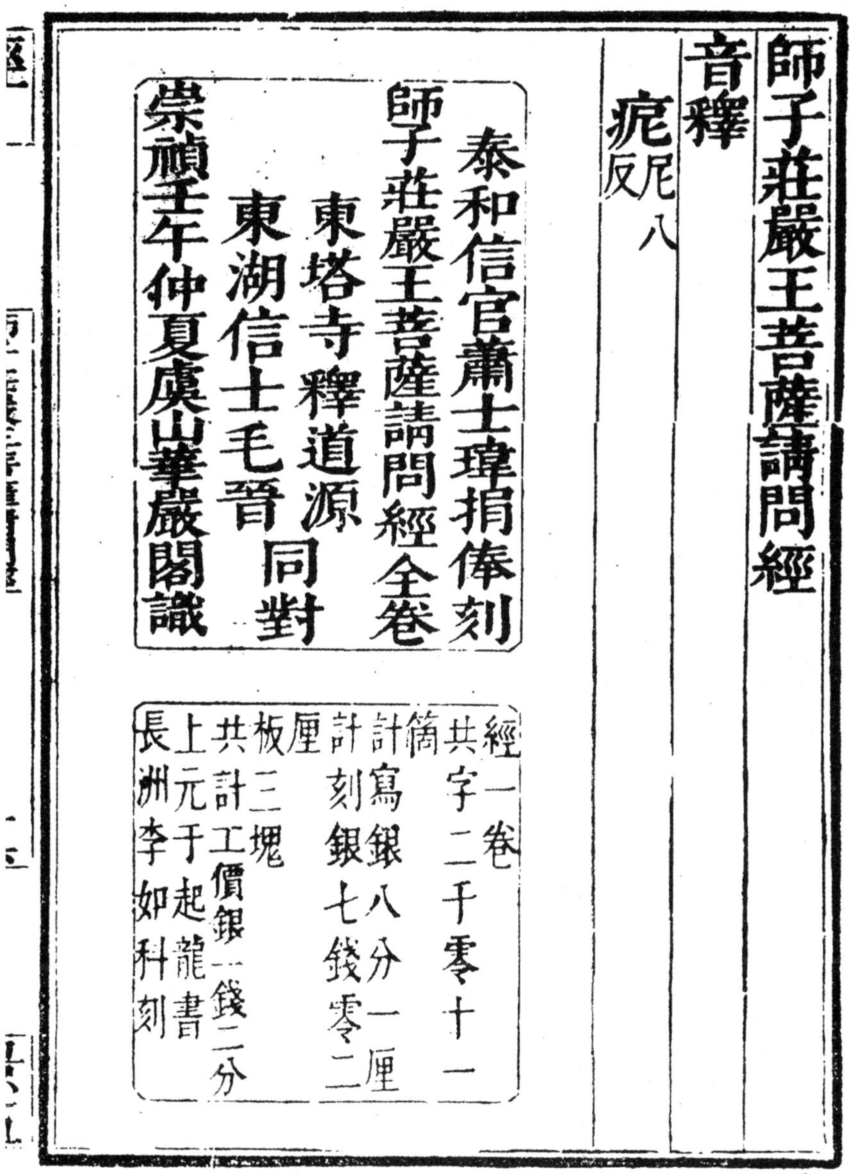
師子莊嚴王菩薩請問經

音釋

疕尼八反

泰和信官蕭士瑋捐俸刻
師子莊嚴王菩薩請問經全卷
東塔寺釋道源
東湖信士毛晉　同對
崇禎壬午仲夏虞山華嚴閣識

經一卷
共字二千零十一
箇
計寫銀八分一厘
計刻銀七錢零二
厘
板三塊
共計工價銀一錢二分
上元于起龍書
長洲李如科刻

牌記云："泰和信官蕭士瑋捐俸刻《師子莊嚴王菩薩請問經》全卷，東塔寺釋道源、東湖信士毛晉同對，崇禎壬午仲夏虞山華嚴閣識。經一卷，共字二千零十一箇，計寫銀八分一厘，計刻銀七錢零二厘，板三塊，共計工價銀一錢二分，上元于起龍書，長洲李如科刻。"景五。

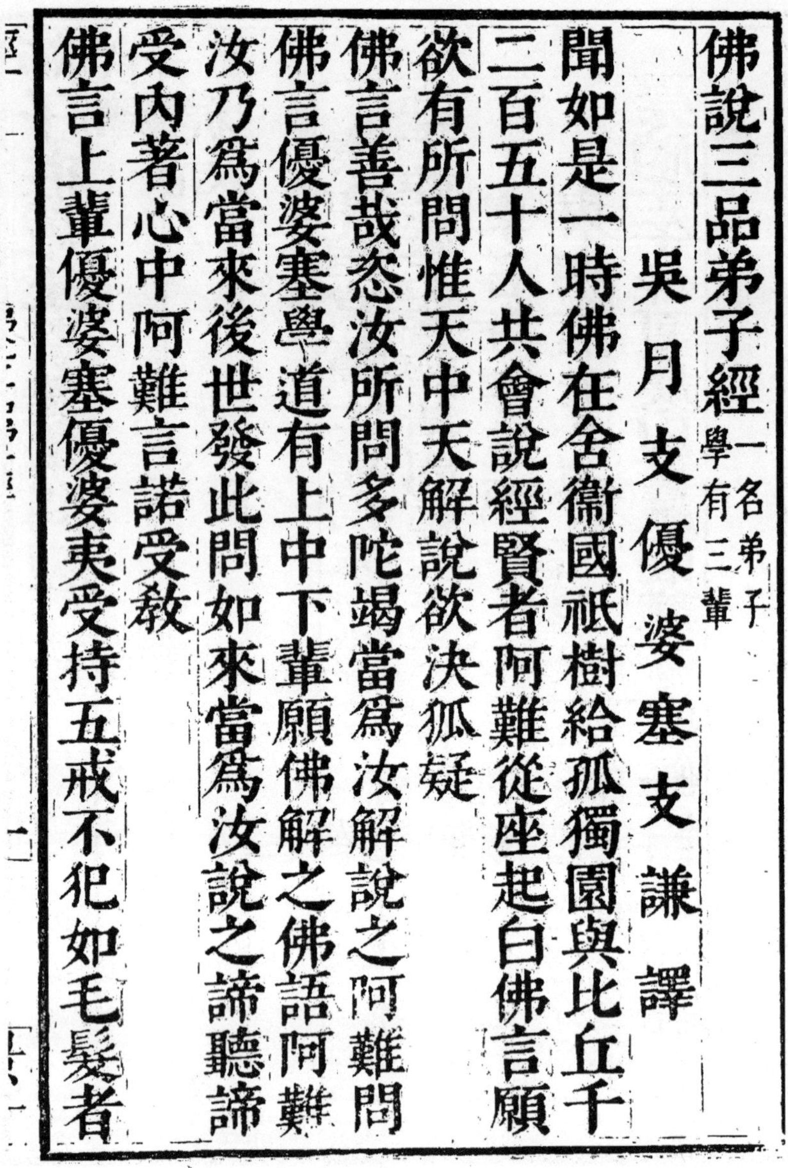
佛說三品弟子經一名弟子學有三輩
吳月支優婆塞支謙譯
聞如是一時佛在舍衛國祇樹給孤獨園與比丘千
二百五十人共會說經賢者阿難從座起白佛言願
欲有所問惟天中天解說欲決狐疑
佛言善哉悉汝所問多陀竭當爲汝解說之阿難問
佛言優婆塞學道有上中下輩願佛解之佛語阿難
汝乃爲當來後世發此問如來當爲汝說之諦聽諦
受內著心中阿難言諾受教
佛言上輩優婆塞優婆夷受持五戒不犯如毛髮者

021 《佛說三品弟子經》一卷（一名《弟子學有三輩》）

（三國吳）釋支謙譯　明崇禎壬午（十五年，1642）泰和蕭士瑋刻本

版框高 22.6 厘米，寬 15.6 厘米。半葉十行，行二十字，四周雙邊。

民族 056-004-00005；臺灣 146 頁 · 464；故宮 56 · 466

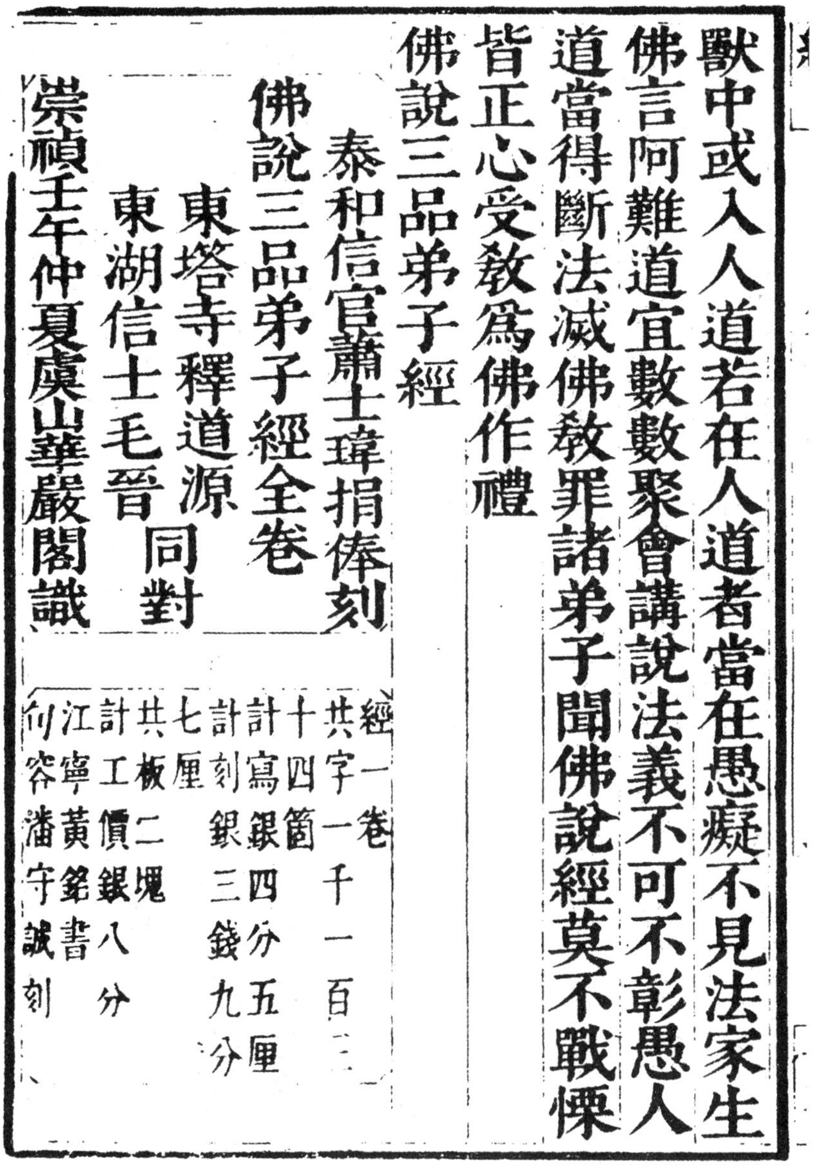
獸中或入人道若在人道者當在愚癡不見法家生
佛言阿難道宜數數聚會講說法義不可不彰愚人
道當得斷法滅佛教罪諸弟子聞佛說經莫不戰慄
皆正心受教爲佛作禮
佛說三品弟子經
泰和信官蕭士瑋捐俸刻
佛說三品弟子經全卷
東塔寺釋道源
東湖信士毛晉　同對
崇禎壬午仲夏虞山華嚴閣識
經一卷
共字一千一百三
十四箇
計寫銀四分五厘
計刻銀三錢九分
七厘
共板二塊
計工價銀八分
江寧黃銘書
句容潘守誠刻

牌記云："泰和信官蕭士瑋捐俸刻《佛說三品弟子經》全卷，東塔寺釋道源、東湖信士毛晉同對，崇禎壬午仲夏虞山華嚴閣識。經一卷，共字一千一百三十四箇，計寫銀四分五厘，計刻銀三錢九分七厘，共板二塊，計工價銀八分，江寧黃銘書，句容潘守誠刻。"景十。

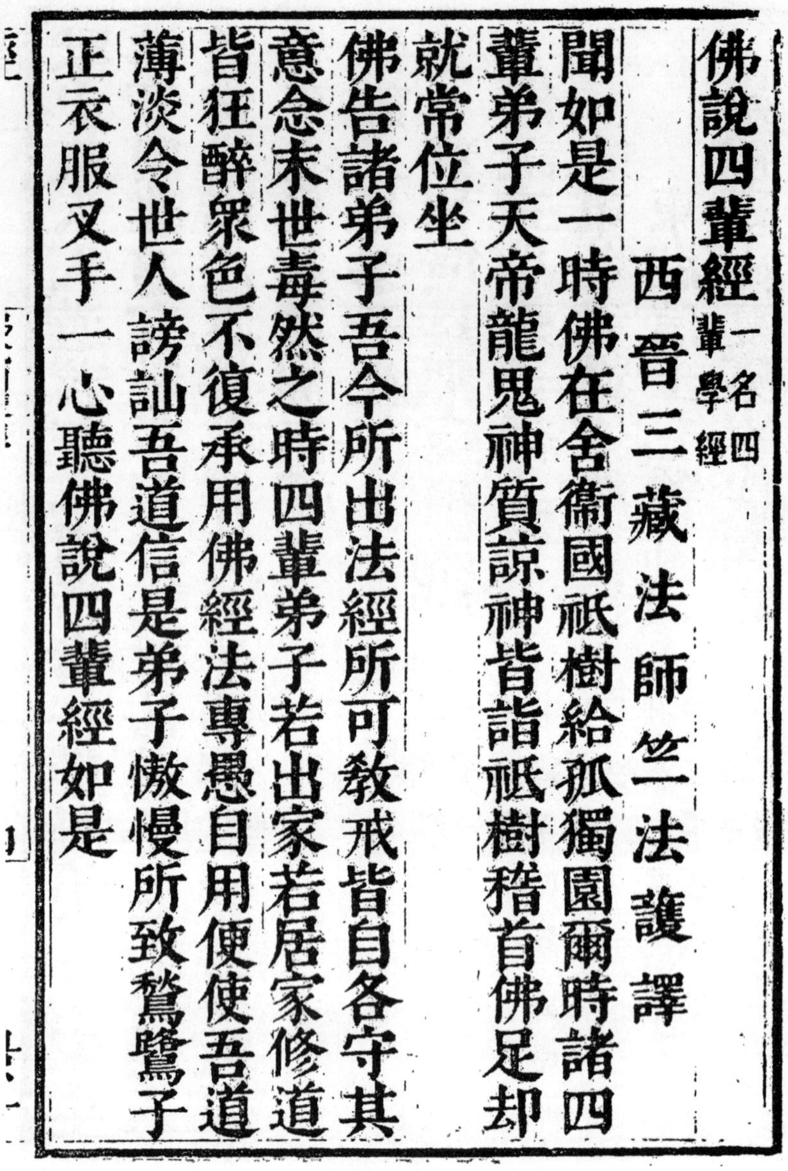

佛說四輩經 一名四輩學經

西晉三藏法師竺法護譯

聞如是一時佛在舍衛國祇樹給孤獨園爾時諸四輩弟子天帝龍鬼神質諒神皆詣祇樹稽首佛足却就常位坐

佛告諸弟子吾今所出法經所可教戒皆自各守其意念末世毒然之時四輩弟子若出家若居家修道皆狂醉衆色不復承用佛經法專愚自用便使吾道薄淡令世人謗訕吾道信是弟子慠慢所致鴛鷺子正衣服叉手一心聽佛說四輩經如是

022 《佛說四輩經》一卷（一名《四輩學經》）

（西晉）釋竺法護譯　明崇禎壬午（十五年，1642）常熟毛鳳苞刻本

版框高 22.5 厘米，寬 15.5 厘米。半葉十行，行二十字，四周雙邊。

民族 056-004-00006；臺灣 146 頁 · 465；故宮 56 · 467

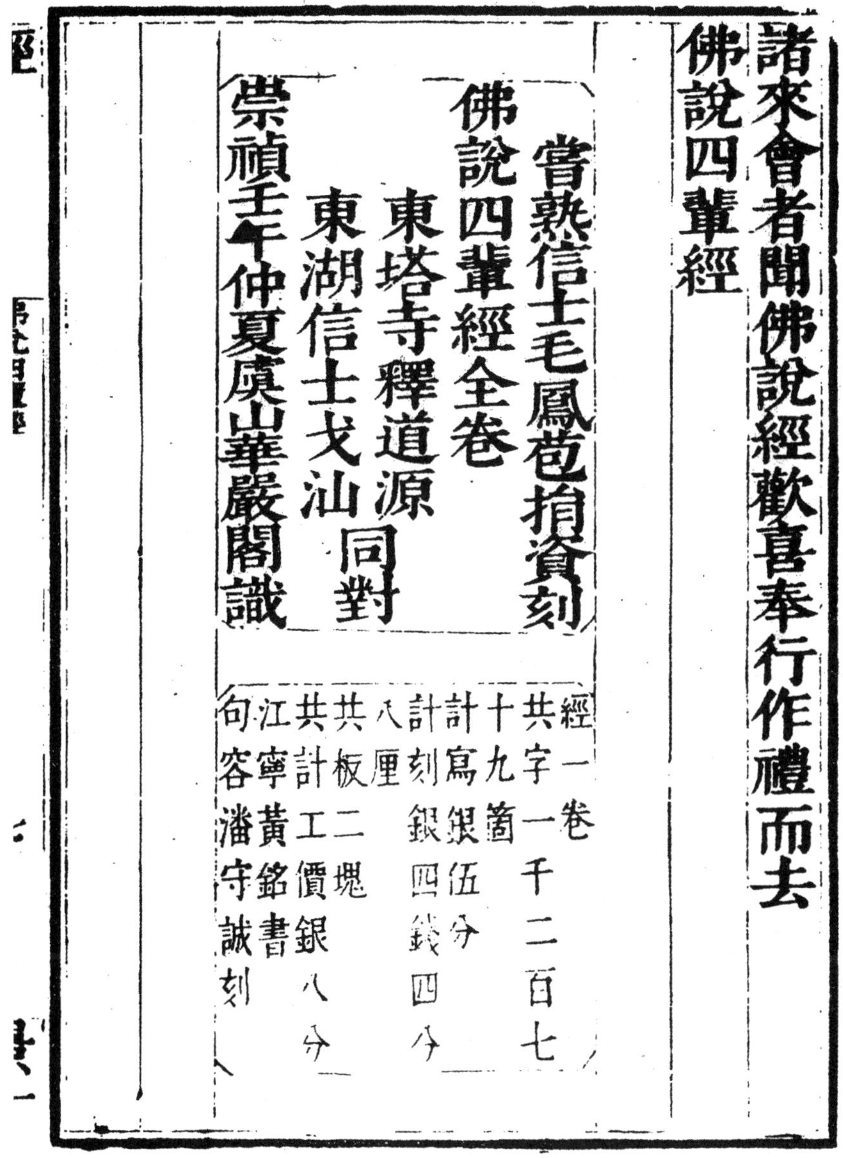

諸來會者聞佛說經歡喜奉行作禮而去

佛說四輩經

嘗熟信士毛鳳苞捐資刻
佛說四輩經全卷
東塔寺釋道源
東湖信士戈汕 同對
崇禎壬午仲夏虞山華嚴閣識

經一卷
共字一千二百七
十九箇
計寫銀伍分
計刻銀四錢四分
八厘
共板二塊
共計工價銀八分
江寧黃銘書
句容潘守誠刻

牌記云："嘗熟信士毛鳳苞捐資刻《佛說四輩經》全卷，東塔寺釋道源、東湖信士戈汕同對，崇禎壬午仲夏虞山華嚴閣識。經一卷，共字一千二百七十九箇，計寫銀伍分，計刻銀四錢四分八厘，共板二塊，共計工價銀八分，江寧黃銘書，句容潘守誠刻。"景十。

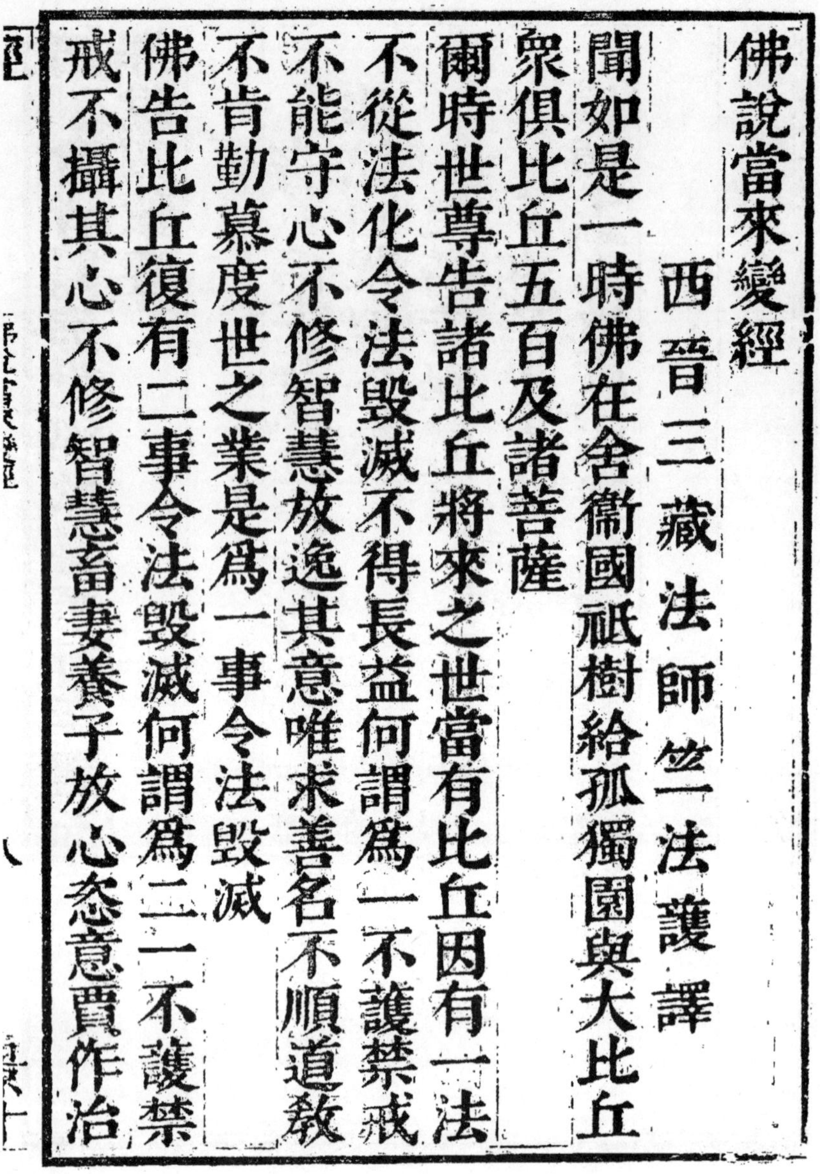

佛說當來變經

西晉三藏法師竺法護譯

聞如是一時佛在舍衛國祇樹給孤獨園與大比丘衆俱比丘五百及諸菩薩

爾時世尊告諸比丘將來之世當有比丘因有一法不從法化令法毀滅不得長益何謂爲一不護禁戒不能守心不修智慧放逸其意唯求善名不順道教不肯勤慕度世之業是爲一事令法毀滅

佛告比丘復有二事令法毀滅何謂爲二一不護禁戒不攝其心不修智慧畜妻養子放心恣意賈作治

023 《佛說當來變經》一卷

（西晉）釋竺法護譯　明崇禎壬午（十五年，1642）泰和蕭士瑋刻本

版框高 22.4 厘米，寬 15.4 厘米。半葉十行，行二十字，四周雙邊。

民族 056-004-00007；臺灣 147 頁 · 466；故宮 56 · 468

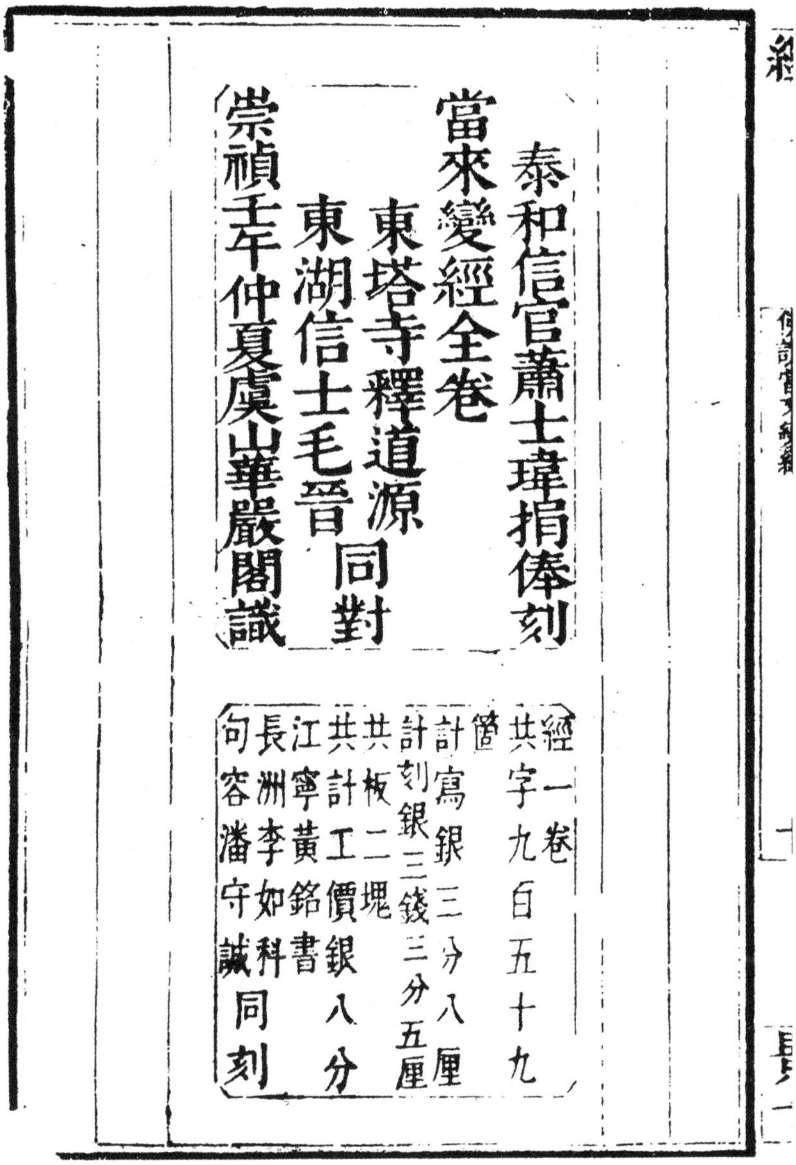
泰和信官蕭士瑋捐俸刻
當來變經全卷
東塔寺釋道源
東湖信士毛晉　同對
崇禎壬午仲夏虞山華嚴閣識

經一卷
共字九百五十九
箇
計寫銀三分八厘
計刻銀三錢三分五厘
共板二塊
共計工價銀八分
江寧黃銘書
長洲李如科
句容潘守誠同刻

牌記云:"泰和信官蕭士瑋捐俸刻《當來變經》全卷,東塔寺釋道源、東湖信士毛晉同對,崇禎壬午仲夏虞山華嚴閣識。經一卷,共字九百五十九箇,計寫銀三分八厘,計刻銀三錢三分五厘,共板二塊,共計工價銀八分,江寧黃銘書,長洲李如科、句容潘守誠同刻。"

景十。

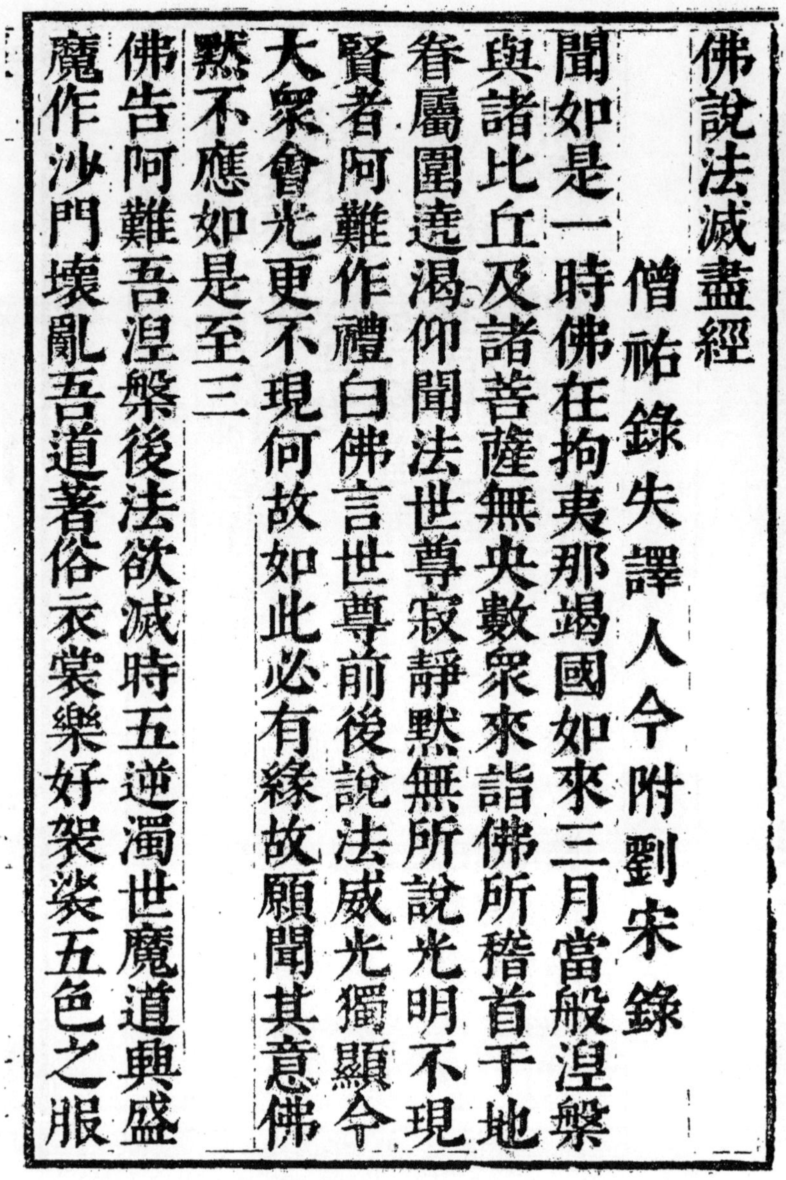

佛說法滅盡經
僧祐錄失譯人今附劉宋錄
聞如是一時佛在拘夷那竭國如來三月當般涅槃
與諸比丘及諸菩薩無央數衆來詣佛所稽首于地
眷屬圍遶渴仰聞法世尊寂靜默無所說光明不現
賢者阿難作禮白佛言世尊前後說法威光獨顯今
大衆會光更不現何故如此必有緣故願聞其意佛
默不應如是至三
佛告阿難吾涅槃後法欲滅時五逆濁世魔道興盛
魔作沙門壞亂吾道著俗衣裳樂好袈裟五色之服

024 《佛說法滅盡經》一卷

不著譯人　明崇禎壬午（十五年，1642）泰和蕭士瑋刻本

版框高 22.4 厘米，寬 15.3 厘米。半葉十行，行二十字，四周雙邊。

民族 056-004-00008；臺灣 147 頁 · 468；故宮 56 · 470

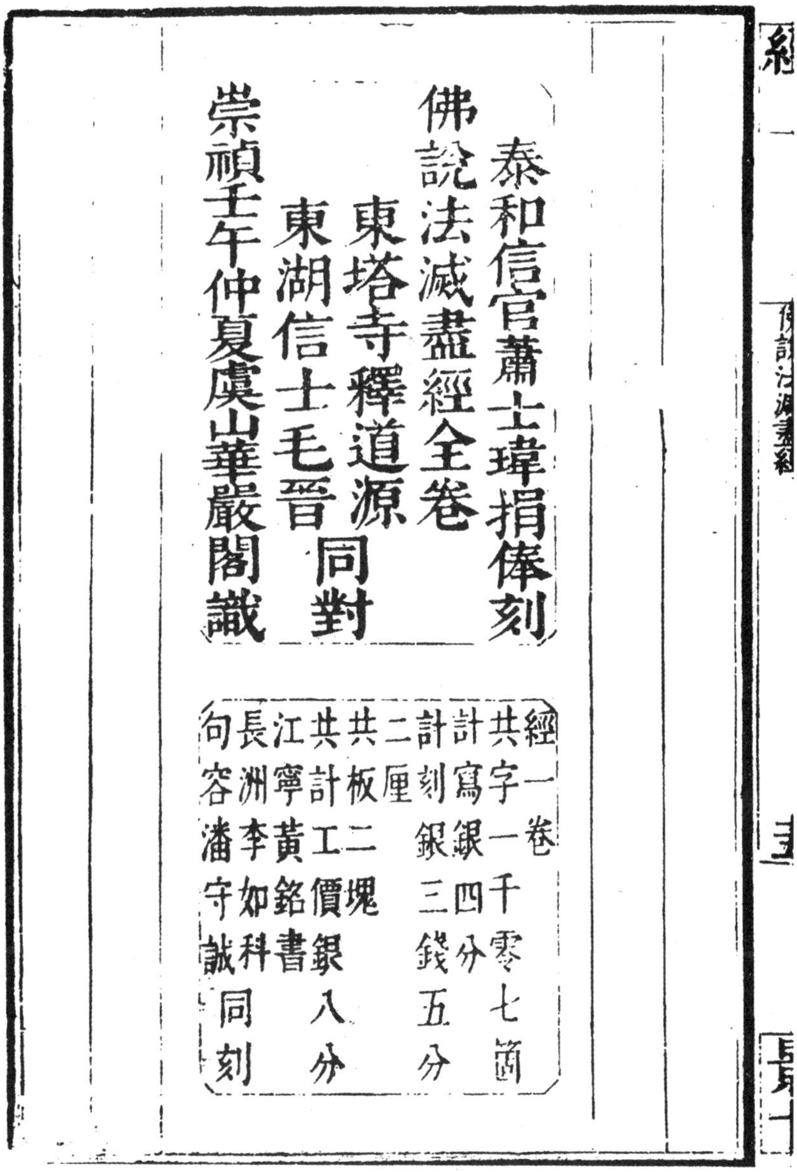
泰和信官蕭士瑋捐俸刻
佛說法滅盡經全卷
東塔寺釋道源
東湖信士毛晉　同對
崇禎壬午仲夏虞山華嚴閣識

經一卷
共字一千零七箇
計寫銀四分
計刻銀三錢五分
二厘
共板二塊
共計工價銀八分
江寧黄銘書
長洲李如科
句容潘守誠同刻

牌記云："泰和信官蕭士瑋捐俸刻《佛說法滅盡經》全卷，東塔寺釋道源、東湖信士毛晉同對，崇禎壬午仲夏虞山華嚴閣識。經一卷，共字一千零七箇，計寫銀四分，計刻銀三錢五分二厘，共板二塊，共計工價銀八分，江寧黄銘書，長洲李如科、句容潘守誠同刻。"景十。

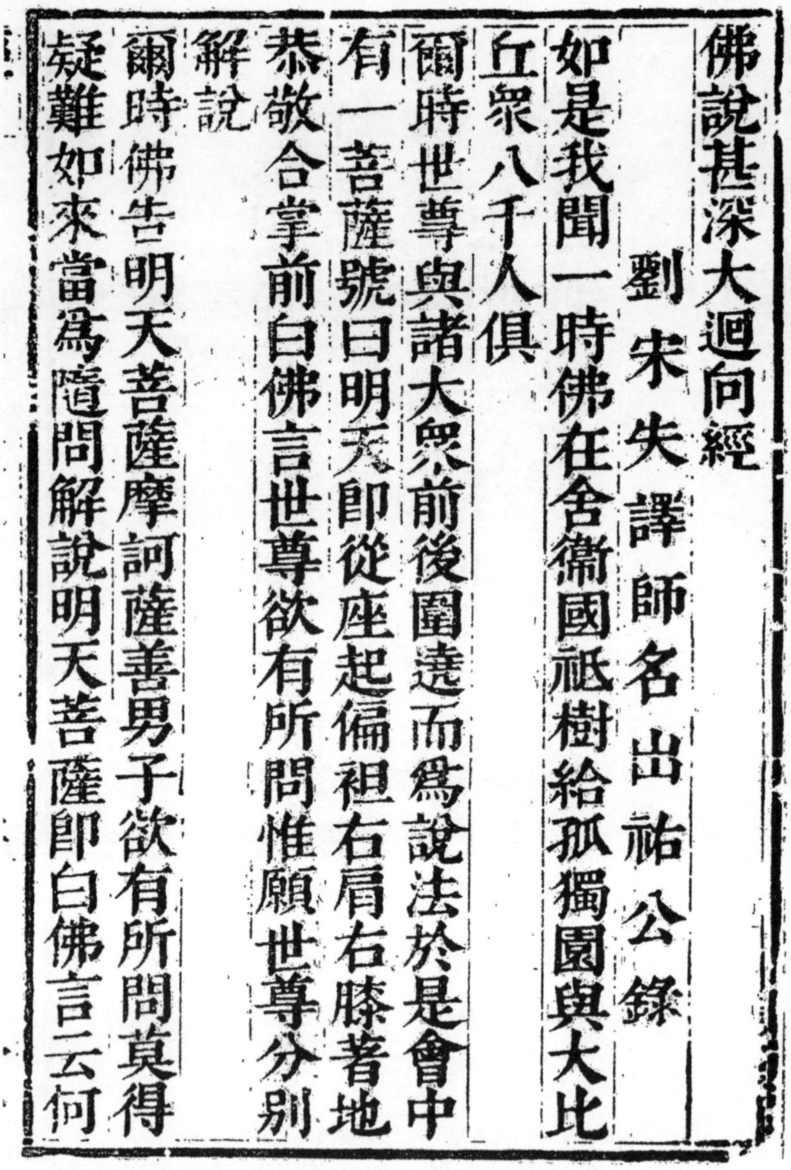

佛說甚深大迴向經

劉宋失譯師名出祐公錄

如是我聞一時佛在舍衛國祇樹給孤獨園與大比丘衆八千人俱

爾時世尊與諸大衆前後圍遶而爲說法於是會中有一菩薩號曰明天即從座起偏袒右肩右膝著地恭敬合掌前白佛言世尊欲有所問惟願世尊分別解說

爾時佛告明天菩薩摩訶薩善男子欲有所問莫得疑難如來當爲隨問解說明天菩薩即白佛言云何

025《佛說甚深大迴向經》一卷

不著譯人　明崇禎壬午（十五年，1642）泰和蕭士瑋刻本

版框高 22.5 厘米，寬 15.4 厘米。半葉十行，行二十字，四周雙邊。

民族 056-004-00009；臺灣 147 頁 · 469；故宮 56 · 471

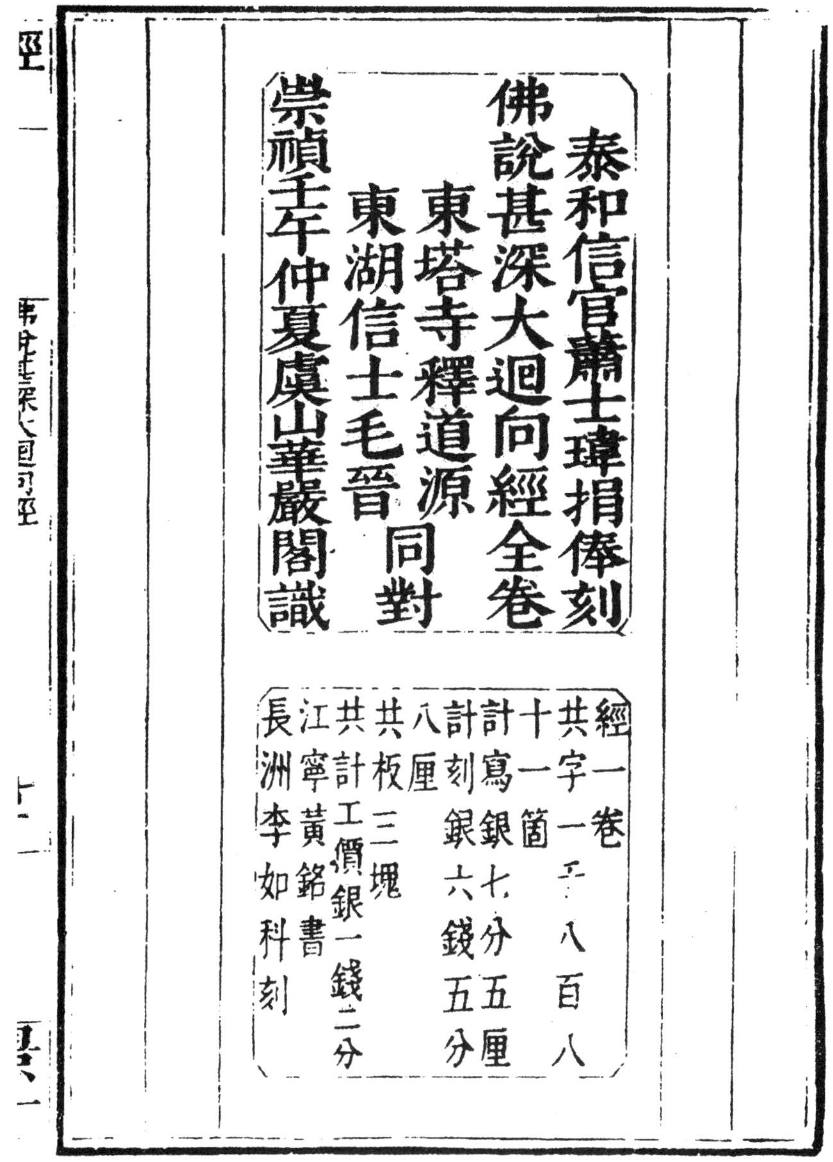

泰和信官蕭士瑋捐俸刻
佛說甚深大迴向經全卷
東塔寺釋道源
東湖信士毛晉　同對
崇禎壬午仲夏虞山華嚴閣識

經一卷
共字一千八百八
十一箇
計寫銀七分五厘
計刻銀六錢五分
八厘
共板三塊
共計工價銀一錢二分
江寧黃銘書
長洲李如科刻

牌記云:"泰和信官蕭士瑋捐俸刻《佛說甚深大迴向經》全卷，東塔寺釋道源、東湖信士毛晉同對，崇禎壬午仲夏虞山華嚴閣識。經一卷，共字一千八百八十一箇，計寫銀七分五厘，計刻銀六錢五分八厘，共板三塊，共計工價銀一錢二分，江寧黃銘書，長洲李如科刻。"

景十。

天王太子辟羅經

安公關中異經今附秦錄

聞如是一時佛在舍衛國祇樹給孤獨園天王太子名曰辟羅飛從天來下至佛所五體投地稽首足下却叉手住問佛言普世之人皆求衣食七寶諸樂官爵國土寧有實行求人不乎世尊歎曰大哉問也亦有國土珍寶諸欲行求索人辟羅又曰可意之願行求人者其義云何世尊卽曰凡有二行行善有福行惡有殃殃福追人猶影隨形辟羅言善哉善哉實如佛教惟我前世處世爲王念命無常意欲報施羣臣

026 《天王太子辟羅經》一卷

不著譯人　明崇禎壬午（十五年，1642）泰和蕭士瑋刻本

版框高 22.6 厘米，寬 15.4 厘米。半葉十行，行二十字，四周雙邊。

民族 056-004-00010；臺灣 148 頁 · 470；故宮 56 · 472

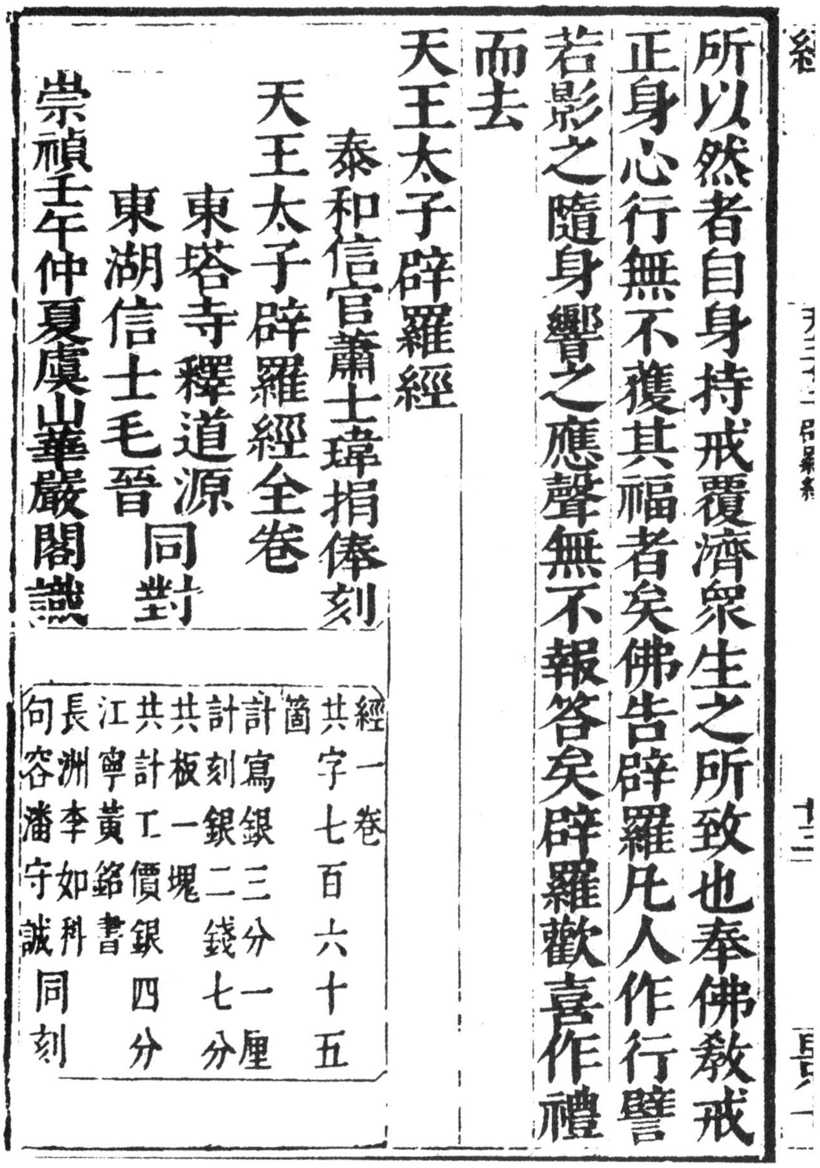
所以然者自身持戒覆濟衆生之所致也奉佛教戒正身心行無不獲其福者矣佛告辟羅凡人作行譬若影之隨身響之應聲無不報答矣辟羅歡喜作禮而去

天王太子辟羅經

泰和信官蕭士瑋捐俸刻

天王太子辟羅經全卷

東塔寺釋道源

東湖信士毛晉　同對

崇禎壬午仲夏虞山華嚴閣識

經一卷

共字七百六十五

箇

計寫銀三分一厘

計刻銀二錢七分

共板一塊

共計工價銀四分

江寧黃銘書

長洲李如科

句容潘守誠同刻

牌記云:“泰和信官蕭士瑋捐俸刻《天王太子辟羅經》全卷，東塔寺釋道源、東湖信士毛晉同對，崇禎壬午仲夏虞山華嚴閣識。經一卷，共字七百六十五箇，計寫銀三分一厘，計刻銀二錢七分，共板一塊，共計工價銀四分，江寧黃銘書，長洲李如科、句容潘守誠同刻。”景十。

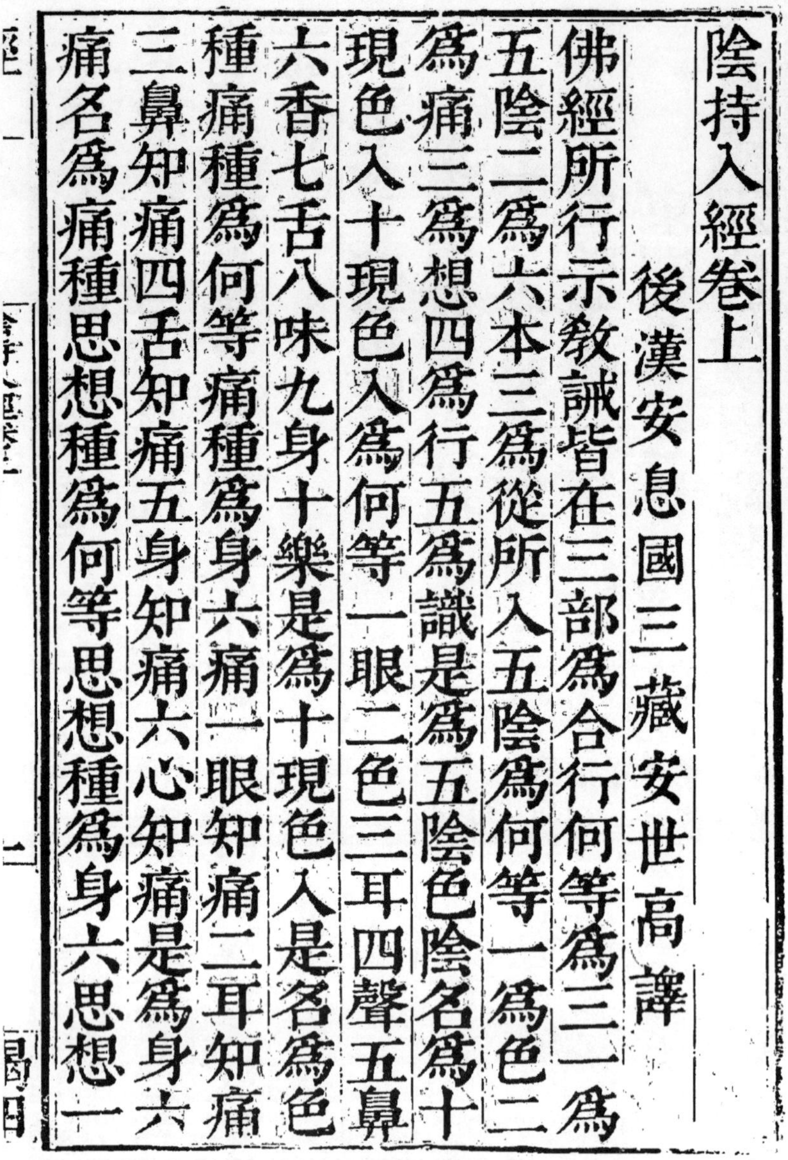

陰持入經卷上
後漢安息國三藏安世高譯
佛經所行示教誡皆在三部爲合行何等爲三一爲五陰二爲六本三爲從所入五陰爲何等一爲色二爲痛三爲想四爲行五爲識是爲五陰色陰名爲十現色入十現色入爲何等一眼二色三耳四聲五鼻六香七舌八味九身十樂是爲十現色入是名爲色種痛種爲何等痛種爲身六痛一眼知痛二耳知痛三鼻知痛四舌知痛五身知痛六心知痛是爲身六痛名爲痛種思想種爲何等思想種爲身六思想一

027 《陰持入經》二卷

(東漢) 釋安世高譯　明崇禎壬午（十五年，1642）武進張瑋刻本

版框高 22.5 厘米，寬 15.5 厘米。半葉十行，行二十字，四周雙邊。

民族 072-001-00002；臺灣 233 頁 · 762；故宮 72 · 778

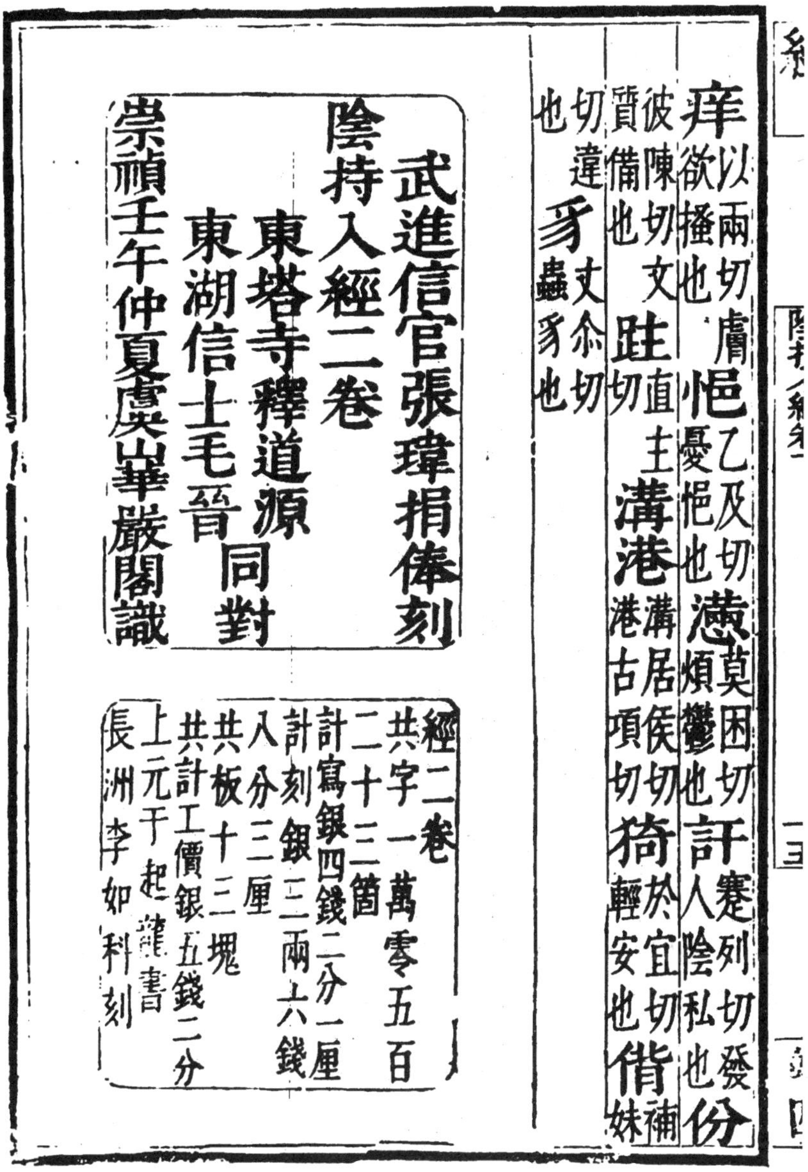
痒以兩切膚欲搔也悒乙及切憂悒也懣莫困切煩鬱也訐蹇列切發人陰私也份彼陳切文質備也駐直主切溝港溝居侯切港古項切猗於宜切輕安也俏補妹切違也豸丈尒切蟲豸也

武進信官張瑋捐俸刻
陰持入經二卷
東塔寺釋道源
東湖信士毛晉　同對
崇禎壬午仲夏虞山華嚴閣識

經二卷
共字一萬零五百
二十三箇
計寫銀四錢二分一厘
計刻銀三兩六錢
八分三厘
共板十三塊
共計工價銀五錢二分
上元于起龍書
長洲李如科刻

牌記云:“武進信官張瑋捐俸刻《陰持入經》二卷，東塔寺釋道源、東湖信士毛晉同對，崇禎壬午仲夏虞山華嚴閣識。經二卷，共字一萬零五百二十三箇，計寫銀四錢二分一厘，計刻銀三兩六錢八分三厘，共板十三塊，共計工價銀五錢二分，上元于起龍書，長洲李如科刻。”竭四至五。

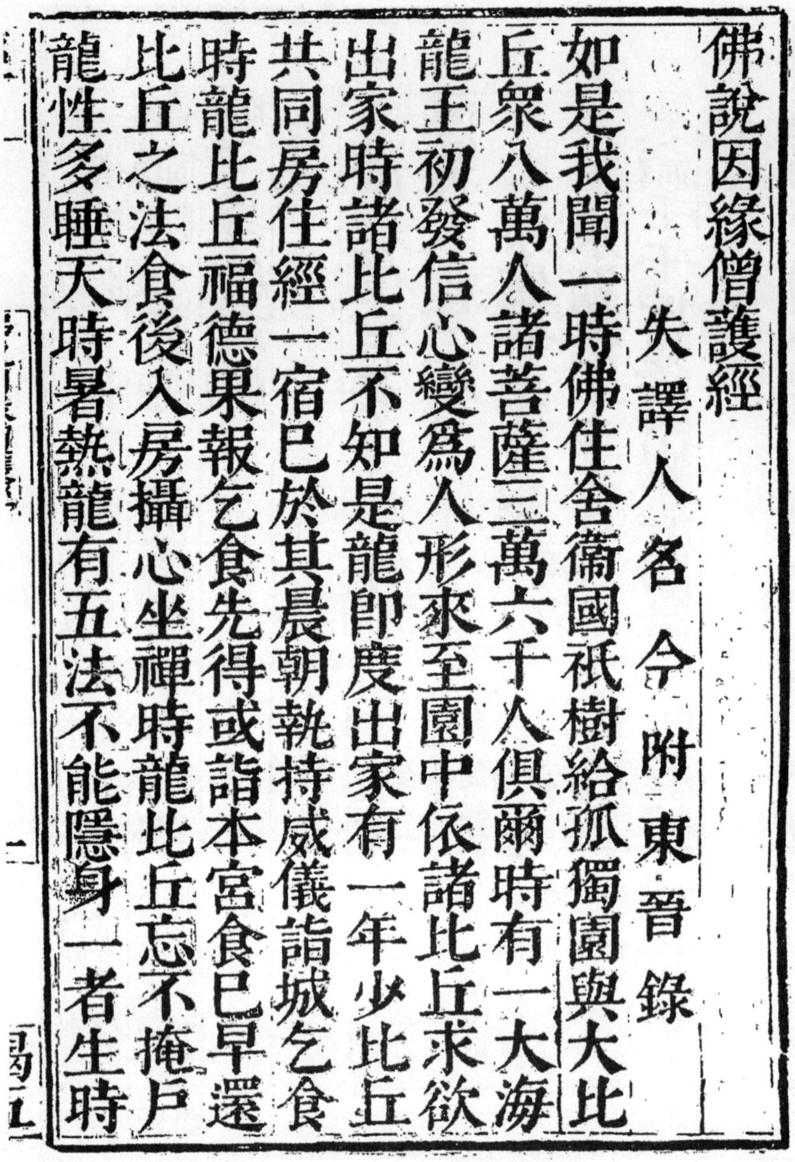

佛說因緣僧護經

失譯人名今附東晉錄

如是我聞一時佛住舍衛國祇樹給孤獨園與大比丘衆八萬人諸菩薩三萬六千人俱爾時有一大海龍王初發信心變爲人形來至園中依諸比丘求欲出家時諸比丘不知是龍卽度出家有一年少比丘共同房住經一宿已於其晨朝執持威儀詣城乞食時龍比丘福德果報乞食先得或詣本宮食已早還比丘之法食後入房攝心坐禪時龍比丘忘不掩戶龍性多睡天時暑熱龍有五法不能隱身一者生時

028 《佛說因緣僧護經》一卷

不著譯人　明崇禎壬午（十五年，1642）武進張瑋刻本

版框高 22.7 厘米，寬 15.3 厘米。半葉十行，行二十字，四周雙邊。

民族 072-002-00001；臺灣 234 頁 · 763；故宮 72 · 779

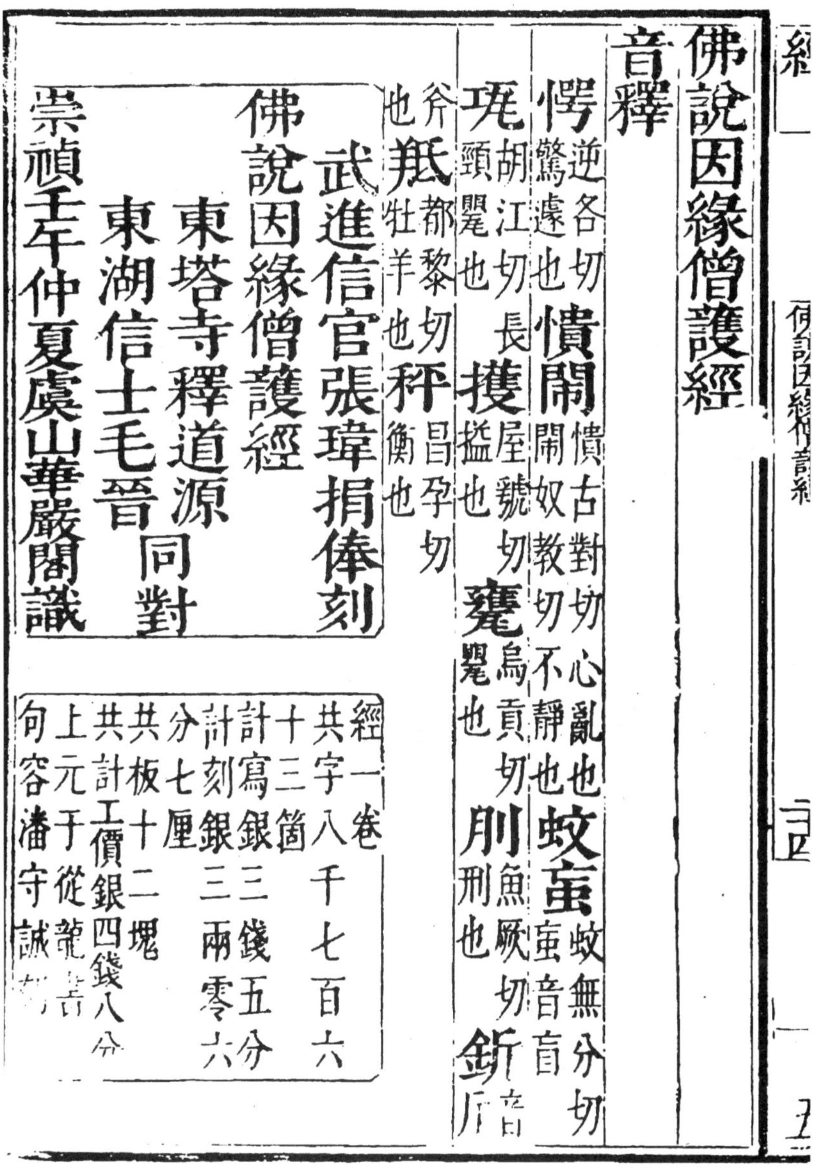

佛說因緣僧護經

音釋

愕 逆各切驚遽也 憒鬧 憒古對切心亂也鬧奴教切不靜也 蚊虻 蚊無分切虻音盲 瓨 胡江切長頸甖也 擭 屋虢切搤也 甕 烏貢切甖也 刖 魚厥切刑也 釿 音斤斧也 羝 都黎切牡羊也 秤 昌孕切衡也

武進信官張瑋捐俸刻

佛說因緣僧護經

東塔寺釋道源

東湖信士毛晉 同對

崇禎壬午仲夏虞山華嚴閣識

經一卷 共字八千七百六十三箇 計寫銀三錢五分 計刻銀三兩零六分七厘 共板十二塊 共計工價銀四錢八分 上元于從龍書 句容潘守誠刻

牌記云："武進信官張瑋捐俸刻《佛說因緣僧護經》，東塔寺釋道源、東湖信士毛晉同對，崇禎壬午仲夏虞山華嚴閣識。經一卷，共字八千七百六十三箇，計寫銀三錢五分，計刻銀三兩零六分七厘，共板十二塊，共計工價銀四錢八分，上元于從龍書，句容潘守誠刻。"竭五。

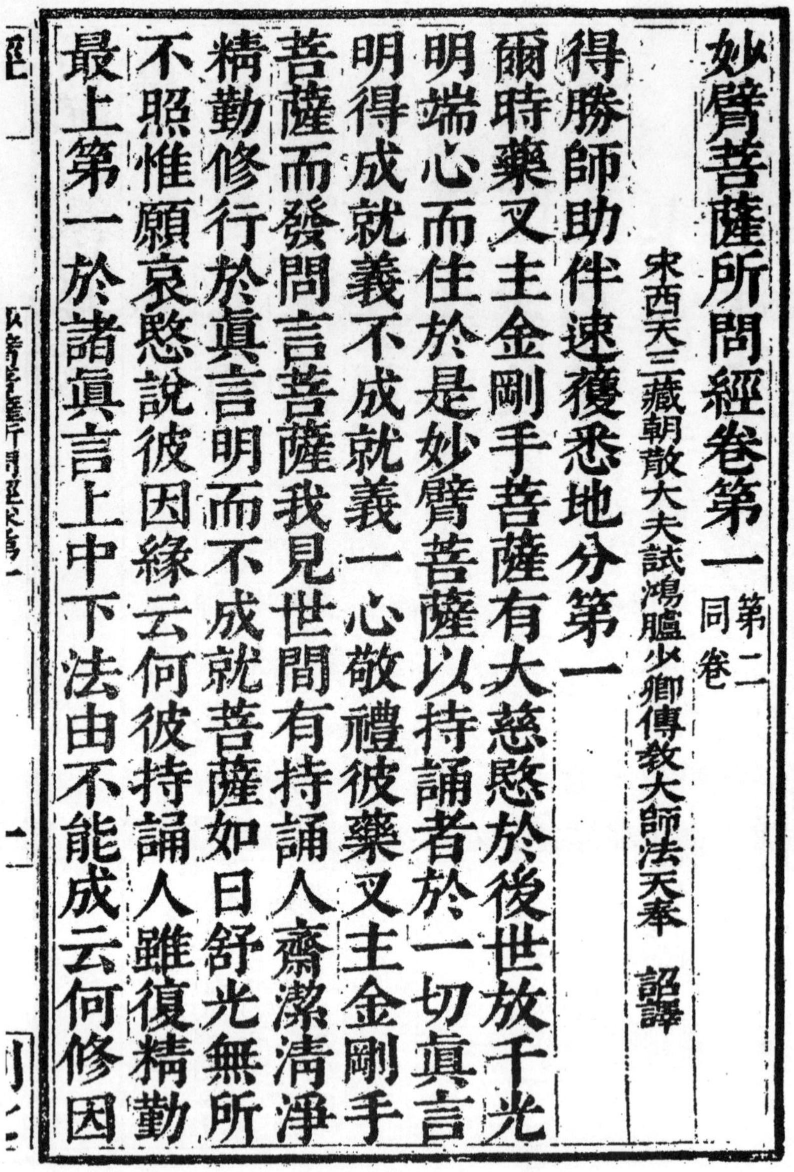
妙臂菩薩所問經卷第一 第二同卷
宋西天三藏朝散大夫試鴻臚少卿傳教大師法天奉　詔譯
得勝師助伴速獲悉地分第一
爾時藥叉主金剛手菩薩有大慈愍於後世放千光
明端心而住於是妙臂菩薩以持誦者於一切眞言
明得成就義不成就義一心敬禮彼藥叉主金剛手
菩薩而發問言菩薩我見世間有持誦人齋潔清淨
精勤修行於眞言明而不成就菩薩如日舒光無所
不照惟願哀愍說彼因緣云何彼持誦人雖復精勤
最上第一於諸眞言上中下法由不能成云何修因

029 《妙臂菩薩所問經》四卷

(宋) 釋法天譯　明崇禎壬午（十五年，1642）泰和蕭士瑋刻本

版框高 22.4 厘米，寬 15.3 厘米。半葉十行，行二十字，四周雙邊。

民族 072-008；臺灣 250 頁・804；故宮 72・820

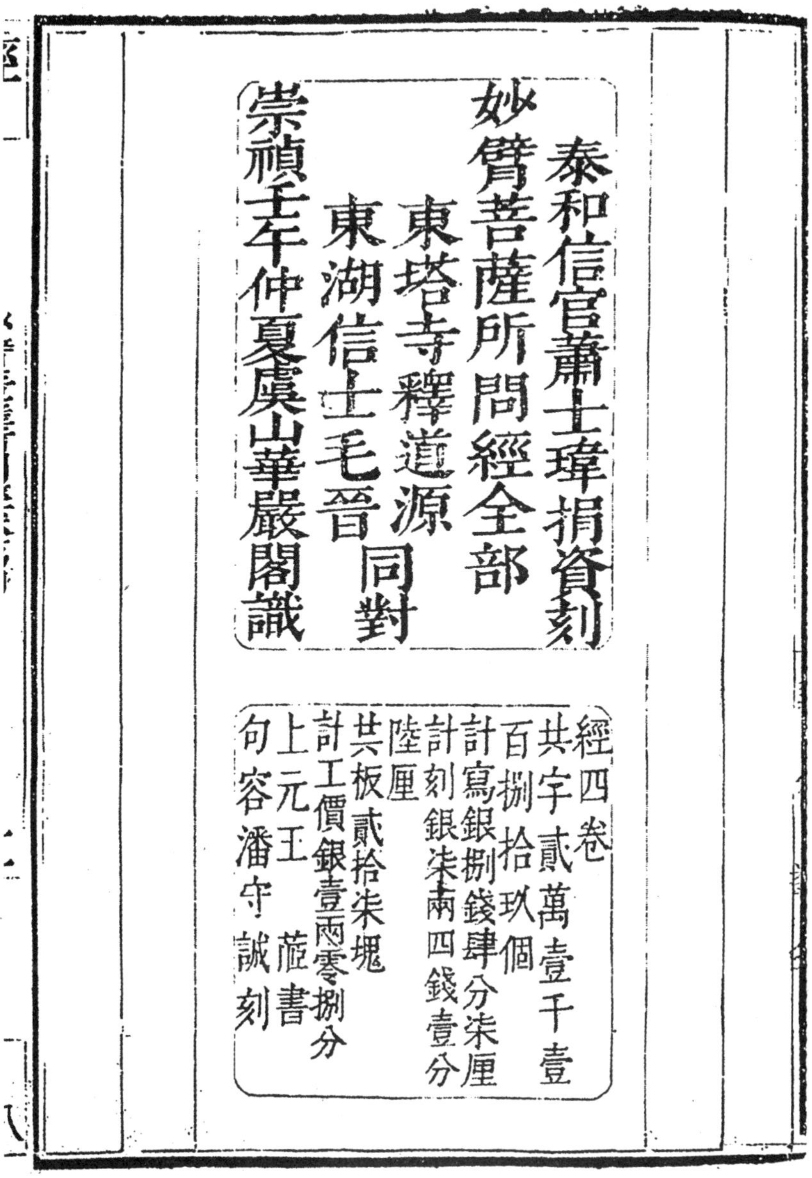
泰和信官蕭士瑋捐資刻
妙臂菩薩所問經全部
東塔寺釋道源
東湖信士毛晉　同對
崇禎壬午仲夏虞山華嚴閣識

經四卷
共字貳萬壹千壹
百捌拾玖個
計寫銀捌錢肆分柒厘
計刻銀柒兩四錢壹分
陸厘
共板貳拾柒塊
計工價銀壹兩零捌分
上元王莅書
句容潘守誠刻

牌記云："泰和信官蕭士瑋捐資刻《妙臂菩薩所問經》全部，東塔寺釋道源、東湖信士毛晉同對，崇禎壬午仲夏虞山華嚴閣識。經四卷，共字貳萬壹千壹百捌拾玖個，計寫銀捌錢肆分柒厘，計刻銀柒兩四錢壹分陸厘，共板貳拾柒塊，計工價銀壹兩零捌分，上元王莅書，句容潘守誠刻。"則七至八。

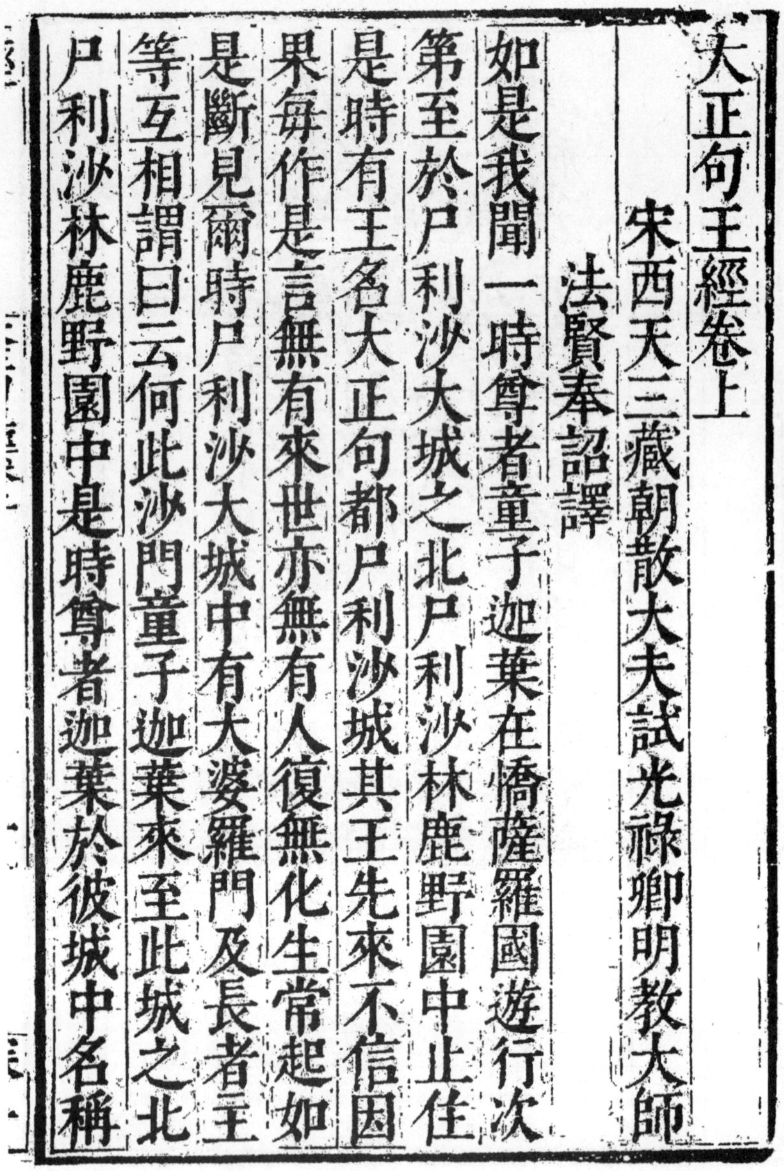

大正句王經卷上

宋西天三藏朝散大夫試光祿卿明教大師

法賢奉詔譯

如是我聞一時尊者童子迦葉在憍薩羅國遊行次第至於尸利沙大城之北尸利沙林鹿野園中止住是時有王名大正句都尸利沙城其王先來不信因果每作是言無有來世亦無有人復無化生常起如是斷見爾時尸利沙大城中有大婆羅門及長者主等互相謂曰云何此沙門童子迦葉來至此城之北尸利沙林鹿野園中是時尊者迦葉於彼城中名稱

030 《大正句王經》二卷

(宋) 釋法賢譯　明崇禎壬午（十五年，1642）泰和蕭士瑋刻本

版框高 22.9 厘米，寬 15.6 厘米。半葉十行，行二十字，四周雙邊。

民族 074-001-00001；臺灣 279 頁 · 886；故宫 72 · 902

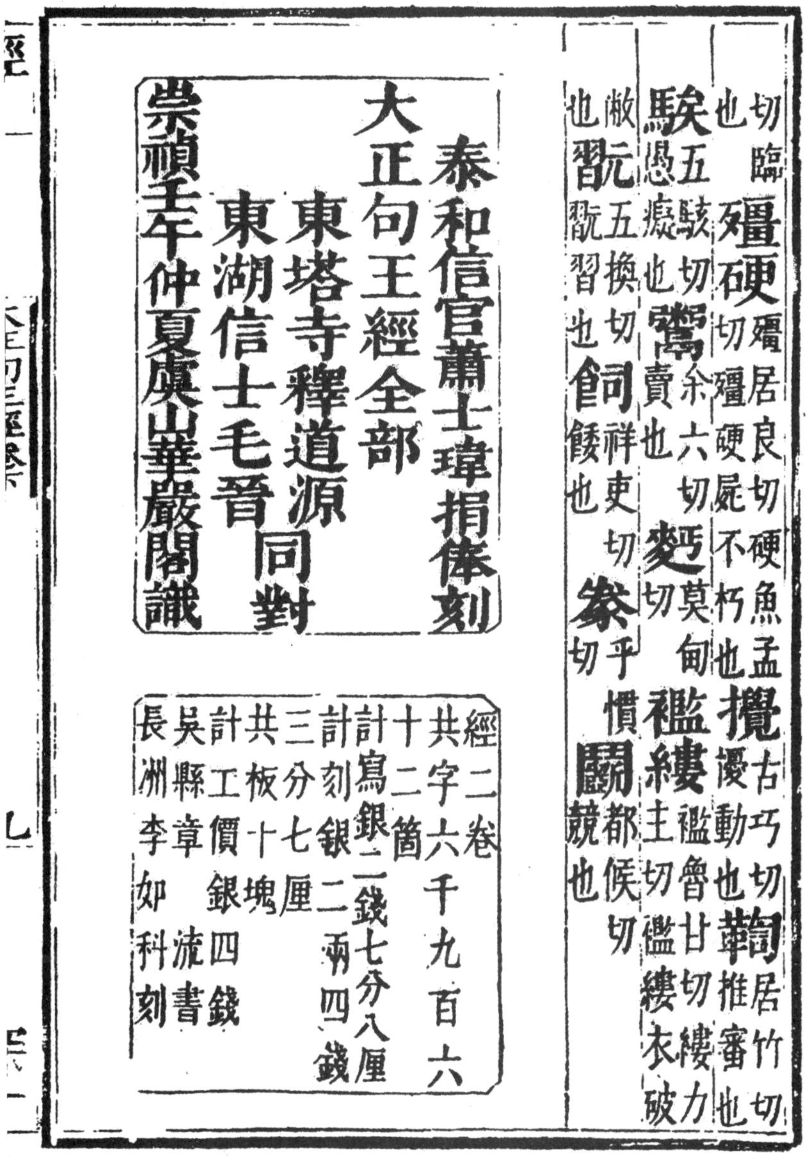

切臨也殭硬殭居良切硬魚孟切殭硬屍不朽也攪古巧切擾動也鞫居竹切推審也

騃五駭切愚癡也鬻余六切賣也麪莫甸切襤褸襤魯甘切褸力主切襤褸衣破

敝也翫五換切翫習也飼祥吏切餧也豢乎慣切鬭都候切競也

泰和信官蕭士瑋捐俸刻

大正句王經全部

東塔寺釋道源

東湖信士毛晉同對

崇禎壬午仲夏虞山華嚴閣識

經二卷

共字六千九百六十二箇

計寫銀二錢七分八厘

計刻銀二兩四錢

三分七厘

共板十塊

計工價銀四錢

吳縣章流書

長洲李如科刻

牌記云："泰和信官蕭士瑋捐俸刻《大正句王經》全部，東塔寺釋道源、東湖信士毛晉同對，崇禎壬午仲夏虞山華嚴閣識。經二卷，共字六千九百六十二箇，計寫銀二錢七分八厘，計刻銀二兩四錢三分七厘，共板十塊，計工價銀四錢，吳縣章流書，長洲李如科刻。"深一。

佛說秘密三昧大教王經卷第一
西天譯經三藏朝奉大夫試光祿卿傳法大師賜紫臣施護等奉詔譯
一切如來大乘現證三昧金剛儀軌會
如是我聞一時世尊在三十三天雜飾柔軟地帝釋
宮殿大樓閣中與大菩薩一百六十萬俱胝那庾多
衆其名曰金剛手菩薩摩訶薩金剛鉤菩薩摩訶薩
金剛弓菩薩摩訶薩金剛善哉菩薩摩訶薩金剛藏
菩薩摩訶薩金剛光菩薩摩訶薩金剛幢菩薩摩訶
薩金剛喜菩薩摩訶薩金剛眼菩薩摩訶薩金剛慧
菩薩摩訶薩金剛轉法輪菩薩摩訶薩金剛語菩薩

031 《佛說秘密三昧大教王經》四卷

（宋）釋施護等譯　明崇禎壬午（十五年，1642）泰和蕭士瑋刻本

版框高 22.2 厘米，寬 15.3 厘米。半葉十行，行二十字，四周雙邊。

民族 080-001-00003；臺灣 312 頁 · 975；故宮 80 · 1028

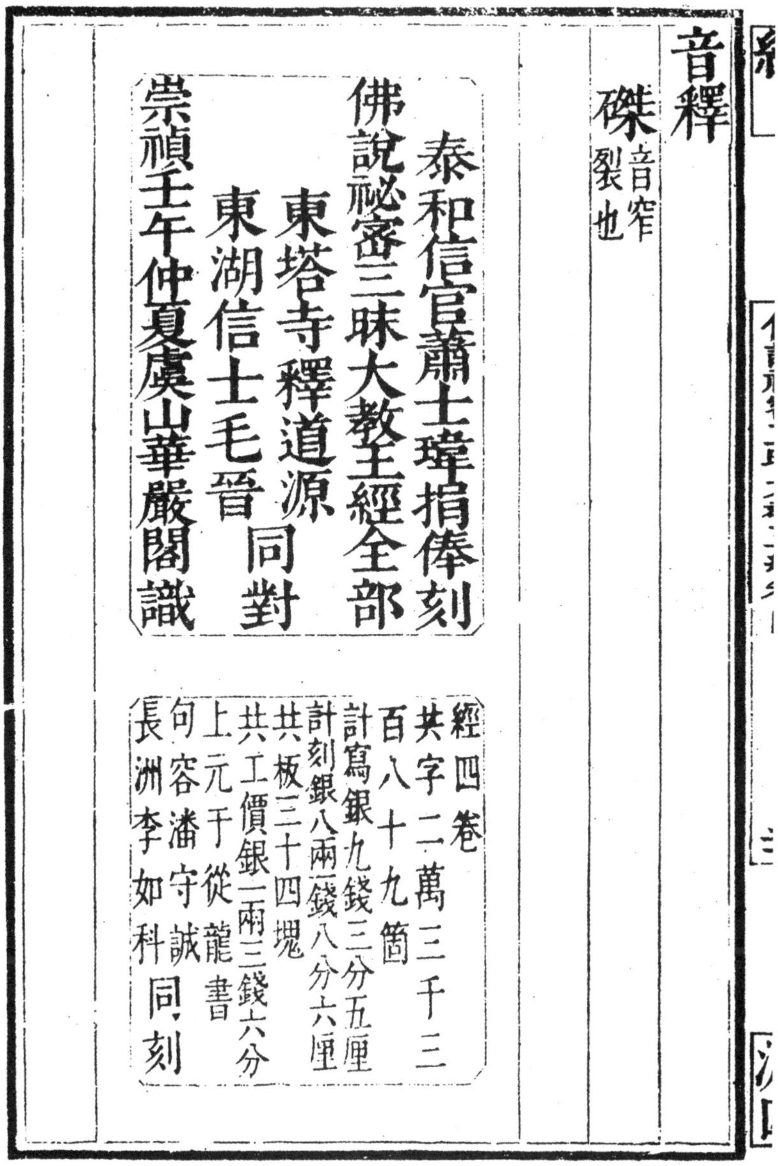
音釋

磔音窄裂也

泰和信官蕭士瑋捐俸刻
佛說祕密三昧大教王經全部
東塔寺釋道源
東湖信士毛晉 同對
崇禎壬午仲夏虞山華嚴閣識

經四卷
共字二萬三千三百八十九箇
計寫銀九錢三分五厘
計刻銀八兩一錢八分六厘
共板三十四塊
共工價銀一兩三錢六分
上元于從龍書
句容潘守誠
長洲李如科同刻

牌記云:"泰和信官蕭士瑋捐俸刻《佛說祕密三昧大教王經》全部,東塔寺釋道源、東湖信士毛晉同對,崇禎壬午仲夏虞山華嚴閣識。經四卷,共字二萬三千三百八十九箇,計寫銀九錢三分五厘,計刻銀八兩一錢八分六厘,共板三十四塊,共工價銀一兩三錢六分,上元于從龍書,句容潘守誠、長洲李如科同刻。"淵一至四。

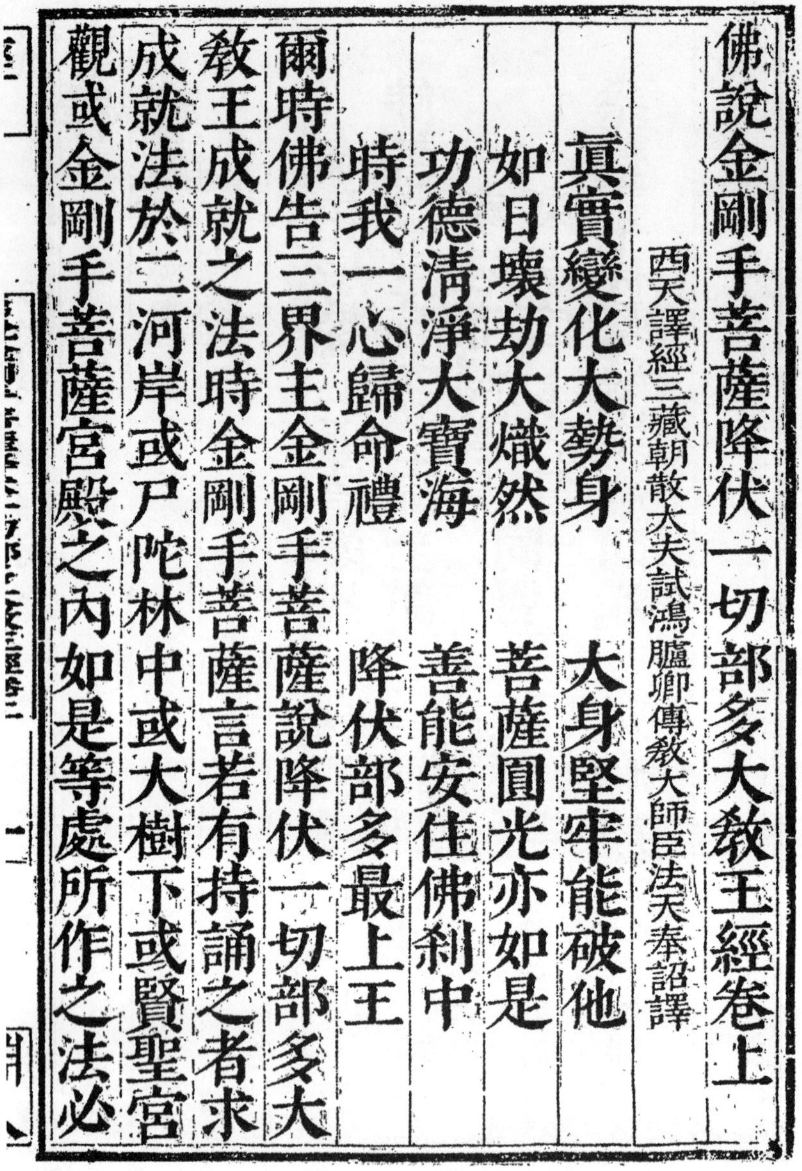

佛說金剛手菩薩降伏一切部多大教王經卷上
西天譯經三藏朝散大夫試鴻臚卿傳教大師臣法天奉詔譯
眞實變化大勢身　大身堅牢能破他
如日壞劫大熾然　菩薩圓光亦如是
功德清淨大寶海　善能安住佛刹中
時我一心歸命禮　降伏部多最上王
爾時佛告三界主金剛手菩薩說降伏一切部多大教王成就之法時金剛手菩薩言若有持誦之者求成就法於二河岸或尸陀林中或大樹下或賢聖宮觀或金剛手菩薩宮殿之内如是等處所作之法必

032 《佛說金剛手菩薩降伏一切部多大教王經》三卷

(宋) 釋法天譯　明崇禎壬午（十五年，1642）常熟毛鳳苞刻本

版框高 22.3 厘米，寬 15.2 厘米。半葉十行，行二十字，四周雙邊。

民族 080-001-00004；臺灣 312 頁 · 976；故宫 80 · 1029

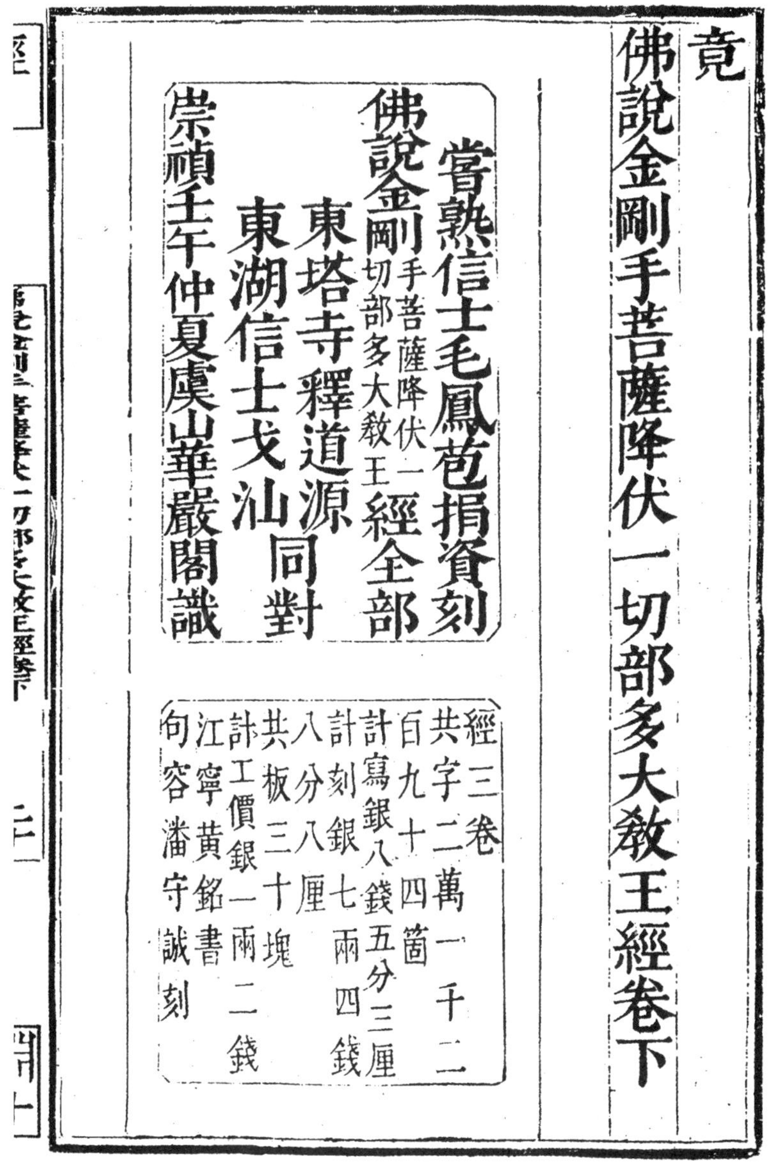
竟

佛說金剛手菩薩降伏一切部多大教王經卷下

嘗熟信士毛鳳苞捐資刻
佛說金剛手菩薩降伏一切部多大教王經全部
東塔寺釋道源
東湖信士戈汕同對
崇禎壬午仲夏虞山華嚴閣識

經三卷
共字二萬一千二
百九十四箇
計寫銀八錢五分三厘
計刻銀七兩四錢
八分八厘
共板三十塊
計工價銀一兩二錢
江寧黃銘書
句容潘守誠刻

牌記云:“嘗熟信士毛鳳苞捐資刻《佛說金剛手菩薩降伏一切部多大教王經》全部，東塔寺釋道源、東湖信士戈汕同對，崇禎壬午仲夏虞山華嚴閣識。經三卷，共字二萬一千二百九十四箇，計寫銀八錢五分三厘，計刻銀七兩四錢八分八厘，共板三十塊，計工價銀一兩二錢，江寧黃銘書，句容潘守誠刻。”淵八至十。

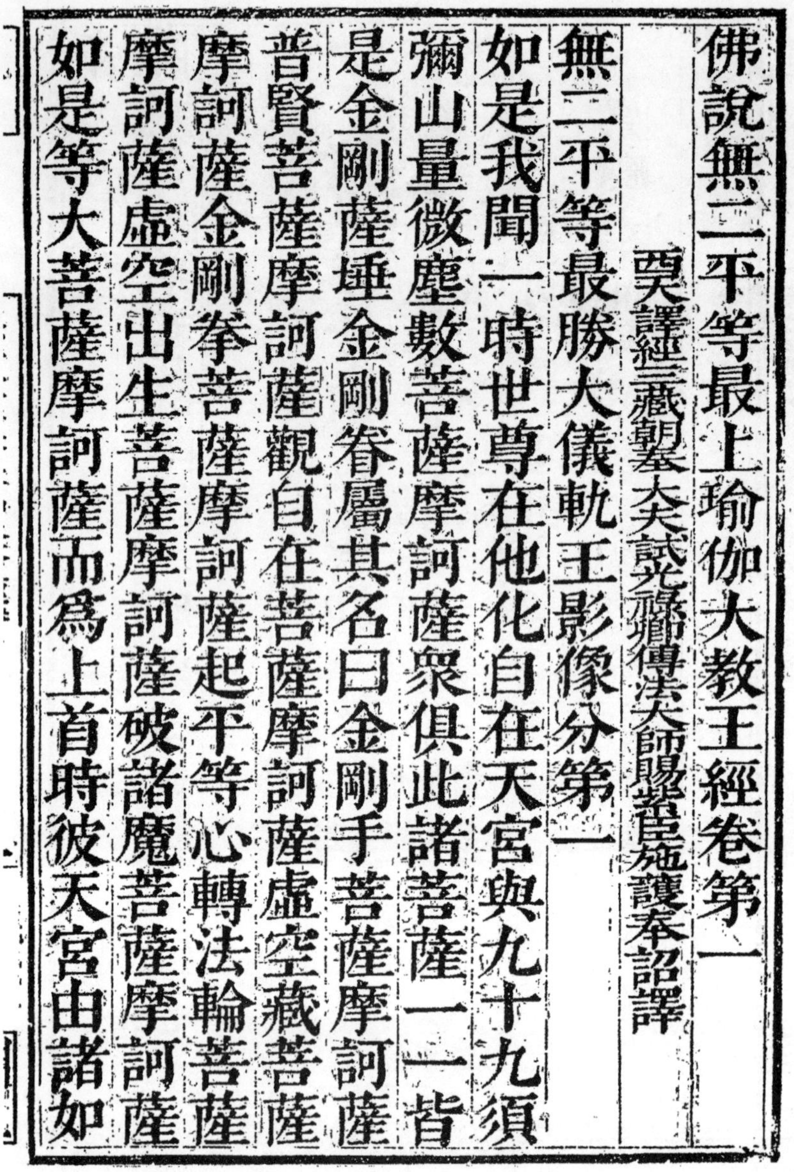
佛說無二平等最上瑜伽大教王經卷第一
西天譯經三藏朝奉大夫試光祿卿傳法大師賜紫臣施護奉詔譯
無二平等最勝大儀軌王影像分第一
如是我聞一時世尊在他化自在天宮與九十九須彌山量微塵數菩薩摩訶薩衆俱此諸菩薩一一皆是金剛薩埵金剛眷屬其名曰金剛手菩薩摩訶薩普賢菩薩摩訶薩觀自在菩薩摩訶薩虛空藏菩薩摩訶薩金剛拳菩薩摩訶薩起平等心轉法輪菩薩摩訶薩虛空出生菩薩摩訶薩破諸魔菩薩摩訶薩如是等大菩薩摩訶薩而爲上首時彼天宮由諸如

033 《佛說無二平等最上瑜伽大教王經》六卷

(宋) 釋施護譯　明崇禎壬午（十五年，1642）泰和蕭士瑋刻本

版框高 22.4 厘米，寬 15.3 厘米。半葉十行，行二十字，四周雙邊。

民族 080-002-00001；臺灣 313 頁 · 977；故宮 80 · 1029

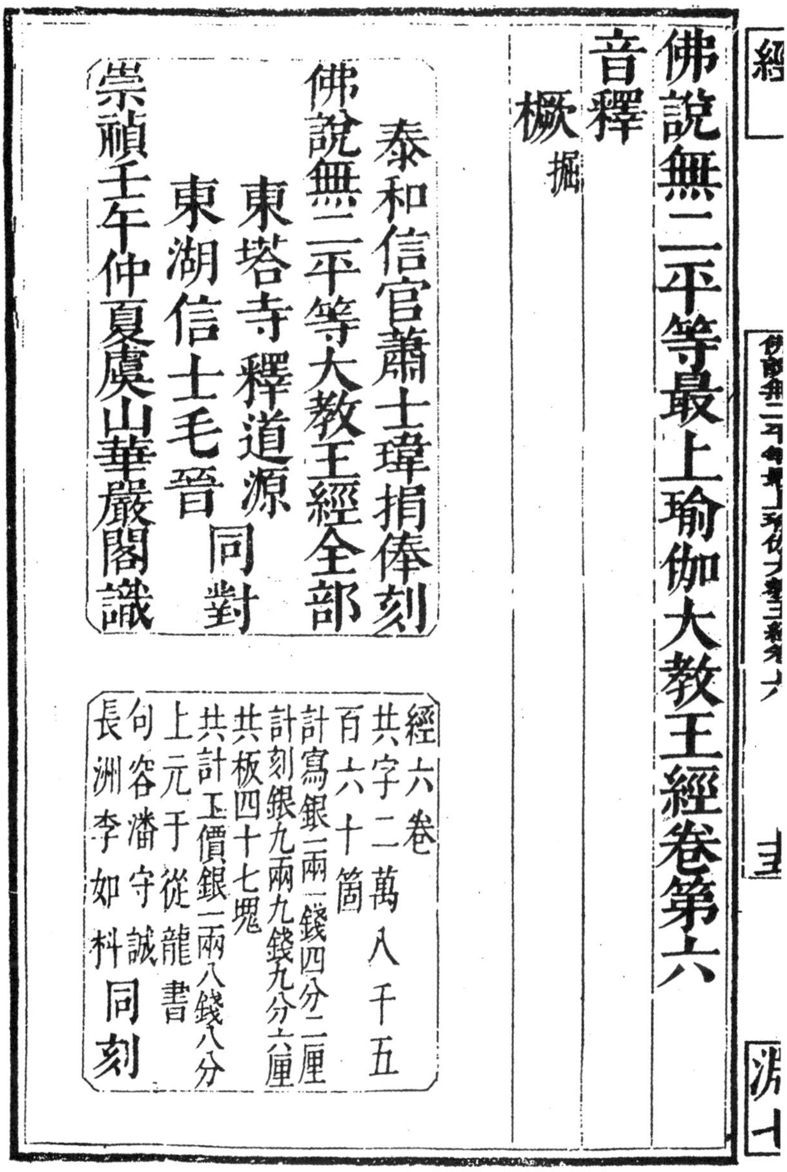
佛說無二平等最上瑜伽大教王經卷第六

音釋

橛 掘

泰和信官蕭士瑋捐俸刻
佛說無二平等大教王經全部
東塔寺釋道源
東湖信士毛晉 同對
崇禎壬午仲夏虞山華嚴閣識

經六卷
共字二萬八千五
百六十箇
計寫銀一兩一錢四分二厘
計刻銀九兩九錢九分六厘
共板四十七塊
共計工價銀一兩八錢八分
上元于從龍書
句容潘守誠
長洲李如科 同刻

牌記云："泰和信官蕭士瑋捐俸刻《佛說無二平等大教王經》全部，東塔寺釋道源、東湖信士毛晉同對，崇禎壬午仲夏虞山華嚴閣識。經六卷，共字二萬八千五百六十箇，計寫銀一兩一錢四分二厘，計刻銀九兩九錢九分六厘，共板四十七塊，共計工價銀一兩八錢八分，上元于從龍書，句容潘守誠、長洲李如科同刻。"淵五至七。

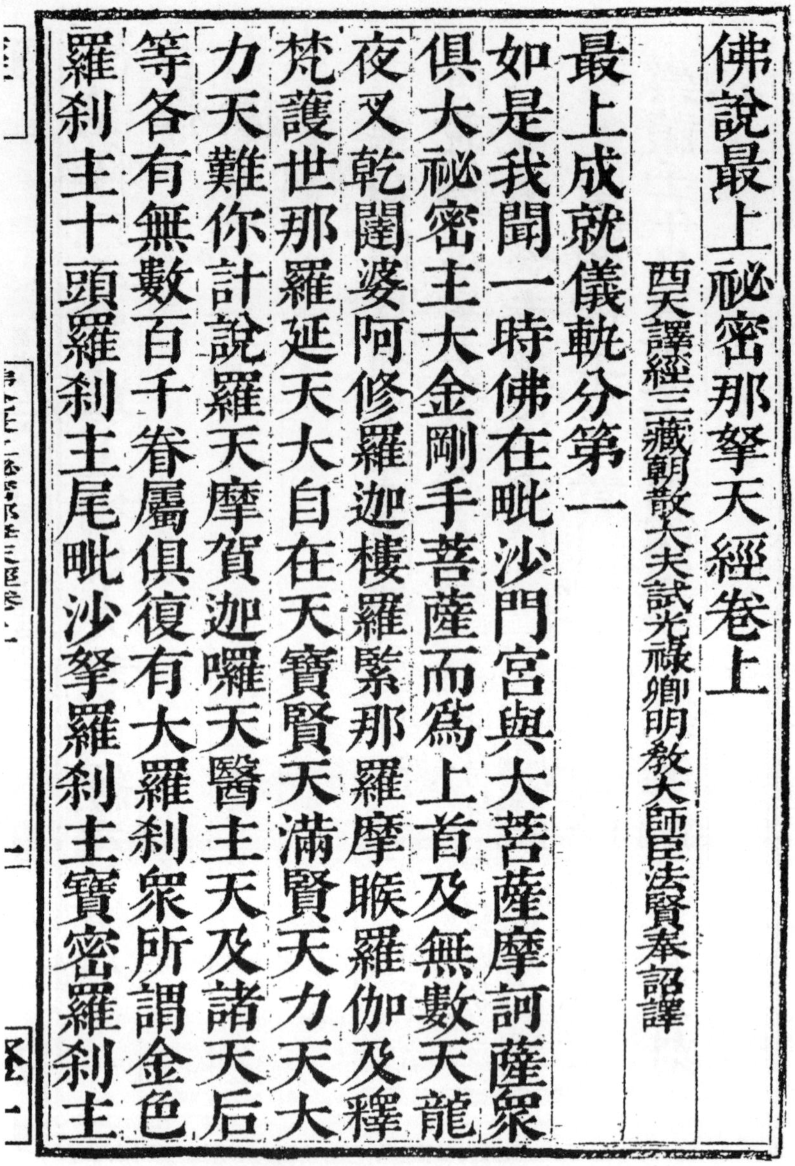

佛說最上祕密那拏天經卷上
西天譯經三藏朝散大夫試光祿卿明教大師臣法賢奉詔譯
最上成就儀軌分第一
如是我聞一時佛在毗沙門宮與大菩薩摩訶薩衆
俱大祕密主大金剛手菩薩而爲上首及無數天龍
夜叉乾闥婆阿修羅迦樓羅緊那羅摩睺羅伽及釋
梵護世那羅延天大自在天寶賢天滿賢天力天大
力天難你計說羅天摩賀迦囉天醫主天及諸天后
等各有無數百千眷屬俱復有大羅刹衆所謂金色
羅刹主十頭羅刹主尾毗沙拏羅刹主寶密羅刹主

034 《佛說最上祕密那拏天經》三卷

（宋）釋法賢譯　明崇禎壬午（十五年，1642）泰和蕭士瑋刻本

版框高 23 厘米，寬 15.4 厘米。半葉十行，行二十字，四周雙邊。

民族 080-003-00003；臺灣 315 頁 · 983；故宮 80 · 1036

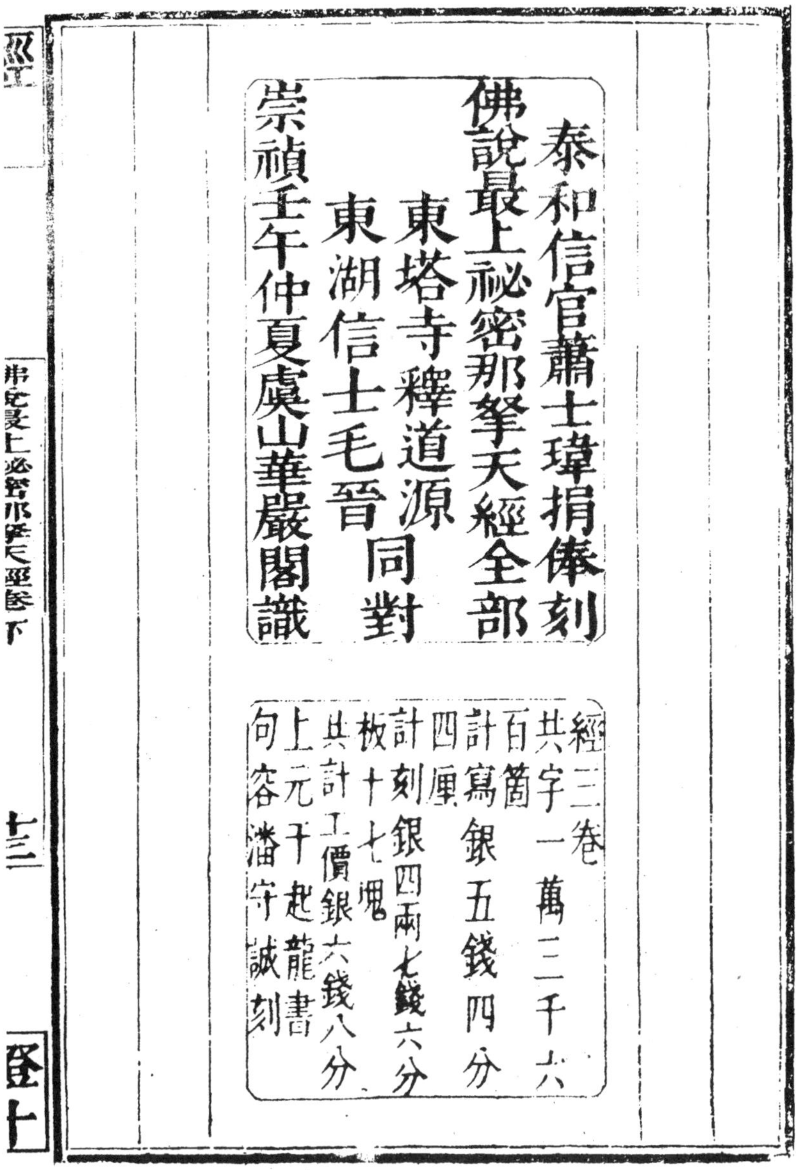

經

佛說最上祕密那拏天經卷下　十三　澄十

泰和信官蕭士瑋捐俸刻
佛說最上祕密那拏天經全部
東塔寺釋道源
東湖信士毛晉　同對
崇禎壬午仲夏虞山華嚴閣識

經三卷
共字一萬三千六百箇
計寫銀五錢四分四厘
計刻銀四兩七錢六分
板十七塊
共計工價銀六錢八分
上元于起龍書
句容潘守誠刻

牌記云："泰和信官蕭士瑋捐俸刻《佛說最上祕密那拏天經》全部，東塔寺釋道源、東湖信士毛晉同對，崇禎壬午仲夏虞山華嚴閣識。經三卷，共字一萬三千六百箇，計寫銀五錢四分四厘，計刻銀四兩七錢六分，板十七塊，共計工價銀六錢八分，上元于起龍書，句容潘守誠刻。"澄十。

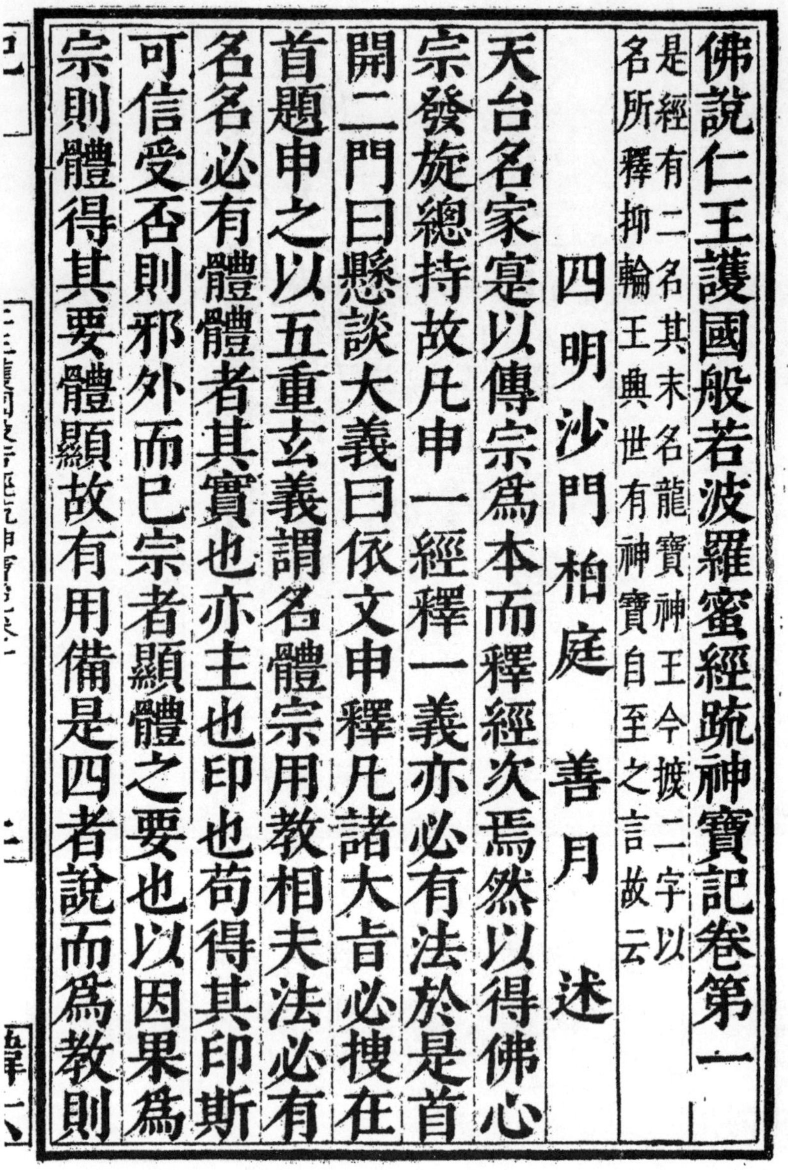

佛說仁王護國般若波羅蜜經疏神寶記卷第一

是經有二名其末名龍寶神王今撥二字以名所釋抑輪王典世有神寶自至之言故云

四明沙門柏庭 善月 述

天台名家寔以傳宗爲本而釋經次焉然以得佛心宗發旋總持故凡申一經釋一義亦必有法於是首開二門曰懸談大義曰依文申釋凡諸大旨必搜在首題申之以五重玄義謂名體宗用教相夫法必有名名必有體體者其實也亦主也印也苟得其印斯可信受否則邪外而已宗者顯體之要也以因果爲宗則體得其要體顯故有用備是四者說而爲教則

035 《佛說仁王護國般若波羅蜜經疏神寶記》四卷

(宋) 釋善月撰　明崇禎壬午（十五年，1642）泰和蕭士瑋刻本

版框高 22.2 厘米，寬 15.4 厘米。半葉十行，行二十字，四周雙邊。

民族 176-008-00001；臺灣 510 頁 · 1509；故宮 176 · 1568

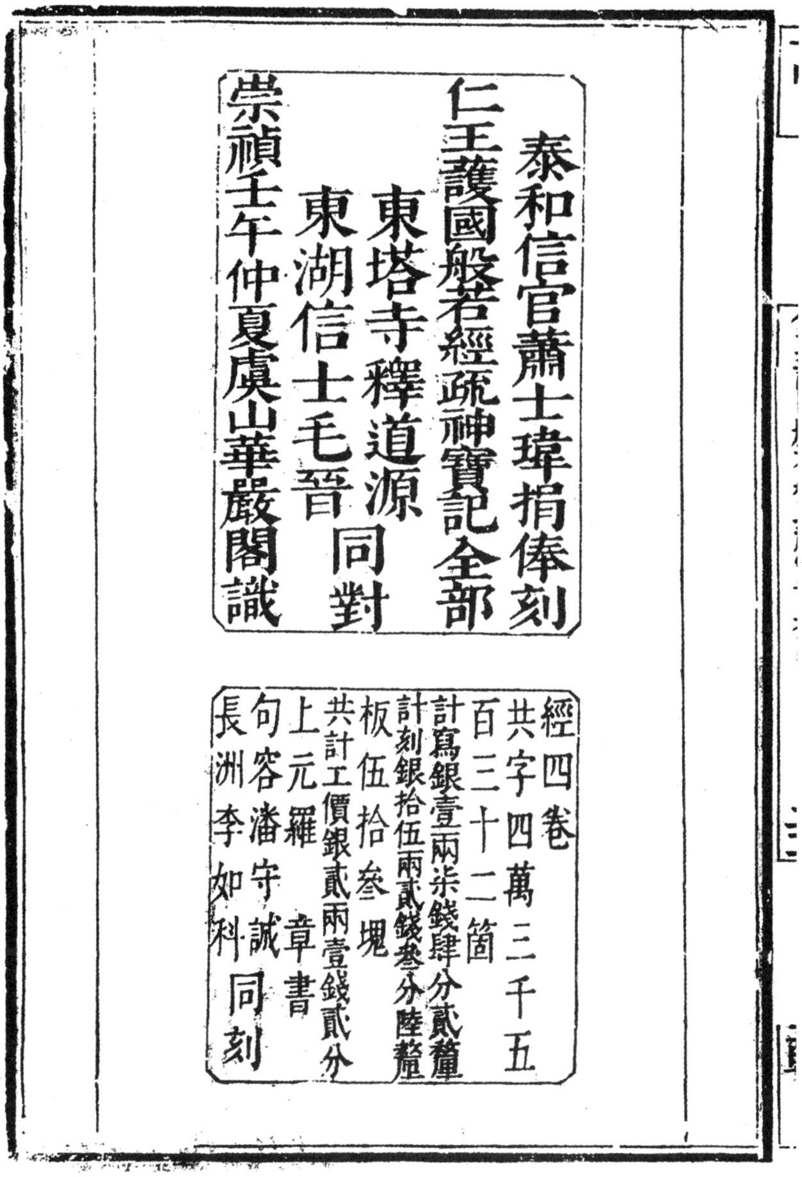
泰和信官蕭士瑋捐俸刻
仁王護國般若經疏神寶記全部
東塔寺釋道源
東湖信士毛晉 同對
崇禎壬午仲夏虞山華嚴閣識

經四卷
共字四萬三千五
百三十二箇
計寫銀壹兩柒錢肆分貳釐
計刻銀拾伍兩貳錢叁分陸釐
板伍拾叁塊
共計工價銀貳兩壹錢貳分
上元羅 章書
句容潘守誠
長洲李如科 同刻

牌記云："泰和信官蕭士瑋捐俸刻《仁王護國般若經疏神寶記》全部，東塔寺釋道源、東湖信士毛晉同對，崇禎壬午仲夏虞山華嚴閣識。經四卷，共字四萬三千五百三十二箇，計寫銀壹兩柒錢肆分貳釐，計刻銀拾伍兩貳錢叁分陸釐，板伍拾叁塊，共計工價銀貳兩壹錢貳分，上元羅章書，句容潘守誠、長洲李如科同刻。"韓六至九。

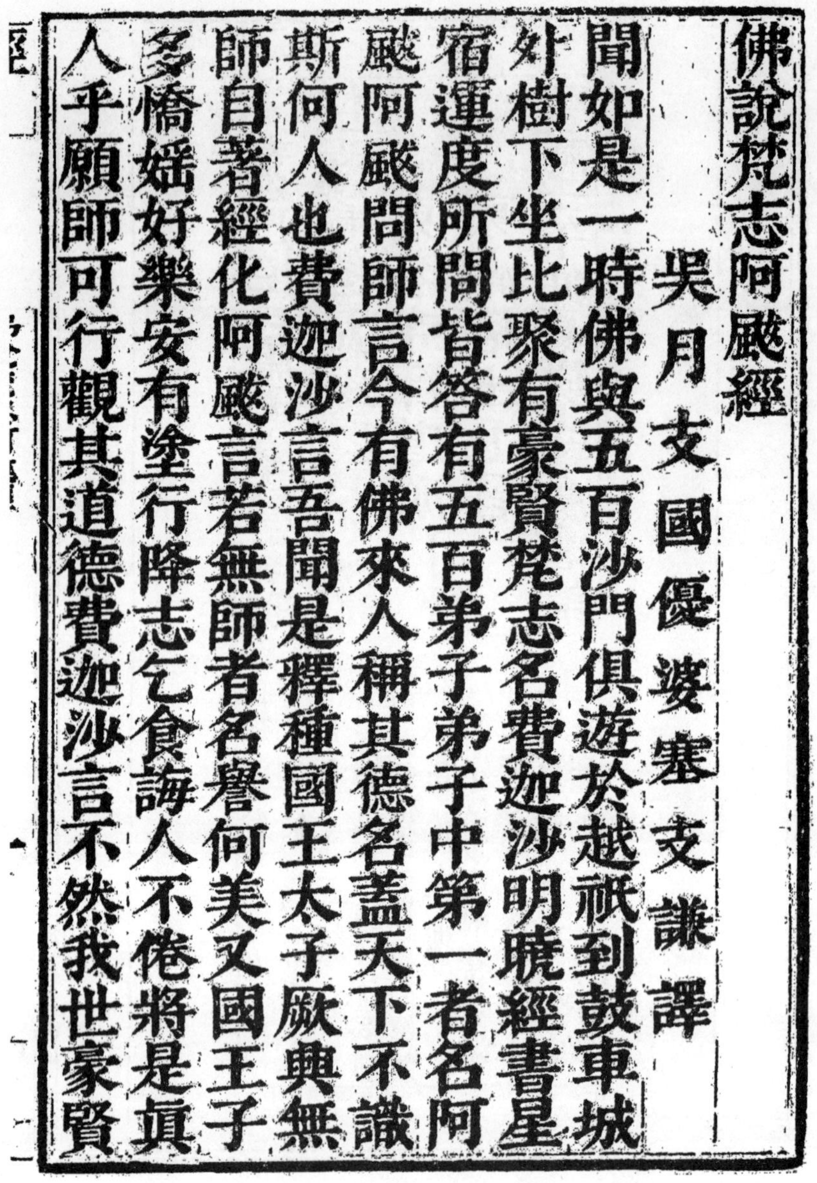
佛說梵志阿颰經
吳月支國優婆塞支謙譯
聞如是一時佛與五百沙門俱遊於越祇到鼓車城外樹下坐比聚有豪賢梵志名費迦沙明曉經書星宿運度所問皆答有五百弟子弟子中第一者名阿颰阿颰問師言今有佛來人稱其德名蓋天下不識斯何人也費迦沙言吾聞是釋種國王太子厥輿無師自著經化阿颰言若無師者名譽何美又國王子多憍婬好樂安有塗行降志乞食誨人不倦將是眞人乎願師可行觀其道德費迦沙言不然我世豪賢

036《佛說梵志阿颰經》一卷

（三國吳）釋支謙譯　明崇禎壬午（十五年，1642）常熟毛鳳苞刻本

版框高 22.3 厘米，寬 15.2 厘米。半葉十行，行二十字，四周雙邊。

民族 065-005；臺灣 183 頁 · 590；故宮 65 · 592

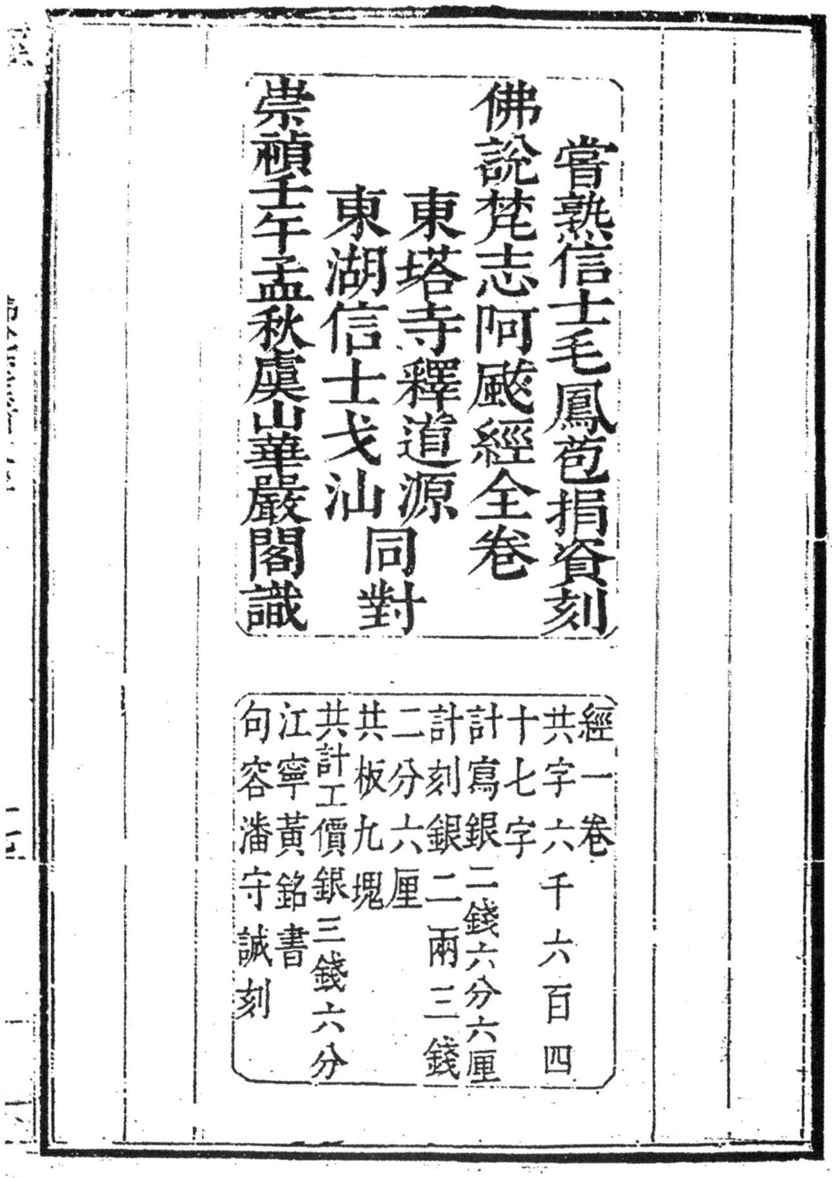
嘗熟信士毛鳳苞捐資刻
佛說梵志阿颰經全卷
東塔寺釋道源
東湖信士戈汕同對
崇禎壬午孟秋虞山華嚴閣識

經一卷
共字六千六百四
十七字
計寫銀二錢六分六厘
計刻銀二兩三錢
二分六厘
共板九塊
共計工價銀三錢六分
江寧黃銘書
句容潘守誠刻

牌記云："嘗熟信士毛鳳苞捐資刻《佛說梵志阿颰經》全卷，東塔寺釋道源、東湖信士戈汕同對，崇禎壬午孟秋虞山華嚴閣識。經一卷，共字六千六百四十七字，計寫銀二錢六分六厘，計刻銀二兩三錢二分六厘，共板九塊，共計工價銀三錢六分，江寧黃銘書，句容潘守誠刻。"善一。

佛說寂志果經

東晉沙門竺曇無蘭譯

聞如是一時佛遊王舍城耆域柰國與比丘衆千二百五十人俱時王阿闍世七月十五日過新歲臘與羣臣百官俱眷屬圍繞上寂安觀謂羣臣言諸卿當知如是我修非時愁悒不改雖得此歲憒慘不欠當何方便除其怵惕有臣白王當以五樂消散憂慮有臣當作名倡巧妙異妓鼓樂絃歌可以療憂有臣白王宜以四種象馬車步勇猛兵士消除悒憒有臣白王不蘭迦葉莫軻離惟瞿斐阿夷耑其耶今離迦旃

037 《佛說寂志果經》一卷

（東晉）釋竺曇無蘭譯　明崇禎壬午（十五年，1642）常熟毛鳳苞刻本

版框高 22.5 厘米，寬 15.5 厘米。半葉十行，行二十字，四周雙邊。

民族 065-005-00001；臺灣 183 頁 · 591；故宮 65 · 593

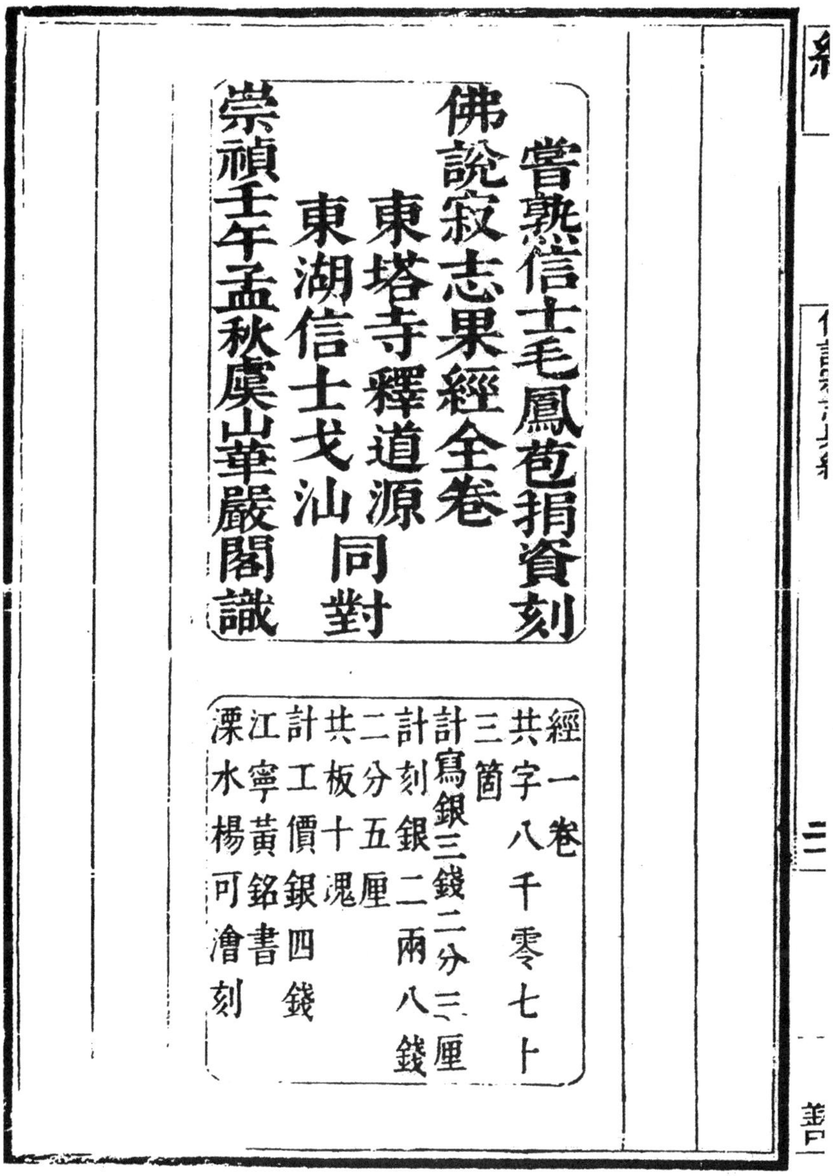

嘗熟信士毛鳳苞捐資刻
佛說寂志果經全卷
東塔寺釋道源
東湖信士戈汕同對
崇禎壬午孟秋虞山華嚴閣識

經一卷
共字八千零七十
三箇
計寫銀三錢二分三厘
計刻銀二兩八錢
二分五厘
共板十塊
計工價銀四錢
江寧黃銘書
溧水楊可滄刻

牌記云："嘗熟信士毛鳳苞捐資刻《佛說寂志果經》全卷，東塔寺釋道源、東湖信士戈汕同對，崇禎壬午孟秋虞山華嚴閣識。經一卷，共字八千零七十三箇，計寫銀三錢二分三厘，計刻銀二兩八錢二分五厘，共板十塊，計工價銀四錢，江寧黃銘書，溧水楊可滄刻。"善二。

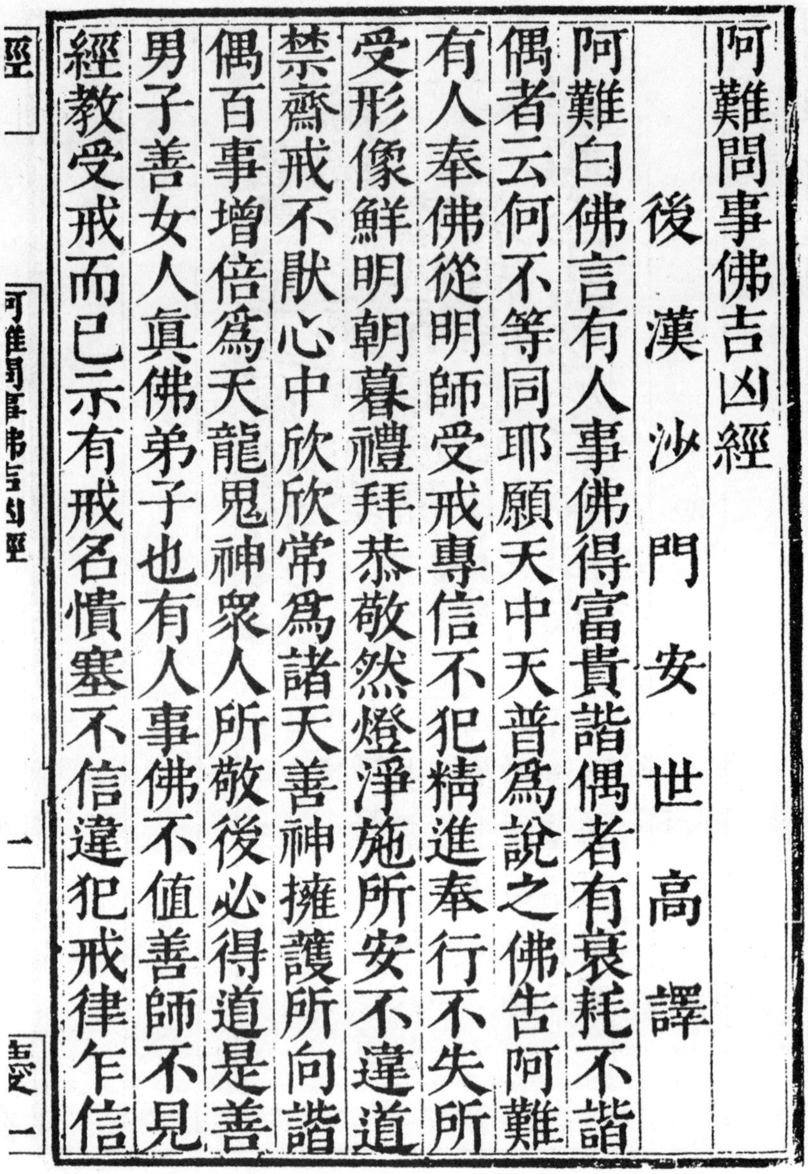
阿難問事佛吉凶經
後漢沙門安世高譯
阿難白佛言有人事佛得富貴諧偶者有衰耗不諧偶者云何不等同耶願天中天普爲說之佛告阿難有人奉佛從明師受戒專信不犯精進奉行不失所受形像鮮明朝暮禮拜恭敬然燈淨施所安不違道禁齋戒不猒心中欣欣常爲諸天善神擁護所向諧偶百事增倍爲天龍鬼神衆人所敬後必得道是善男子善女人眞佛弟子也有人事佛不值善師不見經教受戒而已示有戒名憒塞不信違犯戒律乍信

阿難問事佛吉凶經

038《阿難問事佛吉凶經》一卷

(東漢) 釋安世高譯　明崇禎壬午（十五年，1642）泰和蕭士瑋刻本

版框高 23 厘米，寬 14.9 厘米。半葉十行，行二十字，四周雙邊。

民族 066-001-00001

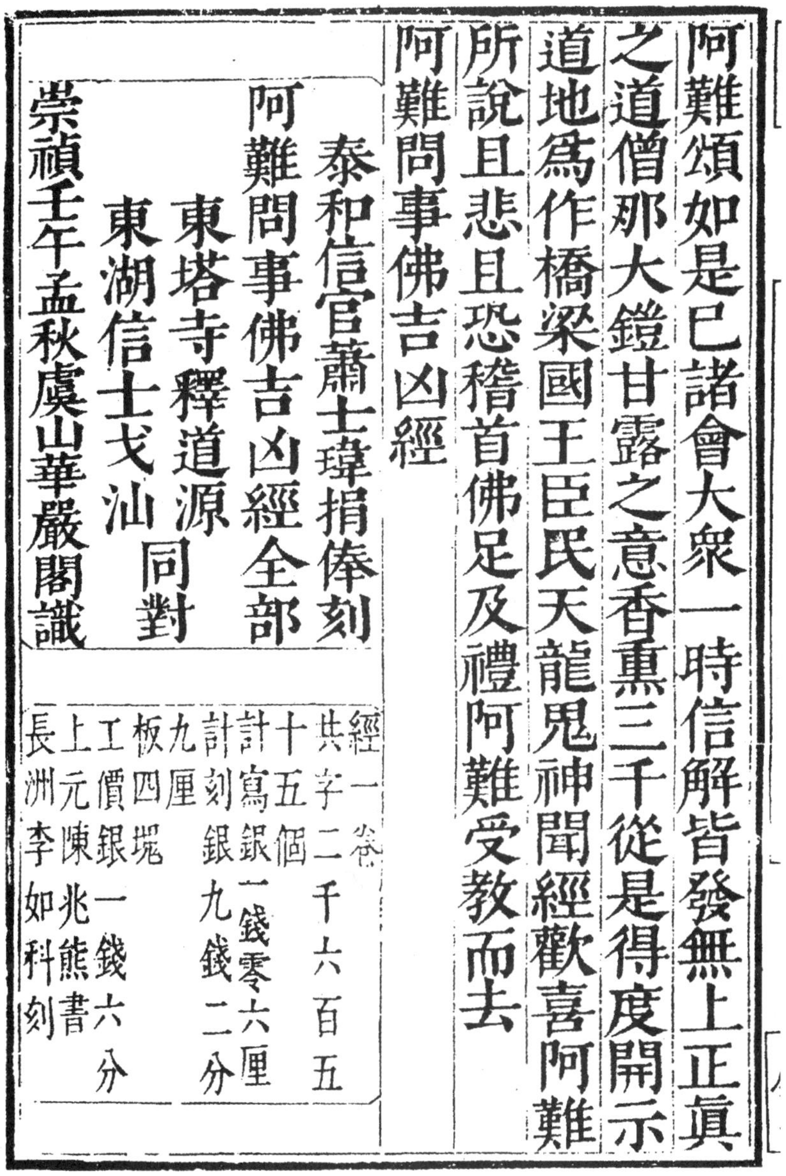
阿難頌如是已諸會大衆一時信解皆發無上正眞之道僧那大鎧甘露之意香熏三千從是得度開示道地爲作橋梁國王臣民天龍鬼神聞經歡喜阿難所說且悲且恐稽首佛足及禮阿難受教而去

阿難問事佛吉凶經

泰和信官蕭士瑋捐俸刻
阿難問事佛吉凶經全部
東塔寺釋道源
東湖信士戈汕　同對
崇禎壬午孟秋虞山華嚴閣識

經一卷
共字二千六百五
十五個
計寫銀一錢零六厘
計刻銀九錢二分
九厘
板四塊
工價銀一錢六分
上元陳兆熊書
長洲李如科刻

牌記云:“泰和信官蕭士瑋捐俸刻《阿難問事佛吉凶經》全部，東塔寺釋道源、東湖信士戈汕同對，崇禎壬午孟秋虞山華嚴閣識。經一卷，共字二千六百五十五個，計寫銀一錢零六厘，計刻銀九錢二分九厘，板四塊，工價銀一錢六分，上元陳兆熊書，長洲李如科刻。”按：故宫資料未録兹經。慶一。

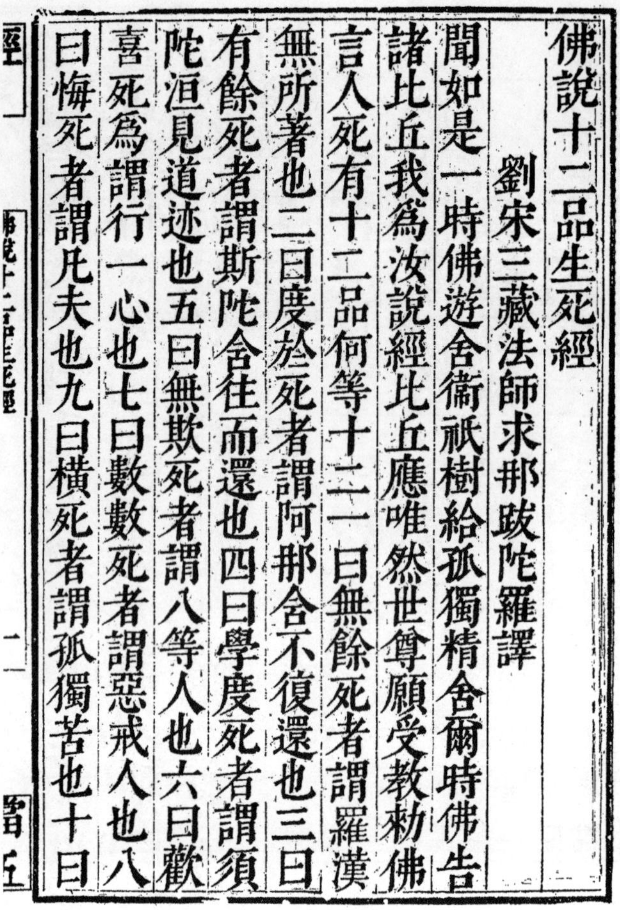

佛說十二品生死經

劉宋三藏法師求那跋陀羅譯

聞如是一時佛遊舍衛祇樹給孤獨精舍爾時佛告諸比丘我爲汝說經比丘應唯然世尊願受教勑佛言人死有十二品何等十二一曰無餘死者謂羅漢無所著也二曰度於死者謂阿那含不復還也三曰有餘死者謂斯陀含往而還也四曰學度死者謂須陀洹見道迹也五曰無欺死者謂八等人也六曰歡喜死爲謂行一心也七曰數數死者謂惡戒人也八曰悔死者謂凡夫也九曰橫死者謂孤獨苦也十曰

經　佛說十二品生死經　一　當五

039 《佛說十二品生死經》一卷

(南朝宋) 釋求那跋陀羅譯　明崇禎壬午（十五年，1642）泰和蕭士瑋刻本

版框高 22.5 厘米，寬 15.4 厘米。半葉十行，行二十字，四周雙邊。

民族 071-005；臺灣 221 頁 · 723

民族、臺灣、故宫三家藏本均無牌記，但兹經與以下三經《佛說輪轉五道罪福報應經》《佛說五無返復經》《佛說佛大僧大經》"四經同卷"。當亦係華嚴閣刻校者，然兹經牌記缺漏，存此備考。當五。

佛說十二品生死經

劉宋三藏法師求那跋陀羅譯

聞如是一時佛遊舍衛祇樹給孤獨精舍爾時佛告諸比丘我爲汝說經比丘應唯然世尊願受教勑佛言人死有十二品何等十二一曰無餘死者謂羅漢無所著也二曰度於死者謂阿那含不復還也三曰有餘死者謂斯陀含往而還也四曰學度死者謂須陀洹見道迹也五曰無欺死者謂八等人也六曰歡喜死爲謂行一心也七曰數數死者謂惡戒人也八曰悔死者謂凡夫也九曰橫死者謂孤獨苦也十曰

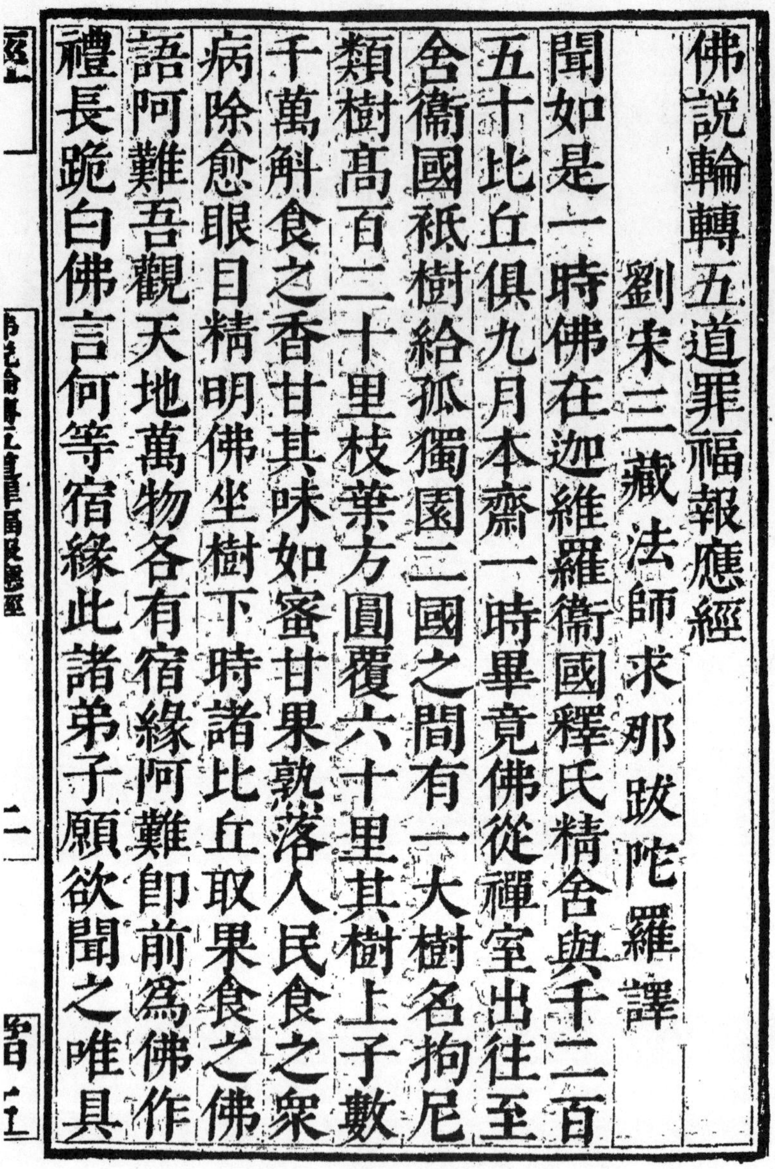

佛說輪轉五道罪福報應經

劉宋三藏法師求那跋陀羅譯

聞如是一時佛在迦維羅衛國釋氏精舍與千二百五十比丘俱九月本齋一時畢竟佛從禪室出往至舍衛國祇樹給孤獨園二國之間有一大樹名拘尼類樹高百二十里枝葉方圓覆六十里其樹上子數千萬斛食之香甘其味如蜜甘果熟落人民食之衆病除愈眼目精明佛坐樹下時諸比丘取果食之佛語阿難吾觀天地萬物各有宿緣阿難即前爲佛作禮長跪白佛言何等宿緣此諸弟子願欲聞之唯具

040 《佛說輪轉五道罪福報應經》一卷

（南朝宋）釋求那跋陀羅譯　明崇禎壬午（十五年，1642）泰和蕭士瑋刻本

版框高 22.5 厘米，寬 15.4 厘米。半葉十行，行二十字，四周雙邊。

民族 071-005-00005；臺灣 222 頁 · 724

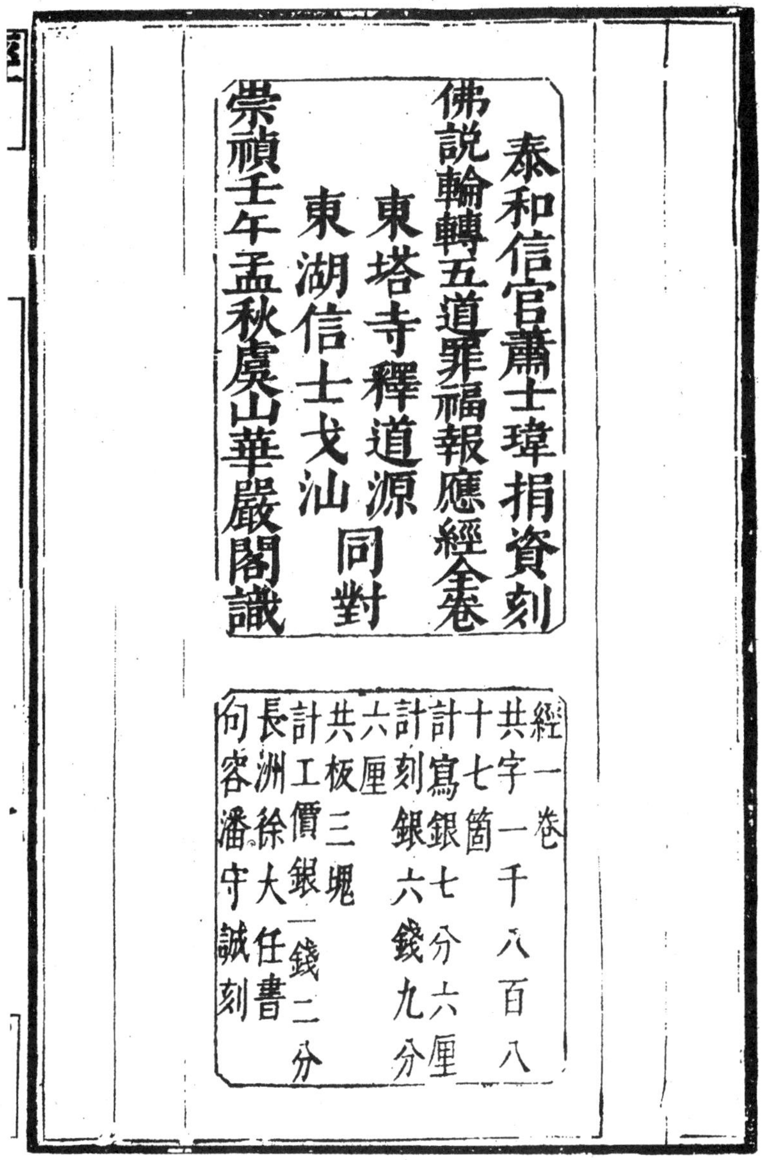

泰和信官蕭士瑋捐資刻
佛説輪轉五道罪福報應經全卷
東塔寺釋道源
東湖信士戈汕同對
崇禎壬午孟秋虞山華嚴閣識

經一卷
共字一千八百八
十七箇
計寫銀七分六厘
計刻銀六錢九分
六厘
共板三塊
計工價銀一錢二分
長洲徐大任書
句容潘守誠刻

牌記云:"泰和信官蕭士瑋捐資刻《佛説輪轉五道罪福報應經》全卷，東塔寺釋道源、東湖信士戈汕同對，崇禎壬午孟秋虞山華嚴閣識。經一卷，共字一千八百八十七箇，計寫銀七分六厘，計刻銀六錢九分六厘，共板三塊，計工價銀一錢二分，長洲徐大任書，句容潘守誠刻。"按：故宫資料未録兹書。當五。

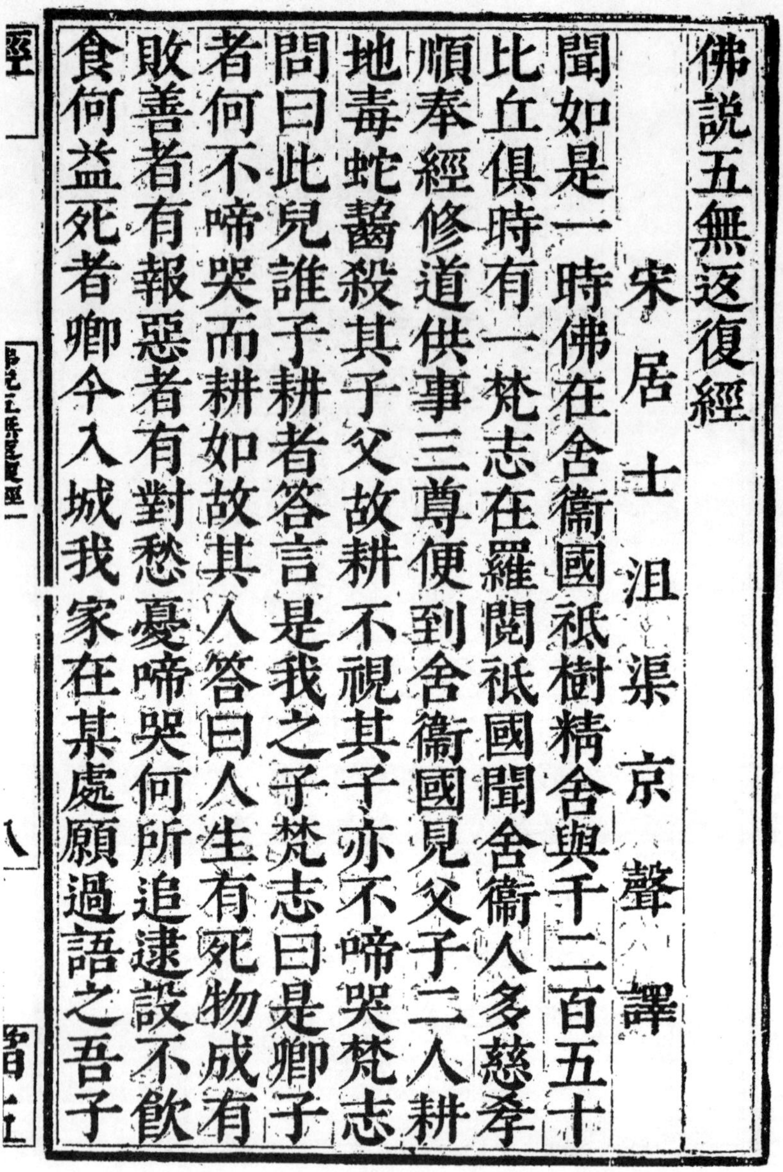
佛說五無返復經
宋居士沮渠京聲譯
聞如是一時佛在舍衛國祇樹精舍與千二百五十
比丘俱時有一梵志在羅閱祇國聞舍衛人多慈孝
順奉經修道供事三尊便到舍衛國見父子二人耕
地毒蛇齧殺其子父故耕不視其子亦不啼哭梵志
問曰此兒誰子耕者答言是我之子梵志曰是卿子
者何不啼哭而耕如故其人答曰人生有死物成有
敗善者有報惡者有對愁憂啼哭何所追逮設不飲
食何益死者卿今入城我家在某處願過語之吾子

041 《佛説五無返復經》二卷

（南朝宋）沮渠京聲譯　明崇禎壬午（十五年，1642）泰和蕭士瑋刻本

版框高 23 厘米，寬 15.5 厘米。半葉十行，行二十字，四周雙邊。

民族 071-005-00006；臺灣 222 頁 · 725

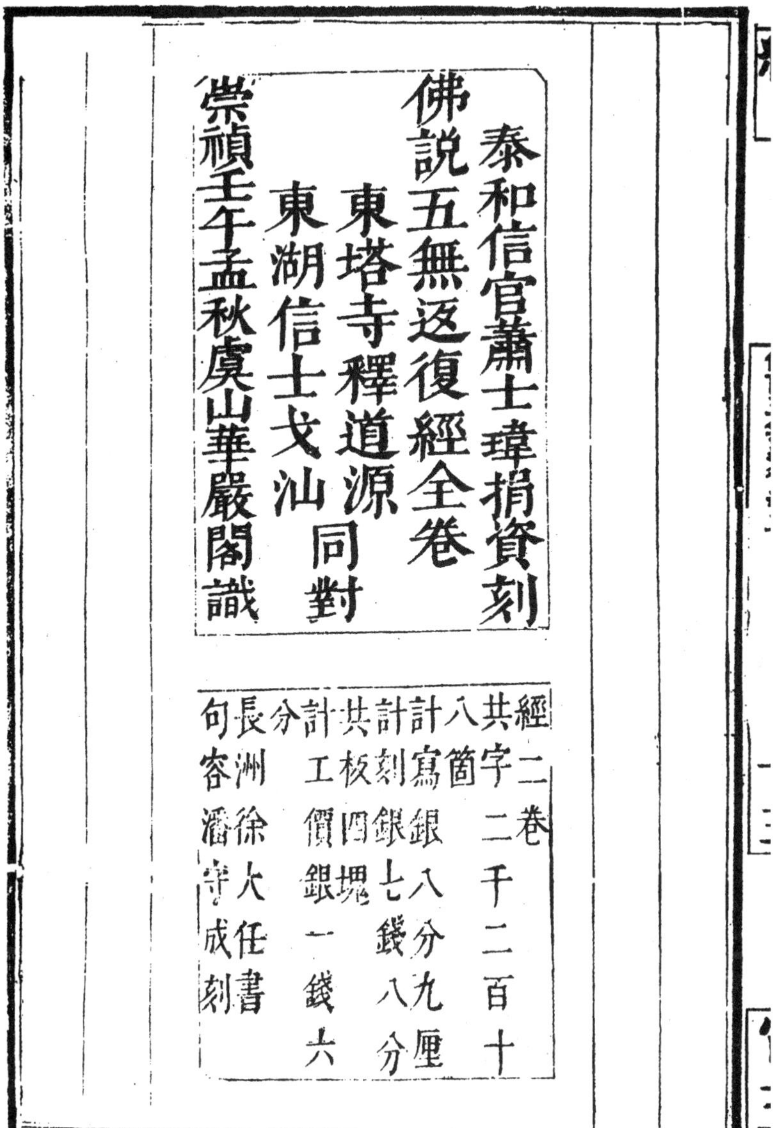
泰和信官蕭士瑋捐資刻
佛説五無返復經全卷
東塔寺釋道源
東湖信士戈汕　同對
崇禎壬午孟秋虞山華嚴閣識

經二卷
共字二千二百十
八箇
計寫銀八分九厘
計刻銀七錢八分
共板四塊
計工價銀一錢六
分
長洲徐大任書
句容潘守誠刻

牌記云:“泰和信官蕭士瑋捐資刻《佛説五無返復經》全卷，東塔寺釋道源、東湖信士戈汕同對，崇禎壬午孟秋虞山華嚴閣識。經二卷，共字二千二百十八箇，計寫銀八分九厘，計刻銀七錢八分，共板四塊，計工價銀一錢六分，長洲徐大任書，句容潘守誠刻。”按：故宫資料未録兹書。當五。

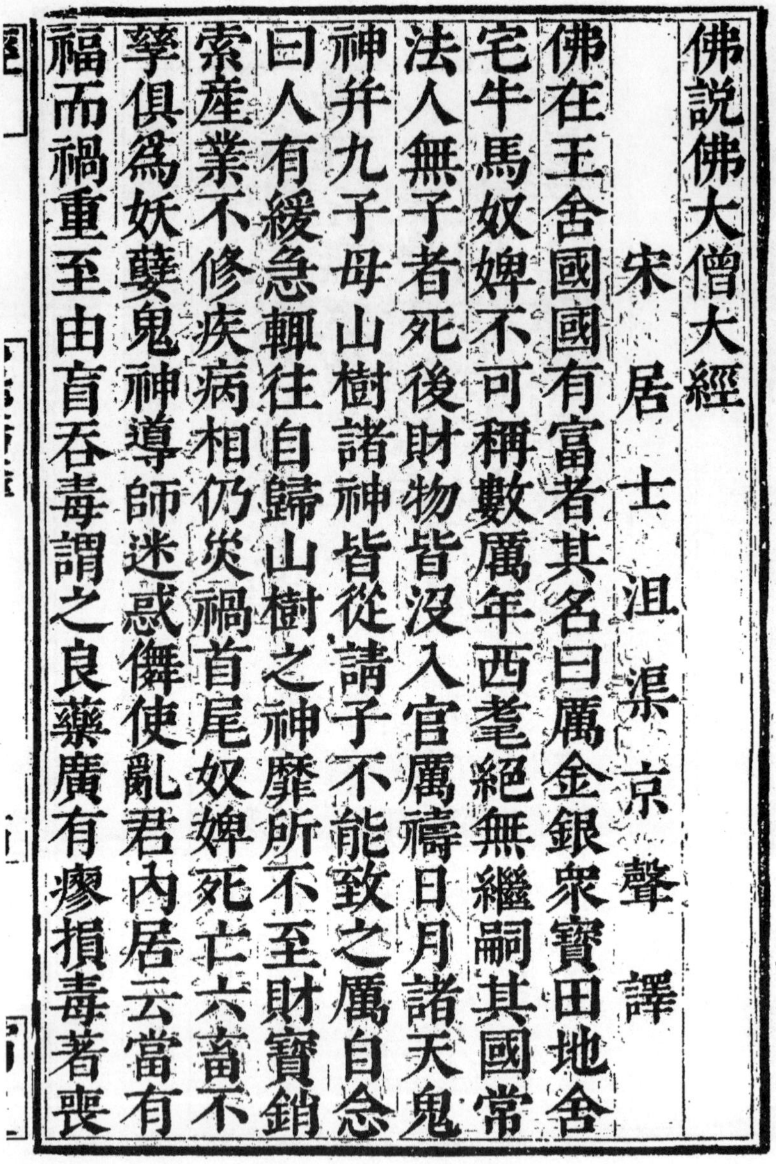

佛說佛大僧大經

宋居士沮渠京聲譯

佛在王舍國國有富者其名曰厲金銀衆寶田地舍宅牛馬奴婢不可稱數厲年西耄絕無繼嗣其國常法人無子者死後財物皆沒入官厲禱日月諸天鬼神并九子母山樹諸神皆從請子不能致之厲自念曰人有緩急輙往自歸山樹之神靡所不至財寶銷索產業不修疾病相仍災禍首尾奴婢死亡六畜不孳俱爲妖蘖鬼神導師迷惑儛使亂君内居云當有福而禍重至由盲呑毒謂之良藥廣有瘳損毒著喪

042 《佛說佛大僧大經》一卷

（南朝宋）沮渠京聲譯　明崇禎壬午（十五年，1642）泰和蕭士瑋刻本

版框高 23.1 厘米，寬 15.4 厘米。半葉十行，行二十字，四周雙邊。

民族 071-005；臺灣 222 頁 · 726

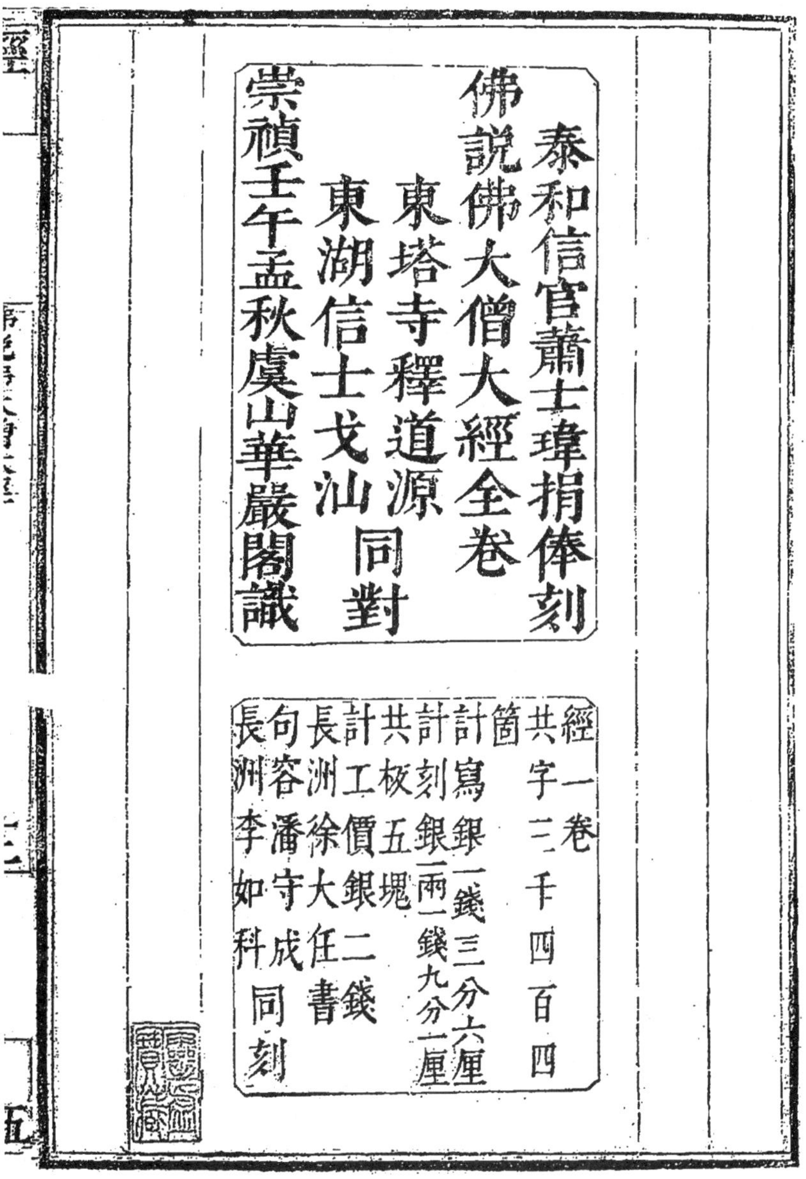
泰和信官蕭士瑋捐俸刻
佛説佛大僧大經全卷
東塔寺釋道源
東湖信士戈汕　同對
崇禎壬午孟秋虞山華嚴閣識

經一卷
共字三千四百四
箇
計寫銀一錢三分六厘
計刻銀一兩一錢九分一厘
共板五塊
計工價銀二錢
長洲徐大任書
句容潘守成
長洲李如科同刻

牌記云："泰和信官蕭士瑋捐俸刻《佛説佛大僧大經》全卷，東塔寺釋道源、東湖信士戈汕同對，崇禎壬午孟秋虞山華嚴閣識。經一卷，共字三千四百四箇，計寫銀一錢三分六厘，計刻銀一兩一錢九分一厘，共板五塊，計工價銀二錢，長洲徐大任書，句容潘守成、長洲李如科同刻。"按：此條圖録出自臺灣，民族無牌記，故宫資料未録玆書。當五。

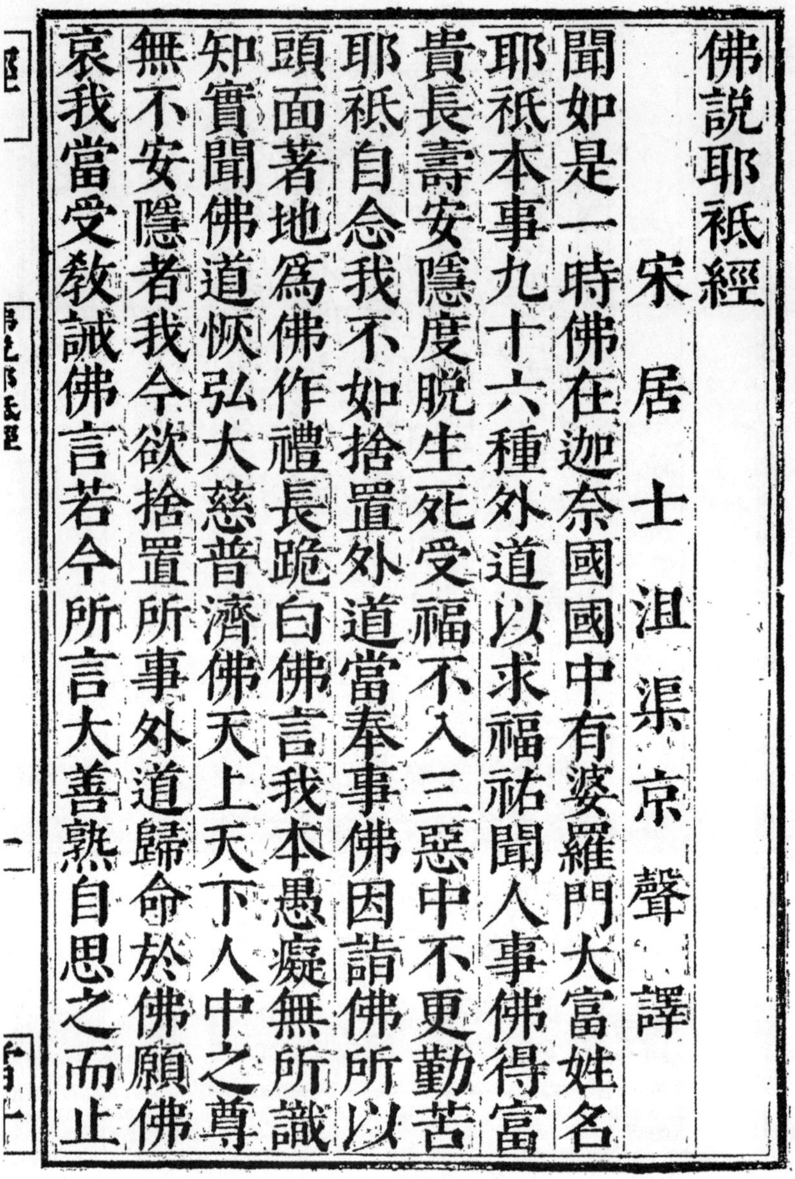

佛說耶祇經

宋居士沮渠京聲譯

聞如是一時佛在迦奈國國中有婆羅門大富姓名耶祇本事九十六種外道以求福祐聞人事佛得富貴長壽安隱度脫生死受福不入三惡中不更勤苦耶祇自念我不如捨置外道當奉事佛因詣佛所以頭面著地爲佛作禮長跪白佛言我本愚癡無所識知實聞佛道恢弘大慈普濟佛天上天下人中之尊無不安隱者我今欲捨置所事外道歸命於佛願佛哀我當受教誡佛言若今所言大善熟自思之而止

043 《佛說耶祇經》一卷

(南朝宋)沮渠京聲譯　明崇禎壬午(十五年,1642)常熟毛鳳苞刻本

版框高 22.6 厘米,寬 15.4 厘米。半葉十行,行二十字,四周雙邊。

民族 071-006-00009;臺灣 230 頁・753;故宮 71・769

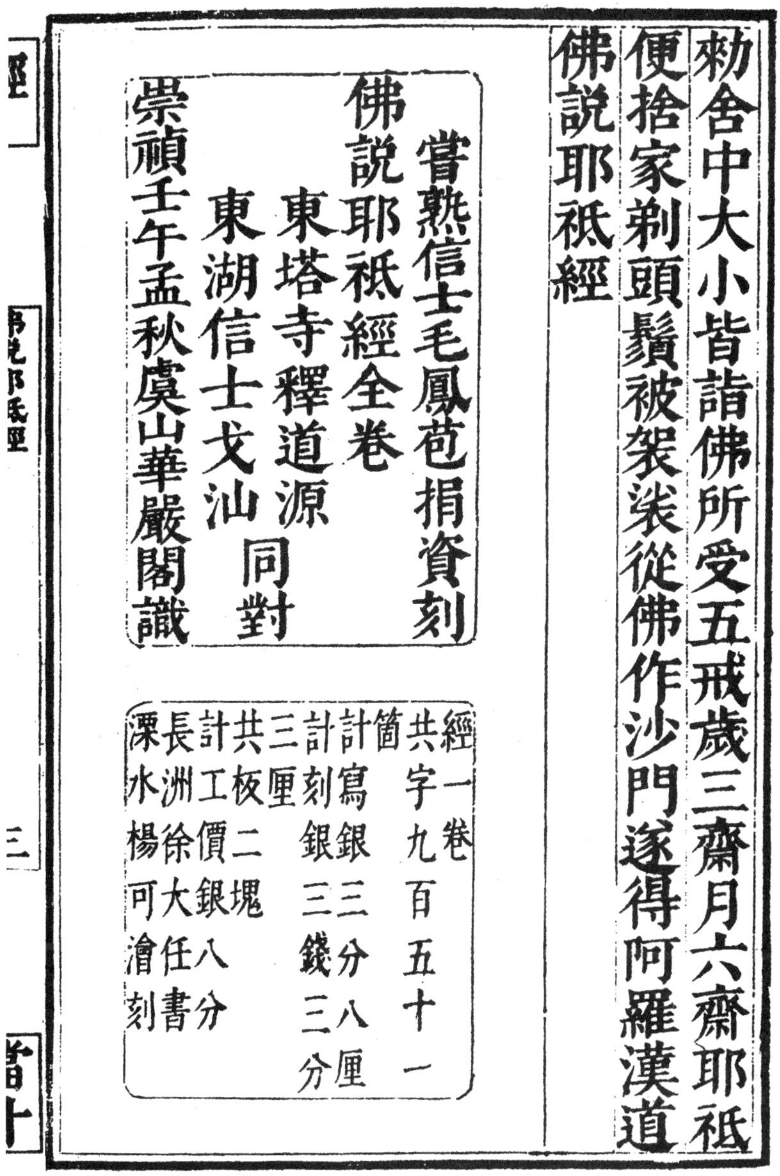

勑舍中大小皆詣佛所受五戒歲三齋月六齋耶衹
便捨家剃頭鬚被袈裟從佛作沙門遂得阿羅漢道
佛説耶衹經

嘗熟信士毛鳳苞捐資刻
佛説耶衹經全卷
東塔寺釋道源
東湖信士戈汕　同對
崇禎壬午孟秋虞山華嚴閣識

經一卷
共字九百五十一
箇
計寫銀三分八厘
計刻銀三錢三分
三厘
共板二塊
計工價銀八分
長洲徐大任書
溧水楊可滄刻

經　佛説耶衹經　三　當十

牌記云："嘗熟信官毛鳳苞捐資刻《佛説耶衹經》全卷，東塔寺釋道源、東湖信士戈汕同對，崇禎壬午孟秋虞山華嚴閣識。經一卷，共字九百五十一箇，計寫銀三分八厘，計刻銀三錢三分三厘，共板二塊，計工價銀八分，長洲徐大任書，溧水楊可滄刻。"當十。

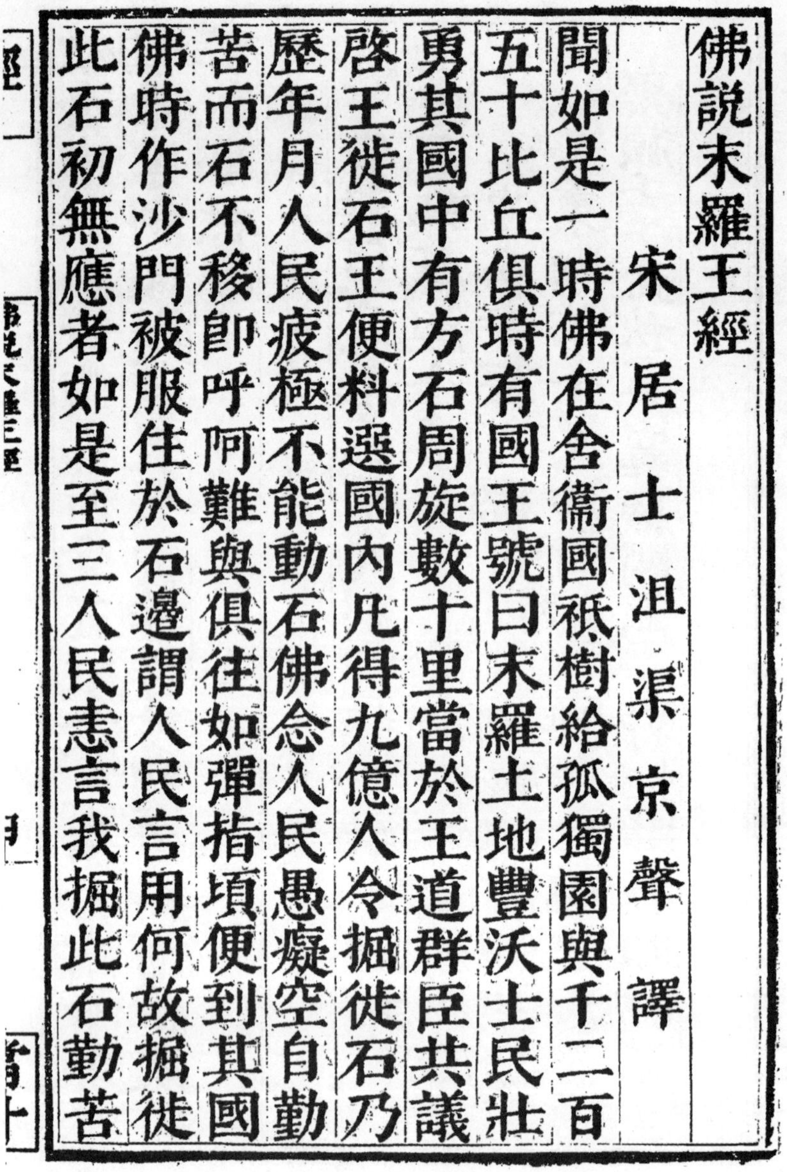
佛說末羅王經
宋居士沮渠京聲譯
聞如是一時佛在舍衛國祇樹給孤獨園與千二百五十比丘俱時有國王號曰末羅土地豐沃士民壯勇其國中有方石周旋數十里當於王道群臣共議啓王徙石王便料選國內凡得九億人令掘徙石乃歷年月人民疲極不能動石佛念人民愚癡空自勤苦而石不移卽呼阿難與俱往如彈指頃便到其國佛時作沙門被服住於石邊謂人民言用何故掘徙此石初無應者如是至三人民恚言我掘此石勤苦

044 《佛說末羅王經》一卷

（南朝宋）沮渠京聲譯　明崇禎壬午（十五年，1642）常熟毛鳳苞刻本

版框高 22.7 厘米，寬 15.4 厘米。半葉十行，行二十字，四周雙邊。

民族 071-006-00010；臺灣 230 頁 · 754；故宮 71 · 770

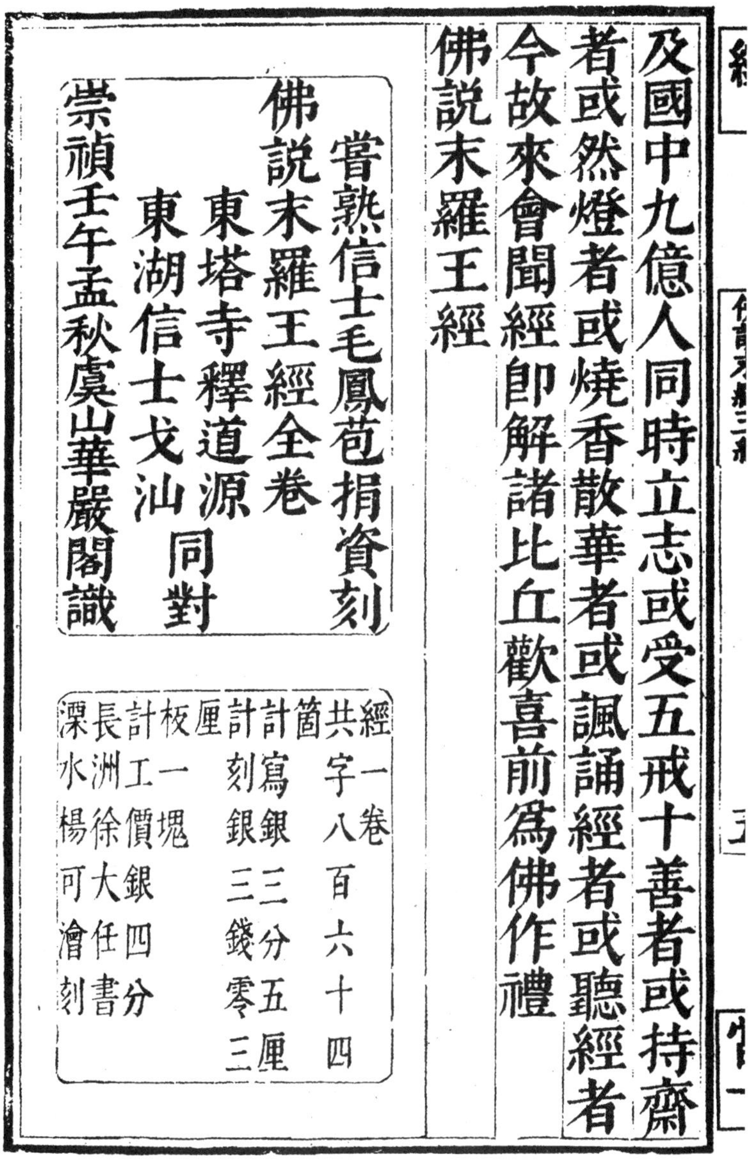

及國中九億人同時立志或受五戒十善者或持齋
者或然燈者或燒香散華者或諷誦經者或聽經者
今故來會聞經即解諸比丘歡喜前爲佛作禮
佛說末羅王經

嘗熟信士毛鳳苞捐資刻
佛說末羅王經全卷
東塔寺釋道源
東湖信士戈汕　同對
崇禎壬午孟秋虞山華嚴閣識

經一卷
共字八百六十四
箇
計寫銀三分五厘
計刻銀三錢零三厘
板一塊
計工價銀四分
長洲徐大任書
溧水楊可滄刻

牌記云:"嘗熟信士毛鳳苞捐資刻《佛說末羅王經》全卷，東塔寺釋道源、東湖信士戈汕同對，崇禎壬午孟秋虞山華嚴閣識。經一卷，共字八百六十四箇，計寫銀三分五厘，計刻銀三錢零三厘，板一塊，計工價銀四分，長洲徐大任書，溧水楊可滄刻。"當十。

佛說摩達國王經

宋居士沮渠京聲譯

聞如是一時佛在羅閱祇竹園中與千二百五十比丘俱時有國王號名摩達王時當出軍征討選國中人民數百萬人皆應赴從時有比丘已得羅漢道到其國分衞並見錄將詣王宮門王有馬監令比丘養視官馬勤苦七日王後身自臨視軍陣比丘見王即於其前輕舉飛翔上住空中現其威神王便恐怖叩頭悔過我實愚癡不別真僞推問國內誰令神人爲是者今當有所治殺比丘告王言非王及國人過也

045 《佛說摩達國王經》一卷

（南朝宋）沮渠京聲譯　明崇禎壬午（十五年，1642）常熟毛鳳苞刻本

版框高 22.7 厘米，寬 15.4 厘米。半葉十行，行二十字，四周雙邊。

民族 071-006-00011；臺灣 231 頁 · 755；故宮 71 · 771

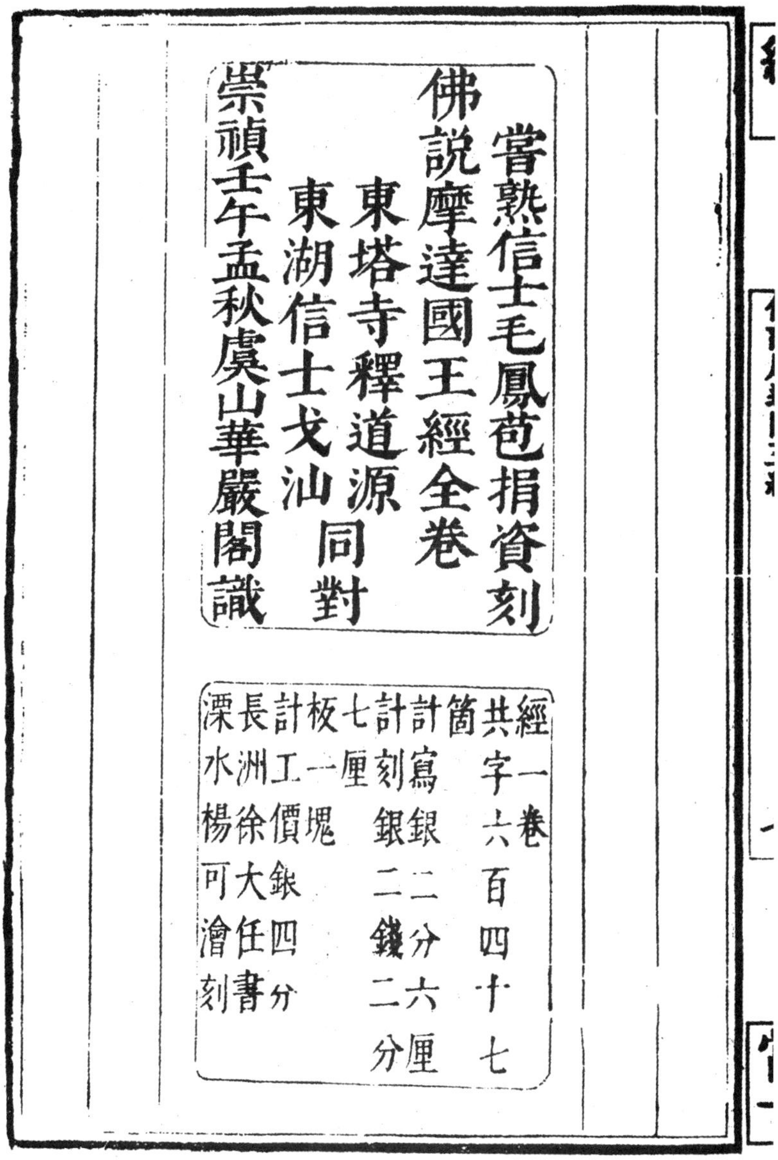
嘗熟信士毛鳳苞捐資刻
佛説摩達國王經全卷
東塔寺釋道源
東湖信士戈汕　同對
崇禎壬午孟秋虞山華嚴閣識

經一卷
共字六百四十七
箇
計寫銀二分六厘
計刻銀二錢二分
七厘
板一塊
計工價銀四分
長洲徐大任書
溧水楊可滄刻

牌記云:“嘗熟信士毛鳳苞捐資刻《佛説摩達國王經》全卷，東塔寺釋道源、東湖信士戈汕同對，崇禎壬午孟秋虞山華嚴閣識。經一卷，共字六百四十七箇，計寫銀二分六厘，計刻銀二錢二分七厘，板一塊，計工價銀四分，長洲徐大任書，溧水楊可滄刻。”當十。

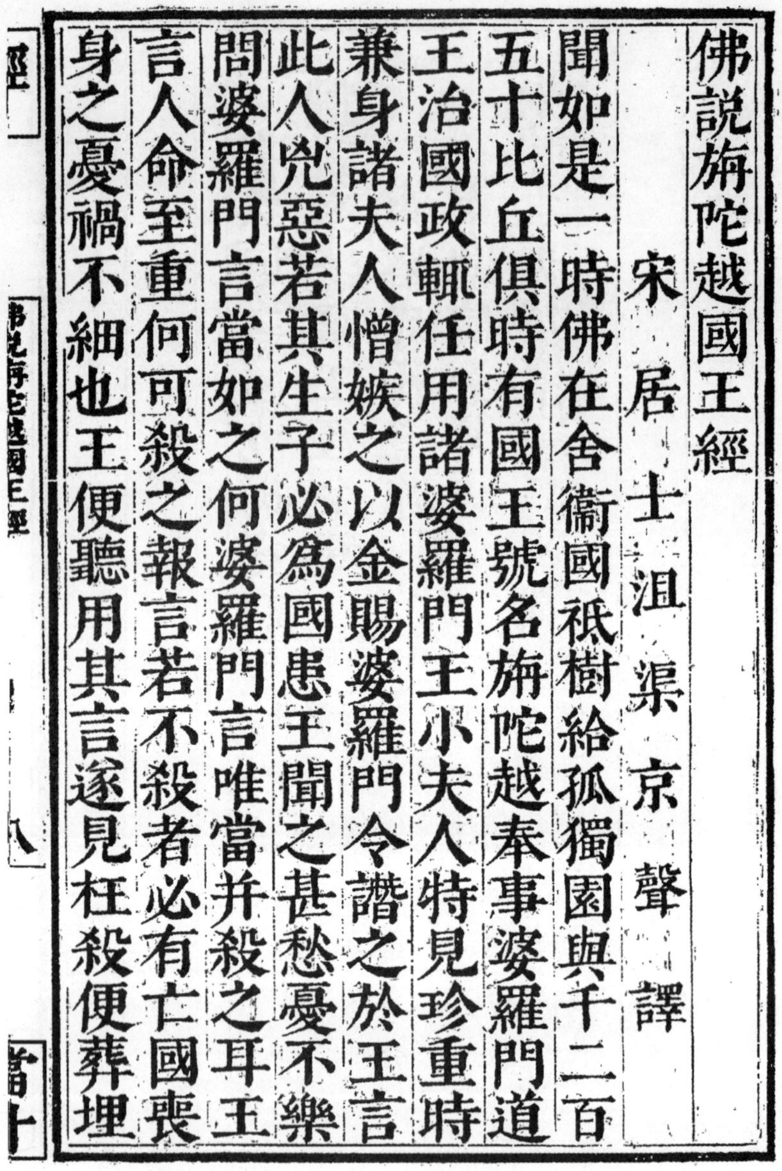
佛說旃陀越國王經
宋居士沮渠京聲譯
聞如是一時佛在舍衛國祇樹給孤獨園與千二百五十比丘俱時有國王號名旃陀越奉事婆羅門道王治國政輒任用諸婆羅門王小夫人特見珍重時兼身諸夫人憎嫉之以金賜婆羅門令譖之於王言此人兇惡若其生子必爲國患王聞之甚愁憂不樂問婆羅門言當如之何婆羅門言唯當并殺之耳王言人命至重何可殺之報言若不殺者必有亡國喪身之憂禍不細也王便聽用其言遂見枉殺便葬埋
佛說旃陀越國王經　八

046 《佛說旃陀越國王經》一卷

（南朝宋）沮渠京聲譯　明崇禎壬午（十五年，1642）常熟毛鳳苞刻本

版框高 22.7 厘米，寬 15.4 厘米。半葉十行，行二十字，四周雙邊。

民族 071-006-00012；臺灣 231 頁 · 756；故宫 71 · 772

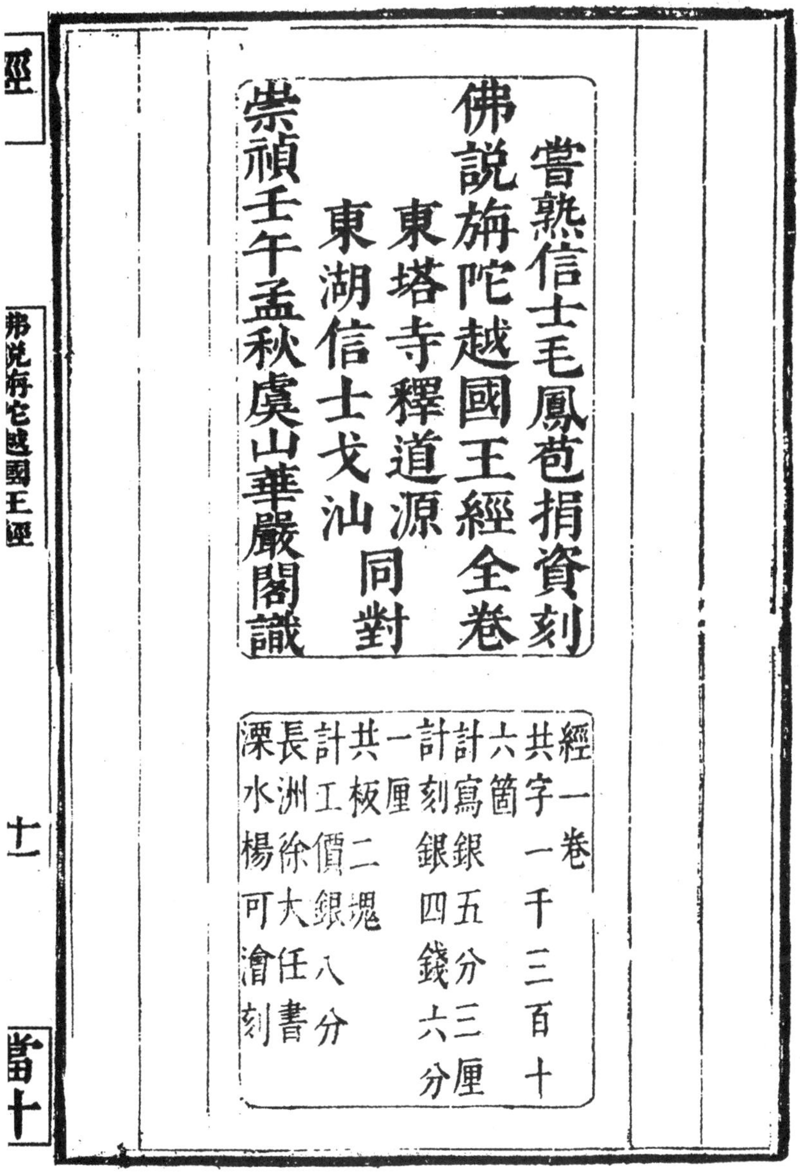
嘗熟信士毛鳳苞捐資刻
佛説旃陀越國王經全卷
東塔寺釋道源
東湖信士戈汕　同對
崇禎壬午孟秋虞山華嚴閣識

經一卷
共字一千三百十
六箇
計寫銀五分三厘
計刻銀四錢六分
一厘
共板二塊
計工價銀八分
長洲徐大任書
溧水楊可澮刻

經　佛説旃陀越國王經　十一　當十

牌記云："嘗熟信士毛鳳苞捐資刻《佛説旃陀越國王經》全卷，東塔寺釋道源、東湖信士戈汕同對，崇禎壬午孟秋虞山華嚴閣識。經一卷，共字一千三百十六箇，計寫銀五分三厘，計刻銀四錢六分一厘，共板二塊，計工價銀八分，長洲徐大任書，溧水楊可澮刻。"當十。

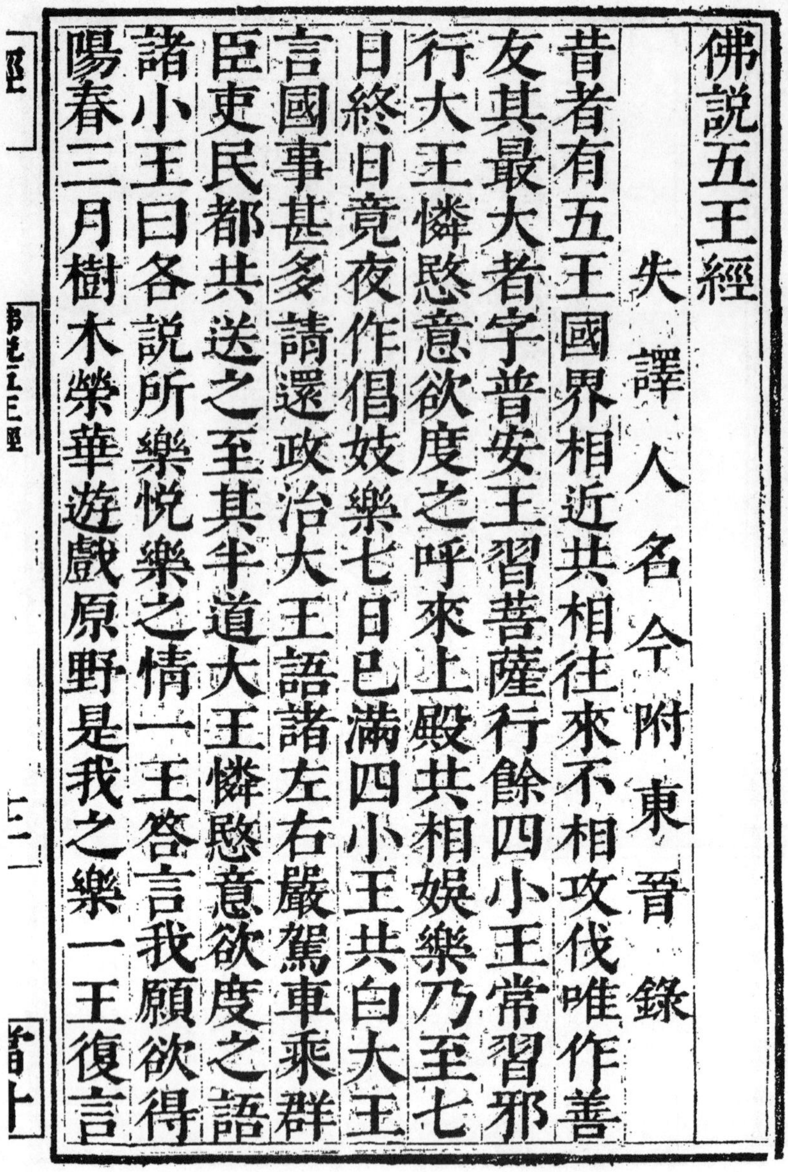
佛說五王經

失譯人名今附東晉錄

昔者有五王國界相近共相往來不相攻伐唯作善友其最大者字普安王習菩薩行餘四小王常習邪行大王憐愍意欲度之呼來上殿共相娛樂乃至七日終日竟夜作倡妓樂七日已滿四小王共白大王言國事甚多請還政治大王語諸左右嚴駕車乘群臣吏民都共送之至其半道大王憐愍意欲度之語諸小王曰各說所樂悅樂之情一王答言我願欲得陽春三月樹木榮華遊戲原野是我之樂一王復言

047 《佛說五王經》一卷

不著譯人　明崇禎壬午（十五年，1642）常熟毛鳳苞刻本

版框高 22.7 厘米，寬 15.5 厘米。半葉十行，行二十字，四周雙邊。

民族 071-006-00013；臺灣 232 頁 · 757；故宮 71 · 773

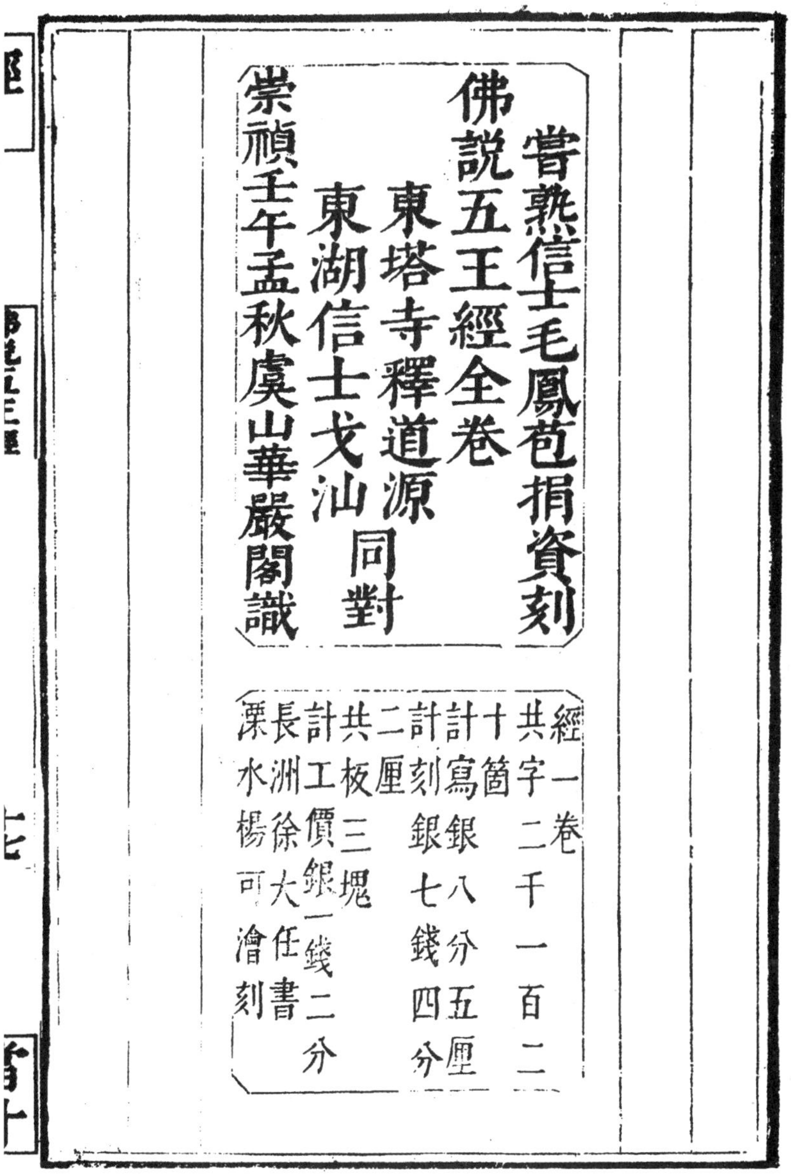
嘗熟信士毛鳳苞捐資刻
佛説五王經全卷
東塔寺釋道源
東湖信士戈汕同對
崇禎壬午孟秋虞山華嚴閣識

經一卷
共字二千一百二
十箇
計寫銀八分五厘
計刻銀七錢四分
二厘
共板三塊
計工價銀一錢二分
長洲徐大任書
溧水楊可滄刻

牌記云:“嘗熟信士毛鳳苞捐資刻《佛説五王經》全卷，東塔寺釋道源、東湖信士戈汕同對，崇禎壬午孟秋虞山華嚴閣識。經一卷，共字二千一百二十箇，計寫銀八分五厘，計刻銀七錢四分二厘，共板三塊，計工價銀一錢二分，長洲徐大任書，溧水楊可滄刻。”當十。

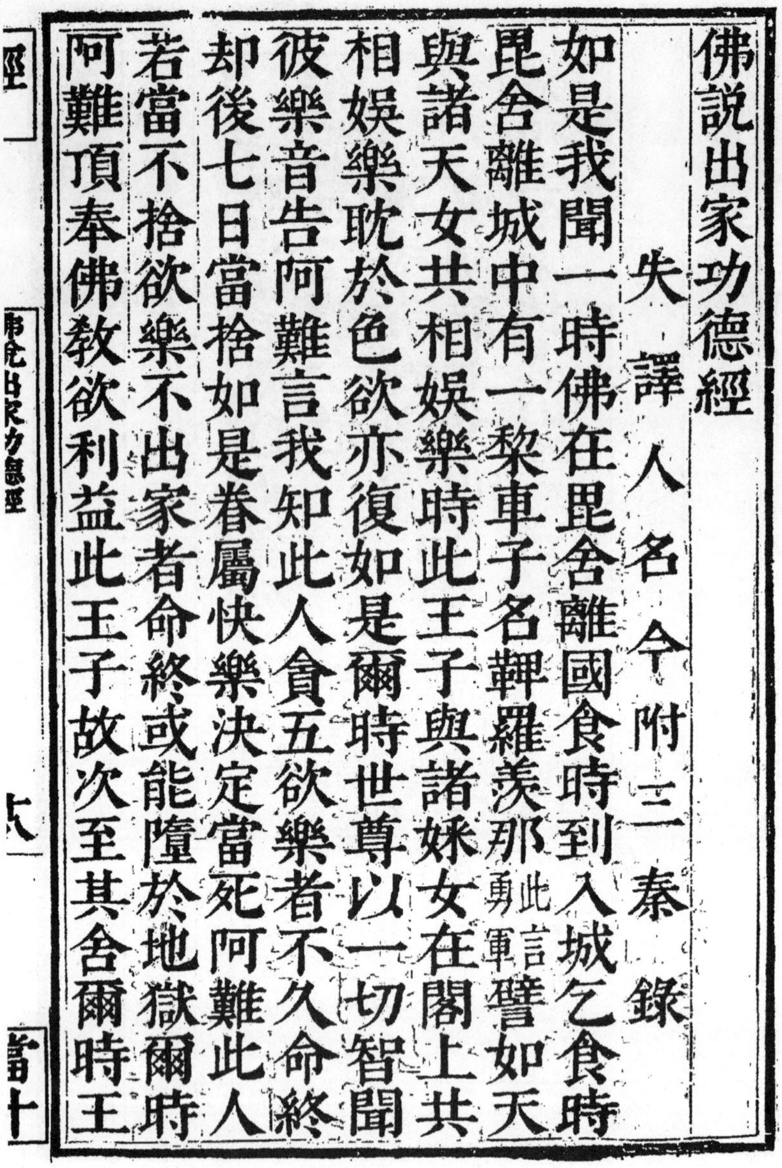

佛說出家功德經

失譯人名今附三秦錄

如是我聞一時佛在毘舍離國食時到入城乞食時毘舍離城中有一棃車子名鞞羅羨那此言勇軍譬如天與諸天女共相娛樂時此王子與諸婇女在閣上共相娛樂耽於色欲亦復如是爾時世尊以一切智聞彼樂音告阿難言我知此人貪五欲樂者不久命終却後七日當捨如是眷屬快樂決定當死阿難此人若當不捨欲樂不出家者命終或能墮於地獄爾時阿難頂奉佛教欲利益此王子故次至其舍爾時王

048 《佛說出家功德經》一卷

不著譯人　明崇禎壬午（十五年，1642）常熟毛鳳苞刻本

版框高 22.8 厘米，寬 15.4 厘米。半葉十行，行二十字，四周雙邊。

民族 071-006-00014；臺灣 232 頁 · 758；故宫 71 · 774

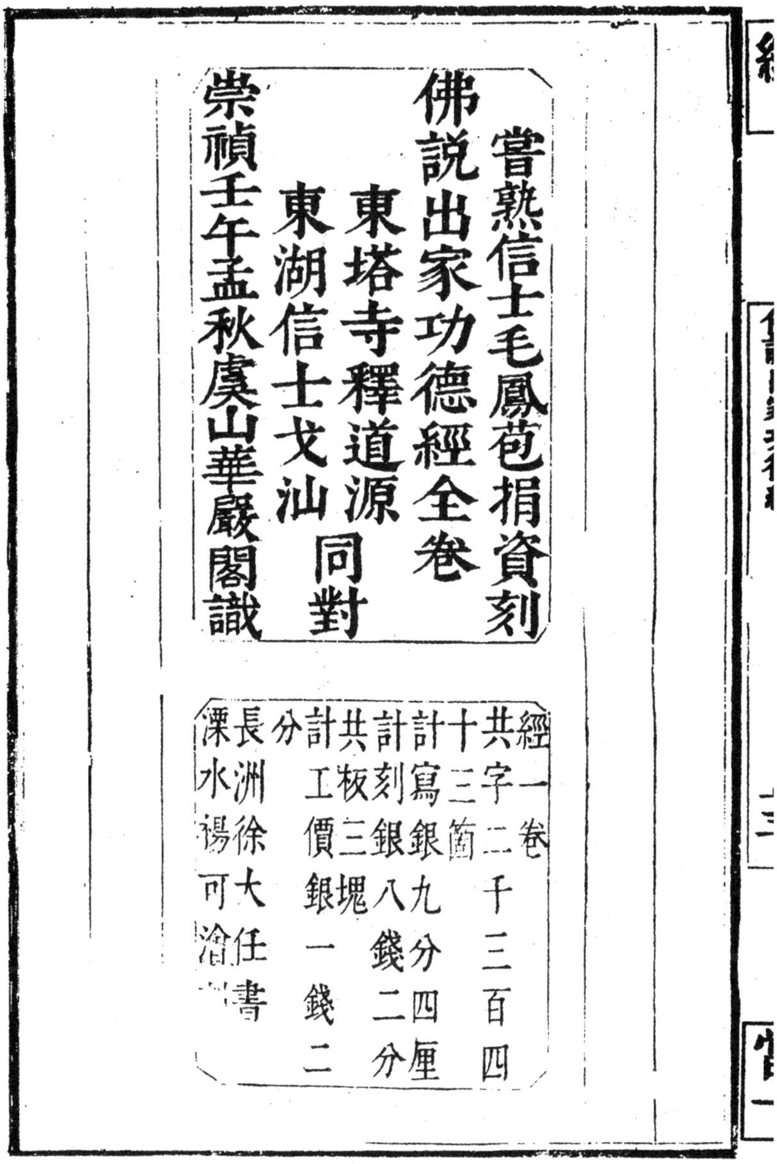

嘗熟信士毛鳳苞捐資刻
佛說出家功德經全卷
東塔寺釋道源
東湖信士戈汕　同對
崇禎壬午孟秋虞山華嚴閣識

經一卷
共字二千三百四
十三箇
計寫銀九分四厘
計刻銀八錢二分
共板三塊
計工價銀一錢二
分
長洲徐大任書
溧水楊可滄刻

牌記云:“嘗熟信士毛鳳苞捐資刻《佛説出家功德經》全卷，東塔寺釋道源、東湖信士戈汕同對，崇禎壬午孟秋虞山華嚴閣識。經一卷，共字二千三百四十三箇，計寫銀九分四厘，計刻銀八錢二分，共板三塊，計工價銀一錢二分，長洲徐大任書，溧水楊可滄刻。”當十。

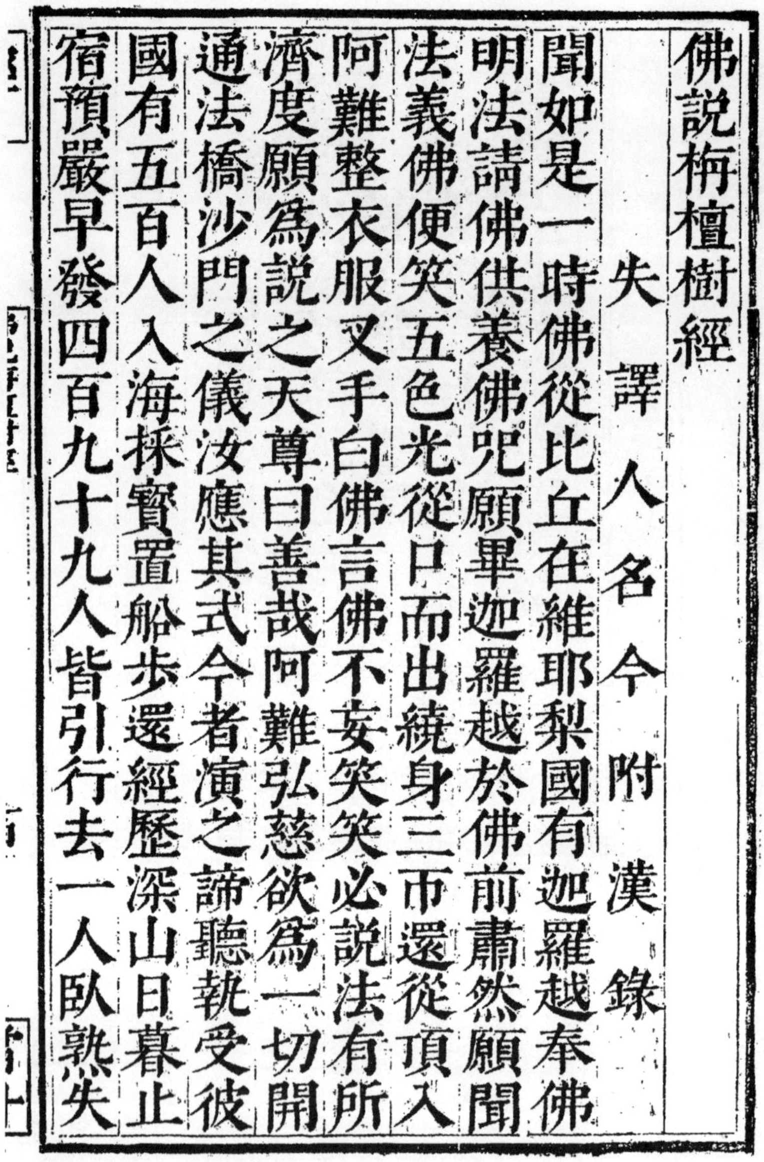

佛說栴檀樹經

失譯人名今附漢錄

聞如是一時佛從比丘在維耶梨國有迦羅越奉佛明法請佛供養佛呪願畢迦羅越於佛前肅然願聞法義佛便笑五色光從口而出繞身三帀還從頂入阿難整衣服叉手白佛言佛不妄笑笑必說法有所濟度願爲說之天尊曰善哉阿難弘慈欲爲一切開通法橋沙門之儀汝應其式今者演之諦聽執受彼國有五百人入海採寶置船步還經歷深山日暮止宿預嚴早發四百九十九人皆引行去一人臥熟失

049 《佛説栴檀樹經》一卷

不著譯人　明崇禎壬午（十五年，1642）常熟毛鳳苞刻本

版框高 22.6 厘米，寬 15.4 厘米。半葉十行，行二十字，四周雙邊。

民族 071-006-00015；臺灣 232 頁 · 759；故宫 71 · 775

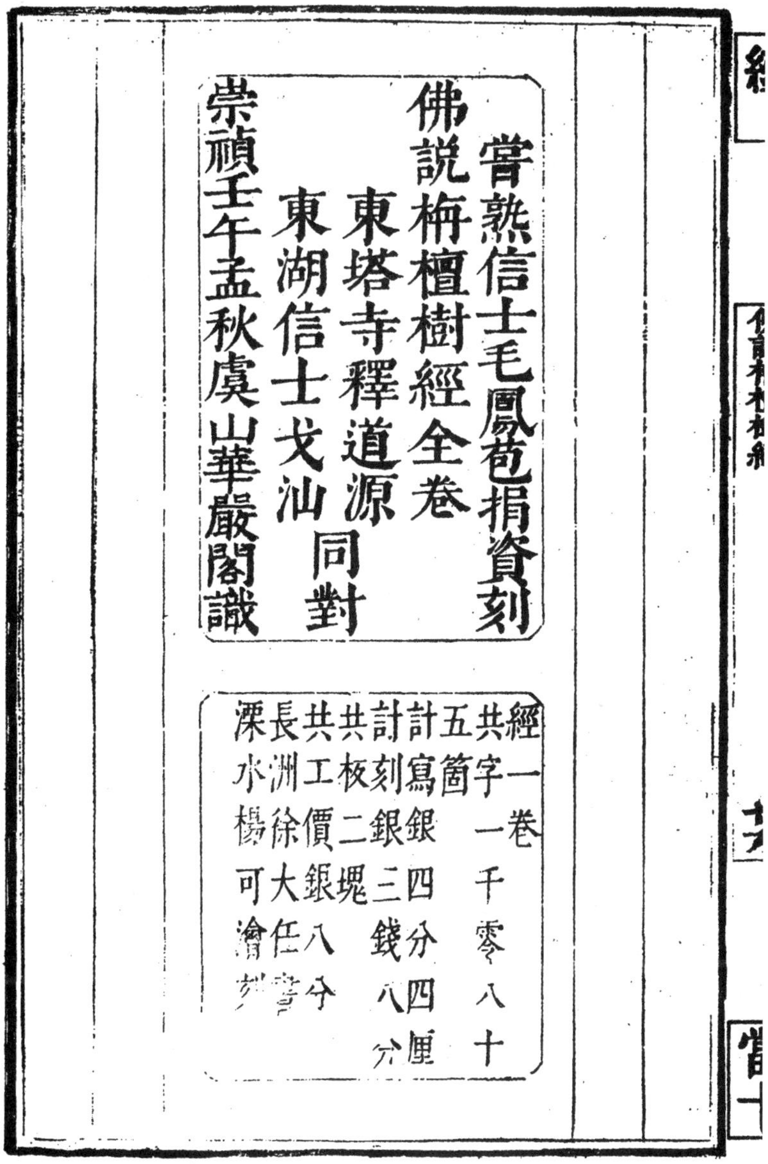

嘗熟信士毛鳳苞捐資刻
佛説栴檀樹經全卷
東塔寺釋道源
東湖信士戈汕　同對
崇禎壬午孟秋虞山華嚴閣識

經一卷
共字一千零八十五箇
計寫銀四分四厘
計刻銀三錢八分
共板二塊
共工價銀八分
長洲徐大任書
溧水楊可滄刻

牌記云："嘗熟信士毛鳳苞捐資刻《佛説栴檀樹經》全卷，東塔寺釋道源、東湖信士戈汕同對，崇禎壬午孟秋虞山華嚴閣識。經一卷，共字一千零八十五箇，計寫銀四分四厘，計刻銀三錢八分，共板二塊，共工價銀八分，長洲徐大任書，溧水楊可滄刻。"當十。

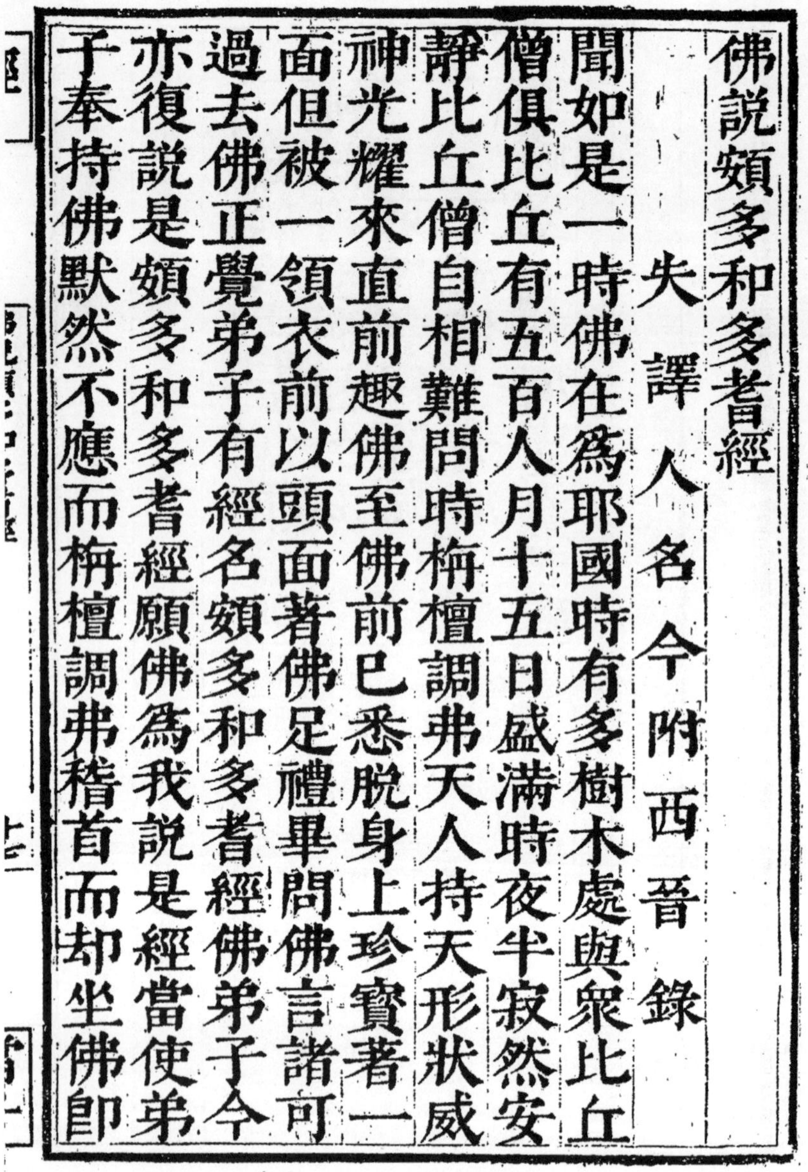

佛説頌多和多耆經
失譯人名今附西晉錄
聞如是一時佛在爲耶國時有多樹木處與衆比丘
僧俱比丘有五百人月十五日盛滿時夜半寂然安
靜比丘僧自相難問時栴檀調弗天人持天形狀威
神光耀來直前趣佛至佛前巳悉脫身上珍寶著一
面但被一領衣前以頭面著佛足禮畢問佛言諸可
過去佛正覺弟子有經名頌多和多耆經佛弟子今
亦復說是頌多和多耆經願佛爲我說是經當使弟
子奉持佛默然不應而栴檀調弗稽首而却坐佛卽

050 《佛説頌多和多耆經》一卷

不著譯人　明崇楨壬午（十五年，1642）常熟毛鳳苞刻本

版框高 22.6 厘米，寬 15.4 厘米。半葉十行，行二十字，四周雙邊。

民族 071-006-00016；臺灣 233 頁 · 760；故宫 71 · 776

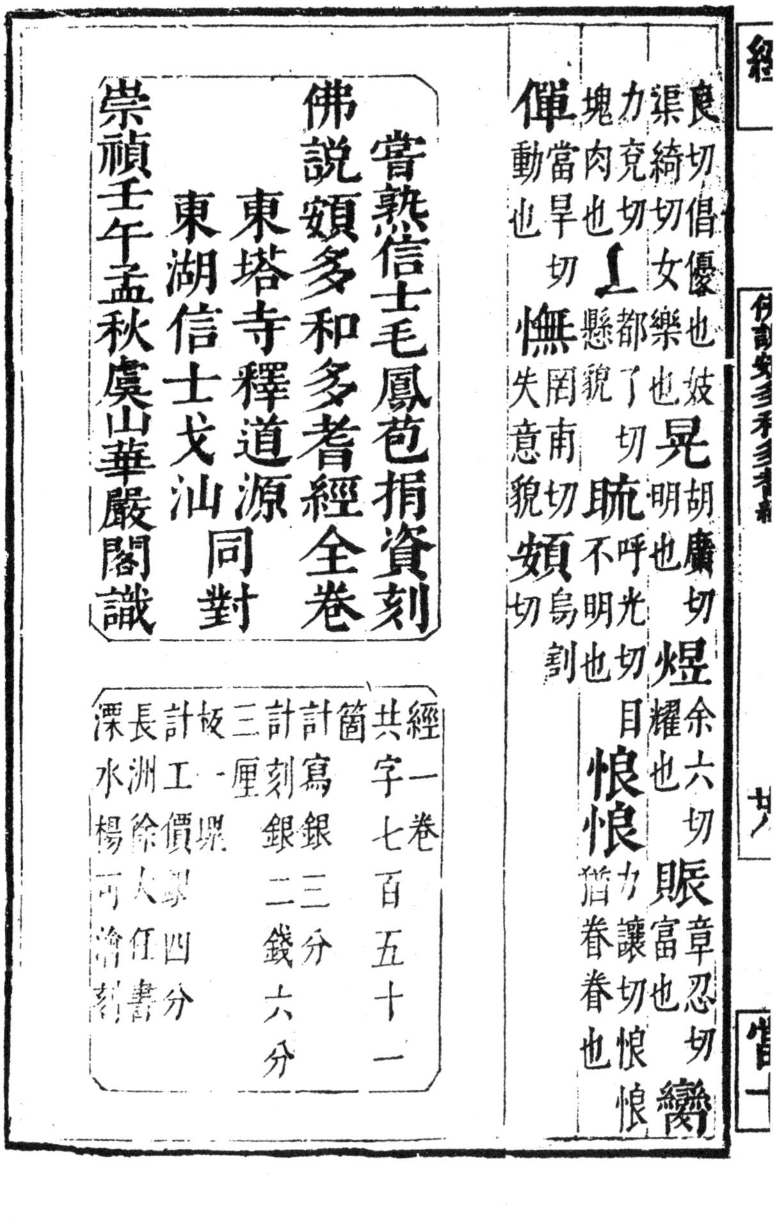

良切，倡優也。妓，渠綺切，女樂也。晃，胡廣切，明也。煜，余六切，耀也。賑，章忍切，富也。孿，力兖切，塊肉也。丄，都了切，懸貌。䀪，呼光切，目不明也。悢悢，力讓切，悢悢，惆眷眷也。僤，當旱切，動也。憮，罔甫切，失意貌。頞，烏割切。

嘗熟信士毛鳳苞捐資刻
佛說頞多和多耆經全卷
東塔寺釋道源
東湖信士戈汕　同對
崇禎壬午孟秋虞山華嚴閣識

經一卷
共字七百五十一
箇
計寫銀三分
計刻銀二錢六分
三厘
板一塊
計工價銀四分
長洲徐大任書
溧水楊可澮刻

牌記云："嘗熟信士毛鳳苞捐資刻《佛説頞多和多耆經》全卷，東塔寺釋道源、東湖信士戈汕同對，崇禎壬午孟秋虞山華嚴閣識。經一卷，共字七百五十一箇，計寫銀三分，計刻銀二錢六分三厘，板一塊，計工價銀四分，長洲徐大任書，溧水楊可澮刻。"當十。

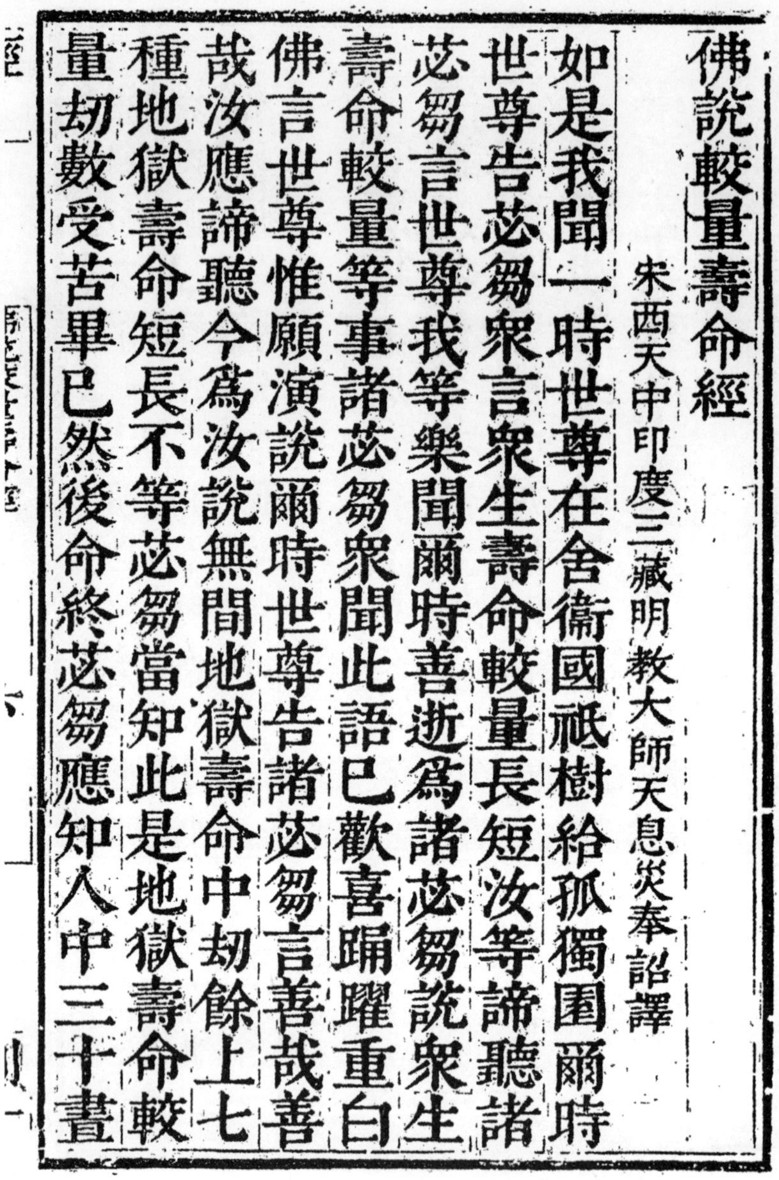

佛說較量壽命經

宋西天中印度三藏明教大師天息災奉詔譯

如是我聞一時世尊在舍衛國祇樹給孤獨園爾時世尊告苾芻衆言衆生壽命較量長短汝等諦聽諸苾芻言世尊我等樂聞爾時善逝爲諸苾芻說衆生壽命較量等事諸苾芻衆聞此語已歡喜踊躍重白佛言世尊惟願演說爾時世尊告諸苾芻言善哉善哉汝應諦聽今爲汝說無間地獄壽命中刧餘上七種地獄壽命短長不等苾芻當知此是地獄壽命較量刧數受苦畢已然後命終苾芻應知人中三十晝

051 《佛說較量壽命經》一卷

（宋）釋天息災譯　明崇禎壬午（十五年，1642）武進張瑋刻本

版框高 22.4 厘米，寬 15.4 厘米。半葉十行，行二十字，四周雙邊。

民族 072-007-00002；臺灣 244 頁 · 789；故宮 72 · 805

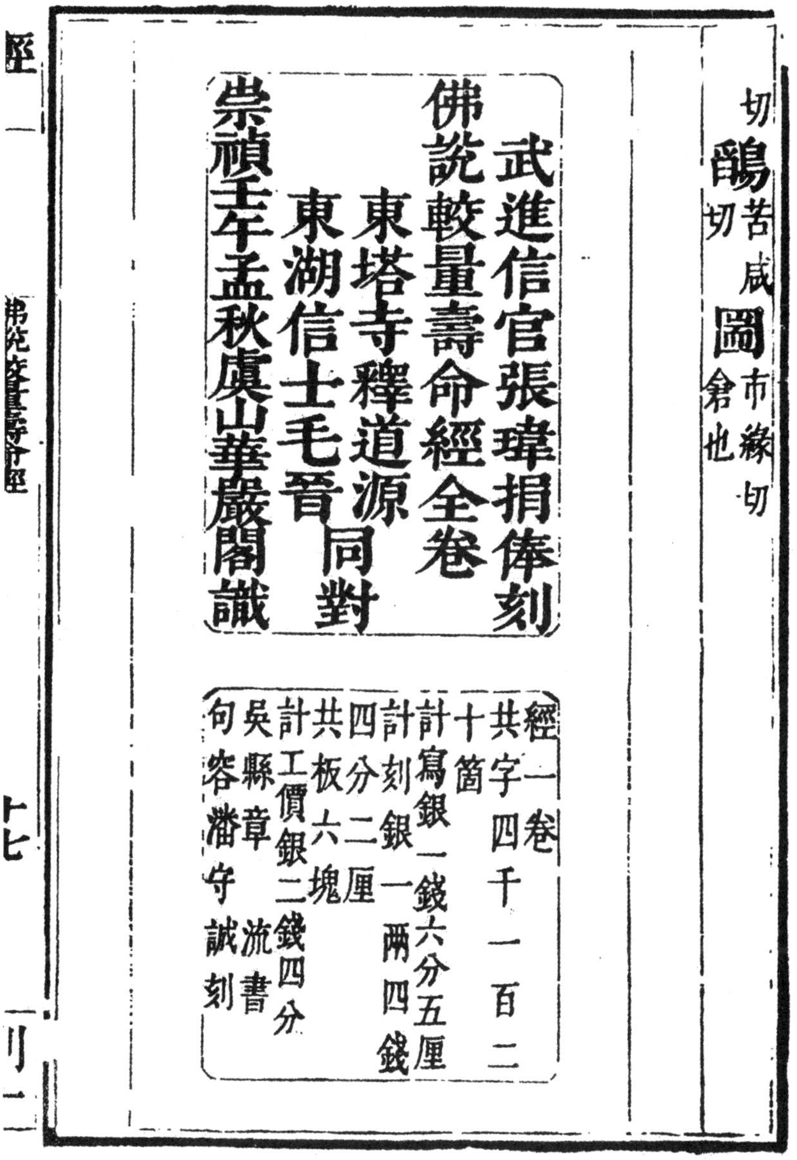

牌記云："武進信官張瑋捐俸刻《佛說較量壽命經》全卷，東塔寺釋道源、東湖信士毛晉同對，崇禎壬午孟秋虞山華嚴閣識。經一卷，共字四千一百二十箇，計寫銀一錢六分五厘，計刻銀一兩四錢四分二厘，共板六塊，計工價銀二錢四分，吳縣章流書，句容潘守誠刻。"則一。

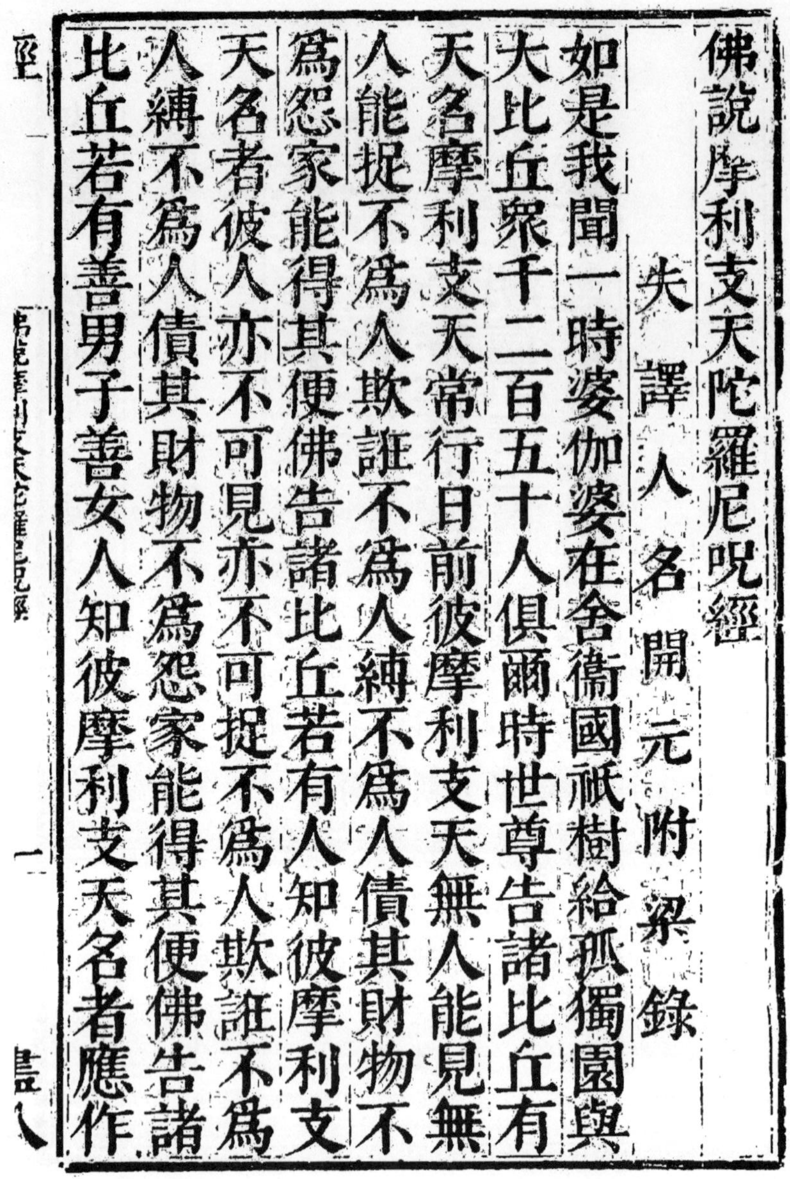
佛說摩利支天陀羅尼呪經
失譯人名開元附梁錄
如是我聞一時婆伽婆在舍衛國祇樹給孤獨園與
大比丘衆千二百五十人俱爾時世尊告諸比丘有
天名摩利支天常行日前彼摩利支天無人能見無
人能捉不爲人欺誑不爲人縛不爲人債其財物不
爲怨家能得其便佛告諸比丘若有人知彼摩利支
天名者彼人亦不可見亦不可捉不爲人欺誑不爲
人縛不爲人債其財物不爲怨家能得其便佛告諸
比丘若有善男子善女人知彼摩利支天名者應作
經　佛說摩利支天陀羅尼呪經　一

052 《佛說摩利支天陀羅尼呪經》一卷

不著譯人　明崇禎壬午（十五年，1642）泰和蕭士瑋刻本

版框高 22.5 厘米，寬 15.4 厘米。半葉十行，行二十字，四周雙邊。

民族 073-002-00005；臺灣 259 頁・829；故宫 73・845

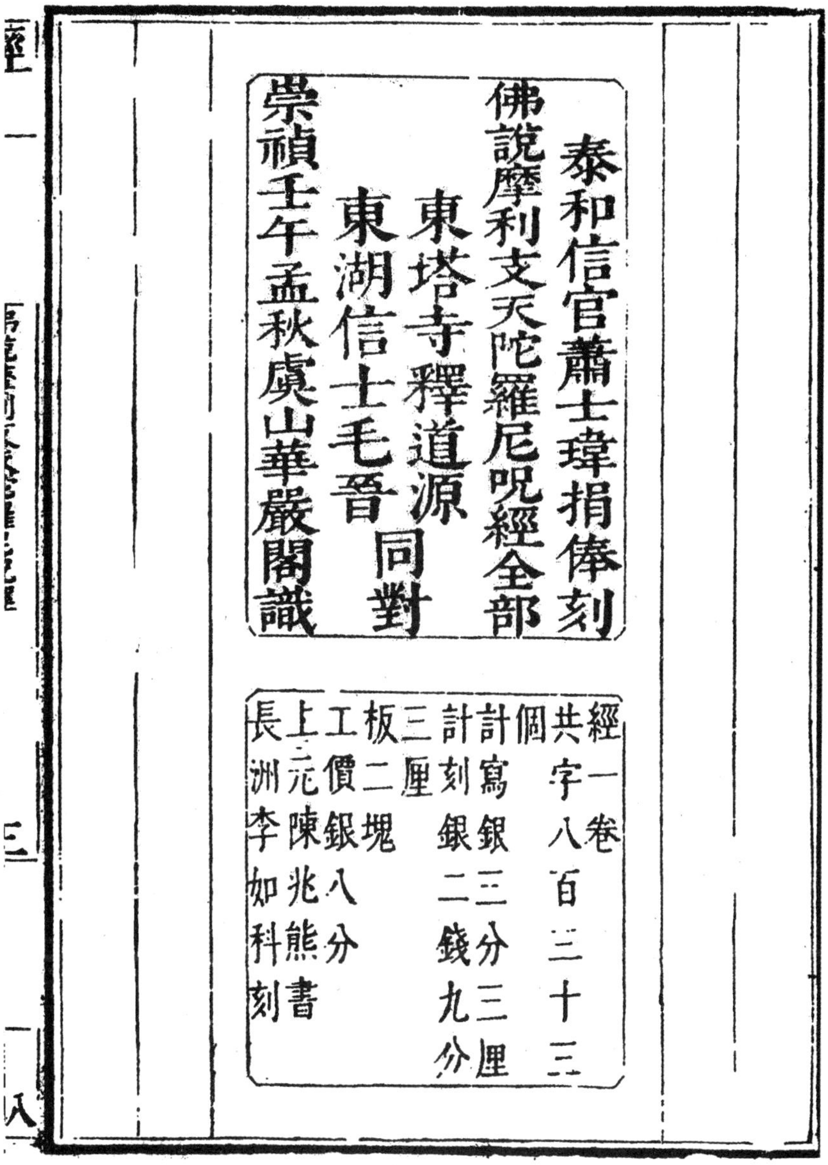
泰和信官蕭士瑋捐俸刻
佛說摩利支天陀羅尼呪經全部
東塔寺釋道源
東湖信士毛晉　同對
崇禎壬午孟秋虞山華嚴閣識

經一卷
共字八百三十三
個
計寫銀三分三厘
計刻銀二錢九分
三厘
板二塊
工價銀八分
上元陳兆熊書
長洲李如科刻

牌記云："泰和信官蕭士瑋捐俸刻《佛說摩利支天陀羅尼呪經》全部，東塔寺釋道源、東湖信士毛晉同對，崇禎壬午孟秋虞山華嚴閣識。經一卷，共字八百三十三個，計寫銀三分三厘，計刻銀二錢九分三厘，板二塊，工價銀八分，上元陳兆熊書，長洲李如科刻。"盡八。

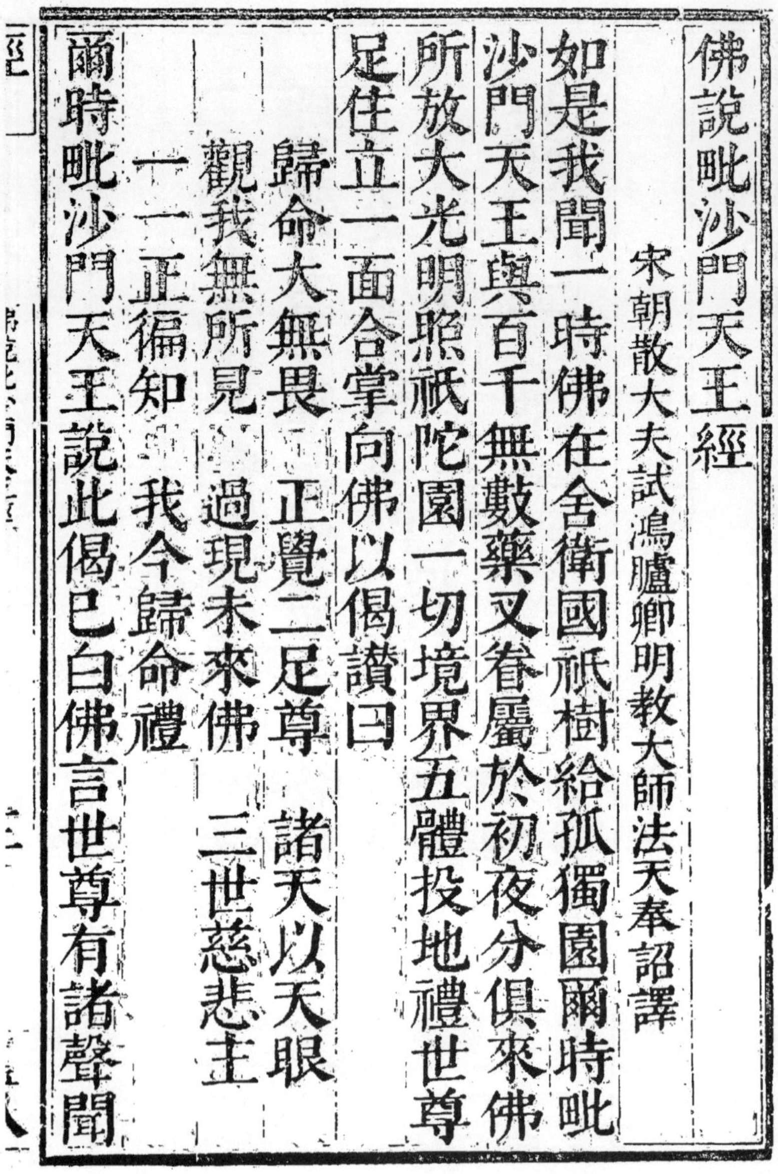
佛說毗沙門天王經
宋朝散大夫試鴻臚卿明教大師法天奉詔譯
如是我聞一時佛在舍衛國祇樹給孤獨園爾時毗
沙門天王與百千無數藥叉眷屬於初夜分俱來佛
所放大光明照祇陀園一切境界五體投地禮世尊
足住立一面合掌向佛以偈讚曰
歸命大無畏　正覺二足尊　諸天以天眼
觀我無所見　過現未來佛　三世慈悲主
一一正徧知　我今歸命禮
爾時毗沙門天王說此偈已白佛言世尊有諸聲聞

053《佛說毗沙門天王經》一卷

(宋）釋法天譯　明崇禎壬午（十五年，1642）泰和蕭士瑋刻本

版框高 22.7 厘米，寬 15.5 厘米。半葉十行，行二十字，四周雙邊。

民族 073-002-00007；臺灣 260 頁 · 831；故宫 73 · 847

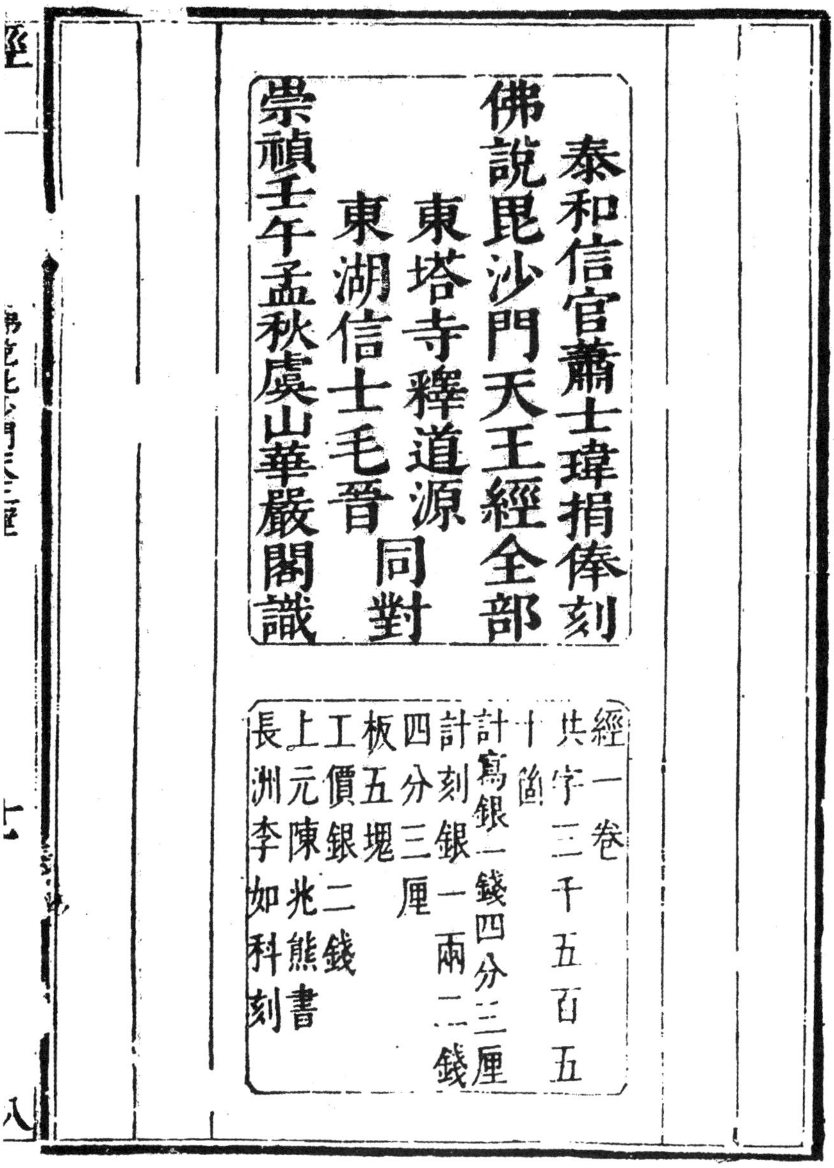
泰和信官蕭士瑋捐俸刻
佛說毘沙門天王經全部
東塔寺釋道源
東湖信士毛晉　同對
崇禎壬午孟秋虞山華嚴閣識

經一卷
共字三千五百五
十箇
計寫銀一錢四分三厘
計刻銀一兩二錢
四分三厘
板五塊
工價銀二錢
上元陳兆熊書
長洲李如科刻

牌記云："泰和信官蕭士瑋捐俸刻《佛說毘沙門天王經》全部，東塔寺釋道源、東湖信士毛晉同對，崇禎壬午孟秋虞山華嚴閣識。經一卷，共字三千五百五十箇，計寫銀一錢四分三厘，計刻銀一兩二錢四分三厘，板五塊，工價銀二錢，上元陳兆熊書，長洲李如科刻。"盡八。

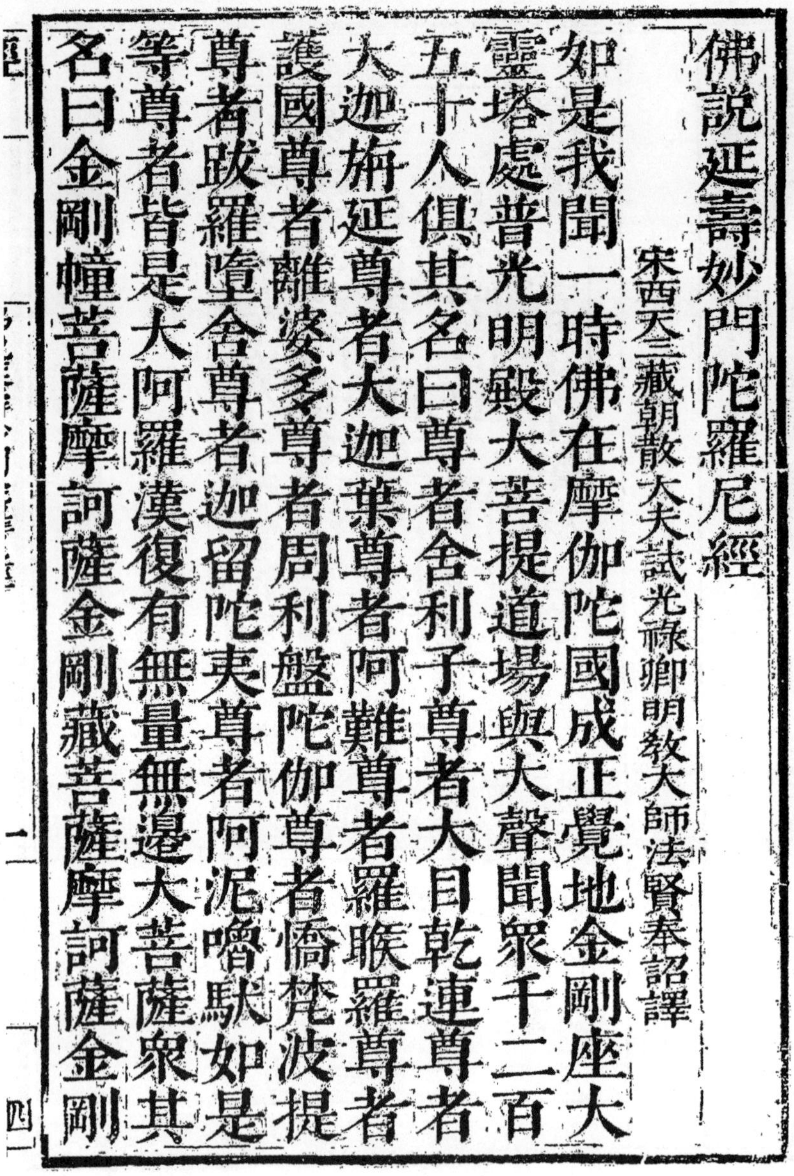

佛說延壽妙門陀羅尼經

宋西天三藏朝散大夫試光祿卿明教大師法賢奉詔譯

如是我聞一時佛在摩伽陀國成正覺地金剛座大靈塔處普光明殿大菩提道場與大聲聞衆千二百五十人俱其名曰尊者舍利子尊者大目乾連尊者大迦旃延尊者大迦葉尊者阿難尊者羅睺羅尊者護國尊者離婆多尊者周利盤陀伽尊者憍梵波提尊者跋羅墮舍尊者迦留陀夷尊者阿泥嚕馱如是等尊者皆是大阿羅漢復有無量無邊大菩薩衆其名曰金剛幢菩薩摩訶薩金剛藏菩薩摩訶薩金剛

054 《佛說延壽妙門陀羅尼經》一卷

(宋）釋法賢譯　明崇禎壬午（十五年，1642）常熟毛鳳苞刻本

版框高 22.2 厘米，寬 15.6 厘米。半葉十行，行二十字，四周雙邊。

民族 074-001-00003；臺灣 284 頁 · 900；故宮 74 · 916

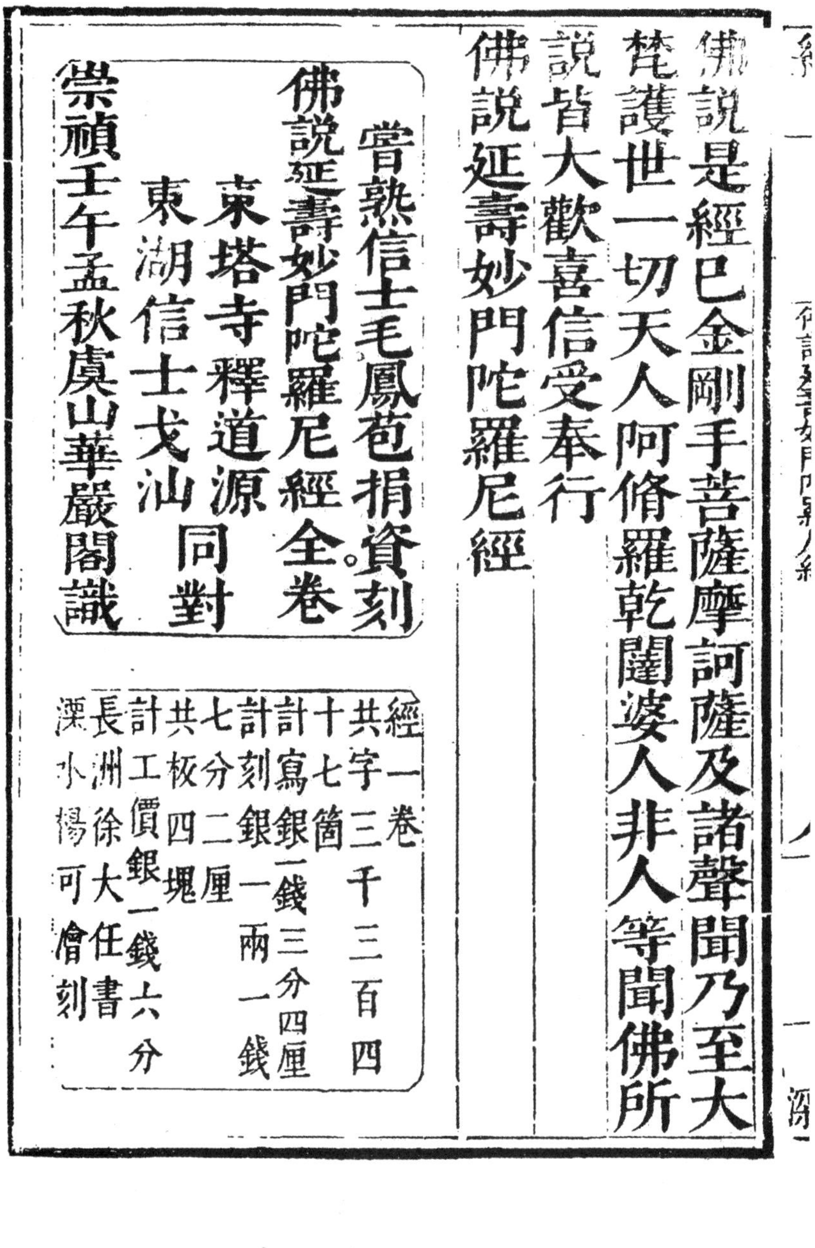
佛説是經已金剛手菩薩摩訶薩及諸聲聞乃至大
梵護世一切天人阿脩羅乾闥婆人非人等聞佛所
説皆大歡喜信受奉行
佛説延壽妙門陀羅尼經

嘗熟信士毛鳳苞捐資刻
佛説延壽妙門陀羅尼經全卷
東塔寺釋道源　同對
東湖信士戈汕
崇禎壬午孟秋虞山華嚴閣識

經一卷
共字三千三百四
十七箇
計寫銀一錢三分四厘
計刻銀一兩一錢
七分二厘
共板四塊
計工價銀一錢六分
長洲徐大任書
溧水楊可滄刻

牌記云:“嘗熟信士毛鳳苞捐資刻《佛説延壽妙門陀羅尼經》全卷，東塔寺釋道源、東湖信士戈汕同對，崇禎壬午孟秋虞山華嚴閣識。經一卷，共字三千三百四十七箇，計寫銀一錢三分四厘，計刻銀一兩一錢七分二厘，共板四塊，計工價銀一錢六分，長洲徐大任書，溧水楊可滄刻。”深四。

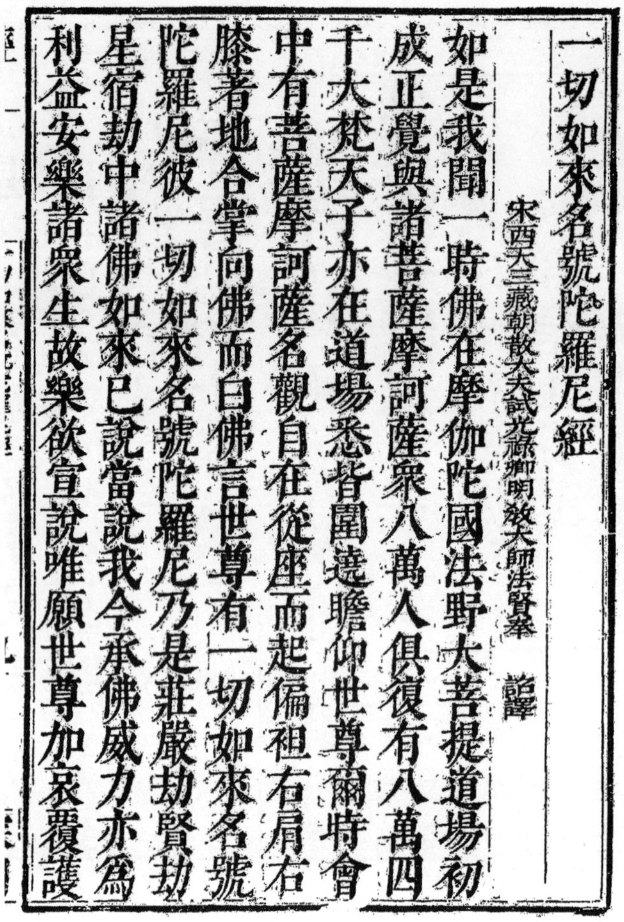
一切如來名號陀羅尼經
宋西天三藏朝散大夫試光祿卿明教大師法賢奉　詔譯
如是我聞一時佛在摩伽陀國法野大菩提道場初
成正覺與諸菩薩摩訶薩衆八萬人俱復有八萬四
千大梵天子亦在道場悉皆圍遶瞻仰世尊爾時會
中有菩薩摩訶薩名觀自在從座而起偏袒右肩右
膝著地合掌向佛而白佛言世尊有一切如來名號
陀羅尼彼一切如來名號陀羅尼乃是莊嚴劫賢劫
星宿劫中諸佛如來已說當說我今承佛威力亦爲
利益安樂諸衆生故樂欲宣說唯願世尊加哀覆護

055 《一切如來名號陀羅尼經》一卷

(宋) 釋法賢譯　明崇禎壬午（十五年，1642）常熟毛鳳苞刻本

版框高 21.6 厘米，寬 15.3 厘米。半葉十行，行二十字，四周雙邊。

臺灣 284 頁 · 901; 故宫 74 · 917

民族無牌記，《“國家圖書館”善本書志初稿 · 子部四》云，兹經與上《佛說延壽妙門陀羅尼經》同卷。按：兹書牌記内容據以補全。以下三經亦同兹書。深四。

一切如來名號陀羅尼經

宋西天三藏朝散大夫試光祿卿明教大師法賢奉　詔譯

如是我聞一時佛在摩伽陀國法野大菩提道場初成正覺與諸菩薩摩訶薩衆八萬人俱復有八萬四千大梵天子亦在道場悉皆圍遶瞻仰世尊爾時會中有菩薩摩訶薩名觀自在從座而起偏袒右肩右膝著地合掌向佛而白佛言世尊有一切如來名號陀羅尼彼一切如來名號陀羅尼乃是莊嚴劫賢劫星宿劫中諸佛如來已說當說我今承佛威力亦為利益安樂諸衆生故樂欲宣說唯願世尊加哀覆護

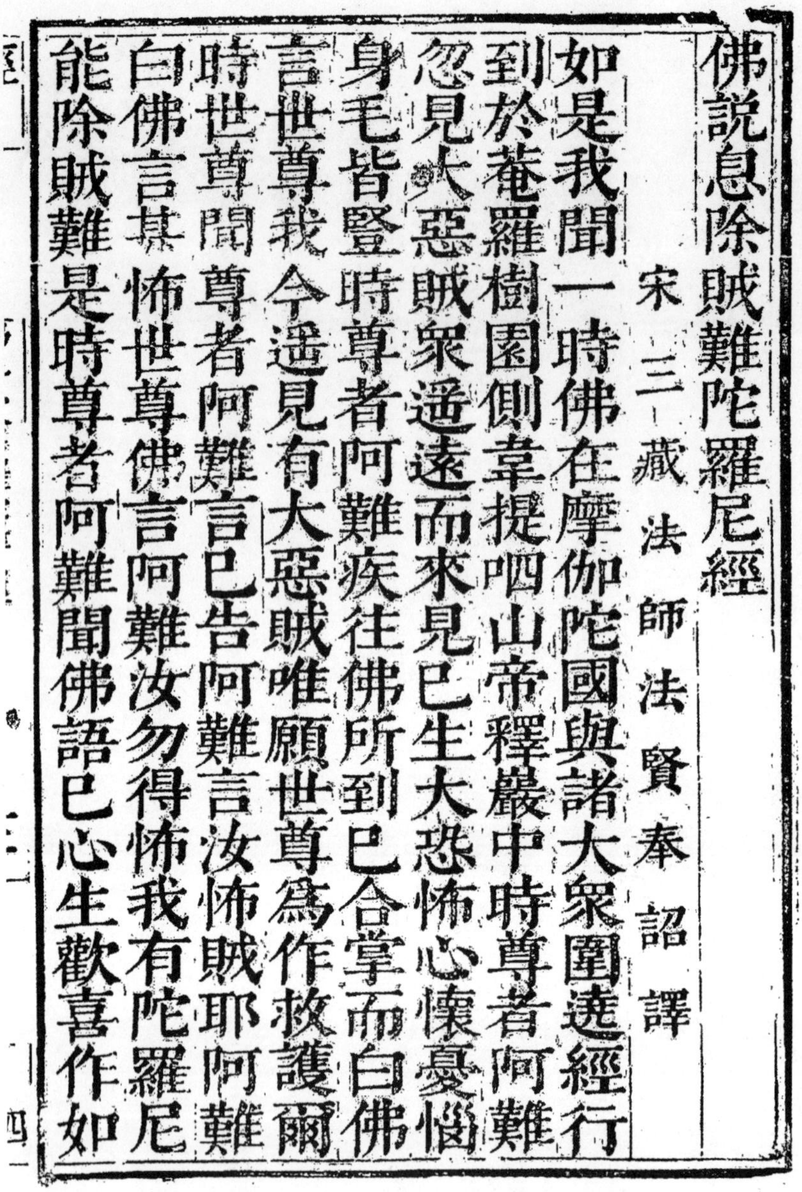

佛說息除賊難陀羅尼經

宋 三藏法師法賢奉 詔譯

如是我聞一時佛在摩伽陀國與諸大衆圍遶經行到於菴羅樹園側韋提呬山帝釋巖中時尊者阿難忽見大惡賊衆遥遠而來見已生大恐怖心懷憂惱身毛皆竪時尊者阿難疾往佛所到已合掌而白佛言世尊我今遥見有大惡賊唯願世尊爲作救護爾時世尊聞尊者阿難言已告阿難言汝怖賊耶阿難白佛言甚怖世尊佛言阿難汝勿得怖我有陀羅尼能除賊難是時尊者阿難聞佛語已心生歡喜作如

056 《佛說息除賊難陀羅尼經》一卷

(宋) 釋法賢譯　明崇禎壬午（十五年，1642）常熟毛鳳苞刻本

版框高 22.1 厘米，寬 15.5 厘米。半葉十行，行二十字，四周雙邊。

民族 074-001-00004；臺灣 284 頁 · 902；故宮 74 · 918

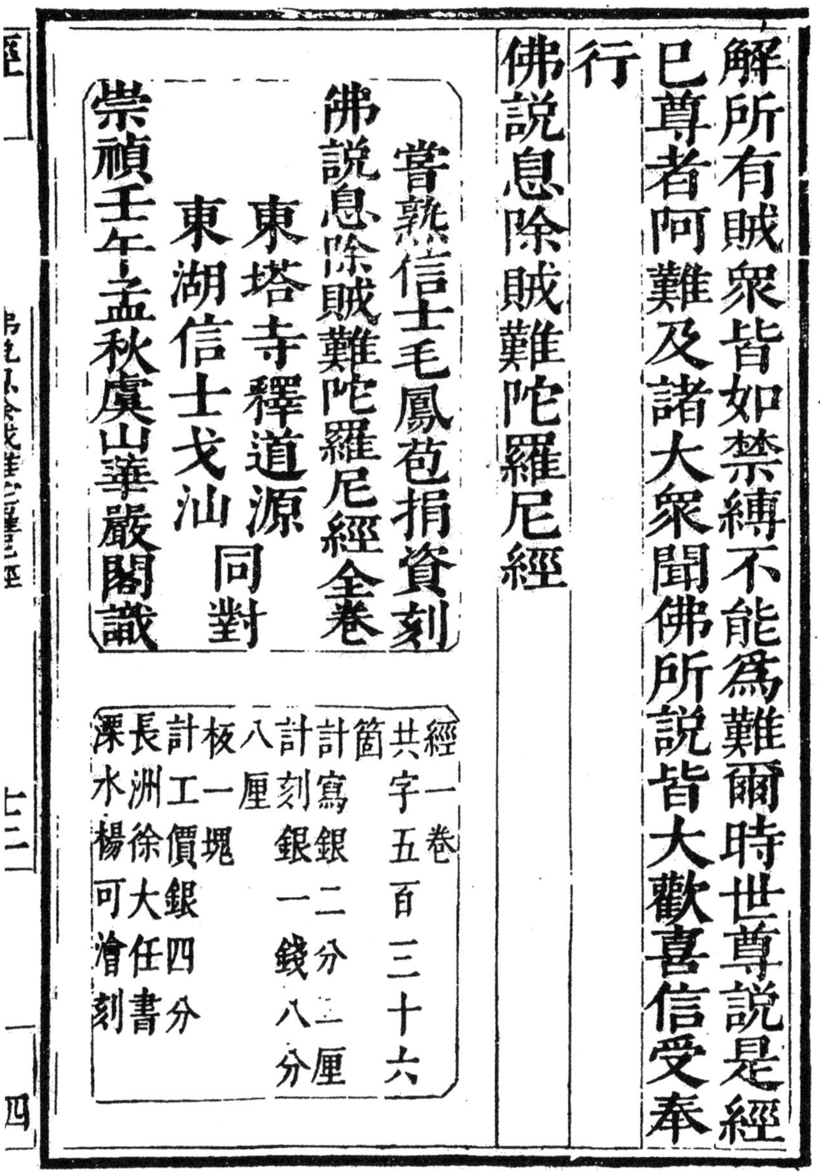
解所有賊衆皆如禁縛不能爲難爾時世尊説是經
已尊者阿難及諸大衆聞佛所説皆大歡喜信受奉
行
佛説息除賊難陀羅尼經

嘗熟信士毛鳳苞捐貲刻
佛説息除賊難陀羅尼經全卷
東塔寺釋道源
東湖信士戈汕　同對
崇禎壬午孟秋虞山華嚴閣識

經一卷
共字五百三十六
箇
計寫銀二分二厘
計刻銀一錢八分
八厘
板一塊
計工價銀四分
長洲徐大任書
溧水楊可滄刻

七二　四

牌記云："嘗熟信士毛鳳苞捐資刻《佛説息除賊難陀羅尼經》全卷，東塔寺釋道源、東湖信士戈汕同對，崇禎壬午孟秋虞山華嚴閣識。經一卷，共字五百三十六箇，計寫銀二分二厘，計刻銀一錢八分八厘，板一塊，計工價銀四分，長洲徐大任書，溧水楊可滄刻。"深四。

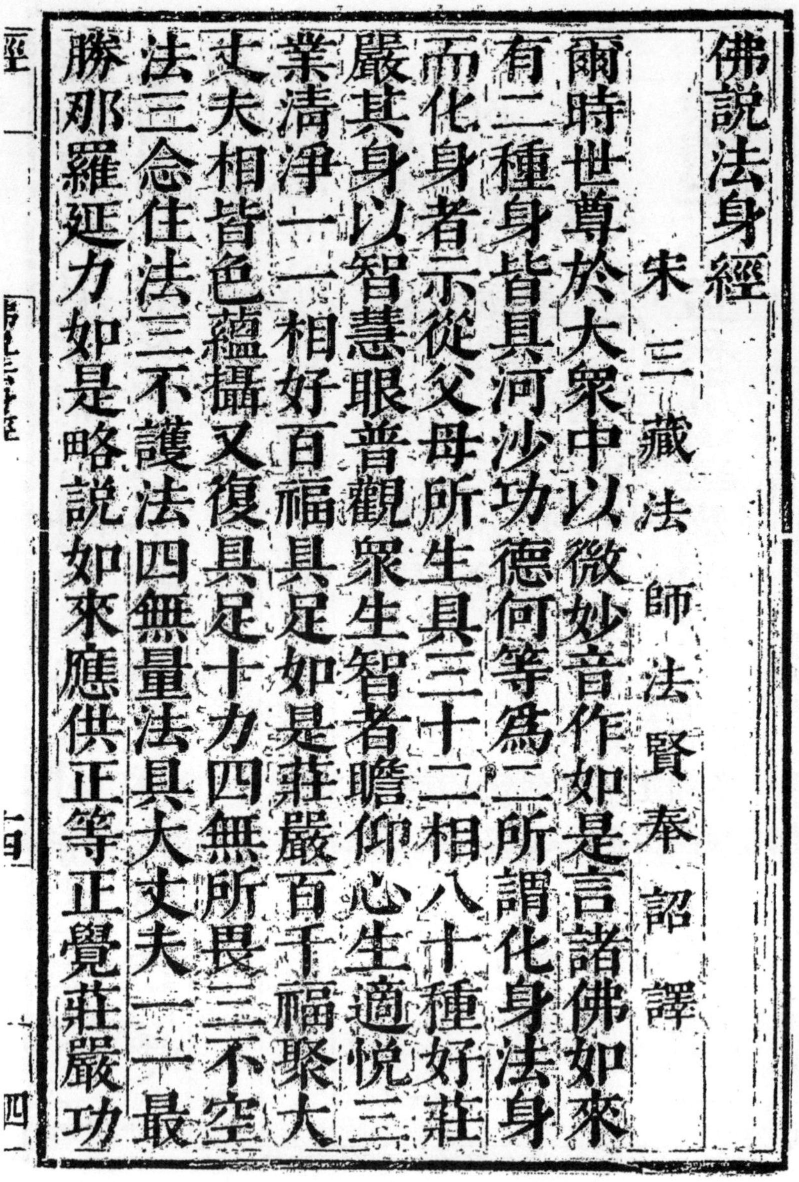

佛說法身經

宋三藏法師法賢奉詔譯

爾時世尊於大衆中以微妙音作如是言諸佛如來有二種身皆具河沙功德何等爲二所謂化身法身而化身者不從父母所生具三十二相八十種好莊嚴其身以智慧眼普觀衆生智者瞻仰心生適悅三業清淨一一相好百福具足如是莊嚴百千福聚大丈夫相皆色蘊攝又復具足十力四無所畏三不空法三念住法三不護法四無量法具大丈夫一一最勝那羅延力如是略說如來應供正等正覺莊嚴功

057 《佛說法身經》一卷

（宋）釋法賢譯　明崇禎壬午（十五年，1642）常熟毛鳳苞刻本

版框高 22.4 厘米，寬 15.5 厘米。半葉十行，行二十字，四周雙邊。

民族 074-001-00005；臺灣 285 頁 · 903；故宮 74 · 919

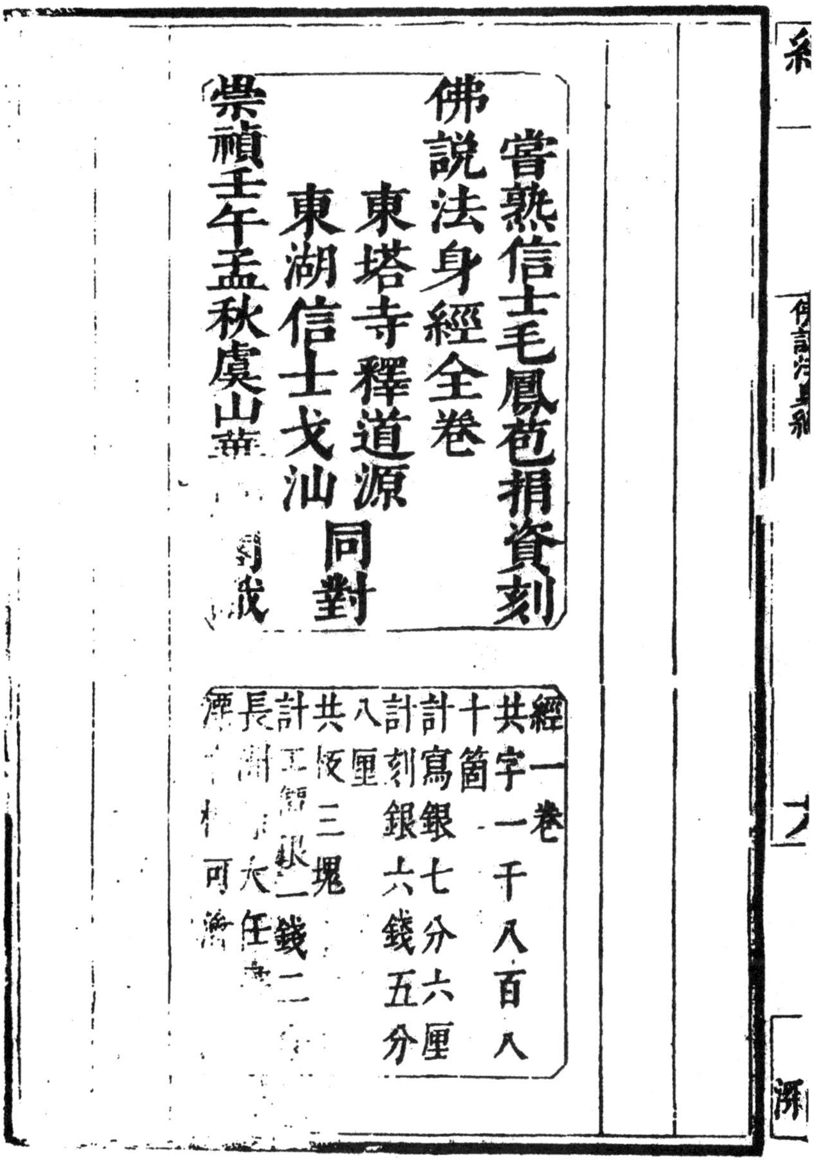

嘗熟信士毛鳳苞捐資刻
佛説法身經全卷
東塔寺釋道源
東湖信士戈汕同對
崇禎壬午孟秋虞山華嚴閣識

經一卷
共字一千八百八
十箇
計寫銀七分六厘
計刻銀六錢五分
八厘
共板三塊
計工價銀一錢二分
長洲徐大任書
溧水楊可澹刻

牌記云："嘗熟信士毛鳳苞捐資刻《佛説法身經》全卷，東塔寺釋道源、東湖信士戈汕同對，崇禎壬午孟秋虞山華嚴閣識。經一卷，共字一千八百八十箇，計寫銀七分六厘，計刻銀六錢五分八厘，共板三塊，計工價銀一錢二分，長洲徐大任書，溧水楊可澹刻。"深四。

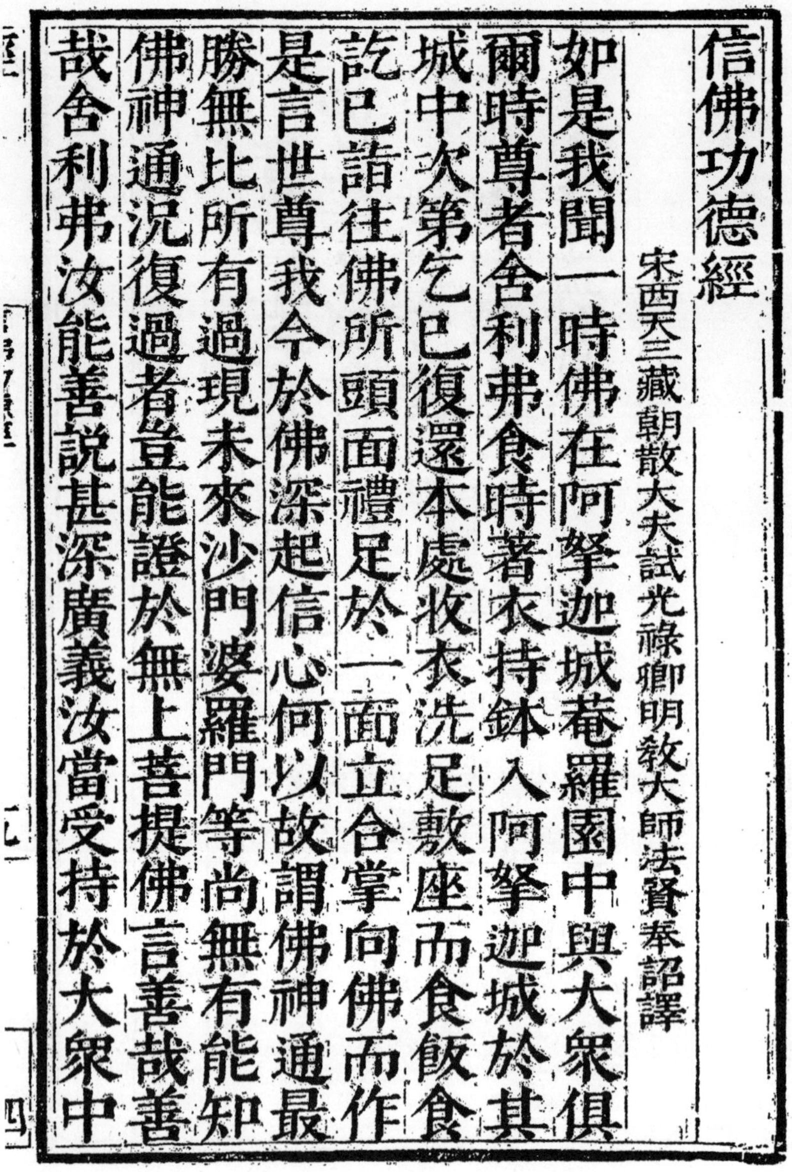

信佛功德經

宋西天三藏朝散大夫試光祿卿明教大師法賢奉詔譯

如是我聞一時佛在阿拏迦城菴羅園中與大衆俱
爾時尊者舍利弗食時著衣持鉢入阿拏迦城於其
城中次第乞已復還本處收衣洗足敷座而食飯食
訖已詣往佛所頭面禮足於一面立合掌向佛而作
是言世尊我今於佛深起信心何以故謂佛神通最
勝無比所有過現未來沙門婆羅門等尚無有能知
佛神通況復過者豈能證於無上菩提佛言善哉善
哉舍利弗汝能善說甚深廣義汝當受持於大衆中

058 《信佛功德經》一卷

(宋) 釋法賢譯　明崇禎壬午（十五年，1642）常熟毛鳳苞刻本

版框高 22.1 厘米，寬 15.5 厘米。半葉十行，行二十字，四周雙邊。

民族 074-001-00006；臺灣 285 頁 · 904；故宫 74 · 920

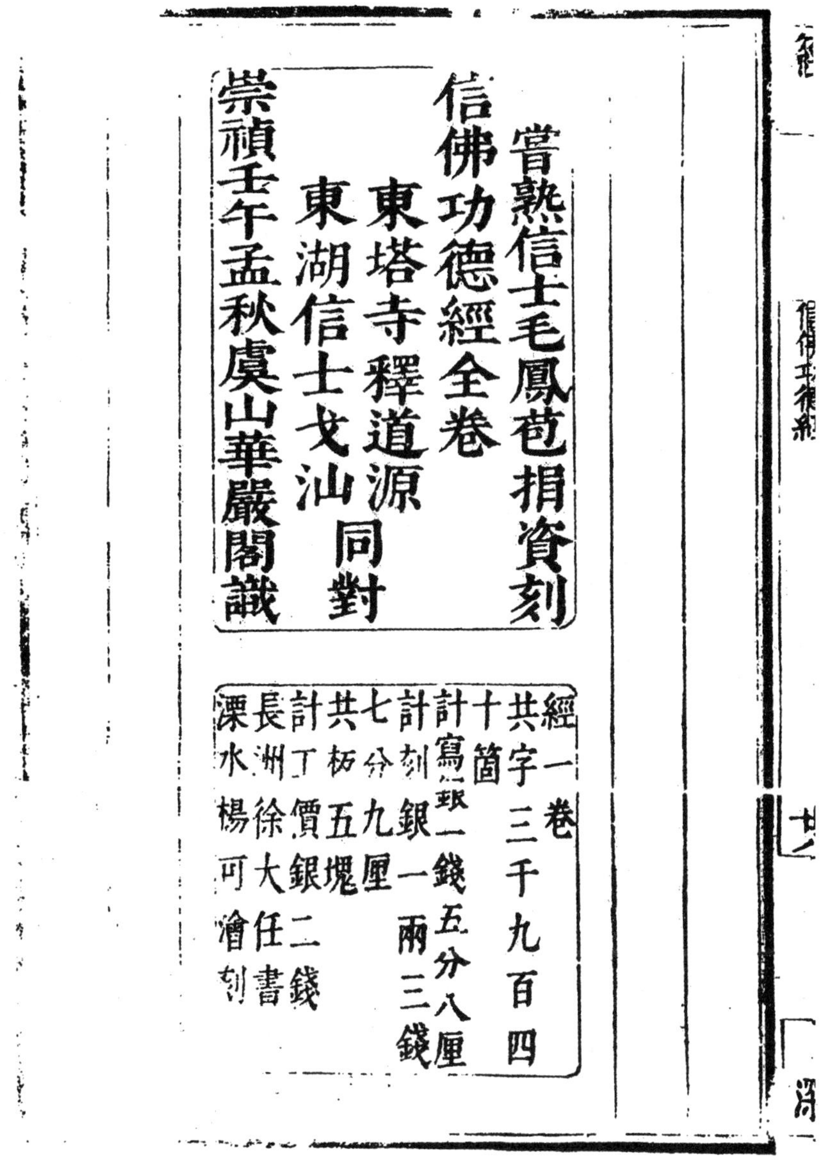
嘗熟信士毛鳳苞捐資刻
信佛功德經全卷
東塔寺釋道源
東湖信士戈汕　同對
崇禎壬午孟秋虞山華嚴閣識

經一卷
共字三千九百四
十箇
計寫銀一錢五分八厘
計刻銀一兩三錢
七分九厘
共板五塊
計工價銀二錢
長洲徐大任書
溧水楊可澮刻

牌記云："嘗熟信士毛鳳苞捐資刻《信佛功德經》全卷，東塔寺釋道源、東湖信士戈汕同對，崇禎壬午孟秋虞山華嚴閣識。經一卷，共字三千九百四十箇，計寫銀一錢五分八厘，計刻銀一兩三錢七分九厘，共板五塊，計工價銀二錢，長洲徐大任書，溧水楊可澮刻。"深四。

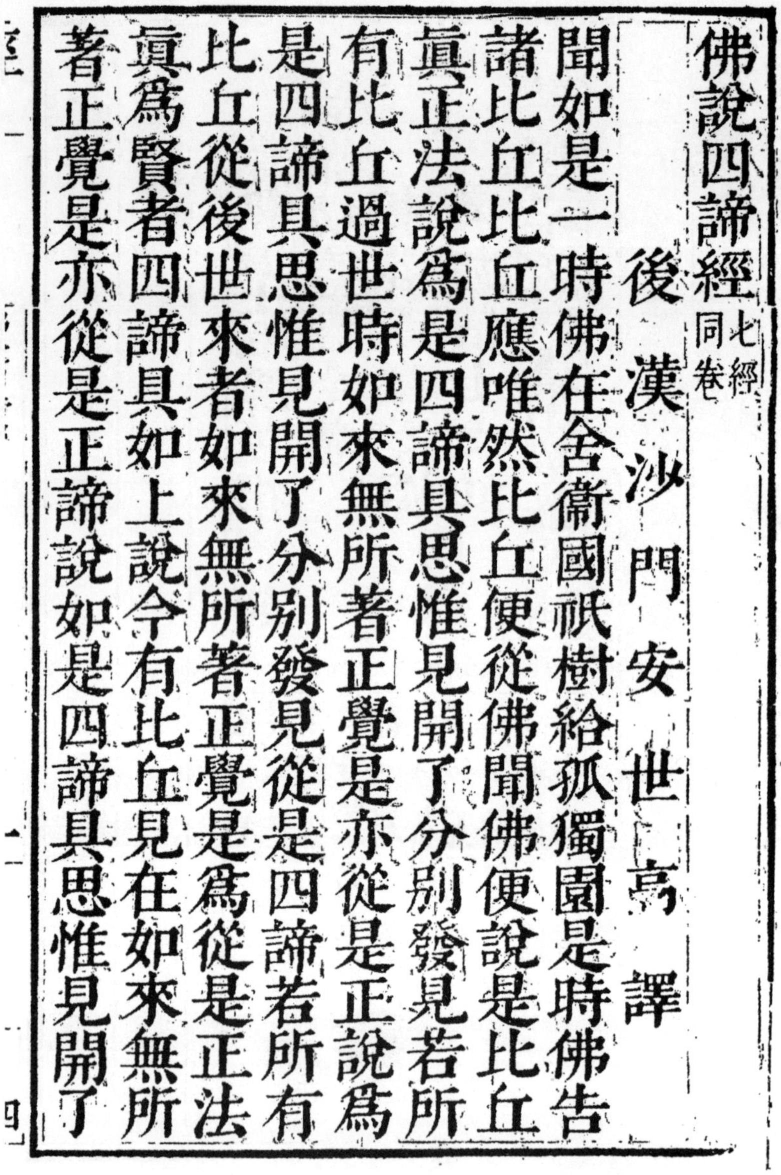
佛說四諦經 七經同卷
後漢沙門安世高譯
聞如是一時佛在舍衛國祇樹給孤獨園是時佛告諸比丘比丘應唯然比丘便從佛聞佛便說是比丘眞正法說爲是四諦具思惟見開了分別發見若所有比丘過世時如來無所著正覺是亦從是正說爲是四諦具思惟見開了分別發見從是四諦若所有比丘從後世來者如來無所著正覺是爲從是正法眞爲賢者四諦具如上說今有比丘見在如來無所著正覺是亦從是正諦說如是四諦具思惟見開了

059 《佛說四諦經》一卷

（東漢）釋安世高譯　明崇禎壬午（十五年，1642）武進張瑋刻本

版框高 21.7 厘米，寬 14.6 厘米。半葉十行，行二十字，四周雙邊。

民族 065-005；臺灣 184 頁 · 595；故宫 65 · 598

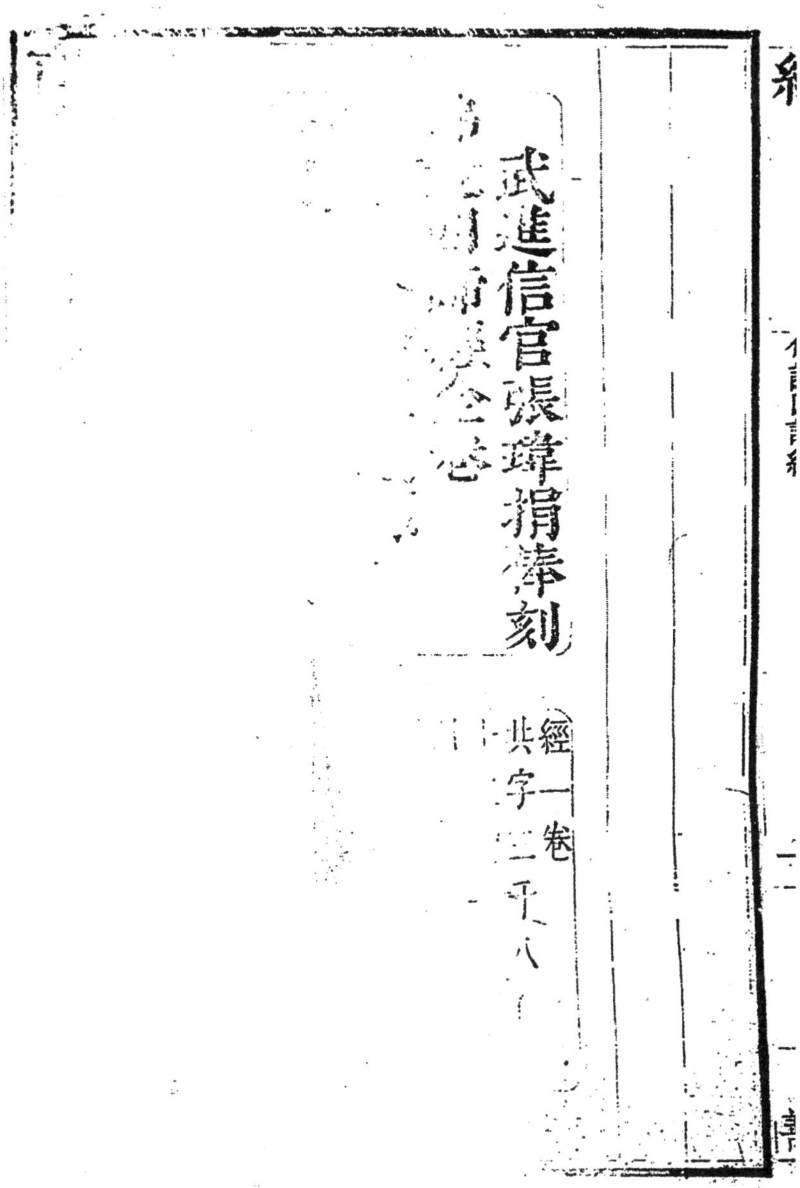

武進信官張瑋捐俸刻

經一卷

共字三千八

牌記云:“武進信官張瑋捐俸刻《佛說四諦經》全卷。□□□經一卷，共字三千八百□□□。”按：玆經牌記刷印不清，難以辨認。玆經與以下《佛說恒水經》《佛說瞻婆比丘經》《佛說本相倚致經》《佛說緣本致經》《佛說頂生王故事經》《佛說文陀竭王經》七經同本，千字文編號皆爲“善四”。其中有四經牌記均記刻於“壬午仲秋”；有三經牌記文字均難以辨認，故均依號碼順序同置於此。善四。

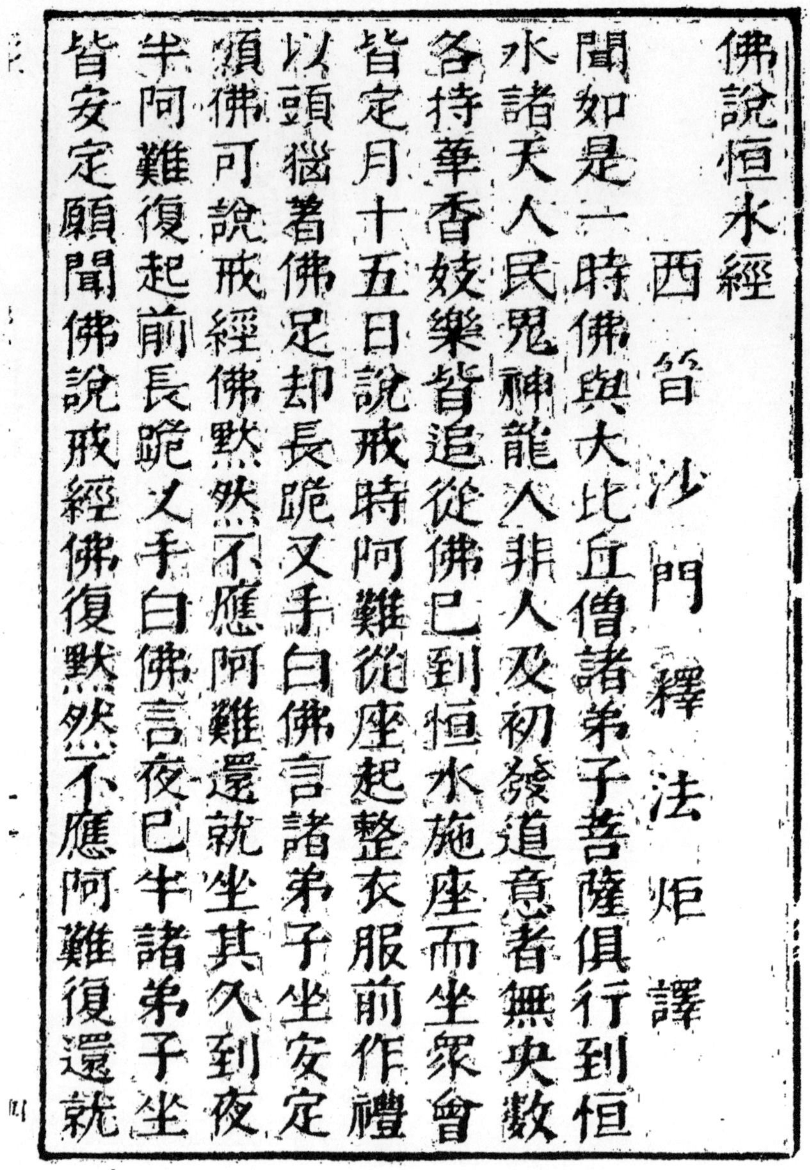

佛說恒水經

西晉沙門釋法炬譯

聞如是一時佛與大比丘僧諸弟子菩薩俱行到恒水諸天人民鬼神龍人非人及初發道意者無央數各持華香妓樂皆追從佛已到恒水施座而坐衆會皆定月十五日說戒時阿難從座起整衣服前作禮以頭猶著佛足却長跪叉手白佛言諸弟子坐安定須佛可說戒經佛默然不應阿難還就坐其久到夜半阿難復起前長跪叉手白佛言夜已半諸弟子坐皆安定願聞佛說戒經佛復默然不應阿難復還就

060 《佛說恒水經》一卷

（西晉）釋法炬譯　明崇禎壬午（十五年，1642）武進張瑋刻本

版框高 22.3 厘米，寬 15.4 厘米。半葉十行，行二十字，四周雙邊。

民族 065-005-00003；臺灣 185 頁 · 596；故宮 65 · 599

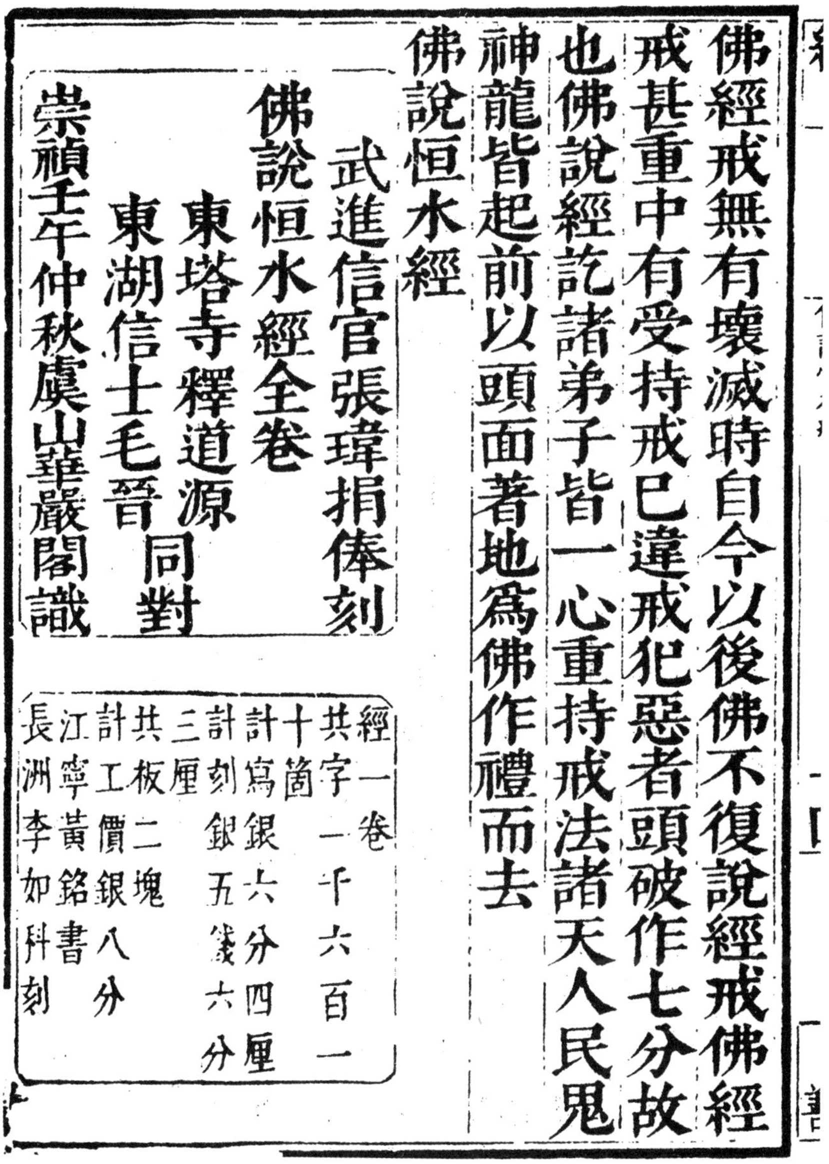
佛經戒無有壞滅時自今以後佛不復說經戒佛經
戒甚重中有受持戒已違戒犯惡者頭破作七分故
也佛說經訖諸弟子皆一心重持戒法諸天人民鬼
神龍皆起前以頭面著地爲佛作禮而去
佛說恒水經

武進信官張瑋捐俸刻
佛說恒水經全卷
東塔寺釋道源
東湖信士毛晉 同對
崇禎壬午仲秋虞山華嚴閣識

經一卷
共字一千六百一
十箇
計寫銀六分四厘
計刻銀五錢六分
三厘
共板二塊
計工價銀八分
江寧黃銘書
長洲李如科刻

牌記云:"武進信官張瑋捐俸刻《佛說恒水經》全卷,東塔寺釋道源、東湖信士毛晉同對,崇禎壬午仲秋虞山華嚴閣識。經一卷,共字一千六百一十箇,計寫銀六分四厘,計刻銀五錢六分三厘,共板二塊,計工價銀八分,江寧黃銘書,長洲李如科刻。"善四。

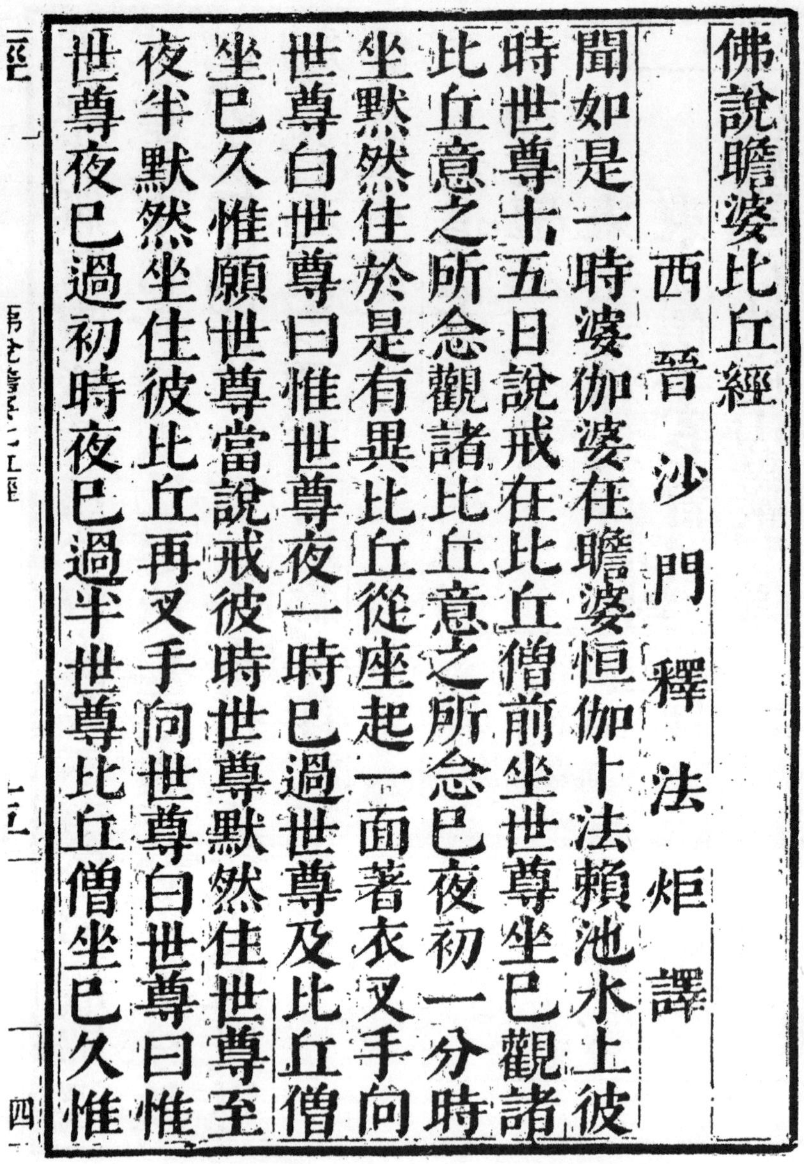

佛說瞻婆比丘經

西晉沙門釋法炬譯

聞如是一時婆伽婆在瞻婆恒伽卜法賴池水上彼時世尊十五日說戒在比丘僧前坐世尊坐已觀諸比丘意之所念觀諸比丘意之所念已夜初一分時坐默然住於是有異比丘從座起一面著衣叉手向世尊白世尊曰惟世尊夜一時已過世尊及比丘僧坐已久惟願世尊當說戒彼時世尊默然住世尊至夜半默然坐住彼比丘再叉手向世尊白世尊曰惟世尊夜已過初時夜已過半世尊比丘僧坐已久惟

四

061 《佛說瞻婆比丘經》一卷

（西晉）釋法炬譯　明崇禎壬午（十五年，1642）武進張瑋刻本

版框高 22.4 厘米，寬 15.3 厘米。半葉十行，行二十字，四周雙邊。

民族 065-005-00004；臺灣 185 頁 · 597；故宮 65 · 600

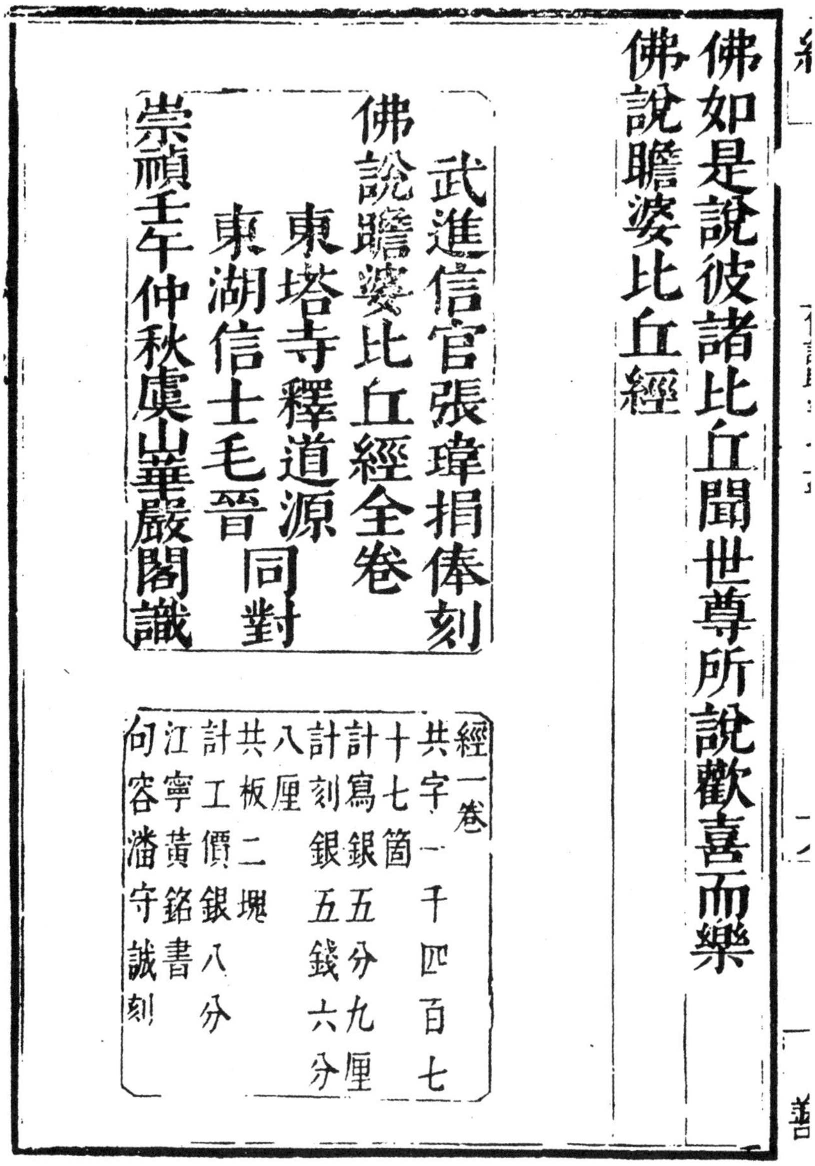
佛如是說彼諸比丘聞世尊所說歡喜而樂

佛說瞻婆比丘經

武進信官張瑋捐俸刻
佛說瞻婆比丘經全卷
東塔寺釋道源
東湖信士毛晉　同對
崇禎壬午仲秋虞山華嚴閣識

經一卷
共字一千四百七
十七箇
計寫銀五分九厘
計刻銀五錢六分
八厘
共板二塊
計工價銀八分
江寧黃銘書
句容潘守誠刻

牌記云:"武進信官張瑋捐俸刻《佛說瞻婆比丘經》全卷,東塔寺釋道源、東湖信士毛晉同對,崇禎壬午仲秋虞山華嚴閣識。經一卷,共字一千四百七十七箇,計寫銀五分九厘,計刻銀五錢六分八厘,共板二塊,計工價銀八分,江寧黃銘書,句容潘守誠刻。"善四。

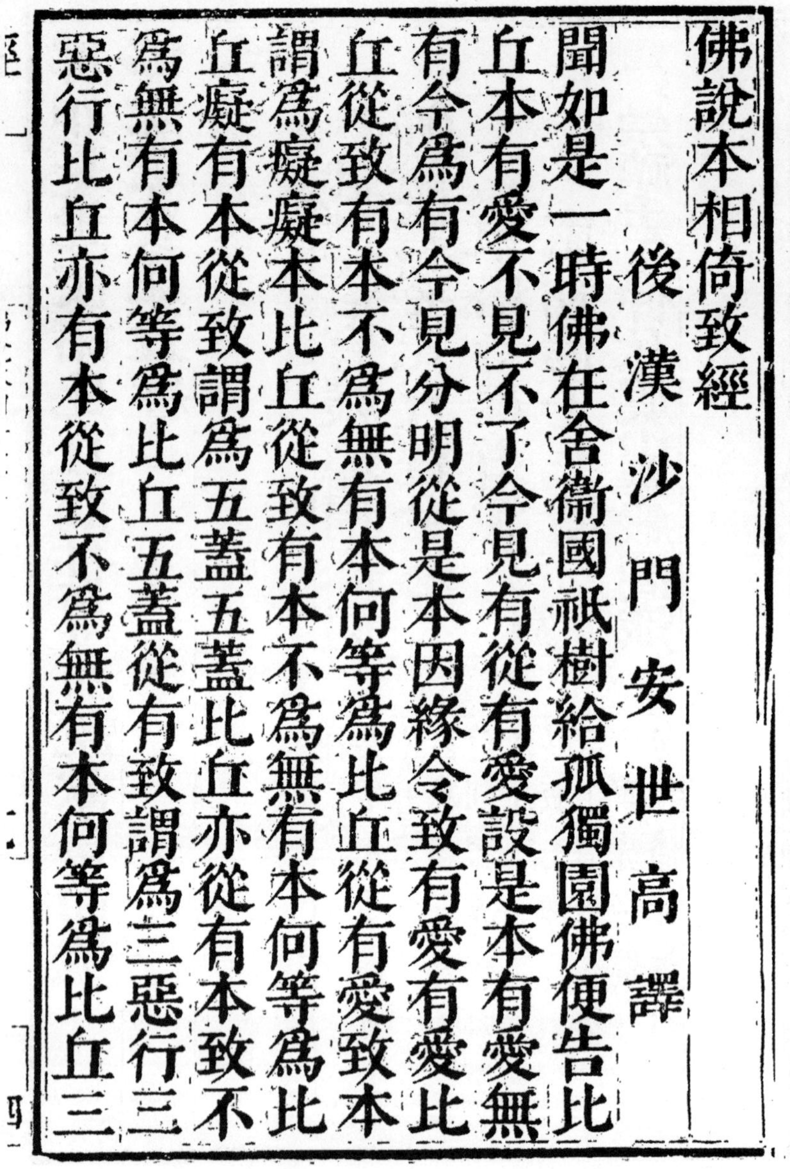

佛說本相倚致經
後漢沙門安世高譯
聞如是一時佛在舍衞國祇樹給孤獨園佛便告比丘本有愛不見不了今見有從有愛設是本有愛無有今爲有今見分明從是本因緣令致有愛有愛比丘從致有本不爲無有本何等爲比丘從有愛致本謂爲癡癡本比丘從致有本不爲無有本何等爲比丘癡有本從致謂爲五蓋五蓋比丘亦從有本致不爲無有本何等爲比丘五蓋從有致謂爲三惡行三惡行比丘亦有本從致不爲無有本何等爲比丘三

062《佛說本相倚致經》一卷

（東漢）釋安世高譯　明崇禎壬午（十五年，1642）常熟毛鳳苞刻本

版框高 22.5 厘米，寬 15.4 厘米。半葉十行，行二十字，四周雙邊。

民族 065-005-00005；臺灣 185 頁 · 598；故宫 65 · 601

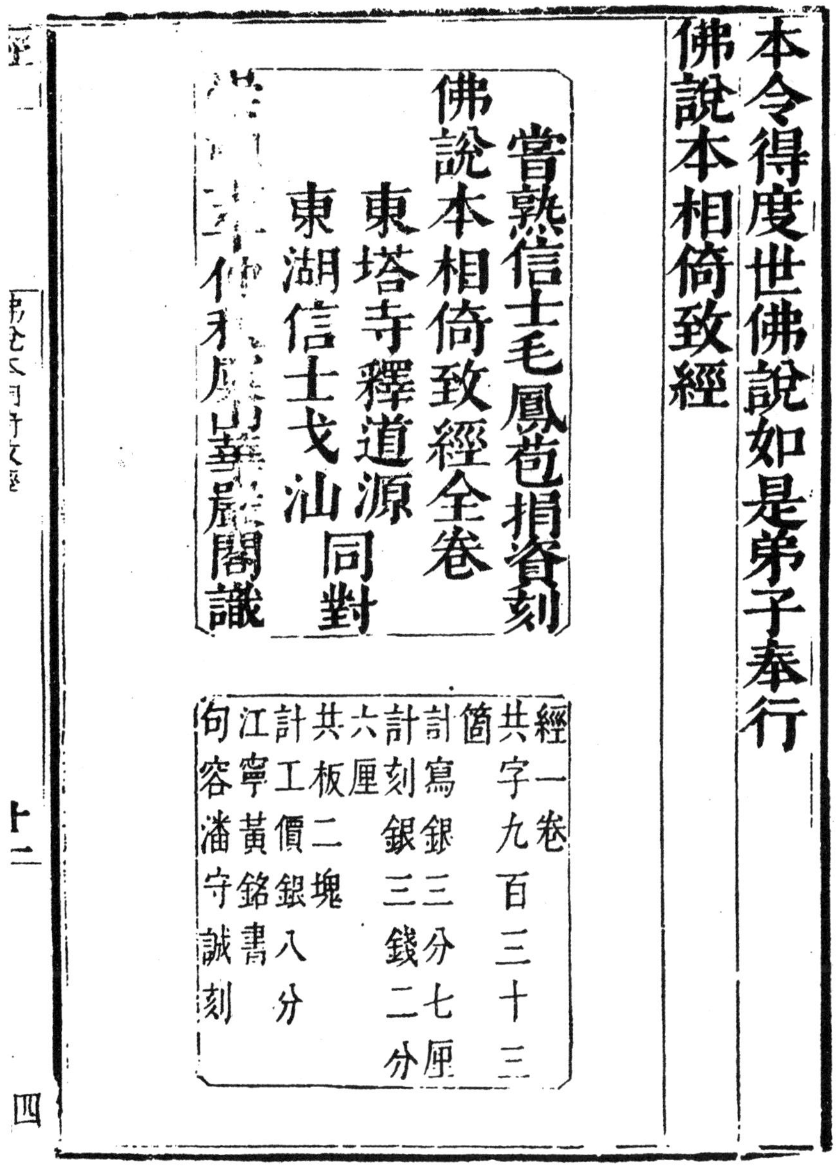

牌記云："甞熟信士毛鳳苞捐資刻《佛說本相倚致經》全卷，東塔寺釋道源、東湖信士戈汕同對，崇禎壬午仲秋虞山華嚴閣識。經一卷，共字九百三十三箇，計寫銀三分七厘，計刻銀三錢二分六厘，共板二塊，計工價銀八分，江寧黃銘書，句容潘守誠刻。"善四。

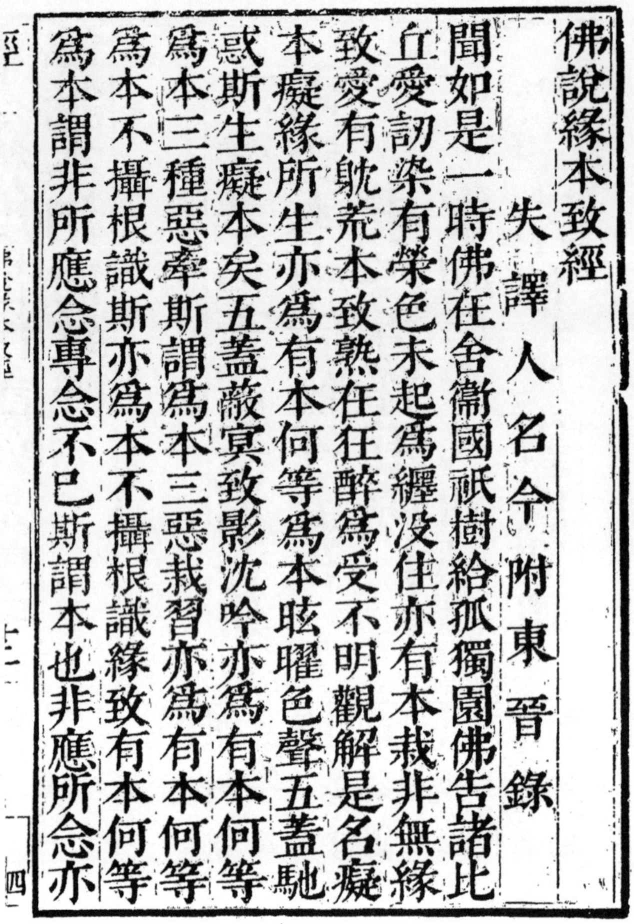
佛說緣本致經
失譯人名今附東晉錄
聞如是一時佛在舍衛國祇樹給孤獨園佛告諸比
丘愛訒染有榮色未起爲纏没住亦有本栽非無緣
致愛有躭荒本致熟在狂醉爲受不明觀解是名癡
本癡緣所生亦爲有本何等爲本眩曜色聲五蓋馳
惑斯生癡本矣五蓋蔽冥致影沈吟亦爲有本何等
爲本三種惡牽斯謂爲本三惡栽習亦爲有本何等
爲本不攝根識斯亦爲本不攝根識緣致有本何等
爲本謂非所應念專念不已斯謂本也非應所念亦

063 《佛說緣本致經》一卷

不著譯人　明崇禎壬午（十五年，1642）常熟毛鳳苞刻本
版框高 21.7 厘米，寬 14.7 厘米。半葉十行，行二十字，四周雙邊。
民族 065-005；臺灣 186 頁 · 599；故宫 65 · 602

按：《"國家圖書館"善本書志初稿 · 子部四》、故宫資料均無兹經牌記，"然視其字體、紙張與前后經近似，而前後兩經皆於崇禎壬午刊刻，可知此經刊刻時間幾近同時"。理由同前臺灣 184 頁 · 595《佛說四諦經》。善四。

佛說緣本致經

失譯人名今附東晉錄

聞如是一時佛在舍衛國祇樹給孤獨園佛告諸比丘愛訒染有榮色未起爲纏没往亦有本栽非無緣致愛有躭荒本致熟在狂醉爲受不明觀解是名癡本癡緣所生亦爲有本何等爲本眩曜色聲五蓋馳惑斯生癡本矣五蓋蔽冥致影沈吟亦爲有本何等爲本三種惡牽斯謂爲本三惡栽習亦爲有本何等爲本不攝根識斯亦爲本不攝根識緣致有本何等爲本謂非所應念專念不已斯謂本也非應所念亦

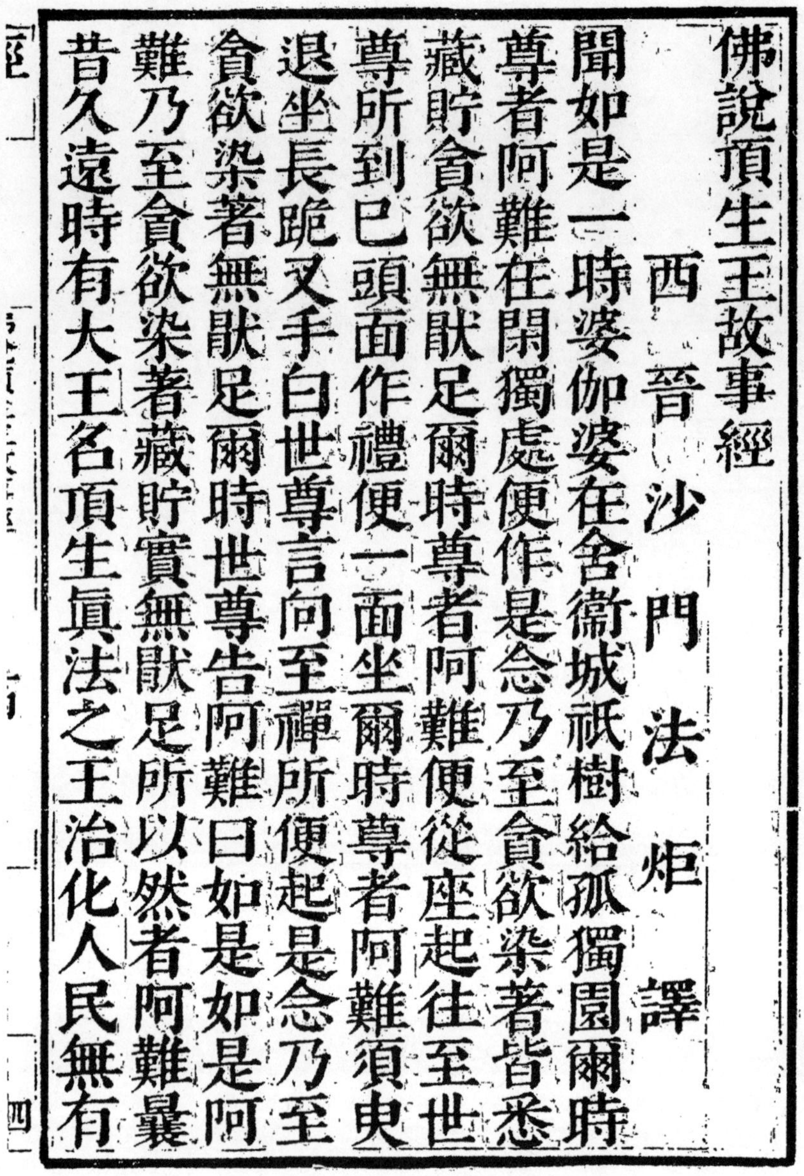

佛說頂生王故事經

西晉沙門法炬譯

聞如是一時婆伽婆在舍衛城祇樹給孤獨園爾時尊者阿難在閑獨處便作是念乃至貪欲染著皆悉藏貯貪欲無猒足爾時尊者阿難便從座起往至世尊所到已頭面作禮便一面坐爾時尊者阿難須臾退坐長跪叉手白世尊言向至禪所便起是念乃至貪欲染著無猒足爾時世尊告阿難曰如是如是阿難乃至貪欲染著藏貯實無猒足所以然者阿難曩昔久遠時有大王名頂生眞法之王治化人民無有

064 《佛說頂生王故事經》一卷

(西晉）釋法炬譯　明崇禎壬午（十五年，1642）常熟毛鳳苞刻本

版框高 22.7 厘米，寬 15.4 厘米。半葉十行，行二十字，四周雙邊。

民族 065-005；臺灣 186 頁・600；故宮 65・603

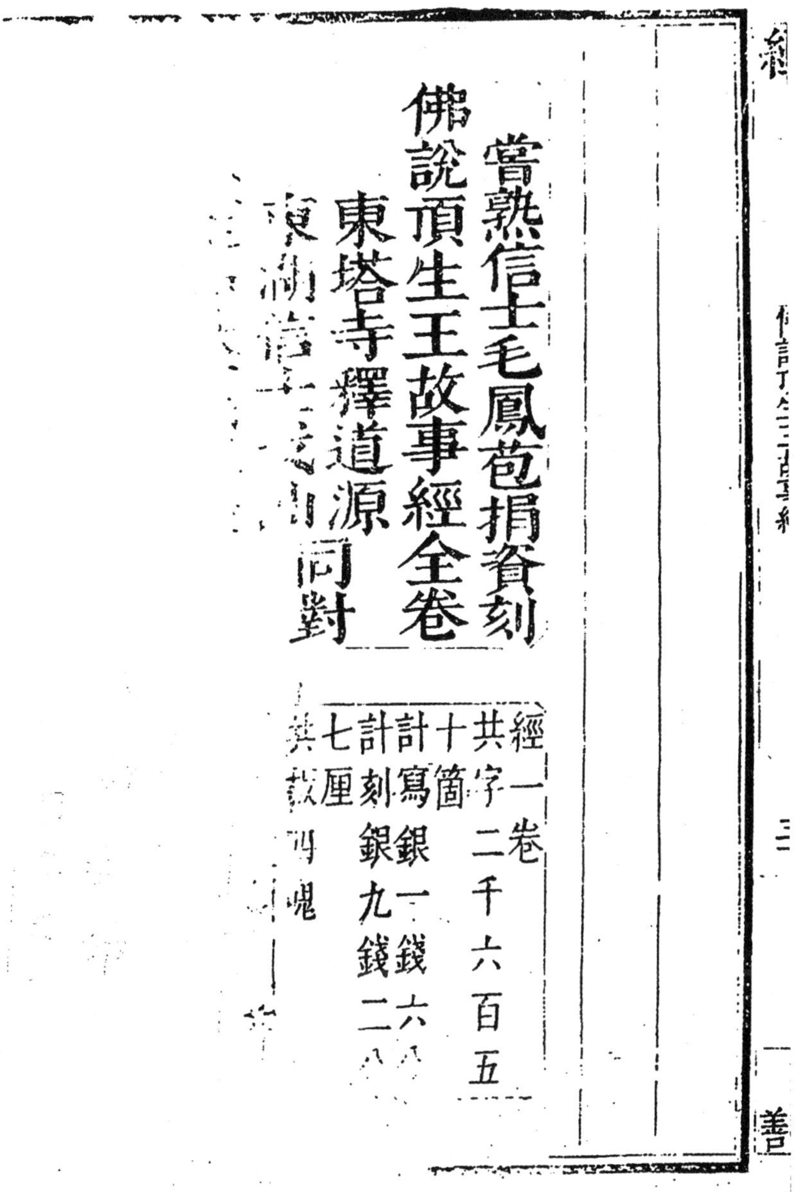

牌記云:“嘗熟信士毛鳳苞捐資刻《佛説頂生王故事經》全卷，東塔寺釋道源、東湖信士戈汕同對。□□□□。經一卷，共字二千六百五十箇，計寫銀一錢六分，計刻銀九錢二分七厘，共板四塊，□□□□”。按:《“國家圖書館”善本書志初稿·子部四》和故宫資料云玆書，牌記内容均模糊不清。理由同前058《佛説四諦經》。民族無牌記。善四。

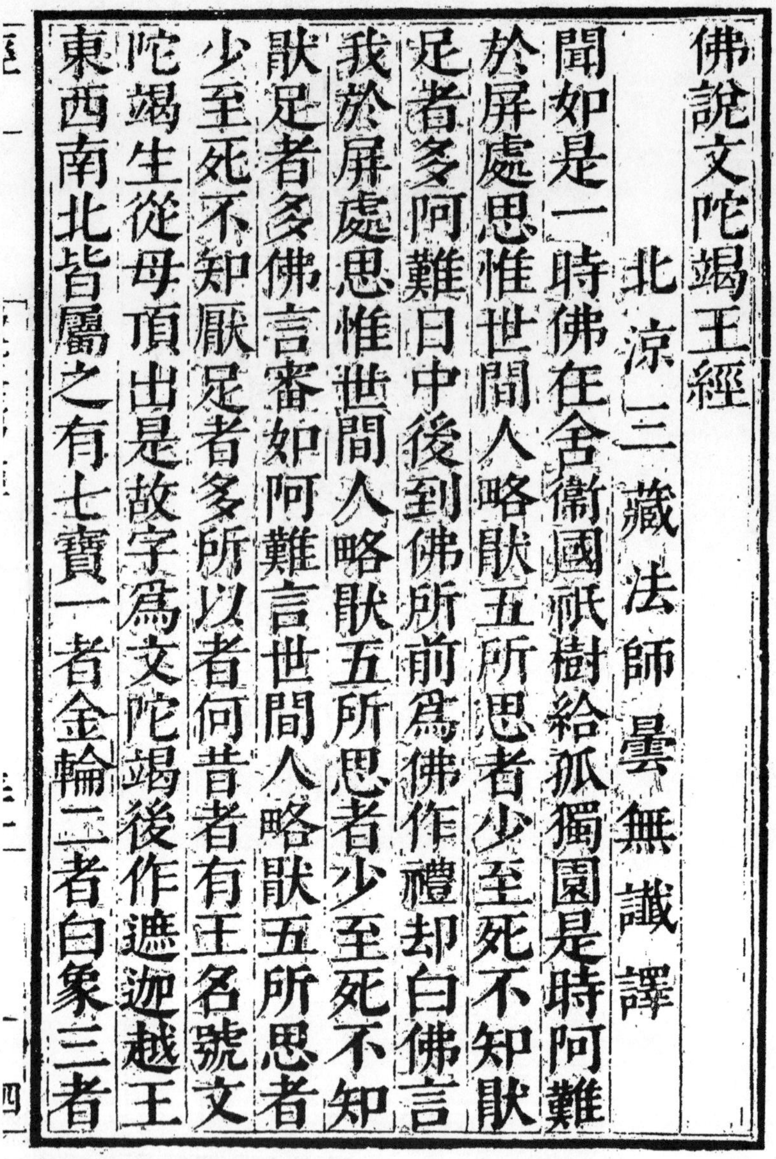

佛說文陀竭王經
北涼三藏法師曇無讖譯
聞如是一時佛在舍衛國祇樹給孤獨園是時阿難於屏處思惟世間人略猒五所思者少至死不知猒足者多阿難日中後到佛所前爲佛作禮却白佛言我於屏處思惟世間人略猒五所思者少至死不知猒足者多佛言審如阿難言世間人略猒五所思者少至死不知猒足者多所以者何昔者有王名號文陀竭生從母頂出是故字爲文陀竭後作遮迦越王東西南北皆屬之有七寶一者金輪二者白象三者

065 《佛說文陀竭王經》一卷

（北涼）釋曇無讖譯　明崇禎壬午（十五年，1642）常熟毛鳳苞刻本

版框高 22.4 厘米，寬 15.3 厘米。半葉十行，行二十字，四周雙邊。

民族 065-005；臺灣 186 頁 · 601；故宮 65 · 604

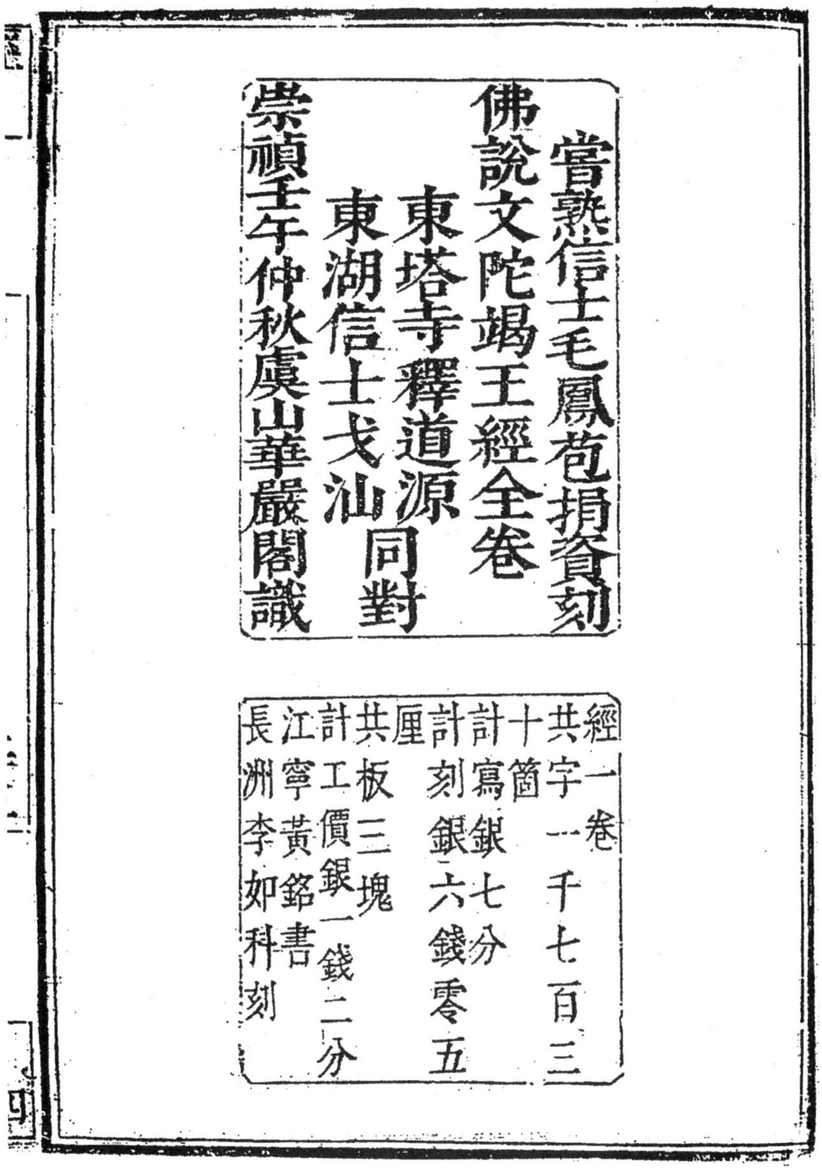
甞熟信士毛鳳苞捐資刻
佛說文陀竭王經全卷
東塔寺釋道源
東湖信士戈汕同對
崇禎壬午仲秋虞山華嚴閣識

經一卷
共字一千七百三
十箇
計寫銀七分
計刻銀六錢零五
厘
共板三塊
計工價銀一錢二分
江寧黃銘書
長洲李如科刻

牌記云:"甞熟信士毛鳳苞捐資刻《佛說文陀竭王經》全卷,東塔寺釋道源、東湖信士戈汕同對,崇禎壬午仲秋虞山華嚴閣識。經一卷,共字一千七百三十箇,計寫銀七分,計刻銀六錢零五厘,共板三塊,計工價銀一錢二分,江寧黃銘書,長洲李如科刻。"善四。

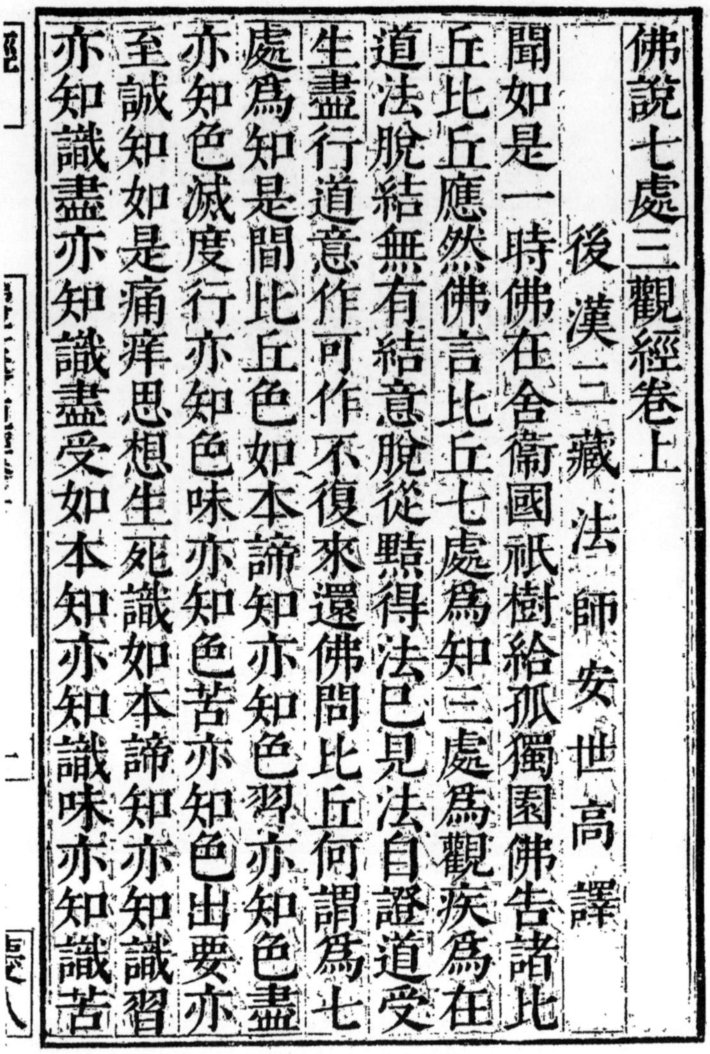
佛說七處三觀經卷上
後漢三藏法師安世高譯
聞如是一時佛在舍衛國祇樹給孤獨園佛告諸比
丘比丘應然佛言比丘七處爲知三處爲觀疾爲在
道法脱結無有結意脱從黠得法已見法自證道受
生盡行道意作可作不復來還佛問比丘何謂爲七
處爲知是間比丘色如本諦知亦知色習亦知色盡
亦知色滅度行亦知色味亦知色苦亦知色出要亦
至誠知如是痛痒思想生死識如本諦知亦知識習
亦知識盡亦知識盡受如本知亦知識味亦知識苦

066 《佛說七處三觀經》二卷

(東漢) 釋安世高譯　明崇禎壬午（十五年，1642）泰和蕭士瑋刻本

版框高 22.6 厘米，寬 14.5 厘米。半葉十行，行二十字，四周雙邊。

民族 066-002-00003；故宮 66 函，無序號

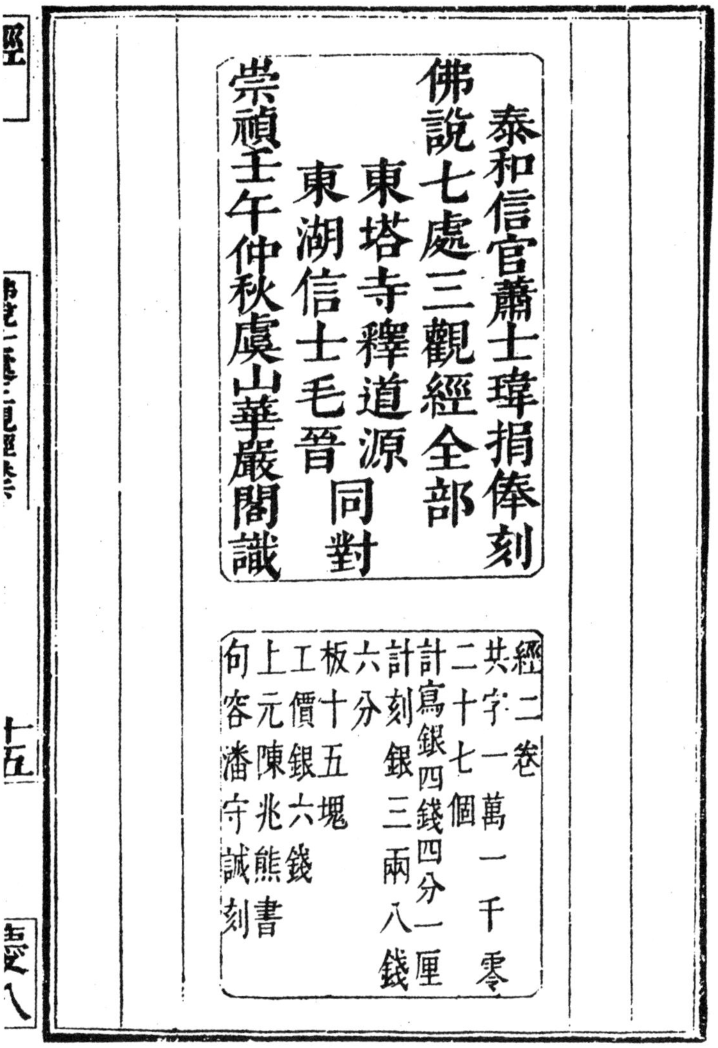

泰和信官蕭士瑋捐俸刻
佛說七處三觀經全部
東塔寺釋道源
東湖信士毛晉 同對
崇禎壬午仲秋虞山華嚴閣識

經二卷
共字一萬一千零
二十七個
計寫銀四錢四分一厘
計刻銀三兩八錢
六分
板十五塊
工價銀六錢
上元陳兆熊書
句容潘守誠刻

牌記云:“泰和信官蕭士瑋捐俸刻《佛說七處三觀經》全部,東塔寺釋道源、東湖信士毛晉同對,崇禎壬午仲秋虞山華嚴閣識。經二卷,共字一萬一千零二十七個,計寫銀四錢四分一厘,計刻銀三兩八錢六分,板十五塊,工價銀六錢,上元陳兆熊書,句容潘守誠刻。”又《孔毅目》53條曰:“《佛說七處三觀經》二卷,蕭士瑋捐資,道源、毛晉對,壬午仲秋,陳兆熊書,潘守誠刻。”所據蓋爲《蘇州西園寺藏經目》。故宫、西園寺大致相同。臺灣197頁·634著録書名和譯者雖同,但并非華嚴閣刻校本,注明爲鈔本。慶七至八。

分別善惡報應經卷上

宋西天三藏朝散大夫試鴻臚卿明教大師天息災奉　詔譯

如是我聞一時世尊在舍衛國祇樹給孤獨園爾時世尊食時著衣持鉢入舍衛城次第乞食至兜你野子輸迦長者舍在門外立是時輸迦長者家有一犬名曰商佉常在門首於是長者常用銅器盛以美飯與商佉食犬見世尊瞋恚而吠爾時世尊謂商佉言汝由未悟見我乃吠作是語時商佉轉惡心生瞋恨即離本處往栴檀座下是時輸迦長者出舍門外見犬在於栴檀座下長者問言誰瞋於汝商佉默然是

067 《分別善惡報應經》二卷

(宋) 釋天息災譯　明崇禎壬午（十五年，1642）武進張瑋刻本

版框高 22.4 厘米，寬 15.4 厘米。半葉十行，行二十字，四周雙邊。

民族 072-002-00006; 臺灣 234 頁 · 765; 故宫 72 · 781

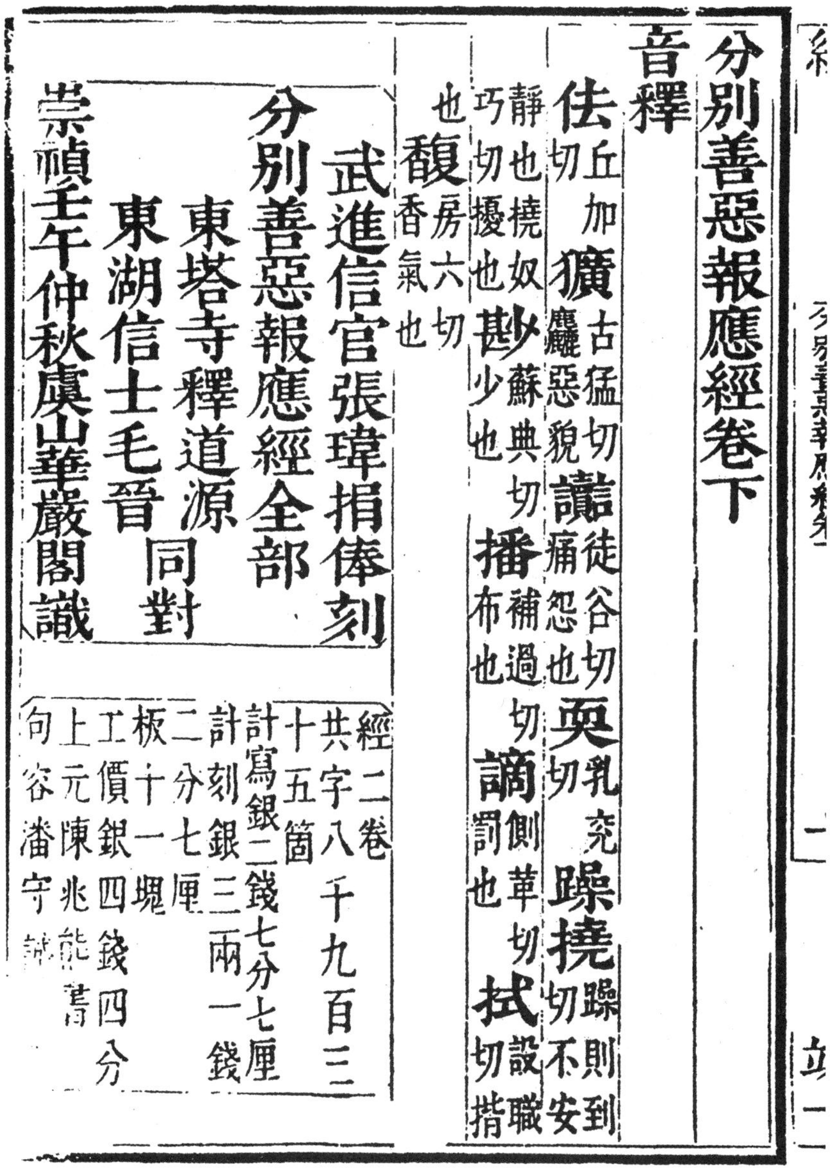
分別善惡報應經卷下

音釋

佉丘加切 獷古猛切麤惡貌 讟徒谷切痛怨也 耎乳兗切 躁撓躁則到切不安靜也撓奴巧切擾也 尠蘇典切少也 播補過切布也 謫側革切罰也 拭設職切揩也 馥房六切香氣也

武進信官張瑋捐俸刻
分別善惡報應經全部
東塔寺釋道源
東湖信士毛晉 同對
崇禎壬午仲秋虞山華嚴閣識

經二卷
共字八千九百三
十五箇
計寫銀二錢七分七厘
計刻銀三兩一錢
二分七厘
板十一塊
工價銀四錢四分
上元陳兆熊書
句容潘守誠

牌記云："武進信官張瑋捐俸刻《分別善惡報應經》全部，東塔寺釋道源、東湖信士毛晉同對，崇禎壬午仲秋虞山華嚴閣識。經二卷，共字八千九百三十五個，計寫銀二錢七分七厘，計刻銀三兩一錢二分七厘，板十一塊，工價銀四錢四分，上元陳兆熊書，句容潘守誠刻。"竭十至十一。

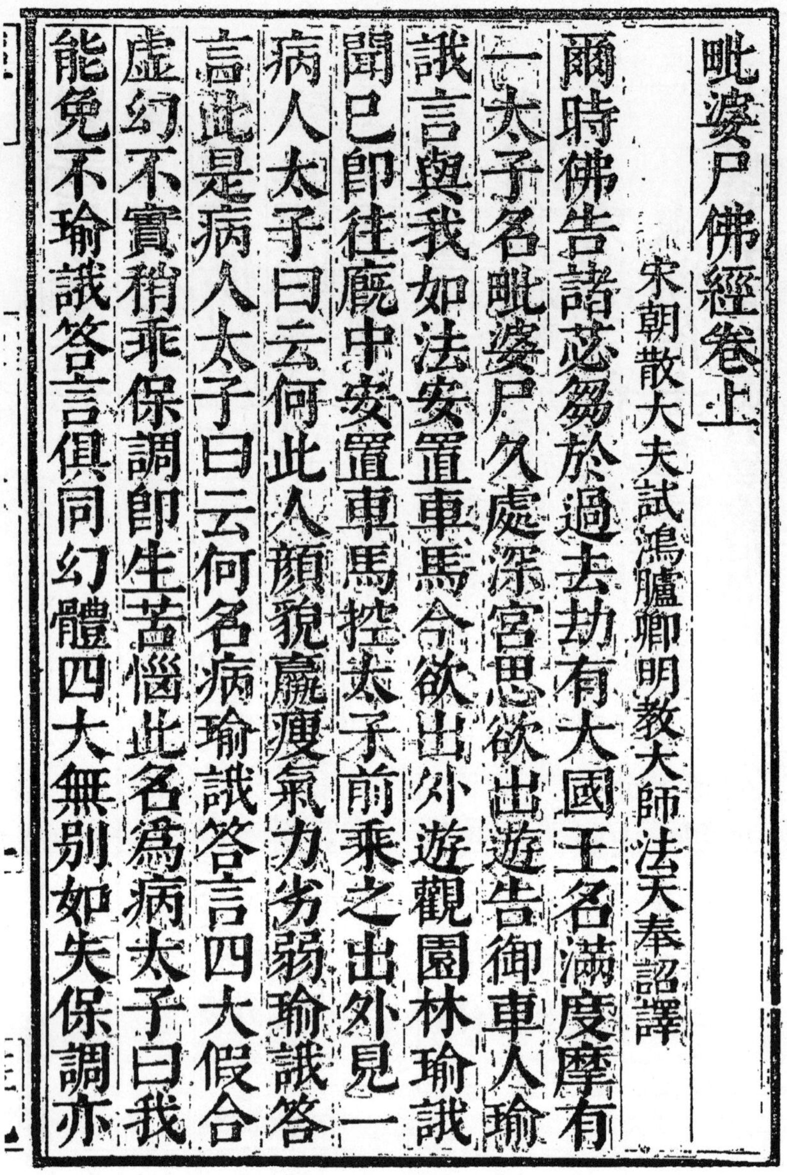

毗婆尸佛經卷上
宋朝散大夫試鴻臚卿明教大師法天奉詔譯
爾時佛告諸苾芻於過去劫有大國王名滿度摩有
一太子名毗婆尸久處深宮思欲出遊告御車人瑜
誐言與我如法安置車馬今欲出外遊觀園林瑜誐
聞已即往廐中安置車馬控太子前乘之出外見一
病人太子曰云何此人顏貌羸瘦氣力劣弱瑜誐答
言此是病人太子曰云何名病瑜誐答言四大假合
虛幻不實稍乖保調即生苦惱此名為病太子曰我
能免不瑜誐答言俱同幻體四大無別如失保調亦

068 《毗婆尸佛經》二卷

(宋) 釋法天譯　明崇禎壬午（十五年，1642）泰和蕭士瑋刻本

版框高 22.6 厘米，寬 15.6 厘米。半葉十行，行二十字，四周雙邊。

民族 073-002-00008；臺灣 260 頁 · 832；故宮 73 · 848

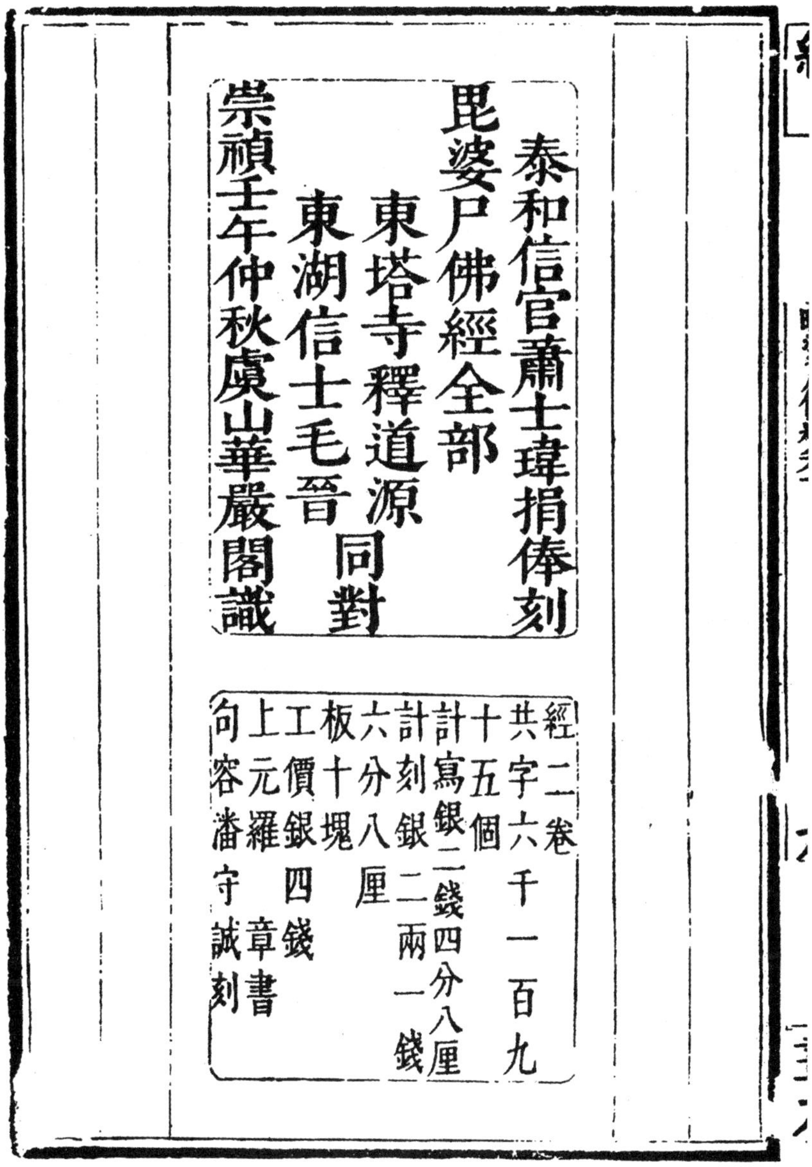
泰和信官蕭士瑋捐俸刻
毘婆尸佛經全部
東塔寺釋道源
東湖信士毛晉　同對
崇禎壬午仲秋虞山華嚴閣識

經二卷
共字六千一百九
十五個
計寫銀二錢四分八厘
計刻銀二兩一錢
六分八厘
板十塊
工價銀四錢
上元羅章書
句容潘守誠刻

牌記云:“泰和信官蕭士瑋捐俸刻《毘婆尸佛經》全部，東塔寺釋道源、東湖信士毛晉同對，崇禎壬午仲秋虞山華嚴閣識。經二卷，共字六千一百九十五個，計寫銀二錢四分八厘，計刻銀二兩一錢六分八厘，板十塊，工價銀四錢，上元羅章書，句容潘守誠刻。”畫九。

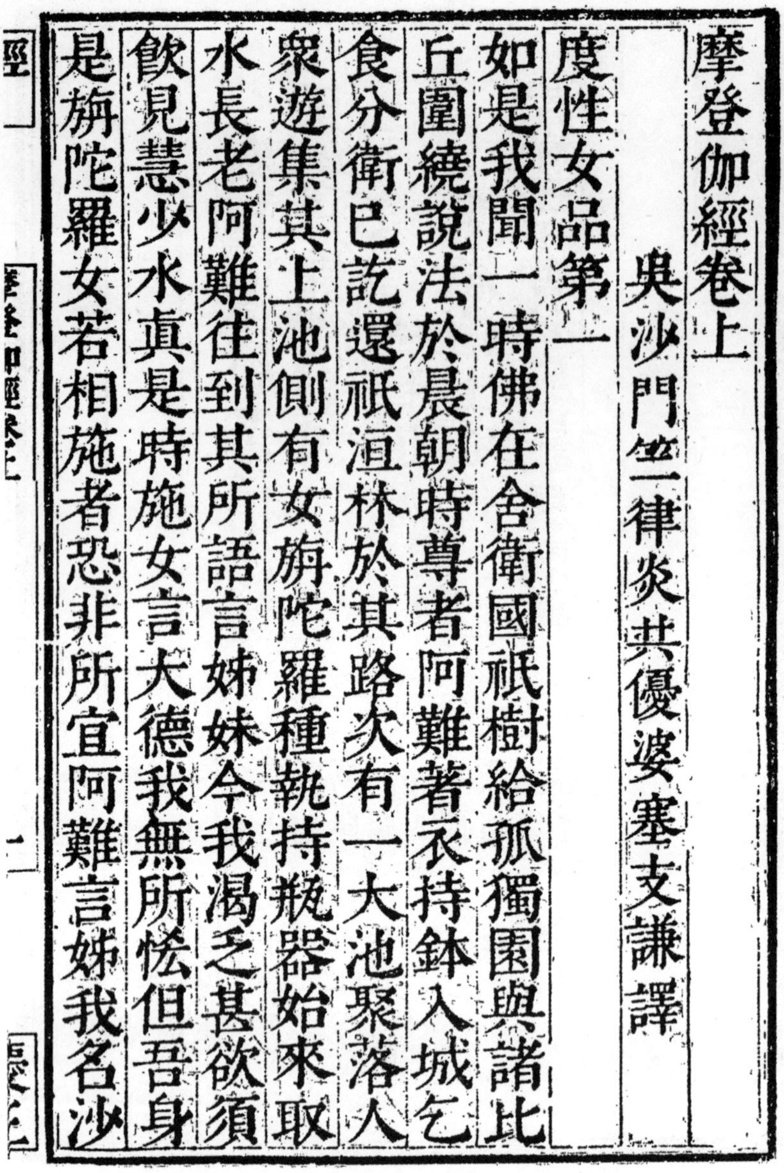

摩登伽經卷上

吳沙門竺律炎共優婆塞支謙譯

度性女品第一

如是我聞一時佛在舍衛國祇樹給孤獨園與諸比丘圍繞說法於晨朝時尊者阿難著衣持鉢入城乞食分衛已訖還祇洹林於其路次有一大池聚落人衆遊集其上池側有女旃陀羅種執持瓶器始來取水長老阿難往到其所語言姊妹今我渴乏甚欲須飲見慧少水真是時施女言大德我無所恡但吾身是旃陀羅女若相施者恐非所宜阿難言姊我名沙

069 《摩登伽經》二卷

（三國吳）釋竺律炎　（三國吳）釋支謙譯　明崇禎壬午（十五年，1642）泰和蕭士瑋刻本

版框高 22.9 厘米，寬 14.8 厘米。半葉十行，行二十字，四周雙邊。

民族 066-001-00011；故宫 66 · 643

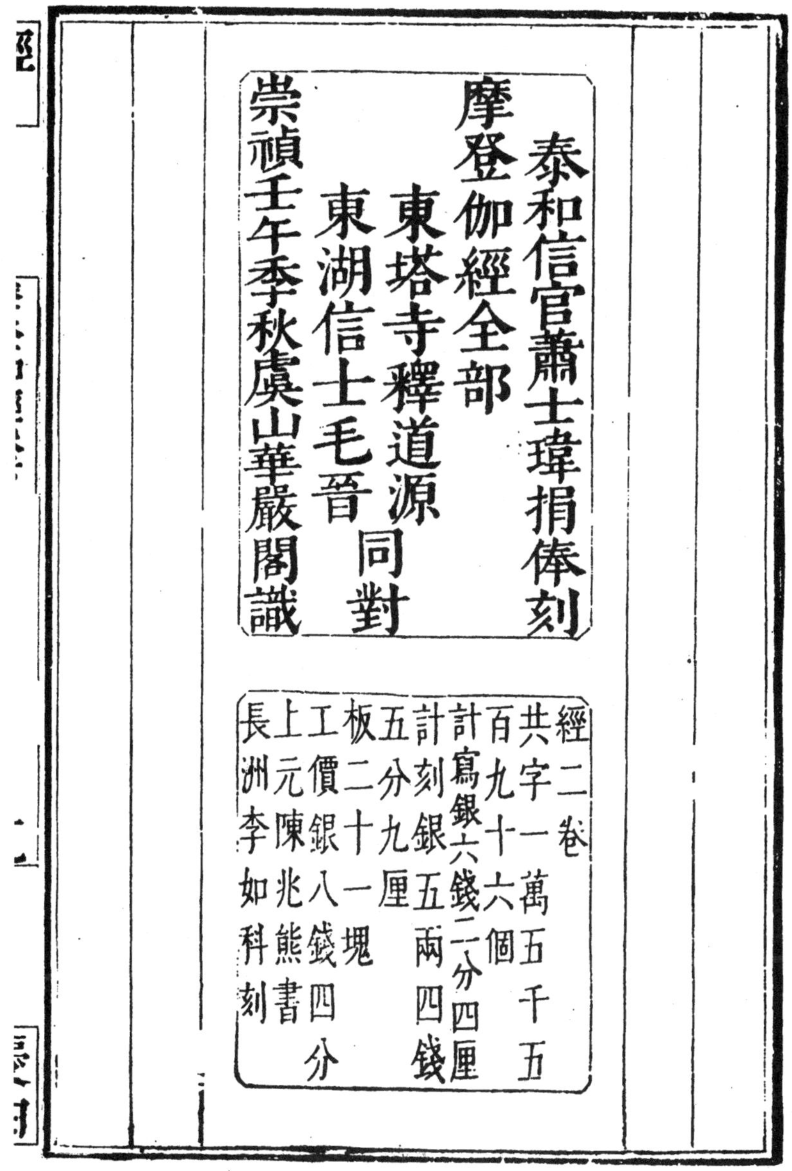

泰和信官蕭士瑋捐俸刻
摩登伽經全部
東塔寺釋道源
東湖信士毛晉　同對
崇禎壬午季秋虞山華嚴閣識

經二卷
共字一萬五千五
百九十六個
計寫銀六錢二分四厘
計刻銀五兩四錢
五分九厘
板二十一塊
工價銀八錢四分
上元陳兆熊書
長洲李如科刻

牌記云："泰和信官蕭士瑋捐俸刻《摩登伽經》全部，東塔寺釋道源、東湖信士毛晉同對，崇禎壬午季秋虞山華嚴閣識。經二卷，共字一萬五千五百九十六個，計寫銀六錢二分四厘，計刻銀五兩四錢五分九厘，板二十一塊，工價銀八錢四分，上元陳兆熊書，長洲李如科刻。"慶二。

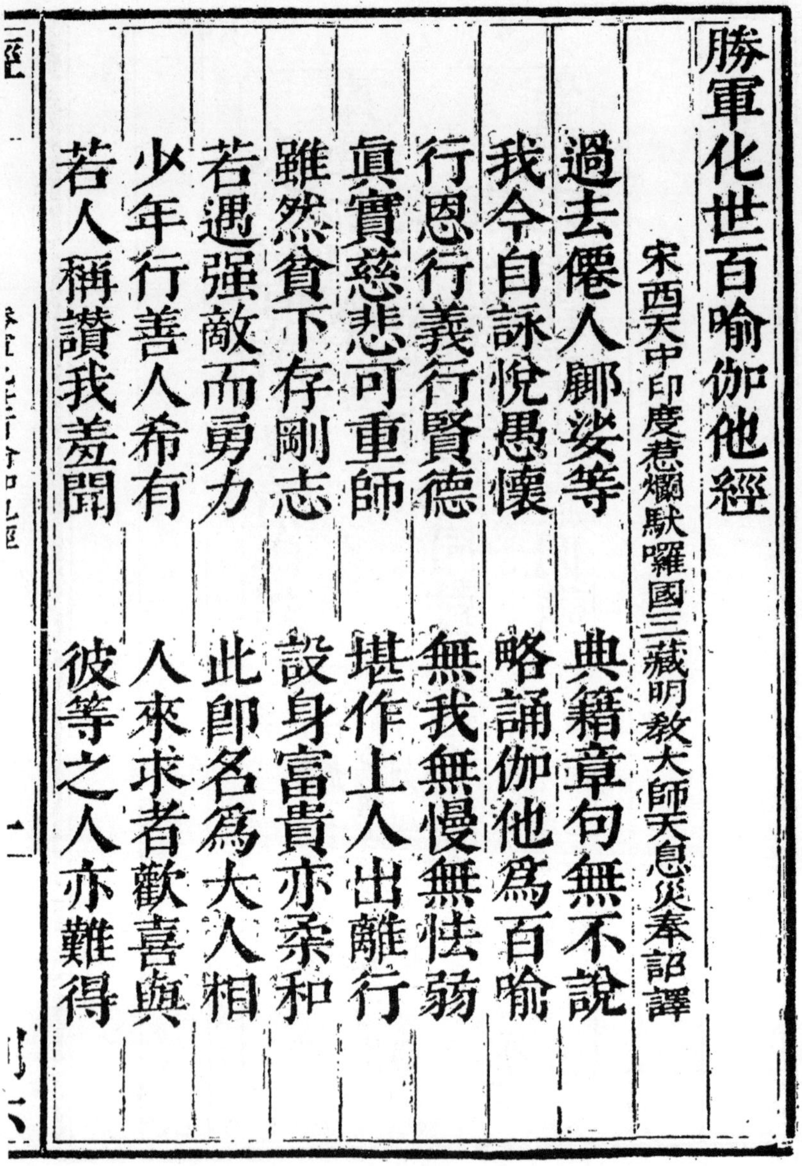
勝軍化世百喻伽他經

宋西天中印度惹爛馱囉國三藏明教大師天息災奉詔譯

過去僊人鄔娑等　典籍章句無不說
我今自詠悅愚懷　略誦伽他爲百喻
行恩行義行賢德　無我無慢無怯弱
眞實慈悲可重師　堪作上人出離行
雖然貧下存剛志　設身富貴亦柔和
若遇强敵而勇力　此卽名爲大人相
少年行善人希有　人來求者歡喜與
若人稱讃我羞聞　彼等之人亦難得

070 《勝軍化世百喻伽他經》一卷

(宋) 釋天息災譯　明崇禎壬午（十五年，1642）泰和蕭士瑋刻本

版框高 22.8 厘米，寬 15.5 厘米。半葉十行，行二十字，四周雙邊。

民族 072-007；臺灣 249 頁 · 802；故宫 72 · 818

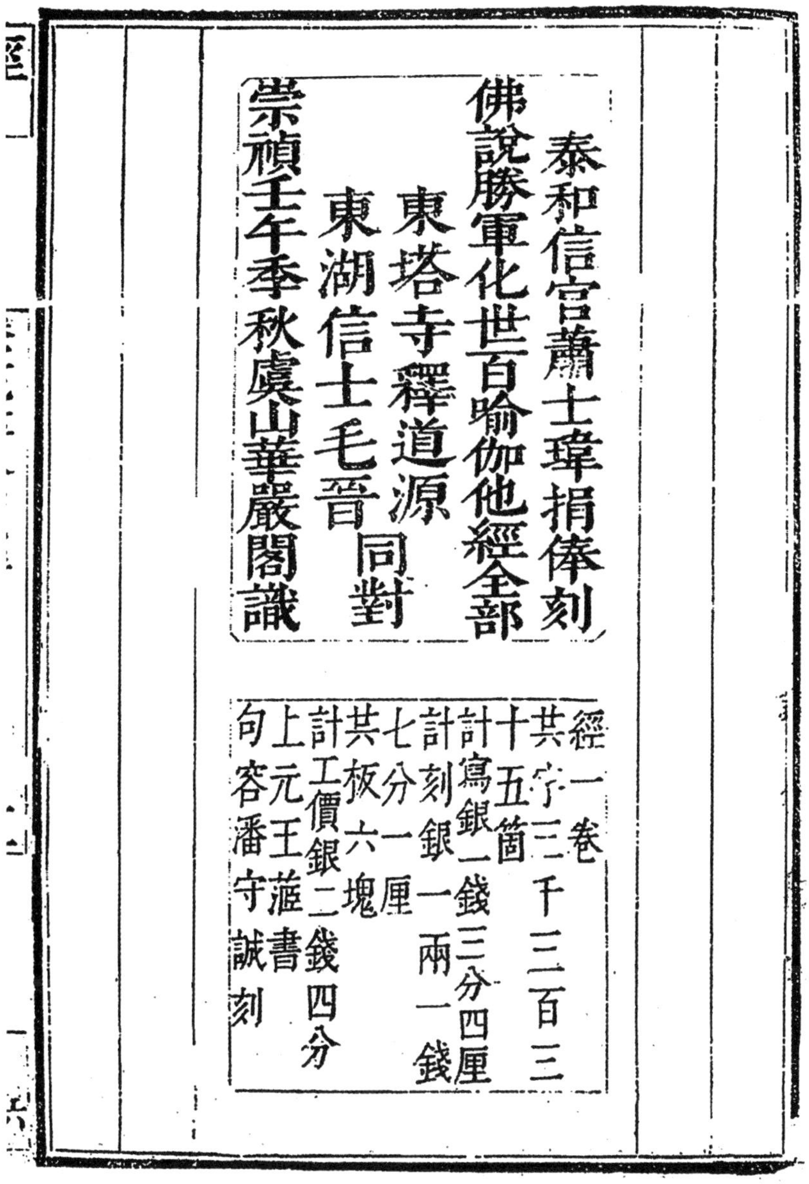

泰和信官蕭士瑋捐俸刻

佛說勝軍化世百喻伽他經全部

東塔寺釋道源

東湖信士毛晉同對

崇禎壬午季秋虞山華嚴閣識

經一卷

共字三千三百三十五箇

計寫銀一錢三分四厘

計刻銀一兩一錢七分一厘

共板六塊

計工價銀二錢四分

上元王蓰書

句容潘守誠刻

牌記云："泰和信官蕭士瑋捐俸刻《佛說勝軍化世百喻伽他經》全部，東塔寺釋道源、東湖信士毛晉同對，崇禎壬午季秋虞山華嚴閣識。經一卷，共字三千三百三十五箇，計寫銀一錢三分四厘，計刻銀一兩一錢七分一厘，共板六塊，計工價銀二錢四分，上元王蓰書，句容潘守誠刻。"則六。

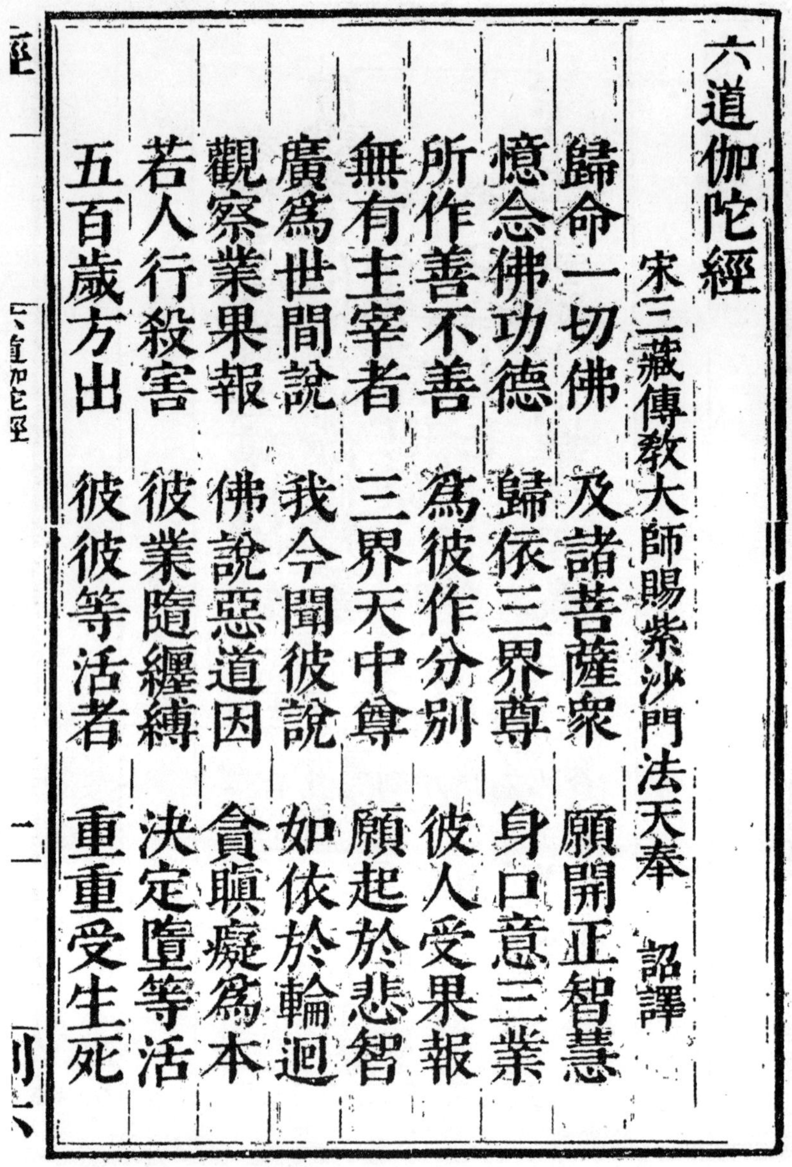

六道伽陀經

宋三藏傳教大師賜紫沙門法天奉　詔譯

歸命一切佛　及諸菩薩衆　願開正智慧
憶念佛功德　歸依三界尊　身口意三業
所作善不善　爲彼作分别　彼人受果報
無有主宰者　三界天中尊　願起於悲智
廣爲世間說　我今聞彼說　如依於輪迴
觀察業果報　佛說惡道因　貪瞋癡爲本
若人行殺害　彼業隨纏縛　決定墮等活
五百歲方出　彼彼等活者　重重受生死

經　六道伽陀經　二

071 《六道伽陀經》一卷

(宋) 釋法天譯　明崇禎壬午（十五年，1642）泰和蕭士瑋刻本

版框高 22.6 厘米，寬 15.4 厘米。半葉十行，行二十字，四周雙邊。

民族 072-007；臺灣 249 頁 · 803；故宫 72 · 819

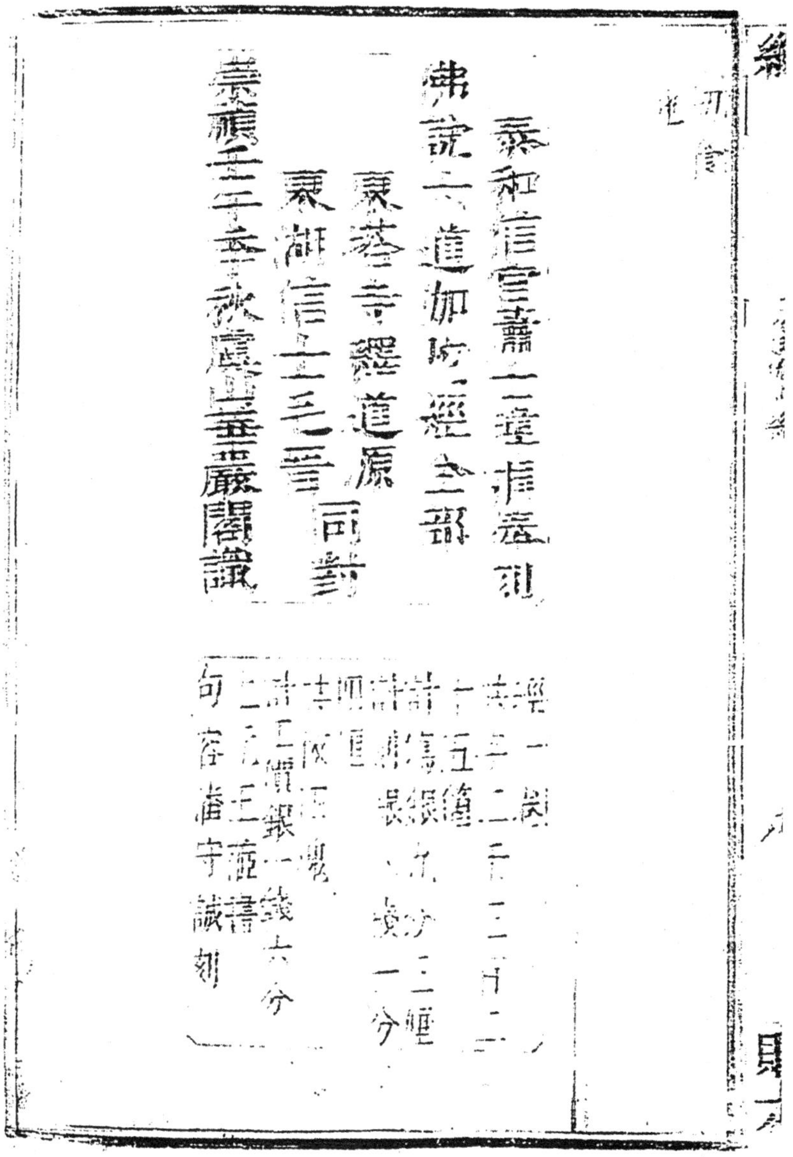
泰和信官蕭士瑋捐俸刻
佛說六道伽陀經全部
東塔寺釋道源
東湖信士毛晉同對
崇禎壬午年季秋虞山華嚴閣識

經一卷
共字二千三百二十五箇
計寫銀九分三厘
計刻銀八錢一分四厘
共板四塊
計工價銀一錢六分
上元王蓓書
句容潘守誠刻

牌記云："泰和信官蕭士瑋捐俸刻《佛說六道伽陀經》全部，東塔寺釋道源、東湖信士毛晉同對，崇禎壬午季秋虞山華嚴閣識。經一卷，共字二千三百二十五箇，計寫銀九分三厘，計刻銀八錢一分四厘，共板四塊，計工價銀一錢六分，上元王蓓書，句容潘守誠刻。"則六。

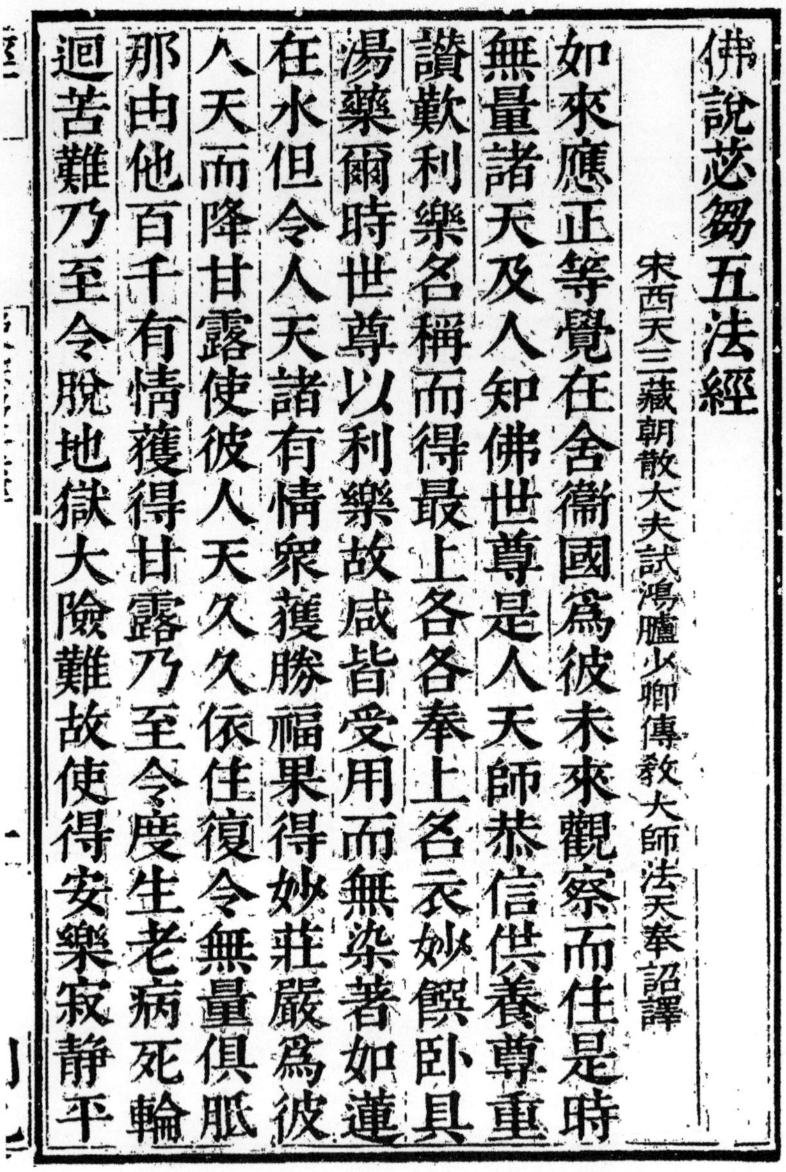
佛說苾芻五法經

宋西天三藏朝散大夫試鴻臚少卿傳教大師法天奉詔譯

如來應正等覺在舍衛國爲彼未來觀察而住是時無量諸天及人知佛世尊是人天師恭信供養尊重讃歎利樂名稱而得最上各各奉上衣妙饌臥具湯藥爾時世尊以利樂故咸皆受用而無染著如蓮在水但令人天諸有情衆獲勝福果得妙莊嚴爲彼人天而降甘露使彼人天久久依住復令無量俱胝那由他百千有情獲得甘露乃至令度生老病死輪迴苦難乃至令脫地獄大險難故使得安樂寂靜平

072 《佛說苾芻五法經》一卷

(宋) 釋法天譯　明崇禎壬午（十五年，1642）泰和蕭士瑋刻本

版框高 22.4 厘米，寬 15.4 厘米。半葉十行，行二十字，四周雙邊。

民族 072-008-00001；臺灣 250 頁 · 805；故宮 72 · 821

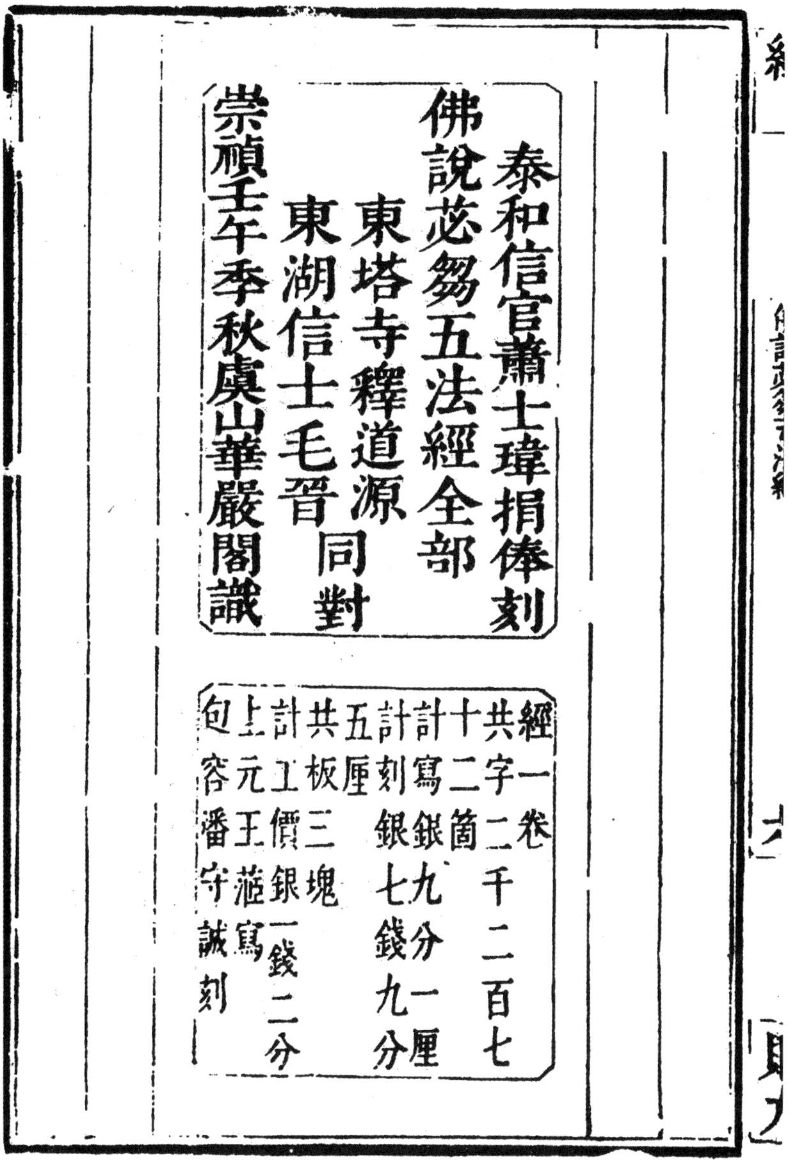
泰和信官蕭士瑋捐俸刻
佛說苾芻五法經全部
東塔寺釋道源
東湖信士毛晉　同對
崇禎壬午季秋虞山華嚴閣識

經一卷
共字二千二百七
十二箇
計寫銀九分一厘
計刻銀七錢九分
五厘
共板三塊
計工價銀一錢二分
上元王蒞寫
句容潘守誠刻

牌記云："泰和信官蕭士瑋捐俸刻《佛說苾芻五法經》全部，東塔寺釋道源、東湖信士毛晉同對，崇禎壬午季秋虞山華嚴閣識。經一卷，共字二千二百七十二箇，計寫銀九分一厘，計刻銀七錢九分五厘，共板三塊，計工價銀一錢二分，上元王蒞寫，句容潘守誠刻。"則九。

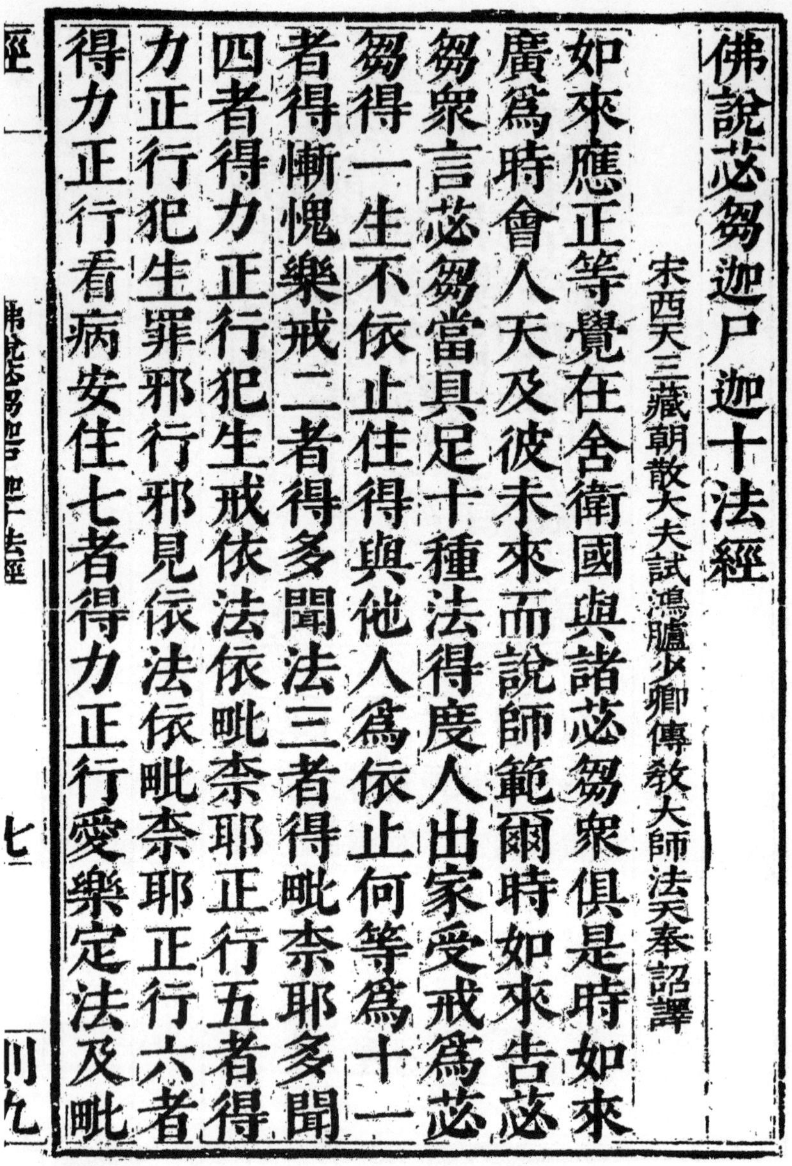
佛說苾芻迦尸迦十法經
宋西天三藏朝散大夫試鴻臚少卿傳教大師法天奉詔譯
如來應正等覺在舍衛國與諸苾芻衆俱是時如來廣爲時會人天及彼未來而說師範爾時如來告苾芻衆言苾芻當具足十種法得度人出家受戒爲苾芻得一生不依止住得與他人爲依止何等爲十一者得慚愧樂戒二者得多聞法三者得毗柰耶多聞四者得力正行犯生戒依法依毗柰耶正行五者得力正行犯生罪邪行邪見依法依毗柰耶正行六者得力正行看病安住七者得力正行愛樂定法及毗
經一　佛說苾芻迦尸迦十法經　七　川九

073 《佛說苾芻迦尸迦十法經》一卷

（宋）釋法天譯　明崇禎壬午（十五年，1642）泰和蕭士瑋刻本

版框高 22.7 厘米，寬 15.3 厘米。半葉十行，行二十字，四周雙邊。

民族 072-008-00002；臺灣 251 頁 · 806；故宮 72 · 822

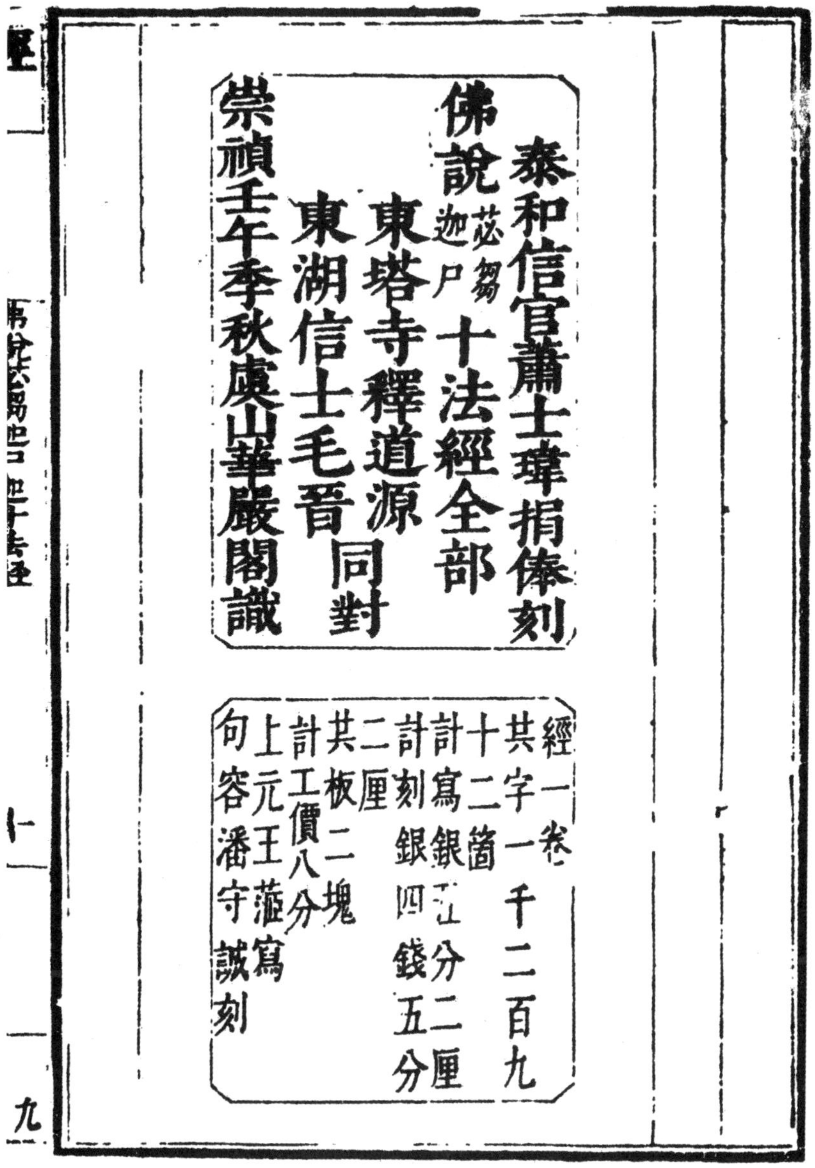
泰和信官蕭士瑋捐俸刻
佛說苾芻迦尸十法經全部
東塔寺釋道源
東湖信士毛晉同對
崇禎壬午季秋虞山華嚴閣識

經一卷
共字一千二百九
十二箇
計寫銀五分二厘
計刻銀四錢五分
二厘
其板二塊
計工價八分
上元王蓰寫
句容潘守誠刻

牌記云："泰和信官蕭士瑋捐俸刻《佛說苾芻迦尸十法經》全部，東塔寺釋道源、東湖信士毛晉同對，崇禎壬午季秋虞山華嚴閣識。經一卷，共字一千二百九十二箇，計寫銀五分二厘，計刻銀四錢五分二厘，共板二塊，計工價八分，上元王蓰寫，句容潘守誠刻。"則九。

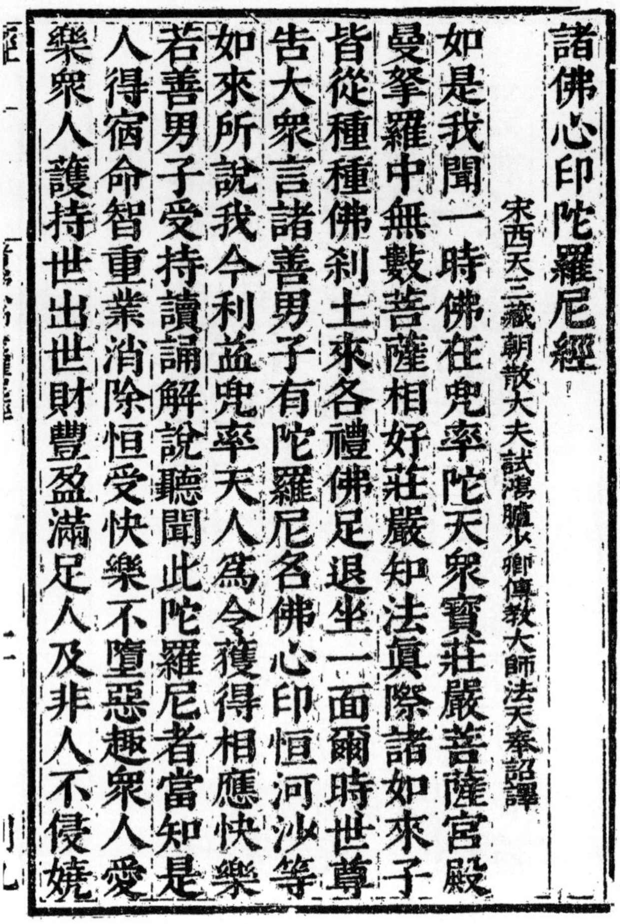
諸佛心印陀羅尼經
宋西天三藏朝散大夫試鴻臚少卿傳教大師法天奉詔譯
如是我聞一時佛在兜率陀天衆寶莊嚴菩薩宮殿曼拏羅中無數菩薩相好莊嚴知法眞際諸如來子皆從種種佛刹土來各禮佛足退坐一面爾時世尊告大衆言諸善男子有陀羅尼名佛心印恒河沙等如來所說我今利益兜率天人爲令獲得相應快樂若善男子受持讀誦解說聽聞此陀羅尼者當知是人得宿命智重業消除恒受快樂不墮惡趣衆人愛樂衆人護持世出世財豐盈滿足人及非人不侵嬈

074 《諸佛心印陀羅尼經》一卷

(宋）釋法天譯　明崇禎壬午（十五年，1642）泰和蕭士瑋刻本
版框高 21.8 厘米，寬 15.2 厘米。半葉十行，行二十字，四周雙邊。
民族 072-008；臺灣 251 頁 · 807；故宫 72 · 823

《“國家圖書館”善本書志初稿 · 子部四》云：兹經“并無施刻人及字數、工價之牌記，唯字體與前後經相同，似亦爲潘守誠等所刻。”按：《佛說苾芻五法經》《佛說苾芻迦尸迦十法經》《大乘寶月童子問法經》《佛說蓮華眼陀羅尼經》《佛說觀想佛母般若波羅蜜多菩薩經》《佛說如意摩尼陀羅尼經》，七經千字文編號均爲“則九”。似此經亦當係蕭士瑋捐俸刻於壬午季秋。姑附於此。則九。

諸佛心印陀羅尼經

宋西天三藏朝散大夫試鴻臚少卿傳教大師法天奉詔譯

如是我聞一時佛在兜率陀天眾寶莊嚴菩薩宮殿曼拏羅中無數菩薩相好莊嚴知法眞際諸如來子皆從種種佛刹土來各禮佛足退坐一面爾時世尊告大眾言諸善男子有陀羅尼名佛心印恒河沙等如來所說我今利益兜率天人爲令獲得相應快樂若善男子受持讀誦解說聽聞此陀羅尼者當知是人得宿命智重業消除恒受快樂不墮惡趣衆人愛樂衆人護持世出世財豐盈滿足人及非人不侵嬈

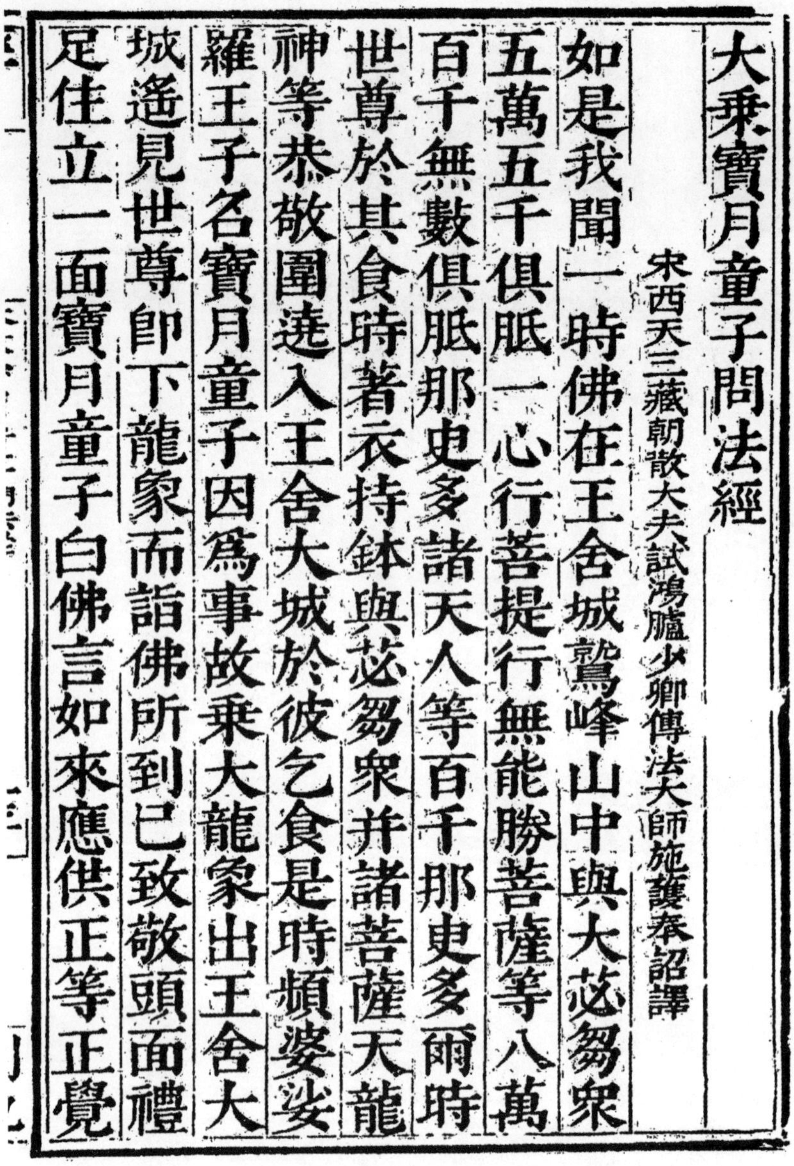
大乘寶月童子問法經
宋西天三藏朝散大夫試鴻臚少卿傳法大師施護奉詔譯
如是我聞一時佛在王舍城鷲峰山中與大苾芻衆
五萬五千俱胝一心行菩提行無能勝菩薩等八萬
百千無數俱胝那由多諸天人等百千那由多爾時
世尊於其食時著衣持鉢與苾芻衆并諸菩薩天龍
神等恭敬圍遶入王舍大城於彼乞食是時頻婆娑
羅王子名寶月童子因爲事故乘大龍象出王舍大
城遥見世尊即下龍象而詣佛所到已致敬頭面禮
足住立一面寶月童子白佛言如來應供正等正覺

075 《大乘寶月童子問法經》一卷

（宋）釋施護譯　明崇禎壬午（十五年，1642）泰和蕭士瑋刻本

版框高 22.7 厘米，寬 15.1 厘米。半葉十行，行二十字，四周雙邊。

民族 072-008-00003；臺灣 251 頁 · 808；故宮 72 · 824

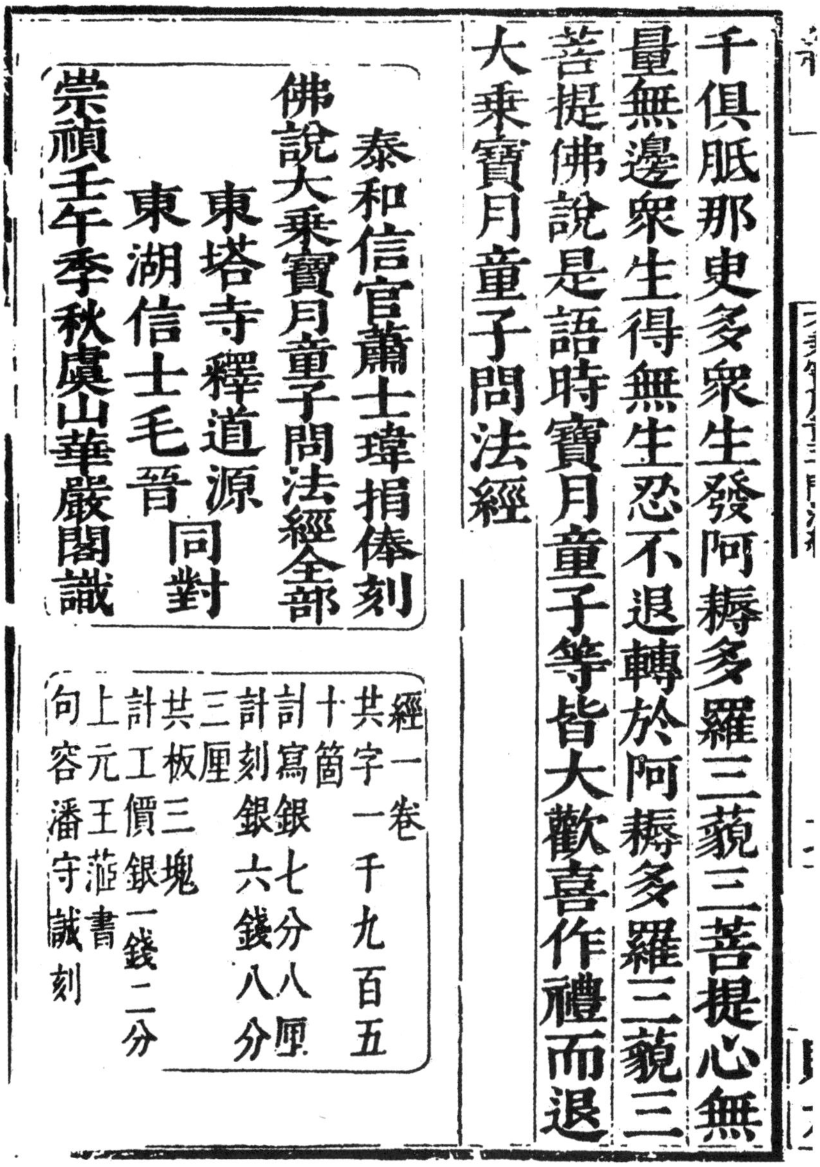
千俱胝那臾多衆生發阿耨多羅三藐三菩提心無
量無邊衆生得無生忍不退轉於阿耨多羅三藐三
菩提佛說是語時寶月童子等皆大歡喜作禮而退
大乘寶月童子問法經

泰和信官蕭士瑋捐俸刻
佛說大乘寶月童子問法經全部
東塔寺釋道源
東湖信士毛晉 同對
崇禎壬午季秋虞山華嚴閣識

經一卷
共字一千九百五
十箇
計寫銀七分八厘
計刻銀六錢八分
三厘
共板三塊
計工價銀一錢二分
上元王莅書
句容潘守誠刻

牌記云："泰和信官蕭士瑋捐俸刻《佛說大乘寶月童子問法經》全部，東塔寺釋道源、東湖信士毛晉同對，崇禎壬午季秋虞山華嚴閣識。經一卷，共字一千九百五十箇，計寫銀七分八厘，計刻銀六錢八分三厘，共板三塊，計工價銀一錢二分，上元王莅書，句容潘守誠刻。"則九。

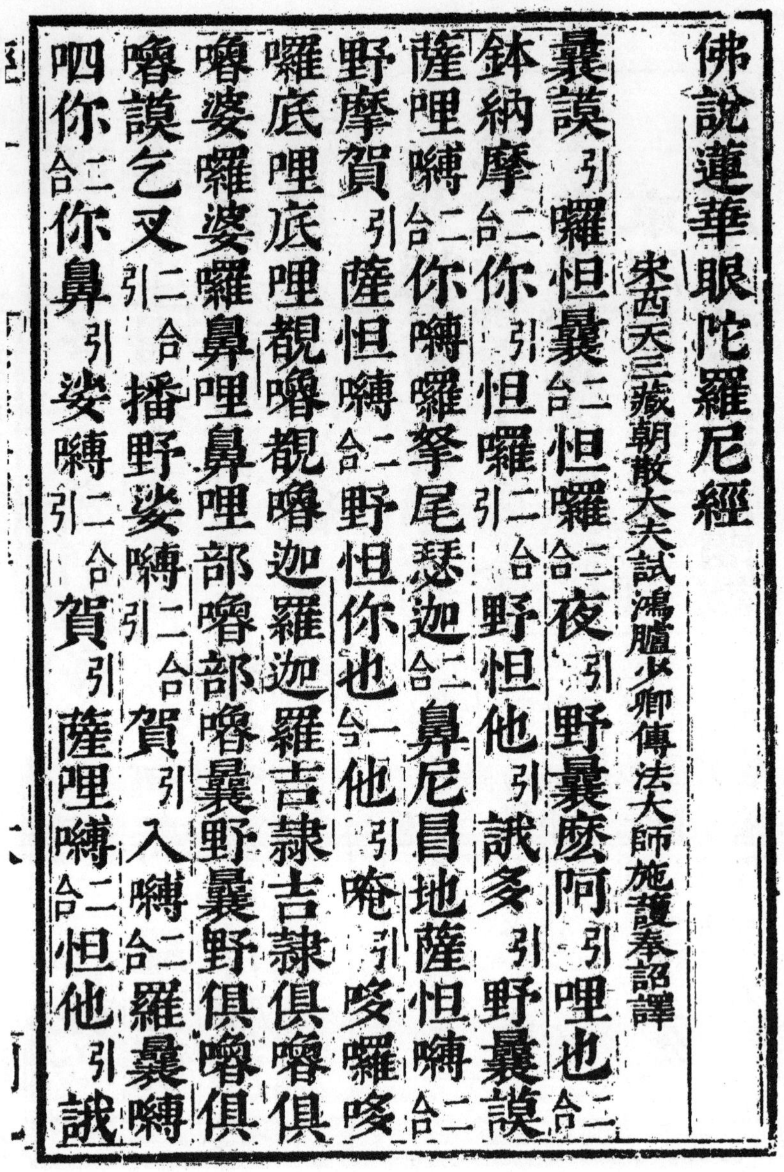
佛說蓮華眼陀羅尼經

宋西天三藏朝散大夫試鴻臚少卿傳法大師施護奉詔譯

曩謨引囉怛曩二合怛囉二合夜引野曩麽阿引哩也二合鉢納摩二合你引怛囉引二合野怛他引誐多引野曩謨薩哩嚩二合你嚩囉拏尾瑟迦二合鼻尼目地薩怛嚩二合野摩賀引薩怛嚩二合野怛你也二合他引唵引哆囉哆囉底哩底哩覩嚕覩嚕迦羅迦羅吉隸吉隸俱嚕俱嚕娑囉娑囉鼻哩鼻哩部嚕部嚕曩野曩野俱嚕俱嚕謨乞叉引二合播野娑嚩引二合賀引入嚩二合羅曩嚩呬你二合你鼻引娑嚩引二合賀引薩哩嚩二合怛他引誐

076 《佛說蓮華眼陀羅尼經》一卷

(宋) 釋施護譯　明崇禎壬午（十五年，1642）泰和蕭士瑋刻本

版框高 22.9 厘米，寬 15.4 厘米。半葉十行，行二十字，四周雙邊。

民族 072-008-00004；臺灣 252 頁 · 809；故宮 72 · 825

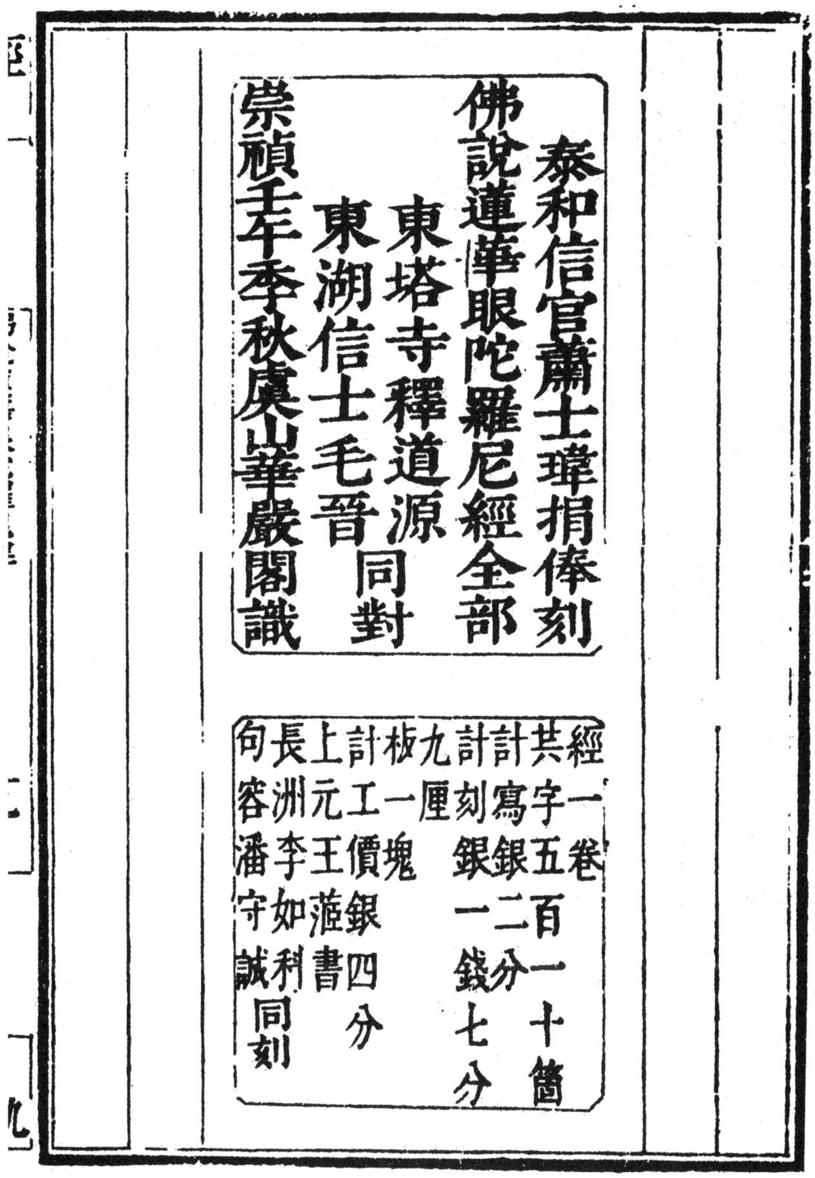

泰和信官蕭士瑋捐俸刻
佛說蓮華眼陀羅尼經全部
東塔寺釋道源
東湖信士毛晉同對
崇禎壬午季秋虞山華嚴閣識

經一卷
共字五百一十箇
計寫銀二分
計刻銀一錢七分
九厘
板一塊
計工價銀四分
上元王蒞書
長洲李如科
句容潘守誠同刻

牌記云："泰和信官蕭士瑋捐俸刻《佛說蓮華眼陀羅尼經》全部，東塔寺釋道源、東湖信士毛晉同對，崇禎壬午季秋虞山華嚴閣識。經一卷，共字五百一十箇，計寫銀二分，計刻銀一錢七分九厘，板一塊，計工價銀四分，上元王蒞書，長洲李如科、句容潘守誠同刻。"則九。

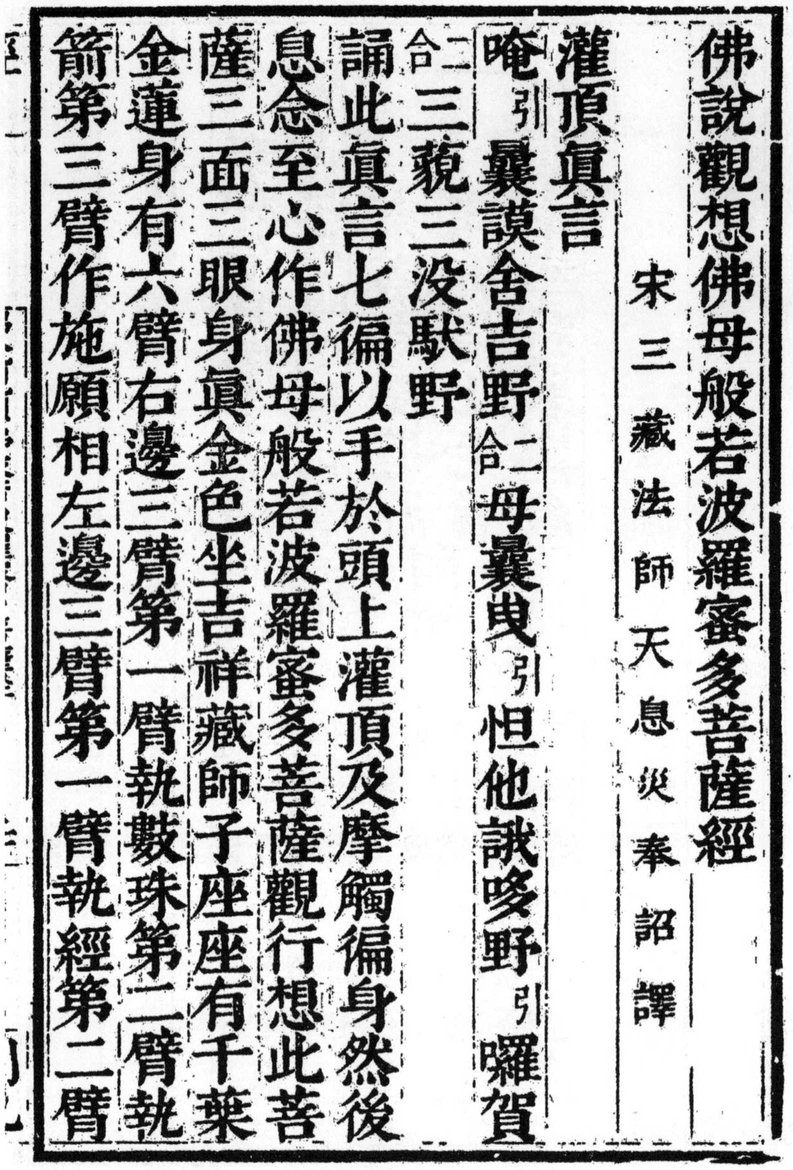
佛說觀想佛母般若波羅蜜多菩薩經
宋三藏法師天息災奉詔譯
灌頂眞言
唵引曩謨舍吉野二合母曩曳引怛他誐哆野引囉賀
二合三藐三沒馱野
誦此眞言七徧以手於頭上灌頂及摩觸徧身然後
息念至心作佛母般若波羅蜜多菩薩觀行想此菩
薩三面三眼身眞金色坐吉祥藏師子座座有千葉
金蓮身有六臂右邊三臂第一臂執數珠第二臂執
箭第三臂作施願相左邊三臂第一臂執經第二臂

077 《佛說觀想佛母般若波羅蜜多菩薩經》一卷

(宋）釋天息災譯　明崇禎壬午（十五年，1642）泰和蕭士瑋刻本

版框高 22.7 厘米，寬 15.4 厘米。半葉十行，行二十字，四周雙邊。

民族 072-008-00005；臺灣 252 頁 · 810；故宮 72 · 826

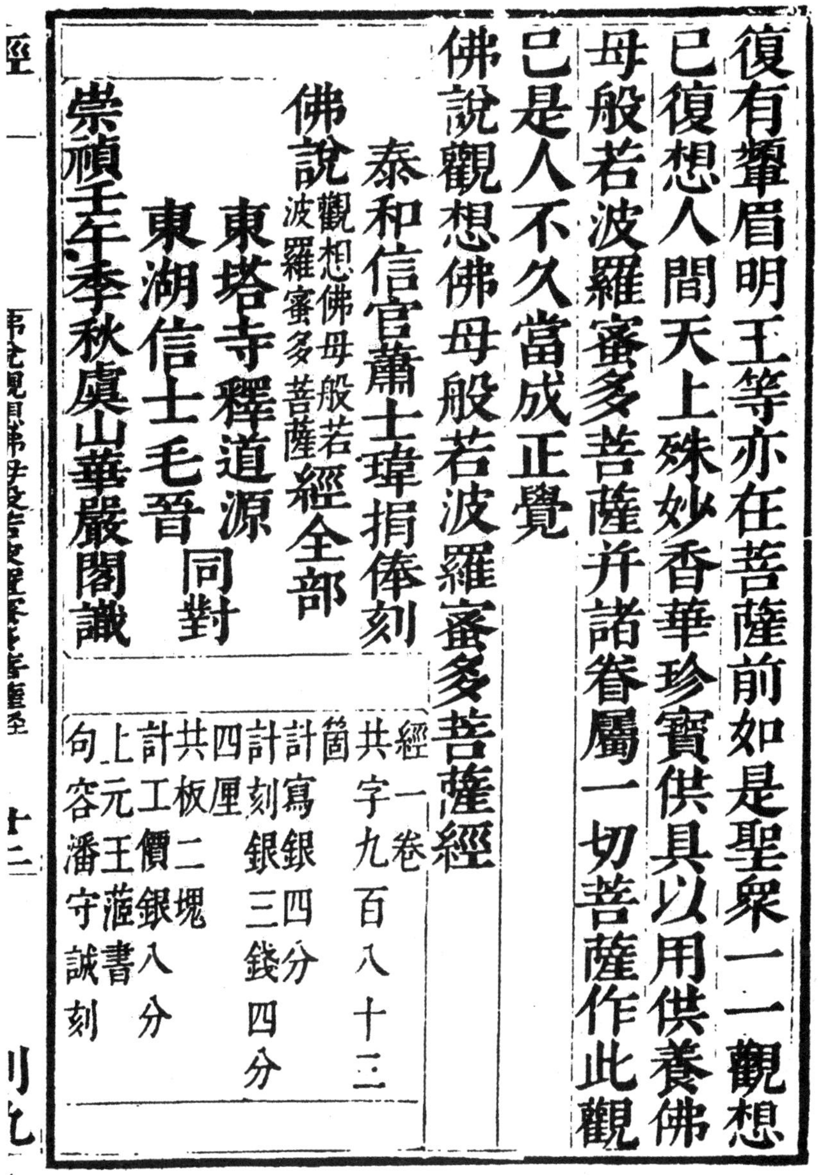
復有輩眉明王等亦在菩薩前如是聖衆一一觀想已復想人間天上殊妙香華珍寶供具以用供養佛母般若波羅蜜多菩薩并諸眷屬一切菩薩作此觀已是人不久當成正覺

佛說觀想佛母般若波羅蜜多菩薩經

泰和信官蕭士瑋捐俸刻

佛說觀想佛母般若波羅蜜多菩薩經全部

東塔寺釋道源

東湖信士毛晉 同對

崇禎壬午季秋虞山華嚴閣識

經一卷

共字九百八十三箇

計寫銀四分

計刻銀三錢四分

四厘

共板二塊

計工價銀八分

上元王蒞書

句容潘守誠刻

牌記云："泰和信官蕭士瑋捐俸刻《佛說觀想佛母般若波羅蜜多菩薩經》全部，東塔寺釋道源、東湖信士毛晉同對，崇禎壬午季秋虞山華嚴閣識。經一卷，共字九百八十三箇，計寫銀四分，計刻銀三錢四分四厘，共板二塊，計工價銀八分，上元王蒞書，句容潘守誠刻。"則九。

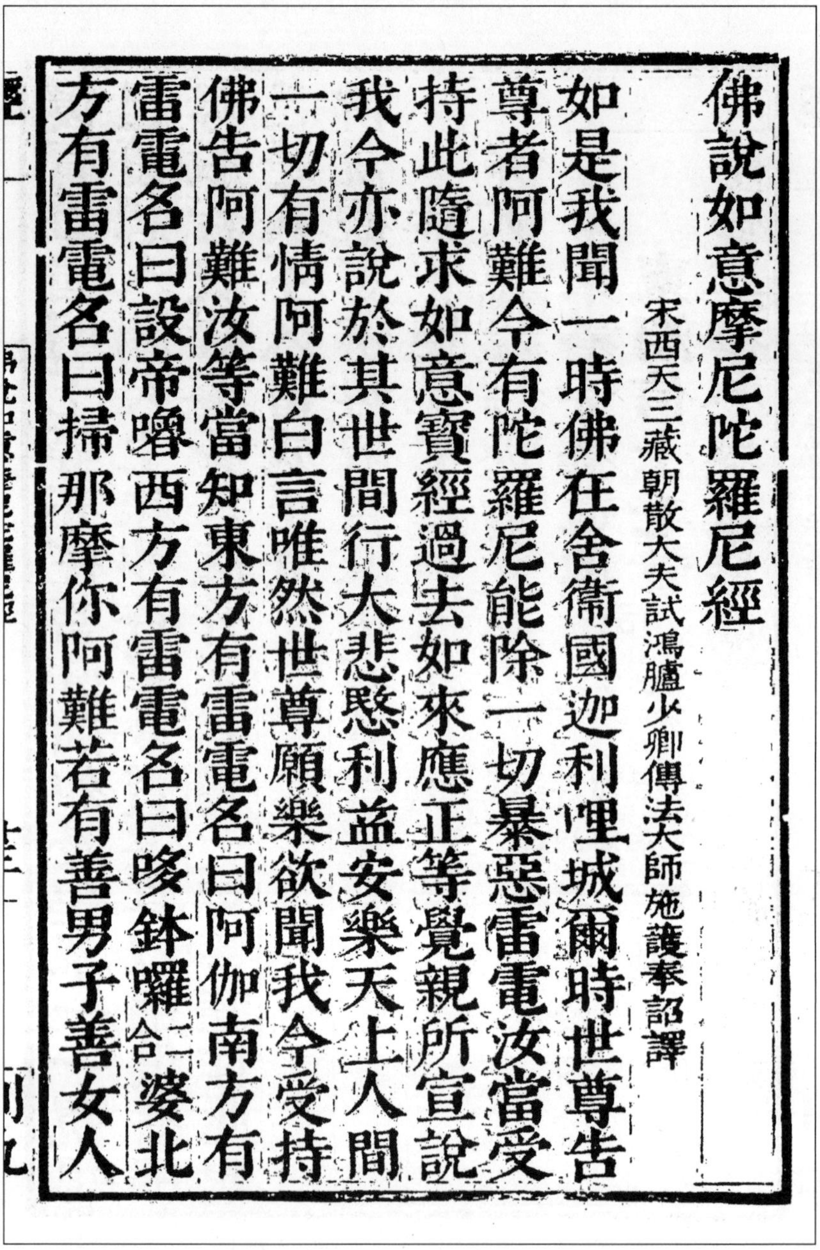
佛說如意摩尼陀羅尼經
宋西天三藏朝散大夫試鴻臚少卿傳法大師施護奉詔譯
如是我聞一時佛在舍衛國迦利哩城爾時世尊告
尊者阿難今有陀羅尼能除一切暴惡雷電汝當受
持此隨求如意寶經過去如來應正等覺親所宣說
我今亦說於其世間行大悲愍利益安樂天上人間
一切有情阿難白言唯然世尊願樂欲聞我今受持
佛告阿難汝等當知東方有雷電名曰阿伽南方有
雷電名曰設帝嚕西方有雷電名曰哆鉢囉(二合)娑北
方有雷電名曰掃那摩你阿難若有善男子善女人

078 《佛說如意摩尼陀羅尼經》一卷

(宋) 釋施護譯　明崇禎壬午（十五年，1642）泰和蕭士瑋刻本

版框高 22.7 厘米，寬 15.4 厘米。半葉十行，行二十字，四周雙邊。

民族 072-008-00006; 臺灣 253 頁 · 811; 故宮 72 · 827

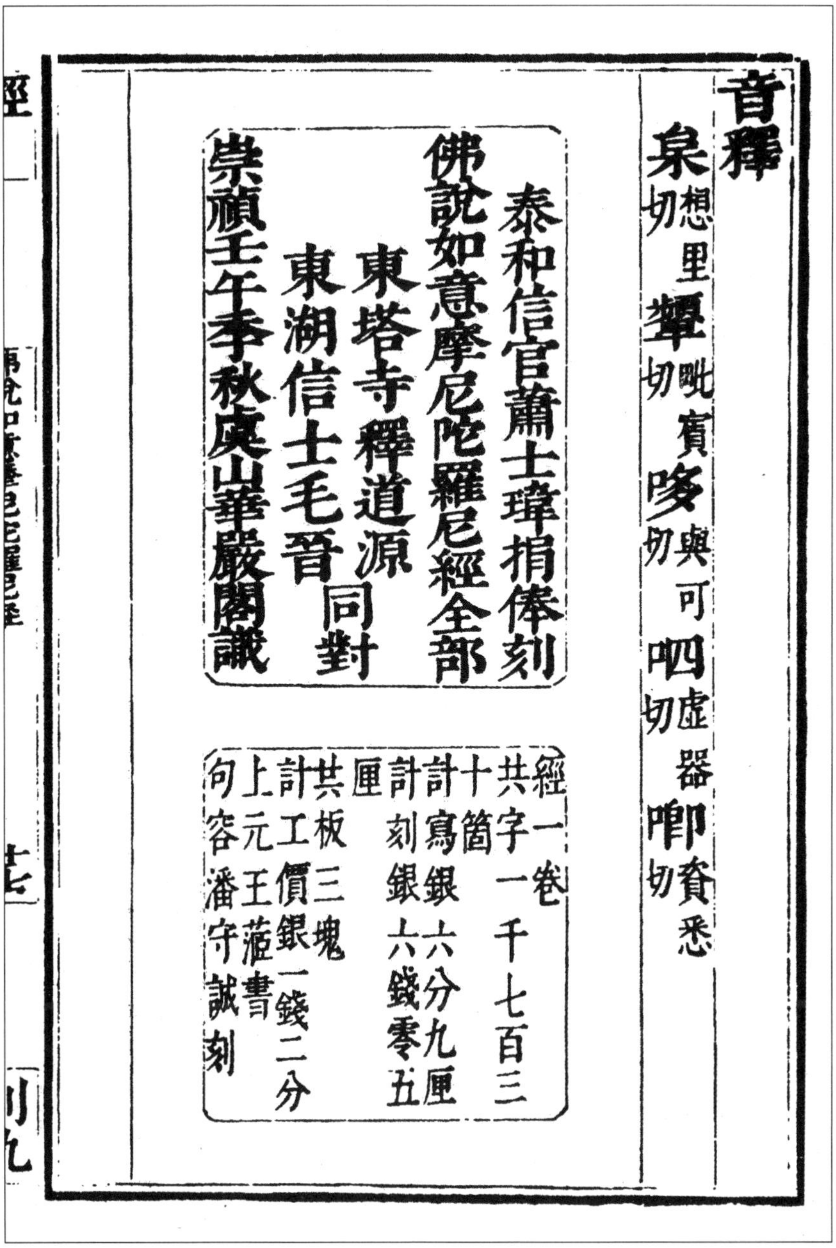

音釋
梟想里切　犟毗賓切　哆與可切　呬虛器切　唧貲悉切

泰和信官蕭士瑋捐俸刻
佛說如意摩尼陀羅尼經全部
東塔寺釋道源
東湖信士毛晉同對
崇禎壬午季秋虞山華嚴閣識

經一卷
共字一千七百三十箇
計寫銀六分九厘
計刻銀六錢零五厘
共板三塊
計工價銀一錢二分
上元王蒞書
句容潘守誠刻

牌記云："泰和信官蕭士瑋捐俸刻《佛說如意摩尼陀羅尼經》全部，東塔寺釋道源、東湖信士毛晉同對，崇禎壬午季秋虞山華嚴閣識。經一卷，共字一千七百三十箇，計寫銀六分九厘，計刻銀六錢零五厘，共板三塊，計工價銀一錢二分，上元王蒞書，句容潘守誠刻。"則九。

佛說護國經

西天譯經三藏朝散大夫試光祿卿明教大師臣法賢奉詔譯

如是我聞一時世尊在俱盧城出遊化利漸漸至于覩羅聚落與大苾芻衆安止其中時彼聚落有婆羅門大長者等互相議曰此大沙門瞿曇棄捨王位出家爲道果滿圓明名稱普聞卽是應供正等正覺明行足善逝世間解無上士調御丈夫天人師佛世尊於天魔梵沙門婆羅門人及非人等界以自行願成等正覺流大悲心宣說正法初善中善後善文義深遠純一無雜具足圓滿梵行之相如是具足最尊最

079 《佛說護國經》一卷

(宋) 釋法賢譯　明崇禎壬午（十五年，1642）武進張瑋刻本

版框高 22.3 厘米，寬 15.4 厘米。半葉十行，行二十字，四周雙邊。

民族 074-006；臺灣 288 頁 · 911；故宮 74 · 927

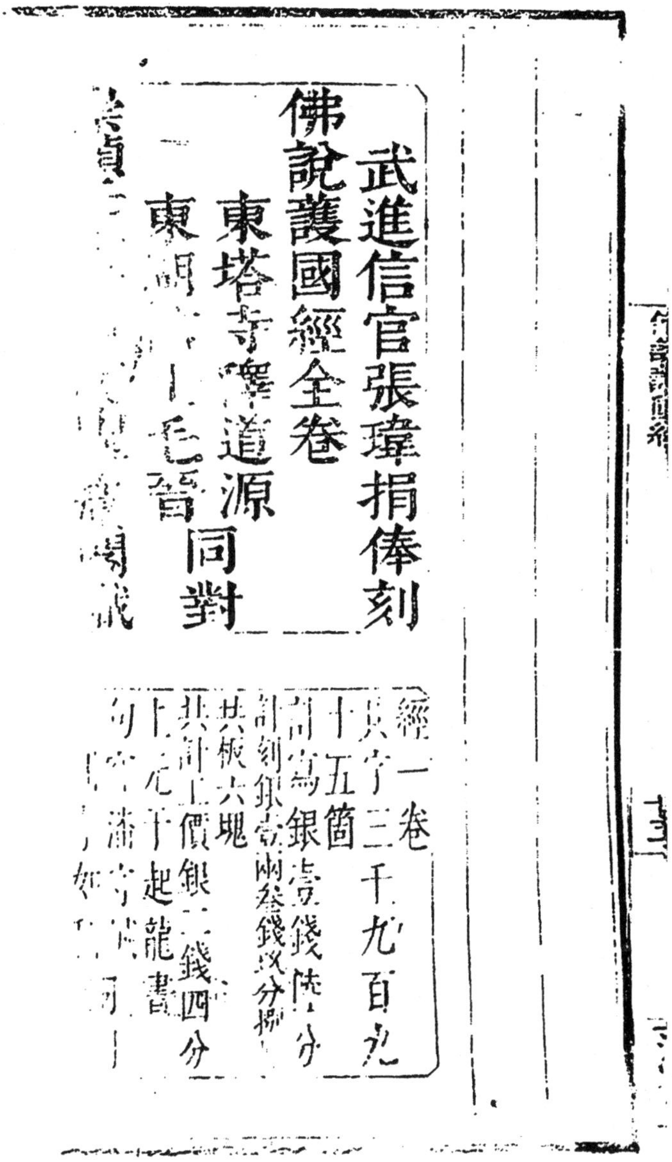

牌記云："武進信官張瑋捐俸刻《佛說護國經》全卷，東塔寺釋道源、東湖信士毛晉同對，崇禎□□□□□□□□閣識。經一卷，共字三千九百九十五箇，計寫銀壹錢陸分，計刻銀壹兩叁錢□分捌厘，共板六塊，共計工價銀二錢四分，上元于起龍書，句容潘守誠□□□□□□□□刻。"按：《"國家圖書館"善本書志初稿·子部四》，兹書牌記内容錯録成《佛說分别布施經》牌記。薄五。

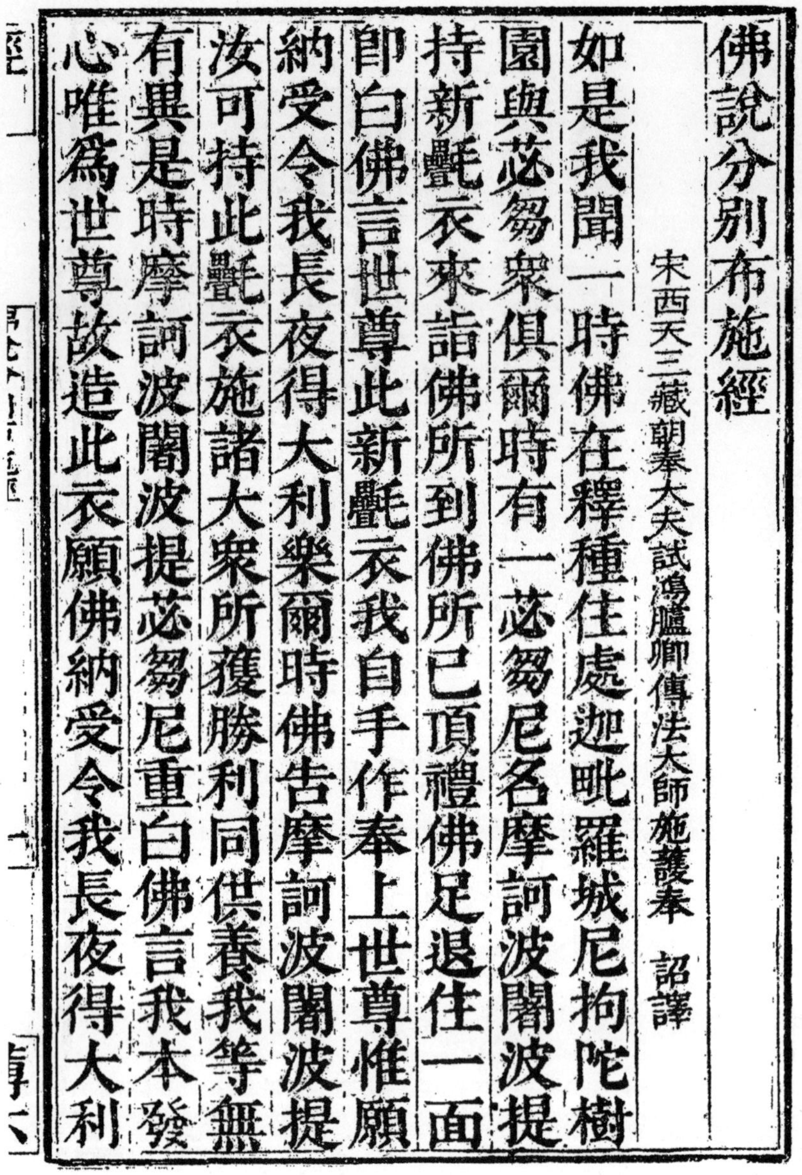

佛說分別布施經

宋西天三藏朝奉大夫試鴻臚卿傳法大師施護奉　詔譯

如是我聞一時佛在釋種住處迦毗羅城尼拘陀樹園與苾芻衆俱爾時有一苾芻尼名摩訶波闍波提持新氎衣來詣佛所到佛所已頂禮佛足退住一面即白佛言世尊此新氎衣我自手作奉上世尊惟願納受令我長夜得大利樂爾時佛告摩訶波闍波提汝可持此氎衣施諸大衆所獲勝利同供養我等無有異是時摩訶波闍波提苾芻尼重白佛言我本發心唯爲世尊故造此衣願佛納受令我長夜得大利

080 《佛說分別布施經》一卷

(宋) 釋施護譯　明崇禎壬午（十五年，1642）常熟毛鳳苞刻本

版框高 22.3 厘米，寬 15.4 厘米。半葉十行，行二十字，四周雙邊。

民族 074-006-00001；臺灣 289 頁 · 912；故宫 74 · 928

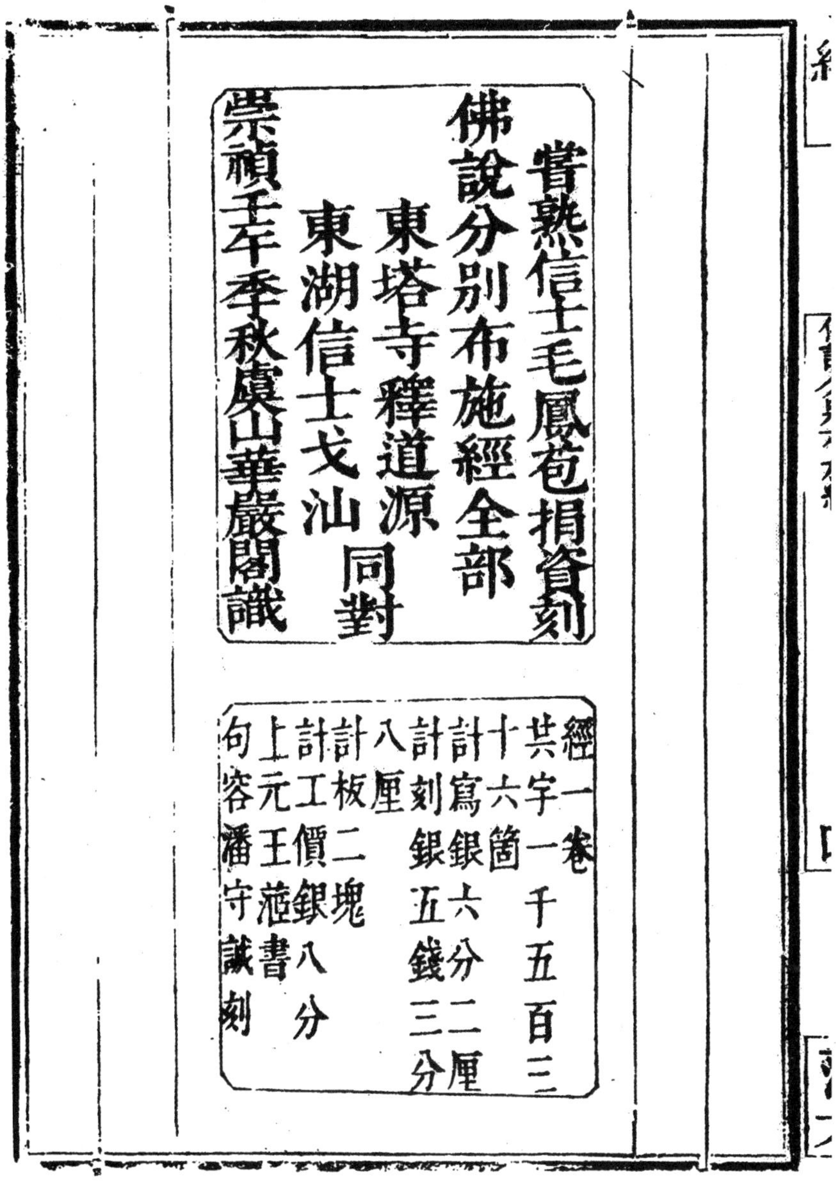

嘗熟信士毛鳳苞捐資刻
佛說分別布施經全部
東塔寺釋道源
東湖信士戈汕同對
崇禎壬午季秋虞山華嚴閣識

經一卷
共字一千五百三
十六箇
計寫銀六分二厘
計刻銀五錢三分
八厘
計板二塊
計工價銀八分
上元王蒞書
句容潘守誠刻

牌記云："嘗熟信士毛鳳苞捐資刻《佛說分別布施經》全部，東塔寺釋道源、東湖信士戈汕同對，崇禎壬午季秋虞山華嚴閣識。經一卷，共字一千五百三十六箇，計寫銀六分二厘，計刻銀五錢三分八厘，計板二塊，計工價銀八分，上元王蒞書，句容潘守誠刻。"薄六。

佛說分別緣生經
宋西天譯經三藏朝奉大夫試鴻臚卿傳教大師法天奉詔譯
如是我聞一時佛在烏盧尾螺池邊泥連河側菩提樹下成佛未久獨止其中心生思念世間苦法無能免者無能怖者決定實有如是觀察是大義利世間樂法亦復如是無能免者無能厭者決定實有如是觀察是大義利又復思惟所有世間天人魔梵沙門婆羅門等界中而於此法不能了知若復有人善能思惟警覺苦樂如是了達非究竟法常所思念依法修行是人當得具足戒定慧解脫解脫知見等法所

081 《佛說分別緣生經》一卷

(宋) 釋法天譯　明崇禎壬午（十五年，1642）泰和蕭士瑋刻本

版框高 22.3 厘米，寬 15.4 厘米。半葉十行，行二十字，四周雙邊。

民族 074-006-00002；臺灣 289 頁 · 913；故宮 74 · 929

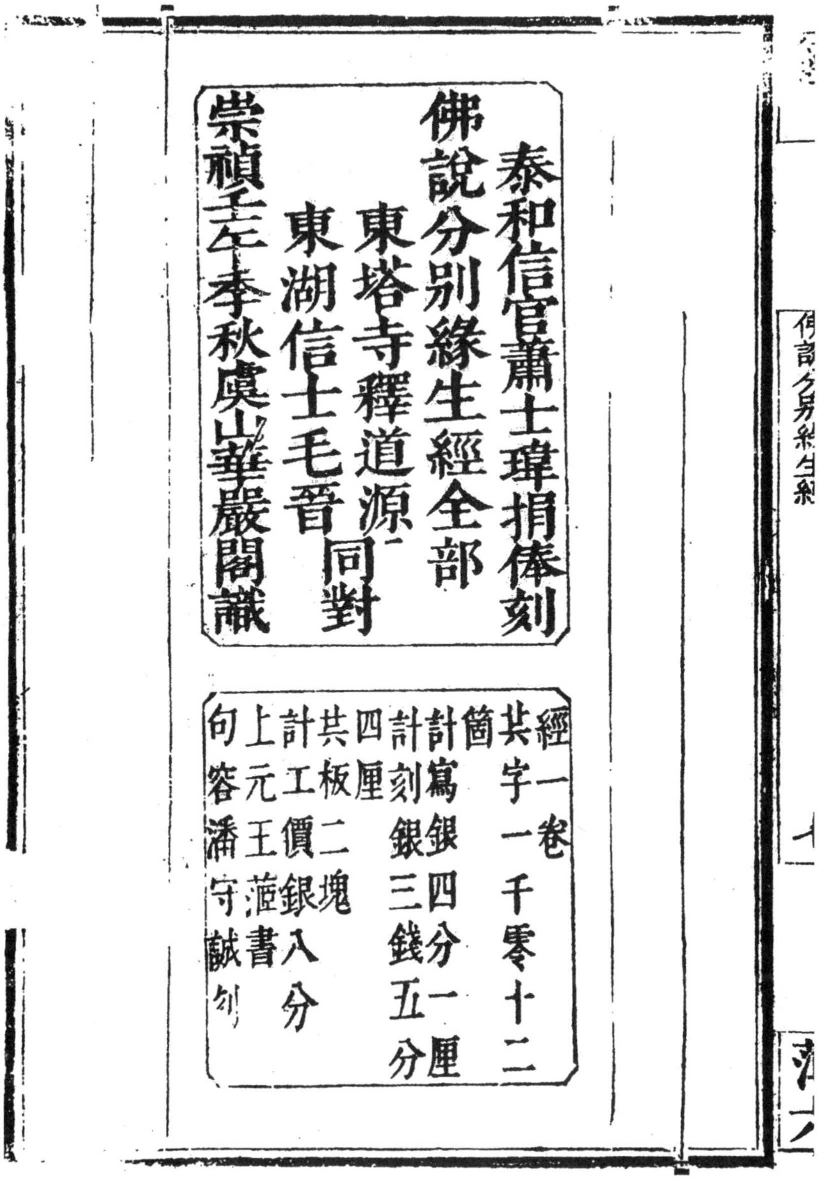

泰和信官蕭士瑋捐俸刻
佛說分別緣生經全部
東塔寺釋道源
東湖信士毛晉　同對
崇禎壬午季秋虞山華嚴閣識

經一卷
共字一千零十二
箇
計寫銀四分一厘
計刻銀三錢五分
四厘
共板二塊
計工價銀八分
上元王蒞書
句容潘守誠刻

牌記云:“泰和信官蕭士瑋捐俸刻《佛說分別緣生經》全部，東塔寺釋道源、東湖信士毛晉同對，崇禎壬午季秋虞山華嚴閣識。經一卷，共字一千零十二箇，計寫銀四分一厘，計刻銀三錢五分四厘，共板二塊，計工價銀八分，上元王蒞書，句容潘守誠刻。”薄六。

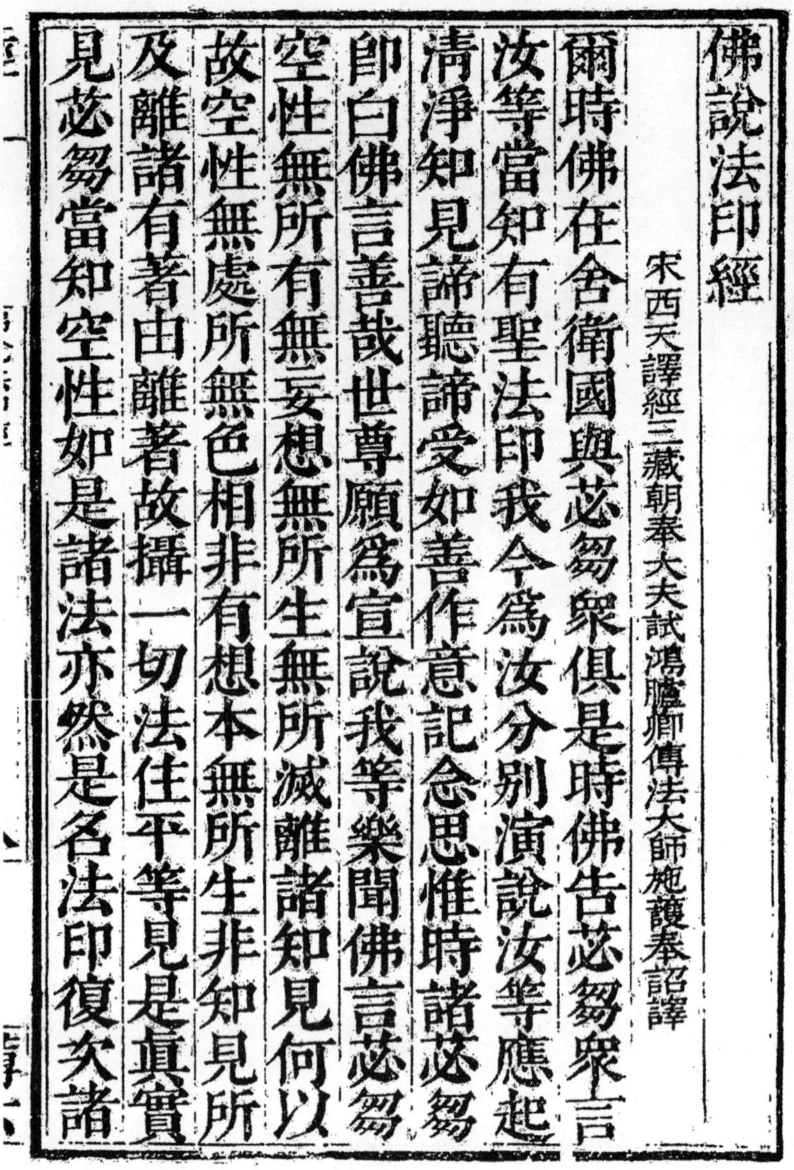
佛說法印經
宋西天譯經三藏朝奉大夫試鴻臚卿傳法大師施護奉詔譯
爾時佛在舍衛國與苾芻衆俱是時佛告苾芻衆言
汝等當知有聖法印我今爲汝分別演說汝等應起
清淨知見諦聽諦受如善作意記念思惟時諸苾芻
卽白佛言善哉世尊願爲宣說我等樂聞佛言苾芻
空性無所有無妄想無所生無所滅離諸知見何以
故空性無處所無色相非有想本無所生非知見所
及離諸有著由離著故攝一切法住平等見是眞實
見苾芻當知空性如是諸法亦然是名法印復次諸

082 《佛說法印經》一卷

(宋) 釋施護譯　明崇禎壬午（十五年，1642）泰和蕭士瑋刻本

版框高 22.5 厘米，寬 15.5 厘米。半葉十行，行二十字，四周雙邊。

民族 074-006-00003；臺灣 289 頁 · 914；故宮 74 · 930

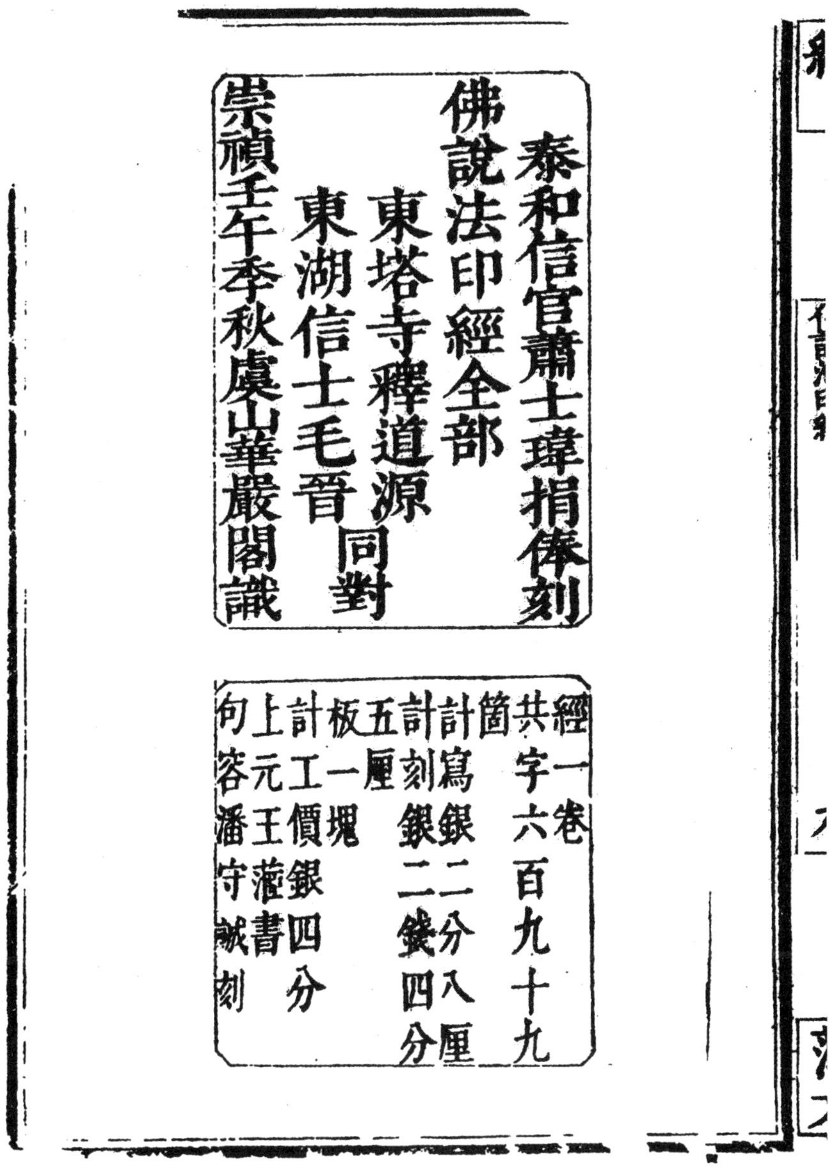
泰和信官蕭士瑋捐俸刻
佛說法印經全部
東塔寺釋道源
東湖信士毛晉　同對
崇禎壬午季秋虞山華嚴閣識

經一卷
共字六百九十九
箇
計寫銀二分八厘
計刻銀二錢四分
五厘
板一塊
計工價銀四分
上元王蒞書
句容潘守誠刻

牌記云:"泰和信官蕭士瑋捐俸刻《佛說法印經》全部，東塔寺釋道源、東湖信士毛晉同對，崇禎壬午季秋虞山華嚴閣識。經一卷，共字六百九十九箇，計寫銀二分八厘，計刻銀二錢四分五厘，板一塊，計工價銀四分，上元王蒞書，句容潘守誠刻。"薄六。

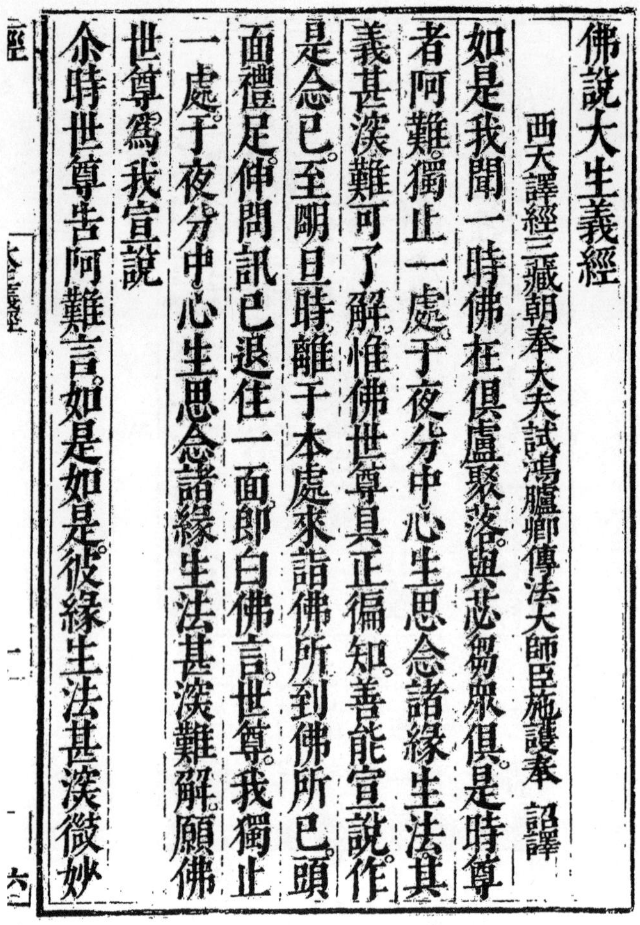
佛說大生義經
西天譯經三藏朝奉大夫試鴻臚卿傳法大師臣施護奉 詔譯
如是我聞一時佛在俱盧聚落與苾芻衆俱是時尊
者阿難獨止一處于夜分中心生思念諸緣生法其
義甚深難可了解惟佛世尊具正徧知善能宣說作
是念已至明旦時離于本處來詣佛所到佛所已頭
面禮足伸問訊已退住一面即白佛言世尊我獨止
一處于夜分中心生思念諸緣生法甚深難解願佛
世尊爲我宣說
尒時世尊告阿難言如是如是彼緣生法甚深微妙

083 《佛說大生義經》一卷

（宋）釋施護譯　明崇禎壬午（十五年，1642）泰和蕭士瑋刻本
版框高 22.6 厘米，寬 15.7 厘米。半葉十行，行二十字，四周雙邊。
民族 074-006；臺灣 290 頁 · 915

按：玆本無牌記。《"國家圖書館"善本書志初稿 · 子部四》提要云："但由此經版心下方之葉次和千字文編序，乃接續《佛說分别布施經》和《佛說法印經》，而前兩經均明崇禎十五年（1642）泰和蕭士瑋刊本，故推論此經亦同是刻。"故姑録於此。故宫資料未録玆書。薄六。

佛說大生義經

西天譯經三藏朝奉大夫試鴻臚卿傳法大師臣施護奉　詔譯

如是我聞。一時佛在俱盧聚落，與苾芻衆俱。是時尊者阿難獨止一處，于夜分中心生思念：諸緣生法，其義甚深，難可了解，惟佛世尊具正徧知，善能宣說。作是念已，至明旦時，離于本處，來詣佛所，到佛所已，頭面禮足，伸問訊已，退住一面，即白佛言：世尊，我獨止一處，于夜分中，心生思念：諸緣生法，甚深難解，願佛世尊為我宣說。

尒時世尊告阿難言：如是如是，彼緣生法，甚深微妙

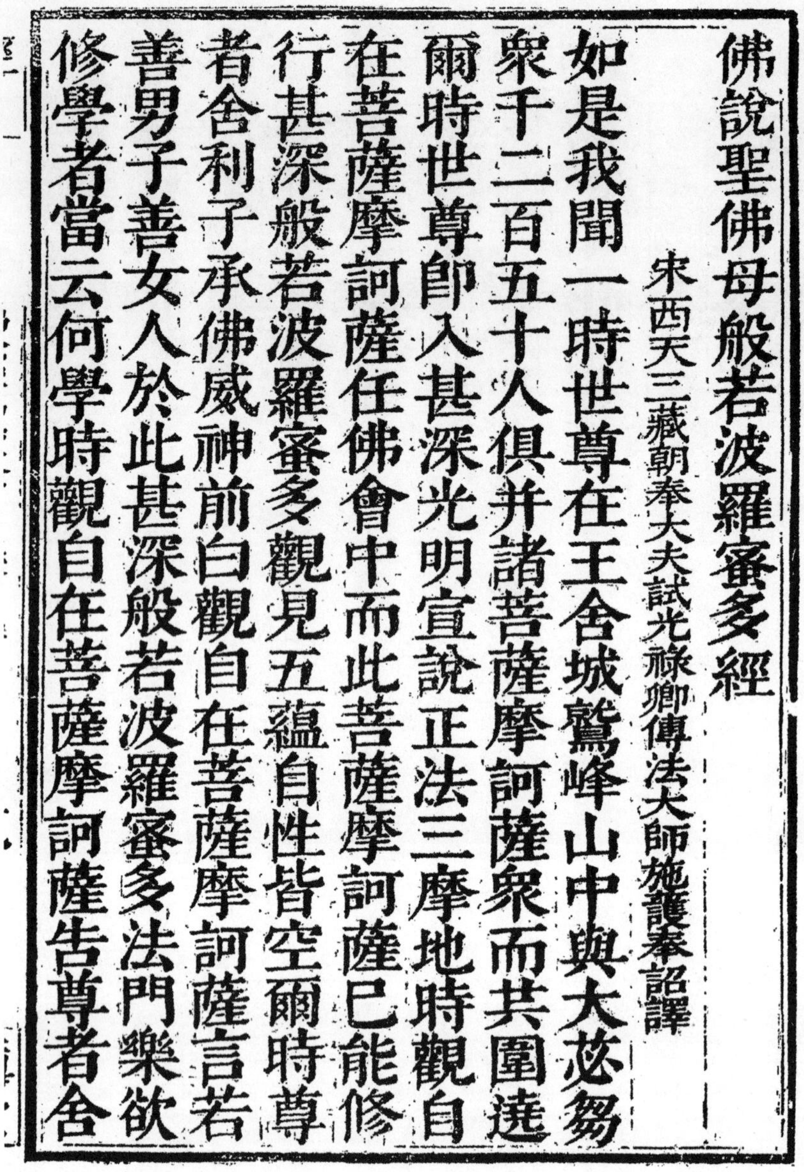
佛說聖佛母般若波羅蜜多經
宋西天三藏朝奉大夫試光祿卿傳法大師施護奉詔譯
如是我聞一時世尊在王舍城鷲峰山中與大苾芻
衆千二百五十人俱并諸菩薩摩訶薩衆而共圍遶
爾時世尊卽入甚深光明宣說正法三摩地時觀自
在菩薩摩訶薩在佛會中而此菩薩摩訶薩已能修
行甚深般若波羅蜜多觀見五蘊自性皆空爾時尊
者舍利子承佛威神前白觀自在菩薩摩訶薩言若
善男子善女人於此甚深般若波羅蜜多法門樂欲
修學者當云何學時觀自在菩薩摩訶薩告尊者舍

084 《佛說聖佛母般若波羅蜜多經》一卷

（宋）釋施護譯　明崇禎壬午（十五年，1642）泰和蕭士瑋刻本

版框高 22.8 厘米，寬 15.4 厘米。半葉十行，行二十字，四周雙邊。

民族 074-006-00005；臺灣 290 頁 · 917；故宮 74 · 933

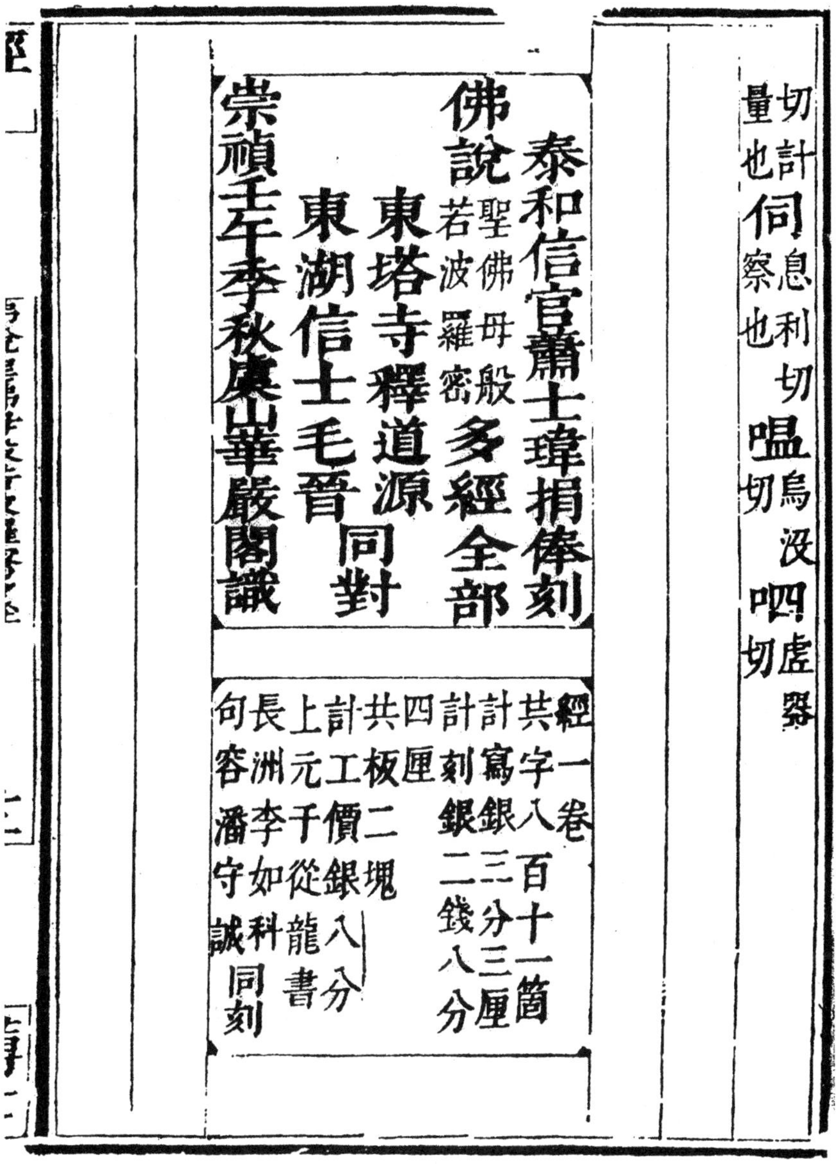
切計量也　伺息利切察也　嗢烏沒切　呬虛器切

泰和信官蕭士瑋捐俸刻
佛說聖佛母般若波羅密多經全部
東塔寺釋道源
東湖信士毛晉　同對
崇禎壬午季秋虞山華嚴閣識

經一卷
共字八百十一箇
計寫銀三分三厘
計刻銀二錢八分
四厘
共板二塊
計工價銀八分
上元于從龍書
長洲李如科
句容潘守誠　同刻

牌記云:“泰和信官蕭士瑋捐俸刻《佛說聖佛母般若波羅密多經》全部，東塔寺釋道源、東湖信士毛晉同對，崇禎壬午季秋虞山華嚴閣識。經一卷，共字八百十一箇，計寫銀三分三厘，計刻銀二錢八分四厘，共板二塊，計工價銀八分，上元于從龍書，長洲李如科、句容潘守誠同刻。”薄七。

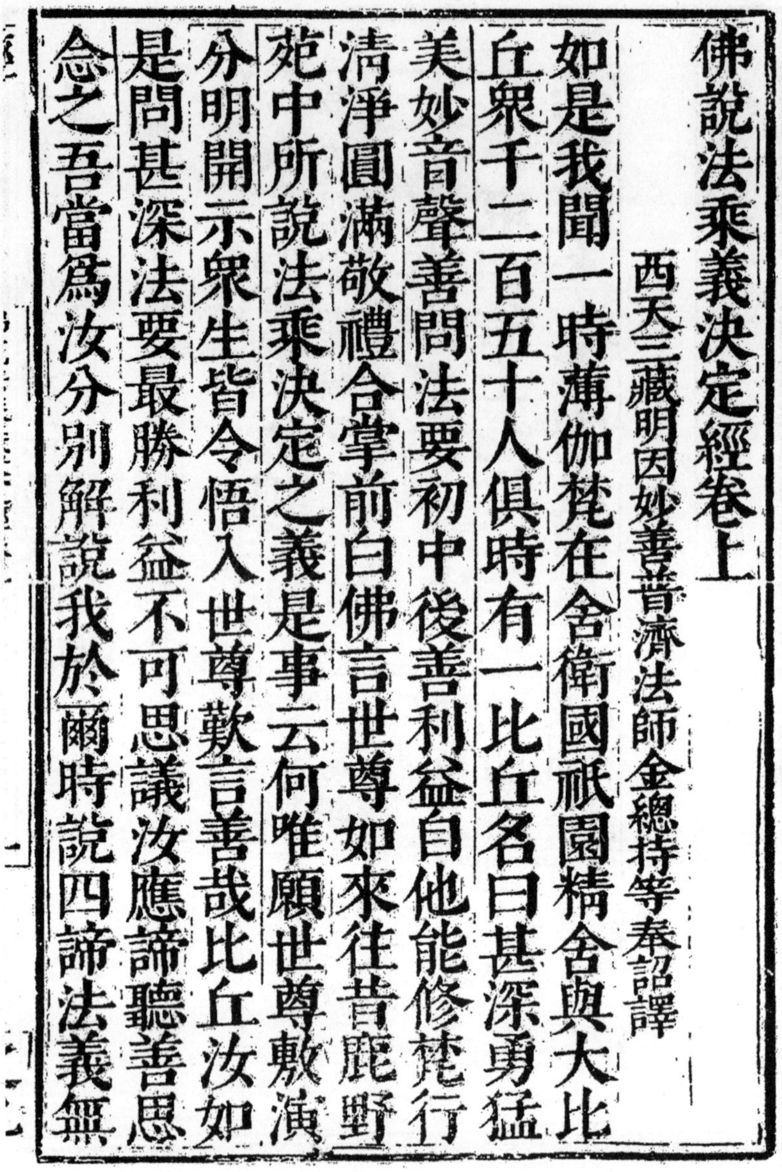
佛說法乘義決定經卷上
西天三藏明因妙善普濟法師金總持等奉詔譯
如是我聞一時薄伽梵在舍衛國祇園精舍與大比
丘衆千二百五十人俱時有一比丘名曰甚深勇猛
美妙音聲善問法要初中後善利益自他能修梵行
清淨圓滿敬禮合掌前白佛言世尊如來往昔鹿野
苑中所說法乘決定之義是事云何唯願世尊敷演
分明開示衆生皆令悟入世尊歎言善哉比丘汝如
是問甚深法要最勝利益不可思議汝應諦聽善思
念之吾當爲汝分別解說我於爾時說四諦法義無

085 《佛說法乘義決定經》三卷

(宋) 釋金總持等譯　明崇禎壬午（十五年，1642）泰和楊仁愿刻本

版框高 22.5 厘米，寬 15.4 厘米。半葉十行，行二十字，四周雙邊。

民族 078-002-00004；臺灣 307 頁 · 961；故宮 78 · 1013

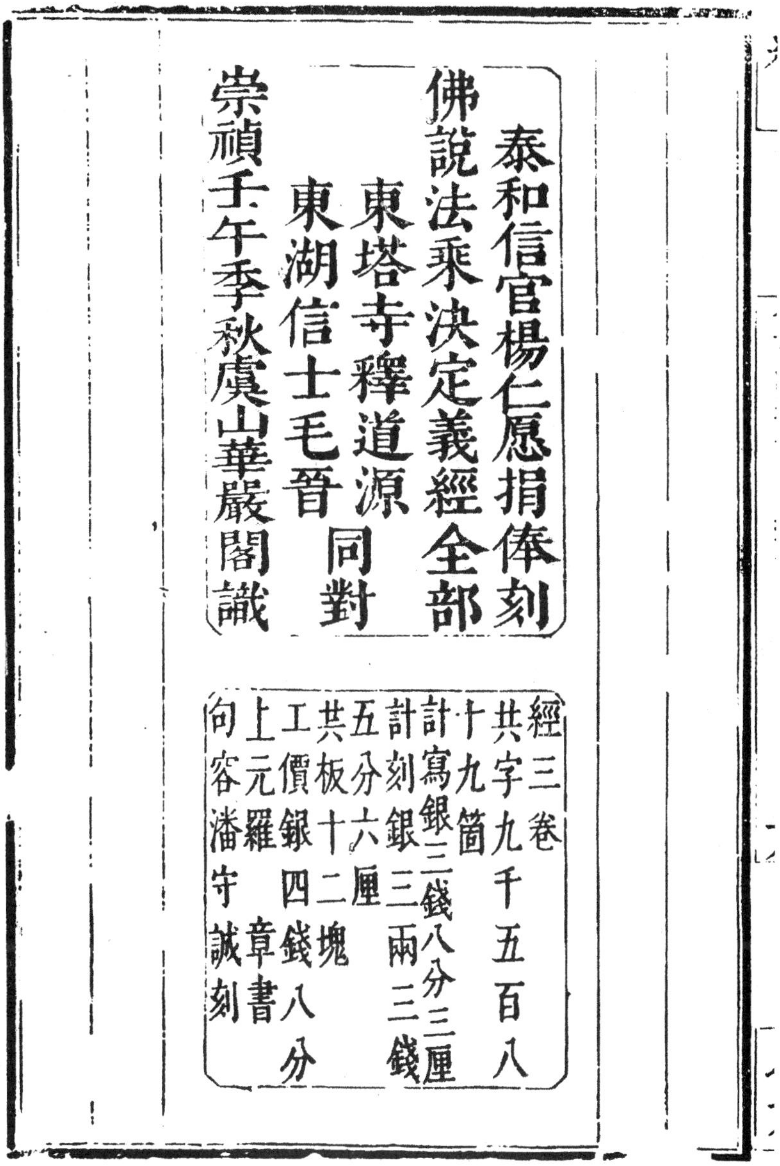
泰和信官楊仁愿捐俸刻
佛說法乘決定義經全部
東塔寺釋道源
東湖信士毛晉 同對
崇禎壬午季秋虞山華嚴閣識

經三卷
共字九千五百八
十九箇
計寫銀三錢八分三厘
計刻銀三兩三錢
五分六厘
共板十二塊
工價銀四錢八分
上元羅章書
句容潘守誠刻

牌記云："泰和信官楊仁愿捐俸刻《佛說法乘決定義經》全部，東塔寺釋道源、東湖信士毛晉同對，崇禎壬午季秋虞山華嚴閣識。經三卷，共字九千五百八十九箇，計寫銀三錢八分三厘，計刻銀三兩三錢五分六厘，共板十二塊，工價銀四錢八分，上元羅章書，句容潘守誠刻。"之九。

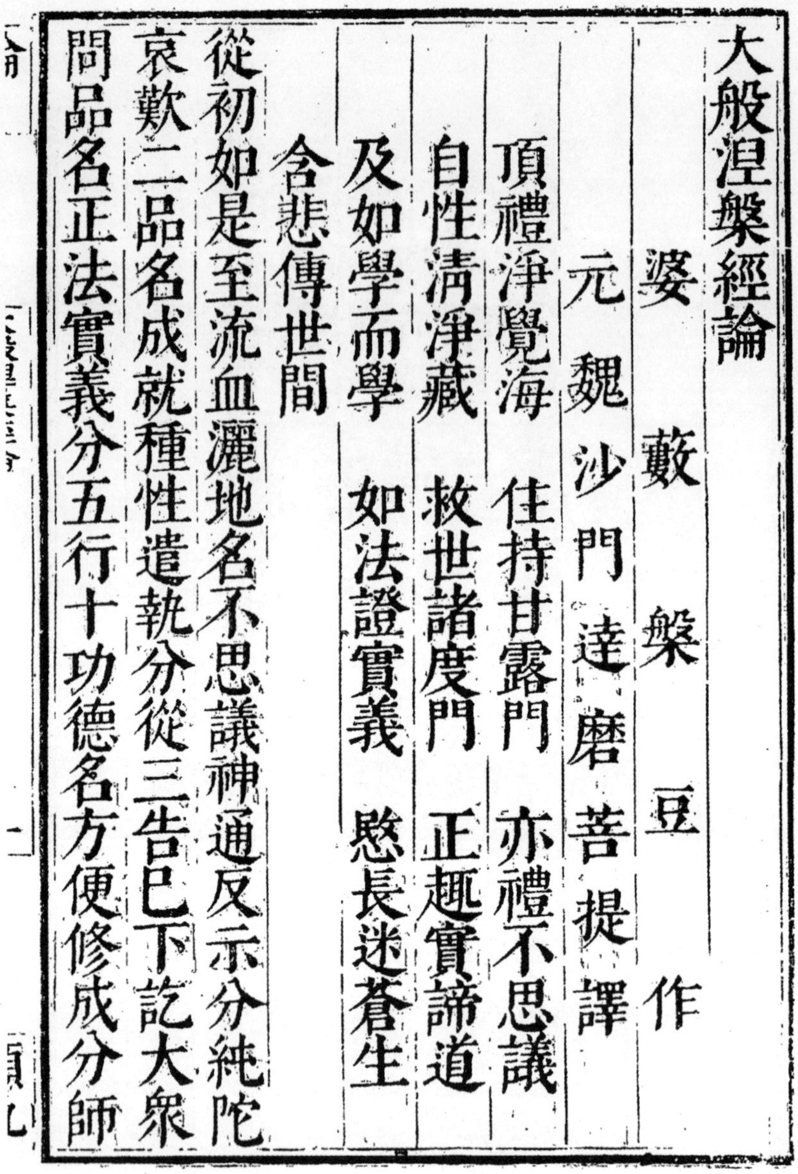
大般涅槃經論
婆藪槃豆作
元魏沙門達磨菩提譯
頂禮淨覺海　住持甘露門　亦禮不思議
自性清淨藏　救世諸度門　正趣實諦道
及如學而學　如法證實義　愍長迷蒼生
含悲傳世間
從初如是至流血灑地名不思議神通反示分純陀
哀歎二品名成就種性遣執分從三告已下訖大衆
問品名正法實義分五行十功德名方便修成分師

086 《大般涅槃經論》一卷

(北魏) 釋達磨菩提譯　明崇禎壬午（十五年，1642）常熟毛鳳苞刻本

版框高 22.6 厘米，寬 15.4 厘米。半葉十行，行二十字，四周雙邊。

民族 111-006-00002；臺灣 371 頁 · 1149；故宮 111 · 1204

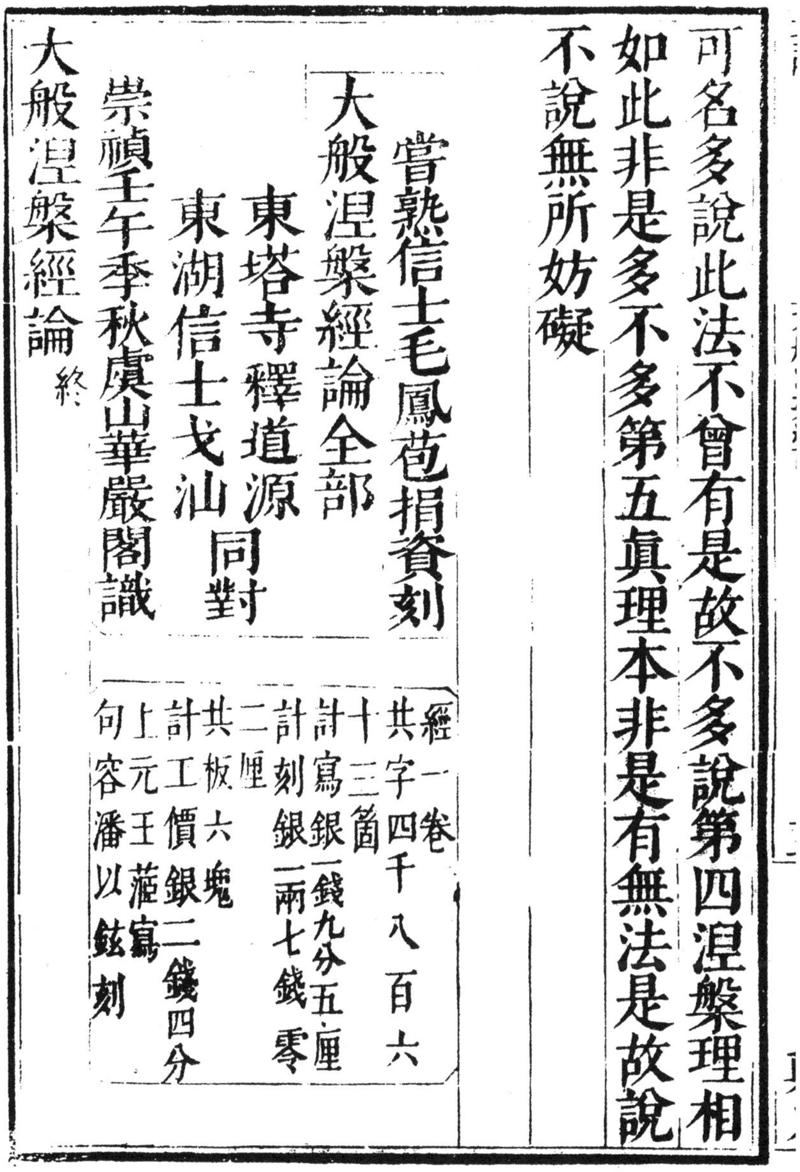
可名多說此法不曾有是故不多說第四涅槃理相
如此非是多不多第五真理本非是有無法是故說
不說無所妨礙

嘗熟信士毛鳳苞捐貲刻
大般涅槃經論全部
東塔寺釋道源
東湖信士戈汕 同對
崇禎壬午季秋虞山華嚴閣識

大般涅槃經論 終

經一卷
共字四千八百六
十三箇
計寫銀一錢九分五厘
計刻銀一兩七錢零
二厘
共板六塊
計工價銀二錢四分
上元王蓓寫
句容潘以鉉刻

牌記云："嘗熟信士毛鳳苞捐資刻《大般涅槃經論》全部，東塔寺釋道源、東湖信士戈汕同對，崇禎壬午季秋虞山華嚴閣識。經一卷，共字四千八百六十三箇，計寫銀一錢九分五厘，計刻銀一兩七錢零二厘，共板六塊，計工價銀二錢四分，上元王蓓寫，句容潘以鉉刻。"顛九。

佛說海龍王經卷第一

西晉三藏法師竺法護譯

行品第一

聞如是一時佛遊王舍城靈鷲山與大比丘衆俱比丘八千菩薩萬二千一切大聖十方來會衆德具足得諸總持無所不博辯才至眞決一切疑入大神通分剖慧義諸度無極濟於彼岸究暢開士定意正受諸佛咨嗟普遊殊域神足飛行降伏衆魔分別諸法知如本諦覩見一切衆生之原積累道品於世八法而無所著以大慈哀嚴身口意被無極鎧過大精進

087 《佛說海龍王經》四卷

（西晉）釋竺法護譯　明崇禎壬午（十五年，1642）泰和蕭士瑋刻本

版框高 22.5 厘米，寬 15.4 厘米。半葉十行，行二十字，四周雙邊。

民族 056-003-00001；臺灣 143 頁 · 454；故宮 56 函

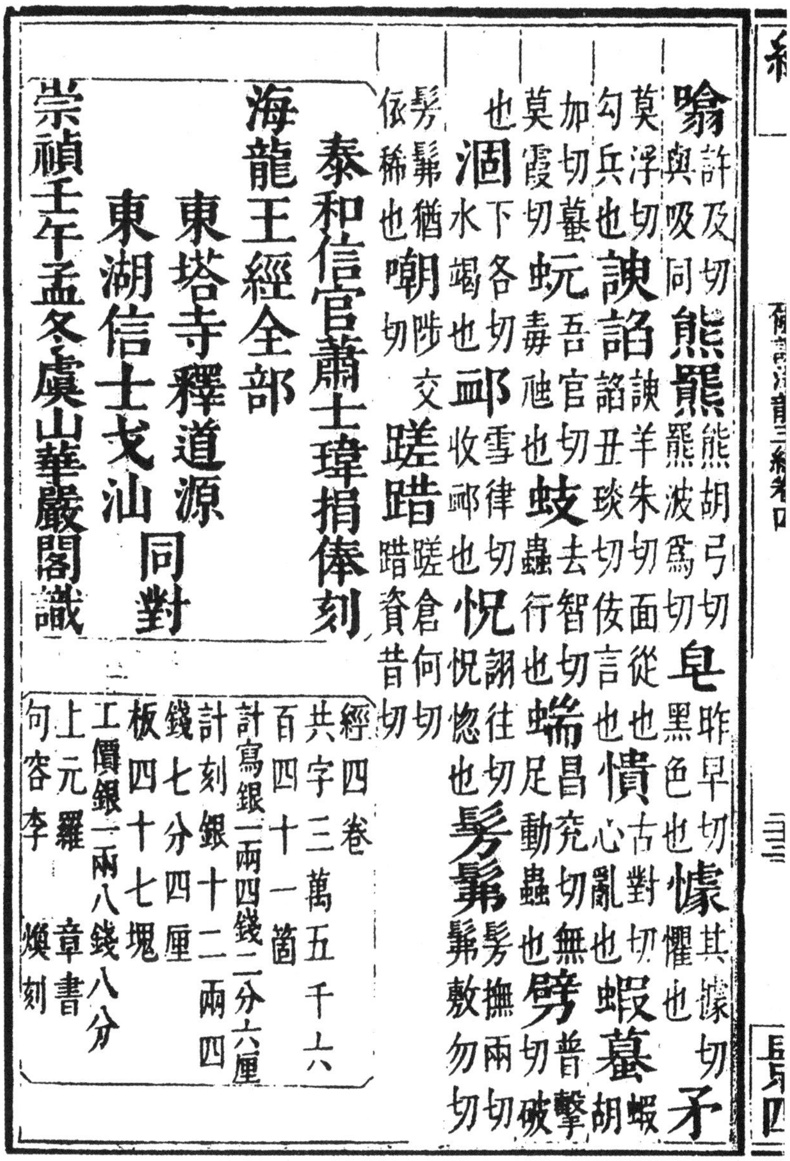

噏許及切與吸同熊羆熊胡弓切羆波爲切皂昨早切黑色也懅其據切懼也孑莫浮切勾兵也詇諂詇羊朱切面從也諂丑琰切佞言也憒古對切心亂也蝦蟇蝦胡加切蟇莫霞切蚖吾官切毒虺也蚑去智切蟲行也蝩昌充切無足動蟲也劈普擊切破也涸下各切水竭也卹雪律切收卹也怳詡往切怳惚也髣髴髣撫兩切髴敷勿切髣髴猶依稀也嘲陟交切蹉踖蹉倉何切踖資昔切

泰和信官蕭士瑋捐俸刻

海龍王經全部

東塔寺釋道源

東湖信士戈汕　同對

崇禎壬午孟冬虞山華嚴閣識

經四卷

共字三萬五千六百四十一箇

計寫銀一兩四錢二分六厘

計刻銀十二兩四錢七分四厘

板四十七塊

工價銀一兩八錢八分

上元羅章書

句容李煥刻

牌記云:“泰和信官蕭士瑋捐俸刻《海龍王經》全部，東塔寺釋道源、東湖信士戈汕同對，崇禎壬午孟冬虞山華嚴閣識。經四卷，共字三萬五千六百四十一箇，計寫銀一兩四錢二分六厘，計刻銀十二兩四錢七分四厘，板四十七塊，工價銀一兩八錢八分，上元羅章書，句容李煥刻。”按：故宫資料無兹書目録序號。景一至四。

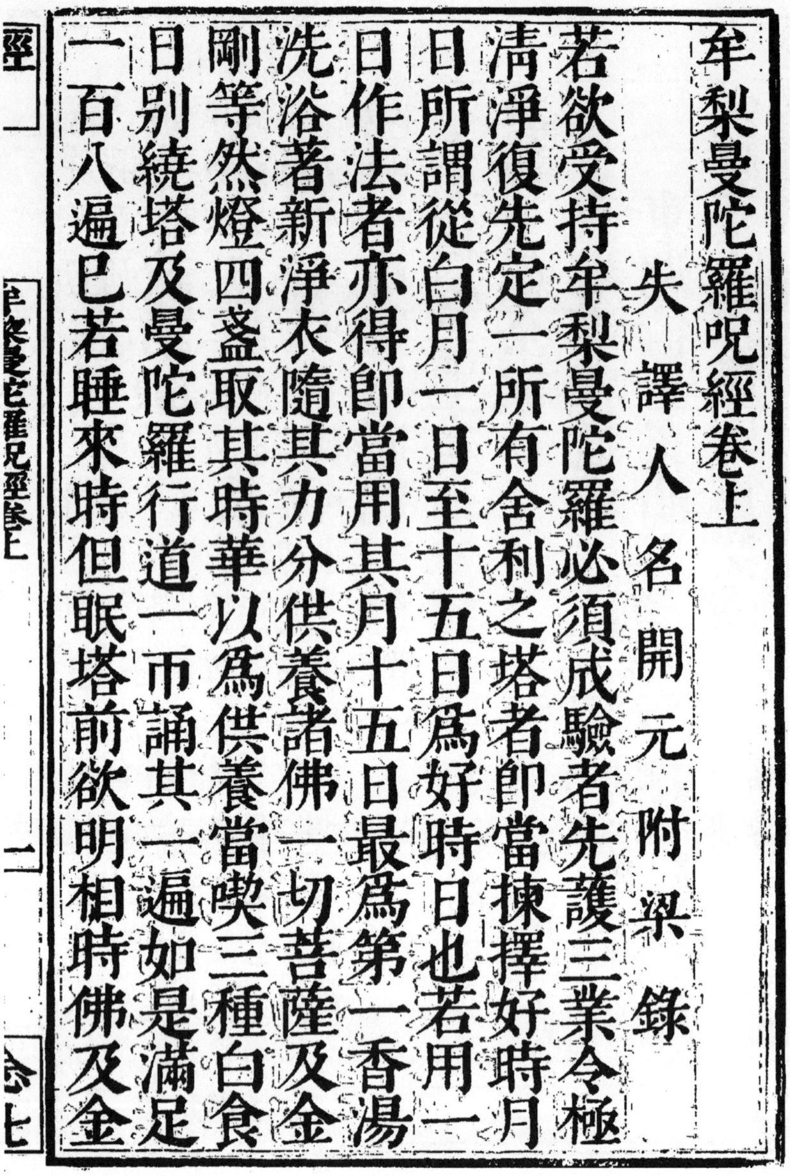
牟梨曼陀羅呪經卷上
失譯人名開元附梁錄
若欲受持牟梨曼陀羅必須成驗者先護三業令極清淨復先定一所有舍利之塔者卽當揀擇好時月日所謂從白月一日至十五日爲好時日也若用一日作法者亦得卽當用其月十五日最爲第一香湯洗浴著新淨衣隨其力分供養諸佛一切菩薩及金剛等然燈四盞取其時華以爲供養當喫三種白食日別繞塔及曼陀羅行道一帀誦其一遍如是滿足一百八遍已若睡來時但眠塔前欲明相時佛及金
經　牟梨曼陀羅呪經卷上　二　念七

088 《牟梨曼陀羅呪經》二卷

不著譯人　明崇禎壬午（十五年，1642）泰和蕭士瑋刻本

版框高 23.1 厘米，寬 15.6 厘米。半葉十行，行二十字，四周雙邊。

民族 057-008-00001；臺灣 165 頁 · 534；故宫 57 · 540

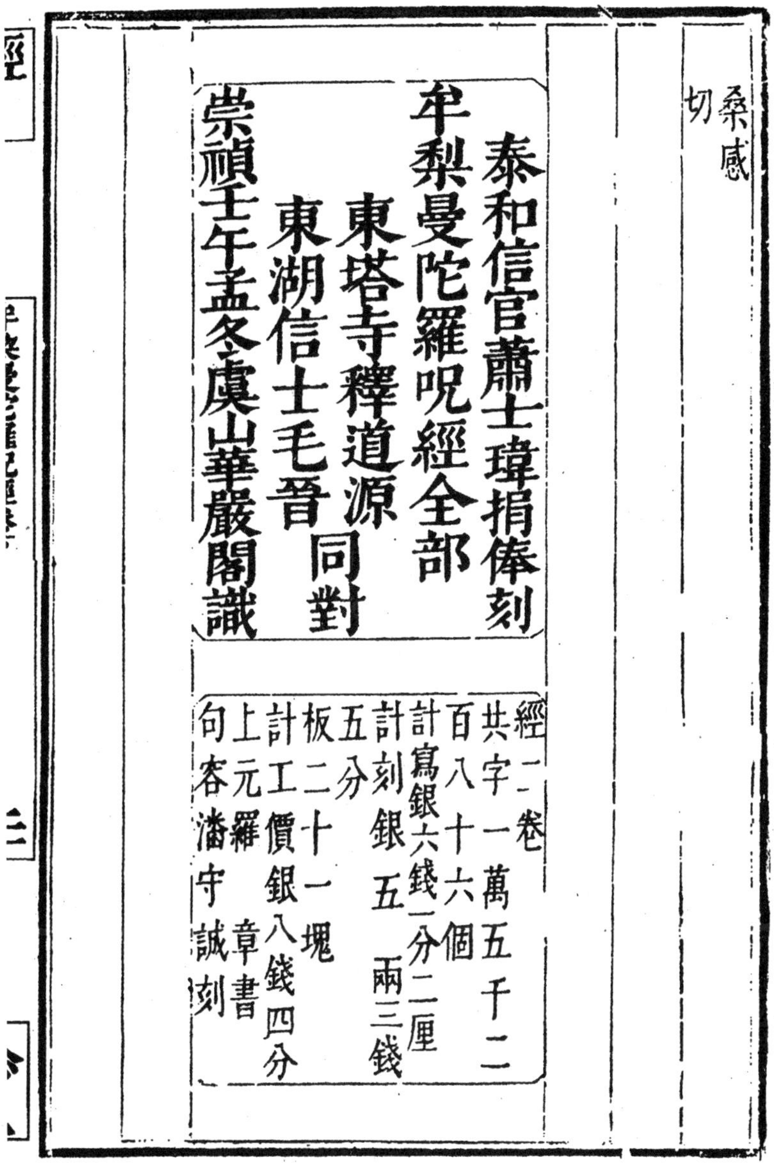
桑感
切
泰和信官蕭士瑋捐俸刻
牟梨曼陀羅呪經全部
東塔寺釋道源
東湖信士毛晉同對
崇禎壬午孟冬虞山華嚴閣識
經二卷
共字一萬五千二
百八十六個
計寫銀六錢一分二厘
計刻銀五兩三錢
五分
板二十一塊
計工價銀八錢四分
上元羅章書
句容潘守誠刻

牌記云："泰和信官蕭士瑋捐俸刻《牟梨曼陀羅呪經》全部，東塔寺釋道源、東湖信士毛晉同對，崇禎壬午孟冬虞山華嚴閣識。經二卷，共字一萬五千二百八十六個，計寫銀六錢一分二厘，計刻銀五兩三錢五分，板二十一塊，計工價銀八錢四分，上元羅章書，句容潘守誠刻。"念七至八。

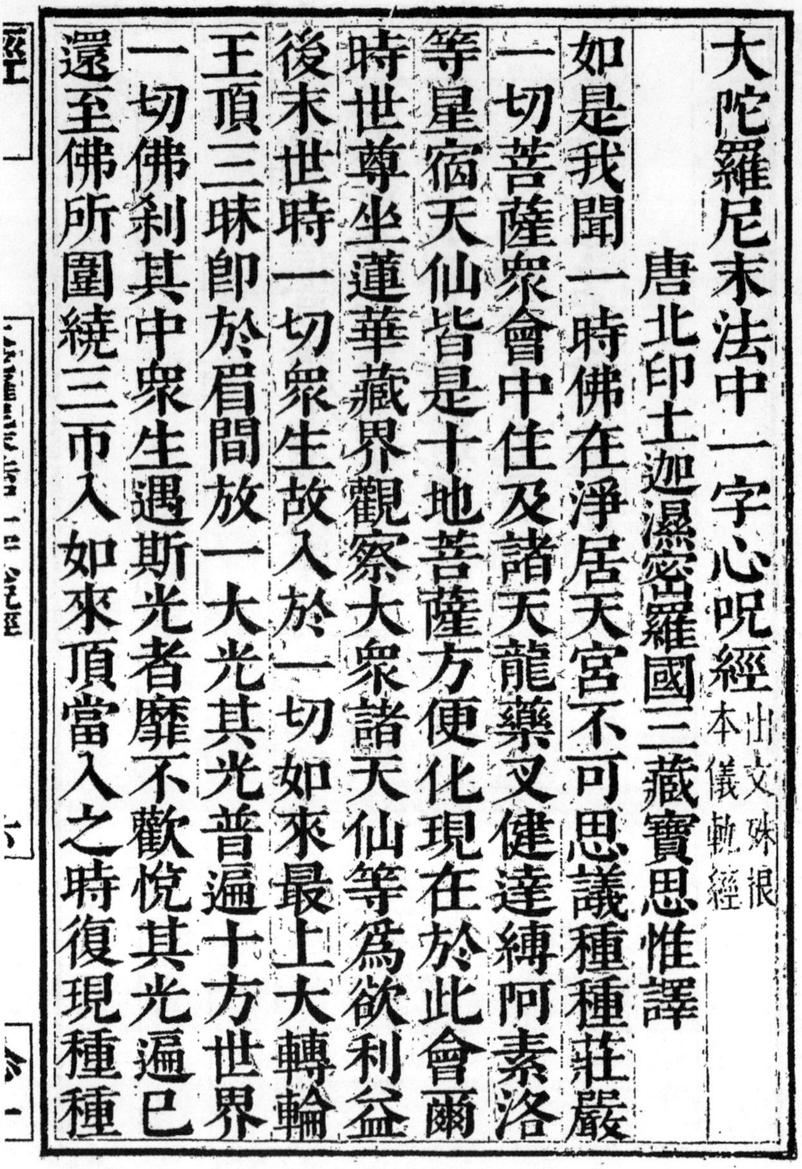

大陀羅尼末法中一字心呪經出文殊根本儀軌經
唐北印土迦濕蜜羅國三藏寶思惟譯
如是我聞一時佛在淨居天宮不可思議種種莊嚴
一切菩薩衆會中住及諸天龍藥叉健達縛阿素洛
等星宿天仙皆是十地菩薩方便化現在於此會爾
時世尊坐蓮華藏界觀察大衆諸天仙等爲欲利益
後末世時一切衆生故入於一切如來最上大轉輪
王頂三昧即於眉間放一大光其光普遍十方世界
一切佛刹其中衆生遇斯光者靡不歡悅其光遍已
還至佛所圍繞三帀入如來頂當入之時復現種種

089 《大陀羅尼末法中一字心呪經》一卷

（唐）釋寶思惟譯　明崇禎壬午（十五年，1642）泰和楊仁愿刻本

版框高 22.9 厘米，寬 14.9 厘米。半葉十行，行二十字，四周雙邊。

民族 057-008-00005

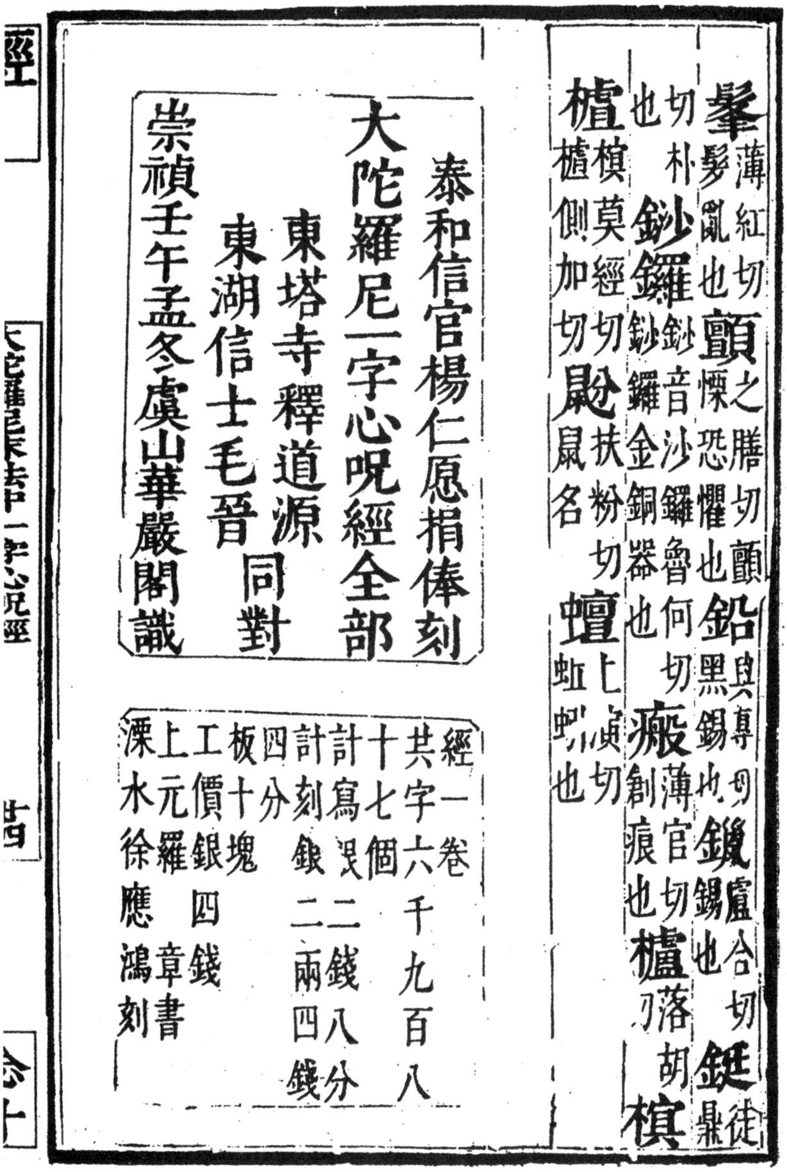

牌記云："泰和信官楊仁愿捐俸刻《大陀羅尼一字心呪經》全部，東塔寺釋道源、東湖信士毛晉同對，崇禎壬午孟冬虞山華嚴閣識。經一卷，共字六千九百八十七個，計寫銀二錢八分，計刻銀二兩四錢四分，板十塊，工價銀四錢，上元羅章書，溧水徐應鴻刻。"按：臺灣、故宫本牌記與民族本不同，詳見156條。念十。

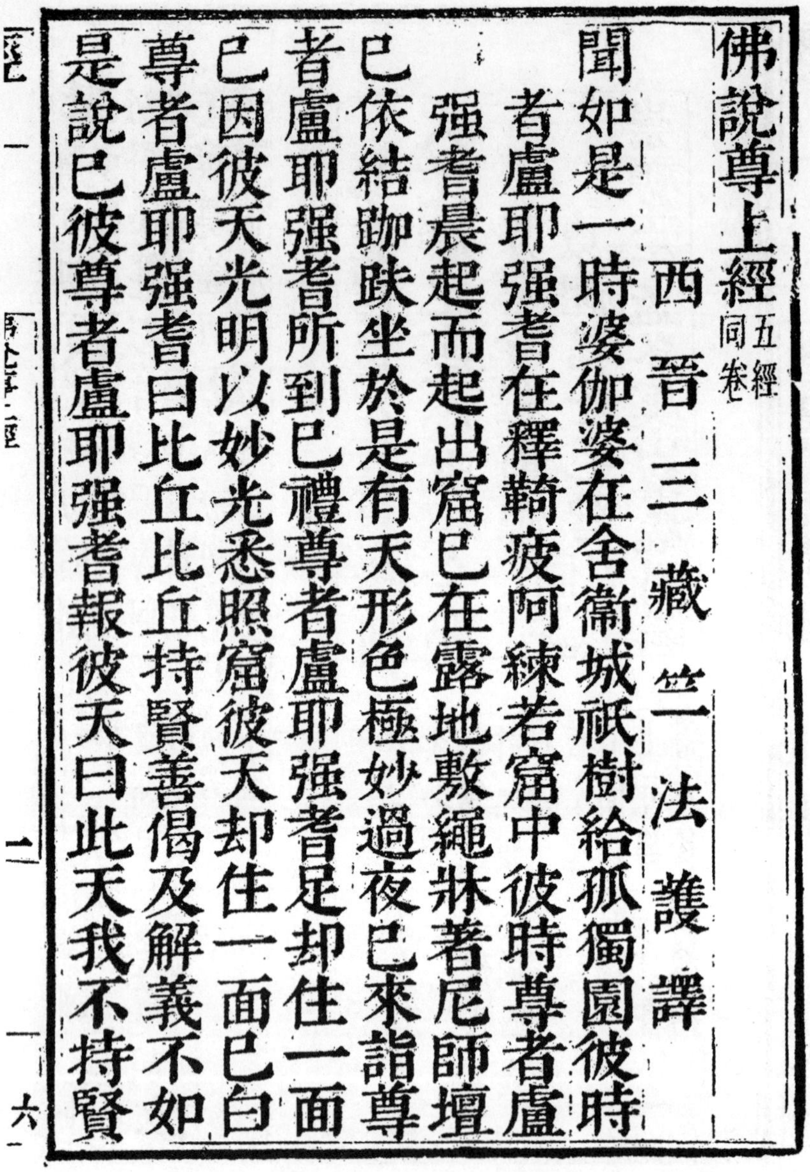

佛說尊上經 五經同卷

西晉三藏竺法護譯

聞如是一時婆伽婆在舍衛城祇樹給孤獨園彼時尊者盧耶强耆在釋鞫瘦阿練若窟中彼時尊者盧耶强耆晨起而起出窟已在露地敷繩牀著尼師壇已依結跏趺坐於是有天形色極妙過夜已來詣尊者盧耶强耆所到已禮尊者盧耶强耆足却住一面已因彼天光明以妙光悉照窟彼天却住一面已白尊者盧耶强耆曰比丘比丘持賢善偈及解義不如是說已彼尊者盧耶强耆報彼天曰此天我不持賢

090 《佛說尊上經》一卷

（西晉）釋竺法護譯　明崇禎壬午（十五年，1642）常熟毛鳳苞刻本

版框高 22.7 厘米，寬 15.5 厘米。半葉十行，行二十字，四周雙邊。

民族 065-006-00001；臺灣 188 頁 · 606；故宮 65 · 609

思惟念此强者或比丘現在色不有樂不有著不有
住痛想行識不有樂不有著不有住痛比丘現在法
不思惟念佛如是說尊者盧耶强者聞世尊所說歡
喜而樂

佛說尊上經

嘗熟信士毛鳳苞捐資刻
佛說尊上經全部
東塔寺釋道源
東湖信士戈汕　同對
崇禎壬午孟冬虞山華嚴閣識

經一卷
共字一千五百五
十一箇
計寫銀六分二厘
計刻銀五錢四分
二厘
共板二塊
計工價銀八分
江寧黃銘書
句容潘守誠刻

牌記云："嘗熟信士毛鳳苞捐資刻《佛說尊上經》全部，東塔寺釋道源、東湖信士戈汕同對，崇禎壬午孟冬虞山華嚴閣識。經一卷，共字一千五百五十一箇，計寫銀六分二厘，計刻銀五錢四分二厘，共板二塊，計工價銀八分，江寧黃銘書，句容潘守誠刻。"善六。

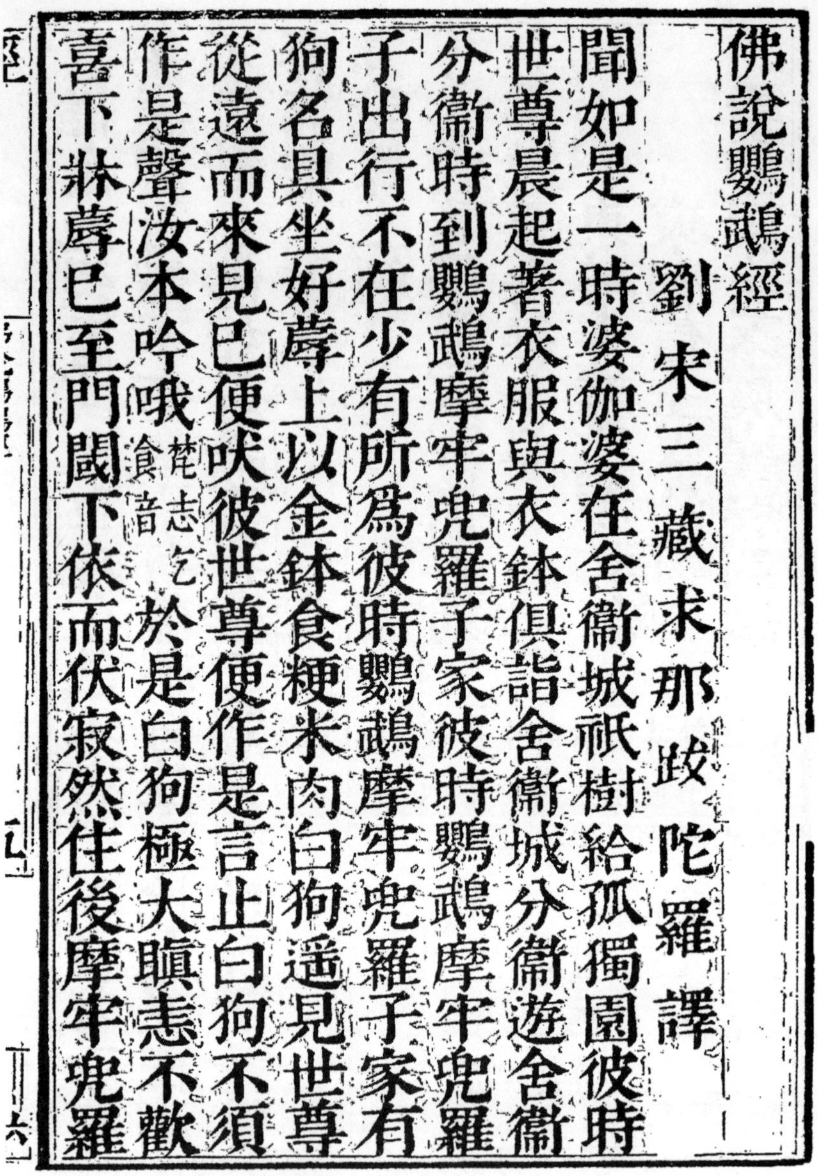

佛說鸚鵡經

劉宋三藏求那跋陀羅譯

聞如是一時婆伽婆在舍衛城祇樹給孤獨園彼時世尊晨起著衣服與衣鉢俱詣舍衛城分衛遊舍衛分衛時到鸚鵡摩牢兜羅子家彼時鸚鵡摩牢兜羅子出行不在少有所爲彼時鸚鵡摩牢兜羅子家有狗名具坐好蓐上以金鉢食粳米肉白狗遥見世尊從遠而來見已便吠彼世尊便作是言止白狗不須作是聲汝本吟哦（梵志乞食音）於是白狗極大瞋恚不歡喜下牀蓐已至門閾下依而伏寂然住後摩牢兜羅

091 《佛說鸚鵡經》一卷

（南朝宋）釋求那跋陀羅譯　明崇禎壬午（十五年，1642）泰和蕭士瑋刻本

版框高 22.5 厘米，寬 15.5 厘米。半葉十行，行二十字，四周雙邊。

民族 065-006-00002；臺灣 188 頁 · 607；故宫 65 · 610

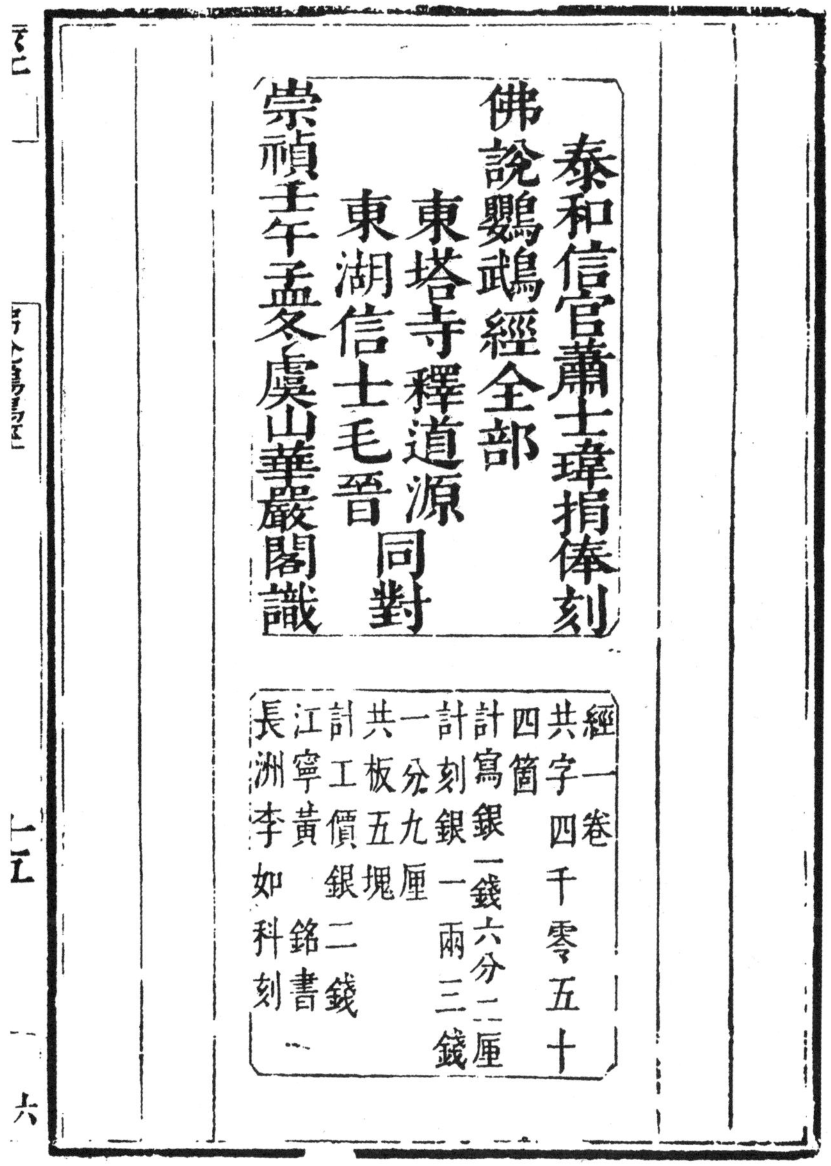

牌記云:“泰和信官蕭士瑋捐俸刻《佛說鸚鵡經》全部,東塔寺釋道源、東湖信士毛晉同對,崇禎壬午孟冬虞山華嚴閣識。經一卷,共字四千零五十四箇,計寫銀一錢六分二厘,計刻銀一兩三錢一分九厘,共板五塊,計工價銀二錢,江寧黄銘書,長洲李如科刻。”善六。

佛說兜調經

失譯人名今附西晉譯

聞如是一時佛在舍衛國國中有一婆羅門名曰兜調有子名曰谷兜調爲人急弊常喜罵詈身死還自爲其家作狗子名曰騾其子谷者愛是狗子爲著金鎖牀臥常以氍毹毾㲪食以金盤美食谷出至市佛過谷門白狗吠佛佛卽言汝平常時舉手言咆今反作狗吠不知慚愧狗便慚走持頭面揷牀下啼淚出佛去後狗不復上所臥牀便寢臥地飲之不食谷從外來見狗不食問家言狗何爲如是家言屬者有一

092 《佛說兜調經》一卷

不著譯人　明崇禎壬午（十五年，1642）泰和蕭士瑋刻本

版框高 22.9 厘米，寬 15.6 厘米。半葉十行，行二十字，四周雙邊。

民族 065-006-00003；臺灣 189 頁 · 608；故宮 65 · 611

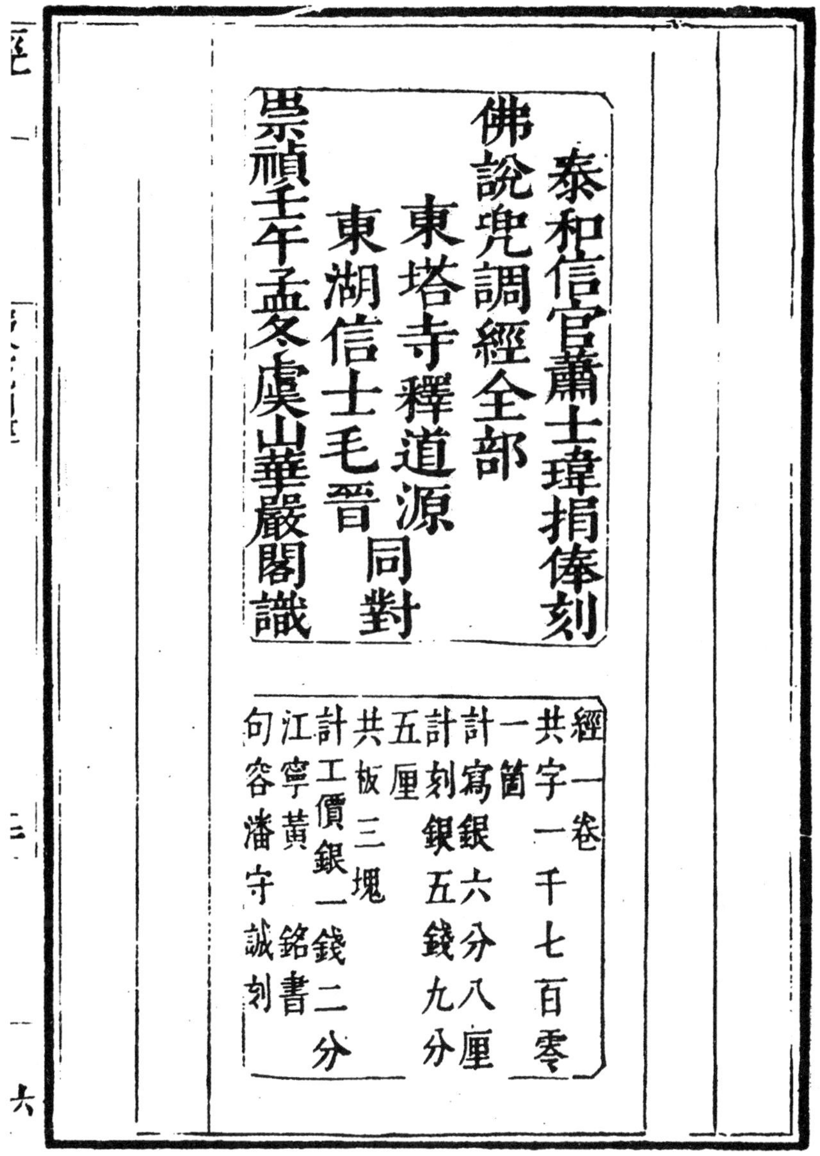
泰和信官蕭士瑋捐俸刻
佛説兜調經全部
東塔寺釋道源
東湖信士毛晋同對
崇禎壬午孟冬虞山華嚴閣識

經一卷
共字一千七百零
一箇
計寫銀六分八厘
計刻銀五錢九分
五厘
共板三塊
計工價銀一錢二分
江寧黃銘書
句容潘守誠刻

牌記云："泰和信官蕭士瑋捐俸刻《佛説兜調經》全部，東塔寺釋道源、東湖信士毛晉同對，崇禎壬午孟冬虞山華嚴閣識。經一卷，共字一千七百零一箇，計寫銀六分八厘，計刻銀五錢九分五厘，共板三塊，計工價銀一錢二分，江寧黃銘書，句容潘守誠刻。"善六。

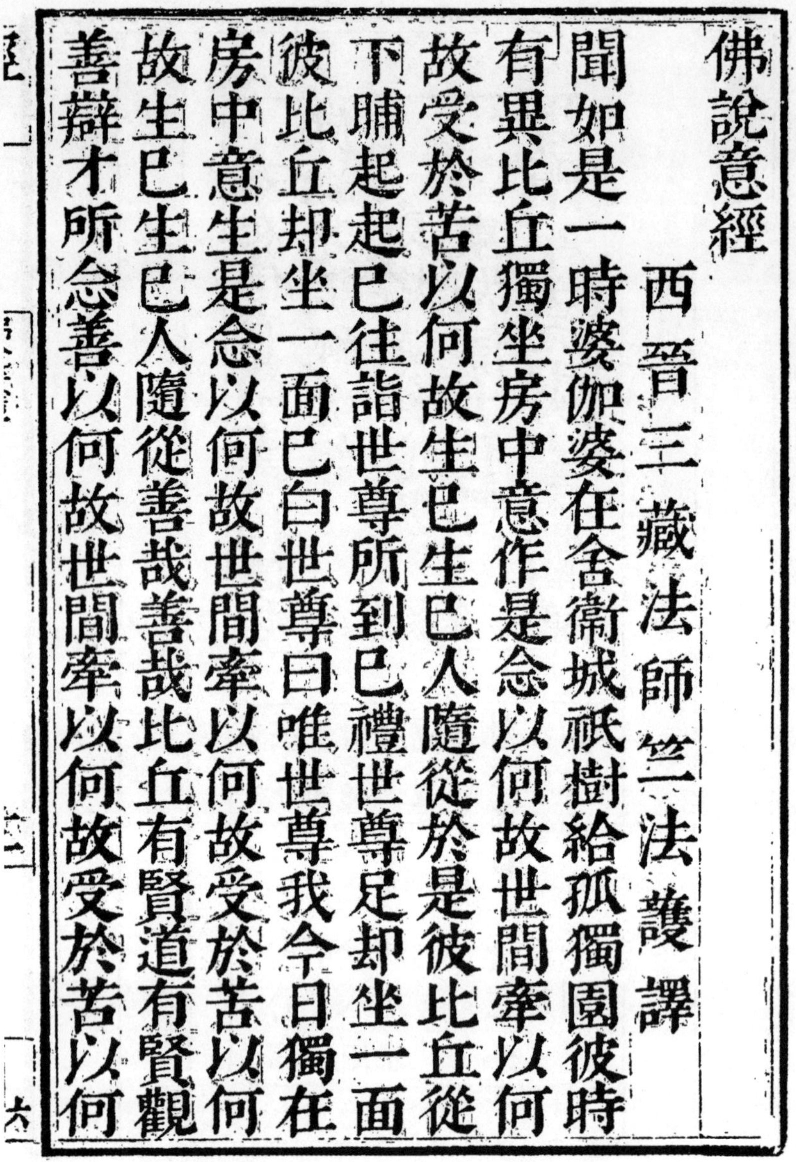
佛說意經
西晉三藏法師竺法護譯
聞如是一時婆伽婆在舍衛城祇樹給孤獨園彼時
有異比丘獨坐房中意作是念以何故世間牽以何
故受於苦以何故生已生已人隨從於是彼比丘從
下晡起起已往詣世尊所到已禮世尊足却坐一面
彼比丘却坐一面已白世尊曰唯世尊我今日獨在
房中意生是念以何故世間牽以何故受於苦以何
故生已生已人隨從善哉善哉比丘有賢道有賢觀
善辯才所念善以何故世間牽以何故受於苦以何

093 《佛說意經》一卷

(西晉) 釋竺法護譯　明崇禎壬午（十五年，1642）泰和蕭士瑋刻本

版框高 23 厘米，寬 15.6 厘米。半葉十行，行二十字，四周雙邊。

民族 065-006-00004; 臺灣 189 頁 · 609; 故宫 65 · 612

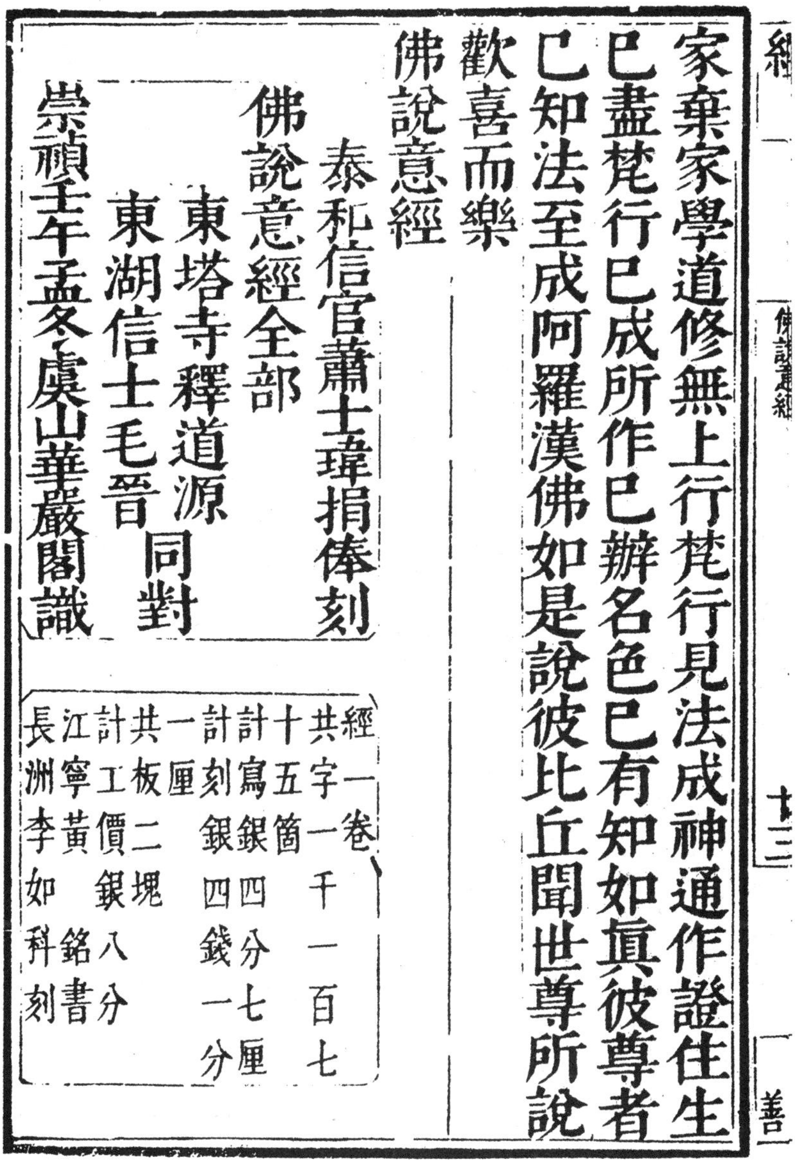

家棄家學道修無上行梵行見法成神通作證住生
已盡梵行已成所作已辦名色已有知如眞彼尊者
已知法至成阿羅漢佛如是說彼比丘聞世尊所說
歡喜而樂
佛說意經

泰和信官蕭士瑋捐俸刻
佛說意經全部
東塔寺釋道源
東湖信士毛晉　同對
崇禎壬午孟冬虞山華嚴閣識

經一卷
共字一千一百七
十五箇
計寫銀四分七厘
計刻銀四錢一分
一厘
共板二塊
計工價銀八分
江寧黃銘書
長洲李如科刻

牌記云："泰和信官蕭士瑋捐俸刻《佛説意經》全部，東塔寺釋道源、東湖信士毛晉同對，崇禎壬午孟冬虞山華嚴閣識。經一卷，共字一千一百七十五箇，計寫銀四分七厘，計刻銀四錢一分一厘，共板二塊，計工價銀八分，江寧黃銘書，長洲李如科刻。"善六。

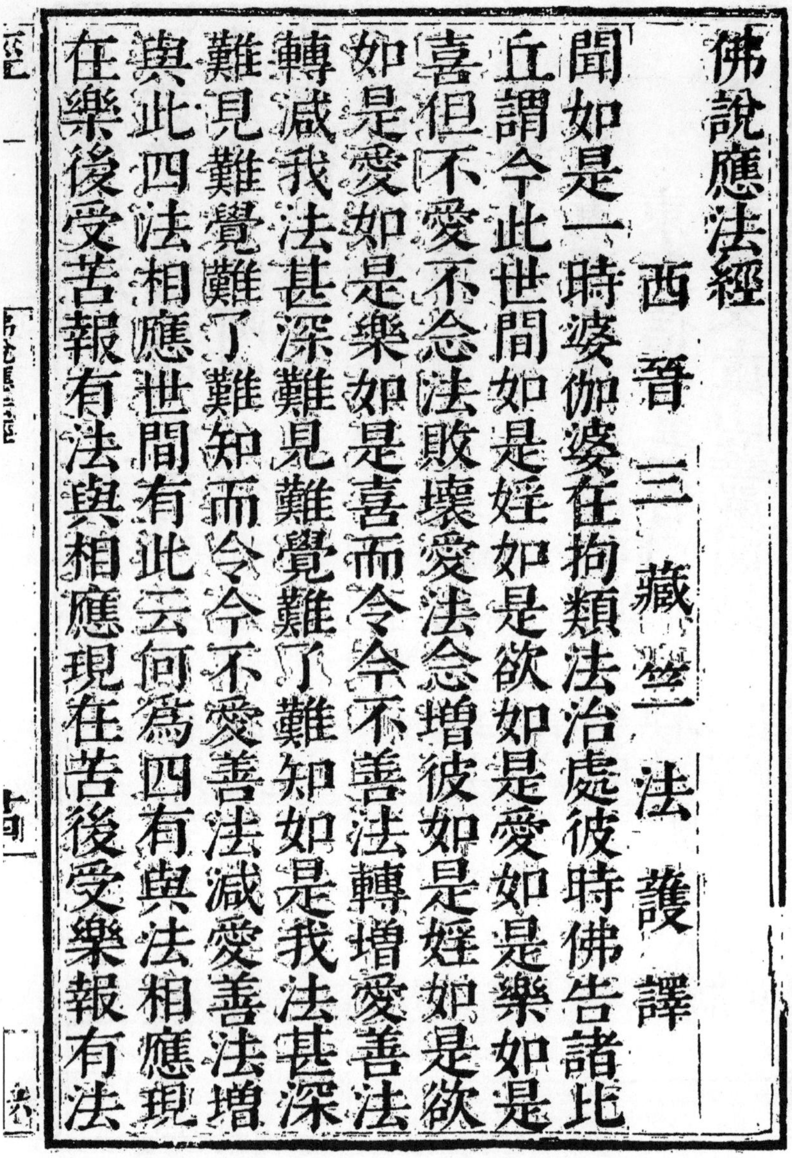

佛說應法經

西晉三藏竺法護譯

聞如是一時婆伽婆在拘類法治處彼時佛告諸比丘謂今此世間如是婬如是欲如是愛如是樂如是喜但不愛不念法敗壞愛法念增彼如是婬如是欲如是愛如是樂如是喜而令不善法轉增愛善法轉減我法甚深難見難覺難了難知如是我法甚深難見難覺難了難知而令不愛善法減愛善法增與此四法相應世間有此云何爲四有與法相應現在樂後受苦報有法與相應現在苦後受樂報有法

094 《佛說應法經》一卷

（西晉）釋竺法護譯　明崇禎壬午（十五年，1642）泰和蕭士瑋刻本

版框高 22.8 厘米，寬 15.6 厘米。半葉十行，行二十字，四周雙邊。

民族 065-006-00005；臺灣 189 頁 · 610；故宮 65 · 613

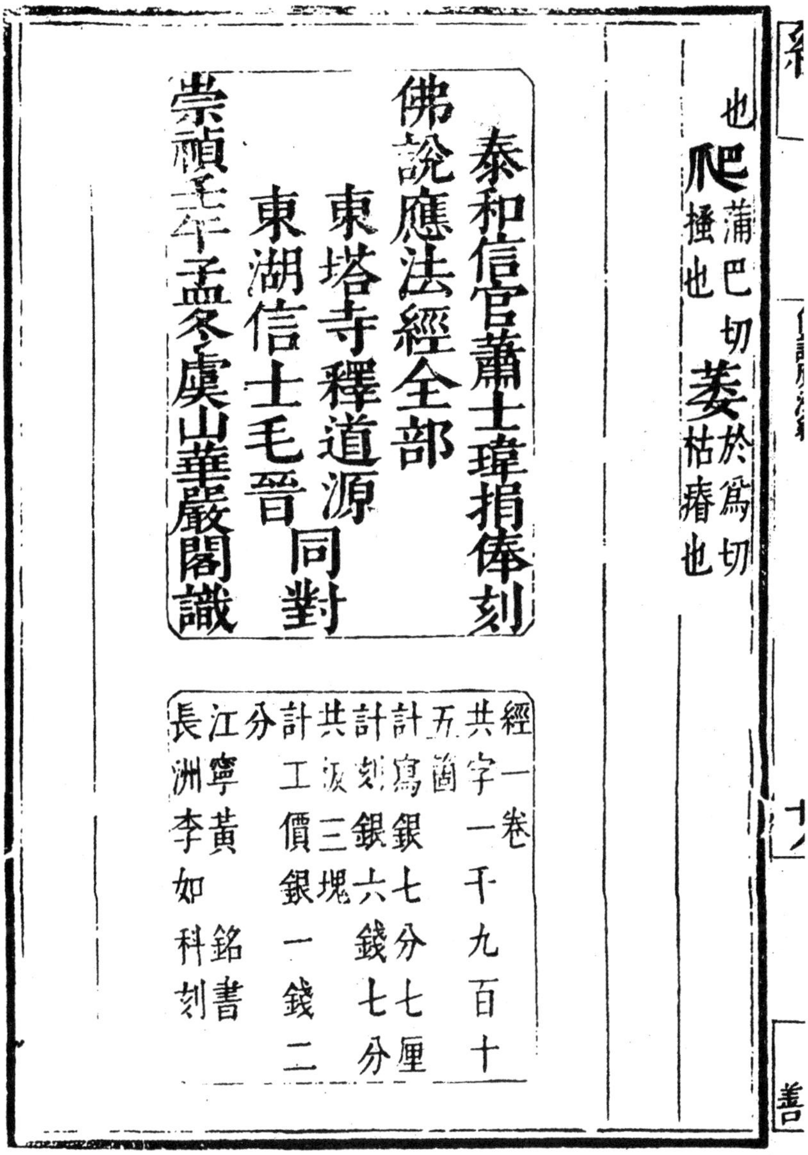
也
爬 蒲巴切 搔也 萎 於爲切 枯瘁也

泰和信官蕭士璋捐俸刻
佛說應法經全部
東塔寺釋道源
東湖信士毛晉 同對
崇禎壬午孟冬虞山華嚴閣識

經一卷
共字一千九百十
五箇
計寫銀七分七厘
計刻銀六錢七分
共板三塊
計工價銀一錢二
分
江寧黃銘書
長洲李如科刻

牌記云："泰和信官蕭士璋捐俸刻《佛説應法經》全部，東塔寺釋道源、東湖信士毛晉同對，崇禎壬午孟冬虞山華嚴閣識。經一卷，共字一千九百十五箇，計寫銀七分七厘，計刻銀六錢七分，共板三塊，計工價銀一錢二分，江寧黃銘書，長洲李如科刻。"善六。

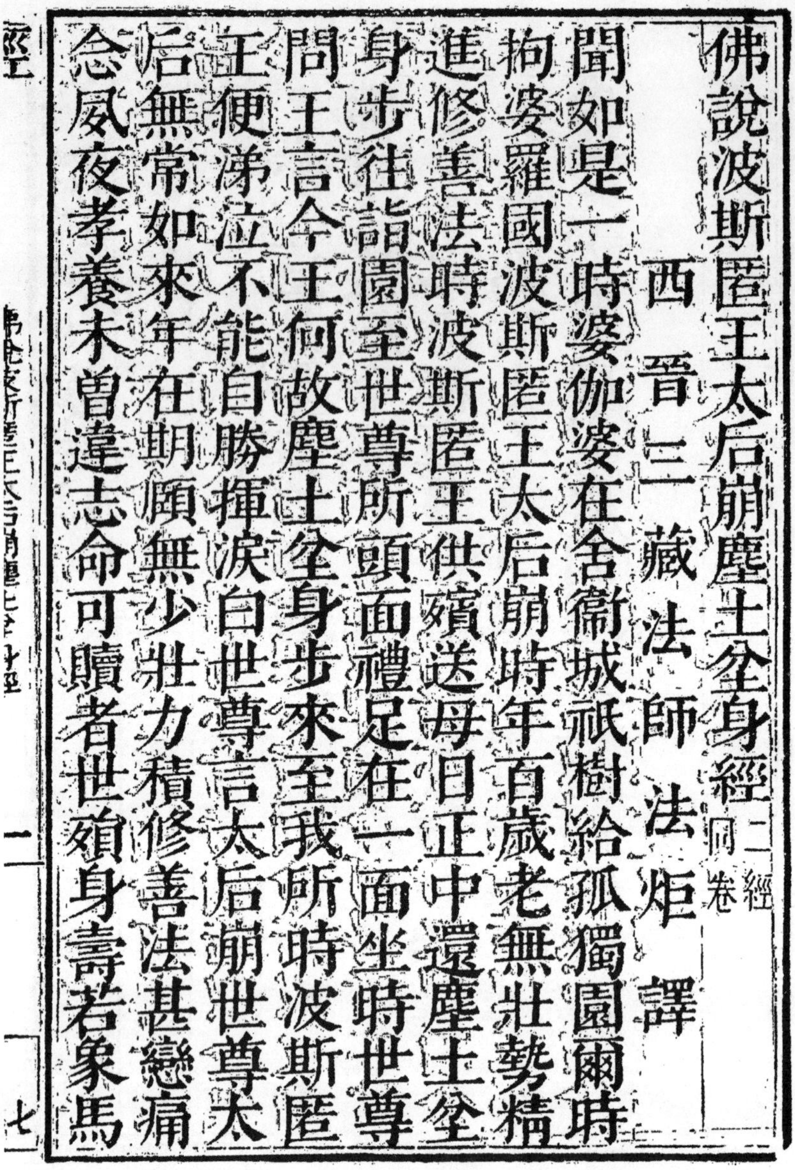

佛說波斯匿王太后崩塵土坌身經 二經同卷

西晉三藏法師法炬譯

聞如是一時婆伽婆在舍衛城祇樹給孤獨園爾時拘婆羅國波斯匿王太后崩時年百歲老無壯勢精進修善法時波斯匿王供殯送母日正中還塵土坌身步往詣園至世尊所頭面禮足在一面坐時世尊問王言今王何故塵土坌身步來至我所時波斯匿王便涕泣不能自勝揮淚白世尊言太后崩世尊太后無常如來年在期頤無少壯力積修善法甚戀痛念夙夜孝養未曾違志命可贖者世殯身壽若象馬

佛說波斯匿王太后崩塵土坌身經　二　七

095《佛說波斯匿王太后崩塵土坌身經》一卷

（西晉）釋法炬譯　明崇禎壬午（十五年，1642）泰和蕭士瑋刻本

版框高 22.8 厘米，寬 15.7 厘米。半葉十行，行二十字，四周雙邊。

民族 065-006-00006；臺灣 190 頁 · 611；故宮 65 · 614

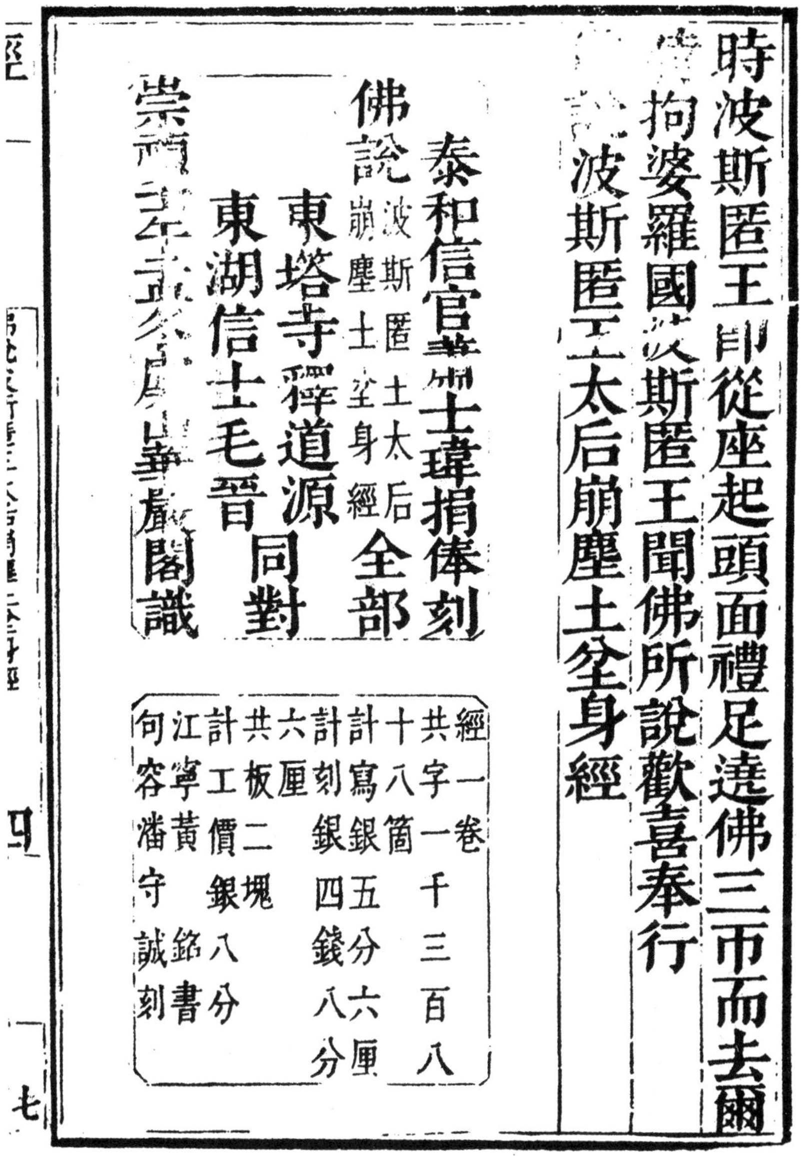
時波斯匿王即從座起頭面禮足遶佛三帀而去爾
時拘婆羅國波斯匿王聞佛所說歡喜奉行
佛說波斯匿王太后崩塵土坌身經

泰和信官蕭士璋捐俸刻
佛說波斯匿王太后崩塵土坌身經全部
東塔寺釋道源
東湖信士毛晉 同對
崇禎壬午孟冬虞山華嚴閣識

經一卷
共字一千三百八十八箇
計寫銀五分六厘
計刻銀四錢八分六厘
共板二塊
計工價銀八分
江寧黃銘書
句容潘守誠刻

牌記云："泰和信官蕭士璋捐俸刻《佛說波斯匿王太后崩塵土坌身經》全部，東塔寺釋道源、東湖信士毛晉同對，崇禎壬午孟冬虞山華嚴閣識。經一卷，共字一千三百八十八箇，計寫銀五分六厘，計刻銀四錢八分六厘，共板二塊，計工價銀八分，江寧黃銘書，句容潘守誠刻。"善七。

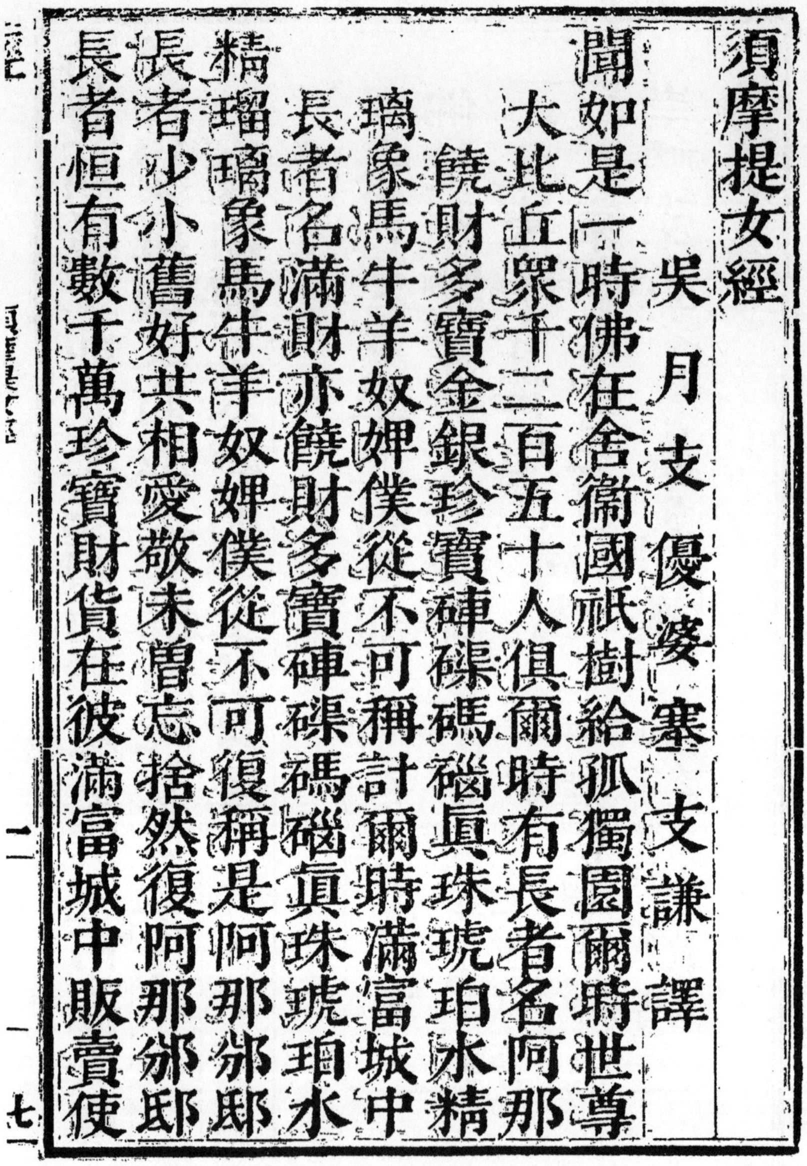
須摩提女經
吳　月　支　優　婆　塞　支　謙　譯
聞如是一時佛在舍衛國祇樹給孤獨園爾時世尊
大比丘衆千二百五十人俱爾時有長者名阿那
饒財多寶金銀珍寶硨磲碼碯眞珠琥珀水精
璃象馬牛羊奴婢僕從不可稱計爾時滿富城中
長者名滿財亦饒財多寶硨磲碼碯眞珠琥珀水
精瑠璃象馬牛羊奴婢僕從不可復稱是阿那邠邸
長者少小舊好共相愛敬未曾忘捨然復阿那邠邸
長者恒有數千萬珍寶財貨在彼滿富城中販賣使

096 《須摩提女經》一卷

（三國吳）釋支謙譯　明崇禎壬午（十五年，1642）泰和蕭士瑋刻本

版框高 22.7 厘米，寬 15.5 厘米。半葉十行，行二十字，四周雙邊。

民族 065-006-00007；臺灣 190 頁 · 612；故宮 65 · 615

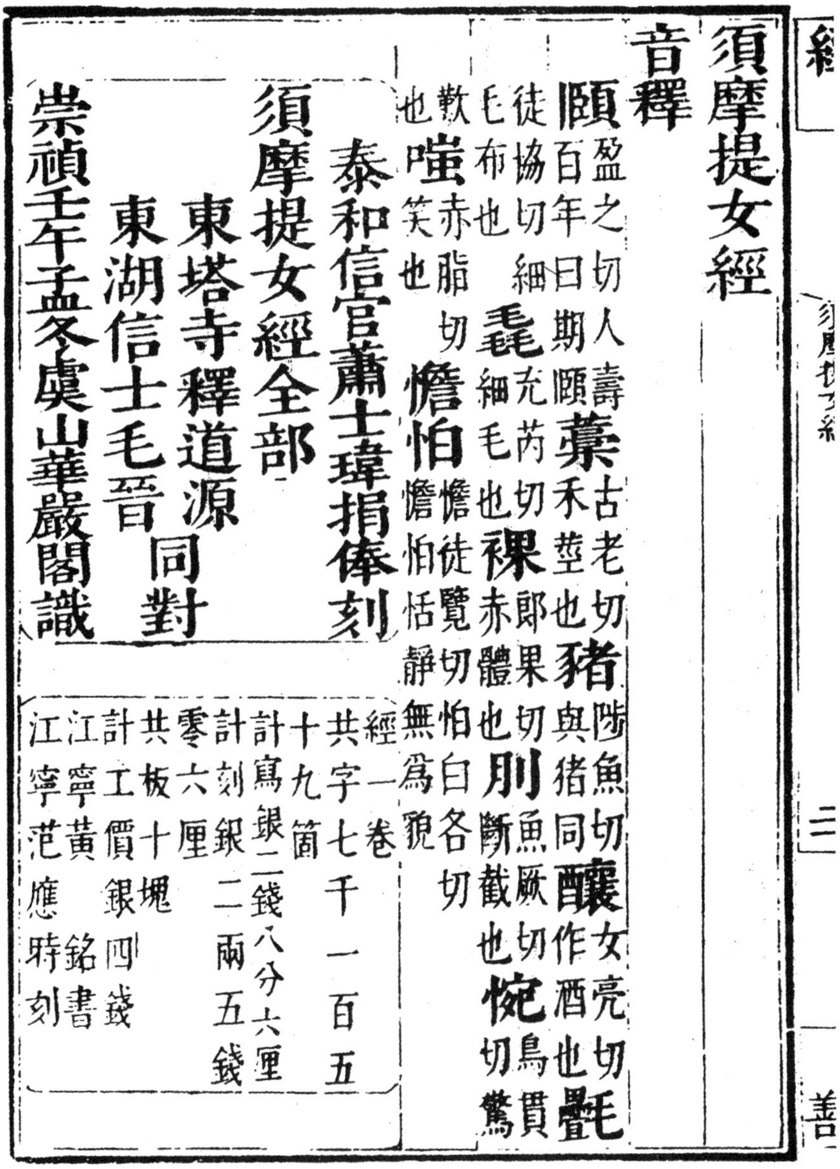
須摩提女經
音釋
頤盈之切人壽百年曰期頤 藁古老切禾莖也 豬陟魚切與猪同 釀女亮切作酒也 氎徒協切細毛布也 毳充芮切細毛也 裸郎果切赤體也 刖魚厥切斷截也 惋烏貫切驚數也 嗤赤脂切笑也 憺怕憺徒覽切怕白各切憺怕恬靜無爲貌

泰和信官蕭士瑋捐俸刻
須摩提女經全部
東塔寺釋道源
東湖信士毛晉　同對
崇禎壬午孟冬虞山華嚴閣識

經一卷
共字七千一百五
十九箇
計寫銀二錢八分六厘
計刻銀二兩五錢
零六厘
共板十塊
計工價銀四錢
江寧黃銘書
江寧范應時刻

須摩提女經　三　善

牌記云："泰和信官蕭士瑋捐俸刻《須摩提女經》全部，東塔寺釋道源、東湖信士毛晉同對，崇禎壬午孟冬虞山華嚴閣識。經一卷，共字七千一百五十九箇，計寫銀二錢八分六厘，計刻銀二兩五錢零六厘，共板十塊，計工價銀四錢，江寧黃銘書，江寧范應時刻。"善七。

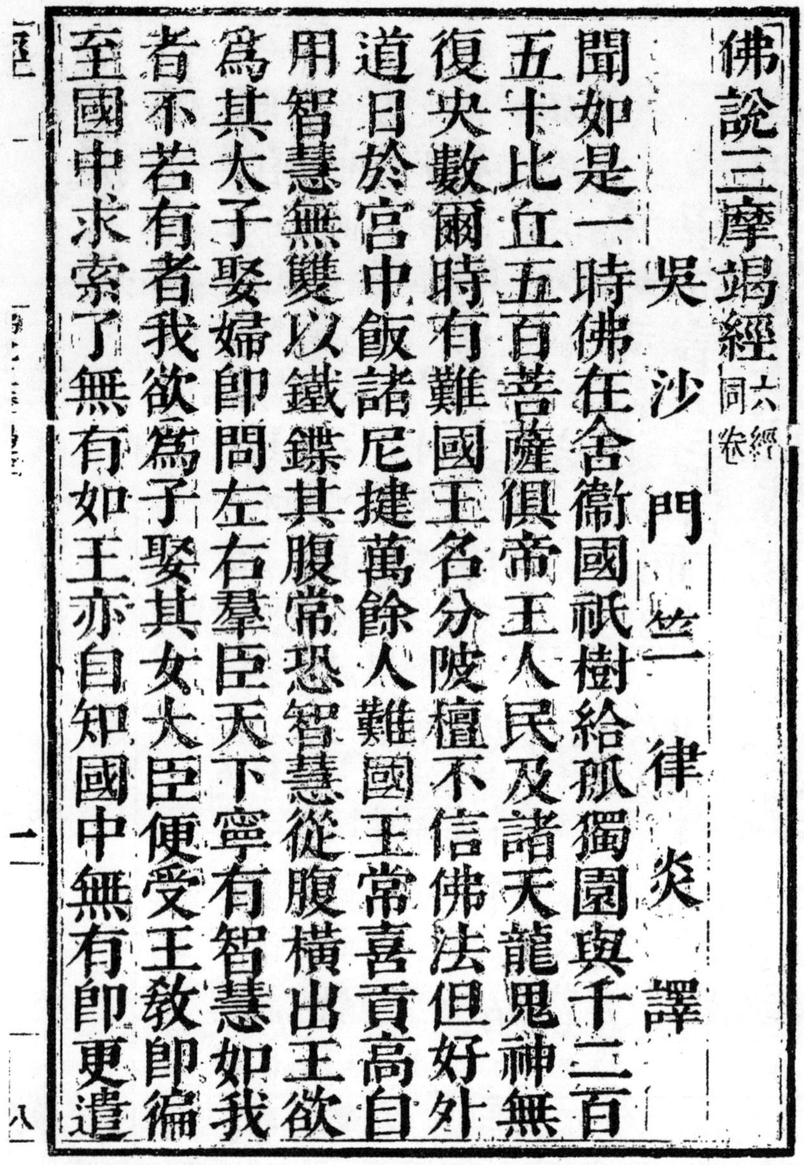
佛說三摩竭經六經同卷

吳　沙門竺律炎譯

聞如是一時佛在舍衛國祇樹給孤獨園與千二百五十比丘五百菩薩俱帝王人民及諸天龍鬼神無復央數爾時有難國王名分陂檀不信佛法但好外道日於宮中飯諸尼揵萬餘人難國王常喜貢高自用智慧無雙以鐵鍱其腹常恐智慧從腹横出王欲爲其太子娶婦卽問左右羣臣天下寧有智慧如我者不若有者我欲爲子娶其女大臣便受王教卽徧至國中求索了無有如王亦自知國中無有卽更遣

097 《佛說三摩竭經》一卷

(三國吴) 釋竺律炎譯　明崇禎壬午 (十五年, 1642) 泰和蕭士瑋刻本

版框高 22.8 厘米, 寬 15.6 厘米。半葉十行, 行二十字, 四周雙邊。

民族 065-006-00008; 臺灣 191 頁・613; 故宫 65・616

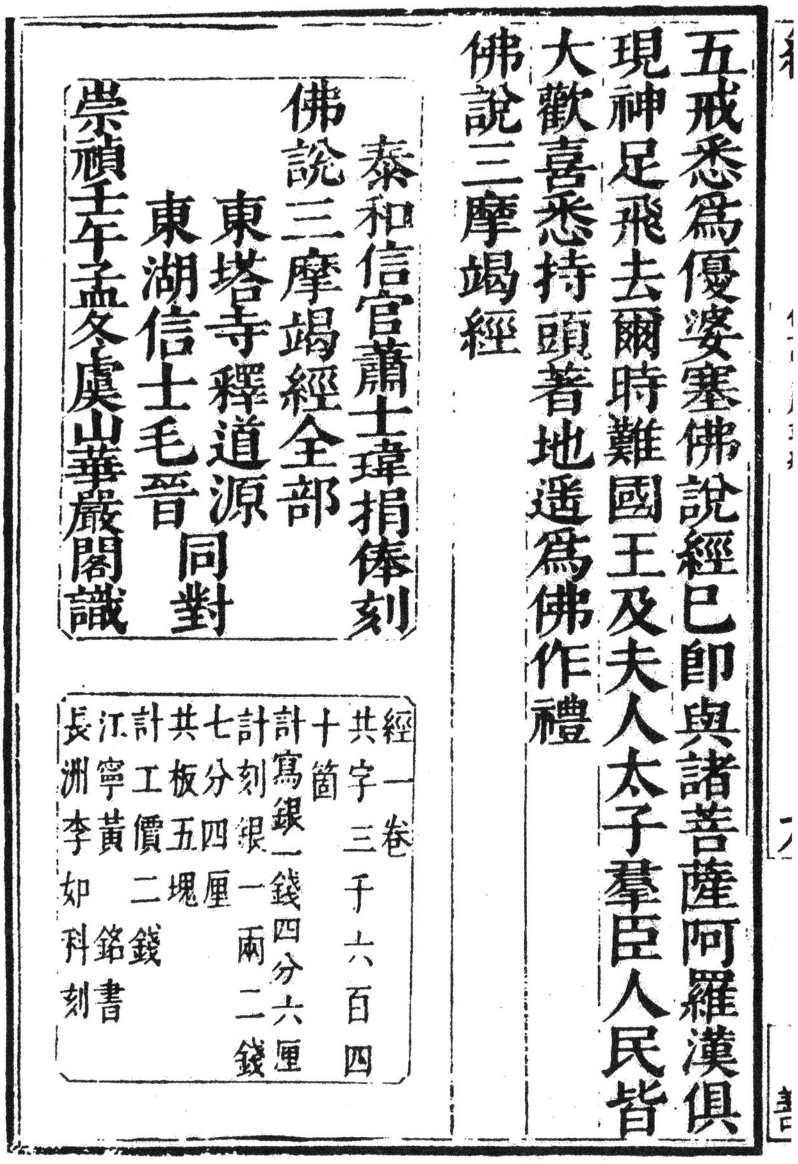

五戒悉爲優婆塞佛說經已即與諸菩薩阿羅漢俱
現神足飛去爾時難國王及夫人太子羣臣人民皆
大歡喜悉持頭着地遥爲佛作禮
佛說三摩竭經

泰和信官蕭士瑋捐俸刻
佛說三摩竭經全部
東塔寺釋道源
東湖信士毛晉　同對
崇禎壬午孟冬虞山華嚴閣識

經一卷
共字三千六百四
十箇
計寫銀一錢四分六厘
計刻銀一兩二錢
七分四厘
共板五塊
計工價銀二錢
江寧黃銘書
長洲李如科刻

牌記云:“泰和信官蕭士瑋捐俸刻《佛說三摩竭經》全部，東塔寺釋道源、東湖信士毛晉同對，崇禎壬午孟冬虞山華嚴閣識。經一卷，共字三千六百四十箇，計寫銀一錢四分六厘，計刻銀一兩二錢七分四厘，共板五塊，計工價銀二錢，江寧黃銘書，長洲李如科刻。”善八。

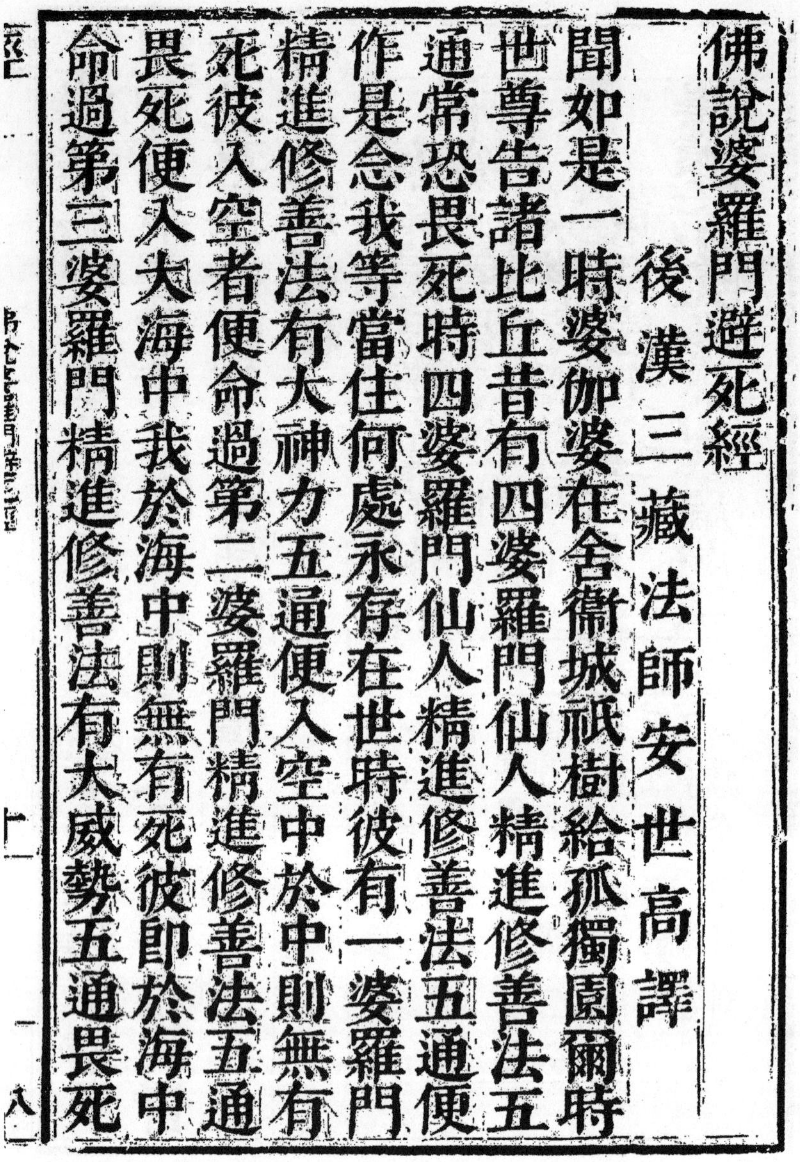

佛說婆羅門避死經

後漢三藏法師安世高譯

聞如是一時婆伽婆在舍衛城祇樹給孤獨園爾時世尊告諸比丘昔有四婆羅門仙人精進修善法五通常恐畏死時四婆羅門仙人精進修善法五通便作是念我等當住何處永存在世時彼有一婆羅門精進修善法有大神力五通便入空中於中則無有死彼入空者便命過第二婆羅門精進修善法五通畏死便入大海中我於海中則無有死彼即於海中命過第三婆羅門精進修善法有大威勢五通畏死

098《佛說婆羅門避死經》一卷

(東漢) 釋安世高譯　明崇禎壬午（十五年，1642）泰和蕭士瑋刻本

版框高 22.4 厘米，寬 15.4 厘米。半葉十行，行二十字，四周雙邊。

民族 065-006-00009；臺灣 191 頁 · 614；故宫 65 · 617

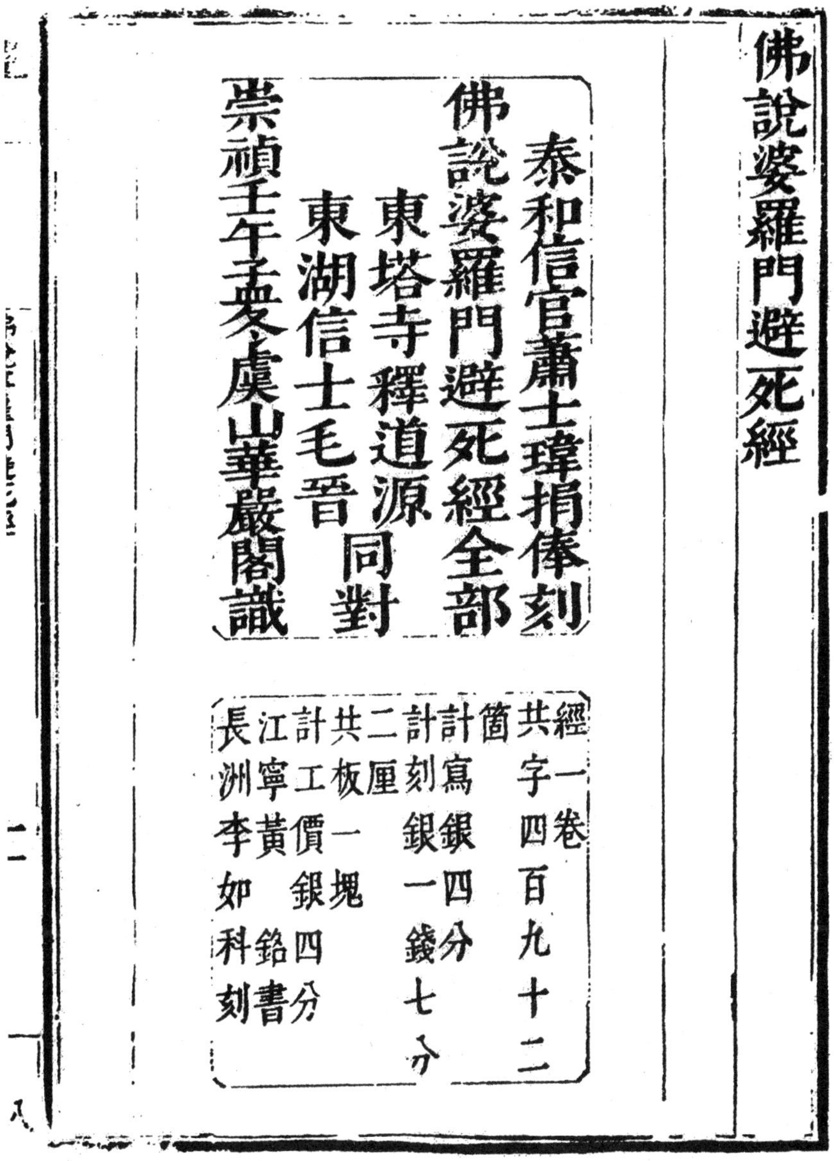

佛說婆羅門避死經

泰和信官蕭士瑋捐俸刻
佛說婆羅門避死經全部
東塔寺釋道源　同對
東湖信士毛晉
崇禎壬午孟冬虞山華嚴閣識

經一卷
共字四百九十二
箇
計寫銀四分
計刻銀一錢七分
二厘
共板一塊
計工價銀四分
江寧黃銘書
長洲李如科刻

牌記云："泰和信官蕭士瑋捐俸刻《佛説婆羅門避死經》全部，東塔寺釋道源、東湖信士毛晉同對，崇禎壬午孟冬虞山華嚴閣識。經一卷，共字四百九十二箇，計寫銀四分，計刻銀一錢七分二厘，共板一塊，計工價銀四分，江寧黃銘書，長洲李如科刻。"善八。

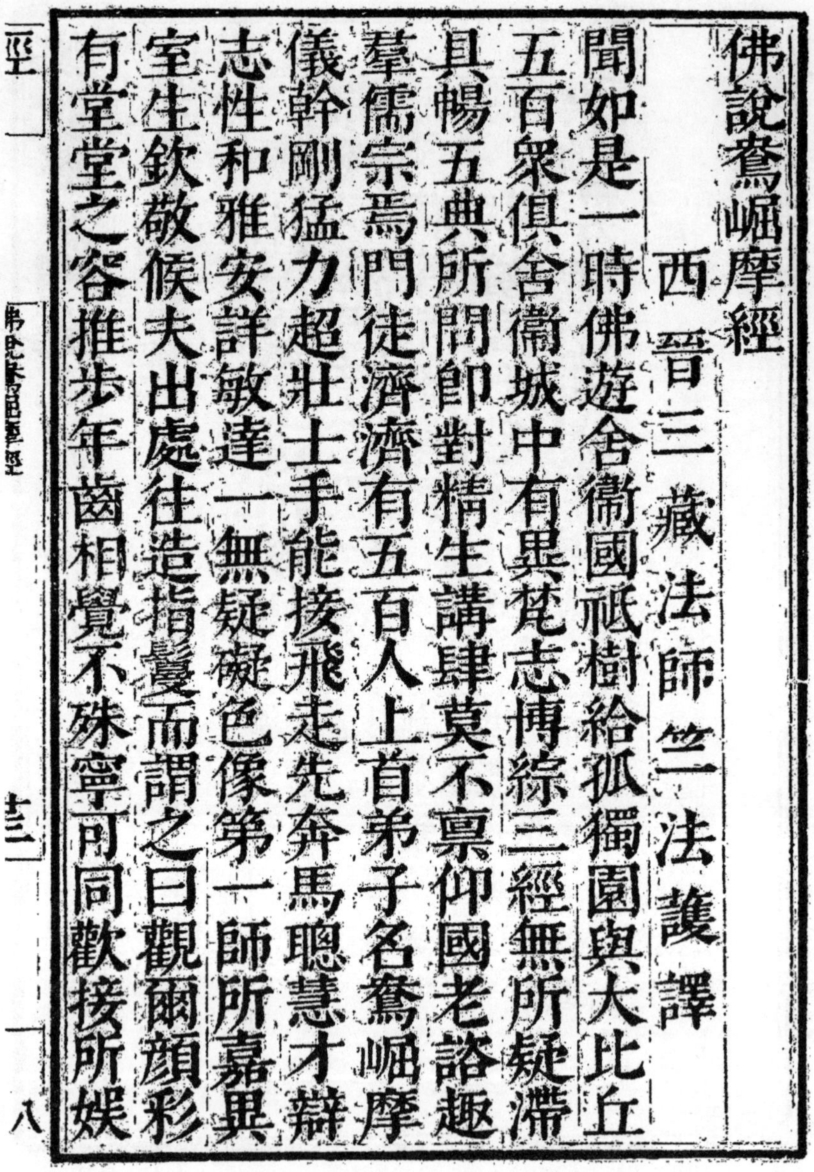
經　佛說鴦崛摩經　十三　八

佛說鴦崛摩經
西晋三藏法師竺法護譯
聞如是一時佛遊舍衛國祇樹給孤獨園與大比丘五百衆俱舍衛城中有異梵志博綜三經無所疑滯具暢五典所問即對精生講肆莫不稟仰國老諮趣羣儒宗焉門徒濟濟有五百人上首弟子名鴦崛摩儀幹剛猛力超壯士手能接飛走先奔馬聰慧才辯志性和雅安詳敏達一無疑礙色像第一師所嘉異室生欽敬候夫出處往造指氂而謂之曰覩爾顏彩有堂堂之容推步年齒相覺不殊寧可同歡接所娛

099 《佛說鴦崛摩經》一卷

(西晉) 釋竺法護譯　明崇禎壬午（十五年，1642）泰和蕭士瑋刻本

版框高 22.6 厘米，寬 15.3 厘米。半葉十行，行二十字，四周雙邊。

民族 065-006-00013; 臺灣 192 頁 · 618; 故宮 65 · 621

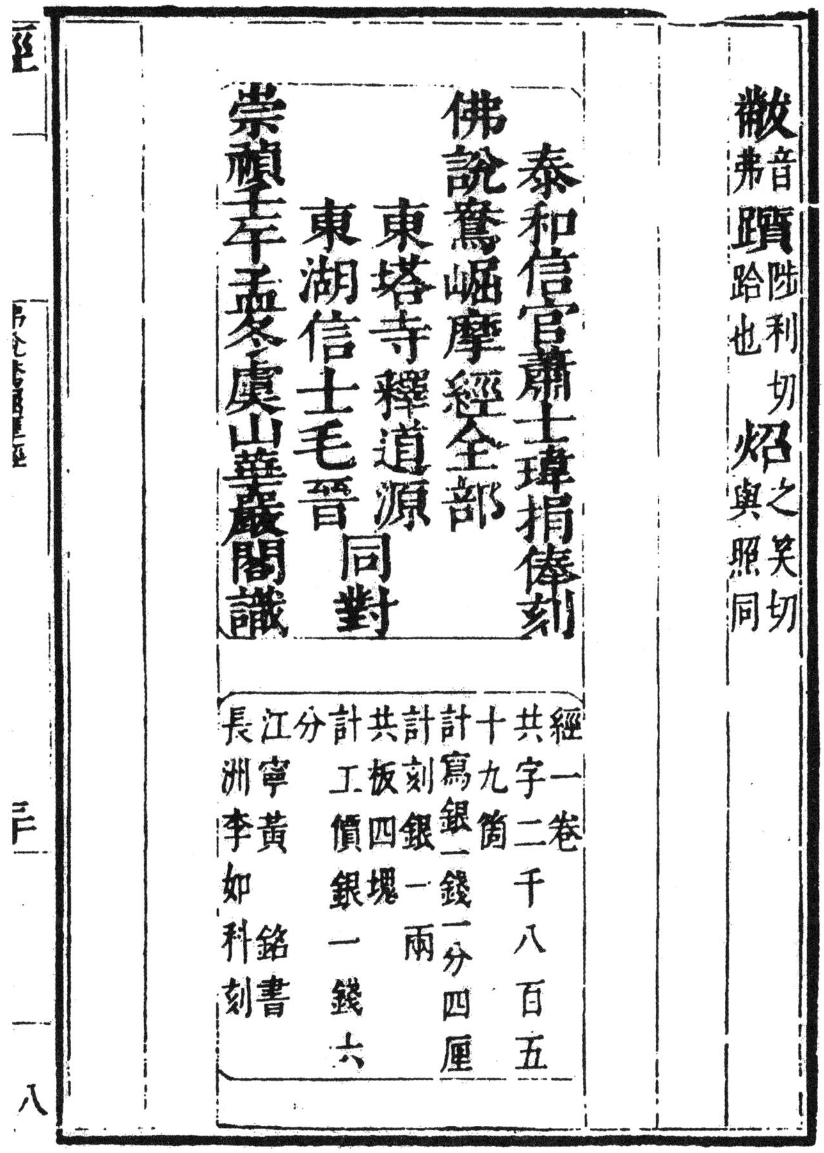

牌記云:"泰和信官蕭士瑋捐俸刻《佛說鴦崛摩經》全部,東塔寺釋道源、東湖信士毛晉同對,崇禎壬午孟冬虞山華嚴閣識。經一卷,共字二千八百五十九箇,計寫銀一錢一分四厘,計刻銀一兩,共板四塊,計工價銀一錢六分,江寧黃銘書,長洲李如科刻。"善八。

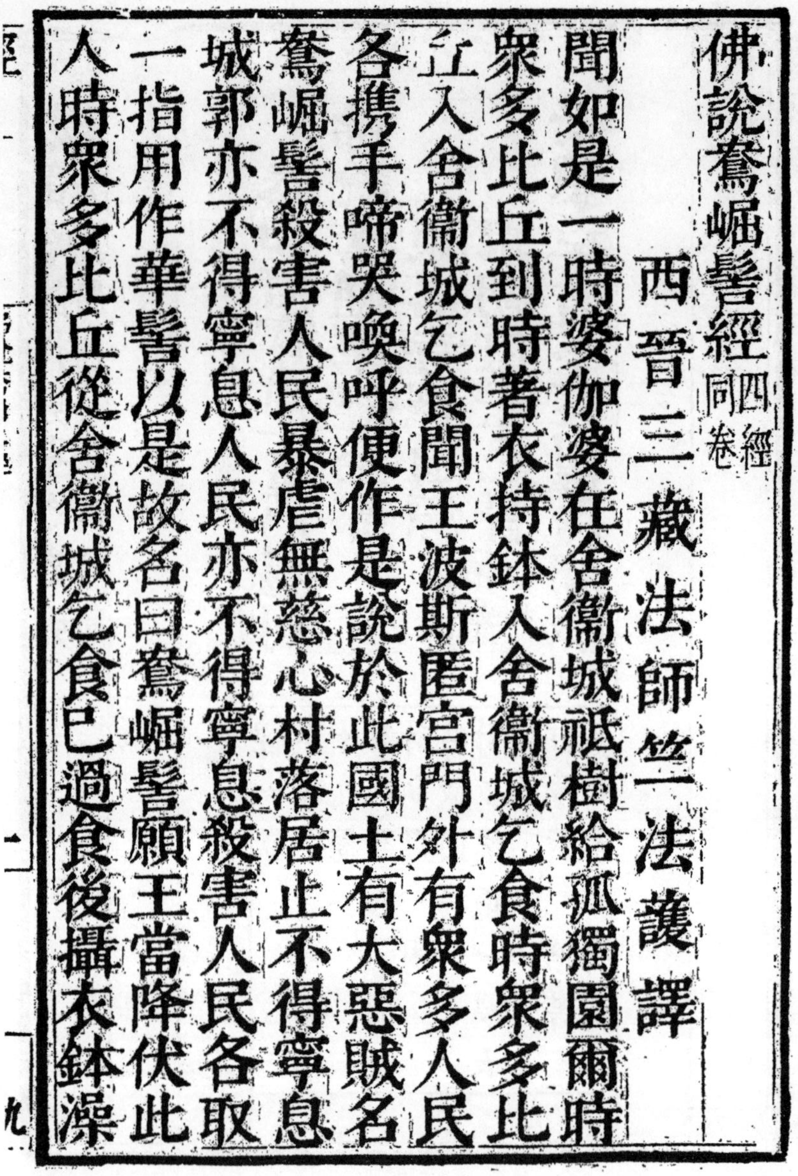
佛說鴦崛髻經四經同卷
西晉三藏法師竺法護譯
聞如是一時婆伽婆在舍衛城祇樹給孤獨園爾時
衆多比丘到時著衣持鉢入舍衛城乞食時衆多比
丘入舍衛城乞食聞王波斯匿宮門外有衆多人民
各携手啼哭喚呼便作是說於此國土有大惡賊名
鴦崛髻殺害人民暴虐無慈心村落居止不得寧息
城郭亦不得寧息人民亦不得寧息殺害人民各取
一指用作華髻以是故名曰鴦崛髻願王當降伏此
人時衆多比丘從舍衛城乞食已過食後攝衣鉢澡

100 《佛說鴦崛髻經》一卷

(西晉）釋竺法護譯　明崇禎壬午（十五年，1642）泰和蕭士瑋刻本

版框高 22.4 厘米，寬 15.4 厘米。半葉十行，行二十字，四周雙邊。

民族 065-006-00014；臺灣 193 頁・619；故宮 65・622

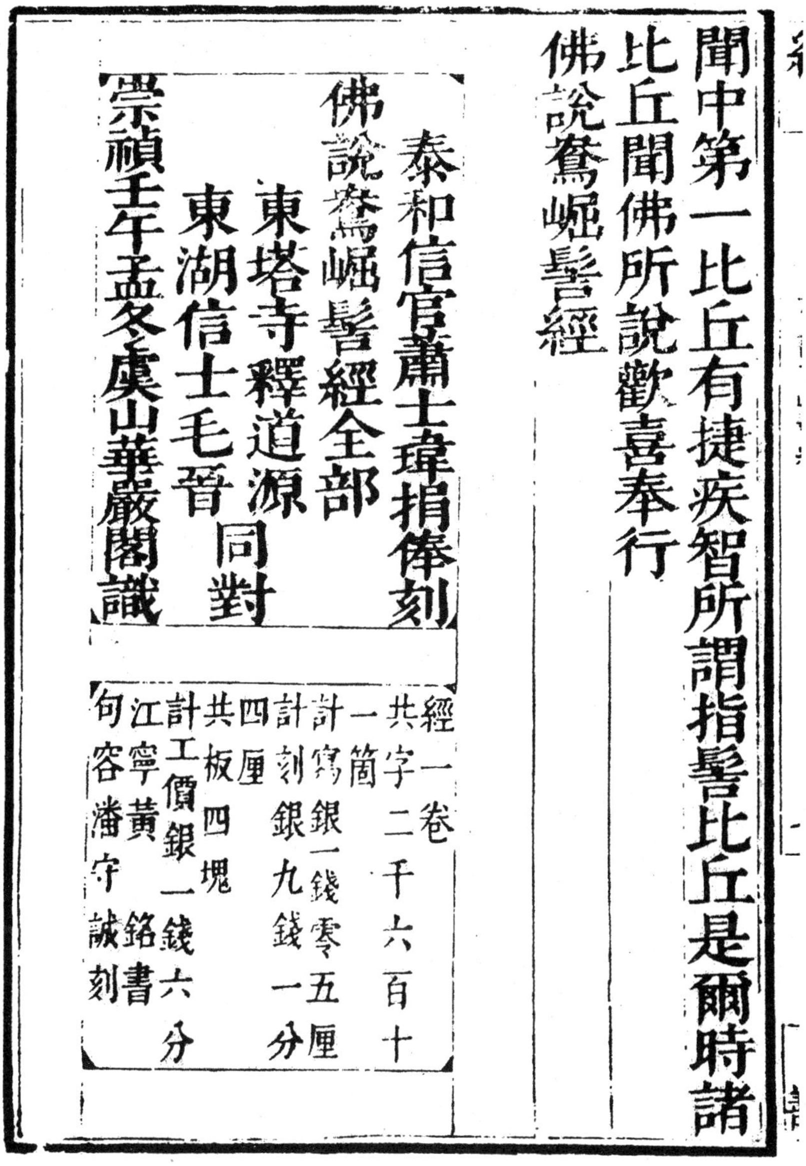

聞中第一比丘有捷疾智所謂指髻比丘是爾時諸
比丘聞佛所說歡喜奉行
佛說鴦崛髻經

泰和信官蕭士瑋捐俸刻
佛說鴦崛髻經全部
東塔寺釋道源　同
東湖信士毛晉　對
崇禎壬午孟冬虞山華嚴閣識

經一卷
共字二千六百十
一箇
計寫銀一錢零五厘
計刻銀九錢一分
四厘
共板四塊
計工價銀一錢六分
江寧黃銘書
句容潘守誠刻

牌記云："泰和信官蕭士瑋捐俸刻《佛説鴦崛髻經》全部，東塔寺釋道源、東湖信士毛晉同對，崇禎壬午孟冬虞山華嚴閣識。經一卷，共字二千六百十一箇，計寫銀一錢零五厘，計刻銀九錢一分四厘，共板四塊，計工價銀一錢六分，江寧黃銘書，句容潘守誠刻。"善九。

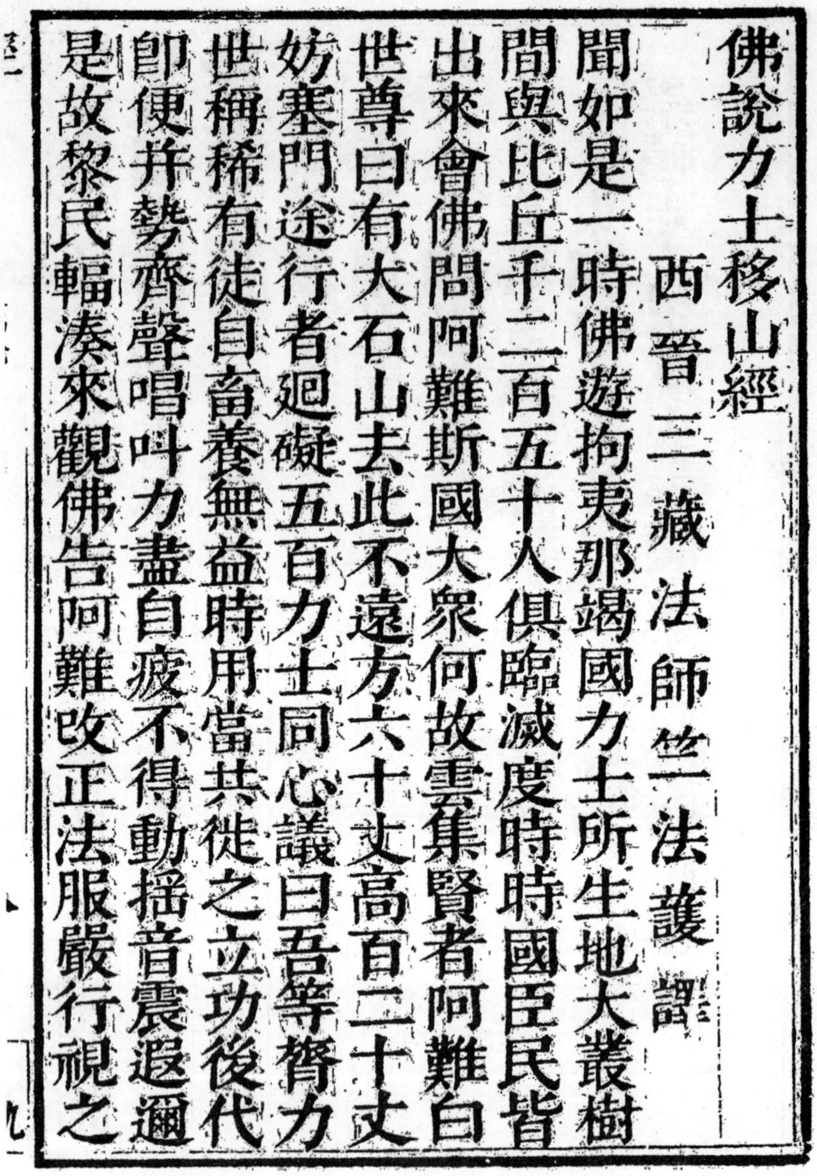

佛說力士移山經

西晉三藏法師竺法護譯

聞如是一時佛遊拘夷那竭國力士所生地大叢樹間與比丘千二百五十人俱臨滅度時時國臣民皆出來會佛問阿難斯國大衆何故雲集賢者阿難白世尊曰有大石山去此不遠方六十丈高百二十丈妨塞門途行者迴礙五百力士同心議曰吾等膂力世稱稀有徒自畜養無益時用當共徙之立功後代卽便并勢齊聲唱叫力盡自疲不得動摇音震遐邇是故黎民輻湊來觀佛告阿難改正法服嚴行視之

101 《佛說力士移山經》一卷

(西晉）釋竺法護譯　明崇禎壬午（十五年，1642）泰和蕭士瑋刻本

版框高 22.7 厘米，寬 15.4 厘米。半葉十行，行二十字，四周雙邊。

民族 065-006-00015；臺灣 193 頁 · 620；故宮 65 · 623

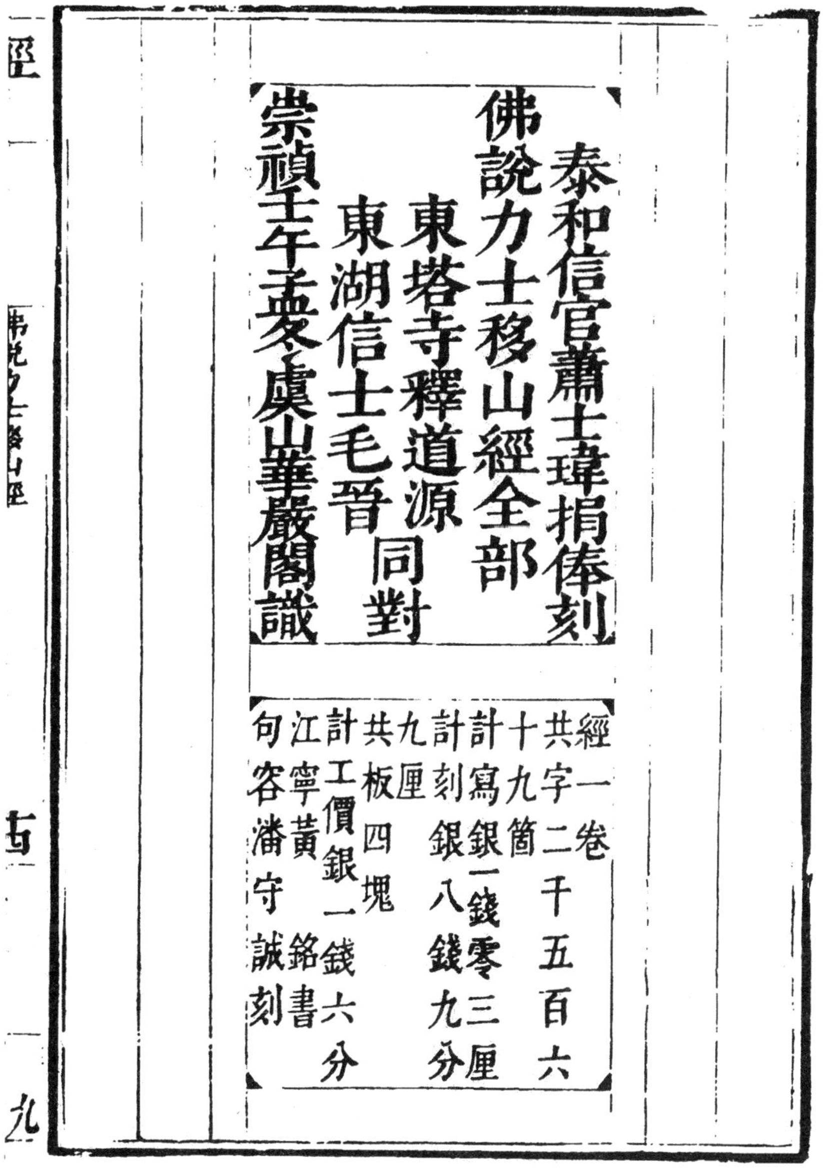

泰和信官蕭士瑋捐俸刻
佛說力士移山經全部
東塔寺釋道源
東湖信士毛晉　同對
崇禎壬午孟冬虞山華嚴閣識

經一卷
共字二千五百六
十九箇
計寫銀一錢零三厘
計刻銀八錢九分
九厘
共板四塊
計工價銀一錢六分
江寧黃銘書
句容潘守誠刻

牌記云："泰和信官蕭士瑋捐俸刻《佛說力士移山經》全部，東塔寺釋道源、東湖信士毛晉同對，崇禎壬午孟冬虞山華嚴閣識。經一卷，共字二千五百六十九箇，計寫銀一錢零三厘，計刻銀八錢九分九厘，共板四塊，計工價銀一錢六分，江寧黃銘書，句容潘守誠刻。"善九。

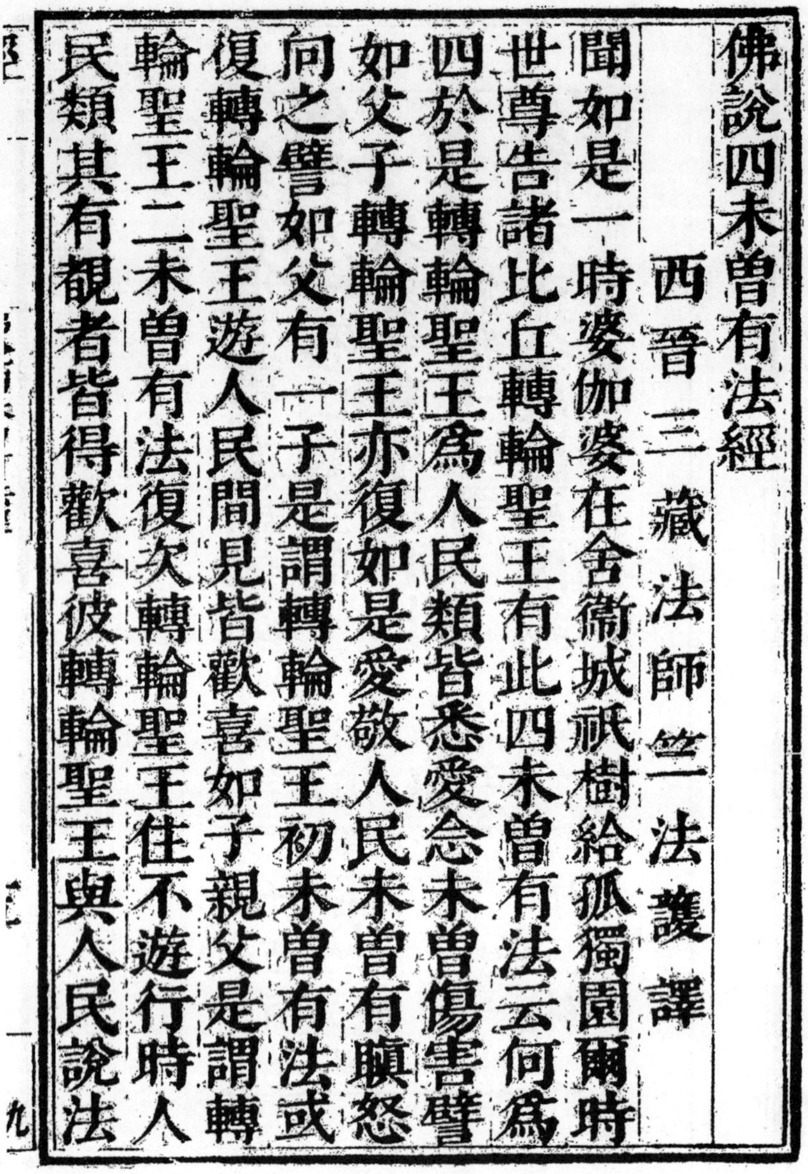
佛說四未曾有法經
西晉三藏法師竺法護譯
聞如是一時婆伽婆在舍衛城祇樹給孤獨園爾時世尊告諸比丘轉輪聖王有此四未曾有法云何爲四於是轉輪聖王爲人民類皆悉愛念未曾傷害譬如父子轉輪聖王亦復如是愛敬人民未曾有瞋怒向之譬如父有一子是謂轉輪聖王初未曾有法或復轉輪聖王遊人民間見皆歡喜如子親父是謂轉輪聖王二未曾有法復欠轉輪聖王住不遊行時人民類其有覩者皆得歡喜彼轉輪聖王與人民說法

102 《佛說四未曾有法經》一卷

(西晉) 釋竺法護譯　明崇禎壬午（十五年，1642）泰和蕭士瑋刻本

版框高 22.5 厘米，寬 15.3 厘米。半葉十行，行二十字，四周雙邊。

民族 065-006-00016；臺灣 194 頁 · 621；故宮 65 · 624

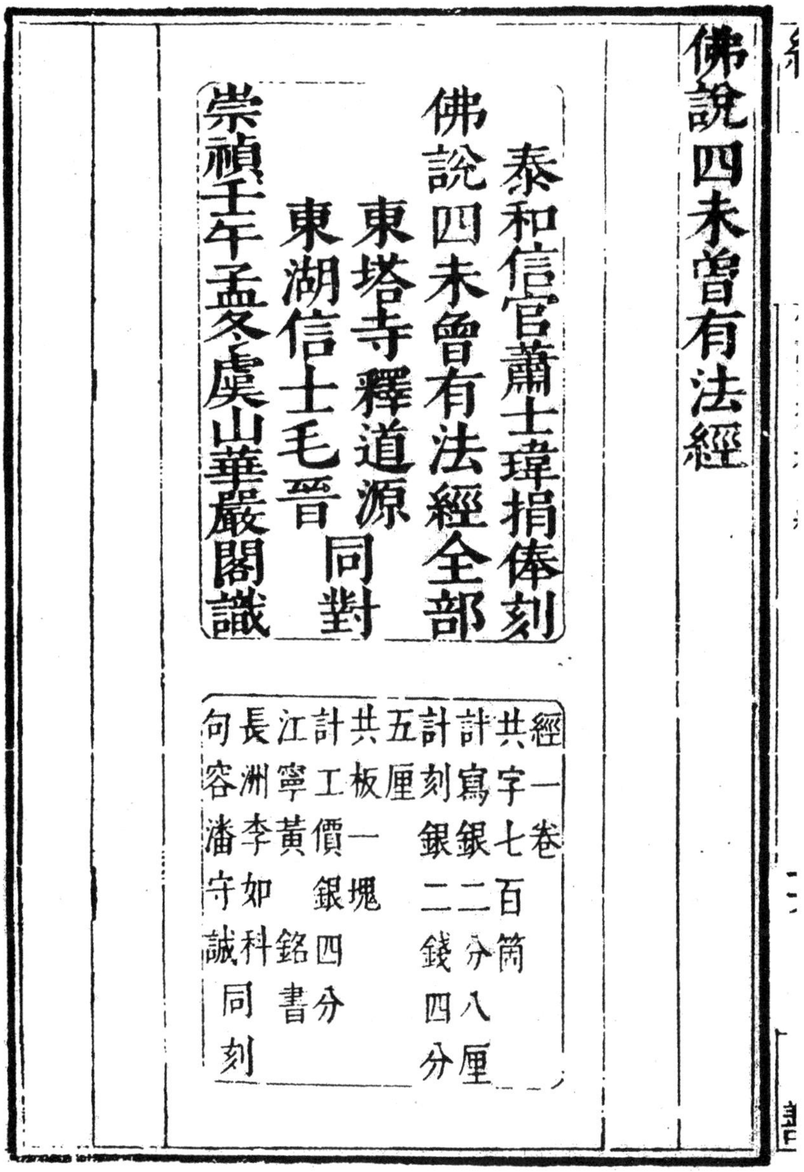
佛說四未曾有法經

泰和信官蕭士璋捐俸刻
佛說四未曾有法經全部
東塔寺釋道源
東湖信士毛晉　同對
崇禎壬午孟冬虞山華嚴閣識

經一卷
共字七百箇
計寫銀二分八厘
計刻銀二錢四分
五厘
共板一塊
計工價銀四分
江寧黃銘書
長洲李如科
句容潘守誠同刻

牌記云："泰和信官蕭士璋捐俸刻《佛說四未曾有法經》全部，東塔寺釋道源、東湖信士毛晉同對，崇禎壬午孟冬虞山華嚴閣識。經一卷，共字七百箇，計寫銀二分八厘，計刻銀二錢四分五厘，共板一塊，計工價銀四分，江寧黃銘書，長洲李如科、句容潘守誠同刻。"善九。

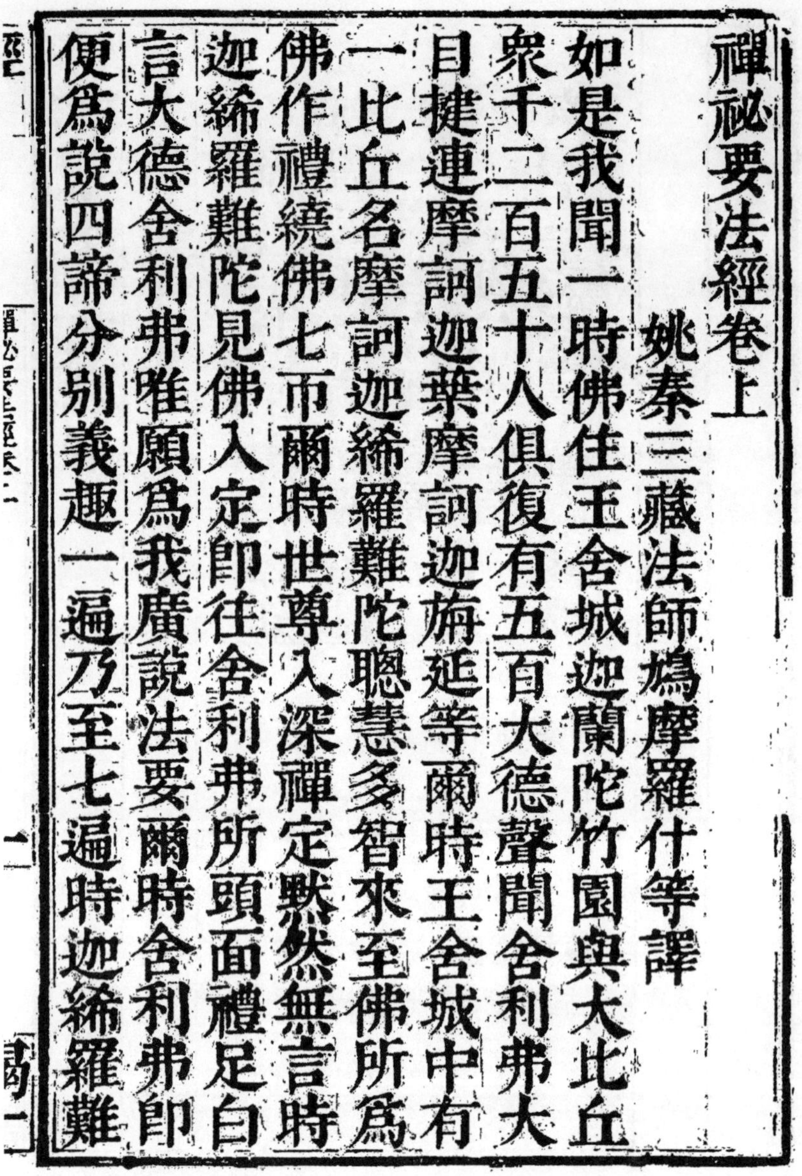

禪祕要法經卷上
姚秦三藏法師鳩摩羅什等譯
如是我聞一時佛住王舍城迦蘭陀竹園與大比丘
衆千二百五十人俱復有五百大德聲聞舍利弗大
目揵連摩訶迦葉摩訶迦旃延等爾時王舍城中有
一比丘名摩訶迦絺羅難陀聰慧多智來至佛所爲
佛作禮繞佛七帀爾時世尊入深禪定默然無言時
迦絺羅難陀見佛入定即往舍利弗所頭面禮足白
言大德舍利弗唯願爲我廣說法要爾時舍利弗即
便爲說四諦分別義趣一遍乃至七遍時迦絺羅難

103《禪祕要法經》三卷

（後秦）釋鳩摩羅什等譯　明崇禎壬午（十五年，1642）常熟毛鳳苞刻本

版框高 22.4 厘米，寬 15.5 厘米。半葉十行，行二十字，四周雙邊。

民族 072-001-00001；臺灣 233 頁 · 761；故宫 71 · 777

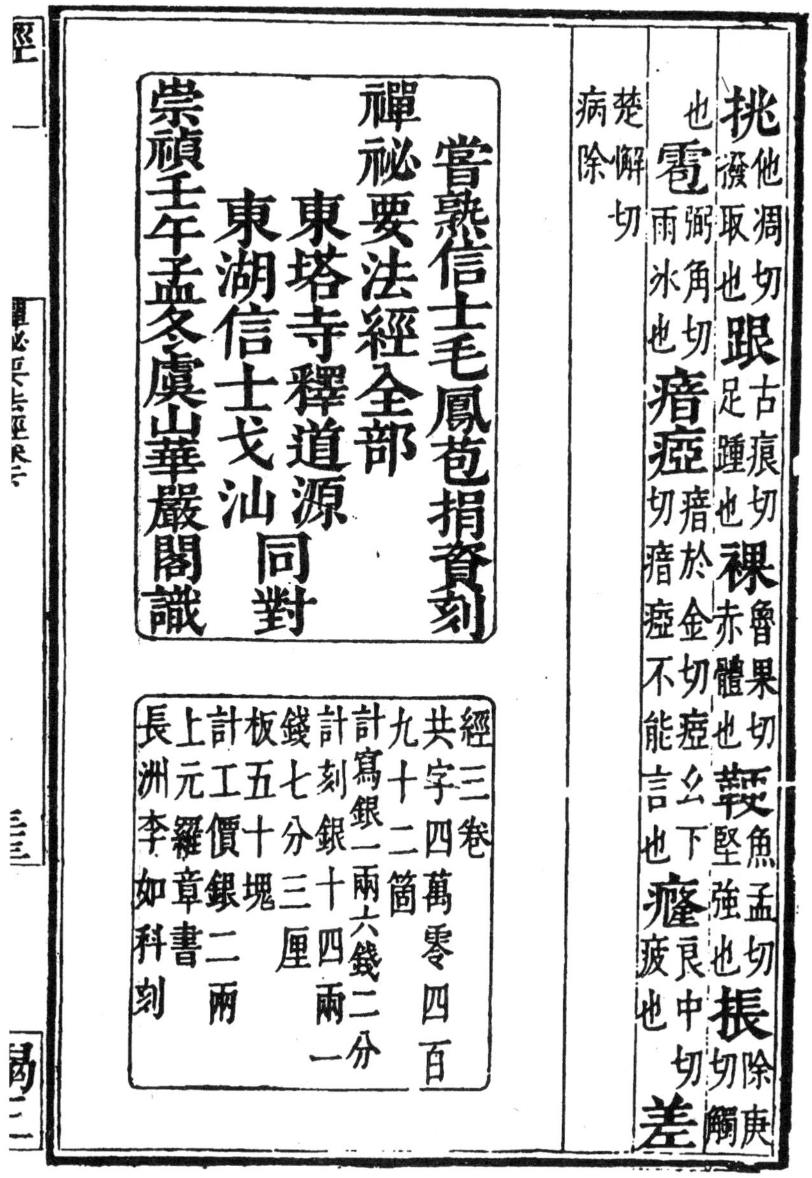
挑他凋切撥取也跟古痕切足踵也裸魯果切赤體也鞕魚孟切堅強也振除庚切觸
也雹弼角切雨冰也瘖瘂瘖於金切瘂幺下切瘖瘂不能言也癃良中切疲也
差楚懈切病除

甞熟信士毛鳳苞捐貲刻
禪祕要法經全部
東塔寺釋道源
東湖信士戈汕同對
崇禎壬午孟冬虞山華嚴閣識

經三卷
共字四萬零四百
九十二箇
計寫銀一兩六錢二分
計刻銀十四兩一
錢七分三厘
板五十塊
計工價銀二兩
上元羅章書
長洲李如科刻

牌記云："甞熟信士毛鳳苞捐資刻《禪祕要法經》全部，東塔寺釋道源、東湖信士戈汕同對，崇禎壬午孟冬虞山華嚴閣識。經三卷，共字四萬零四百九十二箇，計寫銀一兩六錢二分，計刻銀十四兩一錢七分三厘，板五十塊，計工價銀二兩，上元羅章書，長洲李如科刻。"竭一至三。

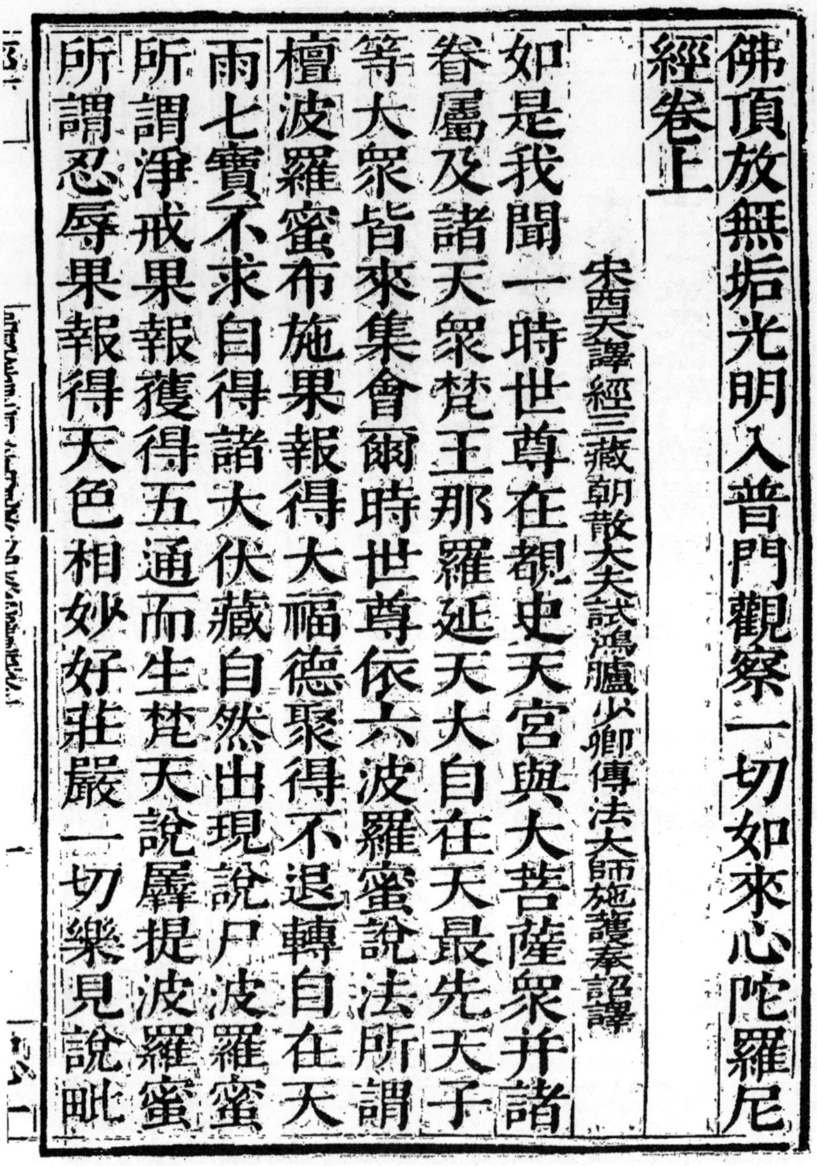

佛頂放無垢光明入普門觀察一切如來心陀羅尼
經卷上
宋西天譯經三藏朝散大夫試鴻臚少卿傳法大師施護奉詔譯
如是我聞一時世尊在覩史天宮與大菩薩衆并諸
眷屬及諸天衆梵王那羅延天大自在天最先天子
等大衆皆來集會爾時世尊依六波羅蜜說法所謂
檀波羅蜜布施果報得大福德聚得不退轉自在天
雨七寶不求自得諸大伏藏自然出現說尸波羅蜜
所謂淨戒果報獲得五通而生梵天說羼提波羅蜜
所謂忍辱果報得天色相妙好莊嚴一切樂見說毗

104 《佛頂放無垢光明入普門觀察一切如來心陀羅尼經》二卷

(宋) 釋施護譯　明崇禎壬午（十五年，1642）常熟毛鳳苞刻本

版框高 22.5 厘米，寬 15.2 厘米。半葉十行，行二十字，四周雙邊。

民族 072-005-00001；臺灣 238 頁 · 772；故宫 72 · 802

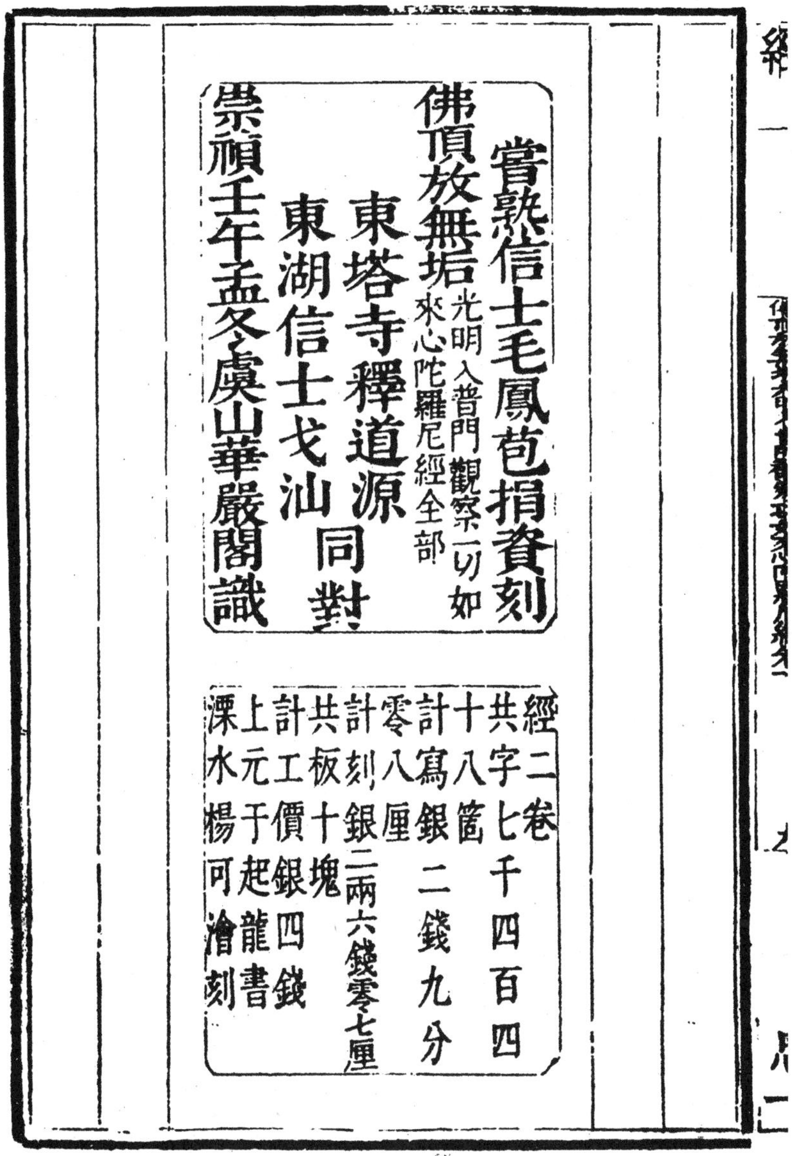
嘗熟信士毛鳳苞捐資刻
佛頂放無垢光明入普門觀察一切如來心陀羅尼經全部
東塔寺釋道源
東湖信士戈汕同對
崇禎壬午孟冬虞山華嚴閣識

經二卷
共字七千四百四
十八箇
計寫銀二錢九分
零八厘
計刻銀二兩六錢零七厘
共板十塊
計工價銀四錢
上元于起龍書
溧水楊可滄刻

牌記云:“嘗熟信士毛鳳苞捐資刻《佛頂放無垢光明入普門觀察一切如來心陀羅尼經》全部，東塔寺釋道源、東湖信士戈汕同對，崇禎壬午孟冬虞山華嚴閣識。經二卷，共字七千四百四十八箇，計寫銀二錢九分零八厘，計刻銀二兩六錢零七厘，共板十塊，計工價銀四錢，上元于起龍書，溧水楊可滄刻。”忠一。

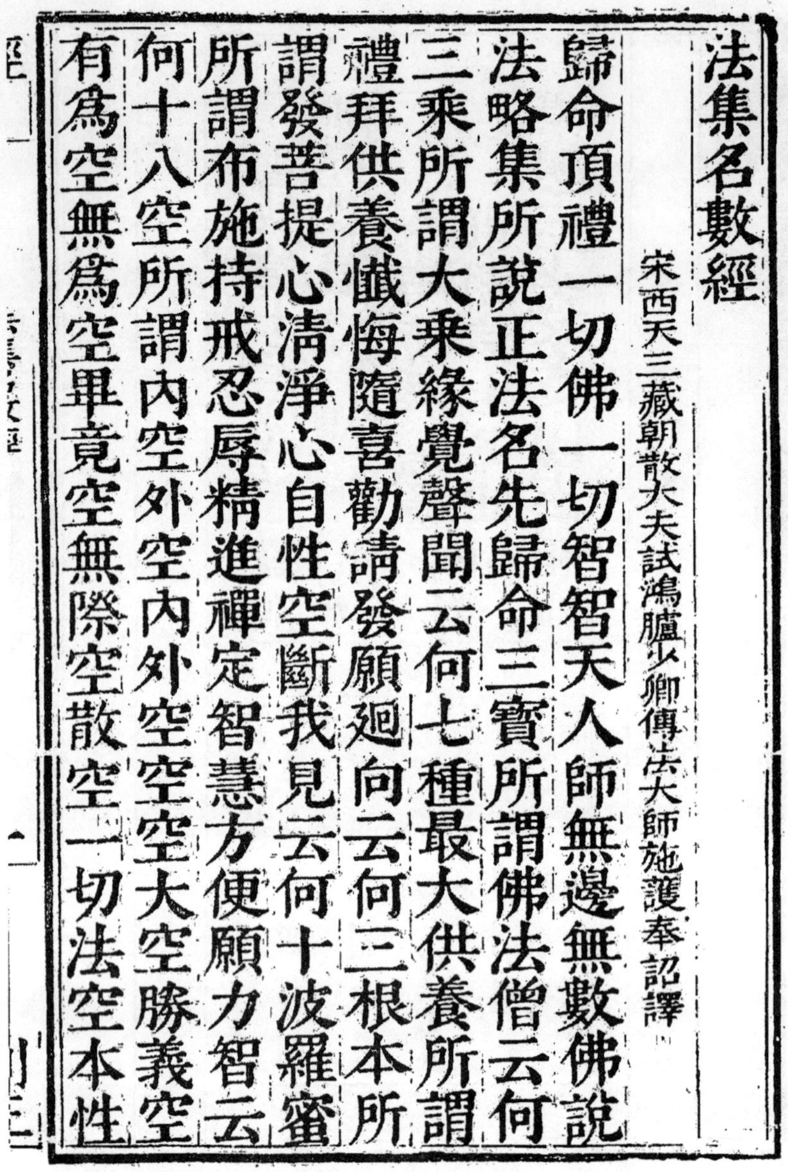

法集名數經

宋西天三藏朝散大夫試鴻臚少卿傳法大師施護奉　詔譯

歸命頂禮一切佛一切智智天人師無邊無數佛說法略集所說正法名先歸命三寶所謂佛法僧云何三乘所謂大乘緣覺聲聞云何七種最大供養所謂禮拜供養懺悔隨喜勸請發願迴向云何三根本所謂發菩提心清淨心自性空斷我見云何十波羅蜜所謂布施持戒忍辱精進禪定智慧方便願力智云何十八空所謂內空外空內外空空空大空勝義空有爲空無爲空畢竟空無際空散空一切法空本性

105 《法集名數經》一卷

(宋) 釋施護譯　明崇禎壬午（十五年，1642）常熟毛鳳苞刻本

版框高 22.7 厘米，寬 15.4 厘米。半葉十行，行二十字，四周雙邊。

民族 072-007-00004；臺灣 246 頁 · 794；故宮 71 · 810

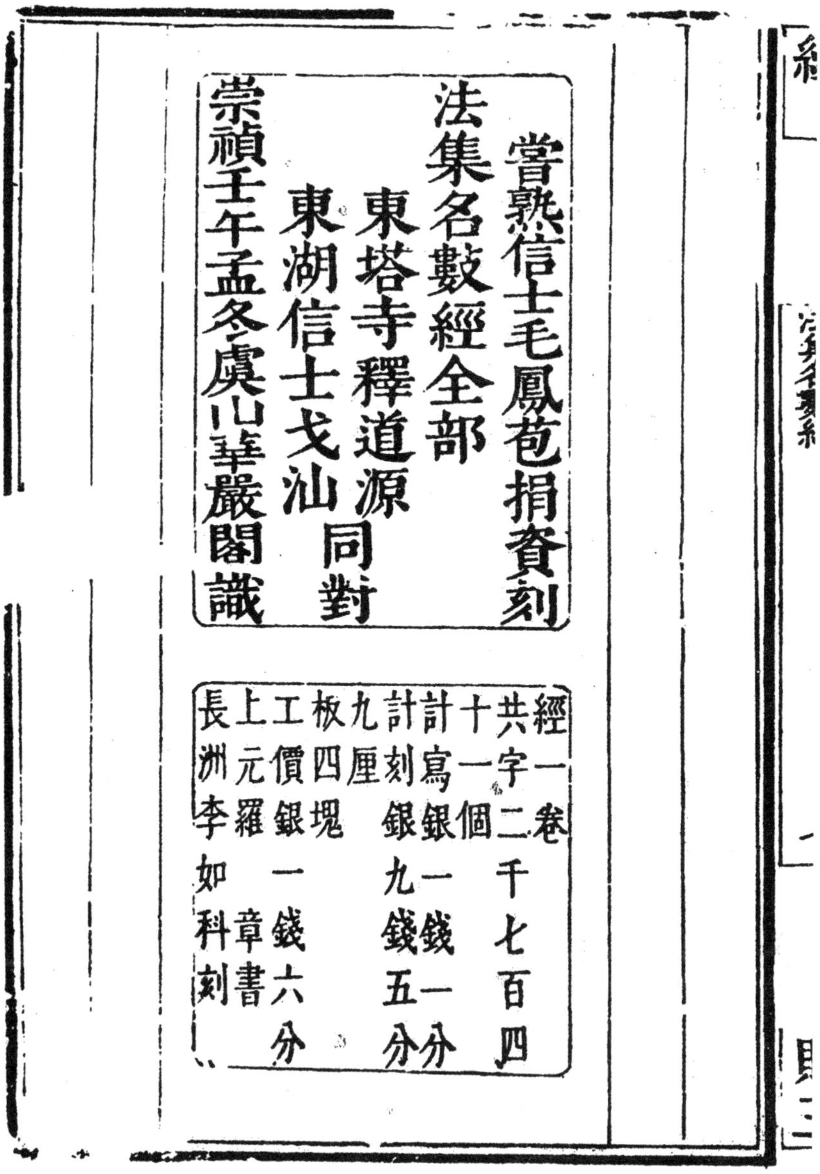

嘗熟信士毛鳳苞捐資刻
法集名數經全部
東塔寺釋道源
東湖信士戈汕　同對
崇禎壬午孟冬虞山華嚴閣識

經一卷
共字二千七百四
十一個
計寫銀一錢一分
計刻銀九錢五分
九厘
板四塊
工價銀一錢六分
上元羅章書
長洲李如科刻

牌記云："嘗熟信士毛鳳苞捐資刻《法集名數經》全部，東塔寺釋道源、東湖信士戈汕同對，崇禎壬午孟冬虞山華嚴閣識。經一卷，共字二千七百四十一個，計寫銀一錢一分，計刻銀九錢五分九厘，板四塊，工價銀一錢六分，上元羅章書，長洲李如科刻。"則三。

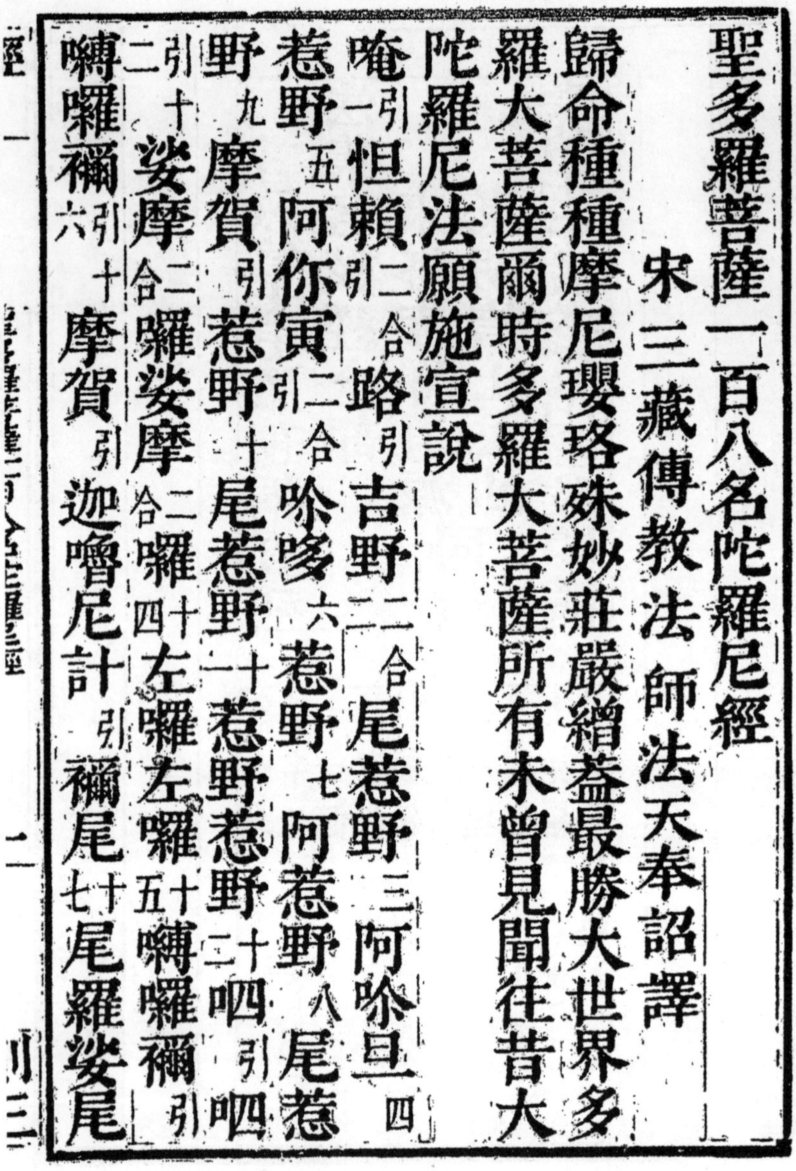
聖多羅菩薩一百八名陀羅尼經
宋三藏傳教法師法天奉詔譯
歸命種種摩尼瓔珞殊妙莊嚴繒蓋最勝大世界多羅大菩薩爾時多羅大菩薩所有未曾見聞往昔大陀羅尼法願施宣說
唵引一怛賴引二合路引吉野二合二尾惹野三阿吟旦四惹野五阿你寅引二合吟哆六惹野七阿惹野八尾惹野九摩賀引惹野十尾惹野十一惹野惹野十二呬引呬引十二娑摩二合囉娑摩二合囉十四左囉左囉十五嚩囉禰引十六摩賀引迦嚕尼計引禰尾十七尾羅娑尾

106《聖多羅菩薩一百八名陀羅尼經》一卷

(宋) 釋法天譯　明崇禎壬午（十五年，1642）泰和蕭士瑋刻本

版框高 22.6 厘米，寬 15.4 厘米。半葉十行，行二十字，四周雙邊。

民族 072-007；臺灣 246 頁 · 795；故宮 72 · 811

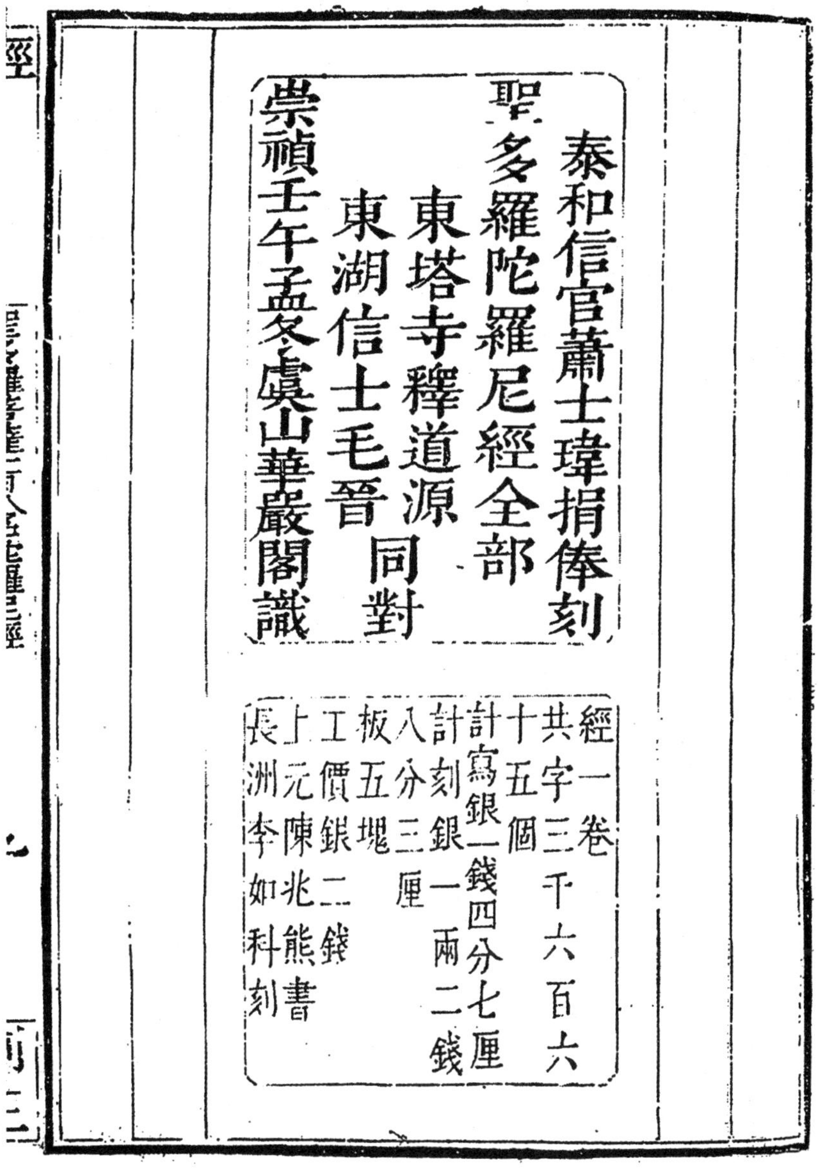
泰和信官蕭士瑋捐俸刻
聖多羅陀羅尼經全部
東塔寺釋道源
東湖信士毛晉　同對
崇禎壬午孟冬虞山華嚴閣識

經一卷
共字三千六百六
十五個
計寫銀一錢四分七厘
計刻銀一兩二錢
八分三厘
板五塊
工價銀二錢
上元陳兆熊書
長洲李如科刻

牌記云:“泰和信官蕭士瑋捐俸刻《聖多羅陀羅尼經》全部，東塔寺釋道源、東湖信士毛晉同對，崇禎壬午孟冬虞山華嚴閣識。經一卷，共字三千六百六十五個，計寫銀一錢四分七厘，計刻銀一兩二錢八分三厘，板五塊，工價銀二錢，上元陳兆熊書，長洲李如科刻。”則三。

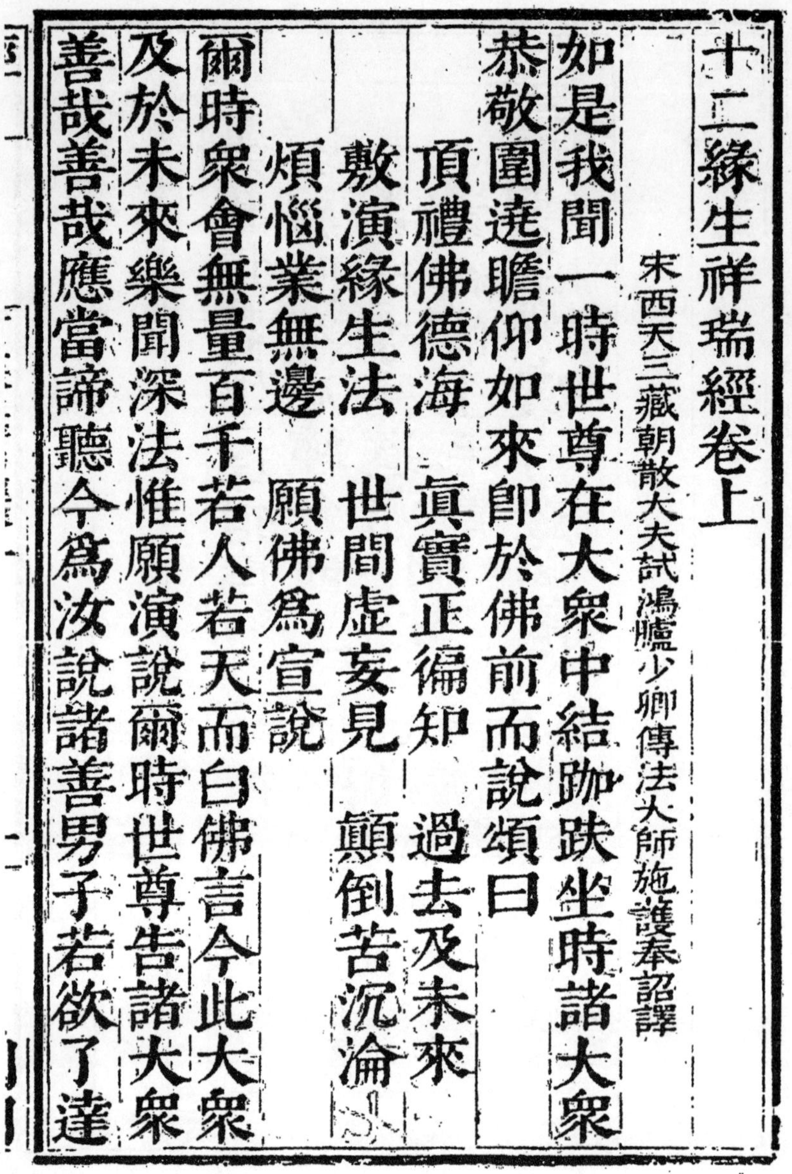

十二緣生祥瑞經卷上

宋西天三藏朝散大夫試鴻臚少卿傳法大師施護奉詔譯

如是我聞一時世尊在大衆中結跏趺坐時諸大衆恭敬圍遶瞻仰如來即於佛前而說頌曰

頂禮佛德海　眞實正徧知　過去及未來
敷演緣生法　世間虛妄見　顛倒苦沉淪
煩惱業無邊　願佛爲宣說

爾時衆會無量百千若人若天而白佛言今此大衆及於未來樂聞深法惟願演說爾時世尊告諸大衆善哉善哉應當諦聽今爲汝說諸善男子若欲了達

107 《十二緣生祥瑞經》二卷

(宋) 釋施護譯　明崇禎壬午 (十五年，1642) 常熟毛鳳苞刻本

版框高 22.5 厘米，寬 15.4 厘米。半葉十行，行二十字，四周雙邊。

民族 072-007-00005; 臺灣 247 頁 · 796; 故宫 72 · 812

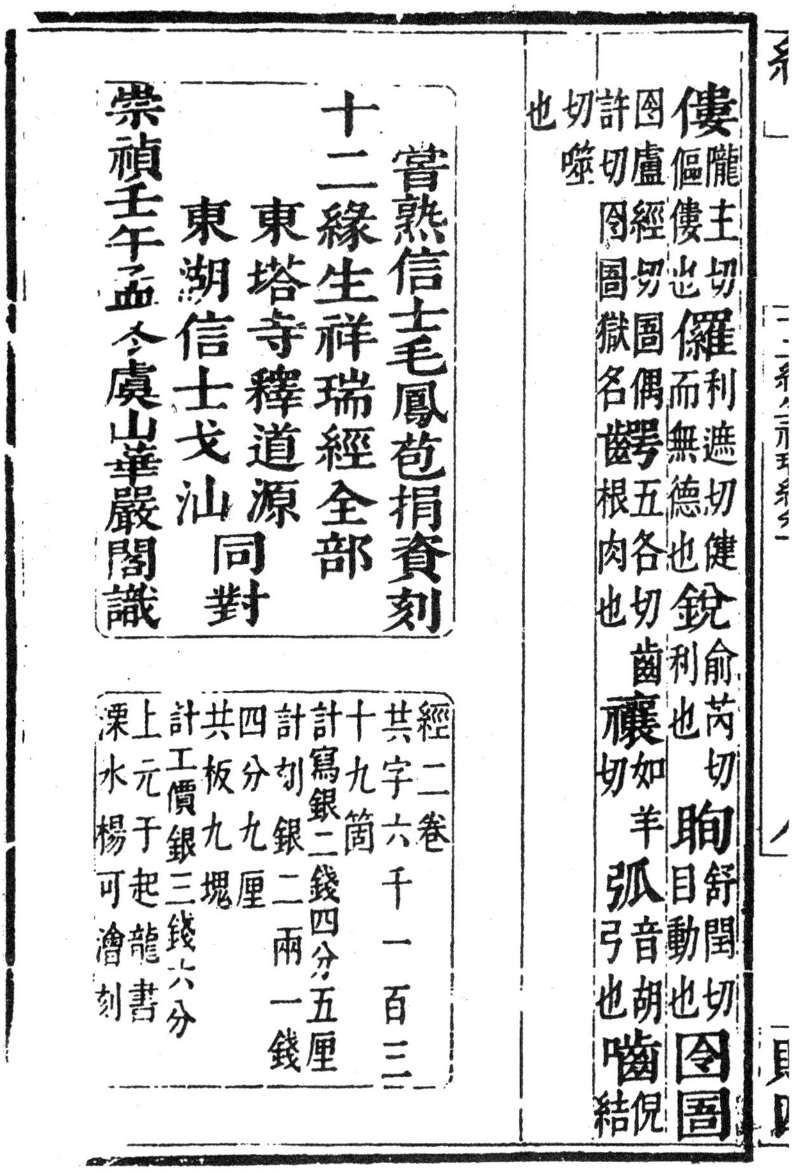

僂龍主切傴僂也儸利遮切健而無德也鋭俞芮切利也眗舒閏切目動也囹圄
囹盧經切圄偶許切囹圄獄名齶五各切齒根肉也禳如羊切弧音胡弓也嚙倪結
切噬也

嘗熟信士毛鳳苞捐資刻
十二緣生祥瑞經全部
東塔寺釋道源
東湖信士戈汕　同對
崇禎壬午孟冬虞山華嚴閣識

經二卷
共字六千一百三
十九箇
計寫銀二錢四分五厘
計刻銀二兩一錢
四分九厘
共板九塊
計工價銀三錢六分
上元于起龍書
溧水楊可澮刻

牌記云："嘗熟信士毛鳳苞捐資刻《十二緣生祥瑞經》全部，東塔寺釋道源、東湖信士戈汕同對，崇禎壬午孟冬虞山華嚴閣識。經二卷，共字六千一百三十九箇，計寫銀二錢四分五厘，計刻銀二兩一錢四分九厘，共板九塊，計工價銀三錢六分，上元于起龍書，溧水楊可澮刻。"則四。

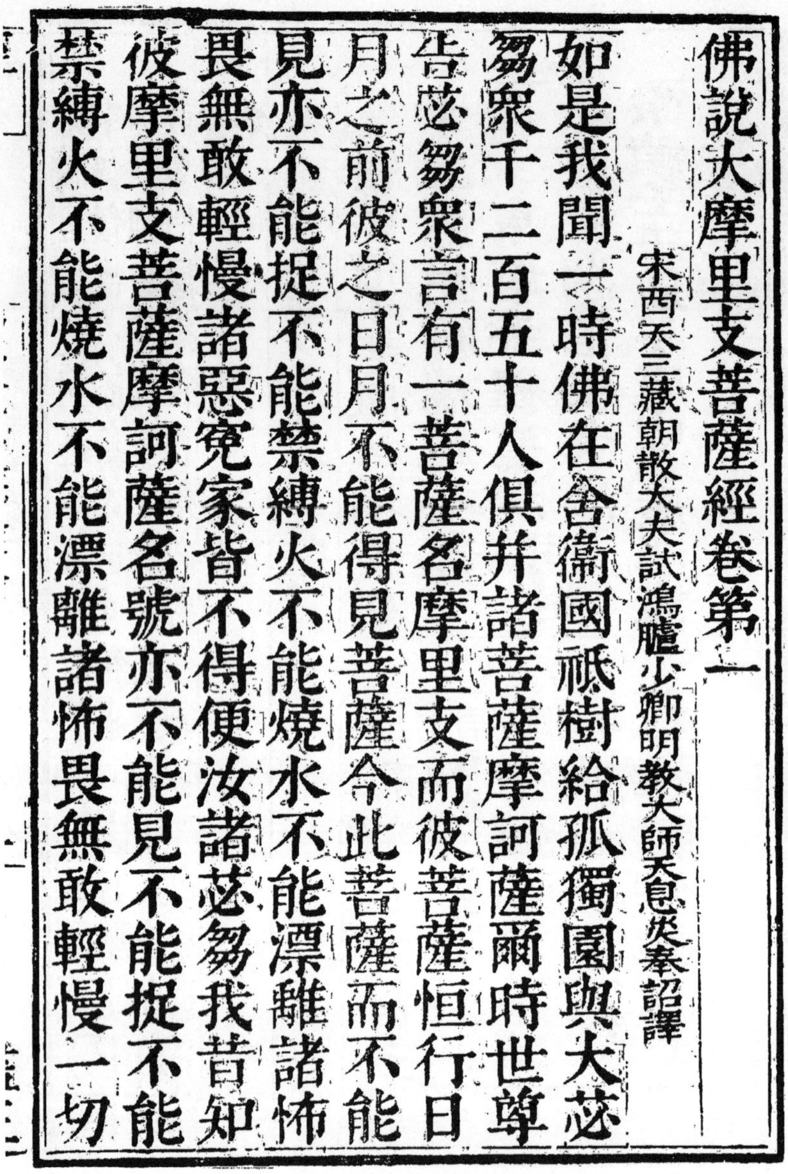
佛說大摩里支菩薩經卷第一
宋西天三藏朝散大夫試鴻臚少卿明教大師天息災奉詔譯
如是我聞一時佛在舍衛國祇樹給孤獨園與大苾
芻衆千二百五十人俱并諸菩薩摩訶薩爾時世尊
告苾芻衆言有一菩薩名摩里支而彼菩薩恒行日
月之前彼之日月不能得見菩薩令此菩薩而不能
見亦不能捉不能禁縛火不能燒水不能漂雖諸怖
畏無敢輕慢諸惡冤家皆不得便汝諸苾芻我昔知
彼摩里支菩薩摩訶薩名號亦不能見不能捉不能
禁縛火不能燒水不能漂離諸怖畏無敢輕慢一切

108 《佛說大摩里支菩薩經》七卷

(宋) 釋天息災譯　明崇禎壬午（十五年，1642）泰和蕭士瑋刻本

版框高 22.4 厘米，寬 15.4 厘米。半葉十行，行二十字，四周雙邊。

民族 073-002-00003；臺灣 258 頁 · 826；故宫 73 · 842

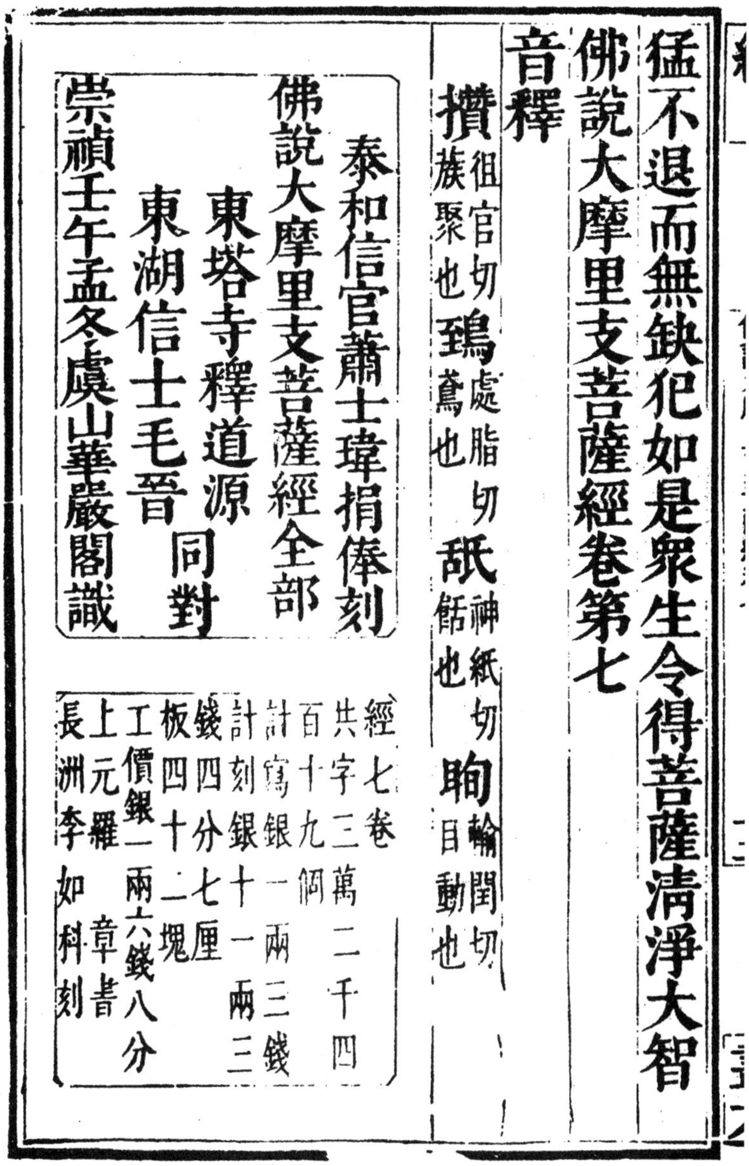

猛不退而無鈌犯如是衆生令得菩薩清淨大智

佛說大摩里支菩薩經卷第七

音釋

攢徂官切族聚也 鵄處脂切鳶也 秖神紙切餂也 眴輪閏切目動也

泰和信官蕭士瑋捐俸刻

佛說大摩里支菩薩經全部

東塔寺釋道源

東湖信士毛晉 同對

崇禎壬午孟冬虞山華嚴閣識

經七卷

共字三萬二千四

百十九個

計寫銀一兩三錢

計刻銀十一兩三

錢四分七厘

板四十二塊

工價銀一兩六錢八分

上元羅章書

長洲李如科刻

牌記云："泰和信官蕭士瑋捐俸刻《佛說大摩里支菩薩經》全部，東塔寺釋道源、東湖信士毛晉同對，崇禎壬午孟冬虞山華嚴閣識。經七卷，共字三萬二千四百十九個，計寫銀一兩三錢，計刻銀十一兩三錢四分七厘，板四十二塊，工價銀一兩六錢八分，上元羅章書，長洲李如科刻。"盡三至六。

佛說長者施報經
宋朝散大夫試鴻臚卿明教大師法天奉詔譯
如是我聞一時佛在舍衛國祇樹給孤獨園爾時有
長者名給孤獨來詣佛所頭面禮足於一面坐佛告
長者若復有人以上妙飲食如法布施或自手施或
恒時施不能獲於廣大福報於意云何以其彼人心
求富貴及快樂故若復有人不爲衣食卧具富貴快
樂以妙飲食如法布施當得大富及得妻子男女僕
從眷屬孝順侍養於意云何以其彼人爲諸有情而
行布施佛言長者過去世時有長者婆羅門名彌羅

109《佛說長者施報經》一卷

(宋) 釋法天譯　明崇禎壬午（十五年，1642）常熟毛鳳苞刻本

版框高 22.5 厘米，寬 15.4 厘米。半葉十行，行二十字，四周雙邊。

民族 073-002-00006；臺灣 260 頁 · 830；故宫 73 · 846

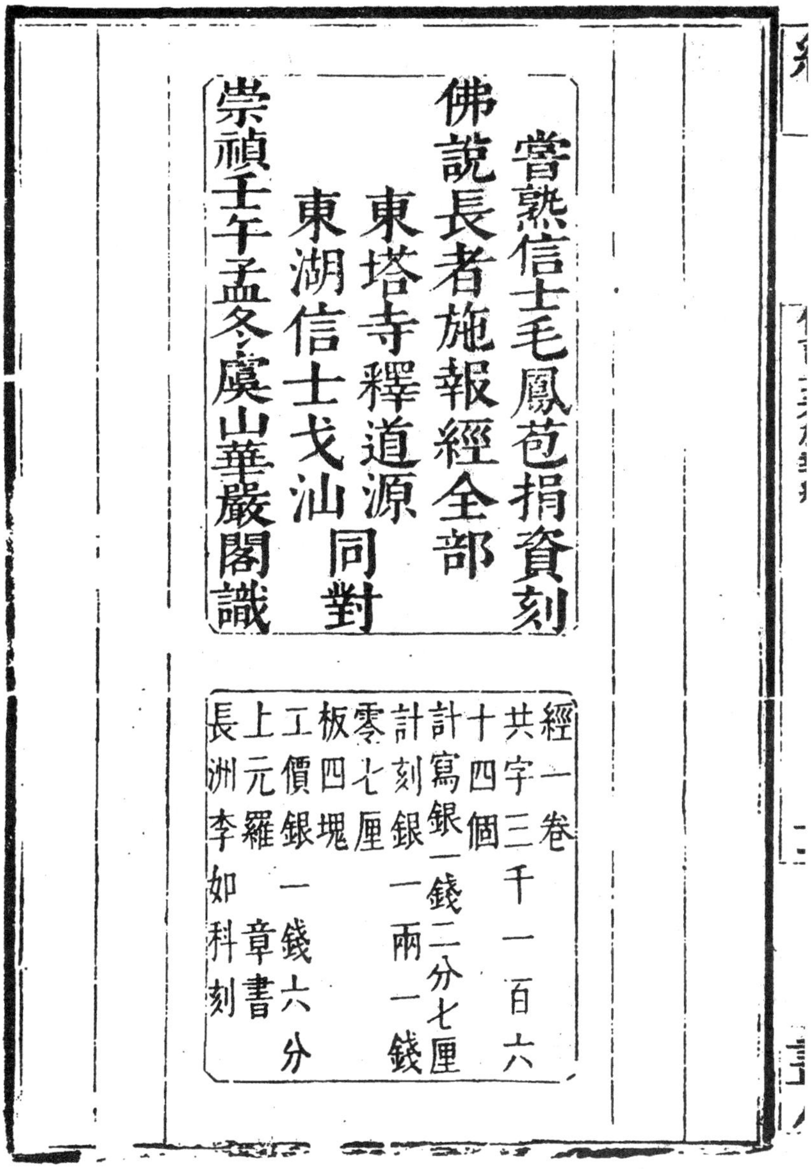

嘗熟信士毛鳳苞捐資刻
佛說長者施報經全部
東塔寺釋道源
東湖信士戈汕 同對
崇禎壬午孟冬虞山華嚴閣識

經一卷
共字三千一百六
十四個
計寫銀一錢二分七厘
計刻銀一兩一錢
零七厘
板四塊
工價銀一錢六分
上元羅章書
長洲李如科刻

牌記云:"嘗熟信士毛鳳苞捐資刻《佛說長者施報經》全部,東塔寺釋道源、東湖信士戈汕同對,崇禎壬午孟冬虞山華嚴閣識。經一卷,共字三千一百六十四個,計寫銀一錢二分七厘,計刻銀一兩一錢零七厘,板四塊,工價銀一錢六分,上元羅章書,長洲李如科刻。"盡八。

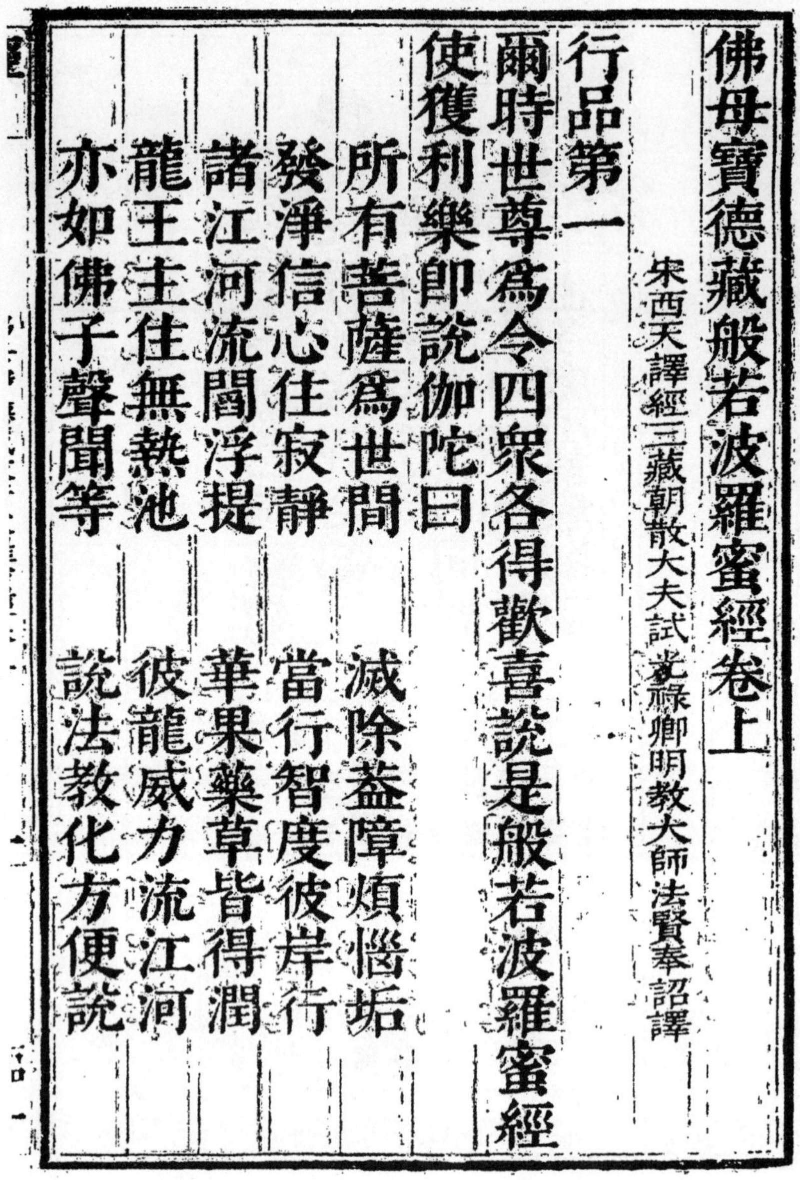

佛母寶德藏般若波羅蜜經卷上

宋西天譯經三藏朝散大夫試光祿卿明教大師法賢奉詔譯

行品第一

爾時世尊爲令四衆各得歡喜說是般若波羅蜜經使獲利樂即說伽陀曰

所有菩薩爲世間　滅除蓋障煩惱垢
發淨信心住寂靜　當行智度彼岸行
諸江河流閻浮提　華果藥草皆得潤
龍王主住無熱池　彼龍威力流江河
亦如佛子聲聞等　說法教化方便說

110 《佛母寶德藏般若波羅蜜經》三卷

(宋) 釋法賢譯　明崇禎壬午（十五年，1642）常熟毛鳳苞刻本

版框高 22.4 厘米，寬 15.4 厘米。半葉十行，行二十字，四周雙邊。

民族 073-006-00001；臺灣 265 頁 · 846；故宮 73 · 862

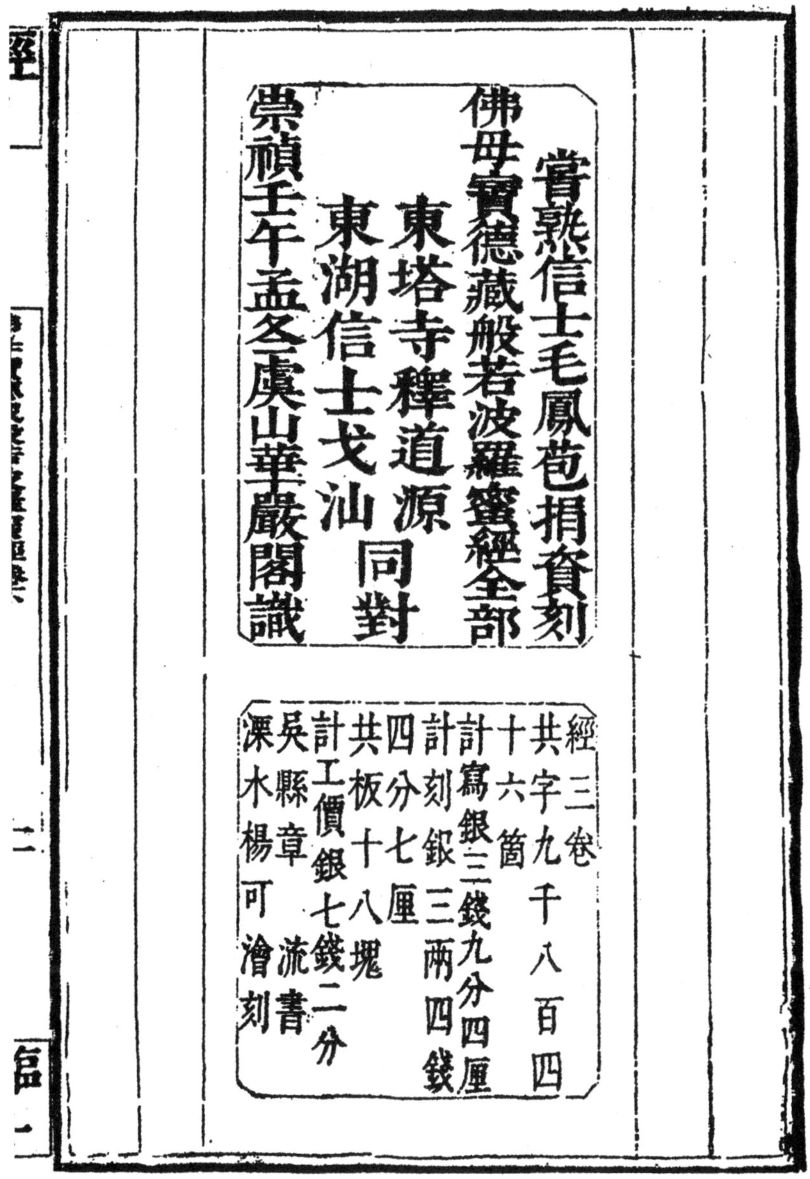
嘗熟信士毛鳳苞捐資刻
佛母寶德藏般若波羅蜜經全部
東塔寺釋道源
東湖信士戈汕　同對
崇禎壬午孟冬虞山華嚴閣識

經三卷
共字九千八百四
十六箇
計寫銀三錢九分四厘
計刻銀三兩四錢
四分七厘
共板十八塊
計工價銀七錢二分
吳縣章　流書
溧水楊可滄刻

牌記云:“嘗熟信士毛鳳苞捐資刻《佛母寶德藏般若波羅蜜經》全部，東塔寺釋道源、東湖信士戈汕同對，崇禎壬午孟冬虞山華嚴閣識。經三卷，共字九千八百四十六箇，計寫銀三錢九分四厘，計刻銀三兩四錢四分七厘，共板十八塊，計工價銀七錢二分，吳縣章流書，溧水楊可滄刻。”臨一。

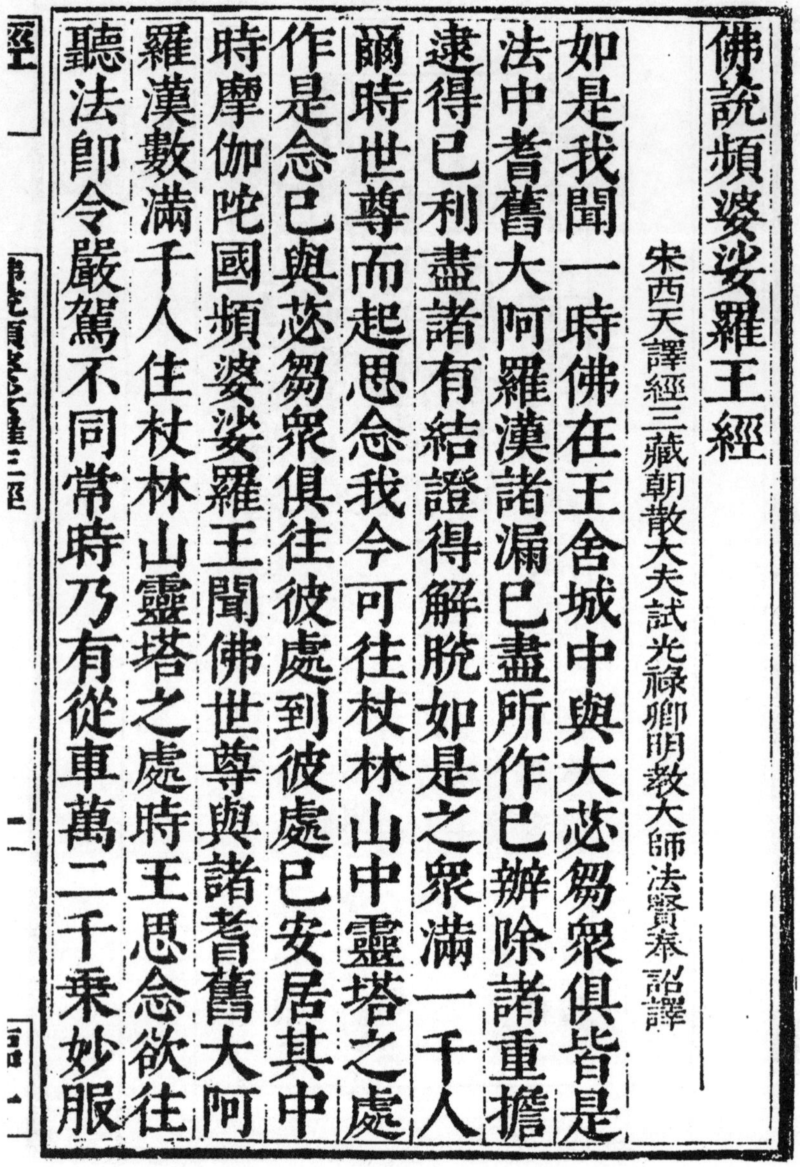
佛說頻婆娑羅王經
宋西天譯經三藏朝散大夫試光祿卿明教大師法賢奉　詔譯
如是我聞一時佛在王舍城中與大苾芻衆俱皆是
法中耆舊大阿羅漢諸漏已盡所作已辦除諸重擔
逮得已利盡諸有結證得解脫如是之衆滿一千人
爾時世尊而起思念我今可往杖林山中靈塔之處
作是念已與苾芻衆俱往彼處到彼處已安居其中
時摩伽陀國頻婆娑羅王聞佛世尊與諸耆舊大阿
羅漢數滿千人住杖林山靈塔之處時王思念欲往
聽法即令嚴駕不同常時乃有從車萬二千乘妙服

111 《佛說頻婆娑羅王經》一卷

(宋) 釋法賢譯　明崇禎壬午（十五年，1642）泰和蕭士瑋刻本

版框高 22.4 厘米，寬 15.4 厘米。半葉十行，行二十字，四周雙邊。

民族 073-008-00014；臺灣 277 頁 · 882；故宮 73 · 898

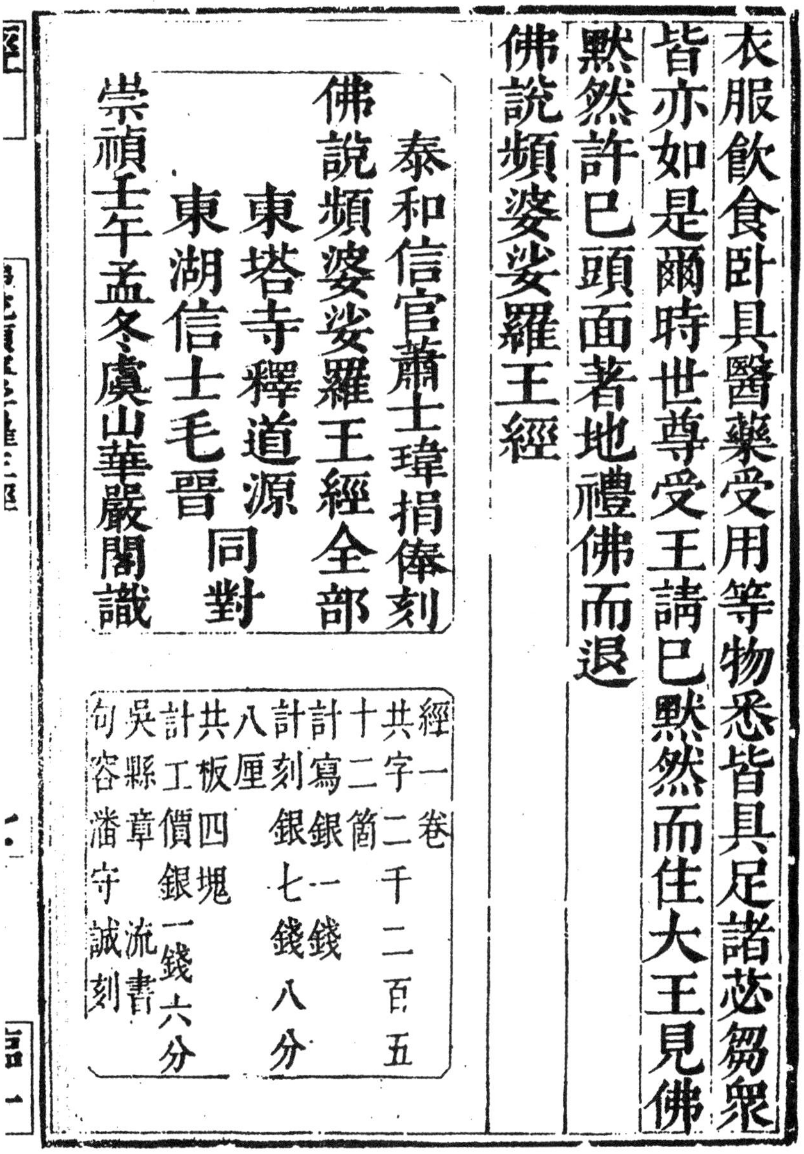
衣服飲食卧具醫藥受用等物悉皆具足諸苾芻衆
皆亦如是爾時世尊受王請已默然而住大王見佛
默然許已頭面著地禮佛而退
佛說頻婆娑羅王經

泰和信官蕭士瑋捐俸刻
佛說頻婆娑羅王經全部
東塔寺釋道源
東湖信士毛晋　同對
崇禎壬午孟冬虞山華嚴閣識

經一卷
共字二千二百五
十二箇
計寫銀一錢
計刻銀七錢八分
八厘
共板四塊
計工價銀一錢六分
吳縣章流書
句容潘守誠刻

牌記云:“泰和信官蕭士瑋捐俸刻《佛說頻婆娑羅王經》全部,東塔寺釋道源、東湖信士毛晋同對,崇禎壬午孟冬虞山華嚴閣識。經一卷,共字二千二百五十二箇,計寫銀一錢,計刻銀七錢八分八厘,共板四塊,計工價銀一錢六分,吳縣章流書,句容潘守誠刻。”臨十。

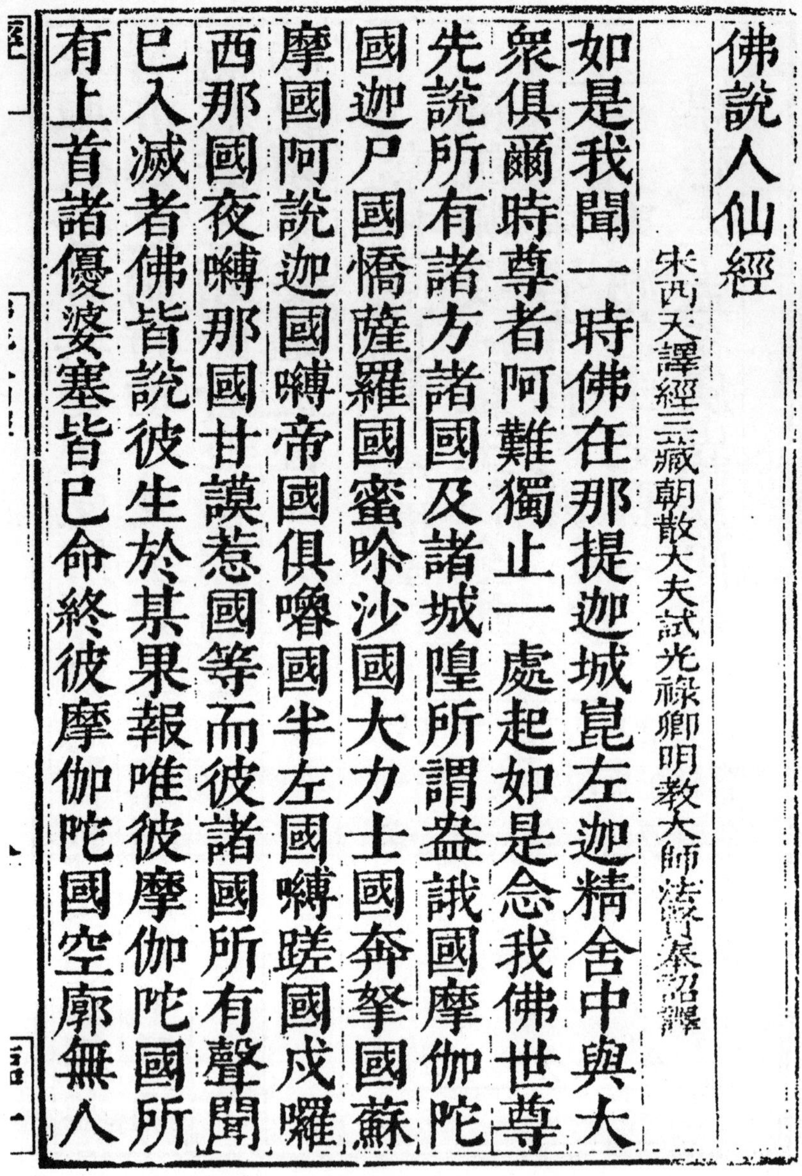

佛說人仙經

宋西天譯經三藏朝散大夫試光祿卿明教大師法賢奉詔譯

如是我聞一時佛在那提迦城崑左迦精舍中與大衆俱爾時尊者阿難獨止一處起如是念我佛世尊先說所有諸方諸國及諸城隍所謂盎誐國摩伽陀國迦尸國憍薩羅國蜜吟沙國大力士國奔拏國蘇摩國阿說迦國嚩帝國俱嚕國半左國嚩蹉國戍囉西那國夜嚩那國甘謨惹國等而彼諸國所有聲聞已入滅者佛皆說彼生於其果報唯彼摩伽陀國所有上首諸優婆塞皆已命終彼摩伽陀國空廓無人

112 《佛說人仙經》一卷

(宋) 釋法賢譯　明崇禎壬午（十五年，1642）泰和蕭士瑋刻本

版框高 22.7 厘米，寬 15.4 厘米。半葉十行，行二十字，四周雙邊。

民族 073-008-00015；臺灣 278 頁 · 883；故宮 73 · 899

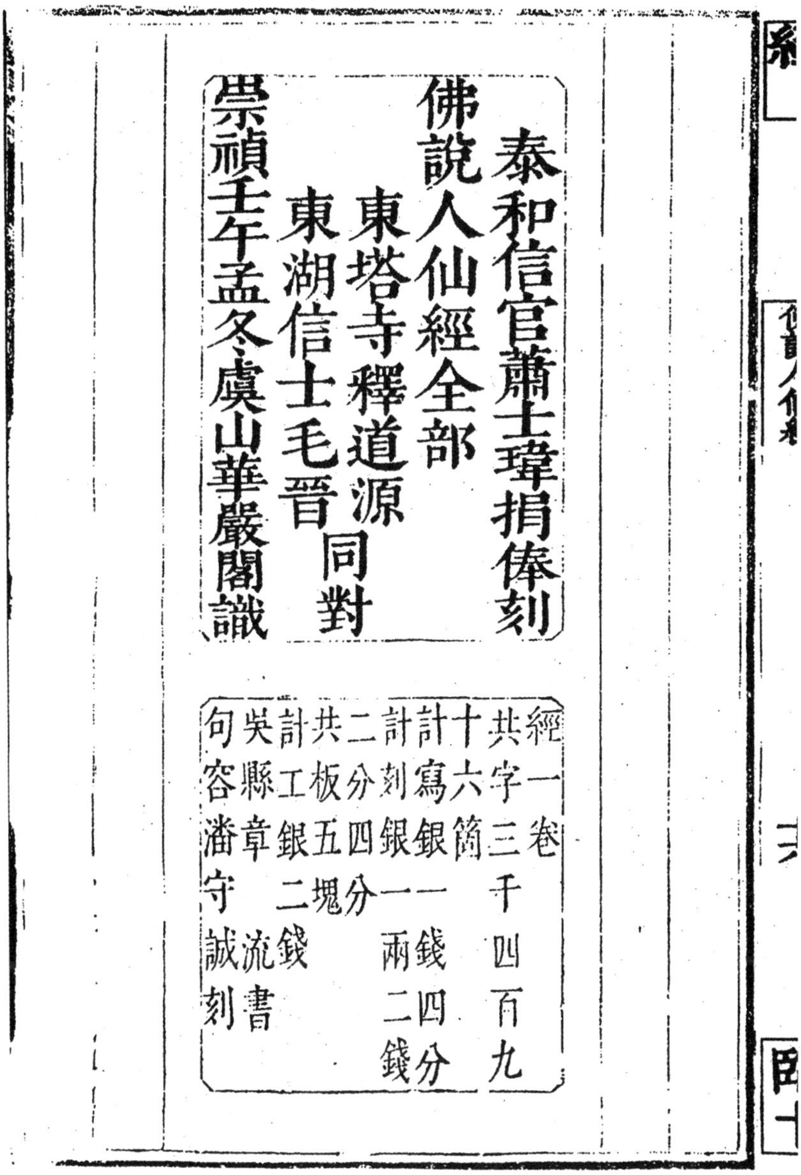

泰和信官蕭士瑋捐俸刻
佛說人仙經全部
東塔寺釋道源
東湖信士毛晉　同對
崇禎壬午孟冬虞山華嚴閣識

經一卷
共字三千四百九
十六箇
計寫銀一錢四分
計刻銀一兩二錢
二分四分
共板五塊
計工銀二錢
吳縣章流書
句容潘守誠刻

牌記云："泰和信官蕭士瑋捐俸刻《佛說人仙經》全部，東塔寺釋道源、東湖信士毛晉同對，崇禎壬午孟冬虞山華嚴閣識。經一卷，共字三千四百九十六箇，計寫銀一錢四分，計刻銀一兩二錢二分四分，共板五塊，計工價銀二錢，吳縣章流書，句容潘守誠刻。"臨十。

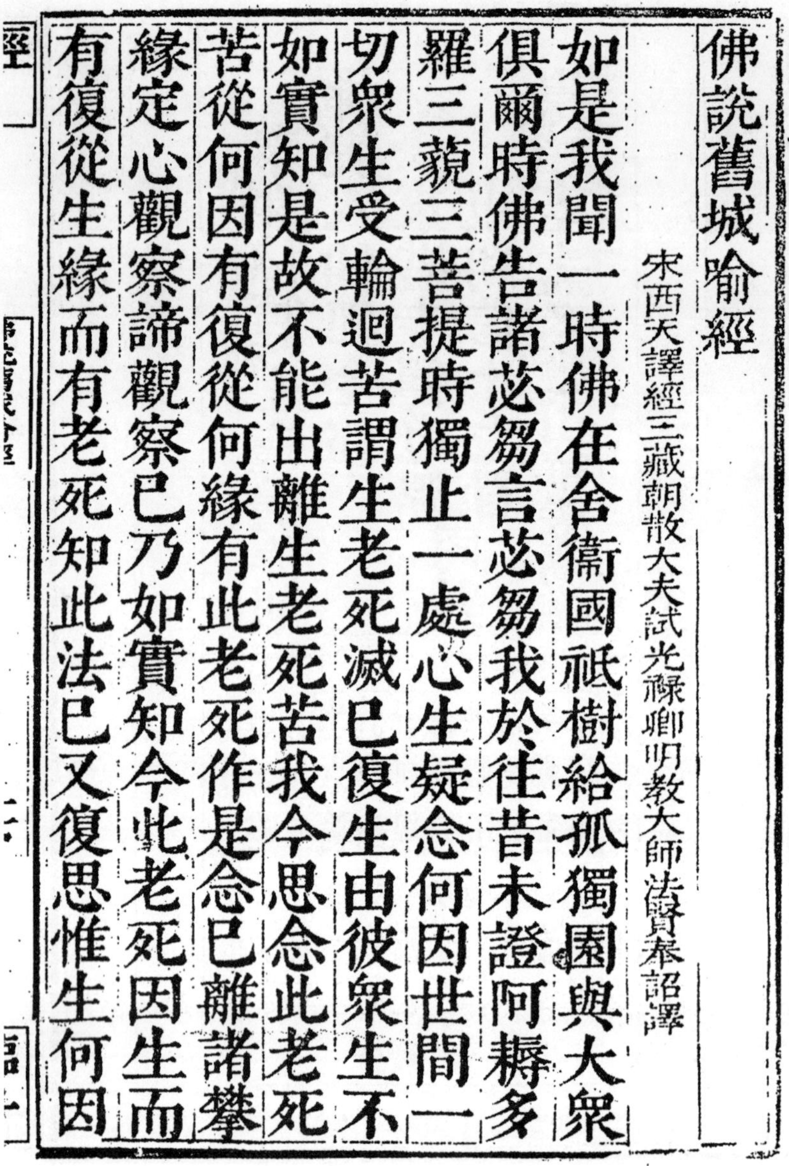
佛說舊城喻經
宋西天譯經三藏朝散大夫試光祿卿明教大師法賢奉詔譯
如是我聞一時佛在舍衛國祇樹給孤獨園與大衆
俱爾時佛告諸苾芻言苾芻我於往昔未證阿耨多
羅三藐三菩提時獨止一處心生疑念何因世間一
切衆生受輪迴苦謂生老死滅已復生由彼衆生不
如實知是故不能出離生老死苦我今思念此老死
苦從何因有復從何緣有此老死作是念已離諸攀
緣定心觀察諦觀察已乃如實知今此老死因生而
有復從生緣而有老死知此法已又復思惟生何因

113 《佛說舊城喻經》一卷

(宋) 釋法賢譯　明崇禎壬午（十五年，1642）泰和蕭士瑋刻本

版框高 22.5 厘米，寬 15.4 厘米。半葉十行，行二十字，四周雙邊。

民族 073-008-00016；臺灣 278 頁 · 884；故宫 73 · 900

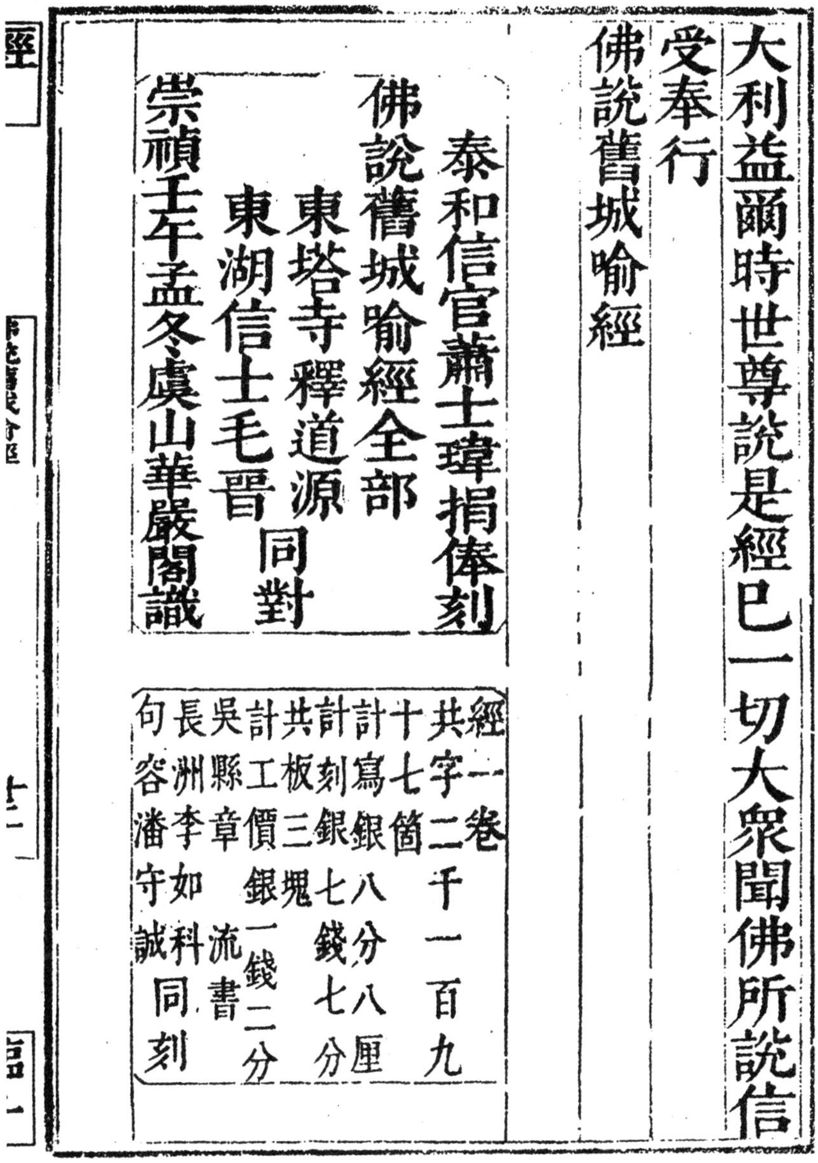
大利益爾時世尊說是經已一切大衆聞佛所說信
受奉行
佛說舊城喻經
泰和信官蕭士瑋捐俸刻
佛說舊城喻經全部
東塔寺釋道源
東湖信士毛晉　同對
崇禎壬午孟冬虞山華嚴閣識
經一卷
共字二千一百九
十七箇
計寫銀八分八厘
計刻銀七錢七分
共板三塊
計工價銀一錢二分
吳縣章流書
長洲李如科
句容潘守誠同刻

牌記云："泰和信官蕭士瑋捐俸刻《佛説舊城喻經》全部，東塔寺釋道源、東湖信士毛晉同對，崇禎壬午孟冬虞山華嚴閣識。經一卷，共字二千一百九十七箇，計寫銀八分八厘，計刻銀七錢七分，共板三塊，計工價銀一錢二分，吴縣章流書，長洲李如科、句容潘守誠同刻。"臨十。

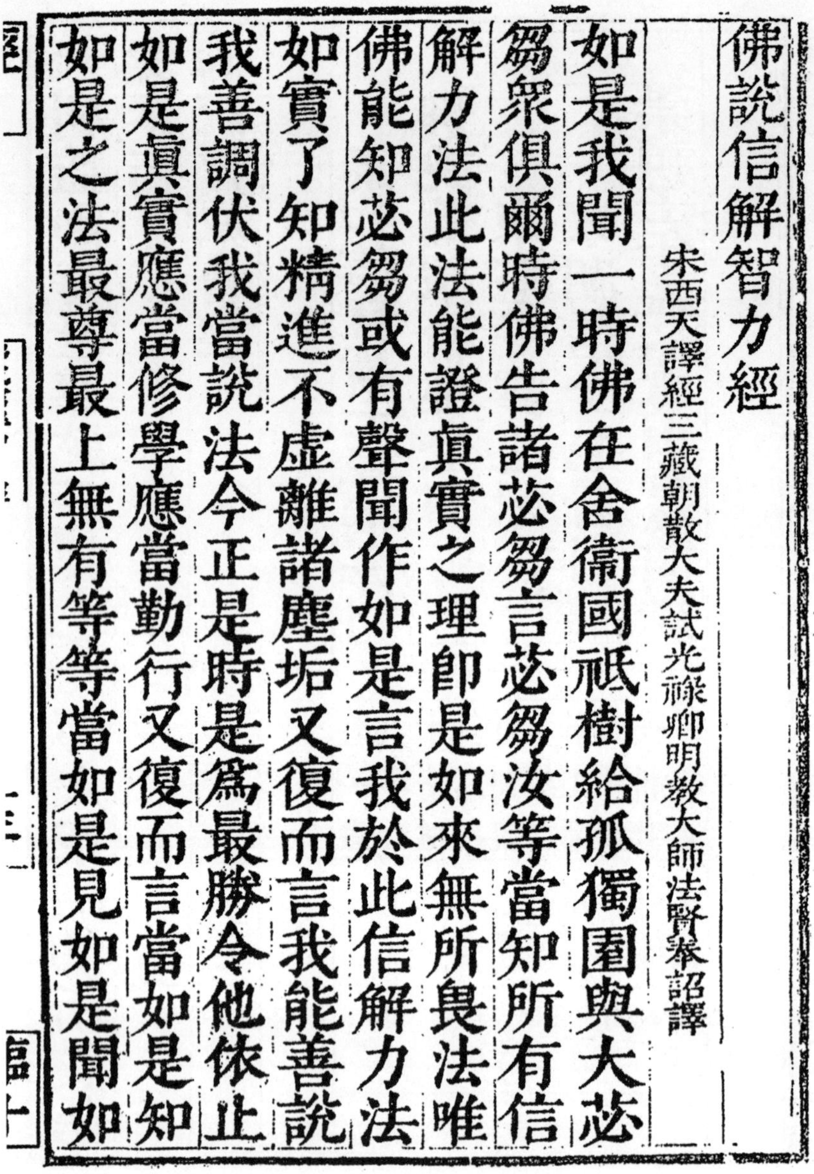
佛說信解智力經
宋西天譯經三藏朝散大夫試光祿卿明教大師法賢奉詔譯
如是我聞一時佛在舍衛國祇樹給孤獨園與大苾芻衆俱爾時佛告諸苾芻言苾芻汝等當知所有信解力法此法能證眞實之理即是如來無所畏法唯佛能知苾芻或有聲聞作如是言我於此信解力法如實了知精進不虛離諸塵垢又復而言我能善說我善調伏我當說法今正是時是爲最勝令他依止如是眞實應當修學應當勤行又復而言當如是知如是之法最尊最上無有等等當如是見如是聞如

114 《佛說信解智力經》一卷

(宋) 釋法賢譯　明崇禎壬午 (十五年，1642) 泰和蕭士瑋刻本

版框高 22.3 厘米，寬 15.4 厘米。半葉十行，行二十字，四周雙邊。

民族 073-008-00017; 臺灣 279 頁 · 885; 故宮 73 · 901

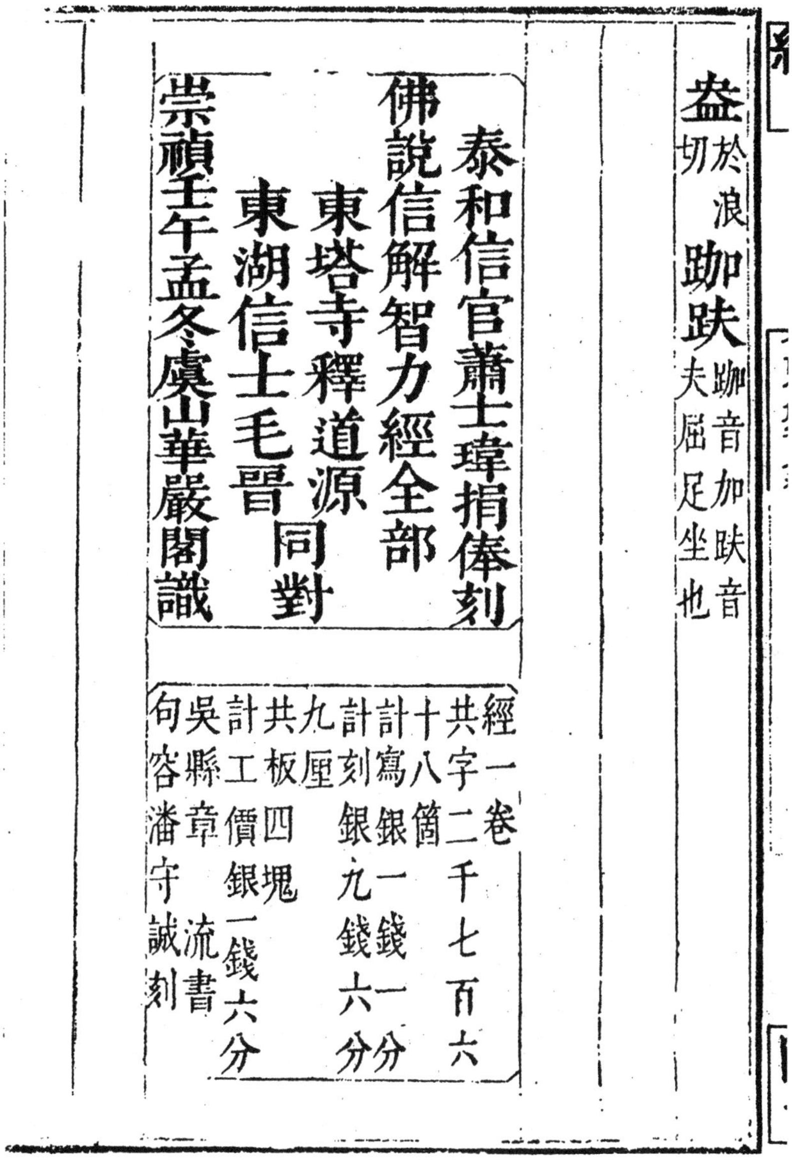

盎於浪切 跏趺跏音加趺音夫屈足坐也

泰和信官蕭士瑋捐俸刻
佛說信解智力經全部
東塔寺釋道源
東湖信士毛晉 同對
崇禎壬午孟冬虞山華嚴閣識

經一卷
共字二千七百六
十八箇
計寫銀一錢一分
計刻銀九錢六分
九厘
共板四塊
計工價銀一錢六分
吳縣章流書
句容潘守誠刻

牌記云："泰和信官蕭士瑋捐俸刻《佛說信解智力經》全部，東塔寺釋道源、東湖信士毛晉同對，崇禎壬午孟冬虞山華嚴閣識。經一卷，共字二千七百六十八箇，計寫銀一錢一分，計刻銀九錢六分九厘，共板四塊，計工價銀一錢六分，吳縣章流書，句容潘守誠刻。"臨十。

佛說最上根本大樂金剛不空三昧大教王經卷第一
宋西天三藏朝奉大夫試光祿卿明教大師法賢奉　詔譯
大三昧金剛眞實理儀軌分第一
如是我聞一時世尊大毘盧遮那佛在他化自在天宮而彼天宮衆寶所成懸鈴瓔珞幢幡珠珍種種寶蓋如是莊嚴徧滿虛空是佛世尊安住諸佛金剛三昧智衆聖之尊戴諸佛冠受三界法王灌頂成就諸佛一切智智是最相應自在無礙具諸佛平等印善作種種事業盡諸衆生界圓滿一切願三界平等究竟法身攝諸如來金剛三業諸佛稱讚是大慈悲大

115 《佛說最上根本大樂金剛不空三昧大教王經》七卷

(宋) 釋法賢譯　明崇禎壬午（十五年，1642）泰和蕭士瑋刻本

版框高 22.5 厘米，寬 15.3 厘米。半葉十行，行二十字，四周雙邊。

民族 080-004-00001；臺灣 315 頁 · 984；故宮 80 · 1037

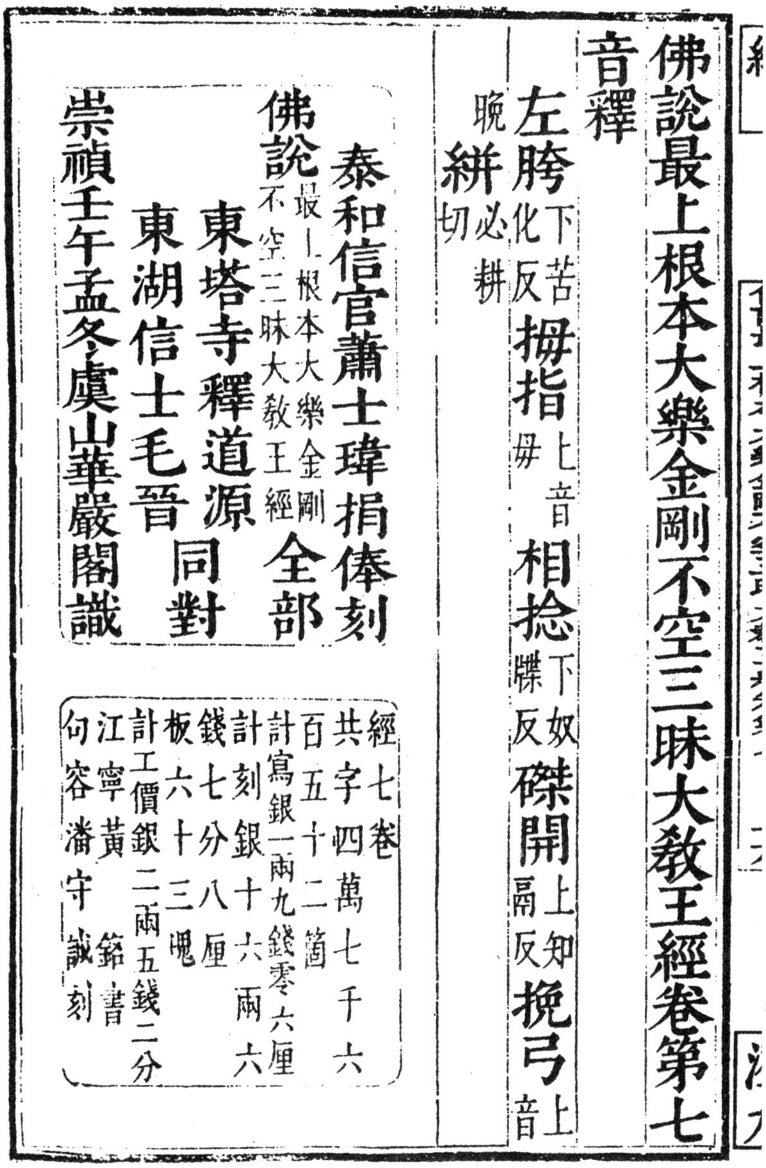
佛說最上根本大樂金剛不空三昧大教王經卷第七

音釋

左胯下苦化反　拇指上音母　相捻下奴牒反　磔開上知鬲反　挽弓上音晩　絣必耕切

泰和信官蕭士瑋捐俸刻
佛說最上根本大樂金剛不空三昧大教王經全部
東塔寺釋道源
東湖信士毛晉　同對
崇禎壬午孟冬虞山華嚴閣識

經七卷
共字四萬七千六百五十二箇
計寫銀一兩九錢零六厘
計刻銀十六兩六錢七分八厘
板六十三塊
計工價銀二兩五錢二分
江寧黃銘書
句容潘守誠刻

牌記云："泰和信官蕭士瑋捐俸刻《佛說最上根本大樂金剛不空三昧大教王經》全部，東塔寺釋道源、東湖信士毛晉同對，崇禎壬午孟冬虞山華嚴閣識。經七卷，共字四萬七千六百五十二箇，計寫銀一兩九錢零六厘，計刻銀十六兩六錢七分八厘，板六十三塊，計工價銀二兩五錢二分，江寧黃銘書，句容潘守誠刻。"澄三至九。

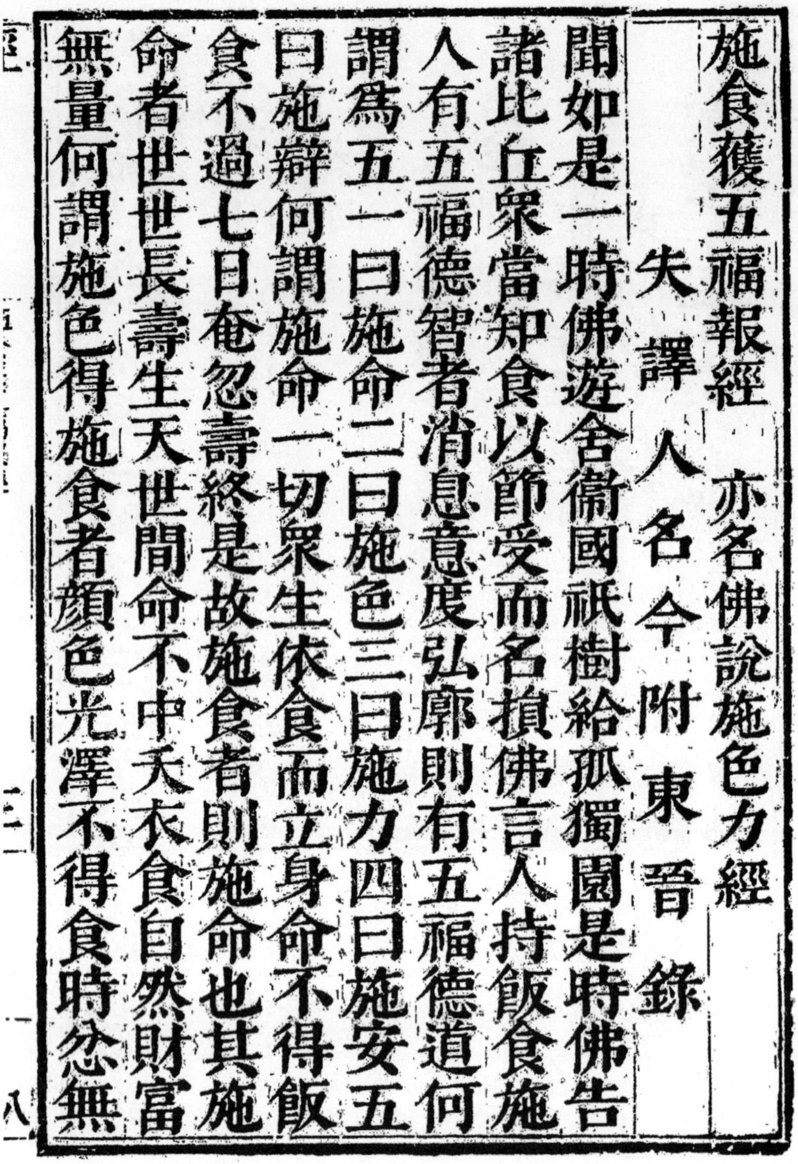
施食獲五福報經　亦名佛說施色力經
失譯人名今附東晉錄
聞如是一時佛遊舍衛國祇樹給孤獨園是時佛告諸比丘衆當知食以節受而名損佛言人持飯食施人有五福德智者消息意度弘廓則有五福德道何謂爲五一曰施命二曰施色三曰施力四曰施安五曰施辯何謂施命一切衆生依食而立身命不得飯食不過七日奄忽壽終是故施食者則施命也其施命者世世長壽生天世間命不中夭衣食自然財富無量何謂施色得施食者顔色光澤不得食時忿無

116《施食獲五福報經》一卷（一名《佛說施色力經》）

不著譯人　明崇禎壬午（十五年，1642）常熟毛鳳苞刻本

版框高 22.5 厘米，寬 15.5 厘米。半葉十行，行二十字，四周雙邊。

民族 065-006-00010; 臺灣 191 頁 · 615; 故宮 65 · 618

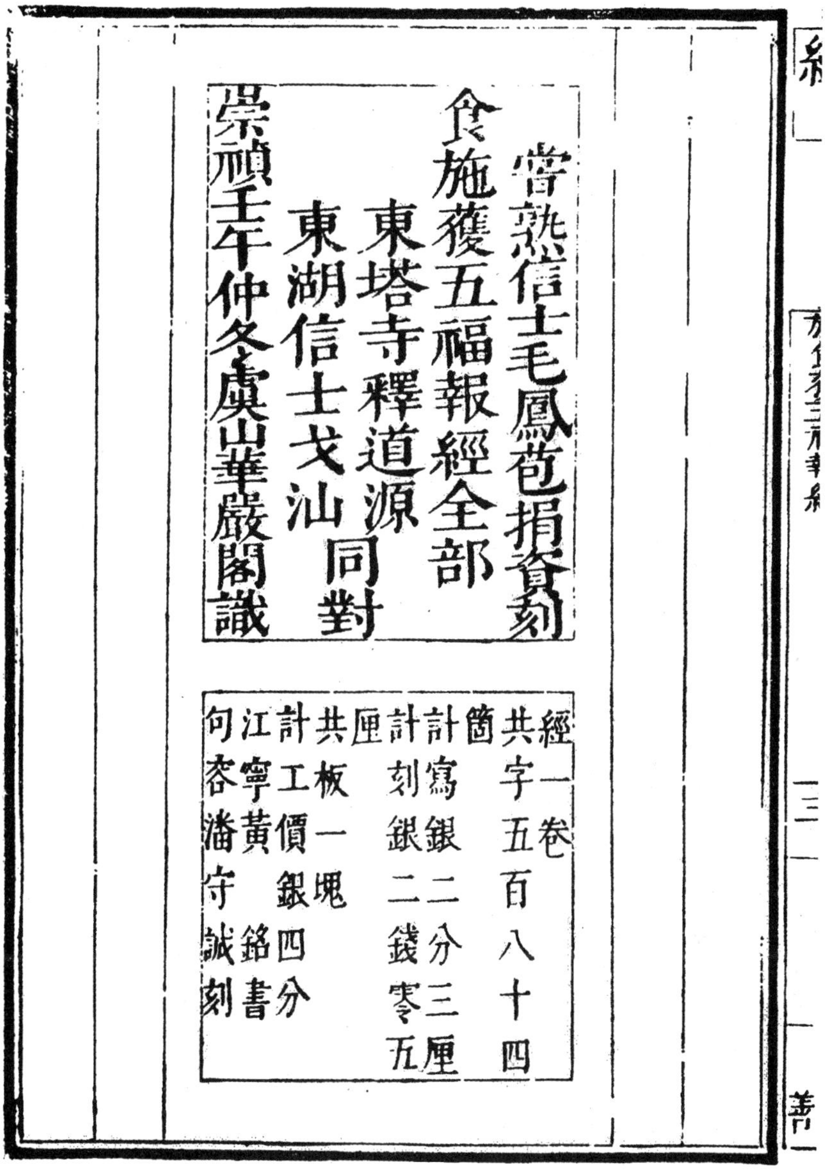
嘗熟信士毛鳳苞捐資刻
食施獲五福報經全部
東塔寺釋道源
東湖信士戈汕同對
崇禎壬午仲冬虞山華嚴閣識

經一卷
共字五百八十四
箇
計寫銀二分三厘
計刻銀二錢零五
厘
共板一塊
計工價銀四分
江寧黃銘書
句容潘守誠刻

牌記云："嘗熟信士毛鳳苞捐資刻《食施獲五福報經》全部，東塔寺釋道源、東湖信士戈汕同對，崇禎壬午仲冬虞山華嚴閣識。經一卷，共字五百八十四箇，計寫銀二分三厘，計刻銀二錢零五厘，共板一塊，計工價銀四分，江寧黃銘書，句容潘守誠刻。"善八。

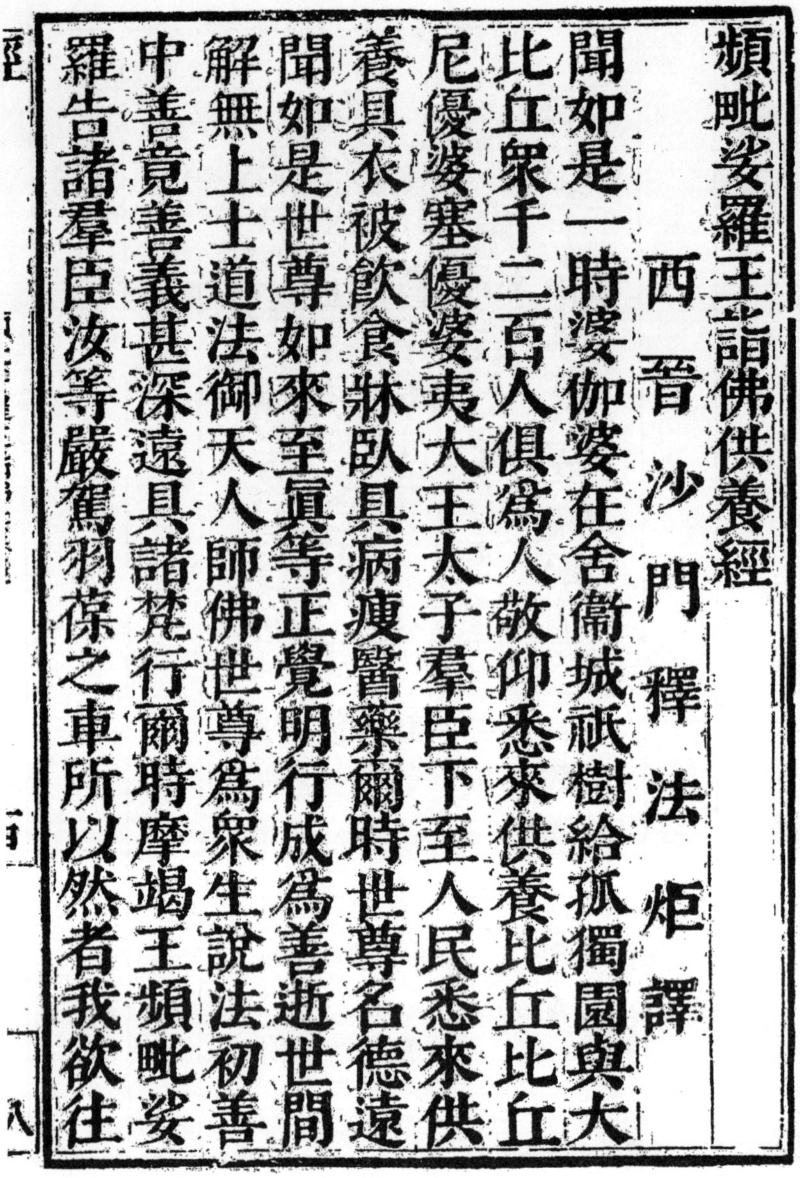
頻毗娑羅王詣佛供養經
西晉沙門釋法炬譯
聞如是一時婆伽婆在舍衛城祇樹給孤獨園與大比丘衆千二百人俱爲人敬仰悉來供養比丘比丘尼優婆塞優婆夷大王太子羣臣下至人民悉來供養具衣被飲食牀臥具病瘦醫藥爾時世尊名德遠聞如是世尊如來至眞等正覺明行成爲善逝世間解無上士道法御天人師佛世尊爲衆生說法初善中善竟善義甚深遠具諸梵行爾時摩竭王頻毗娑羅告諸羣臣汝等嚴駕羽葆之車所以然者我欲往

117 《頻毗娑羅王詣佛供養經》一卷

(西晉）釋法炬譯　明崇禎壬午（十五年，1642）泰和蕭士瑋刻本

版框高 22.5 厘米，寬 15.3 厘米。半葉十行，行二十字，四周雙邊。

民族 065-006-00011；臺灣 192 頁 · 616；故宮 65 · 619

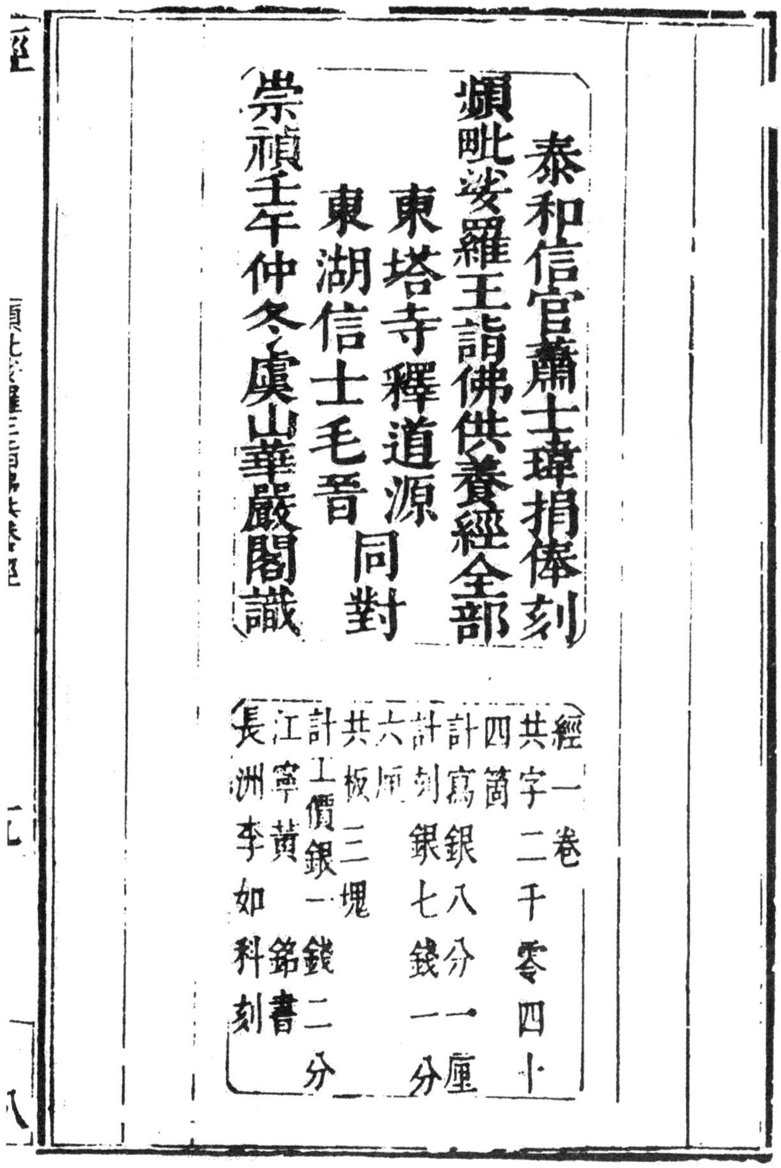

泰和信官蕭士瑋捐俸刻
頻毗娑羅王詣佛供養經全部
東塔寺釋道源
東湖信士毛晉　同對
崇禎壬午仲冬虞山華嚴閣識

經一卷
共字二千零四十
四箇
計寫銀八分一厘
計刻銀七錢一分
六厘
共板三塊
計工價銀一錢二分
江寧黃銘書
長洲李如科刻

牌記云："泰和信官蕭士瑋捐俸刻《頻毗娑羅王詣佛供養經》全部，東塔寺釋道源、東湖信士毛晉同對，崇禎壬午仲冬虞山華嚴閣識。經一卷，共字二千零四十四箇，計寫銀八分一厘，計刻銀七錢一分六厘，共板三塊，計工價銀一錢二分，江寧黃銘書，長洲李如科刻。"善八。

佛說長者子六過出家經

宋 三 藏 法 師 釋 慧 簡 譯

聞如是一時婆伽婆在舍衛城祇樹給孤獨園爾時僧伽羅摩長者子乃至六過出家爲道便往至世尊所頭面禮足在一面立時僧伽羅摩長者子白世尊言願世尊聽出家學道時僧伽羅摩得出家學道時世尊告僧伽羅摩比丘汝當行二法云何爲二止觀是也僧伽羅摩比丘白佛言甚解世尊甚解如來世尊告曰我取要而說云何言甚解耶僧伽羅摩白佛言止者諸結永息觀者世尊觀一切諸法世尊告曰

118 《佛說長者子六過出家經》一卷

(南朝宋) 釋慧簡譯　明崇禎壬午（十五年，1642）泰和蕭士瑋刻本

版框高 22.4 厘米，寬 15.4 厘米。半葉十行，行二十字，四周雙邊。

民族 065-006-00012；臺灣 192 頁 · 617；故宮 65 · 620

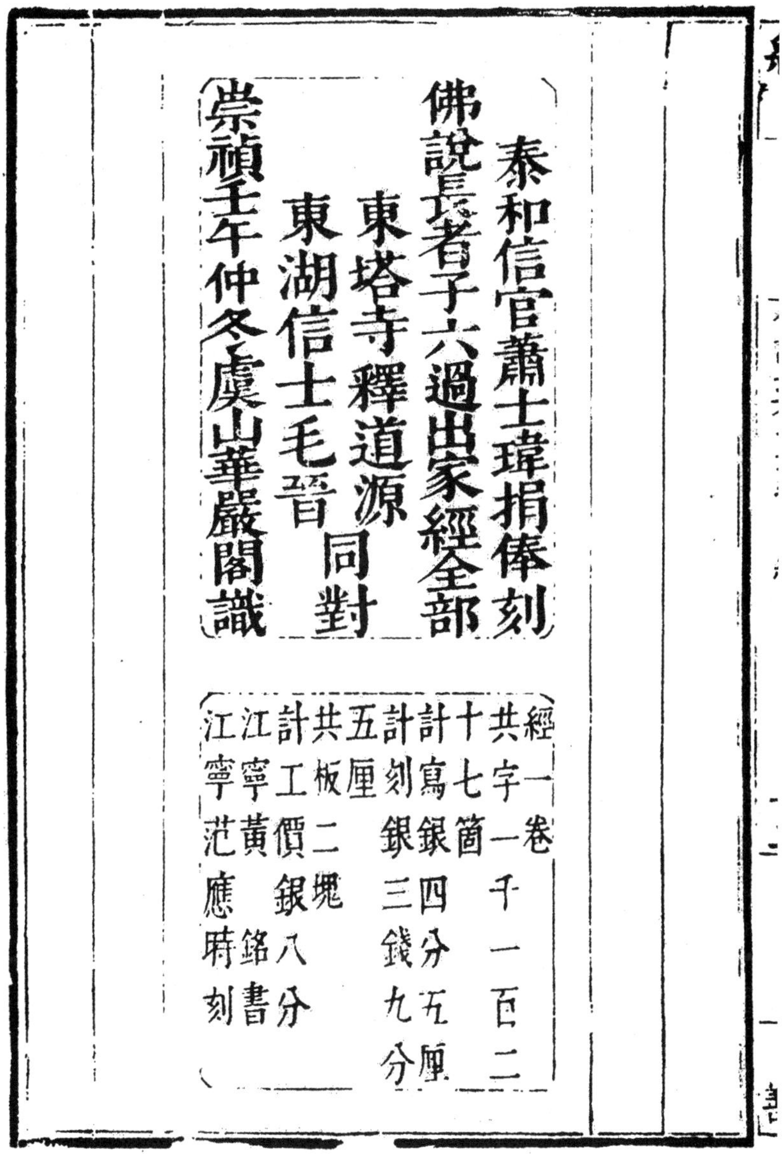

泰和信官蕭士瑋捐俸刻
佛說長者子六過出家經全部
東塔寺釋道源
東湖信士毛晉　同對
崇禎壬午仲冬虞山華嚴閣識

經一卷
共字一千一百二
十七箇
計寫銀四分五厘
計刻銀三錢九分
五厘
共板二塊
計工價銀八分
江寧黃銘書
江寧范應時刻

牌記云:"泰和信官蕭士瑋捐俸刻《佛説長者子六過出家經》全部，東塔寺釋道源、東湖信士毛晉同對，崇禎壬午仲冬虞山華嚴閣識。經一卷，共字一千一百二十七箇，計寫銀四分五厘，計刻銀三錢九分五厘，共板二塊，計工價銀八分，江寧黄銘書，江寧范應時刻。"善八。

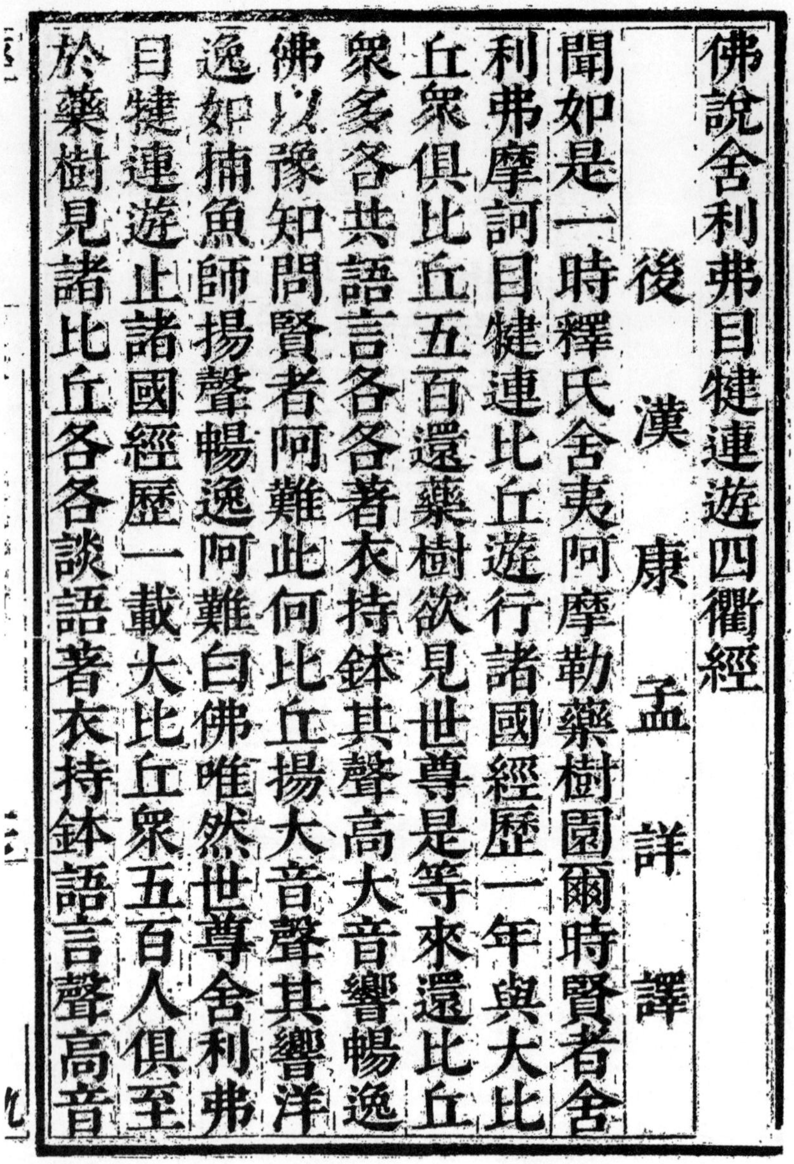

佛說舍利弗目揵連遊四衢經

後漢 康孟詳譯

聞如是一時釋氏舍夷阿摩勒藥樹園爾時賢者舍利弗摩訶目揵連比丘遊行諸國經歷一年與大比丘衆俱比丘五百還藥樹欲見世尊是等來還比丘衆多各共語言各各著衣持鉢其聲高大音響暢逸佛以豫知問賢者阿難此何比丘揚大音聲其響洋逸如捕魚師揚聲暢逸阿難白佛唯然世尊舍利弗目揵連遊止諸國經歷一載大比丘衆五百人俱至於藥樹見諸比丘各各談語著衣持鉢語言聲高音

119 《佛說舍利弗目揵連遊四衢經》一卷

(東漢) 康孟詳譯　明崇禎壬午（十五年，1642）泰和蕭士瑋刻本

版框高 22.5 厘米，寬 15.3 厘米。半葉十行，行二十字，四周雙邊。

民族 065-006-00017; 臺灣 194 頁 · 622; 故宮 65 · 625

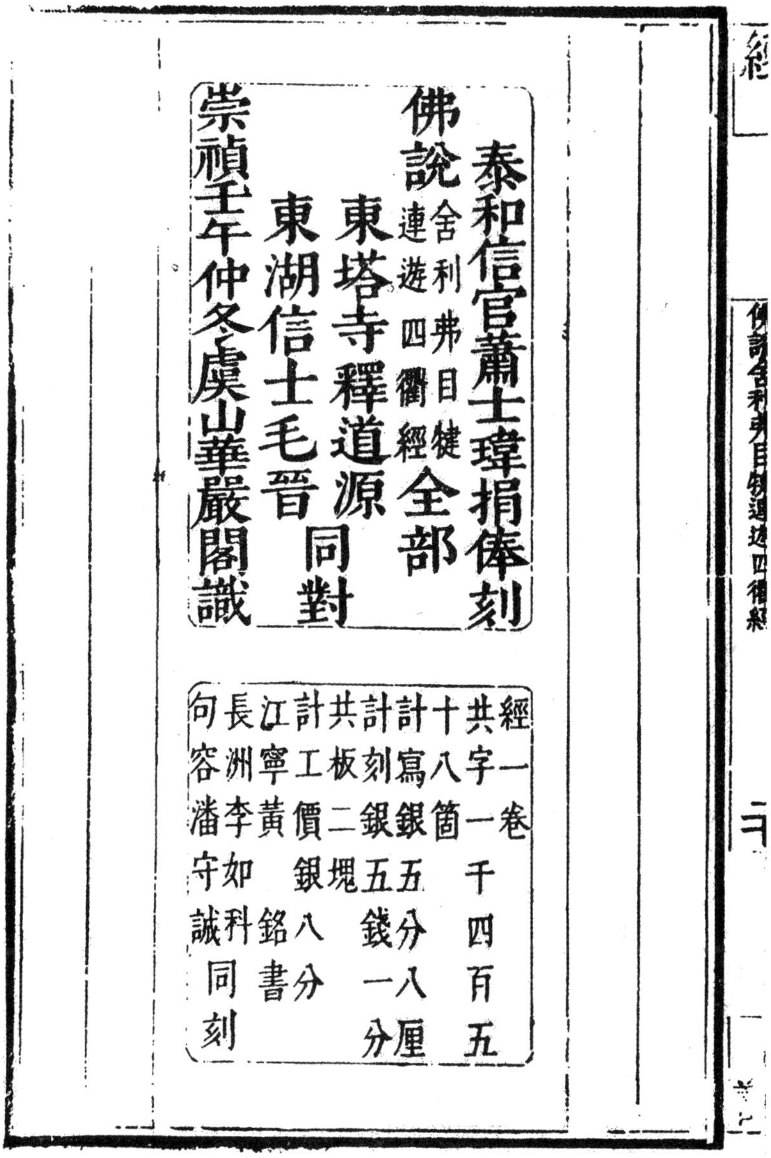
泰和信官蕭士瑋捐俸刻
佛說舍利弗目犍連遊四衢經全部
東塔寺釋道源
東湖信士毛晉同對
崇禎壬午仲冬虞山華嚴閣識

經一卷
共字一千四百五
十八箇
計寫銀五分八厘
計刻銀五錢一分
共板二塊
計工價銀八分
江寧黃銘書
長洲李如科
句容潘守誠同刻

牌記云:“泰和信官蕭士瑋捐俸刻《佛說舍利弗目犍連遊四衢經》全部,東塔寺釋道源、東湖信士毛晉同對,崇禎壬午仲冬虞山華嚴閣識。經一卷,共字一千四百五十八箇,計寫銀五分八厘,計刻銀五錢一分,共板二塊,計工價銀八分,江寧黃銘書,長洲李如科、句容潘守誠同刻。”善九。

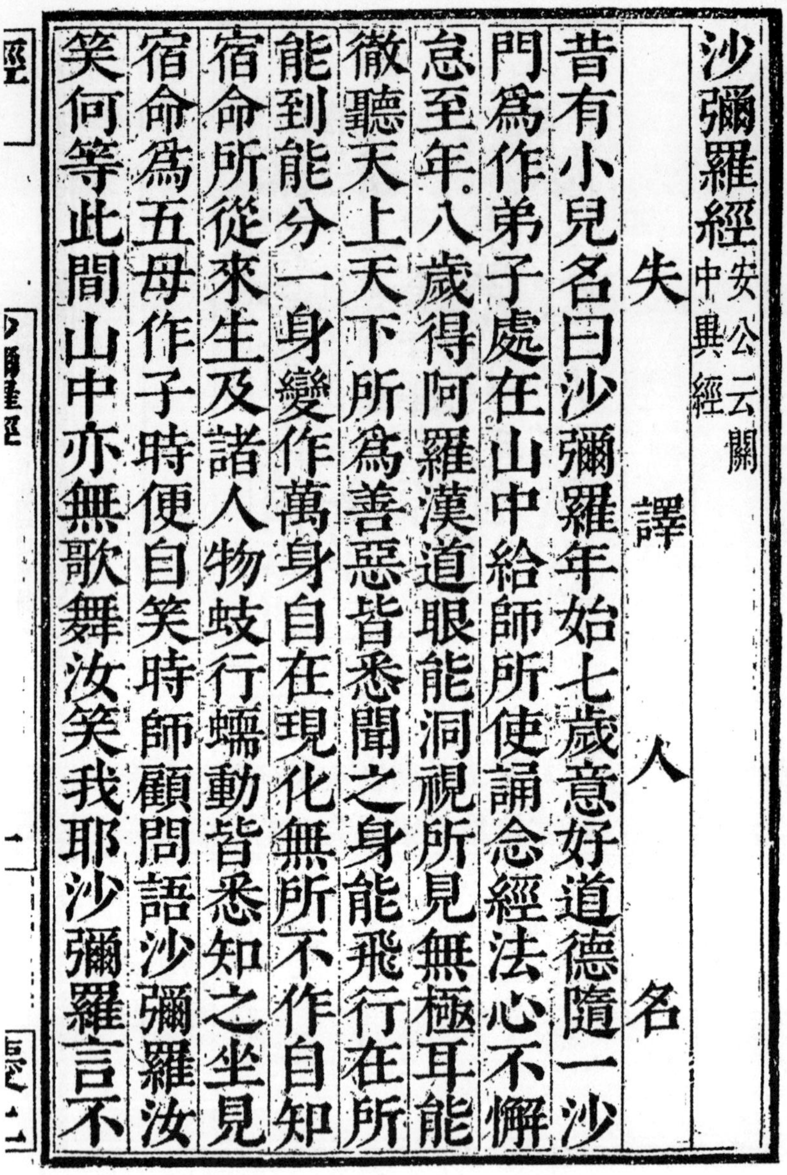

沙彌羅經 安公云關中異經

失譯人名

昔有小兒名曰沙彌羅年始七歲意好道德隨一沙門爲作弟子處在山中給師所使誦念經法心不懈怠至年八歲得阿羅漢道眼能洞視所見無極耳能徹聽天上天下所爲善惡皆悉聞之身能飛行在所能到能分一身變作萬身自在現化無所不作自知宿命所從來生及諸人物蚑行蠕動皆悉知之坐見宿命爲五母作子時便自笑時師顧問語沙彌羅汝笑何等此間山中亦無歌舞汝笑我耶沙彌羅言不

沙彌羅經 一

120 《沙彌羅經》一卷

不著譯人　明崇禎壬午（十五年，1642）常熟毛鳳苞刻本

版框高 22.5 厘米，寬 15 厘米。半葉十行，行二十字，四周雙邊。

民族 066-001-00005；故宫 66 · 639

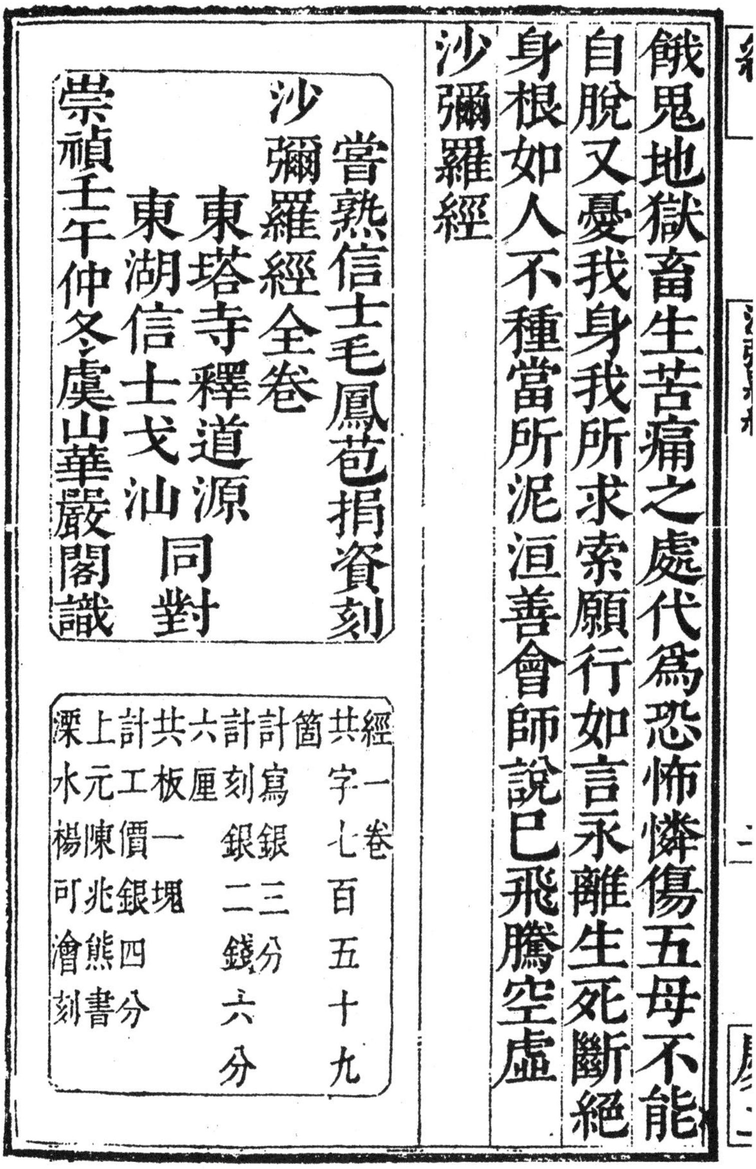

餓鬼地獄畜生苦痛之處代爲恐怖憐傷五母不能
自脱又憂我身我所求索願行如言永離生死斷絶
身根如人不種當所泥洹善會師説已飛騰空虛
沙彌羅經

嘗熟信士毛鳳苞捐資刻
沙彌羅經全卷
東塔寺釋道源
東湖信士戈汕　同對
崇禎壬午仲冬虞山華嚴閣識

經一卷
共字七百五十九
箇
計寫銀三分
計刻銀二錢六分
六厘
共板一塊
計工價銀四分
上元陳兆熊書
溧水楊可滄刻

牌記云："嘗熟信士毛鳳苞捐資刻《沙彌羅經》全卷，東塔寺釋道源、東湖信士戈汕同對，崇禎壬午仲冬虞山華嚴閣識。經一卷，共字七百五十九箇，計寫銀三分，計刻銀二錢六分六厘，共板一塊，計工價銀四分，上元陳兆熊書，溧水楊可滄刻。"慶二。

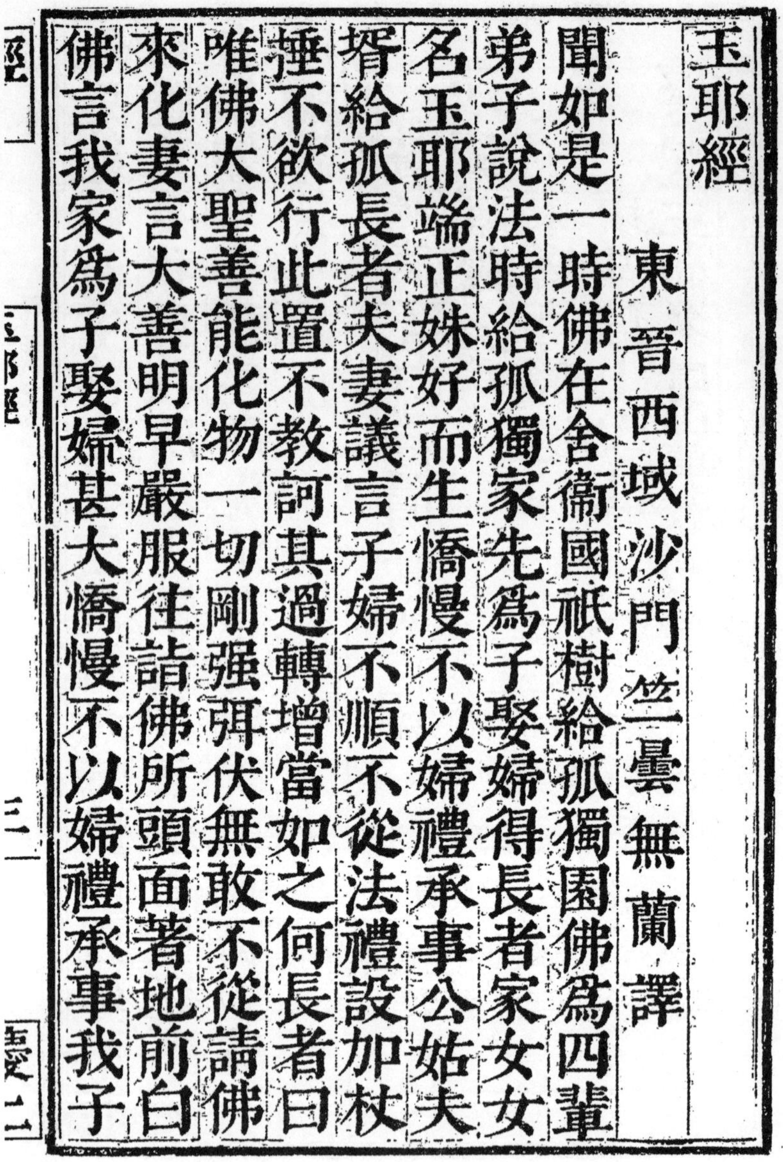
玉耶經

東晉西域沙門竺曇無蘭譯

聞如是一時佛在舍衛國祇樹給孤獨園佛爲四輩弟子說法時給孤獨家先爲子娶婦得長者家女女名玉耶端正姝好而生憍慢不以婦禮承事公姑夫壻給孤長者夫妻議言子婦不順不從法禮設加杖捶不欲行此置不教訶其過轉增當如之何長者曰唯佛大聖善能化物一切剛强弭伏無敢不從請佛來化妻言大善明旦嚴服往詣佛所頭面著地前白佛言我家爲子娶婦甚大憍慢不以婦禮承事我子

121 《玉耶經》一卷

(東晉) 釋竺曇無蘭譯　明崇禎壬午（十五年，1642）常熟毛鳳苞刻本

版框高 22.5 厘米，寬 14.9 厘米。半葉十行，行二十字，四周雙邊。

民族 066-001-00006；故宫 66 · 640

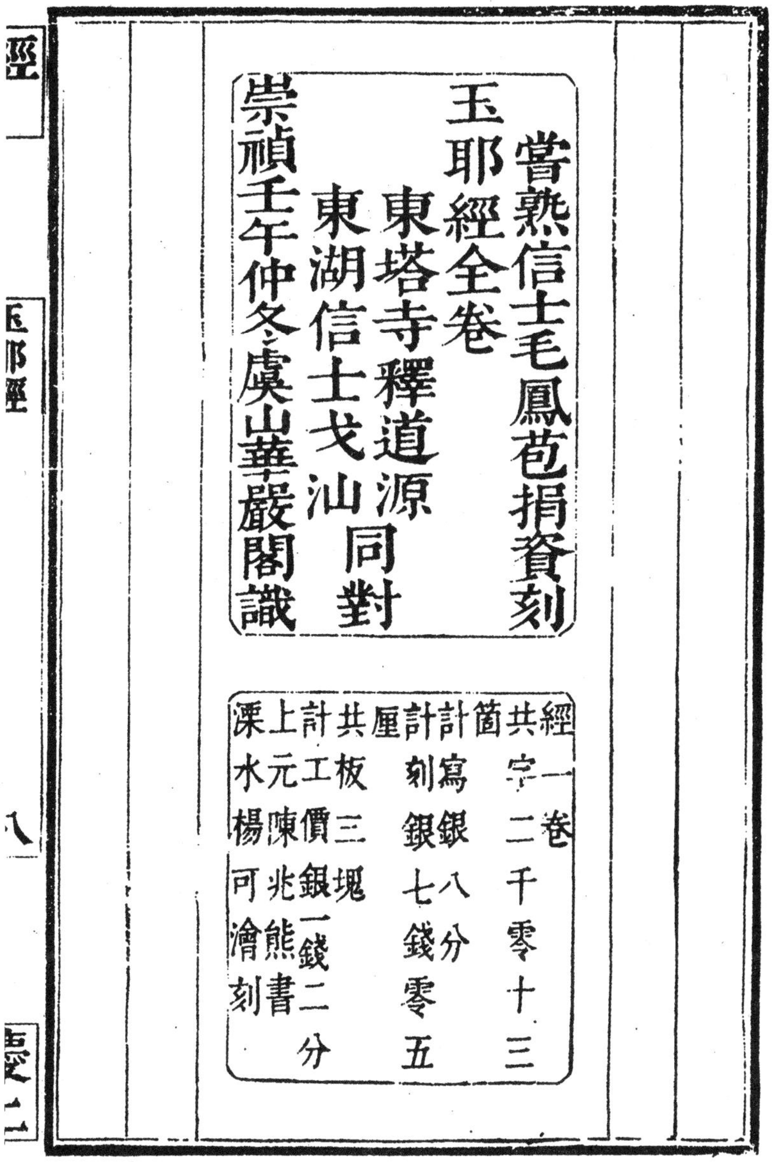
嘗熟信士毛鳳苞捐資刻
玉耶經全卷
東塔寺釋道源
東湖信士戈汕　同對
崇禎壬午仲冬虞山華嚴閣識

經一卷
共字二千零十三
箇
計寫銀八分
計刻銀七錢零五
厘
共板三塊
計工價銀一錢二分
上元陳兆熊書
溧水楊可澮刻

牌記云:“嘗熟信士毛鳳苞捐資刻《玉耶經》全卷，東塔寺釋道源、東湖信士戈汕同對，崇禎壬午仲冬虞山華嚴閣識。經一卷，共字二千零十三箇，計寫銀八分，計刻銀七錢零五厘，共板三塊，計工價銀一錢二分，上元陳兆熊書，溧水楊可澮刻。”慶二。

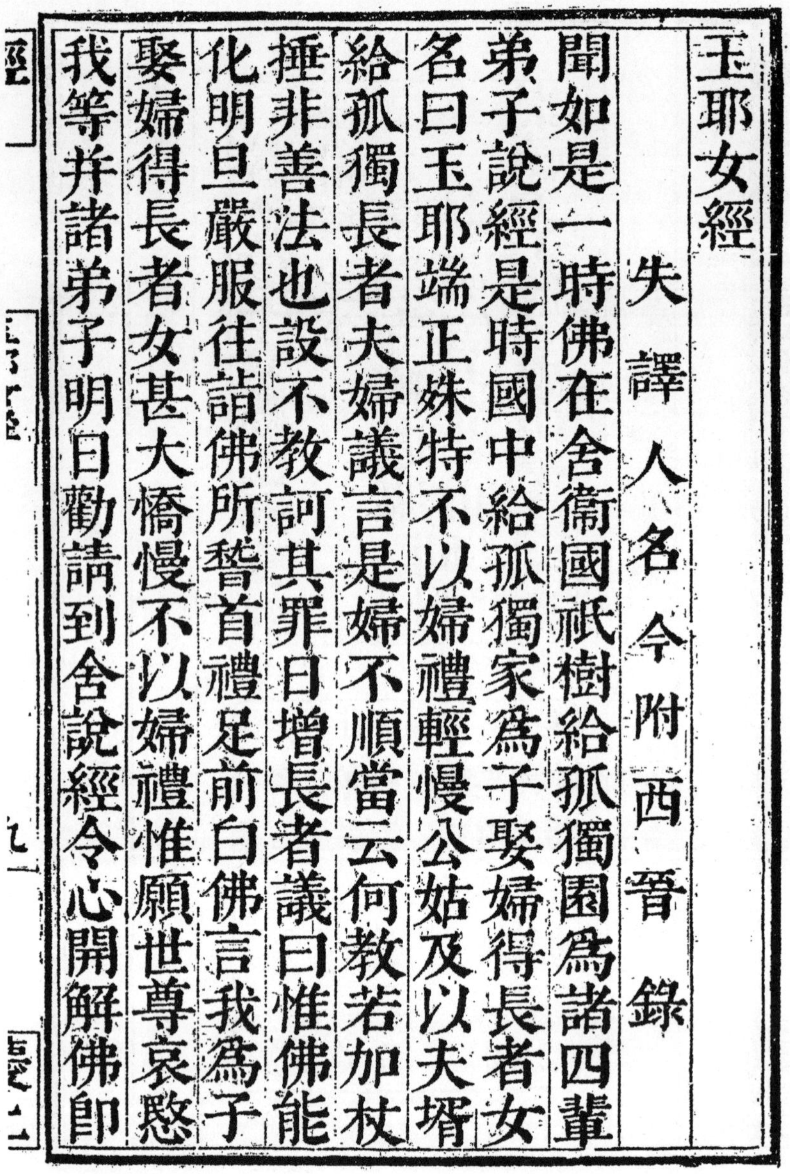

玉耶女經

失譯人名今附西晉錄

聞如是一時佛在舍衛國祇樹給孤獨園爲諸四輩弟子說經是時國中給孤獨家爲子娶婦得長者女名曰玉耶端正姝特不以婦禮輕慢公姑及以夫壻給孤獨長者夫婦議言是婦不順當云何教若加杖捶非善法也設不教訶其罪日增長者議曰惟佛能化明旦嚴服往詣佛所稽首禮足前白佛言我爲子娶婦得長者女甚大憍慢不以婦禮惟願世尊哀愍我等幷諸弟子明日勸請到舍說經令心開解佛卽

122 《玉耶女經》一卷

不著譯人　明崇禎壬午（十五年，1642）常熟毛鳳苞刻本

版框高 22.8 厘米，寬 14.8 厘米。半葉十行，行二十字，四周雙邊。

民族 066-001-00007；故宫 66 · 641

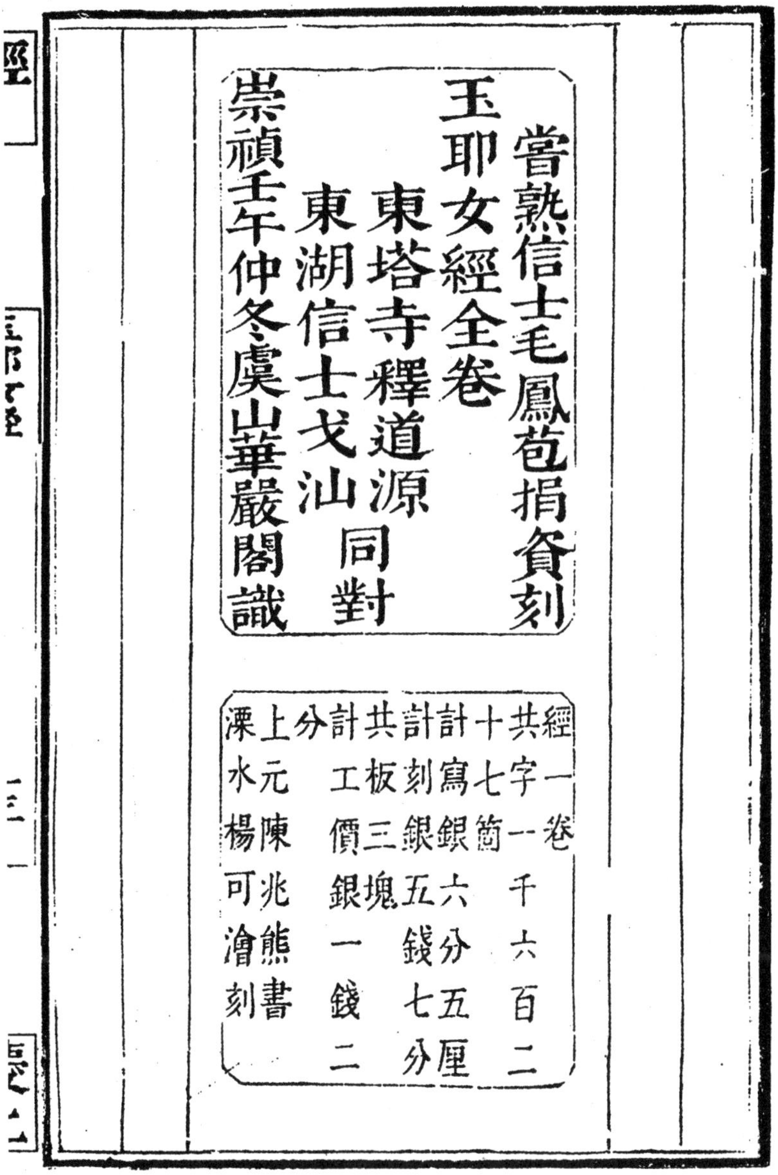

嘗熟信士毛鳳苞捐資刻
玉耶女經全卷
東塔寺釋道源
東湖信士戈汕 同對
崇禎壬午仲冬虞山華嚴閣識

經一卷
共字一千六百二
十七箇
計寫銀六分五厘
計刻銀五錢七分
共板三塊
計工價銀一錢二
分
上元陳兆熊書
溧水楊可澮刻

牌記云："嘗熟信士毛鳳苞捐資刻《玉耶女經》全卷，東塔寺釋道源、東湖信士戈汕同對，崇禎壬午仲冬虞山華嚴閣識。經一卷，共字一千六百二十七箇，計寫銀六分五厘，計刻銀五錢七分，共板三塊，計工價銀一錢二分，上元陳兆熊書，溧水楊可澮刻。"慶二。

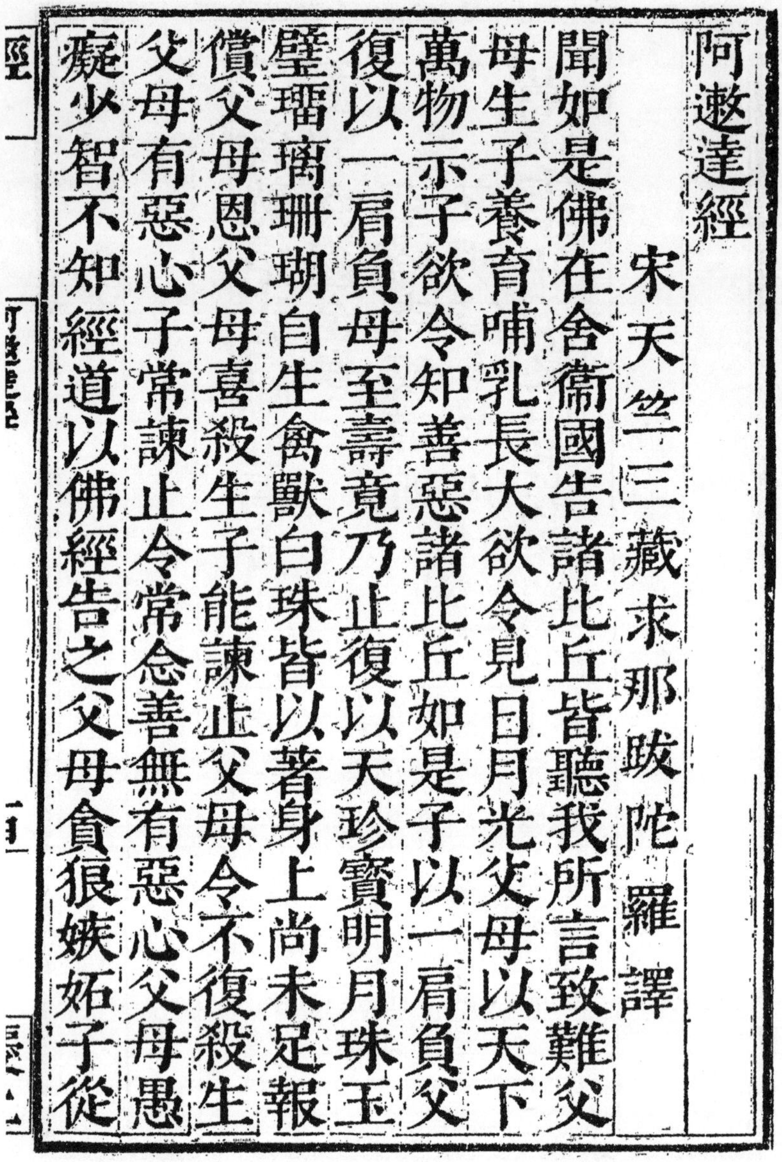
阿遬達經
宋天竺三藏求那跋陀羅譯
聞如是佛在舍衞國告諸比丘皆聽我所言致難父
母生子養育哺乳長大欲令見日月光父母以天下
萬物示子欲令知善惡諸比丘如是子以一肩負父
復以一肩負母至壽竟乃止復以天珍寶明月珠玉
璧瑠璃珊瑚自生禽獸白珠皆以著身上尚未足報
償父母恩父母喜殺生子能諫止父母令不復殺生
父母有惡心子常諫止令常念善無有惡心父母愚
癡少智不知經道以佛經告之父母貪狠嫉妬子從

123 《阿遬達經》一卷

（南朝宋）釋求那跋陀羅譯　明崇禎壬午（十五年，1642）常熟毛鳳苞刻本

版框高 23 厘米，寬 14.9 厘米。半葉十行，行二十字，四周雙邊。

民族 066-001-00008；故宫 66 · 642

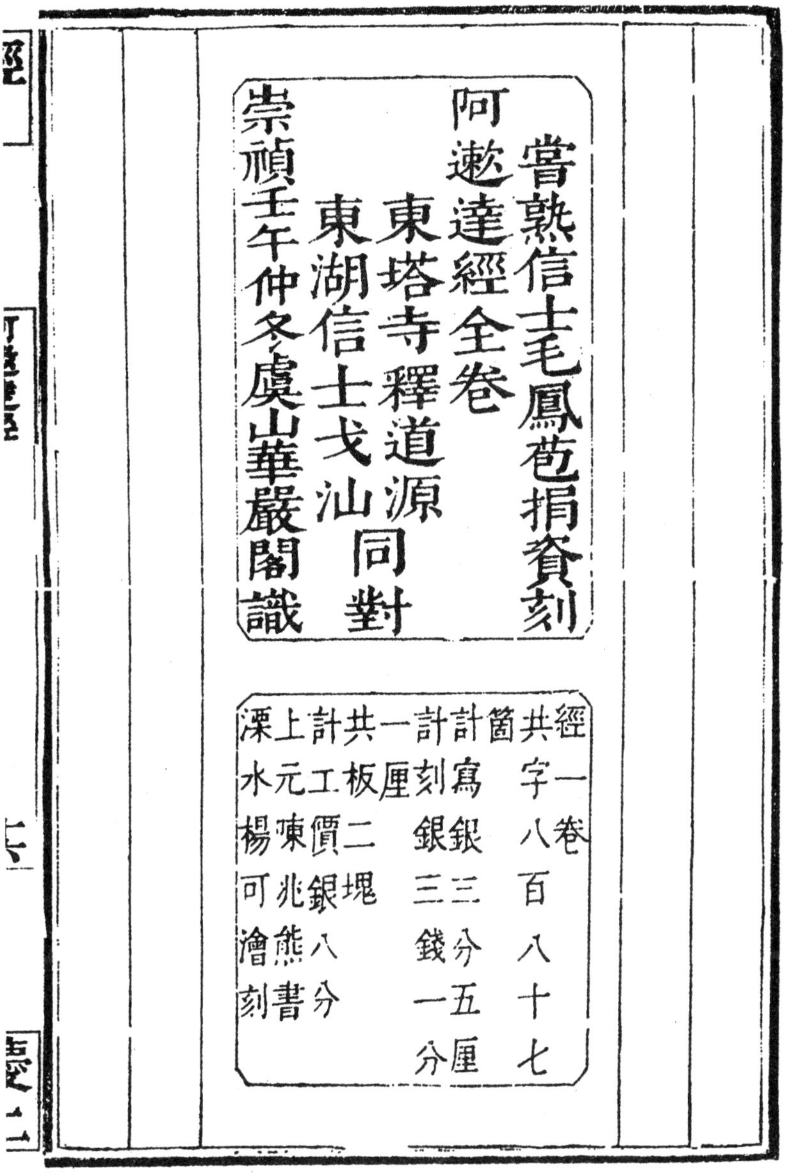

嘗熟信士毛鳳苞捐貲刻
阿遬達經全卷
東塔寺釋道源
東湖信士戈汕同對
崇禎壬午仲冬虞山華嚴閣識

經一卷
共字八百八十七
箇
計寫銀三分五厘
計刻銀三錢一分
一厘
共板二塊
計工價銀八分
上元陳兆熊書
溧水楊可滄刻

牌記云:“嘗熟信士毛鳳苞捐資刻《阿遬達經》全卷，東塔寺釋道源、東湖信士戈汕同對，崇禎壬午仲冬虞山華嚴閣識。經一卷，共字八百八十七箇，計寫銀三分五厘，計刻銀三錢一分一厘，共板二塊，計工價銀八分，上元陳兆熊書，溧水楊可滄刻。”慶二。

摩鄧女經

後漢三藏法師安世高譯

聞如是一時佛在舍衛國祇樹給孤獨園時阿難持鉢行匃食食巳阿難隨水邊而行見一女人在水邊擔水而去阿難從女匃水女卽與水女便隨阿難視阿難所止處女歸告其母母名摩鄧女於家委地卧而啼母問女何爲悲啼女言母欲嫁我者莫與他人我於水邊見一沙門從我匃水我隨問名名曰阿難我得阿難乃嫁母不得者我不嫁也母出行問阿難阿難者承事佛母巳知還告女言阿難事佛道不肯

124 《摩鄧女經》一卷

(東漢) 釋安世高譯　明崇禎壬午（十五年，1642）常熟毛鳳苞刻本

版框高 22.8 厘米，寬 14.8 厘米。半葉十行，行二十字，四周雙邊。

民族 066-001-00009；故宫 66 · 643

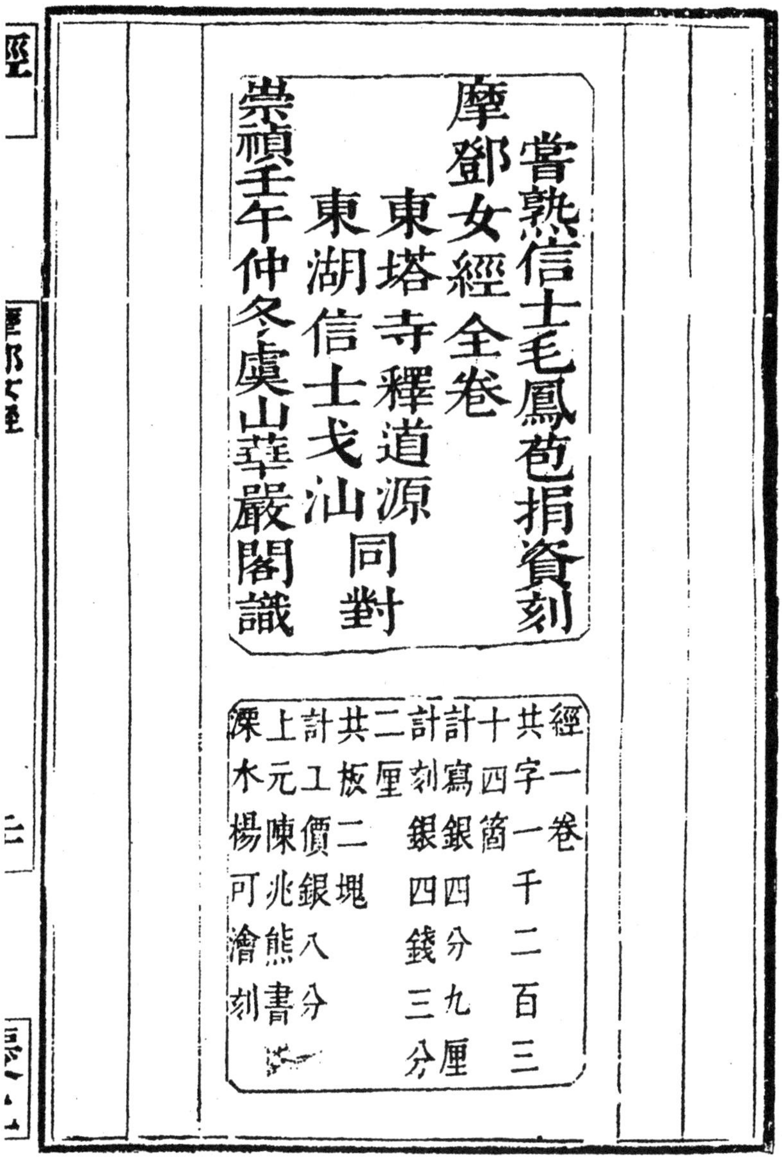

嘗熟信士毛鳳苞捐資刻
摩鄧女經全卷
東塔寺釋道源
東湖信士戈汕同對
崇禎壬午仲冬虞山華嚴閣識

經一卷
共字一千二百三
十四箇
計寫銀四分九厘
計刻銀四錢三分
二厘
共板二塊
計工價銀八分
上元陳兆熊書
溧水楊可滄刻

牌記云："嘗熟信士毛鳳苞捐資刻《摩鄧女經》全卷，東塔寺釋道源、東湖信士戈汕同對，崇禎壬午仲冬虞山華嚴閣識。經一卷，共字一千二百三十四箇，計寫銀四分九厘，計刻銀四錢三分二厘，共板二塊，計工價銀八分，上元陳兆熊書，溧水楊可滄刻。"慶二。

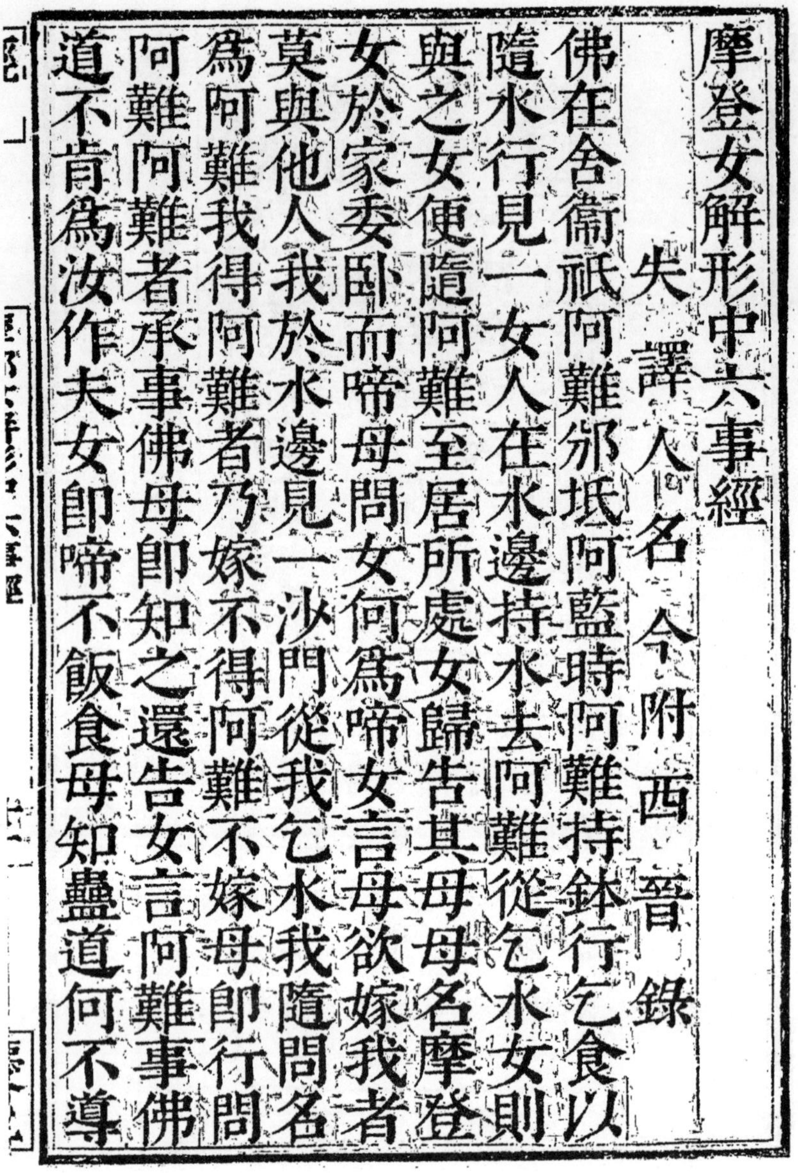
摩登女解形中六事經
失譯人名今附西晉錄
佛在舍衛祇阿難邠坻阿藍時阿難持鉢行乞食以
隨水行見一女人在水邊持水去阿難從乞水女則
與之女便隨阿難至居所處女歸告其母母名摩登
女於家委臥而啼母問女何爲啼女言母欲嫁我者
莫與他人我於水邊見一沙門從我乞水我隨問名
爲阿難我得阿難者乃嫁不得阿難不嫁母卽行問
阿難阿難者承事佛母卽知之還告女言阿難事佛
道不肯爲汝作夫女卽啼不飯食母知蠱道何不導

125 《摩登女解形中六事經》一卷

不著譯人　明崇禎壬午（十五年，1642）常熟毛鳳苞刻本

版框高 22.5 厘米，寬 15 厘米。半葉十行，行二十字，四周雙邊。

民族 066-001-00010；故宮 66・644

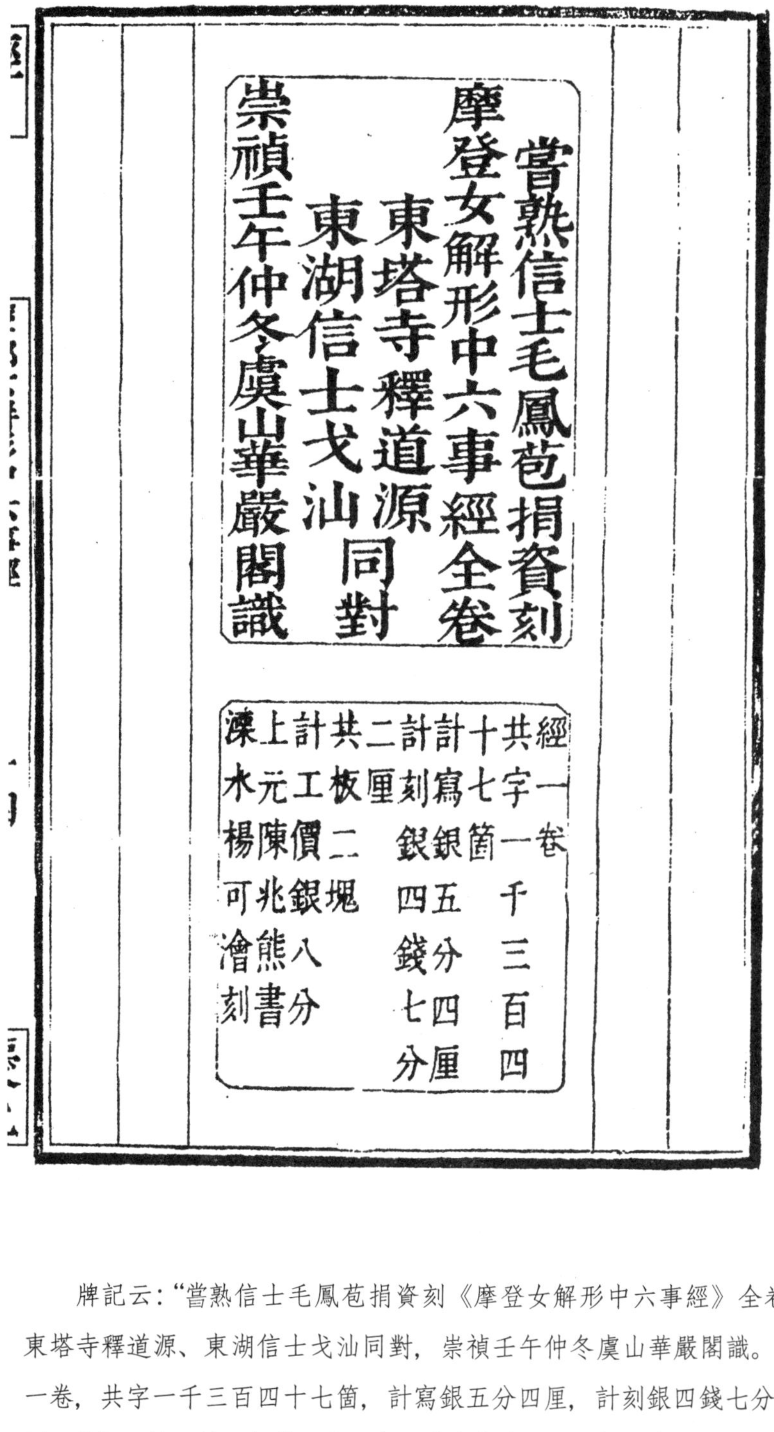
嘗熟信士毛鳳苞捐資刻
摩登女解形中六事經全卷
東塔寺釋道源
東湖信士戈汕同對
崇禎壬午仲冬虞山華嚴閣識

經一卷
共字一千三百四
十七箇
計寫銀五分四厘
計刻銀四錢七分
二厘
共板二塊
計工價銀八分
上元陳兆熊書
溧水楊可滄刻

牌記云："嘗熟信士毛鳳苞捐資刻《摩登女解形中六事經》全卷，東塔寺釋道源、東湖信士戈汕同對，崇禎壬午仲冬虞山華嚴閣識。經一卷，共字一千三百四十七箇，計寫銀五分四厘，計刻銀四錢七分二厘，共板二塊，計工價銀八分，上元陳兆熊書，溧水楊可滄刻。"慶二。

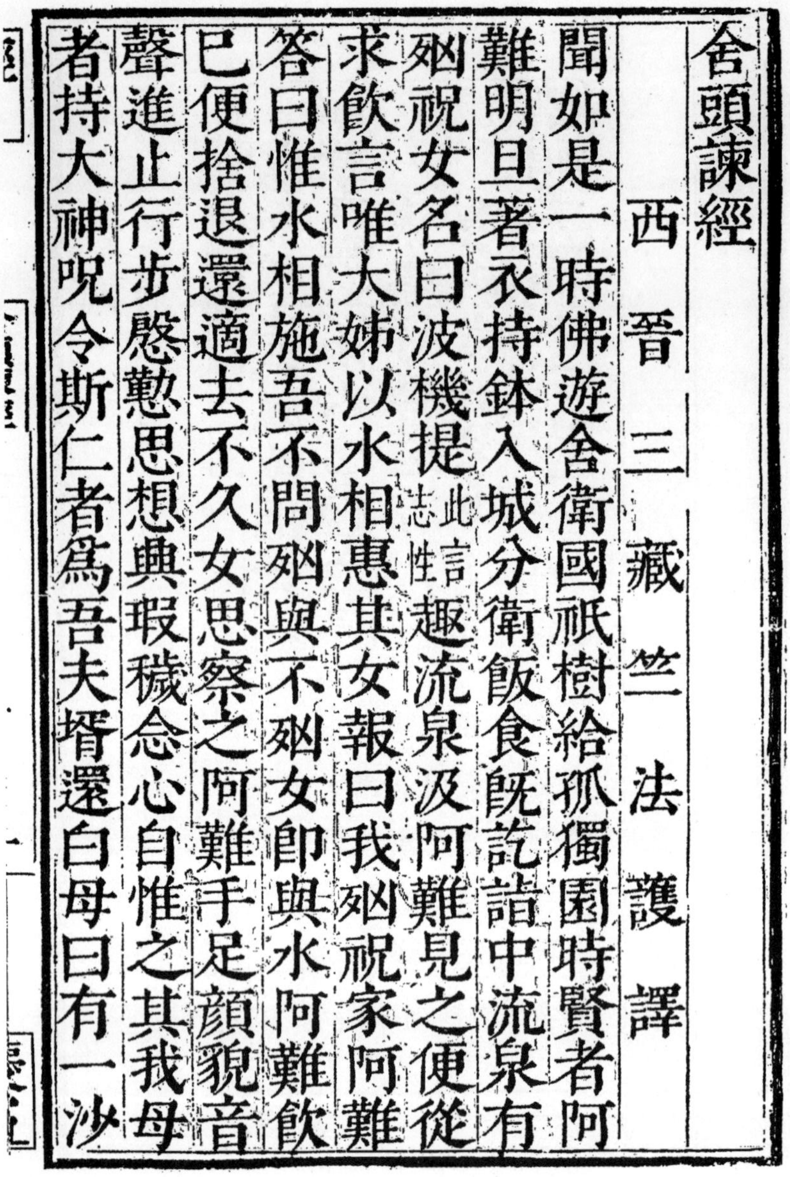
舍頭諫經
西晉三藏竺法護譯
聞如是一時佛遊舍衛國祇樹給孤獨園時賢者阿
難明旦著衣持鉢入城分衛飯食旣訖詣中流泉有
殃祝女名曰波機提此言志性趣流泉汲阿難見之便從
求飲言唯大姊以水相惠其女報曰我殃祝家阿難
答曰惟水相施吾不問殃與不殃女卽與水阿難飲
已便捨退還適去不久女思察之阿難手足顏貌音
聲進止行步慇懃思想興瑕穢念心自惟之其我母
者持大神呪令斯仁者爲吾夫壻還白母曰有一沙

126 《舍頭諫經》一卷

(西晉) 釋竺法護譯　明崇禎壬午（十五年，1642）常熟毛鳳苞刻本

版框高 22.7 厘米，寬 14.8 厘米。半葉十行，行二十字，四周雙邊。

民族 066-001-00012；故宮 66

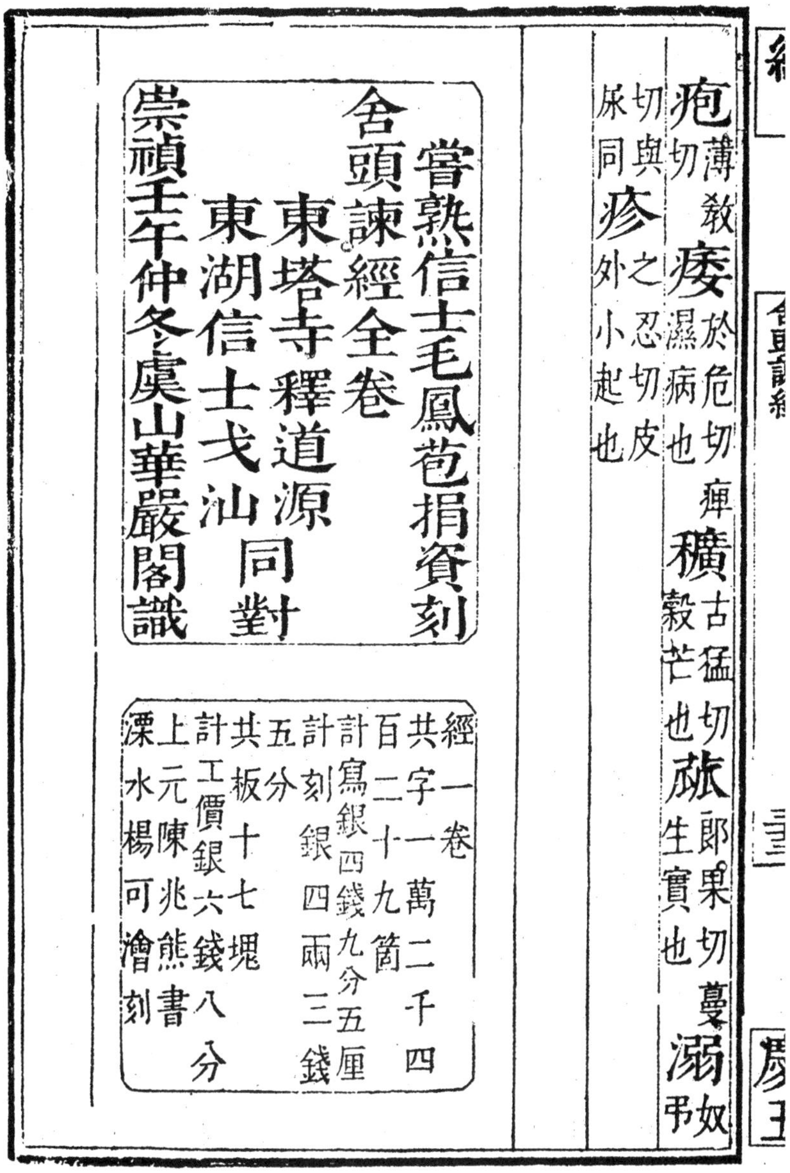
疱薄敎切痠於危切濕病也痺穬古猛切穀芒也蓏郎果切生實也蔓溺奴弔切

切與牀同疹之忍切皮外小起也

嘗熟信士毛鳳苞捐資刻
舍頭諫經全卷
東塔寺釋道源
東湖信士戈汕同對
崇禎壬午仲冬虞山華嚴閣識

經一卷
共字一萬二千四
百二十九箇
計寫銀四錢九分五厘
計刻銀四兩三錢
五分
共板十七塊
計工價銀六錢八分
上元陳兆熊書
溧水楊可澮刻

牌記云："嘗熟信士毛鳳苞捐資刻《舍頭諫經》全卷，東塔寺釋道源、東湖信士戈汕同對，崇禎壬午仲冬虞山華嚴閣識。經一卷，共字一萬二千四百二十九箇，計寫銀四錢九分五厘，計刻銀四兩三錢五分，共板十七塊，計工價銀六錢八分，上元陳兆熊書，溧水楊可澮刻。"慶五。

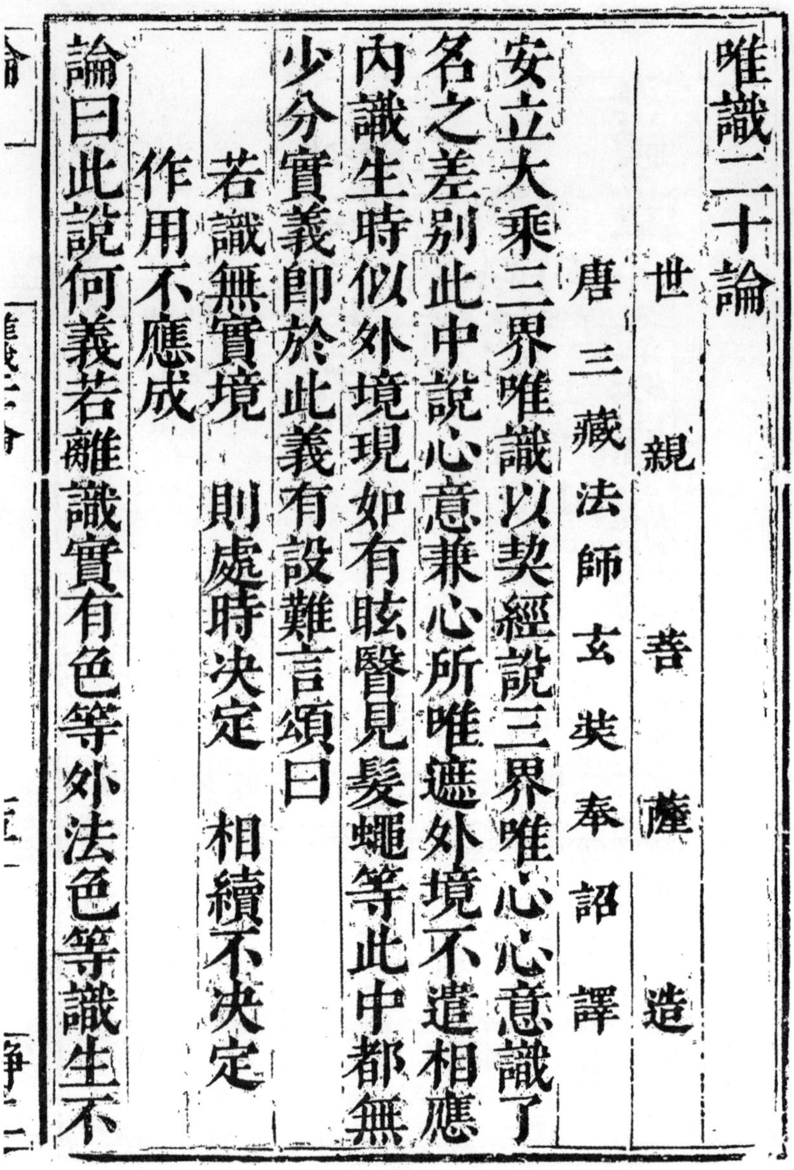
唯識二十論

世親菩薩造

唐三藏法師玄奘奉詔譯

安立大乘三界唯識以契經說三界唯心心意識了名之差別此中說心意兼心所唯遮外境不遣相應內識生時似外境現如有眩瞖見髮蠅等此中都無少分實義即於此義有設難言頌曰

若識無實境　則處時決定　相續不決定

作用不應成

論曰此說何義若離識實有色等外法色等識生不

127 《唯識二十論》一卷

（唐）釋玄奘譯　明崇禎癸未（十六年，1643）常熟嚴氏刻本

版框高 23 厘米，寬 15.6 厘米。半葉十行，行二十字，四周雙邊。

民族 113-001-00002；臺灣 381 頁 · 1184；故宫 113 · 1239

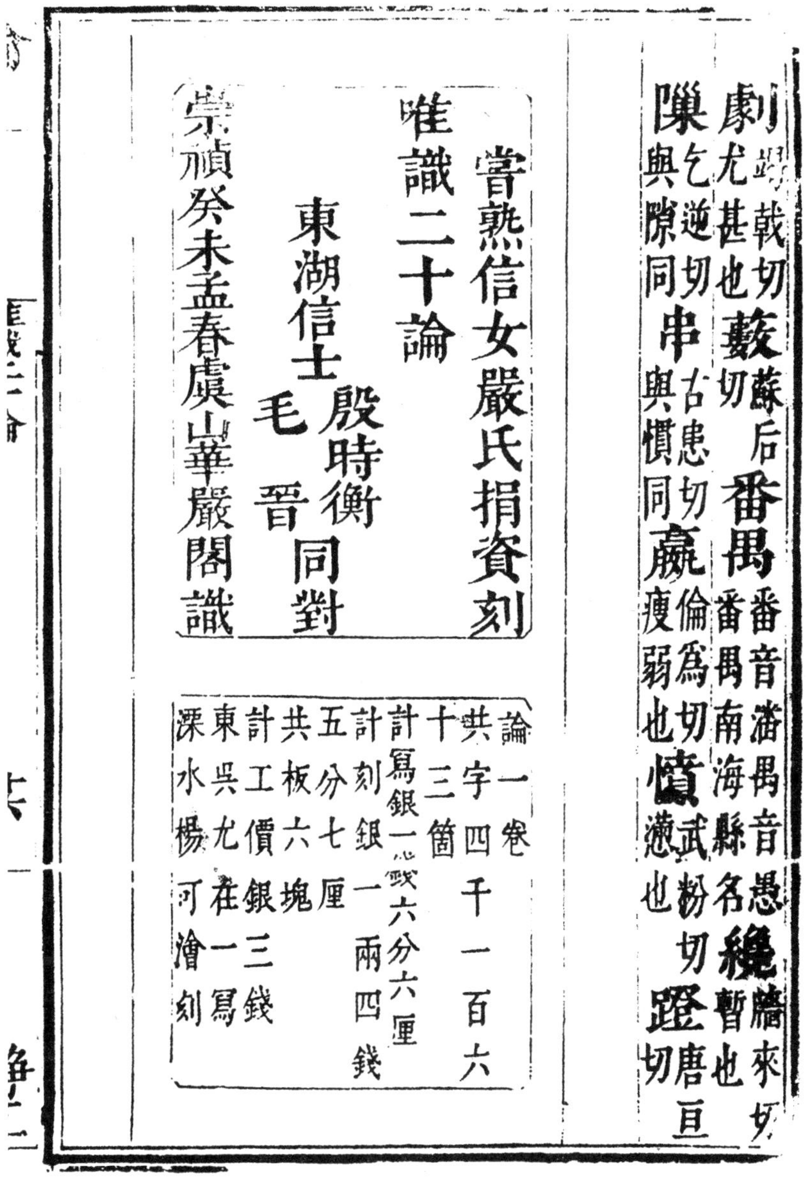
劇竭戟切尤甚也藪蘇后切番禺番音潘禺音愚番禺南海縣名纔牆來切暫也
隟乞逆切與隙同串古患切與慣同羸倫爲切瘦弱也憤武粉切懣也蹬唐亘切

常熟信女嚴氏捐資刻
唯識二十論
東湖信士殷時衡
毛晉同對
崇禎癸未孟春虞山華嚴閣識

論一卷
共字四千一百六十三箇
計寫銀一錢六分六厘
計刻銀一兩四錢五分七厘
共板六塊
計工價銀三錢
東吳尤在一寫
溧水楊可澮刻

牌記云："嘗熟信女嚴氏捐資刻《唯識二十論》，東湖信士殷時衡、毛晉同對，崇禎癸未孟春虞山華嚴閣識。論一卷，共字四千一百六十三箇，計寫銀一錢六分六厘，計刻銀一兩四錢五分七厘，共板六塊，計工價銀三錢，東吳尤在一寫，溧水楊可澮刻。"靜二。

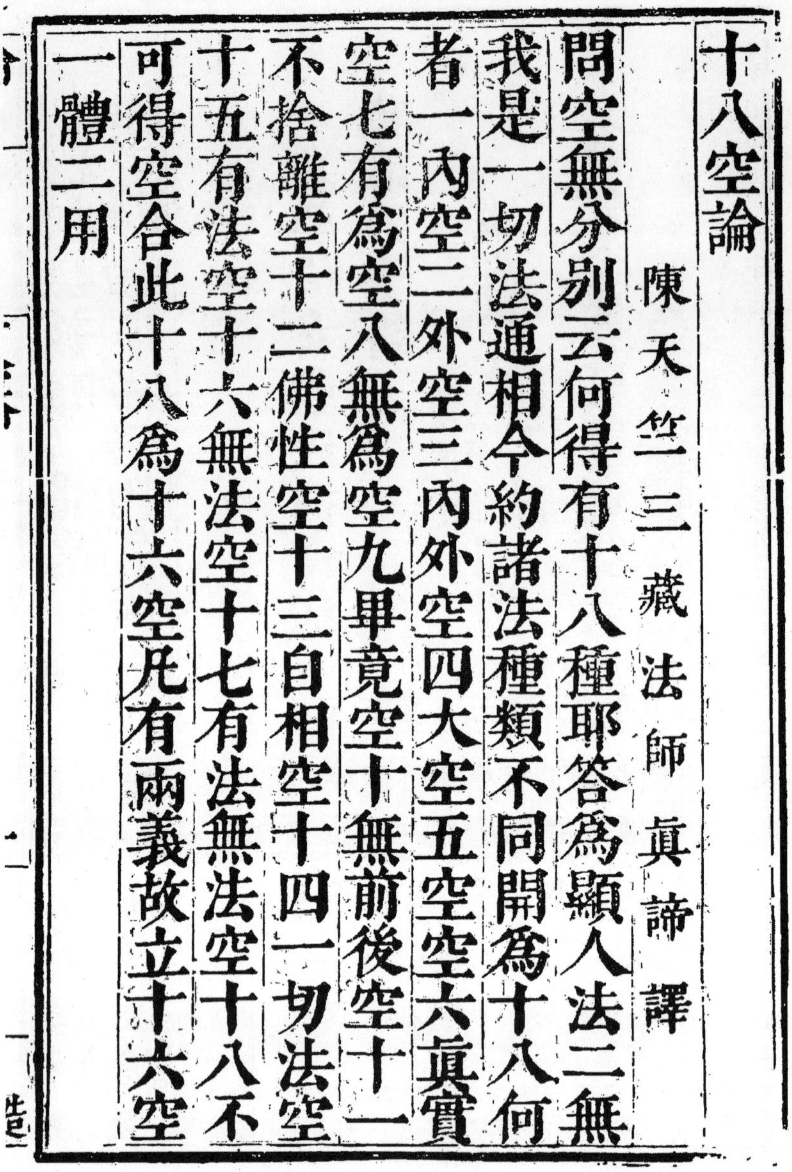

十八空論

陳天竺三藏法師眞諦譯

問空無分別云何得有十八種耶答爲顯人法二無我是一切法通相今約諸法種類不同開爲十八何者一內空二外空三內外空四大空五空空六眞實空七有爲空八無爲空九畢竟空十無前後空十一不捨離空十二佛性空十三自相空十四一切法空十五有法空十六無法空十七有法無法空十八不可得空合此十八爲十六空凡有兩義故立十六空一體二用

128 《十八空論》一卷

(南朝陳) 釋眞諦譯　明崇禎癸未 (十六年，1643) 泰和蕭士珂刻本

版框高 21.7 厘米，寬 14.8 厘米。半葉十行，行二十字，四周雙邊。

民族 109-004-00002; 故宮 109 · 1185

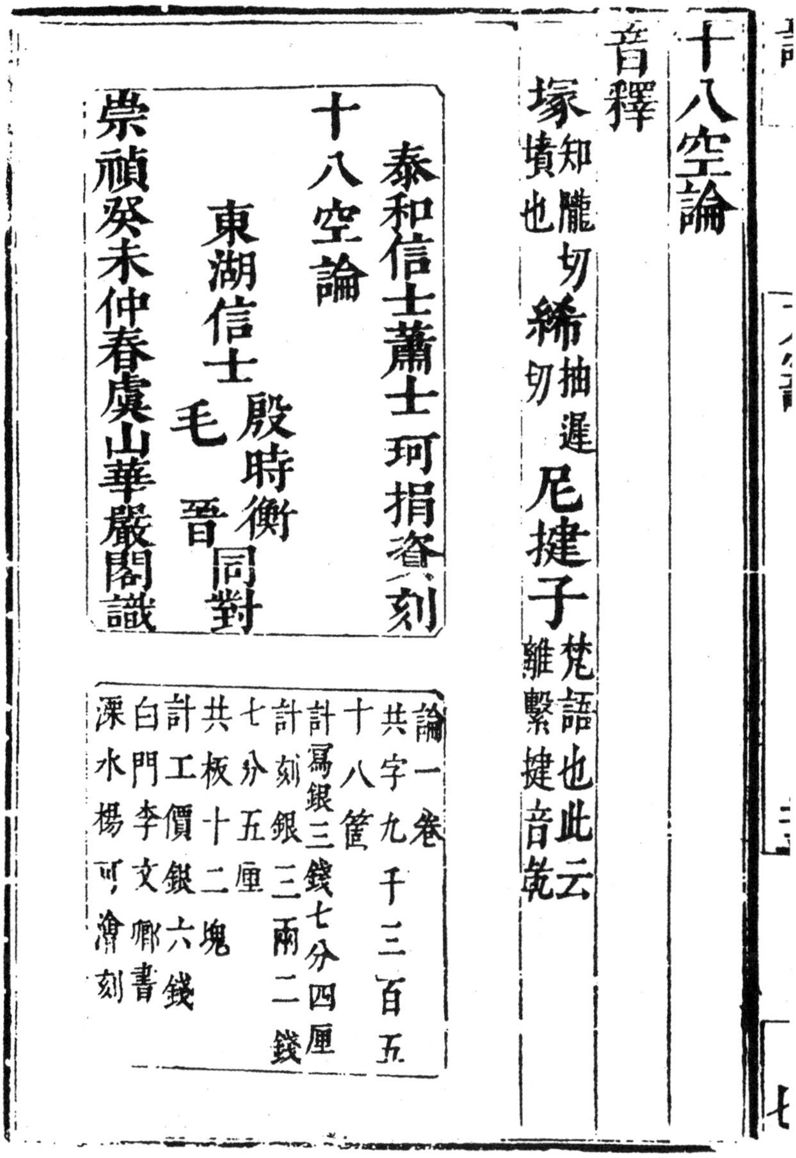
十八空論

音釋

塚知隴切壝也　絺抽遲切　尼揵子梵語也此云離繫揵音乾

泰和信士蕭士珂捐資刻
十八空論
東湖信士殷時衡
毛晉同對
崇禎癸未仲春虞山華嚴閣識

論一卷共字九千三百五
十八箇
計寫銀三錢七分四厘
計刻銀三兩二錢
七分五厘
共板十二塊
計工價銀六錢
白門李文卿書
溧水楊可澮刻

牌記云："泰和信士蕭士珂捐資刻《十八空論》，東湖信士殷時衡、毛晉同對，崇禎癸未仲春虞山華嚴閣識。論一卷，共字九千三百五十八箇，計寫銀三錢七分四厘，計刻銀三兩二錢七分五厘，共板十二塊，計工價銀六錢，白門李文卿書，溧水楊可澮刻。"造七。

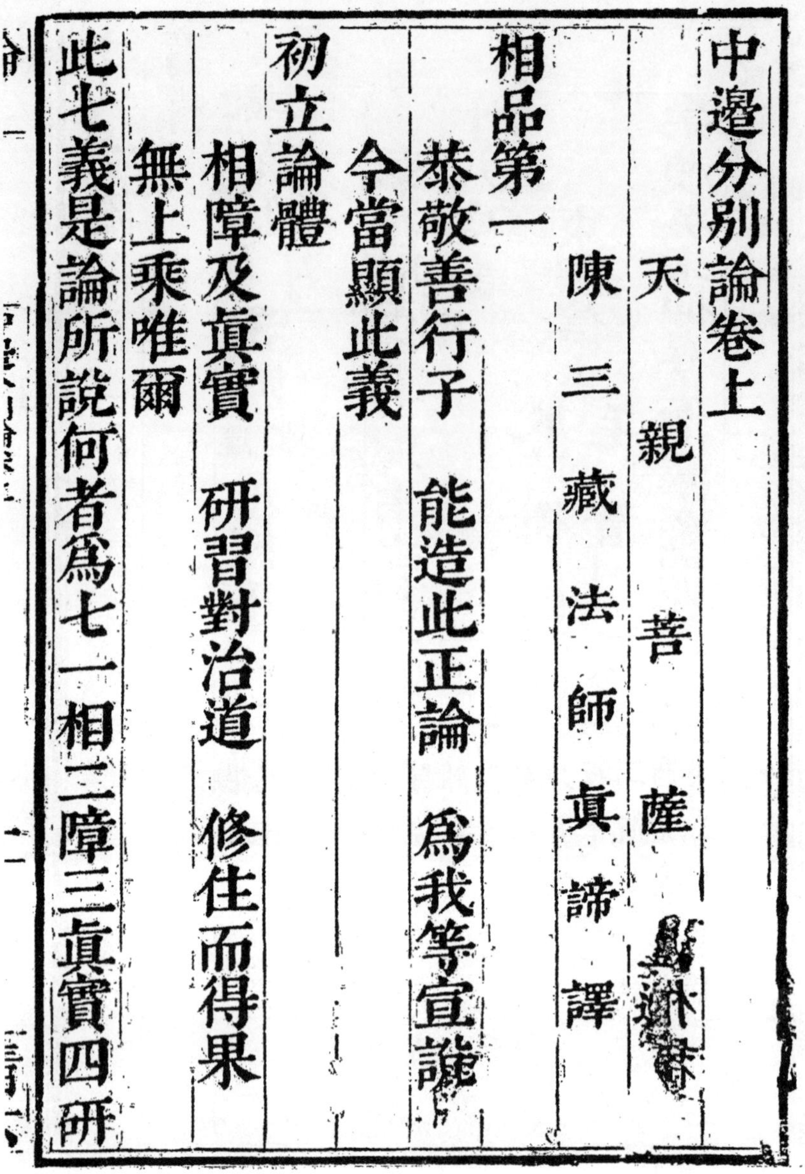
中邊分別論卷上
天親菩薩
陳三藏法師眞諦譯
相品第一
恭敬善行子　能造此正論　爲我等宣說
今當顯此義
初立論體
相障及眞實　研習對治道　修住而得果
無上乘唯爾
此七義是論所說何者爲七一相二障三眞實四研

129《中邊分別論》二卷

（南朝陳）釋眞諦譯　明崇禎癸未（十六年，1643）泰和蕭士瑀刻本

版框高 22.5 厘米，寬 15.5 厘米。半葉十行，行二十字，四周雙邊。

民族 113-004-00001；臺灣 384 頁 · 1192；故宮 113 · 1247

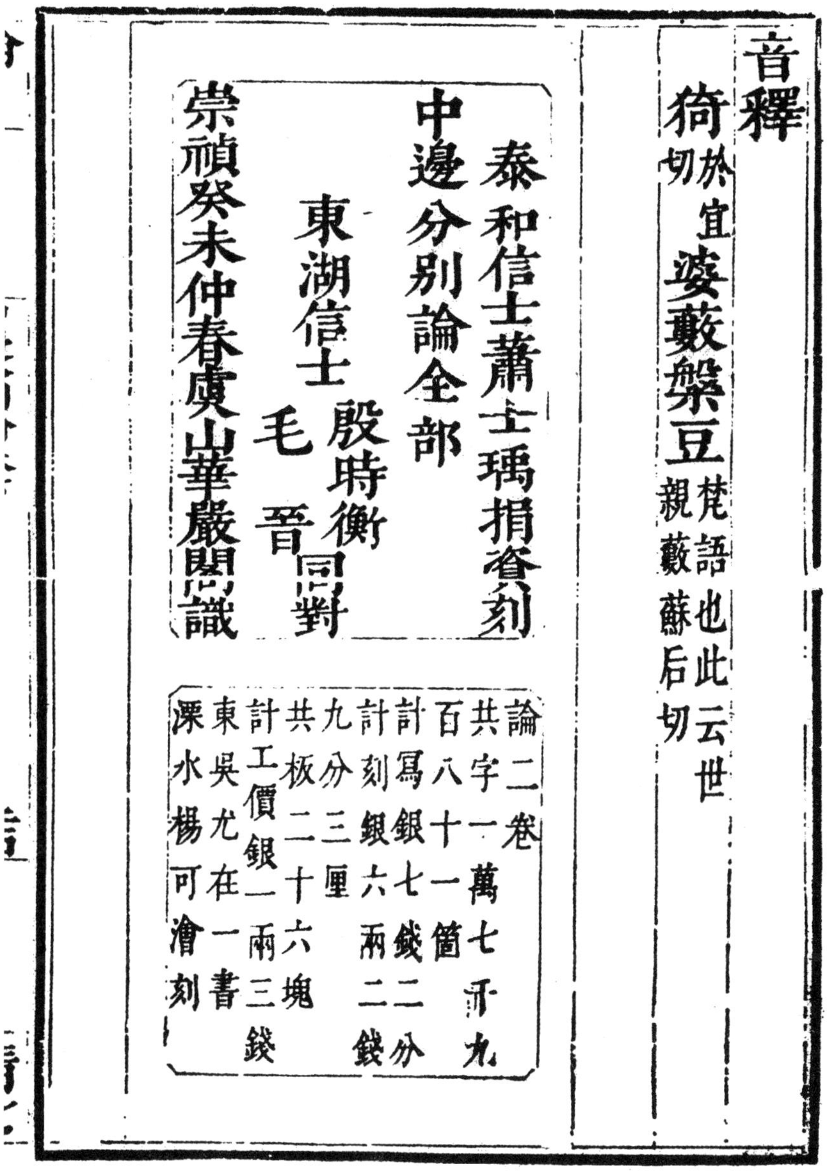
音釋

猗於宜切 婆藪槃豆梵語也此云世親 藪蘇后切

泰和信士蕭士瑪捐資刻

中邊分別論全部

東湖信士 殷時衡

毛 晉 同對

崇禎癸未仲春虞山華嚴閣識

論二卷

共字一萬七千九

百八十一箇

計寫銀七錢二分

計刻銀六兩二錢

九分三厘

共板二十六塊

計工價銀一兩三錢

東吳尤在一書

溧水楊可澮刻

牌記云："泰和信士蕭士瑪捐資刻《中邊分別論》全部，東湖信士殷時衡、毛晉同對，崇禎癸未仲春虞山華嚴閣識。論二卷，共字一萬七千九百八十一箇，計寫銀七錢二分，計刻銀六兩二錢九分三厘，共板二十六塊，計工價銀一兩三錢，東吳尤在一書，溧水楊可澮刻。"情六至七。

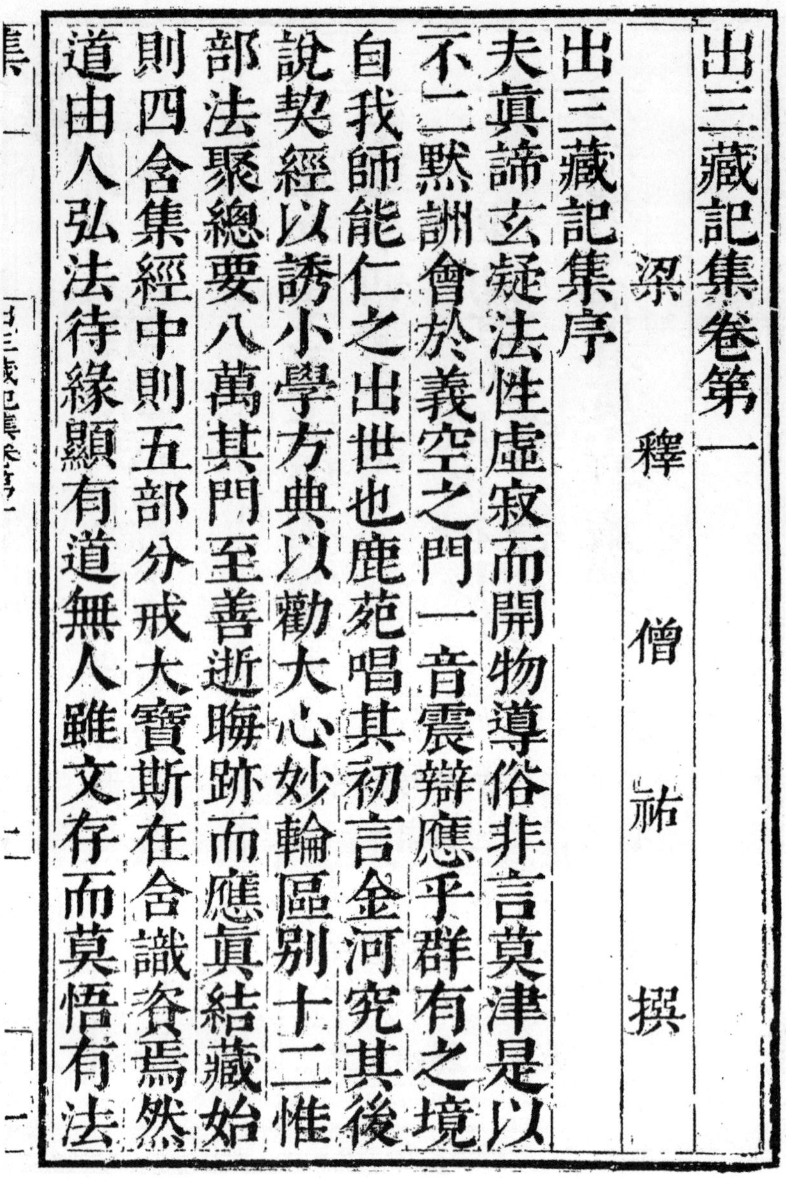
出三藏記集卷第一
梁　釋　僧　祐　撰
出三藏記集序
夫眞諦玄凝法性虛寂而開物導俗非言莫津是以
不二默詶會於義空之門一音震辯應乎群有之境
自我師能仁之出世也鹿苑唱其初言金河究其後
說契經以誘小學方典以勸大心妙輪區別十二惟
部法聚總要八萬其門至善逝晦跡而應眞結藏始
則四含集經中則五部分戒大寶斯在含識資焉然
道由人弘法待緣顯有道無人雖文存而莫悟有法

130《出三藏記集》十七集

（南朝梁）釋僧祐撰　明崇禎癸未（十六年，1643）常熟毛晉刻本

版框高 22.3 厘米，寬 15.4 厘米。半葉十行，行二十字，四周雙邊。

民族 146-006-00001；臺灣 468 頁・1417；故宫 146・1476

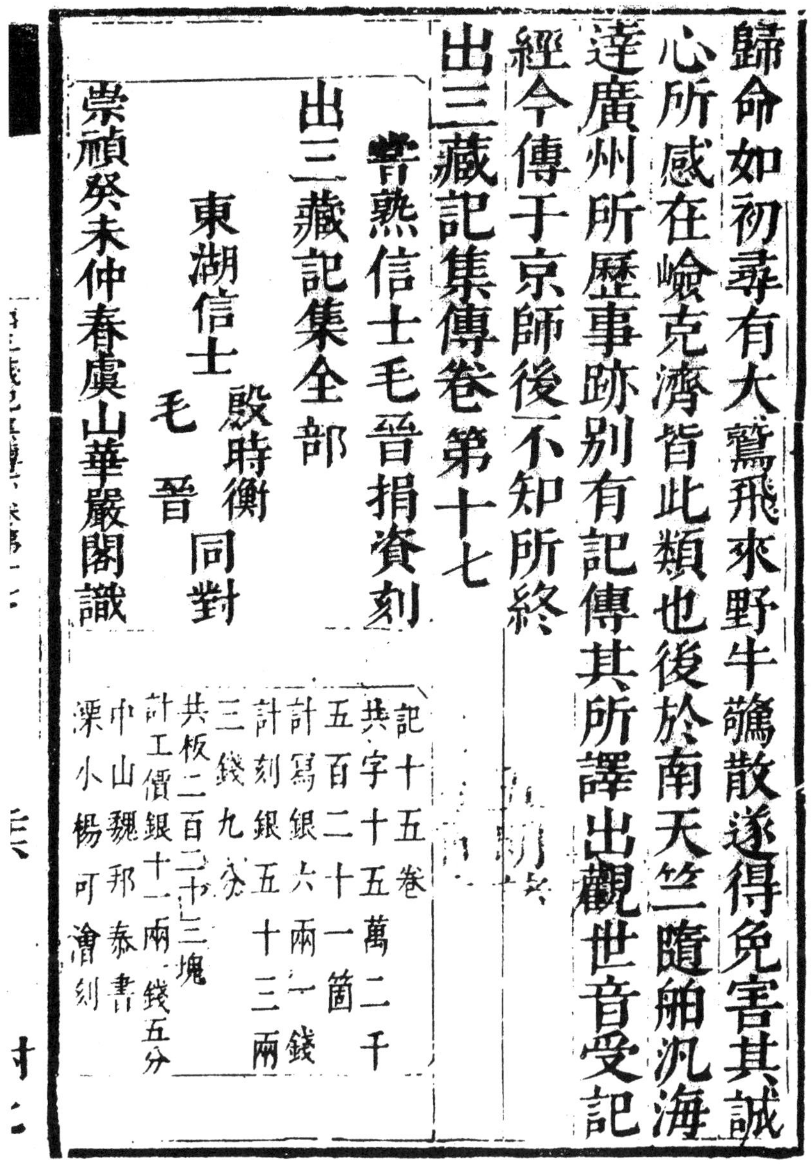
歸命如初尋有大鷲飛來野牛驚散遂得免害其誠心所感在嶮克濟皆此類也後於南天竺隨舶汎海達廣州所歷事跡別有記傳其所譯出觀世音受記經今傳于京師後不知所終

出三藏記集傳卷第十七

嘗熟信士毛晉捐資刻
出三藏記集全部
東湖信士殷時衡
毛晉同對
崇禎癸未仲春虞山華嚴閣識

記十五卷
共字十五萬二千
五百二十一箇
計寫銀六兩一錢
計刻銀五十三兩
三錢九分
共板二百二十三塊
計工價銀十一兩一錢五分
中山魏邦泰書
溧水楊可滄刻

牌記云："嘗熟信士毛晉捐資刻《出三藏記集》全部，東湖信士殷時衡、毛晉同對，崇禎癸未仲春虞山華嚴閣識。記十五卷，共字十五萬二千五百二十一箇，計寫銀六兩一錢，計刻銀五十三兩三錢九分，共板二百二十三塊，計工價銀十一兩一錢五分，中山魏邦泰書，溧水楊可滄刻。"户一至十，封一至七。

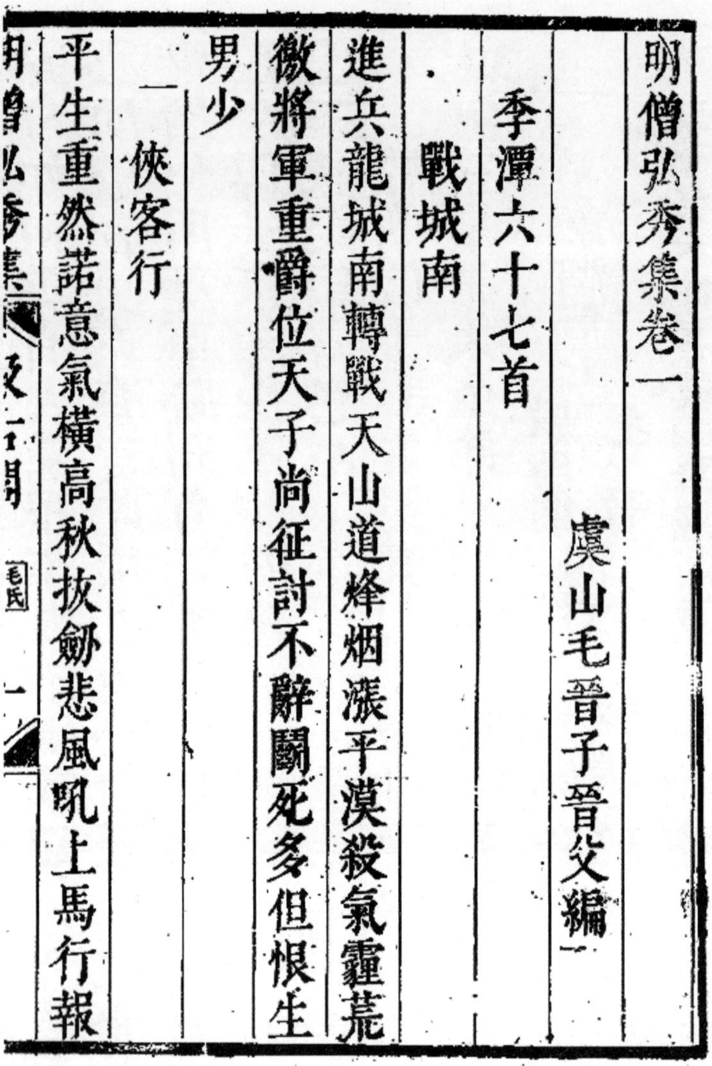

明僧弘秀集卷一

虞山毛晉子晉父編

季潭六十七首

戰城南

進兵龍城南轉戰天山道烽烟漲平漠殺氣霾荒徼將軍重爵位天子尚征討不辭鬬死多但恨生男少

俠客行

平生重然諾意氣橫高秋拔劍悲風吼上馬行報

131 《明僧弘秀集》十三卷

（明）毛晉編　明崇禎癸未（十六年，1643）毛晉汲古閣刻本

版框高 16.9 厘米，寬 12.2 厘米。半葉九行，行十九字，左右雙邊。

國家圖書館 11487

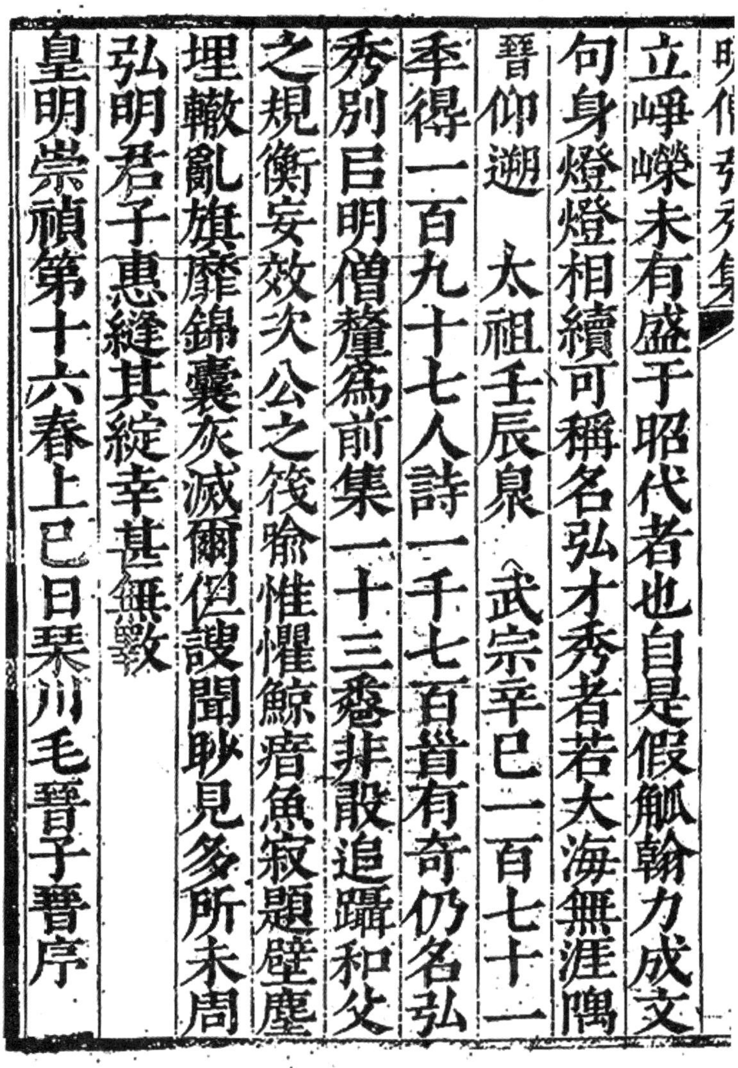

立崢嶸未有盛于昭代者也自是假觚翰力成文
句身燈燈相續可稱名弘才秀者若大海無涯隅
晉仰遡 太祖壬辰泉武宗辛巳一百七十一
季得一百九十七人詩一千七百首有奇仍名弘
秀別曰明僧釐爲前集一十三卷并設追躡和父
之規衡妄效次公之筏踰惟懼鯨脊魚寂題壁塵
埋轍亂旗靡錦囊灰滅爾但謏聞眇見多所未周
弘明君子惠縫其綻幸甚無斁
皇明崇禎第十六春上巳日琴川毛晉子晉序

卷前有“皇明崇禎第十六春上巳日琴川毛晉子晉序”。序稱本書輯明洪武至正德一百七十餘年間一百九十七位僧人一千七百餘首詩，厘爲《前集》十三卷。《後集》當録嘉靖元年（1522）至明末一百二十年之詩，但今僅見《前集》而未見《後集》。是書半葉九行，行十九字，左右雙邊，書口上爲“明僧弘秀集”五字，每卷首、末葉書口雙魚尾之中鎸“汲古閣”及“毛晉正本”字樣。所録各僧之詩，每僧均撰小傳，史料價值甚高，可供研究明史、宗教史、文學史者參考。

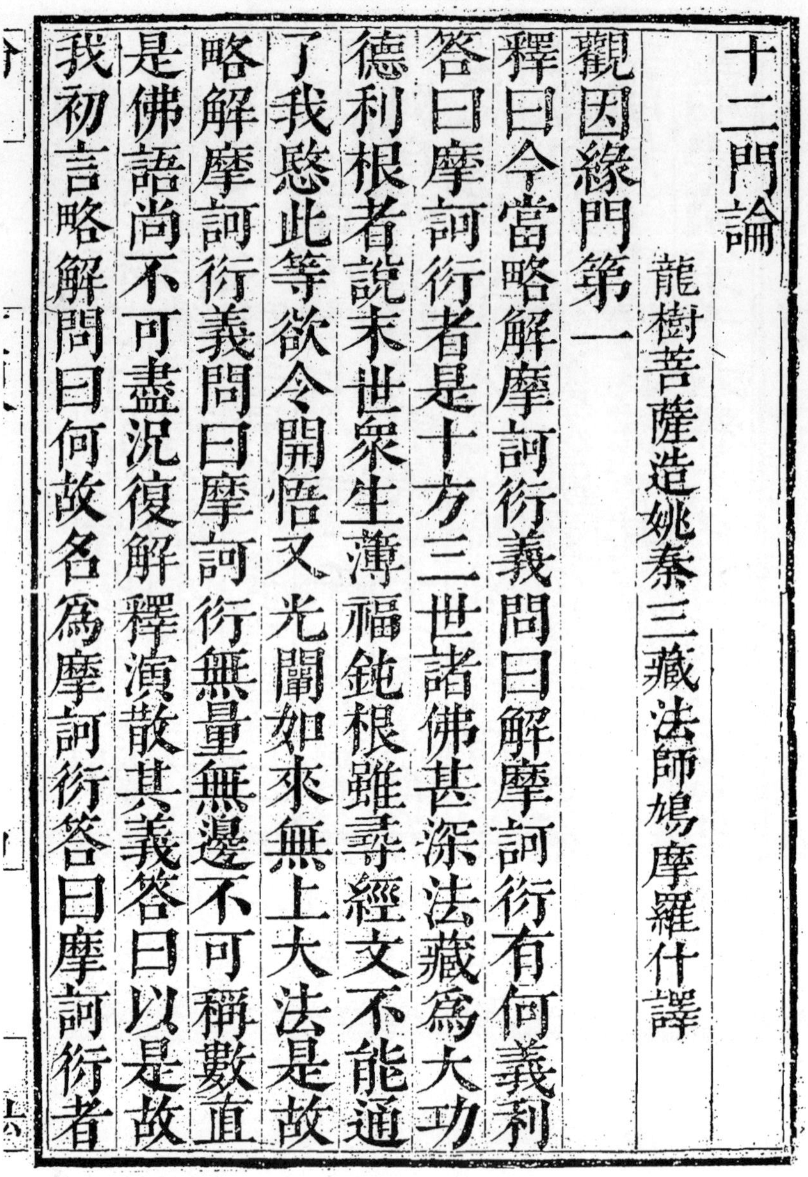
十二門論
龍樹菩薩造姚秦三藏法師鳩摩羅什譯
觀因緣門第一
釋曰今當略解摩訶衍義問曰解摩訶衍有何義利
答曰摩訶衍者是十方三世諸佛甚深法藏爲大功
德利根者說末世衆生薄福鈍根雖尋經文不能通
了我愍此等欲令開悟又光闡如來無上大法是故
略解摩訶衍義問曰摩訶衍無量無邊不可稱數直
是佛語尚不可盡況復解釋演散其義答曰以是故
我初言略解問曰何故名爲摩訶衍答曰摩訶衍者

132 《十二門論》一卷

(後秦) 釋鳩摩羅什譯　明崇禎癸未 (十六年, 1643) 泰和蕭士瑀刻本

版框高 22.4 厘米, 寬 15.5 厘米。半葉十行, 行二十字, 四周雙邊。

臺灣 364 頁 · 1129; 故宮 109 · 1184

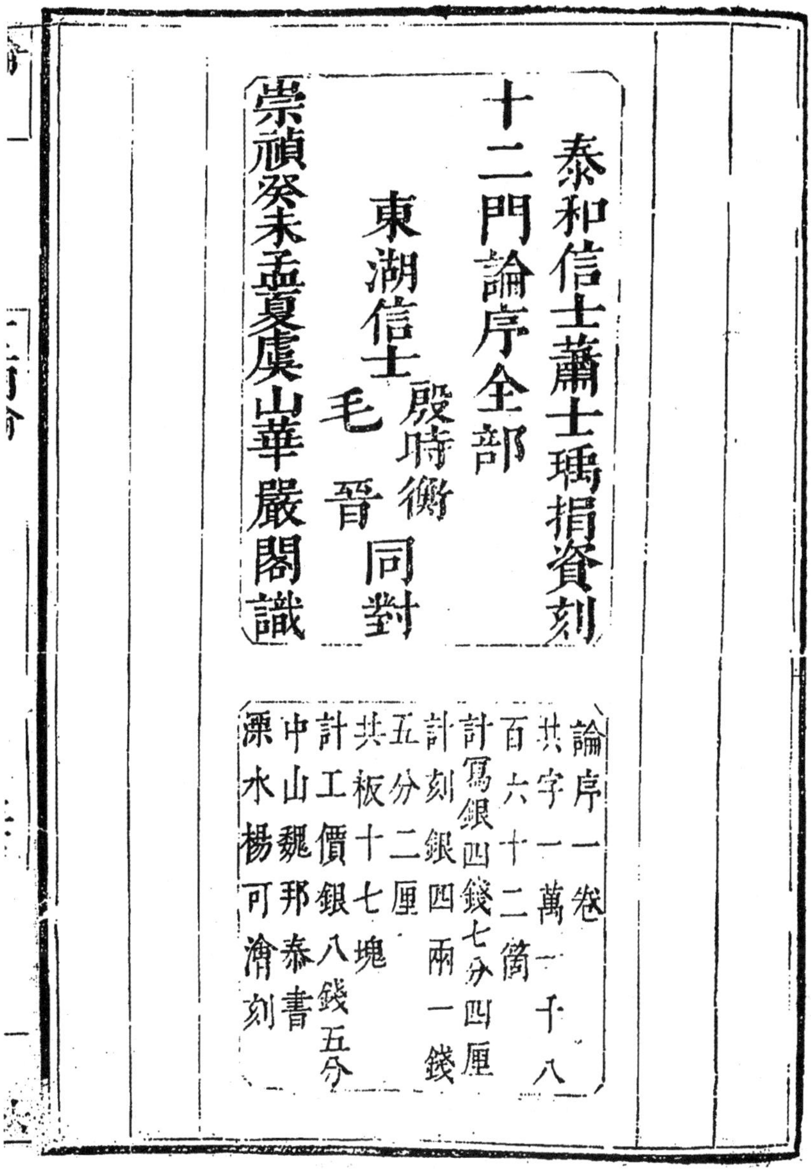

泰和信士蕭士瑀捐資刻
十二門論序全部
東湖信士 殷時衡 毛晉 同對
崇禎癸未孟夏虞山華嚴閣識

論序一卷
共字一萬一千八
百六十二箇
計寫銀四錢七分四厘
計刻銀四兩一錢
五分二厘
共板十七塊
計工價銀八錢五分
中山魏邦泰書
溧水楊可滄刻

牌記云:“泰和信士蕭士瑀捐資刻《十二門論序》全部，東湖信士殷時衡、毛晉同對，崇禎癸未孟夏虞山華嚴閣識。論序一卷，共字一萬一千八百六十二箇，計寫銀四錢七分四厘，計刻銀四兩一錢五分二厘，共板十七塊，計工價銀八錢五分，中山魏邦泰書，溧水楊可滄刻。”造六。

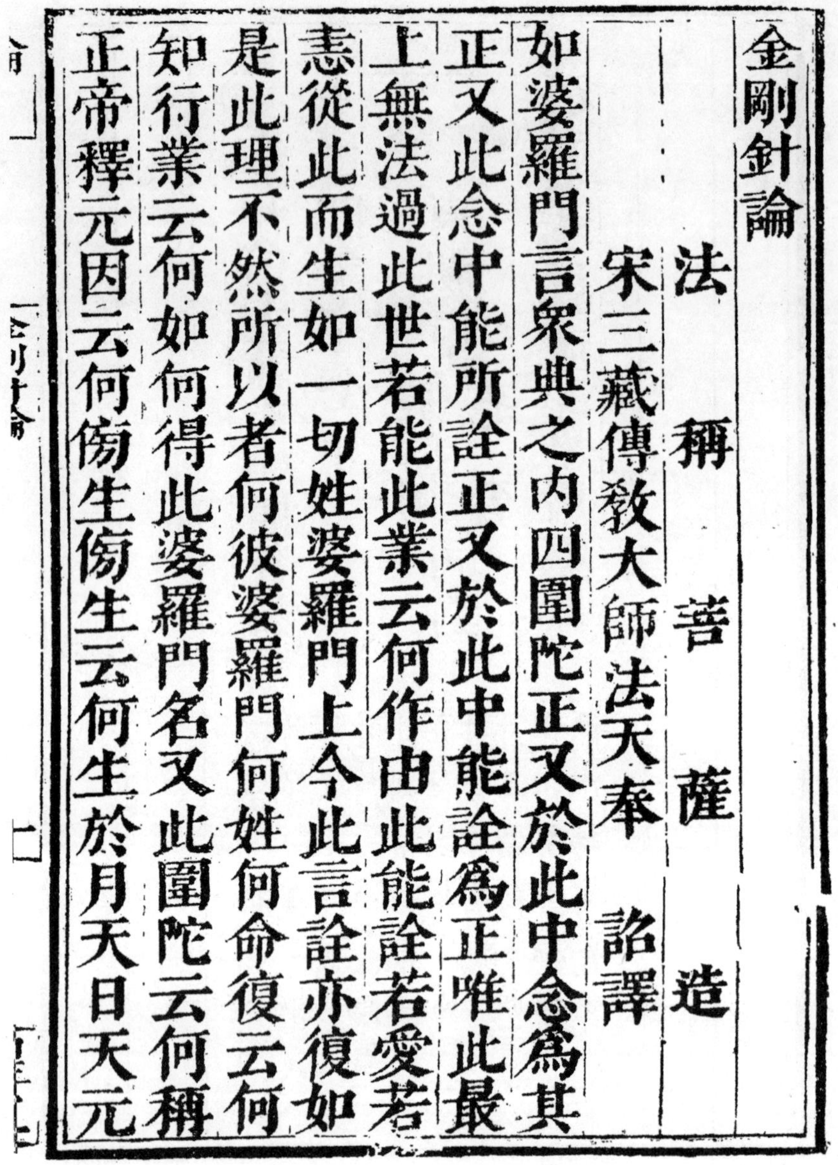

金剛針論

法稱菩薩造

宋三藏傳教大師法天奉詔譯

如婆羅門言衆典之内四圍陀正又於此中念爲其正又此念中能所詮正又於此中能詮爲正唯此最上無法過此世若能此業云何作由此能詮若愛若恚從此而生如一切姓婆羅門上今此言詮亦復如是此理不然所以者何彼婆羅門何姓何命復云何知行業云何如何得此婆羅門名又此圍陀云何稱正帝釋元因云何傷生傷生云何生於月天日天元

金剛針論　二

133 《金剛針論》一卷

(宋) 釋法天譯　明崇禎癸未（十六年，1643）毛晉刻本

版框高 22.7 厘米，寬 15.4 厘米。半葉十行，行二十字，四周雙邊。

民族 135-005-00002；臺灣 403 頁 · 1246；故宮 135 · 1301

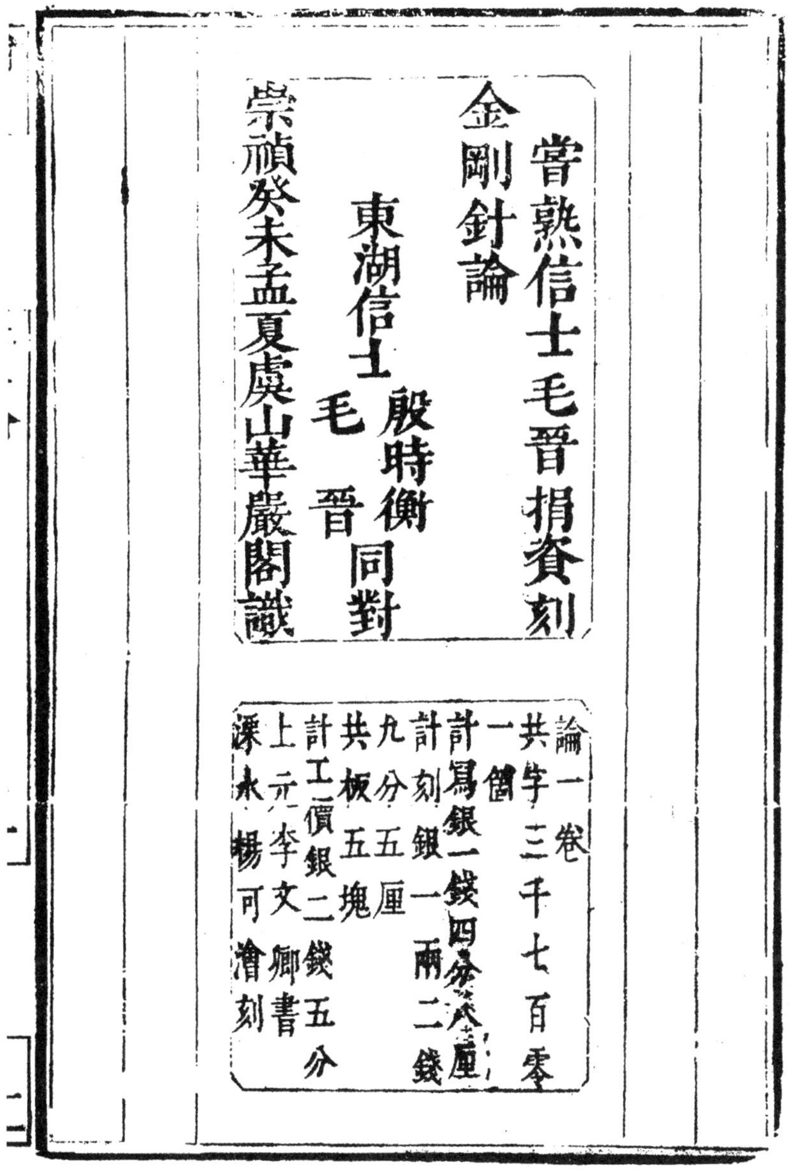
嘗熟信士毛晉捐貲刻
金剛針論
東湖信士殷時衡
毛晉同對
崇禎癸未孟夏虞山華嚴閣識

論一卷
共字三千七百零
一個
計寫銀一錢四分八厘
計刻銀一兩二錢
九分五厘
共板五塊
計工價銀二錢五分
上元李文卿書
溧水楊可澮刻

牌記云："嘗熟信士毛晉捐資刻《金剛針論》，東湖信士殷時衡、毛晉同對，崇禎癸未孟夏虞山華嚴閣識。論一卷，共字三千七百零一箇，計寫銀一錢四分八厘，計刻銀一兩二錢九分五厘，共板五塊，計工價銀二錢五分，上元李文卿書，溧水楊可澮刻。"星二。

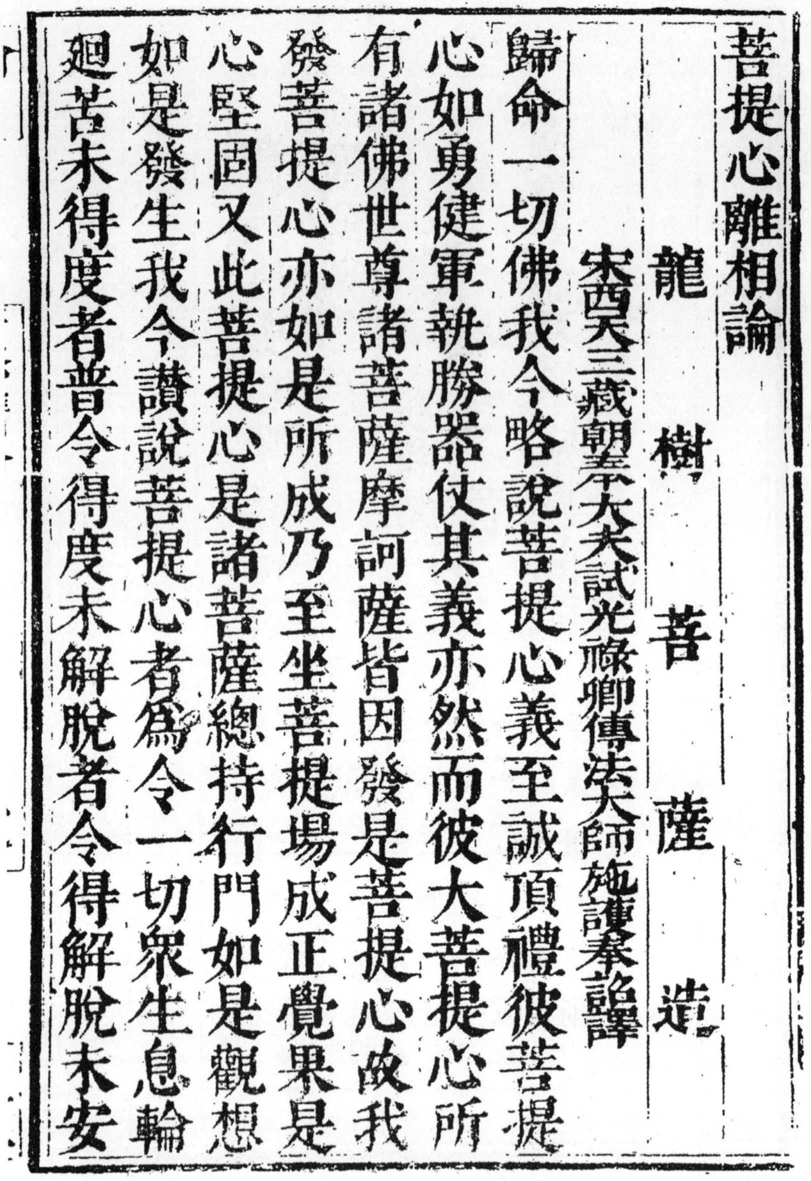
菩提心離相論

龍樹菩薩造

宋西天三藏朝奉大夫試光祿卿傳法大師施護奉詔譯

歸命一切佛我今略說菩提心義至誠頂禮彼菩提心如勇健軍執勝器仗其義亦然而彼大菩提心所有諸佛世尊諸菩薩摩訶薩皆因發是菩提心故我發菩提心亦如是所成乃至坐菩提場成正覺果是心堅固又此菩提心是諸菩薩總持行門如是觀想如是發生我今讚說菩提心者爲令一切衆生息輪廻苦未得度者普令得度未解脫者令得解脫未安

134 《菩提心離相論》一卷

(宋) 釋施護譯　明崇禎癸未（十六年，1643）泰和蕭士瑋刻本

版框高 22.3 厘米，寬 15.3 厘米。半葉十行，行二十字，四周雙邊。

民族 135-005-00003；臺灣 404 頁 · 1247；故宫 135 · 1302

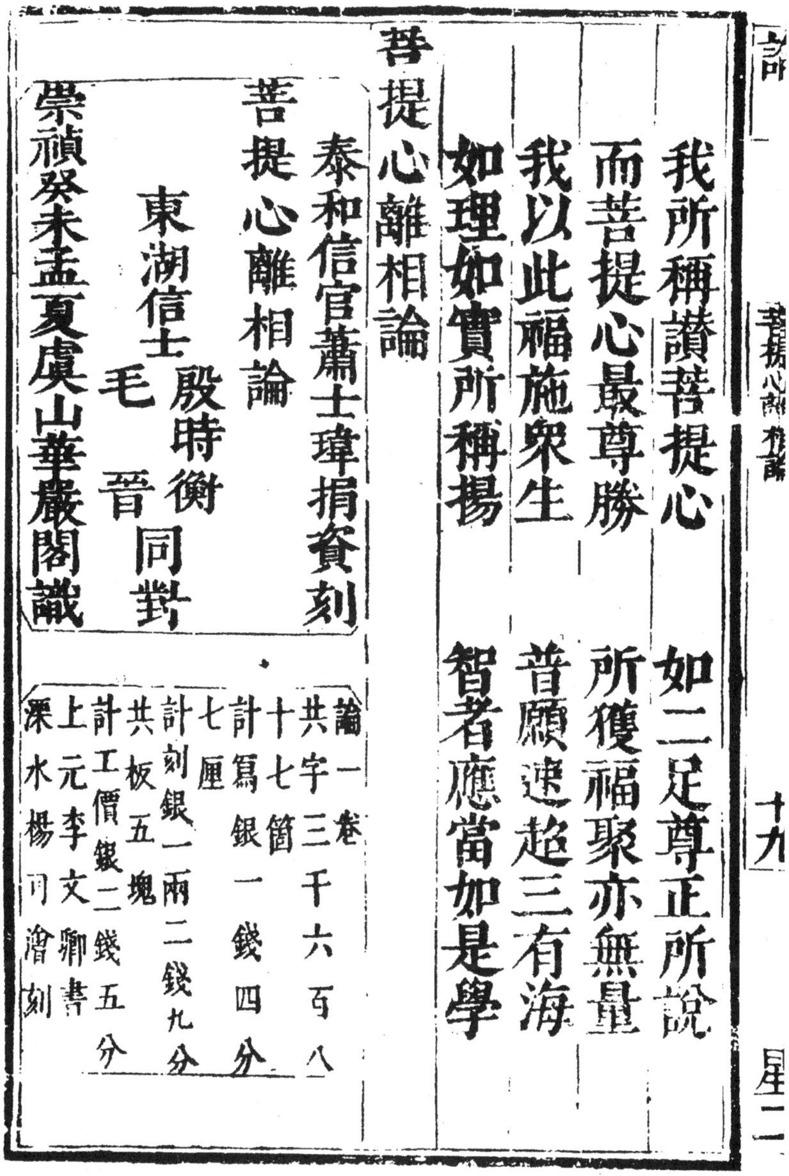
論　菩提心離相論　十九　星二

我所稱讚菩提心　如二足尊正所說
而菩提心最尊勝　所獲福聚亦無量
我以此福施衆生　普願速超三有海
如理如實所稱揚　智者應當如是學

菩提心離相論

泰和信官蕭士瑋捐資刻
菩提心離相論
東湖信士　殷時衡
毛　晉　同對
崇禎癸未孟夏虞山華嚴閣識

論一卷
共字三千六百八
十七箇
計寫銀一錢四分
七厘
計刻銀一兩二錢九分
共板五塊
計工價銀二錢五分
上元李文卿書
溧水楊可滄刻

牌記云：“泰和信官蕭士瑋捐資刻《菩提心離相論》，東湖信士殷時衡、毛晉同對，崇禎癸未孟夏虞山華嚴閣識。論一卷，共字三千六百八十七箇，計寫銀一錢四分七厘，計刻銀一兩二錢九分，共板五塊，計工價銀二錢五分，上元李文卿書，溧水楊可滄刻。”星二。

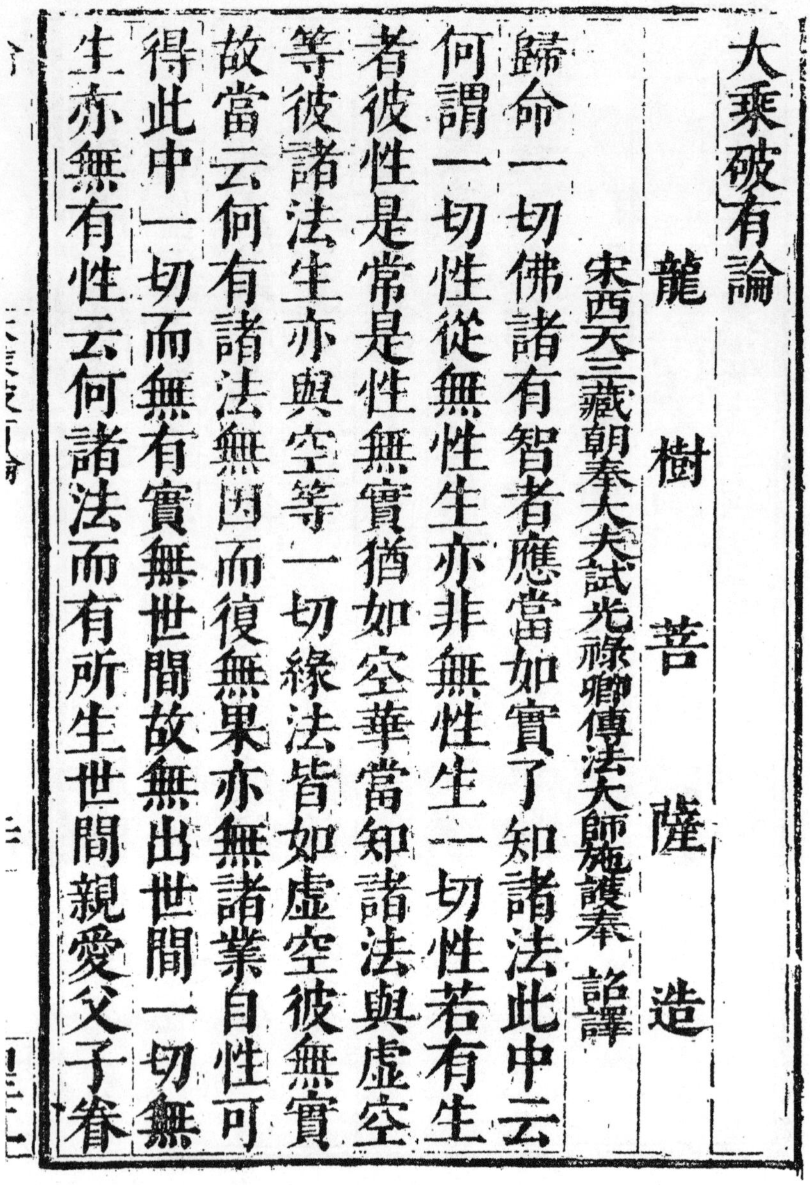
大乘破有論
龍樹菩薩造
宋西天三藏朝奉大夫試光禄卿傳法大師施護奉　詔譯
歸命一切佛諸有智者應當如實了知諸法此中云
何謂一切性從無性生亦非無性生一切性若有生
者彼性是常是性無實猶如空華當知諸法與虛空
等彼諸法生亦與空等一切緣法皆如虛空彼無實
故當云何有諸法無因而復無果亦無諸業自性可
得此中一切而無有實無世間故無出世間一切無
生亦無有性云何諸法而有所生世間親愛父子眷

135 《大乘破有論》一卷

(宋）釋施護譯　明崇禎癸未（十六年，1643）泰和蕭士瑋刻本

版框高 22.5 厘米，寬 15.4 厘米。半葉十行，行二十字，四周雙邊。

民族 135-005-00004；臺灣 404 頁 · 1248；故宮 135 · 1303

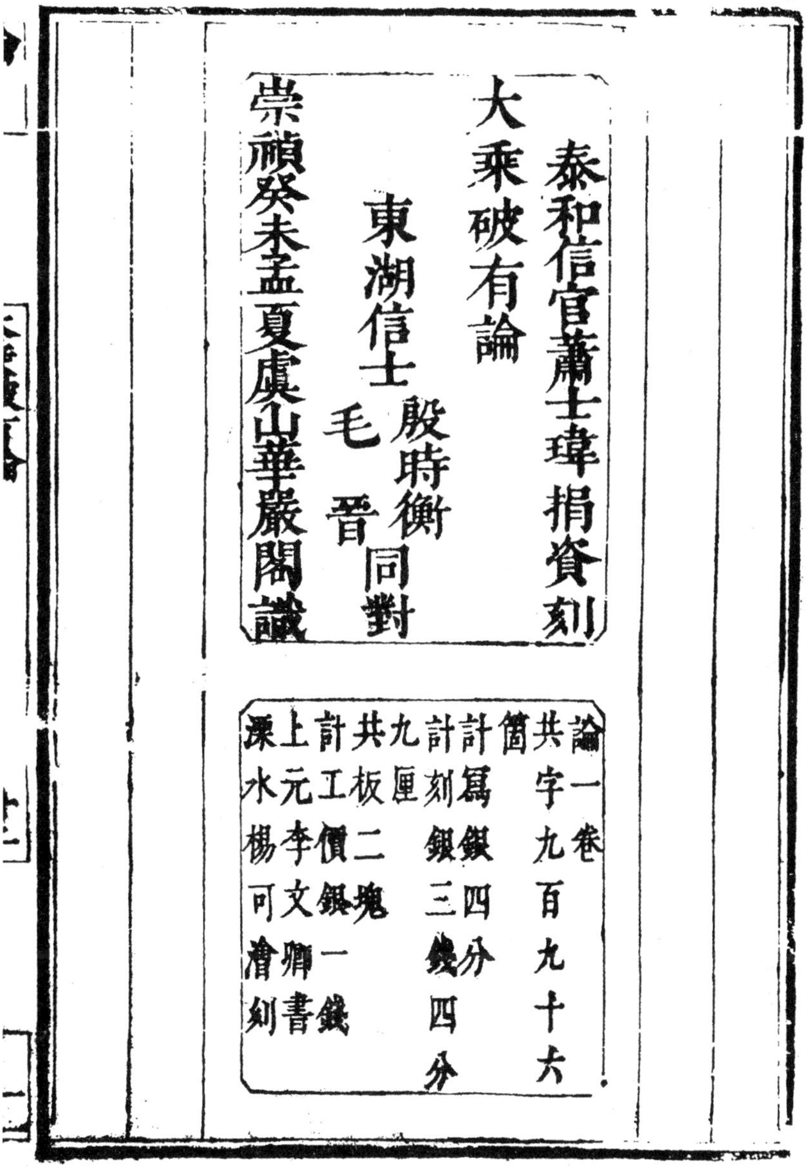
泰和信官蕭士瑋捐資刻
大乘破有論
東湖信士殷時衡
毛晉同對
崇禎癸未孟夏虞山華嚴閣識

論一卷
共字九百九十六
箇
計寫銀四分
計刻銀三錢四分
九厘
共板二塊
計工價銀一錢
上元李文卿書
溧水楊可滄刻

牌記云："泰和信官蕭士瑋捐資刻《大乘破有論》，東湖信士殷時衡、毛晉同對，崇禎癸未孟夏虞山華嚴閣識。論一卷，共字九百九十六箇，計寫銀四分，計刻銀三錢四分九厘，共板二塊，計工價銀一錢，上元李文卿書，溧水楊可滄刻。"星二。

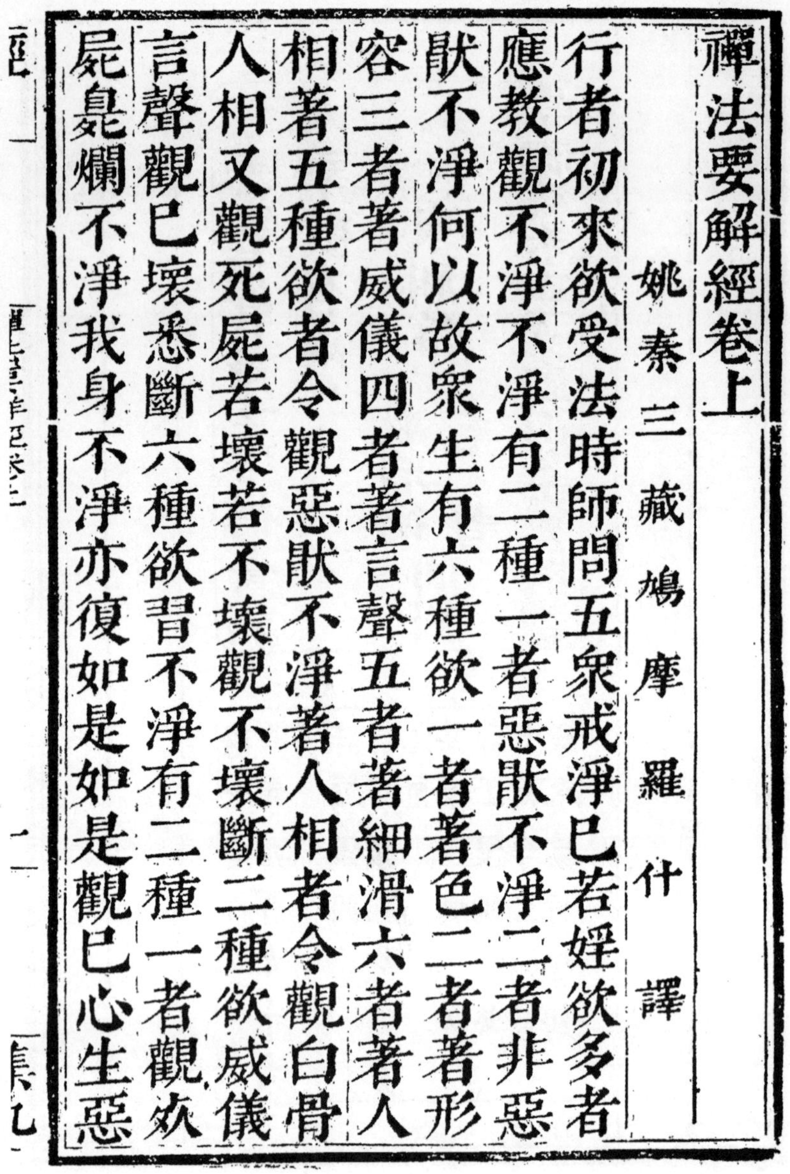

禪法要解經卷上

姚秦三藏鳩摩羅什譯

行者初來欲受法時師問五衆戒淨已若婬欲多者應教觀不淨不淨有二種一者惡猒不淨二者非惡猒不淨何以故衆生有六種欲一者著色二者著形容三者著威儀四者著言聲五者著細滑六者著人相著五種欲者令觀惡猒不淨著人相者令觀白骨人相又觀死屍若壞若不壞觀不壞斷二種欲威儀言聲觀已壞悉斷六種欲習不淨有二種一者觀死屍膖爛不淨我身不淨亦復如是如是觀已心生惡

136 《禪法要解經》二卷

(後秦) 釋鳩摩羅什譯　明崇禎癸未（十六年，1643）常熟毛扆刻本

版框高 22.5 厘米，寬 15.3 厘米。半葉十行，行二十字，四周雙邊。

民族 139-006; 臺灣 414 頁 · 1283; 故宫 139 · 1340

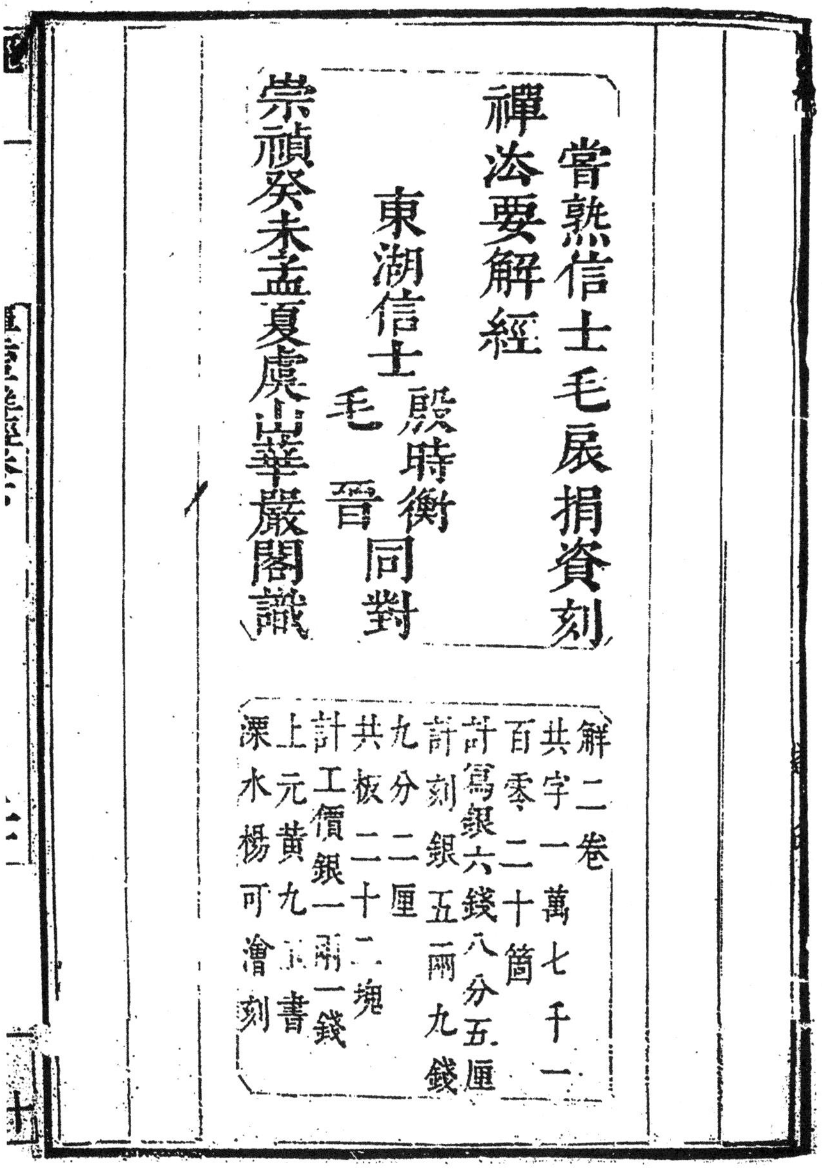

嘗熟信士毛宸捐資刻
禪浛要解經
東湖信士殷時衡
毛　晉同對
崇禎癸未孟夏虞山華嚴閣識

解二卷
共字一萬七千一
百零二十箇
計寫銀六錢八分五厘
計刻銀五兩九錢
九分二厘
共板二十二塊
計工價銀一兩一錢
上元黄九玉書
溧水楊可澮刻

牌記云："嘗熟信士毛宸捐資刻《禪浛要解經》，東湖信士殷時衡、毛晉同對，崇禎癸未孟夏虞山華嚴閣識。解二卷，共字一萬七千一百零二十個，計寫銀六錢八分五厘，計刻銀五兩九錢九分二厘，共板二十二塊，計工價銀一兩一錢，上元黄九玉書，溧水楊可澮刻。"集九至十。

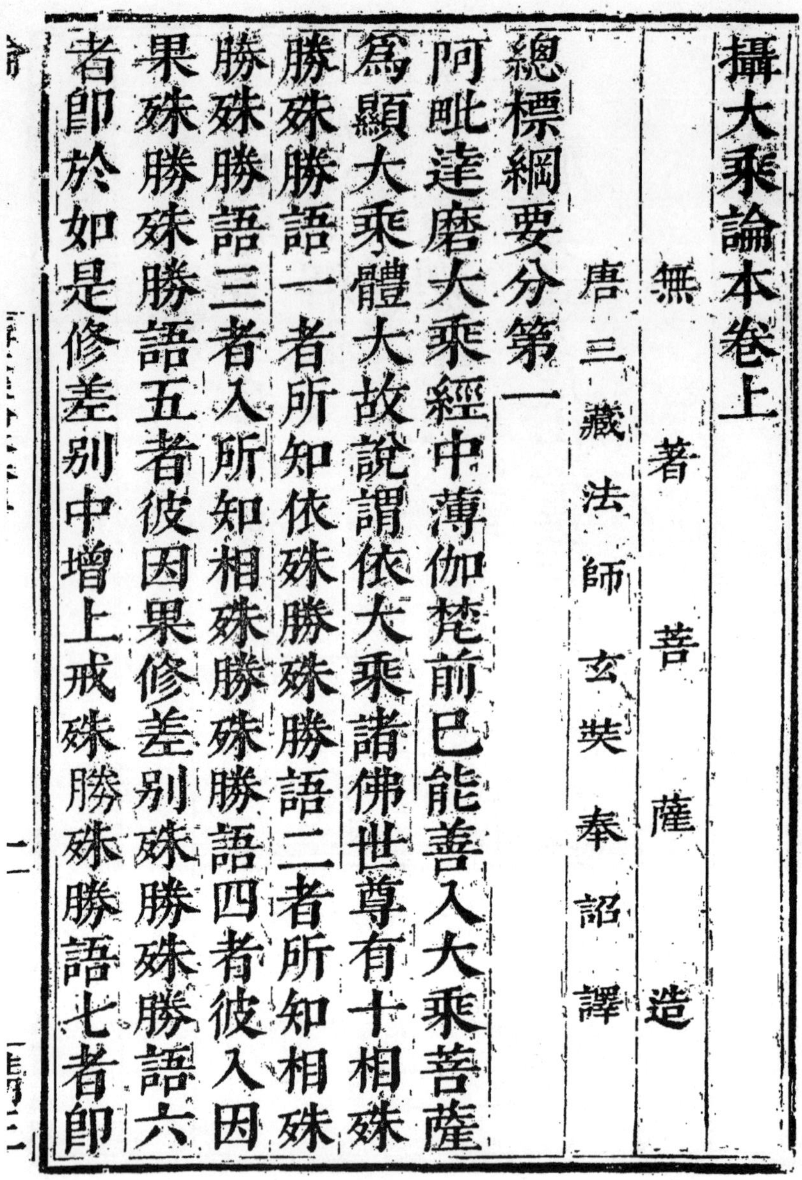

攝大乘論本卷上

無著菩薩造

唐三藏法師玄奘奉詔譯

總標綱要分第一

阿毗達磨大乘經中薄伽梵前已能善入大乘菩薩爲顯大乘體大故說謂依大乘諸佛世尊有十相殊勝殊勝語一者所知依殊勝殊勝語二者所知相殊勝殊勝語三者入所知相殊勝殊勝語四者彼入因果殊勝殊勝語五者彼因果修差別殊勝殊勝語六者卽於如是修差別中增上戒殊勝殊勝語七者卽

137 《攝大乘論本》三卷

（唐）釋玄奘譯　明崇禎癸未（十六年，1643）常熟毛褒刻本

版框高 22.6 厘米，寬 15.3 厘米。半葉十行，行二十字，四周雙邊。

民族 113-003-00002；臺灣 384 頁 · 1191；故宫 113 · 1246

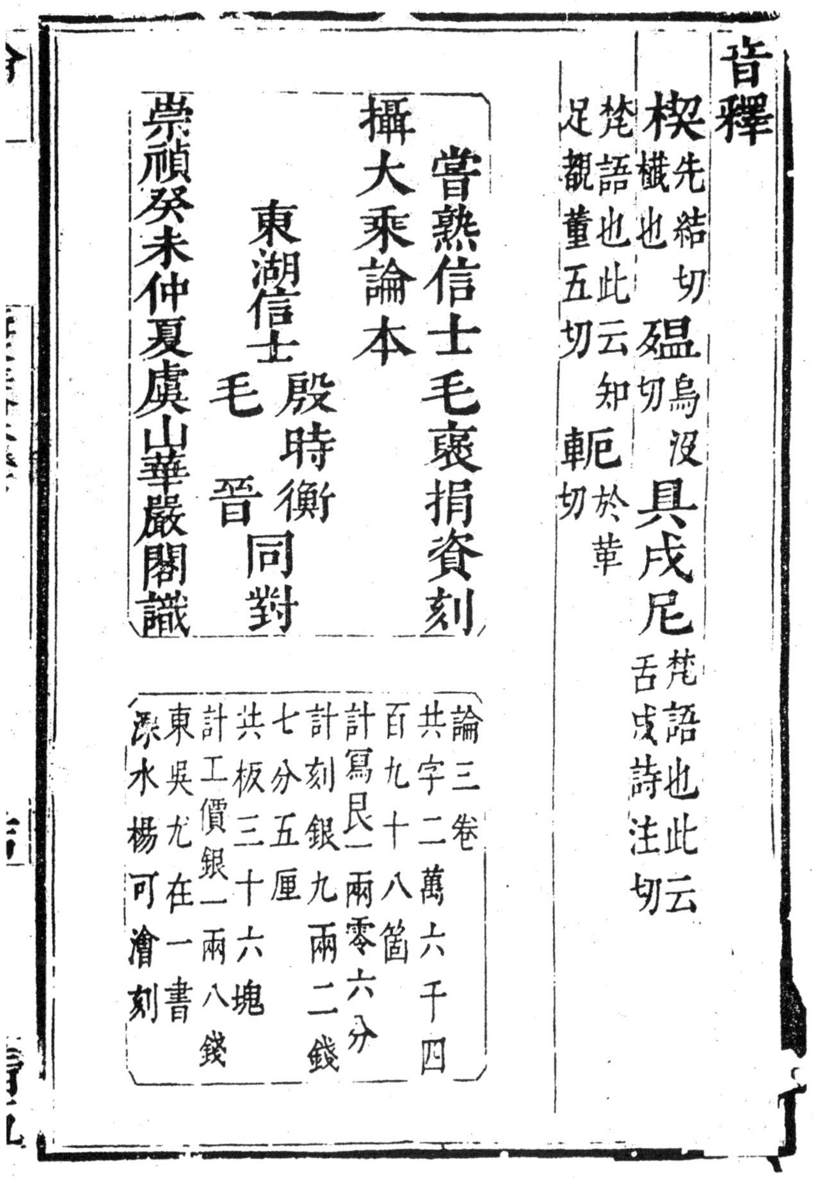
音釋
楔先結切櫼也 殟烏沒切 具戌尼梵語也此云舌戊詩注切
梵語也此云知足靚董五切 軛於革切

嘗熟信士毛褒捐資刻
攝大乘論本
東湖信士 殷時衡
毛 晉 同對
崇禎癸未仲夏虞山華嚴閣識

論三卷
共字二萬六千四
百九十八箇
計寫艮一兩零六分
計刻銀九兩二錢
七分五厘
共板三十六塊
計工價銀一兩八錢
東吳尤在一書
溧水楊可滄刻

牌記云："嘗熟信士毛褒捐資刻《攝大乘論本》，東湖信士殷時衡、毛晉同對，崇禎癸未仲夏虞山華嚴閣識。論三卷，共字二萬六千四百九十八箇，計寫艮（銀）一兩零六分，計刻銀九兩二錢七分五厘，共板三十六塊，計工價銀一兩八錢，東吳尤在一書，溧水楊可滄刻。"靜三至五。

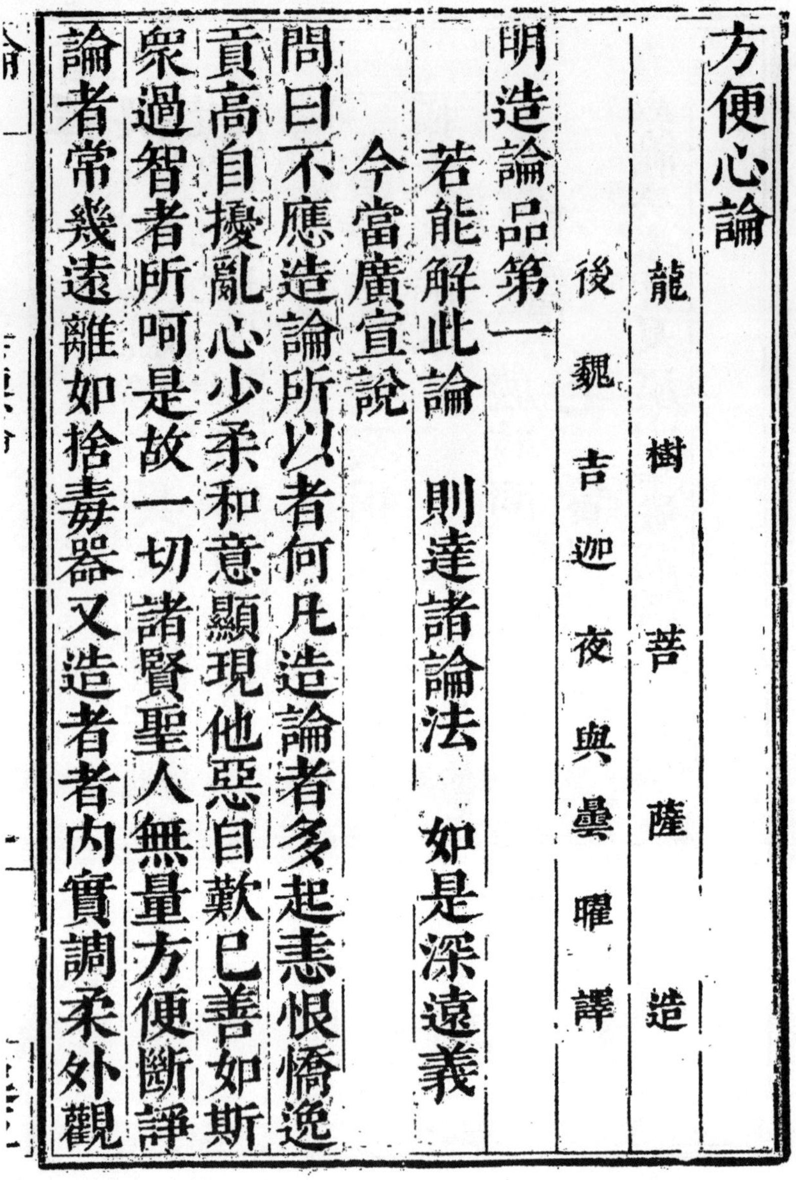

方便心論

龍樹菩薩造

後魏吉迦夜與曇曜譯

明造論品第一

若能解此論　則達諸論法　如是深遠義

今當廣宣說

問曰不應造論所以者何凡造論者多起恚恨憍逸貢高自擾亂心少柔和意顯現他惡自歎己善如斯衆過智者所呵是故一切諸賢聖人無量方便斷諍論者常幾遠離如捨毒器又造者者内實調柔外觀

138 《方便心論》一卷

（北魏）釋吉迦夜　（北魏）釋曇曜譯　明崇禎癸未（十六年，1643）泰和蕭士瑋刻本

版框高 22.9 厘米，寬 15.6 厘米。半葉十行，行二十字，四周雙邊。

民族 113-006-00004；臺灣 387 頁 · 1200；故宫 113 · 1255

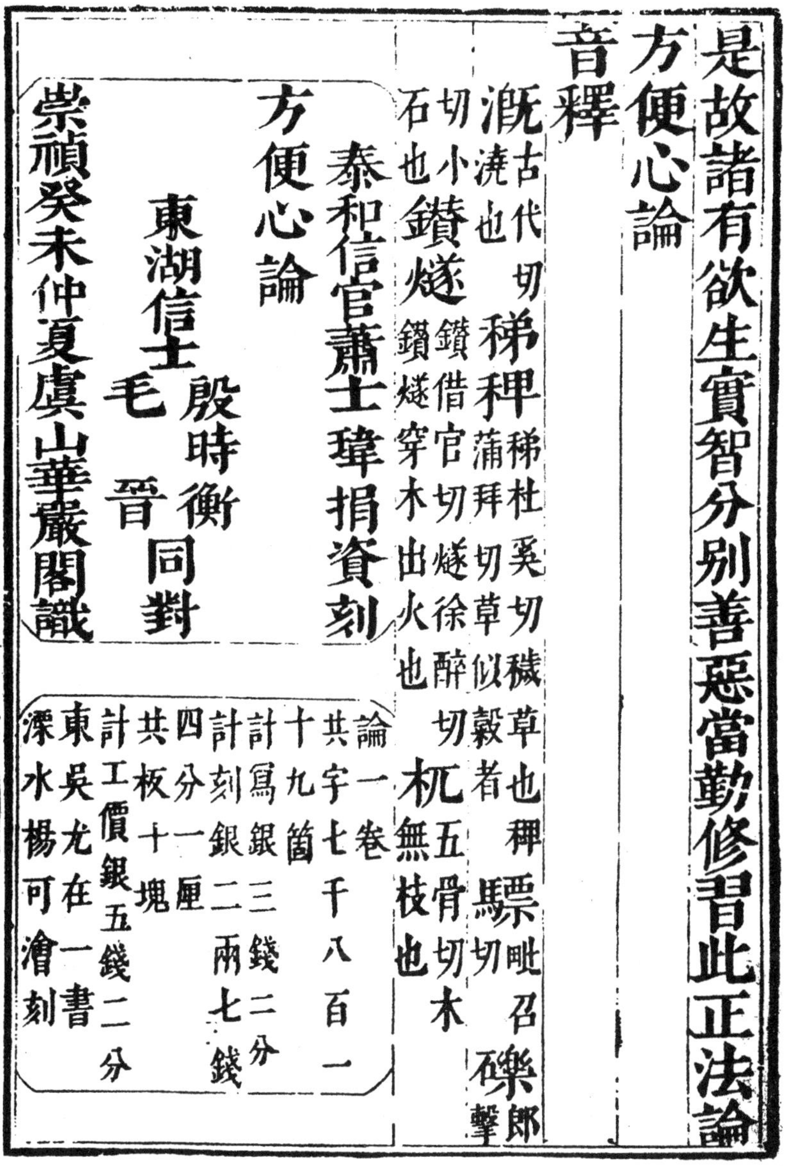

是故諸有欲生實智分別善惡當勤修習此正法論

方便心論

音釋

漑古代切澆也　稊稗稊杜奚切穢草也稗蒲拜切草似穀者　驃毗召切　礫郎擊切小石也　鑽燧鑽借官切燧徐醉切鑽燧穿木出火也　杌五骨切木無枝也

泰和信官蕭士瑋捐資刻

方便心論

東湖信士　殷時衡　毛晉　同對

崇禎癸未仲夏虞山華嚴閣識

論一卷

共字七千八百一十九箇

計寫銀三錢二分

計刻銀二兩七錢四分一厘

共板十塊

計工價銀五錢二分

東吳尤在一書

溧水楊可滄刻

牌記云:“泰和信官蕭士瑋捐資刻《方便心論》,東湖信士殷時衡、毛晉同對,崇禎癸未仲夏虞山華嚴閣識。論一卷,共字七千八百一十九箇,計寫銀三錢二分,計刻銀二兩七錢四分一厘,共板十塊,計工價銀五錢二分,東吳尤在一書,溧水楊可滄刻。”逸五。

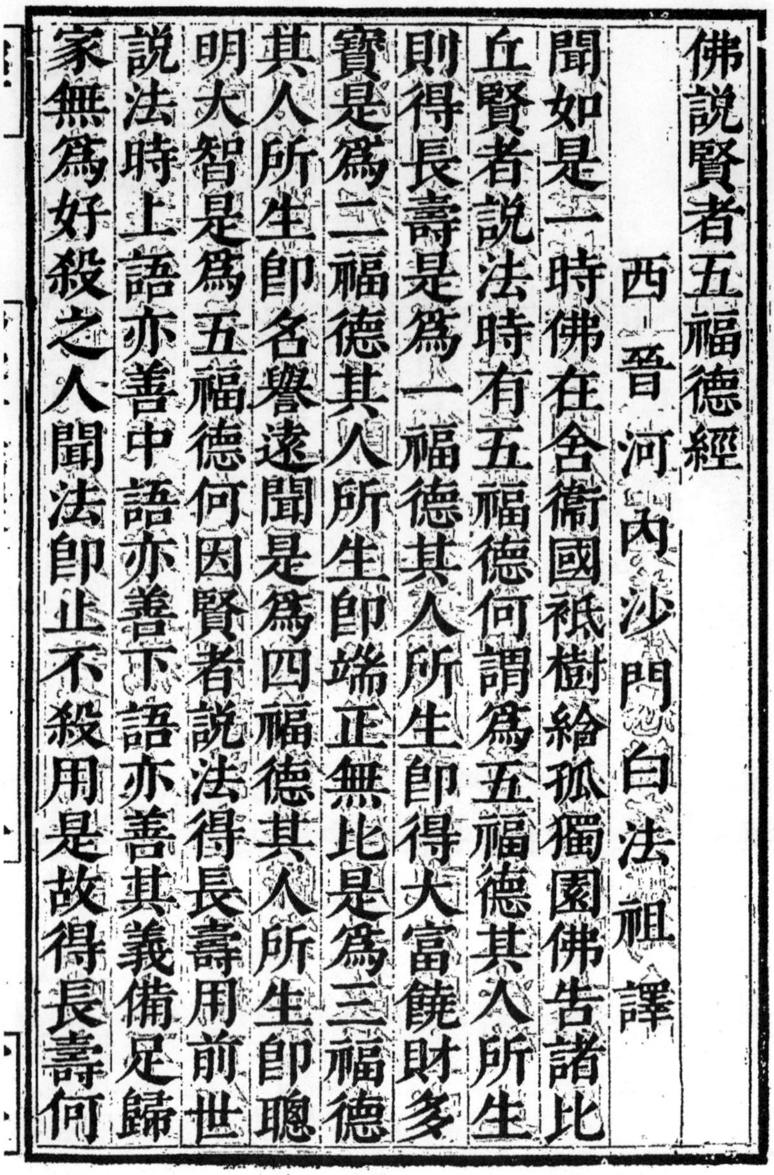

佛說賢者五福德經

西晉河內沙門白法祖譯

聞如是一時佛在舍衛國祇樹給孤獨園佛告諸比丘賢者說法時有五福德何謂爲五福德其人所生則得長壽是爲一福德其人所生即得大富饒財多寶是爲二福德其人所生即端正無比是爲三福德其人所生即名譽遠聞是爲四福德其人所生即聰明大智是爲五福德何因賢者說法得長壽用前世說法時上語亦善中語亦善下語亦善其義備足歸家無爲好殺之人聞法即止不殺用是故得長壽何

139 《佛説賢者五福德經》一卷

(西晉）釋白法祖譯　明崇禎癸未（十六年，1643）常熟施于民刻本

版框高 22.6 厘米，寬 15.5 厘米。半葉十行，行二十字，四周雙邊。

民族 071-006-00002；臺灣 225 頁 · 734

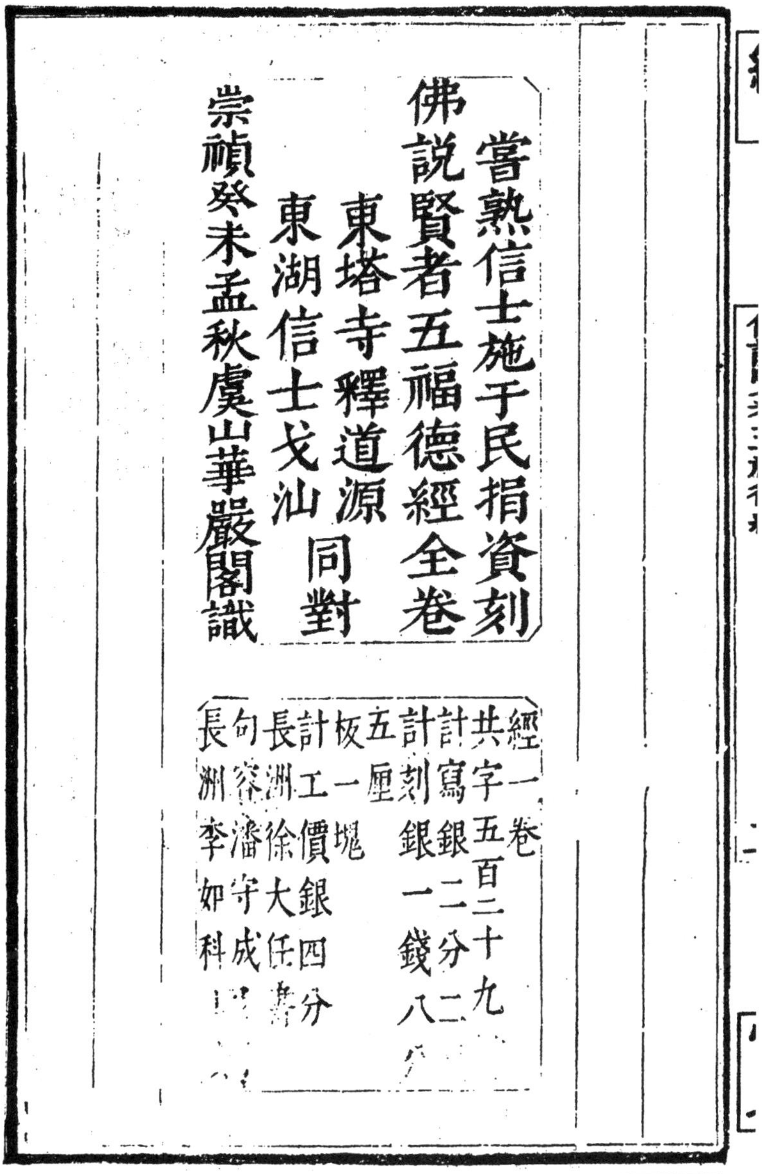
嘗熟信士施于民捐資刻
佛説賢者五福德經全卷
東塔寺釋道源
東湖信士戈汕　同對
崇禎癸未孟秋虞山華嚴閣識

經一卷
共字五百二十九
計寫銀二分二
計刻銀一錢八
五厘
板一塊
計工價銀四分
長洲徐大任書
句容潘守成
長洲李如科

牌記云:“嘗熟信士施于民捐資刻《佛説賢者五福德經》全卷，東塔寺釋道源、東湖信士戈汕同對，崇禎癸未孟秋虞山華嚴閣識。經一卷，共字五百二十九□，計寫銀二分二□，計刻銀一錢八分五厘，板一塊，計工價銀四分，長洲徐大任書，句容潘守成、長洲李如科同刻。”按：無故宫號。當七。

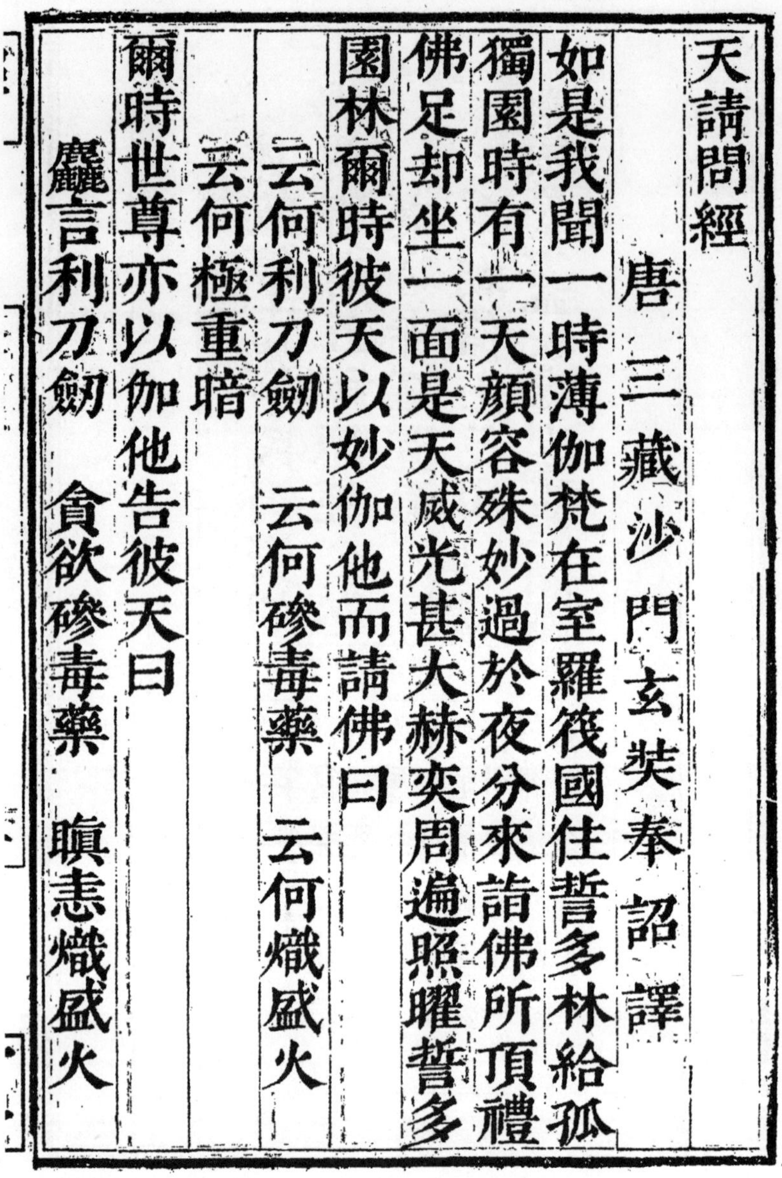

天請問經

唐三藏沙門玄奘奉詔譯

如是我聞一時薄伽梵在室羅筏國住誓多林給孤獨園時有一天顔容殊妙過於夜分來詣佛所頂禮佛足却坐一面是天威光甚大赫奕周遍照曜誓多園林爾時彼天以妙伽他而請佛曰

云何利刀劒　云何磣毒藥　云何熾盛火

云何極重暗

爾時世尊亦以伽他告彼天曰

麤言利刀劒　貪欲磣毒藥　瞋恚熾盛火

140 《天請問經》一卷

(唐) 釋玄奘譯　明崇禎癸未（十六年，1643）句容潘以倫刻本

版框高 22.9 厘米，寬 15.4 厘米。半葉十行，行二十字，四周雙邊。

民族 071-006-00003；臺灣 225 頁 · 735

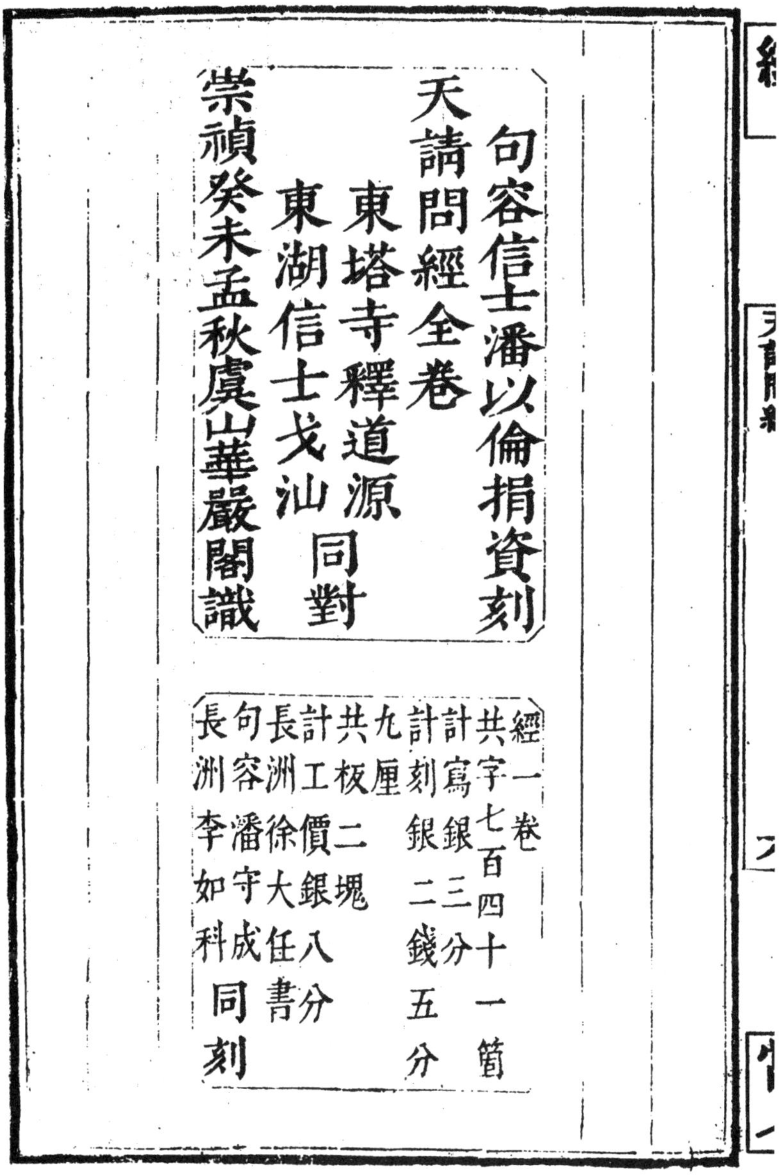

句容信士潘以倫捐資刻
天請問經全卷
東塔寺釋道源
東湖信士戈汕同對
崇禎癸未孟秋虞山華嚴閣識

經一卷
共字七百四十一箇
計寫銀三分
計刻銀二錢五分
九厘
共板二塊
計工價銀八分
長洲徐大任書
句容潘守成
長洲李如科同刻

牌記云:“句容信士潘以倫捐資刻《天請問經》全卷，東塔寺釋道源、東湖信士戈汕同對，崇禎癸未孟秋虞山華嚴閣識。經一卷，共字七百四十一箇，計寫銀三分，計刻銀二錢五分九厘，共板二塊，計工價銀八分，長洲徐大任書，句容潘守成、長洲李如科同刻。”按:無故宫號。當七。

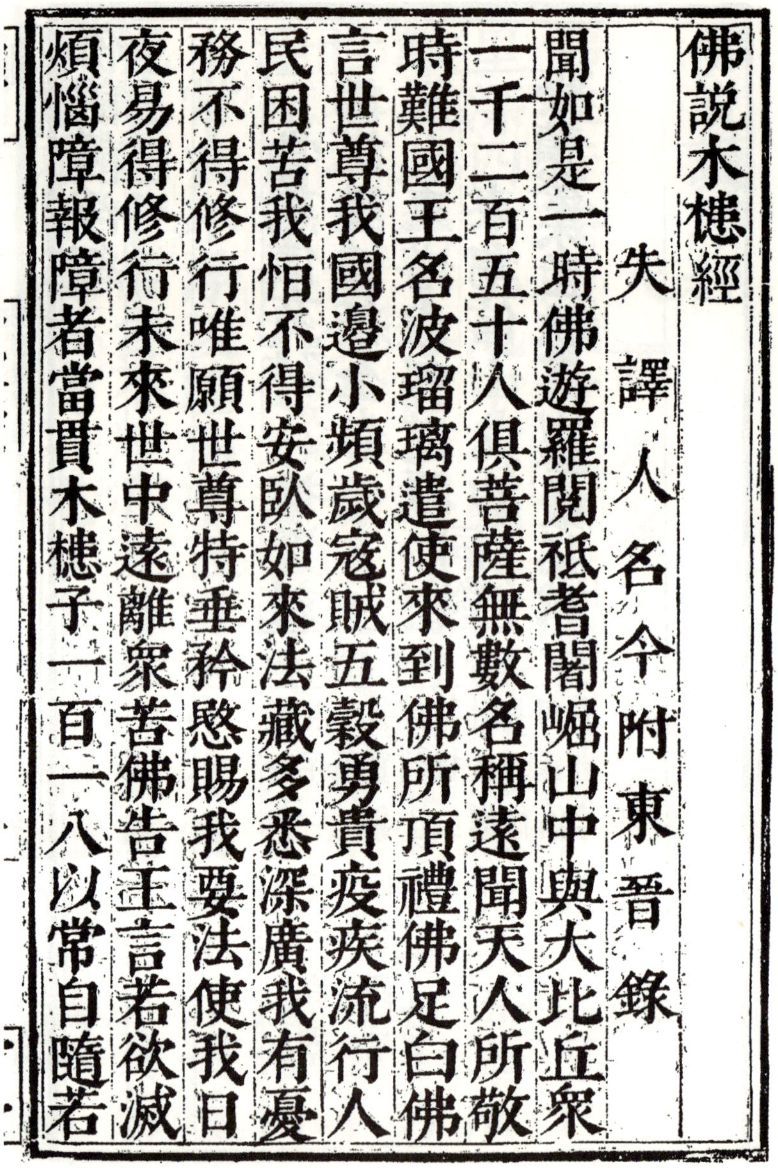
佛說木槵經

失譯人名今附東晉錄

聞如是一時佛遊羅閱祇耆闍崛山中與大比丘衆
一千二百五十人俱菩薩無數名稱遠聞天人所敬
時難國王名波瑠璃遣使來到佛所頂禮佛足白佛
言世尊我國邊小頻歲寇賊五穀勇貴疫疾流行人
民困苦我恒不得安臥如來法藏多悉深廣我有憂
務不得修行唯願世尊特垂矜愍賜我要法使我日
夜易得修行未來世中遠離衆苦佛告王言若欲滅
煩惱障報障者當貫木槵子一百一八以常自隨若

142 《佛説木槵經》一卷

不著譯人　明崇禎癸未（十六年，1643）長洲殷時衡、孫房刻本

版框高 22.9 厘米，寬 15.5 厘米。半葉十行，行二十字，四周雙邊。

民族 071-006-00005；臺灣 226 頁 · 737

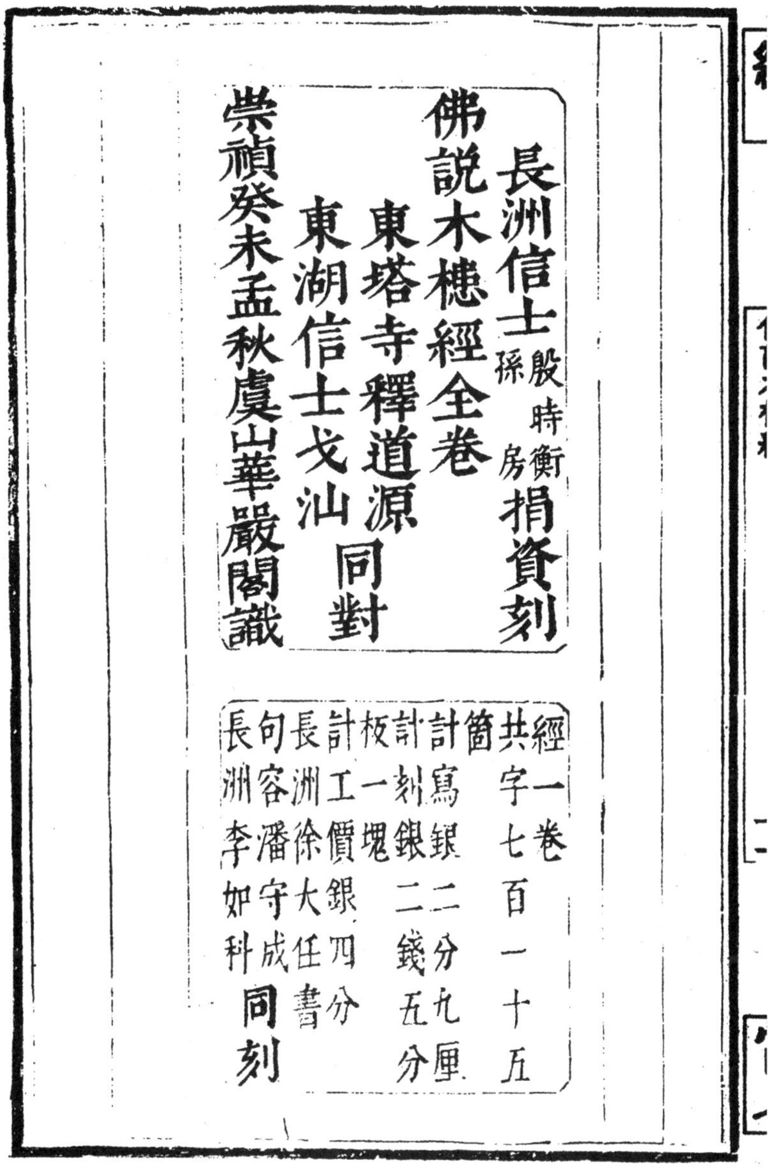
長洲信士殷時衡孫房捐資刻
佛説木檖經全卷
東塔寺釋道源
東湖信士戈汕同對
崇禎癸未孟秋虞山華嚴閣識

經一卷
共字七百一十五
箇
計寫銀二分九厘
計刻銀二錢五分
板一塊
計工價銀四分
長洲徐大任書
句容潘守成
長洲李如科同刻

牌記云："長洲信士殷時衡、孫房捐資刻《佛説木檖經》全卷，東塔寺釋道源、東湖信士戈汕同對，崇禎癸未孟秋虞山華嚴閣識。經一卷，共字七百一十五箇，計寫銀二分九厘，計刻銀二錢五分，板一塊，計工價銀四分，長洲徐大任書，句容潘守成、長洲李如科同刻。"按：無故宫號。當七。

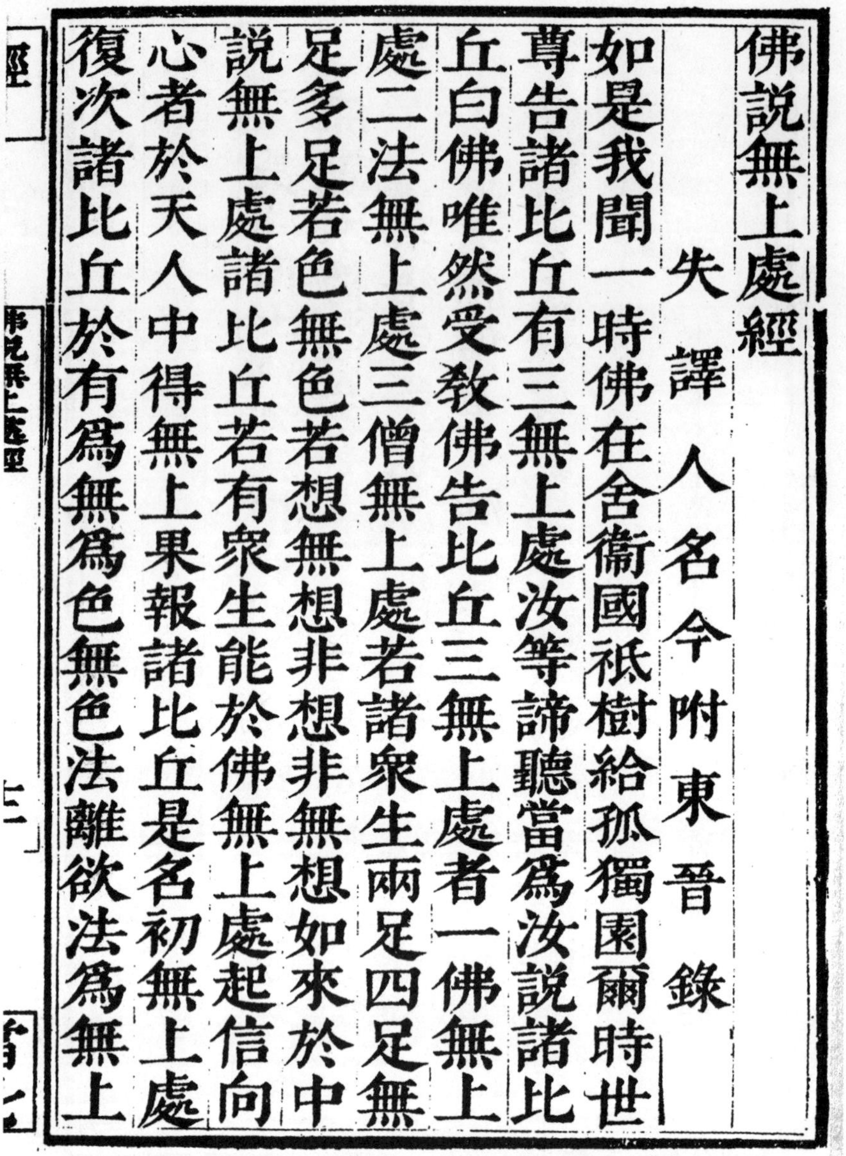

佛說無上處經

失譯人名今附東晉錄

如是我聞一時佛在舍衛國祇樹給孤獨園爾時世尊告諸比丘有三無上處汝等諦聽當爲汝說諸比丘白佛唯然受教佛告比丘三無上處者一佛無上處二法無上處三僧無上處若諸衆生兩足四足無足多足若色無色若想無想非想非無想如來於中說無上處諸比丘若有衆生能於佛無上處起信向心者於天人中得無上果報諸比丘是名初無上處復次諸比丘於有爲無爲色無色法離欲法爲無上

佛說無上處經　三

143 《佛説無上處經》一卷

不著譯人　明崇禎癸未（十六年，1643）常熟馬宏道刻本

版框高 22.4 厘米，寬 15.4 厘米。半葉十行，行二十字，四周雙邊。

民族 072-006；臺灣 226 頁 · 738

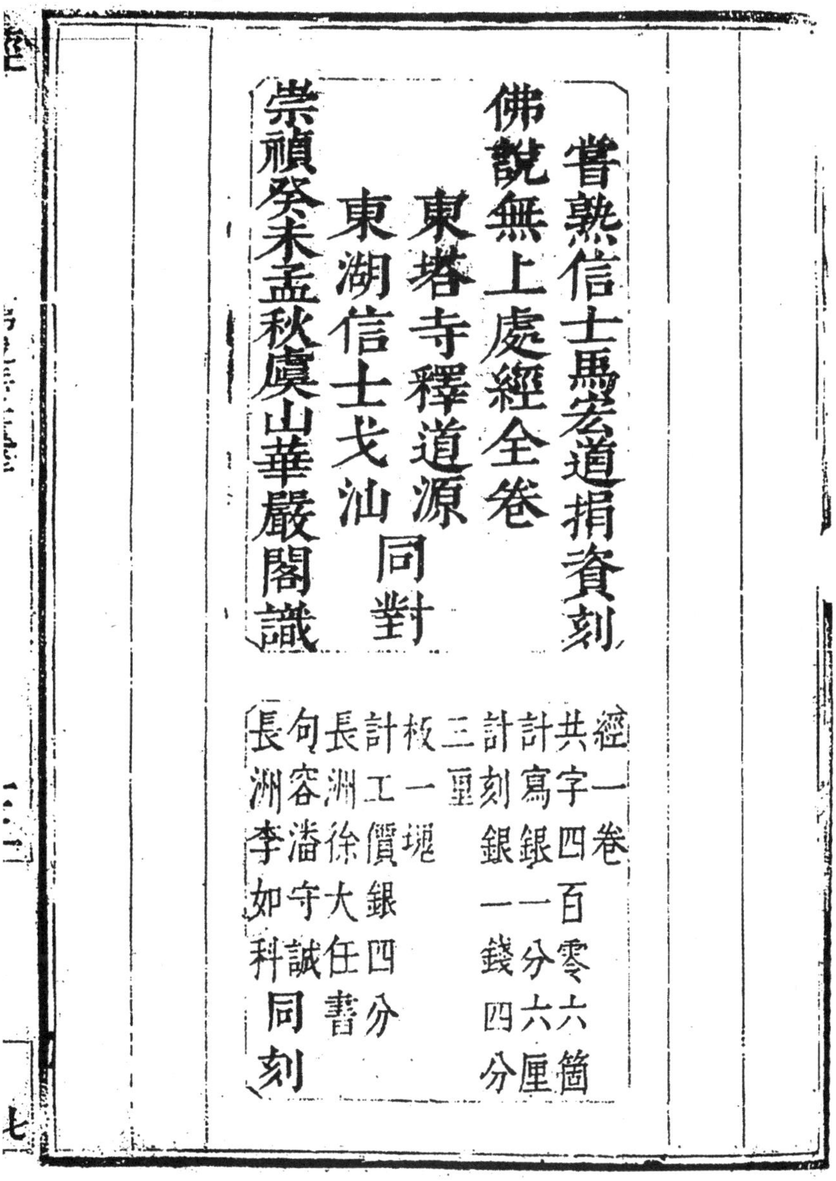
嘗熟信士馬宏道捐資刻
佛說無上處經全卷
東塔寺釋道源
東湖信士戈汕　同對
崇禎癸未孟秋虞山華嚴閣識
經一卷
共字四百零六箇
計寫銀一分六厘
計刻銀一錢四分
三厘
板一塊
計工價銀四分
長洲徐大任書
句容潘守誠
長洲李如科同刻

牌記云："嘗熟信士馬宏道捐資刻《佛說無上處經》全卷，東塔寺釋道源、東湖信士戈汕同對，崇禎癸未孟秋虞山華嚴閣識。經一卷，共字四百零六箇，計寫銀一分六厘，計刻銀一錢四分三厘，板一塊，計工價銀四分，長洲徐大任書，句容潘守誠、長洲李如科同刻。"按：無故宫號。當七。

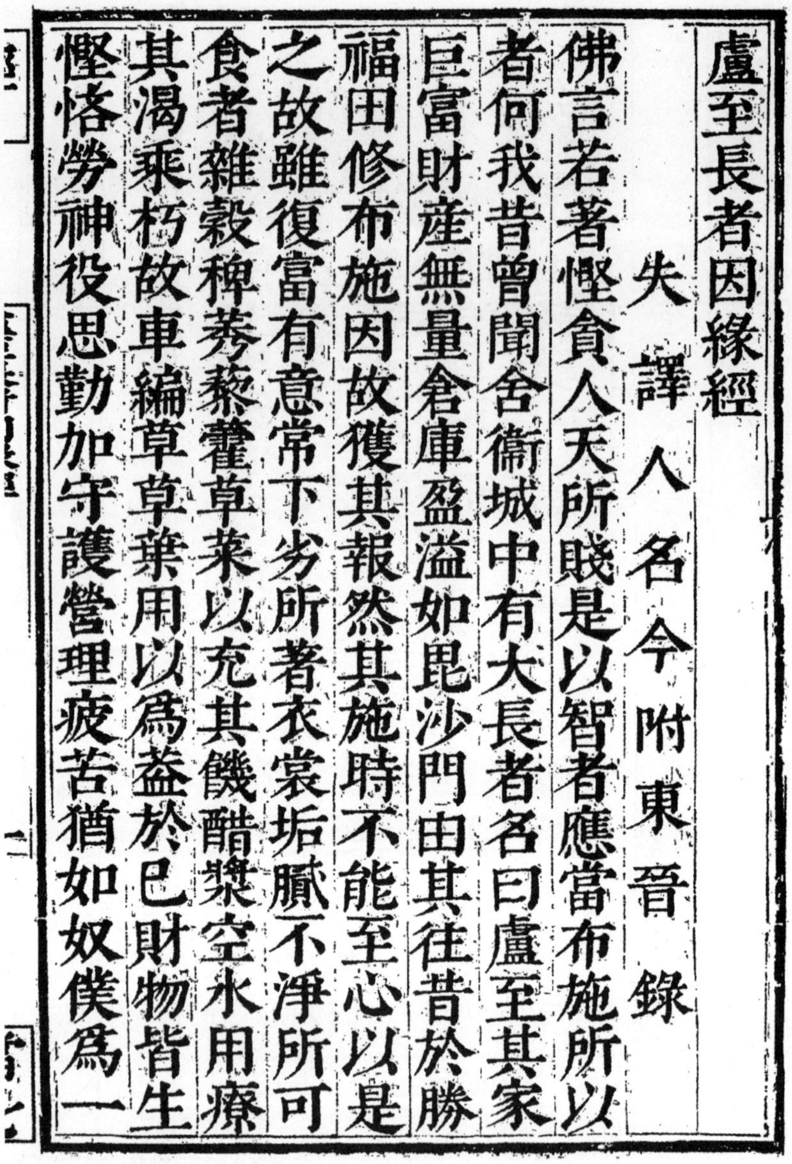
盧至長者因緣經
失譯人名今附東晉録
佛言若著慳貪人天所賤是以智者應當布施所以者何我昔曾聞舍衛城中有大長者名曰盧至其家巨富財産無量倉庫盈溢如毘沙門由其往昔於勝福田修布施因故獲其報然其施時不能至心以是之故雖復富有意常下劣所著衣裳垢膩不淨所可食者雜穀稗莠藜藋草菜以充其饑醋漿空水用療其渴乘朽故車編草草葉用以爲葢於已財物皆生慳悋勞神役思勤加守護營理疲苦猶如奴僕爲一

144 《盧至長者因緣經》一卷

不著譯人　明崇禎癸未（十六年，1643）常熟毛鳳苞刻本

版框高 22.5 厘米，寬 15.3 厘米。半葉十行，行二十字，四周雙邊。

民族 071-006-00006；臺灣 226 頁 · 739；故宫 71 · 755

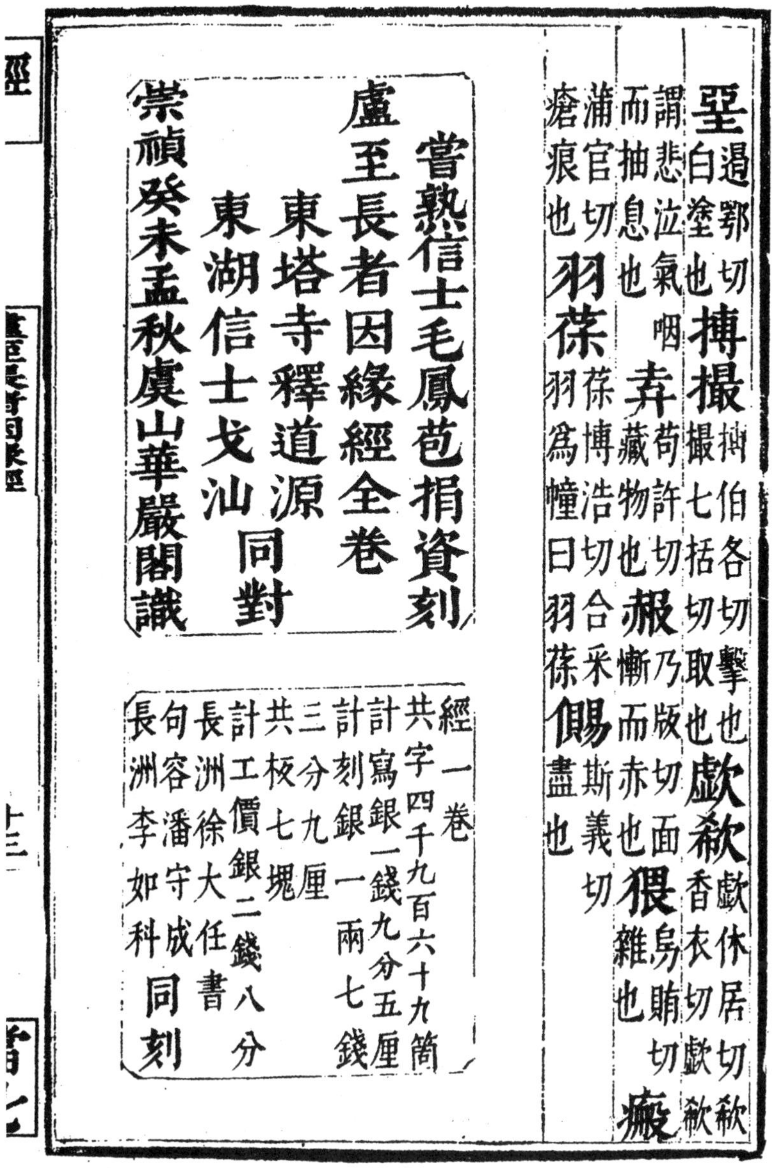

堊遏鄂切白塗也 摶撮摶伯各切擊也撮七括切取也 歔欷歔休居切欷香衣切歔欷謂悲泣氣咽而抽息也 弆苟許切藏物也 赧乃版切面慚而赤也 猥烏賄切雜也 瘢蒲官切瘡痕也 羽葆葆博浩切合采羽為幢曰羽葆 儩斯義切盡也

嘗熟信士毛鳳苞捐資刻
盧至長者因緣經全卷
東塔寺釋道源
東湖信士戈汕同對
崇禎癸未孟秋虞山華嚴閣識

經一卷
共字四千九百六十九箇
計寫銀一錢九分五厘
計刻銀一兩七錢
三分九厘
共板七塊
計工價銀二錢八分
長洲徐大任書
句容潘守成
長洲李如科同刻

牌記云："嘗熟信士毛鳳苞捐資刻《盧至長者因緣經》全卷，東塔寺釋道源、東湖信士戈汕同對，崇禎癸未孟秋虞山華嚴閣識。經一卷，共字四千九百六十九箇，計寫銀一錢九分五厘，計刻銀一兩七錢三分九厘，共板七塊，計工價銀二錢八分，長洲徐大任書，句容潘守成、長洲李如科同刻。"當七。

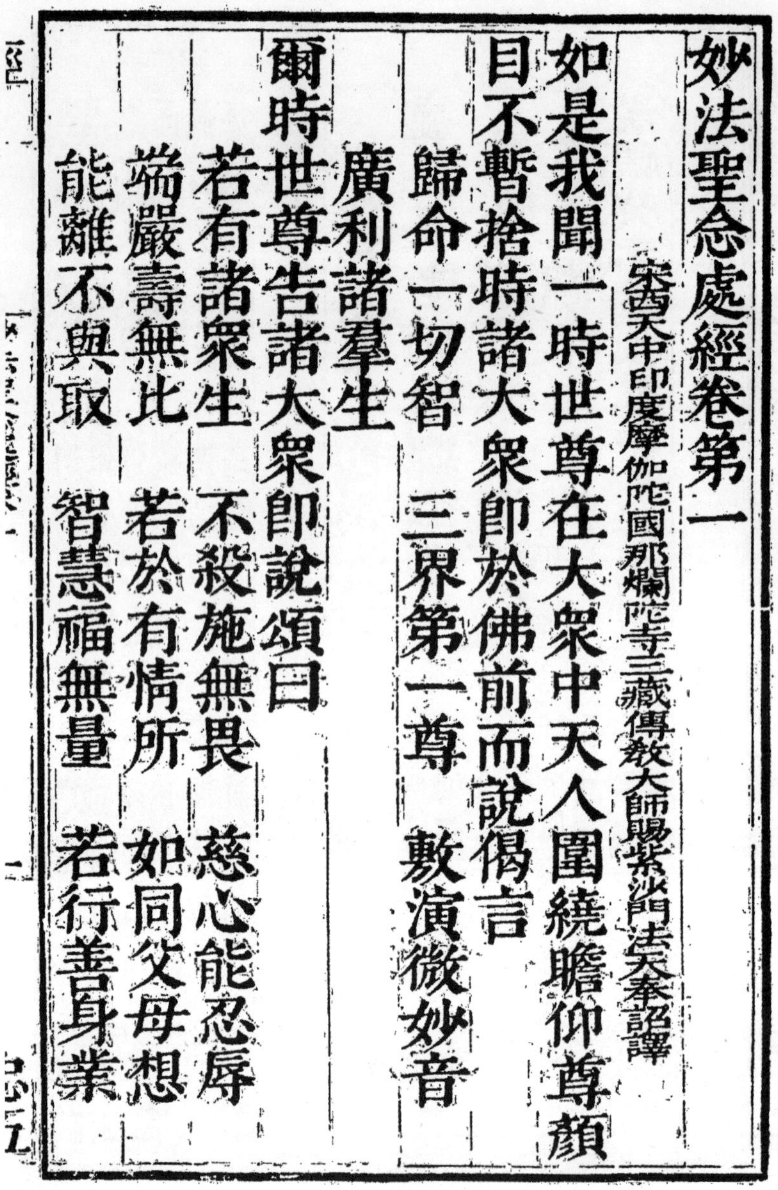

妙法聖念處經卷第一

宋西天中印度摩伽陀國那爛陀寺三藏傳教大師賜紫沙門法天奉詔譯

如是我聞一時世尊在大衆中天人圍繞瞻仰尊顔

目不暫捨時諸大衆即於佛前而説偈言

歸命一切智　三界第一尊　敷演微妙音

廣利諸羣生

爾時世尊告諸大衆即說頌曰

若有諸衆生　不殺施無畏　慈心能忍辱

端嚴壽無比　若於有情所　如同父母想

能離不與取　智慧福無量　若行善身業

145 《妙法聖念處經》八卷

（宋）釋法天譯　明崇禎癸未（十六年，1643）泰和楊仁愿刻本

版框高 22.5 厘米，寬 15.3 厘米。半葉十行，行二十字，四周雙邊。

民族 072-006；臺灣 243 頁 · 786；故宫 72 · 802

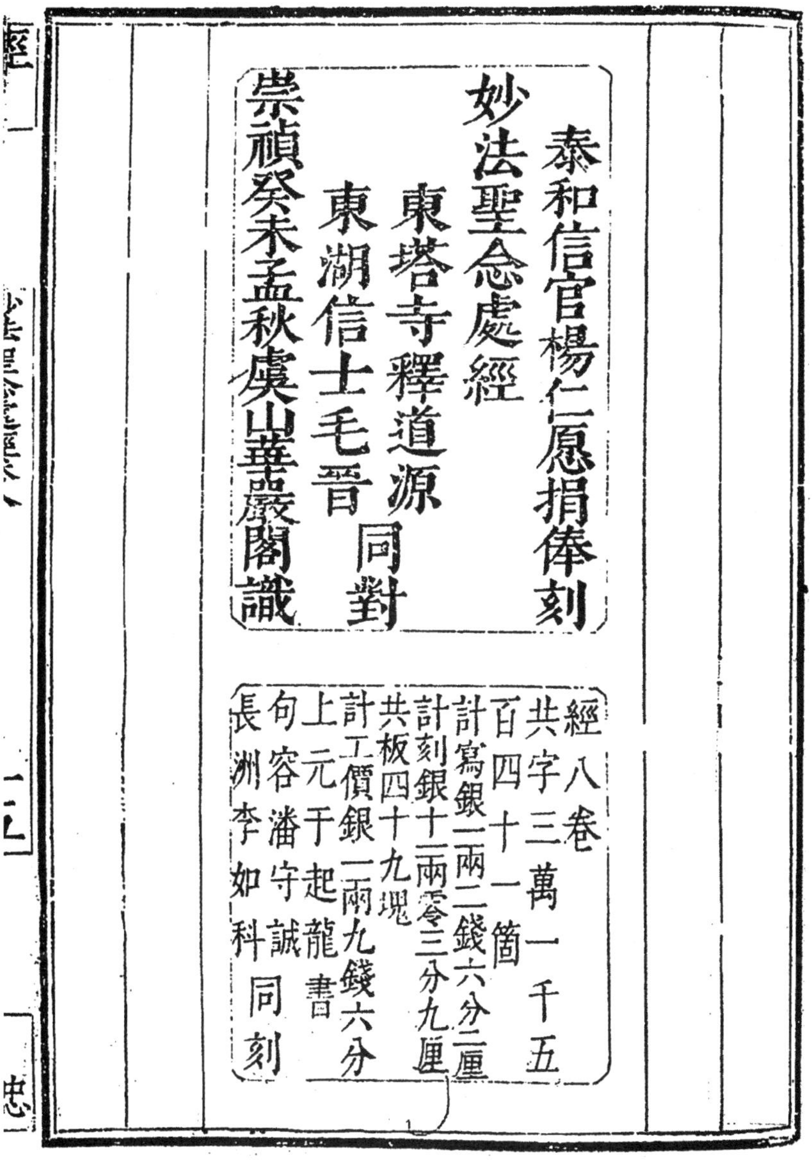
泰和信官楊仁愿捐俸刻
妙法聖念處經
東塔寺釋道源
東湖信士毛晉　同對
崇禎癸未孟秋虞山華嚴閣識

經八卷
共字三萬一千五
百四十一箇
計寫銀一兩二錢六分二厘
計刻銀十一兩零三分九厘
共板四十九塊
計工價銀一兩九錢六分
上元于起龍書
句容潘守誠
長洲李如科同刻

牌記云:“泰和信官楊仁愿捐俸刻《妙法聖念處經》,東塔寺釋道源、東湖信士毛晉同對,崇禎癸未孟秋虞山華嚴閣識。經八卷,共字三萬一千五百四十一箇,計寫銀一兩二錢六分二厘,計刻銀十一兩零三分九厘,共板四十九塊,計工價銀一兩九錢六分,上元于起龍書,句容潘守誠、長洲李如刻。”忠五至八。

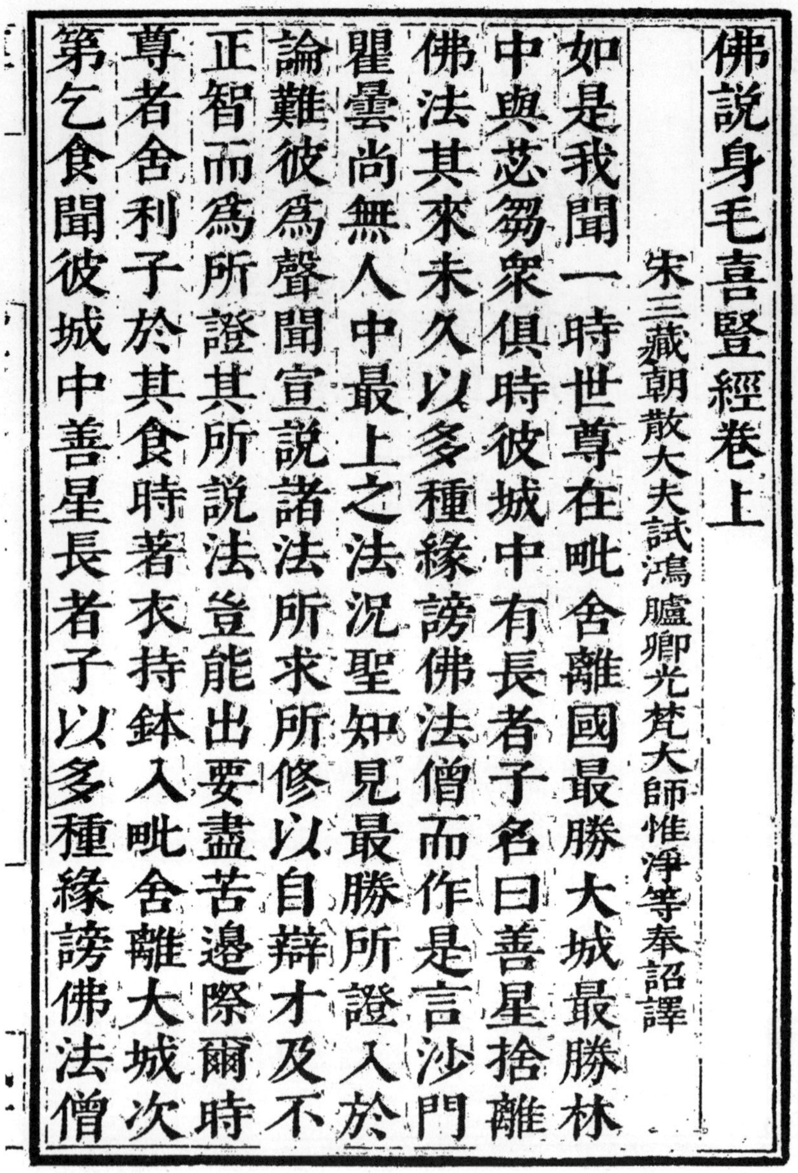
佛說身毛喜豎經卷上
宋三藏朝散大夫試鴻臚卿光梵大師惟淨等奉詔譯
如是我聞一時世尊在毗舍離國最勝大城最勝林
中與苾芻衆俱時彼城中有長者子名曰善星捨離
佛法其來未久以多種緣謗佛法僧而作是言沙門
瞿曇尚無人中最上之法況聖知見最勝所證入於
論難彼爲聲聞宣說諸法所求所修以自辯才及不
正智而爲所證其所說法豈能出要盡苦邊際爾時
尊者舍利子於其食時著衣持鉢入毗舍離大城次
第乞食聞彼城中善星長者子以多種緣謗佛法僧

146 《佛說身毛喜豎經》三卷

(宋) 釋惟淨譯　明崇禎癸未（十六年，1643）泰和楊仁愿刻本

版框高 22.8 厘米，寬 15.3 厘米。半葉十行，行二十字，四周雙邊。

民族 075-002-00007; 臺灣 296 頁 · 936

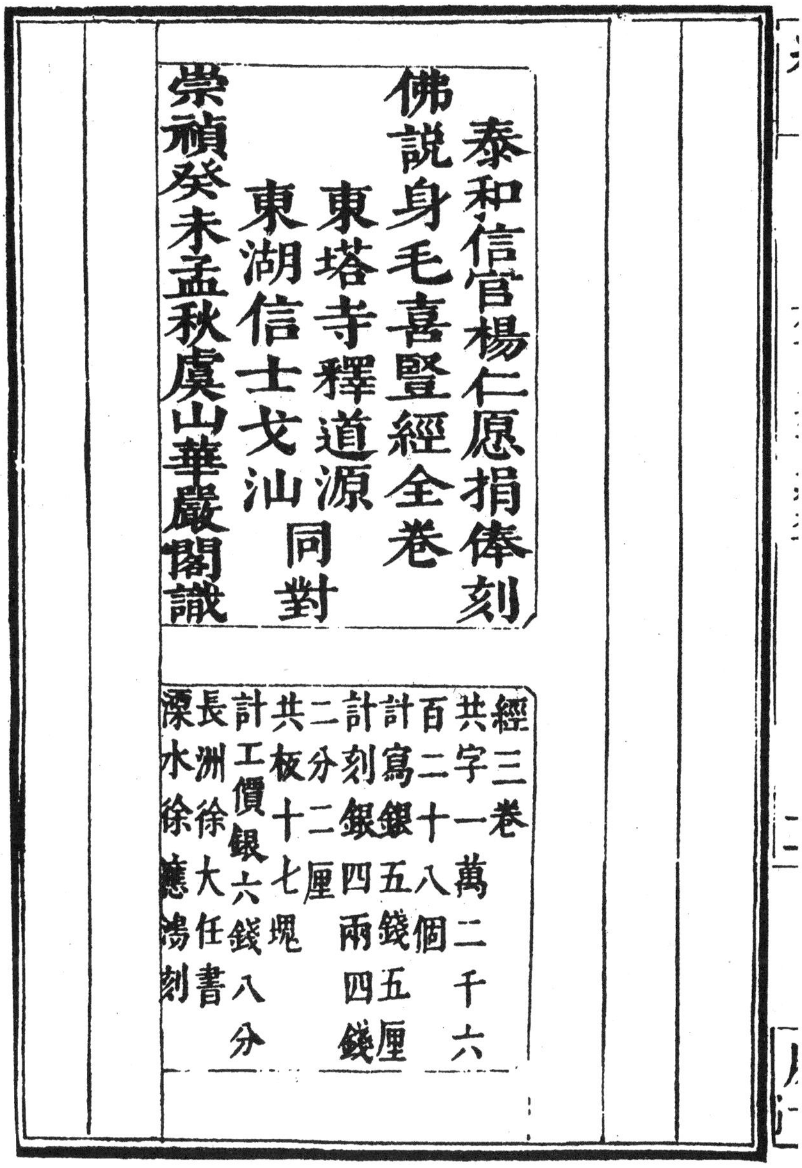

泰和信官楊仁愿捐俸刻
佛説身毛喜豎經全卷
東塔寺釋道源
東湖信士戈汕　同對
崇禎癸未孟秋虞山華嚴閣識

經三卷
共字一萬二千六
百二十八個
計寫銀五錢五厘
計刻銀四兩四錢
二分二厘
共板十七塊
計工價銀六錢八分
長洲徐大任書
溧水徐應鴻刻

牌記云:“泰和信官楊仁愿捐俸刻《佛説身毛喜豎經》全卷，東塔寺釋道源、東湖信士戈汕同對，崇禎癸未孟秋虞山華嚴閣識。經三卷，共字一萬二千六百二十八個，計寫銀五錢五厘，計刻銀四兩四錢二分二厘，共板十七塊，計工價銀六錢八分，長洲徐大任書，溧水徐應鴻刻。”按：無故宫號。夙十。

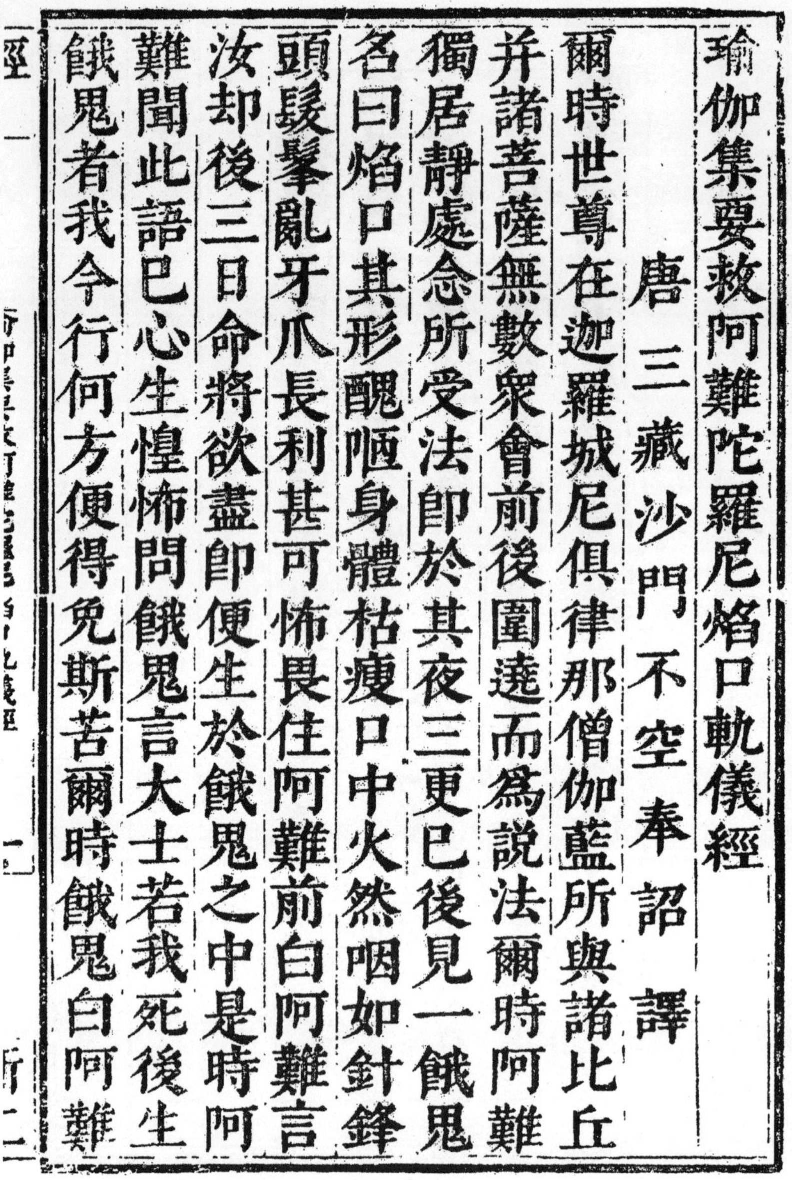

瑜伽集要救阿難陀羅尼焰口軌儀經
唐三藏沙門不空奉詔譯
爾時世尊在迦羅城尼俱律那僧伽藍所與諸比丘
并諸菩薩無數衆會前後圍遶而爲說法爾時阿難
獨居靜處念所受法卽於其夜三更已後見一餓鬼
名曰焰口其形醜陋身體枯瘦口中火然咽如針鋒
頭髮髼亂牙爪長利甚可怖畏住阿難前白阿難言
汝却後三日命將欲盡卽便生於餓鬼之中是時阿
難聞此語已心生惶怖問餓鬼言大士若我死後生
餓鬼者我今行何方便得免斯苦爾時餓鬼白阿難

147 《瑜伽集要救阿難陀羅尼焰口軌儀經》一卷

（唐）釋不空譯　明崇禎癸未（十六年，1643）永豐詹兆恒刻本

版框高 21.4 厘米，寬 14.9 厘米。半葉十行，行二十字，四周雙邊。

民族 076-007-00002；故宫 75 · 948

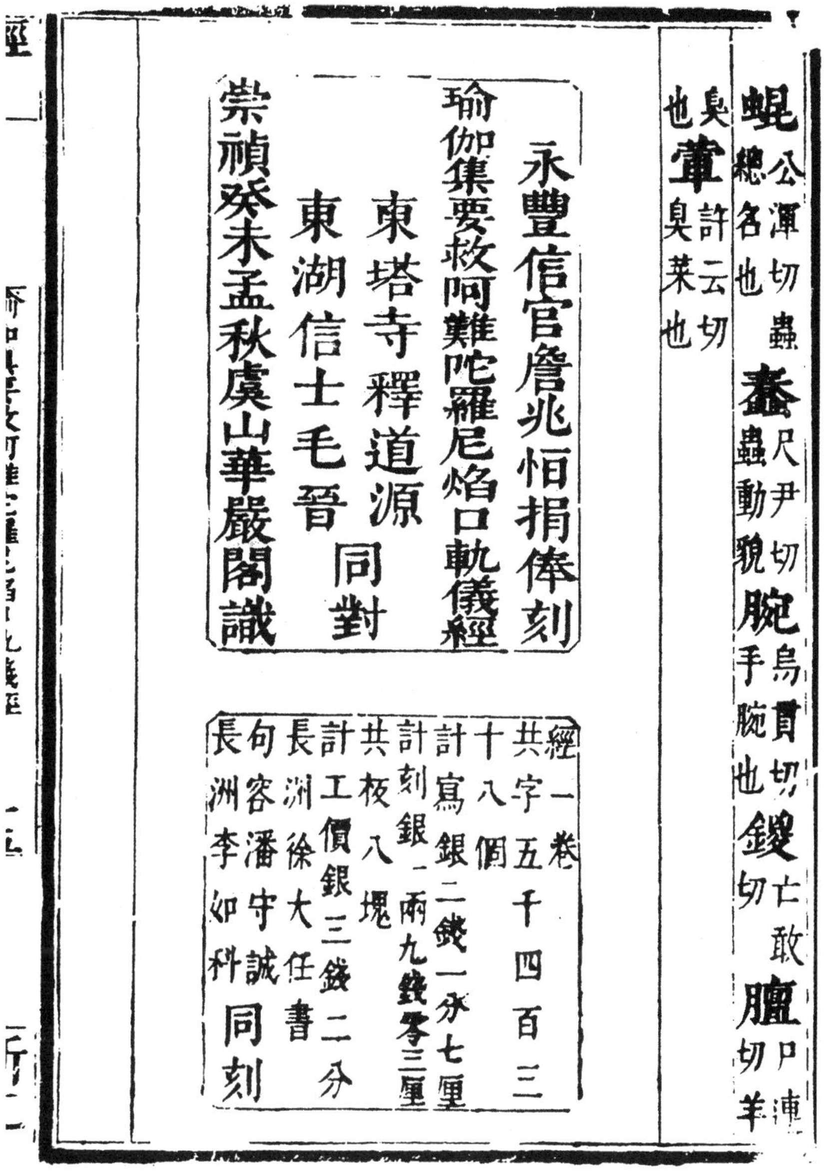

蜫公渾切蟲總名也 蠢尺尹切蟲動貌 腕烏貫切手腕也 鍐亡敢切 臚尸連切羊

臭也 葷許云切臭菜也

永豐信官詹兆恒捐俸刻
瑜伽集要救阿難陀羅尼焰口軌儀經
東塔寺釋道源
東湖信士毛晉 同對
崇禎癸未孟秋虞山華嚴閣識

經一卷
共字五千四百三
十八個
計寫銀二錢一分七厘
計刻銀一兩九錢零三厘
共板八塊
計工價銀三錢二分
長洲徐大任書
句容潘守誠
長洲李如科同刻

牌記云:"永豐信官詹兆恒捐俸刻《瑜伽集要救阿難陀羅尼焰口軌儀經》,東塔寺釋道源、東湖信士毛晉同對,崇禎癸未孟秋虞山華嚴閣識。經一卷,共字五千四百三十八個,計寫銀二錢一分七厘,計刻銀一兩九錢零三厘,共板八塊,計工價銀三錢二分,長洲徐大任書,句容潘守誠、長洲李如科同刻。"按:《"國家圖書館"善本書志初稿·子部四》未著録兹經。斯二。

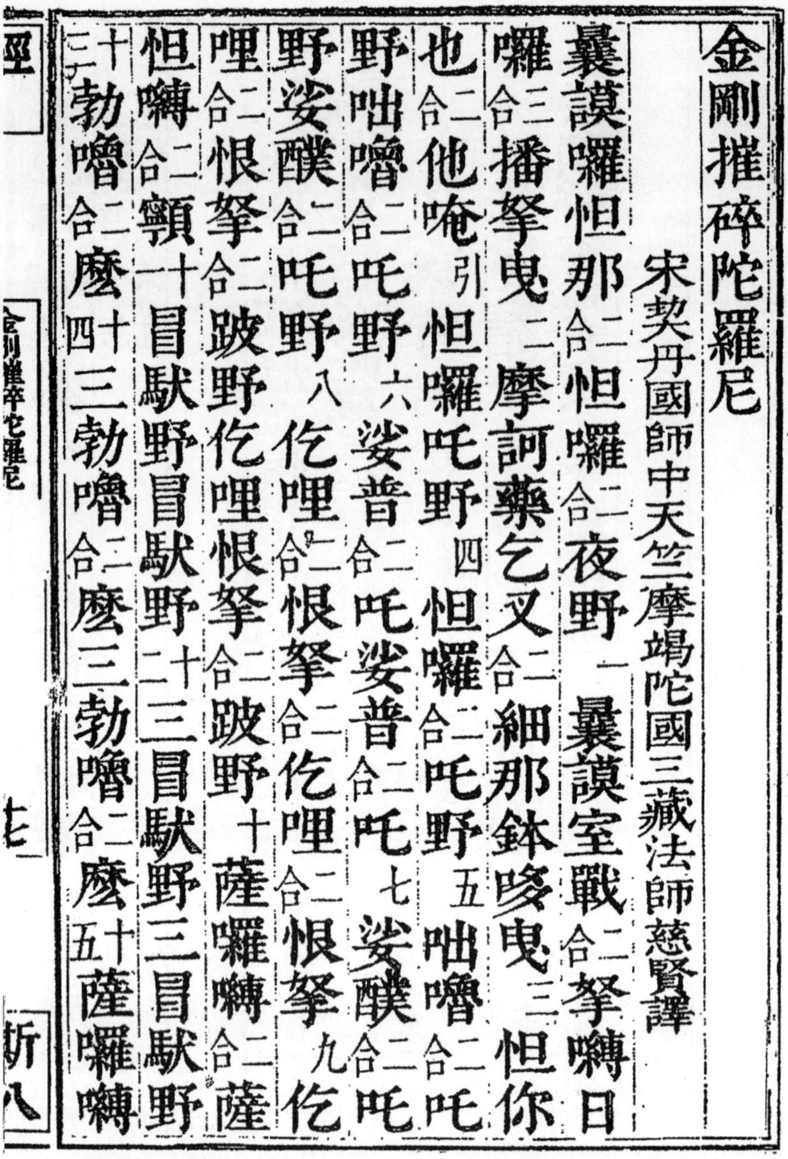

金剛摧碎陀羅尼
宋契丹國師中天竺摩竭陀國三藏法師慈賢譯
曩謨囉怛那二合怛囉二合夜野一曩謨室戰二合拏嚩日
囉三合播拏曳二摩訶藥乞叉二合細那鉢哆曳三怛你
也二合他唵引怛囉吒野四怛囉二合吒野五咄嚕二合吒
野咄嚕二合吒野六娑普二合吒娑普二合吒七娑䥥二合吒
野娑䥥二合吒野八仡哩二合恨拏二合仡哩二合恨拏九仡
哩二合恨拏二合跛野仡哩恨拏二合跛野十薩囉嚩二合薩
怛嚩二合頞一十目馱野目馱野二十三目馱野三目馱野
十二勃嚕二合麼四十三勃嚕二合麼三勃嚕二合麼五十薩囉嚩
經　金剛摧碎陀羅尼　七　折八

148 《金剛摧碎陀羅尼》一卷

(宋) 釋慈賢譯　明崇禎癸未（十六年，1643）泰和楊仁愿刻本

版框高 22.1 厘米，寬 14.9 厘米。半葉十行，行二十字，四周雙邊。

民族 076-008-00004；臺灣 307 頁 · 962

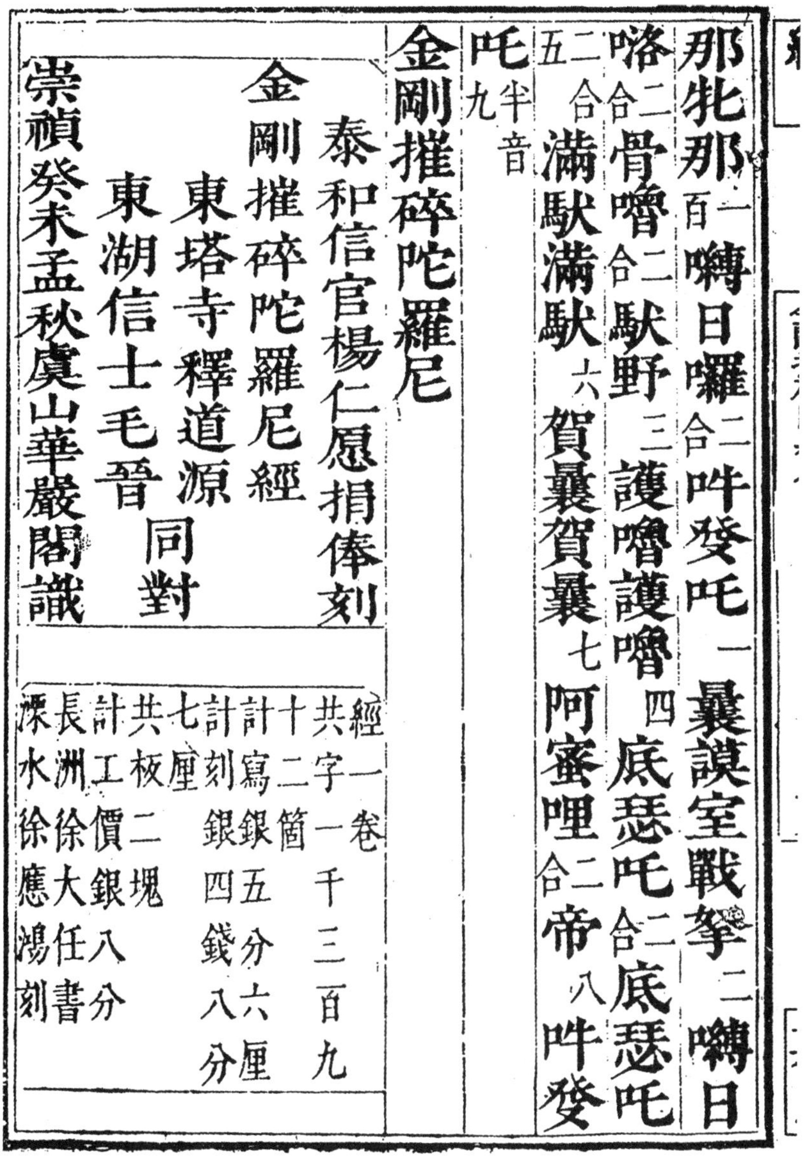

那牝那一百嚩日囉二合吽發吒一曩謨室戰拏二嚩日囉二合骨嚕二合馱野三護嚕護嚕四底瑟吒二合底瑟吒二合五滿馱滿馱六賀曩賀曩七阿蜜哩二合帝八吽發吒半音九

金剛摧碎陀羅尼

泰和信官楊仁愿捐俸刻

金剛摧碎陀羅尼經

東塔寺釋道源

東湖信士毛晉　同對

崇禎癸未孟秋虞山華嚴閣識

經一卷

共字一千三百九

十二箇

計寫銀五分六厘

計刻銀四錢八分

七厘

共板二塊

計工價銀八分

長洲徐大任書

溧水徐應鴻刻

牌記云："泰和信官楊仁愿捐俸刻《金剛摧碎陀羅尼經》，東塔寺釋道源、東湖信士毛晉同對，崇禎癸未孟秋虞山華嚴閣識。經一卷，共字一千三百九十二箇，計寫銀五分六厘，計刻銀四錢八分七厘，共板二塊，計工價銀八分，長洲徐大任書，溧水徐應鴻刻。"按：故宫資料未録兹書。斯八。

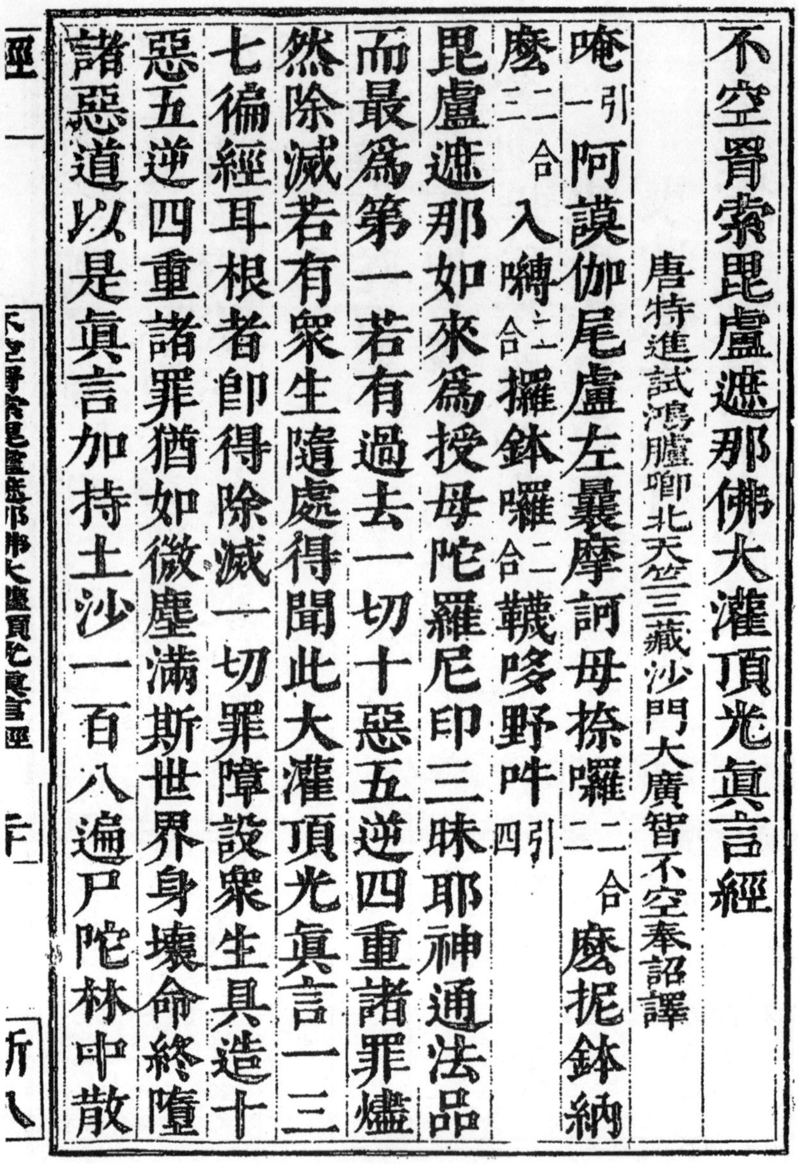

不空罥索毘盧遮那佛大灌頂光眞言經

唐特進試鴻臚卿北天竺三藏沙門大廣智不空奉詔譯

唵引一 阿謨伽尾盧左曩摩訶母捺囉二合二 麼抳鉢納麼二合三 入嚩二合攞鉢囉二合韈哆野吽引四

毘盧遮那如來爲授母陀羅尼印三昧耶神通法品而最爲第一若有過去一切十惡五逆四重諸罪燼然除滅若有衆生隨處得聞此大灌頂光眞言一三七徧經耳根者卽得除滅一切罪障設衆生具造十惡五逆四重諸罪猶如微塵滿斯世界身壞命終墮諸惡道以是眞言加持土沙一百八遍尸陀林中散

149 《不空罥索毘盧遮那佛大灌頂光眞言經》一卷

（唐）釋不空譯　明崇禎癸未（十六年，1643）泰和楊仁愿刻本

版框高 22.2 厘米，寬 14.9 厘米。半葉十行，行二十字，四周雙邊。

民族 076-008-00005

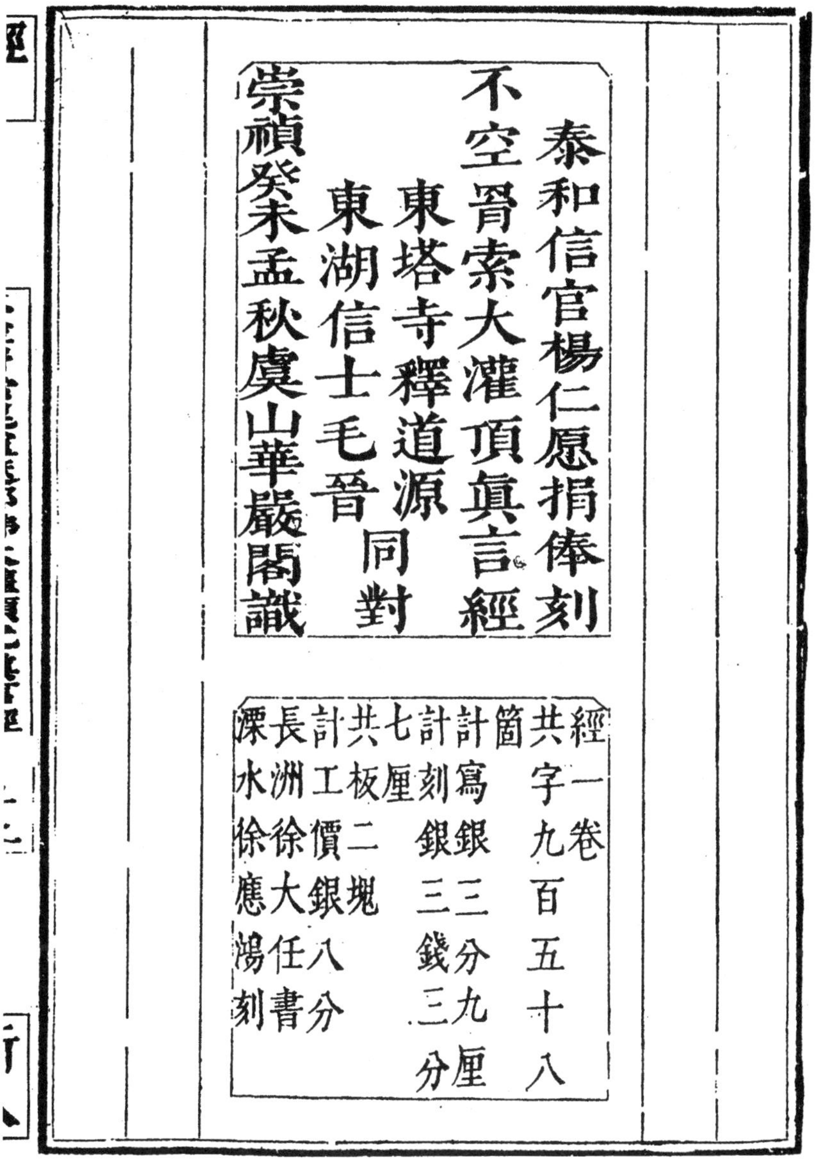
泰和信官楊仁愿捐俸刻
不空罥索大灌頂眞言經
東塔寺釋道源
東湖信士毛晉　同對
崇禎癸未孟秋虞山華嚴閣識

經一卷
共字九百五十八
箇
計寫銀三分九厘
計刻銀三錢三分
七厘
共板二塊
計工價銀八分
長洲徐大任書
溧水徐應鴻刻

牌記云:"泰和信官楊仁愿捐俸刻《不空罥索大灌頂眞言經》,東塔寺釋道源、東湖信士毛晉同對,崇禎癸未孟秋虞山華嚴閣識。經一卷,共字九百五十八箇,計寫銀三分九厘,計刻銀三錢三分七厘,共板二塊,計工價銀八分,長洲徐大任書,溧水徐應鴻刻。"按:《"國家圖書館"善本書志初稿·子部四》、故宫資料無玆經。斯八。

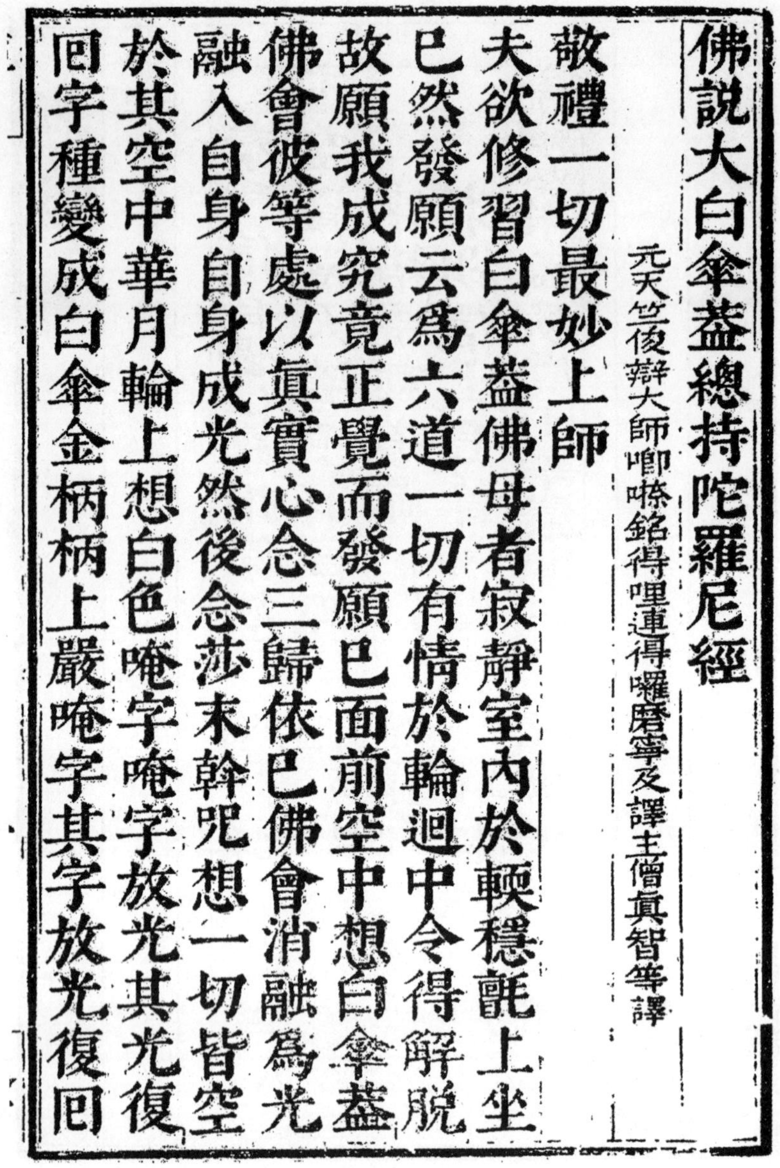
佛說大白傘蓋總持陀羅尼經
元天竺後辯大師唧噤銘得哩連得囉磨寧及譯主僧眞智等譯
敬禮一切最妙上師
夫欲修習白傘蓋佛母者寂靜室內於輭穩氈上坐
巳然發願云為六道一切有情於輪迴中令得解脫
故願我成究竟正覺而發願巳面前空中想白傘蓋
佛會彼等處以眞實心念三歸依巳佛會消融為光
融入自身自身成光然後念莎末斡咒想一切皆空
於其空中華月輪上想白色唵字唵字放光其光復
囘字種變成白傘金柄柄上嚴唵字其字放光復囘

150 《佛說大白傘蓋總持陀羅尼經》一卷

(元) 釋眞智等譯　明崇禎癸未（十六年，1643）泰和楊仁愿刻本

版框高 22.6 厘米，寬 15.4 厘米。半葉十行，行二十字，四周雙邊。

民族 078-002-00005; 臺灣 307 頁 · 962

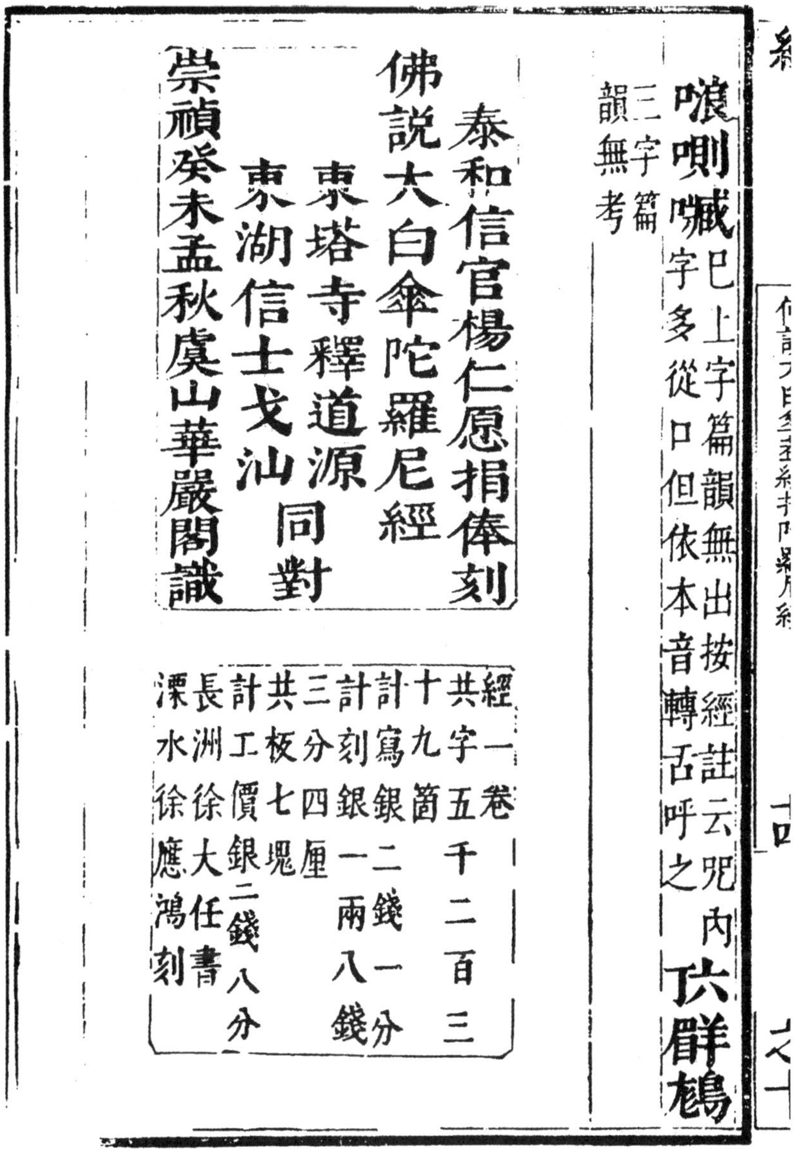
哴喇[illegible]巳上字篇韻無出按經註云兕內字多從口但依本音轉舌呼之六群鴒
三字篇韻無考

泰和信官楊仁愿捐俸刻
佛説大白傘陀羅尼經
東塔寺釋道源
東湖信士戈汕同對
崇禎癸未孟秋虞山華嚴閣識

經一卷
共字五千二百三
十九箇
計寫銀二錢一分
計刻銀一兩八錢
三分四厘
共板七塊
計工價銀二錢八分
長洲徐大任書
溧水徐應鴻刻

牌記云:“泰和信官楊仁愿捐俸刻《佛説大白傘陀羅尼經》,東塔寺釋道源、東湖信士戈汕同對,崇禎癸未孟秋虞山華嚴閣識。經一卷,共字五千二百三十九箇,計寫銀二錢一分,計刻銀一兩八錢三分四厘,共板七塊,計工價銀二錢八分,長洲徐大任書,溧水徐應鴻刻。”按:故官資料未録兹書。之十。

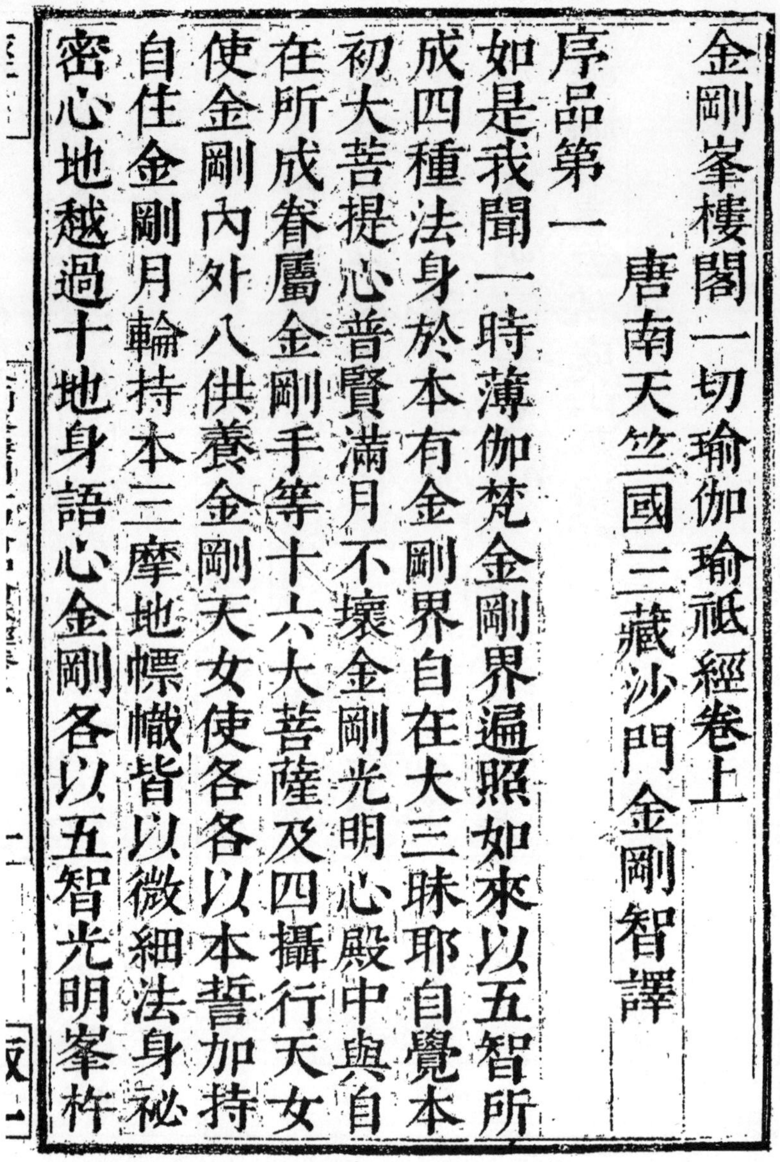
金剛峯樓閣一切瑜伽瑜祇經卷上
唐南天竺國三藏沙門金剛智譯
序品第一
如是我聞一時薄伽梵金剛界遍照如來以五智所
成四種法身於本有金剛界自在大三昧耶自覺本
初大菩提心普賢滿月不壞金剛光明心殿中與自
在所成眷屬金剛手等十六大菩薩及四攝行天女
使金剛內外八供養金剛天女使各各以本誓加持
自住金剛月輪持本三摩地幖幟皆以微細法身祕
密心地越過十地身語心金剛各以五智光明峯杵

151 《金剛峯樓閣一切瑜伽瑜祇經》二卷

(唐) 釋金剛智譯　明崇禎癸未（十六年，1643）永豐詹兆恒刻本

版框高 22.3 厘米，寬 15.3 厘米。半葉十行，行二十字，四周雙邊。

民族 080-005-00001；臺灣 315 頁 · 985；故宫 80 · 1038

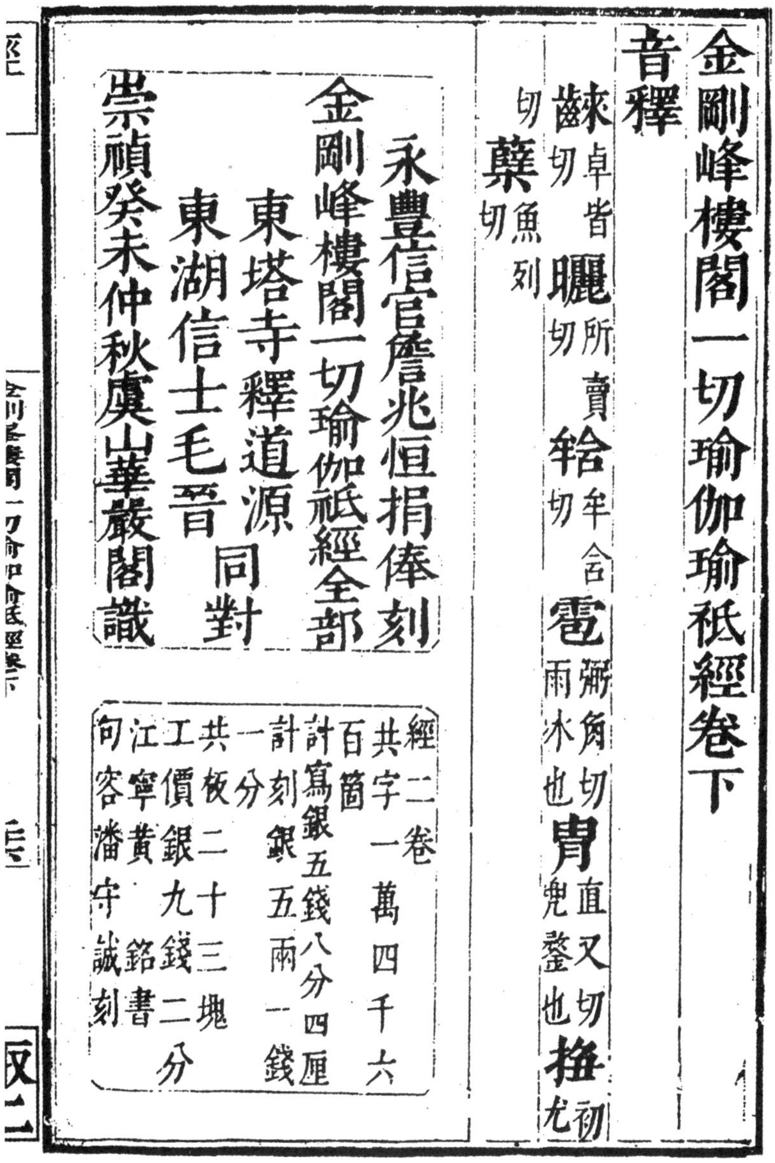

金剛峰樓閣一切瑜伽瑜祇經卷下

音釋

蔟來卓皆切 驪所賣切 韐牟含切 雹蒲角切雨冰也 冑直又切兜鍪也 揄初尤切 蘖魚列切

永豐信官詹兆恒捐俸刻

金剛峰樓閣一切瑜伽祇經全部

東塔寺釋道源

東湖信士毛晉 同對

崇禎癸未仲秋虞山華嚴閣識

經二卷

共字一萬四千六百箇

計寫銀五錢八分四厘

計刻銀五兩一錢一分

共板二十三塊

工價銀九錢二分

江寧黄銘書

句容潘守誠刻

牌記云:"永豐信官詹兆恒捐俸刻《金剛峰樓閣一切瑜伽祇經》全部,東塔寺釋道源、東湖信士毛晉同對,崇禎癸未仲秋虞山華嚴閣識。經二卷,共字一萬四千六百箇,計寫銀五錢八分四厘,計刻銀五兩一錢一分,共板二十三塊,工價銀九錢二分,江寧黄銘書,句容潘守誠刻。"取一至二。

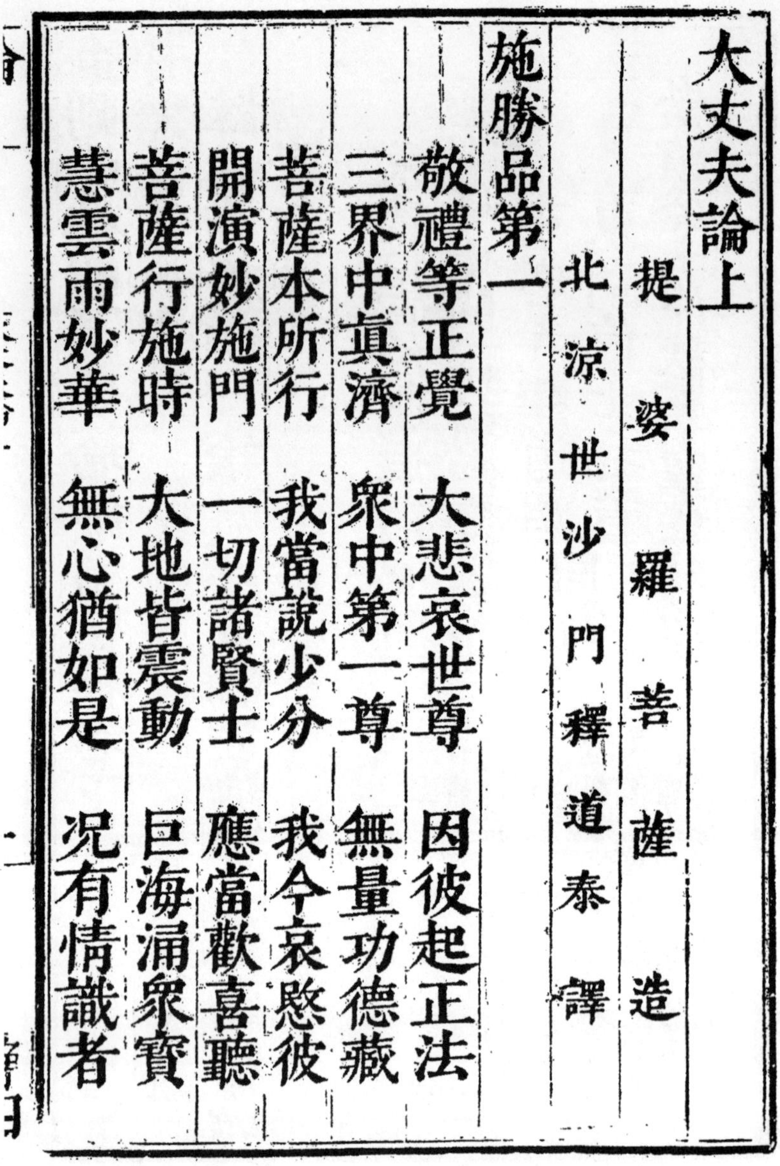
大丈夫論上
提婆羅菩薩造
北涼世沙門釋道泰譯
施勝品第一
敬禮等正覺　大悲哀世尊　因彼起正法
三界中真濟　衆中第一尊　無量功德藏
菩薩本所行　我當說少分　我今哀愍彼
開演妙施門　一切諸賢士　應當歡喜聽
菩薩行施時　大地皆震動　巨海涌衆寶
慧雲雨妙華　無心猶如是　況有情識者

152 《大丈夫論》二卷

（北涼）釋道泰譯　明崇禎癸未（十六年，1643）常熟李氏刻本

版框高 22.8 厘米，寬 15.5 厘米。半葉十行，行二十字，四周雙邊。

民族 113-001-00004；臺灣 382 頁 · 1186；故宮 113 · 1241

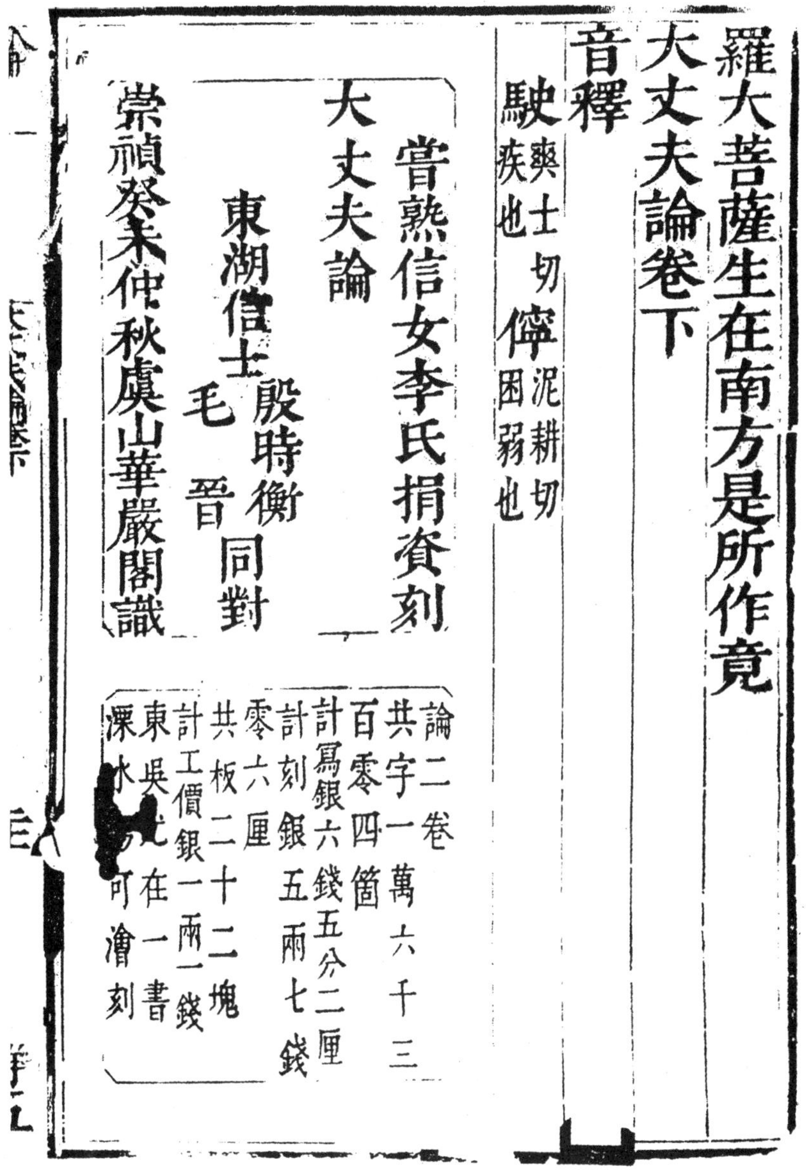
羅大菩薩生在南方是所作竟
大丈夫論卷下
音釋
駛 爽士切 儜 泥耕切
疾也 困弱也
嘗熟信女李氏捐資刻
大丈夫論
東湖信士 殷時衡
毛 晉 同對
崇禎癸未仲秋虞山華嚴閣識
論二卷
共字一萬六千三百零四箇
計寫銀六錢五分二厘
計刻銀五兩七錢零六厘
共板二十二塊
計工價銀一兩一錢
東吳尤在一書
溧水楊可澮刻

牌記云："嘗熟信女李氏捐資刻《大丈夫論》，東湖信士殷時衡、毛晉同對，崇禎癸未仲秋虞山華嚴閣識。論二卷，共字一萬六千三百零四箇，計寫銀六錢五分二厘，計刻銀五兩七錢零六厘，共板二十二塊，計工價銀一兩一錢，東吳尤在一書，溧水楊可澮刻。"靜四至五。

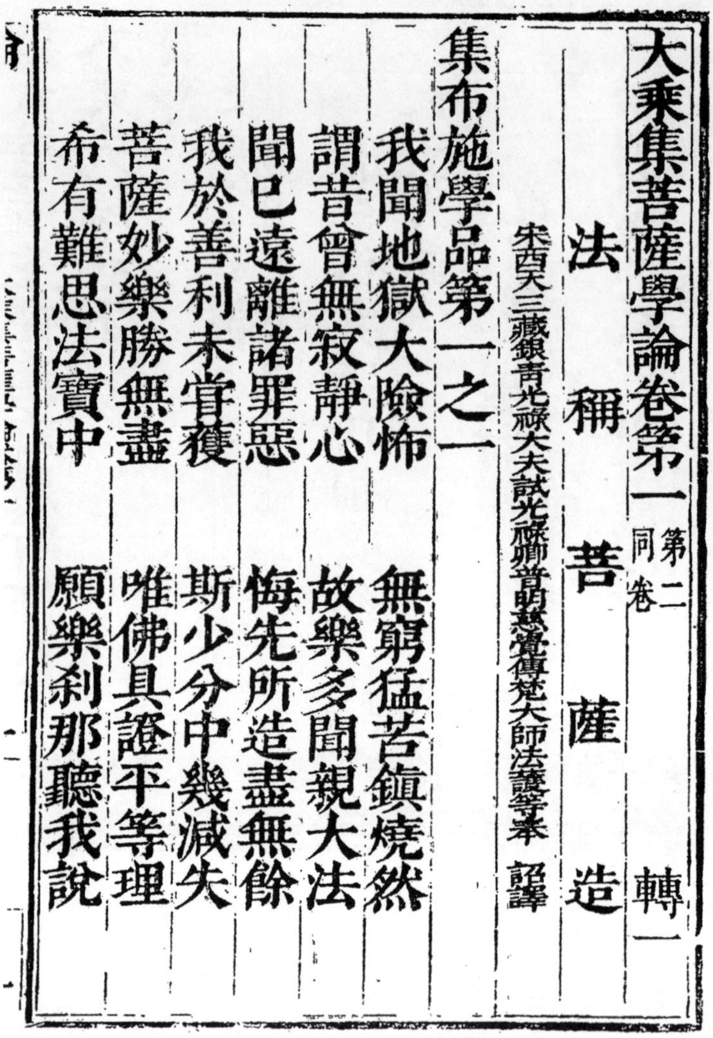
大乘集菩薩學論卷第一 第二同卷 轉一
法稱菩薩造
宋西天三藏銀青光祿大夫試光祿卿普明慈覺傳梵大師法護等奉 詔譯
集布施學品第一之一
我聞地獄大險怖 無窮猛苦鎮燒然
謂昔曾無寂靜心 故樂多聞覲大法
聞已遠離諸罪惡 悔先所造盡無餘
我於善利未嘗獲 斯少分中幾滅失
菩薩妙樂勝無盡 唯佛具證平等理
希有難思法寶中 願樂剎那聽我說

153 《大乘集菩薩學論》二十五卷

(宋) 釋法護譯　明崇禎癸未（十六年，1643）泰和蕭士瑀刻本

版框高 21.8 厘米，寬 14.6 厘米。半葉十行，行二十字，四周雙邊。

民族 135-002-00001；臺灣 402 頁 · 1241

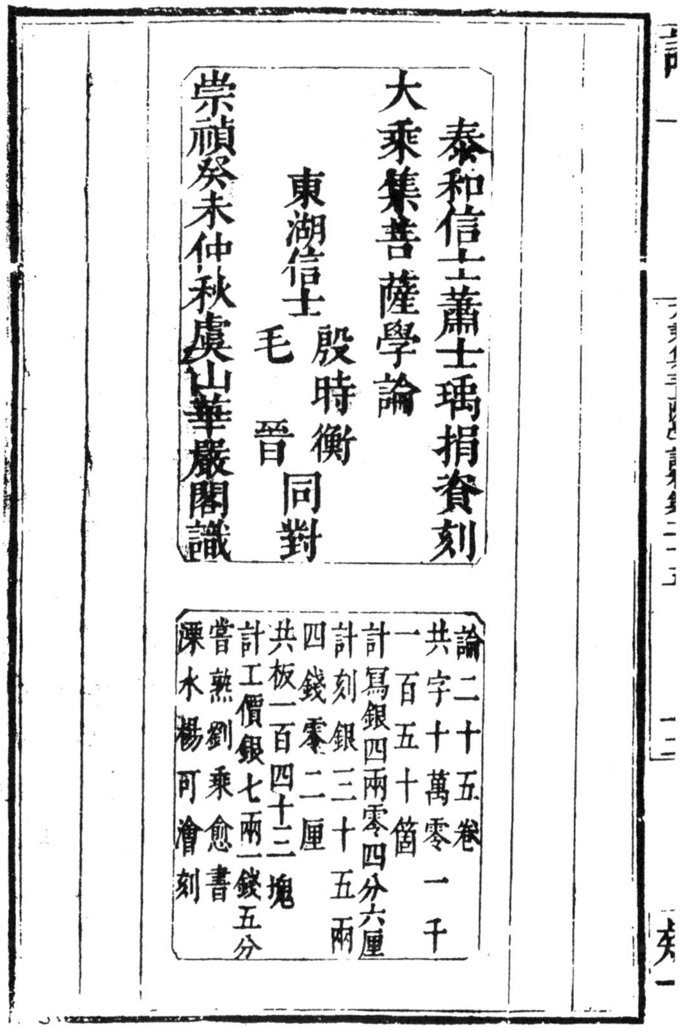

泰和信士蕭士瑀捐資刻
大乘集菩薩學論
東湖信士　殷時衡
　　　　　毛　晉　同對
崇禎癸未仲秋虞山華嚴閣識

論二十五卷
共字十萬零一千
一百五十箇
計寫銀四兩零四分六厘
計刻銀三十五兩
四錢零二厘
共板一百四十三塊
計工價銀七兩一錢五分
訔熟劉乘愈書
溧水楊可滄刻

牌記云:“泰和信士蕭士瑀捐資刻《大乘集菩薩學論》,東湖信士殷時衡、毛晉同對,崇禎癸未仲秋虞山華嚴閣識。論二十五卷,共字十萬零一千一百五十箇,計寫銀四兩零四分六厘,計刻銀三十五兩四錢零二厘,共板一百四十三塊,計工價銀七兩一錢五分,訔熟劉乘愈書,溧水楊可滄刻。”按:《“國家圖書館”善本書志初稿·子部四》題:“卷末有尾題、音釋,没有施刻記録。從字體及卷端二三行各低四格來看,和虞山華嚴閣比較接近……版心下方刻‘徑山化城恒瑞梓’。”臺灣藏本不同,故宫資料無此經。轉一至十,疑一。

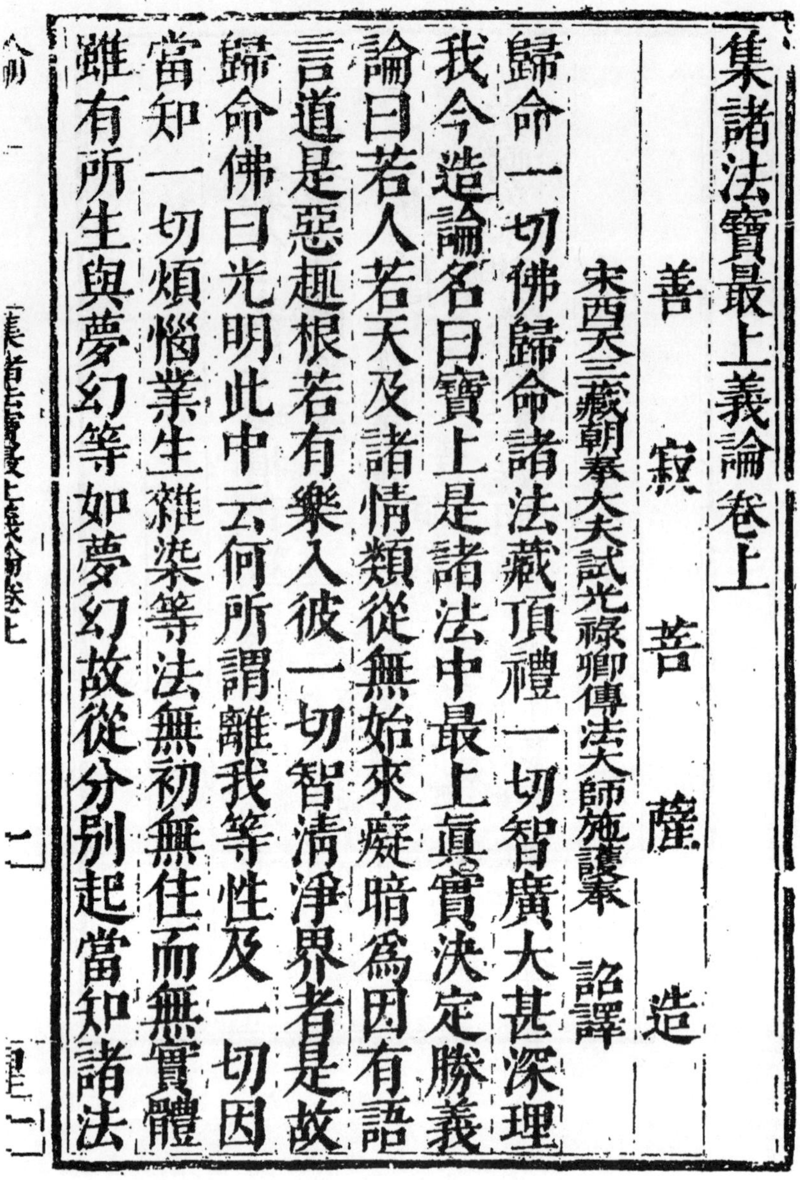

集諸法寶最上義論卷上

善寂菩薩造

宋西天三藏朝奉大夫試光祿卿傳法大師施護奉　詔譯

歸命一切佛歸命諸法藏頂禮一切智廣大甚深理

我今造論名曰寶上是諸法中最上眞實決定勝義

論曰若人若天及諸情類從無始來癡暗爲因有語

言道是惡趣根若有樂入彼一切智清淨界者是故

歸命佛曰光明此中云何所謂離我等性及一切因

當知一切煩惱業生雜染等法無初無住而無實體

雖有所生與夢幻等如夢幻故從分别起當知諸法

集諸法寶最上義論卷上　一

154《集諸法寶最上義論》二卷

(宋) 釋施護譯　明崇禎癸未（十六年，1643）泰和蕭士瑋刻本

版框高 22.9 厘米，寬 15.5 厘米。半葉十行，行二十字，四周雙邊。

民族 135-005-00001；臺灣 403 頁 · 1245；故宫 135 · 1300

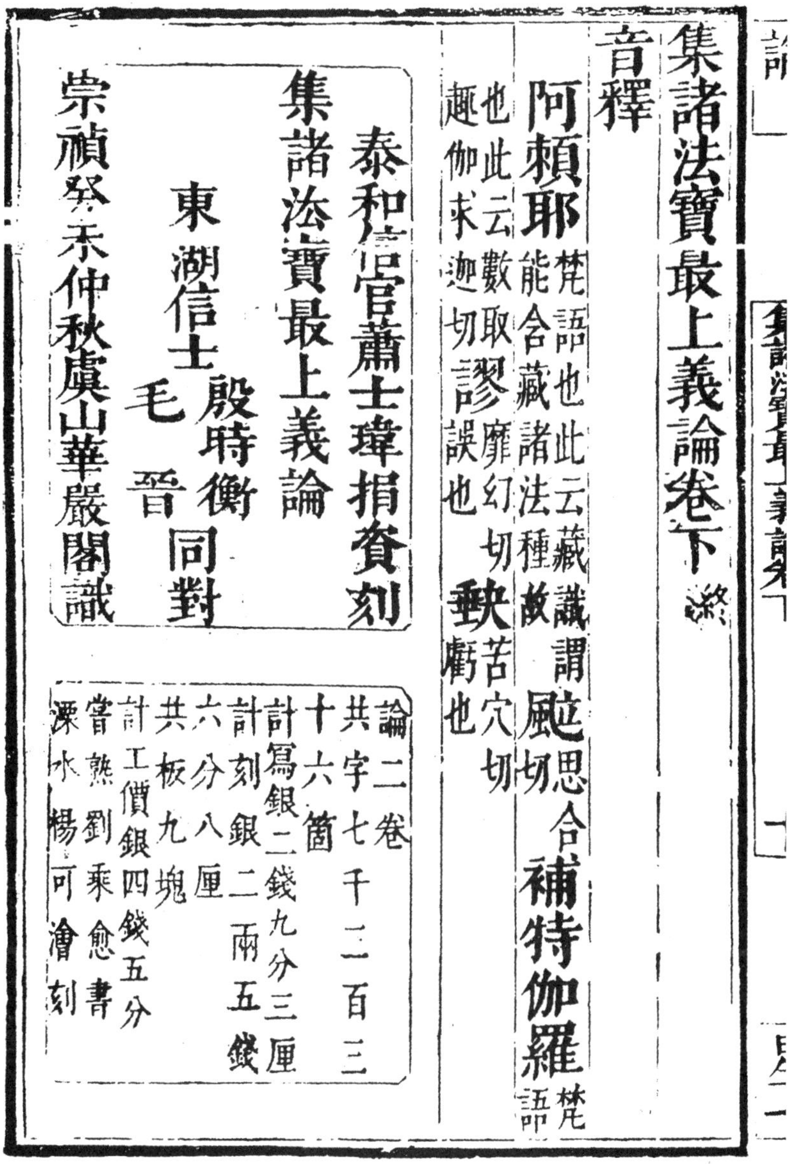
集諸法寶最上義論卷下 終
音釋
阿賴耶梵語也此云藏識謂能含藏諸法種故 颰思合切 補特伽羅梵語
也此云數取謬靡幻切 鈌苦穴切
趣伽求迦切謬誤也 虧也
泰和信官蕭士瑋捐資刻
集諸法寶最上義論
東湖信士 殷時衡 毛晉 同對
崇禎癸未仲秋虞山華嚴閣識
論二卷
共字七千二百三十六箇
計寫銀二錢九分三厘
計刻銀二兩五錢六分八厘
共板九塊
計工價銀四錢五分
當熟劉乘愈書
溧水楊可澮刻

牌記云："泰和信官蕭士瑋捐資刻《集諸法寶最上義論》，東湖信士殷時衡、毛晉同對，崇禎癸未仲秋虞山華嚴閣識。論二卷，共字七千二百三十六箇，計寫銀二錢九分三厘，計刻銀二兩五錢六分八厘，共板九塊，計工價銀四錢五分，當熟劉乘愈書，溧水楊可澮刻。"星一。

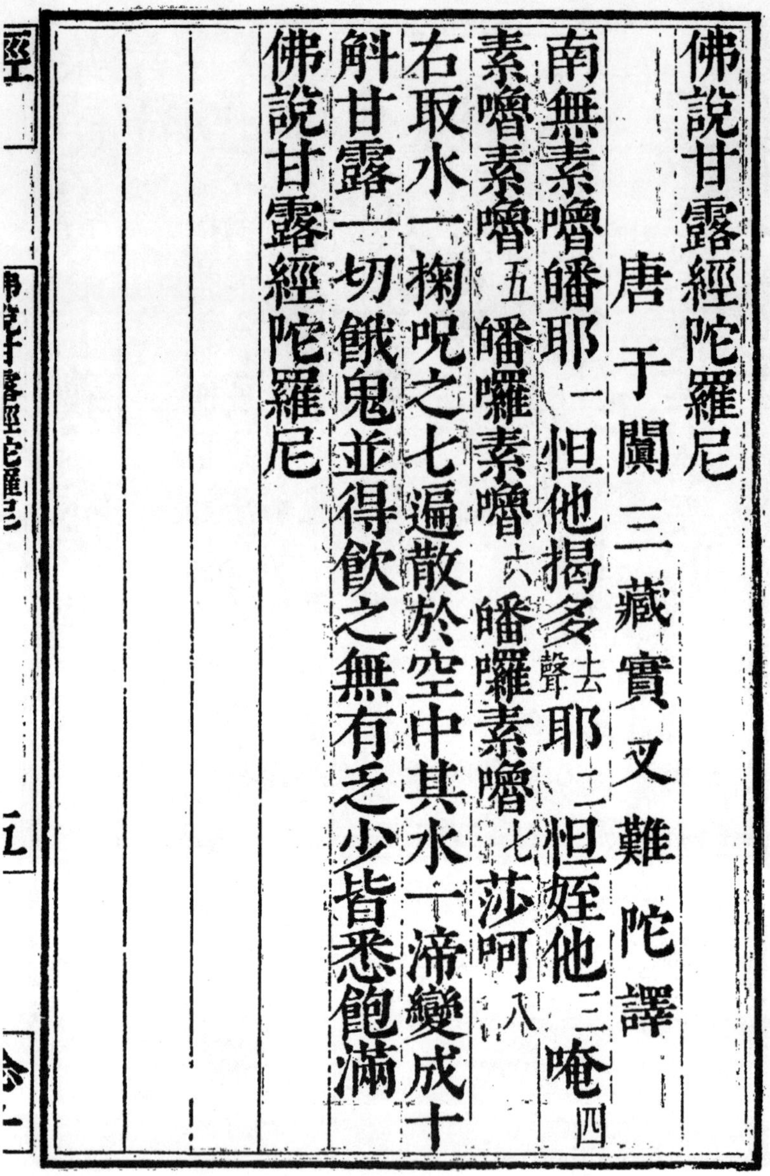
佛說甘露經陀羅尼
唐于闐三藏實叉難陀譯
南無素嚕皤耶一怛他揭多去聲耶二怛姪他三唵四
素嚕素嚕五皤囉素嚕六皤囉素嚕七莎呵八
右取水一掬呪之七遍散於空中其水一滴變成十
斛甘露一切餓鬼並得飲之無有乏少皆悉飽滿
佛說甘露經陀羅尼

155 《佛說甘露經陀羅尼》一卷

（唐）釋實叉難陀譯　明崇禎癸未（十六年，1643）泰和楊仁愿刻本

版框高 22.3 厘米，寬 15.3 厘米。半葉十行，行二十字，四周雙邊。

民族 057-008-00004；臺灣 167 頁・538；故宮 56・538

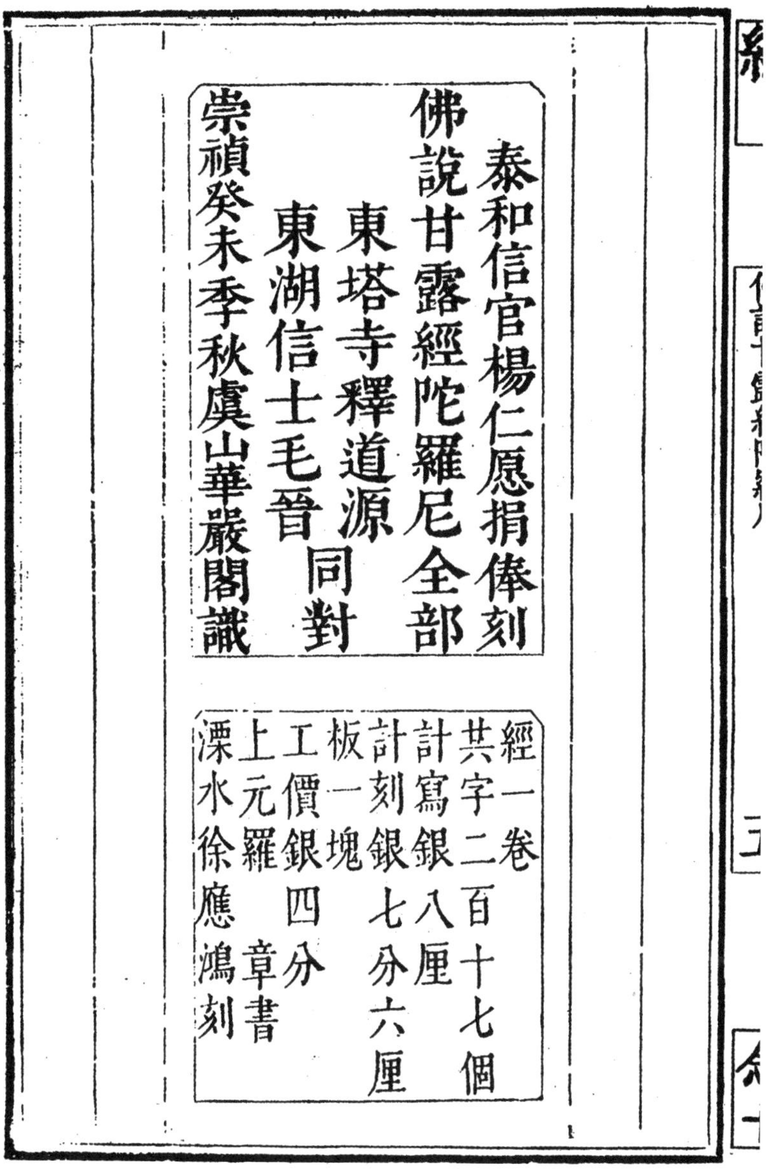
泰和信官楊仁愿捐俸刻
佛說甘露經陀羅尼全部
東塔寺釋道源
東湖信士毛晉同對
崇禎癸未季秋虞山華嚴閣識

經一卷
共字二百十七個
計寫銀八厘
計刻銀七分六厘
板一塊
工價銀四分
上元羅章書
溧水徐應鴻刻

牌記云:"泰和信官楊仁愿捐俸刻《佛說甘露經陀羅尼》全部,東塔寺釋道源、東湖信士毛晉同對,崇禎癸未季秋虞山華嚴閣識。經一卷,共字二百十七個,計寫銀八厘,計刻銀七分六厘,板一塊,工價銀四分,上元羅章書,溧水徐應鴻刻。"念十。

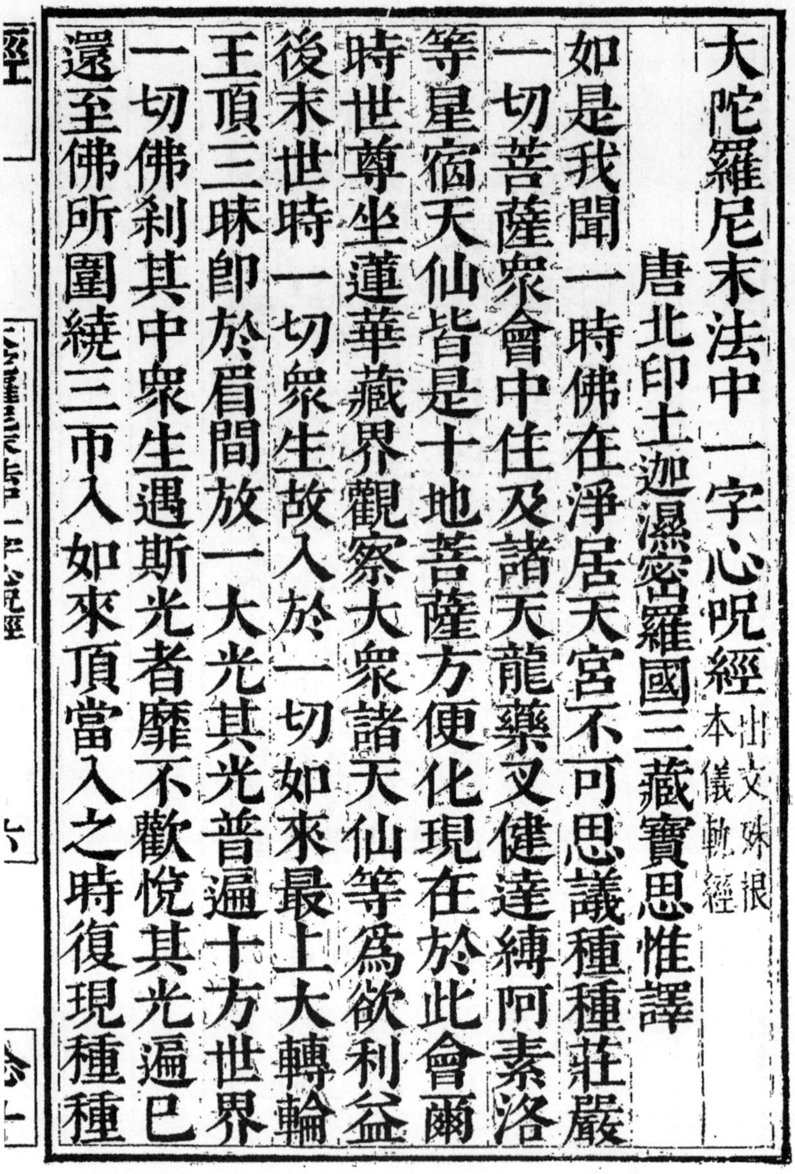
大陀羅尼末法中一字心呪經出文殊根本儀軌經
唐北印土迦濕密羅國三藏寶思惟譯
如是我聞一時佛在淨居天宮不可思議種種莊嚴
一切菩薩衆會中住及諸天龍藥叉健達縛阿素洛
等星宿天仙皆是十地菩薩方便化現在於此會爾
時世尊坐蓮華藏界觀察大衆諸天仙等爲欲利益
後末世時一切衆生故入於一切如來最上大轉輪
王頂三昧即於眉間放一大光其光普遍十方世界
一切佛刹其中衆生遇斯光者靡不歡悅其光遍已
還至佛所圍繞三帀入如來頂當入之時復現種種

156 《大陀羅尼末法中一字心呪經》一卷

（唐）釋寶思惟譯　明崇禎癸未（十六年，1643）泰和楊仁愿刻本

版框高 22.6 厘米，寬 15.4 厘米。半葉十行，行二十字，四周雙邊。

臺灣 167 頁 · 539；故宮 57 · 541

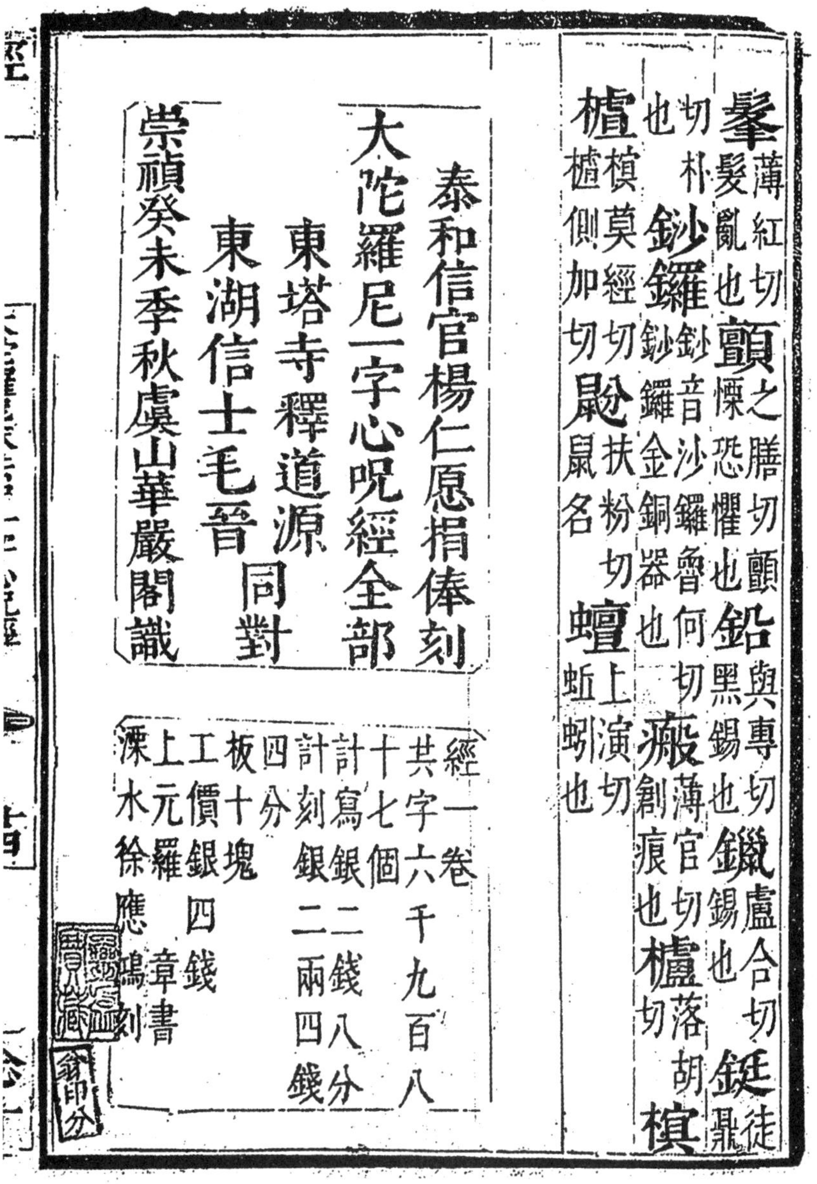

牌記云："泰和信官楊仁愿捐俸刻《大陀羅尼一字心呪經》全部，東塔寺釋道源、東湖信士毛晉同對，崇禎癸未季秋虞山華嚴閣識。經一卷，共字六千九百八十七個，計寫銀二錢八分，計刻銀二兩四錢四分，板十塊，工價銀四錢，上元羅章書，溧水徐應鴻刻。"按：此條出自《"國家圖書館"善本書志初稿・子部四》，故宫資料亦據臺灣目録，刻經時間爲"癸未季秋"，民族出版社《嘉興藏》此條有牌記，刻經時間爲"壬午孟冬"，詳見第89條。念十。

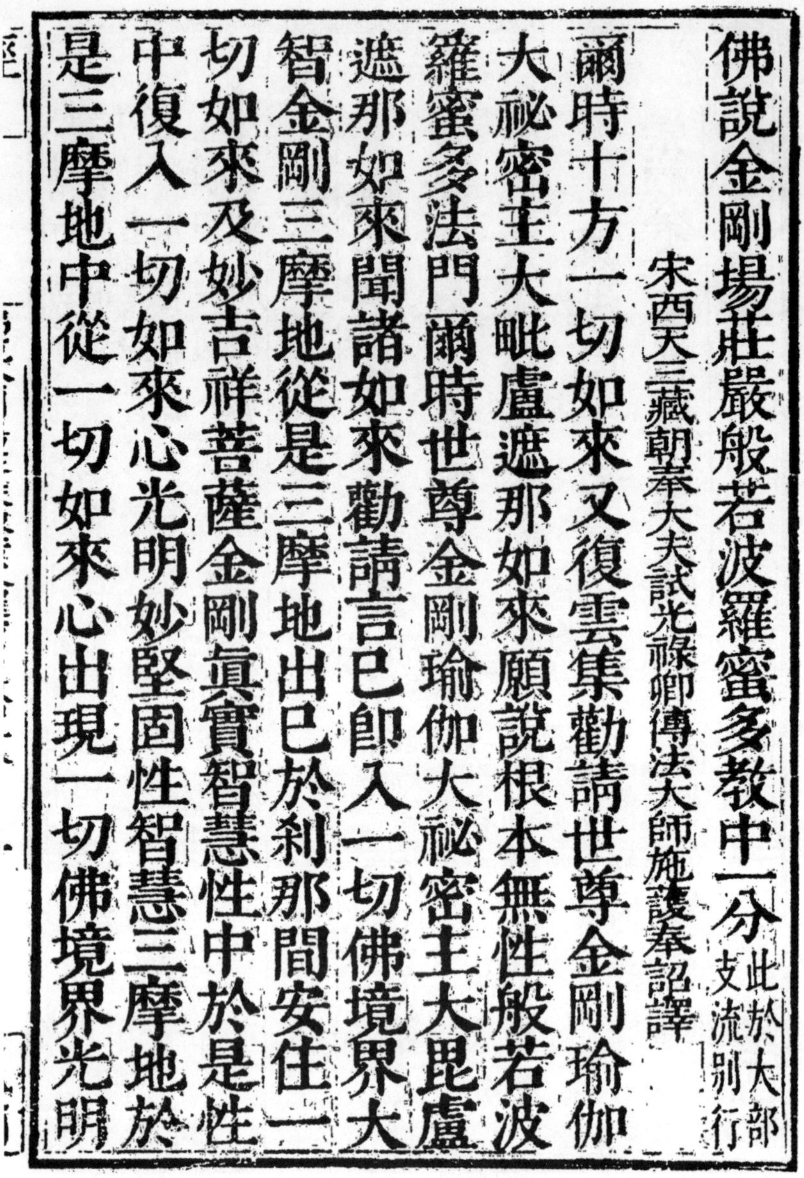
佛說金剛場莊嚴般若波羅蜜多教中一分此於大部支流別行
宋西天三藏朝奉大夫試光祿卿傳法大師施護奉詔譯
爾時十方一切如來又復雲集勸請世尊金剛瑜伽
大祕密主大毗盧遮那如來願說根本無性般若波
羅蜜多法門爾時世尊金剛瑜伽大祕密主大毘盧
遮那如來聞諸如來勸請言已即入一切佛境界大
智金剛三摩地從是三摩地出已於刹那間安住一
切如來及妙吉祥菩薩金剛眞實智慧性中於是性
中復入一切如來心光明妙堅固性智慧三摩地於
是三摩地中從一切如來心出現一切佛境界光明

157 《佛說金剛場莊嚴般若波羅蜜多教中一分》一卷

(宋) 釋施護譯　明崇禎癸未（十六年，1643）泰和楊仁愿刻本

版框高 22.4 厘米，寬 15.5 厘米。半葉十行，行二十字，四周雙邊。

民族 075-001-00004；臺灣 293 頁 · 926；故宮 75 · 942

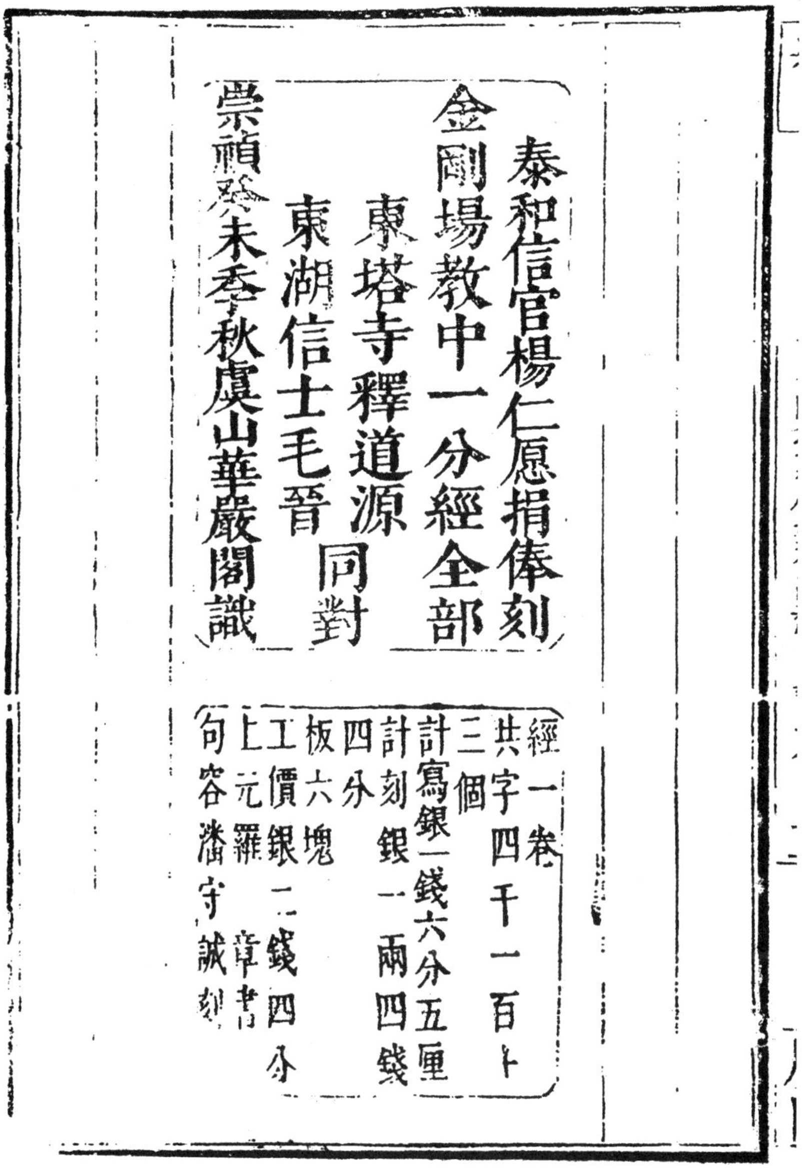
泰和信官楊仁愿捐俸刻
金剛場教中一分經全部
東塔寺釋道源
東湖信士毛晉　同對
崇禎癸未季秋虞山華嚴閣識

經一卷
共字四千一百十
三個
計寫銀一錢六分五厘
計刻銀一兩四錢
四分
板六塊
工價銀二錢四分
上元羅章書
句容潘守誠刻

牌記云:“泰和信官楊仁愿捐俸刻《金剛場教中一分經》全部,東塔寺釋道源、東湖信士毛晉同對,崇禎癸未季秋虞山華嚴閣識。經一卷,共字四千一百十三個,計寫銀一錢六分五厘,計刻銀一兩四錢四分,板六塊,工價銀二錢四分,上元羅章書,句容潘守誠刻。”夙四。

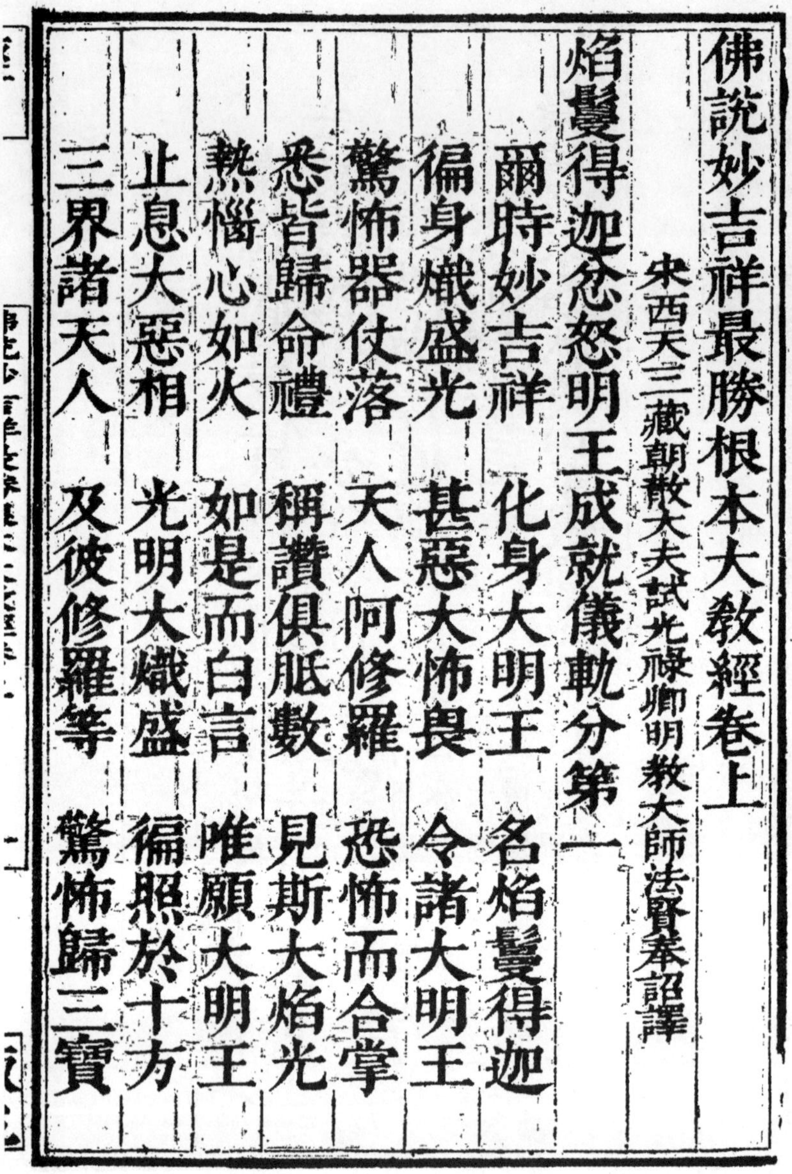

佛說妙吉祥最勝根本大教經卷上
宋西天三藏朝散大夫試光祿卿明教大師法賢奉詔譯
焰鬘得迦忿怒明王成就儀軌分第一
爾時妙吉祥　化身大明王　名焰鬘得迦
徧身熾盛光　甚惡大怖畏　令諸大明王
驚怖器仗落　天人阿修羅　恐怖而合掌
悉皆歸命禮　稱讚俱胝數　見斯大焰光
熱惱心如火　如是而白言　唯願大明王
止息大惡相　光明大熾盛　徧照於十方
三界諸天人　及彼修羅等　驚怖歸三寶

158 《佛說妙吉祥最勝根本大教經》三卷

(宋) 釋法賢譯　明崇禎癸未（十六年，1643）泰和楊仁愿刻本

版框高 22.6 厘米，寬 15.4 厘米。半葉十行，行二十字，四周雙邊。

民族 080-005-00002；臺灣 316 頁 · 986；故宮 80 · 1039

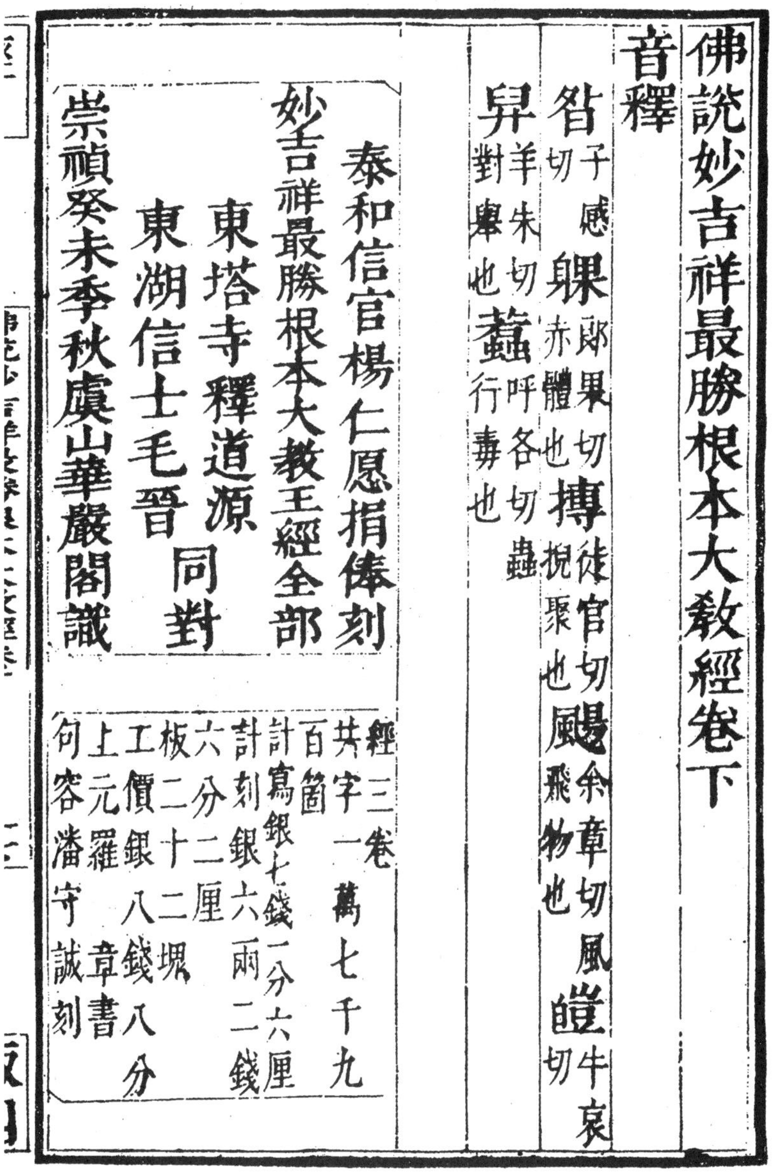

佛說妙吉祥最勝根本大教經卷下

音釋

昝子感切 騍郎果切赤體也 摶徒官切捏聚也 颺余章切風飛物也 皚牛哀切

舁羊朱切對舉也 蠚呼各切蟲行毒也

泰和信官楊仁愿捐俸刻
妙吉祥最勝根本大教王經全部
東塔寺釋道源
東湖信士毛晉 同對
崇禎癸未季秋虞山華嚴閣識

經三卷
共字一萬七千九
百箇
計寫銀七錢一分六厘
計刻銀六兩二錢
六分二厘
板二十二塊
工價銀八錢八分
上元羅章書
句容潘守誠刻

牌記云:"泰和信官楊仁愿捐俸刻《妙吉祥最勝根本大教王經》全部,東塔寺釋道源、東湖信士毛晉同對,崇禎癸未季秋虞山華嚴閣識。經三卷,共字一萬七千九百箇,計寫銀七錢一分六厘,計刻銀六兩二錢六分二厘,板二十二塊,工價銀八錢八分,上元羅章書,句容潘守誠刻。"取三至四。

妙吉祥平等秘密最上觀門大教王經卷第一

宋契丹國師中天竺摩竭陀國三藏法師慈賢譯

爾時世尊在舍衛國於華林園中飯食訖跏趺而坐時有彌勒菩薩等白佛言世尊我等雖聞三乘甚深妙法我有少疑欲當啓問世尊此法門外更有法不世尊告曰善哉善哉汝等何能於此而生此問我有摩訶三昧耶秘密內法依之修行能令大乘行者速得成佛吾從成佛已來未曾宣說彌勒菩薩等聞佛所說踴躍歡喜遶佛三帀却住一面右膝著地胡跪合掌瞻仰世尊目不暫捨爾時世尊入金剛定而於

159《妙吉祥平等秘密最上觀門大教王經》五卷

（宋）釋慈賢譯　明崇禎癸未（十六年，1643）泰和楊仁愿刻本

版框高 22.7 厘米，寬 15.3 厘米。半葉十行，行二十字，四周雙邊。

民族 080-006-00001；臺灣 316 頁 · 987；故宮 80 · 1040

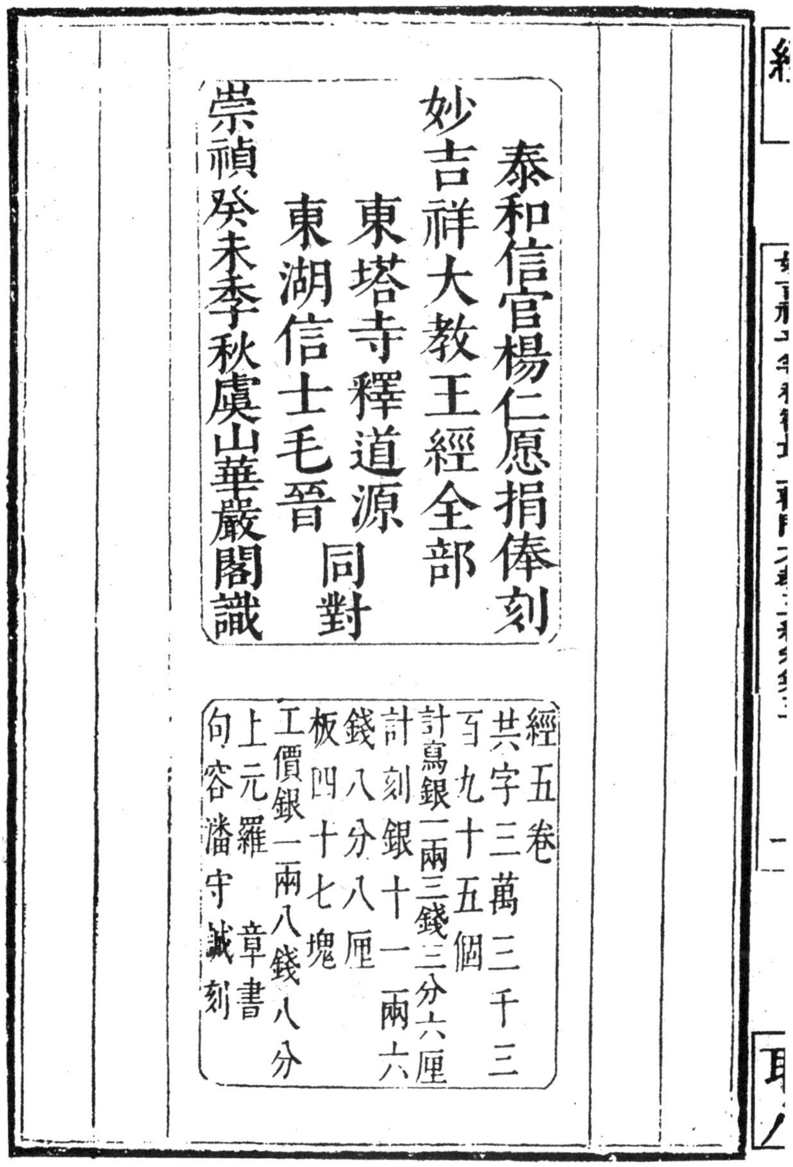

泰和信官楊仁愿捐俸刻
妙吉祥大教王經全部
東塔寺釋道源
東湖信士毛晉　同對
崇禎癸未季秋虞山華嚴閣識

經五卷
共字三萬三千三
百九十五個
計寫銀一兩三錢三分六厘
計刻銀十一　兩六
錢八分八厘
板四十七塊
工價銀一兩八錢八分
上元羅　章書
句容潘守誠刻

牌記云："泰和信官楊仁愿捐俸刻《妙吉祥大教王經》全部，東塔寺釋道源、東湖信士毛晉同對，崇禎癸未季秋虞山華嚴閣識。經五卷，共字三萬三千三百九十五個，計寫銀一兩三錢三分六厘，計刻銀十一兩六錢八分八厘，板四十七塊，工價銀一兩八錢八分，上元羅章書，句容潘守誠刻。"取五至八。

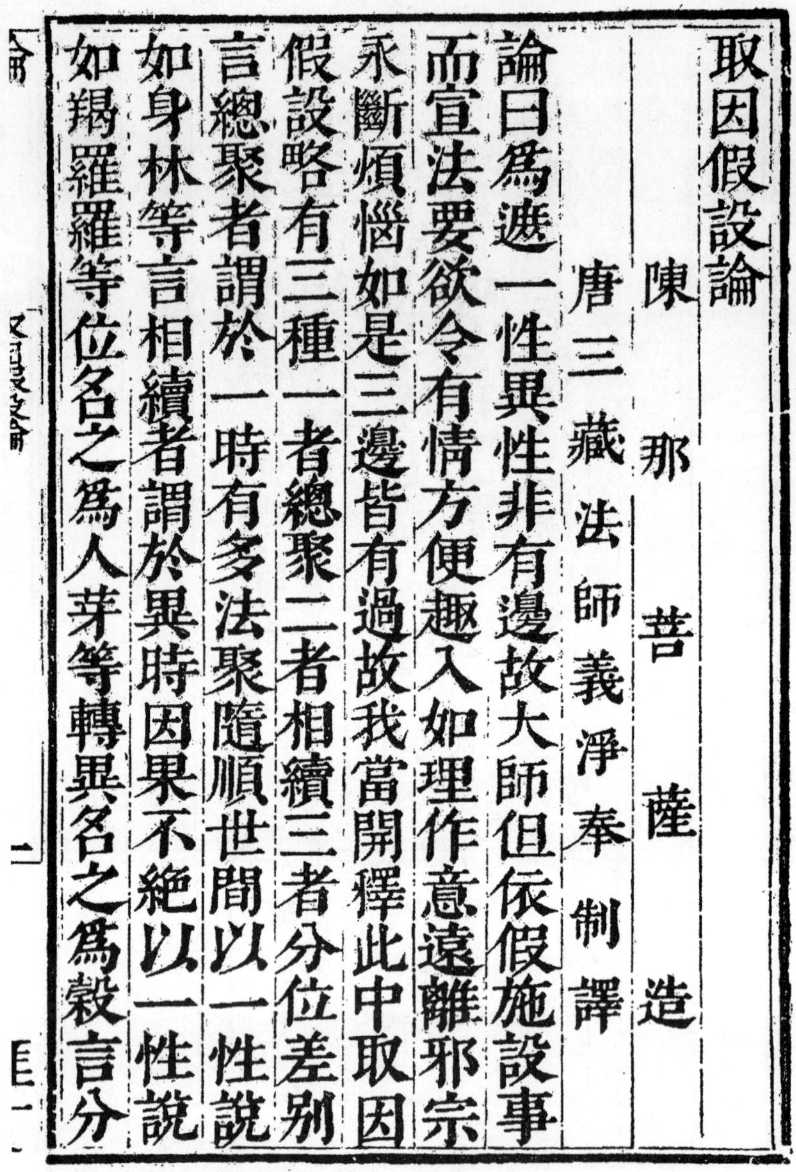
取因假設論
陳　那　菩　薩　造
唐三藏法師義淨奉制譯
論曰爲遮一性異性非有邊故大師但依假施設事而宣法要欲令有情方便趣入如理作意遠離邪宗永斷煩惱如是三邊皆有過故我當開釋此中取因假設略有三種一者總聚二者相續三者分位差別言總聚者謂於一時有多法聚隨順世間以一性說如身林等言相續者謂於異時因果不絶以一性說如羯羅羅等位名之爲人芽等轉異名之爲穀言分

160 《取因假設論》一卷

（唐）釋義淨譯　明崇禎癸未（十六年，1643）常熟毛表刻本

版框高 22.3 厘米，寬 15.4 厘米。半葉十行，行二十字，四周雙邊。

民族 112-002-00001；臺灣 377 頁 · 1171；故宮 112 · 1226

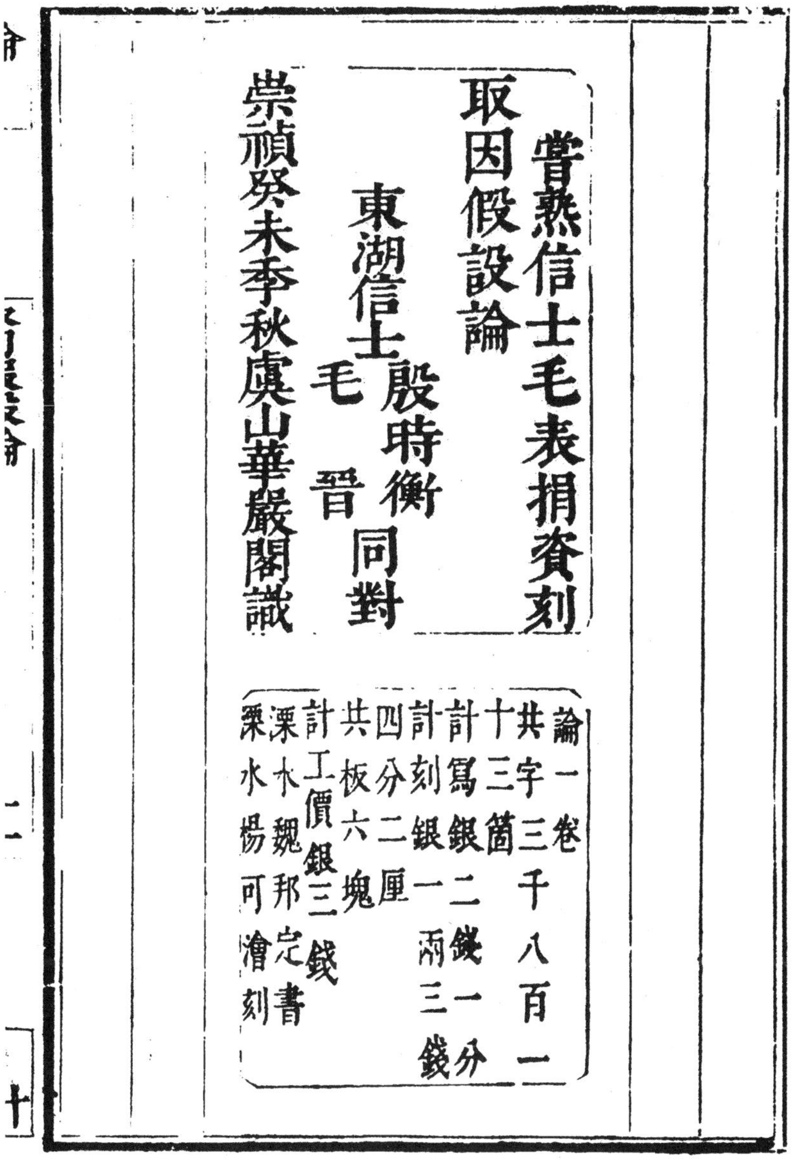

嘗熟信士毛表捐資刻
取因假設論
東湖信士殷時衛
毛　晉　同對
崇禎癸未季秋虞山華嚴閣識

論一卷
共字三千八百一
十三箇
計寫銀二錢一分
計刻銀一兩三錢
四分二厘
共板六塊
計工價銀三錢
溧水魏邦定書
溧水楊可滄刻

牌記云："嘗熟信士毛表捐資刻《取因假設論》，東湖信士殷時衡、毛晉同對，崇禎癸未季秋虞山華嚴閣識。論一卷，共字三千八百一十三箇，計寫銀二錢一分，計刻銀一兩三錢四分二厘，共板六塊，計工價銀三錢，溧水魏邦定書，溧水楊可滄刻。"匣十。

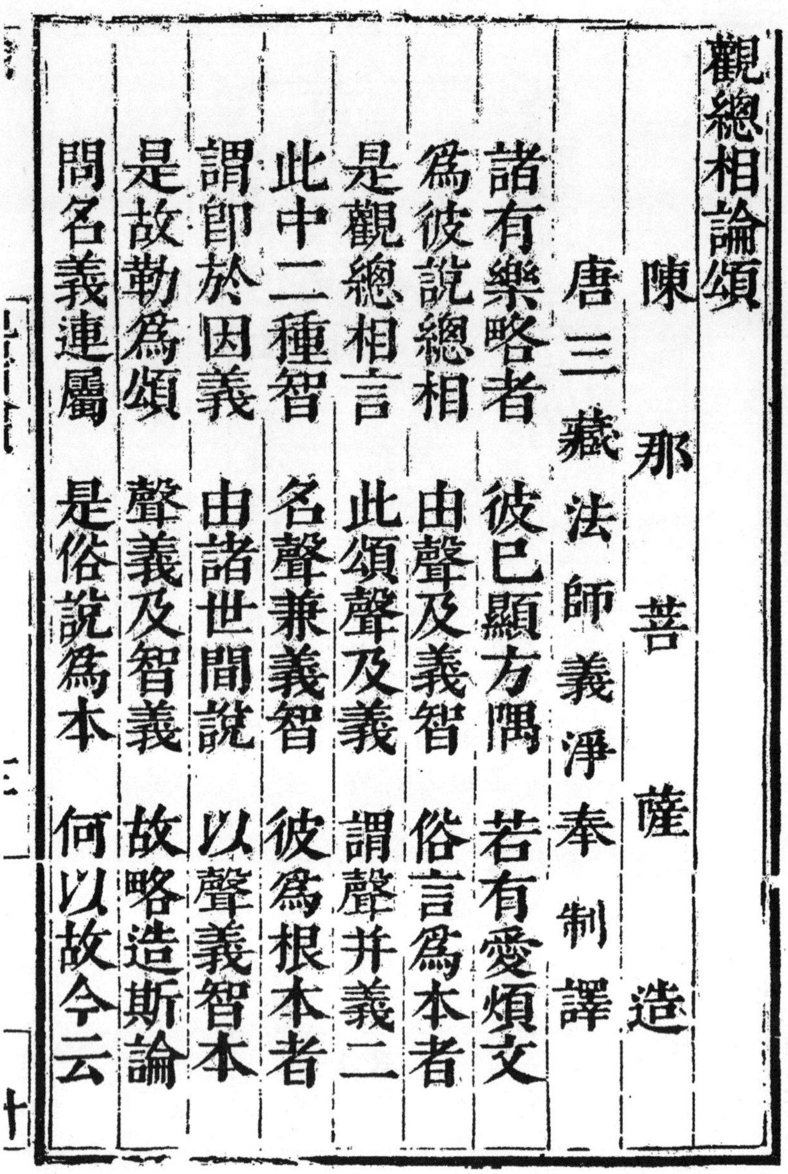

觀總相論頌

陳那菩薩造

唐三藏法師義淨奉制譯

諸有樂略者　彼已顯方隅　若有愛煩文

爲彼說總相　由聲及義智　俗言爲本者

是觀總相言　此頌聲及義　謂聲并義二

此中二種智　名聲兼義智　彼爲根本者

謂卽於因義　由諸世間說　以聲義智本

是故勒爲頌　聲義及智義　故略造斯論

問名義連屬　是俗說爲本　何以故今云

161 《觀總相論頌》一卷

(唐) 釋義淨譯　明崇禎癸未（十六年，1643）泰和蕭士瑋刻本

版框高 22.6 厘米，寬 15.3 厘米。半葉十行，行二十字，四周雙邊。

民族 112-002-00002；臺灣 377 頁 · 1172；故宮 112 · 1227

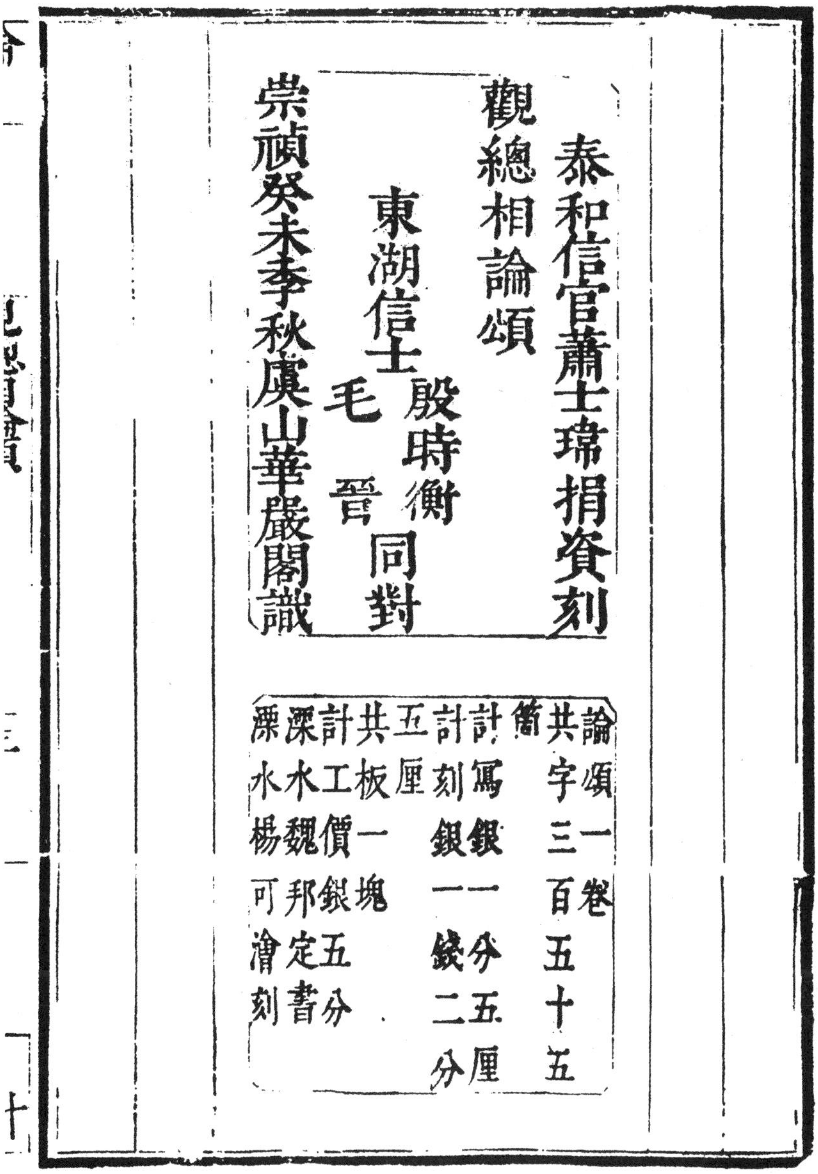
泰和信官蕭士瑋捐資刻
觀總相論頌
東湖信士殷時衡
毛晉同對
崇禎癸未季秋虞山華嚴閣識

論頌一卷
共字三百五十五
箇
計寫銀一分五厘
計刻銀一錢二分
五厘
共板一塊
計工價銀五分
溧水魏邦定書
溧水楊可澮刻

牌記云:“泰和信官蕭士瑋捐資刻《觀總相論頌》,東湖信士殷時衡、毛晉同對,崇禎癸未季秋虞山華嚴閣識。論頌一卷,共字三百五十五箇,計寫銀一分五厘,計刻銀一錢二分五厘,共板一塊,計工價銀五分,溧水魏邦定書,溧水楊可澮刻。”匣十。

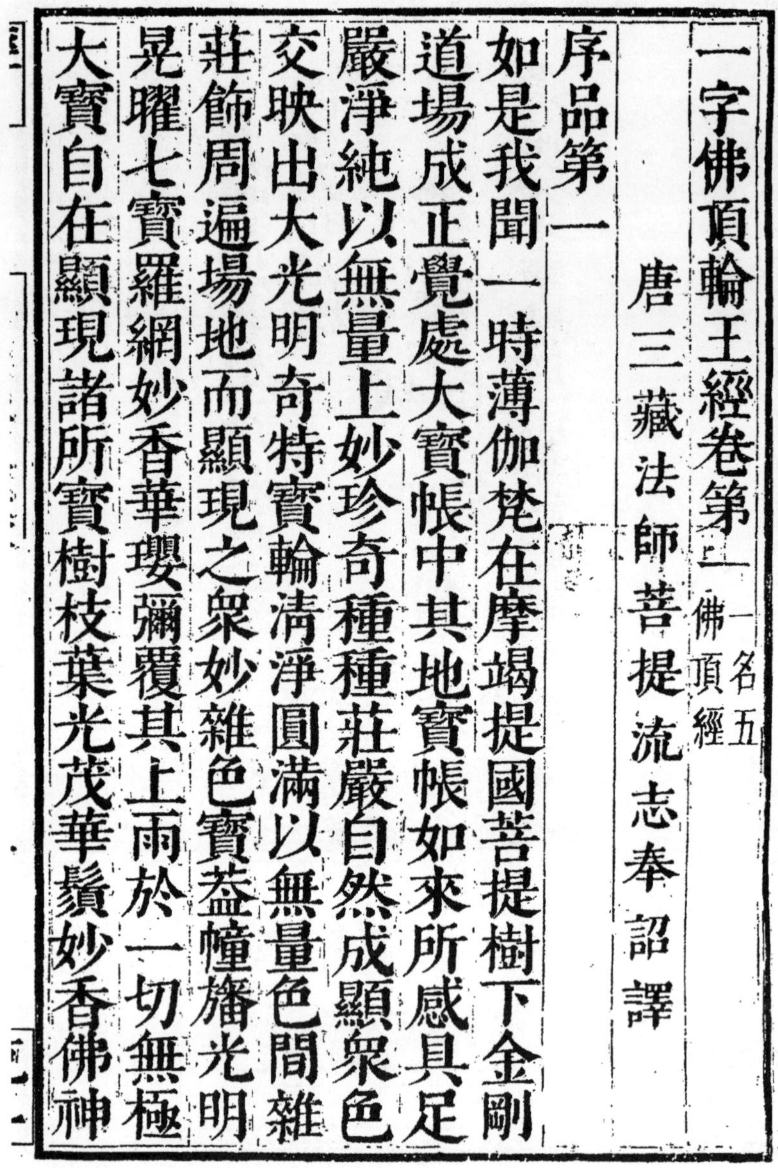

一字佛頂輪王經卷第一 一名五佛頂經

唐三藏法師菩提流志奉詔譯

序品第一

如是我聞一時薄伽梵在摩竭提國菩提樹下金剛道場成正覺處大寶帳中其地寶帳如來所感具足嚴淨純以無量上妙珍奇種種莊嚴自然成顯衆色交映出大光明奇特寶輪淸淨圓滿以無量色間雜莊飾周遍場地而顯現之衆妙雜色寶蓋幢旛光明晃曜七寶羅網妙香華瓔彌覆其上雨於一切無極大寶自在顯現諸所寶樹枝葉光茂華鬚妙香佛神

162 《一字佛頂輪王經》六卷（一名《五佛頂經》）

(唐) 釋菩提流志譯　明崇禎癸未（十六年，1643）泰和楊仁愿刻本

版框高 22.2 厘米，寬 15.4 厘米。半葉十行，行二十字，四周雙邊。

民族 057-005-00001；臺灣 164 頁 · 530；故宫 57 · 532

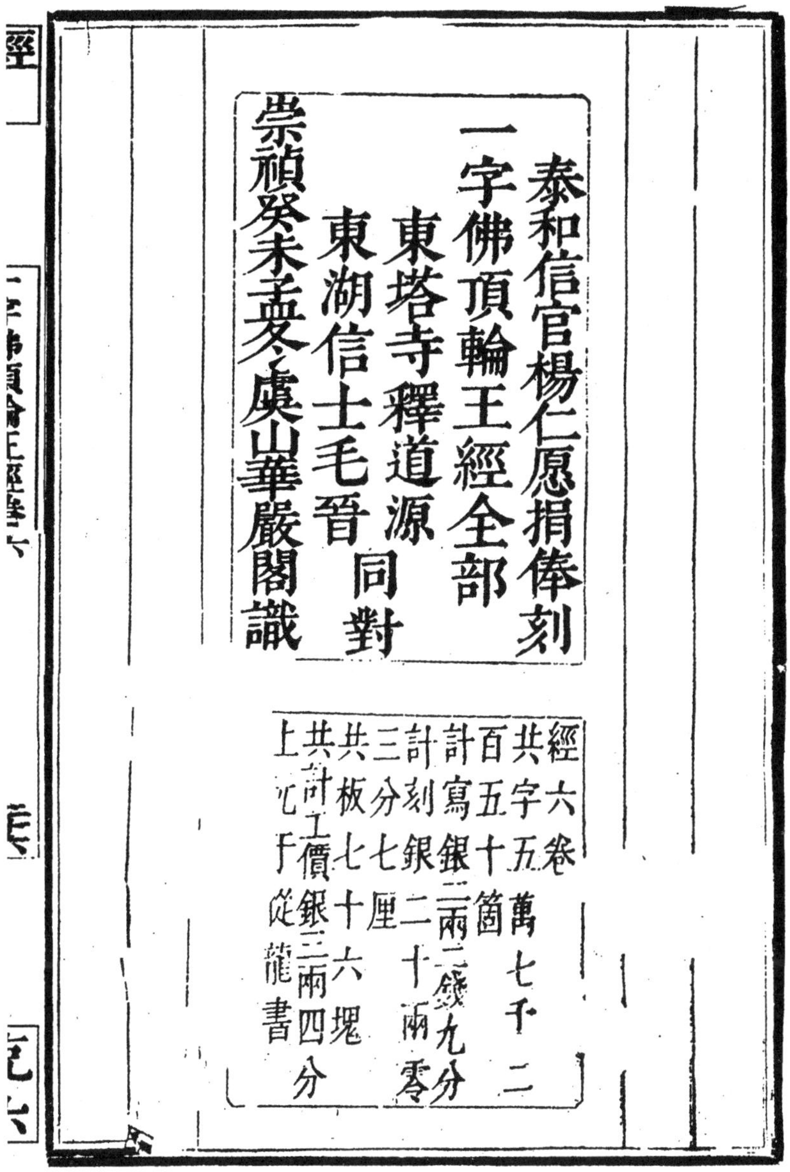

泰和信官楊仁愿捐俸刻
一字佛頂輪王經全部
東塔寺釋道源
東湖信士毛晉　同對
崇禎癸未孟冬虞山華嚴閣識

經六卷
共字五萬七千二
百五十箇
計寫銀二兩二錢九分
計刻銀二十兩零
三分七厘
共板七十六塊
共計工價銀三兩四分
上元于從龍書

牌記云："泰和信官楊仁愿捐俸刻《一字佛頂輪王經》全部，東塔寺釋道源、東湖信士毛晉同對，崇禎癸未孟冬虞山華嚴閣識。經六卷，共字五萬七千二百五十箇，計寫二兩二錢九分，計刻銀二十兩零三分七厘，共板七十六塊，共計工價銀三兩四分，上元于從龍書。"克一至六。

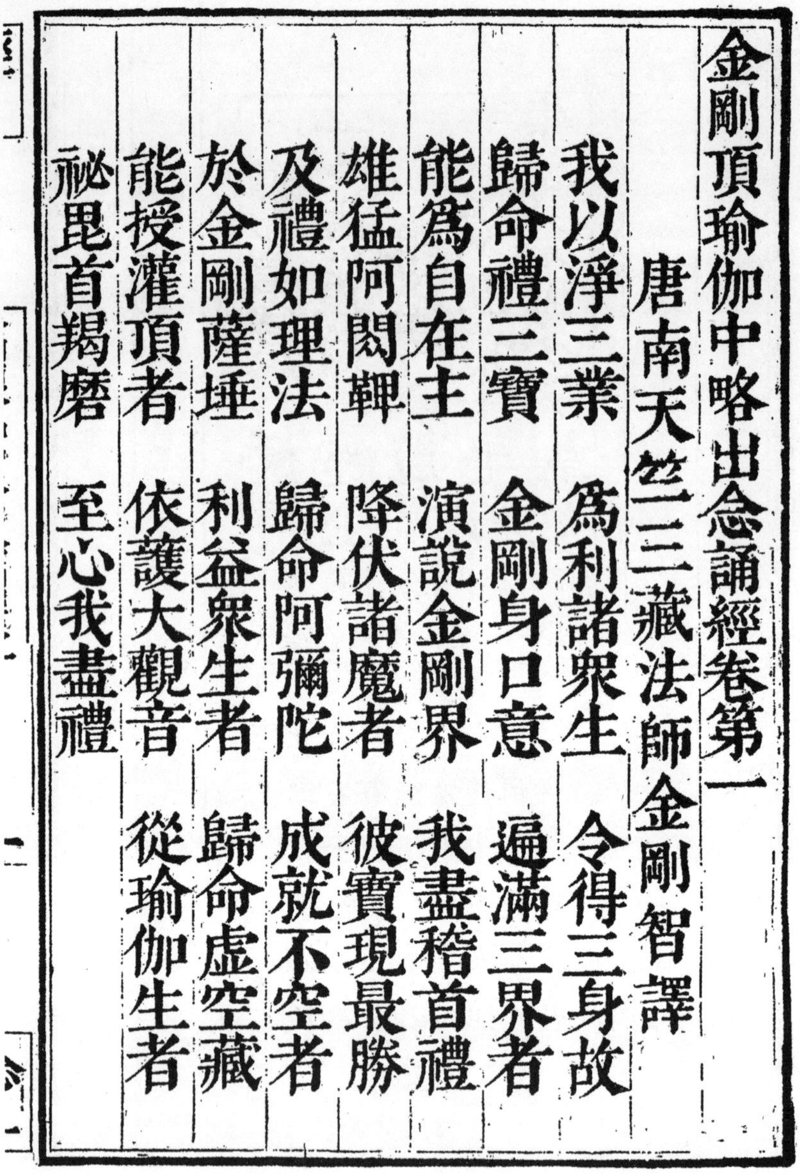

金剛頂瑜伽中略出念誦經卷第一
唐南天竺三藏法師金剛智譯
我以淨三業　爲利諸衆生　令得三身故
歸命禮三寶　金剛身口意　遍滿三界者
能爲自在主　演說金剛界　我盡稽首禮
雄猛阿閦鞞　降伏諸魔者　彼寶現最勝
及禮如理法　歸命阿彌陀　成就不空者
於金剛薩埵　利益衆生者　歸命虛空藏
能授灌頂者　依護大觀音　從瑜伽生者
祕毘首羯磨　至心我盡禮

163 《金剛頂瑜伽中略出念誦經》四卷

(唐) 釋金剛智譯　明崇禎癸未（十六年，1643）常熟毛鳳苞刻本

版框高 22.1 厘米，寬 15.4 厘米。半葉十行，行二十字，四周雙邊。

民族 057-007-00001；臺灣 165 頁 · 532；故宮 57 · 534

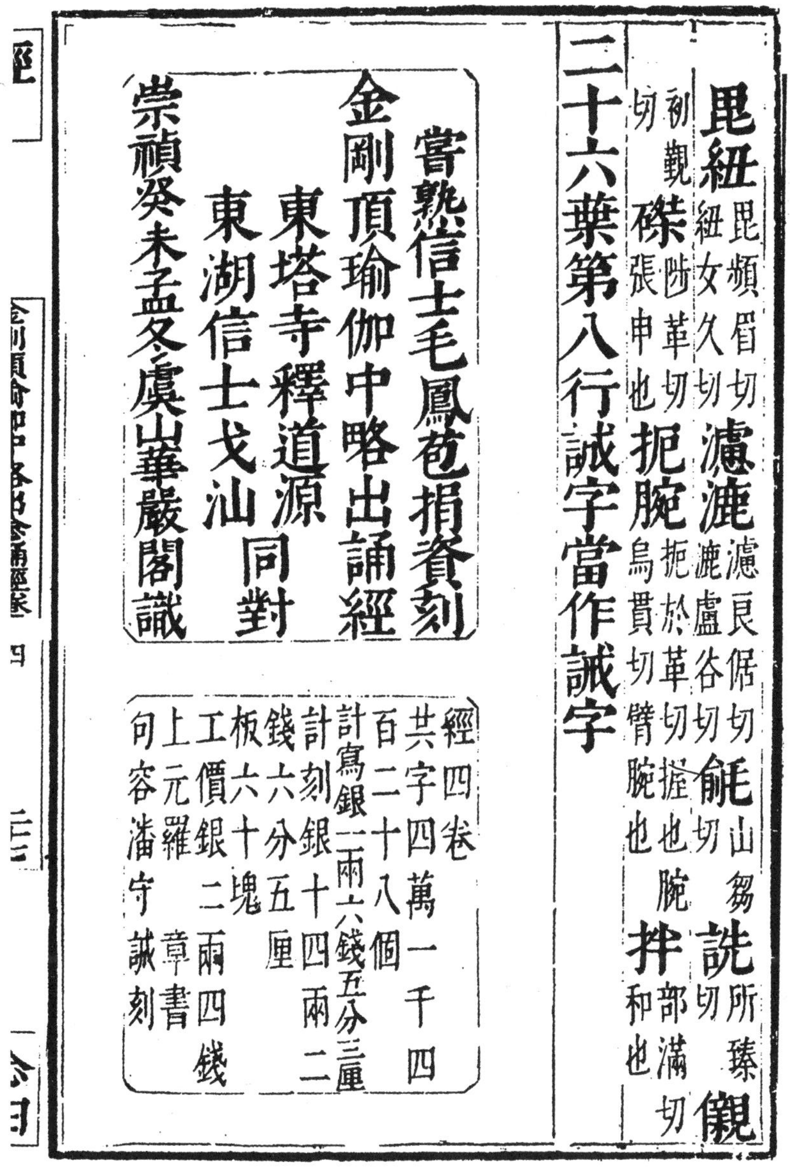
毘紐毘頻眉切紐女久切濾漉濾良倨切漉盧谷切毹山芻切詵所臻切儭初覲切磔陟革切張申也扼腕扼於革切握也腕烏貫切臂腕也拌部滿切和也

二十六葉第八行誠字當作誡字

嘗熟信士毛鳳苞捐資刻
金剛頂瑜伽中略出誦經
東塔寺釋道源
東湖信士戈汕同對
崇禎癸未孟冬虞山華嚴閣識

經四卷
共字四萬一千四
百二十八個
計寫銀一兩六錢五分三釐
計刻銀十四兩二
錢六分五厘
板六十塊
工價銀二兩四錢
上元羅章書
句容潘守誡刻

牌記云："嘗熟信士毛鳳苞捐資刻《金剛頂瑜伽中略出誦經》，東塔寺釋道源、東湖信士戈汕同對，崇禎癸未孟冬虞山華嚴閣識。經四卷，共字四萬一千四百二十八個，計寫銀一兩六錢五分三厘，計刻銀十四兩二錢六分五厘，板六十塊，工價銀二兩四錢，上元羅章書，句容潘守誠刻。"念一至四。

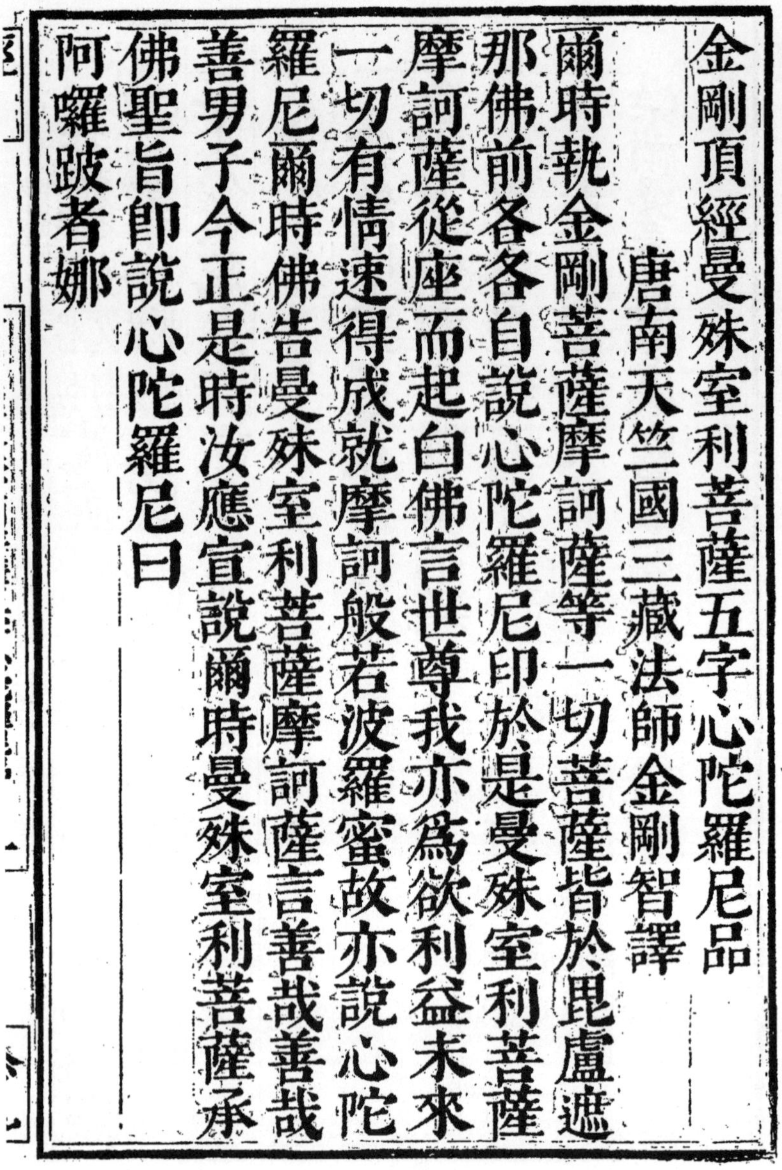
金剛頂經曼殊室利菩薩五字心陀羅尼品
唐南天竺國三藏法師金剛智譯
爾時執金剛菩薩摩訶薩等一切菩薩皆於毘盧遮
那佛前各各自說心陀羅尼印於是曼殊室利菩薩
摩訶薩從座而起白佛言世尊我亦爲欲利益未來
一切有情速得成就摩訶般若波羅蜜故亦說心陀
羅尼爾時佛告曼殊室利菩薩摩訶薩言善哉善哉
善男子今正是時汝應宣說爾時曼殊室利菩薩承
佛聖旨卽說心陀羅尼曰
阿囉跛者娜

164 《金剛頂經曼殊室利菩薩五字心陀羅尼品》一卷

(唐) 釋金剛智譯　明崇禎癸未（十六年，1643）泰和楊仁愿刻本

版框高 22.5 厘米，寬 15.4 厘米。半葉十行，行二十字，四周雙邊。

民族 057-007-00002；臺灣 166 頁 · 535；故宫 56 · 533

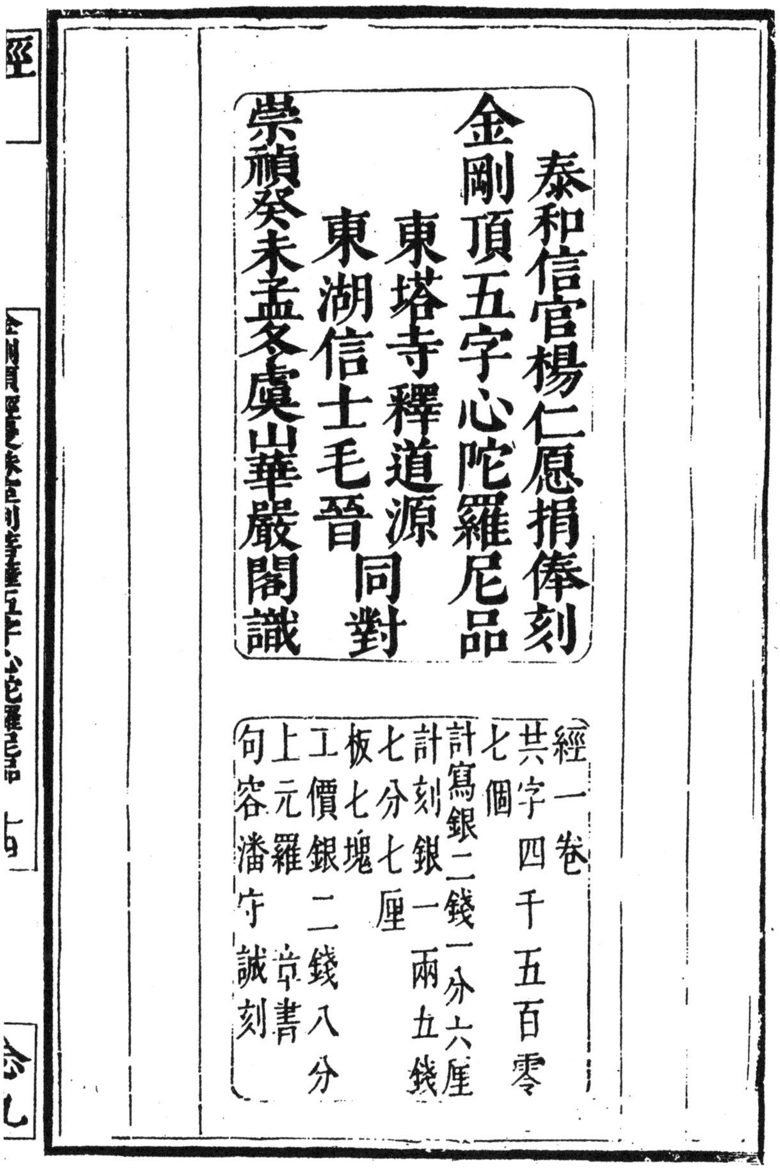

泰和信官楊仁愿捐俸刻
金剛頂五字心陀羅尼品
東塔寺釋道源
東湖信士毛晉同對
崇禎癸未孟冬虞山華嚴閣識

經一卷
共字四千五百零七個
計寫銀二錢一分六厘
計刻銀一兩五錢七分七厘
板七塊
工價銀二錢八分
上元羅章書
句容潘守誠刻

經　念九

牌記云："泰和信官楊仁愿捐俸刻《金剛頂五字心陀羅尼品》，東塔寺釋道源、東湖信士毛晉同對，崇禎癸未孟冬虞山華嚴閣識。經一卷，共字四千五百零七個，計寫銀二錢一分六厘，計刻銀一兩五錢七分七厘，板七塊，工價銀二錢八分，上元羅章書，句容潘守誠刻。"念九。

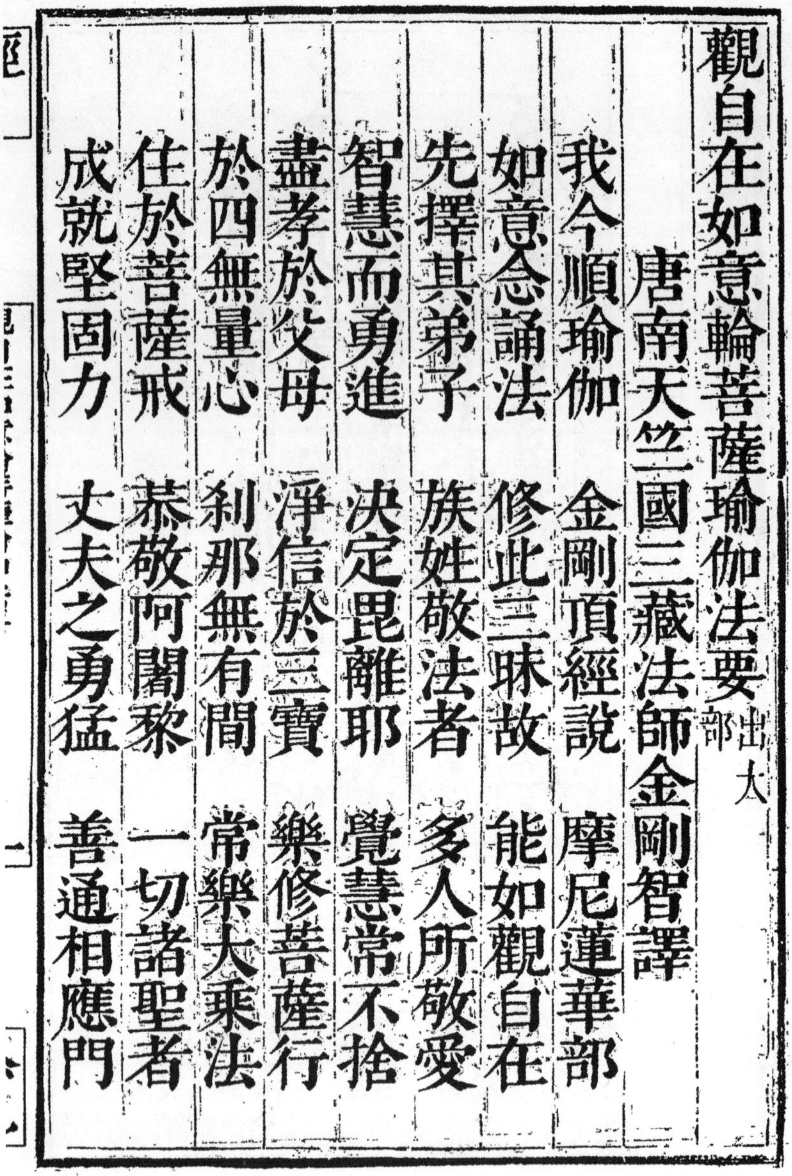

觀自在如意輪菩薩瑜伽法要出大部

唐南天竺國三藏法師金剛智譯

我今順瑜伽　金剛頂經說　摩尼蓮華部
如意念誦法　修此三昧故　能如觀自在
先擇其弟子　族姓敬法者　多人所敬愛
智慧而勇進　决定毘離耶　覺慧常不捨
盡孝於父母　淨信於三寶　樂修菩薩行
於四無量心　刹那無有間　常樂大乘法
住於菩薩戒　恭敬阿闍黎　一切諸聖者
成就堅固力　丈夫之勇猛　善通相應門

165 《觀自在如意輪菩薩瑜伽法要》一卷

(唐) 釋金剛智譯　明崇禎癸未（十六年，1643）泰和楊仁愿刻本

版框高 22.7 厘米，寬 15.4 厘米。半葉十行，行二十字，四周雙邊。

民族 057-008-00002；臺灣 166 頁 · 536；故宮 56 · 536

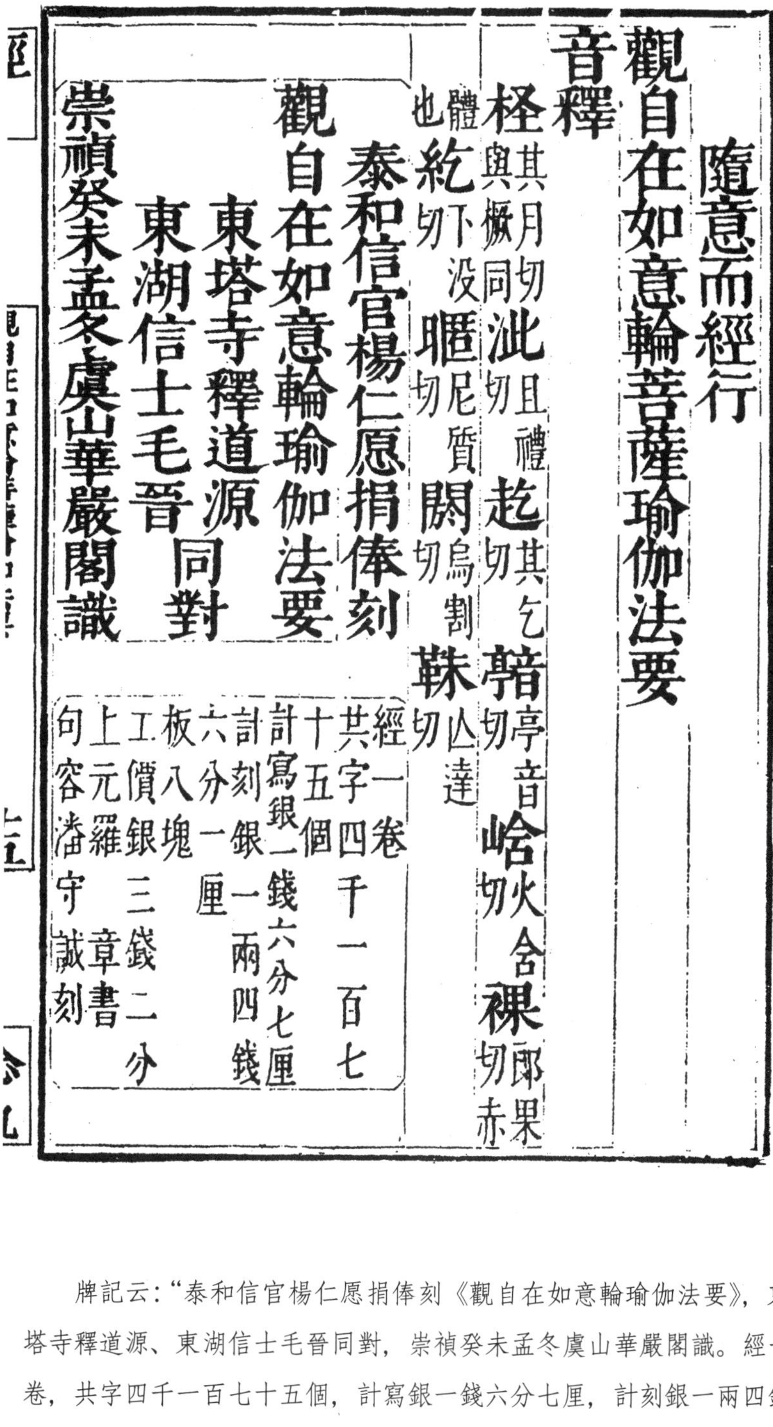
隨意而經行
觀自在如意輪菩薩瑜伽法要
音釋
橛其月切與橛同 泚且禮切 趌其乞切 䪴亭音切 峆火含切 裸郎果切赤
體也 紇下沒切 䁀尼質切 閼烏割切 靺亾達切
泰和信官楊仁愿捐俸刻
觀自在如意輪瑜伽法要
東塔寺釋道源
東湖信士毛晉 同對
崇禎癸未孟冬虞山華嚴閣識
經一卷 共字四千一百七十五個 計寫銀一錢六分七厘 計刻銀一兩四錢六分一厘 板八塊 工價銀三錢二分 上元羅章書 句容潘守誠刻

牌記云:“泰和信官楊仁愿捐俸刻《觀自在如意輪瑜伽法要》,東塔寺釋道源、東湖信士毛晉同對,崇禎癸未孟冬虞山華嚴閣識。經一卷,共字四千一百七十五個,計寫銀一錢六分七厘,計刻銀一兩四錢六分一厘,板八塊,工價銀三錢二分,上元羅章書,句容潘守誠刻。”念九。

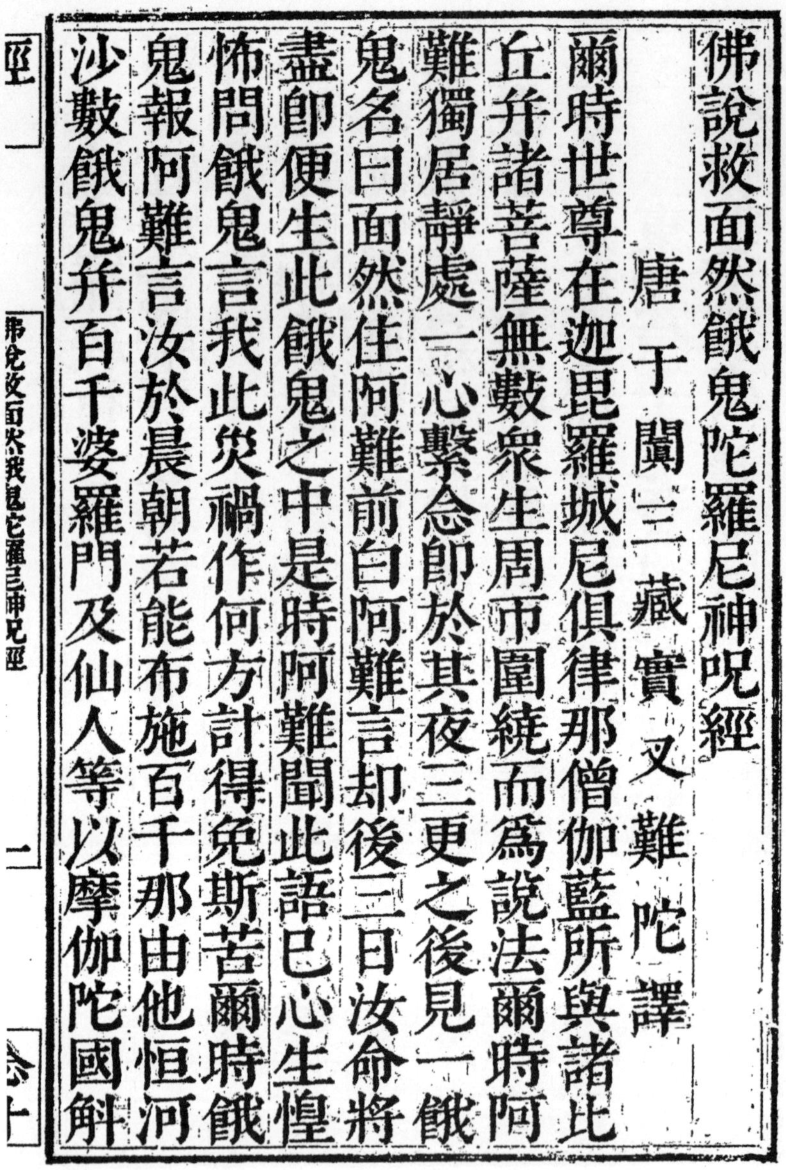

佛說救面然餓鬼陀羅尼神呪經

唐于闐三藏實叉難陀譯

爾時世尊在迦毘羅城尼俱律那僧伽藍所與諸比丘幷諸菩薩無數衆生周帀圍繞而爲說法爾時阿難獨居靜處一心繫念卽於其夜三更之後見一餓鬼名曰面然住阿難前白阿難言却後三日汝命將盡卽便生此餓鬼之中是時阿難聞此語已心生惶怖問餓鬼言我此災禍作何方計得免斯苦爾時餓鬼報阿難言汝於晨朝若能布施百千那由他恒河沙數餓鬼幷百千婆羅門及仙人等以摩伽陀國斛

經 佛說救面然餓鬼陀羅尼神呪經 二

166 《佛說救面然餓鬼陀羅尼神呪經》一卷

(唐) 釋實叉難陀譯　明崇禎癸未（十六年，1643）泰和楊仁愿刻本

版框高 22.6 厘米，寬 15.4 厘米。半葉十行，行二十字，四周雙邊。

民族 057-008-00003；臺灣 166 頁 · 537；故宮 56 · 537

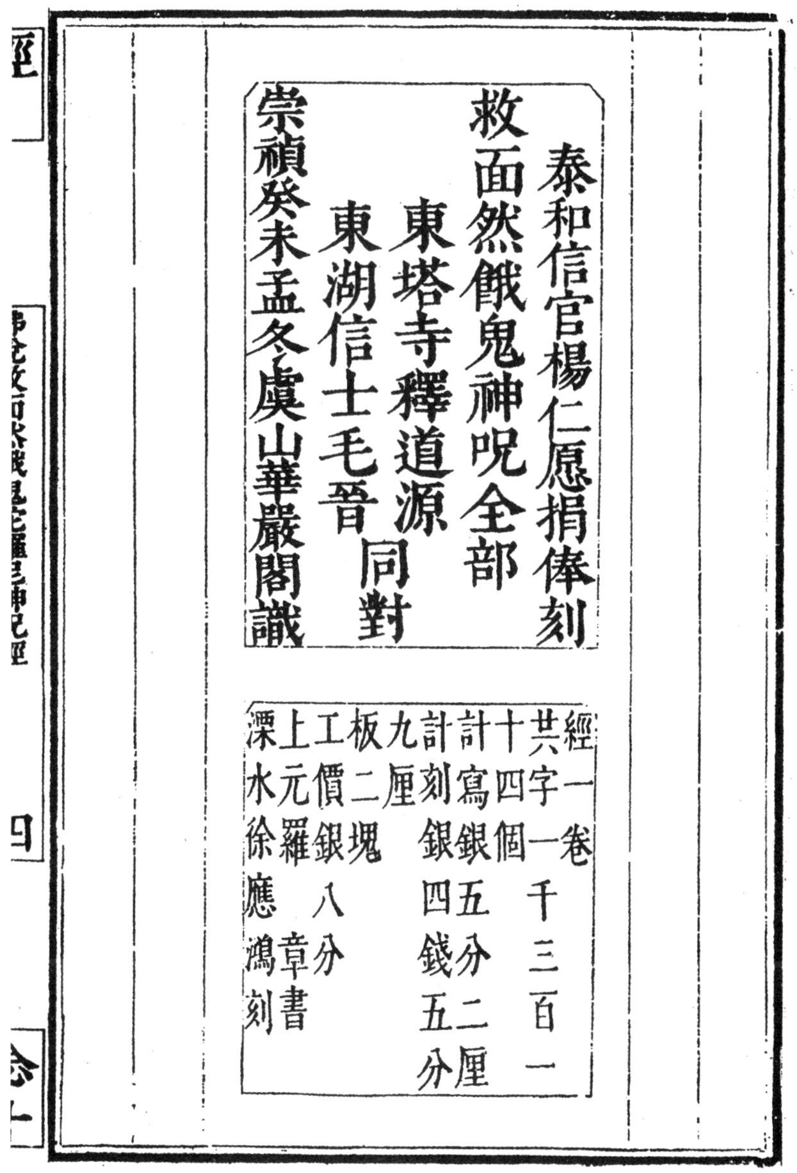
泰和信官楊仁愿捐俸刻
救面然餓鬼神呪全部
東塔寺釋道源
東湖信士毛晉同對
崇禎癸未孟冬虞山華嚴閣識

經一卷
共字一千三百一
十四個
計寫銀五分二厘
計刻銀四錢五分
九厘
板二塊
工價銀八分
上元羅章書
溧水徐應鴻刻

牌記云:“泰和信官楊仁愿捐俸刻《救面然餓鬼神呪》全部，東塔寺釋道源、東湖信士毛晉同對，崇禎癸未孟冬虞山華嚴閣識。經一卷，共字一千三百一十四個，計寫銀五分二厘，計刻銀四錢五分九厘，板二塊，工價銀八分，上元羅章書，溧水徐應鴻刻。”念十。